KB169611

이 책이 세세한   는 데에는
반론의 여지가 없다.……이 책은 인간이 알 수 있는
끝없이 다양한 상업의 세계들을 보여준다.
—조녀선 스펜스, 「뉴욕 타임스 북 리뷰(New York Times Book Review)」

저명한 프랑스의 역사가 페르낭 브로델은 사람들이 어떻게 먹고 입는지,
어디에 사는지, 그리고 어디에서 필수품과 사치품을 얻었는지를
연구함으로써 역사를 깊이 이해할 수 있다고 설득한다.
브로델은 역사의 큰 흐름이 어떻게 작은 부분으로부터
만들어졌는지를 낱낱이 보여준다.
—엘리자베스 그로스만, 「새터데이 리뷰(Saturday Review)」

저자의 오래된 학식과 세련된 문체뿐 아니라 인간에 대한 이해,
그리고 현대사회에 대한 예리한 비유로 생생하게 살아 숨 쉬는 책이다.
—「이코노미스트(Economist)」

페르낭 브로델은 '인간에 밀접한 역사'를 쓰고자 했다.
그는 혁명을 일으켰다. 그는 20세기의 고통을 발견의 땅으로 만들었다.
—「라 크루아(La Croix)」

물질문명과 자본주의 2

물질문명과 자본주의 ❷

교환의 세계

페르낭 브로델

주경철 옮김

까치

CIVILISATION MATÉRIELLE, ÉCONOMIE ET CAPITALISME, XVᵉ–XVIIIᵉ Siècle

Tome 2. Les Jeux de l'Échange

by Fernand Braudel

Originally published in France as :
Civilisation matérielle, économie et capitalisme, XVᵉ–XVIIIᵉ siècle - 3 volumes, by Fernand BRAUDEL
Copyright © Armand Colin, 1986, Paris
ARMAND COLIN is a trademark of DUNOD Editeur - 11, rue Paul Bert - 92240 MALAKOFF
Korean translation copyright © 2024 by Kachi Publishing Co., Ltd.
All rights reserved.
Korean language translation rights arranged through Shinwon Agency, Republic of Korea.

이 책의 한국어판 저작권은 신원 에이전시를 통해서 저작권사와 독점 계약한 (주)까치글방이 소유합니다. 저작권법에 의하여 한국 내에서 보호를 받는 저작물이므로 무단 전재 및 복제를 금합니다.

역자 주경철(朱京哲)
서울대학교 경제학과와 같은 대학원 서양사학과를 졸업한 후 파리 사회과학고등연구원에서 역사학 박사학위를 받았다. 서울대학교 역사연구소 소장과 중세르네상스연구소 소장, 도시사학회 회장을 지냈다. 현재 서울대학교 역사학부 교수로 재직 중이다. 『일요일의 역사가』, 『대항해시대』, 『바다 인류』를 비롯하여 『문명과 바다』, 『주경철의 유럽인 이야기 1-3』, 『중세 유럽인 이야기』, 『문화로 읽는 세계사』 등을 쓰고, 『지중해 : 펠리페 2세 시대의 지중해 세계 1-3』(공역)와 『제국의 몰락』, 『유토피아』 등을 우리말로 옮겼다.

물질문명과 자본주의 2
교환의 세계

저자 / 페르낭 브로델
역자 / 주경철
발행처 / 까치글방
발행인 / 박후영
주소 / 서울시 용산구 서빙고로 67, 파크타워 103동 1003호
전화 / 02 · 735 · 8998, 736 · 7768
팩시밀리 / 02 · 723 · 4591
홈페이지 / www.kachibooks.co.kr
전자우편 / kachibooks@gmail.co.kr
등록번호 / 1-528
등록일 / 1977. 8. 5
초판 1쇄 발행일 / 1996. 3. 10
제2판 1쇄 발행일 / 2024. 3. 15

값 / 뒤표지에 쓰여 있음

ISBN   978-89-7291-824-0 94900
       978-89-7291-822-6 (세트)

피에르 구루에게
이중의 사랑의 표시로서 이 책을 바친다.

차례

일러두기

1. 이 책에 나오는 인명, 지명 등의 고유명사는 몇 개의 예외를 제외하고는 개정된 외래어 표기법에 따르되, 명시되지 않은 경우에는 현지의 발음을 따르는 것을 원칙으로 했다.

2. 괄호 중에 대괄호([ ])는 원저에 나오는 것을 그대로 옮긴 것이다. 원저에서는 예컨 대 다른 저자의 글을 인용하다가 중간에 저자가 간단한 주석을 붙일 때 이것을 많이 사용했다. 이것과 구별하여 역자가 이 책을 옮기면서 독자의 이해를 돕기 위해서 본문에 간단하게 덧붙이고 싶은 말이 있을 때에는 대괄호 안에 "역주"라는 말을 넣어 "[　/역주]"와 같이 썼다.

3. 큰따옴표(" ")는 원저에서 기유메(guillemet, « »)로 표기된 것으로서, 인용문을 표시하거나 또는 그 부호 안의 말이 원래 뜻대로 쓰이기보다 다른 뉘앙스를 가지는 것을 표시하는 경우가 많았다. 한편, 역자가 번역할 때 프랑스어 단어로는 자연스러우나 우리말로 직역하면 다소 어색하다고 생각될 때에는 작은따옴표(' ')를 썼다.

4. 많은 인명, 지명 혹은 역사적 사건 등에 대해서 간략한 소개가 필요하다고 느낀 경우에, 혹은 그 외에도 본문의 이해에 필요하다고 생각한 경우에 역주를 달았다. 역주는 별표(*)를 이용하여 구분하고 각 페이지의 아래에 각주로 달았다. 한편 저자의 주는 원저에 나오는 대로 번호를 붙여 구분하고 책 끝에 후주로 모았다.

5. 원어를 밝히고자 할 때에는 괄호 안에 프랑스어, 그 외의 언어 순으로 표기했다. 영어를 함께 표기하는 것이 이해에 도움이 된다고 판단했을 때에는 영어를 함께 썼다. 그러나 원어 자체가 영어, 독일어 등이고 그에 해당되는 프랑스어 번역어가 의미가 없다고 생각한 경우에는 원래의 말만 쓰고 프랑스어 표기는 생략하기도 했다.

서론

단순히 이야기하면, 이번 권에서는 제1권의 주제였던 물질문명이라는 1층의 바로 위층인 경제생활, 그리고 그 위층인 자본주의 활동을 탐사할 것이다. 이렇게 여러 층으로 된 집의 이미지는, 비록 구체적인 모습을 왜곡시킬 우려가 없지는 않지만, 우리의 연구 대상을 아주 잘 표현해준다.

아주 초보적인 경제라는 의미의 "물질생활(la vie matérielle)"과 경제생활 사이의 접촉면은 연속된 것이 아니라 시장, 가게, 상점 등의 수많은 작은 점들로 구성된다. 이 점들은 동시에 단절점이기도 하다. 한쪽에는 교환, 화폐, 그리고 우월한 수단이 되는 집산지—교역 중심지, 교환소, 정기시 등—를 갖춘 경제생활이 자리 잡고 있고, 다른 한쪽에는 완강히 자급자족에 매달려 있는 "물질생활"이라는 비(非)경제가 자리 잡고 있다. 경제는 **교환가치**의 영역에 들어서면서부터 시작된다.

이 두 번째 권에서 나는 가장 초보적인 물물교환으로부터 가장 정교한 자본주의에 이르기까지 교환의 세계 **전체**를 분석하려고 했다. 나는 가능한 한 가장 주의 깊고 중립적인 기술(記述)에서 시작하여 거기에서 규칙성과 메커니즘을 파악하려고 했다. 그것은 마치 **일반 지리학**과 같은 의미로서 일종의 **일반 경제사**라고 할 수도 있고, 다른 용어로 이야기하면 하나의 **유형학**, 혹은 하나의 모델이라고 할 수도 있을 것이며, 또는 적어도 몇 개의 핵심 단어나 명백한 현실들의 뜻을 확정시킬 수 있는 **문법**이라고 할 수 있을 것이다. 그러나 이때의 일반사는 완벽한 엄밀함을 가진 것이 아니며, 여기에서 제시한 유형학도 결정적이거나 완벽하지 않다. 또한 그 **모델**은 결코 수식화되거나 검증되지 않았으며, 그 **문법**도 경제 언어 내지 경제 담론의 열쇠—마치 그런 열쇠가 존재하며 더구나 그 열쇠가 모든 시공간을 통해서 거의 유사한 것처럼 이야기되는—를 주지는 않는다. 크게 보아서 이 책에서 의도한 것은 접합(articulation), 진화(évolution) 그리고 기존 질서를 유지시키는 거대한 힘 내지 사르트르가 이야기한 바 있는 "타성의 폭력(violence inerte)"을 인식하기 위한 이해의 노력이다. 그러므로 이것은 사회, 정치, 경제가 서로 만나는 연구이다.

그와 같은 연구를 해나가는 데에는 다른 방법이 없다. 오직 눈이 아프도록 관찰하고 다른 인간과학 분야들의 도움을 얻으며 체계적인 비교를 하는 것뿐이다. 이렇게 필요한 비교 작업을 할 때에는 혹시 시대착오적인 실수를 하지 않을까 하는 너무 큰 염려를 하지 말고, 거의 움직일 줄 모르는 여러 다른 체제들을 넘나들며 같은 성격을 가진 경험을 과감하게 대조해야 한다. 이것이야말로 마르크 블로크가 권고한 비교 방법이며, 내가 장기 지속이라는 조망에 따라 수행한 방법이다. 현 단계의 지식 수준에서 우리가 가지고 있는 여러 시공간에 걸친 다양한 비교 자료들은 우연히 내키는 대로 경험을 단순 비교하는 정도가 아니라 거의 실험이 가능할 정도로 잘 갖추어져 있다. 이렇게 해서 나는 역사—나에게 첫 영감을 주었던 분야—와 다른 인간과학들의 중간에 위치한 책을 구성해보았다.

이렇게 모델과 관찰을 병행하는 작업을 하면서 내가 늘 확인한 사실이 있다. 정상적인, 나아가서 일상적인 교환경제(18세기에는 **자연**[naturelle]경제라고 불렀을 것이다)와 상위의 정교한 경제(18세기에는 **인공**[artificielle]경제라고 불렀을 것이다)[1] 사이의 끈질긴 대립이다. 나는 이와 같은 구분이 명백하고 구체적이라고 확신하며, 그리하여 서로 다른 층위마다 **경제 주체**(agent), 사람, 그들의 활동과 심성이 서로 다르다고 확신한다. 예컨대 고전경제학에서 묘사하는 시장법칙들은 일정 수준에서는 분명하게 찾아볼 수 있지만, 그보다 더 상층의 영역에서는 자유 경쟁의 모습으로는 거의 나타나지 않는다. 이 상층의 영역은 차라리 계산과 투기의 영역이다. 여기에서 그림자의 영역, 역광(逆光)의 영역이 시작되며, 이곳에 관한 비전(秘傳)을 물려받은 자들의 활동무대가 시작된다. 이곳은 자본주의라는 말로 이해할 수 있는 것의 뿌리가 되는 영역이다. 자본주의는 힘의 누적이며(그리하여 교환이 상호 필요보다는 세력관계에 근거하도록 만든다) 사회적 기생 상태이다. 다른 모든 것들과 마찬가지로 피할 수 없는 것일 수도 있고 아닐 수도 있다. 간단히 말해서 다른 계서제와 마찬가지로 상업 세계의 계서제 역시 아래층이 없으면 거기에 근거한 위층이 존립할 수 없다. 마지막으로 잊지 말아야 할 것은 교환의 밑에 자리 잡고 있는, 더 나은 이름이 없어서 내가 "물질생활"이라고 명명한 영역이 앙시앵 레짐 시기에 가장 두터운 층을 이루고 있다는 사실이다.

독자들은 내가 **자본주의**(capitalisme)라는 말을 단지 계서제의 최상층을 지칭하는 용어로 사용한 것에 대해서 의아하게 생각할 것이다(어쩌면 경제를 여러 층들로 나누어 대립시켜서 보는 것보다도 더 의아할 수도 있으리라). **자본주의**라는 이 말이 성숙한 모습으로, 그리고 폭발력을 가지고 등장한 것은 아주 뒤늦게, 20세기 초에 가서의 일이다. 이 용어의 심층에는 그것이 **진정**으로 태어난 시기의 특징이 강하게 각인되어 있는데, 이것은 너무나도 자연스러운 일이다. 그렇다고 할 때 1400-1800년의 기간에 대해서 자본주의라는 말을 쓴다면, 역사가가 범할 수 있는 최악의 잘못인 시대착오의 잘못을 범한다고 할 수 있는가? 사실 나는 이 점에 대해서는 크게 동요하지 않는 편이다. 역사가는 그들의 문제와 그들이 다루는 시기를 회고적으로 지칭하기 위한 꼬리표로서 여러 용어를 만든다. 백년전쟁, 르네상스, 인문주의, 종교개혁 등이 다 그런 용어들이다. 진정한 시장경제 영역이 아니라 오히려 완전히 반대의 내용을 가진 이 영역에 대해서도 그것을 가리키는 특별한 말이 필요하다. 이때 거부하기 힘든 말이 바로 자본주의이다. 많은 이미지들을 상기시키는 이 말을 일부러 피할 이유가 무엇이겠는가? 그리고 이 말이 불러일으켰던, 또 지금도 불러일으키고 있는 뜨거운 논쟁들을 잊어버리면서까지 그 말을 피할 이유가 무엇이겠는가?

모든 모델 구성이 그러하듯, 나 역시 이번 권에서 일부러 단순한 것으로부터 복잡한 것으로 진행해갔다. 지난날의 경제사회를 볼 때 일반적으로 유통(circulation) 혹은 **시장경제**(économie de marché)라고 부르는 것을 가장 먼저 관찰할 수 있다. 그래서 "교환의 도구"와 "시상과 경제"라는 제목을 붙인 이 책의 첫 두 장에서 시장, 행상, 상점, 정기시, 교환소 등을 묘사했다. 어쩌면 너무 세밀한 것까지 다루었는지 모르겠다. 그러면서 혹시 교환의 법칙이라고 할 만한 것이 있다면 그것이 무엇인지를 추출해보려고 노력했다. 그다음의 두 장은 "생산 : 자기 영역을 벗어난 자본주의"와 "자기 영역에서의 자본주의"이다. 여기에서는 유통의 영역 바깥에 널리 퍼져 있는 생산의 문제를 다루었다. 그리고 반드시 다루어야 할 것으로서, 우리의 논쟁에서 핵심 단어인 **자본, 자본가, 자본주의**의 뜻을 명확히 구분했다. 마지막으로 영역별로 자본주의를 자리매김해보았는데, 그러한 "위상(位相, topologie)"은 자본주의의 경계를 보여주고 그 본질이 무엇인지를 드러내줄 것이다. 이즈음에 우리가 처한 어려움의 핵심에 도달했다고 할 수 있다. 그러나 그것이 우리가 치러야 할 노고의 끝은 아니다. 아마도 가장 필요성이 클 마지막 장인 "사회, 혹은 전체집합"에서는 경제와 자본주의를 일반적인 사회 현실의 틀 속에 다시 자리 잡아보려고 했다. 이런 틀 바깥에서는 그 어느것도 완전한 의미를 가지지 못하기 때문이다.

기술, 분석, 비교, 설명은 대개 역사적인 서술을 피하며, 연속적으로 흘러가는 역사의 시간을 무시하고 자기 마음대로 깨뜨리게 된다. 그러나 그러한 시간은 분명히 존재한다. 그 시간을 우리는 이 책의 마지막 권인 제3권 『세계의 시간(*Le Temps du monde*)』에서 다시 찾게 된다. 그러므로 우리는 이 책에서는 연대기적인 지속성 속에서 시간을 준수하지 않고, 단지 시간을 관찰 수단으로서 사용하고자 한다.

　그렇다고 해서 나의 과업이 단순해지지는 않았다. 나는 앞으로 독자들이 보게 될 장들을 네다섯 번이나 다시 손을 보았다. 또한 그것들을 콜레주 드 프랑스(Collège de France)와 고등 연구원(Écoles des Hautes Études)에서 설명했다. 그리고 그것들을 쓰고 또 쓰고는 했다. 앙리 마티스의 모델을 한 적이 있는 한 친구가 전해준 바에 의하면, 마티스는 똑같은 소묘를 매일같이 반복하지만 모두 쓰레기통에 버리다가, 그가 보기에 순수하고도 단순한 선이 마침내 나왔다고 생각될 때 그 마지막 것만을 취했다고 한다. 그러나 불행히도 나는 마티스가 아니다. 그리고 가장 마지막에 쓴 것이 가장 명료한 것인지, 또 그것이 내 생각―혹은 내가 생각하려고 애쓰는 것―과 가장 잘 일치하는지도 확신할 수 없다. 나는 나 자신을 위로하기 위해서 영국의 역사가 프레더릭 메이틀랜드가 한 말(1887)을 스스로에게 이야기하고는 했다. "단순성은 출발점이 아니라 목표이다."[2] 혹시 운이 좋으면 우리의 도착점에서 단순성을 얻게 될지도 모를 일이다.

제1장

교환의 도구

Vittore Carpaccio(1465–1526), *Miracle of the Holy Cross at the Rialto Bridge,* ca. 1496. tempera on canvas, 365 × 389cm. Gallerie dell'Accademia. public domain.

경제는 얼핏 보면 생산과 소비라는 두 개의 거대한 영역으로 성립되는 것 같다. 소비 영역에서는 모든 것이 완수되고 파괴되며, 생산 영역에서는 모든 것이 다시 시작된다. "사회는 끊임없이 생산하고 동시에 끊임없이 소비한다"고 마르크스는 썼다.[1] 정말로 지당한 진리이다. 일하고 먹는 것만이 인간의 명백한 목표라는 프루동의 주장 역시 거의 같은 말이다. 그러나 이 두 세계 사이에 세 번째의 세계가 끼어들어간다. 이 세 번째 세계는 강처럼 좁지만 활기차며, 앞의 두 세계와 마찬가지로 첫눈에 바로 알아볼 수 있다. 그것은 바로 교환의 세계이며, 달리 말하자면 시장경제이다. 시장경제는 불완전하고 불연속적이지만, 이 책이 대상으로 삼은 시대에는 이미 사람을 구속하는 힘을 가지고 있었으며 나아가서 확실히 혁명적이었다. 시장경제는 늘 균형을 고집하고 어쩌다 균형에서 벗어나더라도 곧 제자리로 되돌아가는 하나의 총체를 이루지만, 동시에 변화와 혁신의 영역이다. 마르크스는 이를 유통권(sphère de circulation)이라고 지칭했는데,[2] 나는 이 표현이 아주 적절하다고 생각한다. 경제학이 생리학에서 차용한 이 유통(circulation)이라는 용어는[3] 너무 많은 내용을 담고 있는지도 모르겠다. 튀르고를 예로 들어보자. 튀르고 전집의 편찬자인 구스타브 셸에 의하면,[4] 튀르고는 『유통론(*Traité* *de la Circulation*)』이라고 부를 만한 저서를 구상하고 있었는데, 이 책에서 그는 은행, 로* 체제, 크레딧, 외환과 교역 그리고 사치에 이르기까지, 한마디로 그 당시에 경제라는 의미로 말할 수 있는 거의 모든 것을 이야기하려고 했다. 그런데 오늘날 시장경제라는 용어 역시, 단지 유통과 교환이라는 원래의 뜻을 훨씬 넘는 확대된 의미를 가지고 있지 않은가?[5]

이미 말한 대로 세 개의 세계가 있다. 이 책의 제1권에서는 소비에 관한 것을 주로 다루었다. 앞으로 살펴볼 여러 장들에서는 유통을 다룬다. 그리고 생산이라는 어려운 문제는 가장 마지막에 보려고 한다.[6] 그 이유는 생산 문제가 핵심적이라는 마르크스나 프루동의 견해를 부인하기 때문이 아니다. 다만 과거를 되돌아보며 관찰하는 역사가들에게는, 막연하고 갈피를 잡기 힘들며 불충분하게 기록되어 있는 이 생산 영역에서부터 시작하는 것이 어렵기 때문이다. 이와 달리 유통은 관찰이 용이하다는 장점이 있다. 여기에서는 모든 것이 움직이고 변화한다. 시장의 소음은 틀림없이 우리의 귀에까지 도달한다. 1530년경, 자기 집 창문에서 베네치아의 리알토 광장을 내다보며 이곳에서 나날이 일어나는 일들을 즐겁게 관찰했던 아레티노**의 기록을 좇아 이곳의 대상인이나 소매상인들을 확인하고 찾아낼 수 있다는 것은 허풍이 아니다.[7] 나는 1688년을 전후한 시기에 암스테르담 거래소***에 들어가

---

* 이 책 제1권 584쪽의 역주를 참조하라.

** Aretino(1492-1556) : 본명은 피에트로 바치(Pietro Bacci). 이탈리아의 작가. 이탈리아의 여러 곳을 전전하며 파란만장한 삶을 살면서, 당대의 군주들을 비롯하여 많은 적들을 만들게 되었다. 이들을 피하기 위해 베네치아로 피신(1527)한 후에 대부분의 작품을 썼다. 당대의 사회 현실을 관찰하여 가차 없이 풍자하는 희극 작품들이 많다. 『화류계 여자』, 『원수(元帥)』, 『위선자』, 『철학자』 등의 작품이 있다.

*** bourse : 거래소는 이 책에서 자세한 설명을 하고 있듯이 교환활동의 중요한 기구였다. 오늘날 이곳은 상품 교환의 중개 기능은 전혀 하지 않고, 오직 증권거래소 역할만 하고 있으므로 사전에도 '증권거래소'라고 나와 있다. 그러나 이 책이 다루는 시기에는 이곳이 '상품 교환소'와 '증권거래소'의 역할을 모두 맡기 때문에 '거래소'로 옮기기로 했다. 한편, 런던에서는 같은 기능을 하는 기구로 '로열 익스체인지(Royal Exchange)'가 있다. 이 경우에는 그 말뜻을 살려서 '왕립 교환소'라고 옮겼다.

서도 길을 잃지 않을 것이며, 심지어 이곳에서 큰 실수 없이 투기를 벌일 수도 있을 것이다. 조르주 귀르비치*라면 곧 이렇게 반박할 것이다. **쉽게 관찰할 수 있는 것은 무시해도 좋은 것, 혹은 부차적인 것이기 쉽다……**. 그러나 나는 이 점에서 귀르비치만큼 확신할 수는 없다. 그리고 튀르고가 그 시대의 모든 경제활동을 취급하면서 특별히 유통에 우선적인 지위를 부여한 것이 전적으로 틀렸다고는 생각하지 않는다. 자본주의의 기원은 교환과 긴밀히 연관되어 있다. 이것이 무시해도 좋을 만한 일이겠는가? 마지막으로, 생산이란 결국 분업을 의미하며 따라서 필연적으로 사람들에게 교환에 응하도록 강요한다는 점을 언급하고 싶다.

시장의 역할이 중요하지 않다고 생각하는 사람이 누가 있겠는가? 아무리 초보적인 시장이라고 하더라도 그곳은 수요와 공급이 만나고 다른 사람의 도움을 얻는 선택된 곳이다. 만일 이런 것들이 없다면 통상적인 의미의 경제가 존재할 수 없으며 단지 자급자족, 혹은 비(非)경제 속에 "갇힌(enfermé, 영어로는 embedded라고 표현할 수 있을 것이다)" 생활만이 존재할 것이다. 시장은 해방이며, 개방이며, 또다른 세계로의 접근이다. 그것은 수면 위로 올라오는 것이다. 인간의 활동과 인간이 교환하는 잉여는 조금씩 조금씩 이 좁은 틈을 통과해간다. 그것은 애초에는 『성서』에서 말하듯 낙타가 바늘구멍을 뚫고 지나가는 것만큼이나 어려웠다. 그러나 그 구멍은 점차 커지고 또 많아지며, 그러다가 이 과정의 마지막에 가면 "시장이 일반화된 사회(société à marché généralisé)"가 된다.[8] 다시 강조하지만 이것은 그 과정의 마지막에 가서, 즉 뒤늦게 이루어진 일이며, 그것도 지방마다 제각각이어서 결코 같은 때에 같은 방식으로 되지 않았다. 그러므로 시장의 발전에 관한 단순하고 단선적인 역사는 없다. 여기에는 전통적인 것, 고졸한 것, 근대적인 것, 대단히 근대적인 것 등이 혼재한다. 오늘날에도 역시 마찬가지이다. 이에 관한

---

* 이 책 제1권 646쪽의 역주를 참조하라.

의미 있는 이미지들을 수집하는 것은 어려운 일이 아니지만, 그것들 사이에 정확한 연관을 지으며 배열하는 것은 비록 특출한 지위에 있다고 할 수 있는 유럽에 관해 보더라도 쉬운 일이 아니다.

이 문제가 가진, 어찌 보면 교묘한 성격의 이 어려움은 15–18세기라는 우리의 관찰 영역만으로는 아직 불충분하기 때문일까? 이상적인 관찰 영역이라면 그 기원부터 오늘날까지 이 세계의 모든 시장을 다루는 광대한 시공간이 되어야 할 것이다. 근년에 우상파괴적인 칼 폴라니가 정열적으로 문제 삼았던 것 역시 바로 이 거대한 영역이었다.[9] 그러나 고대 바빌로니아의 유사 시장, 오늘날 트로브리안드 제도에 사는 원주민의 교환의 순환체계, 유럽의 중세 및 전(前)근대 시장들 모두를 단일한 하나의 설명으로 묶는다는 것이 가능할까? 나는 거기에 완전히 동의하지는 않는다.

어쨌든 나는 처음부터 일반적인 설명들을 하지는 않으려고 한다. 그보다는 차라리 대상들의 묘사부터 시작할 것이다. 우선 핵심적인 증인이며, 다른 지역보다 우리에게 잘 알려진 유럽부터 보려고 한다. 그리고 나서 유럽 이외의 지역을 볼 것이다. 사실 어떠한 묘사이든 간에 전 세계를 포괄하지 않으면 타당한 설명을 제공하지는 못하기 때문이다.

유럽 : 최저 수준에서의 교환기구

우선 유럽을 보자. 유럽에서는 15세기 이전에 이미 구식 형태의 교환이 자취를 감추었다. 우리가 알고 있는—혹은 그 존재를 어렴풋이 감지하는—가격 자료는 12세기 이후의 것이다. 그런데 이 가격들은 이때 이미 변동하고 있었다.[10] 이것은 이미 "근대적인" 시장들이 자리 잡고 있고 또 그 시장들이 때로 초보적이나마 하나의 체계를 이루며 도시와 도시를 서로 연결해주기도 했다는 증거이다. 사실 읍(bourg)과 도시만이 시장을 가지고 있었다. 시골 마을이 시장을 가지고 있는 경우는 극히 드물어서,[11] 15세기에 그러한 것이 일부

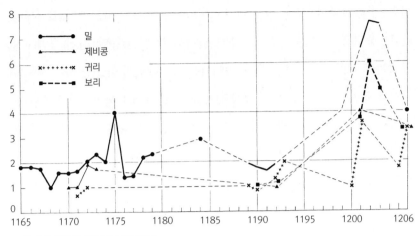

1. 일찍이 시작된 영국의 물가 변동

1201년에 흉작으로 여러 곡물 가격이 동시에 상승했다는 점에 주목하라. (데이비드 파머, "앙주 왕조 시대 영국의 물가변동", 「경제사 비평」, 1956-1957, p.39)

있었다고 해도 무시할 만한 정도이다. 서양의 도시는 모든 것을 삼켜버리고는 모든 것을 자신의 법칙, 자신의 요구, 자신의 통제에 복종시켰다. 시장은 도시가 가진 기구가 되었다.[12]

오늘날과 같은 보통 시장들

오늘날에도 초보적인 형태의 시장이 존재한다. 이 시장들은 먼 과거의 유산으로서 언제 사라질지 모르는, 말하자면 집행유예 상태이다. 이 시장들은 무질서함과 번잡함, 소음, 강렬한 냄새, 상품의 신선함을 유지한 채 정해진 날에 도시의 정해진 구역에서 열리고는 한다. 과거에도 사정은 거의 똑같았다. 몇 개의 좌판, 비를 막는 방수포, 상인마다 사전에 번호를 매기고[13] 정식으로 등록된 장소를 쓰는 대가로 당국이나 점포 주인에게 돈을 상납해야 하는 관례, 한 떼의 구매자와 수많은 프롤레타리아 소상인들—상습적으로 험담을 해대는 것으로 유명한 콩깍지 까는 여자들, 개구리 껍질 벗기는 사람(이 개구리는 노새가 끄는 수레에 하나 가득 실려 제네바[14]와 파리[15]에 공급되었다), 짐꾼, 청소부, 마차꾼, 허가받지 않고 장사하는 남녀 난전꾼, 오만하기

이를 데 없는 감시인들(이들은 이 초라한 공직을 아버지에게서 아들로 대물림한다), 중고품 상인, 옷차림으로 쉽게 알아볼 수 있는 농민, 물건 구매에 열중하는 부르주아, 장 보는 돈을 속여먹는다고 주인이 늘 불평하는 하녀(이당시의 표현으로는 이것을 "노새에 편자를 달다[ferrer la mule]"라고 했다),[16] 시장에서 큰 빵을 파는 빵 장수, 고기 걸이로 길과 광장을 가로막는 푸주한, 생선과 치즈와 버터를 대량으로 파는 "도매상(grossiste)",[17] 세금 징수인 등 다양한 종류의 활기가 넘치는 소시민들—을 볼 수 있었다. 그리고 여러 종류의 상품들이 여기저기에 널려 있었다. 버터 덩어리들, 층층이 쌓인 채소류, 치즈 조각들, 과일, 물이 뚝뚝 듣는 생선, 사냥한 고기, 푸주한들이 그 자리에서 소매로 파는 고기, 낱장을 찢어 물건 싸는 종이로 쓰는 팔리지 않은 책들……[18] 특히 시골에서는 밀짚, 나무, 건초, 양모, 대마와 아마 그리고 시골 마을에서 짠 직물 등이 들어왔다.

이 초보적인 시장들이 비슷한 모양으로 수 세기 동안 계속 살아남은 것은 그 투박한 단순성 속에 당해낼 수 없는 강점이 있기 때문이다. 우선 상하기 쉬운 상품이라도 주변의 텃밭과 밭에서 직접 가져오기 때문에 언제나 싱싱하고 값이 싸다는 이점이 있다. 이 초보적인 시장은 "중간 상인을 거치지 않고 바로(de première main)"[19] 판매하기 때문에 가장 직접적이고 투명한(transparent) 교환이 이루어지며 감시가 쉽고 속임수가 없다. 동시에 가장 공평한 곳이기도 할까? 1270년경에 쓰인 부알로*의 『여러 직종의 법령집 (Livres des Métiers)』은 단연코 그렇다고 주장한다.[20] "왜냐하면 상품들이 공개시장**에 나와 있어서 그것이 좋고 믿을 만한지 아닌지 직접 볼 수 있기 때문이다.……공개시장에서 파는 상품들은 부자나 가난한 자나 모두 자기 몫

---

* Etienne Boileau(?-1270) : 성왕 루이 시대의 파리 행정관. 국왕의 명령을 받고 1268년에 파리 길드의 법령들을 모아 출판했다.

** open market : 여기에서 공개(open)란 어느 특정 집단의 사람들에게 한정되지 않고 모든 사람들에게 거래가 개방되어 있다는 의미이다.

을 구할 수 있다." 독일식의 표현을 따르자면, 이 직접적인 교환은 "손에서 손으로, 눈에서 눈으로 하는 상업(Hand-in-Hand, Auge-in-Auge Handel)"이 다.[21] 팔릴 만한 것은 그 자리에서 팔리고, 인도되며, 바로 계산을 마친다. 신용거래가 있다고 해도, 한 시장에서 크레딧을 주면 그다음 시장에서 바로 갚는 식으로만 겨우 이루어진다.[22] 이 오래된 유형의 교환은 수백 년, 수천 년 전에 이미 폼페이, 오스티아,* 팀가드**에서 이루어졌다. 고대 그리스에도 물론 시장이 있었고, 고대 중국이나 파라오 시대의 이집트도 마찬가지이며, 특히 바빌로니아에서는 이와 같은 교환활동이 아주 일찍 발달해 있었다.[23] 유럽인들이 기록한 바에 의하면 "테노치티틀란*** 옆에 위치한 트랄테코(Tlalteco)" 시장은 꽤 조직적이었고, 시장이 열릴 때면 울긋불긋 화려한 광경을 볼 수 있었다.[24] 블랙 아프리카의 시장은 비록 교환의 양이 많지 않음에도 불구하고 "규칙적이고 질서잡힌" 모습으로 유럽인들의 탄성을 자아냈다.[25] 에티오피아의 시장은 하도 오래되어서 그 기원이 어느 만큼 먼 과거에 있는지 모를 정도이다.[26]

도시와 시장

도시시장은 대개 1주일에 한두 번씩 열린다. 이곳에 상품을 공급하기 위해서는 시골에서 물품을 생산하고 집산할 시간이 필요하고, 그것을 내다 팔기위해서 노동력의 일부를(이 일은 특히 여자에게 맡긴다) 돌려쓸 수 있어야 한다. 반면 대도시에서는 시장이 매일 서는 경향이 있었다. 파리가 그러한 예이다. 파리에서 원칙적으로는(그리고 실제로 그런 적도 많기는 하지만) 수요

---

* Ostia : 로마에서 약 24킬로미터 떨어진 도시. 고대 로마 시대에는 로마의 외항으로서, 특히 포에니 전쟁 때 군사기지로 쓰였고 그후 중요한 교역 항구가 되었다.
** Timgad : 알제리 북부의 도시. 고대 로마 시대에는 타무가스(Thamugas)라는 이름으로 불렸다. 타줄트(Tazoult)와 테베사(Tebessa)를 잇는 로마 도로상에 위치하고 있었다.
*** Tenochtitlan : 아나우악(Anahuac) 고원 위에 있던 아즈텍 문명의 옛 수도. 1521년에 코르테스가 정복하고 파괴했다. 그 자리에 멕시코 시가 건설되었다.

일과 토요일에만 시장이 서도록 되어 있었으나[27] 점차 매일 시장이 서게 되었다. 단속적이든 연속적이든 도시와 시골을 연결하는 이 초보적인 시장은 그 수가 무수히 많다는 점과 끊임없이 반복된다는 점 때문에 모든 교환에서 가장 큰 부분을 차지했다(애덤 스미스도 이 점을 이야기했다). 도시 당국은 이 시장의 조직과 감시를 아주 단단히 챙겼다. 그들에게는 사활이 걸린 문제이기 때문이다. 당국은 늘 가까이에서 엄벌을 부과하고 규제를 가했으며 특히 가격을 엄격하게 감시했다. 시칠리아에서는 규정된 가격보다 1그라노*만 더 받아도 그 상인은 갤리선 노역수로 끌려갔다! 실제로 그런 경우가 1611년 7월 2일, 팔레르모에서 있었다.[28] 샤토됭[29]에서는 세 번째로 빵값을 올려받다가 적발된 빵 장수들을 "소시지처럼 꽁꽁 묶어 죄수 호송차 위에서 사정없이 던져버렸다." 이런 관행은 샤를 도를레앙**이 행정관에게 빵 가게를 검문할 권리를 부여한 1417년까지 거슬러올라간다. 이곳에서 체형을 없앤 것은 1602년에 가서의 일이다.

그러나 감시와 체벌이 있다고 해도 시장은 그런 것에 구애받지 않고 단지 수요에 발맞추어 확장되고 크게 융성하면서 도시 생활의 중심에 자리를 잡아갔다. 정해진 날에 사람들이 모여드는 시장은 자연히 사회생활의 중심지가 되었다. 바로 이곳에서 서로 만나고, 거래하고, 욕하고, 싸움질을 한다. 재판에서 복잡한 공모관계가 드러나는 사건들의 발단이 되는 곳도 시장이다. 자주 일어나지는 않지만 시장에는 감시병이 개입하기도 하며—어떤 때에는 정말로 대단한 구경거리가 되기도 하고 어떤 때에는 아주 조심스러운 개입에 그치기도 한다[30]—정치나 여타의 것들에 관한 소식들이 시장에서 퍼지기도 한다. 1534년에 헨리 8세의 행동과 계획을 소리 높여 비판한 것도

---

* grano : 나폴리와 시칠리아의 옛날 화폐.
** Charles d'Orléans(1391–1465) : 프랑스의 시인, 오를레앙 공작, 프랑스 국왕인 루이 12세의 아버지, 그리고 아르마냐크파의 수장이다. 백년전쟁 중에 아쟁쿠르 전투에서 포로로 잡혀서 25년 동안 영국에서 포로생활을 했고, 프랑스로 돌아와서는 그의 블루아(Blois) 궁정을 시(詩)의 중심 지로 만들었다.

노퍽 백작령의 페이케넘(Fakenham) 시장터에서였다.[31]* 그리고 그후에 영국의 시장들 중에서 설교자들의 격한 주장을 들을 수 없는 곳은 하나도 없었다. 시장에는 늘 감수성이 예민한 대중이 있어서, 옳든 그르든 모든 대의(大義)를 경청했다. 시장은 또한 사업상의, 혹은 가문 내의 동의를 구하는 곳으로 많이 이용되었다. "15세기에 살레르노 지방 지포니의 공중 기록을 보면, 식료품이나 이 지방 장인들의 생산품을 사고파는 외에도 토지 매매, 장기 임대차, 증여, 결혼, 지참금 등에 관한 계약을 맺는 비율이 보통 날보다 장이 서는 날에 더 높았다."[32] 시장을 통해서는 모든 것이 가속화된다. 점포의 매상이 더 많아지는 것도 당연하다. 예컨대 17세기 말, 영국의 랭커스터에 점포를 가지고 있던 윌리엄 스타우트는 "장이 서는 날에는(on the market and fair days)" 조수를 고용했다.[33] 아마도 이곳의 관행이었을 것이다. 물론 다른 많은 도시들과는 달리 이곳에서는 장날에도 (상설) 점포들이 공식적으로 문을 닫지 않았기 때문에 가능한 일이다.[34]

시장이 인간관계의 중심에 자리 잡고 있다는 사실은 여러 속담들이 증언해주는 바이다. 몇 개의 예를 들어보자.[35] "시장에서는 모든 것을 살 수 있지만, 과묵한 침착성과 명예만은 살 수 없다", "[아직 잡지도 않은] 생선을 바다에서 사려는 사람은 생선 냄새만 맡고 만다", 만일 당신이 시장에서 물건을 사고파는 요령을 모른다면 "시장이 가르쳐줄 것이다", 시장에서는 어느 누구도 홀로 있는 것이 아니므로 "당신 자신만이 아니라 시장을 생각하라"—다시 말해서 다른 사람들도 생각하라. 한 이탈리아 속담에 의하면 현명한 사람은 "지갑에 돈을 가지고 있기보다는 시장의 친구들을 가지고 있는 법이

---

* 그해에 헨리 8세는 로마 교황청과의 관계를 끊고 영국 국왕이 영국 내에서 최고의 종교적 수장의 권리를 가진다는 법령(수장령)을 통과시켰다. 동시에, 그의 첫 번째 결혼이 무효이고, 그로부터 나온 자식의 왕위 계승권을 박탈하여 그것을 애첩이었던 앤 불린의 자손에게 부여하며, 이러한 국왕의 이혼의 종교적 유효성을 전체 국민이 인정할 것을 서약하는 내용의 계승률을 의회에서 통과시켰다.

다." 시장에서는 욕심을 부리지 않는 것이 현명하다. 오늘날 다호메이*의 민담은 그것을 이렇게 표현한다. "이리 와서 물건 사세요" 하고 소리치는 장사꾼에게는 이렇게 대답하는 것이 현명하다. "내가 가진 돈 이상으로는 사지 않아요."[36]

시장의 수가 늘어나고 전문화하다

도시가 지배하는 시장은 도시와 함께 커나간다. 시장의 수가 늘어나고 그러다 보면 여러 시장들을 수용하기에는 도시 공간이 너무 협소해져서 시장들이 폭발하여 터져나간다. 시장은 근대성의 발달과 궤를 같이하므로, 시장의 가속적인 발달을 가로막는 그 어떤 방해물도 용납하지 않는다. 오히려 시장들이 그렇게 발달하다 보면, 혼잡함과 쓰레기와 고집스러운 인구 밀집의 폐해를 아무렇지도 않다는 듯이 주변 지역에 강요한다. 이 문제를 해결하는 길은 시장을 성문 쪽으로, 더 나아가서 성문 밖의 외곽 지역으로 쫓아내는 것이다. 특히 새로 시장을 만드는 경우가 그렇다. 파리의 예를 보면, 생-탕투안 외곽 지역의 생-베르나르 광장이나(1643년 3월 2일), "생-미셸 성문과 파리 시의 해자(垓字) 사이에 있는 앙페르 거리와 생-자크 성문에"(1660년 10월) 시장이 만들어졌다.[37] 그렇지만 옛날부터 사람이 모여들던 시내 중심지의 시장들은 그것들대로 계속 존재했다. 사실 시내 복판에 있는 이런 시장의 경우 위치를 약간이라도 옮기려고 하면 아주 큰일이 일어났다. 1667년에 생-미셸 다리 위에 있는 시장을 이 다리 끝으로 옮긴 것이나,[38] 50년쯤 뒤(1718년 5월)에 무프타르 거리에 있는 시장을 근처의 파트리아르슈 저택 안뜰로 옮긴 것은[39] 보통 힘든 일이 아니었다. 그리고 새 시장이 들어섰다고 해도 그것이 옛날 시장을 쫓아내지는 못했다. 도시 인구가 늘어남에 따라 성벽이 바깥으로 이전해가면, 이 성벽 둘레에 자리 잡고 있던 시장들이 어느

---

* Dahomey : 아프리카의 베냉의 1975년 이전의 옛 이름.

날 시내로 들어온 것이 되어버렸고 그러고 나면 그곳에 눌러앉았다.

파리에서는 고등법원, 행정관, (1667년 이후부터는) 경찰총감이 시장을 적정한 경계 내에 묶어두려고 온갖 노력을 다했으나 소용이 없었다. 생-토노레 거리는 1678년에 시장 때문에 통행이 막혀버렸다. "캥즈-뱅* 정육점 앞과 그 근처에 불법적으로 시장이 섰다. 생-토노레 거리에는 시골이나 도시 출신의 여자와 장사꾼들이 노상에 물건을 널어놓으며 자유로운 통행을 막고 있다. 파리에서도 사람 왕래가 많은 큰길에 속하는 이 거리는 언제나 자유롭게 다닐 수 있어야 하는데도 말이다."[40] 이것은 명백한 불법행위이지만 도대체 어떻게 그것을 막는다는 말인가? 한곳을 치우면 다른 곳이 막혀버린다. 거의 50년이 지난 뒤에도 이 캥즈-뱅 소(小)시장이 여전히 남아 있었다는 것은 1714년 6월 28일 자로 브뤼셀 경관이 샤틀레**의 상관에게 보고한 문서에서 볼 수 있다. "각하, 오늘 제가 빵을 사러 캥즈-뱅 소시장에 나갔다가 이곳 사람들(bourgeois)이 고등어 파는 여자들에 대해서 항의하는 것을 들었습니다. 고등어 장수들은 생선 대가리를 아무렇게나 버려서 시장 전체를 오염시키므로 많은 불편을 끼친다고 합니다.……이 여자들에게 콩깍지 까는 여자들이 하는 것처럼 생선 대가리를 바구니에 담았다가 쓰레기 수거용 수레에 버리도록 명령을 내리는 것이 좋겠습니다."[41] 이보다 더 큰 파문을 일으킨 것은 성주간*** 동안 노트르담 성당 앞 광장에서 열리는 베이컨 시장(Foire du Lart)이었다. 이곳은 파리의 중하층 서민들이 햄과 베이컨을 사러 오는 큰 시장이었다. 그런데 대중용 앉은뱅이저울이 바로 성당의 문 앞에 설치되어 있어서, 다른 사람보다 먼저 물건의 무게를 재기 위해 많

---

* Quinze-Vingt : 프랑스의 성왕 루이 9세가 1254-1261년 사이에 세운, 가난한 장님 구호소. 1779년에 생-탕투안 지역으로 이전하기 전에는 생-토노레 지역에 있었다.
** Châtelet : 파리가 센 강 가운데의 조그마한 시테 섬(Cité)만이었을 당시에 이 섬을 지키는 요새였다. 센 강의 우안에 있는 것이 그랑[大] 샤틀레로 국왕의 재판이 이루어지는 곳이었으며, 좌안에 있는 프티[小] 샤틀레는 감옥으로 쓰였다. 프티 샤틀레는 프랑스 혁명 중인 1782년에 파괴되었고, 그랑 샤틀레는 1802년에 헐리고 그 자리에 극장이 들어섰다.
*** 부활절 전의 1주일.

은 사람들이 이곳에서 법석을 떨었다. 그곳에서는 많은 농담과 익살을 들을 수 있었고 좀도둑질도 빈번하게 일어났다. 질서를 잡아야 할 가르드-프랑세즈 부대* 역시 다른 사람들과 차이 없이 행동했고, 근처에 있는 오텔-디외(Hôtel-Dieu) 병원의 장의사 일꾼들이 우스꽝스러운 익살을 보탰다.[42) 사정이 이러한데도 불구하고 기사 그라몽은 "노트르담 성당과 왕궁이 있는 섬(isle du Pallais) 사이에 새로운 시장"을 설립할 권리를 받았다. 그 결과 토요일마다 그야말로 파국적인 교통 혼잡이 일어났다. 사람들이 까맣게 덮고 있는 이 광장 위에서 어떻게 종교 행렬과 왕비의 사륜마차가 지나갈 수 있겠는가?[43)

약간이라도 빈터가 생기면 시장이 그곳을 차지해버린다. 매해 겨울, 모스크바에서 모스크바 강이 얼면 그 위에 가게와 가건물과 상품 진열대가 들어선다.[44) 이때에는 눈과 얼음 위로 썰매를 타고 자유롭게 고기와 도살한 짐승을 옮길 수 있으므로 크리스마스를 전후해서 시장의 거래량이 점차 증가했다.[45) 이상한파의 겨울이 계속되던 17세기에 런던에서는 얼어붙은 강 위에서 카니발 축제를 열 수 있었는데, "영국 전역에서 크리스마스부터 주현절** 밤까지 계속되었다." "오두막집들이 그대로 카바레가 되었고" 많은 사람들이 옥외에서 커다란 쇠고기 덩어리를 굽고 스페인산 포도주와 브랜디를 마셨으며, 때로 국왕도 이곳에 와서 즐겼다(1677년 1월 13일).[46) 그러나 1683년 1월과 2월에는 사태가 그렇게 좋지는 않았다. 엄청난 추위가 런던을 덮친 것이다. 템스 강 하구에는 거대한 부빙군(浮氷群)이 떠 있어서 얼음 속에 갇혀버린 선박들을 위협했다. 식량과 다른 상품들이 모자라자 물가가 세

---

* gardes-françaises : 카트린 드 메디시스가 1563년에 아들 샤를 9세(당시 국왕은 미성년자였다)를 보호하기 위해서 만든 부대이다. 그후 이 부대는 프랑스 왕실보호 군대로서 파리의 여러 지역에 주둔했다.

** 영국에서는 '12일절(Twelfth-day)'이라고도 하고 프랑스에서는 '에피파니(Epiphanie)' 또는 '동방박사의 날(Jour des Rois)'이라고 한다. 동방박사들이 아기 예수를 찾아와 경배한 날을 의미하며 예수 탄생 12일 후인 1월 6일이 그날이다. 그리고 그 전야를 주현절 밤(Twelfth Night)이라고 한다.

배, 네 배로 오르고, 눈과 얼음으로 막힌 가로들은 지나갈 수도 없었다. 도시의 삶을 유지해나가기 위해서는 얼어붙은 강에서 피난처를 찾을 수밖에 없었다. 이제 얼음판은 식량 공급 차량과 임대 차량이 다니는 길이 되었고, 상인, 점포 주인, 장인들이 이곳에 가건물을 세웠다. 그리하여 괴물처럼 커다란 시장이 임시로 세워졌는데 이것은 이 거대한 수도의 인구가 얼마나 큰지를 보여주는 것 같았다. 어느 토스카나인은 이것을 보고 "최대 규모의 정기시(foire grandissime)" 같다고 했다. 당연한 일이지만 곧 "협잡꾼들, 익살광대 그리고 돈을 우려먹기 위해서 꾀와 책략을 펴는 사람들"이 모여들었다.[47] 이렇게 세워진 시장에 대한 추억을 기록한 『템스 강 위의 정기시(The Fair on the Thames)』(1683)라는 책이 남아 있어서 이 유별난 모임을 회상할 수 있다. 그리고 조잡한 판화가 하나 남아 있어서 그림같이 화려했던 이 모임의 모습을, 완전히 보여주지는 못하더라도 자취를 찾을 수 있게 해준다.[48]

어느 도시에서나 교환의 증가로 중앙시장*이 들어서게 되었다. 전용 건물이 있고 그 주위를 노천 시장이 둘러싸고 있는 형태이다. 이 중앙시장은 대개 상설시장이고 전문화된 시장이다. 우리는 무수히 많은 직물 중앙시장들을 알고 있다.[49] 심지어 카르팡트라와 같이 그리 크지 않은 도시도 자신의 중앙시장을 가지고 있었다.[50] 바르셀로나는 롱하(Lonja)라고 부르는 거래소 위에 직물 중앙시장(ala des draps)을 세웠다.[51] 런던에 있는 블랙웰 홀(Blackwell Hall)은 1397년에 세워졌다가 1558년에 재건축되고 1666년에 화재로 소실되었다가 1672년에 다시 세워진 역사를 가지고 있는데, 예외적으로 규모가 컸다.[52] 오랫동안 1주일에 며칠만 이 시장이 열렸으나 18세기에

---

* halle : 중앙시장은 원래 건물 안에 있었다. 그러나 이 시장이 커지다 보니 건물 밖에서도 상거래가 이루어졌다. 대개 규모가 크고 도시의 한복판에 자리 잡으며 상설시장이 되는 경향이 있다. 이런 뜻을 살리는 더 적합한 말이 없어서 이를 이 책에서는 '중앙시장'으로 통일하여 옮기기로 한다. 다만 특별히 파리에 있는 것(Les Halles)은 그대로 고유명사가 되어 그 지역을 가리키는 말이 되었고 이 책에서도 정관사와 대문자를 사용하여 구분한다는 점을 고려해서, '레 알'로 쓰기로 한다.

는 날마다 시장이 열렸고, 지방의 직물업자가 미처 다 팔지 못한 상품을 다음번 시장이 열릴 때까지 이곳에 맡겨놓는 것이 관례가 되었다. 1660년경에는 중앙시장에 대리인과 상주 고용인이 생겨서 복잡한 조직을 이루었다. 그러나 이러한 것들이 만개하기 전부터, 복합건물이 서 있는 베이징홀 거리(Basinghall Street)는 이미 베네치아의 독일 상관(Fondaco dei Tedeschi) 지역에 비해서도 전혀 손색이 없는 "사업 중심지역"이 되었다.[53)]

사실 중앙시장이라고 해도 어떤 상품을 다루느냐에 따라서 여러 종류가 있다. (1203년 이후 툴루즈에서서처럼)[54)] 곡물 중앙시장이 있는가 하면, 포도주, 가죽, 신발, 모피 중앙시장이 있고(독일 도시에서는 이것들을 코른호이저[Kornhaüser], 펠츠호이저[Pelzhaüser], 슈호이저[Schuhhaüser] 등으로 불렀다), 괴를리츠와 같이 값비싼 염료식물 재배지역에 있는 도시에는 대청* 중앙시장도 있다.[55)] 16세기에 영국의 읍과 도시에는 다양한 이름을 가진 중앙시장들이 여럿 세워졌다. 대개 씀씀이가 후한 현지의 부유한 상인들이 비용을 대서 만든 것들이다.[56)] 17세기에 아미앵에서는 곡물 시장에서 그리 멀지 않은 생-피르맹-앙-카스티용 교회 뒤에 실을 파는 중앙시장이 자리 잡고 있어서, 장인들은 매일 이곳에서 세예트(sayette)라는 양모 원사를 조달했다. "빗질을 하고, 기름기를 뺀 뒤, 대개 작은 물레를 이용해" 자아낸 것으로서, 가까운 시골지역의 방적공들이 도시에 공급했다.[57)] 마찬가지로 정육점들이 건물 내에 밀집해 있는 것도 중앙시장이라고 할 만하다. 에브뢰[58)]의 것이나 어둑어둑한 창고 건물에 정육점들이 모여 있는 트루아[59)]의 것이 그랬고 또 베네치아의 리알토 광장 바로 옆에 있는 대규모 정육점들도 비슷하다. 베네치아의 정육점들은 베카리에(Beccarie)라고 부르는데, 1339년부터 한곳에 모여들었다. 이 지역은 이전에 카 궤리니(Ca' Querini)라고 불렸으나 이곳의 거리와 운하가 정육점 이름을 따라서 베카리에라고 불리게 되었다. 여기에 있는

---

* pastel : 십자화과에 속하는 2년생 또는 다년생 식물. 이전에는 푸른색 염료인 인디고를 얻는 데에 쓰였다.

산 마테오 교회는 푸주한들의 교회로서 19세기 초까지 남아 있었다.[60]

　이처럼 중앙시장(halle)이라는 말은 하나의 뜻만 가지고 있는 것이 아니었다. 단순히 실내에 있는 시장이라는 뜻부터, 아주 일찍이 "파리의 배[腹]"* 역할을 했던 레 알(les Halles) 지역에서 볼 수 있는 복잡한 건물 및 조직까지 의미했다. 파리의 그 거대한 교환기구는 필리프 오귀스트 시대에까지 소급된다.[61] 이 시기에 이노상 묘지**—이곳의 기능은 훨씬 후대인 1786년에 가서야 변경된다[62]—근처에 있는 샹포*** 위에 그 거대한 복합체가 형성되었다. 대략 1350년부터 1450년까지 지속된 대규모 경기후퇴 때 레 알은 현저한 쇠퇴를 겪었다. 그러나 레 알이 쇠퇴하는 데에는 이 경기후퇴 이외에 이웃 지역 점포들과의 경쟁 역시 중요한 원인이 되었다. 어쨌든 중앙시장의 위기는 전형적으로 파리만 해당하지는 않는다. 프랑스의 다른 도시에도 위기가 잠재해 있었다. 제대로 쓰이지 않는 건물들은 폐허가 되고, 그중 일부는 이웃 지역의 오물을 버리는 곳이 되기도 했다. 파리에 있는 직물 중앙시장은 "1484-1487년의 장부에 의하면 적어도 부분적으로는 국왕 포병대의 전차 차고로 쓰였다."[63] 우리는 종교 건물의 건축이 "지수(index)" 역할을 했다는 로베르토 로페스의 연구를 알고 있다.[64] 그에 따르면, 1223년 볼로냐 성당, 1265년 시에나 성당, 1301-1302년 피렌체의 산타 마리아 델 피오레 성당의 건축이 중단된 것은 위기의 신호였다. 역사학에서 전혀 시도해본 적은 없지만 중앙시장에도 이런 "지수"의 영예를 안겨줄 수는 없을까? 만일 그것

＊　Ventre de Paris : 이 말은 에밀 졸라의 소설 제목 『파리의 배』에서 나왔다. 졸라의 루공-마카르 연작의 세 번째 작품인 이 소설에는 리자 마카르와 그의 남편인 돼지고기 장수 크뉘 그라델을 중심으로 레 알 시장의 활기찬 인물들이 등장하여 이곳의 분위기를 생생하게 보여준다.

＊＊　Les Innocents : 파리 시내 중심지의 한 구역(오늘날 레 알 지역)으로서 1186년부터 1786년까지 공동묘지로 쓰이다가 1786년에 시장 지역으로 용도가 바뀌었으며 오늘날에는 공원이 되었다. 한편 '이노상(innocents)'이란 '순진무구한 사람들'이라는 뜻인데 이것은 예수 탄생을 두려워한 헤로데 왕이 모조리 살해했던 어린아이들을 의미한다(「마태오의 복음서」 2장 16절).

＊＊＊　Champeaux : 원래는 강변에 있는 풀밭과 대조하여 넓은 평원 한가운데에 있는 풀밭을 가리키는 말이다. 파리의 레 알 지역이 당시에는 이러한 풀밭이었을 것이다.

이 가능하다면 파리의 경기회복은 1543–1572년 사이에 일어났으며, 그것
도 1543년보다는 1572년에 가까웠을 것으로 볼 수 있다. 1543년 9월 20일
자로 된—그리고 10월 11일에 고등법원에 등록된—프랑수아 1세의 칙령은
첫 번째 몸짓에 해당한다. 다음 칙령들이 연이어 나왔다. 그러나 그 목적은
아직은 파리에 강력한 조직을 심어주기보다는 고작 파리를 미화하는 것에
불과했다. 그렇지만 상업이 더 큰 활기를 띠고 수도가 팽창했으며 레 알의
수리와 보수로 인하여 주변 지역의 점포와 매장의 수가 줄어들었다는 것 등
을 보면 이 정책들이 예외적으로 상업활동을 활성화시킨 것은 분명하다. 어
쨌거나 16세기 말부터 새로운 모습을 띠게 된 레 알은 이전의 성왕 루이 시
대[1226–1270/역주]의 활력을 되찾았다. 이런 점에서도 르네상스*가 있었던
것이다.[65]

지도만 가지고는 이 거대한 복합체의 모습을 온전히 볼 수 없다. 실내 공
간, 실외 공간, 게다가 이웃 건물의 회랑을 떠받치는 기둥들이 복잡하게 펼
쳐져 있는 주변 지역에까지 상업활동이 전개되었는데, 이 무질서와 혼잡을
오히려 유리하게 이용할 수 있어서 그것을 조장하고 있었다. 사바리(1761)는
16세기 이래로 이 시장의 구조가 하나도 바뀌지 않았다고 말했지만[66] 이것
을 문자 그대로 믿을 수는 없다. 오히려 언제나 끊임없는 움직임과 내부적인
이동이 있었다. 18세기에는 여기에 두 가지 혁신이 더해졌다. 1767년에는 곡
물 중앙시장이 이전의 수아송 저택 자리로 이전했다. 그리고 18세기 말에는
해산물 시장과 가죽 시장이 재건되고, 포도주 시장은 생-베르나르 성문 너
머로 이전해갔다. 그리고 레 알을 정비하거나 아니면 아예 이전시켜버리려
는 계획안들이 계속해서 나왔다. 그렇지만 이 거대한 복합체(대지만 5만 제
곱미터이다)가 그 자리에 눌러앉아 있을 수밖에 없다는 것은 명백했다.

---

* Renaissance : 르네상스의 원뜻은 '재생', '부활'이다. 일반적으로 역사상의 르네상스란 14–15세
  기에 고대 문화를 전범으로 한 문예 부흥운동을 일컫는다. 그러나 여기에서는 고대 문화가 되살
  아났다는 것이 아니라, 과거 상업활동의 활기가 되살아났다는 것을 비유한 것이다.

실내에 자리 잡고 있는 것은 모직, 아마포, 염장 어류 및 생선 시장뿐이었다. 건물 둘레에는 곡물, 밀가루, 덩어리 버터, 초, 실뭉치, 우물에 쓰는 밧줄 등을 취급하는 시장들이 붙어 있었다. 빙 둘러서 있는 기둥 근처에는 헌옷 장수, 빵 장수, 구두 수선공 그리고 "중앙시장에 한자리 낄 수 있는 권리를 가진 파리의 가난한 장사꾼들"이 영업을 하고 있었다. 네덜란드 출신의 두 여행자가 말하는 것을 들어보자.[67] "[1657년] 3월 1일, 우리는 레 알 근처의 헌 옷 장수를 보았다. 이곳은 돌기둥이 떠받치고 있는 커다란 회랑인데, 그 아래에 초라한 낡은 옷을 파는 중고 상인들이 있었다.……이 시장은 1주일에 두 번 열린다.……이때에는 유대인들도 다수 포함된 헌 옷 장수들이 상품을 늘어놓는다. 그 옆을 지날 때마다 '훌륭한 시골 망토요! 자켓*이요!' 하고 내지르는 소리나, 사람들을 가게 안으로 끌어들이기 위해서 상품을 자세히 설명하는 소리가 신경에 거슬린다.……이들이 가지고 있는 옷이나 가구의 양이 어찌나 많은지 믿지 못할 정도이다. 그중에는 아주 멋진 상품도 많이 있지만, 이곳을 잘 알지 못하는 한 여기에서 물건을 사는 것은 위험하다. 이곳 장사꾼들은 낡은 것을 잘 수선하고 기우는 데에 신통한 재주가 있어서 꼭 새것처럼 보이도록 만들기 때문이다." 그리고 가게들은 조명이 잘 안 되어 있어서 "검은 옷을 샀다고 생각했는데 밝은 곳으로 나와서 보면 녹색이나 보라색, 또는 표범 가죽 같은 땡땡이 무늬이다."

여러 시장이 서로 맞붙어 있고 쓰레기, 구정물, 썩은 생선이 쌓여 있는 레 알은 "파리에서 가장 저속하고 불결한 곳"이라고 피가니올 드 라 포르스**는 말한다(1742).[68] 이곳은 소란한 말다툼과 은어의 수도이기도 하다. 남자

---

* justaucorps : 17세기에 유행한 몸에 꼭 끼는 상의.

** Jean Aimar Piganiol de la Force(1669-1753) : 프랑스의 역사가. 40년 동안 툴루즈 백작의 시종들을 위한 가정교사로 있으면서 지리를 연구했다. 프랑스의 많은 지역들을 여행하면서 그곳의 지형학적, 예술적 사실들을 기록해두었다가 이를 바탕으로 여러 저서를 냈다. 주요 저서로 『베르사유 및 마를리 궁전의 새로운 묘사』(1702), 『프랑스의 지리-역사적인 묘사』(1715, 1751-1753), 『파리와 그 주변 지역의 묘사』(1742) 등이 있다.

보다 수가 많은 여자 장사꾼들이 목소리가 더 크다. 이 여자들은 "파리에서 가장 입이 걸기로" 유명하다. "이봐, 이 뻔뻔스러운 부인네! 말해봐! 이 커다란 갈보야! 너는 초등학생의 딸밖에 안 돼! 몽테귀 초등학교에나 가봐라! 창피하지도 않니? 이 늙은 송장아! 등짝에 채찍질을 해야 돼! 뻔뻔스러운 것! 너는 너저분하게 목구멍까지 취해 있어." 17세기에 생선 파는 여자들은 끊임없이 이런 식으로 소리를 질러댔다.[69] 분명 17세기만이 아니라 그뒤에도 오랫동안 계속 그랬을 것이다.

도시의 개입

파리의 레 알 지역이 대단히 복잡하고 특별해 보이는 것은 일찍이 적정한 비율을 넘어선 대도시에 물자 공급을 하는 것 자체가 이미 복잡하고 필요가 큰 일임을 말해줄 따름이다. 우리가 익히 아는 바와 같이 런던이 발전하기 시작하자 파리에서와 같은 원인이 같은 결과를 가져왔다. 런던에서도 역시 무질서한 시장들이 수없이 생겼다. 원래 시장들에 할당된 공간으로는 태부족이 되자 시장이 주변 거리로 밀고 나왔는데, 이런 곳들은 각각 생선 시장, 채소 시장, 가금류 시장 등과 같이 전문화된 시장이 되었다. 엘리자베스 여왕 시절에는 이런 시장들 때문에 런던에서 가장 통행량이 많은 길들이 갈수록 더 심하게 막혔다. 1666년의 런던 대화재(the Great Fire)만이 전체적인 질서 회복을 가능하게 해주었다. 거리 교통을 원활히 하기 위해서 당국이 나서서 안뜰이 있는 큰 건물을 지었다. 이것은 사방을 둘러막기는 했지만 천장이 없는 건물이었는데, 어떤 것은 전문화된 시장, 더 나아가서 도매시장이 되었고 어떤 것은 다양한 상품을 취급하는 시장이 되었다.

파리의 레 알과 비슷한 광경을 보여주는 사례로는 레든 홀(Leaden Hall)이 있다. 이것은 앞에서 말한 종류의 건물들 중에 가장 컸고, 어쩌면 유럽에서 가장 크다고도 했다. 그리고 아마 가장 질서 잡힌 곳이었다. 레든 홀은 1666년 이전에 그 주변에 있던 모든 시장들을 4개의 건물 내에 흡수했다. 즉, 그레이스처치 거리(Gracechurch Street), 콘힐(Cornhill), 더 폴트리(The Poultry), 뉴 피시 거리(New Fish Street), 이스트치프(Eastcheap) 등지의 시장이 그렇게 흡수되었다. 그중 한 건물의 안뜰에는 100개 정도의 상품 진열대를 설치해서 쇠고기를 팔았고, 다른 곳에서는 140개의 진열대에서 다른 종류의 고기를, 또다른 곳에서는 생선, 치즈, 버터, 못, 가정용 철제품 등을 팔았다……. 이곳은 "괴물같이 큰 시장으로 시민의 자랑이며 이 도시에서 볼 수 있는 장관이었다." 그러나 레든 홀의 상징인 질서는 오래가지 못했다. 이 도시는 결국 그 현명한 해결책으로도 감당하지 못할 정도로 계속 커져갔으며 그 결과 예전의 어려움에 다시 봉착했다. 1699년부터, 어쩌면 그보다 더 일찍이, 푸주한의 도마가 길거리로 나와서 남의 집 대문 아래에 자리 잡았으며, 떠돌이 상인들을 금지시키는 조치에도 불구하고 중고품 장사꾼들이 사방으로 누비고 다녔다. 거리에서 외치고 다니며 물건을 파는 사람들 중에서도 가장 볼 만한 것은 생선 바구니를 머리에 이고 다니며 파는 생선 장수 여자들이었다. 이 여자들은 평판이 나빴으며, 사람들은 그들을 놀리고 이용해먹었다. 장사가 잘된 날 저녁에는 이 여자들을 카바레에서 다시 만날 수 있었다. 이 여자들은 파리의 레 알에서 생선 파는 여자들만큼이나 말씨가 상스럽고 공격적이었다.[70] 이제 다시 파리로 돌아가보자.

파리는 확실한 식량 공급을 위해서 주변의 대단히 넓은 지역을 조직적으로 통제해야 했다. 우선 생선과 굴은 디에프, 르 크로투아, 생-발레리에서 들어왔다. 그중 마지막 두 도시를 지나가본 한 여행자는 이렇게 말한다 (1728). "이곳에서는 생선 운반선밖에 볼 수 없다.……그런데도 사방에서 이곳으로 들어오는 생선 중에 한 마리도 살 수 없다. 모든 생선이 파리로 가버리기 때문이다."[71] 치즈는 모(Meaux)에서, 버터는 디에프 근처의 구르네나 이지니에서, 푸줏간 고기는 푸아시, 소(Sceaux), 또는 더 멀리 있는 뇌부르 시장에서, 품질 좋은 빵은 고네스에서, 말린 채소는 매주 토요일에 장이 서는 노르망디의 코드베크에서 들어온다…….[72] 이런 이유로 언제나 다양한 조치들이 필요하다. 핵심적인 사항은 이 도시에 식량을 공급하는 구역을 안전하게 보호하고, 생산자, 상인, 운송인의 활동을 보장하는 것이다. 이런 소박한 활동의 주인공을 통해서 대도시의 시장들은 계속 식량을 공급받는다. 그러므로 전문 상인의 자유로운 영업은 통제를 받고 있는 이 구역 너머에서만 가능했다. 1622년 샤틀레 재판소의 명령에 의하면 반경 10리외* 너머에서만 상인이 곡물을 공급받을 수 있었고, 마찬가지로 살아 있는 가축의 경우 7리외(1635), "송아지(broutier)"와 돼지의 경우 20리외(1665), 민물고기의 경우 4리외(17세기 초 이후)73) 그리고 포도주 도매의 경우는 20리외 너머에서만 매매가 가능했다.74)

다른 문제들도 있었다. 그중 가장 곤란한 것은 말을 비롯한 가축의 공급 문제였다. 가축의 매매 장소는 아주 소란스러웠기 때문에 이런 곳들은 가능한 한 먼 변두리 지역이나 도시 경계 밖으로 쫓겨났다. 오랫동안 투르넬 근처의 버려진 공터—이곳은 나중에 보주 광장(place des Vosges)이 된다—에서 말 시장이 열렸다.75) 이처럼 파리는 살코기용 도축 짐승을 매매하는 정기시(foire grasse)와 유사한 가축 시장들이 언제나 주변을 빙 둘러 있었다. 한 곳을 닫으면 다음날 다른 곳이 개장되는 식이어서 언제나 비슷한 정도의 사람과 가축이 모여들었다. 1667년에 현장을 목격한 한 사람에 의하면,76) 그중 한 곳인 생-빅토르 시장에는 "3,000마리가 넘는 말들이 [한번에] 모여들었다. 시장이 1주일에 두 번 열리는 것을 고려할 때 이렇게 많은 말들이 모이는 것은 정말 대단한 일이다." 사실 말 장수는 이 도시 전역에 뚫고 들어왔다. 지방이나 외국에서 들어온 "새" 말들도 있지만 "늙은 말, 즉……이미 사용한" 말들이 더 많았다. 이런 "중고" 말들은 "부르주아들이 [때로] 시장을 거치지 않고 처분해버리려고 했다." 이 때문에 중매인들이 몰려오고, 마필 매매상과 마구간 소유상인 사이에 중개 역할을 하는 편자 대장장이들이 구

---

* 1리외(lieue)는 약 4킬로미터이다.

름처럼 모여들었다. 또 각 구역마다 말을 빌려주는 사람이 늘 있었다.[77]

다른 가축 시장들 역시 거대한 규모였다. 소(Sceaux)에서는 매주 월요일에 장이 서고, 푸아시(Poissy)에서는 매주 목요일마다 네 군데 성문(오 담[aux Dames] 성문, 뒤 퐁[du Pont] 성문, 콩플랑[Conflans] 성문, 파리[Paris] 성문)에서 장이 섰다.[78] 이곳에는 아주 활발한 육류 상업이 조직되어 있었다. 시장에서 구입 자금을 미리 빌려주는 (그리고 다음에 환불받는) "대출상인(traitant)", 중개인, 프랑스 전역에서 가축을 사는 "몰이꾼*(그리블랭[griblin]이나 바토니에[bâtonnier]라고도 한다)", 푸주한—모든 푸주한들이 단지 고기 소매만 하는 가난한 장사꾼이라고 생각해서는 안 되며, 일부는 부르주아 "대가문"을 이루기도 했다[79]—등이 그 조직을 주도했다. 한 계산서에 따르면 파리의 여러 시장에서 매주 팔리는 양을 보면 1707년의 경우 개략적인 수치로 소 1,300마리, 양 820마리, 송아지 약 2,000마리(그러므로 1년에 10만 마리) 정도였다. "푸아시 시장과 소 시장을 동시에 장악하던 "대출상인들"은 파리 주변의 프티-몽트뢰유 같은 곳에서 [그들의 통제에서 벗어나] 불법거래가 이루어지고 있다고 불평했다."[80]

정기적으로든 비정기적으로든 파리에 밀을 공급하는 지역이 그런 것처럼, 파리에 육류를 공급하는 시장 역시 프랑스의 넓은 지역에 걸쳐 있다는 사실에 주목할 필요가 있다.[81] 이렇게 지역이 넓다는 것은 도로와 연결망의 문제를 제기한다. 이 문제는 몇 마디 말로써는 그 대강의 모습만도 거의 나타낼 수 없을 정도로 큰 문제이다. 핵심은 수로를 이용해서 파리에 식량을 공급한다는 점이다. 욘, 오브, 마른, 우아즈 등 센 강으로 합류해 들어가는 지류들과 센 강 자체가 그와 같은 수로였다. 센 강은 파리를 관통해 흐르면서 시내에 "항구들"을 거느리고 있다. 1754년에 모두 26개에 달했던 이 항구들은 동시에 훌륭한 대시장이기도 했다. 이곳에서는 모든 것이 다른 곳보다 값이

---

* rabatteur : 원래 이 단어는 사냥할 때 짐승을 사냥꾼 방향으로 몰아가는 사람을 가리켰으나, 여기에서는 도축용 가축을 사서 시장에 몰고 오는 사람을 가리킨다.

썼다. 그중에서도 가장 중요한 항구를 두 개 들 수 있다. 우선 그레브 항구는 상류 쪽에서부터 들어오는 밀, 포도주, 목재, 꼴(물론 이 마지막 상품에 대해서는 튀일리 항구가 더 중요한 것 같기는 하지만) 등의 상품을 받는 곳이다. 한편 생-니콜라 항구는 하류 쪽에서 들어오는 상품을 하역하는 곳이다.[82] 강 위에는 많은 배들이 있었다. 수상 합승선(水上合乘船, coche)이 있고, 루이 14세 시대부터는 "바쇼퇴르(bachoteur)"라고 부르는 승객 운반용 배가 다녔다.[83] 이 배는 런던 교 상류 쪽의 템스 강에서 사람들이 많이 이용하던—런던의 삯마차는 요동이 심해서 사람들이 차라리 배를 이용하려고 했다—"곤돌라"와 유사했다.[84]

파리의 경우가 아무리 복잡해 보이더라도 그것은 다른 수십 개의 도시들과 크게 다르지는 않다. 모든 대도시는 자기에 걸맞는 규모의 공급 지역을 가지고 있어야 한다. 예컨대 18세기에 마드리드는 식량 조달을 위해서 카스티야의 수송 수단 대부분을 마구잡이로 징발해가는 바람에 이 지역 전체의 경제를 교란시켰을 정도이다.[85] 티르소 데 몰리나*의 말(1625)을 믿는다면, 과일이든 이스트렐라 산맥의 눈[雪]**이든 이 모든 것들을 수송해오는 데에 아무런 문제가 없었다. 해상 수송이 매우 편리했기 때문에 바다를 통해 모든 식량을 들여올 수 있었던 것이다. "식탁에서 식사를 하고 있는 사람들에게는……바로 그들의 문전에서 어부의 그물에 생선이 하나 가득 잡혀 있는 것과 마찬가지이다."[86] 1633년 7-8월의 한 견문기에 의하면 테주(Tejo) 강에 떠 있는 수백, 수천 척의 고기잡이 배들을 보는 것은 즐거운 눈요깃감이었다.[87] 게으르며 때로는 무관심한 도시 리스본은 바다를 가지고 먹고 살

---

* Tirso de Molina(1583-1648) : 스페인의 극작가로, 본명은 프라이 가브리엘 텔레스 몰리나(Fray Gabriel Téllez Molina)이다. 1601년에 메르세드 교단에 들어가 수도원장이 되었으나 꾸준히 문학활동을 해서 300-400편의 극을 썼다. 대표작으로 『톨레도의 교외 별장』, 『세비야의 농락자』, 『불신으로 지옥에 떨어지다』, 『안토나 가르시아』, 『궁정의 숫기 없는 남자』 등이 있다.

** 지중해 지역에서 눈 녹은 물은 부유한 사람들이 여름철에 즐기는 기호품이었다. 이 책 제1권 308-309쪽을 참조하라.

아갔다. 그러나 이 이미지는 과도하게 좋은 방향으로만 그려져 있는지 모른다. 사실 리스본은 일상적으로 소비하는 곡물을 모아들이기 위해서 끊임없이 애써야 했다. 여하튼 도시의 인구가 클수록 식량 조달의 문제가 위태해진다. 베네치아는 15세기부터 이 도시가 소비할 소를 헝가리에서 사들여야 했다.[88] 16세기에 아마도 인구가 70만 명에 달했을 이스탄불은 발칸 지역의 양과 흑해 지방 및 이집트의 밀을 집어삼켰다. 그런데도 가혹한 술탄 정부가 이 문제를 틀어잡지 않았다면, 이 거대한 도시는 고장 나고 물가가 뛰고 비극적 기근이 닥쳤을 것이다. 실제로 이스탄불은 몇 년씩 기근에 시달리고는 했다.[89]

런던

런던은 런던 나름대로 본보기를 제공한다. 우리는 런던의 경우를 통해서, 일찍이 사방으로 촉수를 뻗어간 메트로폴리탄 도시가 어떠한 것인지 짐작할 수 있다. 더구나 이곳은 다른 곳보다 역사학적 탐구가 더 잘 되어 있기 때문에,[90] 그림 같은 묘사나 에피소드 수준 이상의 결론을 끌어낼 수 있다. 노먼 스콧 브라이언 그러스에 의하면[91] 런던이야말로 폰 튀넨*이 이야기하는 경제 공간의 구역별 조직에 관한 법칙이 전형적으로 들어맞는 곳이다. 그 조직화는 파리 주변보다 런던 주변에서 한 세기 전에 이루어졌다.[92] 런던을 위해서 봉사하는 구역은 조만간 거의 전 영국의 상공업 지역을 포괄하게 되었다. 16세기에는 북쪽으로 스코틀랜드, 남쪽으로 영불해협, 동쪽으로 북해—이곳의 연안 항해는 런던의 일상생활에 핵심적으로 중요했다—서쪽으로 웨일스와 콘월 지역에까지 미쳤다. 그러나 이 공간 안에는 잘 이용하지 못하

---

* Johann Heinrich von Thünnen(1783-1850) : 독일의 농업학자. 상품의 수송비용과 생산지점 사이의 관계에 대한 이론으로 유명한 『고립국가(Der isolierte Staat)』를 썼다. 이에 따르면, 도시에서 가까울수록 중량이 많이 나가면서 상하기 쉬운 상품이 생산되고, 멀수록 가볍고 보관이 잘 되는 상품이 생산된다. 수송비가 많이 들수록 토지의 수익성이 줄어드므로 지대가 낮아진다. 따라서 도시에서 가깝고 지대가 높을수록 토지를 집약적으로 이용하는 경작 방식이 이루어진다.

거나 거의 이용하지 못하는, 더 나아가서 거기에 저항하는 지역들도 있었다. 브리스틀과 그 주변 지역이 대표적이다. 파리 주변 지역에서 그렇듯이(그리고 폰 튀넨의 도식에서처럼) 가장 멀리 떨어져 있는 지역이 가축 교역을 맡고 있다. 16세기부터 웨일스가 이런 역할을 맡았고, 훨씬 후인 1707년에 영국에 합병된 뒤에* 스코틀랜드도 여기에 참여했다.

런던 시장의 핵심은 당연히 템스 강 유역이 담당한다. 이곳은 런던에서 가깝고 수로와 중개 도시들—억스브리지, 브렌트퍼드, 킹스턴, 햄프스테드, 왓퍼드, 세인트 올번스, 하트퍼드, 크로이던, 다트퍼드—이 있어서 접근이 용이하다는 이점이 있다. 그리고 이 중개 도시들은 곡물을 찧고, 밀가루를 수송하며, 맥아를 준비하고, 식량과 공산품을 런던으로 보낸다. 우리가 만일 이 수도 시장의 모습을 담은 그림들을 연속적인 시간별로 가지고 있다면, 매년 이 도시 자체가 커지는 리듬대로 시장이 확장해나가는 것을 볼 수 있을 것이다(런던의 인구는 1600년에 25만 명이었다가 1700년에는 50만 명 이상이 되었다). 영국 전체 인구 역시 계속해서 증가했지만 런던의 인구 증가 속도가 더 빨랐다. 런던이 "영국을 잡아먹고 있다(is going to eat up England)"고 말한 어느 여류 역사가보다 그 사정을 더 잘 표현할 수는 없을 것이다.[93] 제임스 1세 역시 이렇게 말하지 않았던가. "시간이 지나면 영국 전체가 런던이 되고 말 것이다(With time England will only be London)."[94] 물론 이런 이야기는 정확하기도 하고 부정확하기도 하다. 과소평가한 부분도 있고 과대평가한 부분도 있는 것이다. 런던이 집어삼키는 것은 영국 내부만이 아니라 영국 외부도 있다. 영국의 무역 중 적어도 3분의 2, 어쩌면 4분의 3, 많게는 5분의 4까지를 런던이 차지했기 때문이다.[95] 그러나 궁정, 육군, 해군이라는 3자의 식욕을 더하고도 런던이 모든 것을 집어삼킬 수는 없었다. 또 런던에서는 자본 집중과 물가상승이 거스를 수 없는 성향이었지만, 다른 모든 곳

---

* 이 책 제1권 711쪽의 역주를 참조하라.

이 이 성향을 좇아오도록 만들 수는 없었다. 더 나아가서 런던의 영향을 받아 영국의 시골이나 소도시들—"소비적이라기보다는 분배적인 성격이 짙은"[96]—에서 국민생산이 증가했다. 런던과 그 나머지 지역들은 어느 정도 서로 돕고 있었다.

런던의 팽창에 힘입어 영국의 근대성이 이루어져갔다. 주변 농촌지역이 부유해지는 것은 명백하다. 여행자들은 여관의 하녀들이 "매우 깨끗한 옷을 입고 있어서 귀부인으로 착각할" 정도였으며, 농민들 역시 옷도 잘 입고 흰 빵을 먹는 데다가 프랑스 농민들처럼 나막신을 신지는 않았을뿐더러 심지어 말을 타고 다니기도 했다.[97] 잉글랜드와 저 멀리의 스코틀랜드 및 웨일스 전역이 도시의 문어발이 닿으면서 변형되었다.[98] 런던이 건드리는 모든 지역은 전문화되고, 변형되고, 상업화되어갔다. 물론 그것은 아직 한정된 영역에만 그쳤던 것이 사실이다. 근대화된 지역들 사이사이에 흔히 전통적인 농장과 작물을 취급하는 구식 농업체제가 유지되었다. 예를 들면 템스 강 남쪽 런던 인근에 있는 켄트 지역을 보면, 런던에 공급할 목적의 과수원과 홉을 가꾸는 밭이 있었지만 동시에 농민, 밀밭, 목축, 빽빽한 숲(이곳은 대로에서 약탈을 일삼는 강도들이 숨어 있는 곳이기도 하다)이 그대로 남아 있었다. 나아가서 의심할 수 없는 증거로서 사냥할 짐승이 아주 풍부하게 존재했다는 점을 들 수 있다. 꿩, 자고새, 산닭, 메추라기, 발구지, 야생 오리……그리고 영국 멧새 종류인 딱새—"이것은 한 입 거리에 불과하지만 그 이상 맛있는 것이 없다.……"[99]

런던 시장의 조직화가 가져온 또다른 영향은 전통적 시장인 공개시장의 해체이다(사실 시장의 거래 규모로 보면 이 경향은 불가피하다). 이 공개시장은 생산자-판매자와 도시의 구매자-소비자가 직접 만나는 "투명한" 시장이었다. 그런데 양자 간의 거리가 이제 너무나 멀어져 소시민의 수준에서 그 간격을 전부 넘기란 불가능해졌다. "제3의 인물"인 상인은 오래 전부터, 적어도 13세기부터 등장하여 특히 곡물 무역을 위해 시골과 도시 사이를 매개했다. 한편으로 생산자와 대상인 사이에, 또 한편으로 대상인과 소매상인 사이에 점차 중개 고리들이 생기고 이 중개 고리들을 통해서 대부분의 버터, 치즈, 가금류, 과일, 채소, 우유 등이 거래되었다. 이런 와중에서 지난날의 관례, 습관, 전통이 사라졌다. 차라리 날아가버렸다고 말해야 할 것이다. 런던의 배[腹], 혹은 파리의 배가 혁명이 될 것이라고 누가 생각이나 했겠는가! 그러나 그 배가 커지는 것만으로도 실제로 혁명적인 일이었다.

직접 세어보라

만일 수치자료나 정산서, 혹은 "시계열적(時系列的)" 문서들이 있다면, 앞에서 말한 변화들을 더욱 명확하게 이해할 수 있었을 것이다. 실제로 그런 자료들을 대량으로 모아놓는 것이 불가능하지만은 않다. 그와 같은 시도로는 1500년에서 1640년까지 잉글랜드와 웨일스의 시장들에 관한 앨런 에버릿의 훌륭한 연구(1967)라든가,[100] 1722년 캉 납세구의 시장들을 나타낸 지도, 혹은 바이에른의 시장들에 대해서 에카르트 슈레머가 만든 계산서 등이 있다.[101] 그러나 이런 연구들은 다만 연구 방향을 제시한 정도에 불과하다.

대여섯 군데의 예외적인 시골 마을들이 시장을 보유하고 있지만 이것들을 제외하면 16-17세기에 잉글랜드에는 760군데, 웨일스에는 50군데, 모두 약 800군데의 도시나 읍이 정기적인 시장을 가지고 있었다. 이 두 지역의 전체 인구가 약 550만 명이라고 한다면, 앞에서 말한 곳들은 자체의 인구가 약 1,000명인 데에 비해 교역하는 데에는 평균적으로 6,000-7,000명 정도의 사람들과 관계를 맺는 셈이다. 다시 말해서 상업활동을 하는 지역들은 자체의 인구에 비해 대략 6-7배 많은 사람들의 교역을 맡아서 하고 있다. 우리는 18세기 말의 바이에른에 대해서도 이와 비슷한 비율을 발견할 수 있었다. 이곳에서는 7,300명의 인구당 하나의 시장이 있었다.[102] 다만 이러한 일치가 있다고 해서 어떤 규칙성을 상정해서는 안 될 것이다. 그와 같은 비율들은 시대에 따라서, 또 지역에 따라서 다를 수밖에 없다. 그리고 사실 그 각각의

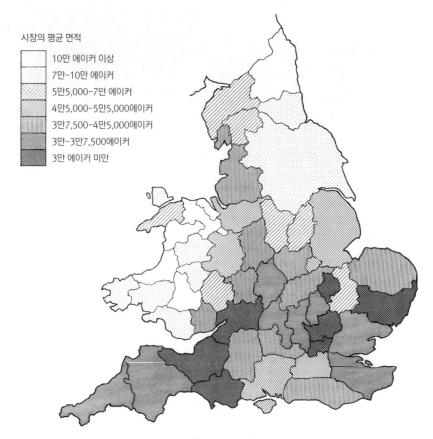

시장의 평균 면적

- 10만 에이커 이상
- 7만-10만 에이커
- 5만5,000-7만 에이커
- 4만5,000-5만5,000에이커
- 3만7,500-4만5,000에이커
- 3만-3만7,500에이커
- 3만 에이커 미만

2. 영국과 웨일스 지방의 도시시장의 밀도(1500-1680)
에버릿은 지역별로 한 도시시장이 포괄하는 평균 면적을 계산했다. 그 결과를 보면, 최북부 및 서부지역의 10만 에이커(1에이커가 약 150제곱미터이므로 1,500헥타르에 해당한다) 이상부터 3만 에이커(450헥타르) 미만까지 분포하고 있다. 인구가 많은 지역일수록 한 시장이 포괄하는 지역이 좁아진다. (앨런 에버릿, "도시시장", J. 서스크 편, 『잉글랜드와 웨일스의 농업사』, 1967, p.497)

계산이 어떻게 수행되었는지에 대해서도 주의 깊게 살펴보아야 할 것이다.

어쨌든 엘리자베스 시대[1558-1603/역주]와 13세기의 영국을 비교하면, 인구는 두 시기가 거의 비슷한데, 아마도 앞 시기에 시장이 더 많았다는 점을 알 수 있다. 이것은 엘리자베스 시대에 한 단위로서의 시장의 활동이 더 컸든지—다시 말하자면 한 시장이 포괄하는 범위가 더 컸든지—아니면 중세 영국의 영주들이 시장을 명예로운 곳으로 간주하거나 이익을 얻으려는

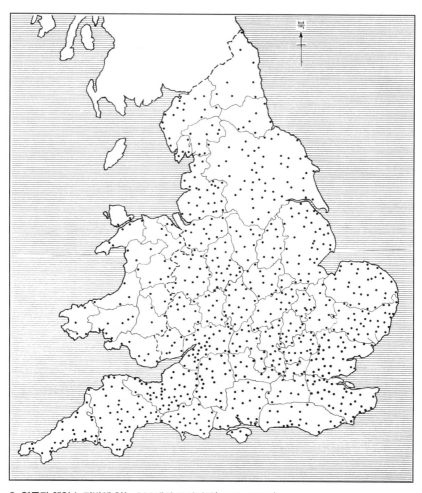

3. 영국과 웨일스 지방에 있는 800개의 도시시장(1500-1640)
각각의 도시에는 적어도 1개의 시장이 있고, 보통은 여러 개의 시장들이 있다. 시장 외에 정기 시도 고려해야 한다. (그림 2와 같은 책에서 인용, pp.468-473)

마음에서 그랬는지는 모르겠지만, 여하튼 시장을 만드는 데에 진력함으로써 이 시대에 시장이 지나치게 많아졌다고 설명할 수 있을 것이다. 어쨌거나 두 시기 사이에 "사라진 시장들"이 있는데,[103] 이것은 분명 요즘의 역사학이 많은 주의를 기울이는 "사라진 마을"*만큼이나 흥미로운 현상이다.

---

* lost village : 중세 말의 위기 때 농업이 극적으로 피폐해지고 인구가 급격히 감소하는 가운데, 한 계 상황에 있던 마을이 더는 존립하지 못하고 사라진 현상을 말한다.

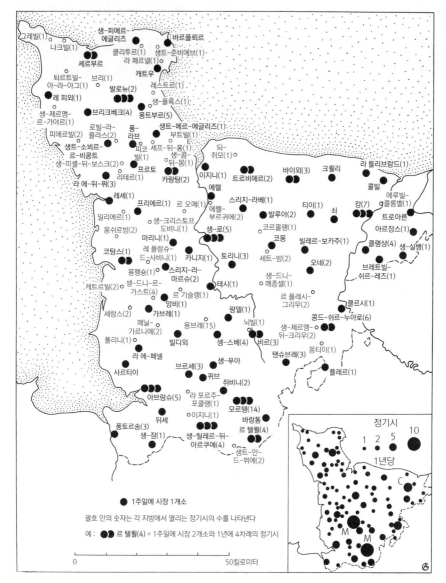

예 : ●● 르 텔뢰(4) = 1주일에 시장 2개소와 1년에 4차례의 정기시

4. 1725년 캉 납세구의 시장과 정기시

장-클로드 페로는 이 지도에 표시되지 않은 정기시 6개소를 나에게 알려주었다(생-장-뒤-발 1개소, 베리 2개소, 모르탱 1개소, 바시 2개소). 모두 197개소의 정기시가 있는데, 태반은 하루 동안 열리고 일부는 2-3일간 열리지만, 캉의 대정기시는 보름 동안 열렸다. 그러므로 1년에 223일 동안 정기시가 열린 셈이다. 여기에 더해 1주일에 모두 85개소의 시장이 열리는데 이것은 1년에 4,420일 동안 시장이 열리는 것과 같다. 당시 이 지역의 인구는 60만-62만 명 정도였고 면적은 약 1만1,524제곱킬로미터였다. 이와 유사한 계산서들이 더 있다면 프랑스 전역에 걸쳐 유용한 비교를 할 수 있을 것이다. (칼바도스 지역 고문서 보관소[C 1358]의 자료를 토대로 기 아르벨로가 만든 지도)

16세기의 경제적 팽창 이후, 특히 1570년 이후부터 새로운 시장들이 만들어지거나, 혹은 이전의 것들이 재 속에서 부활하거나, 또는 비몽사몽 잠들어 있는 상태로부터 다시 깨어났다. 이로 인해서 얼마나 많은 다툼이 일어났겠는가! 사람들은 옛날의 특허장을 다시 꺼내와서 누가 시장세를 거둘 권리를 가지고 있는지, 아니면 앞으로 가지게 될지, 또한 등불, 십자가, 저울, 임대용 점포, 지하 창고나 헛간 등의 설비 부담을 누가 질지 등의 문제를 따졌다.

동시에 전국적인 차원에서 시장들 사이에 교역에 관한 분업이 만들어졌다. 그것은 시장에 내놓을 상품들의 성격, 거리, 수송 시설의 유무, 생산과 소비의 지리에 따라 결정되었다. 에버릿이 헤아려본 800여 개의 도시시장들은 지름이 평균 약 7마일(약 11킬로미터) 정도 되는 공간 속에 위치해 있었다. 1600년경에는 밀이 육로로 10마일 이상 되는 거리를 이동하지 못했다. 10마일은커녕 대부분의 경우 5마일 이상 이동하는 것도 무리이다. 이에 비해 소는 11마일까지, 양은 40-70마일까지, 양모와 모직물은 20-40마일까지 이동할 수 있었다. 찰스 1세 때 가장 큰 양모 시장 중의 하나였던 요크셔의 동커스터에는 게인즈버러(21마일), 링컨(40마일), 워숍(25마일), 플리즐리(26마일), 블랭크니(50마일) 등지에서 구매자들이 모여들었다. 링컨셔에서는 케어비의 존 해처라는 인물이 스탬퍼드에서 양을 팔고 뉴어크에서 황소와 암소를 팔며, 그 대신 스필스비에서 송아지를, 보스턴에서 생선을, 본에서 포도주를, 그리고 런던에서 사치품을 샀다. 이런 분산된 양태는 시장의 전문화가 진행되고 있음을 알려준다. 잉글랜드와 웨일스의 800여 곳 시장들 중에서 적어도 300곳 정도가 특정한 분야의 활동에 진력했다고 알려져 있다. 133개소는 밀, 26개소는 맥아, 6개소는 과일, 92개소는 소, 32개소는 양, 13개소는 말, 14개소는 돼지, 30개소는 생선, 21개소는 사냥한 고기와 가금류, 12개소는 버터와 치즈, 30개소 이상은 양모와 양모사, 27개소 이상은 모직, 11개소는 가죽 제품, 8개소는 아마, 적어도 4개소는 대마의 판매에 진력했다. 어떤 곳은 예상도 못할 정도로 아주 좁은 분야에 전문화되어 있었다.

예컨데 와이몬덤은 나무로 만든 숟가락과 술통 꼭지만을 취급했다.

물론 시장의 전문화는 18세기에 가면 더 가속화되고 또한 영국 이외의 지역에서도 나타난다. 만일 우리가 나머지 유럽 전역에 대해서 시장의 발전 단계를 통계적으로 확인할 수 있다면 유럽의 성장을 보여주는 지도를 가지게 될 것이다. 그렇게 되면 현재 우리가 가진 순전히 서술적인 자료를 유용하게 대체해줄 것이다.

그렇지만—이것이 에버릿이 이끌어내는 가장 중요한 결론이다—16-17세기에 영국의 인구가 증가하고 경제가 팽창하면서 이 정기적인 시장은 부적합하게 되었다. 아무리 전문화하고 집중화한다고 하더라도, 또 우리가 다시 보겠지만 또다른 전통적인 교환기구인 정기시(foire, fair)가 부족한 부분을 메꾸어준다고 하더라도[104] 사정은 마찬가지였다. 교역의 증가는 더 자유롭고 더 직접적인 새로운 유통 경로를 장려했다. 우리가 본 바와 같이 런던의 성장이 여기에 일조했다. 앨런 에버릿이 명명한 사거래(私去來, private market, 아주 적절한 용어라고는 할 수 없지만 더 나은 것이 없으므로 에버릿은 이렇게 명명했다)가 크게 융성한 것도 그 때문이다. 사실 사거래란 별다른 것이 아니고 철저한 감시를 받는 공개시장을 우회하는 방식에 불과하다. 이 사거래 시장에 종사하는 사람들은 흔히 돌아다니는 대(大)상인들로서 행상인(colporteur)이거나 세일즈맨(démarcheur)이었다. 이들은 남의 집 부엌에까지 들어가서 밀, 보리, 양, 양모, 가금류, 토끼 가죽 혹은 양 가죽과 같은 것들을 선매(先買)했다. 말하자면 시장이 경계를 넘어서 마을로 들어가게 된 것이다. 종종 이 신참자들은 여관에 자리를 잡고 일을 보았기 때문에 여관이 시장을 대신하게 되었고 그 역할이 아주 중요해지기 시작했다. 이 사람들은 한 지역에서 다른 지역으로, 한 도시에서 다른 도시로 돌아다니면서 여기에서는 가게 주인과, 저기에서는 행상인이나 도매상과 거래했다. 한편 이들 자신이 진짜 도매상 역할을 하거나 온갖 종류의 중개인 역할도 했다. 예를 들면 네덜란드의 양조업자에게 보리를 판매하기도 하고 발트 해 지역에서 호밀을 사서 브리스틀에 가져와 팔기도 했다. 때로 이들은 두세 명이 합자해서 위험부담을 나누었다.

다양한 면모를 가진 이 신종업자들이 교활한 술책과 완강한 고집, 냉혹함 때문에 증오의 대상이 되었다는 것은 이 당시의 재판 기록에 물리도록 많이 나온다. 단순한 종이 어음 하나를 가지고 대개 글을 모르던 구매자들을 완전히 구속하던 이 새로운 형태의 영업 행위는 많은 오해와 극적인 사태를 불러일으켰다. 그러나 짐 끄는 말을 몰거나 강에서 곡물을 수송하는 배들을 감시하는 일을 하며 사방을 누비고 다녀야 하는 이 상인들의 고된 일도 나름대로 매력을 가지고 있었다. 스코틀랜드로부터 콘월에 이르기까지 영국 전역을 돌아다니면서 여관을 전전하는 동안 친구와 동료들을 사귀고, 그러면서 자신이 지적이면서도 자유분방한 사업세계에 속해 있다고 느끼는 것, 그리고 그렇게 하면서 밥벌이를 충분히 하는 것이 그런 매력이었다. 이것은 경제 영역을 넘어서 사회 영역에까지 파급된 혁명이었다. 에버릿은 이 새로운 활동의 발달과 독립파*의 확고한 정치적 지위 구축이 동시에 일어난 것이 우연이 아니라고 생각했다. 영국내전이 끝난 무렵인 1647년경에 도로들이 완전히 새로 개통되었을 때, 콘월의 설교자 휴 피터는 이렇게 외쳤다. "오, 얼마나 다행스러운 변화인가! 문전을 벗어나기도 전에 제지당하던 사람들이 이제는 에든버러로부터 콘월의 랜즈 엔드까지 다시 돌아다니고, 마부는 휘파람을 불어 말을 재촉하며, 1주일에 한 번 정기적으로 심부름을 다니는 급사가 언제나처럼 길을 간다. 그러니 언덕들이 즐거워하고 계곡이 웃음을 짓노라!"[105]

---

* Independents : 또는 회중파(Congregationalists)라고도 한다. 영국의 청교도 중에서 칼뱅의 교리를 따르되, 각 회중(會衆)의 자율성을 강조하고 따라서 종교적 관용을 강조하던 사람들을 말한다. 주로 중하층 출신이던 이들은 십일조를 거부하는 등의 움직임으로 재산소유계급에게 공포를 불러일으켰다. 이들은 하층에 영향력을 미쳤고 특히 크롬웰의 지지를 받으면서 신형군(New Model Army)에 중요한 영향을 미쳤다.

영국의 진리는 곧 유럽의 진리

사거래란 영국에만 국한된 현상이 아니었다. 대륙에서도 상인들은 직접 돌아다니게 되었다. 16세기 후반에 끊임없이 사방으로 여행을 했던 현명하고 활동적인 바젤 상인 안드레아스 뤼프―그는 연평균 30회 정도 여행했다―는 자신에 대해서 이렇게 말했다. "나는 거의 쉴 틈이 없어서 말 안장이 끊임없이 내 엉덩이를 뜨겁게 만들어놓는다(Hab wenig Ruh gehabt, dass mich der Sattel nicht an das Hinterteil gebrannt hat)."[106] 사실 현재 우리의 정보만으로는, 한 정기시에서 다른 정기시로 돌아다니는 행상인과 생산지로 곧바로 가서 상품을 구매하려는 상인의 구분이 쉽지는 않다. 그러나 유럽 어디에서든 공개시장은 수가 많지 않으면서도 동시에 너무 지나친 감시를 받고 있었기 때문에 관찰 가능한 곳에서는 어디에서나 공개시장을 피해가는 우회적인 방법들이 쓰였다.

들라마르의 『경찰론(Traité de la Police)』에 있는 한 주석은 1693년 4월, 파리의 행상들의 부정행위에 관해서 이렇게 말한다. "이들은 자기 상품을 중앙시장이나 공개시장에 가져가서 파는 대신 여관이나……여관 밖에서 판다."[107] 그는 또 제분업자, 빵 장수, 푸주한, 상인 그리고 기회를 보아 불법적으로 불쑥 거래에 참여하는 매점매석꾼들이 싼값에 물건을 사들임으로써 정상적으로 시장에 들어오는 몫을 감소시키는 여러 방식들에 대해서도 상세하게 기록했다.[108] 이미 1385년에 노르망디의 에브뢰에서는 공공질서를 감시하는 사람들이 "귓속말로 담합하고, 손짓이나 이상한 은어를 사용하며 낮은 목소리로 이야기하는" 생산자나 소매상인을 비난한 바 있다. 또다른 위반사항은 "물품이 중앙시장에 들어오기 전에"[109] 소매상인들이 미리 농민에게 가서 구매하는 것이다. 카르팡트라에서도 16세기에 채소 장수 여자들(répétières)이 시장으로 가는 상품을 중간에서 싼 가격에 사들였다.[110] 모든 도시에서 빈번하게 일어나는 일이었다.[111] 그러나 18세기가 절반 이상이나 지난 1764년 4월에도 런던에서 그러한 부정행위를 비난하는 소리를 들을 수 있었다. 정부는 "식량 가격이 지나치게 올라서 사람들이 수군거리는 것에 다소라도 주의를 기울여야 한다. 이 수군대는 소리는 바로 위정자들의 잘못에 기인한 것이다.……이렇게 가격이 오른 중요한 원인은……수도에 우글대는 독점 상인들의 탐욕 때문이다. 근자에 이들은 시장 상황에 앞서가려고 획책하고 있다. 이들은 큰길로 나가서 시장에 상품을 싣고 오는 시골 사람들을 맞이하여 상품을 사들이고는 자신이 원하는 값에 비싸게 판다"고 한 외교 문서는 이야기했다.[112] 이 문서는 이런 자들을 "사악한 무리들"이라고 이야기했지만 사악한 무리들은 도처에 깔려 있었다.

또한 도처에 진짜 밀수꾼들이 있어서 여러 규제와 세관, 시장세 등을 비웃었다. 이들은 다양하고, 수도 많으며, 아무리 쫓아내려고 해도 소용이 없었다. 인도산 염색직물, 소금, 담배, 포도주, 증류주 등 이들은 모든 물품을 취급했다. (1728년 7월 1일에) 프랑슈-콩테의 돌(Dole) 지방에서는 "밀수품 거래가 공공연하게 이루어졌다.……어떤 상인이 뻔뻔스럽게도 이렇게 밀수한 상품의 대금을 지불받기 위해서 소송을 제기했으니 말이다."[113] 루이 14세의 긴 치세기 중의 마지막 재무총감*이었던 데마레**에게 부하 한 명은 이렇게 보고했다. "각하께서 브르타뉴와 노르망디 해안 전역에 군대를 풀어놓으신다고 해도 밀수를 막을 수는 없습니다."[114]

각종 시장 : 노동시장

직접적이든 간접적이든 시장과 다양한 형태의 교환은 끊임없이 경제를 뒤흔든다. 가장 정태적인 경제라도 여기에서 예외가 아니다. 시장은 경제를 교란

---

* 17-18세기에 프랑스의 재정에 관한 행정을 총괄하던 직책을 말한다. 1547년 앙리 2세가 재정을 담당하는 감독관 2명을 둔 것까지 그 기원이 거슬러올라가지만, 정식으로는 1665년 루이 14세가 콜베르를 재무총감으로 임명하고 국고 지출 명령을 제외한(이것은 국왕 자신이 담당했다) 모든 재정 업무를 총괄하는 기능을 맡긴 것이 처음이다.

** Nicolas Desmarets(1648-1721) : 마유부아(Maillebois) 영주, 프랑스의 정치가. 콜베르의 조카이며, 재무총감을 맡아서 일하다가 루이 14세가 죽자 파면되었다(1708-1715). 보방의 이론에 영향을 받아 10분의 1세(dizième)를 창안했고 왕립은행을 구상했다(이것은 로 체제를 예고했다).

시킨다고도 할 수 있고, 경제를 활성화시킨다고도 할 수 있을 것이다. 논리적으로는 모든 것이 시장을 거쳐간다. 토지와 산업의 산물만이 아니라 토지 재산, 화폐(다른 어느 상품보다도 더 빠르게 이전된다), 그리고—인간 그 자체는 아니라고 하더라도—인간의 노력인 노동이 시장을 거쳐간다.

모든 도시, 읍, 마을에서 언제나 주택, 택지, 점포 및 임대용 주택 등이 거래된 것은 말할 나위 없는 사실이다. 13세기에 제노바에서 주택이 매매되었다든가[115] 또는 같은 시대에 피렌체에서 택지를 먼저 임대하고 그 위에 주택을 지었다든가[116] 하는 사실을 문서를 통해서 확인할 수는 있지만, 흥미로운 일은 아니다. 이러한 교환과 거래가 증가하고, 부동산 시장이 형성되고, 어느 날 투기가 크게 퍼진다는 사실이 중요하다. 그렇게 되려면 거래가 일정한 수준에 이르러야 한다. 이것은 16세기 이후 파리의 집세(점포의 집세까지 포함)의 변화를 통해서 확인할 수 있다. 집세는 경기변동과 인플레이션의 연속적인 물결 속에 실려서 변화했다.[117] 이 사실은 다음의 구체적 사실 하나만 보아도 증명된다. 부유한 농업지역인 에밀리아의 한가운데 있는 체세나에서 한 가게를 임대하는 계약 문서(1622년 10월 17일 자)가 우연히 시립도서관에서 발견되었는데 이것은 미리 인쇄되어 있는 형식이어서 빈 칸을 채워 넣고 서명만 하면 되었다.[118] 투기도 훨씬 더 근대적인 성격을 띠었다. "부동산 개발업자(promoteur)"와 그 고객은 오늘날에만 있는 것이 아니다. 파리의 경우에는 16세기부터 일부 투기를 추적할 수 있다. 오랫동안 공터로 남아 있던 프레-오-클레르 지역,[119] 센 강 주변 지역, 투르넬 지역이 그런 곳들이다. 마지막으로 언급한 이 지역에서는 1594년부터 아를레 의장*이 지휘하는 상인단(consortium)이 수익성 좋은 멋진 집들을 지었는데 이곳이 오늘날의

---

* Achille de Harlay(1536–1619) : 보몽(Beaumont) 백작. 파리 고등법원 의장으로, 프랑스의 국왕 앙리 4세가 왕위에 오르고 나서도 가톨릭교도의 격심한 반대로 파리에 입성하지 못할 때 그에게 충성을 바치다가 감옥에 갇혔다. 훗날 파리 시민이 앙리 4세를 국왕으로 받아들인 후에 출옥하여 관리로서 그에게 봉사했다.

보주 광장이 되었다. 이렇게 지은 집들은 대귀족 가문에게 임대했다.[120] 17세기에는 생-제르맹 외곽 지역과 그 외의 지역들이 투기 대상이 되었다.[121] 루이 15세와 루이 16세 시대에 수도 파리는 건축 작업장으로 덮여 있었고 부동산 업자들은 한창 경기가 좋았다. 1781년 8월, 어느 베네치아인은 파리의 아름다운 팔레-루아얄* 산책로가 사라지고 나무가 베이고 있다고 편지에 썼다. "시내의 모든 사람들이 투덜거리는 데에도 불구하고" 샤르트르 공작이 "이곳에 건물을 짓고 임대할" 계획을 가지고 있다는 것이다.[122]

토지 역시 마찬가지 변화를 겪었다. "토지"는 마침내 시장 속에 휩쓸려들어가 소진되었다. 예를 들면 브르타뉴에서는 13세기 말 이래 영지가 매매의 대상이 되었다.[123] 물론 그보다 일찍, 또다른 곳에서도 이런 일이 일어났을 것이다. 유럽에서의 토지 매매에 관해서 우리는 그 가격 변동을 알려주는 시계열 자료를 가지고 있으며[124] 규칙적인 가격 상승 경향을 나타내는 참고 자료들을 많이 가지고 있다. 예컨대 1558년에 스페인에 대해서 베네치아 대사는 이렇게 말했다. "상품(여기에서는 토지)은 보통 8-10퍼센트, 즉 소득의 12.5배 내지 10배에 팔렸지만 이제는 4-5퍼센트, 즉 소득의 25배 내지 20배에 팔린다"[125]** "돈이 많아져서" 값이 두 배가 된 것이다. 18세기에 브르타뉴의 영지 임대는 생-말로에서 대상인들이 주도했다. 여기에는 중개인들의 체인 망이 이용되었는데, 이 체인 망은 파리나 총괄 징세청부업***에까지 연결되

---

* Palais-Royal : 파리 중심가에 있는 건물과 정원. 1633년에 리슐리외에 의해서 건설되어 팔레-카르디날(Palais-Cardinal : 추기경 궁전)이라고 불리다가 그가 죽을 때 국왕에게 유증해서 (1643) 팔레-루아얄(국왕 궁전)이 되었으며, 이후 안 도트리슈 등 왕족이 거주했다. 화재를 입어 수리하기도 하고, 18세기에는 일부를 변경하여 사업 중심지로 만들기도 했다(본문에서 말하는 것이 이때이다). 프랑스 혁명기 이래 역사상의 주요 사건들의 무대가 되다가 파리 코뮌 때 불탄 것을 1870년대에 복구했다.

** 토지를 8퍼센트에 판다는 것은 그 토지를 이용해 1년에 얻는 소득이 땅값의 8퍼센트에 해당하는 것으로 계산한다는 의미이다. 따라서 이 경우에 땅값은 1년 소득의 12.5배(8분의 100)가 되며, 만일 이 비율이 떨어져서 4퍼센트가 되면 땅값은 1년 소득의 25배(4분의 100)가 된다.

*** Ferme générale : 앙시앵 레짐 프랑스에서 국왕의 조세 징수를 대행한 제도. 1680년에 만들어지고 1726년에 재조정되어 정착되었다. 처음에는 명의인이 소금세, 소비세, 무역세, 영지세, 입

어 있었다.[126] 신문에는 부동산 매매 광고가 실려서[127] 이 분야에서 선전이 뒤처지지 않았음을 알 수 있다. 광고를 하든 안 하든, 유럽 전역에서 판매, 구입, 전매를 통해 토지의 주인이 끊임없이 바뀌었다. 확실한 것은 이 움직임이 어느 곳에서나 영주와 농민 같은 이전의 토지 주인에게서 소유권을 빼앗아 도시의 신흥 부자들에게 넘기는 경제적, 사회적 변화와 연관되어 있다는 것이다. 13세기에 이미 일-드-프랑스에서는 (마르크 블로크의 표현을 따르자면) "토지 없는 영주(seigneur sans terre)", 혹은 기 푸르캥이 말하듯 "잔여 영지"*가 늘어났다.[128]

단기 혹은 장기 화폐시장은 다음에서 다시 자세히 다룰 것이다. 이 시장은 유럽 성장의 핵심에 닿아 있다. 그런데 이 시장의 발달이 어디에서나 똑같은 리듬과 효율성으로 이루어지지는 않았다는 점은 의미심장하다. 이에 반해 자금을 빌려주는 자본주, 그리고 유대인이나 롬바르디아인, 카오르인 등**으로 부르는 고리대금업자들은 어디에서나 볼 수 있었다. 여기에는 농민에게 돈을 빌려주는 일을 전문으로 하는 바이에른의 수도원도 끼어 있다.[129] 우리가 정보를 얻을 수 있는 곳에서는 어디에서나 고리대금업이 탄탄하게 성장해 있었다. 이것은 전 세계 어느 문명에서나 똑같이 볼 수 있는 현상이다.

반대로 화폐 선물시장(先物市場)***은 이미 경제가 발달한 지역에만 존재

시세(入市稅) 등을 임대하여 징수하도록 했으나 나중에는 일정 금액의 보증금을 내고 그 액수를 명의인이 징수하여 스스로 환불받는 방식으로 바뀌었다. 그 액수는 1786년에는 1억5,000만 리브르에 달했고, 이들의 가차 없는 징수 방식이 대단히 큰 불만의 대상이었다.

* seigneurie-croupion : 여기에서 크루피옹(croupion)이란 새의 꼬리 부분, 짐승의 뒷부분, 혹은 사람의 둔부를 가리킨다. 즉, 영지의 대부분을 상실하고 아주 하찮은 땅만 남아 가지고 있는 것을 말한다.

** 롬바르디아인(Lombard), 카오르인(Cahorsin) 등은 전통적으로 중세 이래 소액의 자금을 빌려주는 사람을 일컫는 말이지만, 이들이 반드시 롬바르디아나 카오르 출신이었던 것은 아니다. 이들이 빌려주는 돈의 성격은 생산활동의 자금이라기보다는 주로 가사에 필요한 소액을 단기간 고리로 융통해주는 것에 불과했다.

*** marché à terme, future market : 상품, 외국환 등의 거래에서 장래의 어느 한 시점을 기준으로 인수 및 인도 계약이 매매되는 시장을 말한다. 이때 상품이나 화폐 자체가 시장에 반입되는 것이 아니라, 선물(先物)이라고 일컬어지는 장래의 인수 및 인도 계약만이 거래된다. 선물시장은

한다. 13세기 이후 이탈리아, 독일, 네덜란드가 대표적이다. 이 지역들은 그런 화폐시장이 만들어지는 데에 유리한 조건을 두루 갖추고 있었다. 자본 축적, 원거리 무역, 환어음이라는 도구, 아주 일찍 등장한 공채증서, 상공업과 조선업 등에 대한 투자, 또 15세기 이전부터 굉장한 규모로 커져서 한 개인의 수준을 넘어선 규모의 항해에 대한 투자 등……. 그다음 시기에 이런 커다란 화폐시장이 홀란트로 이전했고, 다시 그후에는 런던으로 이전했다.

이 모든 시장들 중에서도 이 책의 관점에서 볼 때 가장 중요한 것은 노동시장이다. 나 역시 마르크스처럼 노예제라는 고전적인 사례는 일단 제쳐놓을 것이다. 물론 노예제는 아주 오랫동안 살아남았고 때때로 다시 부활하기도 했던 중요한 현상인 것은 사실이다.[130] 우리가 다루어야 할 중요한 문제는 어떻게 인간이, 적어도 인간의 노동이 상품이 되는가 하는 것이다. 토머스 홉스(1588-1679)와 같은 탁월한 지성은 이미 "각 개인의 노동력은 하나의 상품"이며 따라서 시장 내에서 경쟁하는 가운데 교환되는 사물이라고 말한 바 있으나,[131] 그것은 이 시대에 그렇게 낯익은 개념은 아니었다. 이름이 알려지지 않은 한 제노바 주재 프랑스 영사가 말한 것이 우연히 알려져 있다. 아마도 자기 시대에 뒤처져 있었을 법한 이 사람의 생각에는 재미있는 점이 있다. "각하, 나는 사람을 돈으로 간주할 수 있다는 것은 처음 듣습니다." 그러나 이에 비해 리카도는 거침없이 이렇게 이야기했다. "노동은 다른 모든 사물과 마찬가지로 사고팔 수 있다."[132]

확실한 것은 노동시장—개념으로서가 아니라 실제의 노동시장—이 산업화 시대에 가서야 등장한 것은 아니라는 점이다. 노동시장이란, 어떤 출신이든 간에 상관없이 전통적인 "생산수단"을 가지지 못한 사람들이 스스로를 팔기 위해서 내놓는 곳이다. 이런 사람들은 한 조각 땅이든, 직조기이든, 말이나 수레이든 어떤 종류의 생산수단도 전혀 소유해본 적이 없다. 그가 제

주로 가격 및 환율 변동이 심할 때 그로 인한 손해를 막는 보험의 역할을 하며, 그럼으로써 안정적이고 유동적인 정상 거래를 유지하게 한다.

공하는 것은 오직 그의 손과 팔, 즉 그의 "노동력"밖에 없다. 이때 "노동력"이란 물론 그의 기술 능력까지를 포함하는 말이다. 자기 자신을 이렇게 세놓고 판매하는 사람은 시장이라는 작은 구멍을 통해서 전통 경제를 벗어나게 된다. 이 현상을 예외적으로 명확하게 보여주는 예로 중유럽의 광부가 있다. 오랫동안 독립 장인으로서 작은 집단을 이루어 일하던 이들은 15-16세기에 상인의 통제하에 들어가게 되었다. 이제 지하로 깊이 파들어가는 광산을 개발하는 데에 필요한 거액의 투자를 할 수 있는 사람은 상인뿐이기 때문이다. 따라서 광부들은 임금노동자가 되었다. 이런 사실을 보여주는 결정적인 언급을 다음 예에서 볼 수 있다. 1549년에 보헤미아의 작은 광업도시인 요아힘스탈의 행정관들은 이렇게 이야기했다. "한편은 돈을 대고 또 한편은 일을 한다(Der eine gibt das Geld, der andere tut die Arbeit)." 자본과 노동이 때 이르게 조우한 사실을 이보다 더 적절하게 표현할 수는 없을 것이다.[133] 물론 임금노동은 일단 자리를 잡았다가 다시 사라지는 수도 있다. 이것은 헝가리의 포도원에서 그 예를 찾을 수 있다. 1570년대에 토카이,* 1575년에 나지바뉜, 1601년에 센트죄르지 버진에서 예농제가 다시 등장한 것이다.[134] 그러나 이것은 동유럽에서 있었던 특수한 상황이다. 서유럽에서는 임금노동으로 변화해간 것이 돌이킬 수 없는 현상으로서 흔히 아주 이르게 시작되었고, 일반적으로 말하는 것보다 더 흔히 볼 수 있었다.

13세기부터 파리에서는 그레브 광장**과 그 주변 지역, 즉 생-폴-데-샹으로 향하는 "쥐레" 광장과 "콩세르브 저택에 가까운" 생-제르베 성당 후진(後陳)의 광장이 취업시장 역할을 했다.[135] 롬바르디아의 피아첸차 주변의 벽돌공장에 관한 흥미로운 고용계약 서류들이 1288년과 1290년에 대해 남아 있

---

* 토카이 지역의 포도주에 대해서는 이 책 제1권 315쪽의 역주를 참조.

** Grève : 파리 시내 시테 섬에 있는 작은 광장으로, 예전에는 센 강에 이어지는 모래밭이었다. 파리 민중의 축제 장소나 사형 집행장으로 쓰이거나(1310-1830), 일자리가 없는 사람들이 모여드는 곳이었다(프랑스어에서 이 말이 일반 명사로 '파업'을 뜻하게 된 것이 여기에서 유래한다).

다.[136] 또 1253년부터 1379년 사이에 포르투갈 농촌에 임금노동자들이 있었다는 것이 문서로 확인되었다.[137] 부르고뉴의 도시 오세르에서는[138] 1393년에 포도밭 노동자들이 파업에 돌입했다(이 당시의 도시는 반쯤 농촌적인 성격을 띠었다는 점, 포도 재배는 일종의 산업활동이었다는 점을 염두에 두어야 한다). 이 일화를 통해 우리는 늦봄부터 초가을까지 매일 해 뜰 녘에 이 도시의 한 광장에서 일용노동자와 고용주가 만난다는 사실을 알게 된다. 흔히는 고용주를 대신해서 (클로지에[closier]라고 부르는) 대리인이 나왔다. 이것은 우리가 확실히 증거를 가진 최초의 노동시장 중 하나이다. 1480년에 함부르크에서는 일용노동자(Tagelöhner)가 일거리를 줄 주인을 찾아 트로스트 다리로 갔다. 이곳은 이미 "투명한 노동시장"이었다.[139] 탈망 데 레오*의 시대에도 "아비뇽에서 일자리를 찾는 하인들이 다리 위에 서 있었다."[140] 임시로 일할 사람을 정기시에서 "빌리는" 정도이기는 하지만 그래도 시장이라고 할 만한 것이 있었다("세례자 요한 축일, 대천사 미카엘 축일, 성 마르탱 축일, 만성절, 크리스마스, 부활절……등이 고용 기간의 기준일이었다").[141] 이때 농장에서 일하게 될 하인과 하녀는 고용주의 검사를 거친다. 대농이나 영주—구베르빌 영주와 같은[142]—는 마치 가축을 고를 때 품질을 검사하듯이 이들을 검사했다. "1560년경에 바스 노르망디의 모든 촌락과 큰 마을에는 일꾼을 고용하는 시장이 있었는데 이곳은 '노예' 시장 같기도 하고 장터의 축제 같기도 했다."[143] 에브뢰에서 세례자 요한 축일(6월 24일)에 열리는 당나귀 매매 시장은 동시에 하인을 매매하는 시장이기도 했다.[144] 곡물 수확 때나 포도 수확 때에는 보조 노동자가 사방에서 섞여 들어와 관례에 따라 돈이나 현물로 보수를 받고 고용되었다. 이것이 아주 큰 규모의 움직임이었다는

---

* Gédéon Tallemant des Réaux(1619–1692) : 프랑스의 회상록 작가. 랑부예 부인의 살롱을 드나들면서 그녀의 권유로 회상록을 쓰기 시작했다. 앙리 4세, 루이 13세, 프롱드의 난 등의 시기에 관한 일화들을 궁정이나 시내에서 채집하여 신랄하게 그려냈다. 그의 글은 이 시대의 계급 변화, 특히 부르주아의 변화를 알려주는 대단히 소중한 사료이다.

것은 확실하다. 어떤 경우에는 이것을 통계적으로 확증할 수도 있다.[145] 혹은 아주 작은 단위에 대한 세밀한 관찰을 통해 일용 일꾼들(journaliers)이 우글댄다는 사실도 확인할 수 있다. 17–18세기 앙주의 작은 도시 샤토-공티에 주변에 대한 연구가 그 예이다.[146] 이들은 "나무를 베고 썰고 자르기, 포도나무를 전지하고 포도를 수확하기, 잡초 뽑기, 삽질하기, 텃밭 가꾸기⋯⋯ 채소류 파종하기, 건초를 베고 헛간에 들이기, 밀을 베고 밀짚을 묶고 타작하고 낟알을 깨끗이 하기⋯⋯" 같은 일을 했다. 파리에 관해서는 건초를 하역하는 항구 한 곳만 보더라도 사정을 짐작할 수 있다.[147] 이곳에는 "항구에 짐 부리는 일꾼, 짐꾼, '바그드니에',* 마차 일꾼, 다발 짓는 일꾼, 일용 막일꾼⋯⋯" 등이 있다. 이와 같은 목록을 볼 때면 우리는 이런 말들 뒤에 있는, 도시나 시골 사회에서 꽤 지속적으로 존재했던 임금노동을 상상해볼 수 있다. 그 수로 볼 때 노동시장의 핵심은 역시 인구의 대다수가 살고 있는 농촌 사회에서 찾을 수 있을 것이다. 그렇지만 근대국가가 발전하면서 만든 또다른 대규모 일거리는 용병이다. 사람들은 어디에 가면 이들을 구할 수 있는지 알고 있었고, 또 이들은 어디에 가면 자신을 팔아먹을 수 있는지 알고 있었다. 이것은 그야말로 시장법칙 그 자체이다. 마찬가지로 하인들—여기에서는 상급 하인(officier)과 하급 하인(livrée)을 엄격히 구분했다—을 고용하는 시장을 보더라도 아주 일찍부터 직업 소개소가 있었다. 이것은 파리에는 14세기부터, 뉘른베르크에는 1421년부터 확실히 존재했다.[148]

해가 갈수록 노동시장은 공식화되었고 그 규칙은 더더욱 명확해졌다. 아브라함 뒤 프라델(니콜라 드 블레니의 필명)의 『1692년판 파리의 유용한 주소록(Le Livre Commode des Adresses de Paris pour 1692)』이라는 책은 파리인들에게 이런 종류의 유용한 정보를 준다.[149] 하녀를 원한다면? 바느리 거리에 있는 "알선 사무소(bureau des recommanderesse)"로 가라. 하인이라면 새로

---

* baguedenier : 고어(古語)로 '바게(baguer : 포장하다)'에서 나온 말 같다. 따라서 '바그드니에'는 포장업자를 가리킬 것이다.

운 시장(Marche Neuf)에서, 요리사라면 그레브에서 구할 수 있다. 조수를 원하는가? 상인이라면 캥캉푸아 거리로, 외과의사라면 코르들리에 거리로, 약사라면 위셰트 거리로 가라. 석공과 리무쟁 일꾼*은 그레브에서 일거리를 찾는다. 그러나 "신발 수선공, 철물공, 소목장이, 통 만드는 목수, 화승총 제조공, 고기 굽는 일꾼 등은 스스로 가게에 찾아와 일거리를 달라고 한다."

전체적으로 임금노동의 역사는 잘 알려져 있지 않다. 그렇지만 조사할 때마다 임금노동자의 수가 증가하는 것은 분명하다. 튜더 왕조 때의 영국에서는 "모든 가구의 절반 이상, 어쩌면 3분의 2 정도는 적어도 그들의 소득의 일부를 임금 형태로 받았다."[150] 17세기 초에 슈트랄준트를 비롯한 한자 동맹의 도시에서는 임금노동자층이 계속 증가하여 결국 전 인구 중에 적어도 50퍼센트를 차지하게 되었다.[151] 혁명 전야의 파리에서도 그 수치는 50퍼센트를 넘었을 것이다.[152]

그러나 이렇게 오래 전부터 변화해왔다고 해도 종착점에 도착한 것은 물론 아니다. 그렇게 되기에는 아직도 멀었다. 튀르고는 이렇게 개탄한 적이 있다. "노동의 유통은 화폐의 유통만큼 활발하지 못하다."[153] 그렇더라도 어쨌든 그런 움직임은 이미 시작되었고 이 변화와 적응과 고통의 영역에서 미래에 이루어질 그 모든 것을 향해서 나아가고 있었다.

임금노동으로의 전환은 경제적 동기나 이득이 무엇이든 상관없이 사회적 타락을 동반했다. 누가 이것을 의심하겠는가? 18세기에는 수많은 파업이 일어났고[154] 노동자들은 눈에 띄게 초조해했다. 장-자크 루소는 이 사람들에 대해서 이렇게 이야기했다. "만일 그들을 화나게 하면 그들은 곧 짐을 싼다. 그러고는 팔짱을 끼고 가버린다."[155] 이런 민감성, 사회의식은 대산업의 전제조건이 성숙된 후에야 비로소 탄생했을까? 그런 것 같지는 않다. 이탈리아에서는 전통적으로 화가들이 장인으로서 대개 자신의 가게에서 자식

---

* limousin : 주로 석재와 회반죽으로 일을 하는 석공.

들을 도제로 삼아 일했다. 그들은 상인처럼 장부를 작성했다. 우리는 로렌초 로토, 바사노, 파리나티, 구에르치노와 같은 사람들*의 장부를 가지고 있다.[156] 가게의 주인만이 고객과 접촉하면서 주문을 받았다. 그들의 자식들을 비롯한 조수들은 기껏해야 임금노동자에 불과했다. 이들은 이때 벌써 반발심을 품고 불온한 태도를 보였다. 이런 점을 볼 때 우리는 베르나르디노 인디아라는 한 화가가 그의 거래인인 시피오네 치보에게 털어놓은 이야기를 어렵지 않게 이해할 수 있다. 이미 웬만큼 자리 잡은 화가들인 알레산드로 아차이올리와 발도비니가 그를 고용하려고 했으나 그는 거절했다는 것이다. 그는 자유롭게 일하고 싶지, "싸구려 임금을 바라고(per un vil salario)" 자기 일을 포기하고 싶지는 않았다.[157] 이것이 1590년에 있었던 일이다!

시장은 하나의 경계이며, 그 경계 자체가 움직인다

시장은 두 개의 강물을 갈라놓는 분수계(分水界)와 같다. 그 경계의 이쪽에 위치하느냐 저쪽에 위치하느냐에 따라서 상이한 방식으로 살게 된다. 시장을 통해서만 물품을 구입해야 하는 경우는 수없이 많지만, 여기에서는 메시나**에 이민 온 견직공들의 예를 보도록 하자.[158] 이들은 시장을 통한 식량 공급에 목을 매고 있었다(이들에 비해 귀족이나 부르주아들은 도시 주변에 토지와 텃밭, 과수원을 가지고 있었는데, 말하자면 개인적인 식량 공급원을 가지고 있었기 때문에 시장 의존도가 덜한 편이었다). 그래서 만일 그들이 사먹는 "바다 곡물[해로로 수입하는 곡물/역주]"이 반쯤 썩어 싸구려 빵밖에 만들지 못하는데도 비싸게 주고 사야 하는 일이 지긋지긋하다고 느끼면 이 장인들이 기껏 할 수 있는 일은 카타니아 또는 밀라초로 이주함으로써*** 일자리와

---

*   모두 이탈리아 출신의 화가이다. 로렌초 로토, 바사노, 파리나티는 15–16세기에 활약했고, 구에르치노는 17세기에 활약했다.

** Messina : 시칠리아 북동쪽의 도시.

*** 메시나에서 그리 멀지 않은 지역들이다.

식량 시장을 바꾸는 정도였다(실제로 이들은 1704년에 그렇게 했다).

시장에서 아예 배제되거나 아주 멀리 떨어져 있어서 시장에 전혀 익숙하지 않은 사람들도 있다. 이들에게 시장은 일종의 예외적인 축제, 여행 또는 거의 모험을 의미했다. 이런 사람들이 어쩌다가 시장에 가는 것은, 스페인 사람들이 이야기하듯, "프레수미르(presumir)", 즉 자신을 내보이고 으스대며 다니는 기회였다. 15세기 중반의 한 입문서가 설명하는 바에 의하면,[159] 선원들은 대개 아주 투박했다. 이들은 "너무 둔한 심성을 가지고 있어서, 술집에서 한잔 사서 마시든가 시장에서 빵이라도 하나 사면 그들이 대단한 사람이라고 생각한다." 전쟁 기간에 우연히 사라고사에 떨구어진 한 스페인 병사가 겪은 일도 이와 비슷하다(1645).[160] 그는 바다나 가까운 강에서 잡아올린 신선한 참치, 연어 살빛을 띤 송어나 그 밖의 수백 가지 물고기들이 쌓여 있는 것을 보고 놀라움을 감추지 못했다. 그러나 결국 지갑에 있는 돈으로 그가 산 것은 고작 소금에 절인 정어리(sardinas salpesadas) 몇 마리였는데, 이것을 한구석에 있는 술집 여주인이 구워주어서 그는 잔치를 벌이는 듯한 기분으로 백포도주와 함께 먹었다.

농민의 삶은 시장경제에서 (적어도 반쯤은) 벗어나 있었다. 이것은 자가 소비, 자체 충족 그리고 자기 자신에 매몰된 영역이다. 농민은 일생 동안 자기 손으로 직접 생산한 것, 또 약간의 곡물을 지불하거나 일해주는 대가로 이웃 사람들에게서 얻은 것에 만족했다. 물론 도시나 읍의 시장에 왕래하는 농민의 수가 적지는 않다. 그러나 필수불가결한 쟁기날을 산다든지, 계란, 버터 덩어리, 닭 몇 마리, 채소류 등을 팔아서 부과금이나 세금 낼 돈을 마련하는 정도를 가지고 그들이 진짜 시장 교환에 참여한다고 말할 수는 없다. 그들은 다만 시장을 겨우 스쳐갈 따름이다. "고작 15-20수 정도의 곡물을 시장에 가지고 왔다가, 카바레에서 그 정도 금액만 쓰는"[161] 노르망디의 농민들이 그런 사람들이다. 흔히 시골 마을은 도시 상인이나, 같은 마을에 사는 차지농 등의 중개를 통해서만 도시와 소통했다.[162]

사람들은 이렇게 고립해서 살아가는 세계에 대해서 자주 이야기해왔다. 그래서 그런 세계가 존재한다는 것은 누구도 부인하지 않는다. 그러나 고립에도 정도의 차이가 있으며 예외도 있다. 많은 유복한 농민들은 시장을 전적으로 활용한다. 영국의 차지농들은 수확한 곡물을 상업화했기 때문에 다른 사람들처럼 겨울 내내 양모, 대마, 아마 등으로 실을 잣고 직물을 짜는 일을 하지 않아도 되었다. 이들은 시장에 대해서 공급자이면서 동시에 정기적인 고객이었다. 밀집해 있든 산재해 있든 간에 네덜란드의 큰 마을들(인구가 때로 3,000-4,000명에 달했다)은 우유, 고기, 치즈, 산업 작물 등을 생산하고 곡물과 땔나무를 사들였다. 헝가리에서 가축을 치는 사람들은 독일이나 이탈리아로 가축 떼를 보내고 대신 부족한 곡물을 수입했다. 경제학자들의 주목을 많이 받은, 도시 변두리 지역에서 채소류를 재배하는 농민들은 대도시의 생활권에 의존하면서도 동시에 그것을 이용해서 부유해졌다. 파리 근교의 몽트뢰유는 복숭아 과수원 덕분에 큰돈을 벌어서 루이 세바스티앙 메르시에의 경탄을 불러일으켰다(1783).[163] 그 외에도 런던, 보르도, 앙굴렘 주변에 식량 공급 중심지들이 발달했다는 사실을 모르는 사람은 없을 것이다![164] 이런 곳들은 지구상 인구의 80-90퍼센트를 차지하는 전체 농민세계의 차원에서 보면 예외에 속한다. 그러나 비록 가난한 농촌이라고 해도 결국은 이렇게 잠입하는 경제에 물들게 되어 있다는 점을 잊지 말아야 한다. 화폐는 본래의 시장에만 남아 있지 않고 여러 다양한 경로를 거쳐서 농촌 세계에까지 밀려들어온다. 여기에는 행상, 읍이나 마을의 고리대금업자(이탈리아 북부의 농촌에 있는 유대인 고리대금업자들을 생각해보라),[165] 농촌 공업 경영자, 또 자신의 토지를 대신 경작할 노동력을 필요로 하는 부르주아나 부유해진 차지농, 게다가 마을의 가게 주인까지 한몫을 한다…….

그렇다고 하더라도 모든 것을 감안할 때 좁은 의미의 시장은 이전 시대의 경제를 연구하는 역사가에게는 하나의 테스트이며 "지수"로서, 그 가치는 결코 과소평가할 수 없다. (아스프르 은화로 세금을 걷는다는 점, 이미 전문화된 시장들이 존재한다는 점을 고려하면서) 시장 거래에 대하여 부과한 세금 액수에 따라 도나우 강변의 불가리아 도시들에 대해서 차등적인 분류를 하고 그 도시들의 경제적인 비중을 재어본 비스트라 스베트코바의 연구가 그런 예이다.[166] 몰다비아의 도시 이아시에 관한 두세 편의 보고서를 보면 17세기에 이 도시에 "상품을 처분하는 장소가 일곱 군데가 있으며, 일부는 그곳에서 주로 팔리는 상품에 따라 건초 시장, 밀가루 시장 등의 이름을 가지고 있었다."[167] 다시 말해서 상업활동이 어느 정도 특화되어 있었다는 말이다. 아서 영*은 한술 더 떠서 이렇게 말했다. 1788년 8월에 아라스를 떠나면서 그는 "겉보기에 아주 가벼운 짐을……얹고 있는 적어도 100마리 정도 되는 당나귀와 한 떼의 남녀"를 만났다. 이곳에서는 이런 식으로 시장에 풍부하게 물품을 공급하고 있었다. "한창 수확철인데도 불구하고, 도시에 물품을 공급하기 위해 상당수의 노동력이 쉬고 있었다. 영국에서라면 이보다 40배 정도 적은 수의 사람들만이 이 조달 작업을 수행했을 것이다. 그와 유사한 한가한 사람 떼를 시장에서 보았을 때 나는 이곳의 토지재산이 극도로 세분되었으리라고 확신했다."[168] 그러나 시장에 사람이 거의 없고, 그래서 사람들이 이곳에서 즐기거나 마음껏 서성대는 일이 없다면, 그것이 과연 근대경제의 표시라고 할 수 있겠는가?

시장보다 아래의 수준

상업경제가 확대되면 이웃 영역이나 하부 영역의 활동들을 교란시킨다. 그과정에서 시장이 커지고 경제와 기본적인 활동이 변화한다. 물론 시골에서는 화폐가 진짜 의미의 자본이 되는 경우가 거의 없고, 다만 사회적 상승을

---

* Arthur Young(1741-1820) : 영국의 경제학자, 농업학자. 윌리엄 페티의 이론에 영향을 받아 여러 지역의 농업 조건과 농민의 생활을 연구했다. 이에 관한 책으로 『아일랜드 여행기』, 『프랑스 여행기』 등이 있다. 한편, 그는 피트 내각에서 농업성 서기로 일하면서 이론적인 저서도 썼다(『영국인에게 보내는 농민의 편지』, 『실험 농업에 관한 강의』, 『농민의 달력』 등).

노리고 토지를 구입하는 데에 쓰이거나 아예 퇴장되고는 한다. 유럽 중부에서 여자들이 동전을 묶어 목걸이로 쓰고 헝가리에서 마을의 금 세공업자가 성배와 파테나 성반*을 만들며[169] 대혁명 전야에 프랑스 농민들이 금 십자가를 지니고 있던 것을 생각해보라.[170] 그렇다고 하더라도 화폐는 옛날의 가치와 균형을 파괴하는 역할을 했다. 임금을 받는 농민을 생각해보자. 이들의 보수에 관한 계산은 이들을 고용한 주인이 꼼꼼히 기록한다. 이들은 현물로 보수를 받았기 때문에 연말이 되어도 수중에는 현금이 하나도 없었지만,[171] 그래도 화폐 단위로 계산을 하는 습관을 가지게 되었다. 장기적으로는 이것이 심성의 변화를 가져왔음에 틀림없다. 이와 함께 노동관계의 변화는 근대 사회에의 적응을 수월하게 했을 것이다(그것이 가난한 계층의 사람들에게 유리한 결과를 가져다주지는 않았을 테지만).

바스크 지방의 경제사를 연구하는 젊은 사학자 에밀리아노 페르난데스 데 피네도만큼 시골의 부와 인구가 시장경제의 가차 없는 진보에 의해서 얼마나 큰 영향을 받는지를 잘 보여준 사람은 없을 것이다.[172] 18세기에 바스크 지방은 확실히 "전국시장(national market)"이 되었으며, 그 결과 농촌 자산의 상업화가 크게 진척되었다. 결국에는 교회의 토지라든가 원칙적으로 손댈 수 없었던 귀족의 세습 재산마저도 시장을 거쳐가게 되었다. 그래서 갑자기 부동산이 소수의 수중에 집중되었고 이미 극빈에 시달리던 농민들의 궁핍화가 더 심화해서 농민들은 도시나 시골의 노동시장이라는 비좁은 틈을 통과해야 했다. 바로 이 노동시장의 확대가 불러일으킨 소용돌이는 거스를 수 없는 결과를 가져왔다. 이 변화는 훨씬 전에 영국 차지농의 대농장 경영을 가져왔던 과정과 유사한 성격이었다.

이처럼 시장은 커다란 역사의 흐름을 만드는 데에 일조했다. 가장 비천한 사람이라도 경제라는 사다리의 한 칸을 이루게 되었다. 물론 그 사다리

---

* 성찬용의 면병을 담는 금은으로 만든 접시.

의 가장 밑의 칸을 차지하지만 말이다. 따라서 시장이 존재하지 않거나 거의 아무런 중요성이 없는 곳, 현찰이 너무 귀해서 오히려 극단적인 가치를 가지는 곳에서는 사람들의 삶이 제로 수준에 있는 것과 마찬가지여서 이런 곳에서는 각자가 거의 모든 것을 스스로 생산해야 했다. 전(前)산업화 시대 유럽의 농민 사회가 바로 이와 같은 상황이었다. 이것은 시장경제의 변두리에 있었다. 이런 곳으로 여행 온 사람은 약간의 돈만 가지면 아주 낮은 값에 이 지방의 모든 산물을 얻을 수 있었다. 1630년경에 만리케는 아라칸 지방*에까지 가보았는데[173] 이곳에서 그는 4레알로 30마리의 암탉을, 2레알로 100개의 계란을 살 수 있었다. 그러나 이러한 놀라운 일을 확인하기 위해 그렇게 멀리 갈 필요도 없이 다만 대로에서 벗어나 산지의 오솔길로 접어들기만 하면 된다. 예컨대 사르데냐나 이스트라 반도 해안의 낯선 선창에 가보면 충분하다. 간단히 말해서 역사가들은 시장경제를 너무 손쉽게 파악할 수 있었던 나머지 그 밑에 있는 삶을 흔히 놓치고는 했다. 그것은 보잘것없지만 독자적이고 흔히는 자급자족적이거나 혹은 자급자족적이 되려는 경향이 있는 삶이다. 그것은 또다른 세계, 또다른 경제, 또다른 사회, 또다른 문화이다. 우리의 흥미를 끄는 것으로서 미셸 모리노[174]와 마르코 카티니[175]의 연구를 들 수 있다. 이들의 연구는 시장의 밑에서, 즉 시장이 없는 곳에서 무슨 일이 일어나는지를 보여준다. 그것은 곧 시골의 자체 소비가 어느 정도 수준인지를 측정하려는 시도이다. 두 경우 모두 역사가의 접근 방식은 똑같다. 곡물 시장을 알기 위해서는 우선 이 시장에 의존하여 살아가는 인구 밀집 지역에 대해서 알아야 하고, 둘째로 이 인구가 가진 수요를 알아야 한다. 이 인구의 소비량은 이미 알고 있는 기준에 따라 계산할 수 있다. 만일 내가 어느 지방의 생산량과 가격, 시장을 통과한 양, 현지에서 소비된 양 및 수출입량을 알고 있다면, 나는 시장 밑에서 일어난, 또는 일어날 수밖에 없는 것을 상상해

---

* Arakan : 아라칸뇨마(Arakanyoma)라고도 한다. 버마의 해발 3,000미터가 넘는 산악지역으로, 뚫고 들어가기가 대단히 힘든 밀림으로 덮여 있다.

볼 수 있다. 이 작업을 하기 위해 미셸 모리노는 중간 규모의 도시인 샤를빌을 연구했고, 마르코 카티니는 모데나 근처의 한 읍을 연구했다. 후자의 경우가 더 외딴 곳에 있는, 훨씬 농촌 생활에 가까운 곳이다.

17세기 아키텐의 크로캉*의 반란에 관해서 최근에 논문을 발표한 이브-마리 베르세도 유사한 시도를 했지만 그는 다른 방법을 취했다.[176] 이 반란들을 추적하면서 그는 이제껏 역사 인식에서 너무나 흔히 빗겨나 있던 사람들의 심성과 동기를 재구성했다. 이 연구에서 특히 내 마음에 들었던 것은 마을의 술집이라는 폭발성 있는 장소에 모인 거친 사람들에 대한 내용이다.

간단히 말해서 이 길은 아직 열려 있다. 우리가 알다시피 방법, 수단, 접근법은 변화할 수 있다. 그러나 시장이라는 층위의 밑에 있는 사람들의 삶을 체계적으로 조망하지 못한다면 완전한 역사가 아니며, 특히 농촌사라는 이름에 걸맞는 역사는 전혀 될 수 없다는 점은 분명하다.

상점

시장의 첫 번째 경쟁자는 상점이다(물론 이 경쟁이 교역 전체에는 이익을 가져다준다). 아주 작지만 대단히 수가 많은 세포 형태의 상점은 시장과 마찬가지로 기본적인 교환기구이다. 시장과 상점은 유사하면서도 다르다. 시장은 불연속적이지만 상점은 거의 중단 없이 기능하기 때문이다. 물론 원칙적으로 그렇다는 말인데 어느 원칙이든 많은 예외를 가지고 있기 마련이다.

흔히 이슬람 도시의 수크(soukh)를 시장이라는 말로 번역한다. 그런데 사실 수크란 모두 똑같은 상업에 전문화한 상점이 모인 거리에 불과한 경우가 많다. 이런 현상은 서양의 많은 도시에서도 볼 수 있다. 파리에서는 12세기부터 생-테티엔-뒤-몽 거리 근처에 정육점이 많이 모여 있어서 오늘날의 몽

---

* Croquant : 16세기 말과 17세기 초에 프랑스 남서부 지방에서 일어난 봉기에 가담한 농민들을 경멸적으로 부르던 말이다. 이 봉기는 기근과 물가고의 시기에 국가가 걷는 조세에 저항하여 징세관을 공격하는 성격으로서, 지방 행정 당국과 영주의 암묵적 공모 아래 일어났다.

타뉴-생트-준비에브 거리를 정육점 거리(rue des Boucheries)라고 불렀다.[177] 또 1656년에는 "생-지노상 묘역 옆에……철, 놋쇠, 구리, 양철 제품을 파는 가게들이 모여 있었다."[178] 1643년의 리옹을 보면, "생-장 거리의 닭 파는 거리에 있는 특별한 상점에서 날짐승들을 팔았다."[179] 또 사치품 상점들만 모인 거리도 있다(5번 지도의 마드리드를 보라). 그런 곳으로는 베네치아의 산 마르코 광장에서 리알토 다리까지 계속되는 메르체리아(Merceria)—1680년에 이곳을 둘러본 한 여행자는 이 지역이 대단히 장대한 인상을 준다고 말했다[180]—또는 마르세유의 비외-포르(Vieux-Port, 옛 항구)의 북쪽에 있는 가게들—레반트 산물을 파는 이 지역은 "어찌나 인기가 있던지 사방 20피트의 공간을 500리브르에 세놓고 있다고 브로스 의장*이 기록하고 있다[181]—이 있다. 이런 거리들은 일종의 전문화된 시장이라고 할 만하다.

그밖에도 예외적인 현상은 많이 있다. 유럽 이외의 지역에 대해서는 아주 낯선 현상을 두 가지 들 수 있다. 한 여행자의 말에 의하면, 양쯔 강 상류에 있는 쓰촨 분지(盆地)는 17세기에 중국의 식민 세력이 강점한 곳인데 이곳은 인구가 밀집한 중국 본토와는 달리 거주지들이 여기저기 산재했다. 그런데 이렇게 산재해 있는 거주지들 가운데에 있는 공지에 작은 상점들이 모여 있어서 상설시장 역할을 했다.[182] 또다른 여행자들에 의하면 17세기에 실론 섬에서도 똑같은 현상을 볼 수 있다. 즉, 시장은 없지만 상점들이 있는 것이다.[183] 한편 유럽으로 되돌아와서 보면, 1776년에 칙령을 통해서 금지하려고 했지만 소용이 없었던, 파리 시내에 아무렇게나 지어 올린 가건물이나 노점들을 어떻게 불러야 할 것인가? 그것은 시장에서 볼 수 있는 가설 판매대와 같은 것이지만 동시에 상점처럼 항시 판매를 했다.[184] 우리의 의문은 여기에서 그치지 않는다. 영국의 웨스터럼 같은 몇몇 상업지역에는 잡화점이

---

* Charles de Brosse(1709-1777) : 프랑스의 법률가, 작가이자 디종 고등법원의 초대 의장이며 정치적 이유로 두 번 추방된 적이 있다. 로마 역사, 지리 언어학에 관심을 두고 이런 주제들에 관한 박학한 저서들을 썼다.

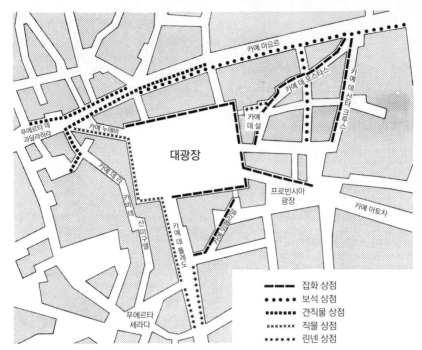

━━━ 잡화 상점
•••• 보석 상점
▪▪▪▪▪ 견직물 상점
×××××× 직물 상점
★★★★★ 린넨 상점

5. 마드리드의 사치품 상점들

1560년 이래로 스페인의 수도가 된 마드리드는 17세기에 화려한 도시가 되었다. 그래서 상점 수가 크게 늘었다. 대광장 주변에는 사치품 상점이 전문 분야별로 모여 있었다. (미겔 카펠라, 안토니오 마티야 타스콘, 『마드리드의 5대 길드』, 1957)

나 식료품점이 자신의 시장을 가지기 오래 전부터 가게들이 한곳에 모여 열을 이루고 있었다.[185] 게다가 시장 안에도 상점들이 있었다는 점을 지적해야 할 것이다. 시장이 개장해도 이 상점들은 시장 안에서 계속 영업을 했다. 예컨대 릴의 중앙시장에서 한 자리를 잡고 생선 장수의 밑에서 염장 생선을 파는 것은 결국 시장과 상점이 겹쳐 있는 것이 아니었을까?[186]

물론 이러한 불확실한 점이 있다고 해서 상점과 시장 사이에 구분이 안 되는 것은 아니며 오히려 시간이 갈수록 그 구분이 뚜렷해진다.

11세기에 서양 전역에서 도시가 탄생하여―혹은 부활하여―시장이 다시 활기를 되찾았을 때, 이런 도시의 성장은 시골과 도시 사이에 엄격한 차이를 가져왔다. 도시에는 새로 탄생하는 산업이 집중되고 그 결과 활기찬 장인 계층 사람들이 모여들었다. 곧 등장하는 초기의 상점들은 아닌 게 아니라 제빵공, 푸주한, 제화공, 구두 수선공, 대장장이, 양복공 같은 제조 및 판매를 하는 장인들의 작업장(atelier, 이렇게 표현하는 것이 맞을지 모르겠으나)이었다. 이 장인들은 처음에는 "달팽이가 달팽이 껍질 속에 갇혀 있듯이" 그 안에서 일하되, 그렇게 해서 만든 제품을 작업장 밖으로 내가야지 그 안에 가지고 있어서는 안 된다.[187] 즉, 이들은 자신의 제품을 시장이나 중앙시장에서 팔아야 했다. 소비자를 보호하려는 도시 당국이 그렇게 하도록 강요했던 것이다. 상점에서는 주인이 거의 지배자처럼 구는 데에 비해서 시장은 감시하기가 훨씬 용이하기 때문이다.[188] 그러나 곧 장인들은 시장이 열리지 않는 날에는 자기 점포의 "창문을 통해서" 판매했다. 그렇게 단속적으로 이루어지는 활동 때문에 초기의 상점은 시장과 비슷하게 판매가 불연속적으로 이루어지는 장소였다. 1380년경에 포르투갈의 에보라에서는 푸줏간 주인들이 자기 상점에서 고기를 썬 다음 주중에 열리는 세 곳의 시장 중 한 곳에 가져가서 판매했다.[189] 1643년에 그르노블에 갔던 한 스트라스부르 사람은 푸줏간 주인들이 고기를 중앙시장에서 파는 것이 아니라 "다른 상인들처럼 상점에서", 즉 자기 가게에서 파는 것을 보고 놀라워했다.[190] 파리의 빵 장수들은 자기 가게에서는 일반 빵과 고급 빵을 팔고, 수요일과 토요일마다 열리는 시장에서는 거친 빵을 팔았다.[191] 1718년 5월에 칙령이 발해져서 화폐가 교란되었다(이 시기에 로 체제가 막 자리를 잡고 있었다). "빵 장수들은 겁을 먹어서인지 악심을 품어서인지, 시장에 평소만큼의 빵을 가져오지 않았다. 정오쯤에는 공개시장에서 더 이상 빵을 구할 수 없었다. 더 나쁜 것은 같은 날에 이들이 리브르(=파운드)당 빵값을 2-4수나 올려받은 것이다. 이 사실은 여기가 다른 곳만큼 질서가 잡혀 있지 않았다는 증거로 볼 수 있다" 라고 토스카나 대사는 말했다.[192]

이상에서 보았듯이 처음에 상점을 운영한 사람은 장인들이었다. 그러고 나서 "진짜" 상점 주인들이 등장한다. 이들은 교환의 중개인이었다. 그들은 생산자와 소비자 사이에 끼어들어가 둘을 연결해주되, 그들 자신은 그들이 판매하는 상품을 스스로 만드는 적이 절대 없었다(적어도 처음부터 끝까지 전 공정에 걸쳐서 스스로 만드는 적은 없었다). 그들은 마르크스가 말한 것처럼, 화폐(G : Geld)로부터 출발해서 상품(W : Ware)을 얻고 다시 화폐(G)를 얻는(G-W-G의 방식을 따르는) 상업 자본가와 같은 사람들이다. "그들은 다시 화폐를 얻을 수 있다는 생각을 할 때에만 화폐를 지출한다." 이에 비해서 농민은 상품을 가져와 팔고는 곧 필요한 상품을 산다. 즉, 그들은 상품에서 출발해서 다시 상품으로 돌아가는 W-G-W 방식을 따르는 사람들이다. 시장에서 식량을 조달하는 장인들 역시 화폐를 오래 소지하지는 않는다. 그러나 예외는 언제나 가능하다.

이들과는 또다른 주인공이자 곧 번영을 구가하게 될 중개인이야말로 미래가 보장된 사람들이다. 바로 이들의 미래가 우리의 관심사이지, 밝혀내기 힘든 그들의 기원이 흥미를 끌지는 않는다. 그러나 사실 이들의 기원을 이야기하자면 꽤 단순할 수도 있다. 이들은 원래 순회상인으로서 로마 제국의 붕괴 때 함께 몰락하지 않고 살아남았다가 11세기, 어쩌면 그 이전에라도, 도시의 성장과 함께 갑자기 나타났다. 그리고 일부는 정주하여 도시 직종 안으로 포섭되어 들어갔다. 그 현상은 어느 지역에서 언제 일어났다는 식으로 말할 수는 없다. 예를 들면 독일과 프랑스에서 이 현상이 13세기에 일어났다고 할 수는 없고, 단지 13세기부터 일어났다고 말해야 한다.[193] 어떤 "행상인(pied poudreux)"*은 루이 13세 시대[1620-1643/역주]에 가서야 돌아다니는 생활을 마감하고 장인들 옆에서 그들의 상점과 비슷한 점포를 열고 정착했다. 18세기의 빵 가게는 15세기, 어쩌면 그보다도 한 세기 전의 빵 가게와 다를 바 없다. 그러나 15-18세기 동안 상인들의 점포와 장사하는 방법은 눈에 띄게 변화해갔다.

---

* '먼지 묻은 더러운 발'이라는 뜻. 중세에 여러 지역을 돌아다니던 소규모 행상인을 가리킨다.

그러나 점포를 가진 상인은 우선 길드 조직과 구분이 되지 않았다. 이들은 도시에 처음 발을 들여놓았을 때 길드 속에 자리를 잡았다. 처음 기원부터 그리고 바로 그 기원의 애매함으로부터 오점이 생긴 것이다. 1702년경까지도 프랑스의 한 보고서는 이런 주장을 한다. "상인은 장인 중의 선두 정도로 간주되지, 그 이상의 존재로 평가되지는 않는다."[194] 사실 그것은 프랑스에서의 일이다. 프랑스에서는 "대상인(négociant)"이 되고 나서도 사회적 지위의 문제를 해결하지 못했다. 1788년에도 상인 대표들(députés du commerce)은 이 점에 대해서 개탄했으며 이때까지도 대상인들이 "하층 계급의 지위"임을 확인했다.[195] 암스테르담이나 런던, 이탈리아에서라면 이런 이야기를 들을 수는 없었을 것이다.[196]

19세기 초, 심지어 그후에도 상점 주인들은 신품이든 중고품이든 상관없이 팔았다. 그들에게 일반적으로 붙는 이름인 메르시에(mercier, 잡화상)라는 말이 벌써 그런 사실을 말해준다. 이 말은 라틴어의 메르크스(merx), 메르키스(mercis)에서 나온 것으로서 일반적인 상품을 지칭했다. 이런 속담이 있다. "메르시에는 모든 것을 팔지만 아무것도 만들지 않는다." 그리고 우리가 잡화점에 대한 정보를 얻을 때마다 우리는 이곳의 상품이 극도로 다양하다는 것을 보게 된다. 그것은 15세기의 파리,[197] 푸아티에,[198] 크라쿠프,[199] 프랑크푸르트-암-마인[200] 등지에서 확인할 수 있고, 18세기에 영국 북부지방인 웨스트몰랜드의 작은 도시 커크비 스티븐의 상점 주인인 에이브러햄 덴트의 가게에서도 확인할 수 있다.[201]

마지막에 언급한 이 식료품-잡화상에 대해서는 1756년부터 1776년까지 덴트가 작성한 문서 덕분에 이 사업이 어떠했는지를 추적할 수 있다. 이 가게에서는 온갖 물건을 다 팔았다. 우선 (녹차든 홍차든) 여러 품질의 차를 팔았는데 분명 값이 꽤 비쌌을 것이다. 왜냐하면 커크비 스티븐은 내륙에 위치해서 밀수를 이용할 수 없기 때문이다. 다음으로 설탕, 당밀, 밀가루, 포도주와 브랜디, 맥주, 시드르, 보리, 홉, 비누, 스페인 백색 안료, 유연(油煙), 목회(木灰), 밀랍, 지방, 초, 담배, 레몬, 아몬드, 건포도 식초, 콩, 후추, 일반 향신료, 육두구, 정향 등을 팔았다. 그 외에도 에이브러햄 덴트의 가게에서는 견직물, 모직물, 면직물과 핀, 옷핀 등의 잡화도 취급했다. 게다가 책, 잡지, 달력, 종이도 있었다……. 차라리 이곳에서 팔지 않는 것을 언급하는 것이 나을 정도이다. 소금(왜 소금을 팔지 않는지 설명이 안 된다), 계란, 버터, 치즈……. 이런 것들은 시장에 많이 있기 때문에 팔지 않았을 것이다.

주요 고객은 당연한 이야기이지만 이 작은 도시나 주변 마을의 주민들이다. 상품의 공급선을 보면(6번 지도를 보라)[202] 커크비 스티븐에는 수로가 없음에도 불구하고 공급원이 아주 넓은 지역에 걸쳐 있다는 것을 알 수 있다. 육로 수송은 비록 비용은 많이 들지만 그 대신 규칙적으로 수행되었고, 수송인들은 상품만이 아니라 환어음도 받았다. 에이브러햄 덴트는 지불용으로 이 환어음을 사용했다. 사실 신용거래는 이 가게의 고객에게도 이익일 뿐만 아니라, 상품을 공급하는 사람들과의 관계에서 이 가게 주인에게도 이익을 가져다주었다.

에이브러햄 덴트는 상점 일에만 전념한 것이 아니다. 그는 커크비 스티븐과 그 주변 지역에서 양말을 짜게 한 후 그것을 사들였다. 이 경우에 그는 산업 경영인이며 그 자신의 생산물을 파는 상인이었다. 이 상품들은 런던의 도매 중개상인들을 통해서 대개 영국 군대에 팔려갔다. 그리고 이 중개상인들은 에이브러햄 덴트가 그들에게로 환어음을 발행하는 방식으로 대금 지불을 해결해주었다. 따라서 그는 환어음 딜러였던 것으로 보인다. 아닌 게 아니라 그가 취급하는 환어음 액수는 자기 사업의 규모를 훨씬 넘어섰다. 환어음을 다룬다는 것은 곧 돈을 대부한다는 것을 의미한다.

토머스 스튜어트 윌런의 책을 보면, 에이브러햄 덴트는 통상적인 상점 주인 정도를 벗어나서 여러 사업에 손을 대는 사업가의 느낌을 준다. 아마 이것은 사실일 가능성이 높다. 1958년에 나는 스페인의 갈리시아에 있는 한 작은 도시에서 그와 이상할 정도로 닮은 상점 주인을 만난 적이 있다. 그의

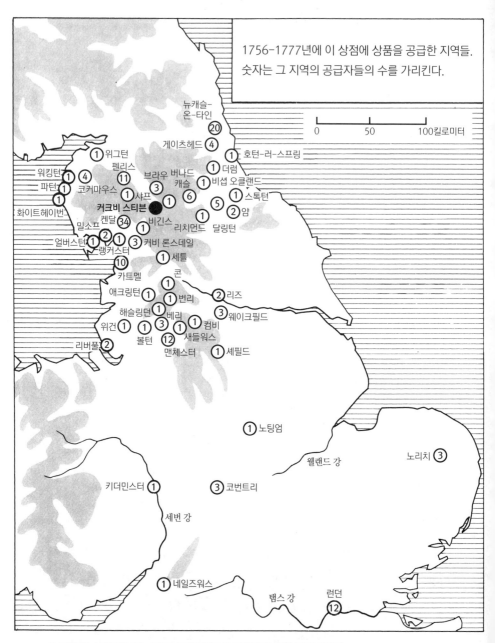

6. 커크비 스티븐에 있는 에이브러햄 덴트의 잡화점에 대한 공급지역들
(토머스 스튜어트 윌런, 『커크비 스티븐의 에이브러햄 덴트』, 1970)

가게에는 모든 것이 있고 모든 것을 주문할 수 있으며, 심지어 은행 수표도 볼 수 있었다. 그 상점은 이 지방에서 필요로 하는 것 전체를 갖추어놓은 것이 아닐까? 그런 것을 잘 해내느냐는 상점 주인의 역량에 달려 있다. 장부가 남아 있는 15세기 중반 뮌헨의 한 잡화상[203] 역시 통상적인 상점 주인이 아니다. 그는 시장과 정기시를 자주 들락거렸다. 그는 뉘른베르크, 뇌르틀링엔에서 물건을 사고 심지어 베네치아에까지 갔다. 그렇다고 해도 소박하게 가구를 갖춘 방 하나만을 가지고 있는 그의 누추한 집을 보면 그 역시 소상인에 불과했다.

전문화와 계서화

앞에서 본 바와 같이 언제나 같은 모습을 하고 있는 상점들이 있는 반면, 경제가 발전하면서 다른 형태의 **전문화된** 상점들도 등장했다. 점차 상점들 사이에 구분이 생겨서 식료품상은 무게대로 팔고, 포목상은 길이대로 팔며, 가정용 철물 판매상은 낱개로 팔았다. 그리고 옷이나 가구의 중고품을 파는 상점도 생겼다. 중고품상은 엄청나게 중요해서 예컨대 1716년에 릴에는 이런 곳들이 1,000군데 이상 되었다.[204]

　전문 기술직인 "서비스업"이 발달하면서 전문 직종 가게가 따로 생겼다. 약국, 전당포, 환전상, 은행, 여관(흔히 교통로상의 중개지점 역할도 했다), 여기에 덧붙여 카바레가 나타났는데, 이 마지막 것은 "포도주 장사를 하면서 동시에 식당 설비를 갖추어 먹을 것을 팔기도 하는"[205] 가게로서 18세기에 도처에서 수가 늘어나 점잖은 사람들의 빈축을 샀다. 파리에 있는 "곰들의 거리(rue aux Ours)"에 있는 카바레는 옆에 붙어 있는 부엌에서 고기 굽는 좋은 냄새가 났지만 "점잖은 사람들이 모이는 곳이라기보다는 도둑이나 소매치기의 집합소 같았다."[206] 이런 전문 직종 가게의 목록에 서기와 공증인의 가게도 덧붙여야 한다. 1643년에 리옹을 거쳐간 한 여행자는 이들이 "손님을 기다리는 구두 수선공처럼 자신들의 가게에 죽치고 앉아 있는" 모습을 전해준다.207) 그러나 17세기부터는 지위가 높은 공중인도 등장했다. 그에 비해 자신의 가게를 가질 수 없을 정도로 가난한 서기도 있었다. 예컨대 파리의 생-지노상 묘역의 기둥들 사이에 자리를 잡고 노천에서 일하는 서기들은 글을 깨치지 못한 수많은 하인, 하녀, 가난한 사람들을 상대로 얼마 되지 않는 돈을 벌었다.208) 창녀촌의 점포(스페인에서는 이것을 육체의 집[casa de carne]이라고 불렀다)도 여기에 넣어야 할 것이다. 티르소 데 몰리나의 『색골(Burlader)』이라는 작품에 의하면,209) 세비야의 "뱀의 거리에서(en la Calle de la Serpiente) 아담이 진짜 포르투갈 사람처럼 바람피우는 것을 볼 수 있다.⋯⋯그리고 그것이 1두카트라는 싼 가격이기는 해도 곧 당신의 주머니를 텅텅 비게 만들 것이다.⋯⋯"

이와 같이 수많은 상점과 상인들이 존재한다. 그러나 곧 돈 때문에 이들 사이에 구분이 지어졌다. 예전의 "잡화상인(mercier)"은 곧 여러 종류로 분화했다. 최상층에는 원거리 교역에 전문화한 극히 부유한 상인이 있는가 하면, 밑바닥에는 바늘, 왁스 칠한 천 같은 것을 파는 가난한 상인도 있다. 이 하급 상인에 대해서 속담은 "작은 장사꾼에 작은 바구니"라고 이야기한다. 조금 무자비해 보이지만 사실 아주 정확한 표현이다. 심지어 하녀도 자신들에게 약간의 저축한 돈이 있으면 이런 사람들과는 결혼하지 않으려고 했다. 그리하여 어느 곳에서나 일부 상인들이 다른 사람들을 제치고 위로 상승하려고 하는 것이 일반 법칙이었다. 피렌체에서 대(大)길드(Arti Maggiori)는 소(小)길드(Arti Minori)와 스스로를 구분하려고 했다. 파리에서는 1625년의 명령으로부터 1776년 8월 10일 자의 칙령에 이르기까지, "6대 길드(Six Corps)"가 상업계의 영광을 안았다. 그것을 순서대로 보면 포목상, 식료품상, 환전상, 금 세공상, 잡화상, 모피상이다. 마드리드에서도 이와 비슷하게 "5대 주요 길드(Cinco Gremios Mayores)"가 있었는데, 18세기에는 이들의 재정적 역할이 매우 중요했다. 런던에는 12개의 주요 상업 회사들(Merchant Companies)이 있었다. 이탈리아나 독일의 자유도시에서는 구분이 더 뚜렷해서 대상인은 사실상 귀족이었다. 도시귀족층(patriciat)을 이루는 이들은 상업 도시의 시정부를 장악하고 있었다.

상점이 세계를 정복하다

우리의 관점에서 볼 때 핵심적인 사실은 모든 상점이 도시, 다시 말하지만 모든 도시와 더 나아가 시골 마을까지 정복하고 집어삼켰다는 것이다. 시골 마을에도 17세기, 특히 18세기부터 서툴게 장사하는 잡화상, 3류 여관업자, 카바레 업자가 등장했다. 특히 카바레 업자는 소액을 다루는 고리대금업도 하는 동시에 "집단적인 환락의 조직자" 역할도 하는 사람으로서 19세기 및 20세기까지도 프랑스에서 볼 수 있었다. 사람들은 시골의 카바레로 "노름하고 떠들고 술 마시고 즐기러 갔다.……채권자와 채무자가, 또 상인과 고객이 만나서 흥정하고 임대차 계약을 맺었다.……" 이곳이야말로 가난한 사람들의 여관이다!* 카바레는 교회와 대응하는 마을의 두 지주 중의 하나였다.[210]

상점의 번성에 대해서는 무수히 많은 증거가 있다. 17세기에는 상점들이 사태가 난 것처럼 급증했다. 1606년에 로페 데 베가**는 당시 수도가 된 마드리드***에 대해서 이렇게 썼다. "모든 것이 상점으로 변했다(Todo se ha vuelto tiendas)."[211] 이 상점(tienda)은 피카레스크 소설의 주요 무대가 되었다. 바이에른에서는 상인이 "빵 장수만큼이나 많아졌다."[212] 1673년에 런던에 주재하던 프랑스 대사는 사람들이 그가 묵고 있던 집을 "헐고 새 건물을

---

* 여관(auberge)이란 원래 중세에 성지순례 도상에서 여행객이 쉬는 곳이었다가 그후 점차 일반 여행객이 쉬는 곳으로 변한 것이다. 그후 잠을 자는 것만이 아니라 식사와 여흥을 위한 곳이 되었다(이것은 오늘날의 고급 호텔과 비슷하다고 할 수 있다). 이에 비해서 카바레는 음료를 팔고 사람들이 식사하며 특히 술을 마시는 곳으로 소박한 규모의 것을 말했다.

** Lope de Vega, Félix Lope de Vega Carpio(1562-1635) : 스페인의 작가, 시인. 아주 일찍부터 천재적인 재능을 보이고 엄청난 다작을 했으며 수많은 모험을 거친 일생을 보냄으로써 생전에 이미 전설적인 인물이 되었다. 1,800편의 희극과 400편의 짧은 극작품을 지었다고 하지만, 현재 470편의 희극과 60편의 짧은 극작품만이 전해진다. 스페인과 프랑스의 많은 작가(시라노 드 베르주라크, 코르네유, 몰리에르 등)에게 큰 영향을 미쳤다.

*** 1561년에 펠리페 2세는 그때까지의 수도인 톨레도 대신 마드리드를 새로운 수도로 정했다.

지으려고 하는 바람에" 이 집에서 쫓겨났다. 그래서 그는 열심히 새집을 찾았으나 헛수고였다. "이렇게 큰 도시에서……그런 일이 일어난다는 것을 당신은 거의 믿을 수 없을 것입니다.……내가 이곳에 온 이후부터 대부분의 큰 집들을 부수고 상점이나 상인이 거주하는 작은 집으로 만들었기 때문에, 빌릴 만한 집이 거의 없습니다." 아무리 많은 돈을 주어도 소용없었다.[213] 대니얼 디포에 의하면 상점의 증가는 "괴물스러울" 정도였다.[214] 1663년에 잡화상인(mercer)의 수는 이 큰 도시 전체에 모두 50-60명에 불과했으나 이 세기 말에는 300-400명이 되었다. 사치품점은 아주 많은 비용을 들여서, 디포가 보기에는 과할 정도로 거울과 황금색 기둥, 촛대, 청동 장식물 같은 것들로 치장했다. 그러나 프랑스의 한 여행자는 그가 본 최초의 유리 진열장 앞에서 환희에 젖어들었다(1728). "프랑스에서는 이렇게 아름답고 맑은 유리창을 보기가 힘든데, 이곳의 가게들은 모두 이런 유리 진열장으로 둘러싸여 있다. 이렇게 유리창 뒤에 상품을 진열해놓으면 먼지를 막을 수 있고 동시에 지나가는 행인들이 볼 수 있다. 그렇게 하면 어느 방향에서 보더라도 아름다운 모습이 된다."[215] 동시에 상점들은 이 도시가 팽창하고 부자들이 옮겨가는 서쪽으로 이주해갔다. 오랫동안 페이터 노스터 로(Pater Noster Row)가 상점들이 즐비한 거리였으나 언제부터인가 이곳 상점들이 코벤트 가든(Covent Garden)으로 이주해갔다. 그러나 이곳 역시 최고의 인기를 누린 기간은 10년이 채 못 되었다. 다음에는 러드게이트 힐(Ludgate Hill)이, 그리고 더 이후 시기에는 라운드 코트(Round Court), 펜처치 스트리트(Fenchurch Street) 또는 하운즈디치(Houndsditch) 등이 상점이 밀집한 지역이 되었다. 런던만이 아니라 모든 도시들의 상황이 다 비슷했다. 상점 수가 늘면 상품들을 진열하기 위해서 거리를 장악하게 되고 그러다가 한곳에서 다른 곳으로 이주해간다.[216] 파리에서 카페가 퍼져나가는 것을 보라.[217] 볼테르가 너무나도 좋아하던 르 프티 됭케르크 카페가 있는[218] 센 강 양안이 팔레 갤러리를 대체하는 것을 보라. 사실 코르네유의 시대[1606-1684/역주]만 해도 이 갤러리의 왁자지껄한 모습은 파리의 커다란 구경거리였다.[219] 작은 도시 중심지 역시 유사한 변화를 겪었다. 예컨대 몰타의 작은 신도시인 발레타에서는 18세기 초에 "잡화점과 소규모 소매상들이 어찌나 많이 생겼는지 그중 누구도 생계수단을 완전히 확보할 수 없었다. 그래서 그들은 도둑질을 하거나 아니면 망하는 수밖에 없다. 그중 누구도 번듯한 가게를 가지고 있지 못했으며, 그렇게 많은 젊은이들이 이 사업에 빠져들어서, 거의 손을 대지 않았던 아내의 지참금이나 부모의 유산을 탕진하는 것은 딱한 일이다. 이 모든 것이 단지 그 죽치고 앉아 있으면서 아무짝에도 소용이 되지 않는 사업(una occupatione sedentaria et cosi poltrona) 때문이다"라고 한 보고서가 자세히 쓰고 있다.[220] 이 보고서는 또 분개하며 말하기를, 몰타의 여러 집은 "아무 데에도 소용이 없고 죽은[잠겨 있는/역주]" 자본에 불과한 금이나 은으로 된 패물이 그득하며, 신분이 낮은 남자, 여자, 어린이들까지 섬세한 고급 직물로 몸을 감싸고 레이스 달린 망토를 걸치고 있으며, 더 나쁜 것은 창녀들이 비단 옷을 입고 마차를 타고 돌아다닌다는 것이다. 그는 이들에게 적어도 세금은 물려야 한다고 덧붙이고 있는데, 이와 관련된 금지 규정이 있는 것으로 봐서—"의상세로 매달 약간의 돈을 내게 해야 한다(un tanto al mese per dritto d'abiti)"—이 이야기는 결코 농담이 아니었다. 모든 것이 상대적이기는 하지만, 그가 지적하는 것은 이미 일종의 소비사회라고 할 수 있지 않을까?

물론 발전의 차이가 있는 법이다. 1815년에 장-바티스트 세가 20년 만에 다시 런던에 들렀을 때(그가 처음 런던에 머물렀던 것은 1796년이었다) 그는 깜짝 놀랐다. 이상한 상점들이 싼값에 상품을 제공하고 있고, 허풍선이 장사꾼들이 도처에 있으며, "움직이지 않는" 광고도 있지만 "돌아다니는" 광고도 있어서 "거리를 걷는 사람들은 1분도 놓치지 않고 이것을 읽을 수 있었다." 런던에서 막 샌드위치 맨이 발명되었던 것이다.[221]

약진의 원인

오늘날의 용어를 사용하면 이런 결론을 얻게 될 것이다. 어느 곳에서나 상품 분배가 크게 늘어났고, (시장과 정기시 역시 이 점을 증명해주는 바이지만) 교환이 가속화했으며, (상점들이 고정된 장소에서 영업을 하고 그 서비스가 증가하면서) 3차 산업이 증가했다. 이 모든 것은 결국 경제의 전반적인 발전과 무관하지 않다.

만일 우리가 인구수와 상점 수 사이의 관계,[222] 장인활동을 하는 상점과 상업활동을 하는 상점 간의 상대적인 비율, 또는 한 상점의 평균 크기나 평균 소득 등을 계산할 수 있다면, 이런 발전을 여러 수치로 표현할 수 있었을 것이다. 베르너 좀바르트는 유스투스 뫼저라는 수준 높은 역사가를 증인으로 내세웠다.[223] 이 역사가는 1774년에 그의 고향 도시인 오스나브뤼크에 대해서 다소 슬픈 마음으로 관찰한 바를 이렇게 확인해준다. "한 세기 전부터 잡화상은 꼭 세 배로 늘어난 반면, 장인은 반으로 줄었다." 역사가 한스 마우에르스베르크도 독일의 일부 대도시에 대한 수치자료를 제시하면서 비슷한 이야기를 했다.[224] 사후 재산 목록 문서를 이용한 몇 건의 조사들을 보면—하나는 펠리페 4세 시대의 마드리드의 것이고[225] 다른 둘은 17세기에 시칠리아에 있는 카탈루냐 및 제노바 출신의 중고품 상점의 것이다[226]—규모가 보잘것없고 불안정하며, 특히 처분할 때 부채를 남기는 영세한 상점들을 보게 된다. 이 작은 세계에서 파산은 늘상 있는 일이다. 만일 이 소상인들이 솔직하게 이야기할 기회를 가졌다면 18세기에는 모두 활력에 넘친—물론 인상에 불과하지만—푸자디슴*에 찬성하리라는 인상을 받게 된다. 1788

---

* poujadisme : 프랑스의 정치가 피에르 푸자드(Pierre Poujade : 1920-2003)의 정치운동. 서점 및 문구상 출신인 푸자드는 1953년에 중소 상인과 장인의 이해를 옹호하는 정치단체 "프랑스 중소 상공업자 동맹(Union de défense des commerçants et artisans de France, 일명 푸자드 운동)"을 결성했다. 경제구조와 사회가 급격히 변화하는 와중에 위기의식을 느낀 중소 상인이 그들의 이해를 보호하는 퇴영적인 정치 결사를 만들려던 것이었다. 이 운동은 1956년 선거에서 큰 성공을 거두었으나 내분이 심화되어 그다음 해 푸자드가 낙선하는 등 급격히 쇠퇴했다.

년 런던에서 폭스* 내각이 이들에게 세금을 물리려고 시도하다가 "[이 시도가 불러일으킬] 민중 사이의 일반적인 불만에 부딪혀"227) 곧 그 조치를 취소해야 했다. 상점 주인들이 민중은 아니지만—이것은 자명한 이야기이다—필요하다면 민중을 부추켜 봉기하게 할 수는 있다. 1793-1794년 파리에서 활동한 상-퀼로트** 계층은 많은 경우 소상점 주인인 반(半)프롤레타리아에서 충원되었다.228) 이런 사실을 보면 1790년경에 파리에 있던 2만 명의 소매상들이 파산 직전에 있었다는, 언뜻 보면 약간 편향적인 보고를 믿을 수도 있을 것 같다.229)

이제 우리는 다음과 같은 사실들을 주장할 수 있다.

• 인구 증가, 장기적인 경제발전, 또 "소매상인"이 행상인처럼 돌아다니지 않고 자기 가게에 머무르려는 욕구 등의 요인 때문에 상품 분배를 맡은 중개인의 수가 크게 늘었다. 이 중개인들의 수가 너무 많다는 것은 다른 의미보다는 이러한 증가가 경제성장보다 앞선다는 것, 그리고 이 중개인들이 경제성장을 과신하고 있다는 것을 의미한다.

• 판매 장소가 고정되고 가게 문을 여는 시간이 늘어나면서 광고도 하고, 흥정도 벌이고, 또 수다를 늘어놓는 것까지 모두 상점의 발달에 유리하게 작용했다. 사람들이 상점에 갈 때에는 꼭 물건만 사러 가는 것이 아니고 이야기하러 가기도 한다. 그것은 소규모 연극 극장과 같았다. 1631년에 『예의 바른 부르주아(*Bourgeois Poli*)』를 쓴 샤르트르 출신의 저자[샤누안 프랑수아 페두/역주]가 상정한, 흥미로우면서도 실제와 거의 비슷한 대화 내용을 보라.230) 애덤 스미스는 말을 할 줄 아는 사람과 그렇지 못한 동물을 재미있게 비교했다(그의 거의 유일한 유머이다). "물건을 교환하려는 성향은 아마도 대

---

* Charles James Fox(1749-1806) : 영국의 휘그파 정치가.

** sans-culottes : 프랑스 혁명기 국민공회 시대에 혁명의 움직임에 압력을 가했던 혁명 세력을 지칭한다. 이들은 퀼로트(culottes : 짧은 반바지)가 귀족을 상징한다고 간주하여 이것 대신 줄무늬가 있는 바지를 입고 붉은 모자를 썼다. 대개 파리의 소부르주아 출신이었다. 혁명정부가 공포정치 등의 극단적인 조치를 취한 것은 이들의 압력이 크게 작용한 결과이다.

화를 나눌 수 있는 능력 때문에 생긴 결과일 것이다.……"231)* 반드시 상품 교환이 뒤따르지는 않는다고 하더라도, 말하는 것을 즐기는 사람들에게는 대화를 나누는 것이 필수불가결하다.

• 그러나 상점이 크게 발달한 주요 이유는 크레딧에 있다. 상점보다 더 높은 수준에서 도매상이 크레딧을 제공한다. 이에 대해서 소매상은 오늘날식으로 표현하면 분할 납입금을 갚아나가야 했다. 때때로 시칠리아에서 밀을 수입하던 피렌체의 대상인 가문인 구이차르디니 코르시 가문(이들은 갈릴레이에게 돈을 빌려준 적이 있는데 이 사실을 오늘날에도 가문의 명예로 여긴다)은 창고에 있는 후추를 18개월 기간으로 소매상에게 신용판매했다.232) 이것은 그들의 장부 자료에서 확인할 수 있다. 그러나 사실 이들이 이 분야에서 큰 혁신을 이루지는 않았다. 상점 주인들은 그들대로 고객들에게—돈 없는 고객들보다는 물론 부유한 고객들에게 더 기꺼이—신용거래를 해주었다. 소매상들도 마찬가지이다. 빵 장수도 일종의 크레딧을 제공한다(빵 장수와 손님은 두 개의 나무 막대기에 똑같은 눈금을 새겨서 외상으로 사가는 빵을 표시해놓는데233) 하나는 빵 장수가, 하나는 손님이 보관한다).** 카바레 주인도 신용거래를 한다.234) 술을 외상으로 마시는 사람은 벽에 백묵으로 표시를 한다. 푸줏간 역시 마찬가지이다. 디포에 의하면, 그는 1년 수입이 수천 리브르에 달하는 어떤 집을 알고 있는데 이 집은 푸줏간, 빵 가게, 식료품상, 치즈 가게에 한 번에 100리브르씩 갚되, 언제나 100리브르의 외상이 남도록 한다.235) 『파리의 유용한 주소록』(1692)에 이름이 나오는 푸르느라 씨는 중앙시장의 기둥 근처에서 중고 의복 장사를 하는 사람인데 "1년에 4피스톨의

---

* 애덤 스미스의 『국부론』 제1권 제2장의 초입부에 나오는 내용이다. 두 마리의 그레이하운드가 토끼를 쫓아갈 때 얼핏 보면 이것들이 서로 협력하며 상대방에게 토끼를 몰아가는 것으로 보이지만, 실제로는 각각의 본능대로 쫓아갈 따름이다. "그 누구도 어떤 개가 다른 개와 뼈다귀를 공정하고 사려 깊게 교환하는 모습을 본 적이 없다."

** 우리나라에도 비슷한 거래 관행이 있었다. 반찬 가게나 푸주에서 외상거래를 할 때 외상값을 표시하는 금을 새긴 막대기를 "엄대"라고 하고, 그런 외상거래를 "엄대질"이라고 했다.

돈이면 한 사람이 깨끗하게 옷을 잘 갖추어 입을 수 있다"고 이야기한다.[236] 그런데 "그 자리에서 가져갈 수 있는" 상품을 가지고 장사를 하는 이 사람도 항상 선불을 받지는 않았다. 이 점은 파리의 생트-마리 구역의 뇌브 거리에서 "모든 상복, 망토, 상장(喪章), 가슴 장식, 또 의식에 입고 갈 검은 의상 등"을 판매하는 세 명의 중고 옷 가게 동업자들 역시 똑같이 이야기했다.[237]

소규모 자본가의 입장에 있는 상인은 그에게 빚진 사람들과 그가 빚을 지고 있는 사람들 사이에서 살아간다. 이것이야말로 끊임없이 파산의 벼랑에 몰려 있는 불안정한 균형이다. "중간공급인(pourvoyeur, 도매상과 연결된 중개인이거나 혹은 도매상 자신을 가리킨다)"이 그의 목에 칼을 들이대는 날에는 곧 파산이다. 부유한 고객 한 명이 빚을 갚지 못할 지경에 이르자 어느 생선 파는 여자가 궁지에 몰렸다(1623). "살 만하게 되었는가 싶더니 갑자기 백동전(blanc) 상태에 놓이게 되었다."[238] 여기에서 백동전이란 10드니에를 가리키는데, 이 말은 곧 마지막 푼돈까지 날리게 되었다는 뜻이다. 모든 상점 주인들은 대금을 늦게 받든지 아니면 아예 못 받는 이런 불행에 빠질 위험을 안고 있었다. 무기 판매인이자 당대의 시인이었던 프랑수아 폼롤이 1632년에 그가 처한 상황에 대해서 불평하는 것을 보라. "고생은 죽도록 하고 나서도 돈을 받으려면 늦어지더라도 인내해야 하는 법."[239]

이것이야말로 소상인, 중개인, 소매상인의 편지들을 뒤적이다 보면 가장 흔하게 볼 수 있는 불평이다. "이렇게 다시 몇 줄 쓰는 것은 도대체 언제쯤 우리에게 지불하실지 알고자 함입니다", 1669년 5월 28일. "내가 그렇게 여러 번 반복해서 쓴 편지들이 효과가 하나도 없다는 것에 놀라움을 금치 못하겠습니다. 어쨌든 정직한 신사에게 대답이라도 해야 할 것 아닙니까", 1669년 6월 30일. "당신이 가게에 직접 들러서 계정을 청산할 것이라고 나를 안심시키고는 아무 말 없이 가버렸습니다", 1669년 12월 1일. "당신에게 어떻게 편지를 써야 할지 모르겠습니다. 당신은 내가 쓴 편지들을 거들떠보지도 않았다는 것을 알기 때문입니다", 1669년 7월 28일. "우리 거래를 결제해달라고 부탁한 것이 벌써 6개월 전 아닙니까", 1669년 8월 18일. "당신의 편지들은 나에게 웃음거리밖에 안 됩니다", 1676년 4월 11일. 이 편지들은 모두 리옹의 여러 상인들이 쓴 것이다.[240] 어느 격분한 채권자가 빚쟁이에게 그가 직접 그르노블로 가서 강력한 방식으로 그 스스로 정의를 실천하겠다고 경고하는 편지를 본 적이 있으나 [문서 보관서의 문서 뭉치 속에서/역주] 그것을 다시 찾아내지는 못했다. 루이 14세와 동시대인으로서 빚을 주기를 꺼려하는 랭스의 한 상인은 이런 속담을 인용한다. "빌려줄 때는 사촌형제, 갚을 때는 창녀의 아들(À prester cousin germain, à rendre fils de putain)."[241]

이와 같이 채무 처리가 잘 되지 않으면, 인과관계의 망을 따라서 다른 부분들이 연쇄적으로 어려움에 빠진다. 1728년 10월에 디종의 생트-오스티 정기시에서는 아마포는 잘 팔렸지만 모직물이나 견직물은 그렇지 못했다. "……사람들은 그 원인이 소매상이 판매를 잘못한 데다가 물건을 산 사람이 대금을 갚지 않아서 새로운 구매를 하지 못할 형편이기 때문이라고 했다. 다른 한편, 도매상은 소매상이 대금을 갚지 않으므로 외상으로 물건을 주려고 하지 않았다."[242]

그러나 디포의 다음 설명은 지금까지 말한 이런 이미지를 상쇄시키고도 남는다. 신용의 연쇄는 상업의 근간이며, 부채는 서로 상쇄되고 바로 이 때문에 상업활동이 늘어나고 이익도 커진다. 고문서 보관소의 문서가 지니고 있는 단점은 이것이 역사가들에게 파산, 재판, 파국의 모습만을 모아서 보여줄 뿐, 사업이 일상적으로 잘 돌아가는 모습을 보여주지는 않는다는 점이다. 행복한 사람과 성공한 사업은 역사에 등장하지 않는 법이다.

행상인의 활발한 활동

행상인(colporteur)이란 보잘것없는 상품을 "뒷목에 얹어 운반하는(porter au col)"—다시 말해 등에 지고 운반하는—상인을 뜻한다. 이들은 대개 비천한 상인에 불과하지만, 교환의 상당 부분을 맡았다. 이들은 읍이나 시골마을, 나아가서 도시에서도 일상적인 상품 분배의 망에서 벗어난 빈틈을 메운다. 빈틈이 아주 크기 때문에 이들의 수가 많을 수밖에 없고, 이것이 곧 이 시대의 표시이기도 하다. 이들을 가리키는 말은 도처에서 다양하게 찾을 수 있다. 프랑스에서는 콜포르퇴르(colporteur), 콩트르포르퇴르(contreporteur), 포르트-발(porte-balle), 메르슬로(mercelot), 캄로티에(camelotier), 브로캉퇴르(brocanteur), 영국에서는 호커(hawker), 헉스터(huckster), 페티 채프먼(petty chapman), 페들러(pedlar), 패크먼(packman), 독일에서는 지방에 따라 회케(Höcke), 휘커(Huecker), 그렘플러(Grempler), 하우지러(Hausierer), 아우스루퍼(Ausrufer)라고 했으며, 푸셔(Pfuscher), 뵌하젠(Bönhasen)이라는 말은 아직도 쓰인다. 이탈리아에서는 메르차유올로(merciajuolo), 스페인에서는 부오네로(buhonero)라고 한다. 동유럽에도 이들을 가리키는 독특한 이름이 있다. 튀르키예어로는 세이야르 사티지(seyyar satîcî, 행상인과 작은 상점 주인을 동시에 뜻한다), 불가리아어로는 세르기지야(sergidžyja, 튀르키예어 '세르기 [sergi]'에 해당하는 말), 세르비아-크로아티아어로는 토르바(torbar, 튀르키예어의 '토르바[torba : 푸대]'에서 온 말) 또는 토르바 이 스레바(torbar i srebar)나 크라마(Kramar) 또는 크레머(Krämer, 이 말은 분명히 독일어에서 유래했으며, 원래 행상인과 더불어 카라반 상인, 혹은 소부르주아를 뜻한다)라고 했다.[243)

이렇게 이름이 다양하고 많은 것은 행상이 결코 사회적으로 명확하게 규정되지 않았으며 합리적으로 분류하기 힘든 여러 직종을 모아놓았다는 사실에 기인한다. 1703년 스트라스부르에서 볼 수 있었던 사부아 출신의 칼갈이는 말하자면 "행상인처럼 돌아다니며 일하는" 사람으로서 굴뚝 청소부나 의자 짚갈이처럼 떠돌아다녔다.[244) 마라가티리아(Maragatiria)라고 부르는[245) 칸타브리아 산지의 농민은 곡물과 포도주를 많이 생산하는 카스티야 라 비에하로부터 바닷가 쪽으로 가느냐, 그 반대 방향으로 가느냐에 따라 밀, 나무, 통 만드는 널빤지, 염장 생선 통, 거친 양모로 짠 직물 등을 운반하는 수송업자 노릇을 했다. 마음속으로 그들의 이미지를 그리며 표현하면

"편력(en ambulancia)" 상인이라고 할 수 있다.[246] 자신이 운반하는 상품의 전부 혹은 일부를 스스로 사서 팔기 때문이다. 크라쿠프 근처의 안드리후프의 마을 매뉴팩처를 운영하는 농민 겸 직공 역시 행상인이다. 그중에서도 마을에서 짠 직물을 바르샤바, 그단스크, 르비우, 테르노폴, 혹은 루블린 정기시나 두브노 정기시에 가져가고, 심지어는 이스탄불, 스미르나, 베네치아, 마르세유까지 가서 파는 사람들이 있는데 적어도 이들은 의심할 바 없이 행상인에 속한다. 언제든지 떠날 채비가 되어 있는 이 농민들은 때에 따라 "드네스트르 강과 흑해 항해를 개척한 선구자"가 되었다(1782).[247] 반면, 맨체스터의 유복한 상인들, 또는 요크셔나 코번트리의 매뉴팩처 상인들은 그들 스스로 말을 타고 영국의 여러 지방을 돌아다니며 상점 주인에게 상품을 전해주었는데, 이들은 어떻게 불러야 좋을 것인가? "그들이 부자라는 점만 빼면 그들은 행상인이다"라고 디포는 말한다.[248] 그리고 프랑스 등지에서 정기시를 찾아다니는 상인들(forains, 다른 도시 출신이라는 뜻이다)[249] 역시 행상인이라는 말이 적용될 테지만, 이들은 상대적으로 유복했다.

부유하든 가난하든 행상은 교환을 유지시키거나 증대시키고 널리 확대한다. 그러나 행상이 우세한 곳은 일반적으로 경제적 후진 상태에 있다. 서유럽에 비해 경제적으로 뒤처져 있던 폴란드가 대표적인 예로, 이곳에서는 행상인이 제 세상을 만났다. 행상은 이전 수 세기 동안 일반적이었던 상업이 이후 시기까지 살아남은 잔존물이 아닐까? 예컨대 로마 제국 말기의 시리(Syri)는 행상인이었다.[250] 중세 서양의 상인 이미지 역시 흙투성이에 먼지를 뒤집어쓴 행상인이었다. 즉, 어느 시대에나 똑같은 전형적인 "장돌뱅이"인 것이다. 1622년의 한 풍자문에 의하면 과거의 상인은 "옆구리에 부대를 매달고, 끝부분에만 가죽을 댄 신발을 신는다."[251] 그의 아내는 "허리까지 축 늘어진 커다란 모자"를 쓰고 그를 뒤따른다. 그러나 방랑하는 이 부부가 어느 날 상점에 정착하고 겉모습을 일신하면, 이전보다 훨씬 덜 비천해 보이게 된다. 사실 행상인이라고 해도 마차를 가지고 다니며 파는 사람처럼 막강한 재력을 과시하는 부상(富商)도 있지 않은가? 행운이 뒤따른다면 이들은 사회 상층으로 올라간다. 앞에서 말한 바 있는 18세기의 소규모 마을 상점들을 만든 사람들은 거의 언제나 행상인 출신이었다. 이들은 때로 대(大)상업 중심지에도 도전했다. 18세기 뮌헨에 있는 이탈리아 혹은 사부아 출신의 50여 기업들은 성공한 행상인들이 세운 것이다.[252] 11-12세기에 시골 마을과 거의 다를 바 없는 유럽의 소도시에서 이와 유사한 현상이 일어났다.

행상인들의 활동이 모두 합쳐지면 아주 큰 영향력을 미친다. 시골지역에 민중문학과 책력*을 보급한 것은 거의 전부 이들의 공헌이다.[253] 18세기에 보헤미아의 유리 제품들이 스칸디나비아 지역이나 영국, 러시아나 오스만 제국에 퍼지게 된 것도 행상인들의 덕분이다.[254] 17-18세기에 스웨덴 지역의 반 이상에서는 사람이 살지 않았으며 인간이 거주하는 곳은 광대한 황무지 속에 흩어져 있는 몇몇 지점에 불과했다. 그러나 이런 곳에도 베스테르예틀란드나 스몰란드 출신의 소규모 행상인들이 "편자, 못, 자물쇠, 핀……책력, 종교 서적"과 같은 것들을 팔았다.[255] 폴란드에서는 유대인 행상인들이 유통의 40-50퍼센트를 차지했다.[256] 독일에서도 마찬가지여서 유대인들은 벌써 번영하는 라이프치히 정기시의 일부분을 지배했다.[257]

그러므로 행상이 반드시 후진적인 것만은 아니다. 오히려 행상인은 시장을 개척하는 선구자 역할을 할 수도 있었다. 1710년 9월에[258] 파리의 상업참사회**는 아비뇽 출신의 두 유대인인 무아즈 드 발라브레주와 이즈라엘 드 자지아르의 요구를 거부했다. 이들의 요구는 "계절마다 6주일 동안 전국의 도시에서 상점을 열지 않은 채 견직물이나 모직물을 판매하도록" 해달

---

* almanach : 일반 민중들이 많이 보는 책으로, 달력 외에도 천문, 기상 등의 과학적, 실용적 내용을 담아 매년 출판되었다.

** conseil de commerce : 앙리 4세가 매뉴팩처와 수공업의 진작을 위해 처음 만들었다. 본격적으로 가동된 것은 루이 14세 때이다. 1664년에 만들어졌으며 콜베르가 정책을 주도하던 시기에 국내외의 상업에 관한 업무를 다뤘다. 재무총감, 해군 담당 국무비서 2인의 국무위원, 12인의 전국 도시대표(파리 출신 2인, 루앙, 보르도, 리옹, 마르세유, 라-로셸, 낭트, 생-말로, 릴, 바욘, 됭케르크 출신 1인씩)로 구성되고, 필요하다면 총괄 징세청부업 대표 2인이 참여했다.

라는 것이었다. 이처럼 결코 소상인이라고 할 수 없는 행상인들이 주도하는 활동은 "프랑스 국왕 휘하 신민의 교역과 이해에 아주 해로울" 것이며, 현지에 자리 잡은 상점 주인과 상인에게 직접적인 위협이 될 것이라고 사람들은 생각했다. 그러나 일반적으로 상황은 정반대였다. 즉, 대상인과 대규모 상점 주인, 혹은 중간 규모의 상점 주인이 행상인을 좌우했다. 그래서 자기 가게에 쌓인 재고품을 이들에게 할당했다. 그도 그럴 것이 이 행상인들은 교역망의 혜택을 잘 받지 못하는 지역에 들어가 소량을 판매하고, 구매를 주저하는 사람을 온갖 말로 구슬리는 기술이 뛰어났기 때문이다. 오늘날 길거리에서 물건을 파는 상인들*이야말로 이런 행상인의 후예로 옛 행상인의 이미지를 보여준다. 민첩하고 재미있고 재치있는 이들의 모습은 연극에 자주 등장한다. 1637년의 한 연극에서,[259] 젊은 과부는 말을 너무 잘하는 한 남자와 결국 결혼하지 않기로 했는데, 그것은 마음이 끌리지 않아서가 아니다.

　　하느님, 그이는 얼마나 재미있는지! 내가 가난하지만 않다면,

　　그리고 내가 그를 원하면, 그도 분명히 나를 원할 테지!

　　그렇지만 그이가 신문을 소리쳐가며 파는 돈으로는

　　1년이 지나도 양초 하나 살 수 없을걸.

　　합법적이든 아니든, 행상은 어디에나 밀고 들어간다. 베네치아의 산 마르코 광장의 회랑 아래든 파리의 퐁-뇌프 다리든 그들이 없는 곳은 없다. 핀란드의 아보 다리는 이미 상점들로 가득 찼는데도 다리의 양쪽 끝에 행상인들이 진을 쳤다.[260] 볼로냐에서는 대성당 앞 광장에 화요일과 토요일에 시장이 서는데, 행상인들 때문에 이곳이 상설시장으로 변하지 않도록 확고한 규제가 필요했다.[261] 쾰른에서는 36가지 신분의 아우스루퍼(Ausrufer, 길거리

---

* camelot : 길거리에서 여러 잡화를 파는 상인. 특히 신문을 소리쳐 파는 사람을 가리킨다.

에서 외치며 파는 사람)가 있었다.[262] 1643년 리옹에서는 언제나 이런 말을 들을 수 있었다. "행상은 모든 종류의 것을 다 판다. 튀김, 과일, 땔나무, 목탄, 상자에 담은 포도, 셀러리, 구운 콩, 오렌지……. 샐러드와 푸른 채소는 수레로 가져와서 외치며 판다. 사과와 배는 익혀서 판다. 버찌는 저울에 무게를 달아서 리브르(=파운드) 단위로 판다."[263] 파리와 런던과 로마에서 외치는 소리는 그대로 이 시대의 판화와 문학에서 재현되었다. 로마에서 무화과, 멜론, 향초, 오렌지, 비스킷, 양파, 빵, 헌 옷, 둘둘 만 직물, 부대에 담은 목탄, 사냥한 고기, 개구리 같은 것을 거리에서 파는 사람들에 대해 카라치나 주세페 바르베리가 묘사한 것을 보라. 우아하기 이를 데 없는 18세기의 베네치아에 옥수수 가루로 만든 갈레트를 파는 사람들이 밀고 들어온 것을 상상할 수 있겠는가? 그러나 1767년 7월의 기록을 보면 이런 것들이 "아주 헐값으로" 대량으로 팔린다는 것을 알 수 있다. 한 관찰자에 의하면 그 이유는 "[이 도시의] 굶주린 사람들이 갈수록 더 가난해지기 때문이다."[264] 그러니 구름같이 많은 이 재빠른 장사꾼을 어떻게 없앨 수 있겠는가? 어느 도시도 이들을 쫓아내지 못했다. 기 파탱은 1666년 10월 19일에 파리에 대해서 이렇게 썼다. "이곳에서는 이제 거리를 혼잡하게 만드는 중개인, 장물아비, 헌 신 장수 같은 사람들에 대해 미리 생각해둔 정책을 실천에 옮기기 시작했다. 파리의 거리를 아주 깨끗이 만들고 싶었던 것이다. 국왕은 아우구스투스가 로마에 했던 일을 파리에 하고 싶다고 말했다."[265]* 물론 뜻대로 되지 않았다. 그것은 마치 파리 떼를 쫓아버릴 수 없는 것과 마찬가지였다. 도시의 모든 거리와 시골길들은 지치지 않는 건각들이 쓸고 다녔다. 1778년이라는 한참 뒤늦은 시기에 네덜란드에서도 마찬가지 일이 일어났다. 이곳에는 "여러 종류의 행상인들(porte-balles, coureurs, mercelots, brocanteurs)이 넘쳐나서, 1년 중에 태반을 시골에서 보내는 유복한 부자들에게 이상한 상품을

---

* 고대 로마 제국의 황제 아우구스투스는 가로를 정비하고 많은 공공건물을 지어서 "벽돌의 로마를 대리석의 로마로 만들었다"는 평가를 받는다.

수없이 많이 팔았다."266) 네덜란드에서는 시골 저택을 소유하는 열기가 뒤늦게 몰아쳐서 이때 절정을 이루었는데, 행상인들이 [시골로/역주] 몰려드는 그 현상이 아마도 이 유행과 무관하지 않을 것이다.

행상은 종종 계절적 이동과 연결되었다. 프랑스와 독일 지역까지 돌아다니는 사부아인,267) 도피네인, 스페인을 휘젓고 다니는 오베르뉴 고지대 사람,268) 특히 생-플루르 고원 출신의 사람들이 그런 종류이다. 이탈리아인들은 프랑스에 와서 한 "시즌"을 보내기도 하지만 일부는 단지 나폴리 왕국을 도는 것에 만족하기도 한다. 한편 프랑스인들은 독일 지역에까지 갔다. 마글랑(오늘날의 오트-사부아 지역) 행상인들 간에 오고 간 편지들을 보면269) 1788년부터 1834년까지 돌아다니는 "보석상(bijoutier)"―실제로는 시계 장수―의 왕래에 대해서 알 수 있다. 이들은 스위스의 정기시들(루체른과 추르차흐)과 남부 독일의 상점들에 상품을 공급하는데,270) 이들이 다니는 행로는 할아버지로부터 아버지, 아들에 이르기까지 대개 똑같았다. 그러나 이들이 어느 정도 성공을 거두느냐는 경우에 따라 차이가 있다. 1819년 5월 13일, 루체른 정기시에서는 "저녁에 맥주 한잔도 할 수 없었다."271)

때로 낯선 사람들이 불쑥 끼어들기도 하는데, 이것은 아마도 위기의 시기에 유랑하는 사람들 때문일 것이다. 1783년 스페인에서는 행상인들, 돌아다니는 잡화상들, "길들인 짐승을 보여주는 사람들", "목에 커다란 십자가를 걸고 다니면서 기도로 사람이나 가축의 병을 고친다고 주장하는" 이상한 기도사들―살루타도레스(salutadores)―에 대해서272) 일괄적으로 조치를 내려야 했다. 행상인이라는 하나의 이름 아래에 실제로는 몰타인, 제노바인, 또 현지 사람들이 모두 포함되어 있었다. 프랑스인이 빠져 있지만 이것은 단지 실수로 빠트린 것이리라. 직업을 가지고 있는 떠돌이들이 길거리에서 마주친 직업 없는 떠돌이들과 일정한 관계를 맺고, 기회가 닿으면 함께 동냥을 하는 것도 자연스럽다."273) 그리고 이들이 밀수와 관계가 있다는 것 역시 자연스러운 일이다. 1641년경에 영국에는 프랑스 출신 행상인들이 아주 많았는데, 추밀원 의원인 토머스 로 경은 이들이 영국의 수지를 적자로 만드는 데에 중요한 몫을 차지한다고 주장했다![274] 이들은 영국의 양모와 축융 과정에 쓰이는 흙을 몰래 실어 내가고 대신 브랜디를 밀수해 들여오는 선원들의 조수가 아니겠느냐는 것이다.

행상은 낮은 직업인가?

행상이 이토록 발달해 있다가도 일단 국가가 일정한 발전단계에 이르면 저절로 사라져간다는 것이 통상적인 견해이다. 그래서 흔히 영국에서는 18세기에, 프랑스에서는 19세기에 행상이 사라졌다고 말한다. 그런데 실제로 영국에서는 19세기에 행상이 오히려 다시 살아났다. 적어도 상품 분배망의 혜택을 잘 받지 못하는 산업도시 변두리 지역에서는 분명한 사실이다.[275] 프랑스에서도 민속에 관한 연구를 보면 20세기까지 행상의 자취를 찾을 수 있다.[276] 사람들은 근대적 교통 수단이 행상에 치명적인 타격을 가져왔다고 생각했다(이것이야말로 선험적인 논리에 불과하다). 그렇지만 우리가 살펴본 마글랑의 시계 행상인들은 차량과 마차를 사용했고, 1834년에는 심지어 레만 호 위에서 증기선을 효과적으로 이용했다."[277] 그러므로 행상이란 분명히 대단히 적응력 있는 체제이다. 상품 배분에 문제가 있을 때마다 행상이 거듭 살아나고는 한다. 밀수, 절도, 장물 취득과 같은 암거래 활동이 늘어나거나, 혹은 경쟁과 감시가 느슨해지고 일반적인 상업 형태가 취약해질 때면 행상이 되살아나는 기회가 된다.

대혁명기와 제정기의 프랑스는 행상이 엄청나게 확산된 무대였다. 메스(Metz)의 상업재판소의 까다로운 판사가 파리의 전국 상업참사회 회원에게 보낸 긴 보고서를 보자. "오늘날의 행상은 예전과는 달라서 등에 푸대를 메고 다니는 정도가 아닙니다. 이미 상당한 수준의 상업으로, 그 중심지는 없는 듯하면서 도처에 퍼져 있습니다."[278] 결국 이들은 사기꾼이나 도둑과 마찬가지여서, 순진한 구매자나 자기 상점을 가진 "정주(定住)" 상인에게 파국을 안기므로 사회의 안전을 위해서라도 멈추게 하는 것이 화급하다고 이 보고서는 주장했다. 상업이 중요한 고려의 대상이 거의 되지 못하며, 방종한 자유를 누리는 혁명기와 아시냐*의 시대에는 누구나 약간의 돈만 내고 허가를 받아 어떤 물건이라도 파는 상인이 될 수 있다. 앞에서 말한 판사의 의견에 의하면 유일한 해결책은 "길드 제도를 복구하는 것이다!" "다만 원래의 길드의 남용을 피하기만 한다면!" 그의 말을 더 경청할 필요는 없을 것이다. 그렇지만 그의 시기부터 행상인의 엄청난 무리가 도처에 생긴 것은 사실이다. 그뿐만 아니라 같은 해인 1813년에 파리의 경찰청은 "좌판행상들(étalagistes)"이 길 복판에 판매대를 세우고 있다는 소식을 들었다. 이들은 "마들렌 거리로부터 탕플 거리까지" 널리 퍼져 있었다. 이들은 부끄러움도 없이 상점 바로 앞에서 그 상점에서 파는 것과 똑같은 상품을 팔아서 상점 주인들을 화나게 만들었다. 이 사람들 중에는 무엇보다도 유리 제품을 파는 사람들이 많았지만 그 외에도 도자기, 법랑, 나아가서 보석 제품을 파는 사람까지 있었다. 질서를 세울 책임이 있는 사람들도 어쩔 도리가 없었다. "이런 행상인들을 끊임없이 내쫓지만 이들은 늘 되돌아온다.……이들의 수가 많다는 것 자체가 이 사람들에게는 자신들을 구원해주는 수단이다. 그렇게 많은 사람들을 어떻게 다 체포한다는 말인가?" 게다가 이들 모두는 가난했다. 경찰청 사람들은 이렇게 덧붙인다. "이 불규칙한 상업은 사람들이 생각하는 만큼 그렇게 기존 상인들에게 해롭지 않을지도 모른다. 이런 방식으로 판매하는 상품의 태반은 사실 상인들이 이들에게 판 것이고 그래서 어떻게 보면 흔히 행상인들이 기성 상인들의 대리인일 수도 있다.……"279)

최근에도 1940-1945년에 굶주림에 시달리던 프랑스에서는 "암시장"과

---

* assignat : 프랑스 혁명 중에 혁명정부는 교회 토지를 몰수하여(1789년 10월) 20억 리브르에 달하는 엄청난 재산을 획득했다. 이것을 담보로 정부가 발행한 지폐가 아시냐이다. 이 화폐의 발행으로 재정의 어려움을 일시적으로 면했으나, 한편으로 몰수한 토지를 매각함에 따라 담보는 줄어들고 다른 한편으로 지폐를 계속 발행하여 심각한 인플레이션을 유발했다.

함께 비정상적인 행상이 다시 폭증했다. 러시아에서도 힘들고 분쟁이 많고 소통이 불완전했던 1917-1922년의 시기에는 이전 시기처럼 떠돌이 중간 상인들이 다시 등장했다. 중고품 상인, 아무것이나 닥치는 대로 긁어모으는 상인, 암거래 상인, 행상인—이들을 특히 경멸조로 "푸대를 진 사람들(hommes au sac)"이라고 불렀다[280]—이 그런 사람들이다. 오늘날에도 파리 레 알의 도매상인이 취급하기를 꺼리는 아티초크나 콜리플라워 같은 것을 트럭에 싣고 와서 직접 판매하는 브르타뉴의 농민은 일시적으로 행상인 역할을 하는 셈이다.* 그리고 소련 국내선 비행기 요금이 싼 덕분에 채소 및 과일 푸대, 살아 있는 날짐승을 넣은 망사 가방을 가지고 모스크바에까지 와서 파는 조지아나 아르메니아의 독특한 농민도 결국 근대적인 행상인이다. 만일 어느 날 위니프리**를 비롯한 대규모 유통기관의 폭압적인 체제가 더 이상 참을 수 없게 된다면—다른 조건이 같다고 할 때—그에 대항해서 새로운 행상이 나타나지 말라는 법은 없다. 언제나 행상이란 성스러운 기존의 시장 질서를 우회함으로써 현재 탄탄히 자리 잡고 있는 권위를 비웃는다.

유럽 : 최고 수준에서의 교환기구

시장, 상점, 행상의 위에 강력한 교환의 상층 구조가 존재한다. 그것은 탁월한 수단을 가진 인물들이 장악하고 있다. 이것은 중요한 교환기구와 대규모 경제의 층위이고, 따라서 필연적으로 자본주의의 층위이다. 자본주의란 대규모 경제 없이는 존재할 수 없다.

지난날에 원거리 교역을 하는 데에 핵심적인 기구는 정기시와 거래소였다. 그렇게 말하는 까닭은 이것들이 **모든** 대규모 사업을 처리했기 때문이 아

---

* 오늘날에는 사정이 달라져서, 파리 시내에 있던 레 알의 청과 시장 및 생선 시장 등은 1969년 이후에 파리 주변의 룅지스(Rungis)로 이주했다.
** Uniprix : 프랑스의 초대형 슈퍼마켓 체인 이름.

니다. 예컨대 프랑스를 비롯한 대륙 국가들에서는 공증인 사무실을 통해서 무수히 많은 중요한 거래들이 비공개리에 체결되었다. 다만 영국은 사정이 달라서 이곳의 공증인 사무실은 단지 당사자의 신원을 확인시켜주는 역할만 한다. 그렇게 체결되는 거래가 어찌나 많은지, 장-폴 푸아송이라는 역사가는 이를 통해서 사업의 일반 수준을 잴 수 있다고 보았을 정도이다.[281] 은행도 마찬가지이다. 돈이 은행에 쌓이는 것은 천천히 이루어지지만, 은행에서 나갈 때 언제나 신중하고 효율적으로 나가는 것만은 아니다. 자연히 은행의 역할이 점차 확대되었다.[282] 또 프랑스의 상업재판소(이후 시기에는 이 기관이 특히 파산 문제와 그 재판을 담당했다)는 "상인의 법규에 따라서(per legem mercatoriam)" 상품에 관한 문제에 신속한 판결을 내려줌으로써 상인계급의 이해를 지켜주는 특권적인 기관이었다. 따라서 르 퓌(1757년 1월 17일)[283]나 페리괴(1783년 6월 11일)[284] 지역은 상업을 편리하게 만들어줄 이 재판소를 허가해달라고 요구했다.

18세기에 프랑스에서 만들어진 상공회의소*―첫 번째 것은 1700년 됭케르크에서 만들어졌다[285]―또는 이것을 흉내 낸 이탈리아의 기관(베네치아 1763년,[286] 피렌체 1770년[287])은 대상인의 권위를 강화시키고 반대로 다른 계층 사람들을 불리하게 만들었다. 한 됭케르크 상인이 노골적으로 이야기한 것이 바로 그런 내용이다(1710년 1월 6일). "모든 상공회의소는 자기 지역의 항해와 교역에 관한 일을 특정한 5-6명의 사람들에게 몰아주고 일반 사람들의 상업활동을 몰락시켜버린다."[288] 지역에 따라 이 기관이 성공한 정

---

* chambre de commerce : 이 기관의 모체가 된 것은 1664년 콜베르가 만든 기관이었다. 그는 중요한 상업지역의 대상인들이 대표 2인씩을 뽑아서 자기 지역의 상공업에 관한 의견을 제기하고, 이들 중에 다시 3인의 대표로 하여금 중요한 사안이 있을 때 그에 대한 견해를 정부에 제기하도록 했다. 그러나 이 기구가 실제로 작용하기 시작한 것은 1701년 8월 30일 자로 칙령이 발표된 이후였다. 이후 리옹(1701), 루앙(1703), 몽펠리에(1704), 보르도(1705) 등의 순서로 각지에서 상공회의소가 만들어졌다. 그러나 이렇게 정부가 공식적으로 주도하여 각지에 상공회의소를 만들기 전에 됭케르크와 마르세유는 이미 스스로 상공회의소를 만들어 운영하고 있었으며, 특히 마르세유의 것은 이후 가장 중요한 비중을 차지했다.

도는 다소 다르다. 마르세유에서는 이 기관이 상업활동의 핵심을 차지했다. 이에 비해서 리옹에서는 이 기관에 대한 필요가 그리 크지 않았기 때문에 끝내는 더 이상 소집되지 않았고 그래서 시 행정부가 핵심적인 역할을 했다. 재무총감은 이렇게 기록한다(1775년 6월 27일). "내가 알기로 리옹의 상공회의소는 아예 모이지 않거나 모이더라도 아주 드물게 모여서 1702년 국무회의의 의결조항들이 하나도 실행되지 못했고, 이 도시의 상업에 관련된 모든 일은 시민대표단(syndic)이 검토하고 결정한다."[289] 여기에서 시민대표단이란 곧 이 도시의 시 행정관을 말한다. 그러나 어떤 제도를 큰 목소리로 요구한다고 해서 그것이 곧 일상의 삶 속에 구현되는 것일까? 예컨대 1728년에 생-말로는 국왕에게 상공회의소를 요구했지만 뜻대로 되지는 않았다.[290]

18세기에 대교역에 관한 도구가 늘어나고 다양해졌다는 것은 확실하다. 그렇다고 해도 정기시와 거래소는 여전히 상업활동의 중심에 있었다.

정기시, 늘 손질이 필요한 낡은 기구

정기시(foire)는 오래된 기구이다. 물론 시장보다 오래되지는 않았지만, 분명 무한히 먼 과거 속에 뿌리를 두고 있다.[291] 프랑스 사학계의 연구는, 맞는지 틀리는지는 모르겠지만 아무튼 정기시의 기원을 로마 시대 이전까지 소급해 켈트족의 대순례 시대*까지 끌어올렸다. 11세기에 서양의 상업이 부활한 것은 흔히 말하듯 제로로부터 다시 출발한 것이 아니다. 이때까지도 도시, 시장, 정기시, 순례 등의 흔적이 남아 있었다. 다시 말해서 약간의 손질만 하면 언제든지 다시 상업을 발전시킬 수 있던 관습이 남아 있었던 것이다. 흔히 이야기하기를 생-드니의 랑디** 정기시는 적어도 9세기(즉, 대머리왕 샤를

---

* 켈트족의 역사에서 대팽창기는 기원전 5-기원전 1세기로 잡을 수 있다. 이 시기에 켈트족은 끊임없이 새로운 땅을 찾아서 이주했다. 이들은 갈리아 지방을 완전히 점령하고 이베리아 반도로 들어갔는가 하면, 일부는 이탈리아 북부 지역, 또다른 일부는 발칸 지역으로 들어갔다.
** Lendit : 중세에 파리 주변의 생-드니 지역에서 열리던 정기시로서, 드니 성인을 기념하는 6월 축제 때 열렸으며 파리 및 그 주변 지역에 대해 상업적으로 중요한 기능을 담당했다.

2세 시대)까지 거슬러올라간다고 하고,[292] 트루아 정기시는 로마 시대 때 것이며,[293] 리옹 정기시는 기원후 172년에 세워졌다고 한다.[294] 이런 주장은 맞을 수도 있고 틀릴 수도 있다. 정기시는 이런 주장보다 더 오래되었을 수도 있기 때문이다.

정기시는 그렇게 오래되었으면서도 늘 살아 있는 제도로서 상황에 잘 적응해왔다. 이들이 맡은 역할은 일반적으로 교환이 너무 좁은 한계 내에 갇혀 있을 때 그 제약을 깨는 것이다. 1800년에 뫼즈의 한 마을은 정기시를 세우게 해달라고 요구했는데[295] 이곳에 부족한 철기류를 들여오려는 의도였다. 가까운 시골지역과 도시의 장인층을 겨우 결합시킨 정도에 불과한 소박한 규모의 읍내 정기시라고 해도 이것 역시 일상적인 교환의 한계를 깨는 역할을 한다. 더 나아가서, 초대형 정기시는 광대한 여러 지역의 경제를 동원하기도 한다. 때로는 유럽 전역이 약속을 하고 모여들기도 했다. 그 이유는 많은 세금과 관세의 장벽을 일시적으로 없애는 자유와 특권 때문이다. 이 때문에 정기시가 보기 드문 정도의 대규모 집합소가 되었다. 지배자들(프랑스 국왕,[296] 영국 국왕, 신성 로마 황제)은 결정적으로 중요한 이 집합 지점에 아주 일찍부터 관심을 두어서 특별 사면, 자치권, 보증, 특권을 허락해주었다. 그러나 우리가 여기에서 짚고 넘어가야 할 점이 있다. 정기시들이 실제로 면세되었던 것은 아니어서, 예컨대 보케르 정기시 같은 곳에서도 완전한 자유교역이 이루어지지는 않았다는 점이다. 예를 들면, 소뮈르에 "왕립" 정기시 세 곳이 있어서 각각 사흘씩 장이 섰지만, 문서에 의하면 이것들은 "면세 혜택을 누리지 못해서 거의 쓸모가 없었다."[297]

모든 정기시는 임시 도시와 같은 모습을 보인다. 물론 도시와 같다는 것은 단지 여기에 참가하는 사람들 수가 도시 인구와 비슷하다는 의미이다. 때가 되면 이곳에 무대장치를 세웠다가 축제가 끝나면 철거해버린다. 한 달, 두 달, 혹은 석 달 동안 아무것도 없다가 다시 장이 선다. 그러므로 각각의 정기시는 이웃과는 다른, 자기 나름대로의 리듬, 달력, 지침을 가지고 있다.

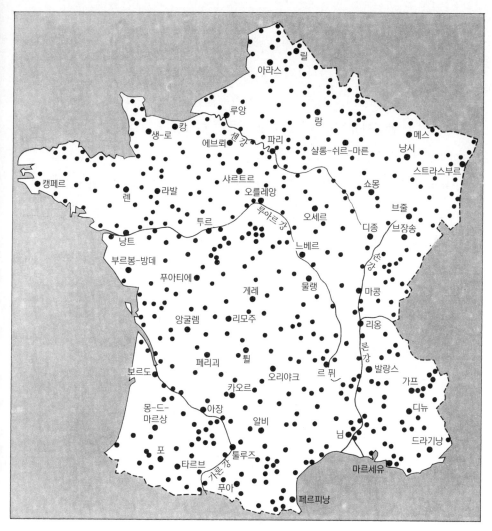

7. 1841년에도 프랑스에는 여전히 정기시들이 편재했다
(『상업 및 상품 사전』, 제1권, 1841, p.960 이하)

그런데 가장 빈번히 열리는 정기시가 가장 중요한 것은 아니며, 소규모의 가축 시장(foires grasses)과 같은 것들이 더 중요할 수도 있다. 오를레앙 근처의 쉴리-쉬르-루아르,[298] 브르타뉴의 퐁티니, 생-클레르와 보몽 드 로마뉴 등은 1년에 8번,[299] 몽토방 납세구의 렉투르는 9번,[300] 오슈는 11번[301] 장이 선다. "오베르뉴의 오트-마르슈에 있는 큰 읍인 슈네라유에서 열리는 가축 시장들은 그곳에서 팔리는 살진 가축들의 수가 많기로 유명하다. 그리고 그곳에서 팔리는 가축들은 대부분 파리로 간다." 이 정기시들은 매달 첫 번째 화요일에 열리므로 결국 1년에 모두 12번 열린다.[302] 르 퓌에서도 "1년에 12번 장이 서서 이곳에서 모든 종류의 가축을 거래하지만 그중에서도 특히 수노새와 암노새를 많이 거래하고 또한 많은 털가죽, 랑그도크에서 만든 여러 종류의 직물, 오베르뉴산 흰색이나 붉은색 직포, 대마, 실, 양모, 모든 종류의 펠트 천 등도 매매한다."[303] 14번 장이 서는 노르망디의 모르탱이 그중 최고 기록이 아닐까?[304] 그러나 이 경주마가 아무리 훌륭해 보여도 여기에 너무 성급하게 돈을 걸지는 말자.*

정기시는 무수히 많았다. 시에나 근처의 토스카넬라에서 볼 수 있는 시골 지역의 정기시도 있다. 이것은 사실 조금 큰 양모 시장 정도에 불과했다. 혹독한 겨울 날씨가 약간 더 오래 지속되기만 해도 농민들이 양털을 깎지 못해서(1652년 5월에 그랬듯이) 정기시가 취소되기도 했다.[305]

진정한 정기시라면 한 도시 전체가 여기에 문을 열어준다. 그러면 정기시가 모든 것을 집어삼켜서 도시 자체가 정기시가 되거나, 나아가서 정복한 도시보다 정기시가 더 커지는 수도 있다. 그러나 반대로 도시가 강력하면 정기시를 일정한 거리를 두고 유지하는 수도 있다. 결국 도시와 정기시, 둘 사이의 상대적 힘의 문제이다. 리옹은 4개의 거대한 정기시에 의해서 반쯤 희생된 경우이다.[306] 반면 파리는 자신의 정기시들을 굴복시키고 큰 시장 정도의 차원으로 축소시켰다. 늘 활발한 활동을 벌이던 랑디의 오래된 정기시가 [파리의/역주] 성벽 밖에 위치한 생-드니에서 열린 것이 그 예이다. 낭시는 현명하게도 정기시들을 바깥 지역으로 내보내되, 손이 닿는 가까운 곳인 생-니콜라-뒤-포르에 두었다.[307] 노르망디의 팔레즈는 정기시들을 기브레라는 큰 마을로 추방했다. 이곳에서 이 유명한 장이 서면 한참 떠들썩하지만, 파

---

* 모르탱보다 더 자주 정기시가 열리는 곳이 있을지도 모른다는 뜻이다.

장 후 다음 장까지의 기간에는 잠자는 숲속의 미녀의 궁전이 되고 만다.

보케르는 마들렌 정기시 덕분에 명성과 부를 얻었지만 동시에 골치 아픈 소란을 피할 수 없었다. 그래서 또다른 많은 도시들처럼 이 소란을 사전에 막기 위해서 정기시를 도시 구역과 론 강 사이에 두었다. 그러나 그것도 허사였다. 보통 5만 명에 달하는 방문객이 이 도시로 몰려들어왔기 때문에 질서를 유지하느라고 이 지역의 기병대가 모두 동원되었으나 역부족이었다. 더구나 방문객들은 장이 서는 7월 22일보다 보통 2주일쯤 전에 도착했고, 질서를 유지하는 병력이 아직 제자리를 잡기 전이었으므로 혼란이 그만큼 더 심했다. 1757년에 방문객과 주민들을 "안전하게" 하기 위해 병력을 12일에 미리 보내라는 제안은 진정 타당한 일이었다.

정기시가 전적으로 지배적이던 도시는 더는 자기 자신을 유지하지 못했다. 라이프치히의 경우, 16세기에 도시의 광장과 건물을 부수고 재건축해서 정기시에 더 많은 공간을 할애했다.[308] 이 점에서는 카스티야의 메디나 델 캄포가 더 분명한 예이다.[309] 이곳에서는 도시 자체가 정기시와 혼동될 지경이었다. 1년에 3번 열리는 정기시는 나무기둥이 있는 집들이 늘어선 긴 루아(Rua : 큰길)나 대성당 앞의 커다란 대광장(Plaza Mayor)을 점령했다. 이때에는 대성당의 미사를 발코니에서 올렸고, 상인과 구매자들은 사업을 멈추지 않고도 미사를 볼 수 있었다. 후안 데 라 크루스*는 유년 시절에 이 광장에 지어진 울긋불긋한 색의 가건물들을 보고 황홀경에 빠졌을 것이다.[310] 오늘날 메디나 델 캄포는 이전의 정기시가 사라져버려 빈 조개껍데기와 같은 장식에 불과하게 되었다. 프랑크푸르트-암-마인에서는 16세기에만 해도 정기시가 아직 시에서 떨어진 곳에서 열렸다.[311] 그러나 그다음 세기에는 정

---

* Juan de la Cruz(1542-1591) : 일명 십자가의 요한. 스페인의 폰티베로스에서 견직업자의 아들로 태어났다. 아버지가 사망한 후에는 어머니를 따라 메디나 델 캄포에 와서 교육을 받았다. 1563년 이 도시의 카르멜회에 입회하고 1567년에 사제로 서품되었다. 그후 성녀 테레사를 만나 함께 개혁운동을 했다(이것이 "맨발의 카르멜회 운동"이다). 『영혼의 암야(La Noche Oscura del Alma)』를 비롯한 여러 저서가 있다. 1726년에 시성되었고 1926년에 교회박사로 인정되었다.

기시가 너무나 번성해 모든 것을 집어삼켰다. 이탈리아, 스위스 캉통, 네덜란드 등지의 회사를 대표하는 외지 상인들이 시내에 정주했다. 그러고는 점진적인 식민화가 뒤따랐다. 이 외지인들은 대개 가문의 차남 이하의 사람들로서 단순한 거류권(Beisesserschutz)을 가지고 시내에 정착했다. 이것이 첫 번째 단계이다. 그다음에는 시민권(Burgerrecht)을 얻는다. 그러고는 곧 그들이 지배자로서 명령하게 될 것이다. 그러한 과정을 비슷하게 겪은 라이프치히에서 1593년에 칼뱅주의자에 대항하여 폭동이 전개된 것은[312] 네덜란드 상인에 대항하여 일어난 일종의 "민족적인" 반발이 아니었을까? 그렇다면 대(大)상업 도시인 뉘른베르크가 1423-1424년과 1431년에 황제로부터 정기시를 설립해도 좋다는 허가를 얻고서도 설립을 포기한 것은 현명한 처사였을까?[313] 그것이 과연 현명한 일이었는지, 부주의한 일이었는지는 모르지만 어쨌든 그 결과 이 도시가 스스로를 유지할 수 있었던 것은 사실이다.

도시의 축제

정기시는 곧 소음, 소란, 노랫소리, 민중의 오락은 물론이고 뒤집힌 세상,* 무질서, 그리고 때로는 대소동을 의미했다. 14세기부터 정기시가 열렸던 피렌체 근처의 프라토에서는 매년 9월이 되면,[314] 토스카나의 모든 도시의 트럼펫 주자들이 몰려들어 도시의 길이나 광장에 적당히 자리를 잡고 연주했다. 카르팡트라에서 생-마티외 정기시나 생-시프랭 정기시가 열리기 전날이면 차례대로 네 성문 앞, 여러 광장들 그리고 궁전 앞에서 찢어지는 듯한 트럼펫 소리가 울려퍼졌다. "그때마다 시 공동체는 이 악기 연주자 각자에게 7수씩 지불했다." 그리고 새벽 4시부터 계속 종을 쳤다. 이 도시는 불꽃놀이, 화롯불, 북소리 같은 것에 돈을 지불할 여력을 가지고 있었다. 그러고는 여흥꾼들, 기적의 치료약, 마약, "하제(下劑)로 쓰는 과실주", 묘약 등을 파는

---

* 이 당시의 축제에는 국왕이 신하가 되고 창녀가 귀부인이 되는 식으로 이 세상의 질서를 하루 동안 뒤집어서 살아보는 놀이의 전통이 있었다.

상인들, 모험 이야기를 펼치는 여자 소리꾼들, 광대들, 컵으로 노름을 하는 야바위꾼들, 현악기에 맞춰 춤추는 사람들, 이 뽑는 사람들, 유랑 악사들과 유랑 가수들이 갑자기 들이닥쳤다. 여관은 사람들로 북새통이었다.[315] 파리에서도 사순절 뒤에 열리는 생-제르맹 정기시 때에는 이 수도의 경박한 사람들이 모두 모여들었다. 한 여자 익살꾼이 말하듯 여자들에게는 "이때가 수확철이다." 쉽게 허락하는 여자들만이 아니라 복권놀이 애호가 역시 많았다. 백색 제비는 분노를 일으켰다. 이 복권에는 백색 제비(돈을 잃는 표)는 많이 있고 흑색 제비(돈을 따는 표)는 얼마 없었다. 얼마나 많은 하녀들이 이 백색 제비 때문에 그동안 모아놓은 돈을 잃고, 그이와 결혼할 희망을 날려버렸던가?[316] 그나마 복권은 후미진 곳에 숨어 있는 도박장에 비하면 아무것도 아니다. 이 도박장은 당국이 눈살을 찌푸리며 엄중히 감시하는 데도 정기시의 몇몇 가게 안에서 계속 영업을 했다. 그곳은 폴란드인들이 자주 들락거리던 라이프치히의 도박장만큼이나 매혹적이었다.[317]

정기시는 또 예외 없이 배우들이 모이는 곳이었다. 파리의 레 알 지역에서 열리던 때부터 생-제르맹 정기시는 연극 공연의 기회가 되었다. 1511년의 프로그램에서 볼 수 있는 "바보들의 왕(Prince des sots)"이나 "바보 엄마(Mère sotte)"는 중세의 소극(笑劇, farce)과 소티(sotie, sottie)*의 전통을 나타낸다. 이에 대해서 생트-뵈브는 이렇게 말한다. "이것은 이미 우리들의 보드빌**이다."[318] 여기에 곧 이탈리아식 코메디가 추가되었다. 이것은 그동안 대단한 인기를 누리다가 이제 한물 지나가자 정기시에서 마지막 피난처를 발견했다. 1764년에 카르팡트라 정기시에서는 "가에타노 메를라니와 그의 피렌체 극단"이 "코메디"를 하겠다고 제안했고, 멜키오르 마티에우 데 피올렌

---

* 14-15세기에 유행하던 소극으로서 여러 유형의 바보들(sots)이 등장하는 것이 특징이다.

** vaudeville : 노르망디 지역에서 15세기 초에 불리던 풍자 민요에서 나온 듯하다. 그후 18세기 초에 코메디 프랑세즈의 연극 독점권을 피하기 위해 직업배우들이 채택한 편법을 가리키게 되었다. 이들은 대중가요 가락에 붙인 가사와 춤으로 볼거리를 꾸미는 연극을 만들었는데, 이것이 연극 사이사이에 노래를 넣은 가벼운 뮤지컬로 발전하여 유럽 전역에서 인기를 끌었다.

트는 "카루젤* 연극"을, 또 조반니 그레치는 "연극작품들"을 하겠다고 제안했는데, 이때 막간을 이용해서 약을 팔았다.[319]

길거리에도 구경거리가 있었다. "권위를 나타내는 은제 지휘봉을 들고, 긴 가운을 입은 궁내관들을 앞세운 채, 두건을 쓴 [카르팡트라의] '호민관'의" 개막 행진,[320] 헤이그의 스타트하우더,[321]** 알렉산드리아 델라 팔레아 정기시에서 사르데냐의 왕과 왕비,[322] 레조 넬에밀리아에서 "수행원을 거느린" 모데나 공작 등의 공식 행렬이 그런 구경거리를 제공했다. 토스카나의 궁정인 조반니 발디는 상품대금 미수금을 받으러 폴란드로 떠났다가 1685년 10월에 라이프치히 정기시에 도착했다.[323] 당시에 한창 성장하던 이 정기시들을 묘사한 그의 편지는 다음 사항을 알려준다. 작센 공작 각하께서 "독일의 많은 귀부인, 영주, 귀공자로 구성된 수행원들과 함께 이 정기시의 멋진 모습을 보기 위해서 도착하셨다. 귀부인이나 영주들은 놀라울 정도로 멋진 의상을 하고 있었다." 이들 자신이 구경거리의 일부가 된 셈이다.

오락, 현실 도피, 세속적인 쾌락, 이런 것들이 이 장대한 흥행의 논리적 귀결일까? 때로 그렇다고 할 수 있다. 이제 막 네덜란드의 정치적 중심지가 된 헤이그에서 스타트하우더는 "출중한 지위의 신사숙녀들"을 만찬에 초대하는 기회로서 특히 정기시를 이용했다. 베네치아에서는 예수 승천 축일에 보름 동안 계속되는 라 센사 정기시가 의식적이고 연회적인 과시의 기회였다.[324] 산 마르코 광장에 외지 상인들의 가건물이 설치된다. 그리고 남녀가 가면을 쓰고, 도제***는 산 니콜로 앞에서 예전부터 내려오는 방식대로 바다

---

* carrousel : 원래 기사들이 팡파레와 합창에 맞추어 행하는 화려한 사열 공연을 의미했다. 분장을 하고 여러 유명한 광경(십자군 전쟁의 한 장면 등)을 재현하기도 했다. 귀부인을 위해서, 혹은 기념할 만한 중요한 일이 있거나 결혼, 출산 등의 행사가 있을 때 이루어졌다.
** Stathouder : 합스부르크 가문의 지배자를 대신하여 네덜란드의 각 주를 통치하도록 임무를 부여받은 귀족 인사.
*** Doge : 베네치아 공화국의 최대 공직. 어원은 공작 및 지도자를 뜻하는 라틴어 '둑스(dux)'이다. 8-12세기에는 막강한 권력을 가졌으나 12세기 이후 귀족의 제약을 받았으며 15세기에는 법으로 규제를 받는 군주의 모습이었다.

를 결혼시킨다. 매년 라 센사 정기시에는 이 경탄스러운 도시의 광경을 보면
서 오락을 즐기려는 외국인이 10만 명 정도 몰려들었다.[325] 볼로냐의 라 포
르케타 정기시도 마찬가지로[326] 민중과 귀족이 함께 즐기는 거대한 축제의
기회였다. 17세기에는 피아차 마조레(Piazza Maggiore : 대광장)에 임시 연극
무대장치를 세웠는데, 매년 다른 것을 만들되 그중 문장(紋章)을 나타내는
그림(Insignia)을 문서보관소에 보관했다. 이것을 보면 그 축제가 얼마나 장
대했는지 알 수 있다. 극장 옆에는 몇 개의 "장터 상점"이 세워졌는데, 대규
모 사업을 위한 것이라기보다는 분명히 대중의 자잘한 오락용이었다. 런던
의 바살러뮤 정기시[327] 역시 "대단한 상품 교환"보다는 단순히 민중이 즐기
기 위해 모이는 곳이었다. 활발하든 그렇지 않든 모든 정기시가 자아냈던 카
니발, 방종, 뒤집힌 세상 등의 분위기를 환기시키는 일은—그럴 필요가 있
다면—아직 남아 있던 군소 정기시가 맡았다. 다음의 속담이 맞는 말이다.
"시장(marché)에서 올 때와 장(정기시[foire])에서 올 때는 같지 않다."[328]

반대로 파리에서 유일하게 활기차고 오락거리를 많이 제공하던 생-제르
맹 정기시[329]—사람들이 보러 가기 좋아했던, 수많은 횃불을 밝힌 그 유명
한 "야시장(nocturne)"을 생각해보라—는 상업적인 측면도 계속 유지하고
있었다. 이곳에서는 모직물이나 마직물을 대량 매매했으며, 이곳을 드나드
는 부유한 고객층은 그들의 마차만 세울 수 있는 "주차장"을 따로 가지고
있었다. 사실 앞에서 보았던 이미지보다는 이 이미지가 상업적인 회합 장소
라는 일상 현실에 더 부합한다. 이곳을 방문하고 매우 놀란 두 명의 네덜란
드인들은 다음과 같은 기록을 남겼다(1657년 2월). "그곳에서 거래되는 대단
히 다양한 고가품들을 본다면 파리야말로 세계적으로 희귀한 상품들을 모
두 볼 수 있는 중심지라는 사실을 인정하게 된다."[330]

정기시의 변천

정기시는 흔히 상인들끼리만 거래하는 도매시장이라고 이야기되었다.[331] 이

말은 물론 핵심적인 내용을 가리키지만, 그 기저에 일반 민중이 광범위하게 참여했다는 사실을 놓치고 있다. 정기시에는 누구나 올 수 있다. 이 점에 대해서 누구보다도 사정을 잘 알 수밖에 없는 여관 주인들의 말을 들어보자. "리옹 정기시에는 말을 타고 들어와서 돈도 많이 뿌리고 훌륭한 여관에 묵는 상인이 한 명 있다면, 터덜터덜 걸어들어와서 기껏해야 작은 카바레나 찾으면 만족해하는 사람이 열 명은 된다."[332] 살레르노와 같은 나폴리 왕국의 정기시에는 이 기회를 이용해서 돼지 한 마리, 비단실 한 통, 포도주 한 통을 팔려는 농민이 구름같이 몰려들었다. 아키텐에서는 소 치는 목동이나 빈농들이 단지 집단적으로 즐기기 위해서 정기시로 갔다. "사람들은 해뜨기 전에 장에 가서 대로에 있는 술집에서 한창 놀다가 밤이 깊어서야 돌아간다."[333]

사실 이 시대는 아직까지도 핵심적으로는 농업 세계였으므로 (아무리 크다고 해도) 모든 정기시는 시골 사람들에게 개방되어 있었다. 라이프치히 정기시에도 따로 말 시장과 소 시장이 크게 열렸다.[334] 1567년경의 안트베르펜만 해도 베르헌 옵 좀과 공동으로 4번의 정기시를 열었지만(두 도시가 각각 2개씩을 가지고 있었으며, 각각의 정기시는 3주일씩 계속되었다) 이와 동시에 말 시장이 따로 2개 있어서 하나는 성신 강림 축일에, 또 하나는 9월의 성모 축일에 각각 사흘씩 열렸다. 이곳에서 팔리는 가축들은 대개 덴마크에서 온 것으로서 "보기 좋고 유용한" 좋은 가축들이었다. 다시 말해서 이것은 오늘날의 자동차 쇼와 유사했다.[335] 안트베르펜에서는 그래도 구분이 있었다. 그러나 베네치아의 테라 피르마 지역의 대도시인 베로나에서는 모든 것이 섞여 있었다.[336] 한 평가인의 말에 의하면 1634년 4월에 정기시가 성공을 거둔 것은 바깥에서 들어온 상품보다는 "이곳에 몰고 온 아주 다양한 종류의 많은 짐승들" 덕이었다.

그렇다고 해도 경제적인 관점에서 보면 정기시의 핵심은 역시 대상인의 활동과 관련되어 있다. 상업 도구를 완성시킴으로써 정기시를 대사업 중심지로 만든 것이 바로 이들이다. 예컨대 크레딧을 발명한, 혹은 재발명한 것이 정기시가 아니었을까? 올리버 콕스는 크레딧은 진정한 상업 중심지가 독점적으로 발명한 것이지, 인공 도시에 불과한 정기시가 발명한 것이 아니라고 보았다.[337] 크레딧이란 사실 이 세상만큼이나 오래된 것이므로 이러한 논쟁은 다소 허망하기는 하다. 다만 확실한 것은 정기시야말로 크레딧을 발달시켰다는 점이다. 마지막에 "지불" 기간*을 두지 않는 정기시는 하나도 없다. 오스트리아의 거대한 정기시인 린츠도 그렇고,[338] 번성기의 라이프치히도 마찬가지이다. 라이프치히 정기시의 마지막 주일은 찰보헤(Zahlwoche : 지불 주간)라고 불렀다.[339] 교황령의 작은 도시인 란차노 역시 마찬가지로,[340] 아주 소박한 수준에 불과하기는 하지만 정기시가 열려서 그 도시 전체를 집어삼킬 듯했다. 이 정기시에는 상인들이 오래된 환어음들을 한 움큼씩 가지고 왔다. 페즈나스 혹은 몽타냐크 정기시는 보케르 정기시들을 연계해주는 곳으로서, 앞에서 말한 정기시와 유사했는데, 파리나 리옹에 대해서 발행한 일련의 환어음들이 모두 이곳을 경유했다.[341] 그러므로 정기시란 결국 채무들이 모여들어서 서로가 서로를 상쇄하여 봄눈 녹듯이 사라지게 만드는 곳이다. 이것이 바로 스콘트로(scontro), 즉 어음 교환(compensation)의 비밀이다. 수십만 개 정도의 "진짜 금화(écu d'or en or)"만 가지고도 리옹에서는 청산(clearing) 방식을 통해서 수백만 에퀴에 달하는 교환을 결제할 수 있었다. 더구나 아직 해결되지 않은 부채의 많은 부분을 어느 다른 장소에서 갚는다는 약속(환어음)을 하거나, 다음번 정기시에 떠넘기는 방식을 통해서 해결하기 때문에 이 기능이 더욱 잘 운영되었다. 이것을 데포지토(deposito)라고 하는데 1년에 평균 10퍼센트 (그러므로 석 달에 2.5퍼센트)의 이자가 붙었다. 정기시는 이런 식으로 크레딧을 창출했다.

정기시를 피라미드에 비유한다면, 대개 상하기 쉽고 값이 싼 그 지역 산물을 취급하는 무수히 많은 소규모 활동들로 이루어진 기층부부터 원격지에

---

* 정기시에서 상인들이 크레딧으로 거래하다가 마지막 며칠 동안 모여서 상호 간에 크레딧 거래를 청산하는 시기를 말한다.

서 들어온 고가품을 거래하는 상층부까지 여러 층들로 이루어진 구조로 파악할 수 있다. 그중 가장 꼭대기에서는 화폐 거래가 활발히 이루어졌는데 이것이 없다면 아무것도 움직이지 못하거나 적어도 실제로 그랬던 만큼의 빠른 속도로 움직이지는 못했을 것이다. 그런데 대규모 정기시의 발달은 대체로 상품보다는 크레딧에 유리하게, 다시 말해서 기층보다는 꼭대기에 유리하게 작용했던 것 같다.

일찍이 이전의 샹파뉴 정기시들이 보여준 전형적인 면모가 바로 이와 같다.[342] 이곳이 절정을 구가하던 1260년경에는 상품과 화폐가 아주 활발하게 교류했다. 그러다가 이곳이 쇠퇴의 기미를 보이자 상품 분야가 먼저 쇠퇴했다. 그러나 자본시장은 그후에도 오래 살아남아서 1320년경까지도 활발한 국제 결제체제를 유지했다.[343] 16세기에 볼 수 있는 더 분명한 예는 브장송 정기시라고도 부르는 피아첸차 정기시이다. 이것은 1535년에 제노바인들이 브장송에 세운 정기시들을 계승한 것으로서[344] — 그 때문에 브장송 정기시라는 이름이 남게 되었다 — 당시 제국도시였던 브장송에 정기시를 세운 것은 프랑수아 1세가 제노바인들이 리옹 정기시에 들어가는 것을 금지시켰기 때문에 이것과 경쟁하기 위해서였다. 이 정기시는 브장송으로부터 롱-르-소니에, 몽뤼엘, 샹베리 등지로 이전되었다가 최종적으로 피아첸차로 옮겨져서(1579)[345] 이곳에서 1622년까지 번성했다.[346] 이것을 겉모습만으로 판단해서는 안 된다. 피아첸차는 [피라미드의/역주] 최상층부만 남아 있는 정기시라고 할 수 있다. 이곳에서 1년에 4번 이루어지는 회합은 겉으로는 소박해 보여도 결정적인 중요성을 가지고 있었다. 이것은 마치 오늘날 바젤에서 국제 결제은행이 회합하는 것과도 비슷하다. 이곳에는 상품은 전혀 모여들지 않고 현찰도 아주 소액만 들어오는 반면, 거액의 환어음이 모여들었다. 이것은 사실 유럽 전체의 부를 나타내는데, 그중에서도 스페인 제국의 지불이 가장 큰 몫을 차지했다. 이곳에 60여 명의 사업가가 나와 있었는데 그중에는 제노바의 "계좌 은행가들(banchieri di conto)"이 다수를 차지하고 그 외에도 밀라노인과 피렌체인이 섞여 있었다. 이것은 아주 비싼 예치금(3,000에 퀴)을 내지 않고는 들어갈 수 없는 클럽이었다. 이 특권적인 구성원들이 콘토(conto)를 결정했다. 그것은 정기시 끝마다 청산 환율을 정하는 것을 의미한다. 이때가 중요한 순간으로서 비밀리에 외환 딜러, 환전상(cambiatori), 그리고 대기업의 대표들이 참여했다.[347] 이 사업의 비전(秘傳)을 전수받은 모두 200명 정도의 사람들이 그 엄청난 사업을 취급했다. 이 규모는 정기시마다 3,000만-4,000만 에퀴, 혹은 도메니코 페리라는 제노바인이 문서 사료에 입각해서 쓴 책(1638)을 믿는다면 그 이상의 액수에 달했다.[348]

그렇지만 모든 것에는 끝이 있는 법이다. 제노바의 청산 체제같이 정교하고 수익성 있는 제도 역시 예외는 아니다. 이것은 아메리카의 귀금속이 충분한 양으로 제노바까지 도착해야 가능할 수 있었다. 1610년경에 은 유입량이 감소하자 이 조직은 위협을 받았다. 1622년에 정기시가 노비(Novi)로 이전하는 시점이 아마도 어느 정도 타당성 있는 전환점으로서(그러나 밀라노인과 토스카나인들은 이 결정을 받아들이려고 하지 않았다)[349] 이때를 이 정기시가 쇠퇴하는 기준점으로 볼 수 있을 것이다. 이 문제는 앞으로 다시 검토할 기회가 있을 것이다.

정기시와 순환

정기시들은 서로 연결되어 있고 서로 소통한다. 단순히 상품 교역을 하든 크레딧을 취급하든 정기시들은 활기찬 순환이 이루어지도록 조직되어 있다. 어느 한 지역에 있는 정기시들을 지도 위에 나타내서(예컨대 15세기의 롬바르디아,[350] 나폴리 왕국,[351] 혹은 크렘스, 빈, 프라이슈타트, 그라츠, 빈, 잘츠부르크, 볼차노 순으로 연결되는, 린츠를 중심으로 한 도나우 강 연안 지역의 정기시들처럼)[352] 정기시들이 어떤 순서로 이어지는지를 살펴보면, 이 정기시들이 상호 의존적이었음을 알 수 있다. 상인의 입장에서 보면 수레나 끌짐승, 아니면 자기 자신의 등에 상품을 싣고 한 곳에서 다른 곳으로 이동하면서 한 차례의 순환을 하고 나면, 곧바로 처음부터 다시 순환에 들어간다. 다시 말해서 이 움직임은 영구히 계속된다. 중세에 샹파뉴 및 브리 정기시를 구성하는 4개 도시인 트루아, 바르-쉬르-오브, 프로뱅, 라니는 1년 내내 상품을 주고받았다. 앙리 로랑은 최초의 순환(circuit)은 플랑드르 정기시들 사이에서 이루어졌으며 샹파뉴는 그것을 모방한 것이라고 주장했다.[353] 가능한 이야기이다. 다만 이런 순환의 움직임은 거의 어디에서나 만들어졌으며, 일반 시장과 유사한 논리적인 필연성에 의해서 저절로 만들어졌다는 점을 고려해야 할 것이다. 시장에서와 마찬가지로 어느 지역이 정기시의 활동으로 수요 및 공급 능력을 소진하고 나면 그것을 다시 채울 시간을 가져야 한다. 휴식 시간이 필요한 것이다. 그와 동시에 외지 상인들이 여러 정기시들을 차례로 방문하기 편하도록 일정이 짜여 있어야 한다.

이렇게 해서 상품, 화폐, 크레딧이 순환의 움직임 속에 들어갔다. 그중에서 화폐가 [상품과 크레딧의 순환까지 포함하는/역주] 더 큰 순환을 활성화시킨다는 점, 또 하나의 중심점으로 모여들었다가 다시 그곳에서 나와서 자신의 흐름을 이어간다는 점은 명백하다. 서양에서 11세기 이후에 경제가 뚜렷한 회복을 보이면서 하나의 중심지가 유럽 전체의 지불체제를 지배하게 되었다. 13세기에는 그 중심지가 샹파뉴 정기시였다. 이것이 1320년경에 쇠퇴하자 그 영향이 나폴리 왕국에까지 미쳤다.[354] 그후 이 체제는 우선 15세기에 제네바 근처에서 그럭저럭 재건되었고,[355] 다음에는 리옹[356] 그리고 16세기 말에는 피아첸차 정기시들, 다시 말해서 제노바 정기시들을 중심지로 삼았다. 중심지가 한 곳에서 다른 곳으로 이전될 때의 그 단절만큼 이 연속적인 체제의 기능을 잘 보여주는 것은 없다.

그러나 유럽 경제생활의 중심에 자리 잡고 그 전체를 지배하는 정기시는 1622년 이후부터는 더 이상 존재하지 않는다. 암스테르담이 이전의 안트베르펜이 누리던 우월한 지위를 이어받아 역할을 확고히 하기 시작했으나, 암스테르담을 정기시의 도시라고는 할 수 없다. 이 도시는 상업 및 화폐 활동의 항구적인 **중심지**로서 조직되었다. 이곳이 성공했다는 것은 유럽의 상업 정기시들 일반이 쇠퇴했다고는 할 수 없어도 적어도 지배적인 신용 정기시가 쇠퇴했다는 것을 나타낸다. 정기시의 시대는 정점을 지나가버린 것이다.

정기시의 쇠퇴

18세기에 들어오자 "수년 전부터 국내에서 생산한 상품의 대부분을 면세로 외국에 수출하거나 원재료를 면세로 수입하도록 허락해주던 정부 정책이 점차 바뀌어 면세 혜택을 누리던 정기시의 교역을 매년 줄일 수밖에 없게 되었다. 그리하여 해가 갈수록 정기시를 거치지 않고 이 상품들을 직접 교역하는 데에 점점 더 익숙해졌다."[357] 이 언급은 1759년 9월에 보케르 정기시에 대해 재무총감이 의견을 적은 편지에 담긴 내용이다.

튀르고가 1757년판 『백과사전(*Encyclopédie*)』에 정기시 항목을 쓴 것도 대개 이때쯤이다.[358] 그는 정기시가 "구입자와 판매자가 서로에게서 구하는 상호 이익", 즉 "유용성(commodité)"에서 나온 "자연스러운(naturel)" 시장이 아니라고 보았다. "……그래서 여러 민족의 사람들이 회합하는 곳으로 보이는 화려한 정기시들은 사실 자유에 의해 활기를 얻는 자연스러운 교역의 흐름으로 만들어진 것이 아니다. 이곳에는 유럽 일각에서 생산한 것이 대단히 큰 비용을 치르고서야 들어온다. 이 엄청난 비용을 보상해주는 이익은 사물의 자연스러운 성질로부터 나온 것이 아니어서 특정 시점, 특정 지역의 상업만 특권과 면세로 그 이익을 누리는 반면, 나머지 모든 곳은 세금과 관세의 폐해에 짓눌리는 실정이다." 그러므로 이런 특권을 철폐하든지 혹은 이 특권을 모든 제도와 상업 활동에까지 확대시켜야 한다는 것이다. "며칠 동안 진수성찬을 먹기 위해서 1년 내내 굶어야 하는가?" 하고 구르네*가 질문한

---

* Jean-Claude Marie Vincent(1712-1759) : 일명 구르네(Gournay) 영주. 프랑스의 경제학자. 중농주의자들의 영향을 받아 산업활동의 자유를 옹호하고 규제와 독점을 폐지하자는 경제적 자유주의를 주장했다. 튀르고는 『구르네의 찬미(*Eloge de Gournay*)』라는 저작을 썼다.

바 있거니와, 튀르고 역시 같은 이야기를 한다.

그러나 매일같이 진수성찬을 먹고자 한다면 이 낡은 제도를 없애는 것으로 족할까? (헤이그와 같은 예외를 제외하면) 네덜란드에서는 정기시가 사라졌으며, 영국에서도 이전에는 "비교할 수 없이 탁월했던(beyond all comparison)" 스터브리지 대(大)정기시가 1750년 이후 다른 곳보다도 먼저 쇠퇴하기 시작하면서 도매상업을 잃었다.[359] 따라서 튀르고의 다음과 같은 생각이 틀린 것이 아니다. 정기시는 구태의연한 교환 방식이다. 정기시는 이 시대에도 여전히 [경제가 활발히 움직인다는/역주] 착각을 일으키고 있고 또 어느 정도로는 실제로 서비스를 제공하기도 하지만, 어쨌든 이것이 경쟁 상대 없이 남아 있는 곳은 경제가 제자리걸음만 하는 곳이다. 약간 쇠퇴의 기미를 보이고는 있지만 그래도 여전히 활기찬 프랑크푸르트나 라이프치히의 정기시들의 성공이 대체로 이렇게 설명된다.[360] 폴란드의 대(大)정기시들[361]인 루블린, 산도미에시, 토룬, 포즈난, 그니에즈노, 그단스크(단치히), 르비우, 브제크,[362] 또 갈리시아(17세기 이곳에서는 한 번에 2만 마리 이상의 가축을 볼 수 있었다)라든지 러시아의 정기시들 역시 마찬가지이다. 19세기에 등장하게 될 러시아의 니즈니 노브고로드 정기시는 환상적이라고 할 만큼 장대했다.[363] 대서양 너머 제2의 유럽인 신대륙 역시 비슷한 모습을 보인다. 그중에서도 거창한 하나의 예만을 보자면, 다리엔 지협 위에 있는 놈브레 데 디오스 정기시보다 더 단순하면서 웅장한 것이 또 있을까? 이 정기시는 1584년에 이웃 항구인 포르토벨로로 이전했는데, 이곳 역시 웅장한 면모를 자랑하지만 건강에는 좋지 않은 풍토를 가지고 있었다. 이곳에서는 유럽 상품을 페루산 은과 교환했다.[364] "단 한 번의 계약에 8,000두카트에서 1만 두카트의 사업이 이루어진다.······"[365] 1637년에 포르토벨로를 방문한 아일랜드 수도사 토머스 게이지는 공개시장에 은 덩어리가 마치 돌무더기처럼 쌓여 있는 모습을 보았다.[366]

남부 독일로 이어지는 알프스 협로에 위치한 볼차노 정기시가 끈질기게 번성한 것도 이와 같은 시간적 격차 내지 후진 상태로 설명할 수 있다. 이탈리아의 메초조르노*에 정기시들이 대단히 활기찬 모습을 보여주던 것은[367) 경제적 건전성의 관점에서는 얼마나 좋지 않은 표시인가! 사실 경제활동이 가속화되면 정기시는 마치 낡은 시계가 한 번 놓친 제시간을 따라가지 못하듯 가속화된 경제발전을 좇아가지 못한다. 그러나 경제발전이 느려지면 정기시는 오히려 존재 이유를 되찾는다. 보케르 정기시의 행태 역시 이런 해석이 가능하다. 이 정기시는 "경제번영기(1724-1765)에는 정체하고……주변의 모든 것이 쇠퇴할 때(1775-1790)에는 상승해서"[368) 이른바 "예외적인" 현상이라고 이야기해왔다. 이 불황기 동안 랑그도크와 주변 지역에서는 말하자면 더 이상 "진정한" 18세기[경제 팽창의 시대/역주]가 아니었으며, 그래서 마들렌 정기시에 사용하지 않은 잉여를 쏟아부음으로써, 시스몽디**가 표현하듯 "체증"***의 위기를 만들었다. 그러나 이 "체증"이 그 외에 어느 곳에서 배출구를 찾을 수 있었겠는가? 보케르가 다른 곳과 반대 방향으로 융성을 누리는 것에 대해서 나는 외국 상업이 문제가 아니라 랑그도크와 프로방스 지역 자체의 경제가 가장 중요한 문제였다고 본다.

1802년에 트레무예라는 한 프랑스인이 의도는 좋았으나 너무 단순한 계획을 제안한 적이 있는데, 이것 역시 아마 이런 관점에서 이해해야 할 것 같다.[369) 이 당시에는 사업이 잘 되지 않고 파리의 소상인들은 수천 명씩 도산할 상황이었다. 이때 트레무예가 해결책을 제시한 것이다(그것도 아주 단순한 해결책을!). 파리의 변두리인 혁명광장에 거대한 정기시를 만드는 것이다. 그의 생각으로는 이 넓은 공터에 바둑판 모양의 길을 내고 그 위에 상점들

---

*   Mezzogiorno : 이탈리아의 남부지역.
** Jean Charles Léonard Sismonde de Sismondi(1773-1842) : 스위스의 역사가, 경제학자. 초기에는 애덤 스미스의 영향을 받았으나 곧 자유주의에 비판적이게 되었다. 그의 견해에 의하면, 자유주의는 모든 사람의 복리를 증진시키는 것이 아니라 노동자의 가난을 악화시킨다. 그리하여 그는 국가가 적극 개입하여 노동계급의 이익을 옹호하는 방인을 연구했다. 그러나 마르크스는 그가 소부르주아의 사회주의를 대변한다고 비판했다.
*** encombrement : 상품의 과잉 상태.

을 배치하며, 아주 큰 공간을 남겨두어 이곳에는 필수불가결한 말을 비롯한 가축들을 둔다. 불행하게도 이 계획은 이 사업의 경제적 이점을 설명하지 않고 있다. 아마도 이 생각을 입안한 사람에게는 그 이점이란 너무나 자명해서 따로 설명할 필요가 없었던 것일까?

창고*

정기시가 감지할 수 없을 정도로 느리게 (그리고 때로는 과연 진짜 쇠퇴 중인지 의심이 드는 방식으로) 쇠퇴해가는 것은 그 외에도 많은 문제를 제기한다. 리하르트 에렌베르크는 거래소와의 경쟁 때문에 정기시가 쇠퇴했다고 생각했다. 이에 대해서 앙드레 세유는 말도 안 되는 소리라고 차갑게 이야기했다.[370] 그렇지만 16세기 말부터 17세기 초까지 상업활동의 중심지가 피아첸차 정기시였다가 그다음에 곧 암스테르담 거래소가 새로운 중심지가 된 것은 분명하다. 새로운 형태, 새로운 도구가 이전 것을 눌러 이긴 것이다. 이때 거래소와 정기시의 공존은 아무런 문제가 되지 않았다. 그것은 이미 수 세기 전부터 늘 그래왔다. 앞에서 언급한 것과 같은 [정기시에 대한 거래소의/역자] 대체는 하루아침에 이루어지지 않았다. 그리고 암스테르담의 거래소는 거대한 자본시장을 완전히 장악했을 뿐 아니라 상품의 움직임 또한 아주 높은 곳에서부터 지배했다(아시아의 후추와 향신료, 발트 해 연안 지역의 곡물과 기타 산물 등). 베르너 좀바르트는 사람들이 상품을 수송하고 저장하고 재수출하는 차원에서 타당한 설명을 찾아야 한다고 보았다.[371] 정기시는 어느 시대에나 존재했고, 18세기에도 이전과 마찬가지로 상품이 집중하는 중

---

* 원서에는 '데포(dépôt)', '앙트르포(entrepôt)' '마가쟁(magasin)', '그르니에(grenier)'의 네 가지 단어가 나온다. 이 단어들은 결국은 모두 창고를 가리키지만, 원뜻을 구분하면 다음과 같다. 데포 : 일반적으로 상품을 적치하는 곳, "창고". 앙트르포 : 재수출을 위해서 상품이 집중되는 창고, 또는 더 넓게 그런 기능을 하는 항구로, 도시지방을 가리키기도 하며 특히 재수출 상품에 대한 국내 소비세 면제의 뜻이 강하므로 여기에서는 "보세창고"로 옮겼다. 마가쟁 : 상품을 보관하면서 한편으로 사람들에게 보여서 판매하는 창고, "저장고". 그르니에 : 주로 건물의 꼭대기에 있는 곡물 보관 장소, "곡물 창고."

심지였다. 상품은 그곳에 저장된다. 그러나 인구가 증가하고 이미 파국적인 양태를 보이던 도시가 한층 더 커지고 소비 수준이 서서히 개선되면서 도매 상업은 더 발전했고 그래서 정기시의 경로를 벗어나 독자적으로 조직되기에 이르렀다. 이런 독자적인 조직은 저장고(magasin), 곡물 창고(grenier), 창고 (dépôt), 보세창고(entrepôt) 등의 중개를 통해서 마치 상점과 유사한 규칙성을 가지게 됨으로써 점차 쇠퇴해가던 정기시의 활동을 대체했다.

이 설명은 타당성이 있다. 그러나 좀바르트는 이 설명을 다소 지나치게 발전시킨 것 같다. 그에게 중요한 것은 고객과 가까운 곳에 위치하면서 항시 영업하는 이 상품 창고가 과연 어떤 기능을 하는지 밝히는 것이었다. 그것이 본래대로 기능하는가(naturaliter)—이 경우에 이곳은 문자 그대로 창고에 불과하다—혹은 상업적인 방식으로 이용되는가(mercantaliter)?[371] 후자의 경우에 이 창고는 상급 상점이다. 분명 그것은 상점이고 그 주인은 도매 상인(marchan gros)—이를 "마르샹 그로시에(marchand grossier)"라고 부르다가 곧 더욱 고급스럽게 "네고시앙(négociant : 대상인)"이라고 불렀다—이 된다.[372] 이들은 창고 입구 근처에서 "끈도 풀지 않은 채(sous cordes)"[373] 다시 말해 포장을 풀지도 않은 채 상품을 대량으로 소매상에게 넘겼다. 이런 도매상업이 언제 시작되었을까? 로도비코 구이차르디니 시절(1567)의 안트베르펜에서일까?[374] 그러나 이에 관한 연대기는 모두 의심스러운 것들이다.

18세기부터, 특히 대서양 무역에 연결된 북유럽의 활기찬 국가에서는 도매상업이 이때까지 볼 수 없던 정도로 크게 발전했다. 런던에서는 모든 교환의 영역에 대상인이 개입했다. 18세기 초, 암스테르담에서는 "나날이 많은 배들이 도착하므로, 이 배들이 들여온 모든 상품들을 적치할 창고와 지하실이 많을 수밖에 없다. 이 도시 전체가 이런 것들로 가득 차 있어서, 어떤 구역들은 5층 내지 8층까지 전부 창고와 곡물 창고이고, 그 외에도 운하 주변에 있는 집들은 거의 대부분 두세 개의 창고나 곡물 창고를 가지고 있다." 그런데도 이런 시설이 언제나 불충분해서 상품들을 "원하는 것보다 더 오랫동안" 배 안에 묵히기도 한다. 그 결과 옛날 집터에 많은 창고를 새로 짓기 시작했는데, 이것은 "아주 높은 수익을 가져다주었다."[375]

그런데 사실 창고나 보세창고에 유리하도록 상업활동이 집중되는 것은 18세기 유럽에서 일반적이었다. 중앙 아메리카에서 들어온 원면(이를 "섬유 상태의 면화[coton en laine]"라고 한다)은 카디스에, 브라질에서 들어온 원면(값이 높은 것부터 페르남부쿠산[産], 마라냥산, 파라산)은 리스본에,[376] 인도에서 들어온 원면은 리버풀에,[377] 레반트에서 들어온 원면은 마르세유에[378] 적치되었다. 라인 강 위의 마인츠는 프랑스 산 포도주를 보관했다가 독일 지역에 보급하는 중개역(仲介驛) 역할을 했다.[379] 릴에는 1715년 이전부터 네덜란드로 팔려가는 브랜디의 대형 집산 창고들이 있었다.[380] 마르세유, 낭트, 보르도는 서인도 제도와의 교역(즉, 설탕 및 커피 무역)을 위한 프랑스 내 주요 창고였고, 루이 15세 시대에 프랑스의 상업적 번영을 가져다주었다. 뮐루즈,[381] 낭시[382]와 같은 중간 규모 도시들도 다양한 크기의 창고들을 여럿 가지고 있었다. 이런 예들은 그 외에 수백 건이라도 더 찾을 수 있을 것이다. 그러므로 창고의 유럽이 정기시의 유럽을 대체했다고 생각해볼 수 있다.

그렇다면 18세기에는 좀바르트의 말이 맞는 것 같다. 그러나 그 이전 시기는 어떠한가? 상업적으로 기능하기(mercantaliter)와 본래대로 기능하기(naturaliter)라는 두 양식의 구분이 가능할까? 창고나 보세창고와 같은 것은 언제나 존재했다(영국의 스토어하우스[storehouse], 웨어하우스[warehouse], 독일의 니더라게[Niederlage], 이탈리아의 마가치니 디 트라피코[magazzini di trafico], 중동의 칸[khan], 모스크바 공국의 암바르[ambar]).[383] 그리고 심지어 "중개도시"*(암스테르담이 그 모델이다)도 있다. 상품을 보관했다가 다시 다른 곳으로 보내는 활동이 이곳의 일이자 특권이다. 17세기의 프랑스를 보면,[384] 루앙, 파리, 오를레앙, 리옹, 됭케르크의 "도심지의 창고 지역(entrepôt

* ville d'entrepôt : 원래 단어의 뜻으로는 '보세창고 도시'.

de la basse ville)"이 바로 그런 곳들이다.[385] 모든 도시들은 공공, 혹은 사설 창고들을 가지고 있다. 16세기의 중앙시장들은 일반적으로(예컨대 디종이나 본[Beaune]에서처럼) "도매창고, 보세창고, 그리고 중개 지점이었던 것 같다."[386] 먼 과거로 거슬러올라가더라도 밀이나 소금을 보관하는 공공 창고가 얼마나 많았던가! 시칠리아에서는 아주 일찍부터—아마도 15세기 이전부터—항구 옆에 카리카토리(caricatori)라는, 곡물을 적치하는 거대한 창고가 있었다. 이곳에서 상품 주인은 보관증(cedola)을 받았고 또 이 보관증은 매매되었다.[387] 14세기부터 바르셀로나의 몬주이크 지역에 있는 상업 주택은 "재산 목록 문서에 의하면 아래층이 창고이고 [상인의] 주거는 위층에 있었다."[388] 1450년경 베네치아에서는 이 상업 도시의 한복판인 리알토 광장 주변에 거리별로 전문화된 상점들이 자리 잡고 있었다. "각각의 상점 위에는 수도원의 기숙사와 같은 방이 있어서, 말하자면 베네치아의 상인들은 모두 향료, 고급 직물, 비단 같은 상품들을 채워놓은 자기 자신의 창고를 가지고 있었다."[389]

지금까지 살펴본 사실들 그 자체만으로는 아무런 결론을 내릴 수 없다. 순전히 보관하는 것과 도매상업을 하는 것은 아주 일찍부터 섞여 있어서 전혀 구분이 되지 않았다. 좀더 개선된 기구라고 할 만한 보세창고(entrepôt)는 아주 일찍부터 소박하나마 다양한 기능이 섞인 형태로 존재했다. 그럴 수밖에 없는 이유는 이것이 늘상 존재하는 명백한 필요에 부응했기 때문인데, 그 명백한 필요는 다름 아닌 경제의 취약성 때문에 생긴 것이다. 생산과 상업의 사이클이 너무 길고, 수송과 정보 유통이 느리며, 원거리 시장이 돌발적인 양태를 보이고, 생산이 불규칙적인 데다가 계절적인 차이가 예측불가능하기 때문에 상품을 창고에 보관할 수밖에 없다……. 확실히 증명할 수 있는 것은 19세기에 수송 속도가 빨라지고 수송량이 증가할 때부터, 또 강력한 공장들에 생산이 집중될 때부터, 이전의 창고상업은 대단히 큰 변화를 겪었고 때로 완전히 사라질 수밖에 없었다는 점이다.[390]

거래소

사뮈엘 리카르는 1686년에 쓴 『새로운 대상인(*Le Nouveau Négociant*)』에서 거래소(Bourse)를 "은행가, 상인 및 대상인 그리고 환전상의 대리인과 은행가의 대리인, 중개인 등과 같은 사람들이 만나는 곳"이라고 정의했다. 이 말은 브루게(Bruges)에서 유래했다고 한다. 이 도시에서 그 모임이 "부르스 저택(Hôtel des Bourses) 근처에서 이루어졌는데, 이 건물의 이름은 오래된 귀족 가문인 판 데르 뵈르저 영주가 건물을 짓고 그 정면에 자기 집의 문장(紋章)인 세 개의 주머니를 그려넣은* 데서 비롯된 것으로서……오늘날에도 볼 수 있다"는 것이다. 이 설명이 다소 의심스럽기는 하지만 그것은 별 문제가 되지 않는다. 여하튼 이 말은 크게 퍼졌고 유사한 다른 이름들이 생겼다. 리옹에서는 거래소가 플라스 데 샹주(place des Changes : 교환의 광장)라고 불렸다. 한자 동맹의 도시들에서는 콜레주 데 마르샹,** 마르세유에서는 로주(Loge), 바르셀로나와 발렌시아에서는 롱하(Lonja)라고 불렸다. 모든 거래소가 언제나 건물을 가지고 있는 것은 아니어서 거래소 자체와 그것이 모이는 장소의 이름이 혼동되기 쉬웠다. 세비야에서는 상인들의 모임이 매일 그라다스(gradas) 위에서 있었는데,[391] 이것은 대성당의 계단을 말한다. 리스본에서는 루아 노바(Rua Nova : 새로운 길)라는, 이 도시에서 가장 넓고 가장 긴 길에서 모였는데[392] 이것은 이미 1294년의 기록에 나온다. 카디스에서는 아마도 1596년의 약탈 후에 뚫린 새 길인 카예 누에바(Calle Nueva : 새로운 길)에서 모였다.[393] 베네치아에서는 리알토의 회랑 아래와[394] 로지아 데이 메르칸티(Loggia dei Mercanti)―1459년에 리알토 광장 위에 고딕 양식으로 지어졌다가 1558년에 재건축되었다―에서 회합이 이루어졌다. 피렌체에서는 메르카토 누오보(Mercato Nuovo,[395] 오늘날에는 피아차 멘타

---

* 부르스(Bourse)는 고유명사로는 가문의 이름이고, 일반명사로는 주머니를 뜻한다.

** College des marchands : 저자는 이것을 프랑스어로 제시하고 있을 뿐 독일어로는 어떤 말을 가리키는지 밝히지 않는다. 가능성이 있는 단어는 아마도 뵈르제(Bürse) 정도일 것이다.

나[Piazza Mentana]가 되었다)에서,[396] 제노바에서는[397] 스트라다 누오바 (Strada Nuova)로부터 400미터 떨어진 피아차 데이 반키(Piazza dei Banchi) 위에서,[398] 릴에서는 보르가르(Beauregard)에서,[399] 리에주에서는 16세기 말에 지어진 공공 계량소 건물이나 베아슈 강변로에서,[400] 혹은 주교 궁전의 넓은 갤러리, 아니면 가까운 술집에서, 라 로셸에서는 1761년에 새로운 건물을 지을 때까지는 "프티-바크(Petits-Bac) 거리와 아드미로(Admyrauld) 거리 사이의" 이른바 "플라망 지구"라고 부르는 노천에서 이루어졌다.[401] 프랑크 푸르트-암-마인에서는 이 회합이 노천에서(unter freiem Himmel) 이루어지거나 생선 시장(Fischmarkt)에서 이루어졌다.[402] 라이프치히에서는 "과자 시장에(auf dem Naschmarkt)" 1678년부터 1682년 사이에 아주 아름다운 거래소가 만들어졌는데,[403] 그전에는 회랑 밑이거나 정기시에 있는 한 상점 안에서, 아니면 노천 저울 옆에서 상인들이 만났다. 됭케르크에서는 "모든 상인들이 매일 정오에 이 도시의 시청 앞 광장에 모여들었다. 모든 사람이 보고 듣고 하는 가운데……거상들(gros bonnets)이 언쟁하고……욕설을 퍼부어대는 곳이 바로 이곳이다."[404] 팔레르모에서는 오늘날의 가라펠로(Garraffello) 광장 위의 로지아(loggia)가 상인들이 모이는 곳이었는데, 1610년의 기록을 보면 일단 "산토 안토니오 성당의 아베 마리아(Sonata l'avemaria di Santo Antonio)"가 울리고 나면 그곳에 가는 것이 금지되었다.[405] 파리에서는 오랫동안 법원이 위치해 있는 플라스 오 샹주(place aux Changes)에 있던 거래소가 1724년 9월 24일 자 국무회의 법령으로 비비엔 거리의 느베르 광장으로 이전했다. 토머스 그레셤이 세운 런던의 거래소는 왕립 교환소(Royal Exchange)라고 불렸다. 이 건물은 도시의 한복판에 자리 잡고 있어서, 한 외국인의 편지를 보면[406] 1670년 5월에 퀘이커*에 대한 조치를 취할 때 "상인

---

* Quaker : 17세기 중반 영국과 아메리카 식민지에서 일어난 기독교 일파. 신조(信條), 성직자 등 다른 기독교의 형식 없이, 단지 "내면의 빛"으로 하느님을 직접 깨달을 수 있다고 주장했다. 영국 청교도 운동의 극좌파에 속했으며, 퀘이커 조례 등의 규제법으로 큰 박해를 받았다.

들이 모이는 곳에(dove si radunano li mercanti)" 군대가 주둔했는데, 필요한 경우 여러 지점으로부터 이곳에 쉽게 닿을 수 있도록 하기 위해서였다.

모든 곳에 거래소가 생긴 것은 자연스러운 일이다. 한 마르세유인이 여러 나라의 사정을 조사하여 종합해본 결과(1685) 이른 결론은 "몇몇 곳에서는 시장을 마르세(marché)라고 하고 중동지방에서는 바자르(Bazar)라고 하는 것처럼" 그 용어는 서로 다르지만, 실체는 어디에서나 똑같다는 것이다.[407] 그러므로 지브롤터 주재 러시아 영사가 된 영국인 리즈 부스가 놀라워한 것도[408] 이해할 만한 일이다. 오스테르만 백작에게 보낸 장문의 보고서에서 그는 이렇게 썼다(1782년 2월 14일). "[지브롤터에서는] 다른 커다란 상업도시들에서처럼 상인들이 모여 사업 거래를 하는 거래소가 없습니다. 사실대로 이야기하자면 이곳에는 상인들 자체가 극소수입니다. 그런데 아주 작은 곳에 불과하고 생산도 거의 없는 이곳에서 평화로운 시기에는 대단히 큰 규모의 상업활동이 이루어집니다." 지브롤터는 리보르노처럼 밀무역과 밀수선의 중심 도시였다. 그러니 거래소가 왜 필요하겠는가?

거래소가 처음 세워진 것은 언제일까? 그런데 이것에 관한 연대기는 잘못된 것일 수도 있다. 거래소 건물을 지은 시기가 곧 그런 제도가 만들어진 시기를 의미하지는 않기 때문이다. 암스테르담의 경우를 보면, 거래소 건물은 1631년에 세워졌지만 신(新)거래소는 1608년에 만들어졌고 그 이전 것은 1530년까지 거슬러올라간다. 따라서 우리는 전통적으로 이야기해오던 연대에 만족할 수밖에 없는 형편이라고 하더라도 이 연대들을 과신해서는 안 된다. 특히 북유럽에서 거래소가 먼저 만들어졌다는 통념을 그대로 믿어서는 안 될 것이다. 브루게 1409년, 안트베르펜 1460년(건물이 지어진 해는 1518년), 리옹 1462년, 툴루즈 1469년, 암스테르담 1530년, 런던 1554년, 루앙 1556년, 함부르크 1558년, 파리 1563년, 보르도 1564년, 쾰른 1566년, 그단스크 1593년, 라이프치히 1635년, 베를린 1716년, 라 로셸 1761년(이 경우는 건물이 지어진 해이다), 빈 1771년, 뉴욕 1772년이다.

겉보기와는 달리 이 명단은 결코 북유럽 지역이 앞서 있다는 것을 말해주지 않는다. 실제로는 적어도 14세기에 지중해 지역에서 거래소가 만개했다. 예컨대 피사, 베네치아, 피렌체, 제노바, 발렌시아, 바르셀로나 등지가 그렇다. 바르셀로나의 경우를 보면, 페드로*에게 요청한 롱하는 1393년에 완성되었다.[409] 오늘날에도 남아 있는 고딕 양식의 큰 홀을 보면 이 건물이 얼마나 오래된 것인지 알 수 있다. 1400년경, "중개인들 집단이 기둥들 사이를 배회하는데, 이들을 코레도르스 도레야(corredors d'orella : 귀를 사용하는 중개인)라고 한다." 이들은 잘 듣고 보고하고 관심 있는 사람들을 연결시켜주는 일을 했다. 매일 바르셀로나 상인들은 나귀를 타고 롱하로 가서 사업을 하고는 친구와 함께 상인 회합소의 정원에 가서 휴식을 취했다.[410] 그런데 이런 거래소의 사업 내지 그와 유사한 사업은 우리가 일반적으로 생각하는 것보다 훨씬 오래되었다. 예를 들면 루카에서는 이미 1111년에 환전상들이 성 마르티노 교회 근처에 모여들었고, 이들 주위에는 또 상인과 공증인들이 모여들었다. 이 정도면 이미 크게 발달해 있는 거래소가 아닐까? 여기에 모자라는 것이 있다면 단지 원거리 교역일 텐데, 실제로 향신료, 후추 그리고 다음에는 북유럽의 청어를 거래하는 원거리 교역이 여기에 덧붙여졌다.[411] 한편 지중해 지역을 중심으로 벌어진 이 초기의 거래소 활동 자체도 무(無)로부터 생긴 것이 아니다. 비록 그 단어는 후대에 만들어졌다고 해도 실제 활동은 아주 오래된 것이다. 그것은 오리엔트 지역과 지중해 지역의 모든 대중심지에서 아주 일찍부터 있었던 상인들의 회합에서 비롯되었는데, 로마의 경우는 기원후 2세기 말경에 그 증거를 찾을 수 있다.[412] 상인과 외국 선주들이 모이는 곳을 나타내는 모자이크 그림이 있는 오스티아의 흥미로운 광장을 보면 앞에서 언급한 것과 유사한 회합을 상상해볼 수 있지 않은가?

모든 거래소는 서로 비슷하다. 실제로는 짧았던 개장 시간 동안의 광경

---

* Pedro O Justiceiro(1319-1387) : 아라곤의 왕, 일명 정중왕. 사촌인 하이메 2세에게서 마요르카와 루시용을 빼앗고 아라곤 귀족의 봉기를 진압했다.

은 적어도 17세기부터는 어디랄 것 없이 사람들이 빽빽하게 모여 있는 시끌벅적한 모습을 나타낸다. 1653년에 마르세유의 대상인들은 "상인 회합소로 쓸 공간을 만들어달라고 요청했다. 그들은 오래 전부터 길거리에서 사업을 해와서 그 고통이 크다"는 것이다.[413] 이들은 1662년부터 퓌제* 건물의 1층을 사용하게 되었다. "이곳의 커다란 방은 4개의 문이 부두의 도크와 통해 있고……사방의 문 위에는 출항하는 배에 관한 통지서가 붙어 있다." 그러나 곧 이곳도 너무 비좁아졌다. 기사 드 게당은 그의 친구인 쉬아르에게 이렇게 썼다. "그곳에 들어가려면 일종의 뱀처럼 되어야 하네. 그곳은 얼마나 복잡하고 시끄러운지! 플루투스**의 사원은 정말 독특한 곳이야."[414] 이렇게 된 이유는 모든 성실한 상인들이 매일 아침 나절에 거래소를 한 바퀴 돌아야 하기 때문이다. 그곳에서 새로운 소식─비록 거짓 정보인 경우가 많기는 하지만─을 알아보지 않으면 좋은 기회를 놓치는 수도 있고, 아니면 자신의 사업 상태에 대해서 악소문이 돌 수도 있다. 대니얼 디포는 창고 상인에게 다음과 같이 엄숙하게 말했다.[415] "일반적으로 상인들이 물건을 구입하러 모이는 때에……자기의 주요 시장인 거래소에 가지 않는다면" 곧 파국을 자초하게 된다.

암스테르담에서는 1631년에 담(Dam) 광장에 중후한 거래소 건물이 세워졌다. 그것은 암스테르담 은행과 동인도회사 건물의 앞에 있었다. 장-피에르 리카르***의 시절(1722)에는 매일 정오부터 2시까지 4,500명 정도의 사람들이 이곳에 몰려든 것으로 추정된다. 토요일에는 그래도 덜 붐볐는데, 이날에는 유대인이 빠지기 때문이다.[416] 이곳의 질서는 엄정해서 상업 분야마다 번호를 매긴 자리를 배정해주었다. 그리고 선서를 한 사람과 하지 않은 사람 등 두 부류의 중개인[공인 중개인과 비공인 중개인/역주]이 1,000여 명 있었

---

*   Pierre Puget(1620-1694) : 마르세유 출신의 조각가, 화가, 건축가.

**   Plutus : 부(富)의 신.

*** Jean-Pierre Ricard : 상업 입문서 『암스테르담의 대상인』을 쓴 작가.

다. 목청을 다해서 숫자를 외치고 이야기 소리가 끊이지 않는 이 혼잡 속에서 길을 찾기란 쉬운 일이 아니었다.

상대적인 비율을 고려하고 보면, 거래소는 정기시의 최상층부와 같은 것이다. 다만 연속적이라는 점에서 정기시와 다르다고 할 수 있다. 중요한 대상인과 무수한 중개인들이 만나는 덕분에 이곳에서는 상품 거래, 환거래, 주식 거래, (여러 보증인들이 위험을 나누어 분담하는) 해상보험 거래 등이 동시에 이루어졌다. 또 이곳은 화폐시장, 금융시장, 유가증권시장이기도 했다. 이런 활동들이 각자 독자적인 방식으로 조직되는 것은 자연스러운 일이다. 그래서 17세기 초부터 암스테르담에서는 곡물 거래소가 따로 세워졌다.[417] 이것은 1주일에 세 번, 10시부터 정오까지, 커다란 목조 건물의 큰 홀에서 열렸다. 상인들은 이곳에 자기 대리인을 두고 있어서, 이들이 "팔고 싶은 곡물의 견본을 한 푸대에 1-2리브르 정도 담아 이곳에 가져왔다. 곡물값은 품질의 좋고 나쁨과 동시에 무게에 따라 다르므로, 거래소 뒤꼍에는 여러 작은 저울들을 두어서 서너 줌씩 곡물의 무게를 잼으로써 푸대당 무게를 계산했다." 암스테르담에 들여온 곡물 중에는 물론 이 지역의 소비를 위한 것도 있지만 동시에 재판매용, 재수출용도 있었다. 견본을 보고 상품을 구입하는 것은 곧 영국이나 파리에서도 일반화되었으며, 특히 군대용 곡물을 대량 구입하는 경우가 그러했다.

암스테르담의 증권시장

17세기 초에 새로 등장한 것 중의 하나는 암스테르담의 증권시장이다. 공채증서, 혹은 권위 있는 동인도회사의 주식 등이 활발한 투기의 대상이 되었다. 이것이야말로 아주 근대적인 현상이다. 사람들이 흔히 이야기하듯이 이것이 최초의 증권거래소라는 말은 전적으로 옳지는 않다. 베네치아에서는 아주 일찍부터 국채를 매매했으며,[418] 피렌체에서도 1328년 이전부터 그랬고,[419] 제노바에는 카사 디 산 조르조(Casa di San Giorgio)의 "루오기

(luoghi)" 그리고 "파녜(pagne)" 시장이 있었다.[420]* 15세기부터 라이프치히 정기시에서 값이 매겨진 독일 광산 주식(Kuxen)이라든가,[421] 스페인의 "후로(juro)",[422]** 프랑스의 파리 시청 보증채권(1522),[423] 혹은 15세기 이래 한자 도시들의 채권시장[424] 등은 말할 나위도 없다. 1318년에 베로나의 법령은 선물거래(先物去來, mercato a termine)를 인정했다.[425] 1428년에 법률가인 바르톨로메오 데 보스코는 제노바에서 "로카"***를 선물거래한 데에 대해서 항의한 바 있다.[426] 지중해 지역이 앞서가고 있었다는 것은 이런 증거로 쉽게 알 수 있다.

그러나 암스테르담에서 새로운 것이 있다면 거래량, 유동성, 공공성, 투기의 자유 등이다. 투기는 거의 광적이어서 투기를 위한 투기가 되었다. 이런 것을 보여주는 현상으로서 1634년경에 네덜란드를 열광하게 한 튤립 광증(tulipomanie, tulip mania)이 있는데 이때 "그 자체로는 아무 가치가 없는" 튤립 구근 하나를 "새로운 마차 1량, 회색빛 말 2마리, 마구 일체"와 바꾸기에 이르렀다는 점을 기억해둘 필요가 있다![427] 전문가의 손을 빌려 주식에 투자하는 것은 확실히 짭짤한 소득을 가져다줄 수 있었다. 스페인 출신의 호기심 많은 유대인 상인 요세프 데 라 베가(1650-1692)는 1688년에 기묘한 제목의 책을 암스테르담에서 출판했다. 『혼란 중의 대혼란(*Confusión de Confusiones*)』이라는 이 이상한 책은 일부러 기교를 잔뜩 부린 문체(당시 스페인 문학계의 이른바 "스틸로 쿨토"****) 때문에 이해하기는 어렵지만, 대신 상세하고 생생하며 독특한 내용을 보여준다.[428] 저자가 이 지옥과 같은

---

* 이 책의 제4장을 참조하라.
** 일종의 연금. 이 책의 제5장을 참조하라.
*** loca : 일종의 회사 주식. 이 책의 제4장을 참조하라.
**** stilo culto : 17세기 스페인의 시인 루이스 데 공고라 이 아르고테(Luis de Gongora y Argote : 1561-1627)의 이름에서 유래한 공고리즘(Gongorism)을 말한다. 이것은 당대의 교양인들(los cultos)에게 호소력을 지니도록 고안되었기 때문에 쿨티스모(cultismo)라고도 부른다. 라틴어와 그리스어를 스페인어화한 유식한 어휘와 구문으로 온갖 기상(奇想), 역설, 말장난, 허풍 등을 구사했다.

투기놀음에서 다섯 번 연속 파산했다고 하는 말을 문자 그대로 믿을 필요는 없다. 또 이미 오래 전부터 있던 일들을 신기한 것처럼 이야기하는 것도 마찬가지이다. 예컨대 "아직 잡지도 않은 청어를 선물거래로 팔았고 수확하지 않은 밀, 아직 받지 않은 상품을 팔았던 것"은 이 책이 나온 1688년 훨씬 이전에 이미 있었던 일이다. 17세기 초 동인도회사 주식을 상대로 한 이자크 르 메르의 파렴치한 투기는 이런 것이 벌써 세련되게 이루어졌고 사기를 치는 기술도 대단히 발달해 있었다는 것을 말해준다.[429] 그리고 중개인들이 거래소 일에 끼어들어 부를 쌓는 반면 상인들은 가난해진다는 투의 말도 이미 오래 전 일이다. 마르세유, 런던, 파리, 리스본, 낭트, 암스테르담 등 그 어디에서든지 중개인들은 규칙에 별로 얽매이지 않고 자유롭게 활동했다.

그러나 암스테르담 거래소는 마치 현실 세계에서 멀리 벗어난 듯한, 한 차원 높은 단계의 조작을 하기에 이르렀다. 그래서 이곳은 단지 주식을 사고 팔며 그 가격이 오르내리는 것을 기대하는 정도에 멈추지 않고, 돈이나 주식이 수중에 없더라도 주식 투기를 할 수 있는 정교한 기술이 발전한, 유럽에서도 특이한 곳이 되었다. 이곳에서 중개인들은 기쁜 마음으로 실력을 발휘했다. 이들은 여러 진영(로터리[rottery]라고 했다)으로 나뉘었다. 한편이 가격을 높이려고 하면 다른 한편(이 편을 "대항 진영[contremineur]"이라고 한다)이 가격을 내리는 역할을 한다. 대중 투자자들은 마음을 정하지 못하고 흔들리다가 어느 한편을 따라간다. 가끔 그런 일이 일어나지만, 중개인이 지금까지와 다른 반대편 진영으로 가버리면 배신 행위로 지탄을 받았다.[430]

그러나 원래 주식은 기명식이어서 동인도회사의 경우를 보면 이를 위한 장부를 따로 두었다. 주식을 산 사람은 그 장부에 이름을 기재해야만 진정한 주식 소유주가 되었다. 이 회사는 초기에 이런 방식으로 투기를 막을 수 있으리라고 믿었던 것이다(지참인 소유 주식*은 나중에야 등장했다). 그러나

---

* action au porteur, bearer bond : 어떤 원부에 소유주의 신상을 기록하는 것이 아니라, 단지 그 증권을 소유하는 것만으로도 유가증권이 누구의 소유인지를 충분히 증명하는 증권을 말한다.

투기를 하는 데에는 소유가 문제되지 않았다. 투기꾼은 그가 가지고 있지 않은 것을 팔기도 하고 결코 보유하지도 않을 것을 구입한다. 이것을 이른 바 "백색(en blanc)" 매매라고 한다. 정리 기간이 되면, 이런 것들은 손실 혹은 이익으로 결판이 난다. 사람들이 이 작은 잔액을 결제하고 나면 이 투기놀음은 다시 계속된다. 또다른 방식인 프리미엄(prime) 거래*는 약간 더 복잡한 종류이다.[431]

사실 주식은 장기적으로 오르게 되어 있으므로, 투기란 단기적인 움직임에 관한 것일 수밖에 없다. 그래서 순간적인 가격 변동을 노리고 있어야 하는데, 이것은—진짜이든 가짜이든—뉴스 하나만으로도 일어날 수 있다. 네덜란드에 가 있던 루이 14세의 대리인은 1687년에 자바 섬의 반탐 정복** 사건이 아주 큰 풍파를 일으켰다가 거짓말처럼 모든 것이 잠잠해지는 것을 보고 놀랐다. 그러나 8월 11일에 그는 이렇게 썼다. "나는 이런 움직임에 크게 놀라지는 않는다. 이것은 암스테르담의 주식가격을 내려가게 만들었고 몇몇 사람이 이로써 이득을 볼 뿐이다."[432] 10여 년 뒤에 또다른 대리인은 "헤이그의 아주 부유한 유대인 후아소 남작"의 이야기를 전한다. 그는 "스페인 국왕이 죽었다는 소식[불쌍한 카를로스 2세는 언제 죽을지 모르는 상황에 있었다]을 암스테르담의 대중보다 5-6시간 전에만 안다면……하루 만에 1만

---

* 오늘날 주식시장의 옵션(option) 거래와 유사한 것을 말하는 듯싶다. 앞으로의 주식가격을 예상하고 정해진 시기에 정해진 가격으로 매매하는 거래를 말한다. 예를 들면, 어떤 주식의 가격이 계속 오르리라고 예상될 때 며칠 뒤에 얼마의 값에 사겠다는 거래를 하고, 그러한 권리를 얻기 위해서 일종의 계약금(premium, 또는 option money)을 건다. 그러나 정해진 시기에 그 주식가격이 예상보다 오르지 않거나 오히려 내려서 계약가격(exercise price)에 사는 것이 유리하지 않다고 생각하면 프리미엄만 떼는 조건으로 구매를 하지 않아도 된다. 이상과 같이 구입에 관한 옵션을 콜 옵션(call option)이라고 하고, 반대로 자기가 가진 주식의 가격이 하락하리라고 예상하여 일정 시기에 일정한 가격으로 매도하는 계약을 하려는 경우의 옵션을 풋 옵션(put option)이라고 한다.

** 자바 섬의 도시 반탐은 1603년부터 1682년까지 영국인이 장악하고 있었으나 그후 네덜란드인들이 영국인들을 쫓아낸 후 이곳의 술탄을 봉신(封臣)으로 삼고 이 도시에 네덜란드 동인도회사 최초의 상관(商館)을 설치했다.

에퀴라도 벌 수 있다"고 자랑했다고 한다.[433] "나는 이것이 맞는 말이라고 확신한다. 그와 또다른 두 명의 유대인인 텍세이라와 핀토는 주식시장에서 가장 중요한 거물들이기 때문이다"라고 그는 덧붙였다.

그러나 아직 이 시대의 활동은 그다음 세기에—특히 7년전쟁 뒤에—영국 동인도회사, 영국 은행, 남해회사, 특히 이사크 데 핀토가 "연금의 바다(l'océan des annuités)"라고 표현한(1771) 바와 같이 막대한 액수를 기록한 영국 정부 공채 등에 대한 엄청난 투기의 수준에 이르지는 못했다.[434] 암스테르담 거래소가 상품 가격을 공표한 것은 1585년부터인 데에[435] 비해(1585년에는 339개 품목의 가격을 공시했다가 1686년에는 550개 품목이 되었다)[436] 주식 가격표를 공식적으로 공표한 것은 1747년 이후부터라는 점을 염두에 두어야 한다.

암스테르담의 투기의 액수가 대단히 크고 폭발적이었으며, 더구나 초기부터 그것이 엄청난 규모였던 이유는 여기에 대자본가만이 아니라 소시민도 가담했기 때문이다. 그중 어떤 광경은 마치 오늘날 경마의 마권 사는 모습과도 비교할 수 있으리라! "우리 나라의 투기꾼들은 특정한 집들을 자주 들락거리는데, 그곳에서는 네덜란드 사람들은 코피(coffy), 레반트 사람들은 카페(caffe)라고 부르는 음료수를 판다"고 1688년에 요세프 데 라 베가는 말한다. 이 커피집(coffy huisen)은 "겨울철에 아주 편리하다. 여기에는 따뜻한 난로가 있고 우리를 유혹하는 오락이 있다. 어떤 곳에서는 읽을 책을 제공하고, 어떤 곳에서는 카드 놀이용 테이블을 제공하며, 어느 곳에서나 이웃 사람과 대화를 나눌 수 있다. 누구는 코코아를, 누구는 커피를, 또 누구는 우유나 차를 마시지만, 모든 사람이 담배를 피우는 것은 공통적이다.……이렇게 사람들은 몸을 녹이고 잘 먹고 저렴한 비용으로 오락을 즐기면서 소식을 듣는다.……그러다가 거래소가 열리는 시간에 이런 곳들 중에 한 곳에 주식 투기꾼이 들어온다. 사람들은 그에게 주식가격이 어느 정도인지를 묻는다. 그는 당시의 실제 가격에 1−2퍼센트 정도를 덧붙인 가격을 이야기한

다음, 작은 수첩을 꺼내 끄적거리며 무엇인가를 기입한다. 그것은 단지 그의 머릿속에만 있는 내용이지만 사람들에게 그가 진짜 그런 일을 행하고 있다고 믿게 하려는 것이다.……사람들은 자신이 사려는 주식가격이 더 오르지 않으면 어쩌나 걱정하면서도 주식을 사고 싶은 생각을 하게 된다."[437]

이런 광경은 무엇을 말해줄까? 내가 틀린 것이 아니라면, 이것은 거래소가 소액 전주(錢主), 소액 투자가의 주머니에서 어떻게 돈을 길어오는지를 보여준다. 그런 것이 가능한 까닭은 첫째, 이 시대에는, 다시 반복하거니와, 주식가격의 등락을 쉽게 파악할 수 있는 주식가격 공시가 없었으며 둘째, 거래소에 들어갈 자격이 없는 소시민─거래소에는 다만 상인과 중개인들만 들어갈 수 있었다─에게 중개인들이 접근했기 때문이다. 거래소 주변에는 따라서 그곳에 들어가지 못하는 사람들이 모여드는 카페들이 즐비했다. 프랑스 카페, 라 로셸 카페, 영국 카페, 레이던 카페 등이 그런 곳들이었다.[438] 이것은 오늘날 자금 형성을 위한 소액 증권거래라고 부를 만한 것이다.

암스테르담의 투기는 무수히 많은 소액 투자가들에 의해서 이루어졌지만 물론 아주 활발한 활동을 보이는 대투자가들도 있었다. 원칙적으로 공정한 증인이라고 할 수 있는 이탈리아인 미켈레 토르차에 의하면(1782), 암스테르담은 이 뒤늦은 시기에도 여전히 유럽에서 가장 활발한 거래소를 가지고 있었다.[439] 그것은 런던을 능가했다. 그리고 여기에는 (적어도 그 시대 사람들의 눈에는) 엄청난 액수의 주식 투자가 한몫을 했다. 특히 그것이 또다른 투기 대상인 해외 모집 공채에 대한 끊임없는 투자 열기와 겹치기 때문에 더욱 그러했다. 이 점에서도 역시 유럽에서 상대가 없을 정도였다. 우리는 나중에 이 문제를 다시 고찰할 것이다.

이 이중의 팽창에 대해서는 루이 그레퓔의 문서가 제법 생생한 모습을 제공한다.[440] 그는 1778년 이래 암스테르담에서 큰 금융업 사무소를 운영하고 있었다.[441] 앞으로 우리는 이 신중하면서도 동시에 과감하게 위험을 감수하는 신흥 부자의 활동 상황과 그의 명석한 증언을 다시 보게 될 것이다.

1778년, 프랑스가 아메리카의 영국령 식민지 편에 서서 전쟁에 개입하기 전야에 암스테르담에서는 미친 듯한 투기 열풍이 불었다. 중립국이라는 점이 보호막이 되어 당시의 상황을 아주 유리하게 이용할 수 있으리라고 기대했던 것이다. 공급 부족이 예상되는 식민지 상품에 운을 걸고 투자해야 할 것인가? 영국이나 프랑스의 국채를 사는 것이 좋을까? 아니면 독립파에 돈을 댈 것인가? "당신의 이전 대리인인 브링글리는 현재 이곳에서 완전히 아메리카에 미쳐 있습니다"[442] 하고 그는 파리의 가야르 씨에게 편지를 보냈다. 그레퓔 자신 역시 그의 수중에 들어오는 모든 좋은 기회를 놓치지 않았으며, 특히 위탁 방식으로 거래소의 투기에 대규모로 간여했다. 그는 자신을 위해서만이 아니라 다른 사람들을 위한 대리인으로도 일했다. 루돌프 에마누엘 할러(그는 이전의 텔뤼송-네케르 은행을 수중에 넣었다), 장-앙리 가야르, 페레고 가문, 팡쇼와 같은 파리의 은행가들과 알렉상드르 픽테, 필리베르 크라메르, 투레티니와 같은 제네바 은행가들이 그런 사람들이다. 이들은 모두 헤르베르트 뤼티가 연구한 개신교 은행의 뺄 수 없는 주요 인물들이다.[443] 투기는 어렵고 위험하며 거액이 걸려 있다. 그러나 루이 그레퓔이 그렇게도 침착하게 투기할 수 있었던 이유는 결국 그것이 남의 돈이기 때문이다. 다른 사람들이 손해를 보면 그에게 괴로운 마음이 들기는 하겠지만 절망적이지는 않았을 것이다. "다른 일에서처럼 증권[여기에서는 영국의 증권을 가리킨다]에서도 예측이 가능하다면 결코 잃는 사업을 하지는 않을 것입니다"라고 그는 할러에게 보낸 편지에서 쓰고 있다. "동전은 돌고 도는 법이다. 그러면서 앞면과 뒷면은 수없이 반복되게 마련이다"라고 그는 다른 곳에서 설명한 바 있다. 그러나 그는 결코 숙고하지 않고 경솔하게 구매하거나 보고하는 법이 없었다. 그는 무모한 사람이 아니며, 팡쇼처럼 한 번에 모든 것을 거는 타입이 아니었다. 그는 단지 고객의 주문을 실행할 따름이다. 필리베르 크라메르가 그에게 "1만 리브르의 인도", 즉 영국 동인도회사 주식을 사라고 주문했다. "마르세 씨와 픽테 씨와 함께 3분의 3으로[세 사람이 3분의 1씩으로/

역주] 사면 144에서 145 사이로 살 수 있을 것입니다." 이에 대해서 그는 "불가능하다"고 대답했다(1779년 5월 4일). "왜냐하면 이 주식값이 떨어지기는 했지만 8월에 154, 5월에 152의 가치를 가지고 있었기 때문입니다. 우리는 현재까지 그런 구매가 수행될 가능성이 있다고 보지는 않지만, 어쨌든 그것을 잘 기록해두겠습니다."[444)

암스테르담의 투자가들이 하는 일은 런던 시장의 가격과 사건을 잘 관찰해서 네덜란드 시장의 가격을 예측하는 일이었다. 그래서 그레퓔도 런던으로부터 직접 소식을 얻기 위해서 많은 대가를 치렀다. 그 소식은 통신원의 "우편행랑(malle)"을 통해서만 얻는 것이 아니다. 그는 런던과 직접 연결을 했는데 — 그는 런던에 그의 계좌로 투자를 하고 있었다 — 그 도시에는 보잘 것없고 단순한 명령 수행인 역할을 하는 사르토리라는 처남과 "J.와 아브라암 가르시아"라는 대규모 유대인 회사가 있었다. 그는 이 회사를 불신하면서도 이용했다.

그레퓔이 활발하게 서신 교환을 한 자료도 암스테르담의 활발한 투기에 대해 기껏해야 좁은 창문 하나만 열어주는 정도이다. 그렇더라도 거기에는 볼 만한 것들이 많이 있다. 그 기록은 네덜란드의 투기가 얼마나 외부에 개방되어 있는지, 또 국제적인 자본주의가 어느 만큼 이곳에 자리 잡고 있는지를 보여준다. 루이 그레퓔이 작성한 르콩트르(rescontre)라는 두 권의 장부가 남아 있다면,[445) 우리는 이 복잡한 활동이 어느 정도의 이윤을 가져왔는지에 대해서도 알 수 있었을 것이다. 르콩트르(제네바에서는 랑콩트르 [rencontre : 만나다]라고도 한다)란 분기마다 주식 중개인들이 모여 대차관계를 서로 상쇄하고 선거래와 프리미엄 거래의 손익을 여러 계정에 분산시키는 것을 말한다. 현재 남아 있는 그레퓔의 장부 두 권은 파트너의 계정으로 그가 수행한 활동을 기록한 것이다. 오늘날의 외환 거래업자가 이것을 보면 실수 없이 잘 이해할 테지만, 역사가가 들여다보면 헤매게 마련이다. 왜냐하면 하나의 거래의 수익을 알아보기 위해서는 여러 보고서에 분산되어 있는

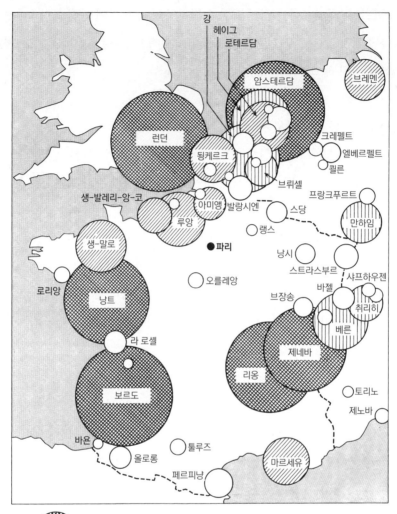

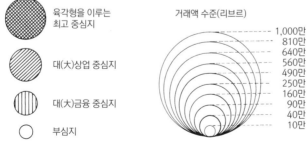

육각형을 이루는
최고 중심지

대(大)상업 중심지

대(大)금융 중심지

부심지

거래액 수준(리브르)

— 1,000만
— 810만
— 640만
— 560만
— 490만
— 250만
— 160만
— 90만
— 40만
— 10만

8. 프랑스 은행의 성장

그레퓔 은행이 파리에서 가장 큰 은행이었다는 점, 프랑스의 수도인 파리가 유럽 전역에 사
업 영역을 펼친 금융 중심지가 되었다는 점, 그리고 격자무늬로 표시한 원이 안토니에티가 재
미있게 표현한 대로 "육각형을 이루는 최고 중심지"라는 점에 주목하라. 여섯 지역은 런던,
암스테르담, 제네바, 리옹, 보르도, 낭트이다. 이 여섯 중심지들이 균형을 이루고 있다는 느
낌을 받지 않는가? (기 안토니에티, 『18세기 파리의 한 은행업 회사, 그레퓔 몽츠 회사[1789-
1793]』, 1963)

르콩트르를 찾아보아야 하며 그나마 장부를 마감할 때에 가서도 이익이 아직 실현되지 않은 경우가 많기 때문이다. 개인적으로 나는 이 계산을 참을성 있게 끝까지 해보지 못했다는 것을 고백한다.

런던에서 모든 것이 다시 시작되다

오랫동안 암스테르담을 질시하면서도 모방해왔던 런던에서는 결국 암스테르담에서와 같은 활동을 시작하게 되었다. 1695년부터 왕립 교환소는 공채, 동인도회사 주식, 영국 은행 주식의 거래를 시작했다. 곧 이곳은 "이미 돈이 있지만 더 많은 돈을 가지려는 사람들, 그리고 그보다 더 많은 수를 차지하지만 돈이 없어서 돈 가진 사람의 것을 자기가 한번 가져보려는 사람들"의 집합소가 되었다. 1698년과 1700년 사이에는 그동안 왕립 교환소 내에 비좁은 공간을 차지하고 있던 증권거래소가 길 건너에 독립하여 나갔는데, 이곳이 그 유명한 "교환소 거리(Exchange Alley)"이다.

1773년에 공식적인 증권거래소(Stock Exchange) 건물이 설립될 때까지는 교환소 거리의 카페들이 선물거래에 대한 투기의 중심지였고, "사람들은 이를 교환소 거리의 경마"라고 불렀다.[446] 개러웨이 카페나 조너선 카페는 주식이나 국채를 취급하는 중개인들이 모이는 반면, 해상보험 전문업자들은 에드워드 로이드 카페에, 그리고 화재보험 전문업자들은 톰 카페 또는 카시 카페에 자주 갔다. 교환소 거리는 "1분 30초면 전부 돌 수 있다. 조너선 카페의 문 앞에서 남쪽으로 몇 걸음을 가라. 거기에서 동쪽으로 방향을 돌리면 그곳이 개러웨이 카페의 문 앞이다. 이곳에서 다른 쪽 문으로 가면 바로 거기가……버친 거리이다.……이제 나침반을 다시 상자에 넣고 주식 거래 세계의 순항을 마치고 나면 다시 조너선 카페의 문 앞에 이르게 된다"라고 1700년경의 한 팸플릿은 쓰고 있다. 이곳은 비록 한창 사업 시간에도 이곳에 상주하는 사람들, 들떠 있는 소그룹의 사람들만이 모여드는 작은 세계에 불과했지만, 그래도 음모의 핵심지이며 세력 중심지였다.[447] 영국 여왕과 프랑스

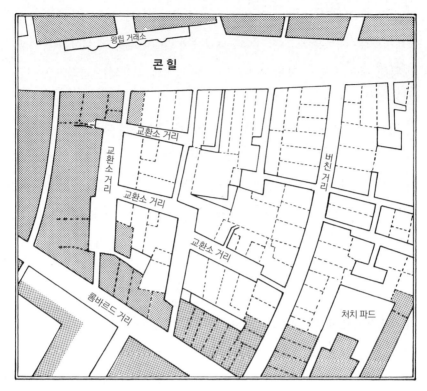

9. 런던 : 1748년의 사업 중심지

1748년의 한 그림으로부터 따온 이 그림은 유명한 장소와 건물들을 보여준다. 롬바르드 거리, 콘힐에 있는 왕립 교환소, 그리고 무엇보다도 교환소 거리가 그것이다. 회색으로 표시한 부분은 1666년 화재 당시에 파괴된 건물들을 나타낸다.

국왕 사이에 평화 조약*이 위트레흐트에서 막 체결되었을 때(1713) 안절부절 못하던 프랑스의 개신교도들이 이 조약에 대항하여 대상인들을 부추겨서 휘그파들을 도우려고 한다면 어느 곳에 가서 항의해야 할 것인가? 이들은 교환소와 "카페에서 목소리를 높였다(1713년 5월 29일)."[448]

이 예민한 소세계는 다른 세계들을 교란시켰지만, 외부 세계도 그 나름대

---

* 스페인 왕위 계승 전쟁이 끝나고 이를 마감한 조약으로, 주요 내용은 다음과 같다. 펠리페 5세는 스페인 왕위를 그대로 유지하되 그 대가로 이탈리아와 네덜란드에서의 소유권을 신성 로마 제국에 넘겨준다. 프랑스는 전쟁 중에 정복한 땅을 그대로 소유한다. 이 조약의 최대 수혜국인 영국은 해상의 우위권과 식민지 소유를 더 늘리게 되었다. 이에 비해서 네덜란드는 전쟁으로 힘이 거의 소진되어버렸다.

로 이 소세계를 끊임없이 교란시켰다. 런던이든 암스테르담이든, 가격에 영향을 미치는 새로운 소식이 언제나 내부에서 만들어지는 것은 아니다. 스페인 왕위 계승 전쟁은 그 당시에 모든 것이 전쟁에 좌우되는 극적인 사건들로 가득했다. 부유한 유대인 상인 메디나는 이런 상상을 했다. 욕심 많은 장군 말버러*에게 1년에 6,000파운드 스털링을 쥐어주는 대신, 그가 수행하는 모든 전쟁에 사람들을 따라붙게 만든다. 그리하여 라미예, 아우데나르더, 블렌하임 등 유명한 전쟁의 결과를 속달로 가장 먼저 알게 되면 아마 그 서비스만으로도 6,000파운드의 가치를 충분히 보상받고도 남을 것이다.[449] 이것은 로스차일드가 워털루 전쟁의 소식을 미리 알아서 이익을 챙긴 후대의 사실을 예고해주는 것이 아닌가! 또다른 일화를 보자. 보나파르트 나폴레옹이 마렝고 전투(1800년 6월 14일)의 결과를 일부러 늦게 알림으로써** 파리 거래소에서 센세이셔널한 충격이 일어나지 않았던가?[450]

암스테르담 거래소에서처럼 런던의 왕립 교환소 역시 독특한 관행과 용어가 있었다. 풋과 리퓨절***은 선물거래와 관련된 용어이고, 불과 베어****는 실제로 사거나 팔려는 마음은 없이 단지 투기의 목적으로 선매매하는 사람을 말하며, 라이딩 온 호스백(riding on horseback)은 국영 복표증권에 대

---

*   John Churchill Marlborough(1650-1722) : 영국의 장군, 정치가. 요크 공작의 신임을 얻고 그를 통해 국왕의 총애를 받았다. 몬머스 봉기를 진압하기도 했으나 명예혁명 때 국왕을 가장 먼저 저버렸다. 앤 여왕 때에 다시 그의 부인이 여왕에게 영향력을 가지게 된 것을 이용하여 장군이 되었고, 스페인 왕위 계승 전쟁 중에 있었던 회히슈테트(1704), 라미예(1706), 아우데나르더(1708), 말플라케(1709) 등의 여러 전투에서 승리를 거두었다. 프랑스의 유명한 동요에 '말브루(Malbrough)'로 이름이 변형되어 전설적인 인물로 등장하기도 한다.

**   1800년 6월 14일에 나폴레옹은 드제의 부대와 켈레르만의 기병대의 도움을 받아 마렝고에서 오스트리아 군대로부터 신통치 못한 성과만을 이끌어냈다. 나폴레옹 군대는 이것을 대승리로 공식 발표했다.

*** 풋(put)은 특권부 거래, 파는 편에게 선택권이 주어지는 거래를 뜻하며 '리퓨절(refusai)'은 선매권(先買權)을 뜻한다.

**** '불(bull)'의 원래 뜻은 투기적인 매입을 통해서 주식가격을 오르게 하려는 사람을 말하고, '베어(bear)'는 반대로 가격을 내리게 하려는 사람을 말한다. 그러나 오늘날의 주식 용어로 '불'은 강세(주식 시세가 오르리라고 예상하는 장세) '베어'는 약세를 가리킨다.

한 투기를 말한다……[451] 그러나 전반적으로는 네덜란드의 관행이 약간의 시차를 두고 런던에서 똑같이 재현되었다. 예컨대 리스카운터즈 데이즈(Rescounters days : 결제일)는 암스테르담의 레스콘트러-다헌(Rescontre-Dagen)을 그대로 베낀 말이다. 그래서 1734년에 영국 정부가 적어도 일시적으로나마 가상의 거래, 즉 풋과 리퓨절을 못하게 했을 때, 암스테르담에서 그러했듯이 대규모로 리스카운터*가 유행했다. 이것은 약간 다르기는 했지만 금지된 관행들과 사실상 똑같은 것이다. 그리고 또 암스테르담에서처럼 런던에서도 상품(밀, 염료, 향신료, 대마, 비단) 중개인, 주식 중개인(stock broker), 외환 전문업자 등이 서로 상대방 업무를 잠식하며 중첩되었다. 1761년에 토머스 모티머는 이런 부류의 사람들에 대해서 격렬한 항의를 했다. 『각자가 자신의 중개인이다(Every man his broker)』, 이것이 그의 책 제목이었다. 1767년에 있었던 재판(裁判)은 반드시 중개인을 통하지 않아도 되는 자유화 조치를 이끌어내는 계기가 되었다.[452] 그러나 사실 이 모든 것들은 거래소에서 중개인이 얼마나 중요한 일을 했는지를 반증해줄 따름이다. 그리고 사실 중개인 비용은 그리 높지 않아서 1697년부터는 8분의 1퍼센트에 불과했다. 중개인의 위로는 대상인과 금 세공업자들의 활약을 예견해볼 수 있고, 중개인의 아래로는 허가 없이 일하는 중개인(이를 속어로 조버[jobber]라고 한다)이 파리 떼처럼 무수히 많았다. 1689년부터 조지 화이트는 "무허가 주식 중개인들(stockjobbers)이라고 불리는 벌레 같은 이상한 무리들"이 다른 사람들의 희생을 대가로 이익을 취하기 위해서 주식가격을 마음대로 높이거나 내리며 "옛날에 메뚜기 떼가 이집트의 초원을 갉아먹었듯이 우리의 증권거래소에서 사람들을 잡아먹는다"고 비난했다. 또한 디포는 1701년에

---

* '리스키운터(Rescounter)'는 계정상의 차액을 갚고 결제한다는 뜻이지만, 영국 주식시장에서는 다른 뜻이 있다. 즉, 불과 베어 사이에 투기를 한 끝에 잃은 사람이 그 금액을 갚는 것이다. 이때 그 금액을 갚지 못하면 레임 덕(lame duck[절름발이 오리], 채무 불이행으로 제명된 주식 거래원, 오늘날에는 재선되지 못한 임기 말년의 대통령을 가리키기도 한다)이 된다.

『주식 중개인들의 부정을 폭로함(*The Villany of Stock-Jobbers Detected*)』이라는 제목으로 익명의 소책자를 쓰지 않았던가?[453)]

수년 후 『아내를 얻기 위한 과감한 돌진(*A Bold Stroke for a Wife*)』(1718)*이라는 희곡에는 조너선 카페에 증권업자들(dealers), 공인중개인들, 특히 무허가 중개인들이 등장하는 장면이 있었다. 그중의 대화 한 장면을 보자.

무허가 중개인 1 : 남해회사 주식 8분의 7, 사실 분?

무허가 중개인 2 : 1718년 성 미카엘 축일 만기 남해회사채, 복표.**

무허가 중개인 3 : 동인도 주식, 사실 분?

무허가 중개인 4 : 그러면 전부 팔려는 사람이고 사는 사람은 없잖소? 여러분, 나는 1,000리브르를 다음 화요일에 4분의 3으로 살 것이오.

한 소년 : 냉커피요, 여러분, 냉커피 드시겠어요?

환전상 트레이드러브 씨 : 잠깐, 가브리엘. 당신 지난번에 우리가 취급했던 자본에 대한 차액을 지불해야 하오.

가브리엘 : 아이참, 트레이드러브 씨. 여기에 소드 블레이드 회사(Sword Blade Company) 주식이 있잖소.

소년 : 차 드시겠어요, 여러분?[454)]

재무성 증권, 해군 공채, 그리고 50여 개 회사(그중에는 영국 은행과 1709년에 전체적으로 재조직된 후에 이 분야에서 선두를 지킨 동인도회사도 있다)의 주식도 모두 투기의 대상이 되었다는 사실은 재론할 필요도 없다. 디포에 의하면 "동인도회사가 핵심이다(The East India Company was the main point)."

---

* 영국의 극작가 수재나 센틀리버(Susannah Centlivre : 1667-1723)의 희극 작품이다.

** lottery ticket : 정부가 당첨자에게 일정한 복채금을 지급하는 것을 조건으로 발행하는 증권. 이때의 복표 원금은 상환하지 않는다. 이에 비해 복표공채는 공채의 소화를 용이하게 하기 위해서 복표를 붙인 것으로, 그 소유주는 당첨되지 않더라도 소정의 원리금을 상환받을 수 있다.

이 연극이 상연되던 시기에는 남해회사가 아직 "남해의 거품"* 사건이라는 스캔들을 일으키기 전이었다. 소드 블레이드는 무기제조 회사였다.[455]

1748년 3월 25일에 화재가 일어나 이 유명한 교환소 거리 구역과 카페들이 전소했다. 그래서 이 구역을 재개발해야 했다. 그러나 그후에도 중개인들은 여전히 협소함을 느꼈다. 여러 계획들을 검토한 끝에, 자금을 모아 1773년에 왕립 교환소 뒤에 새 건물을 지었다. 이 건물을 뉴 조너선(New Jonathan)이라고 명명하려고 했으나 결국은 증권거래소(Stock Exchange)라고 부르게 되었다.[456] 외적 치장이 바뀌고 공식화되었으나, 그 활동은 이전과 같이 계속되었다는 것은 말할 필요가 없다.

파리를 방문할 필요가 있을까?

만일 심사숙고 끝에 파리를 둘러보려고 작정한다면 비비엔 거리로 가야 한다. 이곳에는 1724년에 거래소가 세워졌는데, 이전에는 동인도회사가 있었고 오늘날에는 국립 도서관이 위치해 있는 느베르 관이 바로 그 자리이다. 그러나 런던이나 암스테르담과 비교할 만한 것은 없다. 물론 존 로 시절 캥캉푸아 거리는 일시적으로는 런던의 교환소 거리와 경쟁할 정도였지만[457] 이 축제와도 같은 시기가 지난 후에는 다소 처량하고 맥이 빠져 보였다. 게다가 거의 설명하기 힘든 이유로 파리의 거래소에 관한 문서들이 모두 사라져버렸다.

파리 거래소는 설립된 지 50년 정도 지난 루이 16세 시대에 가서야 활기를 띠었다. 이제 어디에서나 노름의 열기가 퍼져갔다. "상류사회는 파라오 게임, 도미노, 체커(dame), 체스 등에 탐닉했고" 그것도 순수한 동기로 그런 것이 결코 아니었다.[458] "1776년부터 사람들은 경마장에 들락거렸다. 그리고 파리에 개장된 112곳의 복권 사무실에 몰려갔다." 그리고 도처에 도박장이

---

* 이 책 제1권 584쪽의 역주를 참조하라.

생겼다. 그 무엇도 모른 채 넘어가려고 하지 않던 경찰 당국도 이런 일에는 거의 끼어들지 않았다. 거래소, 팔레-루아얄 주변에서는 산업계의 기사로부터 사기꾼에 이르기까지 궁지에 몰린 많은 투자가들이 기적적인 투기를 꿈꾸고 있는데도 말이다. 이런 분위기에서 암스테르담이나 런던에서 벌어졌던 투기 행위는 피할 수 없다. 특히 네케르나 칼론이 파리 시민의 대부분인 50만-60만 명의 사람들에게 엄청난 금액의 공채를 발행했기 때문에 더욱 그러했다. 비비엔 거리에 있는 거래소의 좁은 건물 안에서는[458] 중개인들과 주식 중개인들이 재조직되었다. 엄청난 세도를 부리는 이들은 파르케(parquet)라고 부르는 일종의 단(壇) 위에 자리를 잡고 있었고, 이들과 고객 사이에는 쿨리스(coulisse)라고 부르는, 한 사람만이 겨우 지날 수 있는 좁은 공간이 있었다. 이렇게 새로운 말들이 생긴다는 것은 이곳의 활동이 확실히 활기를 띤다는 증거이다. 가격 공시표에는 공채가 중요한 비중을 차지하지만 동인도 회사라든지 (프랑스 은행의 선조 격이 되는) 할인은행과 같은 회사의 주식들도 등장했다(그리고 이 주식들은 지분[portion]이라는 작은 단위로 분할되어 있었다). 그러나 마리-조제프 데지레 마르탱의 빼어난 안내서가 있더라도,[459] "매일 「주르날 드 파리(Journal de Paris)」나 「아피슈(Affiches)」의 한 지면 전부를 차지하는" 가격표를 단번에 잘 읽어낼 수는 없었다.[460]

이렇게 주식 투자가 자리를 잡았다. 1779년에 할인은행이 재조직된 후 그 주식이 일반에 공개되었다. 그후에 "할인은행 주식의 거래가 어찌나 무질서한지 그 거래량이 실제 주식의 4배에 이르렀다"고 국무회의 석상에서 이야기되었다.[461] 즉, 이 주식은 매매와 전매가 연속적으로 이루어진 것이다. 젊은 틸리 백작*의 이상한 방식의 투자가 성공을 거둔 것도 이 무렵일 것이다.[462] 그 자신은 이 투자에 대해서 많은 설명을 하지 않는데, 여하튼 이것

---

* Jean Tserklaes Tilly(1559-1632) : 신성 로마 제국에 봉사한 벨기에 출신의 장군. 프랑스의 요청으로 프로테스탄트와 싸우는 신성 동맹의 수뇌로 참전했다. 30년전쟁 동안 몇 차례의 전투에서 승리했으나 구스타프 아돌프에게 패배하고 치명적인 부상을 당했다.

은 그의 정부인 한 여배우의 충고를 따른 것이었으며 게다가 이 여배우는 똑같은 충고를 한 부유한 역참 감독관*에게도 해주었다. 그 결과 틸리 백작은 "할인은행 주식 22주를 계산해서 받았다." 그것은 2만2,000리브르의 가치에 달했다. 이렇게 파리에서 선물거래의 바람이 크게 불어서 이제 초창기의 단계를 넘어섰다. 1785년 8월 7일 자 법령은 이 문제를 잘 보여준다. 그리고 이 법령 조항은 파리에 주재하던 예카테리나 2세의 대사인 시몰린에 의해서 러시아에 전해졌다.[463] 이 조항에 의하면 얼마 전부터 "우리 수도에는 구매자나 판매자 모두에게 위험한 거래(marché) 또는 담합(compromise)[저자의 강조] 방식이 도입되었다. 이에 의하면 한쪽은 아직 가지지 않은 주식을 후일의 약정 시점까지 건네주기로 약속하고, 다른 쪽은 아직 가지지 않은 돈을 주기로 약속한다. 이들은 장래의 사정을 예상하고 이런 거래를 하는 것이다. 그리고 약정 시점 이전에는 가격을 할인하여 인도하는 것을 조건으로 한다.……여기에는 교활한 술책이 사용되어서 일시적으로 공채 가격의 변동을 왜곡시킨다. 그래서 어떤 것은 가격을 크게 과대평가하게 만들고 또 어떤 것은 가격을 절하시킨다.……그 결과 모든 현명한 대상인들이 비난하는 무질서한 투기매매**가 일어나서, 신중하지 못하게 여기에 투자한 사람의 재산을 위태롭게 만들기도 하고, 더 건전하고 국민 산업 발전에 유리한 투자는 피하게 만들며, 무절제하고 의심스러운 이득을 추구하는 탐욕을 불러일으키는가 하면……파리가 유럽의 나머지 모든 지역에 대해서 정당하게 누려오던 신용을 망칠 우려도 있다." 이 법령에 뒤이어 1723년 1월과 1724년 9월 24일 자의 (거래소 창설에 관한) 이전 법령들도 갱신되었다. 벌금도 경우에 따라 3,000리브르부터 2만4,000리브르까지 정해졌다. 그러나 이 모든 것은 거의 사문서로 남았고 그래서 1787년에 미라보는 『국왕에게 투기매매 사정을 고발함(Dénonciation de d'Agiotage au Roi)』을 쓰게 되었다. 혹시 그의 뜻

---

* intendant des Postes : 1785년에 만들어진 공직. 역참과 말을 관리하고 수송업무를 통제한다.
** agiotage : 주식가격의 상승과 하락을 조작하기 위해서 불법으로 매매하는 행위.

대로 투기매매를 억압했다면 이 점에서 무능했던 왕정을 구할 수 있었을까?

아무튼 프랑스인들은 이 직종에서 여전히 신출내기에 불과했다. 1781년에 네케르가 발행한 공채를 구매한—사실은 중개인을 통해서 구매하도록시켰다—암스테르담의 은행가이자 중개업자인 루이 그레퓔은 그의 친구이자 말단 부하인 이자크 팡쇼에게 이런 편지를 보냈다(1782년 2월 11일).[464] "이 공채의 만기가 곧 정해지지 않는 것이 정말로 불만스러운 일이네. 그렇게 했다면 5-6퍼센트 정도 가외의 이익을 보았을 것일세. 자네 나라에서는 아직도 이런 형식과 진행 방식을 전혀 들어볼 수 없는데, 금융업에서 이것은 마치 시계의 작동을 원활히 하기 위해 기름을 쳐주는 것과 같은 역할을 주식매매와 자본유통에 대해서 해주는 것이네." 여기에서 자본의 "유통"이란 증권의 전매(轉賣)를 말한다. 사실 암스테르담이나 런던에서라면 흔히 공채 발행이 끝난 후 이것을 산 사람들 일부가 값을 일부 더 쳐주면서 다른 사람의 공채를 재구입하여 공채 가격을 올린다. 이들은 과감하게 이것을 밀어붙여서 가격이 더 오르게 만들고, 결국 그럴 목적으로 가지고 있던 공채증서 뭉치를 이때 팔아치워서 이익을 챙긴다. 정말로 파리는 투기 장소로서는 아직 갈 길이 멀었다.

거래소와 화폐

이제까지 못 보던 현상이었던 주식 투자는 17세기 이후 많은 논란을 불러일으켰다. 그러나 암스테르담, 런던, 또 그보다는 규모가 작지만 파리 등지에 있던 거래소를 네덜란드에서 부르듯이 "바람장사(Windhandel)"로만 본다면 그것도 터무니없는 일이다. 도덕론자들은 크레딧, 은행, 지폐, 투자(내지 투기) 등을 싸잡아 그렇게 비방했다. 1791년 입법의회에서 내무부 장관이었던 롤랑 드 라 플라티에르는 단도직입적으로 그리고 아주 단순하게 이렇게 말했다.[465] "파리에는 화폐 구매자, 그리고 화폐가치를 선동하는 자들, 은행업자들밖에 없다. 그들은 지폐, 국채 그리고 대중의 궁핍에 대해서 투기를 벌이는 자들이다." 미라보와 클라비에르* 역시 투기를 비판했다. 그리고 1791년에 쿠에디크에 의하면[466) "주식 투기는 아무것도 아닌 미천한 사람들을 끌어주는 대신 수천 명의 시민들을 몰락시킨다." 아마 그럴지도 모른다. 그러나 암스테르담이나 런던의 대거래소들은 지폐가 느리기는 해도 성공적으로 자리 잡게 만들었다는 공적이 있다.

화폐가 없다면 약간이라도 활기 있는 시장경제가 불가능하다는 사실을 우리는 안다. 화폐는 달리고 "폭포처럼 쏟아지고",** 유통된다. 모든 경제생활은 화폐를 확보하고자 하는 데에 있다. 화폐는 교환을 확대시키는 기능을 수행하기에는 언제나 불충분하다. 광산에서 산출되는 귀금속의 양이 모자라고, 해가 갈수록 악화가 양화를 구축(驅逐)하며, 퇴장(退藏)이라는 심연은 언제나 열려 있다. 이 문제의 해결 방안은 결국 상품-화폐(marchandise-monnaie)—다른 모든 상품이 반영되며 측정되는 거울과 같은 존재—이상의 것을 만드는 것이다. 그것은 다름 아닌 표시-화폐(monnaie-signe)를 의미한다. 11세기 초에 중국에서 최초로 이것을 만들었다.[467) 그러나 지폐를 만드는 것과 그것을 실제 사정에 맞게 유통시키는 것은 다른 일이다. 중국에서는 서양에서처럼 지폐가 자본주의를 가속화시키는 역할을 하지 못했다.

사실 유럽은 아주 일찍부터 해결책—그것도 여러 해결책들—을 발견했다. 예를 들면 제노바, 피렌체, 베네치아에서는 13세기부터 환어음(lettre de change)이라는 위대한 혁신이 이루어졌다. 이것은 교환 속으로 아주 조금씩밖에 침투하지 못했지만 어쨌든 침투했다는 사실 자체가 중요하다. 보베의 경우, 유산상속 서류에서 환어음이 처음 등장하는 것은 낭트 칙령이 폐기된 해와 같은 1685년이다.[468) 그러나 보베가 시골 도시에 불과하다는 것을 염

---

* Étienne Clavière(1735-1793) : 스위스 출신의 프랑스 재정관, 정치가. 프랑스 혁명기 입법의회 시기에 재무장관을 맡았다가 루이 16세에 의해 실각하고 1792년에 같은 자리로 돌아왔다. 그러나 1793년에 다른 지롱드파 인사들과 함께 고발되자 기요틴 처형을 피하기 위해서 자살했다.
** cascade : 일련의 현상들이 수없이 많이, 그리고 가속화되어 계속된다는 뜻이다.

두에 두어야 한다. 또다른 종류의 창안된 화폐로는 베네치아의 공채가 있다. 암스테르담, 런던, 파리에서는 거래소에서 회사 주식들의 가격이 매겨졌다. 여기에 여러 다양한 기원을 가진 "은행"권(billet de "banque")을 첨가해야 한다. 이 모든 증권들을 합치면 엄청난 액수에 달했다. 그 당시의 전문가들은 이 액수가 현찰화폐 총액의 3-4배를 넘지 못할 것으로 보았다.[469] 그러나 네덜란드와 영국에서는 일정 시기 동안 그 비율이 1 대 15 내지는 그 이상이었던 것이 확실하다.[470] 더구나 프랑스처럼 유가증권이 잘 적응하지 못하고(적응하기는커녕 로 체제의 실험 이후 경멸받기까지 했다) 오랫동안 프랑스 은행권이 아주 힘겹게 유통되었던(그나마 파리에서만) 나라에서도, "신용 액수를 보여주는 환어음의 액수는……1789년 이전에 금속화폐 유통액의 5-6배는 되었을 것이다.……"[471]

교역에 필수적인 지폐가 실제로 도입되는 데에는 거래소와 은행이 중요한 역할을 했다. 이 모든 지폐를 시장에 내놓으며 거래소는 공채증권과 주식이 단번에 유동성 있는 지불수단이 될 가능성을 마련했다. 이 점에서는 과거와 오늘날의 경제 상황이 유사하므로 더는 설명이 필요 없을 것이다. 그러나 18세기 초에 작성된 한 프랑스의 문건은 주목해볼 만하다. 정확한 연대가 기록되지는 않았지만[472] 1706년경, 거래소가 새로 활기를 띠기 약 20년 전에 쓰인 듯싶다. 1522년에 시작된 파리 시청 보증채권은 영국의 연금*과 같은 역할을 했다. 그런데 이것은 대개 한 가정의 가장이 안전한 가산의 하나로서 투자할 만하기는 했으나, 그 대신 거래가 불편했다. 이것을 판다는 것은 권리를 이전하는 방식이었기 때문에 공증인 앞에서 "귀찮기 짝이 없는 절차"를 거쳐야 했다. 그 결과 "파리 시청 보증채권은 상업적인 측면에서 보면 잠겨 있는 자산으로서, 사업을 하는 사람에게는 집이나 토지와 비슷한 정도의 유용성밖에 가지지 못했다. 이 경우에 각 개인은 이익을 볼 수 있을지 몰

---

* annuities : 영국의 국채를 가리킨다. 이에 대해서는 이 책의 제5장을 참조하라.

라도, 전체적으로는 공익을 해치는 것이다"라고 그 문서는 설명한다. 이런 상황을 이탈리아, 영국, 네덜란드와 비교하면 사정이 어떤지 쉽게 이해할 수 있다. 이런 나라들에서는 "국채증권이 부동산처럼 가외의 비용이나 절차 없이 [팔리고 이전된다]."

지폐에서 금속화폐로, 또 그 반대로 쉽게 전환하는 것은 거래소가 제공하는 본질적인 장점이다. 영국의 연금은 단지 "바람장사"의 기회만은 아니다. 그것은 보조화폐이며 충분한 보증을 가진 화폐인 데다가 이자까지 붙는다는 장점이 있었다. 소유자가 유동성[현찰화폐/역자]을 원하면 곧 거래소에 가서 그 증서를 판매하면 된다. 수월히 얻을 수 있는 유동성, 유통, 이런 것이야말로 네덜란드와 영국의 사업이 훌륭한 성과를 거둔 비밀이 아니었을까? 1782년에 영국에 들러서 이곳 사정을 보고 예찬을 아끼지 않았던 한 이탈리아인의 말을 믿는다면, 영국인들은 교환소 거리에 "스페인이 포토시와 멕시코에 보유하고 있는 것보다도 더 풍부한 광맥"을 소유하고 있다.[473] 그보다 10여 년 전인 1766년에 아카리아스 드 세리온은 『유럽 국가들의 이해 (Les Intérêts des Nations d'Europe)』라는 책에서 이렇게 썼다.[474] "공공자산에 대한 투기는 영국의 신용을 보증하는 중요한 수단이다. 런던에서 결정되는 투기 자산의 아지오*는 외국에서의 가격을 결정한다."

유럽 이외의 세계

세계의 다른 인구조밀 지역—유럽과 마찬가지로 특출한 지위에 있는 인구 집단—이 유럽과 동등한 교역 단계에 있는지 아닌지를 묻는 것은 핵심적인 질문이다. 우리가 지금까지 묘사해온 바와 같은 수준의 생산, 교환, 소비는 모든 사람에게 기본적인 필수요건이다. 그런 것들은 각 문명이 예전에 혹은 최

---

* agio : 주식의 발행 가격이 액면 가격을 초과하는 경우 이 액면 가격을 넘는 납입액.

근에 어떤 선택을 했느냐, 그 문명이 주변 환경과 어떤 관계를 맺느냐, 나아가서 그들 사회의 성질이 어떠하냐, 그들 정치체제가 어떠하냐, 혹은 일상의 삶에 대해서 계속 묵중하게 내리누르는 과거가 어떠하냐 하는 것과는 상관없는 문제이다. 이 기본적인 법칙들에는 경계가 없다. 따라서 이 수준에서는 차이보다는 유사성이 더 많다.

시장과 상점은 어느 곳에나 존재한다

문명권이라면 어디에나 시장과 상점이 있다. 블랙 아프리카, 또는 유럽인이 처음 정주를 시도한 아메리카 지역처럼 인구가 희박한 곳도 마찬가지이다.

라틴 아메리카에는 많은 예가 있다. 브라질의 상파울루에는 16세기 말 이 도시에 처음 거리들이 생겼을 때부터 그 교차점에 상점이 생겼다. 1580년에 스페인 왕실과 포르투갈 왕실이 합쳐졌을 때 포르투갈의 중개상은 이 기회를 이용해서 문자 그대로 라틴 아메리카에 침투함으로써 그들의 영업 기반을 확실히 다졌다. 그들은 리마나 멕시코 시처럼 부유하고 급속하게 성장하는 중심지역과 도시에 상점주나 행상인으로서 들어갔다. 상점에서는 유럽의 초기 잡화상처럼 밀가루, 말린 고기, 제비콩, 수입 직물 등 아주 소박하고 널리 쓰이는 상품부터 흑인 노예, 고급 보석 같은 고가품에 이르기까지 없는 것 없이 다 팔았다. 18세기 미개발된 아르헨티나에서도 가우초*가 이용하는 풀페리아(pulpería : 식료품 잡화상)라는 상점이 들어섰다. 철책을 친 이 상점에서는 증류주를 비롯해서 모든 상품을 팔았고, 마부와 짐마차꾼의 호송대에 상품을 공급했다.[475]

이슬람권은 무엇보다도 번잡한 시장, 그리고 시내에 있는 비좁은 상점들로 유명하다. 오늘날에도 대도시의 유명한 수크에서 볼 수 있듯이 이 상점들은 거리별, 전문 영역별로 따로 모여 있다. 이곳에는 상상할 수 있는 모든

---

* gaucho : 아르헨티나와 우루과이에 있는 대초원의 목동.

시장들이 있다. 어떤 것들은 도시 성벽 밖에 널리 펼쳐져 있는데, 도시의 거대한 성문에 대해서 일종의 병마개 모양을 하고 있다. "이곳은 일종의 중립지역으로서, 완전히 도시에 속한 것은 아니어서 농민도 크게 망설이지 않고 가볼 수 있으며 동시에 도시민이 불안을 느낄 정도로 멀리 떨어져 있지도 않은 곳이다."[476] 또다른 시장들은 도시 내에 있는데, 이스탄불의 베제스탄 시장처럼 거대한 건물을 차지하고 있는 경우가 아니면 아주 좁은 거리들 속에 파고들어가 있거나 광장에 자리 잡고 있다. 노동시장도 아주 일찍부터 형성되어 있어서 이슬람이 지배하던 시대의 세비야나 그라나다, 또는 바그다드에서도 볼 수 있었다. 그 외에도 밀, 보리, 계란, 생견사, 면화, 양모, 생선, 목재, 야쿠르트 등을 파는 평범한 시장들이 무수히 많이 있었다……. 마크리지에 의하면 카이로 시내에는 무려 35개의 시장이 있었다.[477] 그중 하나가―적어도 환전업자를 위해서―거래소 역할을 하지 않았을까? 최근에 나온 한 책(1965)은 그렇게 추론하고 있다.[478]

간단히 말해서 유럽에서 볼 수 있는 모든 특징들이 이곳에 다 있었다. 농민은 세금을 내는 데에 필요한 현찰을 얻기 위해서 도시로 간다. 농민이 시장에 들어가자마자 정력적인 전매상인이 능수능란하게 이 시골 사람에게 접근한다(이런 행위가 금지되어 있지만 그것은 전혀 문제가 되지 않았다). 이곳에는 사람들이 쉽게 사먹을 수 있는 "고기 만두, 이집트 콩 요리, 튀김" 같은 것이 있었고 늘 활기가 넘치고 사람을 끄는 요소가 있었다.[479]

인도는 아주 일찍이 화폐경제로 발전했다. 인도의 마을 중에는 시장이 없는 곳이 없는데, 얼핏 보면 이상한 사실 같지만 생각해보면 정상적인 것이다. 시골 공동체가 부재 지주인 영주나 무굴 황제―이들은 누구랄 것 없이 탐욕스러웠다―에게 바치는 부담은 화폐로 내야 했기 때문이다. 이를 위해서는 밀이나 쌀, 염료 등을 팔아야 했는데, 바니아* 출신의 상인들이 이런 일

---

*   Bania : 산스크리트로 "교역"이라는 뜻인 바니쟈(Vānijya)에서 나온 말로, 대금업자와 상인으로 구성된 인도의 카스트이다. 이들은 인도의 북부와 서부 전역에 살고 있다. 그러나 상인 전

을 해주면서 이윤을 얻고 있었다. 도시에는 수많은 시장과 상점들이 있었다. 그리고 중국식으로 돌아다니는 장인들이 어디에서나 서비스를 제공한다. 오늘날에도 떠돌이 대장장이들이 가족을 데리고 짐수레를 타고 돌아다니면서 쌀이나 다른 식량을 받는 대가로 일을 해준다.[480) 인도인이든 외국인이든 행상인들도 많다. 히말라야의 셰르파족*은 지칠 줄 모르는 행상인으로서 믈라카 반도에까지 갔다.[481)

전반적으로 우리는 인도의 일반 시장에 대해서는 잘 모른다. 반대로 중국 시장의 계서제는 소상히 알고 있다. 중국은 적어도 1914년까지, 나아가서 제2차 세계대전 직후까지도 그 거창한 규모의 생활 영역 속에 다른 어느 사회보다도 예전의 삶의 모습들을 잘 간직하고 있었다. 그러나 물론 지금은 그런 과거의 소박한 양태를 추적하기에는 너무 늦은 감이 있다. 그러나 1949년에 쓰촨 성에서 윌리엄 스키너는 여전히 생생하게 살아 있는 과거의 모습을 관찰할 수 있었다.[482) 그가 남긴 풍부하고 다양한 이야기들은 전통적인 중국에 대해서 훌륭한 정보를 제공한다.

중국에서도 유럽과 마찬가지로 마을에 시장이 있는 경우는 매우 드물거나, 사실상 존재하지 않는다고 할 수 있다. 반대로 모든 읍은 시장을 가지고 있어서, 읍이란 곧 시장이 있는 곳이라는 캉티용**의 말은[483) 18세기의 프랑스만이 아니라 중국에도 타당하다. 읍내의 시장은 1주일에 두세 번 열린다. 세 번이라고 하는 이유는 남부 중국에서 1주일이 열흘을 가리키기 때문이다.*** 읍 주변에 흩어진 대여섯 개의 작은 마을의 농민이든 재원이 한정된 이 시장의 고객이든 간에 이 리듬 이상을 넘어설 수 없는 것은 마찬가지이

부가 바니아는 아니고 바니아의 일부도 상인이 아니다. 대개 비슈누교도이거나 자이나교도로서 채식과 금주를 엄격히 지키는 정통파이다. 마하트마 간디가 구자라트 바니아 출신이다.

* Sherpas : 동부 네팔에 사는 티베트계의 산악 민족. 히말라야의 거친 기후와 고도에 잘 적응했기 때문에 흔히 히말라야 등반의 안내인 겸 짐꾼으로 활동한다.

** 이 책 제1권 625쪽의 역주를 참조하라.

*** 동양의 상순(上旬) 중순(中旬), 하순(下旬)의 열흘을 저자가 "1주일"이라고 한 듯하다.

다. 대개 농민 다섯 명 중에 한 명 정도만이 시장에 들락거린다. 즉, 한 가족 (가구 또는 세대)에 한 명꼴이다. 시골 사람들이 필요로 하는 핀, 성냥, 호롱 불 기름, 초, 종이, 향, 빗자루, 비누, 담배 같은 소소한 물건들은 몇 개의 자 그마한 가게에서 살 수 있다. 여기에 찻집, 쌀로 담근 술을 파는 주막, 놀이 패, 광대, 이야기꾼, 대서인 그리고—영주가 그런 기능을 하지 못할 때 그 일 을 대신해주는—전당포 등을 첨부하면 우리가 그리는 이미지가 완성된다.

　이 초보적인 시장들은 서로 연결되어 있다. 전통적으로 지켜왔던 일정을 보면 그것을 알 수 있다. 이 일정은 읍내 시장들이 가능하면 서로 겹치지 않 도록 하고, 또 이 읍내 시장들이 의존하는 도시에서 시장이 열리는 날에는 읍내 시장이 하나도 열리지 않도록 꼭 맞게 조정되어 있다. 이런 시간 차이 를 이용해서 많은 장돌뱅이와 떠돌이 장인들이 자신들의 일정을 짤 수 있 다. 행상인, 운송업자, 중고품 상인, 장인 등은 이쪽 시장에서 저쪽 시장으 로, 도시에서 읍으로, 읍에서 다른 읍으로, 그리고 다시 도시로 끊임없이 돌 아다닌다. 미천한 쿨리[苦力]는 등에 짐을 지고 다니며 한 곳에서 물건을 팔 고 그것으로 다시 다른 곳에서 팔기 위한 물건을 사간다. 그것은 때로 가소 로울 정도의 작은 가격 차를 노리고 하는 일이다. 노동시장도 끊임없이 유 통된다. 수공업활동을 하는 가게 역시 돌아다닌다고 말할 수 있다. 대장장 이, 목수, 철물공, 소목장이, 이발사 같은 사람들은 장이 서는 "뜨거운" 날에 장터로 가서 일하고, 장이 서지 않는 "차가운" 날에는 그들의 작업장으로 돌 아온다. 이런 만남을 통해 시장은 결국 마을 사람들의 생활에 리듬을 부여 하고 휴식시간과 노동시간을 교묘히 배치한다. 일부 경제 "활동 주체들"의 일정은 기본적인 조건을 따른다. 장인은 그가 사는 읍이나 마을에 전업으로 일할 수 있을 만큼 고객이 많지 않기 때문에 "먹고살기 위해서" 돌아다니며 일한다. 흔히 그는 자기가 만든 물품을 직접 판매한다. 재고를 다시 채우기 위해서는 돌아다니며 판매하는 일을 쉬어야 하는데, 이때 그가 자주 다니는 시장의 일정에 따라 언제까지 자기 일을 마무리해야 하는지 미리 알게 된다.

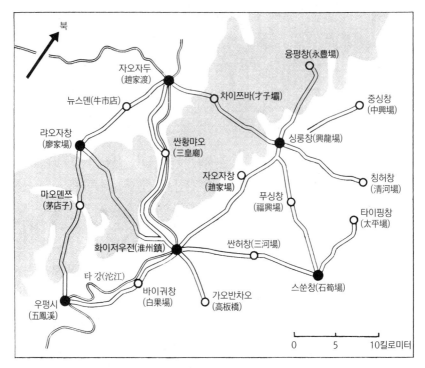

10. 중국의 전형적인 시장들

쓰촨 성의 한 지역의 지도. 청두 시로부터 북동쪽으로 35–90킬로미터 거리에 위치한 이 지역
에는 19개의 읍이 있으며 그중 6개는 도시에 가까운 규모이다. 다음 쪽의 첫 번째 도식을 보
면, 실선으로 표시한 다각형의 꼭지점마다 마을이 있다. 이 마을들은 다각형의 한가운데에
위치한 읍이나 도시의 고객이라고 보면 된다. 이런 도형 위에 다시 더 넓은 다각형이 점선으
로 표시되어 있다. 이 다각형의 꼭지점마다 읍이 자리하며, 한가운데에는 도시시장(모두 6개)
이 자리를 잡고 있다. 두 번째 도식은 좀더 단순하게 표시한 것이다. 발터 크리스탈러와 아우
구스트 뢰슈가 시도한 수학적 지리의 이론적 모델을 잘 나타내준다. 자세한 설명은 152–153
쪽을 보라. (이 지도와 다음 쪽의 두 도식 모두, 윌리엄 스키너, "중국 농촌의 시장과 사회구
조", 「아시아학 학술지」, 1964년 11월호, pp.22–23)

    도시에 있는 중심시장에서는 교역의 규모가 다르다. 이곳에는 여러 읍으
로부터 상품과 식량이 도착한다. 그러나 이 도시 자체가 그것을 둘러싼, 또
는 위에서 지배하는 다른 도시들에 연결되어 있다. 도시는 지역 경제에 대해
완전히 이질적인 요소가 되기 시작한다. 도시는 이곳의 좁은 테두리를 벗어
나 세계의 광대한 움직임에 연결되고, 그곳에서 희귀하고 귀중한 그리고 지
금까지 못 보던 상품들을 들여와 더 하급의 시장과 상점에 배분한다. 읍이

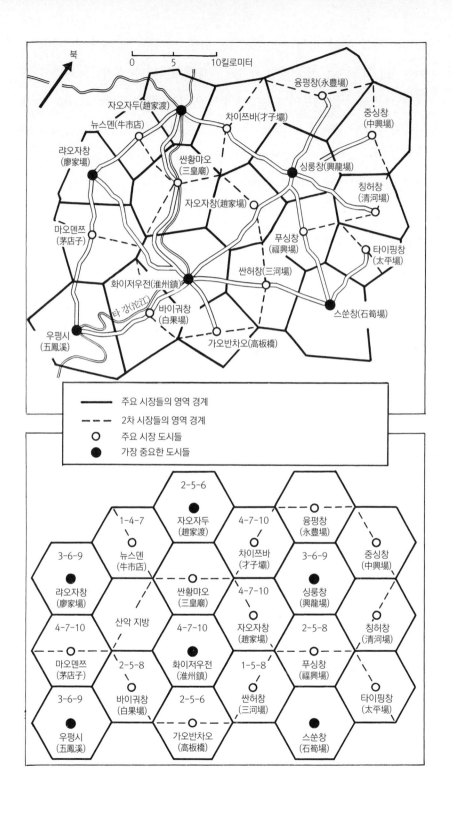

북

0   5   10킬로미터

융펑창(永豊場)

자오자두(趙家渡)

차이쯔바(才子壩)

중싱창
(中興場)

뉴스뎬(牛市店)

싼황먀오
(三皇廟)

라오자창
(廖家場)

싱룽창(興龍場)

자오자창(趙家場)

칭허창
(清河場)

마오뎬쯔
(茅店子)

푸싱창
(福興場)

타이핑창
(太平場)

싼허창(三河場)

화이저우전(淮州鎮)

타 강(沱江)

바이궈창
(白果場)

스쑨창(石筍場)

우펑시
(五鳳溪)

가오반차오(高板橋)

	주요 시장들의 영역 경계
	2차 시장들의 영역 경계
○	주요 시장 도시들
●	가장 중요한 도시들

2-5-6

자오자두
(趙家渡)

1-4-7

뉴스뎬
(牛市店)

4-7-10

차이쯔바
(才子壩)

융펑창
(永豊場)

3-6-9

라오자창
(廖家場)

싼황먀오
(三皇廟)

3-6-9

싱룽창
(興龍場)

중싱창
(中興場)

산악 지방

4-7-10

4-7-10

자오자창
(趙家場)

2-5-8

칭허창
(清河場)

4-7-10

마오뎬쯔
(茅店子)

2-5-8

바이궈창
(白果場)

4-7-10

화이저우전
(淮州鎮)

1-5-8

싼허창
(三河場)

푸싱창
(福興場)

타이핑창
(太平場)

3-6-9

우펑시
(五鳳溪)

2-5-6

가오반차오
(高板橋)

스쑨창
(石筍場)

농민의 사회, 문화, 경제 속에 위치하는 반면, 도시는 그것에서 벗어나온다. 이런 시장의 위계는 사실 해당 사회의 위계를 나타낸다. 스키너는 따라서 중국 문명은 마을들 내부에서 형성된 것이 아니라, 읍을 포함하고 있는 여러 마을들의 집단 속에서 형성되었다고 보았다. 여기에서 읍은 마을들의 최상층이며 어느 정도까지는 조정자 역할을 한다. 이런 지리학적 틀(matrix)을 너무 과대해석하면 안 되겠지만, 분명 어느 정도의 진리를 포함하고 있다.

초보적인 시장 영역의 변화

스키너의 설명에서 가장 중요한 것은 기본 요소의 평균 면적, 다시 말해서 읍내 시장을 중심으로 하는 면적이 가변적이라는 것이다. 그는 1930년경의 중국에 대해서 일반적인 설명을 했다. 사실, 이 기본 모델을 중국 영토 전체에 적용해보면, 육각형 내지 그와 비슷한 모양을 한 기본 단위의 면적이 인구밀도에 따라 다르다는 결론을 얻는다. 인구밀도가 1제곱킬로미터당 10명 이하이면 적어도 중국에서는 이 육각형 면적이 185제곱킬로미터쯤 되고, 인구밀도가 20명이면 그 면적이 100제곱킬로미터가 되는 식이다. 이 관계는 많은 것들을 설명해준다. 그것은 여러 다른 발전 단계를 보여준다. 인구밀도에 따라, 또 경제의 활기에 따라(여기에서 내가 생각하는 것은 특히 수송 문제이다), 중요한 시장 중심지들 사이의 거리가 결정된다. 그리고 어쩌면 이것이 비달 드 라 블라슈*와 뤼시앙 갈루아** 시대의 프랑스 지리학자들을 괴롭히던 문제들에 더 알맞은 방식으로 접근하는 것인지 모른다. 프랑스는 일정수의 "지방들(pays)"로 나뉘어 있다. 이것이 기본 단위이지만 사실 이 자체가 몇몇 개의 육각형들이 모여 있는 것이다. 그런데 이 지방들이 한편으로는 지

---

* 이 책 제1권 70쪽의 역주를 참조하라.
** Lucien Gallois(1857–1914) : 프랑스의 지리학자. 비달 드 라 블라슈와 「지리학 연보(*Annales de Géographie*)」를 창간했으며 『자연지역과 지방의 이름(*Régions Naturelles et Noms du Pays*)』이라는 책을 썼다.

속적으로 정체성이 유지된다는 점뿐만 아니라 동시에 그 경계가 변하고 불명확하다는 점 역시 주목할 만하다. 시대가 지남에 따라 인구밀도가 변화하면서 각 지방의 면적이 변한다는 것이 논리적이지 않을까?

등짐장수의 세계인가, 대상인의 세계인가?

다음에 볼 것은 아주 다른 세계이다. 전쟁 중에 요절한 위대한 역사가 판 뢰르는 인도양과 말레이 제도의 행상인을 "등짐장수(pedlar)" 정도로 묘사했지만,[484] 나는 이들이 더 높은 수준의 상인, 또는 대상인(négociant)이라고 보고 싶다. 해석의 차이가 너무 커서 놀라울 것이다. 그것은 마치 서양에서 시골 읍내의 시장과 노천에 있는 거래소가 얼핏 보면 구분하기 어려운 것과 유사하다. 실제로 행상인 역시 종류가 다양하다. 몬순을 이용하여 범선을 타고 거대한 인도양과 태평양 연안의 이쪽 끝에서 저쪽 끝으로 갔다가 6개월 뒤에―큰 부자가 되어서든 파산해서든―원래의 출발점으로 되돌아오는 이들을 과연 판 뢰르가 주장하듯이 통상적인 등짐장수로 보아야 할까? 그리고 그로부터 말레이 제도 및 아시아 전체의 교역이 빈약한 수준이라든지, 심지어 침체되어 있다고 결론을 내리는 일이 과연 옳을까? 때로는 그렇다고 말할 만한 요소도 있다. 서양인의 눈에는 아주 낯선 이 상인들의 모습은 확실히 초라한 행상인으로 보이기 쉽다. 예컨대 1596년 6월 22일[485]에 희망봉을 도는 긴 항해 끝에 자바 섬의 반탐 항에 들어온, 코르넬리우스 하우트만 지휘 아래의 네덜란드 배 네 척의 예를 보자. 이곳 상인들이 구름같이 뱃전에 기어올라와 웅크리고 앉아서는 "마치 시장에서 그런 것처럼" 상품을 늘어놓았다. 자바인은 현지의 신선한 식료품, 날짐승, 계란, 과일들을, 그리고 중국인은 화려한 비단과 도자기를, 그 외에 튀르키예인, 벵골인, 아랍인, 페르시아인, 구자라트인 등은 모두 동양 산물을 가지고 왔다. 이들 중에 튀르키예인 한 명이 고향인 이스탄불로 돌아가기 위해 이 배 한 척에 승선했다. 판 뢰르의 눈에는 이것이 아시아 무역의 이미지였다. 즉, 개별 상인이 작은 물건을 담은 배낭을 가지고 고향에서 멀리 떨어진 곳을 돌아다니는 떠돌이 상업, 정확히 로마 제국 시대와 똑같은 상업이다. 그동안 아무것도 변화하지 않았으며, 앞으로도 오랫동안 변화하지 않으리라는 것이다.

이런 이미지는 사실에 맞지 않는다. 우선 그것은 "아시아 역내의(d'Inde en Inde)"* 무역의 모든 측면을 보여주지는 않는다. 16세기 이후로는 이른바 정체적이라고 했던 이 교역이 급격히 발달했다. 점차 인도양의 배들은 밀이나 쌀, 목재, 투박한 일반 면직물처럼 부피가 크면서도 저렴한 상품들을 단일경작(monoculture) 지역의 농민들에게 실어날랐다. 따라서 이것은 한 사람이 맡아서 운반하는 값비싼 상품과 다르다. 한편, 포르투갈인과 네덜란드인, 후일에는 영국인과 프랑스인이 현지에 머물면서 "아시아 역내의" 교역에 참여하여 부를 쌓을 가능성을 발견하고 기뻐했다. 이 지역에서 35년간 네덜란드 동인도회사에 근무하고 1687년에 귀국한 브람스가 쓴 보고서를 보면[486] 큰 도움이 될 것이다. 그 내용을 보면, 상업 노선들이 서로 얽혀 의존하는 가운데 하나의 거대하고 다양한 교역체계가 건설되어 있다는 것을 알 수 있다. 네덜란드인들은 여기에 끼어들어갔을 따름이지, 그것을 만든 것은 아니다.

그리고 아시아 상인들이 돌아다닐 수 있는 데에는 정확하고도 단순한 이유가 있다는 것도 잊어서는 안 된다. 몬순이 제공하는 거대한 무료 에너지가 자동적으로 범선의 여행과 상인들의 회합을 조직해주는데, 그것은 이 시대에 다른 어떤 지역의 해상 수송에서도 불가능했던 확실성을 제공했다.

마지막으로 이 원거리 무역이 어떻든 간에 벌써 자본주의적인 형태를 띠고 있다는 점에 주목할 필요가 있다. 반탐에서 하우트만 선장의 배의 갑판에 웅크리고 앉아 있던 여러 나라 출신의 상인들은 하나의 똑같은 카테고리에 속하지 않았다. 일부 상인들—이들이 가장 적은 수를 차지했다—은 그들 자신의 계정으로 상업 여행을 했는데, 이들이야말로 판 뢰르가 상상한

---

* 원래의 뜻은 '인도에서 인도로의'이다.

단순한 모델에 부합하는 유형이며, 엄격한 의미에서 서양 중세 전기의 떠돌이 상인(pied poudreux)과 같은 종류이다(앞으로 다시 살펴보겠지만, 몇몇 구체적 사례로 판단해보건대 이들 중에서도 또다른 유형의 상인들이 존재한다). 그 외 다른 상인들은 판 뢰르 자신이 지적했듯이 거의 모두 독특한 형태의 상인이다. 이들 뒤에는 대(大)출자인들이 있어서 그들과 계약을 통해서 관계를 맺고 있었다. 그리고 그 계약들 역시 각기 상이했다.

인도나 말레이 제도에서, 판 뢰르가 말하는 "등짐장수들"은 긴 여행을 떠나기 앞서 바니아 혹은 무슬림 출신의 부유한 상인, 의장업자, 영주, 혹은 고위 공직자로부터 필요한 사업 자금을 빌린다. 대개 이 자금은 파산한 경우만 빼고는 2배로 갚아야 했다. 그리고 이를 위해 자신과 가족의 인신을 담보로 잡혔다. 그러므로 이 계약에 따르면 성공하든지, 혹은 빚을 다 갚을 때까지 채권자의 노예가 된다. 이 계약은 이탈리아나 여타 지역의 코멘다*와 유사해 보이지만, 그 조건이 훨씬 가혹한 편이다. 여행 기간이나 이자율이 엄청나기 때문이다. 그렇지만 이와 같은 가혹한 조건을 수용한다는 것은 지역 간의 가격 차가 크고 따라서 상업 이익도 대개 아주 높다는 것을 뜻한다. 그러므로 이곳에서는 대단히 큰 원거리 교역의 순환이 이루어진다.

아르메니아 상인들 역시 몬순을 이용한 항해 선박을 타고 페르시아와 인도 사이를 오가는 일이 많았으며, 흔히 에스파한의 대상인을 위한 대리인 겸 상인으로서 튀르키예, 러시아, 유럽, 인도양 등지에서 활약했다. 이 경우의 계약 내용은 또다르다. 대리인 겸 상인은 그들이 여행을 떠날 때 받았던 자본(화폐와 상품)을 가지고 거래를 한 후 얻은 이익의 4분의 1을 자신이 가지

---

* Commenda : 중세의 상업조직으로서 '소시에타스 마리스(societas maris)' 또는 '콜레간티아(collegantia)'라고도 부른다. 투자자가 상인에게 자금을 대여해주면 이 돈으로 상인이 상업 여행을 하고 돌아온다. 만일 이 사업이 실패하면 투자자가 모든 재정적인 손해를 감당하고 상인은 자신이 들인 노력만큼의 손실만 입는다. 만입 그 사업이 이익을 보면 투자자는 원금에 더해서 이익을 분배받는데, 대개 투자자가 전체 이익의 4분의 3을 받는다. 이것은 원칙적으로 한 번의 여행을 위한 것으로 그친다.

고, 나머지는 모두 후원자(Khoja)에게 바쳤다. 그러나 겉으로는 이렇게 단순해 보여도 그 속에 숨겨져 있는 실제 내용은 아주 복잡했다. 이 점을 잘 보여주는 자료가 있다. 이런 대리인이 작성한 장부 및 여행일지로서 리스본 국립도서관에 보존되어 있으며, 1967년에 발췌 번역본이 출간되었다.[487] 불행하게도 그 문서는 불완전한 상태이다. 종국적으로 어느 정도의 손익을 보았는지를 정확히 알려줄 최종 결산 부분이 사라져버린 것이다. 그러나 현재의 상태로도 그것은 비상한 가치를 가지는 문서이다.

다비드의 아들 호반네스라는 한 아르메니아 대리인의 여행은 우리의 눈에 정말로 대단해 보인다.

• 우선 여행길의 길이가 엄청나다. 그는 아르메니아의 에스파한의 외곽 지역인 줄파로부터 수라트*까지 갔다가 다시 그곳에서 티베트의 라사**까지 여행하면서 그 중간중간에 여러 곳에서 쉬고 또 여기저기를 떠돌아다닌 후 수라트로 되돌아왔다. 그 길이는 수천 킬로미터에 이른다.

• 여행 기간은 1682년부터 1693년까지 모두 11년이었으며, 그중 5년은 계속 라사에서 지냈다.

• 여행의 성격은 그 시대에 정상적인 것, 나아가서 흔히 이루어지던 것이다. 그와 후원자 사이에 맺어진 계약은 그로부터 거의 100년 뒤인 1765년에 나온 아스트라한의 아르메니아 법령에 그대로 나오는 형식이다.

• 시라즈,*** 수라트, 아그라**** 등과 같은 곳만이 아니라 파트나,***** 네팔의 중심부 카트만두, 라사 같은 곳에서도 그의 여행을 잠시 멈추고 다른 아르메니아 상인들의 영접과 도움을 받으면서 그들과 함께 장사하고 사업을 했다는 점도 특이하다.

---

*   Surat : 인도의 구자라트 주에 있는 항구.

**   Lhassa : 티베트의 수도. 해발 3,600미터의 고원이기 때문에 외지인이 접근하기 힘들다.

***   Shiraz : 자그로스 산맥에 있는 이란의 파르스 주의 도시.

****   Agra : 인도 북부의 야무나 강변에 위치한 도시.

***** Patna : 인도의 갠지스 강변에 위치한 도시. 비하르 주의 수도.

• 그가 취급한 상품들 역시 대단하다. 은, 금, 보석, 사향, 인디고 및 다른 염료, 면직 및 모직, 양초, 차 등……. 그리고 그 사업 규모도 마찬가지이다. 그는 인디고 2톤을 북부에서 수라트까지 가져와서 다시 시라즈로 보낸 적이 있고, 100여 킬로그램의 은을 취급했는가 하면, 또 라사에서 다른 아르메니아 상인들에게서 5킬로그램의 금을 얻은 적이 있다. 이 상인들은 멀리 중국 변경인 시닝까지 가서 은과 금을 교환했던 것이다. 중국에서는 유럽에 비해 은을 높이 쳐주었기 때문에 이것은 아주 큰 이익을 가져다주는 장사였다. 호반네스의 일지에는 그 비율[은 가치와 금 가치 사이의 비율/역주]을 1 대 7로 기록하고 있는데, 정말로 훌륭한 이익을 보장해주는 수준이다.

가장 이상한 일로는 자본주가 그에게 맡기는 자본만 가지고 그가 사업을 수행하지는 않는다는 점이다. 물론 그는 이 자본주와 계속 관계를 유지하고 또 그가 맡기는 일은 무엇이든지 장부에 기록한다. 그러나 그는 자기의 **개인적인 계약을 통해서** 다른 아르메니아인들과 연관을 맺고, 자기 자신의 자본도 사용하며(아마 자신의 몫으로 얻은 이익을 다시 사업에 이용하는 것일까?), 더구나 자본을 빌리기도 하고 더 나아가서 빌려주기도 한다. 그의 사업은 화폐와 상품 및 환어음 사이를 끊임없이 오간다. 환어음은 마치 항공우편처럼 그의 자산을 옮겨준다. 그 비용은 그의 사업과 다소 연관을 가진 경우이거나 단거리용일 경우 한 달에 0.75퍼센트라는 "할인 가격"일 수도 있지만, 장거리용일 때에는 비용이 아주 클 수도 있다. 예컨대 수라트에서 에스파한으로 자산을 옮기는 경우, 즉 자산을 본국에 보낼 때에는 그 비용이 20-25퍼센트에까지 이르렀다.

이 예는 내용이 아주 명확하고 또 구체적 사실들이 아주 정확하기 때문에 견본으로서의 가치가 높다. 우리는 이 예를 통해서 인도 내에서 교역과 크레딧의 이용이 의외로 쉬우며, 지방 간 교역이 대단히 다양하게 발달해 있다는 사실을 알 수 있다. 호반네스는 진실한 대리인이요 하인이며 숙련된 상인으로서, 이 교역에 쉽게 참여하여 고가의 것이든 보통의 것이든, 가벼운 것이든 무거운 것이든, 모든 종류의 상품을 수송할 수 있었다. 그는 물론 사업을 위해서 여행을 하지만, 그렇다고 해서 그를 행상인이라고 할 수 있을까? 여하튼 굳이 비교를 해본다면 내 생각에는 차라리 영국의 "사거래" 활동을 하는 새로운 유형의 상인을 떠올리게 한다. 이런 사람들 역시 여관에서 여관으로 끊임없이 움직이면서 가격과 기타 여러 상황에 따라 여러 파트너들과 이러저러한 계약을 맺으며, 방해받지 않고 자신의 사업을 수행한다. 중세 영국 시장의 오랜 규칙들을 뒤흔드는 신참자로 묘사되는 이 상인이야말로 호반네스의 여행일지를 통해서 우리가 파악한 사업가와 가장 유사한 이미지를 제공한다. 다만 차이가 있다면 영국은 페르시아, 인도 북부, 네팔과 티베트를 합친 정도의 규모를 가지지 않는다는 점이다.

또 이 예를 통해 우리는 인도 상인—물론 분명 행상인이 아니다—이 맡은 역할도 더욱 잘 이해할 수 있다. 이들은 16-18세기에 페르시아, 이스탄불,[488] 아스트라한,[489] 또는 모스크바에서[490] 다시 찾아볼 수 있다. 또 16세기 말부터 동양의 상인이 베네치아,[491] 안코나,[492] 페사로,[493] 또 그다음 세기에는 라이프치히와 암스테르담으로 오도록 만든 발전도 더 잘 이해할 수 있다. 아르메니아인뿐만이 아니다. 1589년 4월에 베네치아의 관문인 말라모코를 떠난 선박 페레라 호에는[494] [베네치아, 롬바르디아, 피렌체 등지의] 이탈리아 상인 외에도 "아르메니아인, 레반트인, 키프로스인, 칸디아인, 마로니트,* 시리아인, 조지아인, 그리스인, 무어인, 튀르키예인" 등이 탔다. 이 상인들은 모두 서양인과 같은 모델로 상업을 했음에 틀림없다. 이들은 베네치아나 안코나의 공증인 사무소, 암스테르담 거래소의 문 앞에서 다시 볼 수 있는 사람들이다. 이들은 그런 곳에서 결코 낯설지 않았을 것이다.

---

* Maronites : 오늘날 레바논 지역에 있는, 로마 가톨릭 교회를 따르는 기독교도를 말한다. 4-5세기경의 은둔 성인 성 마로(Maro)에게 기원을 두는 이들은 호전적인 산악 민족이었기 때문에 무슬림의 지배를 피해서 독립과 전통을 유지할 수 있었다.

인도의 은행들

인도의 모든 도시 중심지에는 사라프(saraf)라고 부르는 은행업자 겸 환전업자가 있었다. 이들은 대부분 바니아라는 유력한 상인 카스트에 속했다. 수준 높은 역사가인 이르판 하비브는 인도의 환전상체제를 서양과 비교했다(1960).[495] 아마도 형식은 다를 수 있다. 우리가 알기에 이들의 교역망은 장소마다 혹은 환전상마다 완전히 다른 개인적인 것이며, 정기시나 거래소와 같은 그 어떤 공식적인 조직과도 관계가 없다. 그러나 결국 같은 문제를 비슷한 방식으로 풀고 있다. 환어음(Hundi), 환전, 유동화폐 지불, 신용, 해상보험(birna)…….

14세기부터 인도에는 활기찬 화폐경제가 발달했으며 이것은 자본주의로 향하는 도상에 있었다. 그러나 그것은 사회 전체를 포괄하지는 못했다.

이러한 환전상의 체인이 워낙 효율적이어서 영국 동인도회사 대리인—회사 명의로만이 아니라 자기 개인의 명의로도 동양에서 교역을 수행할 권리가 있었다—은 언제나 샤라프의 크레딧에 의존하고 있었다. 이것은 그전에 네덜란드인들이(그리고 그전에 포르투갈인들 역시)[496] 교토에 있는 일본인들에게 자금을 빌린 적이 있고[497] 또 사업이 어려움에 처한 기독교도 상인들이 알레프나 카이로의 무슬림 내지 유대인 전주(錢主)들에게서 자금을 융통한 것과 같은 성격이다.[498] 유럽의 "은행가"처럼 인도의 환전상도 흔히 상인의 역할을 동시에 하고 있어서 모험사업* 방식으로 투자하기도 하고 수송을 담당하기도 했다. 그중에는 엄청난 부자들도 있었다. 예컨대 1663년경 수라트의 비르지 보라는 800만 루피를 가지고 있었다고 하고,[499] 한 세기 뒤의 무슬림 상인 압둘-가푸르 역시 800만 루피의 자본과 300-800톤의 배들을 20척 소유했고 그 혼자서 하는 사업 규모가 동인도회사의 사업 규모와 같았다고 한다.[500] 한편, 유럽인들이 인도 지역에서 수행하는 사업에 반드시 끼

---

* grosse aventure : 이 책의 제3장을 참고하라.

는 중개상으로 활약한 사람들은 바니아인들이었다. 이들은 직물을 수송해주고 때로는 그들 스스로 만들기도 했다(예를 들면 아메다바드*에서). 우리는 17-18세기에 인도가 엄청난 양의 직물을 수출했다는 것을 알고 있다.

인도의 상업조직과 성공에 대해서는 프랑스 출신의 대(大)보석상이었던 타베르니에가 호반네스만큼 유용한 증언을 해준다. 그는 오랫동안 인도와 말레이 제도를 돌아다녔으며 사라프를 이용해본 적이 있다. 그는 인도 내에서, 또 인도 주변 지역에서 현찰 없이도 얼마나 쉽게 여행할 수 있는지를 설명한다. 돈을 빌리면 그만인 것이다. 어느 상인이든지 여행을 할 때, 예컨대 골콘다**에서 돈을 빌렸다가 수라트에서 갚기로 하고는, 다시 수라트에서 새로 돈을 빌려 이전의 빚을 갚은 다음, 제3의 장소에서 갚겠다고 하는 식으로 연쇄적으로 돈을 빌리는 일은 하나도 어렵지 않다. 지불 자체가 돈을 빌린 사람을 따라 차례로 이전되다가 채권자(또는 서로 채권-채무 관계로 연결되어 있는 채권자의 연쇄)에게 돈을 갚는 것은 가장 마지막 단계에 가서야 행해진다. 타베르니에는 이것을 "새것으로 헌것 갚기(payer le vieux de nouveau)"라고 불렀다. 물론 이렇게 일시적으로 변제(辨濟)를 미루는 데에는 비용이 든다. 그러한 비용은 결국 유럽에서 "외환 거래에 대해" 지불하는 이자와 유사하다. 그 비용은 점차 가중되며, 채무자가 원래의 출발지로부터 멀어질수록, 또 일반적인 유통망에서 멀리 벗어날수록 올라간다. 바니아의 거래망은 사실 인도양 지역 전체, 나아가서 그 이상 펼쳐져 있었다. 타베르니에는 이러한 비용 문제에 대해서도 자세히 설명해준다. "나는 여행할 때 골콘다에서 돈을 빌려 리보르노나 베네치아에서 갚기로 할 때 여러 차례의 환전을 거듭하면, 가장 싸게 먹혀도 95퍼센트이고 대개는 100퍼센트의 비용이 든다는

---

* Ahmédabad, Ahmadabad : 뭄바이와 델리를 잇는 옛 도로상에 있는 인도 도시.
** Golkonda : 인도의 데칸 지역에 있는 옛 도시. 1518년에 쿨리 쿠트브 샤가 건설했다가 아우랑제브가 점령했다. 다이아몬드와 미술학교로 유명하다. 17세기 이후 유럽에서는 "극도로 부유한 골콘다 왕국"이라는 전설이 만들어졌다.

것을 고려했다."[501] 100퍼센트! 자바 섬이든, 인도 혹은 남중국이든 여행 중인 상인이 자금주에게 내는 이자율은 대개 이 정도이다. 그러나 그것은 원거리 교역 체제와 같이 경제생활의 전압이 최고로 높은 지점 사이에서만 사용된다. 18세기 말 광저우에서 상인들 사이에 유통되던 평균 이자율은 18-20퍼센트 정도였다.[502] 그리고 벵골 지역에서 영국인들이 현지에서 돈을 빌리는 경우 호반네스가 이용했던 것과 거의 비슷한 낮은 이자율을 누렸다.

이상의 사실들 역시 인도양의 순회 상인들을 단지 부차적인 경제 주체로 보아서는 안 된다는 것을 말해준다. 유럽과 마찬가지로 아시아에서도 원거리 교역은 고도 자본주의의 핵심이다.

거래소가 거의 없는 대신 정기시가 많다

중동과 동아시아에서는 암스테르담, 런던과 같은 활기찬 서양의 대중심지에서 볼 수 있는 제도화된 거래소들이 없었다. 그러나 대상인들이 꽤 정기적으로 회합을 가진 것은 사실이다. 그런 회합을 파악하는 것이 언제나 쉬운 일은 아니다. 그러나 리알토 광장의 회랑 아래에서 대상인들이 모이는 것을 보라. 근처의 혼잡한 시장 한가운데를 산보하는 이들의 모습 역시 이목을 끌지 않는 것은 마찬가지이다.

이와 반대로 정기시는 금새 알아볼 수 있다. 인도에는 정기시가 많이 있고, 이슬람권과 말레이 제도에서도 중요한 역할을 한다. 다만 중국에는 정기시가 존재하기는 해도 아주 드물다는 점은 이상하다.

최근에 나온 한 책(1968)은 "이슬람 국가들에서는 사실상 정기시가 존재하지 않는다"고 단언했다.[503] 그러나 정기시를 가리키는 단어는 분명히 존재한다. 모든 이슬람권에서 마우심(mausim)은 정기시와 동시에 계절 축제를 가리키며, 또 인도양의 계절풍을 뜻하기도 한다.[504] 동아시아의 온난한 바다에서 몬순은 한쪽 방향이든 그 반대 방향이든 해상 여행의 일정을 정확하게 통제한다. 이 계절풍에 맞추어서 상인들의 국제적인 회합이 시작되고 또 중단되고는 한다.

1621년의 한 상세한 보고서는 모카에서 규모는 작으나 극히 부유한 회합이 열리는 장면을 묘사하고 있다.[505] 장차 커피 무역의 대중심지가 될 홍해의 이 항구에는 이때 이미 매년 몬순을 이용해서 인도, 말레이 제도, 이웃 아프리카 등지로부터 상인과 상품을 가득 실은 배들이 도착하고 있었다(이 배들은 오늘날에도 똑같은 여행을 한다). 이 해에는 인도의 다불*에서 배 두 척이 들어왔는데, 한 척에는 200명, 다른 한 척에는 150명의 상인들이 타고 있었다. 이들은 배가 정박할 때마다 값비싼 상품들을 소량씩 판매하는 순회상인들이었다. 이들이 다루는 물품으로는 후추, 고무, 라카, 안식향,** 금박을 입히거나 수공으로 염색을 한 면직물, 담배, 육두구, 정향, 장뇌, 산탈 나무, 도자기, 사향, 인디고, 몰약, 향수, 다이아몬드, 아라비아 고무 등이 있었다. 반대 방향으로는 수에즈로부터 모카의 회합 지역까지 한 척의 배만 도착했는데, 이 배는 오랫동안 단지 스페인의 레알 화만 싣고 오다가 후에 모직, 산호, 카믈로(낙타 털로 짠 직물) 같은 상품이 추가되었다. 수에즈에서 오는 배가 어떤 이유에서든지 제시간에 도착하지 못하면 양측의 배가 만나도록 되어 있는 정기시가 열리지 못할 위험이 있다. 고객을 잃은 인도 상인과 말레이 상인들은 가지고 온 상품을 아무 가격에나 팔아야 한다. 곧 몬순의 방향이 바뀌게 되므로 정기시가 제대로 열리지 않았더라도 거래를 마감해야만 하기 때문이다. 수라트와 마술리파트남 출신 상인들 사이에도 바스라나 호르무즈에서 유사한 회합이 열리는데, 이곳에 오는 배들이 싣고 오는 상품 중에 페르시아의 시라즈 포도주나 화폐 외에는 귀한 상품이 거의 없었다.

마그레브 지역 전체가 그러하듯이 모로코에도 지역의 수호성인과 순례 성지가 많이 있었으며 이들의 보호 아래 정기시가 열렸다. 북부 아프리카에서

---

* Dabul : 인도의 뭄바이 남쪽 인도양에 있는 항구.

** benjoin, benzoin : 동남 아시아에서 특정한 나무(*styrax tonkiniensis*)의 껍질을 째서 받아낸 수액으로 만드는, 바닐라와 유사한 향이다.

사람들이 가장 많이 모이는 정기시의 하나가 구줄라에서 열렸다.506) 안티-
아틀라스 산맥* 남쪽에 위치한 이곳은 황무지와 황토빛 사막을 배경으로
한다. 16세기 초에 이곳을 직접 방문해본 적이 있는 아프리카의 레온** 역시
이곳의 중요성을 지적한 바 있다. 이 정기시는 실제로 오늘날까지도 거의 그
대로 존속해 있다.

그러나 이슬람 지역에서 가장 활발한 정기시가 열리는 곳은, 미리 짐작할
수 있는 바처럼, 이집트, 아라비아, 시리아라는 교차로 지역이다. 오랫동안
페르시아 만과 바그다드가 지배적인 교역의 축을 형성하고 있었으나 이것
은 12세기경부터 크게 흔들렸고, 대신 그 축이 홍해 쪽으로 옮겨가서 주요
수송로로 성공을 거두었다. 동시에 카라반 무역도 크게 팽창해서 거대한 카
라반 회합지인 시리아의 무자이리브 정기시가 이때 크게 발달했다. 1503년
에 루도비코 데 바르테마라는 한 이탈리아 여행자는 3만5,000마리의 낙타
를 거느린 카라반과 함께 "메자리베"***로부터 메카로 갔다.507) 메카 성지순례
자체가 이슬람권의 중요한 정기시였다. 그 이탈리아인의 말에 따르자면 "반
은 상업 목적이고, 반은 순례 목적이었다(parte……per mercanzie et parte per
peregrinazione)." 1184년 이후, 어떤 사람은 이곳의 부가 예외적으로 엄청나
게 크다는 점을 이렇게 이야기했다. "세계의 모든 상품 중에 이곳에 모여들
지 않는 것이 없다."508) 한편, 대순례지의 정기시들은 아주 일찍부터 상업 지
불의 일정을 고정시켰고 채무를 서로 상쇄하는 방식을 조직했다.509)

이집트 삼각주 지역의 여러 도시들에서 지방적으로 열리는, 작지만 활기

---

*   Anti-Atlas : 모로코 남부에 있는 산맥. 그보다 북쪽에 북아프리카에서 가장 큰 대(大)아틀라스
     산맥이 있고 다시 그 북쪽으로 중(中)아틀라스 산맥이 있다.

**   Giovanni Léon(1484–1554) : 아랍 출신의 박식가, 지리학자. 아랍 이름은 알-하산 이븐 무하
     마드 알-파시(Al-Hasan ibn Muhammad Al-Fasi)이다. 페스에 살다가 그후 이스탄불, 카이로,
     튀니지 등지를 여행했다. 그러다가 튀니지에서 기독교도들에게 포로가 되어 교황인 레오 10세
     에게 인도되었다. 석방된 후 기독교로 개종했으며 그후 조반니 레온이라고 불렸다. 1526년경
     『아프리카의 설명(Descrittione dell'Africa)』을 이탈리아어로 썼다.

*** Mezaribe : 곧 무자이리브(Muzayrib).

찬 정기시들은 콥트족*의 전통을 따른다. 그 기원은 기독교 시대의 이집트를 넘어 이교도 시대의 이집트까지 거슬러올라가는 것 같다. 종교가 바뀌더라도 단지 수호성인의 이름만 교체하면 된다. 그들의 축제(mülid)는 흔히 예외적으로 시장을 열 기회이기도 하다. 예컨대 삼각주 지역의 탄타**에서 1년에 한 번 열리는 정기시는 "성" 아흐마드 알 바다위의 축제에 대응하는 것으로 오늘날에도 많은 사람들이 참가한다.510) 그러나 진짜 대규모 상인들이 모여드는 곳은 카이로와 알렉산드리아에서 열리는 정기시이다.511) 이곳에서는 지중해나 홍해의 항해 계절에 맞추어 정기시가 열리는데 그것은 또 한편으로 성지순례 및 카라반의 일정과도 맞물려 있다. 알렉산드리아에서는 9월과 10월에 순풍이 불어서 "바다가 열린다." 이 두 달 동안에 베네치아인, 제노바인, 피렌체인, 카탈루냐인, 라구사인, 마르세유인이 후추와 향신료를 구입한다. 이집트의 술탄이 베네치아나 피렌체와 맺은 계약들은 외지 상인들의 권한과 같은 내용을 규정한다고 라비브는 보는데, 이것은 다른 조건을 그에 맞게 감안하고 본다면 서양의 정기시에 관한 규약에 상응한다.

이 모든 것에도 불구하고 이슬람권의 정기시는 **상대적으로** 서양에서처럼 큰 중요성을 가지지는 못했다. 그 이유를 이곳의 경제적 후진성에 돌린다면 잘못이다. 샹파뉴 정기시가 번성하던 때만 해도 이집트와 이슬람권이 서양에 비해 뒤처지지는 않았기 때문이다. 어쩌면 무슬림의 도시와 그 구조가 워낙 엄청나게 크기 때문이 아니었을까? 이곳은 서양의 그 어느 도시보다도 더 많은 시장과 슈퍼마켓—이 용어를 사용할 수 있다면—을 가지고 있지 않았던가? 특히 외국인에게 할당된 구역은 곧바로 상설 국제 회합 장소

---

* coptes : '콥트'란 원래 이집트에 사는 주민 일반을 가리키는 말이었으나 현재는 이집트 내의 기독교도만을 가리킨다. 4세기경에 이집트의 은둔 수도사들에 의해 기독교가 이 지역에서 크게 흥성한 것에서 그 기원을 찾을 수 있다. 현재는 그중 다수가 이슬람교로 개종했다.
** Tantah : 이집트의 나일 강 삼각주 가운데에 있는 도시. 이 삼각주에서 가장 큰 도시로, 오래 전부터 가장 중요한 교통 중심지인 동시에, 이집트에서 가장 숭배의 대상이 되는 성인 사이드 아흐마드 알-바다위의 묘가 있다.

였다. 알렉산드리아에 있는 "프랑크족[서양인/역주]" 폰두크(fondouk), 카이로에 있는 시리아인 폰두크는 베네치아의 독일 상관(Fondaco dei Tedeschi)의 모델이 되었다. 독일인들이 베네치아의 한 구역에 갇힌 것처럼 베네치아인들 자신이 이집트의 한 구역에, 감옥에 갇히듯 갇힌 것이다.[512] 감옥이든 아니든 이 폰두크는 이슬람 도시 내에 일종의 "상설 정기시"가 되었다. 이것은 자유롭게 대교역을 영위하던 네덜란드에 있던 것과 같은 종류로서, 정기시를 더 이상 필요 없는 것으로 만들어 일찍이 쇠퇴시켰다. 아직 투박하기만 한 서양의 한복판에서 샹파뉴 정기시는 저개발국에 교역을 강제시키려는 극약처방이 아니었을까?

절반 정도만 이슬람 아래에 있던 인도는 아주 다른 광경을 보여준다. 정기시는 인도 전역에서 볼 수 있는 인도의 특징적인 존재로서 이곳의 일상생활 속에 자리 잡았다. 그 모습이 너무나 자연스러워서 여행자들이 특별히 주목하지도 않을 정도였다. 인도의 정기시가 가진 불편한 점이라면, 신성한 강물을 찾아 흔들리는 우마차를 타고 몰려드는 엄청난 순례객 및 신자의 무리가 정기시와 뒤섞인다는 점이다. 서로 다른 인종, 언어, 종교가 섞여 있는 인도에서는 적대적인 지역들 사이의 경계에 이런 원시적인 정기시를 두어야 했을 것이다. 이곳은 수호신들과 종교적 순례의 보호 아래에 있기 때문에 이웃 지역 간에 벌어지는 끊임없는 분쟁을 피할 수 있었다. 다만 이 정기시들—그리고 때로 이웃 마을들 사이의 정기시들—은 화폐를 사용하기보다는 고대적인 물물교환 상태에 있었다.

물론 갠지스 강변에 있는 하르드와르, 알라하바드, 손파르, 또는 줌나 강변에 있는 므투라, 바테사르 같은 곳의 대규모 정기시는 그렇지 않았다. 각각의 종교마다 자신의 정기시를 가지고 있어서 힌두교도는 하르드와르와 바라나시에, 시크교도는 암리차르에, 무슬림은 펀자브 지방의 파크파탄에 정기시를 두었다. 영국인인 슬리만 장군은 약간 과장하여 이렇게 말했다.[513] 춥고 메마른 건기가 시작될 무렵, 목욕 의식이 벌어지는 시기가 오면 히말라야 산지부터 코모린 곶*에 이르기까지 인도인 대부분이 정기시로 몰려드는데 이곳에서는 말과 코끼리를 비롯해서 모든 것을 살 수 있다. 춤, 음악, 성스러운 의식이 어우러지는 대향연을 베풀고 기도하는 이런 때는 평상시의 일상생활로부터 단절되는 시기이다. 12년마다 목성이 물병자리에 들어가는 때에는 광적인 순례 행각이 이루어지고 그와 동시에 정기시가 형성된다. 그리고 끔찍한 질병도 터져나온다.

말레이 제도에서는 여기저기에 산재한 해안 도시나 바로 그 이웃한 지역에서 국제 항해가 연이어 이루어져서 상인들이 오랫동안 회합하는 바람에 장기간 정기시가 형성된다.

"대"자바 섬에서는 네덜란드인들이 바타비아를 건설하면서 본격적으로 정주하게 될 때까지, 혹은 그 이후에도 상당 기간 동안, 반탐이 가장 중요한 도시였다.[514] 이 섬 서쪽 끝부분의 북쪽 해안에 있는 늪지 한가운데에 위치한 이 도시에는 빨간 벽돌의 성벽이 있었고 그 위에는 위협적인 대포들이 설치되어 있었다. 비록 그 대포들 중에 쓸 만한 것은 하나도 없지만 말이다. 성벽 안에는 "암스테르담 만한 크기의" 낮고 흉측한 도시가 있다. 왕궁으로부터 세 갈래 길이 나 있고, 그 길에 붙어 있는 광장들에는 수많은 남녀 상인들이 시도 때도 없이 모여들어 날짐승, 앵무새, 생선, 큰 고기 덩어리, 뜨거운 과자류, 아라크(동양의 증류주), 비단류, 벨벳, 쌀, 보석류, 금사 등을 팔았다. 여기에서 몇 걸음 떨어진 곳에는 상점, 벽돌집, 특징적인 시장이 자리 잡고 있는 중국인 마을이 있다. 이 도시의 동쪽에 있는 대광장은 새벽에는 소상인들이 우글대지만 늦은 시간에는 대상인들이 해상보험, 후추 매점매석, 모험사업 투자 등을 하는 곳이 되었다. 이 대상인들은 아주 다양한 언어와 화폐에 익숙했다. 한 여행자에 의하면 이 광장이 그들의 거래소 역할을 한다. 한편 이 도시에 찾아온 외지 상인들이 몬순을 기다리느라고 발이 묶이면 장

---

* Comorin : 현지어로는 카냐 쿠마리(kanya Kumari)이다. 인도 데칸 지역 남쪽의 곶으로, 인도 반도의 거의 최남단이다. 히말라야 산지부터 코모린 곶까지는 따라서 인도 전역을 말한다.

기간 열리는 정기시에 참여하는데, 이것은 때로 수개월 동안 계속되기도 했다. 자바 섬에 이미 오래 전부터 와 있었고 앞으로도 오래 머물게 될 중국인들이 이 조화로운 모임에서 중요한 역할을 맡았다. 한 여행자는 이렇게 말한다(1595). "중국인들은 고리대금업을 하므로 유럽의 유대인과 같은 평판을 얻었다. 그들은 저울을 들고 이 섬의 여러 지역을 돌아다니면서 후추를 보는 대로 모두 사들였다. 그들은 일부를 먼저 재보고 사므로[즉, 견본을 취하여 조사하고 구입한다는 사실에 주목할 필요가 있다] 그 양[실제로는 무게를 뜻할 것이다]을 대략 계산할 수 있으며, 이렇게 사들이는 후추의 대가로 그것을 판 사람의 필요에 따라 한 번에 돈을 지불한다. 이렇게 모은 후추의 양이 어찌나 많은지 중국에서 배가 도착하자마자 그 배에 후추를 가득 실을 수 있다. 이때 판매액은 5만 카사[사페크]에 달하지만, 그 비용은 사실 1만 2,000카사에 불과하다. 이 배들은 1월 중에 8-10척 정도 도착하며, 배 한 척은 45-50톤 정도의 크기이다." 이런 것을 보면 중국은 그 나름대로의 "레반트 무역"을 유지하고 있었으며, 오랫동안 중국의 원거리 무역은 유럽의 원거리 무역에 비해서 뒤처지지 않았다는 것을 알 수 있다. 그의 말에 의하면 마르코 폴로 시대에 중국은 유럽보다 100배 이상 많은 향신료를 소비했다.[515)]

주목할 사실은 **몬순이 불기 전**, 즉 배가 도착하기 전에 중국인이 시골의 이곳저곳을 돌아다니며 구매를 한다는 점이다. 이때 중국인들은 현지 대리인이라고 볼 수 있다. 그러다가 배가 도착하면 정기시가 시작된다. 사실 몬순의 리듬에 따라 장기간에 걸쳐 정기시가 열리는 것은 말레이 제도 전역에서 보이는 특징이다. 수마트라 섬의 아체*에서 데이비스는 "매일 모든 상품을 취급하는 정기시가 세 곳의 광장에서 열리는 것을 보았다."(1598)[516)] 이것은 순전히 말에 불과하다고 생각할지 모른다. 그러나 생-말로의 프랑수아 마르탱은 이곳에서 같은 광경을 관찰했을 뿐 아니라 보통 시장들보다 훨

---

* Aceh : 수마트라 섬 북단의 산악지역. 해발 2,000-3,000미터의 험준하고 접근이 어려운 곳이다. 말레이족과 바타크족 사이의 여러 혼혈 종족이 산다.

씬 큰 시장이 하나 있다는 사실을 알아냈다(1603). 이곳에는 이상한 과일들이 그득하고, 상점에는 완전히 "튀르키예식 옷을 입은" 상인이 인도양 전역에서 몰려들어 "약 6개월 정도 그곳에 머물면서 그들의 상품을 판다."[517] 그리고 "6개월 뒤에는 또다른 상인들이 온다." 이것이 상설 정기시인지, 정기시가 길게 연장되는 것인지는 모르겠지만, 여하튼 서양에서처럼 정기시가 급히 끝나지 않고 느릿느릿 시간을 끈다. 1688년에 아체에 도착한 당피에는 더 정확한 설명을 제공한다.[518] "중국인들은 이곳에서 영업하는 상인들 중에 가장 괄목할 만한 사람들이다. 그들 일부는 이곳에 1년 내내 머무르고 다른 사람들은 매년 한 차례씩 이곳에 온다. 후자의 경우 6월에 많은 쌀과 그 외 여러 종류의 상품을 실은 배 10-12척을 끌고 이곳에 오는 것이다.……이들은 바다 가까이에 있는 도시의 한쪽 끝에 서로 가까이 집을 빌려 거주하는데, 이곳을 중국인 마을이라고 부른다.……이 선단에는 또 여러 장인들이 타고 온다. 목수, 소목장이, 화가 등의 직업을 가진 이들은 도착하자마자 곧 작업을 시작해서 궤, 작은 상자, 장식장, 그 외 여러 중국식 소품들을 만든다." 두 달 동안 "중국인 정기시"도 열리는데, 여기에는 모든 사람들이 물건을 사고 뽑기놀이 같은 것을 하러 몰려든다. "상품이 팔려나갈수록 그들은 점차 작은 장소를 차지하고 임대하는 집의 규모도 작아진다. 그리고 판매가 줄어들수록 그들의 노름은 판이 커진다."

중국 본토에서는 사정이 또다르다.[519] 중국 전역을 효율적으로 지배하는 관료제적 정부는 원칙적으로 경제적 특권에 반대하기 때문에, 시장이 비교적 자유롭게 영업을 하는 반면, 정기시는 철저한 감시를 받았다. 그래도 일찍이 수송과 교역이 크게 발달해 있던 당나라 말기쯤(7세기)에는 정기시가 등장했다. 이곳에서도 정기시는 일반적으로 불교나 도교 사원과 연관되어 있고, 신령한 존재의 연중 축제 때에 열렸다. 묘회*라는 정기시의 이름도 여

---

* 廟會 : 원래는 절이나 도교 사원에서 기념할 만한 일이 있는 특정한 날을 가리키는 말이었다.

기에서 유래했다. 민중이 이곳에서 연회를 즐긴다는 점이 특징적이다. 그러나 다른 이름도 있다. 청나라 때(1644-1911) 저장 성과 장쑤 성 사이의 변경에서 열린 새 견직물 정기시는 회장(會場) 또는 낭회(廊會)라고 불렀다. 마찬가지로 연시(年市)는 독일어의 야르메르크테(Jahrmärkte, 즉 1년에 한 번 열리는 시장)에 그대로 상응하는 말이다. 그러나 실제로 이것은 그 표현 그대로의 정기시라기보다는 (소금, 차, 말 등을 취급하는) 대규모 계절 시장을 가리켰을 것이다.

에티엔 발라즈[520]는 이러한 예외적인 대규모 시장 내지 정기시가 중국이 서로 적대적인 두 왕조로 나뉘었을 때 특히 잘 나타난다고 보았다. 반쪽의 중국은 할 수 없이 다른 반쪽에 대해 개방할 수밖에 없어서 정기시와 대시장이 생기는데, 이것은 중세 유럽에서와 똑같은 현상으로 아마도 같은 원인에서 나왔을 것이다. 그러나 중국이 새로 하나의 단위로 통합되고 자신의 관료제 구조를 되찾으면, 효율적인 계시제를 이루는 시장들 그리고 정기시들이 중국 내부에서 사라진다. 이제 그것은 외부의 변경 지역에서만 유지된다. 한족(漢族)이 남쪽만을 지배하고 북쪽은 이민족의 지배를 받았던 송나라 때(960-1279)에는 "서로 도움이 되는 시장들"이 북쪽을 향해 열렸다. 명나라 때(1368-1644)에 통일이 이루어지고 그것이 청나라 때에까지 이어지자, 이제 외부를 향한 창은 주변 변경 지역에서만 열렸다. 예를 들면 만주의 말 시장들은 1405년 이후부터 위협적인 "야만족들"과의 변경 관계에 따라 열렸다가 닫혔다가 했다. 때로는 모스크바 공국에서 떠난 카라반이 도착하여 베이징의 성문 밖에서 정기시가 서기도 했지만 물론 이것은 예외적인 사건에 속한다. 서부에서 오는 카라반은 대개 항저우나 정저우의 변경에서 멈추는 일이 많기 때문이다. 1728년에 이르쿠츠크 남쪽에 아주 신기하면서도 규모가 큰 캬흐타 정기시가 조직된 것이[521] 대표적인 사례이다. 이곳에서 중국 상인들은 값비싼 시베리아 모피를 사들였다. 마침내 18세기에 광저우는 유럽인과의 교역을 위한 정기시 두 곳을 열었다.[522] 어느 정도 국제무역에 개방된

다른 대항구도시들과 마찬가지로(예컨대 닝보나 샤먼), 이곳에서 1년에 한 번 혹은 여러 번의 "시즌"이 생겼다. 그러나 이곳은 이슬람권이나 인도에서 볼 수 있는 자유로운 회합 장소와는 거리가 멀었다. 중국의 정기시는 여전히 제한적인 현상으로, 외국인과의 교역과 같은 특정한 교역에만 한정되었다. 어쩌면 중국은 정기시라는 것에 두려움이 있어서 피하려고 했는지도 모른다. 아니면, 이것이 가능성이 더 크겠지만, 아예 정기시를 필요로 하지 않았는지도 모른다. 중국은 행정적으로, 또 정치적으로 하나의 단위를 이루고 있고 활기찬 시장의 연쇄망을 가지고 있기 때문에, 정기시가 없어도 별 무리가 없기 때문이다.

13세기 이래 시장과 상점들이 정규적으로 조직되고 그후 점차 규모도 커지고 수도 불어난 일본에서는 정기시가 자리를 잡을 여지가 없었던 것 같다. 그러나 1638년 이후에 일부 네덜란드 배와 중국 배만을 제외하고 모든 대외무역을 금지시키고 난 후, "허가"를 받은 네덜란드 동인도회사의 선박과 중국의 정크선이 나가사키에 도착할 때마다 장이 선 것은 일종의 정기시 체제였다고 볼 수 있다.* 이 "정기시들"은 희귀한 것들이다. 그러나 아르한겔스크나 모스크바 공국에 영국과 네덜란드의 배들이 도착할 때 열리던 정기시와 마찬가지로 나가사키의 정기시도 일본에 대해서 균형을 잡아주는, 아주 중요한 역할을 수행했다. 이것은 고의로 "쇄국"을 한 후 세계의 공기를 호흡하는 유일한 길이었다. 그리고 동시에 외부 세계에 대해서 자신의 역할을 수행하는 길이기도 했다. 이런 배들을 통해서만 중재되었던 은과 구리의 수출은 세계 경제의 사이클에 큰 영향을 미쳤기 때문이다. 그것은 1665년까지의 은 사이클, 1665년부터 1668년 혹은 1672년까지의 짧은 금 사이클, 그리고 그후의 구리 사이클을 가리킨다.

---

* 이 시대의 일본의 쇄국에 대해서는 이 책 제1권 585쪽을 참조하라.

유럽과 나머지 전 세계는 동등한가?

이미지는 결국 이미지에 불과하다. 그렇다고 해도 같은 내용이 무수히 반복되면 그 모든 것들이 모두 거짓일 수는 없을 것이다. 그 이미지들을 보면 서로 다르게 발전한 세계 사이에도 유사한 형태와 성과물이 존재한다는 것을 알 수 있다. 도시, 도로, 국가, 교역 등은 어쨌든 서로 유사하다. "생산 수단이 있는 만큼이나 교역 수단이 있다"는 말이 있다. 그러나 그 수단의 수가 무제한은 아니다. 왜냐하면 그것은 어디에서나 똑같이 제기된 기본적인 문제를 푸는 것이기 때문이다.

우리가 가장 먼저 받는 인상은 대체로 이렇다. 16세기만 해도 세계의 인구 밀집 지역들은 모두 수(數)의 요구에 사로잡혀 있으므로 서로 유사한 모습을 보이며 따라서 거의 동등한 지위를 가진 듯 보인다. 아마 약간의 차이만 있어도 한쪽이 앞서가고 그것이 굳어져 우위를 점하며, 따라서 반대쪽이 열등해지고 결국 종속당한다. 유럽과 여타 지역 사이에 벌어진 일이 이것일까? 이 문제에 확실하게 이렇다, 아니다 하고 대답하기도 힘들고 몇 마디의 말로 그 모든 것을 설명하는 것도 쉽지 않다. 사실 유럽과 다른 지역 사이의 차이는 우선 "역사기술적인(historiographique)" 차이이다. 유럽은 역사가라는 직업을 만들고 그들을 자신에게 유리하게 이용했다. 바로 이들이 증거를 대고 주장을 펼치는 역할을 해준 것이다. 비유럽 지역에서는 역사학이 이제 막 만들어지는 중이다. 역사학적인 지식과 해석이 [동서양 사이에/역자] 균형을 이룰 때까지 역사가들은 세계사의 고르디아스의 매듭*―즉 유럽의 우월성의 기원 문제―을 풀기를 주저할 것이다. 중국사가인 조지프 니덤**이 겪은 문

---

* 풀기 어려운 문제, 넘을 수 없는 곤경을 나타낸다. 그리스 신화에 나오는 프리기아의 국왕 고르디아스의 전차의 굴대에 도저히 풀기 힘든 밧줄이 매여 있었다는 이야기에서 유래했다.

** Joseph Needham(1900-1995) : 영국의 생화학자, 과학사학자. 초기에는 케임브리지 대학에서 생화학 방면에 뛰어난 업적을 쌓았으나 역사, 철학, 종교 등에 관심을 가지고 이 방면의 논문과 책을 썼다. 그후 중국 문명에 관심을 가지며 1954년 이후로 40년 이상 『중국의 과학과 문명(Science and Civilisation in China)』이라는 방대한 저서를 집필했다.

제가 바로 이것으로서,[523] 그는 비교적 명확한 차원인 기술과 과학의 차원에서도 그의 주제를 세계사적으로 명확하게 위치 짓는 데에 어려움을 겪었다. 한 가지 사실만은 명확하다. 서양과 다른 대륙 사이의 차이는 뒤늦게 생겼으며, 오늘날 너무나도 흔히 그렇게 하듯 그 차이를 단지 시장경제의 "합리화"에 기인한 것으로만 보는 것은 분명히 단순론자의 견해라는 점이다.

어쨌든 시간이 갈수록 굳어져가는 이 차이를 설명하는 것은 근대 세계사의 핵심 문제이다. 이는 이 저작의 전편(全篇)에 걸쳐서 도전할 수밖에 없는 문제이지만, 단정적인 대답을 내리지는 않을 것이다. 어쨌든 우리는 그 문제를 여러 측면에서 제기하려고 하며, 마치 예전에 힘으로 밀고 들어가려는 도시의 성벽에 포격을 집중하듯 그렇게 우리의 설명을 모아보려고 한다.

잠정적인 결론

우리는 여러 형태의 교역기구들을 소개했다. 단순한 시장으로부터 거래소에 이르기까지 그것들을 탐구하고 묘사하는 것은 어려운 일이 아니다. 그러나 그것들이 경제 전체에서 차지하는 상대적인 위치를 명확히 구분하고 그에 대한 증거를 전반적으로 고려한다는 것은 쉬운 일이 아니다. 그것들은 같은 때에 만들어졌는가? 서로 연결되어 있는가? 만일 그렇다면 어떻게 연결되어 있는가? 그것들은 성장의 도구였는가? 여기에 단정적으로 대답할 수는 없을 것이다. 경제가 팽창하고 성장이 활발하게 이루어질 때 어떤 부분은 더 빨리 진행하고 어떤 부분은 더 느리게 진행하기 때문이다. 각각의 시대마다 상대적으로 더 중요한 것이 각기 다르고, 또 각각의 세기마다 특정한 외관을 가지고 있는 법이다. 우리가 단순론의 함정에 빠지지만 않는다면, 이와 같은 차별적인 역사는 유럽의 경제적 진화의 방향을 밝혀줄 것이고 어쩌면 세계의 여타 지역을 비교, 해석할 방법을 마련해줄 것이다.

15세기는 14세기 후반의 파국과 결핍의 연장선에 있었다. 그리고 1450년 이후가 되어서야 회복이 시작된다. 그렇지만 서양이 이전의 발전 수준을 되찾는 데에는 긴 시간이 필요했다. 성왕 루이 시대[13세기/역주]의 프랑스는 아직 고통스러워하면서도 활기가 넘치던 루이 11세 시대[15세기/역주]의 프랑스와는 완연히 달랐다. (이탈리아 일부 지역이나 활기에 넘치는 네덜란드 전역 등) 일부 예외적인 특권 지역을 제외하면 모든 경제관계는 축 처져 있었다. 개인이든 집단이든 경제 주체들은 어느 정도 스스로 고립되었고 더 나아가 그 상황을 다소 의식적으로 이용하기까지 했다. 이런 조건에서 정기시나 시장은—시장보다도 정기시가 더 그러하지만—교역을 다시 활성화시켜 작동시키는 데에 충분한 힘을 발휘했다. 서양의 도시들이 시골에 지배력을 행사하는 방식을 보면 도시시장이 다시 작동했음을 짐작할 수 있다. 그것은 그 자체만으로도 주변 시골 지역을 복종시키는 도구가 되었다. "공산품" 가격은 오르고 농산품 가격은 하락했다. 이런 식으로 도시가 승리를 거둔다.

16세기에 대해서 레이몽 드 로베르—그는 안이한 설명에 만족하지 못하는 역사가이다—는 정기시의 전성기로 보았다.[524] 정기시가 모든 것을 설명해주리라는 것이다. 정기시는 수가 늘고 건강하게 꽃피어서 도처에 모습을 드러냈다. 그것은 수백 내지 수천에 이르렀다. 사정이 이렇다면, 16세기의 전진은 정기시에서 정기시로 현찰과 크레딧이 이전되는 우월한 유통의 영향 아래 **위로부터** 조직되었다는 것이 내 생각이다. 모든 것은 꽤 높은 수준에 있는 국제적 유통—"공중(空中)에서의" 유통—에 매여 있었다.[525] 그후 이것은 속도가 떨어지고 더 복잡해지다가 급기야는 엔진이 쿨럭거리기 시작한다. 1575년 이후 안트베르펜-리옹-매디나 델 캄포를 잇는 순환이 막혔다. 제노바인들은 이른바 브장송 정기시를 통해서 이것을 다시 이어보려고 했으나 그것은 오래가지 못했다.

17세기에는 **상품을 통해서** 모든 것이 다시 작동했다. 나는 이 재출발에 대해서 그것이 전적으로 암스테르담이나 그곳의 거래소 때문에 가능해졌다고 하지는 않겠다. 물론 그것들이 나름대로의 역할을 한 것은 사실이다. 그보다는 차라리 작은 반경, 나아가서 극도로 작은 반경을 가진 소박한 경제 유통로 속에서, 즉 기본적인 밑바닥에서 교환이 증가한 데에 그 원인을 돌리고 싶다. 중요한 특징 내지 결정적 모터는 상점이 아니었을까? 이런 조건에서 (16세기의) 물가상승은 상층 구조의 지배와 상응한다. 이와 반대로 하락과 정체를 겪던 17세기에는 하층 구조의 우위를 보게 될 것이다. 이것은 완전히 증명된 것은 아니지만 가능한 설명이기는 하다.

그렇다면 계몽주의 세기(18세기)의 재출발과 약진은 어떻게 이루어졌는가? 1720년 이후의 움직임은 아마 모든 층위에서 일어났을 것이다. 그러나 여기에서 핵심사항은 체제(system)에 균열이 생겼으며 그 균열이 점차 커져간다는 것이다. 그 어느 때보다도 시장에 대항하여 반(反)시장(contre-manché)이 작용했다(나는 지금까지 사용해온 사거래[private market]라는 말보다는 이 반시장이라는 강한 뜻의 말을 더 좋아한다). 정기시에 대항하여 창고와 보세 창고 교역이 증대한다. 정기시는 기본적인 교역의 차원으로 복귀하려는 경향을 보인다. 마찬가지로 거래소에 대항하여 은행들이 번성했다. 은행들은 새로운 것은 아니라고 해도 점차 수가 늘어나고 독자적인 기구가 되면서 식물의 꽃이 피어나듯 사방에서 뚫고 나왔다. 이러한 단절과 혁신과 팽창을 가리키는 명확한 말이 필요하다. 예전의 핵을 포위하고 그것을 깨부수는 예외적인 힘, 이 평행적인 활동들의 묶음 그리고 최상층에서는 유럽 전체를 관통하고 효율적으로 유럽 전체를 복속시키는 은행 및 거래소의 주축들이 가속화하고, 아래에서도 순회 상인들과 행상인들이 혁명적으로 퍼져나가는 이런 현상을 가리키는 말이 없는 것이다.

이 설명들이 어느 정도의 개연성을 가지고 있다고는 생각하지만 그래도 여전히 불투명한 채 남아 있는 문제는 경제생활의 상부구조와 하부구조 사이의 관계이다. 상부에서 작용하는 것이 하부에 영향을 미칠까? 만일 있다면 그것은 무엇일까? 반대로 시장과 초보적 교환의 수준에서 일어나는 일은 위로 반영될까? 만일 그렇다면 어떻게 해서 그렇게 될까? 간단한 예를 하나 보자. 18세기에 들어와서도 20년이 지났을 무렵, 영국에서는 "남해의 거품" 사건이 일어나고 동시에 프랑스에서는―18개월밖에 지속되지 않았지만 거의 광기에 가까운―로 체제의 실험이 있었다. 캥캉푸아 거리의 실험과 교환소 거리의 실험은 서로 비슷하다는 것을 인정할 수 있다. 여하튼 이두 가지에서 확실히 증명되는 것은 상층에서 일어나는 폭풍우로 인해서 경제 전체가 한 번 뒤집혀질 수는 있다고 해도 오랫동안 상층이 경제 전체를 장악할 수는 없다는 것이다. 자본주의는 아직 그 법칙을 부가하지는 못하는 것이다. 로 체제는 분명히 고위 귀족의 일부가 자신의 이해관계로 인해서 그것에 적대적이었기 때문에 실패했다는 야코프 판 클라베런의 설명에 동의하더라도,526) 동시에 그 실패는 프랑스 경제가 바로 그 지옥행 열차를 뒤따라 가는 능력이 없었다는 점으로도 설명이 가능하다. 영국은 경제적으로 말하자면 프랑스보다는 스캔들에서 더 유리하게 빠져나왔다. 프랑스에서 그후 수십 년간 지폐와 은행에 대해서 거부감을 가지게 되는 현상이 영국에서는 일어나지 않았다. 이것이야말로 영국의 재정과 크레딧 형태가 더는 후퇴하는 것이 불가능할 정도로 근대적인 형태가 되었다는 정치적, 사회적, 경제적 성숙성을 보여주는 것이 아닐까?

지금까지 우리가 그려본 모델은 단지 서양에서만 타당하다. 그렇지만 일단 이렇게 만들어본 모델은 세계적인 차원에서 유용성을 제공하지 않을까? 서양 발전의 핵심을 두 가지 들어보면 첫째, 상부에서 여러 [교환/역주] 도구가 발달한 것이고 둘째, 18세기에 여러 수단과 방법이 증가한 것이다. 이런 관점에서 보았을 때 유럽 이외의 지역에서는 어땠을까? 유럽과 가장 거리가 먼 경우는 중국으로서 이곳에서는 제국의 행정이 경제의 계서화를 가로막았다. 단지 효율성 있게 돌아가는 것은 하층의 읍 및 도시의 상점과 시장뿐이었다. 유럽과 가장 유사한 경우는 이슬람권과 일본이다. 물론 우리는 세계적인 차원의 비교사를 다시 시도해보아야 한다. 그것만이 우리의 문제들을 해결해주거나 아니면 적어도 정확하게 문제를 제기하도록 해줄 것이다.

제2장

시장과 경제

Hans Holbein the Younger(1497/1498–1543), *The Merchant Georg Gisze,* 1532. oil on oak panel, 96.3 × 85.7cm. Gemäldegalerie. public domain.

이번 장에서도 역시 교역을 다루지만 우리는 이제 그에 관한 몇몇 모델과 경향적인 법칙들을 소개하려고 한다.[1] 제1장에서는 읍내 시장, 상점, 정기시, 거래소 등을 마치 일련의 점들처럼 제시했다. 그러나 우리는 이제 그러한 점들로 이루어진 이미지를 탈피해야 한다. 문제는 어떻게 이 점(點)들이 연결되어 교역의 선(線)이 그어지는지, 또 어떻게 상인들이 이 연결선들을 조직하며, 나아가서—물론 여전히 많은 지역들이 이 교역으로부터 빗겨난 채로 있기는 하지만—어떻게 이 연결선들이 응집적인 상업의 면(面)을 만드는지를 보이는 것이다. 우리의 불완전한 말로는 이 면을 시장이라는 이름으로 부를 수밖에 없다. 이 말은 사실 성격이 모호하기 짝이 없다. 그러나 어쨌든 사람들이 이 말을 사용한다는 사실이 중요하다.

　우리는 차례로 두 가지 상이한 관점에 서려고 한다. 우선 상인의 편에서, 그의 활동과 통상적인 전략이 무엇이었겠는가를 생각해보고자 한다. 그리고 상인과 별도로 각 개인의 의지와는 상관없는 상업 공간 그 자체, 즉 넓은 의미의 시장을 고찰할 것이다. 그 시장이 도시의 것이든, 지역적, 전국적, 혹은 국제적인 것이든, 그 시장의 실체는 상인에게 어쩔 수 없는 것으로 부과되어 그의 활동을 감싸안은 채 지지하기도 하고 방해하기도 한다. 그리고 시장 자체가 수 세기가 경과하면서 변형되어간다. 바로 이 시장의 지리와 변화하는 시장경제(이것은 제3권에서 좀더 자세히 다룰 것이다)가 상인의 개별 활동에 대해서 끊임없이 새로운 틀을 짓고 방향을 바꾸게 한다.

상인과 상업순환

상인의 관점과 활동은 이미 우리에게 친숙하다. 우리는 그들의 서류를 가지고 있다.[2] 마치 우리가 그 서류의 주인인 것처럼 그가 주고받은 편지를 읽고, 그의 장부를 조사하며, 그의 사업의 진행을 추적하는 것은 어려운 일이 아니다. 그러나 우리가 여기에서 큰 관심을 기울이려는 것은 상인의 활동을 포괄하는 규칙들을 이해하는 것이다. 상인은 그 규칙들을 경험을 통해서 알고 있고, 바로 그 때문에 오히려 일상적으로는 그 규칙들에 대해서 거의 신경을 쓰지 않는다. 그런 만큼 우리는 이 문제에 체계적으로 접근해야 한다.

왕복여행

교환이란 상호적인 것이므로, A에서 B로 가는 여정이 있다면 아무리 복잡하고 돌아가는 길이라고 해도 결국 B에서 A로 가는 여정이 있게 마련이다. 그래서 교환은 자체의 원을 이룬다. 그것이 상업순환(circuit)이다. 상업순환은 전기회로처럼 그 자체가 닫혀야만 기능한다. 루이 14세 시대에 랭스의 한 상인은 이를 다음과 같이 훌륭하게 표현했다. "판매가 구매를 결제한다."[3] 이 말은 판매를 하면 결과적으로 구매한 것을 결제하게 될 것이고, 나아가서 이익을 보고 결제해야 한다는 의미이다.

A를 베네치아, B를 이집트의 알렉산드리아라고 하면(이왕 예를 들려면 멋진 예를 드는 것이 좋지 않은가), A에서 B로의 여정 뒤에는 B에서 A로의 여정이 뒤따라야 한다. 1500년경에 한 베네치아 상인이 알렉산드리아와 교역한다고 할 때, 처음에 산더미 같은 은화, 거울, 유리 구슬, 모직물 등을 가

지고 시작한다고 해보자. 이 상품들은 베네치아에서 알렉산드리아로 보내서 그곳에서 판매한다. 반대편으로 가는 화물은 대개 후추, 향신료, 몰약 등으로서 거의 대부분 독일 상관(베네치아에서는 이것을 폰테고 데이 토데스키[Fontego dei Todeschi]라고 하고 그 외의 이탈리아 지역에서는 폰다코 데이 테데스키[Fondaco dei Tedeschi]라고 한다)에서 판매될 것이다.

이 상인의 사업이 다 잘 이루어져서 네 번의 구매와 판매가 크게 지체됨이 없이 연이어 이루어졌다고 하자. 여기에서 크게 지체됨이 없다는 것이 중요하다. "시간은 돈이다(Time is money)"라는 말은 영국에서 속담으로 굳어지기 전에도 이미 누구나 아는 사실이었다. 돈을 죽은 채(li danari mortti, 즉 돈이 잠들게)[4] 두지 말 것, 빨리 판매할 것, 그러기 위해서 더 싸게라도 팔아서 "다른 길을 통해 돈이 빨리 돌아오도록(venier presto sul danaro per un altro viaggio)"[5] 할 것, 이것이 16세기 초 베네치아의 대상인인 미키엘 다 레체가 그의 대리인들에게 내린 명령이다. 따라서 재수 없게 지체되지 않도록 곧 베네치아에서 물품을 산 후에 배에 싣고, 예정된 날에 떠나야 한다. 그러나 실제로는 그런 적이 드물었다. 알렉산드리아에서 상품 구매자를 빨리 찾아야 이탈리아로 되돌아가는 환송 상품도 빨리 마련할 수 있다. 알렉산드리아에서 구매한 이 환송 상품들은 베네치아에서 하역된 후 어렵지 않게 팔릴 것이다. 물론 우리가 상상한 대로 구매와 판매가 척척 들어맞는 최적 조건들이 언제나 충족되지는 않는다. 때로는 모직물의 색깔이 마음에 들지 않거나 질이 떨어져서 알렉산드리아에 있는 친지나 대리인이 이 상품을 창고에 몇 개월 동안 묵히는 경우도 있다. 때로는 향신료를 싣고 오는 카라반이 제때 도착하지 않는 수도 있다. 또는 귀환하고 보니 베네치아의 시장에 레반트 산물이 가득 넘쳐서 값이 비정상적으로 쌀 수도 있다.

여기에서 현재 우리의 관심을 끄는 사항을 정리하면 다음과 같다.

첫째, 이 닫힌 순환에는 네 개의 시점이 연속되며, 그 사이에 왕복 운동을 하는 모든 상업 과정이 이루어진다.

둘째, A에 위치하느냐, B에 위치하느냐에 따라서 이 과정 중의 상이한 국면이 전개된다. A와 B에서 각각 두 번씩의 공급과 수요가 있는데, 먼저 베네치아에서 상품 수요가 있고, 다음에 알렉산드리아에서 판매를 위한 공급과 구매를 위한 수요, 그리고 마지막으로 베네치아에서의 공급 순으로 이 거래가 이어진다.

셋째, 순환을 다 마칠 때에 가서야 이 거래가 끝나고 평가가 이루어진다. 바로 이 결론의 시점까지 이 상인이 성공했는지, 아닌지는 모른다. 상인이 매일같이 고민하는 것이 이것이다. 진실이 밝혀지는 것은 여행이 다 끝난 뒤이다. 이익, 비용, 선금, 손실 등은 거래의 처음이나 중간에는 그저 나날이 기록될 뿐이다. 그것도 여러 종류의 화폐 단위로 기록되었다가 추후에 베네치아의 리브르, 수, 드니에와 같은 하나의 화폐 단위로 환산된다. 이때 가서야 상인은 부채와 자본을 대조하고, 이제 막 마친 왕복 여행이 그에게 가져다준 것이 무엇인지 알게 된다. 대개 그렇듯이 결국 귀환 여행만이 이익을 가져다주는 수가 많다. 18세기의 중국과의 교역이 전형적인 예이다.[6]

이것은 지나치리만큼 단순한 이야기이다. 그러나 이 모델을 더 복잡하게 구상하지 못할 이유가 없다. 상업 과정에 반드시 왕복 여행이라는 두 개의 가지만 있을 필요는 없다. 17-18세기에 대서양을 횡단하며 이루어지던 이른바 **삼각무역**이 고전적인 예이다. 리버풀, 기니 만, 자메이카 그리고 다시 리버풀로 귀환하는 경우라든지, 보르도, 세네갈 만, 마르티니크 섬 그리고 다시 보르도로 귀환하는 경우 등을 예로 들 수 있다.

다른 특이한 예로는 생-루이 호 소유주들이 1743년에 라 로슈 쿠베르 선장에게 요구한 다음 항해를 들 수 있다. 우선 아카디아*로 가서 대구를 실을 것, 그것을 과들루프**에 가서 팔고 그곳에서 설탕을 실은 뒤 르 아브르

---

* Acadia : 캐나다의 노바 스코샤.
** Guadeloupe : 소(小)앤틸리스 제도에 있는 섬. 1493년에 콜럼버스가 발견했고, 1635년에 프랑스의 식민지가 되었다. 현재 프랑스의 한 레지옹으로 편입되었다.

로 귀환할 것.[7] 베네치아인들은 15세기 이전부터 이미 이와 같은 사업을 하고 있었다. 이들은 베네치아 시정부(Signoria)*가 정규적으로 의장을 갖추어 주는 "갈레레 다 메르카토(galere da mercato : 갤리 상선)"**라는 편리한 수단을 이용하고 있었다. 예컨대 1505년에 상인 귀족인 미키엘 다 레체[8]가 세바스티아노 돌핀(그는 "바르바리 지방의 항해"에 나서는 갤리선에 탑승하게 되어 있었다)에게 다음과 같은 자세한 명령을 내린 바 있다. 첫째 단계로 베네치아에서 튀니지로 현찰(모체니기 은화)을 가지고 간다. 튀니지에서 이 은화를 사금과 교환한다. 이 사금은 사정에 따라 발렌시아의 조폐청에서 녹여 금화로 만들든지, 양모로 바꾸든지, 혹은 직접 베네치아로 가져온다. 그러나 이 상인이 수행한 상업은 다음과 같은 다른 형태의 조합을 이룰 수도 있다. 알렉산드리아에서 산 정향을 런던에서 팔고, 런던에서 산 직물을 알렉산드리아에서 판다. 한편, 17세기에 영국의 배가 수행한 다음 항해 역시 세 단계로 이루어진 교역이다. 영국의 납, 구리, 생선을 싣고 템스 강에서 나와 리보르노로 간다. 이 배는 중간에 경유하는 곳에서 현찰을 받아 레반트, 자킨토스, 키프로스, 시리아의 트리폴리 등지에서 건포도, 원면, (살 수 있다면) 향신료, 혹은 비단이나 그리스의 포도주 등을 산다.[9] 우리는 네 단계, 혹은 그 이상의 단계를 가진 무역도 상상할 수 있다. 예컨대 레반트에서 귀환하는 마르세유의 배들은 때때로 이탈리아의 여러 항구에 차례로 기항하기도 했다.[10]

17세기에 네덜란드인이 수행하던 창고무역***은 원칙적으로 여러 개의 가지를 가진 상업이었으며, 그들이 행하는 아시아 내의 무역 역시 이것을 모델

---

* 베네치아 정치제도에서 '시뇨리아(Signoria)'는 다음의 세 가지 뜻을 의미할 수 있다. 첫째, 베네치아 공화국. 둘째, 시의회(Collegio). 셋째, 시의회의 핵심적인 공직자인 도제(Doge)와 그의 보좌관 40인 위원회의 대표들. 이 책에서는 시뇨리아라는 말을 쓸 때 이 중에 어느 하나를 분명히 꼬집어 이야기하지 않는 듯하므로 "베네치아 시정부"로 옮겼다.

** 이 책의 제3장을 참조하라.

*** commerce d'entrepôt : 여러 지역에서 나는 상품이 일단 네덜란드의 상업 중심지의 보세창고에 집중되었다가 적절한 구매처로 재분산되는 방식이다.

로 하고 있음에 틀림없다. 예컨대 네덜란드 동인도회사가 티모르*를 보유한 것은[11] 순전히 이곳의 산탈 목재 때문이었다. 중국에서 크게 환영받던 이 나무는 일종의 교환화폐로 쓰였다. 이 회사는 인도의 수라트에 많은 상품을 가져와서 비단, 면직물, 특히 뱅골과의 교역에 필수불가결한 은화와 교환한다. 코로만델에서는 다른 곳에서 교환화폐로 많이 쓰이는 직물을 대량으로 구입하는데, 이를 위해서는 말루쿠 제도의 향신료나 일본의 구리만이 통용되었다. 그런데 이 향신료와 구리를 네덜란드인들은 독점적으로 이용했다. 인구가 밀집해 있는 시암(타이)에 가면 이들은 코로만델의 직물을 대량으로 팔지만 이 자체는 거의 수익성이 없다. 다만 이렇게 해서 사슴 가죽을 얻어 일본에 가져가면 유리하게 팔 수 있고, 또 여기에 더해서 리고르의 주석을 독점 구매하여 인도나 유럽으로 가져가 판매하는데, 이런 것은 "막대한 이익을 가져다준다." 이런 식으로 사업이 이루어지는 것이다. 18세기에는 "레반트 무역을 수행하는 데에 필요한 피아스트라 화와 제키노 화를" 이탈리아에서 구하기 위해서 네덜란드인들은 인도, 중국, 러시아, 슐레지엔의 상품들, 혹은 마르티니크의 커피, 마르세유에서 구할 수 있는 랑그도크산 직물 등을 제노바와 리보르노에 가져갔다.[12] 이런 예들을 보면 단순히 "왕복여행"이라고 부르는 모델이 실제로는 어느 정도까지 확대되는지 알 수 있을 것이다.

상업순환과 환어음

상업순환을 완수하는 것은 결코 단순한 일이 아니며, 상품 대 상품, 나아가서 상품 대 금속화폐와의 교환만으로 이룰 수 있는 일도 아니다. 이 때문에 환어음을 쓸 수밖에 없다. 원래 환어음은 결제수단이었으나, 교회가 화폐 이자를 금지하는 기독교권에서는 가장 널리 쓰이는 신용수단이 되었다. 결

---

* Timor : 말레이 제도의 가장 동쪽에 위치한 섬.

과적으로 이렇게 해서 결제와 신용이 긴밀히 연결되었다. 이것을 잘 이해하기 위해서는 흔한 예들을 보면 충분할 것이다. 그러나 대개 그 예들이 정상을 벗어난 경우가 많다는 점을 미리 알아두어야 한다. 왜냐하면 남아 있는 문서들이 흔히 정상보다는 비정상, 즉 지불이 잘 이루어진 것보다는 그렇지 않은 사례를 다루기 때문이다.

나는 이 책의 제1권에서 크레딧에 관해 이야기하면서 메디나 델 캄포의 상인인 시몬 루이스가 그의 말년인 1590년 이후에 어떻게 운신했는지를 꽤 자세히 다루었다.[13] 그는 당시 전적으로 합법적이었던 "상업 고리대금업"을 하면서 위험부담 없이, 그리고 크게 힘들이지 않고 돈을 벌었다. 이 도시에서 이 늙은 여우가 한 일은 스페인의 양모 생산자들이 발행한 환어음을 사들이는 것이었다. 양모 생산자들은 양모를 이탈리아로 보내고 그 대가로 환어음을 발행하여 가지고 있는데, 이들이 돈을 받으려면 수송 기간과 정상적인 지불유예 기간 동안 기다려야 했다. 그러나 이들은 돈을 빨리 받고자 했다. 이들은 대개 양모 구입자에 대해서 석 달 후에 지불받는 환어음을 발행하는데, 시몬 루이스는 이 환어음을 받고 돈을 미리 융통해준 것이다. 이때 그는 어음들을 액면 가격보다 낮게 산다. 이것을 그의 대리인이며 동향인으로서 피렌체에 정주하는 발타사르 수아레스에게 보낸다. 그는 어음 지급인(돈을 지불할 사람)에게서 돈을 받아낸 후, 이번에는 메디나 델 캄포에 대해서 발행한 새 환어음을 구입한다. 이것은 시몬 루이스가 석 달 뒤에 처리하게 될 것이다. 6개월이 걸리는 이 작업은 양모 생산자와 피렌체의 양모 구입자 사이에 이루어지는 거래의 순환이 시몬 루이스의 회사를 통해서 마감된 것을 보여준다. 원래의 상업거래를 한 당사자들은 통상적인 상업상의 왕복여행을 할 수도 없었고 하고 싶어하지도 않았는데, 시몬 루이스가 그들 대신 6개월의 크레딧을 해주는 대가로 5퍼센트의 순이익을 본 것이다.

그러나 언제든지 부도가 발생할 수 있다. 어느 곳에서든 어음과 현찰 사이에 상호작용하는 관계가 이루어져서 환어음의 유통 가격이 결정된다. 현찰이 많아지면 환어음 가격이 오르고, 그 반대 경우에는 반대 현상이 일어난다. 피렌체에서 환어음이 너무 높은 가격에 책정되면 통상적인 수익성을 보장해줄 두 번째 어음을 구하여 메디나 델 캄포로 보내는 것이 힘들거나 아예 불가능해진다. 그러면 발타사르 수아레스는 자기 자신에 대해서(즉, 시몬 루이스가 수아레스의 이름으로 개설해둔 계정으로) 환어음을 발행하든지,* 혹은 안트베르펜이나 브장송으로 이 어음을 "돌린다(remettre)." 두 번째의 경우, 이 어음은 3개월 이상의 기간 동안 삼각 여행을 하게 된다. 이것까지는 괜찮을지 모른다. 그러나 이 작업 끝에 시몬 루이스가 예상했던 이자를 얻지 못하게 되면 불같이 화를 낼 것이다. 그는 확실한 작업을 원하는 것이다. 1584년에 그가 쓴 바와 같이 그는 "자본을 잃든가 아무 이익도 보지 못할 위험을 감수하기보다는 차라리 돈주머니를 쥐고 놓지 않으려고"[14] 한다. 그러나 시몬 루이스 자신은 손해를 입었다고 느낄지 모르지만, 다른 파트너들의 상업순환은 그 덕분에 정상적으로 마감되었다.

상업순환이 마감되지 않으면 사업 자체가 불가능하다

만일 상업순환이 어떤 방식으로든지 간에 마감되지 않는다면 상업순환 자체가 사라질 수밖에 없다. 이 시대에 빈번했던 전쟁이 반드시 그런 사태를 불러일으키지는 않았지만 그래도 간혹 실제로 그런 일이 일어났다. 예를 하나 들어보자.

코발트 청(靑)이란 도자기(porcelaine, faïence)를 만들 때 푸른색을 내는 데에 쓰이는, 코발트를 기본으로 하는 광물질 염료이며(이런 용도로는 언제나 반짝거리는 모래와 섞어 쓰며, 특히 저급품일수록 모래를 많이 섞는다) 동시에 직물 표백에도 쓰인다. 캉의 한 상인은 1784년 5월 12일에, 최근에 그에게 상품을 보낸 도매상에게 항의 편지를 썼다. "나는 이 코발트 청이 보통 때보

---

* 동업자 사이에 환어음을 발행한 것으로, 이자 수익은 취하지 못하고 단지 자본을 이전시키기만 한 경우일 것이다.

다 질은 색이 덜 나며 모래가 많이 섞여 있는 것을 발견했습니다."15) 코발트 청 공급상인 프랑크푸르트-암-마인의 벤사 형제 회사는 루앙의 위탁 중개상인인 뒤가르 2세의 도움으로 그와 30년이 넘게 계속 거래했다. 현재까지 보관된 서신 자료를 보면, 매년 똑같은 편지를 교환하며 극히 단조로운 거래 관계가 계속되었음을 알 수 있다. 날짜, 상품을 나르는 배의 선장 이름만 다를 뿐이다. 벤사 회사가 직접 만들어 뒤가르 2세에게 보내는 코발트 청은 통에 담겨 대개 암스테르담에서, 가끔 로테르담에서, 아니면 예외적으로 브레멘에서 적재된다. 이 사업은 거의 아무런 말썽 없이 잘 이루어졌다. 배가 늦게 도착하거나, 루앙 근처의 강에서 침몰하거나(이런 일은 정말로 드물었다),16) 경쟁자가 나타나는 등의 일은 거의 없었다. 상품을 담은 통은 뒤가르 2세의 창고에 차곡차곡 쌓였다가 매일 디에프, 엘뵈프, 베르네, 루비에, 볼베크, 퐁텐블로, 캉 등지로 팔려나갔다. 매번 그는 신용거래로 판매하고는 환어음, 은행의 계좌이체, 혹은 현찰 송금을 통해서 청구 금액을 받았다.

벤사 형제가 뒤가르 2세에게 코발트 청을 보낸 데에 대한 반대급부는 상품 거래로 이루어질 수도 있었을 법하다. 뒤가르는 직물, 세네갈 고무, 꼭두서니 염료(garance), 책, 부르고뉴 포도주(통이나 병에 담긴 것), 낫, 고래뼈, 인디고, 스미르나의 면직물 등 아무 상품이나 다 취급하기 때문이다. 그러나 벤사 형제 측의 자료를 통해서 확인할 수 있는 바에 의하면, 실제로 뒤가르는 환어음과 은행의 계좌이체를 통해서 항상 현찰로 상품 대금을 치렀다. 하나의 예가 100번의 설명보다 나을 것이다. 1775년 10월 31일,17) 프랑크푸르트에서 레미 벤사는 루앙으로 보낸 상품에 대한 계산을 해보았다. "대략 15퍼센트에 이르는 '부채 탕감용(extintif)'18) 비용을 제하면 그 상품 가격은 4,470리브르 10수에 이르는데, 그중 3분의 2인 2,980리브르에 대해서 오늘 날짜로 통상적인 유예 기간의 3배로(à 3 usances) 파리에서 나의 계정으로 갚도록 하는 환어음을 당신에게 발행하겠습니다." "위장스(usance)"란 지불유예 기간을 말하며 그 한 단위는 아마도 2주일이었을 것이다. 따라서 뒤가르

2세가 정해진 날짜에 파리에 있는 은행업자—늘 같은 사람을 이용했다—에게 2,980리브르를 지불하면, 그 은행업자가 다시 이 금액을 프랑크푸르트에 송금했다. 이 상업순환은 연말에 가서 완전히 마감될 것이다. 이때 그 계정들은 마감되고 두 정직한 상인들, 점잖고 유머가 있으며 친절한 뒤가르와 성미가 까다롭고 충고를 잘하는 프랑크푸르트의 파트너 사이의 거래가 완전히 결제된다. 여하튼 최종적인 결제는 결국 파리와 프랑크푸르트 사이의 환어음 연결에 달려 있다. 만일 이 연결이 끊어지면 이 거래의 평온함도 영영 깨져버리고 말 것이다. 그런데 프랑스 혁명이 일어나면서 실제로 이런 일이 일어나고 말았다.

1793년 3월에 벤사는 이제 더 이상 환상을 품지 않았다. 네덜란드와 프랑스 사이의 교역은 전부 금지되었고, 프랑크푸르트인들은 조금씩 유럽을 위협하는 그 전쟁 상태에서 도대체 그들이 어떤 지경에 있는지도 모를 정도였다. 그는 뒤가르 2세에게 이렇게 썼다. "우리는 결코 적이 아니지만 사람들이 우리를 그렇게 간주하는 듯합니다. 만일 그것이 사실이라면 대단히 유감이지만 우리의 사업관계는 앞으로 끊어질 것입니다."[19] 과연 그 사업관계는 아주 빨리 끝나버렸다. 마지막 편지들 중 하나에는 "파리에 대한 어음 가치가 계속 하락하고 있고 앞으로도 더욱 하락할 것 같습니다"라고 쓰여 있었다. 달리 말하면 반대거래(retour, return)의 연결망이 해결할 수 없을 정도로 위태로워진 것이다.

반대거래*의 어려움에 대하여

반대거래에 대한 일상적 해결책인 환어음과 관련해서는 금융순환의 안전성

---

* 원어의 '르투르(retour, return)'를 옮길 말이 적당하지 않아서 이를 "반대거래"로 풀어서 옮겼다. 예컨대 상품을 구입한 경우 이 대금을 직접 돈으로 지불하든지, 같은 가격의 다른 상품을 제공하든지, 어음을 발행해주든지 간에 여하튼 어떤 형태로든 그 구입에 대한 대응을 해야 하는데 이것을 개념적으로 가리키는 것을 "반대거래"로 옮긴 것이다.

이 무엇보다도 중요했다. 그 안전성은 파트너 개개인의 신용도 중요하지만, 동시에 효과적인 연결 가능성에 달려 있었다. 물론 그 어느 누구도 갑작스러운 사태를 맞이하지 말라는 법은 없지만 암스테르담에서 일하는 것이 예컨대 생-말로에서 일하는 것보다는 한결 낫다.

1747년에 생-말로의 대상인 피코 드 생-뷔크는 페루로 간 선박 르 리(Le Lis : 백합) 호의 적재 상품에 돈을 투자했는데, 이제 그가 받을 금액을 회수하고자 했다. 이 배는 스페인에 도착해 있었으며 이후 생-말로로 귀환하는 항해에 신고 올 상품 중에 그의 몫이 있었다. 그는 7월 3일에 카디스에 있는 조리프 회사에 이런 편지를 썼다. "당신들이 나에게 돈을 갚고자 하면 완벽하게 안전한 환어음으로 지불하시오. 그리고 특히 당신들에게 주문하는 바이지만 프랑스 동인도회사나 아니면 그 회사의 대리인들 앞으로 발행한 환어음은 어떤 이유에서든지 받지 마시오.……"[20] 우선 지적할 사실로, 카디스에 프랑스 동인도회사 대리인들이 있다는 것은 놀랍지 않다. 다른 회사들과 마찬가지로 이 회사는 아시아와의 교역에 필수불가결한 피아스트라 은화(옛날의 "8레알 화폐[pièce de huit]")를 얻기 위해서 이곳에 진출해 있었다. 만일 어느 프랑스 상인이 피아스트라 은화를 제공하면, 이 회사는 파리에서 지불받을 수 있는 환어음을 발행해주었다. 그런데 왜 피코 드 생-뷔크는 그것을 거부했을까? 어쩌면 그가 이미 이 회사와 다른 거래를 하고 있어서 여러 거래가 혼잡스럽게 섞이는 것이 싫어서였을까? 혹은 생-말로인들과 이 회사가 원수지간이었을까? 아니면 이 회사가 매번 지불을 늦게 해준다는 커다란 오명을 가지고 있기 때문이었을까? 그것은 잘 모르는 일이지만, 어쨌든 피코 드 생-뷔크가 그의 대리인이 어떤 선택을 하느냐에 전적으로 의존할 수밖에 없다는 점은 확실하다. 가장 첫 번째 이유는—그리고 이것이 중요한 점이고 또 그 자신이 또다른 편지에서 밝힌 바와 같이—"생-말로는 당신이 알다시피 환전 시장이 아니기" 때문이다.[21] 생-말로 상인들이 상거래를 할 때 언제나 현찰을 선호한다는 것을 보면 이것은 매우 중요한 지적이다.

어느 기업이든지 대(大)교환 중심지와 직접 선이 닿는 관계를 유지하는 것이 언제나 유리하다. 1728년에 피에르 펠레가 잔 네라크와 결혼함으로써 펠레 형제들이 얻었던 이점도 그런 것이다. 잔 네라크의 형제들 중 하나인 기욤 네라크가 당시 중요한 상업 중심지인 암스테르담에 곧 대리인으로 파견되어 가기 때문이다.[22] 이곳에서는 상품 매출도 더 쉽고 현찰 투자도 더 유리하다. 또한 유럽에서 가장 싼 이자로 돈을 대부받을 수 있다. 그 자체가 효율적인 중심지인 데다가 다른 곳들과도 연결되어 있는 이곳에서는 상품을 다른 곳에 재수출하기도 좋고, 네덜란드의 대상인을 비롯해 다른 상인들과 서비스를 주고받기도 편하다.

이와 똑같은 관계를 세트*의 마르크 프레시네 회사에서 찾을 수 있다. 이 회사는 1778년에 프레시네 2세를 시켜서 암스테르담 지사를 설립했다. 그리하여 네덜란드 선박인 야코부스 카타리나 호(암스테르담의 코르넬리스 판 카스트리큄이 이 배의 의장을 갖추어주었다)가 1778년 11월에 세트에 도착했을 때 이 배의 선장 헤르컬은 현지에 있는 프레시네 회사에 문의를 하도록 소개받았다.[23] 그는 644"통(paniers)"의 담배를 수송해와서 총괄 징세청부회사(Ferme Générale)에게 넘겨주었고, 이 회사는 그에게 1만6,353리브르에 달하는 금액을 지불했다. 네덜란드의 의장업자는 선장에게 이 돈을 "속달 계좌이체(prompte remise)"로 자신에게 보내달라고 요구했다. 그러나 여기에서 두 가지의 불행한 일이 일어났다. 첫째, 헤르컬 선장이 총괄 징세청부회사의 지불 위임장을 프레시네 회사에게 맡겼고 이 회사는 그것을 지체 없이 현금화했다. 둘째, 암스테르담에 있는 프레시네 2세 회사가 1778년 말에 파산하면서 세트의 마르크 프레시네 회사까지 여기에 연루되었다. 불행한 헤르컬 선장은 이 법정 문제에 끼어들게 되어 처음에는 승소하는 듯하다가 후에는 다시 불리해졌다. 그는 마르크 프레시네 회사의 신용 없는 태도에 부딪혔고

---

* Sète : 몽펠리에 남서쪽에 있는 항구. 에로 지방(Hérault)의 중심지.

또 파산한 회사의 빚쟁이들의 요구에 시달리게 되었다. 모두들 곤경에 빠진 이 외지인 채권자에게 적대적이었다. 마침내 반대거래를 얻기는 했지만 그 것은 늦게, 그것도 아주 나쁜 조건으로 이루어졌다.

서인도 제도나 인도양 등지와의 원거리 무역—당시에 가장 수익성 좋은 사업이기는 했다—은 흔히 반대거래에 문제를 일으켰다. 때로 즉흥적인 조 치를 취하거나 모험을 감수해야 했다.

루이 그레퓔이 네덜란드 통치 아래에 있는 소(小)앤틸리스 제도의 신트-외 스타티위스 섬에 동생을 배치한 것은 분명히 투기를 하려는 의도였다. 이 사 업은 여러모로 수익성은 좋았으나 위험을 안고 있었고 결국은 곤경에 처했 다. 1776년 4월부터 영국과 아메리카 식민지 사이에 일어난 전쟁 때문에 국 제관계가 불안해지더니 아메리카와의 관계가 어려워지고 불확실해졌다. 이 상황에서 자금을 어떻게 본국으로 송환할 것인가? 앤틸리스 제도에 나가 있는 그레퓔은 절망적인 상태에서 동업자이자 동서인 뒤 물랭을 마르티니 크로 보냈다. 아직 영국과 평화 상태에 있던 프랑스로 "자금을 돌리고" 다시 그곳에서 암스테르담으로 자금을 돌리려는 의도였다. 그러나 암스테르담에 있는 그의 형은 이 소식을 듣고 노발대발했다. "도대체 그 결과가 어떻게 될 것인가? 만일 좋은 파트너를 발견하지 못하면 더욱 지체될 것이다. 또 만일 보르도나 파리에서 지불받을 수 있는 어음을 발견한다고 해도, 또한 그것을 발행한 사람이 마르티니크에서 가장 훌륭한 인사라고 해도, 그런 어음은 걸 핏하면 유럽에서 지불 거부를 당하기 일쑤인데 그러면 어디에서 돈을 찾는 다는 말인가? 만일 그가 그곳에서 이리로 어음을 보낸다면 제발 사태가 그 런 식으로 되지 않았으면 좋으련만."[24] 환어음은 진정 "거래를 결제하는 데 에(pour solde de compte, 이는 당시에 유행하던 표현이다)" 더할 나위 없이 좋 은 도구이지만, 그 도구는 안전한 수중에 있어야 하고, 품질이 좋아야 하고, 효율적이어야 한다.

1729년 10월, (프랑스 동인도회사에 고용된 선원직을 그만두고 모험상인 노룻을 한) 마에 드 라 부르도네*는 퐁디셰리에 있었다.[25] 그는 자신에게 이미 자금을 출자한 바 있는 생-말로의 친구들과 새로운 회사를 만들려고 했다. 이전에 이 친구들은 모카, 바타비아, 마닐라, 혹은 중국에서까지 거래하는 "아시아 내 무역"을 하기 위해서 필요한 자금과 상품을 제공했다. 이 자본과 이윤을 송환하는 데에 부르도네는 여러 가지 방안을 가지고 있었다. 동인도 회사에 대해서 어음을 발행하는 것이 가장 조용한 해결책이 될 것이다. 또는 상품을 보내는 수가 있다(그는 즉각 자금을 회수하고자 하는 그의 출자인 한 사람에게 인도산 의류 700벌을 보낸 적이 있었다. 그의 말에 의하면 "이것은 압수당할 위험이 전혀 없다." 그러나 "염색한 직물"은 이 당시 프랑스 내에 반입이 금지되어 있어서 사정이 달랐다). 또는 프랑스로 돌아가는 한 친절한 선장에게 금을 맡겨 보내는 방법도 있다(이렇게 하면 전체 액수 중에 2.5퍼센트에 달하는 비용을 줄일 수 있고 더구나 가외로 20퍼센트의 추가 이익을 볼 수 있다). 그러나 이와는 달리 부르도네는 당시 인도에 나와 있는 영국 상인들 및 유럽 상인들이 흔히 하던 다이아몬드 반입에는 그렇게 흥미를 느끼지 않았다. "나는 이 사업을 그리 잘 알지 못하기 때문에 이 방법을 덥석 받아들일 수도 없고……그렇다고 이 사업을 하는 사람들을 무조건 믿을 만큼 바보도 아니다." 만일 이 새 회사가 제대로 일을 하지 못하면, 부르도네 자신이 수중에 가지고 있던 자금과 상품을 프랑스로 가져갔을 것이다. 그리고 만일 이왕 그렇게 한다면 포르투갈 배를 이용했을 것이다. 그 배가 브라질에 들르므로 이곳에서 인도 산물을 유리하게 팔 수 있기 때문이다. 여기에서 우리는 그가 이전에 브라질에 거주한 적이 있으므로 그때 브라질 연안 지역에서 친구들을 사귀었고 사업관계를 가지게 되었으리라는 점을 알 수 있다. 그처럼 많은

---

* Bertrand-François Mahé, comte de La Bourdonnais(1699-1753) : 프랑스 동인도회사에 소속된 선원으로 일하다가 1725년에 마에 지역 점령에 공을 세웠다. 1735년에 프랑스 섬과 부르봉 섬의 총독에 임명되어 커피를 비롯한 식민지 상품의 재배를 발전시켰다. 귀국 후 국왕 함대를 지휘했으나 영국 해군과 자의로 강화를 했다는 죄로 바스티유 감옥에 투옥되기도 했다.

여행을 한 사람에게는 이제 세계가 한 마을처럼 작아져서 모든 사람이 서로서로 알게 되는 것과 같다.

1806년 파리에서 뒤늦게 나온 피에르 블랑카르 선장의 『동인도 및 중국과의 교역 입문서(*Manuel de Commerce des Indes Orientales et de la Chine*)』는 이전에 프랑스 섬(오늘날의 모리셔스 섬*)에 거주하는 프랑스 상인들이 수행하던 수익성 좋은 사업의 면모들을 보여준다. 이 프랑스 상인들은 동인도 지역에 거주하는 영국 상인들이 어느 정도 합법적으로 재산을 얻은 후에 그것을 비밀리에 본국에 송환하려고 할 때 이 일을 도와주면서—완전히 공평무사하게 도와준 것은 아니지만—부를 쌓았다. 프랑스 상인들은 영국인들에게 "파리에서 지불받는 어음을 발행해주었는데, 이때 환율은 어음 제시 후 6개월 뒤에 별무늬가 있는 파고다 화당 9프랑, 다시 말해서 루피당 2프랑 50상팀이었다."[26] (프랑과 상팀이라는 단위가 등장하는 것으로 보아 블랑카르는 이전 세기의 거래 내역을 모두 나폴레옹 시대인 이 당시의 화폐로 환산하여 이야기하고 있다.) 이 어음은 물론 아무 근거 없이 발행된 것이 아니라, 동인도에서 프랑스 무역이 누리는 이익에 근거한 것이다. 이 이익은 정규적으로 파리에 있는 은행가들에게 송금되었으며, 그러다가 영국인이 소지한 어음까지 파리 은행가들이 지급하게 된 것이다. 그러므로 프랑스 섬의 상인들이 이익을 누릴 수 있도록 이 금융 순환이 잘 마감되기 위해서는 다음 조건들이 충족되어야 했다. 첫째, 영국인들이 자금을 본국에 송환하는 데에 영국인 자신들의 송금 체제를 이용하지 못하는 사태가 계속될 것, 둘째, 동인도산 염색 직물을 거래하는 프랑스 상인들의 사업이 잘 이루어질 것, 마지막으로, 상업적으로나 환업무에서나 루피 화를 리브르 화로 교환하는 것이 언제

---

* Mauritius : 이 섬은 1505년에 포르투갈인이 발견했으나 곧 네덜란드인이 점령해서 1710년까지 네덜란드 영토였다. 그후 1715년에 프랑스인이 이 섬을 점령하고 이름을 프랑스 섬(île de France)으로 고쳤으며 라 부르도네가 1735–1746년 동안 총독으로 있었다. 그후 1810년부터 영국이 이 섬을 지배하여 영국의 식민지가 되었다가 1968년에 독립했다.

나 프랑스인들에게 유리할 것. 결국 이런 조건들이 맞아떨어졌기 때문에 프랑스 상인들이 이익을 누릴 수 있었던 것이다.

상업상의 협력

교역은 세계를 포괄한다. 교차로마다 그리고 연결점마다, 정주상인이든 행상인이든, 언제나 상인이 존재한다. 그리고 그 상인의 역할은 그가 어떤 위치에 서 있느냐에 따라 결정된다. "당신이 어디에 있는지 말해보라. 그러면 당신이 누구인지 말할 수 있다." 어느 곳에서 태어났는지, 어떤 유산을 물려받았는지 등의 우연적인 요소들이 상인에게 영향을 끼치지 않을 수 없다. 오베르슈타이어마르크 지방의 유덴부르크에 자리 잡은 상인이라면 (1526-1548년에 활약한 상인 클레멘스 쾨르블러처럼) 슈타이어마르크의 철이나 레오벤의 강철을 취급하고 린츠의 정기시들에 자주 들락거릴 것이다.[27] 마르세유에 있는 대상인이라면 이 지역에서 취할 수 있는 서너 가지의 가능성 사이에서 선택할 것이며, 그중 결국 어떤 선택을 하느냐는 대부분 그때의 콩종크튀르에 따라서 결정될 것이다. 19세기 이전의 대상인들이 대부분 여러 활동을 동시에 하는 것(당시의 표현대로 말하자면 "모든 계란을 한 바구니에 넣지 않으려는 것")은 단지 신중함 때문이었을까? 혹은 그의 수중에 닿는 여러 흐름을(그 자신이 이 흐름을 만든 것은 아니지만) 동시에 전부 이용해야만 했기 때문일까? 어쨌든 하나의 영역만을 고집했다가는 원하는 수준에 이르지 못하고 만다. 이러한 "다면성(polyvalence)"은 교역량이 충분하지 못하다는 외부적 요인에 기인한다. 여하튼 왕래가 잦은 중심지에서 상업활동을 활발히 수행하던 대상인은 소매상에 비해서 늘 전문성이 모자라는 편이었다.

상업망은 상업순환의 여러 지점들에 분포되어 있는 대리인들(agents)이 연결되어 만들어진다. 이 사람들이 모두 한 회사에 속해 있는지 아닌지는 중요하지 않다. 상업은 이런 연락지점들 사이의 협력과 연결을 통해서 살아간다. 반대로 이런 연락지점들은 이 일에 이해를 두고 있는 당사자들이 성공을 거두면 거의 저절로 증가한다.

이에 대해서는 장 펠레(1694-1764)가 좋은, 어찌 보면 거짓말같이 지나치게 좋은 예를 보여준다. 그는 루에르그에서 태어나 나중에 보르도의 대상인이 되었지만 처음에는 어려운 삶을 살았다. 초기에 그는 마르티니크 섬에서 소매상을 했는데, 훗날 큰 재산을 모았을 때 형이 자주 말했듯이, "곰팡이 슨 카사바 가루로 만든 빵에 신 포도주와 상한 고기"를 먹으며 지냈다.[28] 1718년에 그는 보르도에 와서, 마르티니크 섬에 남아 있는, 그보다 2살 위인 형 피에르와 회사를 결성했다.[29] 이 회사는 아주 적은 자본만을 가지고 보르도와 마르티니크 섬 사이의 교역에만 한정된 활동을 했다. 말하자면 두 형제가 각각 줄 양끝에 있는 형태였다. 로 체제의 위기가 심각한 양태로 터졌을 때 이 회사는 이 상황을 잘 버텨나갔다. 그때 섬에 남아 있던 형이 이렇게 쓴 바 있다(1721년 7월 8일). "네가 말했듯이 우리가 올해에 손해를 보지 않고 잘 버텨낸 것이 여간 다행스러운 일이 아니다. 모든 대상인들이 신용으로 일할 수밖에 없으니 말이다."[30] 한 달 뒤인 8월 7일에는 다시 이런 편지를 보내왔다. "프랑스의 상황이 그토록 피폐하고 사람들이 자산을 그렇게 빨리 잃는다는 것이 놀랍기 그지없구나. 우리는 다른 사람들보다 낫게 이 사태에서 빠져나왔으니 정말 다행이다. 그건 이 지방[마르티니크 섬]에 상품 매출구를 가지고 있기 때문이겠지. 너는 화폐나 어음에 집착하는 일이 없도록 해라."[30] 이 마지막 말은 곧 상품만 가지고 영업을 하라는 뜻이다. 이 형제들은 1730년까지만 회사 형태의 결합을 유지했지만 그후로도 이들의 사업관계는 계속 유지되었다. 두 사람 모두 막대한 이윤을 모으고 그것을 꽤 능숙하게 갈무리해둔 덕에 출세를 했다. 1730년 이후에는 이 두 사람 중에 더 모험적인 사업을 한 장 펠레만 추적할 수 있다. 1733년 이후부터 그는 아주 큰 부자인 데다가 수많은 대리인과 그가 소유한 선박의 "경영인 선장들"*에 의

---

* capitaines géreurs : 수송업무만이 아니라 배로 수송하는 상품의 상업거래까지 하는 선장.

존해서 사업을 했기 때문에 정식 파트너가 필요하지 않았다. 그의 사업관계
는 정말이지 엄청난 규모였다. 그는 의장업자, 대상인이면서 때로는 금융업
자이고, 지주, 포도주 생산자 겸 상인, 지대 수취인이었다. 그가 사업관계를
가진 지역은 마르티니크, 산토 도밍고, 카라카스, 카디스, 비스카야 지역, 바
욘, 툴루즈, 마르세유, 낭트, 루앙, 디에프, 런던, 암스테르담, 미델뷔르흐, 함
부르크, (염장 쇠고기를 구매하는 곳으로서) 아일랜드, (면직포를 구매하는 곳
으로서) 브르타뉴 등 한이 없었다. 그리고 파리, 제네바, 루앙의 은행업자와
관계를 가지고 있는 것도 물론이다.

　이렇게 두 형제 모두 큰 부를 모은 사업(피에르는 자기 동생보다 소심하고
조심스러워서 단지 의장업과 식민지 무역에만 손을 댔지만 그 역시 백만장자
가 되었다)은 가족 간의 연합 방식으로 구성되었다. 피에르의 처남—피에르
는 1728년에 결혼했다—인 기욤 네라크는 이 두 형제를 위해서 암스테르담
에서 주재원으로 일했다.[31] 상인의 직무에는 보조원과 확실히 믿을 수 있는
파트너가 절대적으로 필요했는데 이런 필요를 만족시켜주는 것으로 가장
자주 이용되고 자연스러운 것이 가족이었다. 그러므로 대상인 가문의 역사
는 마치 정치적 격변을 연구하는 데에 군주들 가문의 계보를 연구하는 일이
중요한 것과 똑같은 정도로 결정적인 중요성을 가진다. 루이 데르미니, 헤르
베르트 뤼티, 헤르만 켈렌벤츠 등의 연구가 이 점을 잘 보여준다. 집정 시대
와 나폴레옹 제정 시대의 프랑스 은행의 이사들 목록을 연구한 로무알드 스
람키에비치의 책도 마찬가지이다.[32] 그리고 그보다도 더 관심을 끄는 것은
차라리 이 은행 설립의 전사(前史)일 것이다. 이 은행을 설립한 가문들은 전
부—혹은 거의 전부—스페인령 아메리카와 관련을 가지고 있었고 특히 그
곳에서 산출되는 은과 깊은 관련을 가지고 있었다.

　가족관계를 이용한 해결책만이 유일한 것은 물론 아니다. 예컨대 16세기
의 푸거 가문은 단순한 고용인으로서, 그들에게 봉사하는 주재원들을 이용
했다. 말하자면 권위주의적인 해결책이었다. 크레모나 출신의 아파이타티

가문은 지사(支社)체제를 선호했는데,[33] 사정이 여의치 않을 경우에는 해당 지역의 현지 회사를 지사로 이용했다. 그들 이전에 메디치 가문 역시 지사체제를 구축했는데,[34] 이 지사들은 경기의 좋고 나쁨에 따라 그렇게 하는 것이 유리하다고 생각하면 장부상으로 독립적인 지위를 부여받았다. 그렇게 하면 예컨대 한 지역에서의 파산이 회사 전체에 파급되는 위험을 피할 수 있었다. 16세기 말이 되면서 위탁(commission)체제가 일반화되어갔다. 유연하고 비용도 적게 들면서 편리한 제도였다. 이탈리아나 암스테르담 등지의 상인들은 모두 다른 상인들을 위해서 위탁업무를 해주는 대신, 그들 역시 위탁업무 서비스를 받았다. 다른 상인들을 위해서 위탁업무 서비스를 해줄 때에는 몇 퍼센트의 액수를 공제하고, 반대의 경우에는 또 자기 구좌에서 같은 비율로 공제해가도록 했다. 이것은 회사 결성과는 거리가 멀고, 단지 상호 서비스를 교환하는 것이다. 일반적으로 많이 쓰이는 또다른 방식으로는 **분담출자**(participation)가 있다. 이것은 회사 구성의 변형된 방식으로서, 이해관계를 가진 사람들이 단 한 차례에 한하여 결합하는 것을 말한다. 다음번에 다시 같은 사업을 할 경우에는 계약을 갱신한다. 우리는 다음에 이것을 더 자세히 볼 것이다.

상인들 사이의 합의와 협력이 어떤 형태를 띠든 간에 그것은 성실성, 개인적인 믿음, 정확성, 주어진 명령의 존중 등을 필요로 한다. 이를 위해서는 꽤 엄격한 상도덕이 요구된다. 암스테르담 상인인 헤벤스트레이트와 그 아들은 루앙의 뒤가르 2세와 반반씩 투자하는 분담출자 계약을 맺었다. 1766년 1월 6일, 그들은 뒤가르에게 아주 직설적인 내용의 편지를 보냈다.[35] 뒤가르가 그들이 보낸 세네갈산 고무를 "아주 헐값에", "부적절하게 그리고 그들이 보낸 명백한 명령에 어긋나게" 팔았다는 것이다. 결론은 분명하다. "당신들이 부당하게 팔아버린 것과 똑같은 가격으로 우리가 가진 절반의 지분을 원상회복하라"는 것이다.[36] 이것은 그래도 "이 문제에 관해서 제3자에게 의뢰할 필요가 없도록" 제안한 "우호적 합의(amiable)" 방식이다. 루앙만 하더라도 이와 같은 사업에서 상인들 사이의 협력이 실제로는 암스테르담의 대상인들에게 유리하게 작용한다는 점을 여실히 보여주는 사례이다.

믿음을 가져야 하고, 또 반대로 명령은 따라야 한다. 1564년에 시몬 루이스는 세비야에 헤로니모 데 바야돌리드라는 대리인을 두었다. 이 대리인은 분명히 그보다 젊었을 것이며 아마도 그와 마찬가지로 카스티야 사람이었을 것이다.[37] 그런데 이 젊은이가 어떤 종류의 잘못을 저질렀는지는 확실하지 않지만, 그는 이 젊은 친구를 비난하며 화를 냈다. 그가 잘못을 저지른 것을 때마침 발견한 다른 대리인이 주인에게 이 사실을 알렸지만 그렇다고 이 사태가 해결되지는 못했다. 헤로니모는 지체없이 사라졌다. 세비야 경찰이 그를 추적해왔기 때문이다. 그러다가 얼마 뒤에 그는 메디나 델 캄포에서 주인 앞에 나타나 그의 발밑에 엎드려 용서를 구했다. 나는 사료를 뒤지던 중 우연히 1570년의 기록에서 헤로니모 데 바야돌리드라는 이름을 발견한 적이 있다. 앞에서 언급한 사건이 있고 6년 뒤인 이때 그는 세비야에서 모직과 직포 전문 상인이 되어 있었다. 그가 성공한 것일까? 이 작은 예는 비록 구체적인 사실에서는 불명확한 점이 있지만 상인이 대리인이나 파트너, 혹은 고용원에게 요구하는, 혹은 요구할 권리가 있는 신용이라는 기본적인 문제가 무엇인지를 보여준다. 주인과 대리인의 상하관계는 일종의 "봉건적인" 관계이다. 18세기 초만 해도 프랑스의 한 고용원은 갓 벗어난 주인과의 관계를 "멍에"와 "지배"로 묘사했다.[38]

무슨 일이 일어나든 대리인을 신용하는 것, 이것이 외지인이 세비야라는 당혹스러운 세계 속으로 뚫고 들어갈 유일한 길이었다. 얼마 뒤, 비슷한 이유로 세비야만큼이나 당혹스러운 도시였던 카디스에서 당시 원칙적으로 스페인인에게만 허용되던 아메리카와의 교역에 외지인이 참가하려면 역시 현지 대리인에게 의존하는 수밖에 없었다. 아메리카로 가는 교두보인 세비야와 카디스, 두 도시는 밀수와 협잡이 판을 치는 이질적인 곳이었다. 이곳에서는 규칙이나 관리 당국과 같은 것이 늘 무시되었다. 게다가 관리 당국은 오히려 공모자 역할을 했다. 그러나 이런 타락 한가운데에서도 상인들 사이에는 "그곳에서 통하는 법칙(loi du milieu)"이 있었다. 마치 트리아나와 산 루카르 데 바라메다 항구—두 지역 모두 스페인 도둑들의 집합소이다—라는 외곽 지역에서 비행 청소년과 경찰들 사이에 법칙이 있는 것과 같다. 당신이 외국 상인이라고 할 때, 당신이 믿던 대리인이 당신을 속였더라도 현지의 엄격한 법칙은 무자비하게 당신에게만 잘못을 뒤집어씌우려고 한다. 언제나 외국인만 당하게 되어 있는 것이다. 그러나 사실 이런 경우는 극히 드물다. 16세기 말부터 네덜란드인들은 스페인 선박에 화물을 싣고 아메리카에 상품을 보내기 위해서 흔히 스페인 사람의 명의를 빌렸으나 아무런 문제가 없었다. 카디스에 메테도레(metedore : 넘겨주는 사람, 밀수꾼)라는 사람들이 있다는 것은 누구나 다 아는 사실이다. 이들은 흔히 몰락한 귀족 출신으로서 귀금속 괴(塊)나 해외의 값비싼 상품, 더 나아가서 담배와 같은 일반 상품까지 밀수로 넘겨주는 역할을 했으며, 그런 일을 한다는 것을 굳이 숨기려고 하지도 않았다. 위험을 감수하고 때때로 흥청거리기를 좋아하는 이들은 건전한 사회층으로부터는 손가락질을 당했지만, 실제로는 대상업 도시의 뼈대를 이루는 연대와 협동체제에 단단히 한몫을 하는 사람들이었다. 더 중요한 사람들은 카르가도르(cargador : 운반인)였다.[39] 이들은 스페인인이나 귀화인들로서 인도로 가는 배에 화물과 동행하여 화물을 책임졌다. 외국인들은 이들의 신의에 의존할 수밖에 없었다.

상업망, 분할 지배, 정복

상인들 사이의 이런 연대는 어느 정도 계급연대의 성격이 있다. 물론 그렇다고 개인과 개인, 도시와 도시 그리고 "나시옹(nation)"*과 "나시옹" 사이에 벌어지는 사업상의 경쟁을 배제하지는 않는다. 16세기의 리옹은 "이탈리아"

---

* 동향인(同鄕人) 집단이라는 뜻.

상인들이 지배하고 있었다고 흔히 이야기하지만, 이는 지나치게 단순한 말이다. 실제로는 (1528년에 심각한 문제로 이들이 멀리 쫓겨갈 때까지) 루카인, 피렌체인, 제노바인의 식민지들이 지배하고 있다고 말해야 한다.[40] 이들은 서로 경쟁하는 집단을 이루었는데 이 각각의 집단을 "나시옹"이라고 했다. 이탈리아 도시들은 서로 증오하고 다투면서도 필요하면 외국인에 대항하여 서로 돕는 기가 막힌 묘기를 보여준다. 이 상인 집단에는 그들의 친척, 친구, 하인, 대리인, 장부 기록인, 서신 대필 고용인 등이 포함되어 있다. 아르만도 사포리에 의하면 잔필리아치가 13세기에 남부 프랑스에 와서 정착했을 때 이탈리아인들은 "다른 이탈리아인들, 즉 우리 상인들이 진짜 큰 무리를 이루어서(con una vera folia di altri Italiani, altri mercatores nostri……)" 왔다.[41]

그것은 정복과 분할 지배, 그리고 일종의 세포조직에 관한 이야기이다. 언제나 이러한 것들을 강고하게 장악한 집단들이 상업순환과 상업망을 지배한다. 이들은 자신이 그것을 이용하거나, 그렇지 못할 경우 적어도 남이 이용하지는 못하게 만든다. 이런 집단들은 유럽 내에서든, 유럽 밖에서든 조금만 유의하면 쉽게 찾아볼 수 있다. 산시 성의 상인 겸 은행업자들은 황허 강에서부터 주장 강에 이르기까지 중국 전역을 횡단했다. 또다른 중국의 상업망은 남중국으로부터(특히 푸젠 성으로부터) 일본과 말레이 제도에까지 뻗쳐 있는데, 이것은 오랫동안 식민지 팽창의 성격을 가지는 중국 밖의 중국이었다. 1638년 이후 쇄국 정책하의 일본에서 국내상업을 좌우하던 오사카 상인들은 일본 열도 전체의 활기찬 경제를 지배했다. 한편 우리는 인도 내부와 외부에서 활약하던 바니아 상인들의 엄청난 팽창에 대해서 말한 바 있다. 타베르니에의 말에 의하면 에스파한에 아주 많은 바니아 은행업자들이 있다.[42] 그들은 이스탄불, 아스트라한, 모스크바에서도 볼 수 있다. 1723년에 모스크바에 있던 한 인도 상인이 죽자 그의 부인이 남편의 화장식 때 그 옆에서 산 채로 불에 타죽을 수 있게 해달라고 요청했다.[43] 러시아 정부가 이 요구를 거절하자 곧 "인도인 대리상들이 봉기해서 그들의 자산을 싸들고 러시아를 떠나겠다"고 했다. 이런 위협 앞에서 러시아 당국은 물러설 수밖에 없었다. 똑같은 일이 1767년에도 일어났다.[43] 이보다 더 잘 알려진 장관은 인도의 "이교도들", 즉 이슬람 상인들이 인도양을 넘어 말레이 제도 연안까지 팽창한 것이다. 그들의 상업망은 이후에 포르투갈인들의 급작스러운 침입과 네덜란드인들의 폭력 앞에 저항했다.

유럽과 지중해 지역, 서양과 동양, 그 어디든 이탈리아인들이 없는 곳이 없을 지경이다. 1204년에 콘스탄티노폴리스를 공략한 후*—그리고 그 이전에라도—이탈리아인이 얻은 비잔티움 제국보다 더 훌륭한 먹이가 어디 있겠는가?[44] 이탈리아 상인들의 정복은 곧 흑해 연안에까지 이르렀다. 이탈리아의 상인, 선원, 공증인들은 그곳에서 마치 제집에 있는 것이나 마찬가지였다. 수 세기에 걸쳐서 느릿느릿 이루어진 이탈리아인들의 서양 정복은 더더욱 대단하다. 그들은 1127년부터 이퍼르 정기시에 나타났다.[45] "13세기 후반에 이들은 이미 강력한 회사들을 결성해서 프랑스를 덮어버렸는데 사실 이 회사들은 피렌체, 피아첸차, 밀라노, 로마, 베네치아의 대회사의 지점들에 불과하다. 이들은 브르타뉴[1272-1273년 이후], 갱강, 디낭, 캥페르, 캥페를레, 렌, 낭트……보르도, 아쟁, 카오르에 자리를 잡았다."[46] 이들은 차례로 샹파뉴, 브루게 그리고 그후에 제네바의 정기시들, 또한 더 후에는 리옹에 있는 위풍당당한 정기시를 새롭게 활성화시켰다. 이들은 세비야와 리스본이 초기에 위대한 성과를 이루는 데에 일조했고 다시 안트베르펜의 발전의 기초를 놓았으며 더 후에는 프랑크푸르트의 초기 융성을 도왔다. 그리고 마지막으로 제노바 정기시—이른바 브장송 정기시—의 지배자가 되었다.[47] 영리하고, 활기에 넘치고, 다른 사람들에게는 참을 수 없는 존재로서 미움과

---

* 제4차 십자군 당시의 일을 말한다. 이때 십자군의 원래 목표는 이집트로 진군하는 것이었으나, 이들의 수송을 맡은 베네치아인들이 달마티아에 있는 자라(Zara)를 점령하지 않으면 수송하지 않겠다고 해왔다. 십자군은 자라만이 아니라 콘스탄티노폴리스를 점령해버리고 이곳에 라틴 왕국을 건설했다. 원래 콘스탄티노폴리스 측이 원군을 보내달라는 것이 십자군의 계기였던 점이었음을 고려하면, 이것은 십자군의 역사 중 가장 빗나간 경우였다.

부러움을 동시에 받으면서, 이들은 사방으로 뻗어나갔다. 이탈리아 상인들이 여러 도시 속으로 파고들어가듯 지중해의 거선(巨船)의 선원들은 북해로 진출하여 브루게, 사우샘프턴, 런던의 부두와 항구의 술집을 가득 채웠다. 프로테스탄트와 가톨릭 사이의 투쟁의 중심 무대가 대서양이었던 것이 과연 우연일까? 북유럽 선원과 남유럽 선원들이 구적(仇敵)의 관계에 있었다는 것이 아마 그 집요한 투쟁들을 설명해줄 것이다.

또다른 상업망들도 찾아볼 수 있다. 우선 강고한 한자 동맹 상인들이 있다. 고지 독일* 상인들은 "푸거의 세기"(고작 수십 년에 불과하지만 정말로 대단한 시기였다)에 자신의 한계를 넘어서고 있었다.[48] 그 외에도 네덜란드인들, 영국인들, 아르메니아인들, 유대인들, 스페인령 아메리카의 포르투갈인들 등이 있다. 그러나 프랑스의 경우를 보면, 지중해의 마르세유나 레반트 지역, 또 18세기에 바스크인들 및 카탈루냐인들과 함께 이베리아 반도의 시장을 나누어 지배한 정도[49] 외에는 별것이 없다. 프랑스의 성공이 보잘것없다는 것에는 중요한 의미가 있다. 남을 지배하지 못하면 남에게 지배당하기 마련이다.

아르메니아인과 유대인

아르메니아인과 유대인 상인에 대해 많은 정보가 있기는 하지만, 단편적인 사실들과 개별 연구들을 가지고 쉽게 전반적인 윤곽을 그려낼 만큼 충분하지는 않다.

아르메니아 상인들은 페르시아 전역을 상업 식민지로 만들었다. 아바스 샤**는 이들을 에스파한에 붙어 있는 거대하고 활기찬 외곽 지역인 줄파에만 한정하여 거주하도록 만들었으나, 그들은 이곳을 거점으로 삼아 전 세계로 약진했다. 곧 그들은 인도 전역—우리가 일부 정보를 너무 불려서 보

---

* 북부 독일에 비해 고지대인 남부 독일을 말한다.
** shah : 페르시아의 왕을 뜻한다.

는 것은 아닌지 모르겠지만, 인더스 강으로부터 갠지스 강 및 벵골 만까지 의 지역을 의미한다[50]—을 가로질러 갔다. 그들은 남쪽으로도 세력을 확대해서, 예컨대 1750년경에 포르투갈령 고아에서는 프랑스나 스페인 상인들처럼 "산타-로사 클라라 수녀원"*에서 자금을 빌리기도 했다.[51] 아르메니아인들은 또 히말라야 산맥을 넘어서 라사에까지 이르렀고, 이곳에서 1,500킬로미터 이상 떨어진 중국 변경 지역과도 거래했다.[52] 그러나 중국 내부로는 거의 뚫고 들어가지 못했다. 중국과 일본이 이들에게 문호를 개방하지 않은 것은 이상한 일이다.[53] 그렇지만 스페인령 필리핀에서는 곧 이들의 수가 크게 늘었다.[54] 이들은 또 거대한 튀르키예 제국 내에서도 사방에 퍼져서 유대인이나 다른 상인들에게 호전적인 경쟁자가 되었다. 유럽 지역에서는, 모스크바 공국에 확고하게 자리를 잡고서 회사를 구성하여 이란에서 수입한 원견을 배분했는데 이 비단은 여러 차례의 교환을 통해 러시아 전역을 횡단하여 아르한겔스크(1676)라든지[55] 기타 러시아 주변국에까지 전해졌다. 아르메니아인들은 모스크바에 거주하면서 기나긴 경로를 통해서 스웨덴에까지 갔다. 이곳에는 암스테르담을 경유해 상품을 들여올 수도 있었다.[55] 시장 개척을 위한 답사여행은 폴란드 전역, 독일, 그중에서도 특히 라이프치히 정기시에까지 이르렀다.[56] 그들은 네덜란드에 갔고, 그후로 영국과 프랑스에까지 등장한다. 이탈리아에는 17세기에 베네치아를 비롯한 여러 지역에 수월하게 정착하기 시작했다. 이것은 16세기 말 이래 동양 상인들이 끈질기게 파고들어오는 특징적인 현상이었다.[57] 그보다 더 일찍이 몰타 섬에도 들어갔다. 이곳 문서에 그들은 "가난한 아르메니아 기독교도(poveri christiani armeni)"라고 기록되어 있다. 이들은 "가난한지(poveri)"는 모르겠지만 "그들의 거래를 위하여(per alcuni suoi negotii, 1552, 1553)"[58] 그곳에 머물렀다. 물

---

* 1212년에 아시시의 클라라가 세운 교단으로, 일명 "가난한 여인들의 교단"이다. 이들은 1216년에 교황 인노켄티우스 3세로부터 재산이나 지대 수취를 받지 않고 생활할 권리를 인정받았다. 이 교단은 아시시의 프란체스코 성인의 영향을 받아 검소하게 살며 기도와 노동을 강조한다.

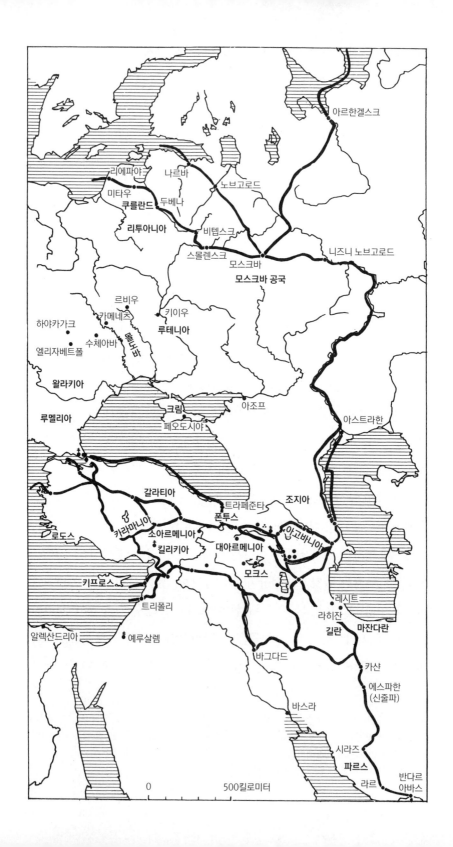

아르한겔스크

리에파야
나르바
노브고로드
미타우
쿠를란드
두베나
리투아니아
비텝스크
스몰렌스크
니즈니 노브고로드
모스크바
모스크바 공국

르비우
카메네츠
키이우
하야카가크
루테니아
수체아바
엘리자베트폴
몰도바

왈라키아

루멜리아
크림
아조프
페오도시야
아스트라한

갈라티아
트라페준타
조지아
폰투스
로도스
카라마니아
소아르메니아
얍고바니아
킬리키아
대아르메니아
키프로스
모크스
레시트
라히잔
트리폴리
길란
마잔다란
알렉산드리아
예루살렘

바그다드
카샨
에스파한
(신줄파)
바스라

시라즈
파르스
반다르
아바스
라르

0   500킬로미터

론 사람들이 이들을 늘 따뜻하게 맞이하지는 않았다. 1623년 7월에 마르세유의 공사(公使)들은 아르메니아인들이 비단을 상자째 들여오는 것에 대해서 하소연하는 보고를 올렸다. 그들의 보고에 의하면 이것은 이 도시의 상업에 큰 해를 끼쳤다. "이들보다 더 탐욕스러운 민족은 없을 것이다. 이들은 알레포,* 스미르나 등지에서 비단을 쉽게 팔고 이익을 볼 수 있으면서도 한 푼이라도 더 벌기 위해서 이 세상 끝까지[즉, 마르세유까지] 왔다. 그리고 이들은 [돼지같이] 추접스러운(porque) 생활을 해서 거의 언제나 풀(herbes, 즉 채소)만 먹는다."[59] 그렇다고 해서 아르메니아인들이 쫓겨나지는 않았다. 약 25년쯤 뒤인 1649년 1월에 프랑스의 기사 폴이 지휘하는 함대가 몰타 섬 근처에서 영국 배 한 척을 나포했는데, 이 배는 스미르나로부터 리보르노와 툴롱까지 "약 400통의 비단을 운송하는 중이었으며, 그것은 대부분 이 배에 탑승한 64명의 아르메니아 상인들 소유이다."[60] 아르메니아인들은 그 외에도 포르투갈, 세비야, 카디스, 그리고 아메리카의 항구들에서 볼 수 있었다. 1601년, 카디스에 도착한 조르주 다 크루스라는 한 아르메니아인은 고아로부터 곧바로 이곳에 오는 길이라고 주장했다.[61]

간단히 말해서 이들은 거의 모든 상업세계에 존재했다. 이 승리를 명백히 보여주는 자료가 루카스 바난테스티라는 한 아르메니아 상인이 그들의 언어로 써서 1699년에 암스테르담에서 출간한 책이다.[62] "우리 민족의 동료

---

* Aleppo : 시리아 북서쪽에 있는 도시. 오늘날의 이름은 할라브(Halab)이다.

← 11. 17세기의 이란, 튀르크, 모스크바 공국 내의 아르메니아 상인 교역로
이 지도는 아르메니아 상인들의 교역로 일부만을 보여준다. 튀르크 제국과는 알레포, 스미르나, 이스탄불 등지를 통해 연결되며 러시아 지역과는 카스피 해와 볼가 강을 통해 연결된다. 모스크바를 기점으로 그 이후에는 리에파야, 나르바, 아르한겔스크로 가는 세 갈래 길이 나 있다. 1603년과 1605년 사이에 아바스 샤가 아르메니아인들을 강제 이주시킨 신(新)줄파는 전 세계로 상업활동을 펴나가는 중심지가 되었다. 아락스 강변에 있는 구(舊)줄파가 이 신도시 주민의 태반을 공급했다. 신줄파 상인은 대상인의 자질로 정평이 나 있었다. (케람 케보니안, "17세기의 아르메니아 상인", 「러시아와 소련 세계 연구」, 1975)

상인 형제들"에게 소용이 되도록 하고자 한다는 이 책은 베드로스 경이라는 한 후원자의 도움을 받았는데, 이 사람이 줄파 출신이라는 점은 놀라운 일이 아니다. 이 책의 첫머리는 "……남을 대접하라"는 사도의 말씀으로 시작한다.* 그의 가르침은 우선 여러 상업 지역의 무게, 부피 등의 단위와 화폐에 관한 것으로 시작한다. 이러한 정보를 이야기할 때 언급되는 곳으로는 서유럽은 물론이고 헝가리, 이스탄불, 크라쿠프, 빈, 모스크바, 아스트라한, 노브고로드, 하이데라바드,** 마닐라, 바그다드, 바스라, 알레포, 스미르나……등을 포괄한다. 시장과 상품에 관한 부분에서는 인도, 실론, 자바 섬, 암본,*** 마카사르,**** 마닐라 등지를 자세히 살피고 있다. 이 책은 한 번 채로 거르듯 자세히 분석해볼 가치가 있는 수많은 정보를 포함하고 있지만, 그중에서도 특히 흥미를 끄는 내용은 유럽 여러 도시들의 체류 비용에 관한 비교연구라든지, 이집트에서 앙골라, 모노모타파, 잔지바르에 이르는 아프리카에 대한 묘사(많은 허점과 의문점이 남아 있기는 하지만) 등이다. 이 작은 책은 아르메니아 상인들의 상업세계의 이미지를 보여주기는 하지만 그들이 거둔 엄청난 성공을 이해할 열쇠를 주지는 않는다. 사실 그 책에 나온 상업 기술은 고작 **삼률법*******에 그치고 있다. 과연 이것으로 족했을까? 또 이 책은 부기의 문제를 건드리지도 않으며, 특히 이 세계의 뒤에 있는 상업적 내지 자본주의적 이성이 무엇이었는지를 조금도 보여주지 않는다. 그 엄청나게 긴 여러 교역들은 어떻게 마감되고 어떻게 서로 연관될까? 그것들은 모두 줄파라는 하나의 거대한 중개소에 의해서 연결되었을까? 아니면, 내가 그렇게

---

* 「마태오의 복음서」 7장 12절의 내용이다. "너희는 남에게서 바라는 대로 남에게 해주어라. 이것이 율법과 예언서의 정신이다."

** Hyderabad : 데칸 고원의 무시 강변에 있는 안드라 프라데시 주의 주도.

*** Ambon : 별칭 암부아나(Amboina) 또는 앙부안(Amboine). 말루쿠 제도의 작은 섬으로, 16세기 초에 포르투갈인이 향신료 수출을 위한 상관을 이곳에 설치했다. 그후 네덜란드인이 말루쿠 제도를 탈취한 후 1619년에 바타비아를 건설하기까지 무역 중심지였다.

**** Makassar : 술라웨시에 있는 항구. 향신료 수출의 중심지였다.

***** 이 책 제1권 628쪽을 참조하라.

생각하는 바이지만, 다른 부차적인 중개점들이 존재하는 것이 아닐까? 동서양 사이의 연결점인 폴란드의 르비우에는 아르메니아인들의 소규모 식민지가 있다(현지에서는 이들을 "페르시아인들"이라고 부른다). 이곳에는 그들의 재판소와 출판소가 따로 있고 수많은 사업 관계들이 만들어져 있다. 이 식민지가 오스만 제국으로 향하는 아주 거대한 교역로를 지배하고 있다. 카라반 바차(caravan bacha)라고 부르는 카라반 대장은 언제나 아르메니아인이 맡는다. 혹시 줄파의 상인들이 담당하는 두 개의 거대한 상업 축—다름 아닌 동양과 서양이라는 두 개의 축—을 접합시키는 것이 이 교역로가 아닐까? 어쩌면 의미심장한 일일 수도 있는 것은 르비우에서 아르메니아인들이 "시끄럽고 오만한 사치"를 과시했다는 점이다.[63]

유대인 상인들의 상업망 역시 전 세계에 뻗어 있었다. 이들의 성공은 아르메니아인들보다 더 오래되었다. 고대 로마 시대부터 시리*—유대인이든 아니든—는 사방에 퍼져 있었다. 기원후 9세기에 나르본**의 유대인은 이슬람의 정복으로 동서 간의 관계가 열리는 것을 이용하여 "홍해나 페르시아 만을 통해서 광저우에 이르렀다."[64] 게니자 문서***가 확실히 보여주듯이[65] 이 상업 연결망으로부터 이익을 본 사람들은 "이프리키야"****의 유대인 상인들이었다. 이들은 카이르완*****에서부터 에티오피아 및 인도에까지 퍼져 있었

---

*　　　　Syri : 이 책 제1장의 주 250번을 참조하라.

**　　　Narbonne : 프랑스 랑그도크 지방의 해안에 있는 항구도시.

***　　Geniza : 히브리어로 '숨기는 곳'이라는 뜻. 유대교에서 대단히 오래된 문서(특히 '여호와'라는 말이 쓰여서 함부로 버리지 못하는 문서들)나 성물을 숨겨두는 곳을 말한다. 대개 시나고그의 다락이 그런 장소로 많이 이용되었다. 1896년에 학자 솔로몬 셰히터가 카이로에 있는 에즈라 시나고그의 게니자를 조사하여 약 9만 건에 달하는 대량의 고문서를 발견했다. 그때부터 이곳을 일반명사로서 게니자(the geniza)로, 이 문서를 게니자 문서로 부른다. 이 문서들에는 예배, 법률, 상업, 문학에 관한 내용이 담겨 있으며 팔레스타인 및 중동 지역 일반의 유대 역사 연구에 혁신을 가져왔다.

****　Ifriqiyya : 아랍인이 튀니지와 동부 알제리를 부르던 옛 이름.

*****　Qairwan : 튀니지에 있는 도시이자 이슬람교의 성지. 아랍어로는 '알-카이라완' 또는 '일-키르완'으로 발음한다.

다. 10-12세기에 이집트에서(그리고 이라크와 이란에서도 역시) 아주 부유한 유대인 가문들은 원거리 무역, 은행업, 징세청부—때로 한 지방 전체의 세금을 책임졌다—등을 수행했다.[66]

이처럼 유대인들은 수 세기에 걸친 아주 긴 기간 동안 영속적으로 상업활동을 했는데, 그것은 우리가 조금 전에 경탄한 바 있는 이탈리아 상인의 경우보다 더 길다. 그러나 그들의 역사는 그 장구함뿐만 아니라 대성공에 뒤이은 몰락에 관해서도 기록적이다. 아르메니아인들이 줄파라는 돈의 조국, 마음의 조국을 비밀리에 가지고 있어서 이를 중심으로 조직된 바와는 달리, 이스라엘은 뿌리 뽑히고 유리방황하면서 살아가는 드라마를 연출했다. 그것은 동시에 결코 다른 민족과 동화되지 않으려는 그들의 끈질긴 원망(願望)의 결과이기도 하다. 그러나 여기에서도 우리는 극적인 운명을 마감하는 대파국들, 다시 말해서 이미 장구한 기간 동안 적응해왔고 견실하게 유지해오던 상업망을 단번에 분쇄해버리는 파국들만 보고 거기에 지나치게 이끌려서는 안 된다. 그들이 진정으로 성공을 거둔 적도 많았다. 13세기의 프랑스,[67] 15세기의 폴란드, 그리고 이탈리아의 여러 지역들, 중세의 스페인 등이 대표적이다.

1492년에 스페인과 시칠리아로부터, 또 1541년에 나폴리로부터 축출당한 이후,[68] 이들의 망명길은 크게 두 갈래로 나누어진다. 하나는 지중해의 이슬람권이고 또 하나는 대서양 연안 국가들이다. 튀르키예, 살로니카, 부르사, 이스탄불, 아드리아노플(에디르네)에서 유대인들은 대상인이나 징세청부업자로서 큰돈을 벌었다.[69] 1492년 이후로는 포르투갈이 이들에게 관대했기 때문에 포르투갈이 유대인들이 모여들었다가 다시 다른 곳으로 이주하는 출발점이 되었다. 암스테르담과 함부르크는 이미 부를 쌓은 상인이나 곧 부를 쌓을 상인들이 가려고 하는 특권적인 곳이었다. 네덜란드가 이베리아 반도—리스본만이 아니라 세비야나 카디스, 마드리드—로 상업적인 팽창을 하는 데에 이들이 일조했다는 것은 의심의 여지가 없다. 마찬가지로 이탈리아로도 상업 팽창을 했는데, 이곳에는 이미 오래 전부터 활기 넘치는 유대인 식민지들이 자리를 잡고 있었다. 피에몬테, 베네치아, 만토바, 페라라 등지가 그런 곳들이었고 17세기에는 이들 덕분에 리보르노가 새롭게 융성했다. 브라질과 앤틸리스 제도에 사탕수수 재배 및 설탕 사업이 팽창하면서 아메리카 식민지가 초기에 큰 성공을 거둔 밑바탕에 유대인 노동자들이 한몫을 했다는 점 역시 확실하다. 유대인들은 18세기에 보르도와 마르세유로도 들어갔고 또 1270년에 그들을 쫓아냈던 영국에도 크롬웰과 함께 다시 등장했다(1654-1656).* 대서양 지역으로 퍼져나간 지중해 출신의 유대인들—이들을 세파르딤**이라고 부른다—의 붐에 대해서는 헤르만 켈렌벤츠라는 역사가가 잘 분석하고 있다.[70] 그러나 아메리카 대륙에서 산출된 은의 유입이 다소 때 이르게 쇠퇴했기 때문에 그들의 성공이 꺾였다고 한다면 그것은 이상한 문제를 제기한다. 그런 콩종크튀르가 쇠퇴의 이유라면(그러나 그것이 정말 사실일까?) 그들의 성공이 생각보다 그렇게 견실하지 못한 것이기 때문이다.

세파르딤 유대인들의 쇠락은 유대인들이 완전히 무기력해진 것은 아니라고 하더라도 상대적으로 후퇴한 시기를 가져왔다. 유대인들의 재기는 중유럽의 떠돌이 상인들을 기반으로 서서히 이루어졌다. 그것은 중유럽 출신의 유대인인 아슈케나짐***의 세기이다. 이들이 처음 크게 흥기한 것은 영방국가

---

* 크롬웰 시대에 유대인이 영국에 다시 거주하게 된 데에는 유대인 신학자 마나세 벤 이스라엘의 노력이 중요한 역할을 했다. 암스테르담에 거주하며 포르투갈계 유대인의 정신적 지주였던 그는 탄원을 거듭했고, 1655년에는 크롬웰과 대면하여 직접 주장을 펴기도 했다. 이것을 계기로 비공식적으로 유대인 거주를 용인받다가 1664년에 공식 허가를 받았다.

** Sephardim : 중세에 스페인, 포르투갈 등지에 살던 유대인을 '세파르디(Sephardi, 또는 Sefardi)'라고 부른다. 이 말은 히브리어 '세파라드(Sefarad : 스페인)'에서 나왔으며, 복수형이 '세파르딤'이다. 이들은 원래 북부 아프리카와 오스만 제국의 여러 곳에 피신했다가 이베리아 지역에 정착했으며 15세기 말부터 박해가 심해지자 네덜란드 등 주변 지역으로 이주했다.

*** Ashkenazim : 중부와 동부 유럽의 유대인을 흔히 이렇게 부른다. 13세기부터 독일 유대인이 폴란드로 와서 유대인 공동체를 이루며 살았다. 이들은 중세 독일어에 히브리어가 섞이고 슬라브 단어가 많이 들어간 이디시어를 사용한다. '아슈케나지'란 원래 "독일인"이라는 뜻이다.

(領邦國家)들이 주도하는 18세기의 독일에서의 "궁정 유대인들"*의 성공에서 볼 수 있다.[71] 일부 성인전(聖人傳)이 무엇이라고 이야기하든,[72] 그 성공은 예외적인 "기업가들(entrepreneurs)"의 **자생적인** 발달과는 거리가 멀다. 독일에서는 30년전쟁의 위기를 겪으면서 자본주의적인 틀의 태반을 상실하여 커다란 공백이 생겼는데, 17세기 말부터 유대인 상업이 이 공백을 메우게 된 것이다. 이것은 일찍이 라이프치히 정기시에서도 볼 수 있었다. 그러나 아슈케나짐의 진짜 위대한 세기는 로스차일드 가문**이 국제적으로 거대한 부를 이룬 19세기라고 할 수 있다.

좀바르트의 생각과는 달리[73] 유대인들이 자본주의를 만든 것은 아니라는 점을 덧붙여 이야기해야 한다. 이처럼 자본주의가 어느 날 어느 곳에서 어떠어떠한 사람들에 의해서 발명되었다는 식의 주장을 나는 믿지 않는다. 백번 양보해서 유대인들이 자본주의를 발명했다든지 아니면 재발명했다고 해도, 그것은 수많은 다른 민족들과 함께 이룬 성과이다. 유대인들이 자본주의의 핵심 지점마다 진을 치고 있다고 해도 그것이 자본주의를 만들었다는 의미는 아니다. 유대인들은 오늘날 전 세계적으로 석학을 많이 배출했다. 그렇다고 유대인들이 핵물리학을 만들었다고 말할 수 있을까? 유대인들은 암스테르담 주식시장에서 주식 선매매 활동을 선도하는 그룹이 **되었지만** 초기에는 이자크 르 메르와 같이 유대인이 아닌 사람들이 중요한 역할을 하지 않았던가?

좀바르트가 이야기하듯이 자본주의 정신과 유대교의 주요 교리가 일치한다는 것은 막스 베버의 프로테스탄트 윤리에 대한 설명과 같은 것으로서,

---

* Hofjuden : 16–18세기 독일의 여러 영방국가의 군주들에게 금융업자로서, 또 상품 조달업자로서 중요한 역할을 맡았던 유대인 궁정 대리인들을 말한다.
** Rothschild : 유럽에서 가장 유명한 유대인 은행가문. 약 200년 동안 유럽의 경제와 정치에 지대한 영향을 미쳤다. 마이어 암셀 로스차일드(1744–1812)와 다섯 아들이 은행가문으로 크게 성장시켰다. 처음에 프랑크푸르트에 은행을 개설했다가 1812년경에는 런던, 파리, 빈, 나폴리 등지에 지점을 연 국제 은행가문이 되었다.

그것은 훌륭한 측면과 그렇지 않은 측면을 다 가지고 있다. 똑같은 내용을 이슬람교에 대해서도 말할 수 있다. 이슬람교의 이상과 법적인 틀은 "시초부터 상승하는 상업 계급의 이념과 목적에 일치하도록 만들어졌지만" 그렇다고 해도 "그것과 이슬람교 자체와는 특별한 연관이 없다."[74]

포르투갈인들과 스페인령 아메리카 : 1580-1640년

스페인령 아메리카의 광대한 땅에서 포르투갈 상인들이 어떤 역할을 수행했는지에 대해 최근에 새로운 연구들이 나왔다.[75]

   1580년부터 1640년까지 포르투갈과 카스티야의 왕위는 하나의 국왕 밑에 통합되었다. 두 나라의 결합은 실제적이라기보다는 이론적이었지만(포르투갈은 일종의 "지배권[dominion]"이라는 형태로 폭넓은 자치를 누렸다), 그래도 포르투갈은 대서양의 주요 거점을 지배하고 있던 브라질, 그리고 안데스 산지의 중심부에 위치한 스페인령 포토시 지역 사이에 있던 경계—이것 역시 이론적인 것에 불과하지만—를 허무는 데에 기여했다. 사실 스페인령 아메리카는 상업적으로 거의 완전한 절대적 진공 상태에 있었기 때문에 외국 상인들의 모험에 자연스럽게 개방되었고 따라서 포르투갈의 선원과 상인들 역시 스페인 영토에 몰래 침투했다. 그러나 여기에서 우리가 알고 있는 경우가 하나라면, 모르고 있는 경우는 백 정도이다. 이에 대한 증거로 나는 1558년에 있었던 일을 인용하려고 한다. 산타 마르가리타 섬에 대한 일이다. 앤틸리스 제도상에 있는 이 섬은 진주가 많이 나서 선망의 대상이 되던 곳이었다. 이 해에 "포르투갈 왕국의 카라벨선과 다른 배들이 선원과 승객들을 싣고" 이곳에 도착했다. 그들은 원래 브라질에 가려고 했으나 악천후 때문에 우연히 이곳으로 밀려오게 되었다고 주장했다. "이런 식으로 온 사람들의 수가 아주 많을 테지만, 나쁜 의도(maliciosamenta)를 가진 것이 아닌가 걱정이다."[76] 당연히 그 이후로 포르투갈인들이 더 자주 등장했고 그 결과 스페인령 아메리카 전역으로, 그중에서 특히 멕시코나 리마와 같은 수도 또는 산토 도밍고, 카르타헤나 데 인디아스,* 파나마, 부에노스 아이레스와 같은 주요 항구도시들로 뚫고 들어갔다.

그중 부에노스 아이레스는 1540년에 건설되었지만 격변을 거치며 사라졌다가 1580년에 포르투갈 상인들의 결정적인 공로로 재건되었다.[77] 브라질에서부터 리우 데 라 플라타로 약 40톤급의 소형배를 이용한 밀매가 끊임없이 이어져서 설탕, 쌀, 직물, 흑인 노예 그리고 아마도 금까지 유입되었다. 그리고 이 배는 은화를 싣고(carregados de reaes de prata) 되돌아갔다. 이와 동시에 페루의 상인들이 현찰을 가지고 리우 데 라 플라타를 통해서 페르남부쿠, 바이아, 리우 데 자네이루 등지로 상품을 사러 왔다. 프란시스코 소아레스라는 상인에 의하면(1597), 이 불법거래의 수익은 100퍼센트에서 500퍼센트, 심지어 1,000퍼센트에까지 이른다고 한다. "만일 상인들이 이런 밀매의 존재를 알았더라면 위험을 감수해가며 카르타헤나 데 인디아스를 통해서 그렇게 많은 상품을 교역하려고 하지는 않았을 것이다. 그 때문에 리우 데 라 플라타가 중요한 상업 요충지가 되었다. 이곳은 페루로 가는 가장 가깝고 쉬운 곳이다."[78] 사실 정보를 가지고 있는 소수의 포르투갈 상인들에게 리우 데 라 플라타는 1622년까지 포토시 은의 비밀 반출구로 이용되었다. 1605년에 이 밀수액은 1년에 50만 크루사도스**에 달했을 것으로 추정한다.[79] 확실하지는 않지만 코르도바에 "아두아나 세카(Aduana seca)"라는 국내 관세를 설치하고 나서야(1622년 2월 7일) 이 밀수가 끝난 듯하다.[80]

스페인 영토 내로 포르투갈인들이 뚫고 들어온 것은 단지 일부 대서양 연안에만 한정되지는 않았다. 1590년에 마카오 출신의 포르투갈 상인인 주앙 다 가마는 태평양을 건너 아카풀코에 도착했다(그러나 그에게는 불행이 닥쳐왔다).[81] 멕시코 시, 리마에서는 포르투갈인들이 상점을 개설하여 "다이아몬

---

* Cartagena de Indias : 1533년에 페드로 데 에레디아가 세운 도시. 카디스로부터 오는 배들이 많이 도착하는 식민지 시대에 매우 중요한 항구였다. 콜럼비아 북서쪽 해안에 있다.
** cruzados : 십자 모양의 화폐.

드부터 커민*과 같은 소소한 것까지, 천한 흑인 노예부터 대단히 고귀한 진주에 이르기까지"[82] 모든 것을 판매했다. 그리고 이 상점에서는 포도주, 기름, 밀가루, 세포(細布)와 같이 머나먼 고국에서 들여온, 식민지에서는 사치품으로 여기는 상품들뿐만 아니라, 대규모 교역의 부산물로 유럽이나 필리핀으로부터 들어오는 동양의 향신료나 비단 직물도 볼 수 있었으며, 또한 여기에서도 다른 곳과 마찬가지로 이 모든 교역에서 진정한 모터 역할을 수행하던 페루 은의 밀수가 이루어졌다.[83] 아직 소박한 수준에 불과했던 산티아고 데 칠레(17세기에 아마도 1만 명 정도의 주민이 있었을 것이다)와 같은 도시에서도 포르투갈 상인이 존재했다. 세바스티안 두아르테라는 인물이 그런 예로서, 그는 아프리카의 기니에 머문 적도 있고 동향인인 주앙 바우티스타 페레스라는 사람과 회사를 결성하여 1626-1633년에 파나마와 카르타헤나까지 여행하면서 흑인 노예, 다양한 상품들, 고급 목재를 구매했다. 이때 그는 1만3,000페소에 이르는 의상 구매를 하기도 했다.[84]

그렇지만 이런 화려함은 잠시에 불과했다. 고리대금업 성격의 영업을 하던 포르투갈 상점들은 지나치게 빨리 부유해졌다. 도시 주민들은 이들에 저항하는 봉기를 자주 일으켰다. 1634년 포토시에서 일어난 봉기가 한 예이다.[85] 여론은 이들이 최근에야 기독교로 개종한 사람들이며—이것은 대개 맞는 말이었다—비밀리에 유대교를 신봉한다고 비난했다—이것 역시 가능한 일이다. 결국 종교재판소가 개입하여 재판과 화형 열풍이 한차례 몰아친 후에 이 성급한 번영이 끝나버렸다. 그 사건은 아주 잘 알려져 있다. 1646, 1647, 1648년에 멕시코 시에서 재판이 있었고, 그 결과 1649년 4월 11일에 거행되었던 화형에는 포르투갈 출신의 대상인들이 여럿 끼어 있었다.[86] 그러나 이것은 다른 이야기이다.

리스본에 중심을 두고, 대서양의 두 연안—아프리카와 아메리카 대륙의

---

* 중동이 원산지인 한해살이 풀로서 인도와 지중해 지역에서 재배된다. 열매는 강한 향과 단맛이 나서 조미료로 쓰인다.

대서양 양안―에 펼쳐져 있으며, 나아가서 태평양과 동아시아까지 연결된 포르투갈의 광대한 상업망 체제는 10-20여 년간 신대륙에서 활짝 꽃피었다. 그것은 국제적으로 큰 중요성을 띠었다. 그러한 번영이 없었다면 포르투갈은 1640년에 스페인으로부터 독립을 되찾을 수 없었을 것이다. 통상적으로 이 "독립"을 브라질의 설탕 사업의 발전과 연관지어 설명하지만, 그것은 충분하지 못한 설명이다. 사실, 브라질 설탕의 "사이클"이 상업상의 부와 바로 연결되어 있다는 것은 당연한 이야기이다.[87] 그리고 암스테르담, 리스본 내지 마드리드 등지의 세파르딤 유대인들의 상업망이 짧은 기간이나마 각기 영광의 시대를 가질 수 있었던 데에도 이와 같은 상업상의 부가 일정한 역할을 했다. 포토시에서 밀수되어 나오는 은은 새로 개종한 포르투갈 출신의 기독교도들의 덕으로 펠리페 4세―그는 "전 지구적인(planete)" 왕이라고 불렸다―에게 대출되었다. 그래서 세비야에서는 정규적으로 도착하는 합법적인 은과 밀수된 은이 합쳐졌다. 그러나 이 광대하면서도 취약한 체제는 단지 수십 년밖에 지속되지 못했다.

상충하는 상업망, 쇠퇴하는 상업망

상업망들 사이에는 서로 보충하고 협조하고 연결되는 것도 있지만, 서로 상충하는 것들도 있다. 상충한다는 것이 반드시 서로를 없애려고 한다는 뜻은 아니다. "서로를 필요로 하는 적들"이 있을 수 있고, 적대적인 공존도 있을 수 있으며, 그런 관계가 오래 지속되기도 하기 때문이다. 기독교도 상인들과 시리아 및 이집트 상인들은 수 세기 동안 서로 대립하며 지탱해왔지만, 서로가 서로에게 필수불가결한 이 경쟁자들 사이에 어느 한쪽으로 균형이 기울지는 않았다. 유럽인들은 알레포, 다마스쿠스, 카이로와 같은 사막 초입의 도시 너머로 나가본 적이 없다. 그 너머에 펼쳐져 있는 카라반의 세계는 무슬림과 유대인 상인들만 들어갈 수 있는 금렵 구역과 같다. 반대로 이슬람권은 십자군 전쟁 때 지중해라는 거대한 유통 영역을 상실했다.

이와 유사한 경우로 베네치아인과 라구사인들이 염소털로 짠 카믈로 직물을 사러 광대한 튀르키예 제국에 들어가 부르사, 앙카라에 정착했다는 것을 사료를 통해서 확인할 수 있다. 다만 이들은 아주 미미한 존재에 불과했다. 사실 튀르키예 영토를 뚫고 들어간 서양인들 가운데 그나마 라구사인이 가장 중요한 세력이었으나, 이들은 대개 발칸 반도 이상 나아가지는 못했다. 흑해는 16세기에 이스탄불이 길목을 통제하는 호수가 되었다가 러시아인들이 크림 반도 지역을 정복한(1783) 이후 18세기에 가서야 기독교권과의 교역에 다시 문호를 개방했다. 튀르키예 제국 내부에서는 반(反)서양적인 경향 때문에 유대인, 아르메니아인, 그리고 그리스인 상인들이 이익을 보았다.

그와 유사한 저항의 사례는 다른 곳에서도 찾을 수 있다. 광저우에서 1720년 이후에 나타난 중국 상인들의 공행*은 일종의 반(反)인도회사였다.[88] 정말로 놀라운 것은 인도에서는 바니아의 상업망이 영국의 점령 후까지도 계속 지항하면서 살아남았다는 점이다.

물론 그런 저항과 경쟁에는 적개심과 증오가 개재되어 있다. 가장 강한 자가 언제나 그 대상이 된다. 만델슬로는 수라트에 머물렀을 때 이렇게 썼다(1638).[89] "자부심이 강하고 오만한 [무슬림들은 그들 자신 역시 상인이면서] 바니아 사람들을 마치 노예 다루듯 경멸적으로 대했다. 그것은 마치 유럽에서 유대인들을 대하는 태도와 비슷했다." 시대와 장소가 달라져도 비슷한 태도를 볼 수 있다. 시몬 루이스와 동료들의 말에 따르면,[90] 16세기에 서유럽 사람들은 제노바인이 모든 것을 독식하기 위해서 늘 다른 사람들을 조종하려는 음모를 짠다고 보았다. 17세기에 네덜란드인에 대해서, 그리고 그후

---

* 公行 : 제1차 아편전쟁(1839-1842) 이전 광저우에서 서양 상인과 무역을 할 수 있는 특권을 중앙정부로부터 부여받았던 중국 상인조합. 이런 활동을 하던 상회를 "양행(洋行)"이라고 불렀고 그 상인을 "행상(行商)"이라고 했다. 이 행상들은 외국 상인에게 차와 비단을 팔 수 있는 독점권을 가지는 대신, 외국 상인을 통제하여 관세를 지불하게 하고 행실을 단정하게 하도록 하는 등의 책임을 졌다. 이 상인들이 1720-1722년에 피로 맹세하면서 집단 가격결정 제도를 수립했고 1760년에 공행을 결성했다. 이것이 피진 영어(Pidgin English, 중국어식 문법을 바탕으로 간략화된 상업 영어)로 '코홍(Cohong)'이 되어 상인 일반을 지칭하게 되었다.

에 영국인에 대해서도 사람들은 같은 태도를 보였다.

아무리 막강한 상업망이더라도 언젠가는 후퇴하고 흔들리게 된다. 중심지에서 상업망이 흔들리게 되면 그 영향은 전체에 미치고 그중에서도 특히 변방에 큰 영향을 끼친다. 모호하고 논의의 여지가 있는 표현이기는 하지만 이탈리아의 "데카당스(Décadence)"라고 부르는 현상이 일어났을 때 유럽 전체에 이와 같은 일이 벌어졌다. 데카당스라는 말이 완전히 맞지는 않지만, 실제로 16세기 말부터 이탈리아는 분규와 곤경에 빠졌다. 이탈리아는 독일, 영국, 레반트에서 누리던 지위를 상실했다. 18세기에 발트 해 지역에서 상승하는 영국 세력 앞에 네덜란드가 쇠퇴해갈 때도 그와 비슷한 일이 일어났다. 지배적인 지위에 있던 상인들이 쇠퇴해갈 때에는 점차 그것을 대체하는 구조가 등장한다. 1661년경이든지, 아니면 그보다 전인 1648년에 재정 위기가 닥쳤을 때부터 "프랑스의 토스카나인(Toscane française)", 즉 프랑스에 정착한 이탈리아인의 지위가 흔들렸다. 18세기 초에는 그때까지 프랑스에 굳건히 뿌리를 내리고 있던 네덜란드인들의 상업망이 곤경에 처했다. 그리고 우연인지는 모르겠으나 대략 1720년경에[91] 프랑스의 대상인(négociant)의 수가 늘어나서 프랑스의 여러 항구들이 번영을 누렸으며, 이 대상인들이 프랑스의 초기 자본주의 구조를 만들었다. 프랑스 대상인들의 팽창은 한편으로는 "국내(indigène)" 요소에 기인했고 또 한편으로는 예전에 프랑스를 떠난 신교도들의 귀환에 기인했다. 그와 같은 귀환 현상은 독일의 궁정 유대인들, 스페인의 카탈루냐 및 바스크의 성장하던 상인들, 나아가서 국가에 돈을 빌려주는 상인으로까지 성장한 마드리드의 5대 주요 길드(Cinco Gremios Mayores) 상인들의 경우도 유사하다.[92]

이런 부의 성장은 물론 전반적인 경제성장 덕분에 가능했다. 18세기에 지방적인 부와 나아가서 국가적인 부가 나란히 꽃핀 것은 각각 프랑스, 독일, 스페인의 번영 덕분이다. 그러나 프랑스, 독일, 스페인이 먼저 외국 상인들의 지배를 벗어나지 못했더라면, 18세기의 약진은 다르게 발전했을 것이고 아마도 더 힘들게 이루어졌을 것이다.

활발했던 상업망이 쇠퇴에 빠지면 언제나 다른 데에서 손실을 보상받는 경향이 있다. 어느 한곳에서 축출되면 다른 곳에서 특권과 자본을 확보하는 것이다. 이것은 적어도 강력한 자본주의 그리고 이미 강한 축적 경향을 띤 자본주의가 작동하는 곳에서는 일반적인 법칙이 되었다. 15세기에 흑해 지역에서 활동하던 제노바 상인들이 그런 경우이다. 튀르키예가 콘스탄티노폴리스를 점령하고(1453) 사반세기가 지난 후, 튀르키예인들이 크림 반도의 상업 거점들, 그중에서 특히 중요한 카파* 지점(支店)을 점령한 후에도(1479), 제노바인들은 레반트에 구축한 기반을 모두 포기하지는 않았다. 예를 들면 그들은 키오스**에 1566년까지도 계속 머물러 있었다. 그러나 그들의 활동 중에 최상의 것은 서방지역에 이미 벌여놓았던 사업을 강화하고 발달시킨 것이다. 그들은 스페인과 모로코만이 아니라 곧이어 안트베르펜과 리옹에까지 진출했다. 그러므로 동쪽에서 하나의 제국을 잃자 서쪽에 다른 제국을 만든 셈이다. 그와 마찬가지로 포르투갈인들은 인도양과 말레이 제도에서 패배하여 이전에 사업을 경영하던 곳에서 거의 사경에 빠지게 되자 16세기 말과 17세기 초에 브라질과 스페인령 아메리카로 방향을 전환했다. 또 이탈리아인들의 경우를 보더라도, 17세기 초에 피렌체 회사들이 참담한 후퇴를 했지만 그 대신 베네치아를 통해서 널리 개방된 중유럽 지역으로 방향을 바꾸어 들어감으로써 손해를 보전할 수 있었다. 1600년 이후의 콩종크튀르가 가져온 쓴맛에 대해서 약소하나마 확실한 보상을 얻은 것이다.[93] 베르가모 출신의(따라서 베네치아의 신민인)*** 바르톨로메오 비아티스가 뉘른

---

* Kaffa : 오늘날에는 페오도시야(Feodosiya)라고 한다. 크림 반도에 있는 흑해의 항구로서 1266년경 제노바인들이 건설한 식민지이다. 각각 중국과 인도에서 흑해로 오는 두 개의 카라반 수송로의 종점으로서 상업적으로 매우 중요한 곳이었다.

** Chios : 에게 해 동해에 있는 그리스 섬. 레반트 지역 해안에서 단지 몇 킬로미터 떨어진 곳에 위치해 있다. 이 섬의 주요 항구도시 역시 키오스라고 부른다.

*** 베르가모(Bergamo)는 이탈리아 북부 롬바르디아 지역의 도시이다. 12세기에 롬바르디아 공작령의 수도였으나 1428년부터 1797년까지 베네치아의 지배를 받았다.

베르크에 귀화한 뒤 그곳에서 가장 부유한 상인들 중의 하나—어쩌면 가장 부유한 상인—가 된 것도[94] 우연이 아니다. 이탈리아 상인이 라이프치히나 뉘른베르크, 프랑크푸르트, 암스테르담, 함부르크에서 활발한 활동을 벌이고 크라쿠프나 르비우의 활기찬 중개를 통해서 이탈리아의 상품과 유행이 빈과 폴란드에까지 계속 전해지는 것 역시 마찬가지이다. 폴란드의 고문서 보관소에서 발견된 상업 서신들을 보면[95] 17세기에도 이탈리아 상인이 폴란드의 도시와 정기시에 많이 있었다는 것을 알 수 있다. 그들의 수가 어찌나 많은지 누구든 곧 그들을 알아볼 수 있었다. 이런 사실을 말해주는 작은 일화가 있다. 1643년에 한 스페인 군인이 바르샤바에 있는 폴란드 왕비에게 네덜란드의 레이스 직물과 함께 프랑스식 의상을 입힌 마네킹을 전해주라는 심부름을 받았다. 폴란드 왕비가 이런 마네킹을 주문한 것은 "그녀의 재단사가 이런 양식에 따라 옷을 만들 수 있도록 하려는 의도에서였다. 폴란드 마네킹은 어색하게 만들어져 마음에 들지 않았기 때문이다." 이 심부름꾼이 도착하자 사람들은 그를 칙사로 대접했다. "라틴어를 알고 있다는 것이 꽤 큰 도움이 되었다. 그렇지 않았다면 나는 그들의 말을 한 마디도 알아들을 수 없었을 것이다.……그들은 우리 말 중에는 단지 이탈리아식으로 '다르 세뇨리아(dar senoria : 각하)' 하는 인사밖에 몰랐다. 이 나라에는 이탈리아 상인들이 많이 들어와 있기 때문이다." 돌아오는 길에 그는 "폴란드 국왕의 대관식을 거행하는" 크라쿠프에 들렀는데 대(大)교역 중심지인 이곳에서도 그는 "많은 이탈리아 상인들이 있고 이들이 무엇보다도 비단 장사를 하는 것을" 보았다. 아주 작은 예이지만 분명 의미심장한 이야기이다.[96]

지배적인 소수

앞에서 본 예들은 대상인, 즉 상업순환과 상업망의 지배자가 흔히 소수의 외국인에 속한다는 사실을 보여준다. 소수에 속한다는 것은 국적 때문일 수도 있고(미려왕 필리프 4세나 프랑수아 1세 시대의 프랑스, 혹은 펠리페 2세 시대의 스페인에 있던 이탈리아인처럼), 특정 종교 때문일 수도 있다(유대인, 아르메니아인, 바니아인, 파르시인,* 러시아의 라스콜니키,** 이슬람 이집트 내의 기독교도 콥트인 등처럼). 왜 이런 경향이 생길까? 모든 소수 집단 사람들은 자연스럽게 서로 뭉치고 도우며 서로를 지켜주는 경향이 있다. 외국에 나가 있는 제노바인은 같은 제노바인끼리, 아르메니아인은 같은 아르메니아인끼리 서로 공모하는 것이다. 앞으로 나오게 될 찰스 윌슨의 논문은 런던으로 망명한 프랑스의 위그노들이 대규모 사업에 뚫고 들어가는 과정을 재미있게 묘사하고 있다. 사실 이제까지는 그들이 장인으로서 수공업 기술을 보급하는 측면에만 주목했다. 현재도 마찬가지이지만, 그들은 런던에서 언제나 똘똘 뭉친 그룹을 형성했고 그들의 정체성을 굳게 지켰다. 다른 한편 소수 집단은 다수의 사람들로부터 억압받고 사랑받지 못한다는 감정을 가지기 쉬우며, 이로 인해 오히려 다수의 사람들에 대해서 지나친 마음의 거리낌을 가지지 않게 된다. 이렇게 해서 그들은 완벽한 "자본가"가 되는 것일까? 가브리엘 아르당은 이렇게 썼다. "경제인[homo œconomicus, 그는 이 말을 자본주의체제에 완전히 동화된 사람이라는 뜻으로 썼다]은 그와 대등한 사람들에 대해서 애정을 가지지 않는다. 그는 단지 상대를 구매인, 판매인, 채권자, 채무자와 같은 경제 주체로만 보고 원칙적으로 그들과는 순수한 경제관계만 맺는 것으로 생각한다."[97] 같은 생각에서 좀바르트는 "자본주의 정신"의 형성에 유대인이 앞서게 된 데에는 그들의 종교가 같은 교우들에게는 금지하는 것이라도 "이교도들"에게는 허용한다는 점에서 찾고 있다.

그러나 이 설명은 자체모순이다. 고리대금업이나 돈을 만지는 모든 일들을—그것이 큰 부를 가져다주는 원천이며, 또 그 부가 반드시 상업적인 성

---

* Parsi : 조로아스터교를 믿던 페르시아인 중에 이슬람의 박해를 피해 인도로 이주한 사람들을 말한다. 주로 구자라트 지역, 그중에서도 특히 수라트와 뭄바이에 모여 살며 고유한 특성을 유지했다(예컨대 대지를 더럽히지 않는다는 뜻으로 시체를 매장하지 않고 "침묵의 탑" 위에서 썩히는 관습이 있다). 오늘날 이들은 약 10만 명 정도이며 거의 유럽화된 생활을 한다.
** 이 책 제1권 726쪽의 역주를 참조하라.

격이 아닐 수 있음에도 불구하고—금기로 여기고 불법으로 간주하는 사회에서는 오히려 그러한 사실 자체 때문에 그런 유쾌하지 않은, 그러면서도 사회 전체를 위해서는 필요한 과업들을 "비정상적인 인간들"에게만 맡기지 않는가? 알렉산더 거센크론에 따르면[98] 러시아에서 바로 이런 일이 일어났다. 러시아 정교회에서 이단으로 몰린 라스콜니키(분리파)가 그런 일들을 담당한 것이다. 그것은 유대인이나 아르메니아인과 유사한 역할을 의미한다. 만일 이런 사람들이 존재하지 않는다면 오히려 만들어야 할 판이 아닐까? 베네치아 도시귀족의 일원인 마리노 사누도는 유대인을 억압하는 조치를 취하려는 견해에 분개하며 이렇게 말했다. "유대인은 빵 가게 주인들만큼이나 필요한 존재이다."[99]

이 논쟁에서는 "자본주의 정신"보다는 사회에 대해 말하는 편이 낫다. 유럽 중세 및 근대에 벌어졌던 정치투쟁과 종교적 열정 때문에 많은 사람이 자기 나라에서 쫓겨나고 외국에서 소수 집단이 되었다. 고대 그리스 도시들과 마찬가지로 이탈리아 도시들은 싸움질이 일어난 말벌집과도 같았다. 성벽 내에는 시민만이 아니라 망명자가 따로 있었는데, 이들은 너무나도 수가 많아서 푸오루쉬티(fuorusciti : 망명자들)라는 총칭적인 이름으로 하나의 사회 카테고리를 이루고 있었다. 그들은 쫓겨난 후에도 자신을 내쫓은 도시의 중심부에 재산과 사업관계를 계속 유지하다가 어느 날 다시 그 도시로 돌아가고는 했다. 이것은 제노바, 피렌체, 루카 등 여러 도시에서 많은 가문이 겪은 역사이다. 바로 이 푸오루쉬티가, 특히 그들이 상인인 경우에, 큰 부를 쌓은 것이 아닐까? 그들이 큰 사업을 할 경우에는 "원거리 교역"을 수행한다. 그들은 이 일을 맡을 수밖에 없다. 추방된 사람들은 바로 그렇게 먼 곳에 나가 있다는 이유 때문에 번영을 구가하는 것이다. 예컨대 1339년에 일련의 제노바 귀족들은 근자에 형성된 이른바 종신 도제들(doges)이 지배하는 민중정부가 들어서자 그것을 인정하지 않고 이 도시를 떠났다.[100] 이렇게 망명을 떠난 귀족을 노빌리 베키(nobili vecchi : 구귀족)라고 부르고 민중정부 아래 그대로 제노바에 남은 귀족을 노빌리 노비(nobili novi : 신귀족)라고 부르는데, 이 단절은 망명귀족들이 돌아온 후에도 계속되었다. 그런데 외국인과 대사업을 벌이는 중요한 사업주가 된 것은 그중에서 노빌리 베키였다.

또다른 망명객으로는 스페인과 포르투갈의 마라노*들이 있다. 이들은 암스테르담에서 유대교로 다시 복귀했다. 그리고 또다른 유명한 망명객들로는 프랑스의 개신교도들이 있다. 1685년에 낭트 칙령을 폐기한 후 프로테스탄트 은행이 생긴 것은 무(無)에서부터 나온 것이 아니다. 이들은 그후 프랑스 경제를 지배하고 또 확실하게 성장시켰다. 이 새로운 종류의 푸오루쉬티는 프랑스 왕국의 내부, 나아가서 파리라는 핵심부에까지 연결되었다. 그들은 뒤에 남겨놓고 떠난 자본의 많은 부분을 외국에 이전시키는 데에 성공했다. 그리고 노빌리 베키같이 언젠가 돌아와 권력을 잡게 될 것이다.

결국 소수 집단은 사전에 이미 단단하게 구축되어 있는 사업망을 의미한다. 리옹에 도착한 이탈리아인들이 그곳에 정착하는 데에는 단지 테이블과 종이 한 장이면 족했는데 이것은 프랑스인들을 놀라게 했다. 이들에게는 유럽 각지에 자연히 관계를 맺게 되는 동료들, 정보를 가져다주는 사람, 보증인 그리고 대리인이 있었기 때문이다. 간단히 말해서 한 상인의 신용을 확인해주는 모든 것을 미리 갖추고 있었던 셈인데, 보통의 경우라면 그렇게 되기까지 오랜 시간이 소요되었을 것이다. 18세기의 상승기 때 유럽의 인구조밀지역의 변두리에서 크게 성장한 라이프치히와 빈 같은 도시에서 주목해서 볼 점은 네덜란드인들, 또 낭트 칙령 폐기 후에 들어온 프랑스인들(이들이 라이프치히에 처음 도착한 것은 1688년이다), 그리고 이탈리아인들, 사부아인들, 티롤 지역 사람들 같은 외국 상인들이 큰 재산을 모았다는 사실이다. 외국인들이 행운을 누렸다는 것은 거의 예외가 없다. 그들은 자신의 출신 때문에 멀리 떨어진 도시, 지역, 국가에 연결되었고 이것이 그들로 하여금 상

---

* marrano : 유대인 중에 기독교로 강제 개종된 사람들.

업, 즉 대상업에 투신하게 만들었다. 전화위복이라고만 하기에는 너무 좋은 결과가 아닐까?

상업의 부가가치 : 수요와 공급

상업망과 유통은 하나의 체제를 이룬다. 그것은 마치 레일, 전기 케이블, 차량, 역무원 등이 합쳐서 철도 체제를 구성하는 것과 같다. 이 모든 것은 운동을 위해서 존재한다. 그러나 그 운동 자체가 문제로 제기될 수도 있다.

상업의 부가가치

상품이 한 곳에서 다른 곳으로 이동하기 위해서는 가격 차가 있어야 한다는 것은 분명하다. 나는 이를 **상업의 부가가치**(plus-value marchande)라고 부르겠다. 그것은 예외 없는 규칙일까? 거의 그렇다고 할 것이다. 16세기 말에 스페인의 레알 화는 포르투갈에서 320레이스*의 가치였지만, 인도에서는 480레이스의 가치였다.[101] 17세기 말에 1바르**의 평직은 르 망의 공장에서는 3레알, 스페인에서는 6레알, 그리고 아메리카에서는 12레알이었다.[102] 대개 이런 식이다. 먼 곳에서 들어온 희귀한 상품의 가격은 놀라울 정도로 높을 수 있다. 1500년경 독일에서는 (이탈리아산이든 스페인산이든) 사프란 1파운드가 말 1마리와 맞먹었고, 설탕 1파운드는 새끼돼지 3마리와 맞먹었다.[103] 1519년에 파나마에서는 말 1마리에 24페소 반, 인디오 노예는 30페소인 데 비해 포도주는 가죽 부대 하나로 100페소였다…….[104] 1248년에 마르세유에서는 플랑드르 직물 30미터가 사라센 노예의 2-4배의 가치였다.[105] 고대 로마의 대(大) 플리니우스***는 후추나 향신료와 같은 인도의 산

---

*   reis : 포르투갈과 브라질의 화폐 단위.
**   vare : 지역에 따라 다르지만, 대략 1미터 내외인 길이의 단위.
*** Gaius Plinius Secundus : 로마 시대의 박물학자, 군인. 베수비오 화산이 폭발할 때 함대장이던

물이 로마에서 팔릴 때에는 생산지에서보다 100배나 비싼 가격에 팔린다고 말한 바 있다.[106] 상품이 이동할 때에는 이처럼 이윤이 충분히 커야 수송비를 감당하면서 유통이 시작된다. 상품 가격에는 수송비가 더해지게 마련인데 예전에는 그 수송비가 아주 큰 부담이었다. 1318년과 1319년에 샹파뉴 정기시에서 직물을 구매하여 피렌체로 보낸 경우가 여섯 번 있었는데 수송비와 세금, 포장비 및 기타 비용을 원래의 상품 "구매가격(primo costo)"과 비교해보면 다음과 같다. 11.80퍼센트, 12.53퍼센트, 15.96퍼센트, 16.05퍼센트, 19.21퍼센트, 20.34퍼센트.[107] 이것을 보면 동일한 상품이 같은 여정을 따라 이동할 때에도 그 비용이 2배까지 차이가 날 수 있다는 것을 알 수 있다. 그런데 이 예에서 비용이 차지하는 비율은 상대적으로 낮은 편이다. 직물은 비싸면서 가벼운 종류의 상품에 속하기 때문이다. 원칙적으로 밀, 소금, 목재, 포도주처럼 무거우면서 값이 싼 상품들은 절대적으로 필요한 경우가 아니라면, **육로로는** 원거리 수송이 이루어지지 않는다. 달리 보면 그렇게 절대적인 필요란 수송비 이상을 부담할 만큼의 긴급한 필요라고 할 것이다. 키안티* 포도주는 이미 1398년에 이 이름으로 알려져 있던 "저급(povero)" 포도주로서 100리터당 가격이 1플로린이었다(이에 비해서 말부아지 포도주는 100리터당 10-12플로린이었다). 그레베에서 피렌체까지 가는 동안(27킬로미터) 그 가격은 25-40퍼센트 상승한다. 만일 밀라노까지 계속 갈 경우 값은 3배로 뛴다.[108] 1600년경, 베라 크루스로부터 멕시코 시까지 포도주 한 통(barrique)을 옮기는 비용은 바로 그 술을 세비야에서 사는 값과 같았다.[109] 더 후대인 캉티용의 시대에 "부르고뉴 포도주를 파리로 수송하는 비용은 현지에서 그 술을 사는 비용보다 대개 더 컸다."[110]

그는 이 현상을 관찰하기 위해서 그곳에 달려가 많은 인명을 구했으나 자신은 그곳에서 죽었다. 문법, 예술 등에 관한 많은 글을 남겼고, 특히 백과사전적 지식의 집적인 『박물지(*Naturalis Historia*)』로 유명하다. 조카이며 양아들인 플리니우스는 소(少) 플리니우스라고 부른다.

* Chianti : 이탈리아 토스카나에 있는 지역. 이곳의 언덕이 유명한 포도 재배 지역이다.

이 책의 제1권에서는 수송체제가 부담스럽고 유연성이 부족해서 큰 장애가 된다는 사실을 강조한 바 있다. 페데리고 멜리스는 14-15세기에 해상 수송에 대단한 노력이 경주되어서, 코크선의 규모가 커졌고 그 결과로 짐을 싣는 선창이 커졌으며 종가제(從價制, ad valorem)의 원칙에 따르는 누진가격제가 자리를 잡게 되었음을 보여주었다.[111] 이는 다시 말해서 고가품이 일상품의 비용을 일부 보상했음을 의미한다. 그러나 이 관행은 아주 느리게 일반화되었다. 16세기에 리옹에서도 육로 수송 비용은 상품의 무게로 계산하고 있었다.[112]

상인의 입장에서는 언제나 똑같은 문제에 직면한다. 화물선이든 마차든 아니면 끌짐승이든, 여하튼 어떤 수단을 통해서 오든 그 상품은 최종적으로 구매가격과 수송비 등의 영업 비용을 제하고도 원래 기대했던 이윤을 확보해줄 만큼 값이 높아야 한다. 그렇지 않다면 무엇 때문에 자신의 돈을 들이고 애를 쓰겠는가? 이 점에서 다른 상품들에 비해 훨씬 유리한 조건을 갖춘 상품들이 있다. 시몬 루이스가 후추, 향신료, 코치닐(그리고 나라면 여기에 레알 화를 추가하겠지만) 등에 대해서 쓴 표현인 "제왕적 상품들(marchandises royales)"은 아무 문제가 없는 이런 상품들을 가리킨다. 즉, 여행 거리가 길어도 이익이 확실한 것들이다. 가격이 마음에 들지 않으면 기다리면 된다. 조금만 참으면 다시 모든 것이 잘 풀린다. 사려는 사람이 언제나 있기 때문이다. 어느 나라, 어느 시대이든 그런 "제왕적 상품"이 있게 마련이다. 그것은 다른 상품들보다 상업의 부가가치를 확실히 약속한다.

여러 면에서 흥미를 주는 조반니 제멜리 카레리의 여행은 이 놀라운 규칙이 어떠한지를 보여준다. 나폴리 출신의 이 여행자는 이윤 추구보다는 즐거움을 위해서 1674년에 세계일주 여행을 했는데, 이때 그 긴 여행의 비용을 충당할 해결책을 발견했다. 다음번에 갈 곳에서 아주 비싸게 쳐줄 것이 확실한 상품을 사는 것이다. 페르시아 만의 반다르 아바스에서는 "대추야자, 포도주, 브랜디⋯⋯또 페르시아에서 인도로 가지고 가는 다양한 건과, 혹은 식초에 절인 과일……같은 것들을 싣는데, 이것은 아주 큰 이익을 준다."[113)] 마닐라 갤리온선을 타고 누에바 에스파냐로 가는 경우에는 중국산 수은을 싣는 것이 좋다. "그것은 300퍼센트의 이익을 줄 것이다."[114)] 이런 식이다. 여행자가 직접 가지고 가는 이 상품은 움직일 때마다 과실을 가져다주는 자본으로서 여행 경비를 대주고 또 나폴리로 돌아올 때 막대한 이익을 가져다주었다. 그보다 거의 한 세기 전인 1591년에 역시 세계여행을 떠났던 프란체스코 카를레티[115)]는 처음 출발할 당시의 상품으로 "제왕적 상품"인 흑인 노예들을 상 투메 섬에서 사서 카르타헤나에서 팔았다.

일상적인 상품인 경우에는 사정이 훨씬 어려워진다. 이런 상품들로 좋은 결과를 얻으려면 수많은 점에서 세심한 배려를 해야 한다. 이론적으로야 모든 일이 간단하기 짝이 없다. 적어도 경제학자인 수도원장 에티엔 보노 드 콩디야크*에게는 그러하다.[116)] 원거리 교역을 잘 수행하려면, 상품이 풍부한 시장에서 사서 희소한 시장에서 팔면 된다는 것이다. 그러나 실제로 이조건들을 충족시키려면 신중하면서도 동시에 정보에 밝아야 한다. 우리는 상업 서신들 속에서 그런 이야기들을 얼마든지 찾아볼 수 있다.

1681년 4월, 리보르노에 있는 잠바티스타 사르디의 상점에 있다고 상상해 보자.[117)] 리보르노는 토스카나 지방의 핵심 항구로서 지중해 지역과 적어도 암스테르담에 이르는 유럽 전역에 개방된 곳이었다. 암스테르담에는 루카 출신의 베니아미노 부를라마키가 지점을 개설하고 발트 해 지역, 러시아, 인도 등지의 상품을 취급하고 있었다. 이 두 상인들 사이에 사업관계가 막 맺어질 무렵에 동인도회사의 선단이 도착해서 계피의 가격이 떨어졌다. 사르디는 이 "제왕적 상품"을 취급해볼까 생각했다. 여러 계획이 머리에 가득한

---

* Étienne Bonnot de Condillac(1715-1780) : 프랑스의 철학자. 1740년에 사제직을 포기하고 파리로 가서 당대의 철학자들(퐁트넬, 루소, 디드로 등)과 교유했으며 이때 몇 권의 철학서를 썼다. 1758-1767년에는 파름 공작의 아들의 가정교사로 있다가, 파리에 돌아와서 플룩스 수도원에 은거하면서 이자와 가치의 문제를 따지는 정치경제학 책 『무역과 정부의 관계(*Le Commerce et le Gouvernement Considérés Relativement l'un à l'Autre*)』(1776)를 썼다.

그는 부를라마키에게 편지를 보내면서 이 장사를 "자기 혼자의 계정으로", 즉 파트너의 참여 없이 그 혼자서 하고 싶다고 설명했다. 결국 이 사업은 실패했다. 그러자 사르디는 이번에는 부를라마키와 함께 사업을 시도했는데, 관심을 끌 만한 상품은 러시아 가죽(vacchette)밖에 없었다. 그래서 그것을 암스테르담으로부터 리보르노로 가져왔는데, 이번에는 러시아 가죽이 이탈리아 시장에 넘쳐나고 있었다. 1681년이라는 이 해에는 이미 가죽에 정기적으로 가격이 매겨지는 정도가 되었고,* 심지어 아르한겔스크로부터 가죽이 캐비어와 함께 직수입되기까지 했다. 사르디는 만일 가죽이 "안쪽이나 바깥쪽 모두 색상이 좋고, 넓적하면서 얇고, 무게가 9-10피렌체 파운드를 넘지 않으면" 부를라마키가 두 척의 배에 나누어—위험을 분산시키기 위해—이 상품을 상당량 실어 보내라고 지시했다. 이 배는 북구 해상로가 겨울에 폐쇄되기 전에 "훌륭한 방비를 갖추고 좋은 호송대와 함께" 오도록 지시받았다. 암스테르담에서 12에 팔리는 가죽은 리보르노에서는 26.5 내지 28에 팔리므로 값이 2배 이상이었다. 사르디가 쓴 서신에 의하면, 리보르노에 도착하는 상품의 값은 24를 넘으면 안 된다. 이것을 보면 그는 이윤율을 10퍼센트로 잡고 있었다. 그래서 부를라마키는 텍셀 섬**에서 가죽 여섯 통을 싣고 사르디의 지시에 따라 구입 비용의 절반에 해당하는 액수의 환어음을 베네치아의 한 은행가에 대해서 발행하는 방식으로 지불받았다. 즉, 모든 것을 미리 계산한 것이다. 그렇지만 이 사업의 결과는 그리 좋지 않았다. 같은 상품이 워낙 많이 들어온 나머지 1682년 5월에 리보르노에서 가죽 가격은 23까지 떨어졌다. 게다가 그가 받은 가죽의 질이 조악해서 잘 팔리지 않았다. 그해 10월 12일에도 창고에는 여전히 재고가 남아 있었다. 1681-1682년에

---

* 이전에는 가죽 거래가 많지 않아서 가격 형성이 어려운 지경이었으나 이제부터는 거래가 활발해져서 가죽의 공시가격이 형성되었다는 뜻이다.

** Texel : 암스테르담 앞 해상의 섬. '새들의 섬'이라고 부르기도 한다. 17세기에 암스테르담이 유럽의 중요한 교역 중심지였을 때, 선박에 상품을 적재하고 상인의 지시를 수령하면서 출항을 기다리는 지역으로 매우 중요한 역할을 했다.

대규모 영업을 하고 있었고—특히 제노바의 리비에라*로부터 기름과 레몬을 수출하는 것이 주요 사업이었다—때로는 여러 척의 배에 그들의 상품만 가득 채워서** 암스테르담 및 영국과 큰 교역을 하던 사르디의 회사로서는 앞에서 언급한 정도의 일은 아무것도 아닐 수 있다. 여하튼 이 에피소드는 원거리 교역을 할 때 사정을 미리 예견하고 상업적인 부가가치를 획득한다는 것이 얼마나 어려운지를 보여준다.

이런 식의 예상을 계산하고 또 계산하는 것, 하나의 영업을 하기 전에 그것을 열 번 이상 머릿속으로 그려보는 것은 상인의 끝없는 과제이다. 암스테르담의 한 요령 있는 상인은 프랑스에서 어떤 사업을 해보려고 생각하고는 루앙에 있는 대리인인 뒤가르 2세에게 이렇게 편지를 써보냈다.[118] "답장할 때 당신네 지역에서 가장 잘 유통되는 상품들의 가격과 예상 매매 계산세[즉, 모든 예상 비용]를 보낼 것……특히 고래 수염, 붉은고래의 기름, 꼭두서니 염료, 껍질을 벗기지 않은 고운 꼭두서니, 스미르나의 면직, 노란 나무,*** 철사……녹차의 값을 알려올 것." 한편, 프랑스 측에서는 그곳의 한 상인이 암스테르담 상인에게서 이러한 정보를 얻었다(1778년 2월 16일).[119] "……브랜디가 당신네 지역에서 어떻게 팔리는지 잘 모르겠으므로 30벨트****가 프랑스 돈으로 환산해서 어느 정도인지를 알려주시오. 그러면 어느 정도의 이익을 볼지 내가 계산을 해본 후 당신에게 얼마나 보낼지 결정하겠소."

상업 부가가치, 즉 상업 이윤이 모든 교역에 필요한 유인이라는 것은 너무나도 지당한 이야기이므로 더 말할 필요도 없을 것이다. 그렇지만 표면적으로 보이는 것 이상을 살펴보아야 한다. 특히, 생활비가 비싼 지역이 자동적

---

*   Riviera : 이탈리아 제노바 만의 해안지역.
**   당시 상인들은 항해상의 위험을 분담하기 위해 관례적으로 여러 척의 배에 상품을 나누어 실었다. 그뿐만 아니라, 상인들의 사업 규모가 영세해서 여러 척의 배에 전부 자기 상품만 싣는 것은 대단히 예외적인 일이었다.
*** yellow wood : 남반구의 산지에 널리 퍼져 있는, 약 100여 종에 이르는 침엽 상록수. 경제적으로 중요한 수종이 많이 존재한다.
**** velte : 약 4.75리터에 해당하는 옛 단위.

으로 유리해지는 것이 아닐까? 이런 곳은 가장 밝은 등대처럼 흡인력이 강하다. 높은 가격 때문에 상품이 이곳으로 이끌려오기 때문이다. 지중해를 지배하는 위치에 있는 베네치아는 18세기에 이르기까지 오랫동안 생활비가 비싼 곳이었다.[120] 네덜란드는 생활비가 비싼 나라가 되어갔다. 이곳에서는 가난한 사람들만이 아니라 어느 정도 가난에서 벗어난 사람들까지도 초라하게 살 수밖에 없었다.[121] 카를로스 1세* 시대 이래 스페인은 생활비가 엄청나게 비싼 나라였다.[122] 한 프랑스인이 이곳을 여행한 후 이렇게 썼다 (1603). "……이곳에서 내가 배운 속담 하나가 있다. '스페인에서는 돈만 빼고는 모든 것이 비싸다'는 것이다."[123] 18세기에도 이곳의 사정은 똑같았다. 그러나 얼마 되지 않아서 영국이 깨기 힘든 신기록을 세웠다. 이곳은 특히 일상 생활비가 많이 드는 곳이었다. 집을 빌리거나 마차를 빌리는 것, 호텔에서 식사를 하거나 방을 잡는 것이 외국인을 파산시킬 지경이었다.[124] 이미 1688년의 혁명 이전에도 그랬던 바와 같이 생활비와 임금 수준이 오르는 것은 영국의 우위가 확고해지는 데에 대해 치러야 하는 부담일까, 혹은 그 우위의 표시일까, 아니면 그 조건일까? 파인스 모리슨이라는 영국 여행가는 1599년부터 1606년까지 마운트조이 경**의 비서로서 아일랜드에 있었고 그전에는 1591년부터 1597년까지 프랑스, 이탈리아, 네덜란드, 독일, 폴란드 등지를 다녀본 적이 있던 사람으로서 아주 훌륭한 관찰자였는데, 그가 다녀본 결과 다음과 같은 놀라운 생각을 하게 되었다. "폴란드와 아일랜드에서는 생필품값이 이상스러우리만치 싼 대신 은이 부족하고 또 그만큼 은의 가치를 높이 치는 것을 보니, 통상적인 생각과는 달리 어떤 나라가 잘살고 번성하고 있다는 증거로서 비싼 물가만큼 확실한 것이 없다는 생각이 들었다.……"[125] 핀토 역시 같은 주장을 했다. 그리고 케네의 **패러독스**도 마찬가

---

* 신성 로마 제국의 황제 카를 5세는 동시에 스페인 국왕 카를로스 1세이다.

** 8th Baron Mountjoy, Charles Blount(1562-1606) : 영국의 군인, 아일랜드의 귀족의원. 특히 그가 거둔 킨세일 전투에서의 승리로 영국군이 아일랜드를 무력으로 점령하게 되었다.

지이다. "풍성하다는 것과 비싸다는 것, 그것이 곧 부이다."[126] 1787년에 보르도를 지나가던 아서 영 역시 이렇게 기록하고 있다. "집이나 방을 빌리는 값이 날마다 오르고 있다. 이렇게 값이 상승하는 현상은 수많은 새 집을 이미 지었거나 짓고 있던 중인 [1783년의] 평화조약* 때부터 현저했다. 이것은 일반적인 물가상승에 상응하는 것이기도 하다. 사람들은 10년 동안 생활비가 30퍼센트나 올랐다고 불평한다. 그런데 그것만큼 확실한 번영의 증거는 없다."[127] 그런데 이것은 사실 이로부터 20년도 더 전인 1751년에 젊은 수도원장 갈리아니가 그의 『화폐론(Della Moneta)』에서 이미 언급한 내용이다. "높은 상품 가격은 최고의 부가 어디에 있는지를 알려주는 가장 확실한 안내자이다."[128] 오늘날에도 "최선진국"의 임금 및 물가 수준은 "발전이 지체되어 있는 국가들보다 훨씬 높다"고 레옹 뒤프리에의 이론적 고찰은 밝히고 있다.[129] 그러나 우리는 왜 그렇게 차이가 나는지를 물어야 한다. 이에 대해서 구조와 조직의 우월성 때문이라고 한다면 그것은 너무 쉬운 대답이다. 사실 우리가 살펴야 할 것이 바로 세계의 구조이다.[130]

영국의 그 특출한 운명에 대해서도 이 기본적인 현실로 환원하여 생각해보고자 하는 욕구를 느낄 것이다. 그러나 고물가와 고임금은 영국 경제에 유리한 요소이면서 동시에 제약 요소이기도 했다. 양모가 예외적으로 싸다는 이점에 힘입어서 직물업은 어려움을 이겨냈다. 그러나 다른 산업 분야 역시 마찬가지였던가? 이런 점을 볼 때 18세기의 기계화 혁명은 정말로 경이로운 탈출구였다.

수요와 공급 : 제1동인의 문제

교환을 자극하는 주요인은 물론 수요와 공급이다. 이것은 그야말로 잘 알려진 요인이지만 사실 그 정의와 구분은 쉬운 일이 아니다. 수요와 공급은 수

---

* 프랑스는 1778년부터 1783년까지 아메리카 식민지 독립전쟁에 개입했다. 이 전쟁은 1783년 파리 조약으로 완전히 종결되었다.

백 내지 수천 가지가 있다. 그것들은 연쇄망을 이루고 서로 접속해서, 마치 전기회로의 전류와도 같다. 고전경제학에서는 모든 것을 수요와 공급으로 설명한다. 그러면서 수요와 공급이 각각 어떤 점에서 모터 역할을 하는지에 대한 끝없는 논쟁 속으로 우리를 끌고 들어간다. 그리고 그 논쟁은 오늘날까지도 계속 살아남아 정치경제학에 영감을 불어넣고 있다.

잘 알다시피 수요 없이는 공급이 없고 공급이 없으면 수요도 없다. 수요와 공급은 교환에 근거하고 교환은 수요와 공급에 근거한다. 같은 원리로 구매와 판매, 상인의 여행과 귀환, 선물 증여와 그 답례, 소비와 생산을 들 수 있다. 여기에서 소비는 수요 측면이고 생산은 공급 측면이다. 튀르고의 생각으로는, 만일 내가 가지고 있는 것을 제공한다면 그것은 내가 무엇인가를 원하기 때문이며 곧 나는 수중에 가지고 있지 않은 것을 요구하게 된다. 만일 내가 가지고 있지 않은 것을 원하게 되면 나는 그것을 포기하거나 그렇지 않으면 그것에 상응하는 반대 급여로 어떤 상품이나 서비스, 혹은 일정액의 돈을 제공할 결심을 한다. 튀르고에 의하면 따라서 다음 네 가지 요소로 요약할 수 있다. "두 가지의 소유, 두 가지의 욕구."[131] 오늘날의 한 경제학자가 말하듯 "모든 수요와 공급은 각각 상응하는 대상물을 가지고 있다."[132]

이런 종류의 언급들이 "뻔한 소리"나 "순진한 생각"이라고 너무 성급하게 단정하지는 말자. 이것들은 자의적인 구분이나 주장을 가려내는 데에 도움을 준다. 이것들은 또 수요와 공급 중에 어느 것이 더 중요한지, 혹은 같은 이야기이지만, 둘 중에 어느 것이 "제1동인(primum mobile)"의 역할을 하는지 하는 질문을 던지는 사람에게 신중하게 생각하라고 충고한다. 이 질문에는 진정한 대답이 있을 수 없지만, 그것은 교환의 문제의 핵심으로 우리를 인도한다.

나는 피에르 쇼뉘가 훌륭한 연구를 수행한 바 있는[133] 카레라 데 인디아스(Carrera de Indias : 서인도항로)의 예를 생각해보고는 했다. 1550년 이후에는 모든 것이 명백해서 폭넓은 차원에서 기계적으로 다음과 같이 생각할 수 있다. 마치 컨베이어 벨트가 시계방향으로 돌아가듯 세비야에서 카나리아 제도, 아메리카의 여러 항구들, 플로리다 남쪽의 바하마 해협, 아조레스 제도 그리고 다시 세비야의 순으로 축이 돌아간다. 이 축을 따르는 항해는 구체적인 하나의 유통 회로를 구성한다. 여기에서 피에르 쇼뉘는 명백하게 이렇게 이야기한다. 16세기에 "경제적 활력을 준 모터는 [스페인에서 아메리카로] 가는 움직임이었다." 구체적으로 출항 시기에 세비야인들이 하는 주요 업무는 "서인도 제도로 보내게 될 유럽 산물을 받는 것이었다."[134] 이드리야의 수은, 헝가리의 구리, 북유럽의 건축 재료 그리고 배로 하나 가득 싣고 오는 통에 담은 모직과 직포 등이 그것이다. 초기에는 기름, 밀가루, 포도주처럼 스페인 자체의 생산물도 여기에 포함되었지만 대서양을 가로지르는 대규모 움직임을 스페인 홀로 활성화시킬 수는 없었다. 유럽 전체가 스페인을 돕고 있었고, 대신에 선단이 귀환할 때 가지고 오는 재보(즉, 은) 중에서 자신의 몫을 요구했다. 프랑스인들은 만일 자신들이 상품을 공급하지 않으면 이 체제가 기능하지 못할 것이라고 생각했다. 또 초기부터 1568년까지 길고 느린 신대륙과의 상업 교류 비용을 신용대부했던 제노바인들[135] 역시 필수불가결한 존재였다. 그 외에도 여러 조력자들이 있었다. 그러므로 세비야에서 선단이 출발하는 데에는 서양의 여러 세력들이 동원되었다. 이렇게 스페인의 외부에서 충원되는 자원으로는 제노바의 자금과 사업가들, 이드리야의 광산, 플랑드르의 직공들 그리고 브르타뉴 직물이 판매되는—절반 정도는 마을 시장의 성격을 가진다—20여 개의 시장들까지 포함된다. 외국 자원의 도움이 대단히 중요했다는 증거로, 세비야와 이후 시기의 카디스에서 모든 사업 활동이 외국인을 위해 기다려준다는 사실을 들 수 있다. 이 규칙은 오랫동안 계속되었다. 1730년 2월에 한 신문(gazette)에 난 소식을 보자. "다시 갤리온선의 출발이 3월 초까지 연기되었다. 현재 역풍 때문에 카디스에 도착하지 못한 상품이 많기 때문에 외국인들이 이것을 받아 갤리온선에 실을 수 있도록 시간을 주기 위해서이다."[136]

그렇다고 이것을 제1동인이라고 불러야 할까? 원칙적으로 이 "컨베이어 벨트"는 그것이 돌아가는 어느 지점에서도 작동시킬 수 있었다. 어디에서도 움직임을 일으킬 수 있고 또 어디에서도 멈추게 할 수 있다. 1610년 또는 1620년경에 시작된 최초의 장기적인 불경기가 아메리카 은광의 생산 저하에서 기인했다는 데에서 이 점을 알 수 있다. 아마도 수확체감의 "법칙"이 작용했기 때문일 수도 있지만 그보다는 필수 노동력을 공급해오던 인디오 인구가 감소했기 때문이었다. 그러다가 1660년대를 전후해서 포토시와 누에바 에스파냐의 은광들이 다시 활기를 띠었는데—이에 비해서 유럽은 아직도 불황이 계속되는 듯했다—원주민 광부들이 그들의 전통적인 화로(brasero)를 다시 쓰면서 아메리카의 광산이 활력을 되찾았기 때문이다.[137] 이런 것은 "근대적인" 광업 설비가 설치되어 작동하기 전에 일어난 일이다. 간단히 말해서 시초에 동력을 제공한 것은 (부정적인 것이든 긍정적인 것이든) 두 번 모두 대서양 너머의 아메리카였다.

그러나 이것이 일반적인 법칙은 아니다. 1713년 이후에 영국인들은 아시엔토 특권을 이용하기도 하고 동시에 밀수라는 수단을 이용하면서 스페인령 아메리카의 시장을 열어갔는데, 이때 그들은 직물을 비롯한 그들의 생산물을 가지고 이 시장을 완전히 장악해버렸다. 그들은 우선 엄청난 물량을 동원한 데다가 현지의 소매상들에게 이 상품을 신용판매로 선대해주었다. 영국으로 귀환할 때에는 물론 은을 싣고 갔다. 따라서 이번에는 유럽 쪽 대서양 연안에서 비롯된 영국의 강력한 압력(forcing)이 모터 역할을 했다. 디포는 포르투갈에서 이와 유사한 일이 일어난 데에 솔직담백하게 이렇게 표현했다. "매출을 해외에 강제하다(force a vend abroad)."[138] 이번에도 역시 신대륙에 팔리지 않는 직물의 재고가 너무 오랫동안 남아 있지 않도록 주의해야 했다. 그렇다면 이 경우 튀르고가 말하는 4중의 도식을 빌리지 않고 어떻게 수요와 공급을 구분하겠는가? 세비야에서 출항하는 선단의 선창에 가득 실려 있는 상품들은 상인들이 자신의 돈을 다 털고 외상까지 지면서, 더 나

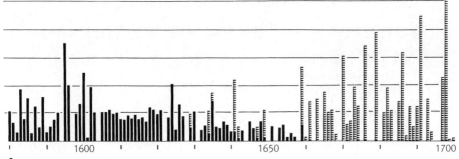

■ 1660년까지의 공식 수치

▦ 네덜란드의 「가제트」와 기타 문서를 통한 추산치

12. 아메리카산 은의 유럽 유입량

미셸 모리노는 네덜란드의 신문들과 마드리드 주재 외국 대사들이 이야기한 수치자료들을 비판적으로 이용하여 17세기의 귀금속 유입량을 나타내는 그래프를 재구성했다. 안정기, 1620년 이후의 격감, 다시 1660년 이후의 재상승을 뚜렷하게 볼 수 있다(눈금 단위 : 1,000만, 2,000만, 3,000만 페소). (「아날」, 1969, pp.257-359)

아가 급할 때에는 외국인에 대해 환어음을 발행하면서까지(배들이 출항하기 직전부터 그 배들이 돌아올 때까지는 이곳에서 현찰은 한 푼도 빌릴 수 없었다!) 모아놓은 것으로서 서양의 다양한 생산의 결과이다. 그런데 이 공급의 뒷면에는 고집스럽고 단호한 수요가 숨어 있었다. 이 수출에 자본을 투자한 중심지와 그곳 상인들은 선단이 귀환하면서 가지고 오는 은으로 보상을 받고자 했던 것이다. 베라 크루스, 카르타헤나, 놈브레 데 디오스(그리고 후에는 포르토벨로도 포함하여) 등지도 사정이 똑같아서 유럽의 농산물과 공산물을 사들이고(대개 그 가격은 대단히 높았다) 그 대신 아주 확실한 공급[즉, 은/역주]을 마련해두었다. 1637년에 포르토벨로에서는 은괴가 마치 돌덩어리들처럼 쌓여 있었다.[139] 이 "바라마지 않는 물건들" 없이는 아무것도 진척되지 못한다. 이곳에서도 역시 수요와 공급은 동시에 작용하는 것이다.

그렇다면 두 개의 공급—즉, 서로 상대방을 향하는 생산—이 두 개의 수요—다시 말해서 두 개의 욕구, 즉 두 개의 "내가 가지고 있지 않은 것"—보다 우월한 것일까? 그러나 그보다는 차라리 예견된, 그리고 예견할 수 있는 수요와 관련해서만 공급이 의미를 가진다고 말해야 하지 않을까?

분명 이 문제는 단지 경제적 관점에서만 제기된 것은 아니다(수요와 공급이 "순수하게" 경제적이지만은 않다는 것은 또다른 이야기이다). 이 문제는 권력의 관점에서도 제기해야 한다. 지배의 망이 마드리드에서 세비야로, 그리고 신대륙으로 뻗어 있다. 물론 가톨릭 왕[스페인 국왕/역주]의 권위가 대서양 너머에까지 실제로 행사된다는 생각은 환상에 불과하므로 당시 사람들이 이른바 인도에 관한 법(leyes de Indias)을 우습게 여겼다는 것은 일반적인 상식이다. 나 역시 이렇게 멀리 떨어진 땅에서 국왕의 의지대로 모든 일이 이루어지지는 않았다는 것을 인정한다. 그렇다고 해도 국왕의 의지는 수많은 관리들에 의해 어느 정도 목적을 달성했다. 사실 이 관리들이 모두 자신의 이익만 탐했던 것은 아니다. 여하튼 퀸트 세(quint : 5분의 1세)는 국왕의 이름으로 정규적으로 걷혔으며, 귀환하는 선박의 상품 중에는 상인의 몫과 함께 국왕의 몫이 있다는 것도 문서상으로 확인할 수 있다. **초기에는 국왕의 몫이 상대적으로 컸다.** 그리고 이때의 배는 말하자면 바닥짐*만을 싣고 돌아왔는데 그 바닥짐이 바로 은괴였다. 그리고 이 시기에는 식민화가 크게 진척되어 있지 않아서 신대륙이 유럽에서 생산한 산물을 크게 필요로 하지 않았다. 그러므로 이 경우에는 교역이라기보다는 착취가 더 맞는 말이다. 그리고 이 착취는 그후에도 멈추거나 사라지지 않고 계속되었다. 1703년경에 나온 프랑스의 한 보고서에 따르면 "스페인인들은 [1701년에 발발한 스페인 왕위 계승 전쟁 이전에] 4,000만[리브르 투르누아]의 상품을 가져갔다가 1억5,000만의 금, 은 및 다른 상품을 가져오는 것이 관례였다." 이것이 5년마다 이루어진 일이다.[140] 이 수치는 물론 교역량의 단순 총액만을 나타낸다. 그러나 순이

---

* ballast : 항해 중인 선박이 안전한 항해를 위해 균형을 잘 잡으려면 배의 밑에 무거운 짐을 실어야 한다. 16-17세기경에는 대개 돌이나 벽돌 같은 것을 이런 용도로 썼다. 따라서 바닥짐이란 단지 항해의 안전을 위한 가치 없는 물품인 경우가 태반이며, 바닥짐만으로 배가 들어온다는 것은 빈 배로 들어오는 것과 마찬가지였다. 그런데 본문에서처럼 서인도 항해에서는 바닥짐이 바로 은괴였으므로 이것은 전혀 다른 경우이다.

익이 어느 정도인지 알아보기 위해서 왕복 항해 비용 등을 고려하여 필요한 수정을 한다고 해도, 이것이 불평등한 교역이며 그런 불균형이 상정하는 모든 경제적, 정치적 함의를 다 지니고 있었다는 것은 확실하다.

착취, 불평등한 교역 내지 강요된 교역이 이루어지기 위해서 반드시 국왕이나 국가가 그 일에 개입할 필요는 없다. 마닐라 갤리온선은 상업적 관점에서 보면 예외적으로 유통이 완결된 체제이지만, 이 안에서도 멕시코 시의 상인에게 유리하도록 지배관계가 작용했다.[141] 이 상인들은 아카풀코에서 짧은 기간 동안 열리는 정기시에 서둘러서 참여하여, 본국에서 수개월 내지 수년 걸리는 거리만큼 떨어져 있는 마닐라 상인들을 마음대로 좌우했다(한편 마닐라 상인들은 그들대로 중국 상인들을 그렇게 몰아붙일 것이다). 이것은 네덜란드 상인들이 오랫동안 리보르노의 대리인 상인들을 그렇게 대한 것과 똑같다. 그렇다면 이런 힘의 관계가 존재할 때, "수요"와 "공급"이라는 말은 정확하게 무슨 뜻인가?

수요

이제 잠시 수요를 그것이 놓여 있는 맥락으로부터 따로 떼어내어 그 자체로서만 볼 필요가 있다. 나를 고무시킨 것은 오늘날 저개발 국가를 연구하는 경제학자들의 언급이다. 넉시*는 이렇게 단정한다.[142] 모터를 움직이게 하려면 수요라는 줄을 잡아당겨야 한다. 단지 생산만 늘리려는 생각은 실패를 가져올 것이다. 물론 오늘날 제3세계에 타당한 것이 그대로 앙시앵 레짐의 경제와 사회에도 타당하리라고는 생각하지 않는다. 그러나 그러한 비교는

---

* Ragnar Nurkse(1907-1959) : 에스토니아 출생의 국제 경제학자. 오스트리아 학파와 케인스의 영향을 받았다. 제1차 세계대전 이후 국제 연맹의 경제조사국에서 일하면서 현실 문제에 대한 실증적 연구를 하고 그것을 이론적으로 검증했다. 『국제 자본 이동론』(1939) 등의 저서에서 국제 문제를 다루다가, 말년에는 저개발국 경제발전에 관심을 두었다. 이에 관한 저서로는 균형성장을 강조하는 『저개발국의 자본 형성 문제(*Problems of Capital Formation in Underdeveloped Countries*)』(1953)가 대표적이다.

양쪽 방향으로 모두 생각할 거리를 줄 것이다. 케네가 한 다음의 말(1766)은 단지 지난날에만 타당했을까? "원하는 만큼의 소비를 하지 못하는 소비자는 무수히 많다. 검은 빵만 먹고 물만 마시는 사람은 흰 빵과 포도주를 소비하고 싶어한다. 고기를 먹지 못하는 사람은 고기를 먹고 싶어한다. 조악한 옷만 가지고 있는 사람은 더 나은 옷을 가지려고 한다. 땔나무가 없는 사람은 그것을 사려고 한다."[143] 게다가 소비자는 계속 증가한다. 그러므로 잠재적인 "소비사회"는 언제나 존재했다고 말하고 싶다. 그러나 소득의 90퍼센트까지를 규칙적으로 먹어치우는 낮은 소득 수준이 그 욕구에 제한을 가하는데, 대다수의 사람들에게 이 제한은 가차 없이 적용된다. 오늘날 제3세계의 경제학자들과 마찬가지로 18세기의 프랑스 경제학자들도 소득과 소비를 증대시킬 방안을 찾으려고 할 때 이 제한을 의식하고 있었다. 부아길베르*는 이미 이렇게 말했다. "소비가 쇠퇴하면 소득도 쇠퇴해버린다."[144] 그러므로 간단히 말해서 수요를 증대시켜야 한다는 것이다.

그러나 물론 수요도 수요 나름이다. 케네는 "장식적인 사치"의 수요를 억제하고 "생활 소비"를 장려했다[145] 그것은 "생산계급"의 일상 수요를 확대시키라는 의미이다. 그의 말은 틀린 것이 아니다. 이 수요는 **지속적이고** 양이 크며 시간이 지나도 계속 압력과 요구를 지속시킨다. 즉, 공급을 올바르게 인도할 수 있는 것이다. 이런 수요를 증폭시키는 것은 성장의 첫째 요인이 될 것이다.

이런 기본적인 수요는 ([예컨대 어느 문명이/역주] 밀이나 쌀, 혹은 옥수수를 선택하는 것과 같은) 먼 옛날의 선택에 기인한 것으로서 그 결과와 "부차적인 효과(derive)"는 아주 다양하다.[146] 그 필요는 소금, 목재, 직물처럼 피할 수

---

* Pierre Le Pesant de Boisguilbert(1646-1714) : 프랑스의 경제학자. 루앙 바야주의 지방관이었던 그는 루이 14세 말기에 심각한 경제위기를 목격하고 그 원인이 무엇인지를 연구했다. 그리고 자유로운 교역을 실시하고 재정을 개혁해야 한다는 결론을 내렸다. 그러나 그의 책들은 금서가 되었고 그 자신도 망명을 가야 했다.

없는 것이다. 이런 기본적인 필요를 지금까지 역사학이 거의 주목하지 않았으나, 사실 이런 것으로부터 대규모의 핵심적인 수요를 판단해야 한다. [수요에 관한 역사상의/역주] 신기록들도 이런 데에서 나온 것들이다. 예컨대 중국 남부에서 생산하는 쌀, 소금, 목재를 엄청난 거리의 제국 운하를 통해 베이징까지 수송한 것을 들 수 있다. 인도에서는 해로를 통해서 벵골의 쌀을 수송했고, 육로로는 수천 마리의 소가 동원된 카라반으로 쌀과 밀을 수송했고, 서양에서도 어디에서나 밀, 소금, 목재가 유통되었다. 랑그도크의 페케의 소금은 론 강을 거슬러 세셀*까지 이르렀다.[147] 카디스, 세투발 그리고 부르뇌프 만의 소금은 대서양에서 출발해 북해와 발트 해까지 갔다. 그래서 만일 16세기 말에 네덜란드에 대한 소금 공급을 막았더라면, 이 나라를 굴복시켰을 것이다. 그러나 스페인은 그런 것을 꿈도 꾸지 못했다.[148]**

우리가 이 책의 제1권에서 보았듯이 목재는 아주 광범위하게 사용되었으며 유럽이나 중국의 많은 강에서 경탄스러울 정도로 거대한 목재수송이 이루어졌다. 뗏목이나 목재수송 뗏목(train de bois)을 사용하거나, 목재를 물에 던져넣거나, 배를 만들어 보냈다가 도착지점에서 부수거나(루아르 강 하구를 비롯해 여러 곳에서 이런 방식이 쓰였다), 널판과 목재들을 실은 배, 나아가서 북유럽의 훌륭한 마스트 목재를 서유럽이나 남유럽으로 가져가기 위해서 특별히 건조한 배를 활용하는 등 여러 가지 방식이 있었다. 목재 대신 석탄, 기름, 전기 등을 사용하기까지는 한 세기 이상 걸리는 여러 차례의 적응 과정이 필요했다. 포도주는 유럽 문명을 구성하는 기본 요소로, 거의 끊임없이 수송이 이루어졌다. 피에르 쇼뉘는 앙시앵 레짐 시기의 경제에서 포도주

---

* Seyssel : 스위스 제네바에 가까운 프랑스의 국경 도시.
** 16세기 말 네덜란드는 합스부르크 왕조 아래의 스페인으로부터 정치적으로 독립을 쟁취하기 위해 네덜란드 독립전쟁(이른바 80년전쟁)을 벌이고 있었다. 그러나 당시의 모든 전쟁이 그렇듯이 교전국들 사이의 무역은 계속되었다. 따라서 오늘날의 입장에서는 네덜란드가 스페인으로부터 소금을 사가므로 이것을 금지시키면 네덜란드가 항복할 것이라고 생각하게 되지만 그 당시에는 이런 것이 전혀 가능한 상황이 아니었다.

수송이 18세기 내지 19세기의 석탄 수송과 맞먹는다고 이야기했는데[149] 그렇게 심한 과장이 아니다. 한편 중량이 나가면서 비교적 값이 싼 물품인 밀은 가능한 한 수송하려고 하지 않았으며 더욱이나 어느 곳에서나 밀을 재배하는 만큼 더욱 그러했다. 그러나 흉작이 들어서 밀이 모자라게 되면 그때에는 엄청난 규모의 수송이 필요했다.

이렇게 부피가 크고 묵중한 상품과 달리, 사치품은 가볍고 빛나며 많은 소란을 불러일으키는 존재이다. 돈은 사치품을 향해 달려가고 그 명령에 따르려고 한다. 따라서 사치품에 대해서는 초(超)수요가 있고 그 자체의 교역과 변덕이 작용한다. 결코 일관적이지 않은 욕망과 언제나 변화하기 쉬운 유행은 인위적이고 거부할 수 없는 "필요"를 만든다. 그것은 쉽게 변화하지만 결코 그냥 사라져버리는 적이 없으며 또다른 근거 없는 열정에 자리를 양보할 따름이다. 설탕, 증류주, 담배, 차, 커피가 다 그런 대상이었다. 그리고 가장 진보해 있고 가장 산업화되어 있는 직물 분야에서는 (아직도 가정에서 일상적인 필요에 의해 실을 잣고 옷감을 짜는 일이 많다고는 해도) 유행과 사치가 수요를 지배했다.

15세기 말에 부자들은 금과 은을 넣은 직물을 버리고 비단을 선택했다. 비단이 보급되어 어느 정도 대중화하자 사회적 상승을 나타내는 표시로 작용하게 되었다. 그리고 훗날 유럽 전역에서 견직업이 발달하기 전에 100년 이상이나 이탈리아의 견직업이 크게 번성했다. 그후 17세기 말 수십 년간 영국식 직포가 유행하면서 다시 모든 것이 변화했다. 그다음 세기에는 "염색한 직물(toiles peintes, painted cottons)", 즉 나염 면직물이 폭발적인 인기를 누렸다. 이것은 처음에는 인도에서 수입하다가 유럽 스스로 모방해서 만들게 되었다. 프랑스 당국은 이 섬세한 직물이 침투해 국민 산업생산을 잠식하는 것을 막기 위해서 절망적으로 투쟁했다. 그러나 감시, 수색, 감금, 벌금 등 그 어떤 조치를 취해도 소용이 없었다. 심지어 파리의 부르도네 거리의 상인 브리용 드 주이는 마음껏 상상력을 발휘하여 다음과 같은 건의를 하기도 했다. "길 한복판에서 인도 직물을 입고 지나가는 여자의 옷을 벗기는 사람에게는" 세 벌에 대해서 한 벌당 500리브르를 주자. 이 조치가 너무 지나치다면 "창녀들에게 인도 직물 옷을" 입혔다가 공개적으로 이 옷을 벗김으로써 모욕적인 예를 보여주자.[150] 재무총감인 데마레에게 올린 1710년의 한 보고서는 이런 캠페인에 대해서 진지하게 염려를 나타냈다. 식량 가격이 크게 오르면서 동시에 화폐는 줄어들었고 정부채권은 아주 불편할 뿐 아니라 실제로 거의 사용할 수 없는 마당에, 사람들에게 옷 입는 것까지 바꾸라고 강요해야 하는가? 도대체 어떻게 유행에 대항해서 싸울 수 있다는 말인가?[151] 기껏해야 할 수 있는 일이라고는 1708년에 대니얼 디포가 잡지 「위클리 리뷰(Weekly Review)」에 기고한 기사처럼 유행에 대해서 야유하는 정도였다. "우리는 근자에 수준 높은 사람들이 인도 카펫을 몸에 두르는 것을 볼 수 있다. 바로 얼마 전만 해도 그들의 하녀들마저 너무 천하다며 꺼리던 옷이다. 인도 직물은 최근에 지위 상승을 했다. 마룻바닥에서 사람의 등으로, 카펫에서 치마로. 그리고 요즘은 여왕 자신도 중국식이나 일본식으로 옷 입기를 좋아한다. 중국제 비단이나 캘리코 말이다. 이것이 전부가 아니다. 우리의 집, 장롱, 침실도 침범당했다. 커튼, 쿠션, 의자, 그리고 침대까지 캘리코나 인도 직물로 덮여 있다."

   우스운 것이든 아니든, 집요하고 다양하고 탈선하는 수요라고 할 수 있는 유행은 언제나 승리하게 된다. 프랑스에서는 35개에 달하는 법령으로도 결국 "[인도 직물에 대한] 사람들의 고집스러운 밀수를 종식시킬 수 없었다. 그것을 사거나 파는 행위에 대해서 압수하거나 1,000에퀴의 벌금을 물리다 못해, 결국 1717년 12월 15일 자의 칙령으로 종신 갤리선 노역수라는 체형을 부과했고, 그래도 안 되면 더 심한 벌을 부과했는데도 불가능했다."[152] 마침내 1759년에 금지를 풀자[152] 인도 직물 산업은 프랑스 내에 설립되고 곧 영국, 스위스 및 네덜란드, 심지어 인도의 산업과도 경쟁하게 되었다.[152]

공급

전(前)산업화 시대에 관심을 두는 경제학자들은 한 가지 점에 대해서는 서로 일치를 보인다. 공급은 아주 작은 역할을 했다는 점이다. 공급은 탄력성이 모자라기 때문에 모든 수요에 대해서 빠르게 대응할 수 없었다.[153] 이때 농업상의 공급과 공업상의 공급을 구분해서 보아야 한다.

이 시대 경제의 핵심은 농업활동이다. 영국과 같은 지구상의 몇몇 지역에서는 일부 기술요소들과 사회요소들에 힘입어 농업의 생산과 생산성이 "혁명적으로" 증가했다. 그러나 심지어 영국에서도 1730-1750년대에 우연히 풍작이 연속되어 영국의 경제성장에 크게 유리하게 작용했다는 것을[154] 역사가들이 강조하는 정도이다. 일반적으로 농업생산은 [빠른 발전이 이루어지기 힘든/역주] 타성(惰性)의 영역이었다.

이와 대조적으로 명백한 진보가 이루어진 영역이 두 개 있는데 하나는 공업이고 다른 하나는 상업이다. 그러나 기계화가 이루어지기 전까지는 인구의 대다수가 반(半)자급자족적인 소농경제 속에서 살고 있었기 때문에 지나치게 활발한 진보에 대해서는 내적, 외적 한계가 제약을 가했다. 그렇다고 해도, 1600-1800년에 유럽의 공업생산량이 적어도 5배로 늘었다고 이야기할 수 있다(그러나 이것은 불확실한 연구로부터 얻은 것이기 때문에 크기의 규모만 취할 수 있다). 유통 역시 개선되고 또 영역이 확대되었다고 믿을 만하다. 즉, 경제의 장벽이 없어지고 교환이 증가한 것이다. 이런 점에서 볼 때, 아주 훌륭한 관찰 영역인 광대한 프랑스에서 그러한 경제의 장벽을 제거한 것은 18세기에 가장 주목할 만한 사실이었다고 역사가들은 보고 있다.[155]

그러므로 내가 강조하려고 하는 바는 18세기 말에 소비라고 하는 아귀 앞에 내던져진 공급이 사람들이 미리 상상하는 만큼 그렇게 허약하고 근소하지는 않다는 점이다. 물론 공급은 이제부터 산업혁명의 진보와 함께 더욱 강화될 것이다. 1820년경에 공급은 이미 탁월한 능력의 주인공이 되었다. 경제학자들이 그 역할에 주목하고 찬탄하는 것도 당연한 일이다. 게다가 공급에 대한 이른바 [장-바티스트] 세(1767–1832)의 "법칙"이 나오고[156] 그것이 널리 알려지면서 더욱 두드러지게 되었다.

마르크스는 세가 "천재"는 아니라고 보았으나 어쨌든 그는 틀림없이 이 법칙을 널리 유포시킨, 찬탄받을 만한 사람이다. 그러나 그레섬 자신의 법칙을 그레섬 자신이 만들지 않았듯이 이 법칙도 세가 만든 것은 아니다. 그렇다고 해도 세가 당대 경제학자들의 사고를 지배한 것은 사실이다. 사실 "생산은 수요를 스스로 찾는다"는 법칙의 요소는 애덤 스미스나 제임스 스튜어트(1712–1780)에게서도 보인다. 그리고 조사이아 차일드*가 말한 "한 사람의 노동은 다른 사람의 노동을 가져온다는 부정할 수 없는 잠언"을 튀르고가 언급한 것 역시 같은 사고의 표현으로 보인다.[157] 사실 이것은 그 자체로서는 아주 단순한 내용이다. 공급은 시장에서 규칙적으로 수요를 불러일으킨다. 그러나 언제나 그렇듯이 이 단순성 뒤에 기본적인 복잡성이 숨어 있으며, 그래서 모든 경제학자들은 각각 이 내용을 자기 마음에 맞도록 발전시켰다. 존 스튜어트 밀(1806–1873)은 이 법칙을 이렇게 표현했다. "생산이 증가했을 때 그것이 개인적인 이해에 따라 필요한 비율대로 모든 종류의 생산물에 골고루, 계산 착오 없이 분배된다면, 그 생산증가는 스스로의 수요를 창출한다. 혹은 그 수요를 구성한다."[158] 이것은 지극히 명료하다고 주장하면서도 실제로는 불명확한 내용을 말하고 있는 예이다. 샤를 지드**의 다음 말은 사전에 준비되지 않은 독자라면 얼른 이해되지 않을 것이다. "각각의 생산물은 다른 생산물들이 아주 다양하고 풍부할수록 더 많은 판로들을

---

* Josiah Child(1630–1699) : 영국의 상인, 경제학자. 동인도회사 소속 함대장으로 벵골에 대해 군사적인 팽창 정책을 취한 적이 있다(1687–1690). 경제학자로서 이자율을 낮출 것, 상업과 수송업을 발전시킬 것을 주장했다. 주요 저서로는 『새로운 교역론(*A New Discourse of Trade*)』(1688), 『교역과 이자에 관한 간단한 고찰(*Brief Observations Concerning Trade and the Interest of Money*)』(1688)이 있다.

** Charles Gide(1847–1932) : 프랑스의 경제학자, 작가 앙드레 지드의 삼촌. 평생 온건한 기독교적 사회개량주의자로 시종했고 협동조합에 의한 노동자계급의 지위향상에 사재를 바치며 헌신했다. 학술지 「경제학 평가(*Revue d'Économie Politique*)」를 창간하고 수많은 논문을 발표했다.

찾을 수 있다."[159) 이 말은 결국 여러 생산물들의 공급이 풍부할수록 어느 한 생산물의 공급이 더 쉽게 수요를 찾는다는 말이다. 앙리 기통*은 또 이렇게 썼다(1952). "두 손이 동시에 나와 있는데 한 손은 받기 위한 것이고 또 한 손은 주기 위한 것이다.……수요와 공급이란 똑같은 현실의 두 가지 표현이다."[160) 이것은 사실이다. 사정을 좀더 논리적으로 설명하면 다음과 같다. 어떤 재화이든 생산이 이루어지고 그것이 비교적 짧은 기간 내에 시장에 공급되면, 바로 그 과정에서 화폐가 분배된다. 원재료와 수송 비용을 갚아야 하고 노동자들에게 임금을 주어야 하기 때문이다. 이렇게 분배된 화폐는 정상적인 운명을 따른다면 조만간 수요의 형태로, 달리 말하자면 구매의 형태로 다시 돌아오게 된다. 공급은 스스로와 만날 약속을 하고 있는 것이다.

이와 같은 세의 법칙은 몇몇 예외가 있기는 하지만 대체로 1930년경까지 수 세대의 경제학자들에게 의심의 여지가 없는 법칙이자 타당한 설명으로 받아들여졌다. 그러나 법칙이란, 특히 경제법칙이란 어느 한 시대의 경제현실과 소망들이 지속되는 한에서만 지속된다. 그 현실과 소망들에 대해서 경제법칙이란 거울이며 충실한 해석이다. 그러다가 새로운 시대가 되면 새로운 "법칙"이 생긴다. 1930년경에 케인스는 한 세기 가까이 지탱해온 세의 법칙을 어렵지 않게 뒤집었다. 그가 말한 중요한 내용은 현재 진행 중인 공급 과정에서 이익을 본 사람이 시장에 곧바로 수요를 가진 사람으로서 나타나지는 않는다는 것이다. 화폐란 선택의 가능성이다. 그것을 단지 소유하고 있든지, 소비하든지, 투자하든지 셋 중의 하나이다. 그러나 우리는 여기에서 케인스의 비판을 자세히 소개하려는 것이 아니다. 케인스의 생각은 아마도 그의 시대에 유효하고 현실적이었을 것이다. 여하튼 1930년에 케인스가 옳았는지, 틀렸는지는 우리가 말할 바가 아니다. 마찬가지로 1820년대에 세가 옳았는지, 틀렸는지도 우리의 일은 아니다. 산업혁명 이전의 시대에 세가 옳

---

* Henri Guitton(1904-1992) : 현대 프랑스의 경제학자, 방법론 전문가. 특히 경제학에서의 시간 개념에 관한 연구에 주력했다. 저서로 『경제 변동과 성장』, 『경제적 시간을 찾아서』 등이 있다.

있는가(즉, 그의 법칙이 작용했는가)? 이 질문만이 우리에게 관심 있는 일이다. 그러나 현재 우리는 이에 대해서 만족스럽게 대답할 처지가 못 된다.

산업혁명 이전 시대의 경제는 말하자면 고장이 잦고, 여러 다양한 분야들이 서로 일치하지 않으며, 경기 국면이 어떻든 간에 그 분야들이 같은 보조로 행진하지 않는 경제이다. 어느 한 분야가 시동을 걸고 출발해도 그것이 다른 분야들을 이끌어갈 수 없었다. 그리고 그 어느 분야라도 병목현상을 일으켜 발전을 막을 수 있었으며, 그래서 규칙적인 발전이 불가능했다. 이 시대의 상인들은 늘 과장해서 불평하는 경향이 있었다. 그러나 이들이 자신의 곤경이나 경기의 후퇴에 대해서, 또 경제의 붕괴, 고장, 파산에 대해서 의도적으로 거짓말을 한다든지 꾸며댄 것만은 아니다. 경제적 고장은 재정적으로 가장 튼튼한 곳에서도 일어날 수 있었다. 세가 염두에 두었던 분야인 "공업"생산 분야에서는 이런 조건에서 공급이 자동적으로, 또 **지속적으로** 구매자를 발견하게 되리라고 기대할 수는 없었다. 이 생산에 들어간 돈은 도구 공급자, 원료 공급자, 수송업자, 노동자에게 불균등하게 배분된다. 그중 특히 노동자에게 돌아가는 임금이 가장 큰 지출 항목이다. 그런데 이것은 정말로 독특한 경제 "동인(動因, agent)"이다. 이들에게 간 돈은 흔히 말하듯 "손에서 입으로" 가버린다. 이사크 데 핀토가 말한 것처럼 "화폐유통은 하층계급으로 갈수록 빨라진다"거나,[161] 특히 소액 화폐유통이 가장 활발하다고 하는 것이 그런 까닭이다. 독일의 관방학자*인 폰 슈뢰터는 화폐유통을 향상시킬 수단으로서 매뉴팩처 활동을 진작시킬 것을 권했다(1686).[162] 장인층에게 돈을 분배해도 잠시만 돈을 잃는 것이며, 그 돈은 곧 일반 유통 속으로 신속히 되돌아오기 때문이다. 그의 말을 그대로 믿을 수 있는 이유는 1817년에도 리카도가 노동자의 "자연임금(salaire naturel)"을 말한 데에서 찾

---

* 관방학(官房學, Kameralismus)이란 17-18세기에 독일과 오스트리아에서 발달한 경제학의 한 분과로 관방, 다시 말하자면 내각의 재정을 능률적으로 관리하기 위한 정책을 연구하는 학문이다. 오늘날의 재정학의 원천에 해당한다.

을 수 있다. "시장임금(salaire courant)"이 그 근처에서 결정되도록 기준이 되는 "자연임금"은 곧 노동자에게 생존수단을 공급하고 그래서 이 계급의 생존을 영속화시키는 수준에 불과하다.[163] 최소한의 필요액만 받는 노동자들은 결국 음식에 대한 수요를 만족시키는 데에 돈을 쓸 수밖에 없다. 자연히 농업 공급에 대해서 반응할 것이며, 따라서 이들의 임금을 결정하는 것은 무엇보다도 곡물 가격이다. 따라서 그들은 자신들이 생산하는, 대개는 사치품에 속하는 공산품에 대한 수요와는 거리가 멀다.[164] 그래서 이 경우에 공급은 단지 간접적인 수요밖에 가져오지 못한다. 한편 농업생산의 경우를 보면, 잉여가 불규칙한 데다가 반분 소작인(métayer), 일용노동자, 소농 등으로서는 잉여가 그리 크지 않아서 공산품에 대한 수요가 클 수 없었다.

따라서 우리에게는 아주 이상하게만 보이는 중농주의자들의 생각도 이렇게 여러 면을 신중히 고려하는 맥락에서 보면 이해가 간다. 농산물 공급이 수요를 쫓아가는 데에 힘겨워하고, 인구 증가를 따라가는 데에 허덕거리는 이런 시대에 농업생산과 농업의 부를 강조한 것이 과연 잘못일까? 역으로, 산업생산이 빈번하게 고장을 일으키는 이유는 농촌 주민이나 도시의 장인 및 노동자 등에게 너무 미약한 수요만 있었기 때문이 아닐까? 공급 면에서 제약을 받는 농업, 그리고 수요 면에서 제약을 받는 산업이라는 피셔의 구분은[165] 앙시앵 레짐 경제를 대단히 잘 설명해주는 요약이라고 할 수 있다.

이런 조건들 속에서 세의 법칙은 현재에 대해서보다 오히려 산업혁명 이전 세기들에 대해서 훨씬 더 현실과 괴리된 이론일 수 있다. 우선 18세기의 매뉴팩처 경영주들은 보조금, 무이자 대출, 사전에 인정해준 독점 등의 조건을 허락받고서야 사업을 시작했다. 이들은 부당 특혜를 받는 경영인들이다. 그런데 이런 굉장한 조건 속에서도 그들이 모두 성공했느냐 하면 결코 그렇지 않았다. 새로운 요구에 맞추어 모든 것을 제공할 수 있는 공급의 증대는 아직 미래의 일이며, 그것은 기계화가 이루어지고 나서야 급진전될 것이다. 미슐레는 산업혁명에 수요 혁명이라는 요소가 대단히 큰 비중을 차지한다고 보았다. 오늘날의 철학자들에게 다시 각광을 받는 튀르고의 말을 사용한다면, 수요의 혁명이란 "욕망"의 변화이다. 1842년에 미슐레는 이렇게 썼다. "직물 공장은 궁지에 몰려 있었다. 물건을 사가는 사람이 없어서 상점도 빈 상태에 빠져 있었다. 공포에 사로잡힌 생산자는 일할 생각도 못 하고, 그렇다고 비용만 잡아먹는 기계를 놀릴 수도 없다.……가격을 낮추어보았지만 소용이 없다. 가격을 더 내려서 편직물 가격이 6수까지 내려갔다.……그런데 이때 예상하지 못한 사태가 일어났다. 6수라는 말이 기폭제였다. 이제까지 직물을 사본 적이 없던 가난한 사람들이 구매자로 움직이기 시작했다. 사람들은 민중이 한 번 그런 일에 개입하자 그들이 얼마나 거대하고 강력한 소비자가 되는지를 보게 되었다. 상점이 순식간에 비워졌다. 기계가 다시 미친 듯이 돌아갔다.……프랑스에서 이것은, 거의 주목받지는 못했지만, 하나의 혁명이었다. 그것은 청결의 혁명, 가난한 집안이 아름다워지는 혁명이었다. 속옷, 침대보, 식탁보, 커튼……이 세상이 시작된 때부터 이런 것들을 한 번도 가져본 적이 없는 모든 계급들이 이제 그것을 구비하게 되었다."[166]

시장과 지리

앞에서 우리는 상인을 배제하고, 단지 경제적인 제약과 규칙이 어떤 역할을 하는지만을 보았다. 이번 절에서도 우리는 상인은 일단 놓아두고 시장 그 자체만을 살펴보려고 한다. 시장이 차지하는 공간, 양, 무게, 간단히 말해서 회고적인 지리(géographie rétrospective)라고 할 만한 것이 그것이다. 왜냐하면 모든 교환은 일정한 공간을 차지하며 또 어떠한 공간도—인간에 의해서 변형되고 조직되지 않는다는 의미에서—중립적일 수 없기 때문이다.

　역사적으로 한 회사, 한 상업지역, 한 국가가 지배했던 공간, 또는 밀, 소금, 설탕, 후추, 귀금속 같은 어느 한 상품의 교역이 이루어지던 공간 등이 어떻게 변화했는지를 그려보면 유용할 것이다. 이것은 시장경제가 주어진

한 공간에 어떤 영향을 미치는지, 그때 빈틈은 없는지, 시장경제가 어느 정도 불완전한지, 또 그것의 항구적인 활력은 어떠한지를 밝히는 방법이다.

기업들과 그것이 속한 공간

상인은 언제나 구매자, 공급자, 채권자, 채무자와 관계를 가진다. 이 주인공들의 주소를 지도 위에 표시해보자. 이때 나타나는 공간은 그 상인의 활동이 펼쳐지는 공간의 총체이다. 원칙적으로 그 공간이 크면 클수록 문제의 상인이 중요한 인물이다. 실제 조사 결과를 보면 거의 언제나 이것이 사실로 드러난다.

13세기 후반에 프랑스에 정착한 피렌체의 상인 가문인 잔필리아치 가문 사람들의 사업 영역은 알프스 지역, 특히 도피네, 론 계곡 등을 포괄했으며 서쪽으로는 몽펠리에와 카르카손에까지 미쳤다.[167] 3세기 후인 1559년경, 세계적으로 유명한 토스카나의 명문 출신인 안트베르펜의 카포니 가문은 서신과 장부에 나타나는 바를 볼 때[167] 북해로부터 지중해의 피사와 피렌체에까지 이르며 그곳에서 다시 남쪽으로 가지를 치는 좁고 긴 방추형 지역 내에서 활약했다. 그런데 네덜란드에서 이탈리아까지 펼쳐져 있는 이 방추형 지역은 거의 그대로 16세기 전반에 피사의 살비아티 가문의 활동 공간과 같다(이 가문에 관한 기념비적 고문서들은 아직 연구가 되지 않았다). 17세기 이탈리아의 사업망들은 북유럽 쪽을 상실하는 대신 지중해 전역으로 확대되고 있었다. 리보르노에 사업의 중심축을 두던 토스카나의 사미니아티 가문의 사업을 보여주는 "위탁매매와 주문(commessioni e ordini, 1652–1658)" 문서를 보면[168] 이 가문의 사업 영역은 본질적으로 지중해였다. 베네치아, 스미르나, 시리아의 트리폴리, 바르바리의 트리폴리,* 메시나, 제노바, 마르세

---

* 트리폴리(Tripoli)라는 지명을 가진 곳은 두 곳이 있다. 한 곳은 레바논의 지중해상에 있는 항구 도시이고('시리아의 트리폴리'라고 한다), 또 한 곳은 리비아의 해안에 있다(아랍어로 '타라불루수 알-가르브'라고 하며, 앞과 구분하여 '바르바리의 트리폴리'라고 한다).

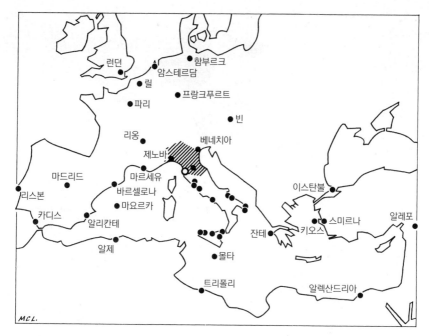

13. 사미니아티 회사의 17세기 상업망

사미니아티 회사는 피렌체와 리보르노에 자리 잡고 있었다. 사라질 뻔했던 이 회사 관련 문서들을 아르만도 사포리가 입수하여 현재 밀라노의 보코니에 보존되어 있다. 북부 및 중부 이탈리아의 빗금 친 지역이 이 회사의 영업활동이 활발한 곳이다. 이 회사는 지중해 전역, 카디스와 리스본, 북유럽(파리, 리옹, 프랑크푸르트-암-마인, 릴, 런던, 암스테르담, 함부르크, 빈)에서도 활동했다. (M.-C. 라페르 작성)

유 등지는 가장 중요한 곳들이고 이스탄불, 알렉산드레타, 팔레르모, 알제 등지는 부수적인 곳이다. 북쪽 연결지점으로는 리옹, 그리고 특히 암스테르담이 중요했다. 여기에 사용되는 배는 대개 네덜란드 선박이나 영국 선박이었다. 그러나 리보르노는 과연 리보르노이다. 이 회사의 명세서에는 아르한겔스크에서 두 척의 배에 러시아 산 가죽을 실었다는 언급이 있다. 이것이야말로 규칙을 확인해주는 예외라고 할 것이다!

만일 우리에게 이와 같은 종류의 명세서들이 수백 내지 수천 건 있다면, 여기에서부터 어느 상인 혹은 기업의 활동 공간에 관한 유용한 유형을 파악할 수 있을 것이다. 그렇게만 되었다면 구매 공간과 판매 공간을 서로 대비하여 설명할 수 있었을 것이며, 집중되는 것과 분배되어 나가는 것을 구분할

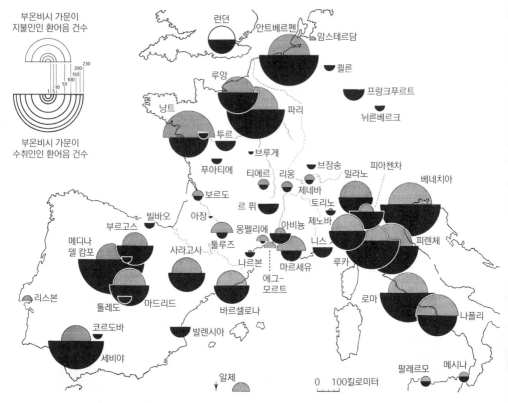

부온비시 가문이
지불인인 환어음 건수

230
200
150
100
50
10
5
1

부온비시 가문이
수취인인 환어음 건수

런던
안트베르펜
암스테르담
쾰른
루앙
프랑크푸르트
낭트
파리
뉘른베르크
투르
브루게
브장송
피아첸차
푸아티에
티에르
리옹
밀라노
베네치아
보르도
제네바
아장
르 퓌
토리노
빌바오
몽펠리에
아비뇽
제노바
피렌체
부르고스
툴루즈
니스
메디나
델 캄포
사라고사
나르본
루카
리스본
마르세유
톨레도
마드리드
에그-
모르트
로마
코르도바
바르셀로나
나폴리
발렌시아
세비야
팔레르모
메시나
알제
0   100킬로미터

14. 부온비시 가문이 유럽 전역을 정복하다

1575년부터 1610년까지 부온비시 가문의 기업들은 유럽의 상권 전체를 포괄했다. 이 가문은 원래 루카 출신으로 리옹에 정착한 가문인데, 친척과 대리인을 중요한 지역에 포진시켰다. 이들은 환어음을 통해 대단히 다양한 사업들을 연결하는 망을 이루었다. 이 지도에 나타낸 것은 환어음의 수이지, 그 액수가 아니므로 이 지도상의 여러 도시들이 어느 정도의 중요성을 나타내는지를 그대로 믿을 수는 없다. 예컨대 낭트와 툴루즈의 중요성이 이 지도에서만큼 작지는 않다. 리옹에서 리옹 자체 내로 발행한 건수가 매우 작다는 점, 그리고 루카(이 가문의 출신지)로는 비정상적으로 많은 건수로 발행되었다는 점이 흥미롭다. (프랑수아즈 바야르, "1575-1629년, 리옹의 상인 겸 은행가, 부온비시 가문", 「아날」, 1971, pp.1242-1243)

수도 있었을 것이다. 나아가서 중심축이라고 부를 수 있을 거의 일직선의 모양을 한 방추형 지역, 그리고 그것을 중심으로 경기가 나아지고 교역이 원활해지는 때에는 그 몇 배의 비율로 넓게 불어나는 원형 공간을 구분할 수도 있을 것이다. 그래서 두 번째나 세 번째 정도의 예를 볼 때쯤이면 어떤 상인이든지 대교역 중심지가 지배하는 공간 속으로 들어가 탄탄히 자리를 잡으면 큰돈을 번다는 점을 분명히 확신하게 될 것이다. 15세기에 라구사 출신의 코트룰리는 그것을 이렇게 표현했다. "큰 고기를 잡으려면 큰 호수에 가야 한다."[169] 나는 또 에리히 마슈케가 이야기한 아우크스부르크의 상인 겸 연대기 작가에 관한 이야기도[170] 좋아한다. 그는 초기에 아주 어렵게 살다가 베네치아에 가면서부터 겨우 먹고살 만하게 되었다. 마찬가지로 푸거 가문이 성공한 사례에서도 의미 있는 시기가 두 번 있다. 1367년 9월은 한스 푸거가 가족을 데리고 그의 고향인 그라벤을 떠나 이웃 도시인 아우크스부르크로 가서 그곳에서 퍼스티언 직조공으로 정착했던 때이며, 1442년은 그의 후손들이 이웃 대도시들 및 베네치아와 원거리 교역을 하는 상인이 된 때이다.[171] 이런 것들은 무수히 반복되는 진부한 사실들이다. 페데리고 멜리스가 인용하는 보로메이 가문의 경우를 보아도, 그는 피사의 콘타도* 출신인데 15세기 말에 "밀라노인이 되자마자" 곧 큰돈을 벌었다.[172]

한 상인의 활동 공간은 주어진 시대의 전국적 공간 혹은 국제적 공간 중의 한 조각에 불과하다. 만일 그 시대가 팽창기였다면 상인의 활동 공간도 빠르게 확대될 공산이 크다. 특히 그가 대규모 사업을 하고, 환어음, 화폐, 귀금속, "제왕적 상품(향신료, 후추, 비단 등)"이나 유행 중인 상품―예를 들면 퍼스티언 직조에 필요한 시리아 면화 등―을 다루는 경우에는 더욱 그러하다. 대단히 소략하게 보기는 했지만 프라토의 프란체스코 다티니의 문서들을 살펴보고 난 후, 나는 1400년경에 대사업이라고 할 만한 것이 피렌체에서 제노바, 몽펠리에, 바르셀로나, 브루게, 베네치아 등지로 환어음을 돌리는 것이라는 인상을 받았다. 14세기 말과 15세기 초에 금융업의 공간은 다른 종류의 공간에 비해서 더 일찍 성숙했고 확장되어 있었던 것일까?

앞에서 개진한 바와 같이 16세기의 발전이 정기시나 시장이라는 상층 구조가 대단히 활발해지는 결과를 가져왔다는 사실을 고려하면, 아우크스부

---

* contado : 도시국가에서 도시를 둘러싼 주변 시골지역.

르크의 푸거 가문이나 벨저 가문의 다양한 사업이 자리 잡고 있던 공간이 갑자기 팽창한 것을 더 잘 이해할 수 있을 것이다. 16세기의 기준에서 보면 이것은 아주 거대한 사업이었으며 바로 그 규모 때문에 다른 상인이나 일반 여론에 공포감을 줄 정도였다. 아우크스부르크의 벨저 가문은 전 유럽 지역과 지중해 지역, 나아가서 신대륙에도 세력을 펼쳐갔다. 1528년에 베네수엘라에 진출한 이들은 이곳에서 스페인인들의 간교함과 현지인들의 가공스러운 만행 때문에 우리가 아는 바와 같은 실패를 겪었다.* 벨저 가문이야말로 큰돈이 걸린 커다란 모험이 있는 곳이면 어디든 기꺼이 달려가려고 했다. 이보다 훨씬 신중했던 푸거 가문은 훨씬 더 크고 탄탄한 성공을 거두었다. 이들은 헝가리, 보헤미아, 알프스 지역 등 중유럽에서 가장 큰 광산 기업들의 소유주였다. 이들은 베네치아에서 대리인들을 통해 확고한 자리를 지켰고 16세기 초에는 활기찬 세계의 중심지인 안트베르펜을 지배했다. 이들은 아주 일찍부터 리스본과 스페인에 진출하여 카를로스 1세 편에 섰고, 1531년에는 칠레에 모습을 드러냈다(그러나 이곳에서는 1535년에 곧 후퇴했다).[173) 이들은 1559년에 리예카**와 두브로브니크에 지중해를 향한 개인적인 창을 열었다.[174) 16세기 말에 아주 큰 어려움에 봉착했을 때에는 잠정적이기는 하지만 리스본에서 후추 사업에 관한 국제 신디케이트에 참가했다. 마지막으로 이들은 동향인인 페르디난트 크론의 중개를 통해 인도와도 접촉했다. 1587년에 크론은 28세의 나이로 인도에 도착해서 코친***과 고아에서 푸거 가

---

* 벨저 가문은 1528년에 스페인 국왕으로부터 베네수엘라의 식민개발 독점권을 받고 식민사업을 추진했다. 이것은 국왕 카를로스 1세(곧, 황제 카를 5세)의 재위기에는 아주 잘 이루어졌고 그후에도 1614년 정도까지는 그런 대로 좋은 편이었다. 그러나 그후에 스페인 정부가 파산 선고를 하고 또 프랑스의 종교전쟁의 여파에 영향을 받아 파산했다.

** Rijeka : 크로아티아의 항구도시. 이탈리아식 이름인 피우메(Fiume)로도 알려져 있다.

*** Cochin : 인도의 케랄라(즉, 말라바르) 해안에 있는 지역이면서 동시에 그곳의 주요 도시인 쿠치 반다르(Kuchi Bandar)에 대한 서양식 이름이다. 1502년에 바스쿠 다 가마가 이곳에 상관의 지점(支店)을 설치했으며, 이후 포르투갈, 네덜란드, 영국이 이곳을 차지하기 위해서 각축을 벌이다가 최종적으로 영국이 승리했다.

문과 벨저 가문의 대리인 역할을 했다. 그는 1619년까지 머무는 동안 큰돈을 벌었고, 한편으로는 멀리 스페인에 있는 주인들을 위해서, 또 한편으로는 현지의 포르투갈 주인들을 위해서 수많은 봉사를 했으나, 1619년 이후에는 배은망덕한 포르투갈인들에 의해 투옥되어 시달림을 당했다.[175] 간단히 말해서 이 거대 기업의 제국은 카를로스 1세나 펠리페 2세의 제국보다도 더 광대했으며 이곳에서는 그야말로 해가 지는 일이 없었다.

그러나 역사에 모습을 드러낸 이 거인들이 가장 큰 의미를 지니는 것은 아니다. 우리에게 흥미를 주는 것은 중간 정도의 다양한 크기를 가진 기업들이며, 이들 총체의 변화이다. 17세기에 이들의 총량이 감소한 것으로 보이나, 18세기에는 다시 증가했다. 이때 금융은 유럽을 넘어 세계의 극한까지 채워나갔다. 거부들의 인터내셔널*이 영구히 자리를 잡게 된 것이다. 그러나 이 도식이 정당하다는 것을 보여주려면, 더 많은 예증과 비교가 있어야 한다. 그러므로 아직도 수행해야 할 세밀한 연구가 남아 있다.

도시의 공간

도시는 서로 연결된 여러 공간들의 중심에 위치하고 있다. 그런 공간들이란 식량을 공급하는 권역, 이 도시의 화폐와 도량형을 사용하는 권역, 장인과 새로운 부르주아들을 도시에 충원해주는 권역, 도시의 신용사업이 미치는 권역(이것이 가장 넓다), 구매와 판매가 이루어지는 권역, 새로운 소식이 도시로 전해지거나 도시에서 퍼져나가는 연속적인 권역 등을 들 수 있다. 상인의 상점이나 창고가 그러하듯 도시의 공간은 그것이 놓인 상황, 부, 장기적인 경기 동향 등에 따라 제약을 받는다. 매 순간 그 공간은 그곳을 둘러싼 권역들에 의해 규정된다. 그 메시지가 무엇인지는 이제부터 해석해야 할 일이다.

---

* '인터내셔널'은 주지하는 바와 같이 자본주의 세계를 사회주의로 전환하려는 목적을 가진 노동자 정당들의 조직체이다. 여기에서는 역설적으로 거부들이 세계 질서를 자신들에게 유리하게 만들기 위해서 조직체를 이룬 것을 빗대어 '거부들의 인터내셔널'이라고 표현했다.

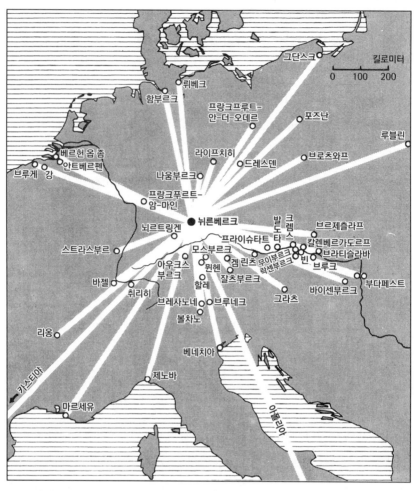

15. 도시의 공간 : 1550년경 뉘른베르크의 교류 영역
(헤르만 켈렌벤츠 편집, 『메더의 상업 입문서』, 1974에 의거)

증거로 댈 수 있는 것은 1558년경의 뉘른베르크이다. 그해에 뉘른베르크
인 로렌츠 메더의 『상업 입문서(*Handelsbuch*)』가 출간되었기 때문이다(이 책
은 최근에 헤르만 켈렌벤츠에 의해서 재출간되었다).[176] 이 책에서 메더는 그
의 동료 시민들에게 실용적인 정보들을 제공하려고 했을 뿐, 뉘른베르크
의 상업 공간에 대한 명세와 그에 대한 정확한 해석과 같이 후대의 역사가
가 관심을 두고 있는 문제를 해결하는 데에 도움을 주려던 것은 아니다. 그

렇지만 우리는 그가 지적한 내용과 켈렌벤츠가 보충한 내용들을 가지고 아주 풍부한 데이터를 가진 지도를 그려볼 수 있었다. 이 지도는 그 자체로서 많은 것을 말해준다. 뉘른베르크는 산업, 상업, 금융에서 모두 1급의 수준을 자랑하던 도시로, 수십 년 전에 독일을 유럽의 활동적인 중심지로 만든 활력을 16세기가 3분의 2 정도 지난 이 시기에도 여전히 유지하고 있었다. 뉘른베르크는 넓은 영역의 경제에 연결되어 있으며 이곳의 생산물은 동아시아, 인도 아프리카, 신대륙까지 전해졌다. 그럼에도 이곳의 활동은 계속해서 유럽적인 성격으로 한정되어 있었다. 뉘른베르크의 교역 중심지는 단거리 내지 중거리의 중계를 통해서 대략 독일 지역 정도에 일치했다. 베네치아, 리옹, 메디나 델 캄포, 리스본, 안트베르펜, 크라쿠프, 브로츠와프, 포즈난, 바르샤바 등지는 이 도시의 원거리 교역의 중계지이면서 동시에 그 극한이어서, 말하자면 이곳에서 다른 사람의 손에 사업을 넘겨주는 곳이었다.

요하네스 뮐러는 16세기 전반에 뉘른베르크가 유럽 경제의 기하중심(幾何中心)이었다는 사실을 보여주었다.[177] 이것은 단지 지나친 애향심의 발로만은 아니다. 그렇다면 무슨 근거로 그렇게 말하는 것일까? 우선은 육로 수송이 증가했기 때문이다. 그러나 동시에 이곳이 베네치아와 안트베르펜의 중간, 다시 말해서 유럽의 부(富)의 차원에서 볼 때 과거의 공간인 지중해와 새로운 공간인 대서양(그리고 그에 종속된 다른 바다들)의 중간에 위치해 있기 때문이다. "베네치아-안트베르펜"의 축은 아마도 16세기 내내 가장 활발한 유럽의 "지협"이었을 것이다. 그 한가운데에 알프스 산맥이 가로막고 있기는 하지만 사실 알프스는 수송에 관한 한 끊임없이 기적이 이루어지는 무대였다. 마치 어려운 난관 때문에 오히려 다른 곳보다 우월한 체제가 만들어진 것으로 여겨질 정도이다. 그러므로 16세기 말에 안트베르펜이나 베네치아, 두 곳으로부터 뉘른베르크에 후추가 도착할 수 있었다는 것은 크게 놀랍지 않다. 북쪽에서 온 후추와 남쪽에서 온 후추가 여기에서는 완전히 똑같은 조건에 있어서, 안트베르펜에서 베네치아로 단번에 갈 수도 있고 베네치아에서 안트베르펜으로 단번에 갈 수도 있었다. 그리고 그것은 육로로도 가능했고 해로로도 가능했다.

이것은 주어진 시대의 독일 경제상황을 나타내준다. 장기적으로는 대륙적인 성격이 강한 동부 독일이 유리해진다. 이와 같은 동부의 상승은 16세기부터 구체화되는데, 특히 1570년에 뉘른베르크와 아우크스부르크에서 파산이 잇따르고 대신 라이프치히와 그 정기시들이 성장하면서 더욱 그렇게 되었다. 라이프치히는 독일의 광산을 지배하게 되어서 이 도시에 가장 중요한 쿡센(Kuxen)* 시장을 유치할 수 있었으며, 마그데부르크**의 중개를 벗어던지고 직접 함부르크 및 발트 해와 연결되었다. 그러면서도 이곳은 여전히 베네치아와도 강한 연관을 맺고 있어서 "베네치아 상품들"이 당당히 하나의 독립적인 활동 영역을 이루고 있었다. 또 중요한 것은 이곳이 동구와 서구 사이의 상품중계소가 되었다는 점이다. 해가 갈수록 이러한 발전은 확고하게 굳어졌다. 1710년에 가면 라이프치히 정기시는 프랑크푸르트-암-마인보다 "훨씬 더 중요해졌다(weit importanter end considerabler)"고 말하기도 했다. 적어도 상품에 관한 한 이것이 타당하다. 다만 금융 면에서는 프랑크푸르트가 여전히 라이프치히보다 우월한 위치에 있었다.[178] 화폐에 관한 특권은 오래 지속되는 것이다.

우리가 본 바와 같이 도시 공간에 대한 해석은 쉬운 일이 아니다. 특히 문서 자료들이 우리가 원하는 내용과 거의 같지 않기 때문에 더욱 어렵다. 최근에 나온 장-클로드 페로의 『근대 도시의 기원, 18세기의 캉(Genèse d'une Ville Moderne, Caen au XVIIIᵉ Siècle)』(1975)과 같이 내용이 아주 풍부한 책도 비록 모범적으로 세밀히 그리고 지적으로 문제들을 살펴보았으나, 모든 문

---

* 이에 대해서는 이 책의 제3장을 참조하라.
** Magdeburg : 현재 독일의 작센-안할트 지역에 있는 도시. 중세에는 독일 동부의 경제와 행정에 아주 중요한 역할을 맡았다. 특히 13세기에는 이 도시가 한자 동맹에 들어가면서 여러 독일 도시들 사이의 교역을 중개해주었다.

제들을 해결하지는 못했다. 폰 튀넨의 이론적 도식이 캉의 경우에 타당하게 맞는다는 것이 놀라운 일이 아니다. 도시 주변에 바로 성벽을 맞대고—나아가서는 성벽 안으로까지 들어오면서—"채소 재배지역과 낙농지역의 띠"가 둘러져 있고, 그다음에는 곡물 재배지와 목축지역이 자리 잡고 있다.179) 그러나 이미 이때에 도시에서 생산한 산업생산물이 보급되는 지역과 그것이 분배되도록 하는 시장 및 정기시를 구분하는 것이 더 이상 쉽지 않았다. 가장 의미심장한 것은 이 도시가 지역적인 공간과 국제적인 공간이라는 두 가지 역할을 수행한다는 점이다. 이 두 가지 유통 중 지역적인 공간은 모세관 활동과 유사하고 단거리에 걸쳐서 끊임없이 지속되는 성격이다. 이에 비해서 국제적인 공간은 단속적인 성격으로서 식량 위기와 같은 때에 센 강을 통한 수송이나 런던이나 암스테르담 같은 곳으로부터의 해상무역을 이용하기도 한다. 이 두 가지 체제는 서로 화해하기도 하고 대립하기도 하며, 서로 더해지기도 하고 또 교대로 이어지기도 한다. 어느 도시가 이웃 지역과 영구히 연결되어 있는 만큼이나 국제무역도 이 도시에 영향을 미친다. 이 점에서 일반사는 지역사를 포괄하고 있다.

원재료 시장

우리는 1920년대의 세계에 대해서 페르낭 모레트가 쓴 입문서와 같은 방식으로180) 15-18세기 사이의 원재료 시장의 역사를 어렵지 않게 쓸 수도 있을 것이다. 그리고 우리가 너무 큰 욕심을 부리지 않고 현명하게 의미 있는 몇 가지 예들에 한정한다면, 그럴 만한 소재는 얼마든지 있다. 판매량이 큰 모든 상품들이 증거로 쓰일 수 있기 때문이다. 그 증거들은 서로 다르면서도 적어도 한 가지 점에서는 일치할 것이다. 즉, 활기찬 도시에는 대상인들이 존재하며 또 가장 뛰어난 상업은 엄청난 거리를 두고 수행되는 무역이라는 것이다. 원격지 상업이란 부와 성공의 표시이다. 향신료 교역이 대표적이다. 그런데 이 향신료(épice, spice)라는 말은 "놀라울 정도로 다양한 산물들을 포괄하고 있어서……음식 맛을 좋게 하는 것으로부터……의약품 그리고 직물 염색에 쓰이는 물품까지"[181] 망라한다. 너무 잘 알려져 있고 고전적이라서 이것을 모델로 삼는 데에 망설이게 될 정도이다. 그러나 이것을 모델로 삼으면 많은 에피소드들을 포함한 장기 지속적인 발달과 17세기의 명백한 쇠퇴를 보여줄 수 있다는 이점이 있다.[182] 나는 이것을 이미 설명한 바 있다.[183] 이에 비해서 설탕은 상대적으로 새로운 산물이고 15세기부터 20세기까지 끊임없이 빠른 속도로 소비량과 분배 지역을 넓혀갔다. 몇 개의 작은 예들을 제외하면(단풍나무 수액으로 만드는 시럽과 옥수수로 만드는 설탕 등), 이 비싼 상품은 대륙 봉쇄로 사탕무가 등장하기 전까지는 거의 전적으로 사탕수수로 만들었다. 사탕수수는 우리가 본 것처럼,[184] 인도로부터 지중해로, 또 대서양으로(마데이라, 카나리아, 아조레스, 상 투메 프린시페, 다시 아메리카 대륙의 열대 연안과 브라질, 앤틸리스 등지로) 퍼져갔다. 이런 발전에는 특히 이 시대의 기준으로 보면 막대한 투자가 필요했다는 점을 볼 때 더욱 주목할 만하다.

설탕은 이전에는 약사가 취급하는 품목이었다가 점차 부엌과 식탁으로 이동했다. 그러나 15-16세기만 해도 설탕은 대단한 사치품에 속해서 제후들의 선물로 쓰였다. 1513년 10월 18일에 포르투갈 국왕이 교황에게, 12명의 추기경들이 둘러서 있으며 1미터 50센티미터 크기인 촛불 300개가 빙 둘러 있는 교황의 등신상을 선사했는데, 사탕 제조인이 설탕을 가지고 이 모든 것을 조심스럽게 제작한 것이었다.[185] 그후 설탕은 통상적인 소비품이라고까지는 못해도 소비가 크게 늘었다. 1544년에 독일에서는 사람들이 흔히 이렇게 말하고는 했다. "설탕을 쳐서 음식을 버리는 법은 없다(Zucker verderbt keine Speis)."[186] 16세기에는 브라질이 설탕 공급을 시작했는데 그 양이 1년에 평균적으로 1,600톤이었다. 1676년에 자메이카에서는 400척의 배들이 한 척마다 180톤의 설탕을 싣고 떠났다(그러므로 모두 7만2,000톤이다).[187] 18세기에 산토 도밍고 섬에서도 그 이상은 아니라고 해도 적어도 그

만큼의 설탕을 생산했다.[188]

그러나 유럽 시장이 대서양의 설탕으로 넘쳐났다고 생각해서는 안 된다. 또 설탕 산업의 발달이 대서양 경제의 발달의 첫 번째 원인이라거나 유럽의 근대성을 증대시켰다고 보아서도 안 된다. 이러한 초보적인 결정주의를 반박하는 것은 어려운 일이 아니다. 설탕 소비에 대한 열정에 힘입은 바도 있지만, 유럽의 발달이 설탕 산업의 발달을 가져온 것이 아닐까? 이런 점은 예컨대 커피 산업에 대해서도 똑같이 말할 수 있을 것이다.

여기에서 흑인 노예, 플랜테이션 경영주, 생산 기술, 조당의 정제, 식량 문제를 스스로 해결하지 못하는 플랜테이션에 대한 식량 조달 그리고 해상 수송, 유럽 내에서의 창고 보관과 소매에 이르기까지 광범한 설탕의 역사의 수많은 요소들을 하나하나 모두 살펴볼 수는 없다. 1760년경 모든 것이 제대로 자리 잡게 되었을 때쯤, 파리와 다른 곳의 시장에는 여러 종류의 설탕들이 나왔다. "모스쿠아드(moscouade), 카소나드(cassonade), 7리브르 설탕, 제왕 설탕,* 반(半)제왕 설탕, 캉디 설탕 그리고 키프로스 설탕이라고도 부르는 붉은 설탕……. 품질 좋은 모스쿠아드는 허여스름한 색을 띠어야 하고 가능한 한 기름기가 적어야 하며 탄내가 나지 않아야 한다. '서인도 제도의 설탕(Sucre des Isles)'이라고도 부르는 카소나드는 하얗고 건조하고 입자 형태로 되어 있어야 하며 맛이나 냄새가 제비꽃 같아야 한다. 가장 좋은 것은 브라질산이지만 이곳의 무역은 거의 끊겼다. 카옌 것이 다음으로 좋고 그다음으로는 서인도 제도의 것이다. 잼 제조인은 정제한 설탕보다 브라질이나 식민지 섬에서 나는 카소나드를 오히려 더 많이 쓴다. 그렇게 해서 만든 잼이 품질이 더 낫고……또 굳는 경향이 덜하다."[189] 이 시대쯤이면 설탕이 희소성을 잃어버린 것이 확실하다. 설탕은 이제 식료품 상인과 잼 제조인이 취급하는 물품이 되었다.

---

* sucre royal : 최고급 설탕을 말한다.

그러나 이런 것보다 우리의 흥미를 끄는 문제는 우리가 어느 정도 구체적으로 알고 있는 이런 경험들이 사업가에게는 어떤 의미를 가지는지이다. 우선 지중해에 설탕이 처음 등장했을 때 이것이 아주 훌륭한 사업이었다는 점은 분명하다. 이 주제에 대해서는 베네치아 및 키프로스가 뚜렷한 예를 보여준다. 이곳에서 설탕왕이라는 별명을 가지게 된 코르나로 가문*이 부동의 독점을 누리고 있었다. 그후 1479년에 베네치아가 키프로스를 점령함으로써 설탕 전쟁에서 승리했다.

　우리는 코르나로 가문의 설탕 사업에 대해서 많은 자료를 가지고 있지 못하다. 그러나 우리에게 알려진 다른 예들을 보면, 설탕 사업의 여러 과정 중에 설탕 생산이 결코 큰 이윤을 가져다주지 못한다는 인상을 받는다. 선험적으로 이것은 쉽게 수긍이 가는 일이다. 15-16세기에 시칠리아에서 제노바의 자본으로 운영되던 설탕 제조용 물레방아는 보잘것없는 사업이거나 아니면 오히려 형편이 좋지 않은 사업에 속했다. 16세기 초에 대서양의 여러 섬에서 설탕 붐은 짧짤한 이익을 가져다주었다. 그러나 대자본가인 벨저 가문이 1509년에 카나리아 제도에 땅을 구입하여 사탕수수 플랜테이션을 만들었을 때 이것은 그렇게 수익성 좋은 사업이 아니었으며 그래서 1520년에는 포기하기에 이르렀다.[190] 16세기에 브라질의 플랜테이션 역시 사정이 비슷했다. 이것은 플랜테이션 경영주(senhor de engenho)를 겨우 먹여살리는 정도였지, 아주 부유하게 만들어주지는 못했다. 산토 도밍고에서도 생산 신기록을 달성하기는 했지만 역시 사정이 크게 다르지 않았다. 이처럼 수익성이 좋지 않다는 결정적인 이유 때문에 설탕 생산이 예속적인 노동을 쓰는 하급 차원으로 밀려나게 된 것이 아닐까? 왜냐하면 이러한 하급 차원에서만 설탕 생산이 수지 균형을 맞출 수 있었기 때문이다.

　우리가 확인할 수 있는 사실은 이외에도 더 있다. 모든 자본주의적인 시장

---

* 이 책 제1권 297-298쪽을 참조하라.

은 연쇄적인 연결점들을 가지고 있고 그 중심부에 다른 곳보다 더 높고 큰 수익을 얻는 지점이 있다. 후추 무역의 경우에는 이 지점이 오랫동안 독일 상관이었다. 베네치아의 후추는 이곳에 쌓여 있다가 독일의 대구매자들에게로 분배되었다. 17세기에 들어서는 네덜란드 동인도회사의 대형 창고가 후추의 **중심점**이 되었다. 설탕의 경우 유럽의 교역망 **전체**를 놓고 볼 때 그 연결망들이 훨씬 더 복잡하다. 상업의 핵심 지점을 장악하려면 생산을 장악해야 하기 때문이다. 대서양의 설탕은 17세기 후반에 가서야 커다란 중요성을 띠게 되었으며, 앤틸리스 제도의 여러 섬에서 상이한 시기에 차례로 약진했다. 1654년에 네덜란드는 브라질의 노르데스테 지역*을 잃으면서 설탕 산업에서 실패를 겪게 된 데다가 영국과 프랑스의 설탕 생산이 결정적으로 발달하면서 사정이 더 악화했다. 간단히 말해서 **생산의 분할**, (핵심적인 과정인) **정제업의 분할**, 그리고 **시장의 분할**이 이루어졌다.

지배적인 설탕 시장을 형성하려는 시도들이 여러 차례 있었다. 1550년경의 안트베르펜—이곳에는 19개소의 설탕 정제소가 있었다—과 1585년에 안트베르펜 시장이 붕괴한 이후의 네덜란드 등이 그런 곳들이다. 암스테르담에서는 1614년에 대기를 오염시킬 우려가 있다는 이유로 설탕 정제에 석탄을 쓰지 못하도록 했다. 그러나 설탕 정제소는 끊임없이 증가하여 1650년에 40개소, 1661년에 61개소가 되었다. 또한 중상주의의 시대인 이 세기에 국가경제는 스스로를 지키기 위해서 자신의 시장을 보호하려고 했다. 프랑스에서는 1665년에 콜베르가 보호관세를 통해서 자국 시장을 지키려고 했기 때문에 됭케르크, 낭트, 보르도, 라 로셸, 마르세유, 오를레앙 등지에 있는 설탕 정제소들이 번영을 누렸다. 그 결과 1670년 이후 외국에서 정제된 설탕은 더 이상 프랑스로 들어오지 못했다. 오히려 정제 설탕이 수출되기에

---

* 브라질은 지리적으로 통상 5개의 지역으로 구분된다. 북부, 북동부, 남동부, 남부, 중서부가 그 것이다. 그중 북동부 지역을 노르데스테(Nordeste)라고 한다. 이곳 가운데 대서양 연안의 열대습윤 지역에서 사탕수수를 많이 재배한다.

이르렀는데 이것은 일종의 수출 원조금에 힘입은 결과이다. 이것은 조당(粗糖)을 수입할 때 관세를 물리게 한 뒤, 이것을 정제하여 외국에 수출할 때 그 금액을 소급해서 되찾아주는 방식이었다.[191] 프랑스의 수출에 도움이 되었던 다른 요소들로는 프랑스의 국내 소비가 많지 않았다는 점(영국이 식민지에서 생산한 설탕의 10분의 9를 국내에서 소비하는 데에 비해 프랑스는 10분의 1만을 소비했다), 프랑스 식민지의 플랜테이션이 모국으로부터 식량을 싸게 공급받았다는 점(예를 들면 자메이카는 북아메리카 지역에서 들어오는 약간의 보충물을 제외하면 주로 영국으로부터 식량을 공급받았는데 그 가격이 프랑스 식민지의 경우보다 더 비쌌다) 등이 있다. 「상업 신문(*Journal du Commerce*)」에는 이렇게 쓰여 있다.[192] "전쟁[7년전쟁] 전에, 같은 품질의 설탕이라고 해도 런던에서 영국 식민지의 설탕을 사는 것이 프랑스 항구에서 프랑스 식민지의 설탕을 사는 것보다 70퍼센트까지 더 비쌌다. 이렇게 값이 비싼 이유는 다름이 아니라 영국이 자기 식민지에 공급하는 식량이 비쌌기 때문이다. 이런 가격이라면 영국은 설탕 잉여를 어떻게 처리할 것인가?" 물론 그것을 소비하면 된다. 영국의 국내시장은 그럴 능력을 충분히 가지고 있었다.

설탕의 대생산국들이 수출도 하고 전매도 했지만, 조당을 사들이고 설탕 정제소를 세움으로써 유럽 전체적으로 설탕 시장의 국내화(nationalisation)가 확산되었다. 1672년부터 네덜란드가 곤경에 처하게 된 것*을 이용하여 함부르크가 자체의 설탕 정제소들을 설치하고 새로운 정제 방법을 개발하는가 하면, 이 신기술을 굳게 지키려고도 했다. 그 외에도 프로이센, 오스트리아 그리고 러시아에서도 설탕 정제소가 세워졌다. 러시아에서는 이것이 국가 독점이 되었다. 설탕 시장의 정확한 동향과 진정한 수익성을 알아보기

---

* 1672년부터 네덜란드가 프랑스, 영국과 전쟁에 들어간 것을 말한다. 프랑스의 루이 14세는 1670년에 영국의 찰스 2세와 도버 협약을 맺은 것을 비롯하여 주변 국가들과 사전 준비를 한 후 1672년에 네덜란드를 침공했는데, 이 전쟁에 준비되어 있지 않았던 네덜란드는 전쟁에서 크게 패했다. 그 결과 국민의 지지를 잃은 네덜란드의 정치 지도자 요한 더 빗(Johan de Witt) 형제가 폭도들에 의해서 살해되었다.

위해서는 생산지들, 생산을 지배하는 자금원, 그리고 설탕의 도매를 부분적으로 통제하는 수단이 되기도 하는 정제업 사이의 복잡한 연결망을 재구성해보아야 한다. 이 "매뉴팩처들" 밑으로 수많은 소매상점들이 자리 잡고 있다. 이곳은 엄격한 경쟁에 복종하여 보잘것없는 이익만을 누리는 **통상적인 시장**의 차원이다.

이 그물망 전체에서 수익성 좋은 상위점(들)은 어디에 위치해 있는가? 나는 영국의 예를 볼 때 이것이 도매시장 단계라고 본다. 그것은 설탕을 담는 통들이 쌓여 있는 창고 근처로서 설탕 구매자들—설탕 정제업자인지, 잼 제조인인지, 아니면 단순한 구매자인지에 따라 백설탕이나 흑설탕(mélasse)을 구입해가는 사람들—을 만나는 곳이다. 원래 식민지 본국에만 있었던 백설탕 제조업은 초기의 금지 조치에도 불구하고 마침내 식민지 섬들에도 도입되었다. 그러나 이런 노력들은 오히려 설탕을 생산하는 식민지 섬들이 겪는 곤경을 드러내주는 표시가 아닐까? 우리의 생각에 도매시장의 핵심적인 지점은 설탕 정제소의 뒤에 위치한다. 설탕 정제업이란 대상인들에게 매력적이지 못했던 것 같다. 그러나 이 점을 확인해보기 위해서는 대상인과 정제업자 사이의 관계를 더 면밀히 살펴보아야 한다.

귀금속

설탕에 대해서는 앞으로도 다시 살펴볼 기회가 있기 때문에 이 정도에서 멈추도록 하자. 우리가 가진 더 나은 예는 귀금속이다. 귀금속은 지구 전체와 관련을 가지며, 우리를 교환의 가장 높은 단계에까지 안내하고, 또 경제가 자기 자신의 위에 훌륭한 공적과 신기록을 만들어가면서 끊임없이 계서제를 이루어가는 과정을 보여준다. 이 상품은 세상 어디에나 존재하고 언제나 갈망의 대상이 되는 까닭에 끊임없이 움직이며 그러다 보면 세계를 일주하게 되는데, 이때 이 상품(귀금속)에 대한 수요와 공급은 언제나 일치한다.

그런데 "귀금속"이라는 표현을 쉽게 쓰고는 있지만, 그것은 사실 보기보다 단순하지는 않다. 이 말은 다음과 같이 상이한 것들을 가리킬 수 있다.

첫째, 광산이나 사금 채취장에서 나온 조광(粗鑛).

둘째, 지금(地金),* 쇠막대, 주괴(鑄塊, pigne, pig, 비정형적이고 구멍이 나 있는 가벼운 금속 덩어리. 아말감 법**으로 생산할 때 수은이 증발하면서 이런 모양이 형성된다. 이것은 원칙적으로 재주조되어 지금이나 쇠막대 형태로 시장에 분배된다)와 같은 반가공물.

셋째, 화폐라는 가공물로서, 이것은 언제나 다시 주조되어 새로운 화폐로 바뀌게 마련이다. 예컨대 인도에서는 같은 순도와 같은 무게라면 이전 시대에 만들어진 루피 화가 현재 유통되는 루피 화보다 가치가 떨어진다.

귀금속들은 이와 같이 다양한 형태로 끊임없이 그리고 빠른 속도로 돌아다닌다. 부아길베르에 의하면 화폐는 "영원히 움직이고 있을 때"에만 가치를 가진다.[193] 사실 화폐는 멈추지 않고 유통된다. "화폐만큼 쉽게, 그러면서도 적게 훼손당하면서 운반되는 것은 달리 없다"라고 캉티용이 말했는데,[194] 그는 슘페터에 의하면(이 점에 대해서는 논의의 여지가 없지는 않지만) 화폐의 유통 속도를 언급한 최초의 경제학자이다.[195] 그 유통 속도는 때로 어찌나 빠른지 지금과 화폐 주조 사이의 연쇄 작용에 마땅히 있게 마련인 질서를 교란시키기도 했다. 이런 현상은 16세기 중반부터 나타났고 그후에는 더 뚜렷해졌다. 18세기 초에 페루 해안에서는 생-말로의 배들이 비밀리에 8레알 은화뿐 아니라 "5분의 1세를 내지 않는(non quinte)" 은괴(즉, 국왕에게 바쳐야 하는 5분의 1세를 내지 않고 밀수되는 은)를 실었다. 주괴는 언제나 밀수의 대상이 되었다. 한편 화폐로 주조하지 않은 적법한 은은 지금이나 막대의 형태로 유럽 내에서 유통되었다.

화폐는 그보다도 더 활동적이다. 교환은 화폐가 "폭포처럼 유통되도록(cascader)" 만들고, 밀수는 화폐가 모든 장애물을 넘도록 만든다. 화폐에는

---

* 화폐, 세공물 등의 재료가 되는 금속.
** 이 책 제1권 505쪽의 역주를 참조하라.

"피레네 산맥이 없다"*고 루이 데르미니는 말했다.[196] 1614년에 네덜란드에서는 400종의 화폐가 유통되었고 같은 시대에 프랑스에서는 82종의 화폐가 유통되었다.[197] 유럽에서는 낯선 화폐 때문에 낭패를 보지 않는 곳이 없을 지경이었다. 16세기에 알프스의 앙브뤼네 지역이라든지[198] 14-15세기의 제보당처럼[199] 폐쇄적으로 고립된 지역들도 예외가 아니었다. 일찍부터 지폐가 널리 쓰였어도 소용이 없었다. "수중에 있는" 돈인 금속화폐가 우위를 차지했다. 서유럽의 강국들은 그들 사이에 갈등이 있을 때 그것을 중유럽 지역에서 해결하거나 해결하려고 시도했는데 이들—예컨대 프랑스와 영국—중에 누가 더 강한지는 어느 편이 현찰화폐를 더 많이 뿌리는지로 측정할 수 있었다. 1742년에 베네치아 측의 견해는 영국 함대가 "헝가리 여왕"인 마리아 테레지아에게로 보낼 돈을 잔뜩 가지고 왔다는 것이었다.[200]** 한편 강력한 앨비언***이 1756년에 프리드리히 2세와 동맹을 맺은 것은 34대의 마차에 화폐를 가득 실어 베를린으로 보낸 대가였다.[201]**** 그러나 1762년 봄에 평화가 찾아오자마자 이번에는 러시아로 은총이 넘어갔다. 한 외교관에 의하면 "[3월] 9일 자 우편으로 런던에서 암스테르담과 로테르담으로 15만 파운드 이상의 화폐에 해당하는 환어음들이 도착했는데, 이것은 해당 금액을 러시아 궁정으로 보내기 위한 것이었다."[202] 1799년 2월에 라이프치히에는 "500만" 파운드 상당의 지금과 현찰화폐가 도착했는데, 함부르크에서 들어

---

* 스페인의 국왕 카를로스 2세가 죽은 후에 그 계승권을 루이 14세의 손자인 펠리페 5세가 얻으면서 스페인과 프랑스 양국이 하나로 통합되다시피 했을 때 나온 말이다. 본문에서는 더 이상 장애물이 없게 되었다는 것을 말한다.

** 오스트리아 왕위 계승 전쟁 때, 영국은 유럽 내의 세력 균형이 한쪽에 기울지 않도록 하려는 등 여러 동기에서 오스트리아 편에 섰다. 특히 영국의 국왕 조지 2세는 그의 출신 지역인 하노버를 보호하려고 애썼으며, 이를 위해 헝가리인들의 신뢰를 얻을 필요가 있었다. 그래서 영국이 군자금을 마리아 테레지아에게 보낸 것을 두고, 그녀에게 황제, 오스트리아 대공, 헝가리 여왕, 보헤미아 여왕 등 여러 지위가 있음에도 유독 '헝가리 여왕'이라고 지칭한 것이다.

*** Albion : 영국 해안의 절벽이 흰 데에서 유래한, 흰 땅이라는 뜻으로 영국에 붙은 별명.

**** 오스트리아 왕위 계승 전쟁의 후속 격인 7년전쟁(1757-1763)이 일어나자 전통적 국제 관계가 완전히 뒤집혔다(소위 외교혁명). 프랑스는 오스트리아와, 영국은 프로이센과 연합했다.

온 이 돈은 오스트리아로 보내려는 것이었다.[203]

그러므로 정말로 해결해야 할 유일한 문제는 세계의 한쪽 끝에서 다른 쪽 끝까지 지배적인 경제들을 관통하는 이와 같은 유통의 원인들이 무엇인지, 아니면 적어도 그 방식은 무엇인지를 가능한 대로 밝혀내는 일이다. 내 생각에는 만일 생산, 이전, 축적이라는 세 개의 뚜렷한 단계를 구분해보면 앞에서 말한 화폐유통의 원인이나 방식에 대해서 더욱 잘 알 수 있을 것 같다. 세상에는 조광을 생산하는 나라들이 있고, 화폐를 규칙적으로 수출하는 나라들이 있으며, 또 화폐든 금속이든 받기만 하고 절대로 내보내지 않는 나라들이 있다. 그러나 개중에는 이런 것들이 섞여 있는 나라들도 있다. 그리고 이와 같은 곳들이 사정을 가장 잘 드러내주는데, 중국과 유럽이 바로 수출과 수입을 동시에 하는 지역이다.

금과 은을 산출하는 나라들은 거의 언제나 원시적인 나라들이거나 더 나아가서 야만적인 나라들이다. 금을 생산하는 보르네오, 수마트라, 하이난섬, 수단, 티베트, 술라웨시, 또 11-13세기에 첫 번째로 그리고 1470-1540년에 두 번째로 광업이 번성했던 중유럽의 광산지역 등이 그런 지역들이다. 유럽의 많은 강변에서 18세기 이후까지도 사금 채취가 계속되었지만, 그것은 극소량에 불과했고 중요성이 거의 없었다. 알프스, 카르파티아, 에르츠 같은 산악지역에서 15-16세기에 있던 광산 캠프들은 완전히 황량한 지역 한가운데에 위치해 있었다. 이곳에서 일하는 사람들은 아주 힘든 생활을 했지만 적어도 이들은 자유로웠다!

이에 비해서 아프리카 수단의 금 생산 중심지인 밤부크*에서는 "광산"이 촌장들의 통제하에 있었다.[204] 이곳에는 반(半)노예제가 자리 잡고 있었다. 신세계의 상황은 더욱 뚜렷했다. 유럽인들이 귀금속 생산을 위해서 고대적

---

* Bambouk : 아프리카 말리에 있는 지역. 주민들은 이슬람교를 믿는다. 아랍인과 유럽인은 일찍부터 이곳을 금이 많이 나는 지역으로 생각했으며, 식민지화 이전에 실제 연 생산량은 35-100 킬로그램 정도였다.

인 노예제를 대규모로 재창출한 것이다. 미타(Mita, 광산 일을 위한 징집체제) 인디오나 더 이후 시기인 18세기에 브라질 중부지역에서 사금 채취를 하던 흑인들이 노예가 아니면 무엇이겠는가? 이곳에는 가혹한 삶이 펼쳐지는 마을들이 생겼다. 그중에서도 가장 열악한 곳은 포토시였다. 이곳은 안데스 산맥의 해발 4,000미터 지역에 세워진 기묘한 도시로서 10만 명의 사람들이 몰려 있었다.[205] 이곳 물가는 부조리하기 그지없었다. 그것은 부자들에게도 큰 부담을 안겨주었다. 닭 한 마리가 8레알, 계란 하나에 2레알, 카스티야산 밀랍 1파운드가 10페소이고, 다른 물건 값들도 이런 식이었다.[206] 돈이 전혀 가치가 없었다. 이곳에서 재미를 보는 사람은 광부도, 심지어 광산 주인도 아니고 상인들이었다. 이들은 화폐, 식량, 광산에서 쓰이는 수은 등을 미리 빌려주고 조용히 귀금속으로 돌려받았다. 금을 생산하던 18세기의 브라질에서도 역시 같은 이야기를 반복할 수 있다. 수로를 통해서, 배가 다니지 못하는 지역에서는 "육로 운송"*을 통해서, 몬송이스(monções)라는 선대(船隊)가 상파울루로부터 미나스 제라이스**나 고이아스의 사금 채취 지역에 감독과 흑인 노예를 공급했다.[207] 이 장사꾼들(mercantis)만 부유해졌다. 광부들은 그나마 손에 남아 있던 돈도 도시에 들렀을 때 도박으로 날리고는 했다. 멕시코 시는 도박의 수도가 되었다. 금과 은은 카사바 가루, 옥수수, 브라질에서 들여오는 햇빛에 말린 육포(a carne do sol)보다도 이윤이 박했다.

어떻게 사정이 다를 수 있었겠는가? 전 세계적인 차원의 분업에서 광부의 일은 가장 비참하고 헐벗은 사람들의 몫으로 떨어졌다. 광업의 이익은 너무 커서 세계의 강자는 그들이 누구이든, 어디에 있는 자들이든, 이 사업에 깊숙이 간여하지 않을 수가 없었다. 또 이들은 다이아몬드나 보석 탐광 역시

---

* portage : 배를 이용한 수상 운송이 불가능한 지점에 이르렀을 때 한쪽 수로에서부터 다른 수로까지 배를 들어서 옮기는 작업을 말한다.
** Minas Gérais : 브라질 동부의 상파울루 북쪽에 위치한 지역. 철, 마그네슘, 보크사이트가 금 등의 광물자원이 풍부하다.

같은 이유에서 놓치려고 하지 않았다. 1652년에 타베르니에는 "골콘다에서 5일 정도 걸리는 거리에 위치한……라올콘다라고 부르는"[208] 유명한 다이아몬드 광산을 구매자로서 방문했다. 이곳에서는 군주와 상인들을 위해서, 심지어 손님들의 편의를 위해서도 모든 것이 잘 조직되어 있었다. 그러나 광부들은 비참하고 헐벗고 함부로 다루어지며 언제나 밀반출의 혐의로—그러는 데에 이유가 없는 것도 아니지만—의심을 받고 있었다. 18세기에 가림페이루스(garimpeiros)라고 부르는,[209] 브라질의 다이아몬드 찾는 사람들은 그들의 여정을 뒤쫓아가는 것이 불가능할 정도의 대모험가들이었지만, 이 경우에도 결국 상인, 리스본의 국왕, 다이아몬드 청부 판매인들에게 모든 이익이 돌아갔다. 광산 개발이 초기에는 상대적으로 독립적인 방식으로 이루어지는 것 같다가도(중세 유럽에서처럼), 조만간 상인들의 연쇄망에 다시 넘어가게 된다. 광산의 세계는 산업 세계와 프롤레타리아의 세계를 예고했다.

또다른 카테고리는 귀금속을 수입하는 지역인데, 무엇보다도 화폐 경제가 어느 정도 자리 잡고 있으면서도 유럽에서만큼 귀금속의 유통이 활발하지 않은 아시아를 들 수 있다. 이곳에서는 귀금속을 잡아두고 퇴장시켜서, 말하자면 '불완전 고용'시키려는 경향이 있었다. 사람들은 이곳을 귀금속을 빨아들이는 스펀지 혹은 귀금속의 "무덤"이라고 표현했다.

가장 큰 저장소는 중국과 인도였다. 그러나 이 두 곳의 성격은 서로 달랐다. 인도는 금이든 은이든 차이를 두지 않고 받아들였다. 이곳은 콘트라코스타(Contracosta, 혹은 모노모타파*라고도 부른다)의 사금이나 유럽의 은 그리고 더 후기에는 일본의 은을 모두 만족스럽게 받아들였다. 인도 역사가들

---

* Monomotapa : 14-17세기에 아프리카의 잠베지 강과 림포포 강 사이의 지역(오늘날 대략 짐바브웨와 모잠비크 사이)을 지배하던 왕조의 이름으로서, '므웨네 마타파(대지의 파괴자)'라고도 부른다. '콘트라코스타'는 유럽식으로 고친 이름이다. 16세기에 포르투갈인이 이곳에 침투해왔으며 그후 1629년에 당시의 왕이 그들을 축출하려고 하자 오히려 포르투갈인들이 그를 폐위하고 후계자를 세운 다음, 광업 개발과 교역에 관한 포괄적인 특권들을 얻어냈다. 그후 왕조가 단절되고 주변 지역 지배자들에게로 지배권이 넘어갔다.

에 의하면, 아메리카 대륙의 은이 16세기에 유럽에서 가격 "혁명"을 일으키고 나서 약 20여 년이 지난 후에 인도에 유입되어 이곳에서도 물가 앙등을 가져 왔다고 한다. 이것은 인도에 들어온 은이 유출되지 않고 현지에 남아 있었다는 또다른 증거이기도 하다. 또한 대무굴 제국에 엄청난 재화가 있었다고 해도 그것이 끊임없이 들어오는 은의 영향을 완전히 무력화시키지는 못했다는 증거이기도 하다. 이곳의 물가가 올랐다는 사실을 보면 그 점을 알 수 있다.[210] 그렇다면 아메리카 대륙의 은은 인도 화폐의 끊임없는 주조와 재주조를 자극한 것이 아닐까?

우리는 중국에서 어떠한 일이 일어났는지에 대해서는 인도만큼 잘 알지 못한다. 중국에서 특이했던 사실은 금이 화폐의 역할을 하지 않았고, 은을 수입하느라 금을 예외적으로 낮은 교환가치 비율로 쳐서 수출했다는 점이다. 이처럼 중국이 놀라울 정도로 은을 더 선호한다는 사실을 16세기에 확인하고 이를 이용한 최초의 유럽인은 포르투갈인들이었다. 1633년에도 한 포르투갈인은 확신을 가지고 이렇게 썼다. "중국인들은 은 냄새를 맡자마자 상품을 산더미처럼 가지고 온다(como os chinos sentirão prata, em montões trouxerão fazenda)."[211] 그러나 "중국은 은을 거의 필요로 하지 않는 나라인데도······이 나라 사람들은 끊임없이 자기 나라에 없는 은을 얻기 위해서 일한다"고 1787년에 주장한 안토니오 데 우요아*라는 스페인인의 말은 믿을 것이 못 된다.[212] 그의 주장과는 반대로 중국에서는 구리와 납을 섞어 만든 카사 혹은 사페크라고 부르는 합금화폐 외에 은괴가 상급화폐로서 교환의 중개 기능을 폭넓게 수행하고 있었다(중국인들은 구매한 것을 결제할 때 은을

---

* Antonio de Ulloa(1716-1775) : 스페인의 해군장교, 과학자. 프랑스의 과학탐험대와 함께 자오선의 길이를 측정하기 위해서 남아메리카로 파견되었다. 여기에서의 경험으로 『남아메리카의 역사 기행(A Voyage to South America)』(1758)을 썼고 페루 지역에 대한 비밀 보고서를 작성했다. 그후 루이지애나 총독(1766-1768), 스페인 해군 제독(1779)을 지냈으며, 많은 과학 분야에서 선구적인 업적을 남겼다. 예컨대 남아메리카에서 백금(platinum)을 발견하고 그 이름을 명명한 것으로 알려져 있다.

얇게 잘라서 지불했다).

최근에 한 중국사가는 1571-1821년 중에 아메리카 대륙에서 생산한 은 가운데 적어도 절반 정도가 중국으로 흘러들어갔으며 이곳에서 다시 나오지 않았다고 보았다.[213] 이에 비해서 피에르 쇼뉘는 누에바 에스파냐에서 태평양을 넘어 필리핀으로 직접 수출한 것까지 포함해도 그 비율이 3분의 1에 불과하다고 보았으나[214] 이 정도도 이미 대단한 것이다. 이런 계산들은 확실하지는 않으나 몇 가지 이유에서 볼 때 가능성이 없지 않다. 우선 중국에서 금과 은을 교환하는 거래를 할 때 누리게 되는 이윤을 들 수 있다(이 이윤은 18세기가 경과하기 전까지 서서히 감소했다).[215] 이 교역은 인도나 인도네시아로부터도 이루어졌다. 다른 한편, 1572년부터 아메리카 대륙의 은이 마닐라 갤리온선을 이용해 태평양을 넘어 들어오는 또 하나의 흐름이 생겼다.[216] 이 흐름은 멕시코의 아카풀코 항과 필리핀의 수도를 연결하는 항로로서, 멕시코의 은을 가지고 와서 중국의 비단과 도자기, 인도의 고급 면직물 그리고 보석과 진주를 구입했다. 이 연결은 부침을 겪으면서도 18세기 이후까지 계속되었다. 마지막으로 이 갤리온선이 아카풀코로 회항한 것은 1811년이다.[217] 이 사업에 연동된 곳은 동남아시아 전체일 것이다. 에피소드 하나로 모든 것을 설명할 수는 없지만 어쨌든 이해를 도울 수는 있을 것이다. 매카트니 대사를 태우고 중국에 가던 영국의 대형 범선 "인더스턴(Industan)" 호는 1793년에 안내인으로 한 늙은 코친차이나 사람을 승선시켰다. 이 사람은 별로 만족스러워하지 않았다. "그런데 누가 그의 손에 스페인 피아스트라 화를 쥐어주자 그는 이 화폐의 가치를 아는 듯했다. 그래서 그 돈을 찢어진 그의 옷 한쪽 구석에 소중히 싸서 넣었다."[218]

귀금속을 생산하는 나라와 축적하는 나라 사이에서 이슬람권과 유럽은 독특한 위치를 차지한다.

이 지역들은 중계지 역할을 했다. 이슬람권은 이 점에서는 유럽과 같은 위치에 있으므로 여기에서 길게 설명할 필요가 없을 것 같다. 다만 광대한 튀르키예 제국에 대해서는 언급할 사항이 있다. 사람들은 이곳이 유럽의 교역이 탈 없이 통과해버리는, 경제적으로 중립적인 지역이라는 점을 지나치게 강조해왔다. 16세기에는 이집트와 홍해, 또는 시리아를 통해서 카라반들이 페르시아와 페르시아 만에 도달했다. 그리고 17세기에는 카라반들이 스미르나와 소아시아를 통과했다. 이 모든 레반트 무역로들은 따라서 중립적이었다는 것이다. 이 말은 다시 말하자면, 은이 아무 역할도 하지 않고 잠시 멈추지도 않은 채 페르시아의 비단과 인도의 염색한 아마포를 찾아 서둘러서 이곳을 지나가버렸다는 뜻이다. 특히 튀르키예 제국이 이때까지 금이 사용되던 곳이었고 이후에도 계속 그러한 만큼 이 사실이 더욱 타당하다고 말한다. 이 금은 아프리카의 수단과 아비시니아에서 산출되어 이집트와 북부 아프리카의 중개를 거쳐 들어온 것이다. 그러나 사실은 외메르 뤼트피 바르칸과 그의 제자들이 수행한 (대략 16세기의) 물가상승에 대한 연구가 보여주듯이[219] 튀르키예 제국도 은 가치의 인플레이션을 겪고 있었다. 이것은 이 나라에서 나날이 이루어지는 일상적인 거래와 근위병*의 급여 지불에 사용하는 중요한 소액 화폐인 아스프르 화의 위기를 초래했다. 따라서 이곳은 중개 지역이라는 것은 사실이지만 중립적인 곳은 아니었다.

그러나 튀르키예 제국의 역할은 전 세계적으로 볼 때 유럽이 담당하는 기능과 비교해보면 아주 소박한 수준에 불과하다. 아메리카 대륙을 발견한 때부터 유럽은 여기에서 나는 금, 그리고 특히 은이 레반트에서의 적자를 메우는 데에 요긴할 것으로 보았다. 신대륙의 광산과 함께 유럽은 귀금속의 재분배 역할을 완전히 떠맡게 되었다.

지금까지 경제사가들은 이러한 일방적인 은의 유출이 주요 자산을 잃어버리는 불리한 현상이라고 보았다. 그러나 이것은 중상주의적 편견에 기반을

---

* Janissaire : 튀르키예 황제의 근위병. 대개 기독교도 어린이를 납치해서 만든다고 알려져 있지만, 실제로는 어린이를 매매하기도 했다. 이렇게 모인 이교도의 어린이들에게 혹독하게 군사훈련을 시키고 이슬람교로 개종시킨 후, 엘리트를 모아 급료를 지불하는 정예부대를 만들었다.

둔 추론이 아닐까? 나 역시 비유를 이용해서 반론을 편다면, 이것은 문을 굳게 잠그고 잘 열어주지 않으려는 나라에 대해서 유럽이 자신의 금화, 그리고 특히 은화를 가지고 계속적으로 포격을 한 것과 같다. 그리고 승리한 모든 경제는 다른 화폐를 자신의 화폐로 대체하려는 경향을 가지고 있다. 그것은 심사숙고해서 의도적으로 한 일이라기보다는 거의 저절로 이루어진 결과이다. 15세기에 베네치아의 두카트 화(이 당시에는 이것이 [명목화폐가 아니라/역주] 실제화폐였다)가 이집트의 디나르 금화를 대체했고 레반트 지역에는 베네치아의 제카*에서 주조한 은화가 쌓여갔으며, 나중에는 스페인의 8레알 은화—이것은 곧 피아스트라 화로 명명되었다—가 물밀듯이 들어왔다. 피아스트라 화는 멀리 동아시아의 경제에 대항하는 경제적 무기였다. 마에 드라 부르도네는 (1729년 10월에) 생-말로에 있는 그의 친구이자 사업 동료인 클로리비에르에게 자금을 모아 피아스트라 화로 환전하여 인도의 퐁디셰리로 보내달라고 부탁했다.[220] 그는 이 돈을 가지고 아시아 지역 내의 여러 교역 기회에 쓰려고 했다. 그의 출자인들은 그에게 많은 자금을 보내주어서 이 돈으로 부르도네는 중국으로 여행을 떠날 수 있었다. 사실 중국 여행에는 많은 돈이 필요했으며 이제까지는 첸나이의 영국 통치자들이 확실하게 큰 돈을 버는 수단으로서 중국 여행을 이용할 뿐이었다. 그러므로 이 경우에는 거액의 돈이 교역을 개방시키고 강제로 뚫고 들어가는 방법이었다. 이에 대해서 부르도네는 이렇게 첨언한다. "큰돈을 만지면 언제나 이익을 본다. 그렇게 하면 교역의 지배자가 될 수 있다. 작은 시냇물들은 큰 강의 흐름을 따라가기 때문이다." 이와 같이 화폐가 가져오는 강제 개방의 효과는 스페인의 레알 화가 표준화폐가 된 17세기 튀니지의 섭정 시기**에도 비슷하게 나타

---

* zecca : 베네치아의 국립 주조소.
** Regence : 1574년에 튀르키예인들이 튀니지를 오스만 제국에 편입시킨 후 1881년까지 태수령(太守領)으로 지배한 시기를 말한다. 오스만 제국의 술탄은 이곳에 태수(dey)를 임명하고 보좌관(bey)으로 하여금 돕도록 했으나 점차 보좌관이 권력을 장악해갔다.

났던 것이 아닐까?[221] 또 국제수지가 흑자로 된 결과 네덜란드 화폐와 영국의 화폐가 차례로 밀려들어온 러시아도 마찬가지가 아닐까? 사실 이와 같은 화폐의 유입이 없었더라면 러시아의 거대한 시장은 서유럽의 수요에 응할 수 없었을 것이고 응답하려고 하지도 않았을 것이다. 18세기에 모스크바 공국에서 영국 상인들이 성공을 거둔 것은 영국이 필요로 하는 상품들을 수집해오고 중개상 역할을 하는 이 지역 상인들에게 돈을 미리 빌려주었기 때문이다. 이에 비해서 동인도회사가 인도에 처음 들어갔을 때에는 고전을 면하지 못했는데, 그 이유는 이 회사가 계속 유럽산 직물 수출을 고집하고 주재원들에게 근소한 액수의 화폐만 아껴서 보냈기 때문이다. 결국 주재원들은 절망적인 상태가 되어서 현지에서 화폐를 빌려 써야만 할 정도가 되었다.

이와 같이 유럽은 보유한 은 스톡(stock) 중에 상당 부분을 수출했다. 그리고 때에 따라서는 은만큼은 아니지만 금을 보내기도 했다. 이것은 어떤 의미에서 보면 유럽의 구조적인 위치를 반영한다. 이 경향은 12세기부터 비롯되었고 수 세기가 지나도록 지속되었다. 그러므로 초기의 영토국가들이 귀금속의 유출을 막으려고 노력한 것은 코믹한 일이었다. "[국가 내에] 금과 은을 머물게 하고 국가 밖으로 나가지 못하게 하는 수단을 찾는 것", 이것이 1646년에 장 에옹(Jean Éon, 1600-1681)에게는 대단히 "위대한 정책"의 준칙이었다. 그가 생각하기에 불행한 일은 "[프랑스로] 금과 은이 들어오기는 하지만 마치 밑이 찢어진 배낭처럼, 또는 물이 멈추지 않고 흘러 지나가는 운하처럼 되는 일이다."[222] 그의 생각에 이런 경제적 결과를 초래한 요인은 밀수와 밀무역이다. 사실 귀금속의 유출이 일어나지 않는 곳은 없다. 그러나 이것은 고작 푼돈에 불과하다. 상업이 전면에 크게 부각되는 곳에서는 어디에서나 문호가 크게 열리고 귀금속이 마치 일반 상품처럼 활발하고 자유롭게 유통된다.

15세기에 이탈리아가 이런 필요를 인식했다. 베네치아에서는 적어도 1396년부터 화폐의 자유로운 유출을 허가하는 결정을 내렸고,[223] 1397년에 이 조치가 갱신되었으며,[224] 다시 1407년 5월 10일에는 프레가디*의 조치가 취해졌다.[225] 여기에는 오직 하나의 제약만이 있었는데 그것은 은을 (아마도 레반트로) 유출시키려는 자는 먼저 은을 수입하여 그중의 4분의 1을 제카에 맡겨야 했다. 그러고 나면 그 나머지에 대해서는 자유롭게 "그가 원하는 곳 어디로든(per qualunque luogo)" 가져갈 수 있었다. 베네치아가 레반트나 아프리카 북부로 은을 수출할 때 시정부는 언제나 금을 과대평가했으며, 그렇게 함으로써 (이렇게 말하는 것이 어떨지 모르겠지만) 금이 "악화"가 되어 현지에 많이 남게 되고 이 악화는 양화인 은을 구축(驅逐)해버리게 되었다. 바로 이것이야말로 원래 의도했던 목표가 아니었을까? 이와 같이 필요하고도 유익한 일이었던 귀금속 유출은 라구사, 마르세유와 같은 곳에서도 비슷하게 조직적으로 일어나고 있었을 것이다. 마르세유의 경우에는 국가기구들의 감시를 받고 있었고 그 때문에 귀찮은 일과 몰이해에 시달렸다. 1669년경에 마르세유는 만일 이 도시에서 피아스트라 화의 자유로운 유통과 레반트로의 유출을 금지시킨다면 그리고 이 화폐를 시의 주조소에서 재주조하라고 강요한다면 이 화폐들은 제노바나 리보르노로 가고야 만다는 점을 애써 설명하여 이해시키려고 했다. 마르세유만이 아니라 "툴롱, 앙티브, 혹은 다른 어느 곳이든 상선에 대한 지불이 이루어지는 곳이라면" 화폐의 유출을 허락하는 것이 현명한 일이라고 이들은 이야기했다.[226]

상업이 모든 것을 좌우하는 네덜란드에서는 이러한 어려움이 없었다. 네덜란드에서는 금화든 은화든 간에 자유롭게 출입을 했다. 한창 발전하던 영국에서도 마침내 이와 같은 자유가 확립되었다. 17세기 말까지도 격렬한 논쟁이 계속되기는 했지만, 화폐화된 귀금속에 대해서 점차 문호가 더 넓게 열렸다. 동인도회사의 운명은 여기에 달려 있었다. 1663년에 바로 이 회사의 압력을 받아서 의회에서 가결된 법안의 전문(前文)에는 이 점이 아주 명

---

* Pregadi : 베네치아 공화국의 하급 참사회.

확하게 나와 있다. "경험적으로 우리는 화폐가 자유롭게 나갈 자유가 보장된 곳에 더 많은 화폐가 몰려든다는 것을 알고 있다."[227] 당시에 큰 영향력을 행사하던 조지 다우닝 경*은 이렇게 주장했다. "화폐는 이전에는 여러 상품의 표준이었지만 이제는 그것이 바로 상품이 되었다."[228] 이제부터 귀금속은 공공연하게 유통되었다. 18세기가 되면 모든 저항이 사그라들었다. 예를 들면 (1721년 1월 16일 자) 「가제트」**는 런던 세관에서 다음과 같은 신고가 있었다는 사실을 알렸다. 2,315온스의 금을 네덜란드로 보냈고, 3월 6일에는 288온스의 금을 역시 네덜란드로, 그리고 2,656온스의 은을 동인도로, 또 3월 20일에는 1,607온스의 금을 프랑스로, 그리고 138온스의 금을 네덜란드로 보냈다……[229] 이제 과거로 되돌아가는 것은 불가능해졌다. 1763년에 파리 조약***을 체결한 이후 아주 심각한 금융위기를 맞은 때에도 마찬가지였다. 런던에서는 "네덜란드와 프랑스로 짧은 시간 동안에 금은이 지나치게 유출되는 것"에 약간의 제동을 걸었으면 좋겠다고 하는 의견도 있었으나 반대에 부딪혔다. "그렇게 제약을 가하면 공공 신용이 치명적인 타격을 입을 것이다. 공공 신용은 제약을 가하지 않고 언제나 그대로 유지하는 것이 중요하다."[230]

그러나 우리가 알고 있듯이 모든 유럽 정부가 이런 태도를 가졌던 것은 아

---

* Sir George Downing(1623-1684) : 영국의 외교관, 고위 재정관리. 17세기에 영국의 상업 경쟁국인 네덜란드에 파견되어 강경한 입장을 고수함으로써 영국이 네덜란드와 두 차례의 전쟁을 치르도록 한 데에 부분적인 책임이 있었다. 한편 그는 많은 공공재정 개혁조치를 취했다. 예를 들면 그가 채택한 회계방식은 그후 영국 정부 재정의 회계방식으로 굳어졌다. 현재 영국 총리 관저가 있는 다우닝 가는 그의 이름에서 따온 것이다.

** gazette : 시사적인 사건의 개요를 담은 소식지로, 오늘날 신문의 선구에 해당한다. 16세기 중반에 베네치아에서 처음 나온 이런 종류의 소식지 가제타(gazetta)에서 나왔다. 영국의 경우에는 16세기 전반에 이와 비슷한 것이 등장했지만, 다루는 내용이 대체로 외교적인 사건들에 한정되었다가 엘리자베스 시대부터 폭넓은 소식을 담은 「가제트」들이 나오게 되었다.

*** 7년전쟁을 종결짓기 위해 프랑스, 영국, 포르투갈 사이에 조인한 조약. 그 결과 영국은 프랑스로부터 캐나다, 미시시피 동쪽의 영토, 앤틸리스 제도의 여러 섬, 세네갈, 인도의 여러 식민지를 얻고 스페인으로부터는 플로리다를 얻었다. 프랑스는 스페인에게 루이지애나를 주는 대신 벨-일, 과들루프, 마르티니크 등지를 얻고 인도와 아프리카에 있는 일부 상관을 획득했다.

니다. 문호개방 정책은 하루아침에 이루어지지 않았으며 그런 사고가 완전히 뿌리를 내리는 데에는 시간이 걸렸다. 이 점에서 프랑스는 확실히 선구적인 곳은 아니다. 1789년 12월에 제노바로 간 망명귀족* 에스팽샬 백작은 아주 이상한 사실이라는 듯이 "제노바에서는 금과 은이 상품이다"라고 기록했다.[231] 이때까지도 중상주의는 긴 수명을 다하며 오래 버티고 있었던 것이다. 그러나 전체적으로 우리는 유럽이 맹목적으로 귀금속을 유출시켰다는 이미지를 가져서는 안 된다. 사태는 그보다는 더 복잡하다. 스푸너가 오래 전에 주의를 환기시킨 바와 같이[232] 금과 은이 언제나 경쟁관계에 있었다는 사실을 고려해야 한다. 유럽은 은을 유출시켰고 이 은은 세계를 일주했다. 그 대신 유럽은 금을 과대평가했는데, 이것은 금을 집에 묶어두고, 상인과 상인 사이, 국가와 국가 사이의 중요한 결제에 씀으로써 유럽이라는 "세계경제"의 내부에서 금을 사용하도록 만들었다. 이것은 또 중국, 수단, 페루 등지로부터 확실하게 금을 수입하는 수단이기도 했다. 튀르키예 제국도 그 나름대로 같은 정책을 폈다. 이 점에서는 튀르키예가 분명히 유럽에 속했다. 금을 지키고 은의 빠른 흐름은 그대로 내버려두는 것이다. 종국적으로 이 과정을 명확히 설명하기 위해서는 악화가 양화를 구축한다는 그레셤의 법칙을 상황에 맞게 재구성해야 한다. 사실 어떤 화폐가 해당 경제에 비해서 상대적으로 높은 평가를 받게 되면 언제나 다른 화폐를 구축하게 되어 있다. "금과 은 사이의 가치 비율을 1 대 14.4로부터 1 대 15.5로 바뀌게 한"[그러므로 금의 가치를 높게 평가한/역주] 1785년 10월 30일의 개혁[233] 이전에 18세기와 프랑스는 줄곧 은의 가치를 높이 치고 있었다. 그 결과 18세기의 프랑스는 중국의 축소판이 되었다. 은이 이곳으로 몰려든 것이다. 반면 베네치아, 이탈리아, 포르투갈, 영국, 네덜란드, 심지어 스페인까지도 금의 가치를 높이 쳤다.[234] 금이 그 가치를 높이 쳐주는 곳으로 몰려드는 것은 극미한

---

* émigré : 프랑스 혁명기에 체포와 처형을 피해 외국으로 도망간 귀족.

차이만으로도 충분했다. 그렇게 되면 이것이 "악화"가 되고 은을 쫓아내버려서 은화가 세계를 일주하게 만든다.

은의 대량 유출은 유럽 경제의 내부에서도 빈번한 고장을 일으켰다. 그러나 대신 이것은 지폐라는 임시방편이 큰 성공을 거두도록 하는 데에 일조했다. 또 먼 곳에서 광산을 개발하도록 부추겼고 상업에서 귀금속을 대체하는 방편을 찾도록 만들기도 했다. 레반트에 직물을 보내고, 중국에 면직과 아편을 보내는 것이 그런 예이다. 아시아는 은을 얻는 대가를 직물, 특히 향신료, 약품(drogues), 차와 같은 식물로 갚으려고 한 데에 비해서 유럽은 수지를 맞추기 위해서 광공업에서의 노력을 배가한 것이다. 장기적으로 이것은 유럽이 유리한 지위를 차지하는 결과를 가져오게 만든 도전이 아니었을까? 어쨌든 확실한 것은, 흔히 이야기하는 것처럼, 유럽이 향신료나 중국풍 물품 같은 사치품을 얻기 위해서 자기 피를 뽑아서 팔았기 때문에 빈혈에 걸렸다는 식의 이야기를 해서는 안 된다는 것이다.

국민경제와 무역수지

우리는 여기에서 고전적인 의미의 국내시장을 연구하려는 것은 아니다. 그러한 국내시장은 국가에 따라 꽤 느리고 불균등하게 발전했다. 근대국가 건설의 기초가 되는 이 점진적인 발전은 18세기에도 아직 완수되지 못했다. 이 중요한 문제에 대해서는 이 책의 제3권에서 자세히 다룰 것이다.

지금 할 일은 유통이 어떻게 여러 다양한 국민경제들(다양한 전국시장들이라고 하지는 못하지만)을 서로 만나게 하는지, 후진 경제이든 선진 경제이든 간에 그 국민경제들을 어떻게 대립시키며 분류하는지를 살펴보는 것이다. 세계의 일반적인 지도는 균등 교환과 불균등 교환, 교역의 균형과 불균형, 지배와 예속 같은 것들로 구성되어 있다. 이 지도에서 우선 **무역수지**를 살펴보면 전반적인 모습을 파악할 수 있다. 무역수지가 그 문제에 접근하는 최상의 방법이라든가 유일한 방법이기 때문이 아니라, 이것이 우리가 가지고 있는 유일한 수치자료이기 때문이다. 물론 그것은 아직 초보적이고 불완전하다.

무역수지

어느 경제의 무역수지는 장사꾼이 연말에 돈을 벌었는지, 잃었는지를 따져보기 위해서 작성하는 대차대조표와 같다. 토머스 스미스가 지었다는 『잉글랜드 왕국의 공공복리에 관한 소론(*Discourse of the Common Weal of This Realm of England*)』(1549)에는 다음과 같은 말이 나온다. "우리는 언제나 외국에 파는 것보다 외국에서 사들여오는 것이 더 많지 않도록 주의해야 한다."[235] 이 문장은 수지에 대해서 알아야 하는 핵심—물론 사람들은 늘 알고 있었겠지만—을 말하고 있다. 이 지혜로운 말은 조금도 새로운 내용이 아니다. 1549년 이전에도 영국 정부는 상인들에게 외국에 더 많이 판매한 차액의 일부를 화폐 형태로 다시 국내로 가져오도록 강요했다. 영국에 들어와 장사하는 외국 상인들도 영국을 떠나기 전에 그들이 판 금액만큼 영국 상품을 사야 했다. 1621년에 쓰인 토머스 먼*의 『동인도에서의 영국 무역론 (*Discourse of Trade, from England unto the East Indies*)』은 현실적이고 또 이 시대의 인식과 완전히 일치하는 수지이론을 제시했다. 그와 동시대인인 에드워드 미셀든은 1623년에 이렇게 썼다. "우리는 그 사실을 느낌으로 알고 있었다. 이제 우리는 그것을 과학적으로 알게 되었다."[236] 물론 이것은 초보적인 이론으로서, 일련의 동시적인 수지들(무역수지, 금융계정수지, 노동수지, 자본수지, 지불수지)을 함께 고려하는 근대적인 개념과는 거리가 멀다. 이 시대의 무역수지는 두 나라 사이에 교환된 상품 가치들을 재보는 것, 즉 상호 수출과 수입을 비교하거나 상호 부채를 비교하는 정도였다. 예컨대 "프랑

---

* Thomas Mun(1571–1641) : 17세기 영국의 경제학자. 『동인도에서의 영국 무역론』을 써서 무역 수지 이론을 최초로 명확하게 설명한 가장 대표적인 중상주의 이론가가 되었다.

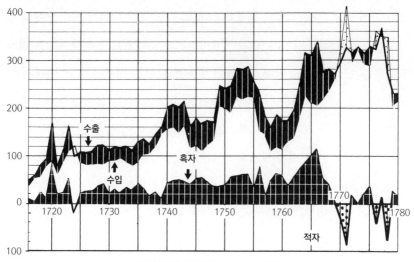

프랑스의 수출과 수입, 1715-1780년

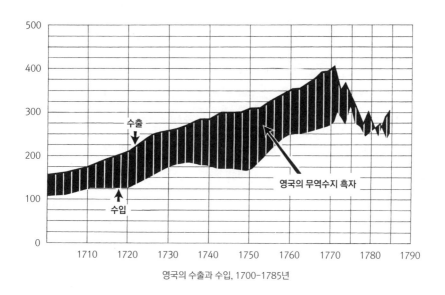

영국의 수출과 수입, 1700-1785년

16. 18세기 프랑스와 영국의 무역수지

무역수지가 보여주는 것처럼, 영국과 프랑스는 대략 1770년대까지 세계의 다른 지역들을 희생시키는 대가로 풍족하게 살아갔다. 그후 근소한 흑자나 적자를 보였다. 경기 국면 때문일까, 상업자본주의의 쇠퇴 때문일까, 아니면 더 타당성이 커 보이는 것으로서, "미국" 독립전쟁의 여파로 인한 혼란 때문일까? (프랑스에 관한 그래프는 루지에로 로마노, "1716-1780년 프랑스 '무역수지'에 관한 자료와 시론적 고찰", *Studi in onore di Armando Sapori*, 제2권, 1957, pp.1268-1279에 근거. 이 논문에서 처음 사용된 사료들은 1268쪽 주 2번에 언급된다. 영국에 대해서는 개략적인 무역의 동향만을 보기 위해 영국 최초의 통계학자인 윌리엄 플레이페어의 다음 책에서 그래프를 인용했다. 윌리엄 플레이페어, 『영국의 상업, 재정, 국채 그래프』, 1789 ; 『영국의 수출입과 상업 전반, 국채……』, 1786)

스가 스페인에 대해서 10만 피스톨을 빚지고 있고 스페인은 프랑스에 대해서 150만 리브르를 빚지고 있다면", 1피스톨이 15리브르에 해당하므로 전체적으로 균형을 이루고 있다. "그런데 이처럼 균형을 이루는 것은 대단히 드문 일이므로 더 많이 빚진 나라가 더 이상 갚을 수 없는 금액만큼 귀금속을 보내야 한다."[237] 적자는 일시적으로는 환어음으로 메울 수 있다. 그러나 이는 지불을 연기하는 것에 불과하므로 이 상황이 계속되면 어쩔 수 없이 귀금속이 이전되어야 한다. 역사가들은 바로 이 이전과정을 관찰할 수 있다. 이것은 우리가 찾던 지수(indicateur)가 되며, 두 단위의 경제 중에 한 나라가 원하든 원하지 않든 자신이 보유한 화폐나 귀금속의 일부를 내놓아야 하는 문제를 명확히 보여준다. 모든 중상주의 정책은 적어도 수지가 균형을 이루도록 노력한다. 그리고 모든 수단을 다해서 귀금속이 빠져나가는 것을 피한다. 예컨대 1703년 1-2월에 네덜란드에서 전투를 벌이던 영국 군대*에 현지에서 물품을 사서 조달하는 대신 영국의 "곡물과 산업생산품" 등을 보냈는데 그 이유는 그에 해당하는 만큼의 금액이 영국에 "남아 있을 수 있기 때문이다." 이것이야말로 귀금속이 유출될까 봐 강박관념처럼 걱정하는 정부에게서 볼 수 있는 생각이다. 그해 8월에 메수엔 조약의 결과 포르투갈에 현찰로 지원하기로 약속한 보조금에 대해서도 영국은 곡물을 보내서 해결하려고 했는데 이것은 "약속도 지키면서 동시에 현찰이 우리 왕국으로부터 빠져나가지 못하게"[238] 할 수 있기 때문이다.

그러나 "수지균형",[239] 즉 수출과 수입 사이에 균형을 맞추는 것은 최소한에 불과하다. 더 좋은 것은 흑자수지이다. 이것은 부를 귀금속 보유량과 동일시한 모든 중상주의 정부의 꿈이었다. 이 모든 사고들이 영토국가들과 동시에 형성되었다는 것은 아주 논리적인 일이다. 영토국가들은 성립되자마자 스스로를 지켜나가야 했다. 1462년 10월부터 루이 11세는 "화폐 형태이든

---

* 스페인 왕위 계승 전쟁 중에 영국의 말버러 장군의 군대가 스페인령 네덜란드에 침공한 것.

다른 형태이든 금과 은이 우리 왕국으로부터 빠져나가서 [로마로] 가는 것"
을 규제하고 금지했다.[240]

수의 해석

우리가 비록 무역수지의 변동에 대해서 잘 알고 있다고 해도 그 해석이 언
제나 쉽지만은 않다. 모든 경우에 손쉽게 적용되는 규칙 같은 것은 없다. 예
를 들면 라틴 아메리카에서 귀금속의 수출이 엄청나게 크다고 해서 이곳의
무역수지가 적자라고 말할 수는 없다. 메르카도 신부의 다음과 같은 지적은
실로 타당하다(1564). "아메리카 대륙의 전역에서 지금(地金) 형태로 수출되
는 금과 은은 일종의 상품이며, 그 가치는 일반 상품의 경우와 마찬가지로
오르내린다."[241] 또 스페인에 대해서 튀르고는 "은은 이 나라의 음식물이다.
이것을 돈과 교환하지 못하더라도 곡물과 교환할 수는 있기 때문이다"라
고 설명했다.[242] 마찬가지로 영국과 러시아 사이에도 여러 사정을 잘 따져
보지 않은 채, 일반적으로 러시아가 영국에 대해서 수입보다 수출이 더 많으
므로 1786년에 러시아의 수지가 유리했고 영국이 불리했다고 이야기해서는
안 된다. 그렇다고 1786년 10월에 존 뉴먼이 그랬던 것처럼 정반대로 보는
것이 사실도 아니다. 그는 헐에 주재하는 러시아 공사였는데, 이 대항구에는
러시아에서 많은 화물을 실은 영국 배들이 덴마크 해협을 지나 곧바로 들어
왔다. 여기에서 그는 문제를 자기 눈으로 똑똑히 보았다고 주장했다. 그는
우선 이미 알려진 명백한 수치를 제시한다. 1785년에 러시아의 세관을 통
과해서 영국으로 들어온 상품은 130만 파운드이고 반대 방향으로 간 상품
은 50만 파운드이다. 따라서 예카테리나의 제국이 80만 파운드의 이익을 본
것처럼 보인다. "겉으로 보기에는 러시아가 현찰로 큰 이익을 본 것 같지만,
실제로 이 무역을 통해서 이익을 본 나라는 러시아가 아니라 오직 영국뿐이
라고[그가 과장하는 부분이 바로 이곳이다] 나는 이전부터 주장해왔고 지금
도 그렇게 주장한다." 그의 설명에 의하면 이 무역이 이루어지는 동안 "300

톤 정도의 규모에 7,000-8,000명 정도의 선원이 탄" 영국 선박이 운임을 받았고, 러시아 상품이 영국에 도착하자마자 가격이 오르며(15퍼센트), 또 이 모든 상품들이 영국의 산업을 진흥시키거나 재수출되었다는 점 등을 생각해야 한다는 것이다.[243] 존 뉴먼의 의도는 모든 요소들을 다 고려하고 나서야 두 나라 사이의 수지를 판단할 수 있음을 강조하려는 것이리라. 여기에는 근대적인 수지이론에 대한 영감을 볼 수 있다. 토머스 먼(1621)이 더 간결하게 표현한 "인도로 보낸 돈은 다섯 배의 가치가 되어 돌아온다"는 말[244] 역시 거의 비슷한 내용을 포함하고 있지만, 물론 여기에는 그 이상의 내용도 있다.

게다가 특정한 한 나라의 수지는 상업적인 총체, 다시 말해서 그 경제의 모든 수지들의 총합 속에서 보아야만 의미를 가진다. 영국-인도, 영국-러시아 같은 하나의 수지만으로는 진짜 문제를 볼 수 없다. 우리에게 필요한 것은 말하자면 러시아의 전체 수지, 인도의 전체 수지, 영국의 전체 수지 같은 것들이다. 오늘날 모든 국가경제들이 매년 총괄적인 국제수지를 작성하는 것도 바로 이런 방식이다.

불행하게도 과거에 관하여 우리가 가진 것은 거의 대부분 한 나라와 다른 나라 사이의 개별적인 수지이다. 그중에는 고전적인 예들도 있고 그와 유사한 것들도 있다. 15세기에 양모를 수출하던 영국은 이탈리아에 대해서 흑자였다. 그러나 이탈리아는 플랑드르에 대해서 흑자였다. 프랑스는 오랫동안 독일에 대해서 흑자였으나 1676년에 제국의회가 처음 봉쇄를 결정한 때부터, 그것이 아니라면 적어도 낭트 칙령의 폐기(1685) 이후 프랑스의 신교도들이 독일에 도착하고 난 이후부터 독일 쪽이 유리한 수지를 보이게 되었다. 반대로 프랑스는 오랫동안 네덜란드에 대해서 흑자를 기록하고 있었고 스페인에 대해서는 끝까지 흑자를 기록했다. 1700년의 프랑스의 한 문서는 프랑스의 여러 항구에서 스페인인들에게 공연히 시비를 걸지 말라고 이야기하고 있다.[245] "왜냐하면 스페인과 프랑스 사이의 무역은 항상 프랑스에게 유리하기 때문에……프랑스는 일반적인 이익과 개별적인 이익을 다 누린다."*
이미 그전에(1635) 사람들은 프랑스인이 "스페인을 갉아먹는 벼룩"이라고
하지 않았던가?[246] 이것은 조야하기는 하지만 진실을 담고 있는 말이다.

　여기저기에서 수지는 변동하고 방향을 바꾼다. 다음의 예들은 일반적인
의미를 가진 것은 아니지만 기록해둘 필요가 있다. 1693년에 프랑스는 피에
몬테에 대해서 흑자였다. 1724년에 시칠리아와 제노바 공화국 사이에서는
제노바가 적자였다. 프랑스 출신의 한 증인에 의하면 1808년에 페르시아의
"인도 무역은 '이 당시에는' 흑자였다."[247]

　그러나 로마 제국 시대부터 19세기까지 변하지 않고 같은 결과를 보이는
수지가 하나 있다. 유럽의 레반트 무역으로서, 언제나 유럽이 적자였다.

1700년 전후의 프랑스와 영국

여기에서 잠시 프랑스와 영국 사이의 수지라는 고전적인(그러나 과연 이 문
제를 사람들이 그렇게 잘 알고 있을까?) 사례를 살펴보자. 국제수지가 프랑스
에 유리하다는 주장은 17세기 마지막 분기부터 18세기 초까지의 기간 내내
강하게 제기되었다. 이 주장에 따르면 프랑스는 영국과의 관계에서 좋은 해,
나쁜 해를 평균해서 150만 파운드 스털링 정도의 이익을 본다는 것이다.

　이것은 1675년에 영국의 하원이 주장했던 바이며 런던에 주재하는 대리
인 카를로 오토네가 1676년 9월과 1678년 1월의 편지에서 이야기한 내용이
다.[248] 오토네는 이 수치를 네덜란드 대사와의 대화에서 얻었다고 하는데,
네덜란드 대사는 프랑스인들의 활동에 유달리 호의적일 필요가 없는[그러므
로 편벽되지 않고 객관적인/역주] 관찰자라는 것이다. 프랑스가 이처럼 흑자
를 누리게 된 원인으로 흔히 지적하는 것은 공산품이다. "프랑스의 수공업
자들은 아주 작은 이윤만으로도 만족하기 때문에 영국에서 생산한 것보다

---

* 국가 사이의 수지로 보나 개별 기업들의 영업으로 보나 프랑스가 흑자였다는 뜻 같다.

프랑스에서 수입해오는 것이 더 싸다.……" 이것은 참으로 이상한 상황이라고 하지 않을 수 없다. 영국 정부가 프랑스의 공산품 수입을 금지했기 때문에 이 상품들은 밀수를 통해 들어올 수밖에 없었다. 우리가 인용한 제노바 출신의 대리인이 설명하듯이 영국인들은 다만 "이 무역에서 수지균형을 맞추는 것(di bilanciare questo commercio)" 정도만을 원했다. 그리고 이를 위해서 프랑스인이 영국산 나사를 더 많이 사용할 것을 강력히 요구했다.[249]

이런 상황에서 전쟁이 일어나자 증오의 대상이었던 프랑스 상품의 침투를 중단시키는 좋은 기회가 되었다. 1699년 3월 18일, 런던에 주재하는 특별 대사인 드 탈라르는 퐁샤르트랭*에게 이렇게 썼다.[250] "……지난번 전쟁[아우크스부르크 동맹 전쟁(1689-1697)을 말한다]의 선전포고 이전에 영국인들이 우리 나라에서 수입해간 금액이 우리 나라로 수출한 금액보다 훨씬 크다는 것이 그들의 의견입니다. 영국인들은 이 생각에 어찌나 강하게 집착하는지 프랑스가 부유해진 것은 자기 나라 덕분이라고 믿고, 전쟁이 시작되자마자 프랑스의 포도주나 다른 상품들이 직접적으로든 간접적으로든 절대로 영국에 들어오지 못하게 하는 것이 무엇보다도 긴요한 일이라고 확신하고 있습니다." 이 문장을 정확하게 이해하려면, 이전에는 전쟁이 일어나도 전쟁 당사국 사이의 상업거래가 완전히 끊기지는 않았다는 점을 염두에 두어야 한다. 따라서 이처럼 완전한 무역 금지는 그 자체가 국제 관습에 어느 정도 어긋나는 것이었다.

그러고 나서 수년이 흘렀다. 카를로스 2세의 사후 스페인 왕위 계승 전쟁(1701)이 다시 일어났다. 그후 적대관계가 끝났을 때, 두 나라 사이에 심각한 정도로 교란되었던 상업관계를 재건시키는 문제가 제기되었다. 그래서 1713년 여름에 두 명의 "전문가"가 런던으로 갔다. 한 명은 전국 상업참사회(Conseil de commerce) 리옹 출신 의원인 아니송이었고 또 한 명은 파리 출신

---

* Jérôme Pontchartrain(1643-1727) : 당시 프랑스의 재무총감.

의원인 페넬롱이었다. 이 문제에 관한 토론이 잘 이루어지지 못하고 회의가 길게 늘어지자 아니송은 시간을 내서 영국 하원의 의사록과 영국 세관의 계산서를 열람할 수 있었다. 그런데 놀랍게도 두 나라 사이의 수지 문제에 대해 사람들이 지금까지 말해오던 것이 틀린 것으로 밝혀졌다! "50년 이상 영국의 수출은 프랑스의 수출에 비해서 수백만이나 더 많았다."[251] 이때 수백만이란 수백만 리브르 투르누아일 것이다. 이것은 정말로 예상도 못했던 놀라운 일이었다. 이것을 믿어야 할까? 공식적으로 멋있는 거짓말을 함으로써 영국이 명백히 자신에게 유리했던 국제수지의 수치들을 그와 같이 체계적으로 숨겨온 것일까? 런던과 파리의 해당 고문서들을 면밀히 검토하면 도움이 될 것이다. 그러나 그렇게 한다고 해서 결정적인 결론을 얻을지는 확실하지 않다. 공식 수치들을 해석하는 데에는 오류를 피할 수 없다. 상인과 관리들은 정부에 거짓말을 하느라고 시간을 보내고 정부는 자기 자신에게 거짓말을 하느라고 시간을 보낸다. 1713년에 진리였던 것이 1786년에 진리가 아니며 그 반대도 마찬가지이다. 이든 조약(1786년에 프랑스와 영국 사이에 체결된 조약)* 직후에 런던발 러시아의 한 서한(1787년 4월 10일 자)은 당시에 널리 퍼져 있던 정보를 보고하면서 이 수치들은 "[프랑스와 영국 사이의] 무역의 성격과 규모에 대해서 대단히 불완전한 아이디어밖에 주지 못한다. 왜냐하면 두 왕국 사이의 합법적인 무역이 전체 무역 중에서 기껏해야 3분의 1 정도밖에 되지 않는다는 사실을 정보를 통해서 우리는 알고 있기 때문이다. 나머지 3분의 2는 밀수로 이루어지는데, 여기에 대해서는 이 무역조약이 두 나라 정부에게 도움이 되는 해결책을 줄 것이다."[252] 사정이 이와 같다면 공식적인 수치를 논하는 것이 무슨 소용이 있겠는가? 우리에게는 밀수의 무역

---

* 프랑스는 영국의 직물에 대해서, 영국은 프랑스의 포도주에 대해서 관세율을 내린다는 내용의 조약이다. 그러나 영국은 1702년에 포르투갈과 맺은 메수엔 조약에서 포르투갈의 포도주에 유리한 세율을 보장하기로 했기 때문에, 이든 조약 체결 후에는 포르투갈산 포도주에 대한 관세를 더 낮추었다. 따라서 프랑스는 포도주 수출에 대해 기대했던 정도의 이익을 거두지 못했다.

수지가 추가로 필요할 것이다.

1713년에 프랑스—영국 사이에 벌어진 오랜 통상협의의 내용도 이 문제에 대해서 밝혀주는 바가 하나도 없다. 그러나 그것이 영국에서 불러일으킨 여론의 메아리는 중상주의의 근저에 깔린 민족주의적인 열정이 어느 정도였는지를 잘 보여준다. 1713년 6월 18일에 이 계획안이 하원에서 185표 대 194표로 부결되었을 때, 민중의 환희의 폭발은 전쟁이 끝나고 평화 체결을 축하하던 때보다 더 컸다. 런던에서는 불꽃놀이, 점등과 같은 다양한 방식으로 기쁨을 표현했다. 코번트리*에서는 직인들이 긴 행렬을 이루어 행진을 했는데, 막대기 끝에 양피를 묶고 또다른 막대기 끝에는 "영국 양모와 프랑스 포도주를 바꿀 수는 없다(No English wool for French wine!)"라는 글을 새겨 넣은 4분의 1리터들이 작은 병을 매달고 있었다. 활기가 넘쳐 보이기는 하지만 이것은 경제적인 사고에는 전혀 부합되지 않고 오직 민족감정에만 따른 것이며 말하자면 오류에 빠진 결과이다.[253] 두 나라가 상호 문호를 개방하면 양국 모두에 이익이 되기 때문이다. 40년 뒤에 데이비드 흄은 빈정거리는 투로 이렇게 이야기했다. "대부분의 영국인들은 프랑스 포도주가 영국에 많이 들어오면 영국이 망하는 것처럼 생각한다.……그래서 우리는 스페인과 포르투갈에서 프랑스 포도주보다 질이 떨어지는 것을 더 비싸게 사온다."

영국과 포르투갈[254]

18세기의 포르투갈에 대해서 역사가들이 말할 때 빼놓지 않고 언급하는 인물이 메수엔 경이다. 그는 장기간 계속될 스페인 왕위 계승 전쟁이 일어나기 직전인 1702년에 앙주 공작(펠리페 5세)과 프랑스인들에게 충실한 스페인을 배후에서 위협하기 위해서 소국인 포르투갈과 동맹을 맺으려고 했다.**

---

* Coventry : 영국의 버밍엄 남쪽에 위치한 도시. 중세 이래로 대단히 중요한 직물업(모직, 마직) 중심지였다.
** 1701년에 스페인 국왕인 카를로스 2세가 죽었을 때 유언장에 의하면 다음 왕위 계승권은 루이

이 동맹은 아주 큰 반향을 불러일으켰지만, 당시에는 여기에 부수적으로 맺어진 통상조약(通商條約)에 대해서 누구도 그것이 기적에 가깝다고 이야기하지는 않았다. 이 조약은 그저 통상적(通常的)인 조약문의 반복으로 비쳤던 것이다. 사실 런던과 리스본 사이에는 이미 1642, 1654, 1661년에 이와 유사한 조약이 맺어지지 않았던가? 게다가 프랑스, 네덜란드, 스웨덴 등도 시기와 조건은 다르지만 똑같은 특권을 얻었다. 그러므로 영국-포르투갈 관계의 운명은 너무나도 유명해진 이 조약에 의해서만 규정된 것은 아니다. 그 운명은 포르투갈을 덫처럼 옭아매게 된 여러 경제적 과정들의 결과였다.

18세기가 시작될 무렵, 포르투갈은 사실상 인도양 지역을 거의 상실해버렸고, 다만 가끔씩 범죄자들을 실은 배를 보내고는 했을 뿐이다. 포르투갈에게 고아가 가지는 의미는 프랑스에게 카옌, 영국에게 오스트레일리아가 가지는 의미와 같았다.* 포르투갈이 이 지역들에 대해서 이전부터 가지고 있던 관계는 이제 다른 강대국들이 전쟁에 돌입했을 때에만 상업적으로 중요한 이익을 가져다주었다. 이럴 때에는 포르투갈 국적의 배들 두어 척—그러나 이때에도 이 배에 의장을 갖추어주는 것은 다른 나라 사람들이었다—이 희망봉을 향해 나갔다. 회항할 때를 보면, 이 위험한 사업에 손을 댄 외국인들이 흔히 파산했다. 포르투갈인들은 너무나 경험이 풍부해서 신중을 기하지 않을 수 없었다.

대신 포르투갈이 더욱 신경을 쓰던 곳은 브라질이었다. 이곳에 대해서 그들은 감시와 착취를 늦추지 않았다. 브라질에서 사업을 지배하는 주인들은

14세의 손자인 앙주 공작에게 넘어가게 되어 있었다. 그렇게 되면 스페인과 프랑스가 모두 부르봉 왕조하에 들어가서 유럽의 세력판도에서 영국의 위치가 크게 위축될 우려가 있었다. 따라서 영국은 어떻게 해서든지 이것을 막기 위해 영국, 네덜란드, 오스트리아를 주축으로 동맹을 맺어 프랑스에 저항했으며 이것이 1701-1713년의 스페인 왕위 계승 전쟁이 되었다. 최종 결과는 스페인과 프랑스가 병합하지 않는 조건으로 앙주 공작이 펠리페 5세로 스페인 국왕에 오르는 것을 허용한다는 것이었다.

* 카옌은 프랑스의 강제노동 유형수들의 수용소였고, 오스트레일리아도 1840년까지 죄수들을 수용하는 방식으로 식민개척이 이루어졌다.

포르투갈 왕국의 상인이었다. 그중에는 누구보다도 국왕 자신이 포함되어 있었고 리스본과 포르토, 헤시피, 파라이바, 바이아(브라질의 이전 수도), 리우 데 자네이루(1763년 이후의 수도) 등 상업 식민지의 대상인이 있었다. 여러 손가락에 큼직한 반지들을 끼고 은식기를 쓰는 이 꼴보기 싫은 포르투갈인들을 놀리는 것이 브라질 사람들에게는 큰 기쁨이었다(그렇다고 쉽게 놀리지는 못했다). 브라질이 새로운 물품―설탕, 금, 다이아몬드, 이후 시기에는 커피―을 내놓을 때마다 거기에서 이익을 얻고 그것을 더 잘 이용하는 사람들은 포르투갈의 상업귀족들이었다. 테주 강 어귀에는 가죽, 설탕, 카소나드, 고래기름, 염료용 나무, 면, 담배, 사금 그리고 다이아몬드로 가득 찬 가방……등의 물품이 물밀듯이 밀려왔다. 사람들은 포르투갈 왕이 유럽에서 가장 부유한 지배자라고 말했다. 그의 성과 궁전은 단순미만 빼면 베르사유 궁전을 부러워할 것이 하나도 없었다. 리스본이라는 거대한 도시는 기생식물처럼 자라났다. 이곳의 변두리 지역에서는 밭이 있던 곳에 빈민촌이 들어섰다. 부자들은 더 부자가 되었고―어쩌면 지나치게 부자가 되었고―가난한 사람들은 비참한 지경에 빠졌다. 이곳의 임금이 높기 때문에 "[스페인의] 갈리시아 사람들이 무더기로 밀려왔다. 이곳에서는 이들을 '갈레고(galego)'라고 부르는데 이들은 수도나 다른 중요한 도시들에서 짐꾼, 막일꾼, 하인으로 일한다. 그들은 마치 파리나 프랑스의 다른 대도시들에서 일하는 사부아인들과 유사하다."[255] 이 세기가 끝날 무렵, 사정이 약간 더 나빠지자 분위기는 더 암울해졌다. 야심한 때에 사람이나 집을 공격하는 것, 살인이나 절도 같은 일은 이 도시의 존경스러운 부르주아들도 날마다 가담하는 일이 되었다. 그것은 리스본과 포르투갈이 되는 대로 대서양의 콩종크튀르를 받아들인 결과였다. 콩종크튀르가 좋으면 모든 것이 편해지고, 콩종크튀르가 나쁘면 모든 것이 서서히 붕괴되었다.

나태하면서도 번성을 누리던 이 작은 나라의 한가운데로 영국이 자기의 이익을 추구해 들어왔다. 영국은 이 나라를 자기 마음에 맞는 모델대로 만들어 나갔다. 북부지역에 포도밭을 만들고 포르토 포도주가 성공을 거두게 만들었는가 하면, 리스본에 통에 담은 대구를 공급함으로써 식량 보급을 떠맡기도 했다. 모직물을 운반통 하나 가득히 넣어 이곳에 들여왔으며 이것으로 포르투갈 사람들 모두에게 옷을 입히고 멀리 브라질의 시장들을 장악했다. 그리고 그에 대한 대가는 금과 다이아몬드로 받아갔다. 따라서 브라질의 금은 리스본에 도착하자마자 북쪽으로 유출되어버렸다. 어쩌면 사정이 달랐을 수도 있다. 포르투갈이 자국 시장을 보호하고 산업을 발달시킬 수도 있지 않았을까? 폼발*의 생각이 바로 그랬다. 그러나 영국식 해결책이 손쉬운 방법이었다. 게다가 교역 조건이 포르투갈에게 유리했다. 영국 직물의 가격이 내려갔으므로 반대로 포르투갈의 수출 상품 가격이 올랐다. 이런 과정에서 영국은 포르투갈 시장을 조금씩 잠식했다. 포르투갈의 국부에 가장 중요한 공헌을 하는 브라질 무역에는 많은 자본이 필요했고 또 그 자본은 한 번 투입되면 긴 유통기간 동안 잠기게 되었다. 영국인들은 이전에 네덜란드인들이 세비야에서 했던 것과 같은 역할을 했다. 다시 말해서 이들은 브라질로 가는 상품들을 크레딧으로 공급했던 것이다. 프랑스 역시 리스본에 중요한 식민지를 가지고 있었지만, "프랑스 상인들에게 가장 크게 불리했던 요소는 아마도"[256] 장기간의 크레딧을 공급할 원천이 되는, 런던이나 암스테르담과 같은 규모의 상업 중심지가 없다는 점이다. 이에 비해서 네덜란드 상인들이 리스본 시장에서 왜 그렇게 소극적이었는지는 의문스럽다.

어쨌든 18세기에 본격적인 발전이 이루어지기 전에 이 게임은 이미 결판이 났다. 일찍이 1730년에 한 프랑스인은 이렇게 썼다. "영국인들이 리스본에서 행하는 무역은 모든 것 중에서 가장 크다. 많은 사람들의 의견에 의하

---

* Marquês de Pombal, Sebastião José de Carvalho e Melo(1699-1782) : 포르투갈의 정치가. 주요 국가의 대사와 외무부 장관을 거쳐 1755년에 총리가 되었다. 포르투갈의 세력을 크게 진작시키려는 야망을 가지고 계몽전제적인 체제를 이끌어갔으며, 특히 상공업과 농업의 발달에 주력했다. 그러나 전제적인 방식과 특히 반교회적인 정책 때문에 1777년에 축출되었다.

면 심지어 영국 상인들의 몫이 다른 나라 사람들 전부를 합한 것보다 더 컸다."[256] 이렇게 큰 성공을 거둔 데에는 영국인들의 집요함만이 아니라 포르투갈인들의 무심한 태도도 작용했다. 장래에 제헌의회 의원이 되는 말루에*는 1759년에 포르투갈을 여행했는데 그의 눈에는 포르투갈이 "식민지"나 다름없었다.[257] "브라질에서 오는 모든 금은 포르투갈을 속박하고 있는 영국으로 가버린다. 나는 여러 예들 중에서 폼발 후작의 행정부의 기를 꺾을 만한 예를 하나만 들겠다. 이 나라에 이익을 가져다주는 유일한 수출품인 포르토 포도주는 한 영국 회사가 대량으로 구입하는데, 포도원 소유주들은 영국인 회사 임원들이 정하는 가격대로 이 회사에 포도주를 팔 수밖에 없다." 나는 말루에의 생각이 옳다고 본다. 외국인이 상품출하 시장에 개입하고 생산에 개입한다는 것은 그곳이 상업 식민지라는 이야기이다.

1770-1772년경 브라질 금의 시대가 지나간 것처럼 보였고—그러나 아직 금과 다이아몬드를 실은 배가 계속 도착하고는 있었다—유럽의 경기 동향이 나쁜 쪽으로 돌아가고 있을 때, 영국-포르투갈의 국제수지도 동요하기 시작했다. 두 나라 사이의 국제수지가 곧 역전되었을까? 그러나 아직은 시간이 더 필요했다. 1772년경에 리스본 측은 모로코와 교역을 시도하려는 이유에서이기는 하지만 영국의 지배에서 벗어나 런던으로 향하는 "금 유출을 가능한 한 막으려고 노력했다."[258] 결과는 신통치 못했다. 그러나 다시 10년이 지난 후에 새로운 해결책의 윤곽이 보이기 시작했다. 포르투갈 정부는 "은화를 대량 주조하고 금화는 최소한으로만 주조하기로" 결정했다. 예카테리나 여제에게 임용된 독일 출신의 리스본 주재 러시아 공사 보르헤르스의 말에 의하면, 영국인은 "은을 가지고 돌아가는 것이 전혀 유리하지 않

---

* Baron Malouet, Pierre Victor(1740-1814): 식민지 관리로서 산토 도밍고와 기아나에서 지내면서 식민 이주민의 입장을 옹호하는 정책을 폈다. 1789년의 삼부회에 제3신분 대표로 참여했다가 혁명기에 왕당파의 주요 구성원이 되었고, 그 때문에 1792년부터 1803년까지 망명했으며 프랑스로 돌아온 후 1810년 나폴레옹 제정기에 작위를 받았다.

앉고 오직 금을 필요로 했기 때문에 이런 조치에 대단히 실망했다. 이것은 포르투갈이 소리 나지 않게 영국인에게 작은 전쟁을 선포한 것이다."[259] 그러나 그의 말에 의하면, 영국 배가 금을 전혀 싣지 못하고 리스본을 떠나는 놀라운 광경을 볼 수 있게 된 것은 다시 10년이 지난 후였다. "페가서스(Pegasus)라는 프리깃선은 아마 두 나라 사이에 상업관계가 성립된 이래 금을 싣지 못하고 떠난 최초의 배일 것이다"라고 그는 1791년 12월에 썼다.[260] 사실 조만간 관계가 역전되었다. "영국에서 오는 파크보*나 다른 선박들이" 리스본으로, "거의 1세기 전부터 [영국으로] 수출했던……포르투갈 화폐를 도로 수입해왔다(한 역사가에 의하면 1700년부터 1760년까지 적어도 2,500만 파운드 스털링이 영국으로 흘러들어갔다)."[261] 같은 1791년 12월에 파크보 한 척이 1만8,000파운드 스털링에 해당하는 화폐를 포르투갈 항구에 하역했다.[262] 영국과 포르투갈 사이의 관계라는 이 문제 자체만 해도 논의를 더 해볼 필요가 있다. 그리고 이것을 일반사의 맥락 속에서 보아야 할 것이다. 그 역사는 곧 영국과 혁명기 프랑스 사이에 전쟁이 일어나면서 비극으로 끝나게 될 것이다. 그러나 그것이 우리가 보려고 하는 주제는 아니다.

동유럽과 서유럽[263]

지금까지 우리가 본 예들은 아주 명백한 것들이었다. 그러나 쉽지 않은 경우들도 있다. 서유럽 전체가 발트 해 지역 전체에 대해서 적자를 본 것이 그런 예이다. 여기에서 발트 해 지역이란 서로 적대적인 관계를 맺고 있지만 경제적으로는 유사한 여러 민족들인 스웨덴, 모스크바 공국, 폴란드, 엘베 강 동쪽의 독일, 덴마크 등지를 포괄하는 말이다. 이 국제수지는 보통 곤란한 문제가 아니다.

사실 닐손의 파격적인 논문—이것은 1944년에 쓰였지만 오늘날에 와서

---

* paquebot : 상품 수송과 함께 여객 수송을 많이 하는 대형 상선.

야 역사가들에게 널리 알려졌다—과 그 이후의 연구들, 특히 (1973년에 영어로 번역된) 아르투르 아트만의 책에 의하면, 직접 귀금속을 수송하는 것만으로는 서유럽의 적자를 대단히 불완전하게밖에 메꾸지 못했다.[264] 다시 말해서, 발트 해 지역의 여러 도시들에 이전되었던 은의 양을 역사가들이 추산한 바에 의하면, 서유럽의 적자를 메울 만한 양이 못 된다는 것이다. 국제무역의 결제가 이루어지는 지점에서 귀금속 양이 부족했다면 다른 어떤 수단으로 결제를 했어야 하는데 그것이 명확하지 않다. 역사가들이 이에 대한 설명들을 열심히 찾고 있으나 정확한 파악이 힘든 형편이다.

이 문제는 따라서 다른 길이 없고 닐손이 그랬던 바와 같이 북유럽의 무역수지를 동유럽 지역의 교역 전체 속에 놓고 보는 수밖에 없다. 그의 생각에 서유럽의 적자 일부는 동유럽, 중유럽, 서유럽 사이의 연쇄적인 교역을 통해서 다시 서유럽에 유리하게 해소되었는데 이때의 교역은 폴란드로부터 독일까지 경유하는 대륙 내의 육로를 통한 것이다. 즉, 서유럽은 북유럽에서 적자를 보았으나, 그중 일부를 육로무역의 흑자를 통해서 보전했다는 주장이다. 그리고 이 스웨덴 출신의 역사가는 그 중개지가 라이프치히 정기시였다는 매력적인 가설을 제기한다. 이 점에 대해서 미로슬라프 흐로흐는 동유럽 상인들이(특히 폴란드계 유대 상인들이 점차 많은 수로) 이 정기시를 지속적으로 자주 이용한 것은 18세기 초 이후라고 주장하며 반박했다.[265] 다시 말해서 라이프치히를 수지균형을 맞추어주는 중심지로 보는 것은 시대착오적 오류이다. 흐로흐에 의하면 기껏해야 포즈난이나 브로츠와프를 통한 몇몇 교역망이 동유럽에 대해서 적자를 보였을 뿐이지만 이것은 작은 실개천에 불과하다.

그러나 닐손의 가설이 부정확한 것이 아니며, 어쩌면 이 가설을 좀더 확장시키면 문제가 해결될지도 모른다. 예컨대 우리는 은을 산출하는 헝가리가 끊임없이 외국으로 고품질의 화폐를 수출했으며 따라서 서유럽으로도 일부 수출했다는 것을 알고 있다.[266] 그리고 그렇게 해서 생긴 진공은 폴란드의 소액 화폐가 메웠다. 은이 일부 섞인 이 화폐는 따라서 헝가리의 화폐유통을 전부 도맡아서 해주었다.

게다가 상품 이외에 환어음도 있다. 16세기 이후부터 동유럽에 환어음이 존재했다는 것은 기정 사실이다. 그리고 그다음 세기에는 환어음이 더 널리 보급되었다. 그렇다면 라이프치히 정기시에 동유럽 상인들이 있다, 없다 또는 수가 많다, 적다하는 것이 결정적인 주장이 될 수는 없다. 여기에서 또 한 가지 지적하고 넘어갈 사항이 있다. 흐로흐가 주장한 바와는 달리, 17세기에 이미 많은 수의 폴란드계 유대인 상인들을 라이프치히 정기시에서 볼 수 있었다는 점이다.[267] 한편 크라쿠프 주재 이탈리아인 잡화상 마르카우렐리오 페데리코를 보면,[268] 그 자신이 직접 이런 정기시에 자주 다니지는 않았더라도 1683-1685년에 라이프치히에 있는 그의 친구들에 대해서 환어음을 발행했다. 마지막으로 주목할 점은 발트 해 지역에서 암스테르담으로 혹은 그 반대 방향으로 환어음이 발행될 때에는 대개 대부나 상품에 대한 선대(先貸)의 결과라는 점이다. 이자를 포함한 이 선대는 동유럽이 획득한, 또는 획득하게 되어 있는 귀금속 잉여에 대한 공제가 아닐까? 독자들은 네덜란드와 이곳의 이른바 인수무역(acceptation)에 관한 다음의 내용을 참고하기 바란다.[269] 그리고 또 발트 해 지역은 서유럽이 지배하고 착취하는 지역이라는 사실을 잊어서는 안 된다. 암스테르담에서의 가격과 그단스크에서의 가격 사이에는 상관관계가 존재하지만, 그 가격들을 결정하고 게임을 주도하며 자신의 이점을 선택하는 것은 암스테르담이다.

결론적으로 이야기할 수 있는 것은 이 [역사학상의/역주] 고전적인 문제인 발트 해 무역을 그 자체로서 완결된 유통체계로 보아서는 안 된다는 것이다. 그것은 상품과 현찰과 크레딧이 유통되는 다자간 무역체제였다. 그중 크레딧의 유통로는 끊임없이 확대되었다. 이것을 이해하기 위해서는 라이프치히, 브로츠와프, 포즈난뿐만 아니라 뉘른베르크, 프랑크푸르트 그리고 어쩌면 더 나아가서 이스탄불과 베네치아까지 여행해야 한다. 발트 해 지역이라는 경제 전체는 흑해와 아드리아 해까지 확대해서 보아야 하지 않을까?[270] 여하튼 발트 해 지역의 교역과 동유럽 경제 사이에는 상관관계가 있다. 이것은 2개, 3개, 내지 4개의 선율들이 겹치는 음악이다. 예를 들면 러시아가 나르바*를 상실한 1581년 이후,[271] 발트 해 지역의 해로는 모스크바 공국의 상품이 수출되는 육로에 활동의 일부를 빼앗겼다. 그러다가 30년전쟁이 일어나자 유럽 중부권 깊숙이 나 있던 길들이 끊겼다. 그러자 발트 해 지역의 교역이 다시 크게 증대했다.

전체적인 국제수지에 관하여

이제 프랑스-영국, 영국-포르투갈, 러시아-영국, 동유럽-서유럽 등의 이항식을 내버려두자. 중요한 것은 외부와 관계를 맺고 있는 경제 전체를 한단위로 파악하여 관찰하는 것이다. 이미 1701년에 상업참사회에서 "포낭 대표들(députés du Ponant, 즉 대서양 연안 항구들의 대표들)"이 리옹 대표들에 대항하여 주장한 것도 이것과 일맥상통한다. "국제수지에 관한 그들의 원칙"은 "한 국가(nation)가 다른 한 국가와 맺고 있는 개별적인 관계가 아니라 프랑스 전체와 다른 모든 국가들(États) 사이의 관계"에 관한 것이다. 그들은 이것이 통상 정책에 반영되어야 한다고 보았다.[272]

우리가 이 전체성을 고찰해서 알아낸 비밀은 이미 누구나 쉽게 알 수 있는 비밀에 불과하다. 그것은 우선 국가경제 전체에 비해 국제무역이 아주 작은 비중만을 차지한다는 사실이다. 타당한 추론을 하자면 수출과 수입이 서로 상쇄되고 남은 차액을 가지고 비교해야 하지만 그렇게 하지 않고 수출입액을 모두 더한 것을 국제무역이라고 하고 그것을 경제 전체와 비교한다고 해

---

* Narva : 현재 에스토니아에 있는 항구도시인 이곳은 1223년에 덴마크인들이 건설한 이후로 여러 세력 사이의 투쟁의 결과에 따라 소유권이 변경되었다. 1347년에 튜턴 기사단에게, 1558년에 이반 뇌제(雷帝) 치하의 러시아에게, 1581년에 스웨덴에게, 그리고 1704년에 표트르 대제에게 소유권이 넘어갔다.

도 사정은 마찬가지이다. 그렇다고 할 때 단지 국제수지(즉, 수출과 수입 사이의 차액)만을 보면 흑자이든 적자이든 그 액수는 국민소득 중에서 그야말로 아주 적은 부분만 차지하며 따라서 국민소득에 보태주든 거기에서 빼든 상관없이 거의 영향을 미치지 못한다. 영국의 경제학을 배태시킨 많은 팸플릿 저자들 중의 한 사람인 니컬러스 바본(1690)*이 "한 나라의 스톡(stock)— 나는 이 말을 자본(capital)보다는 재산(patrimoine)이라고 번역하는 것이 낫다고 본다— 은 무궁무진하여서 결코 다 소비하거나 소진시킬 수 없다(The Stock of a Nation [is] Infinite and can never be consumed)"라고 한 말도 나는 이와 같은 의미에서 이해하려고 한다.[273]

그러나 이 문제는 보기보다 더 복잡하고 흥미롭다. 나는 18세기의 영국이나 프랑스의 일반수지와 같은 아주 명쾌한 사례들에 대해서 더 길게 살펴보고 싶지는 않다(이것에 대해서는 그림 16의 그래프와 그에 대한 설명을 참조하라). 그보다는 차라리 16세기 중반의 프랑스가 더 흥미롭다. 그 이유는 이것에 관해서 우리가 가지고 있는 자료나, 아니면 이 수치들이 이 당시 막 모습을 드러내던 전국시장**을 보여주기 때문이 아니다. 그보다는 계몽주의 시대에 만들어지기 시작한 통계자료를 통해서 18세기의 영국과 프랑스에 대해 우리가 확인했던 일반적인 사실을 그보다 200년 전의 시대에서 재확인하게 되기 때문이다.

앙리 2세 당시[1547–1559/역주]의 프랑스는 단 한 나라만 빼고 프랑스를 둘러싼 모든 나라와의 관계에서 흑자를 보고 있었던 것 같다. 포르투갈, 스페인, 영국, 네덜란드, 독일은 프랑스에 대해서 적자를 보았다. 프랑스는 자국에 유리한 이런 관계를 이용해서 밀, 포도주, 아마포, 모직물을 팔고 그 대가로 금화와 은화를 거두어들였다. 여기에 추가할 것이 있다면 스페인으로 이민 간 사람들이 보내오는 화폐 소득이다. 그러나 이와는 반대로 이탈리아

---

* 이 책 제1권 427쪽의 역주를 참조하라.
** 이 책 제3권의 제4장을 참조하라.

쪽으로는 항구적인 적자를 기록하고 있었다. 그러한 유출은 무엇보다도 리옹의 상인과 정기시들을 통해서 이루어졌다. 귀족적인 프랑스 사람들은 비단, 값비싼 벨벳, 후추와 다른 향신료들, 대리석 같은 것들을 너무 좋아했다. 또 이들은 이탈리아의 예술가들의 서비스와 도매상업 및 환어음 거래를 하는 대상인들의 서비스를 이용했다(물론 공짜가 아니다). 리옹 정기시는 이탈리아의 자본주의에 봉사하는 효율적인 흡입 펌프였다. 그것은 지난 세기에 제네바 정기시들이 그랬던 것과 같다(아마 예전의 샹파뉴 정기시도 상당한 정도로 그런 역할을 했을 것이다). 프랑스가 누리던 국제수지상의 모든 이익은 이렇게 모아져서 이탈리아로 넘어갔다. 1494년에 샤를 8세가 알프스를 넘어 이탈리아로 공격해 들어가려고 했을 때, 그는 프랑스에 나와 있는 이탈리아 사업가들—이들은 본국의 상업귀족들과 연계되어 있었다—의 동의 내지 호의를 얻어야 했다.[274] 이 이탈리아의 상업귀족들은 적절한 순간에 정보를 얻고는 궁정으로 달려가 별다른 어려움 없이 동의해주었지만 "그 대신 매년 열리는 리옹의 정기시 네 곳을 재건한다는 허가를 얻었다." 이것은 우선 이 정기시들이 그들에게 효용이 있다는 증거이며, 동시에 외국의 상층 구조에 사로잡혀 지배당하고 있는 리옹은 프랑스의 부에 관한 한 아주 동떨어져 있는 모호한 수도라는 사실을 말해주는 증거이기도 하다.

우리는 아주 예외적으로 훌륭한—불행히도 불완전한 상태에 있지만—문서를 하나 가지고 있다. 이것은 1556년경의 프랑스의 수입을 자세히 보여주고 있으나,[275] 수출을 보여줄 그다음 "장부(livre)"가 없어져버렸다. 17번 그림은 이 수치들을 요약해서 보여준다. 그 총계는 3,500만 내지 3,600만 리브르를 넘는다. 그런데 이 시기에 프랑스의 국제수지는 분명히 흑자였을 것이므로 수출액은 3,600만 리브르를 몇 포인트 상회했을 것이다. 그러므로 수출입을 합한 액수는 최소한 7,500만 리브르 이상이 된다. 이것은 정말로 엄청난 금액이다. 비록 이 수출입은 최종적으로는 서로 상쇄되어 없어질 테지만 이 두 흐름은 서로 동반하고 합해지면서 많은 왕복 운동과 순환 운동

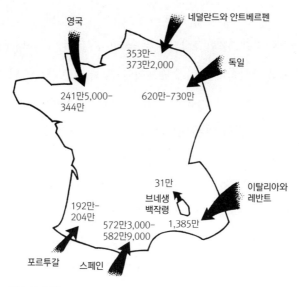

17. 16세기 중반 프랑스의 수입
파리 국립 도서관 필사본 자료 2085와 2086에 의한 연구. (알베르 샹베를랑, "16세기 중반 프랑스의 수입 상업", 「지리학 연구」, 1892-1893)

을 만들었다. 이 무수한 활동과 교환은 끊임없이 갱신되었다. 그러나 다시 반복하지만 이 민첩한 경제가 프랑스의 경제 전체는 아니다. 우리가 **국민소득**이라고 부를 수 있는 전체 경제는 물론 현재 우리가 알 수는 없고 단지 상상해볼 수 있을 뿐이다.

나는 일정한 계산방식—앞으로도 한두 번 더 시도할 것이다—을 통해서 1600년경 베네치아의 1인당 소득을 37두카트로 추산한 바 있다. 이에 비해서 테라 피르마(즉, 베네치아에 복속된 이탈리아 땅)에 있는 베네치아 신민들의 1인당 소득은 대략 10두카트 정도이다. 이 수치는 물론 확실하지 않으며, 특히 베네치아에 관한 수치는 아마 너무 낮게 잡혀 있을 가능성이 크다. 그러나 어쨌든 여기에서는 지배적인 도시와 그것이 지배하는 영역 사이에 소득 차이가 엄청나게 크다는 사실을 확인할 수 있다. 한편 1556년에 프랑스의 1인당 소득은 테라 피르마의 1인당 소득에 가까웠다(10두카트는 대략 23-24리브르 투르누아이다). 그렇다면 인구 2,000만 명을 가진 프랑스의 국민 총소득은 4억6,000만 리브르 투르누아로 추정할 수 있다. 이것은 대단히 큰 금액이지만, 단 환금성이 없는 금액이다. 이 수치는 대개 비상업화된 생산을 화폐로 계산한 결과이기 때문이다. 또 우리는 프랑스의 예산 수입으로부터 국민소득을 계산할 수도 있다. 그 수입은 1,500만 또는 1,600만 리브르 수준이다.[276] 이것이 대략 국민소득의 20분의 1이라는 것을 받아들인다면, 국민소득은 3억이나 3억2,000만 리브르 정도가 된다. 이것은 처음에 얻은 수치보다 뒤처지지만 대외무역 액수보다는 훨씬 크다. 여기에서 우리는 자주 논의한 바 있는 문제인 거대한 규모의 생산(주로 농업)과 비교적 가벼운 대외무역 사이의 상대적인 비중 문제를 다시 보게 된다. 그러나 무역이 차지하는 비중이 작다고 해도, 그 경제적 중요성은 결코 작지 않다는 것이 나의 생각이다.

어쨌든 상대적으로 진보한 경제에는 일반적으로 수지가 흑자였다. 이전에 지배적인 도시였던 제노바나 베네치아가 바로 그런 경우였고 또 16세기의 그단스크(단치히)가 그런 경우였다.[277] 18세기 영국과 프랑스의 국제수지를 보라. 이 두 국가는 거의 18세기 내내 흑자였다. 스웨덴의 경제학자인 안데르스 쉬데니우스가 밝힌 바처럼[278] 1764년에 스웨덴의 무역도 수출 초과였다는 것이 놀라운 일이 아니다. 이 시기에 대(大)해상 세력으로서 크게 성장하던 이 나라는 7,200만 달러(daler : 구리 화폐)를 수출하고 6,600만 달러를 수입했다. 그러므로 이 "국민(nation)"은 500만 달러 이상을 벌었던 것이다.

물론 모든 나라가 이익을 보는 것은 아니다. "잃는 나라가 있어야 따는 나라가 있다"는 몽크레티앙*의 생각은 상식적이다. 사실 다른 나라들은 분명

---

* Antoine de Montchrestien(1575?-1621) : 프랑스의 극작가, 경제학자. 극작가로서 말레르브의 가르침을 충실히 따라 순수한 스타일의 비극작품들을 썼다. 그후 결투사건을 벌이고 영국으로 망명했다가 프랑스로 돌아온 후 『정치경제론(Traité d'Économie Politique)』(1616)을 썼다. "정치경제(économie politique)"라는 말 자체를 그가 만들었다. 생산과 유통이라는 경제현상이 사회에 대단히 중요하며 그런 만큼 국가가 이런 활동을 장려해야 한다고 주장했다. 국왕에 대한 위그노들의 봉기에 연루되어 살해되었다.

히 잃고 있었다. 식민지들이나 종속적 국가들이 그랬다.

안전해 보이는 "선진국"에서도 분란이 일어날 수 있다. 내 생각에는 17세기의 스페인이 그런 국가이다. 이 나라는 통치자들과 주변 상황의 힘 때문에 파괴적인 구리 화폐의 인플레이션을 겪었다. 그리고 혁명기의 프랑스 역시 마찬가지로, 이에 대해 이탈리아에 있던 러시아의 요원은 "이 나라는 자본을 가지고 전쟁을 하고, 그의 적국들은 소득을 가지고 전쟁을 한다"고 말한 바 있다.[279] 두 나라의 경우는 자세히 살펴볼 가치가 있다. 이 두 나라는 구리 화폐의 인플레이션이나 혹은 외국에 화폐를 지출함으로써 적자를 감내해야 하는 대가를 치르면서 정치적 영광을 유지했지만, 스페인은 내부로부터 해체되어갔고, 혁명기의 프랑스는 1792-1793년의 시련을 겪기 이전부터 외국에서 세력이 약화되었으며 이것이 이 나라의 운명에 큰 영향을 미쳤다. 1789년부터 1791년 봄까지 프랑스의 환율은 런던에서 급락한 데다가[280] 자본의 대량 국외 유출이 겹쳐서 이중의 타격을 받았다. 두 경우 모두 무역 수지상의 파국적인 적자와 지출은 국내 경제의 일대 파괴 또는 적어도 악화를 가져왔다.

인도와 중국

비록 상황이 그렇게 극적이지는 않다고 하더라도 적자가 계속되면 장기적으로는 분명 경제의 구조적인 약화를 가져온다. 1760년 이후의 인도와 1820년대 혹은 1840년대 이후의 중국에서 이런 상황이 구체적으로 나타났다.

아시아에 유럽인들이 계속 들어왔다고 해도 즉각적인 파괴가 나타나지는 않았다. 그런 유입이 곧바로 아시아의 무역 구조를 위태롭게 하지는 않았다. 희망봉 항로가 개척되기 수 세기 전인 아주 오랜 옛날부터 인도양과 태평양 주변의 근해를 통과하는 광대한 유통망이 펼쳐져 있었다. 포르투갈인들이 1511년에 강제로 믈라카를 장악하고 고아에 정주하거나, 혹은 상업적인 목적으로 마카오에 들어갔다고 해서 예전의 균형이 깨지지는 않았다. 초기에 아시아로 들어온 유럽인들은 지나가는 배의 화물을 약탈하는 행위를 저질렀지만 폭풍우 뒤에 좋은 날씨가 찾아오듯 결국 서로 주고받는다는 상업의 법칙이 확립되었다.

그런데 향료나 기타 아시아의 상품들은 반드시 은을 지불하고서야 얻을 수 있었다. 그보다는 훨씬 덜 빈번하기는 하지만 구리를 지불하고 상품을 얻을 수도 있었는데, 이것은 특히 구리 화폐를 사용하는 인도와 중국에 해당하는 일이었다. 유럽인들이 나타났다고 해도 이런 사업이 전혀 변화하지 않았다. 포르투갈인, 네덜란드인, 영국인, 프랑스인들 등이 모두 무슬림이나 바니아인, 혹은 교토의 금융업자들에게서 은을 대부받았다. 이런 대부가 없었다면 나가사키에서 수라트에 이르기까지 교역이 전혀 일어날 수 없었을 것이다. 달리 해결할 길이 없는 이 문제를 풀어보기 위해서 포르투갈인들이나 각국의 동인도회사들이 유럽에서 아시아로 은화를 보내 왔다. 그러나 향신료의 생산지 가격이 올랐다는 것이 문제였다. 마카오의 포르투갈인이든 혹은 네덜란드인이든 중국 시장에 끼어들어가려고 했던 유럽인들은 다만 그들의 수중으로부터 벗어나 있는 상품 더미들을 무력하게 바라볼 수밖에 없었다. "우리는 상품을 발견하지 못한 것이 아니다.……단지 그것을 살 은이 모자랄 뿐이다"라고 1632년에 한 네덜란드인은 썼다.[281] 유럽인들에게 가능한 해결책은 결국 이곳의 지방시장에 끼어들어가서 "인도와 인도 사이의", 즉 "아시아 내의" 교역이라는 연안 무역에 필사적으로 참여하는 것이다. 포르투갈인들은 중국과 일본에 손을 대자마자 매우 큰 이익을 보았다. 그들 다음으로는 네덜란드인들이 그들보다도 더 훌륭하게 이 체제에 적응했다.

이 모든 것은 현지에 식민활동을 하지 않고서는 불가능했다. 이미 포르투갈인들이 사람 수가 너무 부족한 나머지 그들의 성채를 유지하는 데에 힘이 부치기 시작했다. 그들이 아시아 내의 교역을 수행하기 위해서는 현지에서 배를 건조해야 했고 또 현지에서 선원을 고용해야 했다. 이들이 고아 근처의 이른바 라스카레스*로서 "이들에게는 자기 아내를 데리고 배에 타는 관습이 있었다." 네덜란드인들도 자바 섬에서 식민활동을 해서 1619년에 이곳에 바타비아를 건설했다. 이들은 타이완에도 들어갔으나 이곳은 유지하지 못했다. 적응하는 것은 결국 지배하기 위함이다. 그러나 여기에서 지배는 좀 심한 말이다. 사실 아주 흔히는 평등한 파트너 사이의 교역도 못 되었던 것이다. 예컨대 섬처럼 고립되어 있는 뭄바이 지역에서 영국인들이 얼마나 소박하게 살아가고 있는지를 보라. 이곳은 포르투갈인들이 영국의 찰스 2세의 부인인 포르투갈 출신의 왕비 캐서린**에게 선물로 바친 곳이었다(1662). 그리고 영국인들이 양여받은(1640) 첸나이 주변의 몇몇 마을들에서든지,282) 아니면 벵골에 그들이 지은(1686) 초기의 보잘것없는 주거에서 그들이 얼마나 소박하게 사는지를 보라.283) 영국 동인도회사의 이사 한 사람이 무굴 제국 황제에게 어떤 방식으로 알현했는지를 보라. "상기(上記) 회사의 이사인 먼지같이 보잘것없는 러셀"은 주저 없이 "땅바닥에 몸을 던져 절하옵니다.……"284) 1722년에 영국인과 포르투갈인이 연합하여 카노지 앙그레[마라타 제국의 해군 지휘관/역주]와 전투를 하다가 패배한 것이나,284) 1739년에 네덜란드인들이 트라방코르 왕국***에 배를 대려다가 불쌍할 정도로 도망가야 했던 것을 생각해보라.284) "1750년에만 해도 50년 뒤에 유럽의 한 강국인 영국이 인도의 3분의 1을 점령하고 마라타****에게서 이 나라의 나머지 전부

---

*   lascares, lascari, lascarim : 외국 배에 탄 인도 수부.

** Catherine of Braganza(1638-1705) : 영국의 국왕 찰스 2세의 왕비. 포르투갈 출신의 가톨릭 여성. 영국과 포르투갈의 우호를 증진하고 반(反)교황 정책을 함께한다는 외교 정책에 대한 일종의 담보로서 1662년에 정략 결혼을 했다. 이 결혼의 대가로 영국은 식민지 무역의 중요한 특권들과 함께 모로코의 탕헤르, 인도의 뭄바이를 얻었으며 그 대신 포르투갈이 스페인으로부터 독립을 유지하도록 노력했다.

*** Travancore : 지금의 케랄라 주 일부. 인도 남서부에 있던 옛 왕국. 인도 남부의 여러 전쟁에서 영국과 동맹했으며 1795년에 정식으로 조약을 체결하여 영국의 지배하에 들어갔다.

**** Maratha, Marahashtra : 인도의 종족. 무슬림의 지배를 받다가 17세기 중반에 비자푸르국의 쇠퇴를 틈타서 이 나라를 빼앗았다. 그후 주변을 크게 위협하며 18세기 중반에 국세가 크게 신장했다. 그러나 18세기 후반 이 나라의 쇠퇴로 영국은 인도로 쉽게 진출했다.

에 대한 헤게모니를 빼앗을 준비를 하게 되리라고는 예상하지 못했다"는 파니카르의 주장은[284] 틀린 말이 아니다.

그러나 1730년경 이후부터 인도의 무역수지가 악화되기 시작했다. 유럽은 항해를 크게 늘리고 상품 및 은의 유입을 크게 증대시켰다. 용의주도하게 이들은 교역망을 활성화시키고 발전시켰으며, 아우랑제브의 사망(1707) 이후 이전의 세력이 다 사그러진 무굴 제국의 거대한 정치 구조물을 쇠퇴시켜버렸다. 이들은 인도의 영주에게 활동적인 대리인을 붙였다. 뒤플렉스, 뷔시, 고드외,* 랄리-톨랑달,** 로버트 클라이브*** 등이 활동하던 이 시대는 영국 회사와 프랑스 회사 사이에 시끌벅적한 투쟁이 벌어지던 때로서, 이런 사건 뒤에 떠밀려 거의 알아보기 힘들었겠으나 앞에서 언급한 그 거대한 방향전환의 움직임은 이 세기 전반에 이미 시작되었던 것이다.[285]

실제로 이때부터 인도 경제의 느린 부식과정이 진행되었다. 플라시 전투(1757년 6월 23일)는 이것을 가속화했다. 클라이브의 적수이자 희생자인 볼츠는 이렇게 말했다. "영국의 동인도회사가 벵골을 장악하는 데에는 그렇게 힘이 들지 않았다. 이 회사로서는 단지 몇 번의 좋은 기회를 이용했을 뿐이고 대포가 그 나머지를 처리했다."[286] 이것은 쉽게 말해버리는, 거의 미덥지 않은 설명이다. 왜냐하면 이 회사는 벵골을 정복했을 뿐 아니라 그곳에 남아서 머물렀기 때문이다. 그 결과는 작지 않다. 영국이 벵골의 약탈(1757년부터 1780년까지 3,800만 파운드 스털링이 런던으로 이전되었다고 한다)을 통

---

* Charles Godeheu(1710-1794) : 프랑스의 행정가. 뒤플렉스의 후임으로 인도에 파견되었다. 뒤플렉스가 점령한 영토를 모두 무효화하는 조약을 영국과 체결함으로써 뒤플렉스의 업적을 망쳐놓았다.

** baron de Tollendal, comte de Lally, Thomas Arthur(1702-1766) : 아일랜드 출신의 프랑스 장군. 유럽 내의 몇몇 전쟁에서 혁혁한 승리를 거두고 파견군 대장으로 인도에 갔다. 고집스럽고 건의를 싫어하는 성격 때문에 현지인, 부하들과 소원해졌고, 그 결과 첸나이와 퐁디셰리에서 대실패를 겪었다.

*** Robert Clive(1726-1774) : 영국의 장군. 1743년에 동인도회사 소속으로 인도에 가서 식민제국 건설에 큰 공헌을 했다. 플라시 전투를 비롯한 여러 전투에서 대승리를 거두어 영국이 사실상 인도를 지배하게 했다. 그러나 귀국 후에 독직죄(瀆職罪)의 누명을 쓰고 자살했다.

해서 누리게 된 무상의 "원시 축적"*의 비중을 어떻게 재볼 수 있겠는가?[287]

최초의 졸부들(nababs, 그러나 아직 이렇게 불리지는 않았다)은 금, 은, 보석, 다이아몬드 형태로 그들의 부를 본국에 가지고 왔다. 1763년 3월 13일 자의 한 신문에 의하면 "상품과는 별도로 동인도로부터 영국으로 가지고 들어오는 금, 은, 보석 등의 가치는 1759년 이후 60만 파운드에 달한다"고 했다.[288]

이 수치 자체는 과장된 것이겠으나 어쨌든 이것은 영국이 그리고 나아가서 유럽 전체가 점차 유리한 국제수지를 누리게 되었다는 증거이다. 심지어 1722년부터 1754년까지[289] 프랑스 동인도회사까지도 이익을 보았다는 것은 이 시대가 호경기였다는 의미이다. 그러나 다른 어느 나라보다도 영국이 큰 이익을 보고 있었다. 모든 관찰자들이 놓치지 않고 확인한 사실은 "각 개인과 이 회사에서 보낸 모든 사람들이 그 나라에서 거대한 부를 얻고 있다는 사실이다. 올바르게든 사악하게든(per fas et nefas) 아시아의 스펀지는 인도의 보물의 일부를 우리 나라에 정기적으로 가져다준다." 이것은 이사크 데 핀토의 이야기이다. 1764년 3월에 벵골에서 동요가 일어났다는 소식이 암스테르담에 전해졌다. 이에 대해서는 지독하게 축재를 일삼던 일련의 착복 행태에 대한 당연한 반응이라는 투의 나쁜 코멘트들이 나왔다. 벵골 지사의 부는 문자 그대로 "괴물스러웠다." "그의 친구들은 그에게 어떤 영예를 주기 위해서 과장하려는 것이 아니라 사실 그대로 이야기해서, 그의 부를 최소한 120만 파운드 스털링이라고 추정했다."[290] 그리고 동인도회사가 인도로 보낸 차남 이하의 아들들은 도착하자마자 그들의 동료들과 바니아인들에게 꽉 잡혀서 원하지도 않고 알지도 못하는 사이에 부패해 있었는데, 이들

---

* ursprülingliche Akkumulation : 본원적 축적이라고도 한다. 자본주의적 생산의 출발점을 이루는 축적으로, 애덤 스미스가 말하는 선행적 축적(previous accumulation)에 해당한다. 마르크스에 의하면 본래 화폐나 상품은 처음부터 자본이 아니고 일정한 조건(생산수단 소유주와 노동을 판매하는 노동자의 분리)이 갖추어질 때에만 자본으로 전환한다. 자본주의 성립 초기에 아직 이런 조건이 갖추어지지 않은 상태에서 이 상태로 발전하기 위해서는 다름 아닌 직접 생산자의 생산 수단을 수탈하는 역사적 과정을 겪게 되며, 그 과정은 나라마다 다른 양태로 나타나고 또 이것이 나라마다 독특한 자본주의 성립 과정으로 나타난다.

이 못할 짓이 무엇이겠는가? 네덜란드 동인도회사와는 달리 영국 동인도회사는 아시아 내의 교역에만 한정한다는 조건만 지킨다면 그들의 고용원들이 자신의 계정으로 교역을 하는 것을 허용했다. 이것은 원주민들이 부담하는 모든 종류의 독직(瀆職) 기회를 너무 쉽게 주어버린 셈이다. 1777년 4월에 기사 조지 새빌이 동인도회사를 통렬히 비난하고, 이 회사가 아시아에 가지고 있는 소유물, 차 무역 그리고 "어떤 방식으로든 거기에 공범자가 되기는 싫은 공공의 도둑질"을 강도높게 비난했던 것에 공감이 간다.[291] 그러나 도대체 정의가 승리하게 되어 있다는 말인가? 이전에 라스 카사스는 아메리카의 인디오를 구해내지 못했으며 또 그 자신이 흑인 노예 도입을 부추기지 않았던가?*

인도는 이때부터 무자비한 운명에 떠밀려 이전에 누리던 명망 있는 생산국 및 상업국의 지위에서 떨어져 식민지 국가가 되었으며, 그후 영국 산물을 사고(심지어 직물까지 사야 했다!) 원재료를 공급하게 되었다. 그리고 이것은 앞으로 거의 두 세기나 계속될 것이다!

후에 중국도 마찬가지로 겪게 될 운명이었다. 그러나 중국은 인도보다 멀리 떨어져 있고 더 자체충족적이며 방어를 잘했기 때문에 인도보다는 더 늦게 그런 운명에 빠졌다. 그러나 "중국 교역"은 18세기에 가면 중국의 심층부까지 건드리게 되었다. 유럽의 폭발적인 수요 때문에 차 재배지는 끊임없이 증가했고 이것은 아주 흔히 면화 재배지가 줄어드는 결과를 낳았다. 결국 면화가 모자라게 되었다. 그래서 19세기에 가서는 중국이 인도에서 면화를 사왔는데 이것은 인도가 중국에 대해서 무역수지를 개선하는 기회가 되었다. 그러나 그것은 영국이 중국에 대한 수지 개선의 기회를 얻는다는 것을

---

* 스페인의 가톨릭 신부인 라스 카사스는 아메리카 대륙에서 백인이 인디오를 무참히 살해하는 것을 보고 이를 통렬히 비판하는 책을 썼다(이 책 제1권 301쪽의 역주를 참조하라). 그는 인디오 역시 영혼을 가진 존재이므로 이들을 교화하여 구원해야 한다고 주장했다. 그러나 그는 한때 신대륙 경영에 필요한 노동력으로서 인디오 대신 아프리카의 흑인들을 잡아와서 쓰자고 한 것으로 알려졌다.

의미했다. 최후의 일격은 1780년대 이후에 들어온 아편이었다.[292] 중국은 연기로 지불받았다. 더구나 연기도 연기 나름이 아니겠는가! 대략 1820년 경 중국의 무역수지가 변화했는데 바로 이때(1812-1817)가 세계의 경제국면 이 불황으로 바뀌어서 19세기 중반까지 계속되는 때였다. 아편전쟁(1839-1842)은 이런 변화의 방향에 봉인을 한 셈이다. 그 전쟁은 한 세기가 넘게 지 속될 끔찍스러운 "불평등 조약들"의 시대를 열었다.

그러므로 19세기의 중국의 운명은 18세기의 인도의 운명의 재판이었다. 그리고 여기에서도 내부의 취약성이 한몫을 했다. 만주족 왕조는 수많은 갈 등에 직면하고 있었는데 이것이 중국의 운명에 영향을 미치고 거기에 책임 이 있는 요소였다. 그것은 무굴 제국의 점진적인 해체가 인도에 미친 것과 같은 성격이다. 두 나라 모두 내부적인 태만과 무질서에 의해서 외부적인 충 격이 증폭된 경우이다. 그러나 그 반대 역시 완전히 옳다고 해야 하지 않을 까? 내부적인 혼란이 있다고 해도 만일 이것이 유럽이라는 외부적인 충격을 받지 않았더라면 분명히 다른 방향으로 발전했을 것이다. 그리고 그 경제적 결과 역시 다르게 나타났을 것이다. 도덕적인 책임소재의 문제를 너무 과도 하게 주장하지 않는다고 해도, 유럽이 자신의 이익을 위해서 아시아의 교환 체제와 이전의 균형을 교란시켰다는 것은 명백하다.

시장의 자리매김

지금까지 살펴본 두 장에 대한 결론으로, 시장에 대해서 진정한 "자리매김" 을 시도해보려고 한다. 과연 그것이 가능할까? 사실 이것은 보기보다는 간 단한 일이 아니다. 우선 시장이라는 말이 대단히 모호하기 때문이다. 이 말 은 아주 넓은 의미로 쓰이기도 한다. 자급자족 정도만 벗어나면 되는 모든 형태의 교환에 대해서, 우리가 지금까지 보았던 바대로 초보적인 것이든 수 준 높은 것이든 모든 교환기구에 대해서, 상업이 이루어지는 공간에 대해서

(예컨대 도시시장, 전국시장 등), 또는 어느 한 상품에 대해서(예컨대 설탕 시장, 귀금속 시장, 향신료 시장 등) 이 말을 쓴다. 그렇다면 이때 시장이라는 말은 교환, 유통, 분배 등과 상통한다. 그러나 다른 한편, 시장이라는 말은 흔히 상당히 규모가 큰 교환 형태, 이른바 **시장경제**, 다시 말해서 하나의 체제를 가리키기도 한다. 여기에서의 어려움은 다음과 같다.

• 시장이라는 복합체(complexe)는 시간이 흐르면서 변화하는 경제생활, 나아가서 사회생활이라는 전체 속에 옮겨놓고 보아야만 이해가 가능하다.

• 이 복합체 자체가 끊임없이 진보하고 변화하며, 따라서 어느 한 순간에라도 같은 의미, 같은 범위를 가지지 않는다.

우리는 시장을 구체적인 현실 속에서 정의하기 위해서 세 가지 길을 통해서 접근하려고 한다. 경제학자들의 단순화한 이론들이 첫 번째이고, 넓은 의미의 역사적 증거, 즉 장기 지속 속에서 파악하는 것이 두 번째이며, 복잡하게 얽혀 있지만 그래도 유용한 현재 세계의 교훈이 세 번째이다.

자체조절적인 시장

경제학자들은 시장의 역할을 특별히 강조한다. 애덤 스미스에게 시장은 분업을 통제하는 역할을 하는 곳이다. 생산을 가속시키는 과정인 이 분업이 어느 정도 수준에 도달할 수 있는지를 결정하는 것은 시장의 용량이다. 게다가 시장은 "보이지 않는 손"이 작용하는 곳, 즉 수요와 공급이 서로 만나서 가격 기능을 통해 자동적으로 서로 균형을 이루는 곳이다. 오스카르 랑게*는 이를 더 훌륭하게 묘사했다. 시장은 인간이 사용한 최초의 컴퓨터이며, 스스로 인간의 경제활동의 균형을 맞추어주는 자동규제 장치라고 말이

---

* Oscar Lange(1904-1965) : 폴란드 출신의 경제학자. 미국에서 경제학을 연구하고 마르크스 경제학과 근대 주류 경제학을 비교하여, 마르크스 경제학은 발전이론에서 우세하지만 노동가치론이 주류 경제학에 비해 너무 소박하고 불완전하다는 견해를 제기했다. 사회주의 경제 운영의 불가능성을 주장한 하이에크 등에 반대하여 국가의 주도로 자유주의적인 사회주의 경제를 운영할 수 있다고 주장했고, 실제로 조국 폴란드로 돌아가서 사회주의 경제의 건설에 참여했다.

다. 다브넬*은 자기만족적인 자유주의라는 자기 시대의 언어를 사용하여 이렇게 표현했다.[293] "만일 어느 나라에서 그 어떤 것도 자유롭지 않다고 해도 가격만은 자유로우며 어떤 것에도 예속되지 않는다. 화폐와 토지 및 노동의 가격, 모든 곡물 및 상품들의 가격이 언제나 변함없이 자유롭다. 어떤 합법적인 제약도, 그 어떤 개인 사이의 담합도 가격을 굴종시키지는 못한다."

이런 판단들의 이면에는 누구에 의해서도 조정되지 않는 시장이 경제 전체의 모터 역할을 하는 장치라는 암묵적인 전제가 깔려 있다. 이 주장에 의하면, 유럽의 성장 내지 세계의 성장은 다름 아닌 시장경제의 성장이고, 이것은 점점 더 많은 사람들과 점점 더 많은 근거리 및 원거리 무역이 시장이라는 합리적인 질서 내에 이끌려 들어간다는 것을 말하며, 이 전체가 세계의 단일성을 만들어간다는 뜻이다. 분명 교역이 수요와 공급을 동시에 자극하고 생산의 방향을 지시해주며, 광대한 지역을 경제적으로 특화해주고, 또 바로 그 때문에 이 지역들은 자신의 삶을 유지하기 위해서라도 교역을 필요로 하게 된다. 이에 대한 예를 들 필요가 있을까? 아키텐의 포도주 재배, 중국의 차 재배, 폴란드와 시칠리아 및 우크라이나의 곡물 재배, 수차례에 걸친 식민지 브라질의 경제적 적응(염료용 나무, 설탕, 금, 커피)……. 한마디로 교역은 여러 경제들을 엮어준다. 교역은 고리이며 경첩이다. 구매인과 판매인 사이에는 가격이 오케스트라의 지휘자이다. 런던의 주식 거래소에서는 가격이 오르느냐, 내리느냐에 따라 "팔자(bear)"와 "사자(bull)"가 바뀐다.

그러나 아무리 활동적인 경제라고 해도—변두리만이 아니라 그 중심부에서도—상당히 넓은 영역이 시장의 움직임과 거의 무관한 채로 남아 있었다. 단지 화폐나 외국의 희귀한 물건이 도착하는 것과 같은 몇몇 모습들만이 이

---

* George D'Avenel(1855-1939) : 프랑스의 저명한 사회경제사가. 특히 7권으로 된 『재산, 임금, 식량 및 모든 가격에 대한 일반 경제사, 1200년부터 1800년까지(Histoire Économique de la Propriété, des Salaires, des Denrées et de Tous les Prix en Général, depuis l'An 1200 jusqu'en l'An 1800)』(1894-1926)라는 저서로 유명하다.

작은 세계가 완전히 닫히지는 않았다는 것을 보여줄 따름이다. 그와 유사한 타성 내지 정체성은 조지 시대*의 영국이나 활발하기 그지없었던 루이 16세 시대의 프랑스에서도 볼 수 있었다. 정확히 말하자면 경제가 성장하면서 바로 이러한 외진 지역들이 줄어들게 되고 그곳들이 생산과 소비의 일반 흐름에 동참하도록 만든다. 그러다가 산업혁명이 마침내 시장 메커니즘을 일반화시킨 것이다.

자체조절적이고 경제 전체를 지배하며 합리화시키는 시장, 이것이 경제성장의 역사의 핵심이다. 얼마 전에 카를 브링크만은 경제사란 시장경제의 기원, 발전 그리고 경우에 따라서는 그 해체에 관한 연구라고 말했다.[294] 이 단순화된 견해는 수 세대의 경제학자들의 가르침과 일치한다. 그러나 이것은 일반 역사가들의 견해는 아니다. 역사가들에게 시장은 단순히 내생적인 현상만은 아니다. 역사가들은 시장이 경제활동의 총체, 혹은 그 진보상의 어떤 단계라고 보지는 않는다.

수 세기의 시간을 가로질러

교환이란 인간의 역사만큼이나 오래되었으므로, 시장에 대한 **역사적인 연구**는 사람이 살아왔던, 그리고 그것을 추적할 수 있는 시간 전체로 확대되어야 하며, 그러면서 다른 인간과학이 제공하는 가능한 설명들의 도움을 받아들여야 한다. 그렇지 않으면 역사적인 연구는 장기적인 진화와 구조 그리고 새로운 삶을 창조하는 콩종크튀르를 파악할 수 없을 것이다. 그러나 우리가 그러한 확대를 받아들인다면 우리는 곧 끝도 시작도 없는 거대한 탐구로 빨려들어가게 된다. 이제 모든 시장이 증거를 제공한다. 우선 여기저기에서 볼 수 있는 고대적인, 마치 아주 먼 옛날에 만들어져서 아직도 통용되는 동전처럼 그렇게 퇴행적인 교환 장소들이 있다. 사실 나는 오늘날까지 남아 있

---

* 영국의 스튜어트 왕조의 조지 1세부터 조지 4세까지의 시기, 즉 1714-1830년.

는 이런 시장들을 보면 완전히 매혹되고 만다. 예를 들면 카빌리아*에서 보이는 바와 같이 언덕 중턱에 걸려 있는 듯한 주변 마을들이 굽어보고 있는 빈터에 규칙적으로 개설되는 시장이라든가,295) 역시 마을 밖에 세워지는 아주 울긋불긋한 오늘날 베냉의 시장,296) 또는 연전에 피에르 구루가 아주 세밀히 관찰한 바 있는 홍하** 삼각주에 있는 초보적인 시장297) 등 말이다. 그밖에도 많은 시장들이 있다. 내륙의 반야생적인 가축을 몰고 오는 목동들과 접촉하는 바이아 내지의 시장이라든가,298) 그보다 더 고졸한 형태의 것으로는 말리노프스키가 관찰한 교환 같은 것이 있는데, 영국령 뉴기니의 남동쪽에 위치한 트로브리안드 제도에서 행해지는 이 교환은 의식(儀式)에 가깝다.299) 여기에는 현재와 고대가 공존하고, 역사학, 선사학, 인류학의 현지 연구, 역사사회학, 원시경제를 연구하는 경제학 등이 서로 만난다.

칼 폴라니와 제자들 및 그의 학파는 이런 대규모의 증거들이 제기하는 도전에 대응했다.300) 그들은 이런 증거들을 샅샅이 살핀 후 하나의 설명 내지는 이론을 제시했다. 경제란 사회생활의 망과 규제 속에 포괄된 "부분집합"에 불과한 것으로서301) 단지 아주 느리게 이 복합적인 관계들로부터 벗어나온다. 폴라니에 따르면, 19세기에 자본주의가 완전히 꽃피고 나서야 "대전환(great transformation)"이 일어났다. 즉, "자체조절적인(self-regulating)" 시장이 자신의 진짜 차원을 얻게 되고 지금까지 지배적이었던 사회적인 것을 오히려 종속시킨다는 것이다. 이러한 급변이 있기까지는 단지 규제되는 시장, 가짜 시장, 내지는 비(非)시장(non-market)만이 존재한다고 그는 말한다.

이른바 "경제적인" 태도와 무관한 교환의 예로서 폴라니가 들고 있는 것은 상호성(reciprocity)의 이름 아래 이루어지는 의식적(儀式的) 교환이라든가, 원시 국가가 생산을 압수한 후 행하는 재분배(redistribution)라든가, 아니면 교역항(port of trade)을 든다. 이 마지막 것은 교역조건에 대해서 상인들이 마

---

* Kabylia : 알제리의 산지. 아랍어로는 빌리드 알 카바일이라고 부른다.
** 紅河 : 베트남의 송코이 강을 프랑스어로 "붉은 강(fleuve Rouge)"이라고 부른다.

음대로 제한을 가하는 일이 없는 중립적인 교환 장소를 가리킨다. 그 대표적인 예는 페니키아인들이 지중해 연안 지역에 건설한 식민지 지역으로서, 이곳에서는 일정한 경계를 둔 어떤 한곳에서 침묵교역*이 이루어졌다. 간단히 말해서 **교역**(trade, 상업, 교환)과 **시장**(market, 가격을 자체조절하는 시장)을 구분해야 한다는 것이다. 폴라니에 의하면 이 두 번째 의미의 시장이 19세기에 나타난 것이 가장 중요한 사회적 격변이다.

　이 이론이 가진 문제라면, 전적으로 몇몇 이질적인 조사에만 근거한다는 점이다. 19세기의 "대전환"에 대한 논의를 할 때 (17–18세기에 발전한 대단히 다양화된 상업조직들보다) 포틀라치**나 쿨라"***를 넣지 말라는 법은 없다. 그러나 그것은 빅토리아 여왕 시대의 결혼관례에 대해서 이야기할 때 레비-스트로스의 친족관계에 대한 설명을 갖다붙이는 것과 같다. 사실 여기에서는 구체적이고 **다양한** 역사 현실에 접근하고 다시 그것을 출발점으로 삼아 더 나아가는 데에 어떠한 노력도 기울인 것 같지 않다. 그는 에르네스트 라부르스****나 빌헬름 아벨,***** 혹은 가격사에 관한 그 많은 고전적 업적들

---

* 　　commerce muet : 이민족이나 적대적인 집단 사이에 상대방과 접촉하지 않고 행했던 원시적인 교역 형태이다. 한 집단이 물건을 놓고 가면 다른 집단이 그 물건을 가져가고 얼마 후 거기에 상응하는 물건을 놓고 가는 방식이다.

** 　　potlatch : 북아메리카의 태평양 연안에 사는 일부 인디언의 관습으로, 부족 내의 축제 때에 주로 족장의 지위를 얻고자 하는 사람이 자신의 명예를 높이기 위해서 사람들에게 선물을 나누어주거나 자기 소유물을 과시적으로 없애버리는 행위를 말한다.

*** 　kula : 고리 모양의 트로브리안드 제도의 주민들이 행하는 의례적인 선물 교환제도. 붉은 조개 목걸이는 왼쪽 섬 사람에 의해서 오른쪽 섬 사람으로 시계 방향으로 돌아가며, 흰 조개 목걸이는 반대 방향으로 돌아간다. 순환로는 수백 킬로미터에 달했다. 이 교환 행위는 소비가 아니라, 이 의식에 참여하는 부족들을 결속시키는 연대감 강화가 목적인 듯하다.

**** Ernest Labrousse(1895–1988) : 현대 프랑스의 역사가, 명교수. 오늘날 프랑스 학계의 수많은 중진들이 그의 제자일 정도로 수많은 후진을 양성했다. 경제사 중에서도 가격사를 연구하여, 그의 대표적인 두 저작인 『18세기 프랑스의 가격과 소득 움직임의 개략(*Esquisse du Mouvement des Prix et des Revenus au XVIIIᵉ Siècle*)』(1933)과 『앙시앵 레짐 말기와 프랑스 혁명 초기의 프랑스 경제의 위기(*La Crise de l'Économie Française à la Fin de l'Ancien Régime et au Début de la Révolution*)』(1944)는 이 방면의 기초를 이루었다.

***** Wilhelm Abel(1904–1985) : 유럽의 농업 활동, 인구, 가격 등의 장기적인 변동을 계량적인

중에 그 어느 것도 인용하지 않는다. "중상주의" 시대의 시장 문제는 단 20 줄로 해결해버리고 있다.[302] 불행하게도 지난날의 사회학자나 경제학자, 그리고 오늘날의 인류학자들이 역사에 대해서 거의 전적으로 무지하다는 것에 우리는 이미 익숙하다. 그런 만큼 그들의 일이 쉬워지기는 했을 것이다.

게다가 우리 앞에 제시된 "자체조절적인 시장"이라는 개념[303]—그는 이것이 이러저러한 것이다, 어떤 것은 아니다, 그리고 어떤 식으로 벗어나는 것은 받아들일 수 없다고 표현한다—은 정의(定義)에 대한 신학적인 취향을 나타낸다. "외부 요소들"은 하나도 없고 단지 "상호 동의에 의해서 생긴 수요, 공급 비용, 가격들만이 개재되는"[304] 시장은 머릿속으로 만든 것에 불과하다. 어떤 교환 형태는 경제적이라고 이름 붙이고 어떤 또다른 형태는 사회적이라고 이름 붙이는 것은 너무나도 쉬운 일이다. 그러나 사실은 모든 형태의 것이 경제적이고 또 사회적이다. 수 세기 동안 아주 다양한 사회경제적인 교환이 존재했고 그것들은 그 다양성에도 불구하고 그리고 다양성 때문에 서로 공존했다. [폴라니에 의하면 사회적인 것으로 분류되는/역주] 상호성이나 재분배 역시 경제적인 형태이며(이 점에서 노스*는 전적으로 타당하다),[305] 아주 일찍부터 유상(有償) 활동이 이루어지던[즉, 폴라니에 의하면 순전히 경제적인/역주] 시장 역시 사회적 실체이면서 동시에 경제적 실체이다. 교환은 언제나 대화이며 가격은 어느 순간에도 변화한다. 가격은 실제로 (국왕, 도시, 자본가 등으로부터) 여러 종류의 압력을 받지만, 공급—물자가 풍부한지, 희소한지—과 수요의 명령에도 반드시 복종한다. 19세기 이전에 "진정한" 자체조절적인 시장이 나타나지 않았다는 것을 말해주는 핵심 요소

방법으로 연구한 독일의 현대 역사가. 대표적인 저작으로 『농업 위기와 농업 콩종크튀르 (*Agrarkrisen und Agrarkonjunktur*)』(1935)가 있다.

* Douglas C. North(1920-2015) : 미국의 경제학자, 경제사가. 철저히 경제이론에 입각하여 과거의 경제 현상을 설명하고 계량경제학의 기법을 경제사에 적용시키는 신경제사를 확립했다. 1973년에 나온 『서구 세계의 성장(*The Rise of the Western World*)』으로 학자들의 주목을 받았으며 1993년에 노벨 경제학상을 수상했다.

로 흔히 가격 통제를 들지만, 사실 그것은 언제나 있었던 일이고 심지어 오늘날에도 있는 현상이다. 그러나 전(前)산업화 시대의 세계에 대해서 시장의 가격 조사서(mercuriale)가 수요와 공급의 역할을 억제했다고 생각한다면 잘못이다. 원칙적으로 시장에 대한 엄격한 통제는 소비자를 보호하기 위한 것이며 이것은 다시 말하면 **경쟁**을 유지시키기 위한 것이다. 결국 통제와 경쟁을 동시에 억압하는 경향이 있는 것은 영국의 사거래 시장(private market)과 같은 "자유" 시장일 것이다.

역사적으로 말하자면, 어떤 한 지역 내의 여러 시장들 사이에 가격이 같은 방향으로 변화한다면 그때부터 시장경제가 존재한다고 볼 수 있다는 것이 내 생각이다. 특히 그것이 상이한 사법 지역 및 통치 영역을 넘어서 일어난다면 더욱 특징적인 현상이다. 이런 의미에서 보면, 역사상 유일하게 자체조절적인 시장을 가지고 있다고 [폴라니의 동료인/역주] 닐이 주장하는[306] 19-20세기 훨씬 이전부터도 시장경제가 분명 존재한다. 고대부터 가격은 변동을 계속해왔다. 13세기에 들어가면 이미 전 유럽에 걸쳐 가격이 함께 변동했다. 그리고 그후로는 점점 더 엄밀한 경계 내에서 가격 변동의 방향이 뚜렷하게 일치했다. 심지어 18세기에 사부아 지역의 포시니에 있는 작은 읍들을 보더라도 이곳이 상업적인 연결이 좋지 않은 고산지역인데도 이 지역의 모든 시장들에서 수확과 필요에 따라, 즉 공급과 수요에 따라 매주 가격이 함께 오르내리는 것을 볼 수 있다.

그렇다고 경쟁이 이루어지는 무대인 이런 시장경제가 모든 경제를 포괄한다고 주장하는 것은 아니다. 지난날과 마찬가지로 오늘날에도 그렇게 된 적은 없다. 물론 그 비율은 아주 다르고 또 그렇게 되는 이유도 판이하게 다르기는 하다. 시장경제가 부분적이라는 특성은 자급자족 분야의 비중이 크다는 점, 국가의 권위가 커서 이것이 생산의 일부를 상업유통으로부터 빼내간다는 점, 혹은(앞의 요인과 마찬가지로, 어쩌면 그보다도 더 중요한지 모르겠지만) 단순히 화폐가 대단히 다양한 방식으로 가격 형성에 인위적으로 개입한다는 점 등에 기인할 것이다. 따라서 시장경제는 아주 지체된 경제에서든, 아주 발달한 경제에서든 밑으로부터 혹은 위로부터 침식당할 수 있다.

확실한 것은 폴라니가 소중히 이야기하는 비(非)시장 이외에도, 비록 규모는 작아도, 언제나 순전히 유상(有償)의[onéreux : 이윤 추구를 목적으로 하는/역주] 교환이 있었다는 것이다. 한 마을의 틀 내에서든, 아니면 여러 마을로 이루어진 틀 내에서든 비록 소규모 수준이라고 하더라도 언제나 시장이 존재해왔다. 이때 시장은 마치 정기시가 일종의 떠돌이 가짜 도시인 것처럼 떠돌이 마을과 같은 것이다. 그런데 이 긴 역사에서 핵심적인 과정은 이때까지 소규모 수준이었던 시장을 **도시**가 병합하는 일이다. 도시는 시장을 삼키고 그것을 합당한 수준으로 키우지만 동시에 도시 자신이 시장의 법칙을 따라야만 하게 된다. 중요한 사실은 도시가 **대단위**로서 경제순환에 들어가게 된다는 것이다. **도시시장**이라는 것이 페니키아인에 의해서 만들어졌다는 것은 가능한 이야기일 수 있다.[307] 그러나 거의 동시대에 그리스의 도시들은 모두 시의 한가운데에 있는 광장인 아고라에 시장을 가지고 있었다.[308] 그리고 동시에 이들은 화폐를 발명했거나 적어도 널리 보급했다. 화폐는 시장의 필수조건은 아니라고 해도 명백히 그것을 확대시킨 요소이다.

그리스 도시는 심지어 원거리에서 식량을 조달하는 대규모 도시시장도 알고 있었다. 달리 어쩔 수 있었겠는가? 도시는 일정한 한도 이상으로 발전하면 돌투성이고 메마른 주변 농촌지역만 가지고는 스스로 살아가기 힘들다. 훨씬 후대인 12세기 이후(혹은 그 이전부터라도) 이탈리아의 도시들이 다른 지역에 의존해서 살아갈 수밖에 없었던 것도 다 같은 연유이다. 모래밭 위에 있는 척박한 텃밭만 가지고 있는 베네치아를 누가 먹여살리겠는가? 더 이후 시기에는 원거리 교역의 긴 순환을 통제하기 위해 이탈리아의 상업 도시들은 대시장을 유지하는 단계를 넘어서서 부유한 상인들이 매일같이 회합하는 체제를 만들었다. 이미 아테네와 로마는 은행이라는 상층 구조물과 후일의 "주식 거래소"와 유사한 회합을 만들지 않았던가?

결국 시장경제는 한걸음씩 만들어져갔다. 마르셀 모스는 "인간을 경제적 동물로 만든 것은 아주 최근에 서양 사회에서의 일이다"라고 말했다.[309] 그러나 여기에서 이 "아주 최근"이 언제인지는 다시 합의를 이루어야 할 문제이다.

현재는 증거를 제시하는가?

자체조절적인 시장이 형성되면서 지난날의 진화가 멈춘 것은 아니다. 지구 상의 거대한 공간에서 그리고 거대한 집단의 사람들에게서, 권위주의적으로 가격을 통제하는 사회주의 체제는 시장경제를 종식시켰다. 시장경제가 살아 있다고 해도 이것은 비중이 줄어들었고 아주 작은 활동에 만족해야 했다. 여하튼 이 경험은 카를 브링크만이 이전에 제시했던 곡선에 대해서, 하나의—유일한 것은 아니라고 해도—결론을 이야기해주었다. 유일한 것이 아니라고 한 이유는 오늘날의 일부 경제학자들은 "자유" 세계가 아주 특이한 변화를 겪고 있다고 생각하기 때문이다. 생산력이 증대하고 있다는 것, 모든 국가는 아니지만 많은 국가에서 사람들이 물자 부족과 궁핍의 단계를 넘어서고 있고 일상적인 생활에서 심각한 위협을 느끼지 않으며, 흔히 다국적 기업인 거대 회사들이 우후죽순으로 발전한다는 것, 이 모든 것들이 지난날의 중요한 시장질서, 고객의 힘 그리고 결정적으로 중요했던 시장경제를 뒤엎어버렸다. 극히 효율적인 광고를 통해서 수요에 영향을 미칠 수 있고 가격을 자의적으로 결정할 힘이 있는 대기업에는 이제 더 이상 시장의 법칙들이 먹혀들어가지 않는다. 갤브레이스는 최근에 나온 그의 명쾌한 책에서 **산업체제(industrial system)**라고 부르는 것을 설명하고 있다.[310] 프랑스의 경제학자들은 이보다는 **조직(organisation)**에 대해서 더 많이 이야기한다. 최근 「르 몽드(Le Monde)」에서 프랑수아 페루는 심지어 이렇게 썼다(1975년 3월 29일). "조직이라는 모델은 시장보다 더 중요하다.……" 그러나 시장은 여전히 살아 있다. 나는 일반 상점이나 시장에 가서 소박하나마 고객으로서, 또 소비자라는 왕으로서 가지는 위력을 "테스트할" 수 있다. 마찬가지로 수많은 경쟁업자들과의 관계 속에 놓여 있는 소생산자—고전적인 예로서 양장점 주인을 생각해보라—에게는 시장법칙은 완전히 작용하고 있다. 갤브레이스 자신이 최근에 쓴 그의 책에서 "소규모 회사들—내가[갤브레이스가] 시장체제라고 부르는 것—과 산업체제[대규모 회사들의 보호처]의 병존을 아주 자세히" 연구할 것을 제안하지 않았던가?[311] 레닌도 거의 비슷한 말을 한 적이 있다. 즉, 그가 "제국주의"라고 부르는 것(또는 달리 말하면 20세기 초에 새로 탄생한 독점자본주의)과 경쟁을 기반으로 하는 단순한 자본주의의 병존이 그것이다.[312]

나는 갤브레이스와 레닌에 전적으로 동의한다. 다만 그들과의 차이가 있다면 내가 "경제(économie)"—또는 시장경제—라고 부른 것과 "자본주의 (capitalisme)"라고 부른 것 사이의 영역 차이가 새로운 모습이 아니라, 중세 이래 유럽에서 언제나 지속되던 상수(常數)라는 것이다. 그리고 또 하나의 차이가 있다면 산업화 이전 시기의 모델에 세 번째의 영역을 더해야 한다는 것이다. 그것은 비(非)경제라는 가장 아래층이다. 경제는 이곳을 부식토로 삼아 뿌리를 내리고 있지만 그렇다고 그 전체를 장악하고 있지는 못하다. 이 최하층은 거대하다. 이 위에 시장경제의 영역이 수평적으로 여러 다양한 시장과 연결을 늘려간다. 이곳에는 어느 정도의 자동성(automatisme)이 있어서 수요와 공급과 가격을 연결해준다. 마지막으로 이 시장경제라는 층의 옆에, 차라리 그 위에, 반(反)시장(contre-marché)의 영역이 있다. 이곳은 가장 약삭빠르고 가장 강력한 자가 지배하는 세상이다. 바로 이곳이 자본주의의 영역이다. 그것은 산업혁명 이전이나 이후나, 예전이나 오늘날이나 마찬가지이다.

제3장

생산 : 자기 영역을 벗어난 자본주의

Adriaen van Ostade(1610–1685), *Merrymakers in an Inn*, 1674. oil on panel, 46.7 × 41cm. Art Institute of Chicago. public domain.

신중했기 때문일까, 아니면 태만했기 때문일까? 그것도 아니면 주제가 맞지 않았던 것일까? 지금까지 나는 **자본주의**(capitalisme)라는 말을 대여섯 번밖에 쓰지 않았고, 가능하면 쓰지 않으려고 했다. 모호하고 과학적이지 못하며 잘못 쓰이고 있는 이 "전투적인 용어(mot de combat)"[1]를 영구히 추방해버리자는 의견을 가진 사람들은 "왜 아니겠는가!" 하는 반응을 보일 것이다.[2] 더구나 이 말을 전(前)산업화 시기에 대해서 쓴다면 시대착오적이라는 비판을 면할 수 없으니 말이다.

 개인적으로 말하면 나는 오랜 고민 끝에 이 성가신 용어의 추방을 포기했다. 내 생각에 이 용어를 폐기하면서 동시에 그것이 불러일으킨 논쟁들까지 무시해버리는 것은 아무런 도움을 주지 못한다. 그 논쟁들은 오늘날의 문제와도 예민하게 결부되기 때문이다. 역사가에게 과거를 이해하는 것과 현재를 이해하는 것은 같은 작업이다. 역사에 대한 열정이 오늘날의 문제에 대해서 거리를 두고 그 앞에 뚝 멈추어 서서, 그 안에 한 걸음이라도 들어가는 것은 온당하지 못하다든가 나아가서 위험하다는 태도를 보인다면, 그것이 과연 옳은 일일까? 그러한 조심성은 실로 허망한 것이다. 자본주의라는 말은 문으로 내쫓으면 창문으로 기어들어온다. 전산업화 시기에도 어떤 경제활동 중에는 우리가 원하든 원하지 않든 간에 불가피하게 이 용어를 쓸 수밖에 없으며 그 외에 다른 어떤 말도 맞지 않는 것들이 있다. 그런 경제활동에 대해서 산업적인 "생산양식(mode de production, 사실 나는 이 산업적인 '생산양식'이 자본주의의 핵심적이고도 필수불가결한 특성이라고는 믿지 않는다)"이라는 말을 할 수는 없겠지만, 그렇다고 그것이 고전적인 시장 교환과 같다고 말할 수도 없다. 우리는 이에 대한 정의를 다음 장에서 할 것이다.

용어 문제가 워낙 복잡하므로 우선 자본(capital), 자본가(capitaliste), 자본주의(capitalisme)라는—서로 굳게 연결되어 따로 떼어내기 힘든—세 용어가 역사적으로 어떻게 진화했는지에 대한 연구부터 시작하려고 한다. 이렇게 하면 어느 정도 모호성을 피할 수 있을 것이다.

자본 투자와 자본의 고도 생산성의 영역으로 이해해왔던 자본주의는 이제 경제생활 속에 다시 위치를 잡아야 한다. 이때 자본주의는 경제생활 전체와 완전히 같은 범위를 가지고 있지는 않다. 자본주의를 위치시키는 영역은 두 개가 있다. 하나는 자본주의가 장악하여 편하게 거주하는 곳이며, 또 하나는 자본주의가 옆길에서 새어들어올 뿐이고 지배적이지도 못한 곳이다. 19세기에 산업혁명이 일어난 후 자본주의가 산업생산을 장악하여 거대한 이윤을 확보하기 전까지, 자본주의는 유통의 영역에서만 제자리를 찾았다. 물론 산업혁명 이전 시기에도 때로는 자본주의가 다른 영역에서 소풍 가는 정도 이상의 일을 하기도 했으며, 반대로 유통 영역이라고 해도 그것 전체에 관심을 가지는 것이 아니라 그중 일부만 통제하려고 했고 실제로 일부만 통제하기도 했다.

이번 장에서 우리는 여러 생산 영역을 연구할 것이다. 즉, 자본주의가 남의 영역에 들어가 있는 것을 말한다. 그리고 그다음 장에서 진짜 자기 영역에 자리 잡고 있는 자본주의를 살펴볼 것이다.

자본, 자본가, 자본주의

우선 사전들을 참조해보자. 앙리 베르*와 뤼시앙 페브르의 조언에 따르자면,[3] 핵심적인 역사 용어는 두 번 이상 물어본 다음에 사용해야 한다. 그 용어는 무엇으로부터 유래했는가? 어떻게 해서 우리에게까지 전해졌는가? 혹시 우리를 혼란에 빠뜨리지는 않는가? 나는 **자본, 자본가, 자본주의**라는 세 용어―이 세 용어는 바로 이 순서대로 만들어졌다―에 관한 그런 긴급한 질문에 응답해보려고 했다. 그것은 약간 지루한 일이겠으나 반드시 해야 할 작업이다.

그러나 독자들은 이 작업이 매우 복잡하며 다음에 제시한 요약은 그 작업 중에 극히 일부만을 보여준다는 점을 염두에 두어야 한다.[4] 바빌로니아 문명, 그리스 문명, 로마 문명을 비롯한 모든 문명은 교환과 생산과 소비에 대한 필요가 있었고 또 그에 대한 분쟁을 겪었던 만큼, 모두 그에 대한 특별한 말들을 만들었다. 그리고 이 말들은 그후 끊임없이 변형되었다. 우리가 언급한 세 단어도 예외가 아니다. 셋 중에 가장 오래된 "자본"이라는 말만 해도 현재 우리가 사용하는 뜻(리처드 존스,** 리카도, 시스몽디, 로트베르투스,*** 특히 마르크스에 의해서 붙여진 것이다)으로 처음 사용된 때는 18세기 프랑스의 최고 경제학자인 튀르고가 이 말을 쓴 1770년경이다.

---

* Henri Berr(1863-1954) : 프랑스의 철학자, 역사가. 『역사 종합잡지(*Revue de Synthèse Historique*)』(1900)와 『인류의 진화(*L'Évolution de l'Humanité*)』 총서(1920)를 창간했다.
** Richard Jones(1790-1855) : 영국의 경제학자, 킹스 칼리지의 정치경제학 교수. 학문적 관심은 스미스-맬서스의 "부"의 이론을 계승하여 리카도의 "가치" 이론을 비판하는 것이었다. 이를 위해서 경제구조를 전(前)자본주의적인 것과 자본주의적인 것으로 구분하고, 전자본주의 경제구조에 나타나는 여러 유형의 지대를 상세히 분석했다.
*** Johann Karl Rodbertus(1805-1875) : 독일의 정치가, 경제학자. 프로이센의 중도 좌파적 의원이며 교육부 장관이었다. 여러 저서(『경제 조건에 대한 인식』, 『정상적인 노동의 일과』 등)를 통해 사회주의적 입장을 표명했다. 생산수단의 집단 소유를 주장하면서 사회주의는 아주 장기적인 진화에 의해 이루어진다고 보았다.

"자본"이라는 말

자본(capital, '머리'를 뜻하는 후기 라틴어 카푸트[caput]에서 유래)이라는 말은 12-13세기경에 등장했는데 자금, 상품 스톡, 많은 금액의 돈, 혹은 이자를 가져오는 돈이라는 뜻이었다. 그러나 그 말이 엄격하게 정의되지는 않았다. 이때의 논의는 무엇보다도 이자와 고리대금업에 관한 것이었기 때문이다. 바로 이 문제(이자와 고리대금업)에 대해서 살펴보자. 도덕론자이자 법률가를 겸했던 스콜라 학자들은 결국 돈을 빌려주는 사람이 감수해야 할 위험을 인정하여 그것을 승인하기 시작했다. 이 점에서 근대성의 선구가 된 이탈리아는 이런 논의의 중심지였다. 바로 이 나라에서 그 말이 만들어지고, 길들여지고, 말하자면 숙성되었다. 1211년에 이 말이 쓰였다는 것을 분명히 확인할 수 있으며, 1283년부터는 상업회사의 자본이라는 뜻으로 쓰였다. 14세기에는 거의 도처에서 이 말이 쓰였다. 조반니 빌라니,* 보카치오, 도나토 벨루티 등에게서……. 1399년 2월 20일 프란체스코 디 마르코 다티니는 프라토에서 그의 대리인 한 명에게 다음과 같은 편지를 보냈다. "물론 나는 당신이 벨벳이나 직포를 사려고 한다면 자본(il chapitale)과 '실현하게 될' 이익에 대해서 보험을 들기를 바라오. 그러고 나면 당신이 원하는 대로 하시오."[5] 이 단어와 그것이 가리키는 현실 모두를 시에나의 성 베르나르디노**가 한 설교에서 찾을 수 있다. "……이득을 많이 만드는 수단을 보통 자본이라고 부른다(quamdam seminalem rationem lucrosi quam communiter capitale vocamus)."[6]

---

* Giovanni Villani(1275?-1348) : 이탈리아의 연대기 작가. 이탈리아, 프랑스, 플랑드르 등지를 두루 여행하고 최종적으로 피렌체에 정착한 후에 이곳에서 시정의 중요한 임무들을 맡았다. 12권으로 된 그의 저서 『신(新)연대기(Nuova Cronica)』는 피렌체의 기원부터 1348년까지의 기간에 대한 대단히 중요한 사료이다.

** Bernardino(1380-1444) : 이탈리아의 성인. 흑사병이 창궐하던 청년기에 한 형제회에 들어갔다가 프란체스코 회원이 되었다. 1417년부터 뛰어난 웅변으로 설교를 하며 돌아다녔는데 수많은 사람들이 그를 뒤따라서 그를 흔히 "민중의 설교가 베르나르디노"라고 부른다. 설교 내용은 프란체스코의 엄격한 규칙을 회복하자는 것이었다.

점차 이 단어는 어느 회사나 상인의 **화폐** 자본을 뜻하게 되었다. 그렇지만 이런 뜻으로 이탈리아에서는 아주 흔히 코르포(corpo), 또 리옹에서는 코르(corps)라는 말을 썼다[코르포, 코르 모두 '몸'이라는 뜻이다/역주]."[7] 그러나 유럽 전체적으로 길고 혼란스러운 논쟁 끝에 결국 '머리'가 '몸'보다 우세해졌다. 아마도 이 말은 이탈리아에서 독일 및 네덜란드로 퍼져간 듯하다. 마침내 이 말이 프랑스에도 들어왔는데, 이곳에서는 카푸트(caput)에서 파생한 다른 말인 샤텔(chatel), 슈텔(cheptel), 카발(cabal) 등과 경합을 벌였다.[8] 카발(cabal)과 같은 단어는 라블레의 작품에서 찾아볼 수 있다.[9]* 어쨌든 자본(capital)이라는 말은 장 니코**의 『프랑스어의 보고(*Thrésor de la Langue Française*)』(1606)에도 나온다. 그렇다고 해서 이 말의 뜻이 이제 고정되었다고 보아서는 안 된다. 그것은 아직도 무수히 많은 단어들과 경쟁을 벌였다. 부채(sort), 부(richesses), 자력(資力, facultés), 돈(argent), 가치(valeur), 자금(fonds), 재산(biens), 현금(pécunes), 원금(principal), 재산(avoir), 세습재산(patrimoine)……. 이런 단어들이 우리라면 '자본'이라는 말을 쓸 만한 곳에 그 대신으로 널리 사용되고 있었다.

그중에서도 자금***이라는 말이 오랫동안 가장 많이 쓰였다. 라 퐁텐은 자신의 묘비명에 스스로 이렇게 썼다. "장은 그가 이 세상에 온 것처럼 그렇게 갔다 / 그의 자금과 소득을 다 까먹고." 오늘날에도 프랑스어에 이런 표현이 있다. "자금을 잃으면서 빌려주다(prêter à fonds perdu).""**** 그러므로 마르세유의 배가 제노바에 와서 "피아트라 화로 된 자금을 받아 레반트로 갔

---

* 원서에는 라블레를 다음과 같이 인용한다. "A ceste heure, dist Panurge, il m'y va du propre cabal. Le sort, l'usure et les interests, je pardonne(요즘 나에게는 자본이 문제이고 부채, 고리대, 이자는 나중의 문제라고 파뉘르주는 말했다)." 플레야드 판의 주석에는 cabal은 '자본(capital)'의 뜻이며 pardonne는 '뒤로 미루다'의 뜻이라고 나와 있다.

** 이 책 제1권 351쪽의 역주를 참조하라.

*** fonds : '토지', '밑천' 등 여러 뜻이 있지만 여기에서는 '자금'이라는 뜻에 가깝다.

**** 돈을 빌려주었으나 자본은 포기하고 이자만을 받는 상태에 이른 것. 대개는 빌려준 돈을 돌려받을 희망이 없는 상태를 가리킨다.

다"(1713)는 말이나,[10] 혹은 어떤 상인이 사업을 청산하려고 할 때 이제 남은 일은 "자금을 본국에 보내는"[11] 일밖에 없다는 말(1726)을 들어도 크게 놀랄 일은 아니다. 그러나 이와는 달리 1757년에 베롱 드 포르보네가 다음과 같은 글을 쓴 것은 어법에 맞지 않아 보일 것이다. "현재 소득을 가져다주는 이점이 있는 자금(fonds)만을 부(richesse)라고 부를 수 있다."[12] 여기에서 부(richesse)라는 말은 그다음 문장으로 볼 때 자본(capital) 대신에 쓰인 것이다. 사실 이보다 더 놀라운 표현도 있다. 영국에 대해서 이야기하는 한 문서(1696)를 보자.[13] "이 나라는 토지와 모든 종류의 자금을 합쳐서 6억[파운드, 이 수치는 그레고리 킹이 제시한 수치와도 거의 일치한다]의 가치를 내재적으로 가지고 있다." 우리 같으면 유동자본(capital variable, 또는 capital circulant)이라고 말할 곳에서 튀르고는 1757년에 유동투자(avance circulante)라는 말을 쓴다. 예컨대 "모든 종류의 기업에서의 유동투자(avances circulantes dans les entreprises de tout genre)"와 같은 말이 그것이다.[14] 그는 '아방스(avance)'를 투자라는 뜻으로 쓰는 경향이 있었다. 그러므로 단어는 달라도 근대적인 자본의 개념이 여기에서 보이는 것이다. 또 한 가지 흥미로운 것은 1761년판 사바리의 『사전(Dictionnaire)』에 나오는 상업회사의 fonds capitaux라는 표현이다.[15] 여기에서 capitaux[capital의 복수형/역주]는 형용사로 쓰이고 있다. 물론 이 말을 사바리가 만든 것은 아니다. 그보다 약 40년 전에 최고 상업참사회의 한 문서가 "[동인도]회사의 자본(fonds capitaux)이 1억4,300만 리브르에 달한다"고 말하는 데에서 그 점을 알 수 있다.[16] 거의 같은 시기(1722)에 아브빌의 상공업자인 반로베 레네는 그의 선박 샤를 드 로렌 호가 침몰하여 생긴 손해가 "자본(capital)의 절반에 이른다"고 말하고 있다.[17]

따라서 자본(capital)이라는 단어가 최종적으로 선택된 것은 다른 단어들이 서서히 마멸되어갔기 때문이다. 그것은 미셸 푸코가 "지식의 단절(une rupture du savoir)"이라고 부른 것처럼 개념이 일신된 것을 뜻한다. 콩디야크(1782)는 더 단순하게 이렇게 이야기했다. "각각의 과학이 독특한 사고를 가지고 있는 만큼 특별한 용어를 필요로 한다. 그래서 우선 용어를 다듬는 일부터 시작해야 할 것이다. 그러나 대개의 사람들이 우선 말하고 쓰기부터 시작해서, 용어는 아직 해결해야 할 문제로 남아 있다."[18] 고전파 경제학자들이 우발적으로 썼던 말들이 오늘날까지 계속 쓰이는 형편이다. 예컨대 장-바티스트 세는 부(richesse)라는 말이 "오늘날 제대로 정의되지 않은 용어"라고 토로하고 나서도(1828)[19] 그 역시 이 말을 계속 썼다. 시스몽디는 "땅의 부, 국민의 부, 상업의 부" 같은 식의 말을 거침없이 썼으며 특히 "상업의 부(richesse commerciale)"라는 말을 그의 첫 논문의 제목으로 쓰기도 했다.[20]

그렇지만 자본이라는 단어가 점차 다른 것을 압도하게 되었다. 포르보네는 이미 "생산자본(capital productif)"이라는 말을 썼고[21] 케네는 "모든 자본은 생산수단이다"라고 단언했다.[22] 그리고 일상적인 언어에서도 이 말이 비유적인 이미지로 쓰이고 있었다. 예컨대 볼테르가 죽기 몇 달 전인 1778년 2월에 트롱생 박사가 정확하게 진단한 것처럼 "볼테르 씨는 파리에 온 이래 그의 재능이라는 자본을 소진시키면서 살고 있었으며" 친구들은 "그가 그 자본의 소득만으로 살기를 바랐다"고 말하는 식이다.[23] 20년 뒤에 나폴레옹 보나파르트가 이탈리아에서 전쟁 중일 때 한 러시아 영사는 혁명 프랑스의 예외적인 상황에 대해서 이렇게 이야기했다(나는 이미 이것을 인용한 바 있다). "프랑스는 '자기 자본을 가지고 전쟁을 수행하지만' 적국들은 단지 '그들의 수입만 가지고' 전쟁을 한다!" 이 명철한 판단 속에서 자본의 뜻은 한 국가의 재산이나 부를 가리킨다는 것을 알 수 있을 것이다. 이것은 크레팽의 『3개국어의 보고(Thrésor des Trois Langues)』(1627), 퓌르티에르*의 『사전(Dictionnaire Universel)』(1690), 『백과사전(Encyclopédie)』(1751) 그리고 『아카데미 프랑세즈 사전(Dictionnaire de l'Académie Française)』(1756) 등에서 찾아볼 수 있는 고전적인 뜻, 즉 일정액의 돈, 부채나 대부금의 총액, 상업

---

* 이 책 제1권 664쪽의 역주를 참조하라.

자금의 총액 등을 가리키는 말이 더는 아니었다. 그렇더라도 이 단어는 이전부터 가지고 있던 화폐가치라는 개념을 계속 가지고 있었고, 이런 개념이 오랫동안 맹목적으로 받아들여졌다. 이런 뜻 대신 이 단어가 생산적인 화폐, 노동가치 등의 뜻을 가지게 되기까지는 많은 시간이 걸렸다. 이런 뜻으로 쓰인 예는 이미 인용한 포르보네와 케네에게서 찾을 수 있을 뿐 아니라 무위 도식하는 자본(capital oisif)과 활동하는 자본(capital actif)을 구분한(1764) 모렐레*와[24] 튀르고—그에게 자본은 반드시 화폐만을 가리키는 것이 아니었다—등에게서도 찾을 수 있다. 여기에서 한 걸음만 더 나아가면 "마르크스가 이 말에 명백하게 (그리고 이 말에만 배타적으로) 부여한 생산수단이라는 뜻"에 이르게 된다.[25] 이 문제는 아직 불확실하지만, 우선은 이 정도에서 멈추도록 하자. 우리는 앞으로 이 문제를 다시 다룰 것이다.

자본가, 자본가들

자본가(capitaliste)라는 말은 아마도 17세기 중반에 나온 것 같다. 『네덜란드 상업 신문(Hollandische Mercurius)』에는 이 말을 1633년과 1654년에 한 번씩 쓴 적이 있다.[26] 1699년에는 프랑스의 한 회고록에서, 네덜란드의 전국 의회가 새로운 과세를 하면서 "자본가들"에게는 3플로린을, 다른 사람들에게는 30솔을 내도록 했다는 이야기를 한다.[27] 따라서 이 말은 장-자크 루소가 1759년에 그의 친구에게 "나는 대귀족도 아니고 자본가도 아니네. 나는 가난하지만 행복하다네"[28] 하는 편지를 쓸 때쯤에는 이미 오래 전부터 알려져 있던 말이었다. 그러나 capitaliste라는 말은 『백과사전』에는 형용사로만 나온다. 명사로서 이 말에는 아주 많은 경쟁자들이 있었다. 부유한 사람을 가리키는 표현은 얼마든지 있었다. 돈을 가진 사람(gens à argent), 세력가(forts), 큰손(fortes mains), 돈 많은 사람(pécunieux), 백만장자(millionnaires),

---

* André Morellet(1727-1819) : 프랑스의 작가, 철학자. 『백과사전』 중에 종교에 대한 항목들을 집 필했고, 『18세기의 문학과 철학 논문집』을 썼다.

졸부(nouveaux riches), 재산가(fortunés, 이 마지막 말은 청교도들에게는 금지된 단어였다)······. 앤 여왕 시대의 영국에서는 대체로 부유한 사람들인 휘그파* 사람들을 "돈 많은 사람들(moneyed men)"이라고 불렀다. 이 모든 말에는 전부 경멸하는 뉘앙스가 있다. 케네가 1759년에 "화폐로 된 부"를 가진 사람들은 "국왕도, 조국도" 몰라보는 사람들이라고 말한 것이 대표적인 예이다.29) 모렐레에게 자본가란 사회에서 외떨어져 있는 집단, 카테고리 내지 그런 계급으로 비쳤다.30)

"화폐로 된 부"를 가진 사람이란 18세기 후반에 자본가라는 단어의 뜻의 일부분에 불과했다. 이때 그 말은 "공채(papiers publics)", 동산, 또는 투자할 돈을 가진 사람을 모두 가리킬 수 있었기 때문이다. 1768년에 파리에서 많은 자금을 끌어들인 한 해상회사는 파리의 코크롱(Coqueron = Cog Héron) 거리에 본점을 설치한 이유를 옹플뢰르의 투자가들에게 이렇게 설명했다 (1769년 2월 7일). "[파리에] 거주하는 자본가들은 그들이 투자한 돈을 가까이에 두고 그 상태가 어떤지 늘 보아야 만족하기 때문이다."31) 헤이그에 나와 있는 나폴리의 한 요원은 본국 정부에 (프랑스어로) 이런 보고를 했다. "이 나라의 자본가들은 전쟁[러시아와 튀르키예 사이의 전쟁]의 결과로 일어난 불확실한 상태에 그들의 돈을 노출시키고 싶어하지 않는다."32) 1775년에 네덜란드가 기아나의 수리남에 식민지를 건설한 데에 대해서, 장래 제헌의회 의원이 될 말루에는 기업가와 자본가를 구분하여 이렇게 설명했다. 기업가는 현지에서 플랜테이션과 배수운하의 건설을 기획한다. "그러고는 이 사업에 손을 댈 유럽의 자본가를 구해서 자금을 얻는다."33) 자본가란 점점 더 돈을 다루는 사람, 자금을 빌려주는 사람과 같은 뜻이 되어갔다. 1776년

---

* 영국 정치사에서, 절대군주제보다 입헌군주제를 지지하는 파를 휘그라고 부르고 그 반대파를 토리라고 불렀다. 이 말들은 원래 상호 경멸적인 지칭이었다(휘그는 "말 도둑", 토리는 "불법 가톨릭교도"라는 뜻이다). 앤 여왕 시대 이후 휘그파는 토지소유 귀족 가문, 부유한 중산층의 재정적 이해와 일치하게 되었다.

에 프랑스에서 쓰인 한 팸플릿의 제목을 보라. 『영국의 부채에 돈을 댄 자본가에 대한 어느 고찰(*Un Mot aux Capitalistes sur la Dette d'Angleterre*)』.[34] 영국의 국채야말로 선험적으로 자본가들의 관심사가 아니었겠는가? 1783년 7월에 프랑스에서는 일반 상인들에게 도매상의 역할을 허용할지가 중요한 문제였다. 당시 경찰총감이었던 사르틴*이 개입하여 파리는 그러한 허용조치를 피하게 되었다. 만일 그렇지 않았더라면 "파리에 대한 물자 공급을 감시하는 경찰의 통제에서 벗어나 매점매석을 행하게 될 수많은 자본가들의 욕심에" 파리가 희생될 뻔했다고 사람들은 생각했다.[35] 여기에서 명백하게 볼 수 있듯이 자본가는 이미 나쁜 평판을 얻었다. 자본가라는 말은 대체로 돈을 가지고 있으면서 그것을 사용하여 더욱 많은 돈을 벌려는 사람을 가리켰다. 1799년에 밀라노의 한 소책자가 지주와 "동산 소유주 또는 자본가(possessori di ricchezze mobili, ossia i capitalisti)"[36]를 구분한 것도 대개 이런 의미이다. 1789년, 드라기냥 세네쇼세의 몇몇 청원서들은 자본가들에 대해서 불만을 토로하고 있는데, 이때 자본가란 "지갑에 큰돈을 가지고 있으면서도"[37] 세금을 내려고 하지 않는 사람으로 규정되었다. 그런 까닭에 "이 지방의 대지주들은 가산을 팔아치우고 그것으로 자본을 형성함으로써, 우선 토지에 부과되는 어마어마한 세금을 피하고, 다음으로 그 돈을 가지고 아무 거리낌 없이 5퍼센트의 이자로 돈놀이를 했다."[38] 그러나 1790년의 로렌을 보면 사정이 정반대이다. 한 증인의 설명에 의하면 "이곳의 가장 큰 땅덩어리들은 파리 사람들의 소유이다. 그중 일부는 아주 최근에 자본가들이 매입했다. 그들이 이 지방으로 투자처를 돌린 것은 이곳의 땅이 그 소득에 비해서 가장 싸기 때문이다."[39]

이미 본 것처럼 그 말은 결코 우호적으로 쓰이지 않았다. 1774년부터 과

---

* Comte d'Alby, Antoine Gabriel de Sartine(1729–1801) : 1759–1774년에 파리의 경찰총감으로 재직하면서 위생 강화, 거리 조명, 곡물 중앙시장 건설 등 시의적절한 정책을 취했고, 다음에 해군성 장관으로 재직하면서 이 부서를 개혁했다. 그후 프랑스 혁명기에 외국으로 망명했다.

격한 어조를 사용했던 마라*는 더 나아가서 이렇게까지 썼다. "상업 활동을 하는 국민들 중에서 자본가와 지대 수취인은 징세청부인, 금융업자, 투자가 등과 같은 보조를 취하는 자들이다."[40] 프랑스 혁명이 시작된 후에는 어조가 더 강해졌다. 1790년 11월 25일에 국민의회의 연단에서 퀴스틴 백작**은 자기 열정에 취해서 이렇게 말했다. "모든 종류의 귀족제를 깨부순 우리 국민의회가 자본가들이라는 귀족 앞에서는 무릎을 꿇어야 하는가? 자본가란 단지 그들의 부를 늘릴 수 있는 곳이면 어디든 조국이라고 생각하는 코즈모폴리턴이 아닌가?"[41] 1793년 8월 24일 국민공회의 연단에서 캉봉***은 더 단호하게 말했다. "현재 돈을 주무르는 장사꾼들(marchands d'argent)과 공화국을 강화하려는 노력 사이에 사투가 벌어지고 있다. 그러므로 우리가 자유 체제를 수립하려면 공공 신용을 파괴하는 이 집단을 죽여야만 한다."[42] 여기에서 캉봉이 "자본가"라는 말을 사용하지 않은 것은 그보다 더욱 경멸적인 말(돈을 주무르는 장사꾼)을 사용하려고 했기 때문이다. 금융계가 혁명의 초기 움직임을 가져왔고 곧 혁명에 의해서 기습을 당했다가 마침내 궁지에서 벗어나게 되었다는 것은 익히 알려진 사실이다. 그 때문에 리바롤****은 망명지에서 짜증을 내며, 눈썹 하나 까딱하지 않은 채 이런 글을 썼다. "60만 명의 자본가들과 개미 떼처럼 많은 투기꾼들이 혁명을 일으키기로 결정했다."[43] 이것은 물론 1789년의 혁명에 대한 설명으로는 호탕하기는 하되 성급한 방식이다. 여하튼 "자본가(capitaliste)"란 아직 기업가나 투자가를 가

---

*   Jean Paul Marat(1743-1793) : 프랑스 혁명기의 급진적인 산악파 지도자.

**   Comte de Custine, Adam Philippe(1740-1793) : 프랑스의 장군. 1789년 삼부회에 귀족 대표로 참여했다. 혁명전쟁에 군대를 이끌고 슈파이어와 마인츠를 점령했으나, 콩데에서 반혁명 봉기가 일어나고 마인츠를 적에게 다시 빼앗긴 이후 혁명위원회에서 배반죄로 처형당했다.

***   Paul Cambon(1756-1820) : 입법의회와 국민공회 시대에 공안위원회 의원을 지내고 재무위원회의 의장으로서 인플레이션을 잡으려고 노력했다. 로베스피에르와 적대적이어서 테르미도르 반동 때 그의 실각에 일조했다. 그후 그 자신이 국민공회로부터 소추를 당했으나 잘 피해서 목숨을 건졌고, 왕정이 복고된 뒤에는 국왕 살해자로 낙인찍혀 벨기에로 망명했다.

****   Antoine Rivarol(1753-1801) : 『프랑스어의 보편성론』 등을 쓴 프랑스의 작가. 왕정을 옹호하는 입장을 드러냈기 때문에 혁명기에는 프랑스를 떠나 망명해야 했다.

리키지는 않았다. 이 단어는 "자본(capital)"이라는 단어와 마찬가지로 돈이나 부 그 자체에 결부된 채로 남아 있었다.

자본주의 : 최근에 나온 말

우리의 관점에서 보면 앞에서 언급한 세 용어 중에 자본주의(capitalisme)라는 말이 가장 흥미진진하면서도 가장 비사실적이다(나머지 두 가지가 없다면 과연 이 말이 존재할 수 있을까?). 역사가와 어휘학자들은 이 말의 발달 과정을 열심히 추적했다. 도자는 이 말이 『백과사전』(1753)에 나오지만, "부유한 사람의 상태"라는 아주 독특한 의미라고 이야기했다.[44] 불행하게도 이 주장은 무엇인가 잘못된 것 같다. 언급한 그 문장은 어디에도 찾을 수 없었다. 자본주의라는 단어는 1842년에 리샤르의 『프랑스어 신어휘(*Enrichissement de Langue Française*)』에 나온다.[45] 그러나 이 말에 새로운 뜻을 부여한 사람은 루이 블랑이었다. 그는 바스티아*와 논쟁하면서 1850년에 이렇게 말했다. "……내가 '자본주의'[따옴표를 쓴 것은 루이 블랑이다]라고 부르는 것은 어느 한편의 사람들이 다른 사람들을 배제하고 자본을 독점하는 것을 뜻한다."[46] 그러나 이 말은 아직도 거의 사용되지 않았다. 프루동은 가끔 이 말을 썼는데, 그때마다 정확한 뜻으로 사용했다. "토지는 아직도 자본주의의 성채이다." 그리고 바로 이 말이 그의 중요한 테제 중의 하나이다. 그는 이 말을 아주 훌륭하게 정의했다. "자본이 소득의 근원이지만, 일반적으로 자신의 노동을 통해서 자본을 움직이게 만드는 사람들이 그 자본을 가지고 있지 않은 사회적, 경제적 체제."[47] 그러나 10년 뒤인 1867년에도 마르크스는 이 말을 알지 못했다.[48]

사실 이 말은 20세기 초에 가서야 완전히 힘을 얻고 뛰쳐나왔다. 사회주의에 대한 반대어로서 정치 논쟁의 와중에서 일어난 일이다. 이 말이 학문

---

* Claude-Frédéric Bastiat(1801-1850) : 프랑스의 경제학자. 자유교역을 옹호하고 사회주의에 반대했다. 『경제학의 궤변』이라는 저서와 많은 팸플릿을 썼다.

의 세계에 등장한 것은 베르너 좀바르트의 『근대 자본주의(Der Moderne Kapitalismus)』(1902년 초판)라는 대저에 기인한다. 당연한 일이지만 마르크스가 사용하지 않았던 이 말은 곧 마르크스주의 모델에 흡수되었다. 그리하여 『자본론(Das Kapital)』의 저자가 구분한 중요한 역사의 세 단계를 흔히 노예제, 봉건제, 자본주의라고 부르게 되었다.

따라서 이 말은 정치적인 단어였다. 이 말의 운명이 모호한 것도 그 때문이다. 샤를 지드, 칸바스, 마셜, 셀리그먼, 카를 구스타프 카셀과 같은 20세기 초의 경제학자들은 오랫동안 이 말을 사용하지 않았다. 『정치과학사전(Dictionnaire des Sciences Politiques)』에는 제1차 세계대전 이후에 가서야 이 말이 실렸고, 『브리태니카 백과사전』에도 자본주의라는 항목은 1926년판에 처음 실렸다. 『아카데미 프랑세즈 사전』에는 1932년에 이 말이 등장했으나 그 뜻은 우스꽝스러울 정도였다. "자본가들의 총체(ensemble des capitalistes)." 1958년판에 나오는 새로운 정의도 그리 적절해 보이지는 않는다. "생산재[biens de production, 그런데 왜 생산수단(moyens de production)이라고 하지 않았을까?]가 개인이나 개인 회사에 속하는 경제체제."

사실 이 말은 20세기 초부터 그리고 1917년의 러시아 혁명부터 계속해서 여러 뜻을 담게 되었지만, 너무 많은 사람들에게 일종의 난처함을 가져다주었다는 점은 명백하다. 탁월한 역사가인 히튼은 이 용어를 단순히 배제시켜 버리려고 했다. "모든 -ism이 붙는 말 중에 가장 소란스러운 것은 자본주의(capitalism)이다. 불행하게도 이 말은, 제국주의(imperialism)라는 말이 그렇듯이, 너무 많은 뜻과 정의가 섞여버린 잡탕이 되어서 이제 존경할 만한 학술용어로서는 배제해야 한다."[49] 뤼시앙 페브르도 이 말이 너무 남용되기 때문에 버려야 한다고 생각했다.[50] 이런 충고들은 합당하기는 하지만 만일 이 말을 없애버리고 나면 우리는 곧 이 말을 다시 그리워하게 될 것이다. 앤드류 숀필드가 말했다시피(1971),[51] "이 말을 계속 사용하는 이유는 이에 대해서 가장 엄격한 비판을 가한 사람들까지 포함하여 그 누구도 이 말을 대체할 더 좋은 말을 제시하지 못하기 때문이다."

아직 유황 냄새가 너무 나지 않는 시대에[용어에 관한 논쟁이 아직 그리 격심하지 않던 때에/역주] 새로운 이 단어에 매료된 사람들은 그 누구보다도 역사가들이었다. 시대착오에 대한 걱정을 하지도 않은 채 이들은 고대 바빌로니아, 헬레니즘 시대의 그리스, 고대 중국, 로마, 중세 유럽, 인도 등에 대하여 자본주의라는 용어를 썼다. 테오도르 몸젠부터 앙리 피렌까지 지난날의 저명한 역사가들이 이 용어 문제에 끼어들었다.

그러고는 이 단어를 축출해버리려는 마녀 사냥이 시작되었다. 신중하지 못한 사람들은 질책을 당했다. 몸젠이 첫 번째 사례로서 그는 다름 아닌 마르크스의 비판을 받았다. 그런 데에는 일리가 없지 않다. 화폐와 자본을 단순히 혼동할 수 있다는 말인가? 고대 경제에 대한 권위자인 로스토프체프도 자본주의라는 말을 한 번 쓴 것만으로 폴 베인에게 호되게 당하기에 충분했다.[52] 판 뢰르는 동남아시아의 경제에서 다만 등짐장수(pedlar)만 보려고 했다. 역사가들이 아시리아의 "상인(marchand)"이라고 말한 사실 하나만으로도 칼 폴라니의 비웃음을 샀다. 그러나 사실 아시리아 상인의 상업 서신이 수천 개의 서판 형태로 남아 있는데도 말이다⋯⋯. 많은 경우에 이 모든 것은 정통파 포스트-마르크스주의의 주장과 관련이 있다. 이들은 18세기 말 이전에, 즉 산업생산 양식 이전에는 자본주의라는 것이 존재하지 않는다고 이야기한다.

물론 그것은 용어의 문제이다. 고대는 말할 것도 없고 앙시앵 레짐의 사회를 연구하는 역사가들 중에서 자본주의를 말할 때 알렉산더 거센크론이 차분하게 내린 정의(자본주의, 그것은 근대 산업체제이다[Capitalism, that is the modern industrial system])를[53] 생각하지 않는 사람은 하나도 없을 것이다. 나는 오늘날의 자본주의와는 달리, 지난날의 자본주의는 경제생활의 좁은 상층부만을 차지하는 것이라고 말한 바 있다. 그렇다면 이것을 어떻게 사회 전체에 확대된 "체제(système)"로 이야기할 수 있겠는가? 그것은 그 자체를 둘러싸고 있는 사회적, 경제적인 총체와 비교하면 상이하고 낯설기까지 한 독립된 세계이다. "자본주의"의 정의는 나중에 발전해나올 새로운 자본주의적인 형태와 비교할 뿐 아니라, 앞에서 말한 사회적, 경제적인 총체와 비교해서 이루어져야 한다. 즉, 거대한 비율을 차지하고 있는 그 비(非)자본주의(non-capitalisme)와 비교해야 하는 것이다. "진정한" 자본주의는 19세기에 가서야 등장했다고 주장하면서 이와 같은 지난날의 경제의 이중성을 받아들이지 않는다면, 자본주의의 과거 위상이라고 부를 수 있을 이 경제를 분석하는 데에 핵심적으로 중요한 포인트를 이해하지 못하게 된다. 그 자본주의가 우연히가 아니라 어떤 곳을 선택해서 자리 잡았다면, 이런 곳만이 자본의 재생산에 유리한 곳이기 때문이다.

자본의 실체

우리가 앞에서 개진한 논의를 더 발전시켜보면, 중요한 것은 튀르고가 사용한 "자본"이라는 단어와 마르크스가 사용한 "자본"이라는 단어 사이에 (그리고 그 결과, 다른 두 단어에까지도) 일어난 변화를 설명하는 것이다. 다시 말해서 이 단어의 새로운 뜻이 과연 산업혁명기에 가서야 나타났으며 그 이전 상황은 전혀 가리키지 않는지를 알아보는 것이다. 오늘날 영국의 역사가들은 산업혁명의 시작을 1750년, 심지어 그보다도 한 세기 전까지 소급한다. 마르크스는 "자본주의 시대"의 시작을 16세기로 잡았다. 그러나 그는 "자본주의적인 **생산**의(따라서 자본축적만을 가리키는 것이 아니다) 첫 번째 희미한 윤곽"은 일찍이 중세 이탈리아 도시에서 찾아볼 수 있다는 점을 인정했다.[54] 탄생 중인 어떤 체제는 그 체제가 앞으로 가지게 될 모든 특징들을 다 발전시키지는 못해도 그 안에 잠재적인 발현 가능성을 가지고 있으며, 따라서 그 체제의 이름은 그때에도 이미 합당하다. 이 모든 점을 고려해볼 때, 자본의 새 뜻은 이 책이 다루는 세기들을 이해하기 위해서 필수불가결한 문제의식임에 틀림없다.

약 50년 전만 해도 자본이란 **자본재(biens capitaux)**를 뜻했다. 그것은 낡은 표현이지만 나름대로 장점을 가지고 있다. 자본재란 느끼고 손으로 만질 수 있어서, 아주 명확하게 정의할 수 있다. 그 첫 번째 특징은 "이전의 노동의 결과물"이며 "축적된 노동"이라는 점이다. 언제 개간되었는지 알 수도 없이 오래된 마을 안의 밭이 바로 그런 것이다. 아주 오래 전에 지어서 누구도 정확히 설치 연대를 기억해낼 수 없는 물레방아의 물받이 통이라든지, 길 주변에 엉겅퀴가 자라 있는, 마을과 마을 사이를 잇는 자갈투성이의 작은 길—가스통 루프넬에 의하면[55] 아마도 초기 갈리아 시대에까지 거슬러올라간다고 하는—같은 것들을 예로 들 수 있다. 이런 자본재는 꽤나 장구하게 지속되는 인간의 건조물이며 유산이다. 자본재의 또다른 특징은 생산과정 속에 다시 투입된다는 것이다. 새로 시작되는 인간의 노동에 참여하거나, 적어도 노동의 사용을 용이하게 한다는 조건이 갖춰져야지만 자본재이다.

이렇게 함으로써 자본재는 스스로 재생성되고, 재구성 혹은 증가하며, 소득을 만든다. 사실 생산은 자본을 흡수하고 끊임없이 자본을 재창출한다. 내가 뿌린 한 알의 밀알은 싹이 틀 것이며 그러므로 자본재이다. 뉴커먼이 만든 기계[증기기관/역주]에 던져넣는 석탄 덩어리는 에너지를 낼 것이며, 따라서 자본재이다. 그러나 내가 빵의 형태로 먹는 밀이나 벽난로에서 때는 석탄은 곧 생산에서 배제된다. 그러므로 이것들은 직접적인 소비재일 뿐이다. 마찬가지로 사람이 개발하지 않고 내버려두는 삼림, 구두쇠가 아껴두고 있는 화폐는 모두 생산에 들어가지 않고 있으므로 자본재가 아니다. 그러나 손에서 손으로 이전되면서 교환을 자극하고 집세, 지대, 소득, 이윤, 임금 등을 해결하는 돈은 유통과정 속에 들어가서 문을 강제로 열며 유통을 가속화시키므로 자본재이다. 그것은 튀쳐나갔다가 결국 제자리로 돌아온다. 화폐란 "노동과 재산을 지배하는 힘"이라는 데이비드 흄의 말은 타당하다.[56] 1564년에 이미 비야론은 어떤 상인들은 돈을 가지고 돈을 번다고 말한 바 있다.[57]

그후 어떤 주어진 재화가 **자본**인지 아닌지 하는 것은 학문상의 유희가 되었다. 선박은 선험적으로 자본에 속한다. 1701년에 상트 페테르부르크에 처음 도착한 네덜란드 배는 표트르 대제에게서 그 배가 존재하는 한 끝까지 관세를 물지 않아도 좋다는 특권을 받았다. 교묘한 솜씨를 발휘해서 이 배는 거의 1세기나 계속 사용했는데, 이것은 당시 일반적인 선박의 수명의 3−4배나 되는 것이었다.[58] 얼마나 훌륭한 자본인가!

제젠, 바트 하르츠부르크, 고슬라어, 첼러펠트로 둘러싸인 하르츠의 삼림도 이와 마찬가지이다.[59] 이 삼림은 코무니온하르츠(Kommunionharz)라는 이름을 가지고 있었는데, 1635년부터 1788년까지 분리되지 않은 하나의 단위로서 하노버 가문과 볼펜뷔텔 가문이라는 두 귀족 가문이 소유하고 있었다. 이 숲은 이 지역의 용광로에 쓰이는 목탄을 공급하는 데에 필수불가결한 자원이었으며, 무엇보다도 주변의 농민들이 마음대로 무질서한 도벌을 하지 못하게 막느라고 아주 일찍부터 조직적으로 관리되었다. 이 숲을 개발하는 첫 번째 약정서(protocole)는 1576년의 것부터 알려져 있다. 숲 전체는 수종마다 자라는 속도가 상이한 점을 참작하여 몇 개의 구역으로 구분했다. 그리고 지도를 작성하고, 벌채한 나무를 물에 떠내려보내는 일, 숲을 감시하는 일, 말을 타고 감시하는 일 등을 조직했다. 이렇게 해서 숲을 보존하고 동시에 이를 개발하여 시장에 파는 조직이 만들어졌다. 이것은 자본을 개선하고 보존한 훌륭한 예이다.

이 시대에는 목재를 아주 다양하게 사용했기 때문에 이러한 조직이 구성된 곳은 하르츠만이 아니었다. 뷔퐁은 부르고뉴의 몽바르 숲을 계획적으로 벌채했다. 프랑스에서 숲을 합리적으로 개발하는 일은 12세기부터 시작되었다. 그러므로 이런 일은 콜베르 때 시작된 것이 아니라, 이미 오래된 일이다. 노르웨이, 폴란드, 신대륙의 삼림자원에 서양이 손을 대기 시작하자 이 숲은 카테고리가 바뀌어서, 적어도 강이나 바다를 통해서 접근하기가 용이한 곳에서는 숲이 자본재가 되었다. 1783년에 영국은 스페인과 최종적인 합의를 하여 캄페체*에 있는 열대 밀림의 염료용 나무들을 자유롭게 채취했다. 영국은 결국 삼림이 있는 해안지역 300리외를 얻게 되었다. 한 외교관은 이에 대해서 "우리가 이 공간을 현명하게 잘 관리하면, 영구히 이곳에서 나무를 얻을 수 있을 것이다"라고 말했다.[60]

이런 예들을 더 들 필요도 없을 것이다. 이상에서 본 예들은 자본의 성격에 대한 경제학자들의 견해들로 우리를 인도한다.

고정자본, 유동자본

자본, 혹은 자본재(이 두 가지는 결국 같은 말이다)는 두 개의 카테고리로 나뉜다. 고정자본은 인간의 노동을 뒷받침해주는 역할을 하는, **물리적으로 오래**, 혹은 꽤 오래 지속되는 사물을 뜻한다. 도로, 교량, 댐, 수로, 선박, 도구, 기계 등이 그것이다. 유동자본(capital circulant, 이전에는 유전[流轉, roulant] 자본이라고 했다)은 생산과정 속에 투하되고 그 안에서 익사하여 사라지는 것이다. 밀 종자, 원재료, 반제품, (소득, 이윤, 지대, 임금과 같은) 여러 계정을 해결하는 화폐, 그중에서도 특히 임금과 노동이 그런 것이다. 모든 경제학자들이 이런 구분을 했다. 애덤 스미스도 그렇고, 시초의 투자(avances)와 매년 새로 갱신되는 연차 투자를 구분한 튀르고, 불변자본과 가변자본을 비교한 마르크스도 그렇다.

1820년경, 경제학자인 슈토르히**는 상트 페테르부르크의 궁정에서 니콜라이 대공과 미하일 대공을 제자로 하여 다음과 같은 강의를 했다.[61] "아주 부유한 한 나라가 있다고 가정해봅시다. 이 나라는 토지를 경작하고 집을 짓고 공장과 작업장을 건설하고 또 도구를 제조하는 데에 필요한 엄청난

---

* Campèche : 유카탄 반도로 둘러싸인 멕시코 만의 한 지역.
** Heinrich Friedrich von Storch, Andrei Karlovitch Chtorch(1766–1835) : 독일 출신의 러시아 경제학자. 상트 페테르부르크에서 장래의 니콜라이 1세와 미하일 대공에게 정치경제학을 강의했다. 『정치경제학 강의』와 러시아 경제에 대한 통계적인 저작들을 출판했다.

자본을 **고정시켜놓았다고**[fixé, 나의 강조] 합시다. 그런데 추수가 끝난 직후에 야만족들이 쳐들어와서 식량, 원료, 완제품 같은 유동자본을 모두 가져가버리고는 그 대신 집이나 작업장 같은 것들은 손도 대지 않았다고 가정해봅시다. 모든 산업노동(즉, 사람의 노동)은 곧 멈추어버릴 것입니다. 토지를 이용하려고 하면, 농사지을 말과 소, 땅에 뿌릴 종자 그리고 특히 다음번 추수 때까지 농민을 먹여 살릴 빵이 필요하기 때문입니다. 기계를 가동시키려고 해도 방앗간에는 곡물이 필요하고 대장간에는 쇠와 석탄이 필요합니다. 모든 베틀마다 원재료가 있어야 하고 노동자의 식량이 있어야 합니다. 넓은 밭, 많은 공장과 작업장과 노동자가 있더라도, 야만족의 약탈을 피한 유동자본이 거의 없기 때문에 일을 할 수 없는 것입니다. 미리 이런 일을 걱정한 나머지 땅에 보물을 묻어두었다가 야만족의 침입을 받고 난 후에 그것을 도로 파내서 이용할 수 있는 민족은 행복한 민족입니다! 귀금속이나 보석도 고정자본과 똑같이 진짜 유동 부[富, richesse, 이 말은 여기에서 '자본'의 뜻이다]를 대신할 수는 없습니다. 그러나 이것을 모두 외국에 팔고 대신 사람들이 필요로 하는 유동자본을 사올 수 있습니다. 이런 수출을 막는다는 것은 사람들에게 일하지 말고 굶어죽으라고 하는 것과 같습니다."

이 글에 나오는 말, 소, 베틀, 땅에 묻은 보물 같은 용어들과 거기에서 엿보이는 러시아 경제생활의 소박함 때문에 우선 이 글 자체가 아주 흥미롭다. "야만족"은 훌륭한 학생들처럼 고정자본은 모두 놓아두고 유동자본만 가져가버려서, 유동자본을 대체하기가 얼마나 힘든지 잘 보여준다. 그러나 이 글의 내용을 약간 바꾸어서, 야만족이 유동자본 대신 고정자본만 골라서 파괴해버린다고 해도 결과는 마찬가지일 것이다. 정복당하고 파괴당했다가 해방된 이 민족은 경제생활을 회복하기 어려워진다.

생산과정은 2사이클 기관과 같다. 유동자본은 파괴되었다가 곧 재생산되고 더 나아가서 증가한다. 고정자본은 어느 정도 지속적으로 사용되지만, 이것도 결국 소모되어버린다. 도로는 침식당하고, 교량도 내려앉으며, 선박도—예컨대 갤리선이라고 해도—언젠가는 수도원에서 고작 땔감으로 쓰이게 된다.[62] 기계 속의 나무 기어도 못쓰게 되고 쟁기의 보습도 부서진다. 그러므로 이런 설비들은 재구성해야 한다. 고정자본의 침식은 끊이지 않고 계속되는 경제의 고질병이다.

자본에 대한 계산

오늘날에는 국민경제 계정의 틀 속에서 자본을 계산하는 일이 정확히 잘 이루어지고 있다. 국민총생산(조생산과 순생산)*의 변화, 1인당 소득, 저축률, 자본 재생산률, 인구 변동 등 모든 것을 계산할 수 있다. 그 목적은 경제성장의 정도를 재보는 것이다. 그런데 역사가로서는 이런 계산의 틀을 그대로 과거에 적용시킬 방법이 없다. 그러나 수치가 모자라도 오늘날의 이런 문제의식을 통해서 과거를 규명하려고 시도해보면, 그런 시도 자체가 결국 관찰 및 설명 방법을 바꾸도록 만든다. 이런 관점의 변화는 지난 과거에 대한 계량화와 측정의 예에서 볼 수 있다. 이런 드문 예는 대개 역사가들보다는 경제학자들이 수행한 것들이다. 그런 예들 중에 하나로서 앨리스 핸슨 존스가 최근에 펴낸 논문과 책을 들 수 있다.[63] 그는 1774년의 뉴저지, 펜실베이니아, 델라웨어 지방의 재산, 달리 이야기하면 자본 스톡을 어느 정도 타당성 있게 계산했다. 그의 연구는 우선 유언장들을 수집하여 거기에 드러난 재산을 연구하는 것으로 시작하여 그다음에는 유언장 없이 상속된 재산을 추산하는 것이었다. 그 결과는 꽤나 흥미롭다. 자본재(C)의 액수는 국민소득(R)의 서너 배에 달한다. 이것은 이 경제가 즉각적으로 이용할 수 있는 자산으로서 3-4년의 국민소득에 해당하는 부를 보유하고 있다는 것을 의미한다.

---

* 일정 시기 동안 한 나라의 국민이 생산한 재화와 용역의 총량을 시장가격으로 계산한 것이 국민총생산(Gross National Product)—관련 수치를 단순히 더해서 얻은 것이라는 의미에서 조생산(粗生産)이라고 한다—이다. 그중에서 감가상각 부분에 해당하는 자본소모 상당액을 뺀 것을 순생산(純生産, Net National Product)이라고 한다.

그런데 케인스 역시 1930년대를 분석하면서 C = 4R이라는 비율을 이야기했다. 이것은 과거와 현재가 어느 정도 상응한다는 것을 보여준다. 그리고 앞의 연구는 독립 초기의 "미국" 경제가 이때 이미 예외적으로 높은 수준이었다는 인상을 준다. 노동생산성이 매우 높았고 평균적인 생활수준(1인당 소득)이 아마도 유럽의 평균이나 심지어 영국보다도 높았기 때문일 것이다.

이와 같은 예상하지 못한 일치는 사이먼 쿠즈네츠의 생각과 그의 계산에서도 보인다. 이 미국 경제학자의 전공은 19세기 말부터 오늘날까지 국민경제의 성장에 대한 연구이다.[64] 우리에게 퍽 다행스러운 것은 그가 19세기 이전 시대에까지 소급해서 그 동향을 알아보려는 생각을 했다는 것이다. 그는 우선 필리스 딘과 윌리엄 콜이 영국의 경제성장을 연구하면서 작성한 믿을 만한 그래프를 이용하여[65] 18세기의 발전을 고찰했고, 다시 그것으로부터 하나씩 시대를 거슬러올라가 1500년 내지 그 이전 시기까지 연구를 확대했다. 시간을 거슬러올라가는 이 연구의 구체적 방법과 조건들이 어떠했는지는 여기에서 자세히 이야기하지 않겠다. 어쨌든 그 연구의 목적은 결정적인 해답을 내리는 것이라기보다는 문제를 이끌어내는 것, 그리고 연구의 프로그램을 제시하여 오늘날 저개발 국가와 유용한 비교를 한다는 것이었다.

경제적인 장기지속이 설명적인 가치를 지닌다고 확신하는 대경제학자가 이런 연구를 시도했다는 사실은 나를 매우 즐겁게 만들었다. 이 연구는 결국 앙시앵 레짐 경제에 대한 이전의 모든 접근 방식에 전반적으로 의문을 제기했다. 이 광대한 파노라마에서 우리는 자본에만 관심을 두겠지만, 그것만으로도 논쟁의 한복판으로 들어가게 된다.

현재의 상관관계들을 응용하면 역사의 흐름을 거슬러올라가면서 과거를 파악할 수 있다는 쿠즈네츠의 생각은 결국 먼 과거와 현재 사이에 관련성, 유사성, 연속성이 있다고 보는 것과 같다. 시대와 시대 사이에 단절과 불연속성이 전혀 없는 것은 물론 아니다. 쿠즈네츠가 이용한 현재의 상관관계들이란, 10여 개국에 대해서 19세기 말 이후 약 80-100년 동안의 시기에 대한 정밀한 통계수치들을 가지고 그것들의 움직임과 발전을 연구한 결과이다. 특히 그는 아서 루이스와 월트 로스토가 근대적인 성장을 일으키는 요인으로 드는 저축률의 갑작스러운 변화를 믿지 않는다. 아무리 소득 수준이 높은 국가라고 해도, 핵심적인 비율인 저축률에는 결코 뛰어넘을 수 없는 상방 한계, 즉 천장이 있다는 것이 그의 생각이다. "원인이 무엇이든 간에 핵심적인 사실은, 18세기 말이나 19세기 초의 사람들이 도저히 상상도 못했을 정도로 부유한 오늘날의 국가들도 예전에는 매우 낮은 수준의 자본형성 비율을 기록했다는 것이다. 그런데 사실 예전에 많은 사회에서 이런 수준의 순저축을 달성하는 것이 결코 불가능하거나 아마 그렇게 어려운 것이 아닌데도 말이다."[66] 저축과 자본의 재생산, 이것은 결국 같은 이야기이다. 만일 생산의 85퍼센트가 소비에 할당된다면 15퍼센트가 저축 수준이 되며 그것은 곧 재생산이 가능한 자본형성으로 전환될 가능성이 있다. 지금 말한 이 수치들은 가상의 수치들이다. 약간 과장하여 이야기한다면 어떤 사회도 저축률이 20퍼센트에 미치지 못했다고 할 수 있다. 일시적으로는 효과적인 강제수단에 의해서 이 수준을 넘을 수 있었겠지만, 과거의 사회는 이런 수단을 가지지 못했던 것이다.

"어느 사회에서도 생산과 소비가 없을 수는 없다"는 마르크스의 도식에 "저축이 없을 수 없다"는 내용을 추가해야 할 것이다. 이 심층적이고 구조적인 작업[저축/역주]은 그 사회 구성원들의 숫자, 기술, 그 사회가 도달한 생활수준에 달려 있을 뿐만 아니라, 소득분배를 결정짓는 사회계서제에도 달려 있다. 쿠즈네츠가 상상한 1688년 이후의 영국 사회나, 혹은 15–16세기 독일 도시들의 경우는 대략 전체 인구의 5퍼센트(이 비율이 아마도 최대치일 것이다)를 차지하는 엘리트가 국민소득의 25퍼센트를 누리고 있었다. 그러므로 (95퍼센트에 이르는) 거의 대부분의 사람들이 국민소득의 75퍼센트만을 가지고 살게 되며, 따라서 이것을 정확히 계산해보면 대부분의 사람들은 1인당 평균소득 수준 이하로 살았던 것이 된다. 특권층에 의한 착취는 이들을 명백한 궁핍 상태로 몰아갔다(이에 대해서는 알프레드 소비가 오래 전에 내놓은 책이 아주 잘 보여주고 있다).[67] 간단히 말해서 저축은 사회의 특권층 내에서만 이루어질 수 있다. 특권층의 소비 수준이 일반인의 3–5배에 해당한다고 가정해보라. 3배일 때에는 국민소득 중 저축이 13퍼센트가 될 것이고, 5배일 때에는 저축이 5퍼센트가 될 것이다. 그러므로 이런 사회는 비록 1인당 국민소득 수준이 낮더라도 저축이 가능했고 실제로 저축이 이루어졌다. 사회적 굴레는 저축에 불리한 것이 아니라 오히려 저축을 장려한 것이다.

이 계산에는 두 개의 핵심적인 변수가 있다. 인구수와 그들의 생활수준이다. 1500년부터 1750년까지 유럽 전체의 인구 증가율은 연평균 0.17퍼센트 정도였다. 이에 비해서 1750년부터 현재까지의 인구 증가율은 0.95퍼센트이다. 한편 장기적으로 1인당 생산의 증가는 0.2–0.3퍼센트 정도일 것이다.

이 모든 수치들은 물론 잠정적인 것이다. 그러나 의심의 여지없이 확실한 것은 1750년 이전에 유럽의 자본생산율이 아주 낮은 수준에 머물러 있었다는 점이다. 그러나 여기에 문제의 핵심을 건드리는 한 가지 특성이 있다. 어느 한 사회가 매년 생산하는 전체 자본을 조자본(粗資本, capital brut, gross capital)이라고 부를 수 있다. 그중 일부는 활동적인 경제생활의 과정에서 침식되는데, 이것을 뺀 나머지 부분이 순자본(純資本, capital net, net capital)이된다. 그런데 쿠즈네츠는 조자본과 순자본 사이의 차이가 현대 사회에서보다 과거 사회에서 훨씬 크다고 보았다. 쿠즈네츠의 이 가설은 그야말로 핵심적이며, 또 그에 관한 증거 자료들이 풍부하게 있어서(물론 이 자료들이 양적이기보다는 주로 질적인 것이기는 해도) 거의 확실해 보인다. 지난날의 경제는 상당한 액수의 조자본을 생산하지만, 일부 분야에서 이 자본이 봄눈 녹듯이 사라져버린다는 것은 분명한 사실이다. 바로 이 점이 본질적인 취약성이다. 그래서 대량의 노동으로 자본의 부족을 메꾸어야 했다. 토지만 하더라도 지력이 매년 감소하기 때문에 매우 취약한 자본이다. 그 때문에 토지를 분할하여 교대로 일부를 놀리는 돌려짓기 방식을 쓰지 않을 수 없고, 비료를 주어야 하며(그러나 그 비료는 또 어떻게 해야 충분한 양을 만들 수 있겠는가?) 농민들이 밭갈이(일명 '레[raie : 이랑]')를 대여섯 번씩이나 해야 한다. 키크랑 드 보죄에 의하면[68] 프로방스 지역에서는 밭갈이를 14번이나 해야 하는 경우도 있다. 또 바로 이 때문에 밭일에 대단히 많은 사람들이 묶일 수밖에 없고 이런 조건들은 곧 성장을 방해하는 요소로 작용한다. 집, 배, 다리, 관개용 운하, 도구와 기계류 등 이 모든 것들은 인간의 노동을 쉽게 만들어주고 여러 형태의 에너지를 이용하려고 발명된 것들이지만, 문제는 이것들이 오래 지탱되지 못한다는 데에 있다. 아주 작은 예이지만 브루게의 도시 성문을 1337-1338년에 수리하고, 1367-1368년에 재건축했으며, 1385, 1392, 1433년에 변모시켰다가, 또다시 1615년에 재건축했다는 것은 무시할 만한 일이 아니다. 이런 아주 작은 사실들이 일상생활을 가로막고 구조화시키는 것이다.[69] 18세기에 사부아의 본빌에 있던 지사의 편지들을 보면, 댐을 수리해야 하고, 교량을 다시 지어야 하며, 도로들이 못쓰게 되었다는 등의 내용이 언제나 변함없이 반복된다. 「가제트」를 읽어보라. 매번 어느 마을, 어느 도시에 불이 났다는 이야기이다. 1547년에 트루아, 1666년에 런던, 1701년에 니즈니 노브고로드,[70] 1755년 9월 28일과 29일에 이스탄불—이 화재로 "사르시(carsi)라고 부르는 상업지구에 둘레가 2리외가 넘는 빈 터가 생겼다"—등에 불이 났다.[71] 이런 예는 그 외에도 무수히 많다.

결국 쿠즈네츠의 다음과 같은 언급이 전적으로 옳다고 생각한다. "약간 과장의 위험은 있겠으나 우리는 이렇게 자문하게 된다. 1750년 이전의 시대에 "대규모 기념 건조물(monument)"을 빼고 과연 어떠한 지속적인 고정자본이 형성된 적이 있는가? 그리고 물질적으로 오래 지속될 수 있는 자본재라고 하더라도 계속해서 수리(혹은 대체)해야만 해서 그것이 원래의 전체 가치 중에 많은 부분을 잠식해버리는 일이 허다한 형편인데, 과연 자본재가 대량 축적된 적이 있는가? 만일 설비의 태반이 5-6년 이상을 지탱하지 못한다면, 토지를 양질의 상태로 유지하기 위해서는 끊임없이 손질해야만 하는데 그것이 매년 전체 가치의 5분의 1 정도를 차지한다면, 또 대부분의 건물이 마모가 심해서 25-50년 내에 전체 건물이 부수어지는 정도라고 한다면, 이것은 지속적인 자본이라고는 할 수 없다.……**고정자본이라는 개념은 근대경제와 근대기술에 의해서만 생산된 것이다.**"72) 이 말은, 역시 약간 과장하여 말한다면, 산업혁명은 무엇보다도 **고정자본**의 변화라는 말과 같다. 그 자본은 이제 아주 비싸졌지만 대신 훨씬 더 지속적이고 완성도가 높아졌으며, 그 결과 생산성을 급속도로 증가시켰다.

영역별 분석

지금까지 말한 것은 모두 경제 전반에 대해서 영향을 미치는 것들이다. 그러나 예를 들어 뮌헨에 있는 독일 박물관(Germanisches Museum)에 가서 수많은 목재 기계들의 재구성 모델들(그중의 일부는 움직이게 되어 있다)을 약간만 둘러보아도 어느 분야의 설비가 가장 취약한지를 깨닫게 될 것이다. 대략 2세기 전만 해도 모든 동력기구들은 이 모델들처럼 나무로 만들어져 있었다. 여기에 극히 복잡하고 정교한 기어장치가 부착되어서 여러 부분들이 서로 연결되며 수력, 풍력, 심지어 축력을 전달하도록 되어 있었다. 결국 다름 아닌 생산 분야 혹은 "공업" 분야의 설비가 가장 취약했다. 이런 점을 보면, 우리가 앞에서 언급한 바와 같이 상위 5퍼센트의 특권층만이 높은 소득과 저축의 가능성을 독점한 것이 반드시 사회계서제 때문만은 아니라는 사실을 알 수 있다. 일부 영역에서—그중에서도 특히 "공업" 생산과 농업생산이 그러하지만—자본 형성이 미약한 것은 경제 및 기술구조 자체 때문인 것이다. 그렇다고 할 때, 지난날의 자본주의는 상업적이었다든가, 그 자본주의가 최상의 노력과 투자를 "유통 영역"에 한정시켰다는 점이 무슨 놀라운 일이겠는가? 이 장의 앞부분에서 이야기했던 것처럼, 경제에 대한 영역별 분석은 자본주의가 왜 어떤 특정한 선택을 했는지에 대한 이유를 명백하게 설명해준다.

지난날의 경제에서 보이는 모순도 이렇게 설명할 수 있다. 즉, 특권적인 일부 경제 영역에서 순자본이 쉽게 축적됨으로써 그 순자본 전체가 다 투자될 수 없을 정도로 풍부해지는 일이 저개발 국가에서 일어날 수 있다. 그러므로 이곳에서는 언제나 자본의 퇴장 현상이 심하게 일어난다. 돈이 정체해 있고 "괴어서 썩는" 것이다. 다시 말해서 자본이 불완전 고용된다. 여기에 관해서 나는 적당한 때에 18세기 초의 프랑스에 관한 진기한 문서들을 소개할 것이다. 다른 것에 비해서 그래도 가장 덜 부족한 것이 화폐라고 한다면, 그것은 정말로 역설적이라고 하지 않을 수 없다. 그러나 이유야 어찌되었든 간에 가장 부족한 것은 돈이 아니라, 진짜 유리한 활동에 그 돈을 투자할 기회이다. 16세기 말에 여전히 부유했던 이탈리아가 이런 상황이다. 활력이 넘쳤던 시대가 지나가면서 이탈리아는 현찰의 과잉, 화폐의 "풍요로움"의 희생자가 되었다. 이제 자본과 화폐는 이탈리아 경제가 소비할 수 없을 정도의 양이 되어버린 것이다. 따라서 거의 수익성이 없는 토지를 구입하고, 시골에 웅장한 저택을 짓고, 기념 건조물이 증가하며, 문화가 크게 융성하는 때가 도래했다. 이 설명이 타당하다면, 로베르토 로페스와 해리 미스키민이 지적한 모순,[73] 즉 경제 불황과 대(大)로렌초* 시대의 피렌체가 보인 웅장함 사이의 모순 문제는 부분적으로 풀리지 않을까?

핵심적인 문제는 내가 서슴없이 자본주의라고 이름 붙인 그 영역이 지난날의 사회에서는 도대체 어떤 이유에서 닫힌 체제 혹은 주머니에 싸인 (enkysté) 체제 속에서만 명맥을 유지했는가 하는 것이다. 왜 자본주의 영역은 다른 곳으로 통째로 이주해버리거나 아니면 사회 전체를 정복하지 않았는가? 아마도 바로 이런 것이 그 당시의 자본주의 영역이 살아남는 조건이

---

* Lorenzo de Medici(1449-1492) : 형제들과 함께 피렌체를 사실상 지배한 메디치 가문의 영주이다. 그는 르네상스 시기의 전형적인 군주로서 베로키오와 보티첼리 같은 예술가들을 후원하고 아카데미를 설립했으며 인쇄업을 장려했다. 그의 후한 씀씀이와 사업에 대한 무감각 때문에 메디치 기업의 여러 지점들이 파산했고 지나치게 세속적인 그의 시대의 문화가 사보나롤라의 반동적인 신정정치를 가져왔다.

기 때문일 것이다. 그 사회에서는 상당한 정도의 자본 형성이란 단지 일부 영역 내에서만 가능하지, 당시의 시장경제 전체 속에서는 가능하지 않았던 것이다. 자본이 그 풍요로운 구역을 넘어 모험을 감행하려고 하면 그 자본 전체를 날리는 지경까지는 아니라고 해도 거의 수익을 얻지 못한다.

지난날의 자본주의가 정확히 어디에 위치해 있었는가 하는 것은 확실히 흥미로운 문제이다. 자본의 위상(位相)은 이전 사회가 가진 취약성과 무익성의 역(逆)위상이라고 할 수 있기 때문이다. 그러나 우리는 자본주의가 진정 제자리를 찾아가 자리 잡은 곳을 살피기 전에, 그것이 간접적이고 제한적인 방식으로만 손을 뻗치고 있는 농업, 산업, 수송의 영역을 살펴보고자 한다. 자본주의는 이 낯선 영역에 덥석 뛰어들었다가 재빨리 후퇴하고는 했다. 그리고 그 후퇴의 파장은 꽤 심각했다. 카스티야의 도시들은 16세기 중반 이후에 가까운 농촌에 투자하는 것을 포기했으나,[74] 그보다 50여 년 뒤에 베네치아의 상업자본주의는 반대로 농촌으로 투자를 확대하는 방향으로 선회했고, 같은 시대에 남부 보헤미아의 귀족 경영자들도 논밭에 물을 끌어와 연못을 만들어서 호밀 재배 대신 잉어 양식을 했다.[75] 한편 프랑스의 부르주아는 1550년 이후에는 더 이상 농민들에게 돈을 빌려주지 않고 영주와 국왕에게만 대부해주었다.[76] 그리고 중유럽에서는 16세기 말 이전부터 대상인들이 광업에서 손을 떼서 이제 국가가 그것을 책임지고 감독하게 되었다……. 겉으로 보면 모순되어 보이는 이러한 예에서 우리가 알 수 있는 것은 다음과 같다. 포기한 사업들은 이제 더는 충분히 수익성이 없거나 안전성이 없어서, 차라리 다른 곳에 투자하는 것만도 못하게 된 분야들이라는 점이다. 어느 상인이 말했듯이 "쓸데없이 일하기"보다는 "노는 편이 낫다."[77] 이익의 추구 및 이익의 극대화는 이 시대 자본주의에서도 이미 무언중의 법칙이었던 것이다.

토지와 돈

자본주의가 시골에 침투하는 것—더 사실적으로 이야기하자면 (귀족이든 부르주아이든) 도시의 돈이 시골에 침투하는 것—은 아주 일찍 시작되었다. 유럽의 도시치고 그곳의 돈이 주변 지역으로 넘어 들어가지 않은 곳은 한 곳도 없다. 그리고 도시가 클수록 도시의 재산 소유의 반경이 크고, 그리하여 자기 앞에 가로막는 것을 모두 뒤흔들어놓는다. 때로는 도시 주변 지역에서 아주 멀리 떨어진 곳의 토지를 구입하기도 한다. 예컨대 16세기에 제노바 상인들이 멀리 떨어진 나폴리 왕국의 영지를 사들이는 것을 보라. 18세기에 프랑스에서는 부동산 시장의 경계가 전국시장의 범위로까지 확대되었다. 파리에서 브르타뉴[78] 또는 로렌의[79] 영지를 사기도 했던 것이다.

토지 구매는 아주 흔히 사회적인 허영을 반영한다. 나폴리 속담에는 "돈 있는 자는 땅을 사서 귀족이 된다(Chi ha danari compra feudi ed ébarone)"라는 말이 있다. 땅이 있다고 곧바로 귀족이 되는 것은 물론 아니지만 분명 귀족으로 사회적 상승을 하는 길이다. 경제적인 요소가 다는 아니라고 해도 역시 중요한 역할을 하고 있다. 도시 근처의 땅을 사서 우리 집에 식량 공급을 안전하게 확보해놓는 것은 매우 신중한 방책이다. 또 내 자본을 땅에 투자해놓는 것은 아주 안전한 투자라고 하지 않을 수 없다. 땅은 거짓말을 하지 않는다. 이것은 상인들이 잘 알고 있는 사실이다. 1408년 4월 23일, 피렌체의 상인인 루카 델 세라는 프라토의 상인인 프란체스코 다티니에게 이런 편지를 보냈다. "당신에게 부동산을 사두라고 권하고 싶습니다. 나 역시 요즘에는 전보다 더 열심히 그렇게 합니다. 적어도 땅은 바다에서의 사고, 정직하지 못한 고용인이나 파트너, 파산 등으로부터의 위험이 없습니다. 그런 만큼 나는 당신에게 충고하고 또 그렇게 하기를 요구합니다(Piùve ne confortoe pregho)."[80] 그러나 이것은 상인에게 불편한 점이 있다. 토지는 주식시장의 주식만큼 그렇게 편하게 사고파는 것이 아니라는 점이다. 1584년에 베네치아의 티에폴로 피사니 은행이 파산했을 때, 담보용 토지자산은 느리게, 그것도 손해를 보는 값에 청산되었다.[81] 그러나 18세기에 라 로셸 상인들이 주변의 포도밭—또는 포도밭 소유권의 지분—을 산 경우를 보면[82] 성격이 다르다. 이곳 상인들은 그렇게 예비해놓은 돈을 필요한 순간에 큰 어려움 없이, 손해보지 않고 회수할 수 있다고 보고 있다. 그러나 이것은 포도밭에 한정된 이야기이다. 그리고 이 지역은 포도주를 많이 수출하는 지역이라는 것도 고려해야 한다. 그렇게 특별한 땅은 차라리 은행과 같은 역할을 할 수도 있는 것이다! 아마도 16세기에 안트베르펜의 상인들이 주변 지역에 사둔 토지도 마찬가지였을 것이다. 그들은 이 토지를 근거로 돈을 빌리고 신용을 증대시켰으며 게다가 이 토지가 가져다주는 소득도 무시할 정도가 아니었다.[83]

그러므로 그 기원이 무엇이든 간에 도시의(특히 부르주아의) 토지 소유는 그 자체로서는 자본주의적인 것이 아니다. 더구나 16세기 이후 갈수록 이 토지 소유주가 그 땅을 직접 경영하는 일이 드물어지는 만큼 더욱 그러하다. 그 소유주가 때로는 진짜 자본가이며 분명히 돈을 주무르는 사람이라고 해도 마찬가지이다. 아우크스부르크의 거상인 푸거 가문은 그들의 최고 융성기에 슈바벤과 프랑켄의 영지와 공작령들을 많이 구입했다. 당연한 이야기이지만 그들은 이 땅을 훌륭한 방식으로 관리했다. 그러나 그것이 구조를 변화시키지는 않았다. 영지는 언제나 영지여서 낡은 권리와 농민의 면역세가 그대로 온존했다.[84] 리옹에 나가 있는 이탈리아 상인들, 나폴리의 제노바 사업가들은 영지를 사고 그것으로 귀족 작위를 얻었지만, 토지의 경영자가 된 것은 아니었다.

그렇지만 때로 자본주의가 토지에 손을 대서 자신의 명령하에 두고, 그 토지를 완전히 다른 방식대로 재구성하는 수가 있다. 우리는 곧 자본주의적인 농업의 예들을 살펴볼 것이다. 그런 예들은 상당히 많다. 그중 어떤 것은 논의의 여지가 없이 명백하고 또 어떤 것은 아직 불명확하다. 그러나 이런 것은 옛날 방식의 전통적인 관리와 조직이 그대로 남아 있는 예들에 비하면 소수이며, 적어도 18세기까지는 법칙을 확인해주는 예외에 속했다.

자본주의의 전제조건

서양의 농촌은 영주와 농민으로 되어 있다. 그러니 어떻게 이곳이 다루기 쉬울 수 있겠는가? 영주제는 어느 곳에서나 끈질기게 살아남아 있다. 토지 경영에 경제적인 관리와 계산을 기반으로 하는 자본주의체제가 자리 잡기 위해서는 여러 전제조건들을 충족시켜야 한다. 영주제를 없애지 못한다면 적어도 멀리하거나 변형시켜야 한다(때로는 내부로부터, 즉 영주 자신이나 부유해진 농민, 마을의 유지 격인 농민 등이 자본주의 방식의 선구가 되는 일이 있기는 하다). 농민들이 누리는 자유를 없애든지 아니면 최소한 회피하거나 제한해야 한다(이것은 특히 마을 공유 재산이라는 중요한 문제와 연관된다). 활발한 원거리 교역의 사업망 속에 농업을 끌어들여야 한다. 수출용 밀, 양모, 파스텔,[85] 꼭두서니, 포도주, 설탕 등이 그런 것들이다. 산출량과 비료 사이의 관계를 잘 고려하는 "합리적" 경영을 해야 한다. 실험 결과가 뚜렷이 드러난 기술에 따라서 투자와 고정자본 투하를 결정해야 한다. 그리고 기본적으로 임금에 의존하는 프롤레타리아가 존재해야 한다.

이런 조건들을 모두 만족시키지 않으면, 그 사업은 자본주의로 향하는 도상에 있다고는 해도 아직 자본주의는 아니다. 그런데 이 조건들은 긍정적인 것이든 부정적인 것이든 십중팔구 실현시키기가 쉽지 않다. 왜 그럴까? 그 이유는 명확하다. 사람들이 자기 마음대로 농촌세계에 들어갈 수 있는 것이 아니기 때문이다. 영주제라는 상부구조만 해도 저항력이 강한 살아 있는 실체이며, 더구나 농민들은 혁신에 아주 저항적이기 때문이다.

1816년에 한 프랑스의 영사는 사르데냐의 상태를 보고 이곳이 "유럽 문명의 중심부"에 위치하면서도 "끔찍할 정도로 방치되어 있고 궁핍한" 상태라고 기술했다.[86] "개명된" 노력을 하는 데에 가장 큰 방해물은 후진 상태에 놓인 농민세계에서 생긴다. 이 세계는 국가, 교회, "봉건제"라는 삼중의 착취 하에 놓여 있고, "미개한" 농민은 가족과 친족 사이의 투쟁에 휘말려서 "단검을 옆구리에 차고 장총을 어깨에 멘 채, 가축을 치거나 논밭을 간다." 이 구태의연한 세계 속으로는 그 어느 것도 쉽게 뚫고 들어갈 수 없다. 감자만 하더라도 실험 재배에 성공해서 이 "구황용 구근(racine de disette)"이 유용하다는 것을 이곳 사람들은 알았지만 "결코 널리 이용하지는 못했다." 프랑스 영사의 말에 의하면 "감자를 먹는 것은 야유의 대상이고 놀림감이 된다. [농학에 열정적인 관심이 있던 한 사르데냐의 귀족이 시도한 바 있는] 사탕수수는 질시의 대상이 되었고, 무지에서든 악의에서든 그것을 재배하는 것을 범죄로 취급하여 벌을 가했다. 많은 비용을 들여서 데리고 온 노동자들이 하나 둘씩 암살당했다." 마르세유 출신의 한 여행자는 이곳을 지나다가 올리아스트라의 오렌지 나무들을 보고 감탄했다. 이 나무들은 "모두 아주 힘이 있고 건강하며, 오렌지 꽃들이 땅에 떨어져 두꺼운 층을 이룰 정도였지만, 이 고장 사람들은……그것을 전혀 이용하지 않는다." 그는 자기 고향 사람 몇 명을 데리고 와서 양조장을 짓고 한철 내내 일했다. 그러나 다음 해에 이들이 고향에 갔다가 다시 일하러 돌아와보니, 그동안 공장은 파괴되었고 도구와 기구들은 모두 도둑을 맞았다. 결국 모든 것을 포기해야 했다.

물론 더 개방적인 환경에 놓인 농민들도 있다. 사실 우리가 본 사르데냐는 오늘날에도 후진 상태에 있는 아주 예외적인 곳이다. 그러나 [가장 발달된 곳의 하나인/역주] 제노바의 스피넬리 가문 출신인 상인의 예를 보자. 그는 나폴리 왕국에서 영지를 얻어 카스트로빌라니 공이 되었다. 그런데 그가 브라찰리(braccili, 현지에서는 '파티가토리[fatigatori]'라고도 부르는 임시 노동자들)의 도착과 체류 일정을 자기 생각대로 정하려고 하자, 마을 공동체(이를 우니베르시타[universita]라고 부른다) 전원이 그에게 등을 돌렸다. 최종적인 발언권을 가지는 것은 마을 공동체일 수밖에 없다. 사람들은 그에게 충고했다. "파티가토리에게 너무 많은 것을 요구하지 마세요. 그 사람들이 평소처럼 일하러 올 기분이 들지 않을 테니까요!"[87]

　그러므로 새로운 농업기업이 흔히 늪지의 공터나 삼림지역에 설치되고는
했던 것은 우연이 아니다. 관례와 농업체제를 뒤흔들어놓지 않아도 되는 쪽
이 낫기 때문이다. 1782년에 혁신적인 농민인 델포트는 영국식 방목지를 만
들기 위해서 불로뉴-쉬르-메르에 있는 숲의 일부를 선택하여 그곳을 개간
하고 이회토를 뿌려서 준비했다.[88] 조그마한 사실 하나만 추가해야겠다. 이
곳에서는 가축을 늑대들로부터 지켜야 했다. 그러나 어쨌든 사람들로부터
는 안전한 곳이었다!

농민층의 수, 타성, 생산성

농민층은 인구의 태반을 차지하는 엄청난 수이다. 이들이 촘촘히 막고 서
있는 이 세계는 따라서 저항과 타성(惰性)의 가능성을 가진 곳이다. 이 거대
한 수치는 동시에 낮은 생산성의 표시이기도 하다. 거의 대부분의 경우가 그
러하듯이 토지의 생산이 미약할 때에는 [생산성을 높이는 대신/역주] 경작지
를 늘리고 더 많은 일을 해야 하는데, 이 모든 것을 위해서는 더 많은 노동
을 투입해서 균형을 맞추어야 한다. 나폴리 배후에는 프라소와 아르파이아
라는 빈촌이 있고 이곳에서 그리 멀지 않은 곳에 몬테사르키오라는 상대적
으로 부유한 제3의 마을이 있다. 앞의 두 가난한 마을에서는 생산성이 너
무 낮아서 같은 양을 생산하기 위해서는 몬테사르키오보다 세 배나 넓은 땅
을 갈아야 했다. 그 결과 이 두 마을에서는 더 높은 출산율과 더 낮은 결혼
연령을 통해서 상대적으로 더 풍부한 노동력을 산출해야 했다.[89] 이런 것이
대부분의 앙시앵 레짐 경제에 지속적으로 나타나는 모순을 말해준다. 상대
적으로 인구 과잉인 시골지역은 결핍과 기근의 문턱에서 허덕이면서도, 동
시에 곡물 수확, 포도 수확, 겨울철의 타작 같은 일을 할 계절노동자나 곡
괭이로 구덩이를 파는 막일꾼 등을 정기적으로 불러와야 했다. 이런 일꾼들
은 극히 가난한 외부 세계의 실업자층에서 불러오고는 했다. 오를레앙 납세

구에 관한 1698년의 통계를 보면 다음과 같은 수치가 나온다. 큰 쟁기를 가진 농민 2만3,812명, 포도 재배농 2만1,840명, 제분업자 2,121명, 채마밭 농민(jardinier) 539명, 목동 3,160명, 일용노동자 3만8,444명, 하녀 1만3,696명, 하인 1만5,000명. 이 수치는 농촌 인구 전체가 아니다. 여기에는 하녀를 제외하면 여성 인구가 없고 어린아이들도 빠져 있기 때문이다. 그렇지만 어쨌든 주목할 사실은 거의 12만 명에 달하는 활동적인 인구층 중에서 하인, 시종, 일용노동자 같은 임금생활자가 6만7,000명이 넘는다는 점이다.[90]

역설적으로 이렇게 인구가 많다는 것이 생산성 증가의 장애가 된다. 거의 생존경제* 상태에 있으면서 빈번한 흉작의 충격을 견뎌내고 무수한 부담을 감당하기 위해서 끊임없이 일해야 하는 이 수많은 농촌 인구는 결국 일상적인 과업과 일거리에 갇혀버린다. 이들은 거의 꼼짝할 수 없는 지경이다. 이런 상황에서 기술발전이 쉽게 전파되고 새로운 작물과 시장을 개척하는 위험을 감수하리라고는 상상할 수 없다. 오히려 타성적이고 반쯤 졸고 있는 대중이라는 인상을 받는다. 그러나 이들을 조용하고 복종적이라고 봐서는 안 된다. 이들은 예외적인 잔혹성을 가지고 깨어날 수도 있다. 1368년에 몽골이라는 이민족의 지배체제를 종식시키고 명나라를 일으킨 중국의 농민봉기는 그야말로 밀물 같은 움직임이었다. 유럽에서는 이와 같은 정도의 폭발이 드물지만 그래도 도처에서 농민봉기가 정기적으로 터져나오고는 했다.

그러나 이런 봉기는 차례로 진압당해버리고 만다. 1358년 일-드-프랑스의 자크리,** 1381년 영국 노동자봉기, 1514년 죄르지 도저***의 지도하에 일

* économie de subsistance, Subsistenzwirtschaft : 자가 소비를 위해서 가족 또는 마을 공동체 단위로 이루어지는 농업생산. 단순한 생산도구, 취약한 분업 수준, 시장에 내다 팔 잉여의 부족 등이 특징이다.
** 자크리(Jacquerie)란 일반적으로 귀족에 저항하는 프랑스의 농민봉기를 가리키고, 좁은 의미로는 그중에서도 특히 1358년에 보베지에서 일어난 농민봉기를 가리킨다. 자크(Jacque)는 귀족이 농민을 경멸적으로 부르던 말이다.
*** György Dozsa(1470~1514) : 헝가리의 군인, 반란 주동자. 농민층에서 군사를 일으켜 튀르키예족에 투쟁하는 십자군을 만들었으나, 농민군이 귀족과 정부에 대항하는 쪽으로 방향을 돌리

어난―이때 수천 명이 교수형을 당했다―헝가리 농민전쟁,[91] 1525년 독일 농민전쟁,* 또는 1647년 나폴리의 대규모 자크리 등이 모두 그렇게 진압당했다. 그리하여 결국은 농촌 세계의 사회적 상층 구조인 영주층이 다시 우위를 점한다. 영주들은 대개 국왕의 도움을 받았고, 농민의 노동을 필요로 하는 도시사회 역시 다소 의도적으로 영주층과 공모하는 쪽으로 기울었다. 그렇지만 농민들은 아주 규칙적으로 패배를 맛보아도 포기하지는 않았다. 암암리에 벌어지는 투쟁과 공공연한 전쟁이 교대로 일어났다. 오스트리아 농민을 연구한 역사가 게오르크 그륄에 의하면,[92] 1525년의 농민전쟁이 농민들의 일대 패배로 끝난 뒤에도 잠재적인 사회전쟁이 속으로 지속되고 있어서 이 상태가 1650년 이후까지 계속되었다. 농민전쟁은 결코 끝나지 않는 구조적인 전쟁이다. 그것은 백년전쟁보다도 더 오래 계속되었다.

궁핍과 생존

막심 고리키는 언젠가 이렇게 말했다고 한다. "어느 곳에서나 농민은 똑같다."[93] 이것이 정말로 맞는 말일까?

모든 농민들은 지속적인 궁핍 속에 처해 있고, 어떤 시련도 참아내며, 상황에 순응하면서도 저항하는 특출한 능력을 가지고 있고, 봉기가 격심하게 일어나도 느릿느릿 움직이고 어느 곳이든 간에 모든 "새로움(nouvelletez)"을 필사적으로 거부하는 교묘한 기술을 가지고 있을 뿐 아니라,[94] 생활이 늘 불안정하더라도 거기에서 균형을 회복하려는 비길 데에 없는 인내력을 보여준다. 농민들의 생활수준이 낮다는 것은 확실하지만 예외가 없는 것은 아니다. 16세기에는 유틀란트 반도 남쪽에 있는 디트마르센과 같은 목축지역,[95]

자 농민 반란군 지도자가 되었다. 1514년에 테메스바르 전투에서 야노스 자폴리아에게 패배하여 사로잡힌 후, 빨갛게 달구어진 쇠막대 위에서 타죽는 처형을 당했다.

* Bauernkrieg : 1524-1525년에 남부 및 중부 독일에서 농민이 귀족과 성직자 계급에 대항하여, 그들이 고래로 누려오던 옛 관습을 회복하고 경제적 개선을 얻기 위해 일으킨 봉기를 말한다. "전쟁"은 아니지만 통상적으로 이런 이름으로 불린다.

바이에른, 헤센, 튀링겐의 일부 지역에서 볼 수 있는, 이른바 슈바르츠발트 지역의 "농민이 행복하게 잘사는 섬들"[96] 그리고 더 이후 시기에 대규모 도시시장 근처에 위치한 네덜란드의 농촌, 르 망 서부지역,[97] 영국의 많은 지역들, 대부분의 포도 재배 지역 등이 그런 예외적인 곳들이다. 그러나 물론 전반적인 조사를 해보면 암울한 이미지를 보이는 곳이 지배적일 것이다.

그렇다고 이 암울함을 너무 곧이곧대로 받아들여서도 안 된다. 어쨌든 농민은 살아남는다. 그들이 어떻게든 역경을 헤쳐나가는 것은 보편적인 진실이다. 그것이 가능한 이유는 이들에게 수많은 보충적인 일거리가 있기 때문이다.[98] 수공업활동, 진짜 "산업" 활동이라고 할 만한 포도 재배, 짐수레 운반 등이 그런 것들이다. 스웨덴이나 영국의 농민들이 동시에 광부, 석공, 철공이었다든가, 스코네*의 농민들이 선원이 되어 발트 해와 북해상의 활발한 연안 항해를 했다든가, 모든 농민이 어느 정도는 직공 및 운송인이었다는 것은 놀라운 일이 아니다. 16세기 말에 이스트라 반도에 재판(再版)농노제(second servage)의 물결이 닥쳤을 때, 많은 농민들이 아드리아 해의 여러 항구로 도망가서 짐꾼이나 행상인이 되고 시골의 용광로를 이용하여 초보적인 제철업을 활성화시켰다.[99] 약식 재판(Sommaria)의 한 진지한 보고서에 의하면 나폴리 왕국에서는 "일용노동으로만 먹고 사는 것이 아니라, 매년 6토몰라**의 밀과 보리를 파종하고, ……채소를 재배해서 시장에 내다 팔며, 나무를 해다 팔기도 하고, 자기 가축을 가지고 운반업도 하면서 살아가는 브라찰리가 많이 있다. 그런데 이들은 세금을 낼 때에는 자기들이 단지 브라찰리에 불과하다고 주장한다."[100] 최근의 한 연구에 의해서는, 이들은 더 나아가서 돈을 빌리기도 하고 빌려주기도 하는 소규모 고리대금업자이기도 하며, 주도면밀한 목축업자이기도 하다는 사실이 밝혀졌다.

---

* Skåne, Scania : 크리스티안스타드와 말뫼후스 주를 포함하는 스웨덴 남쪽 지방.
** tomola : 이탈리아의 용적 단위. 약 45리터에 해당한다.

장기지속이라고 해도 변화가 없는 것은 아니다

이런 예들은 고리키가 옳지 않다는 것을 보여준다. 농민이 된다는 것, 가난하다는 것도 천차만별이다. 뤼시앙 페브르는 프랑스가 지역마다 서로 다르다는 것에 주목해서 늘 "프랑스는 다양성이다(la France se nomme diversité)"라고 말하고는 했다. 그러나 사실 온 세상이 다양성이다. 토양과 기후와 농업이 다르며, 먼 옛날의 선택 이후의 역사의 상이한 "편류(偏流, dérive)"의 결과가 또 다르다.* 게다가 재산과 사람의 지위도 다르다. 농민이라고 해도 노예, 농노, 자유보유농, 반분소작농, 차지농 등 여러 종류가 있다. 그들이 주인으로 모시는 것도 교회, 국왕, 대영주, 그보다 두세 단계 처지는 귀족, 대차지농 등 다양하다. 그리고 그때마다 농민의 신분적인 지위도 달라진다.

이러한 공간상의 다양성은 누구도 부인하지 않는다. 그러나 오늘날 농민사를 연구한 역사학자들은 한 주어진 체제 내에서는 시간상으로 부동(不動)의 상황이 현저하게 반복적으로 나타난다고 보는 경향이 있다. 토스카나의 농촌을 연구하는 탁월한 역사가인 엘리오 콘티는 자신이 연구하는 농촌은 1,000년 단위의 연속적인 관찰을 통해서만 설명이 가능하다고 말한다.[101] 파리 주변 농촌에 대해서 한 역사가는 "시골 구조는 미려왕 필리프 4세 시대[1285-1314/역주]부터 18세기 사이에 거의 변화를 겪지 않았다"고 주장한다.[102] 무엇보다도 연속성이 우월하다. 이미 오래 전에 베르너 좀바르트는 샤를마뉴 시대부터 나폴레옹 시대까지 유럽 농업은 변하지 않았다고 말한바 있다. 이것은 원래 자기 시대의 일부 역사가들을 놀리느라고 한 말이었던 것 같다. 그러나 오늘날에는 이런 경구적인 말에 누구도 놀라지 않는다. 오스트리아의 농촌 사회를 연구하는 역사가 오토 브뤼너는 더 나아가서 태연

---

* 먼 옛날의 선택이란, 아시아 문명은 쌀을 주식으로 하고 유럽 문명은 밀을 주식으로 하게 된 것처럼 먼 과거에 각 문명의 구조를 결정하는 중요한 선택이 이루어진 것을 의미한다. 그후 역사적인 발전으로 초기 선택의 원래 의도와는 다르게 진행될 수 있는데, 이것을 프랑스의 지리학자인 피에르 구루는 주요한 조류와는 어긋나는 물결과 같다는 의미에서 '편류'라고 표현했다.

히 이렇게 말한다. "신석기시대의 농업혁명기부터 19세기까지 농민은 유럽 사회구조의 기초를 형성했으며, 수천 년이 흐르는 동안 상층의 정치 형태의 구조가 변화했지만 그것이 농민층의 본질은 전혀 건드리지 못했다."[103]

그렇지만 농민사가 완전히 부동성 그 자체였다고 맹목적으로 믿어서는 안 된다. 물론 어느 마을의 풍경이 루이 14세 때부터 오늘날까지 변화하지 않을 수 있다. 포레 지역의 어느 여류 역사가가 지적하듯이 그의 늙은 사촌들이 "[오늘날에도] 여전히 14세기의 유서 작성자와 같은 심성을 가지고" 있을 수도 있다.[104] 그리고 이런 농촌의 가축들은 "1914년 현재에도 1340년 당시의 것과 큰 차이를 보이지 않는" 것으로 보이기도 한다.[105] 논밭, 집, 가축, 사람, 말투, 속담 등 많은 것들이 유사하다……. 그러나 그와 달리 얼마나 많은 사물과 현실이 끊임없이 바뀌는가! 알자스 북부의 작은 마을 미트슈도르프에서는 1760-1770년경에 옛날 곡물인 스펠타 밀이 사라진 대신 오늘날과 같은 밀을 재배하게 되었다.[106] 이것이 작은 변화인가? 그리고 이 마을이 1705년에서 1816년 사이에(1765년경일 가능성이 높다) 삼포제에서 이포제로 변화해갔다.[107] 이것은 또 작은 변화인가? 독자들은 이것이 작은 변화라고 생각할지도 모른다. 그러나 실로 엄청난 변화들도 있다. 장기지속은 언젠가는 깨진다. 그것은 단번에 전체가 깨지는 방식이 아니라, 서서히 금이 가면서 깨지는 방식으로 이루어진다. 카스티야의 블랑슈*와 성왕 루이 9세의 시대에 파리 주변의 농노(여기에서 농노는 인두세, 결혼세, 상속세의 세 가지 봉건 부담을 지는 사람이다)와 자유농으로 구성된 농민이 영주에 대항하여 자유를 획득한 것과, 농노해방(affranchissement, manumission)이 증가했다는 것―사실 자유민이 농노와 섞여 있으면 언젠가는 그들 자신도 농노가

---

* Blanche de Castille(1188-1252): 카스티야의 알폰소 8세의 딸, 프랑스의 성왕 루이 9세의 어머니. 프랑스 국왕 필리프 오귀스트의 아들 루이 8세와 결혼했으며 남편의 도움으로 영국의 왕위를 차지하려고 시도했으나 실패했다. 아들인 루이 9세가 어렸을 때, 그리고 그가 십자군 원정을 떠났을 때 섭정을 했다.

될 위험이 있었다—이 결정적인 중요성을 띤다. 그리고 오를리, 쉬시-앙-브리, 부아시 등지에서처럼 농민이 유리한 경제적 배경을 이용하여 돈으로 그들의 봉건부담을 사버렸다는 것 역시 결정적으로 중요한 일이다. 이런 움직임들은 넓게 퍼져갔다.[108] 그와 마찬가지로 중요한 것은 농민의 자유는 마치 질병처럼 유럽 일부에 퍼져서 우선 경제활동이 활발한 지역부터 먼저 건드리고 그다음에는 이웃 마을과의 교류에 힘입어 덜 활발한 지역까지 건드리게 되었다는 점이다. 나폴리 왕국이 그런 흐름에 접했고, 아마도 이 문제에서 선구지역이라고는 할 수 없는 칼라브리아도 그런 흐름에 접했다. 1432년에 시노폴리 백작이 도망간 농민들에 대해서 귀속권을 주장하면서 이들을 돌려보내라고 요구했으나 뜻을 이루지 못했다.[109] 농민의 예속 상태와 봉건 토지에의 귀속은 사라져버렸다. 그래서 예전에 칼라브리아에서 사용되던 아드스크립티(adscripti), 빌라니(villani), 첸실레스(censiles), 레디티치(redditici) 같은 말들이 더는 사용되지 않고, 단지 바살리(vassalli, 봉민[封民])라는 말만 쓰이게 되었다.[110] 오스트리아 고지의 농민들이 농노해방을 기념하는 붉은 모자*를 쓰고 다녔다는 것도 중요한 일이다.[111] 그리고 농민과 영주 사이에 공유 재산을 나누어 가지는 트리아주**가 18세기에 프랑스에서는 전반적으로 실패한 반면, 똑같은 과정이 영국에서는 인클로저(enclosure)를 일으켰다는 것 역시 중요한 일이다. 이와는 반대로 16세기에 폴란드에서는 **재판농노제(second servage, second serfdom)**라는 현상이 일어나서, 도시시장이나 나아가서 외국 상인들과 직접 시장 관계를 경험했던 농민을 다시 억압

---

* 프리지앵 모자(bonnet phrygien), 또는 자유의 모자(bonnet de la liberté)라고도 한다. 고대 아나톨리아에서 기원을 찾을 수 있는 이 모자는 프랑스 혁명 초기인 1789년에 등장했다가 1791년 이후에 크게 유행했다. 그후 1792년 8월 15일에 공식으로 파리 시 공동체(commune)의 복장으로 정해졌다. 이와 비슷한 것으로 고대 그리스 및 로마 시대에 노예가 해방될 때 쓰던 긴 꼬깔 모양의 모자(bonnet d'affranchi : 해방 노예의 모자)가 있다.

** triage : 영주가 다른 부담을 물리지 않는다는 조건으로 마을 공동체에 숲을 양여했더라도, 이 영주와 후손들이 이 숲에서 나는 목재의 3분의 1을 요구할 수 있는 권리. 1669년의 칙령에 의해서 보장되었다. 숲 외에 초원, 늪지, 황무지, 판목 숲, 방목 초지 등도 트리아주의 대상이 된다.

했다.[112] 이 모든 것이 다 결정적인 의미를 가지는 것들이다. 이런 급격한 변화들은 모두 수많은 사람들이 처한 상황을 심층적으로 변화시킨다.

이 점에서는 페르디낭 로를 비판한 마르크 블로크가 옳다.[113] 로는 프랑스 농민에 대해서 "균열이 불가능할 정도로 단단히 결합되어 있는 체제"라고 보았다. 그러나 실제로 균열(fissure)과 마멸(usure)과 파열(rupture) 그리고 반전(retournement)이 있다. 비단 영주-농민 관계만이 아니라 도시와 시골 사이의 공생관계에도 파열이 일어났다. 그리고 이것은 자동적으로 시장경제를 발전시킴으로써 농촌세계의 균형을 흔들어놓았다.

그런데 시장만이 문제가 아니다. 도시는 자기 내부에서 발달하여 제도화되어 있던 길드적인 장애를 피하기 위해, 시골지역으로 여러 직종이 침투하도록 하지 않았던가? 그러나 그렇게 떠난 직종은 다시 시내로 들어오는 것이 유리하다고 생각하면 언제든지 되돌아왔다. 그리고 농민들 역시 높은 임금에 이끌려서 끊임없이 도시로 오지 않았던가? 또한 영주도 도시에 그의 집과 더 나아가서 성 같은 저택을 짓지 않았던가? 다른 유럽 지역보다 앞서 가던 이탈리아가 처음 이런 "도시유입(inurbamento)"을 경험했다. 영주들은 도시민이 되면서 시골의 벌족 무리들을 많이 데리고 왔는데, 이들이 도시의 경제와 사회생활에 영향을 미치지 않을 수 없었다.[114] 그리고 도시는 글을 모르는 사람들 대신에 문서를 작성해주는—너무나도 흔히 사기꾼들인—법률가들, 소송을 복잡하게 벌이도록 만들면서 돈을 버는 사람들, 고율의 이자를 미리 떼고 채무증서에 서명하게 만들고 툭하면 담보로 잡힌 재산을 빼앗아가는 고리대금업자들 등속이 모인 곳이다. 14세기 이후 롬바르디아인들의 카사나(casana)는 농민 채무자들이 걸려드는 덫이었다. 농민들은 우선 부엌의 조리도구, 술통, 농기구를 맡기다가 종래에는 가축, 땅을 잡히게 된다.[115] 곤경이 심해지면서 고리대금의 이자율은 엄청나진다. 1682년 11월에 알자스의 지사는 농민들을 희생시키고 있는 참을 수 없을 정도의 고율의 이자를 고발했다. "부르주아들은 그들에게 30퍼센트의 이자까지 받아내며",

일부는 땅을 담보로 잡고 이자로 "소출의 절반을 받아간다.……이것은 매년 빌린 원금과 같은 크기가 된다.……" 이것은 의심할 여지없이 이자율이 100퍼센트라는 것을 보여준다.[116]

서양의 영주제는 죽지 않았다

영주제는 농민 생활 내부에 깊이 들어가 박혀서 거기에 섞여 있으면서 농민 생활을 보호하기도 하고 억압하기도 한다. 그 자취는 오늘날에도 서양의 모든 풍경에서 찾을 수 있다. 나는 바루아와 샹파뉴 사이에 있는 조그마한 마을 두 곳을 알고 있다. 이 마을들은 이전에 작은 영주령 한 곳에 속해 있었다. 한 마을 근처에는 아직도 성이 남아 있다. 18세기에 보수하고 정비를 한 형태로 유지되는 이 성 옆에는 공원과 숲, 연못 그리고 동굴(grotto)이 있다. 예전에는 방앗간(지금은 사용할 수 없는 형편이지만 여전히 남아 있다), 연못(옛날의 자리에 그대로 있다)이 영주 소유였다. 서로 붙어 있는 농가 주변으로 농민들 소유의 텃밭, 삼밭, 채마밭, 과수원 그리고 보통의 밭이 있다. 밭은 밀밭, 귀리밭, 휴경지의 세 부분으로 나뉘어서 매년 돌려짓기를 하게 되어 있다. 영주 직속 재산으로는 가까운 언덕 위에 위치한 숲과, 마을마다 하나씩 있는 직영지가 있다. 이 영지 중의 하나는 "라 코르베"*라는 지명을 남겼다. 두 번째 마을에는 밀집한 모양의 거대한 농장이 있는데, 이 농장은 농민들의 작은 논밭들 사이에 끼어 있어서 비정상적으로 보인다. 농민들은 멀리 떨어져 있는 숲만을 자유롭게 이용할 수 있었다. 이곳에서 우리는 그 자체로서 닫혀 있는 하나의 우주와 같다는 느낌을 받는다. 농민 겸 장인들(철물공, 수레 만드는 목수, 구두장이, 마구 제조인, 소목)은 포도주까지를 포함하여 모든 것을 스스로 조달했다. 지평선 너머에 다른 마을들이 모여 있고 다른 영지가 있지만, 그곳에 대해서는 아는 바도 없거니와 단지 괜히 그곳을 조롱

---

* La Corvée : 이 이름 자체가 '부역노동'이라는 뜻이다.

거리로 삼는다. 민담 중에는 이렇게 예전부터 내려온 조롱들이 가득하다.

이렇게 틀은 만들었으나 이제 이것을 채워야 한다. 영주란 어떤 사람인가? 화폐, 현물 또는 노동으로 납부하는(마지막 경우가 부역[corvée]이다) 부담은 어떤 것들인가? 앞에서 언급한 평범한 예로 되돌아가보면 1789년 당시에 부담은 그리 크지 않았다. 부역노동은 거의 없어서 1년에 2-3일이었다(밭갈이와 짐수레 수송에 관한 일이다). 다소 격렬한 재판거리가 된 것은 삼림 사용에 관한 것들뿐이다.

그러나 지역마다 많은 차이가 있다. 이것을 이해하기 위해서는 많은 여행을 할 필요가 있다. 앙드레 플레스와 함께 노르망디의 뇌부르로,117) 제라르 드릴과 함께 나폴리 왕국의 몬테사르키오로,118) 이본 베자르와 함께 부르고뉴의 제모로119) 그리고 곧 그렇게 하겠지만, 조르조 도리아와 함께 몬탈데오로 가보자. 직접 가서 정확히 보는 것보다 좋은 것은 없다. 이것은 대개 탁월한 개별 연구들이 제공한다.

그러나 우리의 문제는 그것이 다가 아니다. 우리가 물어야 할 것은 다음과 같다. 적어도 로마 제국 후기의 대영지까지 거슬러올라가며 1,000년간이나 지속된 영주제는 일반적으로 어떤 이유에서 근대 초기에도 살아남을 수 있었는가?

물론 영주제가 전혀 시련을 겪지 않은 것은 아니다. 영주는 봉건제의 위계 속에 위치해 있어서 그의 상위 군주 밑에 있다. 이 관계는 꼭 허구만은 아니어서 상부로 제법 무거운 봉건 지대를 납부해야 했다. 그리고 봉건 영주들 사이의 "아뵈"*는 간혹 소송으로 이어지기도 했다. 그리고 국왕에게 바쳐야 하는 "임시세"**와 여타의 봉건적 부담이 있는데, 때로 상당한 액수에 달

---

* aveux : 봉건계약 관계를 맺을 때 하위의 봉신(封臣)이 상위의 주군(主君)에게 충성의 신서(臣誓, hommage, 부하로서 충성을 다하겠다는 서약 의식)를 한 후 40일 후에 봉토의 모든 명세를 꼼꼼히 작성하여 바치는 것. 상위 주군은 이것을 받아들이든지 "거부할(blâmer)" 수 있다.

** casuel : 이 말은 대개 세례, 결혼, 장례 등의 일이 있을 때 사제가 신도로부터 받는 부담금을 말하지만, 여기에서는 'partie casuelle'을 의미하는 듯하다. 즉, 공직을 소유하던 사람이 유증할

했다. 장 메예르의 계산에 의하면(그러나 그의 연구는 브르타뉴 귀족에 관한 것으로서, 이것이 꽤 특이한 경우라는 점을 고려해야 한다) 18세기에 매년 귀족 수입의 10-15퍼센트 정도가 이런 식으로 잘려나갔다.[120] 보방*은 "만일 모든 점을 계산에 넣으면 귀족도 농민만큼이나 많은 부담을 지고 있다"고 이야기했다.[121] 그러나 이것은 분명히 과장이다.

영주가 농민에게 징수하는 지대와 봉건부담은 점차 줄어드는 경향이 있었다. 13세기에 고정되었던 화폐지불 부담은 이 시대에 이르면 가소로운 정도가 되었다. 서양에서 부역은 일반적으로 되사기**에 의해서 사라졌다. 빵 굽는 오븐의 사용세는 농민들이 1주일에 한 번씩 빵을 구우러 가져오는 밀가루 반죽 중에 몇 줌을 떼는 것에 불과했다. 몇몇 현물 납부는 상징적인 것이 되었다. 상시브***의 부담을 분할한 결과 어떤 농민들은 수탉 4분의 1마리, 8분의 1마리, 어떤 경우는 16분의 1마리를 내게 되었다![122] 영주재판은 사소한 법률 문제에 대해 간편하다는 이점이 있었으나 영주가 임명하는 재판관들을 먹여살릴 만한 소득을 올리지는 못했다. 1750년경 부르고뉴의 제모에서는 8,156리브르의 수입 중에 재판 기록 및 벌금 부과로 인한 소득이 132리브르에 불과했다.[123] 이런 변화가 일어난 이유는 자신의 지방적인 권리를 효율적으로 지킬 수 있는 극히 부유한 영주들일수록 이제 자기 영지에서 나오는 소득만 가지고 살지는 않게 되었기 때문이다.

영주에게 불리하게 작용하는 요인으로는 또 근대적인 삶이 강요하는 사

사람 없이 사망하거나 사직하는 등의 일이 있을 때 이 공직을 다른 사람에게 팔고 그 돈을 국왕이 받는 것을 말한다.

* Sébastien Le Prestre de Vauban(1633-1707) : 프랑스의 장군. 축성의 전문가로 프랑스 전국에 많은 성을 축조했다. 그 외에도 많은 항구 시설, 운하, 수로 등을 건설했고, 군사 공격 기술을 개발하고 이를 이용하여 아우크스부르크 동맹 전쟁에서 큰 성과를 올렸다. 정치에도 관심을 두어서 조세에 관한 개혁안을 썼으나, 오히려 그 때문에 국왕의 총애를 잃었다.

** 부역노동을 하던 부담을 영주에게 일정액의 돈을 주고 영구히 면제받는 것.

*** censive : '상(cens)'이라는 봉건부담 의무가 걸려 있는 밭을 '상시브'라고 한다. '상'이란 영주 소유의 토지를 빌려준 대가로 농민들이 1년에 한 번 내던 봉건 부담이다.

치의 증대를 들 수 있다. 영주는 어떤 비용을 들여서라도 사치스럽게 살아야만 한다고 여겼다. 농민과 비슷하게 영주 역시 부르주아 사채업자의 배를 불려주었다. 부르고뉴의 소-타반 가문은 오랫동안 그들의 거대한 재산 덕분에 불리한 경제국면을 큰 어려움 없이 넘길 수 있었다. 그런데 오히려 18세기 후반의 경제번영은 그들에게 예기치 못했던 어려움을 가져왔다. 소득은 증가했으나 대신 그들은 물쓰듯 돈을 써댔다. 이것은 당연히 파산을 가져왔다.[124] 이런 것은 흔한 이야기이다.

더구나 정치적, 경제적 위기가 영주세계의 모든 측면을 휩쓸어갔다. 샤를 8세, 루이 12세, 프랑수아 1세, 앙리 2세의 시대만 해도 영주들이 여름 동안 프랑스 국왕의 군대와 함께 이탈리아에 가 있다가 겨울에 자기 영지로 돌아오고는 했다. 그러나 1562년 이후 종교전쟁은 그야말로 심연의 소용돌이가 되었다. 1590년대의 경제 후퇴는 위기를 가속화시켰다. 프랑스만이 아니라 이탈리아, 스페인 등지에서도 함정이 파져서 금빛 휘광을 한 귀족들이 단번에 이곳에 빠져서 사라져갔다. 여기에 덧붙여야 할 것은 농민들의 분노와 불만이다. 이런 것들을 짓누르고 억압하고 나면 농민들에게 어느 정도의 양보를 하지 않을 수 없었다.

그렇게 많은 취약성과 적대 세력의 위협에도 불구하고 이 제도는 살아남았다. 거기에는 여러 이유가 있다. 일부 영주들이 파산하면 다른 영주들에게 자리를 넘겨주게 되고, 때로는 다름 아닌 부유한 부르주아들이 그 자리를 넘겨받기도 했다. 그렇게 해서 이 체제가 유지되어나갔다. 농민의 저항과 실력행사가 있다지만, 또한 영주 반동이라는 것도 있으며 그것도 꽤 빈번하게 일어났다. 프랑스에서는 대혁명 직전이 그러했다. 농민에게서 권리를 박탈하는 것이 쉽지 않다면, 영주에게서 특권을 박탈하는 것도 쉬운 일이 아니다. 혹은 달리 이야기하면 영주가 특권을 일부 잃게 되면 그는 그럭저럭해서 다른 특권들을 유지하거나 새로 획득했다.

그러므로 모든 면에서 영주가 불리하지는 않았다. 1789년 이전에 프랑스의 귀족은 이 왕국의 부동산 중에 약 20퍼센트를 관장하고 있었을 것이다.[125] 로 제 방트(lods et ventes) 세*는 여전히 무거웠다(노르망디의 뇌부르에서는 판매액의 16-20퍼센트였다). 영주는 단지 지대를 수취할뿐만 아니라 대지주이기도 했다. 그는 가까운 영지를 직접 처분했는데 이렇게 영주가 직접 관장하는 땅 중에는 특히 지력이 좋은 땅이 많았다. 그는 이런 땅을 가지고 직접 경영을 하거나 임차해주었다.

또 영주는 숲과 "에(haie)"—미경작지, 또는 늪지—의 많은 부분을 소유하고 있었다. 1789년 이전에 뇌부르 남작령의 경우 숲에서 얻는 소득이 전체 소득의 54퍼센트나 되었으니, 이것은 결코 작은 것이 아니었다.[126] 경작하지 않는 땅으로는 그중의 일부를 개간한 뒤 임차해서 샹파르**라는 십일조와 유사한 수익을 올릴 수 있었다. 그리고 특히 보유지의 매각이 있을 때마다 영주는 르트레 페오달(retrait féodal)이라는 우선매입권을 이용하여 사들일 수 있었다. 어느 농민이 상시브를 포기하거나 또는 어떤 이유에서든 이것이 봉건부담에서 해제되면, 영주는 이 땅을 임차해주거나, 반분소작(半分小作) 방식으로 계약을 맺거나, 혹은 다시 봉건화시킬 수 있었다. 심지어 어떤 조건에서는 르트레 페오달을 부과할 수도 있었다. 그는 또 자기 영지 내의 시장, 정기시, 세관 등에 세금을 물릴 수도 있었다. 18세기에 프랑스 정부가 모든 통과세를 조사하여 이것을 되사기 함으로써 상업을 진작시키려고 했을 때, 조사 결과를 보면 이 통과세 다수가 최근에 지주들이 자의적으로 설정한 것들이었다.

영주의 권리는 따라서 많은 조작 가능성을 가지고 있다. 16세기에 푸아투의 가틴***의 영주들은,[127] 도대체 어떻게 했는지는 알 수 없지만, 여러 땅 조

---

* 농민이 경작하는 토지를 판매할 때 영주에게 내야 하던 토지 판매 부담금을 말한다.
** champart : 농민이 보유하는 경작지에 대한 대가로 현물로 내야 하던 봉건 부담을 말한다. 원래는 수확의 12분의 1이지만 지역에 따라 3분의 1부터 20분의 1까지 그 비율이 다양했다.
*** Gâtine : 주변 지역보다 지력이 떨어지고 가난한 고장의 땅을 일컬으며 특히 푸아투, 방데 등의 특정 지방의 일부 지역을 가리키는 용어로 많이 쓰인다.

각들을 모아서 반분소작 토지를 구성했다. 생울타리로 두른 이 땅은 새로운 보카주*의 풍경을 만들었다. 이것은 결정적인 변화였다. 나폴리 왕국의 봉신들은 아주 좋은 조건에 처해 있어서 보유지를 직영지(scarze)로 편입시키는 데에 능숙했지만 그래도 가틴의 영주들만큼 잘 하지는 못했다.

결론적으로 말해서, 농민의 자유가 핵심적이기는 해도 그것이 가지는 경제적 효과에 지나친 환상을 가져서는 안 된다. 더 이상 농노가 아니라는 것은 자신의 보유지를 팔고, 가고 싶은 곳으로 갈 수 있다는 의미이다. 그런데 1676년에 오스트리아 고지의 한 목사가 그 시대를 찬양한 다음과 같은 말을 들어보라. "하느님을 찬양하라, 이제 우리 주변에는 더 이상 농노가 없다. 모든 사람은 그가 봉사하고 싶은 곳에서 봉사할 수 있고 봉사해야 한다(Chacun aujourd'hui peut et doit servir où il veut)."[128] 여기에서 우리가 주목할 것은 "해야 한다(doit)"가 "할 수 있다(peut)"에 덧붙여져 "하고 싶다(veut)"를 약화시키고 있다는 점이다! 농민은 자유롭지만 여전히 영주에게 봉사해야 하고 영주 소유의 토지를 경작해야 한다. 농민은 자유롭지만, 국가가 그에게 세금을 물리고 교회는 그에게서 십일조를 걷고 귀족은 그에게 부담을 물린다. 그 결과를 예상하기는 어렵지 않다. 17세기에 보베지 농민의 소득은 이런 부담금 명목으로 30-40퍼센트나 줄어들었다.[129] 다른 연구들을 보더라도 대개 이 비율과 일치한다. 어디에서나 지배적인 사회층은 자신의 이익을 위해서 농업 잉여를 동원하고 그것을 늘리려고 한다. 농민이 이것을 의식하지 못하리라고 믿는다면 그것은 환상이다. 노르망디에서 일어난 뉴-피에 봉기(Nu-pieds, 1639)**는 그들의 선언문에서 징세청부업자들을 고발했다.

---

* bocage : 생울타리로 둘러막은 소규모 밭과 초원들이 불규칙하게 모여 있는 특징적인 농촌의 풍경을 말하며 특히 프랑스 서부지역에서 많이 볼 수 있다.
** 1639년 노르망디에서 일어난 농민봉기를 일컬으며 '바-뉴-피에(va-nu-pieds)'라고도 한다. 이 때까지 노르망디에서는 염세를 면제해주다가 이 당시 과세를 하려고 하자 이에 저항하여 농민들이 봉기를 일으켰다. 그 주동 인물이 장 바-뉴-피에(Jean Va-nu-pieds)라고 알려져 있는데, 아마도 염전에서 맨발로 일하던 인물로 추정된다('뉴-피에'는 맨발이라는 뜻이다). 이 봉기는 시골에서 도시로 급속히 확산되었으나, 11월에 국왕 측 진압군이 도착하여 군사 거점을 장악

"부자가 된 자들은……우리가 댄 비용으로 새틴과 벨벳 옷을 입고 있고", 이 "도적놈들은 우리의 빵을 먹고 있다."[130] 1788년에 그르노블 근처 생-모리스의 교회참사원들은, 농민들의 말에 따르면, "잘 먹고 돼지처럼 살찔 일만 생각하지만, 이 돼지들은 부활절 축제 때 죽어야 한다."[131] 그러나 나폴리의 경제학자 주세페 갈란티*가 "농민은 끌짐승과 같아서 자기가 지고 갈 수 있는(즉, 살아서 후손을 낳고 일을 하는 데에 필요한) 양만 주어야 한다"[132]고 말하는 이런 사회에서 농민들이 기대할 수 있는 것이 대체 무엇이겠는가? 언제나 기근의 위협 아래에 놓여 있는 이 세계에서 영주들은 편한 역할을 맡고 있다. 그들은 자신의 특권만이 아니라 사회 전체의 안전과 균형을 지키고 있는 것이다. 이 사회가 아무리 모호한 성격이라고 해도 이 사회는 그런 것들을 유지하고 지탱한다. 그리고 리슐리외의 주장에 따르면 농민들은 "노새처럼 무거운 짐에 익숙해서 일하지 않고 놀면 병이 든다."[133] 그러므로 늘 충격을 받고 뒤흔들리고 기반이 약해지면서도 영주 사회가 어쨌든 계속 유지되며, 수 세기 동안 재구성되고, 시골이라는 틀 내에서 자기와 동류가 아닌 것에 대해서 저항할 수 있었던 데에는 많은 이유가 있었던 것이다.

몬탈데오

여기에서 잠깐 우리의 본론에서 벗어나서 이탈리아에 있는 한 작은 마을의 이야기를 하자. 이 이야기는 조르조 도리아라는 역사가가 아주 훌륭하게 해주었다. 이 역사가는 몬탈데오 마을의 지배자였던 제노바 출신 옛 영주의 후손으로서, 제노바 대가문의 고문서들을 물려받았다.[134]

몬탈데오는 인구가 300명이고 땅이 50헥타르가 되지 않는, 빈한한 마을이다. 이 마을은 밀라노 공국과 제노바 공화국의 경계지역에, 롬바르디아 평

한 다음 1월까지 주동자들을 처형함으로써 막을 내렸다.

* Giuseppe Maria Galanti(1743-1806) : 이탈리아의 작가. 나폴리와 시칠리아에 대한 역사적, 사회경제적 논문들("몰리세의 묘사", "시칠리아의 묘사" 등)을 썼다.

원과 아펜니노 산맥이 만나는 곳에 위치해 있다. 언덕배기에 있는 이 작은 땅은 원래 신성 로마 황제에게 속하는 "봉토(fief)"였다. 그러다가 1569년에 도리아 가문이 그리말디 가문에게서 이 마을을 사들였다. 도리아 가문이나 그리말디 가문은 모두 제노바의 상업귀족에 속했다. 어느 가문이든지 "봉토 소유자(feudataire)"가 되어 자본을 안전하게 투자해놓으면서 도시 근처에 보호처를 하나 만들어두는 일을 싫어할 리는 없다(제노바의 정치 상황이 불안하므로 이것은 유용한 준비가 될 것이다). 그들은 낭비벽이 없는 신중한 상인에 걸맞게 이 봉토를 잘 관리했다. 그렇다고 하더라도 그들이 이 토지에 대해서 경영인이나 혁신적인 관리인의 태도를 가진 것은 아니었다.

도리아의 책에는 농민과 봉토소유자 사이의 상호관계가 아주 생생하게 묘사되어 있다. 자유로운 농민은 그들이 원하는 곳에 갈 수 있고 자유롭게 결혼한다. 그러나 그들은 얼마나 빈한한가! 저자가 정해놓은 최소한의 소비량(4인 가구당 1년에 9.5캉탈의 곡물과 밤, 560리터의 포도주)을 넘는 가구는 54가구 중에 8가구에 불과하다. 다른 가구는 항시 영양부족에 시달렸다. 이들은 나무와 찰흙으로 만든 집에 거주했다. 그런데 이런 상황 속에서도 그리고 심지어 재난이 들이닥친 시기에도 가족 규모는 늘었다. "이런 비참한 시기가 생식에 유리하게 작용하는 것 같다"는 것이다. 그러나 이런 가족에게 척박한 땅 1헥타르 정도밖에 남지 않게 되면 봉토소유자의 영지에서 일하든지, 이곳의 부농 3-4명이 공동으로 모아놓은 밭에서 일하든지 하는 방식으로 먹을 것을 다른 곳에서 찾아야 했다. 또는 추수기에 평원지대로 내려가 품을 팔기도 했다. 그러나 때때로 끔찍스럽고 놀라운 일이 벌어지고는 한다. 추수 일꾼은 자기가 먹을 것을 스스로 가지고 가야 하는데 그러다 보면 고용인에게서 받는 것보다 오히려 더 많은 비용이 들기도 한다. 1695, 1735, 1756년에 이런 일이 일어났다. 혹은 일거리를 찾아간 곳에서 일거리를 못 찾는 일도 있다. 그러면 더 멀리까지 가야 한다. 1734년에 어떤 사람들은 코르시카까지 갔다.

이런 불행에 봉토소유자나 그 대리인들의 횡포가 덧붙여진다. 그중에서도 심한 것이 농지관리인(파토레[fattore])이다. 콘솔리*를 앞세워 마을 공동체가 그들에게 대항해보려고 해도 별다른 일을 할 수 없다. 각자는 부담을 지불하고, 지대를 내야 하며, 주인이 싼값에 수확을 사들였다가 나중에 그들에게 비싸게 되팔거나 고리대금업을 독점하고 법원 행정의 이익을 독점하는 일을 감내해야 한다. 벌금은 갈수록 비싸졌다. 그리고 아주 빈번히 일어나는 사소한 위반에 대해 교활한 술책을 써서 벌과금을 크게 불려놓았다. 화폐가치의 하락을 고려하면서 1700년의 벌과금을 1459년의 것과 비교해보면, 상해죄는 12배, 모욕죄는 73배, 도박(노름은 불법이었다)은 94배, 사냥 금지에 관한 위반죄는 157배, 남의 풀밭에 가축을 풀어놓은 죄는 180배가 되었다. 여기에서 영주 재판은 정말 좋은 장사였다.

이 작은 마을은 일반경제국면과는 일정한 시간 차이가 있었다. 그러면서도 이 마을 역시 17세기 농민의 소유권 박탈과 양도를 경험했다. 그리고 나서 계몽시대의 경제성장을 통해 이 마을의 고립이 풀리고 바깥 세계와 연결되었다. 이곳에서는 가장 중요한 단일경작으로서 포도밭이 커져갔다. 교역이 일반화되어 노새 수송이 유리해졌다. "시골 부르주아지"가 생겨났다. 그러고는 공공연한 봉기까지는 아니어도 프롱드와 유사한 심성이 퍼져갔다. 그러나 이 극빈농 중에 어떤 사람이 자기 지위에서 벗어나는 것이 특권을 누리고 있는 사람의 눈에는 무례한 일로 비쳤다. 게다가 그 사람이 거만하기까지 하다면 그것은 정말 큰 스캔들이었다. 몬탈데오의 "새로운 인간(huomo nuovo)"인 베톨도라는 사람은 조르조 도리아 후작의 분노를 샀다. 그는 이 마을의 포도주를 제노바까지 수송해서 제법 돈을 번 노새 수송인으로서, 아마도 다른 노새 수송인들에게 돈을 빌려주는 행위까지 서슴지 않고 했던 것 같다(이것은 1782년에 있었던 일이다). 후작은 그의 관리인에게 이런 편지를

---

* consoli : 읍, 면의 관리들.

썼다. "베톨도라는 자의 오만함은 정말로 나를 화나게 한다네. 그리고 그가 얼마나 쉽게도 나를 모독하는지.……그놈이 말을 안 듣는 만큼 벌을 주어야 할 것일세.……어쨌든 우리 일거리는 하나도 그에게 주지 말게. 아마도 배가 고프면 그자도 조금 덜 못되게 나올 테지."

그러나 과연 그렇게 될까? 욕하고 모욕하고 놀려먹는 것은 유혹적일 뿐만 아니라 필요한 일이기도 했다. 굴종을 강요당한 사람에게는 낮은 목소리로 이 시대 롬바르디아에서 유행하던 다음과 같은 모토를 중얼대는 것이 얼마나 큰 위안이 되겠는가. "빵 부스러기, 시궁창물 같은 놈아, 너나 일해라, 주인장, 난 더 이상 못 해(Pane di mostura, acqua di fosso, lavora ti, Patron, che io non posso)!" 수년 뒤인 1790년에는 조르조 도리아에 대해서 이렇게 말하는 것이 상투어가 되어버렸다. "그는 자기 일과 관련해서만 후작이지, 그 외에 대해서는 아니야(É marchese del fatto suo, e non di più)." 이런 혁명적인 언사에 대해서 1780년에 몬탈데오의 신부는 그 시대를 개탄하며 후작에게 이런 편지를 보냈다. "……수년 전부터 사기, 복수,* 고리대금업, 밀수나 다른 악덕들이 다시 크게 활개를 치고 있습니다." 이와 같은 견해는 이 시대 이탈리아의 다른 곳에서도 들을 수 있었고 심지어 자유주의적 경제학자인 제노베시** 같은 사람도 그런 글을 썼다. 1758년경에 나폴리 노동자들의 정신상태에 아연실색한 그는 이런 것을 고칠 방도는 단지 군대식 규율과 몽둥이밖에 없다고 썼다(bastonate, ma bastonate all'uso militare)![135] 그때부터 나폴리 왕국의 사정은 갈수록 악화되어 사회적인 불복종이 일종의 질병처럼 퍼져갔다. 1785년부터 곡물 가격이 내려간 데에 비해서 일용노동자들은 예년

---

* vendetta : 코르시카를 비롯한 지중해 일부 지역에서, 살인 등의 공격행위에 대해 희생자의 친척이 복수하는 것. 이 방데타는 또다른 방데타를 불러일으켜서, 대를 이어 계속되기도 한다.
** Antonio Genovesi(1712-1769) : 이탈리아의 경제학자, 철학자. 나폴리에서 형이상학과 정치경제학을 가르치는 교수로 재직하면서 인문주의적인 이상과 급진적인 기독교 형이상학체제를 접합하려고 시도했다. 경제학자로서는 노동의 가치를 강조하고 자유 경쟁과 보호주의 정책을 융합하려고 시도한 중상주의자라고 할 수 있다.

의 2배의 임금을 요구하지 않았던가? 이들은 한창 일해야 하는 때에 베톨라(bettola : 선술집)에 가기 위해서 휴식시간을 늘리고, 술집에 가서 술 마시고 노름하느라 돈을 날리지 않았던가?[136)

장애를 넘다

어떤 상황에서는 자본주의가 영주와 농민이 만들어낸 장애물을 넘어서거나 우회하기도 한다. 이런 구조적인 변화의 주도권은 영주제 내부에서 나올 수도 있고 외부에서 올 수도 있다.

안으로부터 나올 경우 영주 자신이 모방하거나 만들려고 하여 그 스스로 주도하는 자본주의일 수도 있고, 또는 성공한 대차지농들이 주도하는 농민 기원의 자본주의일 수도 있다.

그러나 역시 가장 중요한 것은 외부에서 들어오는 것이다. 도시의 돈이 끊임없이 시골로 유입되었다. 사회적 상승이나 사치를 위한 구매일 경우 그 돈은 반쯤은 허비되는 것이나 마찬가지이다. 그러나 때로는 그렇게 유입되는 돈이 비록 그 즉시 폭발적으로 완벽한 유형의 자본주의가 만들어지도록 하지는 않는다고 해도, 모든 것을 뒤흔들어놓고 변화시키는 힘을 주기도 한다. 농업생산이 일반경제에 연결되면 언제나 마법의 지팡이를 흔드는 결과가 된다. 15세기에 제노바의 사업가들이 시칠리아에 사탕수수 재배와 설탕 제조용 물레방아(trapeto)를 설치하고, 16세기에 툴루즈 대상인들이 자기 고장에 파스텔 염료의 산업적 재배를 시도하고, 그다음 세기에 보르도 지역이나 부르고뉴 지역에서 포도 재배가 크게 신장되고 그 수익 중에 큰 몫이 보르도나 디종의 고등법원 의장 및 자문위원들에게 돌아간 것 등이 모두 수익성 좋은 외부시장의 수요를 겨냥한 것들이다. 그 결과 업무와 역할의 분업이 이루어지고 자본주의적인 경영망이 생겼다. 그 전형적인 예는 보르도에서 찾을 수 있다. 이곳에서 경영 전체는 관리인(régisseur)이 책임지고, 포도 재배 분야는 사업가(homme d'affire)가 맡는 한편, 그를 보좌하는 사람으로

366

는 노동자를 관리하는 노무감독(maître valet)과 포도밭과 포도주 제조를 관리하고 전문 노동자를 지휘하는 포도원 감독(maître vigneron)이 있다.[137] 부르고뉴는 이런 발전이 아직 덜 이루어진 단계에 있었다.[138] 품질 좋은 포도주를 생산하는 언덕 사면의 포도밭은 17세기 초만 해도 아직 교회 재산이었다. 그러나 디종의 고등법원이 유리한 가격을 제시하자 시토 교단의 고위 성직자들은 코르통*을 기꺼이 넘겼다. 이것은 수많은 유사한 예들 중의 하나에 불과하다. 새 주인은 그들의 "포도밭(clos)"의 상품을 상업화해서 시장에 내놓았다. 그들은 더 나아가서 개인적으로 이 지역의 여러 마을에 와서 정착하고 포도주 사업을 벌였다. 반쯤 경사진 이곳에는 좁은 길이 나 있고 오막살이집들, 초라한 "지하 술창고(chetif cellier)"가 있고, "중심가(rue haute)" 밑에는 몇몇 가게와 장인들의 공방이 위치해 있다. 곧 이곳에는 이 새 주인들의 멋진 집들이 들어섰다. 작은 마을인 브로숑에는 그런 집들이 36채, 제브레에는 47채를 헤아리게 되었다. 이것은 판매가 쉽고 높은 수익이 보장되는 이 생산 영역을 식민지화하고 보호하고 직접 감시하게 되었음을 뜻한다.

유럽의 변두리로부터 중심부로

초기 농업자본주의에 관해서는 수백 개의 예들을 찾을 수 있다. 그러나 우리는 그중에서 몇몇 의미 있는 예들만을 취사선택하려고 한다. 물론 우리는 유럽의 경험 내에 머무를 것이다. 이때의 유럽이라는 의미는 일반적으로 유럽이라고 부를 때의 유럽 내부, 동유럽의 변경지역, 또는 유럽의 영향 아래에 있는 아메리카—이곳은 특출한 실험실 역할을 한 셈이다—등을 모두 포괄한다. 이것은 서로 다른 맥락들 속에서 자본주의가 자신과 구조적으로 다른 낯선 체제 속으로 뚫고 들어갈 수 있음을 보여주는 기회이다. 어떤 경우에는 정면에서 곧바로 꿰뚫고 들어가기도 했고, 또 어떤 경우에는 상품 배

---

* Cortons : 알록스-코르통(Aloxe-Corton)에서 제조되는 부르고뉴 포도주.

분이라는 병목 부분을 장악함으로써 원거리에서 생산을 지배하는 정도로 만족하기도 했다.

자본주의와 재판농노제*

이 소절의 제목은 역설적인 표현을 해보기 위해서 만든 것이 아니다. "재판농노제(second servage)"란 동유럽 농민들이 겪은 운명을 말해준다. 15세기까지도 자유롭던 이들의 운명은 16세기를 지나는 동안 바뀌었다. 그후에 아주 광대한 지역에서 모든 것이 농노 상태를 향해서 거꾸로 바뀌어갔다. 그것은 발트 해에서부터 흑해, 발칸 지역, 나폴리 왕국, 시칠리아까지, 그리고 모스크바 공국에서부터(이것은 아주 독특한 경우이다) 폴란드와 중유럽에 이르기까지, 개략적으로는 함부르크, 빈, 베네치아를 잇는 선을 기준으로 해서 그 동쪽의 넓은 지역에서 일어난 일이다.

이 공간에서 자본주의는 어떤 역할을 했는가? 이 경우에는 재봉건화(re-féodalisation) 혹은 봉건체제(régime féodal, système féodal)와 관련이 있으므로 자본주의는 아무런 역할도 하지 않았다. 비톨드 쿨라의 훌륭한 저서는 16세기부터 18세기까지 폴란드의 예속농민과 그들의 지배자가 행하는 "경제적 계산"이 과연 어떤 것이었는지를 하나씩 분석하는데,[139] 여기에서 그는 왜 영주들이 19세기까지도 "진정한" 자본가가 아닌지를 설명하고 있다.

콩종크튀르가 여러 다양한 영향을 미친 결과 16세기부터 동유럽은 원재료를 생산하는 식민지 같은 운명을 겪었으며, 재판농노제는 이 운명의 가장 명료한 양태일 뿐이다. 시대와 장소에 따라 다르지만 어느 곳에서나 농민은 토지에 묶이고, 법적으로나 실제적으로나 이동의 자유, 원하는 사람과 결혼

---

* 이 용어는 마르크스가 처음 사용했다. 독일 농촌의 상태에 대한 역사적 고찰을 한 그는 13세기에 농민의 지위가 극히 열악하다가 14-15세기에 상당한 개선이 이루어졌으나, 그후 15세기 중반 이후부터 다시 악화되었다고 파악했다. 그래서 16세기 이후의 농민 상태가 13세기 이전 상태로 되돌아간 것과 흡사하다는 의미에서 이를 재판(再版)농노제라고 명명했다.

할 자유를 상실했고, 현물이나 노동 형태의 부담을 돈으로 갚아버리고 해방되는 길이 막혔다. 부역의 부담은 엄청나게 증가했다. 1500년경에만 해도 폴란드에서는 부역의 부담이 아주 작았다.[140] 1519년과 1529년의 법령은 이것을 1주일에 하루, 그러므로 1년에 52일로 고정시켰다. 그러다가 1550년경에 1주일에 3일로, 그리고 1600년경에는 1주일에 6일로 되었다. 헝가리에서도 비슷한 방향으로 변화가 이루어졌다. 1514년에는 1주일에 하루였던 것이 곧 2일, 3일이 되고 다시 2주일 중에 1주일이 되었다가 나중에는 모든 규칙이 사라져버리고 단지 영주 마음대로 부역량을 정하게 되었다.[141] 트란실바니아에서는 1주일에 부역이 4일이어서 농민들로서는 일요일을 빼면 자신의 농사를 위해서 일할 수 있는 날은 이틀만 남았다. 심지어 1589-1590년의 리보니아에서는 "모든 예속농민은 소나 말을 가지고 매일 [일한다](jeder gesinde mitt Ochsen oder Pferdt alle Dage)."[142] 이것을 보면 소나 말로 끄는 쟁기를 가진 모든 부역 농민이 매일같이 부역노동을 했다는 것이 확실하다. 2세기 후(1798)에도 니더슐레지엔에서는 "농민 부역은 무제한이다"라고 공식적으로 규정했다.[143] 작센에서는 마치 징집을 하듯 젊은이를 징발해서 2-3년 동안 영주에게 봉사하도록 했다.[144] 러시아에서는 부채를 짊어진 농민이 영주와 계약해서 한곳의 땅에 묶이는 이른바 "자발적 농노제(servage volontaire)"가 생겼으며 이것은 후에 법적으로 공식화되었다.[145]

간단히 말하면 경우에 따라 여러 방식으로 완화되기도 하고 다르게 조직되기도 했지만, 1주일에 6일 동안 부역을 부담하는 관행이 거의 예외 없이 자리를 잡았다. 여기에서 국왕령이나 도시 소유의 협소한 토지에 속하는 농민은 제쳐놓아야 할 것이다. 그리고 보헤미아나 동프로이센에는 비교적 덜 심한 체제가 자리 잡고 있었을 것이다. 사실 부역노동도 끊임없이 지방 사회의 현실과 농민노동의 현실에 적응하면서 변화해갔으므로 일반적인 통계를 내고 그 결과를 지도에 표시하는 것이 불가능하다. 쟁기 경작을 하는 부역은 땅을 많이 가진 농민들이 부담하게 되어 있어서, 이 사람들은 이를 위해서 자신이 필요한 것보다 더 많은 수의 가축을 치고 또 자기 아들이나 다른 일꾼을 보내야 했다. 그러나 이렇게 쟁기 경작의 부역—이를 독일에서는 슈판딘스테(Spanndienste) 또는 슈판베르케(Spannwerke)라고 한다—을 한다고 해서 수작업 부역(한트베르케[Handwerke])을 면제받는 것도 아니다. 또 영주제 마을 내에는 소농과 무토지 일꾼들이 있기 때문에 일련의 상이한 부역체계와 기준들이 혼재했다. 가내노동, 마구간과 곳간 및 외양간 등에 필요한 일, 토지 경작, 풀베기, 추수, 수송, 토목일, 나무하기 등 모든 일에 부역노동이 사용되기 때문에 부역체계가 그만큼 다양해진 것이다. 그 결과 자연스럽게 시골 세계의 거대한 노동력이 동원되었다. 그리고 그것을 더 강화시키는 것도 언제나 어렵지 않게 이루어졌다. 노동시간표를 변경하든지, 쟁기를 사용하는 부역 일꾼을 더 오래 붙잡아두든지, 수송 부역을 더 무겁게 하든지, 아니면 수송거리를 늘리면 그만이다. 필요하다면 위협을 가하면 된다.

일반적으로 동유럽에서 부역이 강화되는 데에는 외부적 요인과 내부적 요인이 동시에 작용했다. 외부적 요인으로는 서유럽의 식량 및 원재료에 대한 대규모 수요를 들 수 있다. 그 결과로 동유럽에서는 수출용 생산의 필요가 크게 고무되었다. 내부적 요인으로는 국가, 도시, 영주 사이의 경쟁에서 영주가 거의 어디에서나(러시아를 빼면) 지배적인 위치를 차지했다는 점이 있다. 도시와 도시시장의 쇠퇴, 국가의 약화에 대응하여 봉건 영주들이 노동력을(그리고 이에 덧붙여 생산적인 토지를) 장악하면서 이들의 세력이 크게 성장했다. 전통적인 영주제인 그룬트헤어샤프트와 대조적으로 역사가들이 구츠헤어샤프트*라고 부르는 이 체제에 봉사하는 거대한 모터 역할을 한 것이 부역노동이었다. 18세기의 슐레지엔에 대해서 계산해본 결과, 1년 동안 말 두 마리로 끄는 쟁기로 부역노동을 한 것이 37만3,621일이고 소로 끄는 쟁

---

* 구츠헤어샤프트(Gutsherrschaft)는 영주가 지배하는 "영지 내의 모든 것"에 절대적인 통제권을 가지며 따라서 농민의 인신에 대해서도 절대적인 지배권을 가지는 체제인 데에 비해서, 그룬트헤어샤프트(Grundherrschaft)는 영주가 자신의 "영지"를 마음대로 처분할 수 있는 체제이다.

기로 부역노동을 한 것이 49만5,127일로 집계되었다. 모라바에 대해서 조사한 결과는 이 수치가 각각 428만2,000일과 140만9,114일이었다.[146]

이 둔중한 체제가 하루이틀 사이에 세워진 것은 아니다. 점진적인 발전과 적응의 과정이 있었다. 그리고 거기에는 폭력사태도 없지 않았다. 헝가리에서는 도저의 봉기(1514)가 실패로 끝난 이후[147] 페르페투아 루스티키타스(perpetua rusticitas, 즉 농민이 영구히 예속적이라는 것)를 선언한 베르뵈츠(Werböcz) 법령이 반포되었다. 같은 내용의 법령이 한 세기 뒤인 1608년에 신분의회에서 다시 반포되었는데, 이것은 튀르키예인들을 괴롭히고 약탈하면서 살던 도주농민들*이 반란을 일으킨 뒤에 일어난 일이다.

농민들 입장에서 지나치게 수탈이 심한 영주에 대항하는 유일한 무기는 도망이었다. 밤중에 아내와 아이들을 데리고 암소와 그밖의 전 재산을 챙겨서 마차로 도망가는 사람을 어떻게 붙잡을 수 있겠는가? 어느 정도만 도망가면 노상에서 똑같이 곤궁한 형제들의 도움을 받게 되고 마침내는 다른 영주들의 영지에서 환영을 받거나 무법자 집단에 들어가게 된다. 30년전쟁 이후 라우지츠에서 손해를 입은 귀족들이 지방의회(Landtag)에서 불만과 분노를 토로했다.[148] 적어도 도주한 자를 도와주거나 받아들인 자를 처벌해야 한다고 그들은 주장했다. 그리고 도망자를 체포하면 귀를 자르든지 코를 베어내든지 아니면 달군 쇠로 이마에 자국을 내야 한다는 것이다. 그들은 드레스덴에서 작센 선제후로부터 그런 조치를 취해도 좋다는 칙령(Reskript)을 얻어내지 않았던가? 그러나 사실 농노의 자유로운 이주를 금지하는 칙령들의 수가 한없이 많다는 것(모라바에서는 1638, 1658, 1687, 1699, 1712년, 슐레지엔에서는 1699, 1709, 1714, 1720년) 자체가 이런 법률이 얼마나 무력한지

---

* Hajduk : 헝가리어로는 '하이두(hajdú, 복수형은 hajdúk)', 튀르키예어로는 '하두트(hajdut)'라고 하며, 모두 "강도"의 뜻이다. 15세기 말에 튀르키예 제국에 맞서 헝가리 남부지역을 수호할 임무를 맡은 병사들이 튀르키예의 침입 때 강도 떼로 변했으며, 때때로 오스트리아의 지배에 저항하는 헝가리 봉기에 이용되기도 했다.

를 설명해준다.

반대로 영주들은 아주 거대한 폐쇄경제 단위 속에 농민을 편입시킬 수 있었다. 보헤미아의 체르니 백작령, 폴란드의 라지빌* 또는 차르토리스키** 가문, 헝가리의 포도주 및 가축 매매를 하는 대상인 등을 생각해보라. 이 경제 단위들은 자체충족적으로 살아간다. 농민들은 실제로 도시시장에 접근하지 못했으며, 그 도시시장이 우선 대단히 위축되었다. 혹시 농민들이 도시시장에 간다고 해도 그것은 봉건부담금을 내는 데에 필요한 약간의 돈을 모으기 위해 소소한 거래를 하거나 아니면 주막에 들러 맥주나 브랜디를 한잔하기 위한 것에 불과하다(그리고 이 주막 역시 영주의 소유였다).

그러나 이 경제단위 전체가 자급자족적이지는 않았다. 이것은 상층부에서 외부로 개방되어 있기 때문이다. 예전처럼 농노와 토지를 소유한 영주도 이제 원격지 소비자의 수요를 위해서 곡물, 목재, 가축, 포도주 그리고 후에는 사프란이나 담배를 생산하게 되었다. 문자 그대로 곡물이 강처럼 비스와 강을 따라 내려와 그단스크에 도착했다. 헝가리에서는 포도주와 [도축하지 않아 살아 있는] 가축이 수출되었다. 도나우 지방에서는 이스탄불의 거대한 식욕에 맞추어 밀과 양 떼가 수출되었다. 재판농노제 지역에서는 어디에서나 영주경제가 모든 것을 포괄하고 도시마저도 복속시킨다. 이것은 참으로 이상한 시골의 복수가 아닌가?

게다가 이 영역들 내에는 읍이 있어서 이곳이 벽돌 제조, 브랜디 제조, 양조, 제분, 도자기 제조 등의 산업기반이 되었다. 슐레지엔에서는 심지어 용광로도 있었다. 이 작업장들은 예속노동력을 사용하고 아주 흔히는 원재료를 무료로 사용한다. 이 때문에 이런 것들이 차변, 대변으로 엄격히 구분되

---

* Radziwill : 16세기에 이 지역의 영주로 성장한 리투아니아 출신의 폴란드 가문이다. 16세기에 이 지방의 유력한 백작이 된 니콜라이로부터 19세기에 베토벤과 쇼팽의 후원자였던 안톤 하인리히까지 많은 인사들을 배출했다.

** Czartoryski : 폴란드-리투아니아 역사에서 많은 유력 인사, 정치가를 배출한 귀족 가문.

어 장부에 기재될 수가 없었다.* 18세기 후반 오스트리아 영주들은 직물 매뉴팩처의 설립에 참여했다. 이들은 각별히 활동적이었고 그 가능성을 인식하고 있었다. 그래서 가차 없이 영지 부풀리기(Arrondierung)를 수행했고 국왕의 삼림이나 재판권을 전횡했으며 담배와 같은 신작물을 보급하고 모든 소도시의 시장 진입세를 자신에게 유리하도록 수중에 복속시켜놓았다.[149]

이제 우리의 문제로 되돌아가보자. 재판농노제의 다양한 면모들 중에서 자본주의와 관련이 있는 것이 무엇인가? 비톨드 쿨라의 책은 이 점에 대해서 아무것도 없었다고 답한다. 그리고 이 논증은 확실히 타당하다. 만일 자본가들에 대한 전통적인 견해를 받아들인다면—즉, 합리화, 계산, 투자, 이윤의 극대화 등이 기준이라면—폴란드의 대귀족과 영주들은 자본가가 아니다. 그들이 획득하는 돈부터 그들의 발밑에 깔린 자연경제의 차원에 이르기까지 모든 것이 너무나 단순하다. 이 기계는 스스로 돌아갈 것이므로 그들은 게신할 필요가 없다. 그들은 전력을 다해 생산비를 낮추려고 하지 않으며, 바로 그들의 자본이라고 할 수 있는 토지의 생산성을 개선하려고도, 심지어 유지하려고도 하지 않고 모든 실물투자를 거부한 채 가능하다면 그들이 소유한 농노들의 무료 노동에 만족해한다. 수확은 어떻든 수익을 가져다준다. 곡물을 그단스크로 가져가서 팔기만 하면 되는 것이다. 또 이 곡물은 대부분 사치품인 서유럽의 상품과 자동적으로 교환된다. 그러나 1820년경,[150] (이때까지의 변화를 정확히 추적할 수는 없지만) 상황은 완전히 뒤바뀌었다. 많은 지주들이 이제 그들의 땅을 어떤 비용을 들여서라도 긴급히 보존하고 개선해야 하는 자본으로 간주하게 되었다. 그리고 농노들은 효율적인 노동은 거의 제공하지 않은 채 너무 과다한 식량만을 소비하므로 가능한 한 시급히 몰아내려고 했다. 이제 그들은 차라리 임금을 받고 일하는 농민을 선호했다. 그들의 "경제적 계산"은 더 이상 옛날과 같지 않았다. 뒤늦게나마

---

* 노동력과 원재료가 무상이므로 수익, 비용, 원가 계산 등을 하는 것이 무의미하다는 뜻이다.

투자, 원가, 순이익을 비교하려고 애쓰는 관리 법칙에 부합하는 방식으로 바뀌었다. 이런 대조작업만 하더라도 18세기 이전의 폴란드 영주들이 기업가가 아니라 봉건영주의 반열에 든다는 결정적인 논거라고 쿨라는 본다.

물론 나는 이와 같은 쿨라의 논증을 부정하지는 않겠다. 그러나 나의 생각에 재판농노제는 상업자본주의와 상응한다. 이 상업자본주의는 동유럽 상황에서 유리한 조건을 발견했을 뿐 아니라 심지어 부분적으로는 그 존재 이유를 발견했다. 대지주 자신은 자본가가 아니지만, 그는 암스테르담이나 여타 지역의 자본주의에 봉사하며 그 도구이자 협력자가 된 것이다. 그는 그 **체제의 일부가 되었다**. 폴란드의 대지주는 그단스크 상인으로부터 대부를 받았고, 그것은 곧 그를 중개로 해서 네덜란드 상인으로부터 대부를 받은 것을 뜻한다. 어떤 의미에서 그는 양털을 깎기 전에 이미 제노바 상인에게 양모 판매를 약속한 16세기 세고비아의 목동과 같은 열등한 입장에 있는 것이다. 혹은 이 상황은 곤궁하든 아니든 어느 시대를 막론하고 언제나 선불을 원하던 유럽 전역의 농민들이 아무 상인에게나 입도선매로 밀을 파는 경우와 유사하다. 소상인이든 대상인이든 이런 상황에서 불법 이익을 얻을 수 있고 시장의 규제와 가격을 벗어날 가능성을 발견한다. 자본주의의 주체 내지 참여자란 자신의 취향과 필요에 따라서, 그리고 중간 매개인들을 통해서 해로, 내륙 수로, 또는 제한적이나마 육로로 동원할 수 있는 모든 것을 동원하는 사람이라고 할 때, 동유럽의 영주들이 바로 그런 사람들이라기보다는 차라리 그런 사람들의 희생자라고 말해야 하지 않을까?

그렇기도 하고 아니기도 하다. 고리대금업과 같은 법칙에 복종하는 세고비아의 목동 및 곡물 재배농과 폴란드의 영주 사이에는 현격한 차이가 있다. 폴란드의 영주는 그단스크 시장에서는 불리한 입장에 처하지만, **그의 영지에서는 전능한 권한을 가진다**. 이런 전능한 권한을 이용해서 그는 자본주의적인 수요에 맞추어 생산을 조직한다. 자본주의적 수요는 단지 그 자신의 사치품 수요와 관련해서만 그의 관심을 끈다. 1534년에 사람들은 네덜란드의 스타트하우더에게 이런 보고를 올렸다. "폴란드와 프로이센의 대영주와 지배자들은 25년 전부터 몇몇 강을 통해서 곡물을 그단스크로 보내 그곳 시민에게만 판매하는 방식을 발견했습니다. 그래서 폴란드 왕국과 대영주들은 아주 큰 부자가 되었습니다."[151] 이 문서를 곧이곧대로 따른다면, 우리는 이곳에서 젠틀맨-차지농(gentleman-farmer) 혹은 슘페터 방식의 기업가를 발견하리라고 상상하게 될 것이다. 그러나 결코 그렇지 않다. 오히려 서유럽의 기업가들이 이곳에 와서 문을 두드렸다. 그러나 이미 증명된 바와 같이 농민과 많은 도시를 자기에게 봉사하도록 만들고, 농업과 매뉴팩처—그러므로 전체 생산—를 지배하는 힘을 가진 것은 폴란드 영주들이었다. 그들이 외국 자본가에게 봉사하기 위해서 이 힘을 동원했다면 그들 자신이 이 체제의 주체가 된 것이다. 그들이 없다면 재판농노제도 없다. 재판농노제가 없다면 **수출 가능한** 곡물 생산량은 더 적어졌을 것이다. 첫째, 만일 영주가 농민에게서 모든 **생산수단**을 빼앗지 않았다면, 그리고 둘째, 영주가 이미 활기넘치던 시장경제를 죽이고 모든 **교환수단**을 자신이 독점하지 않았다면, 농민은 자신이 가꾼 밀을 스스로 먹든지 또는 다른 재화를 얻기 위해서 시장에서 교환했을 것이다. 이 체제는 쿨라 자신이 말했듯이 영주가 모든 전통적인 수단을 동원해서 상업화할 곡물의 양을 증대시키려고 했던 체제이므로 봉건체제라고 할 수는 없을 것이다. 그렇다고 해서 이것이 영국식의 근대적인 자본주의 농업인 것은 물론 아니다. 이것은 독점체제이다. 생산독점이고 분배독점으로서, 이 모든 것은 국제체제에 봉사한다. 그런데 이 국제체제 자체는 의심할 바 없이 탄탄한 자본주의체제이다.[152]

자본주의와 아메리카의 플랜테이션

유럽은 아메리카에서 다시 시작된다. 이는 정말로 큰 가능성을 의미한다. 유럽은 그 자체의 다양성과 신대륙의 다양성이 중첩되는 가운데 재출발했다.

그 결과는 한 다발의 다양한 경험들로 나타난다. 프랑스령 캐나다에서는 위로부터 조직된 영주체제가 시작부터 실패했다. 영국 식민지에서 북부는 영국처럼 자유로웠다. 이곳은 먼 훗날 빛을 보게 된다. 그러나 남부는 노예제 지방이었다. 모든 플랜테이션 지역에는 노예제가 들어섰다. 특히 앤틸리스 제도와 브라질의 끝없이 긴 해안 위에 펼쳐진 사탕수수 플랜테이션이 그렇다. 베네수엘라나 브라질 내륙부 같은 목축지역에서는 자생적인 영주제가 번영을 구가했다. 원주민 인구가 아주 많은 스페인령 아메리카 지역에서는 봉건제가 실패했다. 스페인인 영주에게 인디오 농민들이 양여되기는 했지만, 당대에 한해 양여된 이 엔코미엔다*는 봉토**라기보다는 은대지(恩貸地)***에 가까웠다. 스페인 정부는 이미 오래 전에 장악했던 엔코미엔데로의 세계를 봉건제로 전환시키려고 하지 않았다.

이 여러 사례들 중에서 우리의 관심을 끄는 것은 플랜테이션이다. 이것은 재판농노제 영역보다 더 직접적인 자본주의의 산물이다. 돈, 크레딧, 상업, 교환이 플랜테이션을 대서양의 동쪽 연안과 연결시켜놓았다. 그리하여 세비야, 카디스, 보르도, 낭트, 루앙, 암스테르담, 브리스틀, 리버풀, 런던으로부터 모든 것이 원격조정되었다.

플랜테이션을 건설하기 위해서는 모든 것을 구대륙에서부터 가져와야 했

---

* encomienda : 스페인이 신대륙을 식민 경영하기 위해서 고안한 체제이다. 국왕이 정복자에게 토지를 하사하는 방식이 아니라, 일정한 지역의 인디오를 맡기는(스페인어의 '엔코멘다르[encomendar : 맡기다]'에서 이 이름이 나왔다) 방식이다. 이것은 초기의 식민지 경영이 토지 경작이 아닌 광산 경영에 주력하여 노동력의 장악이 중요해진 데에 연유한다. 이베리아 반도 내의 재정복 운동 중에 유대인이나 무슬림에 대한 지배 방식으로 이전부터 존재했으나 1503년의 칙령을 통해서 신대륙 경영의 공식적인 방식으로 확정되었다. 그후 광산 개발이 한계에 다다랐을 때 이 체제가 깨지고 레파르티멘토라는 다른 체제로 사실상 바뀌었다. 한편 이러한 권리를 받은 사람을 엔코미엔데로(encomiendero)라고 부른다.
** fief : 봉건제에서 두 명의 기사 사이에 하위 기사(봉신)는 상위 기사(주군)에 대해서 충성의 서약을 하고, 상위 기사는 하위 기사를 보호한다는 내용의 계약을 맺고는 그에 상응하는 토지를 하위 기사에게 주는데, 이 토지를 '봉토'라고 한다.
*** bénéfice : 군주 등의 상위 지배자가 부하에게 은혜를 베푸는 방식으로 지급하는 토지. 봉토와는 달리 쌍방의 봉건계약 내용이 없고, 일대에 한하여 하사하기 때문에 은대지를 받은 사람이 죽으면 원칙적으로 그 땅은 군주에게 다시 귀속된다.

다. 지배자인 백인 이주민들, 노동력으로서 아프리카의 흑인 이주민들(아메리카 대륙 해안지역의 인디오들은 새로 들어온 이주민들이 가한 충격을 감당해내지 못했다) 그리고 재배식물까지도—다만 담배만 빼고—들여와야 했다. 사탕수수의 경우에는 이 작물과 동시에 설탕 제조 기술까지 수입했다. 그것은 포르투갈인들이 이미 마데이라 섬이나 기니 만의 섬들(프린시페 섬, 상 투메 섬)에 보급된 바 있어서 이 섬들은 "선(先)아메리카(pré-Amérique)", "선(先)브라질(Pré-Brésil)"이라고 불릴 만했다. 프랑스인들에 대해서 말하자면, 이들이 사탕수수에 관해 아무것도 모르고 있었다는 사실을 보여주는 일화가 하나 있다. 콜리니 제독*이 위대한 업적을 쌓고자 1555년에 리우 데 자네이루 만에 선원들을 보낸 적이 있다. 이곳에서 사탕수수를 보았을 때 이들은 그 사탕수수를 물에 담궈 일종의 식초를 얻으려고 했다![153]

아메리카 대륙에 최초로 사탕수수 밭이 만들어진 곳은 1550년경 브라질의 노르데스테 해안과 상 비센테**였다. 그리고 여기에는 물레방아와 "기구들"***도 설치되었다. 초기의 사탕수수 플랜테이션은 어디에서나 비슷한 풍경을 보여준다. 물결이 아롱거리는 우묵한 여울물, 강 연안을 따라 다니는 수송용 보트, 삐걱거리는 바퀴 소리를 내며 오솔길을 돌아다니는 우마차, 그리고 얼마 전만 해도 헤시피나 산 살바도르에서 그 모습을 그대로 볼 수 있던 3대 건물—카사 그란데(casa grande : 대저택)라고 부르던 지배자의 집, 센잘라(Senzala)라고 부르던 노예들의 바라크, 설탕 제조용 물레방아—같

---

* Gaspard de Châtillon, Comte de Coligny(1519-1572) : 프랑스의 제독. 원래 기톨릭 신앙을 가지고 자라나 존경받는 궁정인이 되었고 몇몇 전투에서 전과를 올렸으나 프로테스탄트로 개종한 뒤 위그노의 중요한 지도자가 되었다. 16세기 후반 프랑스 종교 동란의 핵심 인물로, 국왕 궁정 측이 그에 대한 테러를 시도했으나 실패하자 프로테스탄트들을 집단 살해하는 성 바르톨로메오 축일의 대학살 사건을 일으켰고 그 역시 이때 살해되었다.
** São Vicente : 베르데 곶 제도에 있는 한 섬.
*** engins, engenhos de assucar : 엔게노(engenho)란 브라질에서 제당 공장을 일컫던 말이다. 원래는 사탕수수를 빻는 롤러가 설치된 건물만 가리켰으나 곧 제당 과정 전체와 연결된 모든 시설물에 이 말을 쓰게 되었다.

은 것들이 그런 모습이다. 지배자는 말을 타고 순시한다. 그가 다스리는 가족은 피부색을 가리지 않는 분방한 성적 자유 때문에 엄청나게 수가 불어난 대가족이다. 그리고 그는 이 대가족에 대해서 단호하고도 재고를 허용하지 않는 사법권을 행사한다. 마치 라케다이몬*이나 타르키니우스** 치하의 로마에 와 있는 느낌이다.[154]

아주 자세한 회계장부가 있기 때문에 브라질의 제당 공장이 그 자체로서는 훌륭한 투자가 아니었다고 확실하게 말할 수 있다. 꽤 합당한 계산을 해 본 결과 이윤율은 4-5퍼센트 정도였다.[155] 그리고 불황기도 있는 법이다. 이 태고적 같은 세계에서 단지 농장주만이 시장경제와 접하고 있다. 그가 노예를 사고 물레방아를 건설할 자금을 빌려오고, 자기 농장의 수확 또는 이곳의 그늘 밑에 살고 있는 소규모 농장의 수확도 함께 시장에 내다 판다. 그러나 그 자신은 산 살바도르나 헤시피와 같은 도시의 상인들에게 종속되어 있고, 다시 이 도시는 올린다(Olinda)라는 영주도시의 발밑에 놓여 있다. 이런 사람들을 통해 농장 지배자는 리스본의 대상인들과 연결되어서 이들로부터 돈을 대부받고 상품을 공급받는다. 이것은 마치 산토 도밍고, 마르티니크, 과들루프의 식민지 개척민들이 보르도나 낭트의 대상인들과 맺은 관계와 유사하다. 생산과 해외 판매를 지배하는 것은 유럽의 상업이었다.

앤틸리스 제도에 사탕수수 재배와 제당 산업을 들여온 것은 아마도 1654년에 브라질 북동부에서 네덜란드인이 떠나고 난 이후 함께 축출된 포르투갈 출신 마라노들이었을 것이다.[156] 그러나 17세기 중반부터 프랑스인들이 장악해오던(그러나 1697년 레이스베이크 평화조약*** 이후에는 단지 법적으로만

---

* Lakedaimôn : 고대 스파르타가 지배하던 지역의 이름. 라코니아라고도 한다.
** Tarquinius : 고대 로마의 전설적인 왕으로 두 명이 있다. 하나는 5대 로마 왕으로서 로마에 대광장을 비롯한 여러 건물을 세우고 주변 족속들을 복속시켰으며 개선행진을 처음 시작한 인물이다. 다른 하나는 7대이자 마지막 왕으로서 장인을 살해하고 왕위에 오른 후 폭정을 거듭하다가 민중봉기로 왕위에서 쫓겨났다. 이후 로마는 공화국이 되었다.
*** 아우크스부르크 동맹 전쟁이 끝나고 프랑스가 맺은 화약. 루이 14세가 네이메헌 조약 이후 강제력으로 빼앗은 땅을 돌려주기로 한 내용이다.

소유하게 되었다) 산토 도밍고 섬의 동쪽 지역에 설탕업이 시작된 것은 1680
년경이다.

이 섬의 한 플랜테이션에 대해서 가브리엘 드비앙이 자세히 묘사한 기록
이 있다.[157] 이 플랜테이션이 이 섬에서 가장 훌륭한 것이라고 할 수는 없
다. 이것은 레오간의 서쪽과 포르-토-프랭스의 동쪽에 있고, 주요 주거지가
모여 있는 작은 언덕에서 내려다보이는 바다로부터는 약간 떨어진 곳에 위
치해 있다. 1735년에 니콜라 갈보 뒤 포르는 이 황폐한 설탕 공장을 소유하
게 되었다. 이곳을 재정비하기 위해서 현지에 온 그는 건물을 수리하고 물레
방아와 보일러를 재배치한 다음, 흑인 노예들을 보충하고 새로운 사탕수수
재배지를 정비했다. 그리고 부정확하기는 하지만 지도를 만들어놓았다(18
번 그림을 보라). 경계가 모호하고 높낮이도 겨우 표시해놓은 정도이며 축적
도 부정확하지만, 그래도 이 지도를 보면 이 플랜테이션의 대강의 모습을 짐
작할 수 있다. 용수는 쿠르 부용(Court Bouillon)이라고 이름 붙인 시냇물을
이용했다. 이 시내는 때로 위험할 정도로 넘쳐흐르기도 하지만 대개는 바짝
말라 있다. 지배자들의 주거는 카사 그란데라고 할 수는 없는 정도이다. 방
이 3개이고, 벽은 회를 칠해서 하얗게 되어 있으며, 사탕수수대로 만든 출입
구와 큰 부엌이 하나 있다. 그리고 가까이에 창고가 하나 있고 더 멀찍이에
는 집사의 집이 있다. 그는 감시인이면서 동시에 회계를 담당하는데 그의 펜
과 수치 계산이 없으면 텃밭, 설탕 공장, 여과소, 물레방아, 대장간, 주정 제
조소(guildiverie) 등 모든 것이 제대로 돌아가지 못한다.[158] 이 플랜테이션
은 "하얀 상태로(en blanc)" 만드는 설비를 갖추지 않았다. 즉, 조당만 산출하
지, 백설탕으로 가공하지는 못한다. 그러나 대신 찌꺼기와 시럽을 가지고 주
정 제조소에서 증류를 한다. 이곳에서 만드는 타피아*는 현지에서 판매되
는데, 프랑스로 수출하는 것보다 더 빨리 소득을 가져다준다. 한편 앞에서

---

* tafia : 당밀 또는 설탕 찌끼로 만든 럼주의 일종.

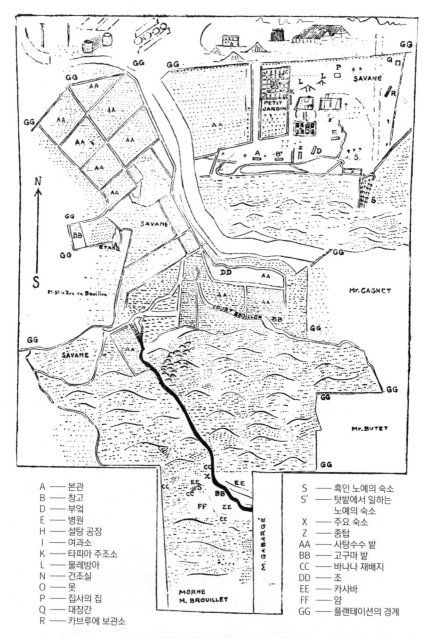

A — 본관
B — 창고
D — 부엌
E — 병원
H — 설탕 공장
I — 여과소
K — 타피아 주조소
L — 물레방아
N — 건조실
O — 못
P — 집사의 집
Q — 대장간
R — 카브루에 보관소

S — 흑인 노예의 숙소
S' — 텃밭에서 일하는 노예의 숙소
X — 주요 숙소
Z — 종탑
AA — 사탕수수 밭
BB — 고구마 밭
CC — 바나나 재배지
DD — 조
EE — 카사바
FF — 얌
GG — 플랜테이션의 경계

1753년의 사탕수수 플랜테이션의 지도

산토 도밍고의 축성 제도사 P. 데퐁텐 제작(뒤 포르 백작의 저택에 보관된 지도)

18. 산토 도밍고의 설탕 공장

갈보 뒤 포르의 플랜테이션을 나타내는 이 지도는 그리 명확하지는 않다. 세목에 나오는 사항들—본문에서도 이것을 가지고 설명했다—이 가리키는 것을 찾아보려면 돋보기를 가지고 끈기 있게 살펴보아야 하지만, 그럴 가치는 충분히 있다.

언급한 지도상에는 카브루에(cabrouet, 수확한 사탕수수를 나르는 수레)를 두는 오두막, 노예들을 기도하게 하거나 (그보다 더 많은 경우이겠지만) 일하도록 할 때 불러 모으는 종탑도 보이고, 부엌, 병원, 노예들의 숙소(100개가 넘는다), 그리고 사탕수수 밭(하나가 대략 1헥타르가 약간 넘는 정 사각형 모양이다)과 식량 작물을 재배하는 공간도 보인다. 고구마, 바나나, 쌀, 조, 카사바, 얌 등을 키우는 이 공간은 때로 노예들에게 전적으로 맡겨버려서 이 노예들이 여기에서 생산한 것 일부를 플랜테이션에 되팔기도 한다. 언덕 주변에 펼쳐진 사바나는 아마도 다음번 플랜테이션을 설치할 장소겠지만 현재로서는 소, 노새, 말들을 풀어놓아 먹이는 곳이다.

니콜라 갈보 뒤 포르는 레오간에 두 번째 머무는 동안(1762~1767) 별로 신통하지 않은 이 플랜테이션을 재정비하기 위해서 혁신적인 조치를 취하려고 했다. 그것은 가축을 더 잘 먹이고 비정상적일 정도로 거름을 촘촘히 주는 것으로서 원칙적으로 비판의 여지가 있는 계획이었다. 하기는 그 반대로 시행한다고 해도 비판을 면하지는 못했을 것이다. 왜냐하면 그것은 경작지를 넓히는 조방적인 경작이 될 터인데, 그러면 노예 공급을 늘려야 하고 결과적으로 비싼 노예를 많이 사와야 하기 때문이다. 게다가 식민지 개척민이 "대리인", 즉 관리인을 두면 농장이야 어떻게 되든 이 관리인들이 생산의 일정 부분을 받게 되어 있으므로 그들은 비용을 전혀 생각하지 않고 생산을 늘리려고 한다. 그러면 주인은 파산하고 관리인만 부자가 된다.

농장주가 설탕, 커피, 인디고 혹은 면화, 그 어느 것을 가지고 그의 "주거지(habitation)"를 조직하더라도 돈방석에 앉는 것은 아니다. 물론 식민지 산물이 유럽에서 비싸게 팔리는 것은 사실이다. 그러나 수확은 1년에 한 번밖에 할 수 없으므로 그것을 내다 팔고 비용을 회수하기까지 시간이 걸린다. 그러나 비용은 매일같이, 그것도 아주 과중하게 들어간다. 농장주의 개인용품이나 사업용품은 모두 바다를 건너서 오는데 여기에는 막대한 수송비가 붙고 더구나 소매 및 도매상인들이 자기들 마음대로 이문을 붙인다. "독점

제도(Exclusif)"는 식민지 섬들이 외국인과 교역을 하지 못하도록 금지하므로 이 섬들은 결국 식민 모국의 대도시의 독점체제에 사로잡히고 만다. 물론 식민지 개척민들은 밀수를 통해서 싼 가격에 상품을 받거나 수익성 좋은 물물교환에 의존할 수 있다. 그러나 이 밀수는 쉽지도, 충분하지도 않다. 1727년에 프랑스 함대가 느닷없이 나타나 밀수를 근절한다면서 전쟁을 벌였다. 이에 대해서 마르티니크의 한 상인은 이렇게 썼다. "이곳 주민들은 [이 사태에] 분개하고 있다. 반대로 이 사태는 수입상들에게는 큰 기쁨을 주었다. 수입상들의 이해는 [밀수업자들과/역자] 정반대이기 때문이다."[159] 또한 의장업자의 간계를 어떻게 피할 수 있겠는가? (이미 사바리가 그의 책에서 분명히 충고한 바처럼) 그들은 몇 달 후에 와야 설탕값이 가장 내려가 있는지, 또 언제쯤 열대기후 때문에 포도주가 시어지는지, 그리고 언제 화물을 싣고 오면 "틀림없이 현찰을 받고 이것을 다 팔 수 있는지"를 잘 알고 있다.[160] 게다가 18세기에는 물가 자체가 크게 올랐다. 따라서 이 시대에는 식량, 철제품, 설탕 제조에 쓰이는 구리 보일러, 보르도 포도주, 직물 그리고 노예에 이르기까지 모든 것이 엄청나게 비쌌다. 1763년에 니콜라 갈보 뒤 포르는 "나는 단 한 푼도 쓰지 못한다"고 썼다. 다음 해에는 식사가 "잼 바른 빵 몇 조각에 불과하다"고 했다.[161] 그후에는 사정이 더욱 악화되었다. 한 젊은 식민지 이주민은 이렇게 기록하고 있다(1782년 5월 13일). "[미국 독립] 전쟁 이후 구두 제조공은 신발 한 켤레에 3피아스트라를 받는데 이것을 환산하면 24리브르 15수가 된다. 나는 매달 내 자신이 사용할 한 켤레씩의 신발이 필요하다.……제일 싸구려 양말도 한 켤레에 9리브르이다. 작업복을 만드는 거친 직물도 6리브르나 한다. 옷을 만드는 삯은 12리브르 10수이다.……멋있는 것도 아닌 그저 그런 모자 하나는 16리브르 10수이다. 재단사는 양복 한 벌에 60리브르, 조끼와 바지는 각각 15리브르의 삯을 요구한다. 음식에 대해서 보자면……밀가루는 [바릴당] 330리브르까지 하고, 포도주 1바리크는 600-700리브르, 쇠고기 1바리크는 150리브르, 햄은 75리브르, 양초는 파운드당 4리브르 10수이다."[162] 이것은 물론 전쟁 상황에서의 이야기이기는 하지만 아메리카 연안에서는 전쟁과 해적이 결코 드문 일이 아니다.

상품을 내다 팔 때에도 현지에서 팔면 농장주는 계절별 차이 때문에 손해를 볼 수 있다. 예컨대 설탕이 아주 많이 제조되었을 때에는 값이 12-15퍼센트에서 18퍼센트까지 떨어진다. 또 식민지 본국 대도시의 중개인에게 맡기면 유통이 워낙 느린 까닭에 수개월, 심지어 수년이 지나서야 지불받는다. 예상 가격의 관점에서 볼 때 보르도는 투기 성향이 매우 큰 식민지 산물 시장이다. 상인은 가격의 상승 및 하락을 부채질하는 것이 관례이고 소매상은 더 나은 가격을 기다리느라 창고에 상품을 묵혀두고 있다는 것이 흔한 변명이 되었다. 그 때문에 기다리다 못한 농장주는 돈이 부족하게 되어 돈을 빌리지 않을 수 없다. 특히 큰돈을 벌 것으로 기대하고 처음에 돈을 빌려서 플랜테이션 설비와 노예를 사들인 사람은 곧 채권자의 지배를 받게 된다.

선박, 신장(선장은 화주 대신 화물을 처분할 대리권을 가지는 경우가 많다), 창고, 생명줄이나 마찬가지인 자금 대부 등의 서비스를 좌우하는 보르도의 대상인과 중개인 그리고 의장업자는 따라서 식민지의 부를 생산하는 기계를 장악한 지배자들이다. 서신 자료를 통해 활동을 추적할 수 있는 모든 식민지 이주민들은 한결같이 그렇게 이야기한다. 예컨대 산토 도밍고에서 가장 좋은 지역에 있는 거대한 바세스 플랜테이션 사업에 참여하고 있던 라비 가문과 돌 가문도 1787년에 브뤼셀의 대회사인 프리드리히 롬베르크 회사에 모든 것을 떠넘겨야 했다. 이 대회사의 보르도 지점은(사실은 틀린 이야기이지만) 이 항구도시의 전체 경제에서 부동의 중심축이라고 알려졌다.[163]

그런데 이 모든 사항들은 현재 우리가 가지고 있는 일반적인 수치와 잘 맞아떨어지지 않는다. 프랑스의 식민지 무역의 절반 정도를 담당하는 보르도에서는 산토 도밍고, 과들루프, 마르티니크와의 수출입 중에 수출이 수입의 3분의 1이었다가 4분의 1 그리고 또다시 3분의 1이 되었다.[164] 마르세유의 경우도 이와 비슷하다.[165] 여기에는 모순이 있지 않은가? 무역수지가 식민지 섬들에 유리했다면, 이곳은 아주 부유해졌어야 한다. 그리고 프랑스로부터 이곳으로 무역수지상의 차액만큼 돈이 흘러들어왔어야 한다. 그런데 산토 도밍고만 보더라도 언제나 피아스트라 화가 고갈되어 있었다. 이웃한 스페인령 아메리카에서 밀수로 화폐가 들어왔다가도 이 섬을 그대로 관통하여 보르도로 가버리는 것이다! 1783년에만 해도 엄청난 양의 화폐가 보르도로 유출되었다.[166] 이 명백한 모순은 아마도 무역수지를 프랑스 항구 기준 가격으로 계산했기 때문일 것이다. 만일 기준점을 식민지 섬으로 잡고 이곳에서 프랑스 상품의 수출액을 계산해보면 그 액수는 프랑스 항구에서 계산할 때보다 훨씬 더 크게 나올 것이고, 반대로 식민지에서 프랑스 본토로 가는 상품은 훨씬 낮은 액수로 계산될 것이다. 게다가 프랑스 항구에서 계산할 때에는 구입 가격에 수송비, 중개 비용 같은 것들이 덧붙여졌다. 따라서 두 수치 사이의 차이는 줄어들게 된다. 그리고 명목화폐의 인위적인 차이도 고려해야 한다. "식민지 리브르 화(livre coloniale)"는 본국 리브르 화에 비해서 33퍼센트나 낮은 가치로 계산되었다. 마지막으로 식민 이주민들이 본토에 남아 있는 가족이나 부재 지주들에게 송금하는 액수도 수지에 영향을 미쳤을 것이다. 그러나 역시 가장 중요한 계정은 금융계정이다. 즉, 이자 및 원금 상환이 그것이다.

결론적으로 농장주들은 큰 이익을 볼 수 없는 교환체제에 사로잡혀 있었다. 카르멜로 트라셀리에 의하면 15세기에 이미 시칠리아에 있는 설탕 공장들은 제노바 자본가의 개입에도 불구하고—어쩌면 그 때문에—돈 잃는 기계처럼 되고 말았다. 원래 유복한 상인이었으나 플랜테이션을 구입한 후 곧 재산이 공중누각으로 변해버린 사람들에게 우리는 지금의 입장에서 보아도 일말의 동정심을 가지게 된다. 그르노블의 상인인 마르크 돌이 그의 동생에게 보낸 다음의 편지를 보라(1785년 2월 10일). "얘야, 내 지갑을 다 털어서 [이 돈을] 보내니 이제 나에게는 남은 돈이 하나도 없구나. [거대한 플랜테이션을 구입하는 데에 필요한] 투자 금액을 너에게 빌려주는 것이니, 곧 네가

큰돈을 벌고 내 재산도 불어나리라고 확신한다."[167] 그러나 환상은 곧 깨져
버렸다. 우리가 이미 살펴본 바 있는 펠레 형제들도 마르티니크에서 큰돈을
번 것은 농장주로서가 아니라 상인으로서였다. 그들은 처음에는 가게 주인
수준이었다가 결국 대상인으로 성장했다. 그들은 운이 좋은 편에 서게 되었
고 곧 보르도로 되돌아가서도 지배적인 지위를 차지했다. 이에 비해서 암스
테르담의 금융업자들의 경우, 그들이 암스테르담의 대상인에게 돈을 빌려
주어서 성공한 것처럼 덴마크나 영국 식민지의 플랜테이션 농장주들에게도
자금을 빌려주면 성공하리라고 믿었지만, 어느 날 저당잡힌 플랜테이션만
남게 되는 쓰라린 결과를 맛보았다.[168]

자메이카의 플랜테이션

영국 식민지인 자메이카의 경우도 산토 도밍고에 대해서 이야기한 것과 일
치한다. 이 섬에도 역시 카사 그란데가 있고 흑인 노예들(백인 1명에 9-10명
의 비율이었다), 도처에서 재배하는 사탕수수, 상인과 선장의 착취, 식민지의
파운드 화가 본토의 파운드 스털링 화보다 취약한 현상(본토 1파운드 = 1.4
자메이카 파운드) 그리고 해적질과 약탈―이 경우에 영국인이 희생자이고
프랑스인이 가해자이지만, 카리브 해에서는 양측 누구도 우위를 점하지 못
했다―등을 볼 수 있다. 그리고 도망한 노예들이 가해오는 재난과 위험이
도사리고 있다. 이 도망한 노예들은 "마롱"*이라고 불렸는데 주로 섬 내부
의 산으로 도망갔다. 이들 중에는 이웃 해안지역이나 섬에서 도망쳐온 사람
들도 있었다. 이 점에서 1730년부터 1739년까지의 마롱 전쟁 동안 전체적인
상황은 대단히 심각했다.[169]
　당시의 기준으로 본다면 방대한 규모였던 이 섬에서 대토지 농장들이 형

---

* marron, maroon : 수리남과 서인도 제도의 산이나 숲에서 사는 도망한 흑인 노예 출신의 사람들.
　스페인어 '시마론(cimarron : 거칠다, 길들여지지 않다)'에서 나왔다고 한다. 이들은 18세기 초까
　지 백인에 대항하는 유혈 게릴라전을 벌였다.

성되어갔다. 특히 설탕업이 크게 발전하기 시작했던 1740-1760년대 이후,[170] 이제 프랑스의 식민지 섬들에서 그랬던 것처럼, 자신의 손으로 담배, 면화, 인디고를 재배하는 소규모 플랜테이션에서 일했던 식민 1세대 가문들이 퇴조했다. 사탕수수의 재배에는 거액의 투자가 필요했으므로 자본과 대영지를 가진 소유주들이 등장했다. 통계자료를 보면 이곳이 산토 도밍고에서보다 더 크고 노예도 많이 사용하며 아마도 더 부유한 경작단위가 많다는 인상을 받게 된다. 그러나 영국과 영국령 식민지 아메리카로부터 염장 고기와 밀가루를 공급받는 대신 이 섬에서 생산한 설탕의 반 이상을 영국에 공급하도록 되어 있었는데, 그 공급 가격은 산토 도밍고나 다른 프랑스령 식민지 섬들의 공급 가격보다 더 높다는 것은 확실하다.

다른 사탕수수 재배 섬들과 마찬가지로 자메이카는 부자들을 위해서 부를 생산하는 자본주의적인 기계였다.[171] 같은 원인이 같은 결과를 가져오게 마련이어서 이곳에서도 산토 도밍고에서와 거의 같은 식으로 일이 진행되었다. 즉, 이 식민지에서 생산되는 부의 태반은 본국의 부에 병합되어버렸다. 농장주의 이익은 최대 8-10퍼센트에 불과했다.[172] (오직 영국으로부터만 이루어지던 노예무역의 이익을 고려하지 않는다면) 수출입 무역의 핵심은 "이 왕국 내로 되돌아가고 그곳에서 순환하여", "마치 아메리카 식민지들이 콘월* 에 붙어 있는 것처럼 느껴질 정도로 국내상업과 같은 이익을 가져다주었다." 이것은 에드먼드 버크의 주장으로서[173] 그는 서인도 제도가 영국 경제에 유익을 가져다준다고 주장하면서, 이 경우에 국제수지상의 수치들이 잘못된 것일 수 있다는 사실에 주의를 환기시켰다.

사실 자메이카의 **무역수지**는 식민지 파운드로 계산해보아도 이 섬에 약간 유리하게 나타난다(133만6,000파운드 대 133만5,000파운드). 그러나 수출입액의 적어도 절반은 눈에 보이지 않게 본국으로 되돌아간다(수송비, 보험료,

---

* Comwall : 영국 남서부의 해안지역.

중개 수수료, 이자, 부재 지주에게 돌아가는 상환금 등). 영국이 누리는 총수익은 1773년에 150만 파운드에 달했을 것이다. 보르도와 마찬가지로 런던에서도 식민지 무역의 이익은 상업회사, 은행, 국가기금으로 이전되었다. 이것은 부유한 가문을 지탱해주는 기둥 역할을 했다. 이 가문들 중에 가장 활발한 대표들이 하원과 상원에 모여들었다. 이주민들 가운데서도 정말로 부유한 가문들이 몇몇 있었지만, 우연인지 모르겠으나 이들은 플랜테이션 경영만 하는 것이 아니었다. 그들은 우선 다른 농장주들에게 대부를 해주는 은행가들이었다. 비록 이들의 아들들이 플랜테이션 산물을 팔고 필요한 상품을 런던에서 구입하고 다른 자메이카 사람들을 위해서 중개를 하는 따위의 일을 직접 하지 않는다고 해도 가문 간 연결을 통해서 런던의 상업 가문과 끈이 닿아 있었다. 이 가문들은 설탕 제조, 대규모 교역, 중개 상업, 은행업 등을 통해서 이익을 축적해갔다. 이들이 런던에 정착해서 식민지 섬에 있는 자기 영지를 먼 곳에서 관리하고 재판매하면서도, 영국 내에 많은 투자를 할 수 있었다는 것은 놀랍지 않다. 그 투자는 단지 대규모 교역에만 관련된 것이 아니라 선구적인 농업과 여러 다양한 산업에도 미쳤다.[174] 펠레 가문 사람들처럼 이들 역시 식민지에서 돈을 벌기 위해서라도 본국의 중심지에 자리 잡아야 한다는 사실을 알고 있었던 것이다!

버지니아의 담배, 쿠바의 가축, 1728년에 카라카스 회사*를 설립하면서 본격화된 베네수엘라의 카카오 사업[175] 등에 대해서는 다시 똑같은 설명을 할 필요조차 없을 정도이다. 이 모든 곳에서 서로 비슷한 체제들이 자리 잡고 있었다. 이 단조롭게 지속되는 역사를 벗어나고 싶다면, 유럽 상인들이 관심을 두고 주목하는 지역에서 벗어나 원시적인 아메리카 주민들이 각자

---

* Caracas company, Guipuzucoana compñia : 1728년에 스페인 국왕이 본국과 아메리카 대륙 사이의 무역을 수행할 특권을 부여한 회사이다. 18세기에 이와 같은 목적으로 세워진 회사 중에 거의 유일하게 성공했다. 특히 이 회사는 베네수엘라에 담배, 인디고, 면화, 카카오 등을 전래했고, 식민지에 대한 영국의 공격을 막는 데에도 일조했다.

자신의 모험을 감행하며 살아가는 곳으로 가보아야 한다. 브라질의 상파울루 근처가 우선 그런 곳으로서 이곳에서는 반데이라스*가 금과 노예를 찾아 내륙지역으로 떠났다. 바이아 배후지에 있는 상 프란시스쿠 강**의 계곡을 따라 "가축의 강(o rio dos currais)"이라고 부르는 곳이 펼쳐져 있는데, 이 분지에 그야말로 엄청난 소 떼가 몰려들었다. "유럽적인" 시대라고 할 수 있는 초기의 아르헨티나 팜파스, 혹은 오리노코 분지의 야노스(llanos : 평원)를 넘어 있는 베네수엘라의 남쪽이 그런 곳이다. 이곳에서는 스페인 출신의 영주들, 우글대는 가축 떼, 말을 탄 목동들(이들 중에 인디오도 있고 인디오와 백인 사이의 혼혈도 있다)이 강력한 지배가문이 존재하는 진짜 영주 사회를 만들었다. 가축이 곧 돈과 같았던 고대적 "자본주의", 어쩌면 원시적 "자본주의"는 막스 베버의 흥미를 끌어서 그는 이 문제에 잠시 관심을 두기도 했다.

유럽의 중심부

"유럽의 중심부"란 함부르크-베네치아를 잇는 선의 서쪽에 위치한 지역을 말한다. 이 혜택받은 유럽 지역은 도시와 부르주아지, 부자들 혹은 기업가적인 영주들의 사업 경영에 너무나 노출되어 있어서, 자본주의가 이 오래된 서유럽 농촌의 활동과 구조에 대단히 다양한 방식을 통해서 섞여 들어갈 수밖에 없는 곳이다.

명확한 도식을 끌어내기 위해서 수학자처럼 문제를 풀어나가도록 하자. 농민과 영주가 활동하던 유럽에서 자본주의는 그야말로 새로운 질서였다. 자본주의가 모든 싸움에서 다 이긴 것은 아니지만, 특정한 분야에서는 확실히 승리했다. 그러므로 성공한 경험을 가진 이 지역에서부터 시작해보자. 우리가 해답을 찾으려고 노력하는 문제가 이곳에서부터 풀렸기 때문이다.

---

* bandeiras : 16-18세기에 브라질 내륙지방을 탐색해 들어가던 무장 탐험대.
** São Francisco : 브라질 내륙의 미나스 제라이스 주에서 발원하여 북쪽 및 동쪽으로 흘러 대서양으로 들어가는 강.

사람들이 가장 먼저 생각하는 모델은 영국이지만 나중에 다루게 될 테니 여기에서 길게 언급하지는 않겠다. 다만 중요한 대강의 요점으로 요약한 형태의 영국 모델은 우리가 볼 특별한 경우들을 위치시킬 준거 틀로 이용될 것이다. 그러나 사실 영국에서 일어난 이 움직임이 아무리 혁명적인 것이었다고 해도 그것이 브리튼 섬 전체를 뒤흔들어놓지는 않았다는 사실은 잘 알려져 있다. 이곳에도 중심적인 교역에서 벗어나 있는 후진지역 내지는 고풍스러운 지역이 남아 있었다. 심지어 1779년경에 에식스와 서퍽같이 발전한 지역에서도 그런 현상을 찾아볼 수 있었다.[176)]

그렇다면 의심할 바 없이 혁신이 승리를 거둔 곳들은 어디인가? 노퍽셔나 이스트 앵글리아가 그런 지역들이다. 『백과사전』의 "경작(culture)" 항목을 쓴 베롱 드 포르보네는 바로 노퍽을 거론하면서 농업상의 놀라운 발전을 이야기했다.[177)] 그가 예로 드는 것은 숄라주(chaulage, 석회수 붓기), 마르나주(marnage, 이회토 뿌리기), 페어링(paring, 잡초를 서서히 태워 비료로 만들기), 사료용 구근식물의 도입, 인공 초지의 확대, 관개의 발달, 농경지에 대한 시비의 개선, 우생학적 목축에 대한 관심, 인클로저의 발달과 그로 인한 농지의 대규모화—대토지의 주변에 생울타리를 쳐서 막는 것으로서 이것은 작은 숲이 있는 영국 농촌의 특징적인 면모를 강화시키고 일반화시키는 결과를 가져왔다—등이 있다. 그 외에도 고려할 특징으로는 고품질의 농기구가 많다는 점, 토지귀족들이 관대하다는 점, 대규모 차지농장이 오래 전부터 존재한다는 점, 일찍이 자본주의적인 관리조직이 발달했다는 점, 신용대출이 용이하다는 점, 정부가 시장의 감시와 통제보다는 생산과 도시에 대한 공급에 더 많은 주의를 기울이며, 나아가서 곡물 수출이 유리하도록 연동제*에 따라 보조금을 지불한다는 점 등이 있다.

이런 변화에서 가장 중요한 결과를 낳는 기준은 다음과 같다.

---

* sliding scale : 한 요소가 변할 때 그 비율만큼 다른 요소가 따라서 변하도록 만드는 체제. 물가가 10퍼센트 오르면 월급을 10퍼센트 올리는 연동제를 예로 들 수 있다.

첫째, 선진적인 영국의 농촌에서 영주제가 일찍부터 약화되었다가 결국 사라졌다. 이에 대해서 마르크스가 강조하여 이야기한 것이 있다. "스튜어트 왕정복고 시대에 지주들은……토지의 봉건체제를 폐지했다. 즉, 토지에 들러붙어 있던 예속성을 털어버리고 국가에 대해서는 농민과 다른 사람들에게서 세금을 거둘 수 있도록 해줌으로써 보상해주었다. 그리고 봉건적인 자격으로 소유하던 재산을 근대적인 의미의 사유재산으로 요구했다."[178] 다시 말해서 전통적인 체제를 일소해버린 것이다.

둘째, 계약을 통해서 토지를 자본주의적 차지농에게 임대하면 이 차지농이 자신의 책임하에 경영한다.

셋째, 프롤레타리아의 면모를 띠는 임금노동자들을 고용한다. 이들은 고용주에게 노동력 이외에는 팔 것이 없는 사람들이다.

넷째, 수직적 분업이 이루어진다. 지주는 땅을 임차해주고 임대료를 받는다. 임차인은 경영자가 된다. 그리고 임금노동자가 이 분업의 마지막 자리를 차지한다.

이런 기준들을 두고 보면 유럽 대륙의 역사에서는 영국 모델과 어느 정도 비슷한 예들을 찾아볼 수 있다. 이것은 산업혁명만이 아니라 산업혁명과 함께 일어났던 농업혁명 또한 전 유럽적인 현상이라는 증거이다.

앞으로 우리는 17세기의 브리, 18세기의 베네치아, 19세기 초의 로마 주변 농촌지역(Roman Campagna), 15-16세기의 토스카나 등을 차례로 볼 터인데 이것들은 그 자체로는 아무런 중요성이 없다. 이 상이한 경우들을 그 자체로서 공부한다거나 유럽의 모든 지역들을 다 포괄하는 연구 목록을 만드는 것은 우리의 의도가 아니다. 우리는 단지 우리 주장의 개략적인 윤곽을 잡아보려고 할 뿐이다.

파리 근교 : 루이 14세 시대의 브리 지역

파리 주변에서는 수 세기 동안 도시가 농민과 영주의 땅을 잠식해갔다.[179]

시골에 집을 한 채 가지고 있고 그곳에서 밀, 땔감(특히 겨울이 오기 전에), 날짐승류, 과일 같은 것을 정기적으로 얻되, 파리 시내로 상품을 들여올 때 입시세를 내지 않는 것(재산 등록을 제대로 했을 때에는 그런 세금을 내지 않게 되어 있었다). 이것은 전통적으로 가정경제의 운영에 대한 여러 입문서에 나와 있는 내용이다. 그런 입문서는 어느 곳에나 널리 퍼져 있었다. 예컨대 독일의 "가장문학(家長文學)"*은 아주 크게 번성했다. 프랑스의 예를 보면 1564년에 나온 샤를 데티엔의『농업과 농가(*L'Agriculture et la Maison Rustique*)』는 그의 사위인 장 리에보에 의해서 개정된 후 1570년부터 1702년까지 103판을 거듭했다.[180] 과수원, 채마밭, 풀밭, 진짜 시골 영지 등 그 어느 것이 되었든 간에 부르주아가 한 조각이라도 땅을 사는 것은 모든 대도시 주변에서 볼 수 있는 일이다.

그렇지만 파리의 관문에 해당하는 브리(Brie)의 진흙 성분** 언덕 지역에서 이 현상은 또다른 의미를 가진다. 귀족 토지이든 부르주아 토지이든 대(大)토지를 도시가 소유하는 것은 18세기 초에 이미 시작되었다.[181] 빌라르 공작은 "섭정 시기에 보-르-비콩트 성에 살면서 그가 소유한 220아르팡 중에 50아르팡만 직접 경영했다.……(레 제크렌 교구인) 마을 공동체(commune) 봉토의 소유자라는 자격으로 이곳에 거주하는 한 부르주아는 332아르팡을 소유했으나……직접 경영하는 땅은 21아르팡의 목초지에 불과했다."[182] 사실 이 토지들은 지주 자신이 관리하는 것이 아니다. 이 땅은 대(大)차지인이 맡아서 관리하는데, 그는 5-6명, 때로 8명에 달하는 여러 지주들의 토지를 수중에 집중했다. 그런 경작지들의 중심지에는 오늘날에도 볼 수 있는

---

* Hausväterliteratur : 가장이 가계를 잘 운영하는 데에 필요한 지식을 모아 전수하는 내용의 작품들. Thumbshim, *Oeconomia,* 1616, Kriinitz, *Oekonomisch-technologische Enzyklopädie*(250권, 1728-1796) 등의 작품들이 있다. 이것은 문화사적으로 매우 중요한 자료이다. 이런 책들은 근대 시장경제의 등장과 함께 쇠퇴했다.

** limoneux : 진흙 성분이 많은 지역은 대개 지력이 좋아서 곡물재배에 적합하다. 나일 강 삼각주 지역이나 파리 근교 지역이 대표적이다.

대농장들이 있다. "높은 벽으로 둘러막은 이곳은 혼란스럽던 시절의 유산이다. 안뜰을 중심으로 건물들이 빙 둘러서 있다.……이 둘레에 작은 '누옥들(masures)'이 모여 있고 또 이 누옥들은 텃밭과 약간의 땅에 둘러 싸여 있다. 여기에는 차지농에게 그들의 품을 파는 농업노동자들이 살고 있다."[183]

이 모든 것들은 "자본주의적" 조직을 보여주는 표시이다. 지주, 대차지농, 농업노동자로 구성된 이 조직은 영국의 혁명에 의해서 완전히 자리 잡게 되었다. 다만 19세기까지 기술 면에서는 하나도 바뀐 것이 없다는 점이 중요하다.[184] 또 생산단위의 조직이 불완전하고, 곡물생산에 특화했으며, 자체 소비의 비율이 높고, 토지 임차료가 높다는 점 때문에 밀 가격 변동에 아주 민감하다는 점도 따로 고려해야 한다. 플룅 시장에서 2, 3포인트가 떨어지면 벌써 어려움이 가중되고 만일 흉작이나 곡가가 떨어지는 해가 연속되면 파산을 불러온다.[185] 이 차지농(fermier)은 새로운 인물형으로서, 서서히 자본을 누적해가는 그는 이미 기업가라고 할 수 있다.

밀가루 전쟁(1775)* 때의 봉기 가담자들은 그들의 적을 확실히 알고 있었다. 파리와 주변 지역의 대차지농들이 분노의 대상이었다.[186] 여기에는 적어도 두 가지 이유가 있다. 첫째, 시기의 대상일 수밖에 없는 대규모 경영은 거의 언제나 차지농이 담당하고 있었다. 둘째, 차지농은 토지를 지배하고 있는 영주들만큼이나 마을의 진정한 지배자이며, 더 나아가서 농민 생활에 더 가까이 있는 만큼 영주들보다도 더 효율적인 지배를 하고 있었다. 그는 곡물을 매입하고 저장하고, 일거리를 분담하며, 돈을 빌려주고 고리의 이자를 받기도 하고, 또 흔히는 지주들로부터 "상(cen), 샹파르(champart), 바날리테(banalité),** 심지어 십일조(dîme)를 걷는 임무까지 맡아서 하고 있었다.…… 파리 근처 전역에서 혁명이 일어났을 때 [이 차지농들은] 주인들의 땅을 즐거

---

* 이 책 제1권 165쪽의 역주를 참조하라.
** 사용강제라고도 한다. 제분소, 포도주 압착기, 오븐 등 생활에 필요한 시설을 영주가 독점 소유하면서 이것만을 사용하게 강제시키고, 그에 대한 부담금을 받아내던 봉건적 권리이다.

운 마음으로 사들였다."[187] 이것은 안으로부터 밀고 나오려는 자본주의이
다. 조금만 기다리면 모든 면에서 성공을 거둘 것이다.

만일 우리가 이 차지농들을 더 잘 볼 수 있다면, 즉 그들의 삶이 어떠하며,
자기 하인, 마부, 농부 혹은 마차 수송인 등에게 어떤 태도를 취하는지를 확
인할 수 있다면, 우리의 판단은 더 명확해질 것이다. 그런 기회를 제공하는
사료로는 쿠아녜 대위의 『수기(*Cahiers*)』가 있으나,[188] 다만 이 사료는 처음
시작 후에 곧 그런 내용이 중단된다는 것이 흠이다. 그는 1776년에 드뤼-
레-벨-퐁텐(오늘날의 욘 지방)에서 태어나서, 혁명 직전 내지 혁명 초기에 쿨
로미에의 말 상인 밑에서 일했다. 이 상인은 곧 혁명군의 군마 보급에 줄을
댔다. 그는 목초지와 경작지가 있고 차지농들을 거느리고 있었지만, 그 외에
정확한 지위가 무엇이었는지는 불명확하다. 상인인가, 아니면 농사를 짓는
지주인가, 혹은 토지를 임차하는 지대 수취인인가? 아마도 이 세 가지를 겸
했을 가능성이 크다. 그리고 아마도 유복한 중농 출신이었을 것이다. 그의
하인들에게 어버이 같고 친근하기까지 한 태도를 보였다든가, 큰 식탁에 사
람들이 모인 자리에서 그와 부인이 끝자리에 앉아 주재를 하는 가운데 "눈
같이 흰 빵"을 먹었다는 일화는 많은 것을 말해준다. 젊은 시절, 쿠아녜는
이 지역의 대농장 중 한 곳을 방문하고는 "수도꼭지가 사방에 있는" 낙농장
을 보고 황홀경에 빠졌다. 대(大)식당은 모든 것이 청결한 상태로 반짝거리
고 부엌 세간과 식탁은 왁스를 칠하여 닦아놓았다. "우리는 보름마다 마차
한 대분의 치즈를 판다. 우리는 80마리의 소를 가지고 있다.……" 불행히도
이 묘사는 너무 간소하다. 이 늙은 군인은 그의 기억을 더듬어 성급히 이 몇
줄을 쓰고 말았던 것이다.

베네치아와 테라 피르마

테라 피르마 지역을 정복한 이래 베네치아는 15세기 초에 농업 대국이 되었
다. 이곳을 정복하기 이전부터도 베네치아의 도시귀족들은 토지를 소유하

고 있었다. 이른바 "브렌타 강 너머의" 비옥한 파도바 평원이 그곳이다. 그러나 16세기 말이 지나고 특히 17세기 초의 위기를 겪으면서 도시귀족들의 부는 큰 굴절을 겪었다. 이제 이들은 상업을 포기하고 농업 경영에 전력을 기울였다.

도시귀족들은 흔히 농민의 토지를 잠식했는데—이것이야말로 길고도 단조롭게 반복되는 역사이다—그 결과 16세기부터 지주, 지주 가족, 그리고 그 재산을 대상으로 벌이는 농업적인 성격의 범죄가 아주 많아졌다. 도시귀족들은 또 테라 피르마를 정복할 때 시정부가 토지를 몰수하여 매각하는 기회를 이용하여 이익을 취했다. 그러고는 점차 운하와 수문을 이용한 수리사업으로 늪지의 물을 뺌으로써 새로운 땅을 얻었다. 이런 개간사업은 국가의 협조와 감시 그리고—이론에만 그치지 않고 실제로 일어났던—마을 공동체의 참여 속에서 이루어진, 전형적으로 자본주의적인 사업이었다.[189] 그러므로 이런 기나긴 경험 끝에 계몽주의 시대에 베네치아의 초원이 목축과 육류 생산을 지향하는 강력한 농업혁명의 중심지가 되었다는 것은 놀라운 일이 아니다.[190]

오래된 귀족 가문인 트론 가문은 아디제 강 너머 로비고를 마주 보고 있는 지점의 안구일라라 마을 가까이에 한 필지가 500헥타르인 땅을 소유하고 있었다. 1750년에 이곳에서는 360명의 노동자들이 최대 15명씩 한 조를 이루어 일을 했다(그중 177명은 고정직이고, 183명은 임금노동자[salariati]로서 임시직이었다). 이것은 정말로 자본주의적인 경영 방식이다. 이 자본주의라는 말에 대해서 장 조르줄랭은 이렇게 설명한다. "이것은 결코 시대착오적인 말이 아니다. 이 말은 18세기에 베네치아와 피에몬테에서 널리 쓰이고 있었다. 반쯤 문맹에 가까웠던—그들의 글씨체가 이를 말해준다—베르가모의 시장(市長)들은 이곳의 행정 장관*이 "그렇다면 너희는 자본가들이냐(Vi

---

* podestat : 선출하는 시장과 달리, 중앙정부에서 임명하는 직책.

sono Capitalisti qui)?" 하고 물으면 주저하지 않고 그렇다고 대답한다. 이때 그들이 자본가라고 할 때에는 외지에서 자본을 가지고 들어와서 농민들에게 일을 시킨다는 뜻이다."[191]

안구일라라는 일종의 농업 공장이었다. 모든 일이 마름(intendant)의 감시 아래 진행되었다. 조장은 임금노동자들을 조금도 놓아주지 않았다. 노동자들은 하루에 1시간만 휴식할 수 있는 권리가 있었다. 감시인들은 그것을 "시계를 손에 들고(orologio alla mano)" 확인했다. 모든 것이 체계적이고 규율 있게 집행되었다. 물웅덩이와 비둘기장의 관리, 뽕나무 식재, 과일 증류, 양어, 또는 일찍이 1765년에 시도한 바 있는 감자 도입 그리고 아디제 강의 범람을 막고 더 나아가서 새로운 경지를 개간하기 위한 제방 축조……. "이 농장은 겨울에도 끊임없이 붕붕거리는 벌집과 같다."[192] 이곳에서는 주로 괭이, 볏*을 가진 쟁기, 곡괭이를 가지고 경작을 하지만, 심경(深耕)과 심토(心土) 갈아엎기(sous-solage)도 했다. 밀(헥타르당 10-14캥탈을 수확한다), 옥수수, 특히 대마를 많이 재배했으며 집약적인 방식으로 소와 양을 키웠다. 해마다 다르기는 하지만 전반적으로 수확이 많고 따라서 이익도 컸다. 흉작이 든 1750년에도 (자본의 감가상각을 고려하지 않으면) 수익률이 28.29퍼센트였다. 그러나 경기가 아주 좋았던 1763년에는 수익률이 130퍼센트나 되었다! 참고로, 계산이 틀린 것이 아니라면 브리의 비옥한 땅에서도 경기가 좋은 해의 수익률이 겨우 12퍼센트 정도였다.[193]

최근에 확인된 이런 사실로 인하여 우리는 베네치아에 관한 견해를 수정해야 한다. 테라 피르마의 뽕나무, 벼농사, 밀밭과 대마밭으로 도시귀족의 부가 흘러가는 것은 단지 16세기 말 이후에 지중해에 해적들의 폐해가 커지면서 교역이 힘들고 불안정해진 결과 그 사업을 버리고 딴 곳에 자본을 피신시켰기 때문이 아니다. 우선 베네치아는 외국 선박들 덕에 17세기까지도

---

* versoir : 보습 위에 대는 쇳조각. 흙이 한쪽으로 떨어지게 하는 작용을 한다.

지중해에서 가장 출입이 빈번한 항구였다는 사실을 염두에 두어야 한다. 즉 이곳의 사업은 하루아침에 중단되지 않았다. 베네치아의 자본이 토지로 몰린 것은 농업 가격과 이익이 올랐기 때문이다. 사실 이곳에서는 토지를 소유한다고 귀족이 되는 것이 아니다. 그것은 단지 투자와 소득의 문제였다.

아마도 취향의 문제도 있을 것이다. 골도니*의 시대에 베네치아 부자들이 도시의 궁전을 버리고 시골 궁전, 즉 빌라로 간 것은 부분적으로 유행의 문제였다. 가을이 시작될 무렵, 베네치아의 부유층이 사는 지역은 사람이 뜸해진다. "교외의 별장, 시골 무도회, 야외 만찬 같은 것들을 열심히, 그리고 성공적으로 추구했기 때문이다." 여기에 관해서는 참으로 많은 묘사들이 있다. 예쁘게 장식한 방, 대단히 화려한 식탁, 음악회, 연극, 정원, 잘 다듬어놓은 울타리, 조각상들이 둘러서 있는 좁은 미로, 수많은 종복들······너무나도 아름다운 이 집 안의 모든 것들은 다 "인공적"이다. 이것은 마치 우리를 매혹시키는 영화와도 같다. 그 영화의 마지막 장면은 아마 이렇게 될 것이다. 귀부인께서 이웃을 방문했다가 저녁에 개를 데리고 집으로 돌아온다. 하인들이 뒤따르고 "고해 신부가 랜턴으로 길을 밝혀주는 가운데······귀부인은 그의 팔에 기대어 있다."[194] 그러나 이 근사한 집에서 볼 수 있는 것이 모두 이런 것들뿐이었을까? 이곳에는 광이나 포도주 압착실, 지하실도 있고, 경작 중심지들, 감시 초소 같은 것도 있다. 1651년에 베네치아에서는 『빌라에서의 도시 거주민의 경제(L'Economia del Cittadino in Villa)』라는, 제목 자체가 사정을 잘 알려주는 책이 출간되었다. 그 제목을 우리 나름대로 번역하자면 "부르주아의 전원 경영" 정도가 될 것이다. 저자인 의사 빈첸초 타나라는 농촌에 관한 한 지금까지 나온 것들 중에 가장 훌륭한 책을 썼다. 그는 새로 땅을 얻은 지주에게 많은 현명한 충고를 한다. 자리를 잘 잡을 것, 기

---

* Carlo Goldoni(1707-1793) : 이탈리아의 극작가. 당시까지의 연극에는 가면을 쓴, 판에 박힌 인물들만 나왔던 데에 비해 골도니의 작품에는 사실적인 인물들이 등장했다. 베네치아의 두 극장을 위해 작품을 썼다가 파리로 가서 프랑스어로 작품을 쓰기도 했다.

후조건과 근처의 물 사정을 잘 고려할 것, 잉어, 농어, 돌잉어를 키우기 위해서 연못을 키울 것. 사실 가족에게 싸게 음식을 공급하고 또 농업 노동자들에게 지급할, 빵과 곁들여 먹는 부식물(companàtico)을 거의 돈을 들이지 않고 구할 수 있는 방법으로 이보다 더 좋은 것이 어디 있겠는가? 시골에서 늘 문제가 되는 것은 다른 사람들을 일하도록 시키는 것이기 때문이다.

따라서 안드레아 트론이 그의 친구 안드레아 퀴리니에게 보낸 다소 흥미로운 내용의 편지(1743년 10월 22일 자)는 상당 부분 잘못된 환상에 의한 것이다. 이 편지를 쓴 젊은 도시귀족은 네덜란드와 영국에서 오랫동안 머무른 적이 있었다. "내가 이야기하고 싶은 것은……그들[베네치아 정부의 요인들, 즉 그와 마찬가지인 도시귀족들]이 아무리 칙령을 발한다고 해도 우리 나라의 상업에 관한 한 결코 아무것도 할 수 없다는 것이네.……가장 부유한 사람들이 상업에 투신하지 않는 나라에서는 국가에 유용한 상업이 결코 발달할 수가 없기 때문일세. 그러니까 베네치아에서는 귀족들이 돈을 상업에 투자하도록 설득시켜야 하지만……이런 일은 현재로서는 가능할 것 같지 않네. 네덜란드인이 모두 장사꾼이라는 것이 그들의 상업이 만개하게 된 이유라네. 이런 생각이 우리 나라에서도 널리 퍼져야 대규모 교역이 조속히 다시 회복될 테지."195) 그렇지만 베네치아의 도시귀족들 입장에서는 평온하고 안락하면서도 그들에게 넉넉한 수입을 가져다주는 일을 버리고 그 대신 더 작고 불안정한 수익을 가져다주는 해상 모험사업에 투신할 이유가 무엇이겠는가? 해상 모험사업에서 이미 좋은 자리는 전부 남들이 차지하고 있었던 것이다. 사실 레반트 무역만 해도 모든 실마리를 외국인이나 유대인 상인, 아니면 베네치아의 시민들(cittadini)이 쥐고 있는 마당에 도시귀족들이 이 사업을 새로 시작하기는 너무 힘들다. 그러나 이 젊은 안드레아 트론이 틀린 것만은 아니다. "가장 부유한 사람"이 못 되는 사람들에게 대상업과 돈놀이 업무를 맡긴다는 것은 베네치아가 이전에 가장 중요한 역할을 맡고 있었던 국제교역 분야의 태반을 놓쳐버린다는 뜻이다. 베네치아와 제노바의 운명을 비교해보면, 장기적으로는 베네치아가 더 나은 자본주의적 선택을 한 것이 아니었다는 점이 확실하다.

19세기 초 로마 주변의 농촌 : 탈선한 경우

로마 주변의 농촌지역은 수 세기 동안 몇 번이나 면모를 바꾸었다. 이유가 무엇일까? 아마도 황무지에 건설되었기 때문일 것이다. 시몽드 드 시스몽디는 1819년에 이 점을 관찰하고 이를 경탄스러운 분업의 예로 묘사했다.[196]

누더기 옷과 양가죽을 걸치고 말에 올라탄 목동들, 몇 무리의 양 떼, 몇 마리의 암말들과 망아지들, 그리고 서로 거리를 두고 떨어져 있는 얼마 되지 않는 외딴 농가들, 대개 이런 것들이 눈이 가는 모든 곳이 텅 비어 있는 이 시골지역에서 유일하게 볼 수 있는 살아 있는 모습들이다. 경작지도 마을도 없고 오직 가시덤불과 금작화 같은 향기 짙은 야생 식물들이 끊임없이 빈 땅에 퍼져가면서 천천히, 끈질기게 목초지를 죽여간다. 식물의 페스트와도 같은 이런 잡초와 싸우기 위해 농민은 일정한 시간 간격을 두고 개간을 하고 곡물을 심어야 했다. 이렇게 해야만 이 땅을 수년간 목초지로 쓸 수 있다. 그러나 농민이 없는 곳에서는 수년에 한 번씩 하는 이런 개간부터 수확까지의 고된 일들을 어떻게 하겠는가?

해결책은 외지인 노동자들에게 의존하는 것이다. 상이한 "10가지 계층의 노동자들"이 있는데 이들에게는 "어떤 말로도 합당한 이름을 갖다붙일 수 없다. [어떤 일은] 사비나 산지에서 내려온 일용노동자들이 맡는다. [또다른 일은] 레 마르케와 토스카나 출신 노동자들이 맡는다. 가장 많은 수를 차지하는 것은 특히 아브루치 출신들이다. 마지막으로……낟가리를 쌓는 일은 로마의 광장에서 어슬렁거리고 노는 건달들(Piazzaiuoli di Roma)을 쓰는데, 이 사람들은 그 외의 다른 일은 거의 할 줄 모른다. 이런 분업 때문에 여러 농사일을 대단히 세심하게 해나갈 수 있다. 예컨대 김매기는 적어도 두 번……때로는 그 이상을 하기도 한다. 각자는 자기에게 맡겨진 일을 빨리 그리고 꼼꼼하게 한다. 거의 모든 일들은 미리 약정한 일괄 가격으로 맡기고 많은 고용인과 하청 고용인들의 감시하에 이루어진다. 이 황무지에서 노동자들이 스스로 먹을 것을 챙긴다는 것은 불가능하므로 언제나 농부[기업형 대차지농을 말한다]가 음식을 제공한다. 그것은 한 되의 포도주, 1주일에 40바이오키*어치의 빵 그리고 염장 고기와 치즈 같은 약간의 다른 음식물을 말한다. 겨울 동안 이 노동자들은 카살레(casale : 외딴 집, 농가)라고 부르는 곳에 와서 잔다. 가구가 없는 이 커다란 건물은 거대한 농장의 한가운데에 세워져 있다.……여름 동안에는……노동자들이 일하던 곳 바로 옆에서, 대개 노천에서 잠을 잔다."

이 묘사는 물론 불완전하다. 그것은 단지 지나가는 여행자의 인상에 불과하다. 시스몽디는 대단히 독특한 광경에만 사로잡혀서 수없이 많은 그늘진 모습들을 보지 못했다. 심지어 그는 사람 수가 많지 않은 이곳에서 더욱 기승을 부린 치명적인 말라리아도 보지 못했다. 나아가서 소유체제에 대해서도 진지하게 질문을 던지지 않았는데, 사실 이것은 아주 기묘한 체제로서 그 체제가 제기하는 문제는 "아그로 로마노(agro romano, 로마 주변의 평야지대)"의 틀을 넘어선다. 로마 주변의 토지는 대봉건영주들과 60여 개소의 종교단체들이 소유하고 있었다. 그것은 보르게세 대공, 스포르차 공작, 파트리치 후작의 소유지의 경우에서 볼 수 있는 것처럼 흔히 대토지였다.197) 그러나 봉건영주나 종교기관이 토지의 경영을 직접 맡지는 않았다. 모든 것은 몇몇 대차지농들이 장악하고 있었는데, 이들은 이상하게도 시골의 대상인들(negozianti [또는 mercanti] di Campagna)이라고 불렸다. 모두 열두어 명에 불과한 이들이 결사체를 이루고 있었는데, 19세기까지도 존속했다. 이들은 상인, 변호사, 중개인, 조세 징수업자, 재산 관리인 등 아주 다양한 출신이었다. 이들은 영국의 차지농과는 달랐다. 왜냐하면 이들은 대개 가장 좋은 땅

---

* baiochi : 교황령에서 쓰던 화폐 단위. 5센테시미에 해당한다.

은 스스로 경작하고, 나머지는 수많은 소차지농이나 심지어 목동, 외지인 농민에게 하청 방식으로 임대해주었기 때문이다. 이들은 방해받지 않고 자유롭게 활동하고 싶었기 때문에 이전의 소유권을 가지고 있던 농민들을 아주 체계적으로 몰아냈다.[198)]

이것은 확실히 자본주의적인 침투였다. 그리고 18세기 중반경에는 그 성격이 더욱 뚜렷해졌다. 그러나 로마 주변의 농촌지역은 이탈리아에서 일어난 다른 많은 자본주의적 침투 사례들 중에 하나에 불과하다. 이런 현상은 롬바르디아의 토스카나라든지, 혹은 18세기에 한창 전환기를 맞이하던 피에몬테에서도 일어났다. 아팔타토리(appaltatori)라고 부르는 대차지농들은 지주나 농민들, 혹은 국가로부터도 나쁜 평판을 들었다. 사람들은 이들을 지독한 투기꾼들이며, 수확에 대해서는 거의 신경을 쓰지 않으면서도 토지로부터 최대의 돈을 가장 빠른 시간 내에 얻어내려고만 하는 자들이라고 보았다. 그러나 이들은 결국 장래에 오게 될 것들을 예고해주고 있었다. 이들은 19세기 이탈리아의 대토지 소유의 기원이 되었다. 또 이들은 18세기 말에 행해진 농업개혁—유익하기도 하고 동시에 해롭기도 했다—을 막후에서 고취시킨 사람들이었다. 이들이 신경을 쓴 것은 특권층, 농민, 그리고 (농업의 상업화를 지나치게 꼼꼼히 감시하던) 국가에 대항하면서 봉건적 토지보유, 귀족의 세습재산, 양도금지와 같은 이전의 소유 조건을 털어내버리는 일이었다. "프랑스 시대"*가 시작되어서 이전의 특권층의 재산이 대량으로 시장에 나오게 되자 이것을 가장 먼저 사들인 사람도 대차지농들이었다.[199)]

시스몽디는 다른 사람들이 대부분 이야기하지 않고 넘어가버리는 농업의 분업에 대해서 로마 주변 농촌지역의 예를 통해 분명하게 이야기하고 있다는 점에서 흥미롭다. 애덤 스미스만 해도 이 문제를 다소 성급하게 지나쳐버렸다.[200)] 그의 견해에 따르자면 분업은 산업활동에나 타당하지, 농업에

---

* 나폴레옹이 이탈리아를 점령했던 시기를 일컫는다.

서는 똑같은 사람이 씨도 뿌리고 경작도 한다는 것이다. 그러나 사실 앙시 앵 레짐 시기의 농업이라고 해도 거기에는 무수히 많은 종류의 일들이 있었다. 그래서 거의 발달하지 못한 지역에서도 농민들이 마을 경제의 여러 일들을 나누어서 하고 그러면서 전문화가 진행되었다. 대장장이, 수레 만드는 목수, 마구 제조인, 소목장이, 또한 필수불가결한 직종의 사람으로서 신기료 장수 등이 있었다. 또 씨뿌리기, 밭갈이, 가축 떼 돌보기, 포도밭 가지치기와 숲에서 하는 여러 일들을 한 사람이 해야 한다는 법은 없다. 농민 중에서 나무베기, 가지치기, 나뭇단 만들기를 하는 사람은 따로 정해지기 쉬웠다. 매년 추수 때에는 곡물 수확이나 포도 수확을 위해서 이 일에 어느 정도 전문화한 일꾼이 추가로 배정되었다. "포도 마름"의 지휘 아래에 "포도 수확꾼, 채롱으로 나르는 일꾼, 포도를 밟아 으깨는 일꾼"이 있는 식이다. 올리비에 드 세르가 관찰한 바에 따르면,[201] 랑그도크에서 땅을 개간하는 사업에서 일꾼들은 몇 개의 집단으로 구분되었다. 나무꾼, 덤불 태우는 일꾼, 작은 쟁기나 소로 끄는 큰 쟁기를 이용해서 밭갈이를 하는 농민, 또 "다루기 힘들고 너무 딱딱한 흙덩이를 가루가 되도록 부수는 일꾼(massier)" 등……. 마지막으로 시골에서 언제나 중요한 요소인 목축과 농경 사이의 분업이 있다. 카인과 아벨처럼 이것은 서로 다른 종족이며, 서로 증오하고, 언제든 맞붙어 싸우려고 하는 두 개의 상이한 세계이다. 목동들은 거의 불가촉천민*이다. 민담에는 그 흔적이 오늘날까지 남아 있다. 예컨대 아브루치 지역의 노래 한 편은 목동을 사랑하게 된 한 농민 처녀에게 이렇게 말해준다. "처녀야, 생각을 바꾸렴, 차라리 좋은 태생의 농부를 맞이해라, 그편이 훨씬 예의 바른 사람일 테니, '접시를 사용해서 먹을 줄도 모르는……저주받은' 목동을 고르지 말고(Nenna mia, muta pensiere……'nnanze pigghiate nu cafani ca è ommi de società)!"[202]

---

* 不可觸賤民, intouchable : 인도의 최하층 사회집단. 정통 힌두교 교리상으로 볼 때 이들의 활동이나 생활양식이 전염성이 있다고 여겨서 철저한 격리와 탄압을 받았다.

토스카나의 포데레

부유한 피렌체 상인들의 영향을 받아 토스카나의 시골은 서서히 심층적으로 변화했다. 옛날식의 마을들, 가난한 농민들 사이에 잘게 나뉘어 있는 경작지들은 고산지대나 벽지에만 남아 있었다. 저지대나 언덕의 사면지대에는 1400년 이전부터 반분소작농이 자리를 잡았다(이를 포데레 아 메차드리아[podere a mezzadria]라고 하는데 이를 줄여서 포데레라고 부른다).* 토질에 따라서 크기는 다르지만, 여하튼 하나의 단위로 되어 있는 포데레를 반분소작인 한 명과 그의 가족들이 경작하는 것이 일반적이다. 중앙에는 농가와 광, 외양간, 오븐, 타작하는 마당이 있고 그 주위에는 가까이에 경작지, 포도밭, 성긴 가지들을 가진 버드나무들, 올리브 나무들, 목축지대와 벌목지대(a pascolo, a bosco)가 있다. 이 체제에서는 전체 생산이 농민과 그 가족의 생계에 필요한 소득의 2배가 되도록 경작 규모를 계산해놓았다. 왜냐하면 전체 소득의 절반은 지주(oste)에게 가고 나머지 절반은 소작인(mezzadro)에게 가기 때문이다. 지주는 때로 소작인의 집 근처에 별장(villa)을 두기도 했지만 그것이 언제나 사치스러운 저택은 아니었다. 조반니 디 파골로 모렐리가 1393년부터 1421년 사이에 쓴 『회상록(Ricordi)』에서[203] 그의 아들들에게 충고한 다음의 내용을 보라. "너희들 스스로 별장에 거처를 정하고, 소작인과 함께 밭 하나하나를 돌아다니면서, 잘못한 일이 있으면 야단을 치고, 밀, 포도주, 기름, 과일, 기타 모든 것의 소출을 작년 것과 올해 것의 숫자를 대면서 비교해야 한다." 이런 꼼꼼한 감시는 이미 "자본주의적인 합리성"을 보여주는 것일까? 그런지 아닌지는 모르지만 어쨌든 그것은 생산성을 최고로 높이려는 노력이 틀림없다. 한편 소작인으로서는 지주에게 요구사항과 비난을 퍼부어가며 투자와 수리를 하도록 강요하면서 기회 있을 때

---

* '포데레'는 "농지, 농장"의 뜻이고 '메차드리아'는 "반분소작"의 뜻이다. 그러므로 '포데레 아 메차드리아'는 "반분소작 농지"인데 이를 '포데레(podere, 복수형은 poderi)'로 줄여서 부른다. 한편, "반분소작 농민"을 가리키는 말은 '메차드로(mezzadro)'이다.

마다 트집을 잡는다. 도나텔로*는 반분소작인을 얻어서 그 덕분에 "안락하게" 살 기회가 있었으나, 그것을 거부했다. 이것은 미친 짓인가, 현명한 일인가? 사실 그가 거부한 이유는 다름이 아니라 1주일에 3번씩 그를 괴롭힐 농민(contadino)을 거느리고 싶지 않았을 따름이다.[204]

이 체제에서 농민은 어쨌든 그 스스로 이니셔티브를 쥐고 있으므로 땅을 최선의 용도에 써서 기름이든 포도주든 최상의 소득을 가져다줄 생산물을 선택해야만 했다. 바로 이런 점에서 반분소작인이 경쟁력을 가졌으며, 다른 오래된 경작 형태에 대해 승리했다고 한다. 가능한 이야기이다. 그러나 한편 그렇게 성공할 수 있었던 데에는 피렌체가 시칠리아의 곡물을 구입할 수 있어서 자기 자신의 땅으로는 더 수익이 큰 경작을 할 수 있었다는 점도 작용했다. 그러므로 시칠리아의 밀은 포데레 부르주아의 성공에 일조한 것이다.

엘리오 콘티에 의하면 포데레는 어떤 의미에서 "예술작품이며, 공화국 시대 피렌체의 경제적, 정치적, 문화적 양태에 많은 영향을 주었던 바로 그 합리적 정의의 표현"이라고 한다.[205] 누가 이 말을 부인하겠는가? 애석하게도 오늘날에는 사라져가고 있지만, 토스카나 지방의 농촌은 세계에서 가장 아름다운 풍경을 보여준다. 자본주의가 승리했다고 하면 지나친 말이 되겠지만, 이곳에서는 이익에 민감하고 투자와 수익을 고려하여 계산할 줄 아는 상인들의 돈이 승리했다는 것만은 적어도 사실이다. 그러나 이때 농민을 지주와 달리 생산수단을 가지지 못한 사람이라고 말해서는 안 된다. 반분소작농은 임금노동자와는 다르다. 이 소작농은 그가 잘 알고 있고 경탄스럽게 관리하는 토지와 직접적인 관계를 유지하고 있다. 그리고 이 땅은 수 세기 동안 아버지로부터 아들로 전해져 내려온 것이다. 이 소작농은 일반적으로 잘 먹고, 사치스럽다고는 못해도 편안한 집에서 살며, 집에서 만든 내의류와 의복을 풍부히 가지고 있다. 결국 이 체제에서는 지주와 경영인 사이, 돈과

---

* Donatello(1386?-1466) : 르네상스 시대 피렌체의 유명한 조각가.

노동 사이에 드물게 보는 균형이 이루어져 있다는 이야기를 하는 사람들이 많다. 그러나 이런 견해에 동조하지 않는 학설도 많아서, 이탈리아 역사학자들 중에는 반분소작이 농노제와 유사하다고 보는 사람도 있다.[206] 아마도 18세기 전반기에 전반적인 상황이 불리해지고 조세 부담이 커가며 곡물에 대한 투기가 심해지면서 이 체제가 손상되어간 것처럼 보인다.

토스카나의 경험은 또 한 가지 명백한 사실을 확인시켜준다. 경작의 전문화가 이루어질 때면(예컨대 토스카나의 기름과 포도주, 롬바르디아의 쌀, 관개초지, 뽕나무, 베네치아의 여러 섬들의 건포도, 그리고 언제나 그런 것은 아니지만 대규모로 수출될 때의 밀까지도 포함해서) 농업이 자본주의적 "기업"으로 변해간다는 점이다. 이런 경우에 수확물이 상업화되어야 하고 국내든 국외든 시장에 종속되는데, 그러다 보면 언젠가는 이 수확물들의 생산성을 올려야만 하기 때문이다. 겉으로는 달라도 사실은 성격이 같은 예가 있다. 헝가리의 목축업이다. 헝가리의 목동들은 서유럽으로 소를 수출하면 이익이 아주 커지며 그 시장이 대단히 넓다는 것을 깨닫자, 지금처럼 땅을 집약적으로 갈아서 밀을 생산하는 일을 그만두었다. 밀은 사오면 되는 것이다.[207] 이런 것은 이미 자본주의적인 선택을 한 예들이다. 마찬가지로 네덜란드의 목축업자들도—이 경우에는 달리 어쩔 수 없었던 것이기도 하지만—유제품 생산과 치즈의 대량 수출에 전문화했다.

선진지역은 소수에 불과하다

앞에서 본 바와 같이 자본주의적인 미래를 미리 예시해주는 선진지역들이 존재했던 것은 사실이다. 그러나 유럽에서는 후진지역 혹은 정체해 있는 지역이 더 우세했고 대다수를 차지하고 있었다. 대부분의 농민세계는 자본주의와는 거리가 멀었다. 자본주의적인 요구, 질서, 진보는 이들과 무관했다. 농민들이 먼 과거의 세계에 단단히 붙들려 있는 지역들을 찾아내고 위치를 잡아보려고 한다면 그런 예들은 얼마든지 있다.

이탈리아 남부로 가보자. 1647년에 마사니엘로*가 지휘한 격렬하고 장기적인 농민봉기가 야만적으로 진압되고 난 뒤에, 나폴리에서는 인정사정없는 재봉건화의 광경을 볼 수 있었다.[208] 18세기 초의 수십 년간 일어난 일도 마찬가지이다. 이 시대의 사정을 말해주는 파올로 마티아 도리아의 증언을 들어보면 그 점을 볼 수 있다(도리아는 봉건체제가 아니라 봉건체제의 오용을 공격하고 있다는 것에 주의하라). "남작은 그의 봉신 한 명을 가난에 빠뜨리게 하고 몰락시킬 수 있으며, 마을의 통치자나 재판관이 개입하지 못하도록 하고서 그를 감옥에 가둘 수도 있다. 사면권을 가지고 있기 때문에 원하는 사람을 죽이게 하고 살인범을 사면시키기도 했다.……그는 봉신들의 재산이나 명예를 억압하는 권력을 남용했다.……남작이 잘못을 저질렀다는 것을 입증하기는 불가능하다. 정부도 강력한 남작에 대해서는 관용 정책을 취하는 도리밖에 없다.……이런 것은 몇몇 남작들이 자기 영지에서 제왕처럼 군림한다는 것을 보여준다."[209] 통계를 보면 이런 비정상적인 권력이 어느 정도였는지를 확인할 수 있다. 계몽주의 시대에도 나폴리 왕국에서는 거의 전역에서 봉건 법정이 전체 인구의 절반 이상에 대해 지배력을 행사했고 어떤 지방에서는 전체 인구의 70퍼센트, 80퍼센트, 심지어 88퍼센트에 대해서까지 지배력을 행사했다.[210]

시칠리아에서는 갈란티의 『새로운 시칠리아의 역사 및 지리 개관(*Nuova Descrizione Storica e Geografica della Sicilia*)』이 발행된 1798년에도 재판농노제가 확고히 자리를 잡고 있었다. 프랑스 혁명 전야에도 개혁적인 총독들(카라촐로와 카라마니코)은 단지 자잘한 개혁만을 수행할 수 있었다.[211] 예농제 내지 준예농제 지역으로 꼽을 수 있는 곳으로는 또한 아라곤이 있다.

---

* Tomasso Aniello(1620-1647) : 일명 마사니엘로(Massaniello). 나폴리의 농민봉기 지도자. 어부 출신으로, 나폴리 귀족이 스페인의 지배자에게 지불해야 하는 돈을 마련하기 위해서 과일에 세금을 물린 것에 항의하는 농민 봉기를 주도했다. 초기의 성공에 자제력을 잃고 귀족들을 살해했으나, 후에 그 자신이 살해당했다.

적어도 18세기 이전의 아라곤에 대해서는 독일의 역사가들이 구츠헤어샤프트—엘베 강 동쪽에서 찾아볼 수 있는 재판농노제상의 영주제—라는 용어로 묘사할 정도이다. 스페인 남부지역도 마찬가지로서 기독교도의 재정복운동으로 먼 과거의 유제(遺制)인 대토지 체제가 만들어졌다. 스코틀랜드 산지와 아일랜드 역시 명백히 후진상태에 있다고 이야기해야 한다.

간단히 이야기해서 서유럽 세계가 명백한 후진성을 드러내는 곳은—아라곤이라는 예외적인 곳을 빼면—모두 **주변**(périphérie) 지역이다(그러나 아라곤의 경우도 이베리아라는 복합적인 세계 속에서는 수 세기 동안 주변 지역이었다). 소수에 불과하며 아주 좁은 지역에 한정된 선진지역과 변두리에 몰려있는 후진지역을 나타낸 지도를 상상해보자. 정체해 있거나 아주 느리게 진화하는 지역, 즉 영주제적이며 동시에 봉건적인 성격을 가지고 있고, 시대에 뒤처져 있지만 그러면서도 서서히 변화해가는 그런 지역들은 이 지도상에서 특별한 색깔로 칠해져야 할 것이다. 유럽 전체를 보면 농업자본주의가 차지하는 부분은 결국 아주 소수이다.

프랑스의 경우

프랑스 한 경우만 하더라도 유럽 전체의 혼합 양상과 모순들을 잘 요약해서 보여준다. 프랑스 바깥에서 일어난 일들은 통상 이 나라의 여러 지역에서도 일어난다. 이 나라에 대해서 어떤 질문을 하면 곧 이웃 지역에 대해서 하는 것과 같다. 18세기에 프랑스에서는 농업자본주의가 시작되었다. 그것은 영국보다는 덜 발달했지만 라인 강과 엘베 강 사이의 독일에 비하면 더 앞서 있었다. 그리고 근대화된 이탈리아 시골지역과 유사한 정도이지만—때로는 이탈리아 지역이 프랑스보다 앞서 있었을 것이다—이베리아 지역보다 뒤처져 있지는 않았다. 다만 이베리아 지역 중에서도 카탈루냐만은 예외인데, 이 곳은 비록 영주체제가 강력한 지위를 유지하고는 있었지만 18세기 중에 심대한 변화를 겪었다.[212]

프랑스가 전체를 대변해준다고 할 때에는 특히 18세기 후반 시기를 염두에 두고 하는 말이다. 이때 진보적인 변화가 일어나면서 여러 갈등이 심화되고 변형되기 때문이다. 이때 프랑스는 확실히 인구 압력이 거세게 나타나는 무대였다(루이 14세 시대에 이 나라 인구는 2,000만 명이었던 데 비해서, 루이 16세 시대에는 아마도 2,600만 명이었을 것이다).[213] 농업 소득도 증가한 것이 확실하다. 일반적으로 귀족 지주들이 농업 소득 증가에서 자기 몫을 챙기려고 했다는 것은 지당한 일이다. 1660년부터 1730년에 이르는 긴 기간 동안 참회의 나날을 보낸 토지귀족들은 이제 재빨리―가능한 한 빨리―이전의 금식(禁食)에 대한 보상을 받으려고 했고, "사막을 건너온 것"을 잊으려고 했다.[214] 그리하여 영주 반동이 세차게 일어났는데, 이것은 근대 프랑스가 겪었던 것들 중에서 가장 심한 반동이었을 것이다. 영주들은 가능한 모든 방법을 다 동원했다. 임대료를 증대시키는 합법적인 방식도 있었고, 이전의 토지문서를 다시 꺼내 법률적으로 해석이 모호한 부분들―그런 것들은 얼마든지 있었다―을 재해석해서 토지의 경계를 멀리까지 확장시키고 공유지를 나누어 가지는 불법적인 방식도 있었다. 농민들은 분통을 터뜨렸지만 아무리 해도 "봉건적인" 장벽들이 자신들을 둘러막아 서는 것을 보게 될 따름이었다. 농민들은 지주들의 공격을 뒷받침해주는 위압적인 변화가 도대체 무엇인지 잘 깨닫지도 못하고 있었다.

이상과 같은 봉건반동은 전통으로의 회귀보다 시대정신에 의해서 영향을 받았다. 장사꾼들의 농간, 주식 거래, 환상에 물든 투자, 귀족들의 원거리 무역과 광산 개발에의 참여 등은 프랑스에서는 새로운 풍토로서, 한마디로 내가 자본주의적인 유혹, 자본주의 정신이라고 불렀던 것이다. 진짜 농업자본주의나 영국식 근대 경영은 프랑스에서는 아직 흔하지 않았다. 그러나 이제부터 시작이었다. 사람들은 토지를 이윤의 원천으로 보기 시작했고 근대적인 경영방법의 효율성을 믿기 시작했다. 1762년에는 데포미에가 쓴 『농업을 통해 빨리 부자가 되는 법(*L'Art de s'Enrichir Promptement par l'Agriculture*)』

이라는 책이 나와서 성공을 거두었고 1784년에는 아르누가 쓴 『재산을 증식시키거나 보존하는 법 : 토지 관리의 일반 법칙(*L'Art d'Augmenter et de Conserver Son Bien, ou Règles Générales pour l'Administration d'une Terre*)』이 성공을 거두었다. 영지의 매매도 늘었다. 그리고 토지재산이 광적인 투자의 대상이 되었다. 최근에 나온 에베르하르트 바이스의 논문(1970)은 프랑스의 이 현상을 분석하면서 이것이 영주제적 반동이면서 동시에 자본주의적 반동이라고 보았다.[215] 우선 영주소유지*에 대해서 차지농이나 혹은 영주 자신이 개입하여 대토지를 재구성하려는 노력이 끊임없이 강구되었다. 이 때문에 농민세계가 동요하고 감정적으로 분기했다. 바이스는 이런 변화를 라인 강과 엘베 강 사이의 독일—즉, 고전적인 의미의 영주제를 뜻하는 그룬트헤어샤프트 지역—농민의 상황과 비교했다. 사실 독일의 영주들은 직영지**를 직접 경영하려고 하지는 않았다. 그들은 단지 토지로부터 임차 지대를 받고 사는 지대 수취인(rentier)으로 만족하고, 제후—바이에른 선제후 등—에게 봉사하면서 균형을 취하려고 했다. 따라서 직영지는 작은 단위로 세분해서 농민에게 임차해주었다. 그러므로 이곳의 농민들은 프랑스 농민과 달리 불안감이나 불만이 없었다. 그래서 귀족계급의 특권을 비난하는, 어찌 보면 당연해 보이는 프랑스 혁명의 언사들이 독일에서는 반향을 불러일으키지 않았던 것이다. 때마침 외국의 역사학자—이 경우에는 독일 역사학자이지만, 그 이전의 루친스키나 포르시네프와 같은 대단히 혁신적인 러시아 역사학자들도 마찬가지이다—가 프랑스의 역사학계를 뒤흔들어놓았다는 것은 찬탄을 받을 만한 일이다. 에마뉘엘 르 루아 라뒤리의 최근 논문(1974)은 자기 자신의 연구를 포함해서 훌륭한 개별 연구들을 이용하여 바이스의 설을 수정했다.[216] 그는 정확히 프랑스의 어느 지역에서 영주 반동이 새로운 방

---

* domaine directe : 소유권은 영주에게 있으나 다른 봉신이나 농민에게 이용권을 넘겨준 땅.
** réserve, domaine proche : 영주가 소유권을 가질 뿐 아니라 그 자신이 직접 혹은 대리인을 통해 자신의 계정으로 경영하는 땅.

향으로 발전해갔는지를 규명하고자 했다. 프랑스에도 세력을 넓혀가는 차지농과 적극적으로 농업 경영을 수행하는 영주들이 있었다는 것은 이미 알려진 사실이다. 이 점은 특히 피에르 드 생-자코브가 오트-부르고뉴에 대해서 많은 증거를 제시한 바 있다. 그가 인용하는 예들 중의 하나로 다소 회화적인 인물인 바렌 드 롱부아라는 인물을 보도록 하자.[217] 그는 토지를 재통합하고 재정비하며, 농민을 축출하고, 공유지를 잠식하는 데에도 열성이었지만, 동시에 자신의 토지에 관개사업을 하고 인공 목초지를 개발하는 식의 혁신적인 사업에도 열심이었다. 그렇지만 적극적이고 혁신적인 영주가 1명이라면, 조용히 눌러앉아 아무래도 괜찮다는 식의 지대 수취인 성격의 영주가 10명 내지 20명이었다.

이와 같이 자본주의의 깊숙한 내부로부터 이루어진 성장이 어느 정도의 규모였는지를 혹시 농민의 요구, 그들의 동요, 혹은 그들의 감정 같은 것을 통해서 측정하고 판단할 수 있을까? 우리는 이러한 동요가 실제로 지속적이었다는 것을 알고 있다. 그러나 17세기에 그런 동요는 국가 재정에 반기를 든 것이지, 영주에 반대하는 것은 아니었고, 특히 프랑스 서부지역에서 그런 점이 두드러졌다. 그러나 18세기가 되면 농민봉기가 반(反)영주적인 것이 되고 분쟁지역도 새로운 곳으로 이전되었다. 즉 프랑스의 북동부 및 동부 지역이 그러한 곳인데 이곳은 프랑스 왕국의 곡창지대로서 진보적이고 (말을 이용하여 쟁기를 끄는 방법이 널리 퍼진 곳이었다)[218] 인구가 많은 지역이었다. 이런 지역들이 대단히 활기가 넘치는 곳이었다는 사실은 프랑스 혁명이 명백하게 보여주었다. 이것은 적어도 부분적으로는, 새롭고도 놀라운 상황에 처한 프랑스 농민들이 반(反)자본주의라는 새로운 용어를 아직 찾지 못했기 때문에 반(反)봉건주의라는 이미 낡아빠진 단어에 의존한 것은 아닐까? 바로 이 반봉건주의라는 표현만이 유일하게 1789년 삼부회의 진정서에서 폭발했던 것이다.

이제 남은 것은 다소 모순적인 이 목소리들을 구분해내고 지나치게 단순화된 17—18세기 사이의 대조를 바로잡는 일이다. 예컨대 프로방스에서 농민봉기를 활성화시킨 요인들 중에서 셋 중에 하나 정도의 비중을 차지하는 반영주적 움직임의 뒤에 무엇이 숨어 있는지 찾을 필요가 있다.[219] 한 가지 확실한 사실이 있다. 아키텐, 마시프 상트랄, 마시프 아르모리캥 같은 프랑스의 광대한 지역들이 앙시앵 레짐 말기에 조용했다는 사실이다. 그 이유는 농민의 여러 자유가 남아 있고, 농민의 토지가 누리던 이점이 계속 유지되었기 때문이거나 아니면 브르타뉴 지역처럼 농민들이 이미 복종할 수밖에 없는 비천한 상태에 빠졌기 때문이다. 우리는 만일 프랑스 혁명이 일어나지 않았다면 프랑스의 토지는 어떻게 되었을지 자문하게 된다. 피에르 쇼뉘는 루이 16세 시대의 반동 때 농민의 토지가 전체 토지의 50퍼센트, 어쩌면 40퍼센트로 줄어들어 있었다고 보았다.[220] 이런 과정을 계속 밟아갔다면 프랑스는 조만간 농업자본주의가 일반적으로 형성되는 영국식의 변화를 따르지 않았을까? 물론 이것은 대답이 불가능한 종류의 질문이다.

자본주의와 전(前)산업

산업(industrie)이라는 단어는 노동(travail), 활동(activité), 숙련(habileté) 등 이전의 뜻과 혼동되어 있었다. 그러다가 **기술**(art), **매뉴팩처**(manufacture), **공장**(fabrique)이라는 단어와 오랫동안 경쟁하던 끝에 18세기경에 가서—그나마 늘 그랬던 것도 아니지만—오늘날 이 단어에 대해서 우리가 부여하는 특정한 뜻을 가지게 되었다.[221] 19세기에 승리를 쟁취한 이 단어는 점차 대규모 산업을 지칭하게 되었다. 따라서 우리는 여기에서 **전(前)산업**(préindustrie)이라는 말을 생각해볼 수 있다(이 말이 우리의 마음에 흡족하지는 않지만 말이다). 그러나 우리는 문장 속에서 "산업"이라는 말도 함께 사용하고, "전산업" 활동이라는 말을 써야 할 곳에 "산업" 활동이라는 말을 쓰기도 할 것이다. 이에 대해서 크게 가책을 느끼지는 않아도 될 것 같다. 혼동의 우려가 전혀 없기 때문이다. 왜냐하면 우리가 다루는 시기는 증기기관 이전의 시대, 뉴커먼, 와트, 퀴뇨,* 주프루아,** 풀턴*** 이전의 시대, 즉 "대규모 산업이 우리를 포위하기 시작하는" 19세기 이전의 시대이기 때문이다.

4중의 모델

운 좋게도 우리는 이 영역에서 설명을 개진하는 데에 필요한 모델을 새로 만들지 않아도 된다. 이미 오래 전인 1924년에 위베르 부르쟁이 모델을 개발해놓았기 때문이다.[222] 이 모델은 그동안 거의 사용되지 않아서 오늘날에도 새로움을 유지하고 있다. 부르쟁이 생각하기에 15-18세기의 모든 산업 활동은 그가 구분해놓은 네 가지 카테고리 중 어느 하나에 속하게 되어 있다.

첫 번째 카테고리 : 무수히 많은 소규모의 가족적인 작업장이 "성운처럼 (nébuleuse)" 몰려 있는 형태이다. 대개 마스터 한 명에 두세 명의 저니맨 그리고 한두 명의 도제로 구성된**** 이 작업장은 그 자체가 하나의 가족과 같다. 유럽에서는 그리 오래되지 않은 과거에 볼 수 있었고 블랙 아프리카나 인도에서는 오늘날에도 볼 수 있다. 노천에서 조수들과 함께 일하는 못 제

---

* Nicolas-Joseph Cugnot(1725-1804) : 프랑스의 기술자. 1770년에 증기기관으로 추진되는 세 바퀴 견인차를 발명했다. 이것은 최초의 자동차 발명으로 여겨진다.

** Claude-François-Dorothée de Jouffroy, Marquis d'Abbans(1751-1832) : 프랑스의 기술자. 증기기관으로 추진되는 배를 손 강에 띄우는 시도를 하여 성공했다(1783).

*** Robert Fulton(1765-1815) : 미국의 기술자, 발명가. 대리석 켜는 기계, 대마 및 아마로 실이나 로프를 만드는 기계 등을 발명했다. 파리로 가서 잠수함을 발명했으나 프랑스 정부의 관심을 끌지 못했다. 센 강에서 증기기선 실험을 한 후 미국으로 돌아가서 "클러몬트(Clermont)"라고 명명한 기선을 만들어서 뉴욕과 올버니 사이를 운항하게 했다. 클러몬트 호는 최초의 기선은 아니지만 처음으로 상업적인 항로를 개척하는 데에 성공한 기선이다.

**** 길드의 구성원으로는 우선 정식 장색의 자격증을 가진 길드 마스터(장인)와 여기에 들어와서 일을 배우는 도제(apprentice)가 있다. 그런데 도제들 중에 충분한 기술은 갖추었으나 아직 마스터의 자격증을 가지지 못한 사람들이 생기고 그 수가 점차 늘었다. 마스터의 수가 늘어나면 기존 마스터의 영업에 피해를 미칠 수 있으므로 마스터가 되는 것을 갈수록 어렵게 만들었기 때문이다. 이 중간단계의 사람을 프랑스어로는 '콩파뇽(compagnon)', 영어로는 '저니맨(journeyman)'이라고 한다. 여기에서는 저니맨으로 옮겼다.

조인, 칼 제조인, 또는 마을의 대장장이 같은 사람들이 그러한 예이다. 이 카테고리에 들어가는 것으로는 구두 수선인이나 구두 제조인의 노점, 세밀한 도구와 희귀한 재료를 갖춘 금은 세공인의 가게, 내부가 여러 물품들로 미어지게 차 있는 철물공의 작업장, 또는 레이스 직공이 일하는 공방(자기 집의 문 앞에 앉아서 짜기도 하고 공방에 들어가서 일하기도 한다) 같은 것들이 있다. 혹은 18세기 도피네 지방에서 볼 수 있던, 도시 안이나 외곽에 모여 있는 "가족적이거나 수공업적인 성격의 소규모 건물들"도 여기에 속한다. 곡물 수확이나 포도 수확 후에 "모든 사람이 일거리에 모여든다.……어느 가족은 실을 잣고 어느 가족은 천을 짠다."[223] 이런 초보적인—"단세포적인"—각각의 단위 안에서는 "하는 일에 차이가 없고 작업이 연속적이어서, 흔히 분업이라는 것을 모르고 있었다. 가족 중심으로 일이 이루어지는 작업장들은 시장이라거나 통상적인 이윤법칙 등을 반쯤 모르고 지냈다.

이 카테고리에는 사람들이 다소 성급하게 비(非)산업적이라고 부르는 활동들도 포함시킬 수 있다. 빵을 공급하는 빵 장수, 밀가루를 빻는 제분공, 치즈 생산업자, 브랜디나 마르 주* 증류업자, 날고기를 소비하기 좋은 고기로 손질하는 푸주한들이 그런 사람들이다. 이 마지막에 든 푸주한의 일에 관한 1791년의 영국 문서를 보자. "그들은 가축을 잡고 고기를 자르고 알맞게 준비하는 방법만 아는 것이 아니라, 살아 있는 소, 양, 송아지를 어떻게 잘 골라 사는지도 알아야 한다."[224]

이와 같은 수공업적인 전산업의 핵심적인 특징은 이것들이 절대 다수를 차지했다는 것이다. 바로 이 점이 동시에 자본주의적인 혁신을 거부하는 결과를 가져온다(때로 이런 분야들 중에 어떤 것은 완전히 전문화된 채 오랫동안 버티다가 자본주의적인 혁신에 포위되고, 그러다가 어느 날 다 익은 과일처럼 부유한 경영자의 수중에 떨어지는 일도 없지 않다). 19세기, 심지어 20세기까

---

* marc : 포도 찌꺼기를 증류해서 만드는 브랜디의 일종.

지도 굳건히 남아 있는 직종과 장인들의 목록을 길게 작성해보려면 철저한 조사가 필요할 것이다. 1838년에만 해도 제노바 주변의 시골지역에서는 벨벳 직조업(telaio da velluto)이 존재했다.[225] 프랑스에서 오랫동안 우세를 지키던 수공업적 산업이 근대 산업에 밀려나게 된 것은 1860년경이다.[226]

두 번째 카테고리 : 분산되어 있지만 내부적으로 서로 연결되어 있는 작업장들이다. 위베르 부르쟁은 이것을 **분산적 공장**(fabrique disséminée, 이 용어는 조아키노 볼페에게서 차용한 것으로 꽤나 잘 선택한 용어로 보인다)이라고 명명했다. 나는 차라리 **분산적 매뉴팩처**(manufacture disséminée)라고 부르는 것이 낫겠다고 생각하지만 그것은 그리 중요하지 않다. 18세기의 르 망 주변에서 생산하는 평직천*이나, 그보다 수백 년 앞선 빌라니 시대인 1350년경 피렌체의 아르테 델라 라나(이 경우 피렌체 시와 반경 50여 킬로미터 내의 주변에서 6만 명 정도가 모직물업에 종사하고 있었다)가 그와 같은 예이다.[227] 이 경우에 작업장들은 아주 넓은 공간에 많은 점들이 찍혀 있는 듯한 형태로 존재하지만, 이 점들은 서로 **연결되어** 있었다. 생산작업을 조정하고 중재하고 총괄하는 사람은 기업가 상인들이다. 이들은 원재료를 선대(先貸)해주고, 그것을 가지고 방적으로부터 방직, 축융, 염색, 전모(剪毛)를 하도록 하는 한편, 마무리 공정은 스스로 맡는다. 그러면서 임금을 지불하고 종국적으로 완제품을 가까운 시장이나 원격지 시장에서 판매하여 수익을 얻는다.

이런 분산적 공장은 중세부터 형성되었다. 그리고 직물 분야뿐 아니라 "아주 일찍부터 칼, 못, 철사 등의 제조업에서도 이런 방식의 작업장이 형성되었는데, 노르망디나 샹파뉴 같은 곳에서는 오늘날까지도 이런 분야들이 원래의 성격을 유지하고 있다."[228] 이런 점은 15세기 이후 쾰른 주변의 금속공업, 16세기 리옹 주변이나 카모니카 계곡에서 브레시아까지의 지역에서 볼 수 있는 여러 종류의 산업활동—철물공업부터 무기산업에 이른다—도 마

---

* étamine : 모나 면을 가지고 평직으로 짠 아주 가벼운 직물.

찬가지였다.[229] 이 모든 영역에서는 언제나 그렇듯이 완제품이 생산되어 상업활동의 대상으로 넘어갈 때까지 여러 작업들이 연이어져 있었다.

세 번째 카테고리 : "집중 공장(fabrique agglomérée)"으로서 분야와 지역에 따라 다르지만 대개 느지막이 형성되었다. 그러나 14세기에 등장한 수력을 이용한 철공소는 이미 집중 공장에 속했다. 여기에서는 여러 공정이 한 곳에 집중되어 있었다. 양조 공장, 피혁 공장, 유리 공장 등도 마찬가지이다. **매뉴팩처** 역시—국영이든 사영이든—이 카테고리에 넣는 것이 타당하다.[230] 특히 18세기 후반에 전 유럽에 걸쳐 매뉴팩처가 증가했는데—그중에서 물론 직물업 매뉴팩처가 대다수이기는 하지만—온갖 종류의 것들이 다 생겼다. 중요한 특징은 꽤 큰 건물 한 곳에 노동력을 집중시킨다는 것이다. 그렇게 함으로써 노동에 대한 감시가 가능해지고 분업이 발달해서, 결국 생산성이 제고되고 생산품의 품질이 개선되었다.

네 번째 카테고리 : 기계류를 갖추고 있고 수력과 증기력을 사용할 수 있는 공장이다. 마르크스의 용어로는 이것이야말로 문자 그대로의 "공장(fabrique)"이다. 사실 18세기에는 **공장**과 **매뉴팩처**라는 단어가 흔히 혼용되었다.[231] 그러나 우리는 이 두 단어를 구분하여 쓸 것이다. 이 점을 명확하게 이야기하자면 기계화된 공장은 이 책이 다루는 시기를 벗어난 것으로, 산업혁명을 거치고 난 19세기의 이야기이다. 그렇지만 아그리콜라의 『금속론(De Re Metallica)』(1555)에 실린 삽화에서 볼 수 있는 중유럽의 근대적인 광산은 기계화된 공장의 중요한 예로 볼 수 있을 것이다. 비록 이 광산에 증기기관이 사용되는 것은 그로부터 2세기가 지나서이며 그것도 흔히 부분적으로는 천천히 도입되지만 말이다. 마찬가지로 칸타브리아 지역에서도 "16세기 초에 물을 동력으로 사용한 것이 진정한 산업혁명을 야기했다."[232] 이와 비슷한 예로는 17세기에 동력 톱, 기중기, 돛을 일으켜 세우는 기계 등을 갖추고 있던 잔담의 조선소나 물레방아를 이용한 소규모 "공장들(usines, 제지 공장, 축융 작업장, 제재소)"이나 혹은 기계화된 숫돌과 풀무를 사용하던 도피네

창립연대 불명

폐업연대 불명

유력 기업

	1680	1700	1720	1740	1760	1780	1800	1820	1840	1860	1880

면직
방적
방직

인도식 날염

마직
견직
모직
방적

가공

도기

유리
유리관
유리 버튼
판유리
창유리
안경알
담배

종이

금속사
금사

철사

기타

19. 매뉴팩처와 공장

안스바흐 및 바이로이트 공작령은 1806-1810년에 바이에른에 합쳐진 "프랑켄계" 독일 지역
으로, 면적은 아주 작지만 인구가 대단히 조밀하다. 100개에 가까운 매뉴팩처를 조사한 것은
표본조사의 가치가 있다고 할 수 있다. 이것은 매뉴팩처가 근대적 공장으로 이행하지 못했는
지(좀바르트), 이행했는지(마르크스)에 대한 문제를 해결하는 데에 도움을 준다. 약 20여 개,
즉 5개 중의 1개 정도가 1850년경에도 남아 있었다. 흔히 그렇듯이 양자의 중간 정도에 진리
가 있을 것이다. (오르틀루프 로이터, 『프랑켄 지방의 매뉴팩처』, 1961, p.8)

지역 비엔의 작은 칼 제조 공장들이 있다.[233]

이상과 같은 네 개의 카테고리 내지 네 가지 유형은 대개 순차적으로 나타났다. 그렇다고 해서 "하나의 구조가 다른 구조로 급작스럽게 대체된 것은 아니다."[234] 특히 매뉴팩처로부터 공장으로 자연스럽게, 논리적 귀결로서 이행하지는 않는다. 이 점에서는 마르크스보다는 좀바르트가 옳았다.[235] 1660년부터 1880년 사이의 안스바흐와 바이로이트 공작령들의 매뉴팩처와 공장에 관해서 연구한 로이터의 책에서 인용한 도표는[236] 두 가지 조직이 일정한 기간 동안 서로 중첩된다는 것을 구체적으로 보여준다. 그렇지만 반드시 하나에서 다른 하나로 자연스럽게 넘어가는 것은 아니다.

부르쟁의 도식은 유럽 이외에서도 타당한가?

이 단순화된 도식은 전 세계의 여러 인구조밀 지역의 사회로 쉽게 확대, 적용된다.

유럽 이외의 지역에서는 특히 "독립적 작업장"과 "연결적 작업장"이라는 처음 두 단계를 흔히 볼 수 있는 반면, 매뉴팩처가 예외에 속한다.

어느 정도 주술사의 성격까지 겸하는 대장장이와 초보적인 수준의 직조공과 도공이 존재하는 블랙 아프리카는 전적으로 제1단계에 머물러 있었다. 식민지 시대의 아메리카는 아마도 이 초보적인 차원보다도 더 뒤처져 있던 것 같다. 그러나 아메리카 인디오들이 멸망하지 않고 계속 버텨나간 사회에서 장인들은 여전히 활발하게 활동했다. 실 잣는 여인, 직조공, 도공 그리고 더 나아가서 멕시코나 페루에서 우리 눈으로 직접 볼 수 있는 바와 같은 신전이나 수도원 등의 거대한 건조물을 건설하는 일꾼들이 그런 사람들이다. 심지어 식민 정복자들이 이들을 이용하여 오브라헤스(obrajes)라는 작업장을 설치하기도 했다. 이곳에서는 강제노동을 하는 노동자들이 모직물, 면직물, 마직물, 견직물을 제조했다. 그리고 우리가 정한 카테고리 중에 가장 높은 곳에 속하는 것으로 거대한 은광, 동광, 수은광이 있었고, 조만간 브라질 내

룩지역에 흑인 노예들이 사금을 채취하는 느슨한 조직의 작업장도 생겼다. 브라질 내륙지역이나 라틴 아메리카의 섬들과 열대지역에 들어선 설탕 제조용 물레방아는 인력과 수력, 혹은 축력이 집중된 매뉴팩처였다. 이것은 여러 종류의 작업장들을 함께 갖추고 있어서 카소나드, 여러 종류의 설탕, 또는 럼주나 타피아를 생산했다.

그러나 식민지 시대의 아메리카에서는 본국의 금지와 규제가 엄중하게 작용했다. 결국 이곳에서는 다양한 "산업" 계층이 조화롭게 발전하지는 못했다. 기본적으로 유럽에서처럼 많은 장인들이 훌륭한 성과를 거두며 번영을 누리는 따위의 일이 없었다. 17세기 후반에 한 여행자는 그 점에 대해서 이렇게 이야기했다. "서인도 지역에는 관련 물품을 비롯한 여러 분야에서 아주 저급한 장인들[덧붙이자면 저급한 엔지니어들]밖에 없다. 예를 들면 수술에 필요한 도구를 훌륭하게 만들 수 있는 사람이 하나도 없다. 그리고 수학이나 항해술에 관해서도 아는 것이 하나도 없다."[237] 그 외에도 일상적으로 훨씬 더 많이 쓰이는 많은 다른 물품에 대해서도 마찬가지이다. 간단한 예를 들어보면 설탕 제조업에 쓰이는 구리 보일러나 철 보일러, 못 같은 것도 모두 해외에서 들여왔다. 유럽에 무수히 많이 존재하는 장인층이 이곳에 존재하지 않는 데에는 인구가 적고 또 주민들이 대단히 가난하다는 것도 중요한 원인일 것이다. 러시아의 차르에게 봉사하는 해군 장교인 코체부—1819년에 독일 학생인 카를 잔트에게 살해된 시인*의 아들이었다—가 리우에 도착했을 때, 그의 눈에 비친 브라질은 비록 포르투갈에 대해서는 금광과 다이아몬드 광산이 중요한 역할을 했지만 "가난하고 학대받으며 인구도 적고 모

---

* August Friedrich Ferdinand von Kotzebue(1761-1819) : 독일의 극작가. 독일만이 아니라 파리와 러시아를 오가며 활동했으며 특히 제정 러시아를 위해 공사로 일하기도 했다. 괴테와 논전을 벌이고 낭만주의를 공격했으며 반(反)자유주의적인 신문(*Literarisches Wochenblatt*)을 창간했다. 학생들의 부르셴샤프트 운동을 비판하다가 카를 잔트라는 학생의 칼에 찔려 죽었다. 그의 아들 오토 폰 코체부(1787-1846)는 해군 장교이며 탐험가로, 몇 차례의 세계여행을 하고 북극 항로, 오세아니아 등을 탐사했으며 남태평양의 400여 개의 섬들과 베링 해협 근처에 그의 이름이 붙게 된 코체부 해협을 발견했다.

든 정신적인 문화와는 거리가 먼 나라"에 불과했다.[238)]

중국과 인도에서는 이와 반대로 도시에서나 시골에서나 숙련된 수많은 장인이 번영을 구가했다. 다른 한편, 구자라트나 벵골의 직물산업은 일종의 "분산적 공장들"이 별무리처럼, 또는 소규모 작업장이 은하수 같은 형태로 존재했다. 그리고 두 지역 모두 세 번째 단계의 산업도 존재했다. 베이징 북쪽의 석탄 채굴업은 비록 국가의 감시를 받고 투하된 자본 규모가 작기는 해도, 이미 명백한 집중의 양태를 보였다.[239)] 중국의 면직업은 무엇보다도 농민노동이면서 가족노동인 형태가 지배적이었지만 17세기 말부터 상하이 남쪽의 쏭장 구에서는 삯노동을 제외하고도 매뉴팩처에 항시적으로 고용된 노동자만 20만 명을 상회했다.[240)] 장쑤 성의 수도인 쑤저우에는 견직업 작업장이 3,000-4,000군데나 되었다.[241)] 최근 한 역사가는 이를 리옹이나 투르 같은 곳, "혹은 일종의 루카 같은 곳"이라고 보았다.[242)] 또 1793년에 "징더전"*에는 "도자기를 굽는 노(爐)가 3,000개나 있었는데……여기에 한 번에 불을 붙였기 때문에 밤에는 이 도시 전체에 불이 붙은 것 같았다."[243)]

놀라운 것은 중국이나 인도에서 이렇게 아주 능숙한 장인층이 존재하면서도 유럽인에게 낯익은 발달된 도구를 만들지 못했다는 점이다. 특히 중국보다 인도에서 더 심하다. 1782년에 인도를 지나가던 한 여행자는 이렇게 기록했다. "인도의 수공업은 단순해 보인다. 일반적으로 장인들은 거의 기계를 쓰지 않고 손으로 일하기 때문이다. 우리[유럽인] 같으면 100가지 이상의 도구를 쓰는 곳에서도 그들은 2-3가지밖에 쓰지 않는다."[244)] 그런 점에서 중국의 대장장이도 유럽인을 놀라게 한다. 그들은 "언제나 자신의 도구와 화덕, 노를 가지고 다니다가 사람들이 일을 시키는 곳이면 어디에서나 작업판을 벌인다. 어느 집에서 그를 부르면 곧 그 집 앞에 노를 설치한다. 잘게 부순 흙으로 작은 벽을 쌓아 올리고 그 앞에 화덕을 놓는다. 그 벽 뒤에

---

* 이 책 제1권 706쪽과 같은 곳의 역주를 참조하라.

는 두 개의 가죽 풀무가 있어서 조수가 그것들을 번갈아 눌러대며 불을 피운다. 그는 돌멩이를 모루로 삼는다. 그가 쓰는 도구라고는 집게, 망치, 큰 망치, 줄 정도이다"[245] 그는 또 어느 직공을 보고서도 역시 놀라움을 감추지 못했다(아마 시골에서 있던 일이리라. 중국의 도시에서는 다음의 설명과는 달리 아주 훌륭한 직기를 쓰기 때문이다). "그는 아침에 문 앞에 있는 나무 밑에 직기를 설치했다가 해가 지면 거두어들인다. 이 직기는 아주 단순하다. 그것은 땅에 네 개의 말뚝을 박은 위에 두 개의 원통이 놓여 있는 형태이다. 날실을 가로질러서 가는 막대기가 두 개 있는데, 그중 하나는 베틀 옆의 나무에 묶은 두 가닥의 줄로 지탱해놓고 또 하나는 일하는 사람의 다리에 묶은 두 가닥의 줄로 지탱해놓았다.……이 막대기들이 있어야 날실을 벌리고 씨실을 통과하기가 편하다."[245] 이것이 바로 초보적인 수평 베틀이며, 오늘날에도 아프리카 북부의 일부 유목민들이 천막용 직물을 짜는 데에 사용한다.

왜 이렇게 품이 많이 드는 불완전한 도구를 쓸까? 인도와 중국에서는 가난하고 비천하게 살아가는 사람들의 수가 너무 많기 때문이 아닐까? 왜냐하면 도구와 노동력 사이에는 역(逆)의 상관관계가 있기 때문이다. 기계가 쓰이기 시작할 때 노동자들은 그런 사실을 깨닫게 된다. 그러나 19세기 초에 격노한 "러다이트"* 움직임이 있기 훨씬 전에 책임 당국과 지식인들은 이미 이것을 의식하고 있었다. 당시로서는 희한한 기계인 기계식 톱이 발명되었다는 것을 알게 된 기 파탱은 그 발명가에게 만일 목숨을 부지하고 싶으면 노동자들에게 신분을 알리지 말라고 충고했다.[246] 몽테스키외는 물레방아의 건설에 대해서 개탄했다. 그의 생각에 모든 기계는 필요한 일꾼들의 수를 줄이기 때문에 "유해한" 것이었다.[247] 마르크 블로크는 『백과사전』에서

---

* Luddite : 일자리를 빼앗긴 19세기 영국의 수공업자들이 섬유기계를 파괴하려던 움직임. 1811년 말경 노팅엄 근처에서 시작되어 곧 여러 지역에 퍼졌다. '러드(Ludd)'라고 불리는 이들은 밤에 가면을 쓰고 다니며 기계를 파괴했으나 사람은 해치지 않았다. 곧 정부가 이들을 혹독하게 진압하고 1813년에 요크에서 집단 재판을 하여 많은 사람을 처벌했다.

다음과 같은 이상한 언급을 하는 한 구절을 지적하고 있는데,[248] 이것은 다소 우회적인 표현이기는 하지만 기본적으로는 같은 생각을 나타낸다. "노동력이 비싼 곳에서는 어디에서나 기계로 대체해야 한다. 그래야만 노동력이 싼 곳과 경쟁이 된다. 오래 전부터 영국인들이 이 사실을 대륙의 유럽인들에게 가르쳐주고 있다." 이 언급은 결코 놀랍지 않다. 그보다 한 세기 전에 일어났던 일로서 우리의 호기심을 자아내고 우리를 놀라게 하는 것이 있다. 1675년 8월에 런던에 주재하는 제노바 영사가 간략히 묘사한 다음의 내용이다. 런던에서 1만 명의 노동자들이 프랑스에서 수입한 리본 제조기에 반대하여 봉기를 일으켰다. 이 기계를 쓰면 한 사람이 10-12개의 리본을 동시에 짤 수 있었다. 그들은 이 새로운 직기를 불태웠는데, 만일 군대와 시민 순찰대가 개입하지 않았더라면 더 흉악한 일이 일어날 뻔했다.[249]

농업과 전산업은 뗄 수 없는 관계이다

위베르 부르쟁의 모델은 기술을 강조한다. 이 모델이 단순하고 불완전한 것도 그 때문이다. 따라서 이 모델에 복잡한 요소들을 도입시킬 필요가 있다.

첫 번째 언급할 사실은 아주 자명한 이야기이다. 전(前)산업은 그 독창적인 성격에도 불구하고 깨끗하게 경계 지어지는 분야가 아니다. 18세기 이전에 전산업은 아직 농업과 완전히 분리되지 않아서, 도처에 널리 퍼져 있는 농업이 전산업과 병행하고 때로 그것을 집어삼켰다. 심지어 가족이나 마을을 위해서만 일하는[시장에 내다팔지 않고 자체 소비하는/역주], 따라서 오직 사용가치만 가지는 "풀뿌리" 산업도 존재했다. 나는 어린 시절에 뫼즈 강 연안의 한 마을에서 수레바퀴에 쇠로 테를 두르는 일을 본 적이 있다. 아직 벌겋게 달구어져 있는, 길게 늘여 뽑은 쇠를 나무바퀴에 두른다. 그러면 곧 나무가 불타기 시작한다. 그러면 이것을 강물에 집어던지는데, 이때 쇠가 식으면서 나무에 단단히 달라붙는다. 이 일을 할 때면 마을 사람들이 모두 나와서 구경을 하고는 했다. 지난날 시골에서 있었던 이와 같은 일들을 모두 기록하노라면 끝이 없을 것이다. 부자들도 이런 일을 하기는 했지만[250] 주로 가난한 사람들의 일이었다. 이들은 자신들이 직접 쓸 물품으로서 나사, 거친 직포로 만든 셔츠, 가구, 식물성 섬유로 된 마구, 보리수나무 껍질로 짠 밧줄, 버들가지 바구니 도구의 손잡이 또는 쟁기의 손잡이 부분 등을 만들었다. 우크라이나 서부나 리투아니아와 같이 발달이 지체된 동유럽 지역에서는 서유럽에서보다 이러한 자급자족 정도가 더 컸다.[251] 서유럽에서는 사실 가내 용도의 공업활동 외에도 **시장에 내다 팔 목적**으로 이루어지는 농촌 공업이 함께 발달했다.

이런 수공업 장인층은 잘 알려져 있다. 유럽 어디에서든지, 읍, 마을, 농가마다 겨울이 오면 거대한 "산업" 활동이 농업 활동을 대신했다. 그것은 외떨어진 산골 마을에서도 마찬가지였다. 예를 들면 1723년에 노르망디의 보카주 지방에 있는 "접근이 어려운" 30여 개 마을들이라든가, 1727년 생통주의 마을들은 시장에 길드 기준에 어긋나는 생산물을 가지고 왔다.[252] 그렇다면 이들을 엄벌에 처해야 할 것인가? 매뉴팩처 검사관은 외떨어진 시골에 갇혀 있어서 "매뉴팩처에 관한 규칙"을 모르는 이 사람들을 찾아가서 잘 설명해주는 것이 낫겠다고 생각했다. 1780년경에 오스나브뤼크 주변 지역에서는 농민과 그의 처, 아이들, 심부름꾼들이 아마포를 짰다. 이것은 여분으로 하는 일이므로 소득이 얼마인가는 상관이 없었다! 겨울철이 닥쳐왔는데, "하인들은 일을 하든 안 하든 먹여주어야 한다."[253] 그러니 일을 시키는 것이 낫지 않겠는가! 결국 주세페 팔롬바가 말했듯이 "달력", 즉 계절의 리듬이 모든 활동을 좌우한다. 16세기에 리에주의 탄광에서 일하는 광부들도 매년 8월에는 추수를 하기 위해서 광산을 떠났다.[254] 어느 직종이든지 이 규칙에는 거의 예외가 없었다. 예를 들면 1601년 6월 1일 자 피렌체의 한 상업 서한은 이렇게 이야기한다. "양모 판매가 갈수록 줄어들고 있다. 그렇지만 이것은 조금도 놀랄 일이 아니다. 사람들이 시골로 가버려서 노동자가 모자라기 때문에 일이 줄어든 것이다."[255] 로데브, 보베 혹은 안트베르펜과 같은 모든 산업도시에서는 여름이 오면 농사일이 모든 것을 좌우했다. 그러다가 다시 겨울이 돌아오면 수공업이 가장 중요한 일이 된다. 이때에는 화재의 위험에도 불구하고 촛불까지 켜고 일한다.

물론 그와 반대되는, 아니면 적어도 상이한 예들도 찾아볼 수 있다. 쉬지 않고 일을 계속하려는 시도가 없지 않다. 예를 들면 1723년 루앙에서는 "[이전에는] 추수 때에 자기 일을 멈추고는 했던 시골 노동자들이……이제는 더 이상 그렇게 하지 않는다. 이제는 나사나 다른 직물을 계속 짜는 것이 더 이익이 크기 때문이다." 그 결과 "밀을 거두어들일 사람이 모자라서 곡물이 밭에서" 싹을 틔우려고 할 정도였다. 그래서 고등법원은 "밀과 다른 곡물을 추수하는 동안에는" 매뉴팩처 일을 중단시키려고 했다.[256] 그렇다면 도대체 수공업 일은 연속적으로 계속 이루어진 것인가, 아닌가? 참고로 장인들이 1년에 일하는 날이 120일이었다는 보방의 계산을 잊지 말자. 그 나머지 날들은 일하지 않는 축제일—이런 날은 결코 적지 않았다—과 계절에 따라 꼭 해야 하는 일들을 하는 날들이었다.

따라서 농업활동과 공업활동 사이의 분리는 잘 이루어지지 않았고, 이루어졌다고 해도 느지막이 이루어졌다. 구다르가 공업과 농업 사이의 지리적 구분을 이야기한 것은 아마도 틀린 말이다.[257] 마찬가지로 로제 디옹이 말하는 "라발에서 루앙, 캉브레, 푸르미를 잇는"[258] 구분선도 나는 신용하지 않는 편이다. 그는 이 구분선을 경계로 북쪽은 수공업이 활발히 시행되는 곳이고 남쪽은 포도 재배를 하는 곳으로서, 이와 같이 프랑스는 두 개의 지역으로 나뉜다고 보았다. 지사 바빌에 의하면[259] 포도밭이 사방에 널려 있는 랑그도크만 하더라도 1680년에 45만 명의 직물 노동자들을 헤아리지 않는가? 그리고 오를레앙 납세구와 같은 포도 재배 지역에도 1698년의 조사에 의하면 2만1,840명의 포도밭 소유주와 동시에 "여러 읍과 마을에 1만 2,171명의 장인이 존재했다." 그렇더라도 대개 유복한 생활을 하는 포도 재배 가구에서는 가내수공업을 그리 활발하게 하지 않았다는 것이 사실이기는 하다. 그래서 포도주를 생산하는 아르부아 주변 지역에는 노동력 부족 때문에 직물 공업이 들어설 수 없었다.[260) 17세기에 대단히 활발하게 직조업이 발달했던 레이던 역시 주변 농촌지역이 워낙 부유한 까닭에 그곳으로 직물업을 확대해갈 수 없었다. 그래서 18세기에 반드시 노동력을 확보해야만 했을 때, 이 도시에서 **멀리 떨어진** 가난한 지역에 의존해야 했다. 역설적이게도 이런 지역이 네덜란드 근대 직물업의 대중심지가 된 것이다.[261)

공업 : 신의 섭리

공업이 발달하는 데에는 사실 수많은 요소와 동기가 작용한다. 견직업 중심지인 루카는 13세기에 "[주변 지역에 이 도시 소유의] 토지가 부족했기 때문에……근면할 수밖에 없었으며 그 결과 개미 공화국이라는 말이 속담처럼 되어버렸다"라고 오르텐시오 란디가 『역설(*Paradossi*)』(1543)에서 이야기했다.[262) 영국의 노퍽 해안지역에는 16세기에 뜻밖에도 색깔 있는 양말을 짜는 공업이 들어섰다. 그러나 이것은 우연이 아니다. 이 해안지역은 그물이 얼키설키 늘어진 작은 어촌들이 촘촘히 자리 잡고 있는 곳이다. 이곳 남자들은 북해나 심지어 아이슬란드에까지 나가서 청어, 고등어 등속을 잡았다. 그래서 대단히 많은 여성 인력이 염장 작업장(salthouse)에서 생선에 소금치는 일을 했지만, 문제는 이들이 고기잡이 때가 아니면 놀고 있다는 점이다. 반(半)실업상태에 있는 이 인력을 기대하고 상인 영업주들이 몰려왔고 그리하여 새로운 산업이 자리 잡게 되었다.[263)

그래서 수공업 방식의 전산업을 이끈 것은 대개 가난과 관련이 있다. 사람들이 흔히 이야기하는 바에 따르면 경기가 안 좋고 세금 부담이 늘어나는 것만으로도 프랑스가 산업활동에 나서게 되는 요인이 되었을 텐데, 콜베르가 일하려고 하지 않고 기강이 서지 않은 프랑스를 억지로 일하도록 만들었다는 것이다. 이 산업활동은 비록 보잘것없는 정도였지만 "제2의 섭리"이며 [가난으로부터의/역주] 출구가 아니었던가? 사바리는 짐짓 격언조로 이렇게 단정한다. "언제나 산업의 기적[그가 이 단어를 주저하지 않고 쓰고 있음을 주목하라]은 필요 속에서 꽃핀다." "필요(nécessité)"라는 말을 염두에 둘 필요가 있다. 러시아에서 척박한 토지는 "검은"* 농민층의 몫이었다―이들은 먹고사는 데에 필요한 곡물을 수입하는 자유로운 농민들이었다. 그런데 바로 이들 가운데에서 수공업이 발달했다.264) 마찬가지로 보덴 호수 주변의 산지, 슈바벤의 쥐라 지역과 슐레지엔 산지의 사람들 역시 토지의 빈약함을 보상받는 수단으로서 15세기부터 마직을 짰다.265) 영국의 하일랜드에서도 농민들은 땅만 가지고는 먹고 살기가 힘들었기 때문에 광부나 직공이 되어서 역경을 헤쳐나갔다.266) 영국 북부와 서부의 마을 사람들이 집에서 짠, 아직 기름기가 남아 있는 직물들은 그곳 읍들에서 런던 상인들이 사모아서 가공한 후 직물을 거래하는 중앙시장에 내다팔았다.267)

노동자의 불안정성

토지와의 관련성이 적을수록 수공업은 도시적인 것이 되고 또 그만큼 덜 고착적이 된다. 농촌의 노동력도 이동성이 없지는 않으나(특히 가난한 지방일수록 이동 경향이 크다) 그들보다는 진정한 의미의 상인층이 이동성이 가장 크다. 이것은 끊임없이 수직 방향으로 급격한 상승과 하락을 거듭하는 전(前)산업화 시대의 생산 속성과 관계된 것이다. 뒤의 21번 그래프를 보면 그에 대한 감이 잡힐 것이다. 번영기가 지나고 나면 사람들이 짐을 싸서 옮겨간다. 영국에서 장인층이 이주해옴으로써 조금씩 조금씩 전산업을 형성해간 과정을 서술한 것을 보면 그러한 사실들이 경탄스럽게 잘 묘사되어 있다. 언제나 박한 봉급을 받는 장인들은 먹고살기 위해서 시장의 굴욕적 조건(fourches caudines)을 감수해야 하므로 임금의 변동이나 수요의 감소에 대해서 예민할 수밖에 없다. 그러나 어떤 일도 그들 뜻대로 되지 않았기 때문

---

* ёрный : 러시아어로, '세금을 내는' 자유농민이라는 뜻이 있다.

에 그들 스스로 늘 돌아다니게 된다. 이들은 "덧없는 떠돌이 몸으로서 사소한 일만 있어도 떠나버린다."[268] 1715년에 마르세유에서는 파산하면 "노동자들이 외국으로 이주해버린다"고 말했다.[269] "인류의 친구"*인 미라보의 설명에 의하면[270] 산업이 취약성을 보이는 것은 "모든 뿌리를 노동자들의 손가락에 두고 있기 때문이다. 이들은 실질적인 부의 흐름을 쫓아 어디든지 이주해갈 채비가 되어 있는……덧없는 사람들이다." "우리는 장인들에게서 논밭과 같은 항상성을 기대할 수 있을까?" 뒤퐁 드 느무르는 물론 그렇지 않다고 대답한다.[271] 그리고 포르보네는 한걸음 더 나아가 이렇게 이야기한다. "기술(arts)은 말할 나위 없이 떠돌아다닌다."[272]

원래 전통적으로 그랬을 뿐 아니라(저니맨들을 보라), 이들의 가련한 생활조건이 참을 수 없을 정도로 악화되면서 필요에 의해서도 그렇게 된 것이다. 장인을 별로 좋아하지 않던 랭스의 한 부르주아는 그의 『일기(Journal)』(1658)에서 "말하자면 그들은 하루하루 살아간다"고 이야기한다. 5년 뒤에 사정이 나빠졌을 때 그는 자신의 말을 확인할 수 있었다. "사람들은……품을 팔 수는 있지만 그 값이 워낙 싸서 가장 약삭빠른 사람만 살아갈 수 있다." 나머지 사람들은 구호소로 가든가, 길거리에서 구걸을 하든가, "비렁뱅이들과 어울릴(gueuzailler)" 수밖에 없다. 다음 해인 1664년에 노동자들은 자기 직종을 떠나서 "막일꾼이 되든가 시골로 돌아갔다."[273] 런던도 사정이 크게 나을 것이 없었다. 1730년 1월 2일 자 프랑스의 한 신문에는 "빵크기가 2솔만큼(약 9퍼센트) 작아졌다"고 이야기하면서 이렇게 덧붙이고 있다.[274] "그리하여 노동자들은 현재 그들의 임금으로는 살아갈 수 없다." 1773년경, 매뉴팩처 조사관의 보고서에 의하면, "빵도 없고 그것을 살 자금도 없는"—당시 실업이 심각했다—랑그도크의 많은 직공들은 "살기 위해

---

* L'Ami des Hommes : 미라보가 1756년에 쓴 책의 제목이다. 그 책의 내용은 "첫째, 진정한 부는 인구에 달려 있다. 둘째, 인구는 식량에 달려 있다. 셋째, 식량은 토지로부터 얻을 수 있다"로 요약된다. 이것은 당시 중농주의의 영향을 받은 것이다.

서 이곳을 떠나야 했다."[275]

갑작스러운 사건이나 충격적인 일이 일어나면 그런 움직임은 가속화된다. 낭트 칙령의 폐기(1685) 직후에 프랑스로부터의 이민, 1749년과 또 1785-1786년에 북부의 광산지대에서 기근이 심하여 옥수수 조달이 중단되었을 때 누에바 에스파냐에서 떠나는 이민이 그러한 예이다. 그리하여 남부로, 또 모든 악덕의 온상, "추행과 퇴폐의 마굴, 악당의 소굴, 기사의 지옥, 상류인사의 연옥(lupanar de infamias y disoluciones, cueva de pícaros, infierno de caballeros, purgatorio de hombres de bien)"인 멕시코 시로 사람들이 운집했다. 한 믿을 만한 증인에 의하면 1786년에는 새로운 천민들의 유입을 막기 위해서 도시의 입구들을 막자는 제안까지 나왔다.[276]

이와 반대로 발전을 위해서 애쓰는 산업들은 멀리 떨어진 낯선 도시에까지 가서 그들이 필요로 하는 전문 노동자들을 꾀어오는 데에 성공했다. 이것을 꺼려하는 산업은 하나도 없었다. 14세기에 이미 영국 국왕이 "좋은 맥주, 좋은 쇠고기, 좋은 침대 그리고 아름답기로 소문난 영국 여자들까지" 제공하겠다면서 플랑드르의 노동자들을 유인해가려는 정책을 펴자, 이에 대해서 플랑드르 시민들이 반대한 일이 있었다."[277] 16세기와 17세기까지도, 노동자들의 이주는 흔히 국제 분업의 포기 내지 완전한 교란을 가져왔다. 그래서 때로는 노동자의 이주를 막는 무자비한 정책을 펴기도 했다. 국경이나 노상에서 노동자들을 체포해서 강제로 되돌려 보내든지 혹은 외지의 도시와 협상하여 노동자들을 송환시키기도 했다.

1757년에 프랑스에서는 마침내 이런 정책이 중단되었다. 도주 노동자들에 대한 추적을 중단하라는 명령이 파리로부터 리옹, 도피네, 루시용, 부르보네 등의 헌병대로 송달되었다. 그것은 공금의 낭비에 불과하다는 것이다.[278] 사실 시대가 바뀌었다. 18세기에는 산업활동이 일반화되다 못해 도처에 편재했으며, 그것들 사이의 연결이 증대되었다. 어디에나 매뉴팩처가 있고 농촌 공업이 존재했다. 도시, 소도시, (특히) 읍, 시골 마을 어디든지 베틀, 철공소, 기와 공장, 벽돌 공장, 제재소가 없는 곳이 없었다. **중상주의**(mercantilisme)라는 말이 의미하는 바와는 반대로 각국의 정책은 공업화에 있었다. 공업화는 스스로 발전했고 이미 그 사회악을 퍼뜨리고 있었다. 엄청난 노동자의 집중도 일어났다. 뉴캐슬의 탄광촌에는 3만 명이 모여 있었고,[279] 우리가 이미 말한 바와 같이 랑그도크에는 1680년 이후 직공들이 45만 명이나 되었다. 파견 의원*인 페르에 의하면 1795년에 에노, 플랑드르, 아르투아, 캉브레지, 피카르디의 다섯 주에서 직물업에 종사하는 노동자는 150만 명이었다. 그것은 진정 거대한 산업이자 상업이었다.[280]

18세기의 경제성장과 함께 산업활동은 일반화되었다. 16세기에만 해도 핵심적인 산업지역이 네덜란드와 이탈리아에 국한되었던 데에 비해서 이제 산업활동은 우랄 산맥에까지 이르는 유럽 전역에서 발전했다. 그 때문에 수많은 사업이 발전하고 빠른 성장을 보였으며 무수히 많은 계획과 발명이 이루어졌다. 그러나 그중에는 진짜 발명이라기보다는 사기성이 농후한 거품이 잔뜩 낀 수상쩍은 사업도 많았다.

시골에서 도시로, 도시에서 시골로

전체적으로 볼 때 장인들의 이주는 우연이 아니다. 그것은 심층의 흐름을 나타내준다. 예를 들면 견직업은 17세기에 거의 단번에 이탈리아의 메초조르노[남부/역주] 지역에서부터 북부 지역으로 옮아갔다. 그리고 대규모 산업활동은 (그리고 덧붙여서 상업활동 역시) 16세기 말부터 지중해 지역을 떠나서 프랑스, 네덜란드, 영국, 독일에서 선택된 땅을 찾았다—그리고 그때마다 동요를 일으키는 움직임이 일었고 심대한 결과를 가져왔다.

---

* representant du peuple en mission : 프랑스 혁명기에 혁명의회가 지방과 군대에 파견한 의회 대표. 특히 국민공회 시대에는 초기부터 질서의 수립과 법령의 집행을 감시하기 위해 2명이나 3명씩 짝을 지어 파견했다. 지롱드파의 제거 이후에는 산악파의 권력을 확고히 심기 위해서 파견된 대표들이 가혹한 숙청을 주도하기도 했다(예를 들면 카리에 의원은 수천 명의 사람들을 루아르 강에 익사시켰다).

꽤 규칙적인 왕복 운동을 보이는 움직임이 또 있다. 앞으로 출간될 판 하우터의 연구는 중세부터 18세기 혹은 19세기까지의 기간에 네덜란드 전역에서 도시, 읍, 시골 사이에 일어난 산업의 왕복 운동을 보여준다.[281] 10-12세기에 시작된 초기 역사를 보면 시골지역이 산업 무대였다. 시골에서 진행되었다는 사실은 이 활동이 독창적이고, 자연발생적이며, 뿌리 뽑기 힘들다는 느낌을 준다. 그렇지만 13-14세기에 전(前)산업은 광범위하게 도시로 이주해갔다. 그러나 이러한 도시 산업 단계는 1350년부터 1450년까지의 장기적인 경기 후퇴 직후에 크게 쇠퇴한다. 이때에는 시골에 다시 수공업 직종들이 늘어나는데, 주된 이유는 도시에서는 길드체제의 딱딱한 틀 때문에 노동력의 운용이 힘들고 특히 지나치게 노동비용이 커졌기 때문이다. 도시 산업은 16세기부터 재건되었다가 17세기에 다시 농촌에 자리를 내주고 또 18세기에 반쯤 그 지위를 상실하기 시작한다.

단순화해서 본 이 요약이 말하고자 하는 핵심은 결국 이것이다. 유럽에— 그리고 아마도 전 세계적으로—시골과 도시라는 이중의 영역이 있다는 것이다. 다시 말하면 지난날의 경제는 대안이 있었으며, 그것은 또 상인 기업가들과 국가가 어느 정도의 유연성을 가지고 사업을 이끌어갈 가능성이 있었음을 말해준다. 판 하우터가 말한 바와 같이 지배자의 조세 수취가 도시에만 적용되는지 혹은 도시 주변 지역에까지 적용되는지에 따라 상이한 체제가 만들어지며, 이것이 산업의 발달과 후퇴의 교대 움직임에 영향을 미쳤다는 것이 사실일까? 자세한 연구를 더 해봐야만 밝혀질 일이다. 그러나 가격과 임금이 여기에 중요한 역할을 한다는 데에는 의심의 여지가 없다.

또한 16세기 말과 17세기 초에 이탈리아의 도시 산업을 어느 틈엔가 사라지게 하고 그것을 2류 도시, 소도시나 읍, 혹은 시골 마을로 옮겨가게 만든 과정도 비슷하지 않은가? 1590년부터 1630년 사이의 이탈리아 산업은 북유럽의 낮은 산업가격과 경쟁을 벌이는 드라마였다. 도메니코 셀라가 개략적으로 설명하는 바에 의하면, 임금이 산업활동을 저해할 정도로 지나치게 높을 때 이를 해결하는 방법은 세 가지가 있다.[282] 산업활동이 시골로 후퇴하든지, 고급 사치품으로 전문화하든지, 노동력 부족을 보충하기 위해 수력 모터를 이용한 기계에 의존하는 것이다. 상황이 긴급했기 때문에 이곳에서는 세 가지 방안 모두가 사용되었다. 그러나 자연스럽게 농촌 수공업으로 회귀한다는 첫 번째 해결책은 불행하게도 완전한 성공을 거두지는 못했다. 사실 베네치아의 시골은 그 나름대로 노동력을 필요로 하고 있었던 것이다. 이곳은 17세기에 뽕나무, 옥수수와 같은 신작물 재배에 주력했고 농업은 아주 높은 수익성을 나타냈다. 베네치아에서 발칸 지역이나 네덜란드를 향한 쌀 수출량은 점차 늘어났다. 원견과 견사의 수출도 1600년부터 1800년까지의 기간 중 네 배로 늘었다.[283] 두 번째 해결책인 사치품 공업과 세 번째 해결책인 기계의 사용도 인력 부족의 결과로 발전하기 시작했다. 기계의 사용에 대해서는 최근에 카를로 포니가 유용한 연구를 한 바 있다.[284] 그래서 17세기의 이탈리아는 일반사에서 보통 이야기하는 것보다는 훨씬 덜 관성적이라는 사실을 한번 더 확인할 수 있다.

16세기 중엽까지도 번성했으나 16세기 말에는 크게 쇠퇴한 스페인의 산업 역시 유사한 함정에 빠진 것은 아닐까? 1558년경에 수공업이 도시의 경계를 넘어 시골로 들어가게 되었지만, 농민층은 이것을 지탱해주지 못했다. 이런 점들과 비교해보더라도 영국 농촌은 아주 탄탄하게 구성되었고 아주 일찍부터 양모 생산과 주요 직물공업이 연결되어 있어서, 다른 곳과는 대조적으로 농촌의 지위가 강건하다는 것을 알 수 있다.

선구산업이 존재하는가?

지금까지 설명을 해오는 가운데 이제 우리는 불명확하고 복잡하기만 한 전(前)산업에 대해서 대강의 면모를 파악한 것 같다. 여기에서 다시 하나의 문제가 제기된다. 그것은 풀기 곤란하지만 그래도 오늘날의 세계를 놓고 생각하면서 거기에 비추어 은근히 제기해봄직한, 그래서 어쩌면 너무 성급한 문제인지 모른다. 그것은 앙시앵 레짐 아래에서 선구산업(先驅産業, industrie pilote)이 존재하는가 하는 문제이다. 선구산업이란 현재 또는 가까운 과거에 자본과 이익, 노동력을 자신에게 끌어모으는 산업이며, 원칙적으로 그 산업이 크게 발전하면서 주변 영역에 영향을 미치고 발전을 이끌어줄 수 있는 (가능성만을 말하고 있음에 주목하라) 산업을 말한다. 과거의 경제는 사실 통합성이 부족해서, 오늘날 저개발 국가들에서처럼 흔히 분해되어 있었다. 그래서 한 분야에서 일어나는 일이 반드시 그 경계를 넘어 이웃 영역에 영향을 미치지는 않는다. 그 결과, 전산업화 시기의 세계는 현대 산업처럼 분야 간에 차이가 생기고 또 대단히 앞선 분야가 있는, 기복이 심한 면모를 가지고 있지 않았고 또 가질 수도 없었다는 점을 우선 확인할 수 있다.

게다가 전산업은 상대적으로는 중요성을 가진다고 해도 전체적으로 보면 경제 전체를 자기 자신에게로 이끌어오지 못했다. 실제로 산업혁명기까지는 전산업이 결코 경제성장을 지배하지 못했다. 오히려 불확실한 성장을 보이는 데다가 고장과 급정거를 겪는 경제 전체가 전산업을 지배했다. 전산업이 주춤거리는 발걸음을 옮기고 툭툭 끊어진 곡선을 보이는 것이 그런 이유에서이다. 여기에서 문제가 되는 것이 이와 같이 생산이 가지는 지표와 같은 성격이다. 많은 사람들이 지적하듯이 19세기 이전에 진짜로 "지배적인 (dominant)" 산업이었던 다양하고 방대한 직물업의 영역을 살펴보면, 더 명확하게 사정을 알 수 있을 것이다.

이렇게 한 영역에 국한시킨다는 것 자체가 오늘날의 입장에서는 아주 놀라운 일이다. 그러나 지난날의 사회에서는 직물, 의류, 예식복 등의 비중이 아주 높았다. 집의 내부에도 직물이 많이 쓰였다. 커튼, 벽포, 태피스트리 그리고 직포와 고운 아마포가 가득 들어 있는 장 같은 것들을 생각해보라. 여기에서는 사회적 허영이 온전히 작용했고 유행이 지배적이었다. 니컬러스 바본은 그런 사실을 즐기는 듯이 이렇게 말한다(1690). "유행, 즉 의상의 교체는 상업을 크게 진작시키는 요소이다. 유행은 이전 옷이 닳기 전에 새 옷에 돈을 쓰도록 조장하기 때문이다. 유행은 상업의 영혼이며 생명이다.……

유행은 대상업 기관들이 계속 활동하도록 만들어준다. 유행은 사람이 언제나 봄 속에서 살아가는 것처럼 옷을 입도록 만드는 발명이다. 거기에는 의상의 가을이 결코 오지 않는다."[285] 그러므로 직물에 대해서 만세를 부를 만했다. 직물은 많은 사람의 노동을 구현하여 탄생하고, 또 가치에 비해서 무게가 가벼워서 쉽게 수송할 수 있으므로 상인에게는 더욱 유리한 점을 갖추고 있다.

그렇다고 해도, 조르주 마르세(1930)가 말한 바 있고 윌리엄 랩(1975)이 이어받아 쓴 주장, 즉 상대적으로 볼 때 직물은 후대의 철강과 같은 가치를 지닌다는 말을 그대로 받아들여도 될까?[286] 양자의 뚜렷한 차이점이 있다. 산업적인 성격의 직물업은 대부분 사치품 생산에 속한다는 것이다. 심지어 보통 정도의 품질이라고 해도 직물은 비싼 물품이라서 농민들은 될 수 있는 한 집에서 스스로 직물을 짜려고 하고 또 일부 구매한다고 해도 아주 소액만 구매하며, 니컬러스 바본의 충고대로 직물을 새 것으로 바꾸려고 하지 않았다. 더 넓은 일반 소비자층은 영국에서 직물산업이 발달하고 그중에서도 특히 18세기 말에 면직물업이 발달하기 전까지는 거의 존재하지 않았다. 사실 진짜 지배적인 산업은 큰 수요를 전제로 한다. 따라서 직물의 역사는 조심스럽게 보아야 한다. 직물의 역사에서 연속적으로 우월성이 바뀌는 것은 곧 유행의 변화에만 상응하는 것이 아니라, 교환의 상층부에 있는 생산의 변화와 재조직에도 상응한다. 경쟁자들은 직물의 지배권을 놓고 끊임없이 쟁탈전을 벌이는 양상이다.

13세기에 모직 하면 곧 네덜란드와 이탈리아를 의미했다.[287] 그다음 세기에는 그중에서도 이탈리아가 우위를 차지했다. "이탈리아의 르네상스란 곧 모직물이다!"라고 최근의 한 심포지엄에서 지노 바르비에리는 선언하듯이 이야기했다. 다음에는 비단이 우세해졌는데 이탈리아가 산업적인 측면에서 마지막으로 크게 번영을 누린 것도 비단 덕택이라고 할 수 있다. 그러나 비단은 조만간 북유럽으로 전파되었다. 스위스 캉통들(특히 취리히), 독일(특히 쾰른), 낭트 칙령 폐기 이후의 네덜란드, 잉글랜드 그리고 무엇보다도 이때부터 시작하여 오늘날까지 견직물업의 대중심지로 명맥을 유지하고 있는 리옹을 들 수 있다. 그렇지만 17세기에 들어와서 다시 한번 큰 변화가 생겼다. 프랑스의 잡화상들의 말에 따르면,[288] 1660년경에 영국의 고운 나사가 큰 성공을 거두어 비단의 인기를 깎아내렸는데, 이 유행은 이집트까지 퍼져나갔을 정도였다.[289] 마지막으로 이 전쟁에 뛰어들어서 새로운 승자가 된 것이 면직물이었다. 면직물은 이미 오래 전부터 유럽에 존재해 있었다.[290] 그러나 유럽에서는 볼 수 없었던 날염과 염색 기술을 이용한 인도산 면직물이 열광적인 인기를 얻으면서[291] 곧 1등 자리를 차지했다.[292] 인도의 직물이 유럽을 집어삼킬 판이었다. 이 침투 앞에 어떤 장애물도 소용이 없었다. 그러자 유럽은 스스로 인도를 모방하여 면직물을 짜고 날염하는 법을 배워야 했다. 프랑스에서는 1759년 이후 인도 직물의 제조가 자유화되었다.[293] 1788년에 마르세유 항구에 도착한 원재료는 11만5,000캥탈이었는데 이것은 1700년에 비해서 10배로 커진 양이었다.[294]

18세기 후반에는 경제 전체가 활기를 띠어 모든 직물업 분야에서 생산이 크게 늘었다. 능란한 신기술의 열풍이 낡은 매뉴팩처에 몰아쳤다. 매일처럼 새로운 공정과 새로운 직물이 개발되었다. 작업장들이 몰려 있는 프랑스만 보더라도 (랑그도크의) "툴루즈, 님, 카스트르 및 여타 도시와 지역에서 미뇨네트, 그리제트, 페랑딘, 뷔라 등이 생산되었다."[295] 규정된 길이와 폭에 맞지 않는다며 샹파뉴 지역에서 압수된 "에스파뇰레트(espagnolette)"를 보라. 이것은 아마도 샬롱에서 들어왔을 것이다.[296] 르 망에서 제조한, 흰색 날실과 갈색 씨실로 된 새로운 양식의 모직 평직천을 보라.[297] 착색제를 이용해서 "마섬유와 녹말가루"를 천 위에 들러붙게 하는 방식으로 날염한 아주 가벼운 비단인 "가즈 수플레(gaze soufflée)"를 보라(이것은 심각한 문제를 불러일으켰다. 이 직물은 일반 마직물로서 세금을 내야 하는가, 아니면 비단이 이 직

432

물 무게의 6분의 1을 차지하므로 견직물로서 세금을 내야 하는가?).[298] 캉에서 만드는 마와 면의 교직으로서 네덜란드에서 아주 매기(買氣)가 좋았던 "그르나드(grenade)",[299] 아미앵에서 만드는 "로마의 서지(serge de Rome)",[300] 노르망디의 프로크(froc)[301] 등을 보라. 이렇게 많은 이름은 어쨌든 실제로 많은 물품의 존재를 말해준다. 그리고 리옹의 견직업 중심지에서 많은 발명이 있었다는 점이나 영국에서 새로운 기계류가 하나하나 연이어 나왔다는 점도 무시할 수 없는 일이다. "벨벳을 여러 색깔로 염색하는 것보다 더 정교한 솜씨를 보여주는 분야가 있겠는가" 하는 장 르 롱 달랑베르의 글을 보고 기술사의 선구자 요한 베크만이 대단히 기뻐했다는 것은 이해할 만하다.[302]

그렇더라도 전산업 시대에 직물업이 최고의 우위를 차지했다는 것은 우리의 눈에는 어딘가 모순이 있어 보인다. 그것은 "중세 초부터 계속해서 이어져온" 이 활동이 가진 "퇴행적인" 우월성이다.[303] 다만 우월성 자체는 확실한 사실이다. 만일 생산량이나 유통의 측면에서 보면, 직물업 분야는 제법 근대적인 성격을 띠고 있던 석탄업과도 비견되고, 혹은 프랑스의 야금업과도 비견된다. 1772년과 1788년의 조사 결과를 보면 야금업은 심지어 후퇴하기도 했다.[304] 그러나 명백하고도 결정적인 요점은 면직물이 제1원인이든 아니든 간에 이것이 영국의 산업혁명을 유발시킨 대단히 중요한 역할을 했다는 것이다.

상인과 길드

우리는 여러 다양한 맥락 속에서 산업활동을 살펴보았다. 이제 남은 문제는 여기에서 자본주의가 어떤 위치를 차지하느냐를 결정하는 것인데, 이것은 단순한 문제가 아니다. 자본주의는 무엇보다도 도시 상인의 자본주의이다. 그러나 상인, 혹은 대상인, 경영인 등도 처음에는 길드적인(corporatif) 질서 속에 편입되어 있었다(이것은 수공업 장인들의 활동체를 조직하기 위해서 도시가 만든 것이다). 상인과 장인은 같은 조직망 속에 있고 또 거기에서 완전히 자유롭게 벗어나온 적이 없었다. 여기에서 모호성과 갈등이 연유한다.

길드(corps de métiers, '코르포라시옹[corporation]'이라는 단어가 마구잡이로 쓰이고는 있었지만, 역설적이게도 이 단어가 처음 정식으로 등장한 것은 1791년에 길드를 해체하는 르 샤플리에 법*에서였다)는 12세기부터 15세기 사이에 유럽 전체에서 발달했다. 그러나 지역에 따라 다소 늦을 수도 있어서 스페인에서는 가장 늦게 성립되었다(전통적으로 연대를 잡기로는 바르셀로나 1301년, 발렌시아 1332년, 톨레도 1426년이다). 독일에서는 춘프트(Zunft), 이탈리아에서는 아르테(Arte), 영국에서는 길드(Guild), 스페인에서는 그레미노(Gremino) 등으로 부르는 이 단체는 그 어느 곳에서든 아무런 제약 없이 만들어진 것은 아니다. 일부 도시들은 길드에 사로잡힌 반면 다른 도시들은 **자유로웠다.** 파리나 런던 같은 큰 도시는 두 개의 길드 구역으로 나뉘기도 했다. 서양에서 길드의 전성기는 15세기에 지나가버렸다. 그러나 그 잔해는 집요하게 남아 있었으며 특히 독일 지역에서 그런 현상이 심했다. 오늘날 독일의 박물관에는 춘프트의 마이스터[길드 마스터/역주]에 관한 기념물들로 가득 차 있다. 프랑스에서 17세기에 길드가 크게 팽창한 것은 산업활동을 균일화하고, 통제하고, 또 그럼으로써 무엇보다도 세금 수입을 증대시키려는 국왕의 욕심의 결과이다. 이곳에서 모든 길드는 조세상의 요구를 만족시키기 위해서 빚을 걸머졌다.[305]

길드의 전성기에는 상거래, 노동, 생산의 태반을 길드가 장악했다. 그러다가 경제생활과 시장이 발달하고 분업이 진척됨으로써 새로운 영역이 창출되거나 기존 영역이 분할되자 당연히 영역 싸움이 일어났다. 동시에 이와 같은 발달을 따라가기 위해서 길드의 수가 증가했다. 1260년에 파리에는 101

---

* 프랑스 혁명기였던 1791년 7월 4일에 르 샤플리에가 상정하여 통과시킨 법안. 길드 제도를 해체한다는 원칙에 따라 같은 직종의 사람들 사이의 결사와 연합을 금지시키는 내용이다. 경제적 자유주의에 입각한 이 법의 주요 내용은 19세기 후반까지 적용되었다. 한편 이 법의 입안자인 르 샤플리에는 변호사 출신으로서 혁명의회에 참가하여 1789년 8월 4일 밤의 유명한 의회를 주재했으나 후에 처형되었다.

개의 길드가 파리 시장(市長, prévôt des marchands)의 엄중한 감시를 받고 있었는데, 이렇게 길드가 100여 개나 있다는 것은 이미 전문화가 뚜렷이 진척되었다는 뜻이다. 그리고 다음에는 벌들이 분봉하여 새집을 짓듯 새로운 길드들이 만들어졌다. 뉘른베르크에서는 소수 도시귀족의 엄중한 지배하에서 금속 직종의 길드들(Metallgewerbe)이 13세기부터 분화하기 시작하여 10여 개의 전문 직종이 되었다.[306] 강, 스트라스부르, 프랑크푸르트-암-마인, 혹은 피렌체—이곳에서도 모직 관련 산업이 길드들로 구성되어 있었다—에서도 마찬가지 과정이 일어났다. 13세기의 발전은 이와 같이 분업이 정착되고 나아가서 크게 진척되었기 때문에 가능해졌다. 그러나 그로 인한 경제발전은 그렇지 않아도 상업의 성장으로 위험에 빠져 있던 길드 구조 자체를 위협했다. 이 격렬한 대립 속에서 자연히 도시 권력의 쟁취를 놓고 내전이 벌어졌다. 이것이 독일 역사가들이 말하는 춘프트 혁명(Zunftrevolution)이다. 이것은 길드가 도시 과두귀족에 대항하여 싸운 것을 말한다. 지나치게 단순한 도식이기는 하지만 여하튼 여기에서 우리는 상인과 장인 사이에 연합과 대립이 반복되면서도 투쟁이 지속되었다는 사실을 읽을 수 있다. 달리 말하면 그것은 변전이 심한 장기적인 계급투쟁을 뜻한다. 그러나 격렬한 소요는 잠시에 불과하고 곧이어 암투상태에 들어가는데 이때쯤이면 최종적으로 상인이 승리를 거두게 된다. 상인과 길드 사이에 평등한 협력관계는 불가능하다. 왜냐하면 상인은—자본주의가 그렇게 했다고는 말하지 못하더라도—노동시장을 정복하고 경제의 우월성을 확보하려고 했기 때문이다.

길드의 소명은 같은 직종의 사람들 사이에 합의를 이루고 일상생활에서 일어나는 다른 집단 사람들과의 자잘한 각종 분쟁으로부터 길드 구성원들을 보호하는 것이다. 길드는 특히 도시시장을 엄격히 감시해서 각각의 길드들이 자신의 몫을 지키도록 했다. 그것은 고용과 이윤의 안정을 의미하며, 실제로는 특권에 다름 아닌 "자유들(libertés)"을 의미했다. 그러나 여기에 돈, 화폐경제, 원거리 무역—간단히 이야기해서 상인—이 개입하기 시작하는

데, 이것은 결코 단순한 게임이 아니다. 샹파뉴 정기시를 구성하는 소도시들 중의 하나인 프로뱅에서 생산된 나사는 12세기 말부터 나폴리, 시칠리아, 키 프로스, 마요르카, 스페인, 심지어는 콘스탄티노폴리스까지 팔려나갔다.[307] 거의 같은 시대에 슈파이어는 정말 보잘것없는 도시로서 라인 강 가까이에 있으면서도 이 강을 건너는 다리가 없는 정도였는데, 평범하기 이를 데 없는 흑색, 회색 또는 백색(다시 말해서 표백하지 않은) 나사를 생산했다. 그런데 이 중급 품질의 생산물이 뤼베크, 장크트 갈렌,* 취리히, 빈, 심지어 트란실 바니아까지 팔려나갔다.[308] 동시에 도시로 돈이 밀려들어왔다. 1292년도 파 리의 타유세 대장을 보면 어떤 사람들은 (50분의 1세를 4리브르 이상 내는 정 도로) 상당히 유복하게 살고 있고, 20리브르 이상 내는 부자들도 일부 있었 다. 그중 최고 기록은 "롱바르"**라는 사람으로, 114리브르를 냈다. 길드 사 이에 빈부 격차가 뚜렷할 뿐 아니라, 동시에 같은 길드 내에서도 빈부 격차 가 심하고, 심지어는 가난하다 못해 비참한 거리와 이상스러우리만큼 발달 해 있는 거리 사이에 두드러진 차이가 나기도 했다. 일반 사람들 위로 한 무 리의 사채업자들과 밀라노, 베네치아, 제노바, 피렌체 등지의 상인들이 두각 을 드러냈다. 상인과 점포를 갖춘 수공업자들(구두 제조공, 식료품 상인, 잡 화 상인, 직조공, 태피스트리 제조공, 마구 제조공……)이 섞여 있는 이 체제는 그 상층부에 이미 소(小)자본주의(micro-capitalisme)를 가지고 있는 것이 아 닐까? 수많은 불확실성을 고려할 때 단언할 수는 없으나 그럴 가능성이 매 우 크다.[309]

어쨌든 돈이 모습을 드러냈고 벌써 축적의 가능성을 보여주고 있었으며 또 일단 축적되면 자기 역할을 할 수 있었다. 그리고 불평등한 투쟁이 시작 되었다. 어떤 길드는 부유해졌으나 대부분의 다른 길드들은 보잘것없는 상 태로 남았다. 피렌체에서는 그와 같은 차이가 공식화되었다. 아르티 마조리

---

* Sankt Gallen : 스위스의 콘스탄츠 부근에 있는 도시 및 같은 이름의 캉통.
** Lombard : 소액의 자금을 융통해주는 고리대금업자.

(Arti Maggiori : 대[大]길드)와 아르티 미노리(Arti Minori : 소[小]길드) 사이의 차이가 그것이다. 그것은 벌써 포폴로 그라소와 포폴로 마그로* 사이의 구분을 보여준다. 어디에서나 차이와 기복이 심화되어갔다. 아르티 마조리는 점차 대상인 수중에 들어갔고, 아르티 체제 자체가 이제는 노동시장을 지배하는 수단밖에 되지 않았다. 이 뒤에 숨겨져 있는 조직이 있는데 이것을 역사가들은 선대제라고 부른다. 새로운 시대가 시작된 것이다.

선대제

선대제(페어락스지스템[Verlagssystem] 또는 페어락스베젠[Verlagswesen])은 유럽 전체에 걸쳐 발전한 현상인데, 이 용어 자체는 독일의 역사학계에서 만들어진 후 모든 역사가들이 수용했다. 영어로는 푸팅 아웃 시스템(putting out system)이라는 말이 있고, 프랑스어로는 트라바유 아 도미실(travail à domicile) 또는 트라바유 아 파송(travail à façon)이라는 말이 있지만 아마도 더 적절한 말은 미하엘 코일이 제안한 "트라바유 앙 코망디트(travail en commandite)"일 것이다. 그러나 코망디트(commandite)라는 말은 상업회사의 한 종류를 가리키기도 하기 때문에 이 말을 쓴다면 혼란을 불러일으킬 수도 있을 것이다.**

선대제라는 생산조직의 상인은 일거리를 제공하는 자(선대상인[Verleger])이다. 그는 수공업 장인에게 원재료와 임금의 일부를 미리 지불해주고 나머지 임금은 완제품을 받을 때 지불한다. 이런 체제는 사람들이 일반적으로 이야기하는 것보다 훨씬 앞 시기인 13세기의 경제 팽창기부터 등장했을 것이다. 1275년 6월에 파리 시장이 "직물상이 일하라고 맡긴 견사를 견직공들

---

* '포폴로 그라소(popolo grasso)'란 "살진 사람들", 다시 말해서 상층 시민을 가리키며, '포폴로 마그로(popolo magro)'란 "마른 사람들", 즉 하층 시민을 가리킨다.
** '트라바유 앙 코망디트'에는 "주문을 받아 일을 하다"라는 뉘앙스가 있다. 한편 '코망디트'란 "합자회사"를 가리킨다. 즉, 회사의 채무에 무한책임을 지는 출자인과 자신의 출자분에 대해서만 유한책임을 지는 출자인으로 구성되는 회사조직이다.

이 담보로 잡히거나 파는 행위를 금하며 이를 어길 경우 추방시킨다"는 결정을 내린 것을[310] 달리 어떻게 해석하겠는가? 시간이 갈수록 그와 같은 의미심장한 문서들이 추려내기 힘들 정도로 늘어간다. 1400년 1월 31일 루카에서는 파올로 발바니와 피에트로 젠틸리라는 견직물 상인들이 회사를 결성했다. 회사 규약에서 그들의 사업은 견직물 생산임을 명시하고 있다(il trafficho loro serà per la maggiore parte in fare lavorare draperie di seta).[311] 이 문장에서 "파레 라보라레(fare lavorare)"는 문자 그대로 "일을 하도록 시키다"라는 뜻으로 이것은 곧 사업 경영인의 업무를 말하며, 당시 유행하던 라틴어 표현대로 하면 "퀴 파키운트 라보라레(qui faciunt laborare)"이다. 직조공들과 맺는 계약서는 대개 공증인 앞에서 등기했는데, 그 조항들은 다양했다. 가끔 사후에 항의가 일어나는 일이 있었다. 1582년에 제노바의 고용인은 한 견사공이 부채를 지고 있음을 인정하게 하기 위해서 증인을 내세웠는데, 이 증인의 설명에 의하면 자기가 아고스티노 코스타의 저니맨이었을 때 그 가게에서 문제의 고용인인 상인 바티스타 몬토리오를 보았으며, 그 상인은 자기에게 일감으로 비단을 가져다주고 일이 끝난 제품을 찾아갔다는 것이다(quale li portava sete per manifaturar et prendeva delle manifatturrate).[312] 여기에서는 사정이 아주 명백하다. 몬토리오는 선대상인이다. 마찬가지로 1740년에 르 퓌-앙-블레라는 작은 도시에서 상인은 여공들에게 집에서 레이스를 짜도록 시켰다. 그는 홀란트산 실을 "무게대로 공급해주고 같은 무게만큼의 레이스를 가져갔다."[313] 같은 시대에 위제스*에서는 25명의 매뉴팩처 주인들이 이 도시와 주변 농촌 마을에 60여 대의 서지 직조기를 운용했다.[314] 세고비아의 역사가인 디에고 데 콜메나레스는 펠리페 2세 시대의 "나사 제조인들"에 대해서 다음과 같이 언급했다. "이들을 상인이라고 잘못 부르지만 사실 이들은 한 가족의 아버지와 같은 존재들이다. 왜냐하면 이들

---

* Uzès : 프랑스 남부의 님(Nîmes) 근처에 있는 도시.

은 자기 집이나 다른 곳에서 낯선 사람들의 노동력을 이용하여 여러 종류의 훌륭한 나사를 제조함으로써 많은 사람들[많은 경우 그 수는 200-300명에 이르기도 한다]을 먹여살리기 때문이다.”[315] 선대상인의 다른 예로는 졸링겐의 칼 상인—이들은 이상하게도 페르티히마커(Fertigmacher : 완성공)라고 불렸다—이나 런던의 모자 상인 등이 있다.[316]

이러한 가내노동체제에서는 길드 마스터 역시 흔히 임금노동자에 불과했다. 그로서는 대개 먼 곳에서 원재료를 수입해서 공급해주고 퍼스티언(fustian), 모직물, 견직물의 판매와 수출을 담당하는 상인에게 의존할 수밖에 없었다. 그래서 장인들의 모든 생활 영역이 침범당하며, 길드체제는 비록 겉모습은 유지된다고 해도 사실은 무너져가고 있었다. 상인은 자신의 서비스를 제공하면서 그가 선택한 활동들을 종속시켜나갔다. 철공, 직조, 혹은 조선 등 아주 다양한 분야에 이런 일이 일어났다.

15세기에 베네치아의 사설 조선소(즉, 시정부가 경영하는 거대한 공공 조선소 이외의 조선소)에서는 목공 길드(Arte dei Carpentieri)와 박질공* 길드(Arte dei Calafati)의 마스터들(마스터 한 사람마다 한두 명의 도제들[fanti]을 거느리고 있었다)이 조수들과 함께 와서 공동 선주인 의장업자들을 위해서 일을 했다. 이들은 단순한 임금노동자에 불과하다.[317] 브레시아에서는 1600년경에 경기가 좋지 않았다. 이런 상황에서 무기 제조업을 어떻게 재활성화할 것인가? 방법은 마스터와 길드 사람들을 일하도록 시키는 상인들(mercanti)을 초빙하는 것이다.[318] 이것 역시 자본주의가 다른 곳에 자리를 잡은 예이다. 또 보헤미아와 슐레지엔의 아마포 제조업에서처럼 길드 전체와 거래할 수도 있다. 이것은 이른바 춘프트카우프(Zunftkauf) 체제이다.[319]

이런 변화는 도시 길드 내부에서 공감을 얻기도 하지만 그보다는 거친 저항에 직면하는 수가 더 많다. 그러나 이 체제는 시골지역에서는 자유롭게

---

* 물이 새지 않도록 배 밑바닥을 메우거나 타르칠을 하는 사람.

활동할 수 있었으며 상인들은 이 좋은 기회를 놓치지 않았다. 상인은 원재료 생산자와 장인 사이, 장인과 완제품 구매자 사이, 그리고 먼 곳과 가까운 곳 사이를 중재할 뿐 아니라 시골과 도시 사이도 중재했다. 그들은 도시의 악의에 찬 반대나 높은 임금이라는 장애와 싸우기 위해서 필요한 경우 농촌 산업을 광범위하게 이용했다. 피렌체의 모직물은 시골과 도시가 연결되어 만들어진 결과물이다. 마찬가지로 (18세기에 인구가 1만4,000명에 달했던) 르 망 주변에 가벼운 고급 평직천(étamine)을 생산하는 산업이 산재해 있었다.[320] 또 비르* 주변의 제지업도 유사한 예이다.[321]

1775년 6월에 에르츠 산지의 프라이베르크에서 아우구스투스베르크까지 한 여행자가 많은 마을들을 주의 깊게 관찰하며 지나갔다. 그가 본 바로는 이곳에서 면사를 생산하기도 하고 흑색, 백색, 또는 "블롱드"—즉 아마사, 금사, 견사를 합쳐서 만든—레이스를 짜기도 했다. 이때는 여름철이라서 모든 여자들이 집 밖의 문턱 있는 곳에 모여 있었다. 그리고 보리수 그늘 아래에 한 무리의 소녀들이 늙은 척탄병(擲彈兵)을 가운데 두고 빙 둘러 있었다. 그 노병을 비롯해서 모든 사람들이 일에 열중했다. 먹고 살아야 하지 않은가. 이들은 빵 한 조각과 소금을 친 찐 감자를 먹을 때에만 레이스 짜는 손을 멈추었다. 주말이 되면 이들은 이 제품을 이웃 시장에 내가거나(그러나 이것은 사실 예외에 속했다) 그보다 더 흔히는 "레이스 영감(Spitzenherr)"의 집으로 가져갔다. 이 사람은 원재료를 공급해주고, 네덜란드나 프랑스에서 가져온 옷본들을 빌려주고, 또 완제품을 미리 사기로 점찍어두었던 사람이다. 그러고는 기름이나 약간의 고기, 쌀 등을 사서 주말의 잔치를 준비했다.[322]

가내노동은 이와 같이 길드 작업장들이나 가내 작업장들의 망에 이끌려 들어갔다. 그리고 상인 조직이 이 망들에 활력을 불어넣어주는 동시에 지배하면서 이것들을 서로 연결하고 있었다. 한 역사가의 다음과 같은 묘사는

---

* Vire : 프랑스 북서부의 칼바도스 지방에 있는 도시.

정확하다. "분산되어 있다는 것은 겉모습에 불과하다. 이 모든 것은 마치 몇몇 대상인들이 줄줄이 잡고 있는 보이지 않는 금융의 거미줄에 가내수공업 길드들이 묶여 있는 것과도 같다."323)

그렇지만 그 거미줄이 모든 것을 포괄하지는 못한다. 대단히 광범위한 지역에서는 생산이 상인의 직접적인 지배에서 벗어나 있다. 아마도 영국의 많은 지역에서 행하던 모직업이 그러할 것이다. 랑그도크의 베다리외 주변의 활기찬 못 제조공도 그럴 것이고, 18세기에도 아직 선대상인의 지배를 받지 않고 있던 트루아의 아마포 제조공도 그렇다. 그리고 다른 많은 지역에서는 19세기까지도 그랬다. 이런 자유로운 생산이 가능하려면 원재료를 쉽게 조달할 수 있어야 한다. 일반적으로 가까운 시장에서 쉽게 원재료를 얻는 곳에서는 완제품도 쉽게 판매할 수 있다. 16세기에 스페인의 정기시에서 겨울이 지나갈 무렵에 노동자들이 모직물을 가져와 판다든지 18세기에 영국의 시장에서 시골 사람들이 그렇게 하는 것을 예로 들 수 있다.

마시프 상트랄에 있는 유난히 가난한 제보당에도 1740년경에 선대상인이 없었다. 이 황량한 지역에서는 "6개월 동안이나 얼음과 눈이 땅과 산골 마을을 덮고 있어서 사람들이 집 안에만 갇혀 있다." 그 결과 이곳에서는 매년 약 5,000명의 농민들이 직조기에 매달린다. 옷감 한 조각을 완성하면 "이들은 그것을 가장 가까운 시장으로 가져간다.……그래서 옷감 수만큼의 판매인이 생긴다. 그 값은 언제나 현찰로 받는다." 바로 이 점이 이 비천한 농민들에게 매혹적인 요인이었을 것이다. 이들이 짠 모직물은 이 지방에서 나는 꽤 좋은 양모로 만들었지만 "값이 헐했다. 에스코(escot)라고 부르는 서지 직물만 빼면 이 직물들은 대개 10-11수, 기껏해야 20수에 팔린다.……이 상품은 거의 대부분 제보당의 상인들이 사들였다. 이 상인들은 7-8개 도시에 흩어져 있는데, 각 도시에는 축융기구가 설치되어 있었다. 마르베졸, 랑고뉴, 라카누르그, 생-셸리, 소그, [특히] 망드가 그런 곳이다." 상품 판매는 정기시나 상설시장에서 이루어졌다. "두세 시간이면 상품이 모두 팔린다. 구매자들은 옷감을 펼쳐 보이는 가게 앞에서 상품을 선택하고 값을 정한다." 거래가 성립되면 구매자는 막대자로 길이를 확인한다. 이 매매 사항은 제조공의 이름, 가격과 함께 장부에 기재된다.[324]

아마도 이와 비슷한 시기에 콜송이라는 한 상인이 이 원시적인 제보당에 선대제를 도입해서, 영국에서는 로이(Roy)라고 부르고 프랑스에서는 말버러 (Malborough)라고 부르는 직물을 생산하려고 했다. 그는 랑그도크 삼부회에 제출한 비망록에서 그가 어떤 조치를 취했으며 어떻게 성공했는지를 이야기하고, 또 그가 이런 노력을 계속하기를 사람들이 바란다면 어떤 도움을 주었으면 좋을지를 말하고 있다.[325] 콜송은 선대상인이며 동시에 경영인으로서, 그가 개발한 직조기, 통, 공정(특히 그가 직접 발명한, 직물의 "잔털을 태워버리는" 기계, 즉 "알코올 불꽃으로 보풀을 태우는 기계"도 포함하여)을 도입하려고 했다. 그러나 이 사업의 핵심은 가내노동의 효과적인 망을 만들고 특히 제사공이 "차차 실을 깨끗하고 섬세하게 연결된 것으로 만들도록" 하는 것이었다. 이 모든 일에는 많은 비용이 들었다. 특히 "제보당에서는 전부 현찰로 지불해야 하고 직조나 방적 모두 반쯤 미리 지불해야 했기 때문에 더욱 비용이 많이 든다. 이곳 사람들이 극빈 상태에 있어서 이 관행을 조만간 고칠 수는 없다." 보수가 어느 정도인지에 대해서는 한마디도 없지만, 낮은 수준이라는 것은 확실하다. 그렇지 않다면 왜 이 후진지역에 와서 그런 노력을 들이려고 했겠는가!

독일의 선대제

독일 역사가들이 처음 선대제를 찾아내고 이름을 붙이고 또 목록을 만들고 설명한 것은 사실이지만, 그렇다고 이 현상이 독일에서 처음 만들어진 후에 다른 곳으로 퍼져간 것은 아니다. 그 기원이 어디인지 말하라고 한다면 네덜란드(강, 이퍼르)와 이탈리아 산업 지역(피렌체, 밀라노) 중에 어디인지 주저하게 된다. 다만 이 체제가 서유럽 전역에 존재하지만 독일 지역에 특히 널리 퍼져 있었던 것은 사실이며, 그래서 이곳이 역사학상의 연구 상태로 볼 때 최적의 관찰지역이다. 아직 출간되지 않은 헤르만 켈렌벤츠의 한 논문은 그것에 대해서 꼼꼼하고 다양하면서도 확고한 이미지를 제시한다. 선대제의 망은 수공업 생산을 변형시키지는 못한다고 해도, 적어도 그것을 지배하려는 상업자본주의의 부인할 수 없는 첫 번째 특징이다. 상인이 다른 무엇보다도 관심을 가졌던 것은 판매였다. 그렇게 파악해보면 선대제는 상인이 생산을 자기에게 예속시키는 것이 유리하다고 판단하는 모든 영역에 확대될 수 있다. 이 시스템이 번성하는 데에는 기술의 일반적인 발전, 수송의 가속화, 전문업자에 의해서 조종되는 자본의 축적 그리고 마지막으로 1470년대 이후 독일 광업의 비약적 발전 등 모든 요소들이 유리하게 작용했다.

독일 경제의 활력을 보여주는 징표는 여러 가지이다. 비록 그것이 물가가 때 이르게 상승하기 시작했다든가 혹은 독일 경제의 중심지가 이 도시에서 저 도시로 옮겨갔다는 것 정도에 불과하지만 말이다. 15세기 초에는 모든 것이 도나우 강변의 레겐스부르크를 중심으로 돌아가고 있었다. 다음에는 뉘른베르크가 중심지가 되었다. 아우크스부르크와 이곳의 금융 상인들이 전성기를 맞는 것은 훨씬 뒤인 16세기이다. 이런 것들을 보면 마치 언제나 독일이 자신을 둘러싼 유럽 전체를 거느리면서도 거기에 적응하고 있으며, 그러면서 동시에 독일이 자신의 운명에 적응하는 것 같았다. 독일에서 선대제는 이런 유리한 조건들을 이용하고 있었다. 만일 지도에 이 체제가 만든 모든 연결선들을 표시해보면 섬세하고 다중적인 선들이 독일 지역 전체 공간을 가로지를 것이다. 그리하여 모든 활동들이 차례로 이 연결망들에 포착될 것이다. 뤼베크는 일찍이 14세기에 모직물 수공업이 발달한 곳이다. 비스마어에서는 양조업이 발달했는데, 여기에는 브로이크네히테(Braüknechte, 양조 일을 하는 청년)와 브로이메그데(Braümägde, 양조 일을 하는 처녀)라는 임금노동자들이 몰려 있었다. 로스토크에는 제분업과 맥아 제조업이 발달했다. 그러나 15세기는 다른 어느 것보다 직물업이라는 광대한 분야가 이

체제의 대표 분야였다. 독일에서보다 집중도가 더 큰 네덜란드에서부터 (바젤과 장크트 갈렌의 아마포 사업이 대표적인 경우인) 스위스 캉통들까지 똑같은 상황이다. 면과 아마의 교직인 퍼스티언의 경우를 보자. 이것은 베네치아를 통한 시리아 면화 수입을 전제로 하기 때문에, 원격지의 원재료를 장악한 상인이 중요한 역할을 맡게 되는 분야였다. 이것은 울름이나 혹은 가내 작업을 이용해서 바르헨트(Barchent : 퍼스티언)를 발전시킨 아우크스부르크가 전형적인 예이다.[326] 이 체제는 그 외에도 통 제조업, 제지업(뉘른베르크에 최초로 제지용 물레방아가 들어선 것은 1304년이다), 인쇄업, 심지어는 묵주 제조업에까지 확대되었다.

광산과 산업자본주의

독일 또는 중유럽─폴란드, 헝가리, 스칸디나비아 국가들까지 포괄하는 넓은 의미의─광산에서는 자본주의를 향한 결정적인 발걸음을 떼었다. 여기에서는 상업체제가 생산을 장악하고 그것을 스스로 재조직했다. 이 영역에서의 혁신은 15세기 말에 이루어졌다. 이 결정적인 시기에 광산이 처음 만들어지거나 광부라는 직종이 처음 나타나지는 않았지만, 이때 채굴 및 노동의 조건들이 크게 변화했다.

광부라는 직종은 아주 오래된 것이다. 중유럽 전체에 걸쳐서 광업을 담당하는 장인과 비숙련 장인 집단─광업 동업조합(Gewerkschaften), 광산 노동자 동업조합(Knappschaften)[327]─은 12세기부터 찾아볼 수 있었고 그 조직의 규칙들은 13-14세기에 독일 광부들이 여러 차례에 걸쳐 동쪽으로 이주해가면서 일반화되었다. 이런 소규모 집단은 지표면에서 그리 깊지 않은 곳에서 광물을 캐낼 수 있는 한 문제없이 지속되었다. 그러나 점차 더 깊은 곳으로 파들어가야 하면서 어려운 문제에 봉착했다. 갱도를 깊이 파들어가서 갱목으로 받치고, 깊은 갱도 입구 부분에 권양기를 설치하고, 언제나 스며나오게 마련인 물을 퍼내야 했다. 그런데 이런 문제들의 해결은 기술적으로

보다는(사실 새로운 공정들은 흔히 노동자들 내부에서 저절로 개발되는 경우가 많다) 재정적으로 어려웠다. 이제부터 광업은 상대적으로 덩치가 큰 기자재들을 설치하고 개비(改備)해야 했다. 이와 같이 15세기 말에 일어난 큰 변화는 부유한 상인들을 향해서 문호를 개방하도록 만들었다. 이들은 먼 곳에서 자본의 힘으로 광산과 연관된 산업들을 장악했다.

이런 진화는 모든 곳에서 거의 같은 시기―대개 15세기 말―에 완수되었다. 하르츠와 보헤미아의 은광, 티롤의 알프스 지역에서 오래 전부터 중요한 비중을 차지하던 동광, 험한 산골에 위치한 그란 계곡을 에워싸고 있는, 쾨니히스베르크에서 반스카 비스트리차까지의 저지 헝가리 지역의 금광과 은광이 그런 곳들이다.328) 그 결과 광업 동업조합의 자유로웠던 노동자들은 어디에서나 임금노동자, 즉 종속된 노동자가 되었다. 여하튼 이 시기에 노동자라는 뜻의 "아르바이터(Arbeiter)"라는 말이 처음 등장한다.

자본투자는 생산의 눈부신 진보를 가져왔다. 그것은 독일에만 한정되지 않았다. 크라쿠프 근처의 비엘리치카에서는 농민이 암염을 채굴한 후 얕은 쇠가마에 소금물을 끓여서 증발시켜 소금을 얻는 방식이 등장했다. 광산의 갱도와 수직갱은 300미터까지 내려갔다. 그리하여 말을 이용하여 움직이는 기계로 암염을 땅 위로 끌어올렸다. 전성기인 16세기에는 1년에 4만 톤을 생산했고 3,000명의 노동자가 일했다. 1368년 이후부터는 폴란드 국가와 협력이 이루어졌다.329) 역시 크라쿠프와 가까운 오버슐레지엔의 올쿠시에 있는 연광(鉛鑛)에서는 15세기 말에 1년에 300-500톤을 생산했지만 16-17세기에는 1,000-3,000톤을 생산하게 되었다. 이곳의 문제는 광산이 깊다는 것이 아니라(광산의 깊이는 고작 50-80미터에 불과했다) 물이 많이 난다는 것이다. 이 문제 때문에 나무를 댄 갱도를 비스듬히 길게 파서 물이 중력으로 저절로 빠지게 했고, 말의 힘을 이용한 펌프와 인력도 많이 썼다. 특히 이곳의 지반이 워낙 단단하여 노동자 한 명이 8시간 일해서 5센티미터를 팔 정도였기 때문에 문제가 더 심각했다. 이 모든 것은 결국 많은 자본을 요구했고 그 결

과 광산이 자연스럽게 이전 소유주에게로 되돌아왔다. 예컨대 갱의 5분의 1
은 폴란드 국왕인 지그문트 2세 아우구스트에게 돌아갔고(그러므로 그는 지
대 수취인인 셈이다), 5분의 1은 귀족층, 국왕에 봉사하는 관리들 그리고 새
로 만들어진 이웃 도시의 부유한 시민들에게 돌아갔으며, 나머지 5분의 3은
크라쿠프의 상인들의 수중에 남았다. 마치 아우크스부르크의 상인들이 상
당히 멀리 떨어진 보헤미아, 슬로바키아, 헝가리, 티롤 등지의 금, 은, 구리를
장악하는 법을 알았듯이, 이 상인들은 폴란드의 납을 장악했다.330)

그처럼 큰 소득원을 **독점**하고픈 사업가들의 욕구는 아주 컸을 것이다. 그
러나 이것은 능력보다 야심이 더 큰 격이다. 푸거 가문은 거의 성공할 뻔하
기는 했으나 끝내 구리 독점을 이루지 못했고, 회히슈테터 가문은 수은 독
점을 고집하다가 1529년에 파산했다. 투자할 자본의 규모가 너무 크기 때문
에 단 하나의 광산이라고 하더라도 그 전체를 상인 혼자서 감당할 수는 없
었다. 물론 푸거 가문이 스페인의 알마덴의 수은 광산 개발을 수년 동안 홀
로 꾸려나간 적이 있다고는 하나 그것은 예외에 속했다. 일반적으로 선박
소유를 지분(carat)으로 나누는 것처럼, 광산 소유도 쿡센*이라는 단위로 나
누었다. 광산 소유권은 흔히는 64개의 쿡센으로 나누지만, 128개로 나누기
도 했다.331) 이런 분할 때문에 지하자원의 권리를 소유한 지배자가 무상 배
당 방식을 통해서 광산 기업에 참여하기도 했다. 작센의 국왕 아우구스트 1
세는 1580년에 2,822쿡센을 소유했다. 이런 사실 때문에 국가는 언제나 광
업에 개입했다.

그러나 이와 같은 광업의 영광의 시대, 다시 말해서 곤경을 모르는 시대는
한없이 계속되지 않았다. **수확체감의 법칙**이 냉혹하게 적용되기 때문이다.
그래서 광산 개발은 번성하다가는 쇠퇴했다. 1525-1526년에 저지 헝가리에
서는 노동자의 파업이 끈질기게 계속되었는데, 그 사실 자체가 아마도 이 당

---

* Kuxen : 엄밀하게 이야기하면 이 단어는 단수형이 '쿡스(Kux)', 복수형이 '쿡세(Kuxe)'이다. 그러
나 이 책에서는 원서에서 사용하는 대로 '쿡센(Kuxen)'이라고 옮겼다.

시에 광산업의 쇠퇴를 알리는 기미였을 것이다. 10년 후에는 점진적인 쇠락의 징표들이 늘어났다. 여기에 대해서는 아메리카의 광산이 경쟁자로 등장했다는 점, 또는 경제가 후퇴해서 16세기의 성장이 일시적으로 중단되었다는 점 등에 책임이 있다는 이야기가 있다. 어쨌든 15세기 말경에 신속히 개입했던 산업자본주의는 곧 신중함을 보이고, 급기야는 별 볼 일 없이 되어버린 이 사업에서 빠져나왔다. 그런데 투자 환수 역시 투자만큼이나 자본주의 활동의 특징을 보여준다. 하나의 콩종크튀르가 투자를 앞으로 밀면, 다른 콩종크튀르가 그것을 뒤에서 잡아당긴다. 그렇게 해서 유명한 광산들이 국가에 넘어갔다. 이 시기에도 이미 국가는 불량 기업을 책임지고 있었던 것이다. 푸거 가문이 여전히 티롤 지역의 슈바츠에 남았던 이유는 구리와 은을 동시에 채굴하는 것이 여전히 상당한 이윤을 가져다주었기 때문이다. 아우크스부르크의 다른 여러 가문들이 그 뒤를 이어 헝가리에서 구리 광산을 경영했다. 랑나우어 가문, 하우크 가문, 링크 가문, 바이스 가문, 팔러 가문, 슈타이니거 가문, 그리고 행켈 폰 돈너스마르크 가문과 레링어 가문 등이 그런 가문이다. 그러다가 이들은 다시 이탈리아인들에게 자리를 물려주었다. 이렇게 사업이 연쇄적으로 다른 사람에게 넘어간 것을 보면 사업이 실패했든지, 그렇지 않으면 적어도 수익성이 좋지 않아서 어느 날엔가 차라리 사업을 포기한 것이 아닌지 짐작하게 한다.

그렇지만 상인들이 대부분의 광산을 지배자에게 떠넘겨버려도 광산에서 채굴한 산출물이나 야금한 생산물을 배분하는, 위험성이 적은 역할은 계속 유지했다. 그래서 우리는 더 이상 야코프 슈트리더—비록 노련한 역사가이기는 하지만—의 시각과 같은 방식으로 광업의 역사, 더 나아가서 자본주의의 역사를 보지는 않게 되었다.[332] 여기에서 제시한 설명이 정확하다면—실제로 정확할 것이다—광업 활동에 손을 대었던 혹은 당시 손을 대고 있던 자본가들은 단지 위험도가 큰 분야 또는 안전성이 취약한 시초 생산 분야에서만 손을 뺄 것이다. 그러고는 반가공 분야, 용광로, 제철소와 철공소, 혹은 상품 분배로 후퇴해버렸다. 다시 말해서 그들은 [직접 생산 분야로부터는/역주] 어느 정도 거리를 두고 떨어져 있게 되었다.

앞에서 설명한 전진과 후퇴에 대해서는 10명, 100명의 증인들을 필요로 할 것이며 그렇게 하는 것이 무용하지는 않을 것이다. 그러나 우리의 핵심 문제는 다른 곳에 있다. 이 강력한 광업 연결망이 만들어지면서 진정한 노동자 프롤레타리아가 형성되지 않았는가? 그것은 자본주의의 고전적인 정의에 따르면, 자본주의의 존립을 보장해주는 두 번째의 요소로서 순수한 상태의 노동력, "무일푼의 노동력"을 말한다. 광산은 이 당시로서는 엄청난 노동력의 집중을 가져왔다. 1550년경, 티롤 지역의 슈바츠와 팔켄슈타인 광산에는 1만2,000명의 전문 노동자들이 있었고, 광산의 갱도 붕괴의 위험을 제거하기 위해서 물을 퍼올리는 데에만 500-600명의 임금노동자들이 고용되었다. 이런 집단 속에도 임금노동자가 아닌 예외적인 사람들이 섞여 있었다. 수송을 맡는 소규모 사업가들이나 독립적인 소수의 광부 집단 등이 그런 사례이다. 그러나 거의 모든 사람들이 대기업가의 식량 공급에 의존했고, 또 밀, 밀가루, 지방, 의류 및 기타 싸구려 물품들(Pfennwert)을 노동자들에게 아주 비싼 값에 제공하는 대신 노동자들을 가외로 더 일하게 만드는 현물급여 지불체제(Trucksystem)가 행해졌다. 이런 교환행위는 광산 노동자들의 항의를 자주 불러일으켰다. 사실 이들은 성질이 격하고 걸핏하면 떠나버리고는 했다. 어쨌거나 노동자 세계가 형성되고 그것이 점차 뚜렷이 드러났다. 17세기에 훈스뤼크의 제철소 주변에는 노동자 주택들이 등장했다. 대개 제철소는 자본주의적이었지만 철광업은 자유기업 형태로 남아 있는 경우가 많았다. 마지막으로 이야기할 것은 노동이 계층화되고 간부층이 생겼다는 것이다. 최상위에는 베르크마이스터(Werkmeister)라는 총감독이 있어서 상인을 대변했고, 그 밑에는 게겐마이스터(Gegenmeister)라는 부감독(혹은 십장)이 있었다. 점차 명료해지는 이 현실 속에서 앞으로 닥쳐올 세계의 전조를 볼 수 있지 않은가?

신대륙의 광산들

16세기 중반부터 부분적이기는 해도 여하튼 명백하게 광업에서 자본주의가 쇠퇴했다는 것은 중대한 사실이다. 유럽의 팽창 자체가 광업과 야금업을 변경의 예속지역에 떠넘겨버리는 결과를 가져왔다. 유럽 내에서는 사실 채광량이 갈수록 떨어진다는 점 외에도 "불을 사용하는 공장[용광로를 의미한다/역주]"이 삼림자원을 훼손시키기 때문에 이윤이 제한되었다. 목재와 목탄 가격이 너무 비싸 사업을 가로막을 정도여서 용광로를 쉬어가며 운용하게 되었고, 그래서 쓸데없이 고정자본을 묶어두게 된 것이다. 다른 한편 임금도 올랐다. 따라서 유럽 경제가 전체적으로 보아서 스웨덴의 철과 구리, 노르웨이의 구리, 또 조만간 러시아의 철, 아메리카 대륙의 금과 은, 시암의 주석(물론 주석은 영국의 콘월에서도 났다), 중국의 금, 일본의 은과 구리에 의지하게 된 것이 놀라운 일이 아니다.

그렇지만 언제나 이와 같은 대체가 가능한 것은 아니다. 예를 들면 아메리카 대륙의 은광 개발에 필수적이었던 수은을 살펴보자. 1564년에 페루의 우앙카벨리카에서 수은 광산이 발견되어 점차적으로 이것이 이용되기는 했지만[333] 양이 충분하지 않아서 유럽의 알마덴과 이드리야 광산으로부터의 공급이 필수불가결했다. 대자본이 이 광산들만은 포기하지 않았다는 점이 중요하다. 알마덴 광산은 1645년까지도 푸거 가문 혼자서 통제했다.[334] 이드리야의 광산은 1497년에 발견되어 1508-1510년부터 개발되었는데, 오스트리아의 국가독점에 상인들이 끊임없이 도전했으나 정부는 결국 1580년부터 이 광산들을 모두 다시 장악했다.[335]

자본주의가 유럽에서는 생산을 점차 방기했던 반면, 원격지의 광산에서는 생산에 완전히 참여했는가? 스웨덴과 노르웨이의 경우를 보면 어느 정도 그렇다고 할 수 있다. 그러나 일본, 중국, 시암 그리고 아메리카 대륙의 경우는 그렇지 않다.

아메리카 대륙에서 금 생산 방식은 은 생산 방식과 현격한 대조를 보인다.

페루의 키토 주변 지역이나 브라질 내지의 광대한 사금 채취 지역에서 금을 생산하는 방식은 여전히 수공업적이었던 반면, 은의 경우에는 유럽에서 개발된 근대적 기술인 아말감 법이 수입되어 1545년부터는 누에바 에스파냐에서, 1572년부터는 페루에서 사용되었다. 포토시의 세로(Cerro : 언덕) 아래 지역에서는 커다란 물레방아들이 광석을 부수어서 아말감을 용이하게 만들었다. 이곳의 시설 비용과 원재료 비용은 매우 컸다. 그러므로 어떠한 종류이든 간에 자본주의가 여기에 자리 잡았을 가능성이 크다. 우리는 포토시와 누에바 에스파냐에서 운 좋은 광산업자들이 갑자기 큰돈을 벌었다는 것을 알고 있다. 그러나 이들은 예외에 속한다. 아직도 이 방면에서는 상인에게 이윤이 돌아가는 것이 일반적이다.

우선은 지방 상인이 있다. 유럽에서와 마찬가지로, 나아가서 유럽보다도 더한 정도로, 광산에서 일하는 사람들은 황무지에 자리 잡는다. 멕시코 북부가 그렇고, 특히 안데스 산지의 한가운데에 있는 페루에서는 진짜 사막에 자리 잡고 있다. 따라서 공급이 큰 문제였다. 이미 유럽에서도 같은 문제가 제기되어서 광산 경영인이 광부에게 필수품들을 공급하며 큰 이익을 누렸다. 아메리카 대륙에서는 그 정도가 훨씬 심해서 공급 문제가 모든 것을 지배한다고 해도 과언이 아닐 정도였다. 브라질의 사금 채취 지역이 그런 식이고, 멕시코도 마찬가지였다. 멕시코의 북부 광산들은 남부지역에서 보내는 대량의 곡물이 필요했다. 1733년에 사카테카스는 8만5,000파네가(fanega, 1파네가 = 15킬로그램) 이상의 옥수수를 소비했고, 과나후아토는 1746년경에 20만 파네가, 1785년에 35만 파네가의 옥수수를 소비했다.[336] 그런데 여기에서는 미네로(minero)—광산의 소유주 겸 경영인—가 스스로 식량 공급을 책임지지는 않았다. 상인이 그에게 금이나 은과 교환하여 식량, 직물, 도구, 수은을 선대해줌으로써 물물교환 체제나 삯일(commandite) 체제 속에 그를 묶어둔 것이다. 그러므로 상인은, 드러내놓고든 아니든, 광산을 간접적으로 소유했다. 그렇다고 이 상인이 리마, 파나마, 또는 놈브레 데 디오스 및 포르토벨로의 정기시, 카르타헤나 데 인디아스, 더 나아가서 유럽 재분배망의 교두보인 세비야의 카디스까지 연결되는 교역망의 여러 연결점들에서의 교역까지 담당하는 것은 아니다. 또 하나의 교역망은 멕시코 시로부터 베라 크루스, 하바나, 세비야로 연결된다. 이윤이 생기는 것은 이러한 긴 교역로—그리고 거기에 결부된 밀수—이지, 광산에서의 생산 단계가 아니다.

소금, 철, 석탄

일부 활동 영역은 여전히 유럽 내에 머무르고 있었다. 소금, 철, 석탄 생산이 그것이다. 모든 암염 광산은 하나도 포기하지 않고 개발했다. 이곳의 설비 비용이 크기 때문에 일찍부터 이 광산들은 상인의 수중에 들어갔다. 이에 비해서 염전은 소규모 사업들로 조직되어 있었다. 상인의 손에서 재조직되는 것은 단지 수송과 판매 분야였다. 포르투갈의 세투발, 랑그도크의 페케가 모두 그런 곳들이다. 소금 매매는 대서양 연안에서, 또 론 강 계곡을 따라서 대기업으로 성장해갔다.

　철의 경우에는 철광, 용광로, 철공소가 모두 오랫동안 소규모 생산단위로 남았다. 상업자본이 이런 분야에 직접 투자된 적은 거의 없었다. 1785년 오버슐레지엔의 243개 용광로(Werke) 중에 191개는 대지주(Gutsbesitzer) 소유였고, 20개는 프로이센 국왕 소유, 14개는 여러 공작령 소유, 2개는 어느 재단, 그리고 단지 2개만이 브로츠와프의 상인 소유였다.[337] 제철업은 점차 수직결합의 경향을 보였는데, 초기에는 광산이 있는 땅, 그리고 제철업에서 필수불가결한 숲의 소유주들이 결정적인 역할을 맡았기 때문이다. 영국에서는 젠트리와 귀족들이 자신의 땅에 있는 철광, 용광로 철공소에 많은 투자를 했다. 그러나 이것은 오랫동안 판매가 불확실하고 기술이 초보적이며 고정자본도 크지 않은 개별적인 기업에 불과했다. 오히려 원재료, 연료, 임금 등 유동 비용이 많이 들었다. 이것은 크레딧으로 해결이 가능했다. 대규모 생산이 가능해지고 시장의 확대에 발맞추어 기술 진보와 투자 증대가 이루어지는 것은 18세기에 가서의 일이다. 그러나 1729년에도 앰브로즈 크롤리의 거대한 용광로는 그 당시의 아주 큰 양조장보다도 작은 사업이었다.[338]

석탄업에서도 아주 오랫동안 소규모 내지 중간 규모의 사업이 대다수였다. 16세기에 프랑스에서는 농민들이 지표면에서 깊지 않은 탄광을 캘 따름이었다. 이들은 석탄을 캐서 자가소비하든지, 그렇지 않으면 루아르 강을 따라가는 수송로나 지보르에서 마르세유로 가는 수송로처럼 수송이 용이한 경우에만 원격지 판매를 했다. 마찬가지로 뉴캐슬의 석탄업이 큰 성공을 거두었지만, 그 안에는 아주 오래 전부터 끈질기게 계속 이어진 길드 조직이 자리를 잡고 있었다. 17세기에 영국 전체로 볼 때 "[근대적 장치를 갖춘] 심광 하나가 있을 때 비용이 적게 들고……단순한 도구 몇 개로 일하는 얕은 광산이 12개가 있다고 보아야 한다."[339] 혁신, 이윤, 상업거래 같은 것은 점차 범위를 넓혀가는 연료 배분 상업에서나 있는 일이었다. 1731년에 남해회사는 뉴캐슬과 타인 강* 항구들에 고래잡이에서 돌아오는 배들을 보내서 석탄을 적재하려고 한 적도 있었다.[340]

18세기부터 모든 것이 바뀐다. 영국에 뒤처져 있던 프랑스에서도 상공회의소나 당국에 수많은 채굴권 허가 요청서가 쇄도했다. 사실 프랑스에는 석탄이나 적어도 토탄이 매장되어 있지 않은 지역은 하나도 없다고 해도 과언이 아니다. 실제로 프랑스에서도 영국만큼은 아니라고 해도 석탄 사용이 증가하고 있었다. 예를 들면 랑그도크의 새로운 유리 제조업, 노르의 양조업(아라스나 베튄 같은 곳을 들 수 있다),[341] 알레스**의 야금업 등이 있다. 이 때문에 경우에 따라, 또 지역에 따라서 그 정도는 상이하지만 상인과 자금주들이 새롭게 석탄업에 관심을 두게 되었고, 특히 당국이 이 영역에서 더 이상 아마추어들만 가지고는 안 되겠다는 생각을 하고 있었기 때문에 더욱 그랬다. 1760년 3월에 수아송의 지사가 한 신청인에게 보낸 답신에서 그런 점

---

* Tyne : 영국 북부의 노섬벌랜드에 있는 강.

** Alès : 프랑스 남부의 가르 데파르트망에 있으며 님의 북서쪽에 위치한 도시.

을 읽을 수 있다. "이 사업을 위해서는 보랭이나 르노장 씨의 회사와 유사한 회사가 필요하다.……진짜 채굴업이라고 할 만한 것은 그런 일을 할 수 있는 사람에게 맡겨야 하는데, 거기에 필요한 자금은 앞에서 말한 회사들만이 댈 수 있다."[342] 그리하여 앙쟁* 광산 같은 것들이 생겼는데 영광에 찬 이 기업의 역사 중에서 우리는 단지 그 초기에만 관심을 두려고 한다. 곧 이 광산들은 중요성 면에서 동인도회사 다음의 두 번째 자리를 생-고뱅 회사로부터 빼앗았다. 이 광산에는 1750년부터 "화력 펌프", 즉 뉴커먼식 기계들을 갖추고 있었던 것 같다.[343] 이후의 이야기는 이미 산업혁명에 속하므로 여기에서 우리의 이야기를 멈추도록 하자.

매뉴팩처와 공장

대부분의 전(前)산업은 수공업과 선대제라는 기초단위가 무수히 많은 형태로 이루어진다. 이러한 분산된 조직들 위로는 더욱 자본주의에 가까운 매뉴팩처와 공장이 솟아올라 있다.

이 두 단어는 서로 혼용되었다. 그러나 역사가들은 마르크스를 따라서, 매뉴팩처는 수작업을 하는—특히 직물업에서—수공업 방식의 노동력이 집중해 있는 곳을, 공장은 광산, 야금업, 조선소에서 이미 사용하고 있던 바와 같은 시설과 기계를 사용하는 곳을 지칭하는 것으로 구분했다. 그러나 제노바 주재 프랑스 영사가 토리노에 세워진, 금사와 은사를 섞어서 비단을 짜는 직조소를 묘사한 것을 보라. 이 "공장(fabrique)은……프랑스의 매뉴팩처(manufacture)에 조만간 큰 피해를 끼칠 것이다.……"[344] 그에게는 이 두 단어가 똑같은 뜻이었다. 사실 역사가들이 파브리크(fabrique)라는 말로 지칭하는 것에는 전통적으로 19세기에 해당하는 용어로 간주된 위진(usine)이라는 단어가 더 적합할 것이다. 위진이라는 단어는 거의 사용되지 않았지만

---

* Anzin : 프랑스 북부 노르 지방의 에스코 강변에 있는 도시.

분명 18세기에 존재했다. 1738년에 에손 근처에 공장(usine)을 세우는 허가를 내달라는 요청이 있었는데 "이곳에서 주물작업에 적합한 구리 철사를 제조하겠다"는[345] 것이었다(그런데 바로 이 공장이 1772년에는 구리 매뉴팩처[manufacture de cuivre]로 불리기도 했다!). 또 1768년에 스당 지역의 대장장이와 칼 가는 사람들은 일리 강의 물레방아 근처에 "양모 전지 가위(force)를 생산할 공장(usine)"을 세우게 해달라고 요청했다.[346] 또 1788년에 디트리히 남작은 "지나치게 많은 공장(usine)의 건립"을 금지하는 조치를 자신에게 적용하지 말아달라고 부탁했는데, 그가 의미하는 것은 "용광로, 철공소, 해머 공장, 유리 공장 그리고 망치 공장"이었다.[347] 따라서 18세기에 위진(usine)이라는 말을 하지 못할 이유는 없다. 나는 또한 1709년에 기업가(entrepreneur)라는 말을 사용한 예를 발견했는데[348] 정말로 드문 예이다. 한편 도자의 『사전』에 의하면 기업의 최고 책임자라는 뜻의 "industriel"이라는 단어는 갈리아니 주교가 1770년에 처음 사용했다고 한다. 그러나 이 말이 널리 쓰이게 된 것은 1823년에 생-시몽 백작이 사용하면서부터이다.[349]

이와 같은 설명을 제시했으니 이제 우리의 설명의 편의를 위해서 매뉴팩처(manufacture)와 공장(fabrique) 사이의 전통적인 구분을 충실히 따르도록 하자. 두 가지 경우 어느 것에서든 나의 의도는 집중이 진행되는 것을 포착하려는 것이므로, 소규모 공장은 무시하기로 하겠다. 왜냐하면 매뉴팩처라는 말이 때로 극히 작은 기업에도 적용되기 때문이다. 예컨대 생트-므누*에 있는 한 "서지 직물 매뉴팩처"는 1690년경에 5명으로 운영되었고[350] 주앙빌에는 "12명의 일꾼이 일하는 직물(droguet) 매뉴팩처"가 있었다.[351] 안스바흐-바이로이트 공작령을 조사한 로이터의 연구에 따르면[352] 18세기에 1급 매뉴팩처라고 해도 12-24명 이상의 노동자를 거느리지 못했다. 1760년 마르세유에 있는 38개의 비누 공장에서 일하는 사람들을 전부 합해도

---

* Sainte-Menehould : 프랑스 북동부 마른 데파르트망에 있는 도시.

1,000명 정도였다. 이런 곳들이 사바리 데 브륄롱의 『사전』에서 말한 "같은 종류의 작업을 하기 위해서 여러 노동자와 장인들을 모아놓은 곳"이라는 "manufacture"의 정의에 문자 그대로 부합한다고 해도[353] 그것은 수공업 세계의 수준으로 되돌아가는 것이다.

물론 이와 다른 규모의 매뉴팩처도 존재한다. 비록 이 대규모 단위가 반드시 한곳에 집중되는 것은 아니지만 말이다. 그러나 여하튼 매뉴팩처는 중앙 건물에 위치해 있는 것이 원칙이다. 1685년에 『금광의 발견(The Discovered Gold Mine)』이라는 희망에 찬 제목으로 출간된 책은 "매뉴팩처 경영인이 많은 비용을 들여서 큰 건물을 짓고 그 안에서 양모 정선공, 소모공, 제사공, 직조공, 축융공, 심지어는 염색공까지 함께 일하도록" 하는 과정을 이야기하고 있다.[354] 그러므로 이때 "금광"이란 다름 아닌 모직물 매뉴팩처임을 알 수 있다. 그러나 매뉴팩처는 그렇게 집중해 있는 노동자 말고도 그 매뉴팩처가 소재한 도시나 주변 시골지역에 산재한 가내수공업 형태의 노동자를 거느리고 있다는 것이 거의 예외 없는 사실이다. 따라서 매뉴팩처는 분명히 선대제의 중심지이기도 하다. 아브빌의 반로베 가문이 경영하는, 고운 모직물을 생산하는 매뉴팩처에는 거의 3,000명의 노동자가 고용되어 있었다고는 하지만, 이들 중에 주변 지역에서 가내수공업 형태로 일하는 사람이 몇 명인지는 알 수 없다.[355] 1789년에 오를레앙에 있는 어느 양말 공장에는 800명의 노동자들이 있었지만 외부에서 일하는 사람은 그 두 배였다.[356] 마리아 테레지아가 린츠에 세운 모직물 매뉴팩처의 노동자 수는 1만5,600명이었다 (그리고 1775년에는 2만6,000명이었다). 이 거창한 숫자는 오자가 아니다. 중유럽에서처럼 산업 발달이 지체되어 급히 뒤쫓아가야 하는 곳에서 오히려 노동자 수가 엄청나게 클 수 있다. 그러나 그중 3분의 2 정도는 가내 작업을 하는 제사공과 직조공이었다.[357] 폴란드나 보헤미아 중유럽에서는 흔히 농노 중에서 매뉴팩처 노동자들이 채용되었다. 기술의 형태는 그것이 위치한 사회적 맥락과 무관할 수도 있다는 사실을 여기에서 다시 지적할 수 있다.

서유럽에서도 노예 내지 준노예 상태의 노동을 사용했다. 빈민 구호소*에 수용된 무위도식하는 사람들, 경범자들, 범죄자들, 고아들을 매뉴팩처가 고용하여 일을 시키는 것이 그런 경우이다. 그러나 이 경우에도 매뉴팩처는 이런 사람들만 쓰는 것이 아니라 가내수공업 형태의 노동력을 함께 사용했다.

사람들은 매뉴팩처의 보급이 마치 포도나무를 휘묻이하듯이 한곳의 매뉴팩처가 커짐에 따라 안에서 밖으로 퍼져가는 것으로 생각하기 쉽다. 그러나 사실은 그 반대이다. 이것은 매뉴팩처의 기원 자체를 생각해보면 알 수 있다. 도시의 매뉴팩처는 가내수공업 망의 최종 지점으로서, 이곳에서 생산의 최종 과정이 이루어져 생산이 마무리된다. 모직물의 경우에 관하여 대니얼 디포가 우리에게 말해주듯이 이 마무리 과정은 전체 생산 중의 반 정도를 차지한다.[358] 따라서 일정한 수의 마무리 공정이 한 건물에 들어앉게 되고 이것이 점차 확대된 것이다. 그러므로 예컨대 13-14세기 토스카나의 모직물업은 거대한 선대제와 같은 것이었다. 프란체스코 다티니가 프라토로 돌아와서(1383년 2월) 세운 모직물 길드 회사(Compagnia dell'Arte della lana)를 보면, 가게 안에서는 10여 명이 일하는 반면 500제곱킬로미터 이상 되는 프라토 주변 지역에서는 1,000명 정도의 인력이 이곳을 위해서 일하고 있었다. 그러나 점차 직조나 소모 같은 일부 공정들이 한곳에 집중되기 시작했다. 아주 느리기는 하지만 매뉴팩처의 윤곽이 잡히기 시작한 것이다.[359]

그런데 왜 어떤 매뉴팩처들은 마무리 공정에만 만족할까? 그리고 왜 다른 매뉴팩처들은 생산의 거의 전 과정을 다루면서도 많은 외부의 가내노동력을 사용할까? 우선 축융, 염색 같은 마무리 공정이 기술적으로 섬세하고 상대적으로 큰 설비를 필요로 하기 때문이다. 즉, 이것들은 수공업 단계를 넘

---

* Workhouse : 17-19세기 영국에서 빈민에게 일자리를 주고 불구자의 생계유지를 돕기 위해서 설립한 기관. 그러나 빈민 외에도 고아, 광인, 범죄자까지 수용했기 때문에 교정소와 큰 차이가 없었다. 수용된 사람들은 그때그때의 사정에 따라 외부와 고용계약을 할 수도 있었고 오히려 노동시장에서의 경쟁을 막기 위해 이 기관 내에서 무위도식할 수도 있었다. 이런 시설들은 각 교구에서 빈민을 담당하도록 한 1601년의 빈민법에 따라 교구 교회에서 만들었다.

어섰고 그래서 많은 자본을 필요로 했다. 다른 한편, 상인으로서는 마무리 공정을 장악하면 생산물을 상업으로 돌리는 일, 다시 말해서 그에게 가장 관심 있는 일을 수중에 장악할 수 있다. 도시 노동과 시골 노동 사이의 가격 차 역시 여기에 작용하는 요소이다. 예컨대 런던은 지방의 시장에서 마무리 공정을 거치지 않은 모직물을 값이 헐하게 사들인 다음 마무리 작업과 염색을 해서 부가가치를 크게 높임으로써 아주 큰 이익을 볼 수 있었다. 마지막으로 중요한 점은 가내노동을 이용하면 매뉴팩처의 숙련 노동자들을 실업에 빠뜨리지 않으면서도 변화가 심한 수요에 맞추어 생산을 조정하는 것이 가능했다. 즉, 수요가 변화할 때마다 외부에 일거리를 조금 더 많이, 혹은 조금 적게 주면 된다. 사실 매뉴팩처는 이윤이 아주 박하고 미래가 불확실하기 때문에 자체충족적인 상태를 일부러 피하고 선대제 속에 반쯤 편입된 상태로 오래 남아 있으려고 한다. 그러므로 이런 형태는 선택에 의한 것이라기보다는 그래야 할 필요에 의한 것이었으며 다시 말하면 취약성의 표시였다.

게다가 매뉴팩처 형태의 산업은 극히 소수에 불과했다. 모든 조사 결과가 그것을 나타낸다. 프리드리히 뤼트게에 의하면[360] "매뉴팩처에 관한 기록을 자주 접하다 보면 이것이 중요하다고 생각하기 쉽지만 실제로 매뉴팩처 전체가 생산에서 담당하는 역할은 훨씬 작다." 독일에는 아주 다양한 규모의 매뉴팩처가 1,000여 개 있었을 것이다. 바이에른 지역을 예로 잡아 총생산 중에 매뉴팩처가 차지하는 비중을 계산해보면[361] 1퍼센트가 되지 않는다. 물론 다른 수치들이 더 있어야 하겠지만, 그래도 이 비관적인 수치를 크게 벗어나지는 못할 것이다.

그러나 매뉴팩처가 적어도 기술 진보의 모델이며 도구였던 것은 사실이다. 그리고 매뉴팩처 생산이 전체 생산 중에서 아주 적은 몫만을 차지했다는 것은 전(前)산업이 발전하면서 아주 큰 어려움에 봉착해 있었다는 점을 증명해준다. 이 악순환을 깨기 위해서 중상주의적인 국가가 아주 빈번히 개입했다. 네덜란드를 제외한 모든 유럽 국가들이 그랬다. 심지어 영국도 여기에 포함된다. 이 나라의 산업도 초기에는 강한 보호주의적 관세장벽 뒤에서 발전했다.

프랑스에서 국가의 개입은 투르에 비단 직조기를 설치하게 한 루이 11세에까지 거슬러올라간다. 이때 이미 이들의 문제의식은 상품을 외국에서 생산하지 말고 국내에서 생산하여 귀금속이 국외로 유출되지 못하도록 한다는 것이었다.[362] 중상주의 국가, 어쩌면 이미 "민족주의적(nationaliste)"이라고 할 수도 있는 이 국가는 중금주의*를 지향했다. 이에 관한 모토를 만든 사람은 정치경제학의 아버지라고 할 수 있는 앙투안 드 몽크레티앙이다. "나라 안에서 나라 안으로 공급하게 하라."[363] 루이 11세의 계승자들 역시 가능하면 그를 따랐다. 그중에서도 특히 앙리 4세가 특별한 경우이다. 1610년에 그가 죽었을 때 47개의 매뉴팩처가 있었는데 그중 40개가 그가 만든 것이다. 콜베르도 마찬가지이다. 클로드 프리의 말처럼[364] 콜베르의 창안물들은 좋지 않은 경기 동향에 저항하려는 욕구에 따른 것이기도 했다. 이것들 대다수가 조만간 사라져버린 것은 그 성격이 원래 인위적이었기 때문일까? 국영 매뉴팩처 혹은 국가의 특권에 크게 힘입은 매뉴팩처들만이 끝까지 살아남았다. 그런 것들로는 보베, 오뷔송,** 라 사보느리,*** 고블랭 그리고 이른바 "왕립" 매뉴팩처들 중에서는 아브빌의 반로베(1665년에 세워져서 1789년까지 살아남았다), 유리 공장들(같은 해인 1665년에 세워졌고, 일부는 1695년에 생-고뱅에 세워졌으며, 1979년 현재까지도 남아 있다)이 있다. 그 외에 랑그도크에 세워진 왕립 매뉴팩처들도 들 수 있다. 또 1712년에도 여전

---

* 重金主義, bullionism : 귀금속을 부의 핵심으로 보고 귀금속의 축적을 경제 정책의 주요 목표로 삼는 중상주의의 한 사고를 말한다. 이에 대해서는 이 책의 제5장을 참조하라.

** Aubusson : 프랑스 중부 크뢰즈 데파르트망의 도시로, 카펫과 태피스트리 생산지로 유명하다.

*** La Savonnerie : 카펫을 만드는 프랑스의 매뉴팩처 이름. 1604년에 앙리 4세가 피에르 뒤퐁과 시몬 루르데라는 두 사람에게 금사와 은사를 섞어 만드는 동양식 카펫을 독점 생산할 권리를 주어서 루브르에 처음 설립되었다. 1625년에는 샤이오의 옛 비누 공장터로 옮겼다('사보느리'라는 말은 원래 "비누 공장"이라는 뜻이다). 그후 루이 14세 때에는 이 회사에 고블랭과 똑같은 특권을 인정해주었다.

히 활동하던 빌뇌브의 매뉴팩처에는 3,000명의 노동자들이 일하고 있었는데, 이것은 레반트 무역이 계속해서 이곳 제품을 소화한다는 증거이다.[365]

18세기에는 경제성장으로 인하여 일련의 매뉴팩처 계획들이 싹을 틔웠다. 책임자들이 상공회의소에 그들의 의도를 밝히고 언제나 그렇듯이 공공의 이익을 위한다는 명목으로 특권을 요구했다. 그들의 욕심은 대개 지방 사회의 틀을 넘었다. 이들이 전국시장을 목표로 했다는 것은 곧 전국시장이 형성되기 시작했다는 증거이다. "철과 연강"을 만들겠다는 베리의 공장은 프랑스 전국에 적용되는 특권을 거침없이 요구했다.[366] 그러나 신생 매뉴팩처들에게 가장 어려웠던 점은 파리 시장을 개방시키는 것이었다. 이 시장은 6대 특권 직종의 길드가 모든 길드의 이름으로 단단히 지키고 있었기 때문이다. 6대 특권 직종의 길드는 길드들 중의 엘리트이며 그들 자신이 대자본가의 이해를 대변했다.

1692년과 1789년 사이의 상공회의소 문서는 불완전하고 정리가 잘 되어 있지 않지만 여기에는 기존 매뉴팩처가 어떠한 특권을 얻게 해달라든지 또는 갱신해달라는 요구, 또 새로 매뉴팩처를 건립하겠다는 요구들이 많이 기록되어 있다. 표본조사를 해보면 활동 영역이 갈수록 얼마나 다양해졌는지를 알 수 있다. 1692년 토네르와 샤티용의 실로 짠 레이스, 1695년 보몽-앙-페리에르의 함석, 1698년 리옹의 레반트식 붉은색 또는 검은색 가죽과 영국식 송아지 가죽, 1701년 생-클루의 도자기와 비에브르 강변에 있는 앙토니의 고운 실의 염색, 1708년 생-플로랑탱의 서지 직물과 투르의 녹말, 1712년 퐁-드-라르슈의 영국식 및 네덜란드식 세포(細布), 1715년 앙토니의 밀랍 및 양초와 아브빌의 양탄자와 지베의 비누와 샬롱의 직포, 1719년 몽트로의 외곽 지역인 생-니콜라의 파이엔스 도자기, 1723년 마르세유의 직포와 세트의 설탕 정제 및 비누 제조, 1724년 릴의 도자기, 1726년 콘의 철과 용해 강철 그리고 르 아브르의 외곽 지역인 자공빌의 밀랍과 양초 및 큰 양초, 1756년 르 퓌-앙-블레의 견직, 1762년 부르고뉴의 철사와 낫, 1763년 모레 근처에 위치한 생-마메의 큰 양초(bougie)를 흉내 낸 작은 양초(chandelle), 1772년 에손 근처의 질라 물레방아에서의 구리 제조와 투르의 큰 양초, 1777년 제(Gex)의 도자기 및 기와, 1779년 랑그르 근처에 위치한 생-세르그의 제지와 릴의 일반유리 및 창유리, 1780년 마르세유의 산호 가공(3년 뒤에 이곳의 노동자 수는 300명이 되었다)과 사를 루이의 둥근 철 및 네모난 철과 "독일식 철판" 그리고 비트슈의 제지, 1782년 뇌빌의 벨벳과 면직, 1788년 생-베롱의 면직포, 1786년 투르의 영국식 손수건, 1789년 마르세유의 주철 등…….

매뉴팩처 경영인들의 탄원과 상공회의소 의원들의 결정 이유서들은 매뉴팩처 조직에 대한 귀중한 정보들을 전해준다. 예컨대 1723년에 카르카손은 프랑스에서 "모직물 매뉴팩처가 가장 많은" 도시로, "랑그도크 지방의 매뉴팩처 중심지"였을 것이다. 그보다 50년쯤 전에 콜베르는 랑그도크에 왕립 매뉴팩처들을 세워서 마르세유인도 영국인처럼 레반트 지역으로 화폐만 보낼 것이 아니라 모직물을 수출할 수 있도록 했다. 그러나 이 매뉴팩처들은 지방 삼부회가 상당한 돈을 주었음에도 불구하고 초기에는 어려움을 겪었다. 그러다가 이 산업이 아주 번성하게 되면서, 특권을 받지 못한 제조업자들도 랑그도크—특히 카르카손—에서 계속 살아남아 활동하거나 혹은 새로 들어설 정도가 되었다. 이들만으로 이미 총생산의 5분의 4가 생산되었으며, 1711년부터는 "이들과 왕립 매뉴팩처 경영인들 사이에 지나친 불평등이 생기지 않도록" 이들이 생산한 모직물 한 필마다 소액의 보조금을 주었다. 사실 왕립 매뉴팩처 경영인들은 계속해서 매년 보조금을 받았고, 직물의 품질이 직종마다 설정된 규준에 맞는지 확인하는 길드 검사관들의 조사를 면제받는 이점을 누리고 있었다. 그러나 왕립 매뉴팩처라고 해서 전적으로 유리한 조건만은 아니었다. 이들 역시 매뉴팩처 검사관의 조사를 받았으며—그러나 갈수록 조사가 뜸해졌다—또 계약에 따라서 미리 예정된 양을 반드시 생산해야 하는 반면, 다른 곳에서는 "양모 가격 앙등, 전쟁, 기타의 원인으로 이익을 보기 힘들 때 일을 중단할 자유를 가지고 있었다." 그러나 카르카손의 한 제조업자가 수를 써서 일시적으로 왕립 매뉴팩처의 일원이 되었을 때 "제조업자 공동체나 직조공, 마무리공, 실 꼬는 직공(tordeur), 염색공 등의 공동체"로부터 거센 항의를 받았다. 상공회의소의 재심 결과, 최종 결정은 그에게 불리하게 내려졌다. 여기에서 우연히 알게 된 사실은 상공회의소가 "현재는 왕립 매뉴팩처의 수를 늘리는" 것이 유리하지 않으며, 특히 파리의 경험이 증명하듯이 일부 도시들에서는 왕립 매뉴팩처가 수많은 갈등과 부정의 근원이 되므로 이런 곳에서는 더욱 그 수를 늘리는 것이 유리하지 않다고 보고 있다는 점이다. 만일 생테뉴 공(앞에서 말한 부정한 계약의 주인공)이 [자신의 작업장을 왕립 매뉴팩처로 만들려던 일에/역주] 성공했다면 일이 어떻게 되었을까? 그의 회사는 미숙련 노동자들의 집합소가 되었을 것이고 이 노동자들은 특권 덕분에 자신들의 계정으로 일할 수 있으므로 그 결과 노동력이 이 회사로 몰렸을 것이다.[367] 따라서 왕립이라는 타이틀을 가지고 일반 법의 테두리 밖에서 생산 단위를 이루던 작업장과 준칙을 따라야 하는 작업장 사이에 갈등이 있었던 것은 분명하다. 직물업보다는 훨씬 큰 사업이지만 마찬가지로 일반 법의 테두리 밖에서 특권을 누리던 해운 회사의 경우에도 사정이 비슷하다.

아브빌의 반로베 가문[368]

1665년에 콜베르의 주도로 요스 반로베라는 네덜란드인이 아브빌에 세운 왕립 모직물 매뉴팩처는 아주 탄탄한 기업이었다. 이것은 1804년에 가서야 해체되었다. 초기에는 요스 반로베가 네덜란드에서 약 50명의 노동자를 데리고 왔지만 첫 출발 이후에는 모든 노동자들(1708년에는 3,000명이었다)이 전적으로 현지에서 채용되었다.

이 매뉴팩처는 오랫동안 도시 내에 분산된 여러 큰 작업장들로 나뉘어 있었다. 그러다가 상당히 이후 시기인 1709-1713년에 람(Rames, 원래 "rames"이란 "직물을 널어 말리는……나무막대기"를 말한다)이라고 부르는 거대한 건물을 시외에 지어서 이 매뉴팩처를 수용했다. 이것은 장인의 숙소가 있는 본관 건물과 직조공 및 전모공의 숙소로 쓰는 익면(翼面) 건물로 되어 있었다. 이 건물은 시의 성벽에 등을 대고 있고 생울타리와 해자로 둘러싸여 그 자체가 하나의 닫힌 세계를 이루고 있었다. 모든 문마다 (청색, 백색, 적색의) 국가 정복을 입은 "스위스"* 위병들이 지키고 있었다. 그래서 감시를 잘 할 수 있었고 규율과 금족령을 지켰다(다른 무엇보다도 노동자가 술을 들여오는 것이 금지되었다). 게다가 공장주는 자기 거처로부터 "대부분의 노동자들을 지켜볼 수 있었다." 그렇지만 (30만 리브르가 든) 이 거대한 건물에는 창고, 세탁장, 마구간, 대장간, (전지 가위[force]의 날을 가는) 숫돌 장치 같은 것이 없었다. 제사 여공들은 시내의 여러 작업장에 분산되어 있었고 이 작업장마다 많은 가내노동이 연결되어 있었다. 왜냐하면 100여 개에 이르는 매뉴팩처의 "작동 중인 직조기" 하나마다 8명의 제사 여공들이 필요했기 때문이다. 그리고 도시에서 멀리 떨어져 있는 브렐 강의 맑은 물을 이용하는 축융 물레방아가 건설되어서 이것으로 직물의 기름기를 뺐다.

따라서 집중과정은 꽤 진전되기는 했으나 완전하지는 않았다. 그러나 이 조직은 분명히 근대적이었다. 분업이 일반적이어서 이 기업의 주요 목표인 고운 모직물 제조는 "52명의 서로 다른 노동자들"의 손을 거쳤다. 그리고 이 매뉴팩처는 필요한 물품을 스스로 조달했다. 축융용 흙은 벨랑드르(bellandre)라는 소형 배로 오스텐더 지역에서부터 수입했고, 스페인에서 최고품으로 알려진 세고비아의 고운 양모는 바욘이나 빌바오에서 샤를-드-로렌(Charles-de-Lorraine) 호─그리고 이 배가 침몰한 후에는 라 투아종 도르 (La Toison d'Or) 호─를 이용해서 실어왔다. 이 두 배는 솜 강을 거슬러서 아브빌까지 올라온 것 같다.

사업이 잘 되려면 이 모든 과정이 완벽해야 했는데, 아닌 게 아니라 실제

---

* Suisse : 17세기 이후에 멋진 정복을 입고 교회의 정문을 지키는 수위를 이렇게 불렀다.

로 모든 일들이 잘 이루어졌다. 반로베 가문 내에 더러운 싸움이 벌어졌지만 그것은 우리가 상관할 일이 아니다. 그리고 끊임없이 차변과 대변을 맞추어야 하는 힘든 일이 계속되었다. 1740-1745년에 매년 평균 1,272필의 직물이 팔렸는데 한 필의 값이 500리브르이므로 총판매액은 63만6,000리브르였다. 이 액수는 (임금, 원재료, 잡비 등의) 유동자본에 이윤을 더한 것이다. 큰 문제는 15만에서 20만 리브르에 달하는 임금 총액을 확보하는 것, 그리고 정기적으로 복원하고 갱신해야 하는 100만 리브르 이상의 자본을 상각해나가는 것이다. 어려운 시기가 여러 번 있었고 갈등도 겪었으나, 언제나 단순한 해결책은 인원 감축이었다. 최초의 노동자 항의는 1686년에 있었고 그후 1716년에 혼란스러운 파업이 있었다. 사실 노동자들은 일종의 영구적인 반실업 상태에 있었고, 매뉴팩처는 경기가 안 좋을 때에는 십장과 숙련공 같은 선택된 소수 인원만 유지했다. 어쨌든 점차 임금 수준이 올라가고 직능의 범위가 갈수록 넓어지는 것이 새로운 사업이 가진 특징적인 변화였다.

1716년의 파업은 소규모 군대가 도착해서야 진정되었다. 파업의 주동자는 체포되었다가 사면받았다. 아브빌 측 위임자는 봉기 가담자들에 대해서 호의적이지 않은 것이 확실하다. 그의 의견에 의하면 이들은 "풍요로운 시기일 때 기근에 대비하여 아껴 쓰는 것이 아니라 낭비에 빠졌던" 자들이며 "이들이 매뉴팩처를 위해서 존재하는 것이 아니라 매뉴팩처가 이들을 위해서 존재하는 것처럼 생각하는" 자들이다. 수년 후인 1728년에 아브빌을 지나가던 한 여행자가 이곳의 매뉴팩처에 대해서 경탄하는 말을 들어보면, 이곳에 확실히 다시 질서가 잡힌 것 같다. "네덜란드식" 건물에서 "3,500명의 노동자들과 400명의 여공들"이 일하며 "북소리에 맞추어 체조를 하기도 하고" 소녀들은 "여러 여사감들의 지도를 받으며 따로 일한다." 그는 "이곳보다 질서가 잡혀 있고 깨끗한 곳은 없다"는 결론을 내렸다.[369]

사실 정부의 협조가 없었더라면 이 기업은 실제로 그랬던 만큼 오래 유지되지는 못했을 것이다. 더구나 이 기업에게는 불행한 일이었지만 이곳이 "길드적인(corporative)" 산업활동이 이루어지는 곳이었기 때문에 마치 늪지에 조약돌 하나가 빠진 격이었다. 이 기업에 대한 적개심이 널리 퍼져 있는 데다가 그 적개심은 창의적이고 경쟁적으로 표출되었다. 이곳에서 과거와 현재가 평화롭게 공존하지는 못했다.[370]

자본과 부기

17-18세기의 대규모 공업회사들이 재정적인 면에서 어떻게 운용되었는가를 추적해볼 필요가 있다. 그러나 생-고뱅 유리 매뉴팩처의 경우만 빼면 우리에게 남아 있는 자료가 매우 부족해서 고작해야 어쩌다가 간혹 있는 정도에 불과하다. 그러나 고정자본이든 유동자본이든 간에 자본이 점차 더 많이 투입되었다는 것은 전혀 의심의 여지가 없다. 초기 자본의 규모는 대개 매우 크다. 프레더릭 너스바움에 의하면 1700년경 런던에서 40명의 노동자를 보유한 인쇄소는 500-1,000파운드 스털링의 자본을 소유했다.[371] 이에 비해서 설탕 정제소는 노동자의 수가 10-12명에 불과하지만 자본 액수는 5,000-2만5,000파운드였다.[372] 증류주 제조 공장은 최소 2,000파운드를 필요로 하며 대개 대단히 큰 이윤을 기대할 수 있었다.[373] 1681년에 하딩턴셔의 뉴 밀스에서 사업을 시작한 면직물 매뉴팩처는 자본이 5,000파운드였다.[374] 오랫동안 수공업적 성격을 가지고 있던 양조장들도 규모가 커지면서 엄청난 양의 맥주를 양조할 수 있었으나 이를 위해서는 설비 비용도 많이 필요했다. 1740년에 75만 명의 런던 사람들에게 맥주를 공급하던 휘트브레드 회사는 설비 비용으로 2만 파운드를 썼다.[375]

이렇게 부담스러운 설비는 게다가 정기적으로 갱신해야 했다. 어느 정도의 주기로 해야 했을까? 그것을 명확히 파악하려면 장기간의 연구가 필요하다. 한편, 사업에 따라서 고정투자에 어려움을 겪는 수도 있고 유동자본에 어려움을 겪는 수도 있다. 대개 고정투자보다는 유동자본의 어려움이 더 빈번하다. 대규모 매뉴팩처는 끊임없이 자금 부족에 시달렸다. 콜베르에 의해서 랑그도크의 빌뇌브에 세워진 왕립 매뉴팩처는 1709년에 10년 동안 유효한 특권을 받았으나 1712년 1월에 벌써 어려움에 봉착했다.[376] 이 회사는 네덜란드식 및 영국식 직물을 계속 공급하기 위해 5만 리브르 투르누아의 대출이 필요하다고 요구했다. "이 액수는……3,000명이 넘는 노동자들을 유지하기 위해서 필요하다." 이 점을 볼 때 이 회사가 겪는 어려움은 원칙적으로 재정적인 성격이었다.[377]

1721년 1월에는 피에르 다라스와 조프루아 다라스 형제의 왕립 면직물 매뉴팩처가 파산 직전에 놓였다. 약 30년 전에 샬롱에 세워진 이 매뉴팩처는 이미 상공회의소에 도움을 요청했다. 1717년 7월 24일에 상공회의소는 18개월 동안에 걸쳐 돈을 대부하고 1720년 이후에 10년에 걸쳐 무이자로 상환받는 조건으로 3만6,000리브르를 빌려주기로 했다. 이 대부가 원래 정해진 대로 규칙적으로 이루어지지는 않았으나 다라스 형제는 1719년 10월에 이 금액의 대부분을 받았다. 그런데도 사정이 전혀 나아지지 않았다. 우선 무엇보다도 양모 가격이 "엄청나게 올랐기" 때문이다. 그리고 "그들의 돈을 모두" 직물 생산에 쏟아넣고는 이 직물을 "상업관행을 좇아 1년 6개월의 크레딧으로 소매상에게 팔았는데, 이 상인들은 은행권의 가치 하락을 이용해서 화폐 통용이 중단되기 직전에 가서야 이 화폐로 상품값을 치렀다." 말하자면 이 회사는 로 체제의 희생자였다. 이들은 노동자들에게 "나날이" 들어가는 비용을 위해서 이 은행권을 "헐값에" 팔아넘겨야 했다. 불행은 결코 한 가지만 오지 않는 법인지, 30년 전에 임차했던 집에서 나가게 되었고 그래서 5만 리브르를 들여 매뉴팩처를 이사해야 했다. 1만 리브르(그중에 7,000리브르는 꾼 돈이다)에 산 새로운 건물에 직조기, 염색용 통, 기타 "생산에 필요한 도구들"을 갖추는 데에 8,000리브르를 들였다. 결국 이들은 국가에서 빌린 돈을 갚는 기간을 연기해달라는 요구를 했고 이것이 받아들여졌다.[378]

또다른 예를 보자. 이것은 경기가 좋지 않았던 해인 1786년에 스당의 한 왕립 매뉴팩처가 겪은 일에 관한 것이다. "로랑 위송 미망인과 카레 형제"라는 이름의 이 회사는 오랜 명성을 가지고 있었고 90년 전부터 같은 가문의 소유였는데, 6만 리브르의 부도가 났다. 이렇게 된 데에는 화재 사고가 첫째 이유이고, 로랑 위송이 죽음으로써 이 매뉴팩처의 부동산 일부를 포기하고(아마도 유산 문제 같다) 대신 다른 건물을 건축할 수밖에 없게 된 것이 다음 요인이며, 마지막으로 뉴 잉글랜드—다시 말해서 독립선언 직후의 "폭도들"—에 대한 수출에 잘못 투자했기 때문이다(여기에 투자한 "자본은 아직 되돌아오지 않았다").[379]

이와 달리 생-고뱅의 경우는[380] 1725-1727년 이후 성공으로 간주할 수 있다. 콜베르 시대인 1665년에 세워진 이 유리 제조 매뉴팩처는 자유 기업을 주장하는 사람들의 반대—그중에서도 특히 1757년에는 반대가 아주 격심했다—에도 불구하고 프랑스 혁명기까지 특권을 갱신해나갔다. 1702년에 경영 실패로 인한 파산은 이 기업의 역정에서 큰 오점이었지만, 그래도 이 기업은 이사진과 새로운 주주들을 통해서 이것을 이겨냈다. 프랑스 내의 유리 판매와 해외 수출에 대해서 독점권을 가지고 있는 데다가 또 18세기의 일반적인 성장에 힘입어 이 매뉴팩처는 1725-1727년 이후 뚜렷한 성장을 나타냈다. 그림 20의 그래프는 사업의 일반 동향, 주주에게 돌아간 이윤 그리고 "드니에" 가격[이 회사의 주식가격/역주]의 변화(그러나 증권거래소에서 정해지는 주식가격 동향과는 다르다)를 나타낸다. 그러나 이 기업이 이때에 영국에 있던 합자회사(Joint Stock Company), 혹은 1807년의 상법에 따라 프랑스에 세워진 주식회사처럼 자유로운 활동을 하고 있었다고 보아서는 안 된다.

1702년에 이 매뉴팩처는 파리의 징세청부업자 덕분에 재기에 성공했다. 은행가 및 금융업자인 이들은 안전한 토지나 주식을 사려던 사람들이었다. 이 기회에 이 회사의 자본은 24"솔(sols)"로 나뉘고 솔은 다시 12"드니에 (deniers)"로 나뉘었다. 이것은 이 회사를 구원한 구세주와 같은 13명의 주주들 사이에 불균등하게 배분되어 있었다. 이 지분 내지 주식은 유증이나 양도를 통해서 여러 소유주들 사이에 분할되었다. 1830년에 생-고뱅의 주주들

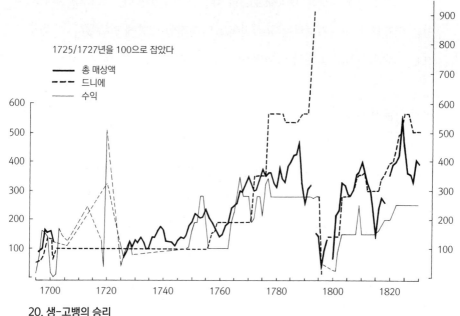

900

800

700

600

500

400

300

200

100

1725/1727년을 100으로 잡았다

━━ 총 매상액
┅┅ 드니에
─── 수익

600

500

400

300

200

100

1700   1720   1740   1760   1780   1800   1820

20. 생-고뱅의 승리

관련 설명은 본문을 보라. 클로드 프리의 미간행 학위논문 "생-고뱅의 왕립 메뉴팩처, 1665–1830년", p.1297에서 인용했다. 이 논문을 출판하면 대단히 큰 도움이 될 것이다.

은 204명에 달했는데, 그중 몇몇은 8분의 1 내지 16분의 1드니에라는 아주 작은 지분만을 소유하고 있었다. 드니에의 가치는 유산으로 물려줄 때 계산하게 되어 있어서 이것을 통해서 시간이 가면서 그 가치가 어떻게 올라갔는지를 재구성할 수 있다.

확실한 것은 자본이 크게 증가했다는 것이다. 그렇게 된 것은 부분적으로 주주들 덕분이었다. 이들은 1702년에는 사업가, 징세청부업자였다. 그러나 1720년 이후 징세청부업자의 후손들이 귀족 가문과 결혼계약을 맺으면서 이런 가문으로 주식들이 들어가게 되었다. 예컨대 이 회사의 경리 책임자와 조프랭 부인*—이 부인의 살롱은 아주 유명했다—사이의 딸인 조프랭 양이라 페르테-앵보 후작과 결혼했다. 그래서 이 매뉴팩처는 점차 진짜 기업가

---

* Marie-Thérèse de Rodet, Madame Geoffrin(1699–1777) : 파리의 살롱 주인, 예술 후원인. 1749년 이후 25년 동안 그녀의 살롱에는 미라보, 생-랑베르, 백과전서파 작가들이 자주 출입했다.

들로부터 귀족 지대수취인들(rentiers)의 수중으로 넘어갔다. 지대수취인들은 이윤 전체를 요구하기보다는 규칙적이고 안정적인 배당에 만족했다. 이것이 자본을 증식시키고 보존한 방법이 아니었을까?

산업 이윤에 관하여

산업 이윤에 관하여 총괄적인 판단을 시도한다면 너무 지나친 일이 될 것이다. 이 작업이 불가능하다고까지는 못 하더라도, 대단히 어렵다는 사실은 과거의 경제생활, 특히 자본주의에 대한 우리의 역사적인 이해에 큰 짐이 된다. 우리에게는 수치자료―타당한 수치자료, 시계열 수치자료―가 필요하다. 지난날 우리에게 가격과 임금에 대한 그래프들을 풍부하게 제공했던 역사 연구가 오늘날 다시 훌륭하고 적절한 형태로 이윤율에 관한 기록을 제공한다면 우리는 타당한 설명을 얻을 것이다. 그러면 우리는 왜 자본이 농업 분야에서 단지 지대수취에만 관심을 두었는지, 왜 변화 중인 전(前)산업의 세계가 자본가들에게는 덫이나 구렁텅이밖에 되지 못했는지, 왜 자본가들은 이 분산된 활동 영역의 외곽에 머무르려고 했는지를 이해하게 될 것이다.

자본가들의 선택이 산업과 상업이라는 두 단계 사이의 간격을 더욱 심화시켰을 뿐이라는 점은 확실하다. 시장을 지배하는 상업이 우위를 점하기 때문에 산업이윤은 언제나 상인의 수취에 짓눌렸다. 이 점은 기계제조식 양품류나 레이스 산업 같은 근대적인 산업이 아무 제약 없이 곧게 성장했던 중심지들을 살펴보면 명백히 볼 수 있다. 캉에서 18세기에 발달한 레이스 산업은 다름 아닌 도제훈련학교 역할을 했다. 이곳은 아동노동을 사용하고 수공업 작업장과 "매뉴팩처"를 구성함으로써 단체훈련을 준비시켰는데, 이런 것이 없었다면 산업혁명으로 "고통에 찬 접목"을 하는 것이 그렇게 빨리 성공하지는 못했을 것이다. 캉의 이 산업이 곤경에 처했다가 재기에 성공한 것은 한 젊은 경영인이 과감하게 도매업―자신이 생산한 레이스를 포함하여―에 뛰어든 덕분이다. 그래서 이 산업이 다시 번영을 되찾았을 때에는 여기에서 매뉴팩처가 어떤 위치를 차지하는지 가늠하기가 불가능할 정도였다.

거대한 산업 영역에 대한 우리의 계산이 왜 불충분한지는 물론 쉽게 설명할 수 있다. 이윤율이란 손쉽게 파악할 수 없기 때문이다. 특히 표본조사를 통해서 파악할 수 있는 이자율과 달리[381] 이윤율은 규칙성이 떨어진다. 이윤율은 변화가 심하고 믿을 수 없는 것이어서 결국에는 파악할 수 없다. 그렇지만 여러 가지 점에서 새로운 분야를 개척한 장-클로드 페로의 연구서는 그와 같은 조사가 헛되지 않으며 이런 조사를 통해 이윤율에 대해서 어느 정도 윤곽을 잡을 수 있다는 점을 보여주었다. 또 준거단위로서 기업이 적절하지 못한 경우라면(물론 항상 그렇지는 않지만) 도시나 주 정도를 단위로 선택할 수도 있다는 점을 보여주었다. 그렇다면 국민경제 단위로도 가능할까? 그러나 여기에 너무 집착하지는 말자.

간단히 말해 아무리 큰 어려움이 따른다고 하더라도 조사는 가능하다. 이윤은 [이런 조사 결과를 나타내는/역주] 무수한 선분들이 겹치는 개략적인 지점에 위치해 있을 것이다.[382] 따라서 이 선분들을 찾아내고 추적하고 재구성하여야 하며 그렇지 못하면 상상해서라도 보아야 한다. 여기에는 많은 변수가 있지만 장-클로드 페로는 상대적으로 단순한 이 변수들 사이의 관계를 따라 이것들을 서로 근접시키고 연결시킬 수 있음을 보여주었다. 우리는 개략적인 상관관계 계수—즉, x를 알면 y의 개략적인 크기를 알 수 있는—를 찾아내야 한다. 우리가 알고 있는 바와 같이 산업이윤은 노동가격과 원재료가격, 자본가격이 교차하는 곳에 있으며, 그것은 다름 아닌 시장의 입구에 위치한다.* 이것을 통해서 페로는 아주 강력한 상인의 수익이 끊임없이 산업자본주의를 잠식했다고 주장했다.

간단히 말해서 이 영역의 역사 연구에 가장 필요한 것은 방법론의 모델, 즉 **모델에 관한 모델**이다. 프랑수아 시미앙과 특히 에르네스트 라브루스가

---

* 생산과정에서가 아니라 시장에 내가는 시점에서 산업생산의 이윤이 실현된다는 뜻 같다.

없었다면 역사가들은 가격이나 임금에 관한 연구를 그렇게 쉽게 시도하지 못했을 것이다. 이제 새로운 도약을 해야 한다. 그래서 우선, 앞으로 개발할 방법들이 다음과 같은 여러 단계로 되어 있다는 식으로 단정 지을 수는 없어도 어쨌든 그런 방법은 다음 사항들을 만족시켜야 한다.

첫째, 가장 먼저 해야 할 일은 이미 알려져 있거나 적어도 연구자들이 지적한 이윤율들을 모으는 작업이다. 좋은 자료이든 나쁜 자료이든 일단 모아지면 그것으로부터 출발할 수 있다. 그래서 시간적으로 제약된, 그래서 한 점에 가까운 자료라도 다 모을 필요가 있다. 예를 들면 다음과 같다.

• 크라쿠프 주교령에 속하며 크라쿠프 주변에 위치한, "봉건적인 독점 방식의" 한 제철 공장의 이윤율은 1746년에 150퍼센트를 기록하고는 다음 몇 년간 25퍼센트로 떨어졌다.[383]

• 1770년경에 뮐루즈에서 인도 직물의 수익률은 23-25퍼센트였다가 1784년경에 8.5퍼센트 정도가 되었다.[384]

• 비달롱-레-자노네의 제지용 물레방아에 대해서 1772년부터 1826년까지의 기간에 관한 시계열 자료가 있는데,[385] 1800년 이전에는 이윤율이 낮고 (1772, 1793, 1796년을 제외하고는 10퍼센트 이하였다) 그후에는 급상승하여 뚜렷한 대조를 보인다.

• 이 시기에 독일에서는 견실한 이윤율의 예들을 찾아볼 수 있다. 아우크스부르크의 면화 제왕인 폰 쉴레는 1769-1781년에 연평균 15.4퍼센트의 이윤율을 기록했고, 크레펠트의 견직물 매뉴팩처는 1793-1797년의 5년 동안 2.5퍼센트에서 17.25퍼센트 사이에서 이윤율이 움직였다. 1734-1735년에 프랑크푸르트와 회히스트에 세워진 볼롱가로 형제의 담배 매뉴팩처는 1779년에 200만 탈러를 소유했다……[386]

• 노르망디의 바이외에서 그리 멀지 않은 리트리의 탄광들은 70만 리브르를 투자하여 1748년부터 1791년까지 16만-19만5,000리브르의 이윤을 기록했다.[387]

어떤 종류의 자료가 있는지를 보여주는 예시는 이 정도에서 멈추자. 이런 수치들을 적절히 그래프에 옮겨놓은 후 나는 **빨간 잉크로** 10퍼센트를 가리키는 선을 그을 것이다. 이 선은 잠정적인 기준선 또는 구분선이 된다. 10퍼센트를 넘는 기록도 있을 테지만, 대략 이 구분선 근처에 놓인 것은 성공으로, 0퍼센트 근처 내지 그 이하이면 완전한 실패로 간주할 수 있다. 첫 번째로 확인한 사실은, 놀라운 일도 아니지만, 이윤율에 관한 이 수치들이 변화가 격심하고 예측하기 힘들다는 것이다.

둘째, **분류하는** 작업이다. 지역에 따라서, 오래된 영역인지 새로운 영역인지에 따라서, 또 경기 동향에 따라서—물론 이 경기 동향이 상궤를 벗어나며 변화하기도 한다는 점을 인정하고 이 작업을 수행해야 한다—분류가 이루어질 것이다. 여러 산업들은 함께 상승하고 함께 쇠퇴하는 것이 아니다.

셋째, 마지막으로 가능한 한 과거로 멀리 16세기, 15세기, 심지어 14세기까지 거슬러올라가면서 이 연구의 확대를 **시도하는** 작업이다. 그러면 이상하리만치 18세기 말에만 통계가 독점되어 있는 **상태를** 피하고 이 문제를 장기 지속의 차원에 놓게 된다. 빛나는 성공을 거둔 가격사와 같은 작업을 다시 해보는 것이다. 그것이 가능할까? 나는 1600년 베네치아의 모직물 제조업자의 이윤을 계산할 수 있다고 확신한다. 1547년에 티롤 지역의 슈바츠에서 푸거 가문은 이른바 "철과 수지(獸脂) 상업(Eisen und Umschlitthandel)"이라는 사업에서(이것은 산업과 상업이 합쳐진 것으로 생각된다) 23퍼센트의 수익을 올렸다.[388] 더 나아가서 역사가 데 올리베이라 마르케스는 16세기 말 포르투갈의 수공업 노동에 관하여 꽤 진척된 분석을 했다.[389] 그는 주어진 생산물 속에서 노동의 몫 T(travail)와 원재료의 몫 M(matière première)을 구분해보았다. 예컨대 구두의 경우에는 M = 68-78퍼센트, T = 32-22퍼센트였다. 다음에 T로부터 잉여(ganho e cabedal)를 추출해보았다. 장인에게 돌아가는 몫인 이 잉여는 다름 아닌 이윤을 나타내는데, 이것은 노동자들이 받게 되는 보상의 2분의 1, 4분의 1, 6분의 1, 18분의 1, 다시 말해서 50-5.5퍼센트를 차지했다[이윤 총액이 임금 총액의 50-5.5퍼센트에 불과하다/역주]. 이 계산에 원재료까지 포함한다면 이윤율은 더더욱 극미하게 된다.

발터 호프만*의 법칙(1955)[390]

결국 우리는 생산에서 출발할 수밖에 없다. 연구가 불충분한 이 광대한 영역에서 우리의 앞길을 조금이라도 밝혀줄 "경향적 법칙들"을 이끌어낼 수 있을까?

10여 년 전에 나는 프랭크 스푸너와 함께 수행한 연구에서[391] 우리가 알고 있는 16세기 산업생산의 곡선이 규칙적인 포물선 형태를 그린다는 것을 보였다. 아메리카 대륙의 광산들, 옹스코트의 세예트 직물, 베네치아의 모직물, 레이던의 모직물 생산과 같은 예들은 이 점을 잘 보여주었다. 그러나 이처럼 빈약한 자료로부터 일반화를 이끌어낸다는 것은 물론 불가능하다. 우리는 가격에 관해서는 많은 그래프 자료를 가지고 있지만, 생산에 관해서는 거의 가지고 있지 못하다. 그러나 이렇게 급상승했다가 다시 급격히 떨어지는 곡선을 보면, 전산업 시대에는 도시 산업이 급격히 성장하거나 수출이 에피소드처럼 반짝 증가하고 나서 유행이 지나가듯 쇠퇴해버리는 것이 아닌지 짐작하게 된다. 아니면 경쟁적인 산업들 가운데 한쪽이 다른 쪽을 쇠퇴시켜버렸을 수도 있고, 산업이 원래 탄생한 곳으로부터 다른 곳으로 끊임없이 이주하는 현상도 이것과 연관 지어서 생각해볼 수 있다.

18세기의 캉에 대한 장-클로드 페로의 최근 연구는 이러한 관찰을 이후 시기에까지 확대하고 재확인한다. 그 연구는 캉 시의 틀 속에서 연속적으로 이루어진 네 종류의 산업 분야, 즉 고급과 일반 두 종류의 모직물, 양품류,

---

* Walter G. Hoffmann(1903-1971) : 독일의 경제학자, 통계학자. 1944년 이래 뮌스터 대학의 교수로 재임했다. 공업화 과정의 수량적 분석이 가장 중요한 공적인데, 이것을 3단계로 구분했다. 이론적으로 새롭다기보다는 산업화를 측정하는 구체적 정도를 제시하고 이를 검증했다는 점에서 중요하다.

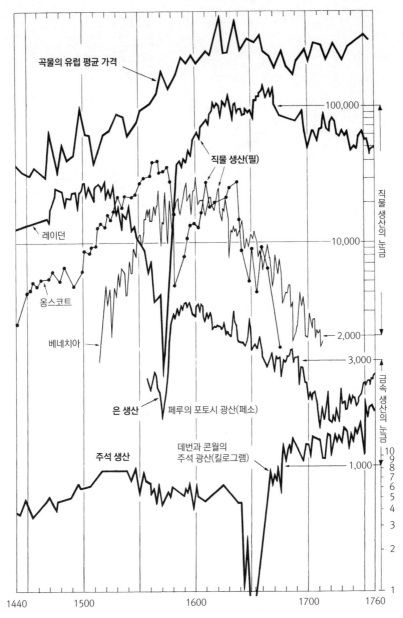

곡물의 유럽 평균 가격

100,000

직물 생산(필)

직물 생산의 눈금

레이던

10,000

옹스코트

2,000

베네치아

3,000

은 생산   페루의 포토시 광산(페소)

금속 생산의 눈금

주석 생산   데번과 콘월의
주석 광산(킬로그램)

1,000

10
9
8
7
6
5
4

3

2

1

1440   1500   1600   1700   1760

21. 공업생산 곡선은 포물선을 이루는가?

16세기에도 공업생산 곡선들은 호프만(『1700-1950년 영국의 산업』, 1955)이 현대에 대해서
제시한 포물선과 유사한 형태를 보였다. 다만, 데번의 주석 광산의 곡선이 다른 모양을 보인
다는 점을 주목할 필요가 있다. 레이던의 경우 두 개의 포물선이 연속되어 있다. (프랭크 스푸
너, 『케임브리지판 유럽 경제사』, 제4권, p.484)

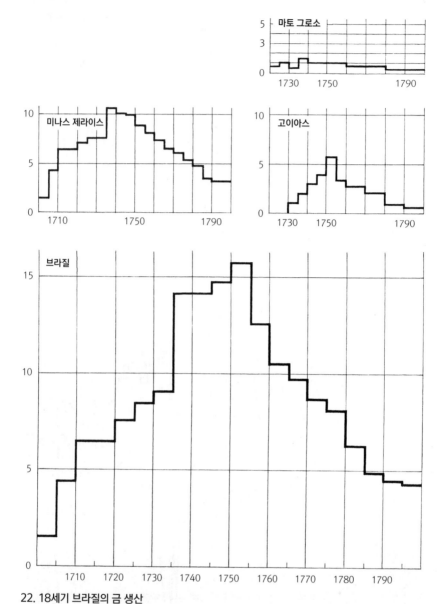

22. 18세기 브라질의 금 생산

단위 : 톤. 여기에서도 포물선 모양의 곡선을 볼 수 있다. (비르질리오 노이아 핀토, 『브라질의 금과 영국-포르투갈의 교역』, 1972, p.123)

아마포, 그리고 마지막으로 "모범적인" 사례라고 할 수 있는 레이스 산업을 면밀히 관찰한 것이다. 이것은 크게 보아서 아주 단기적인 성공의 역사이며, 달리 말하면 **포물선들의 연쇄**로 이야기할 수 있다. 여기에는 물론 외부 요인들이 큰 영향을 미쳤다. 예를 들면 르 망에서 평직천 산업이 발달하자 캉의 직물업에 심각한 피해를 끼쳤다. 그러나 이 네 가지 산업의 지방적인 운명에 관해서 한 가지 확실히 파악할 수 있는 점은 하나가 쇠퇴하면 다른 하나가 발달하고 하나가 발달하면 다른 하나가 쇠퇴한다는 것이다. 예컨대 "직조기를 이용한 양말 제조 매뉴팩처는 [모직물 산업이 거의 아무것도 생산하지 못하게 되어서 포기 상태에 이르렀을 때 이에 대한] 강력한 적수가 되었다."392) "양품류의 흥기와 모직의 후퇴는……1700년대와 1760년대 사이에 시기적으로 완벽하게 일치한다."393) 이번에는 양품류가 면직포에게 점차 자리를 양보했다. 다음에는 이 인도 면직물이 레이스 산업에 밀리고, 또 이 레이스 산업도 성장하다가는 결국 완벽한 포물선 형태를 그리며 쇠퇴해버려서, 마치 이 법칙에는 예외가 없는 듯이 보인다. 아닌 게 아니라 캉에서는 성장하는 산업이 쇠퇴하는 산업을 **제물로 해서** 발전하는 것 같고, 캉의 능력이—자본에서보다는 완제품 수요와 원재료 및 특히 노동력 조달에서—크지 않아서 여러 산업활동이 동시에 만개할 수는 없는 것 같다. 이런 조건에서는 가능한 여러 생산 중 가장 수익성이 좋은 쪽으로 차례로 선택이 돌아간다.

이 모든 것은 경제 영역들이 아직 서로 간에 연관이 적었던 이 시대에는 당연해 보인다. 그런데 놀라운 점은 발터 호프만의 책에서 역시 똑같은 포물선 형태의 곡선들을 보이는 많은 통계자료들을 찾을 수 있다는 점이다. 이것들은 19-20세기의 고도로 발달된 사회에 적용되는 일종의 일반 "법칙"처럼 제시되어 있다. 호프만이 보기에 모든 **개별** 산업들(예외도 있으나 그것은 오히려 법칙을 확인해준다)은 팽창, 절정, 후퇴라는 세 단계를 거친다. 이 세 단계를 좀더 명확히 표시하면 "생산 성장률이 증가하는 팽창 단계, 발전은 하되 성장률이 감소하는 단계, 생산이 절대적으로 감소하는 단계"이다. 18세기,

생산 : 자기 영역을 벗어난 자본주의   475

19세기, 20세기에 대해서 호프만이 발견한 네 가지 비전형적인 예외들은 주석 산업, 제지 산업, 담배 산업, 대마 산업이다. 그러나 이에 대해서도 그는 이 산업들이 아마도 여타의 산업과는 다른 리듬을 가지고 있을 뿐이라고 보았다. 리듬이란 포물선의 출발점과 종착점 사이의 시간적인 간격을 말하는데, 이 간격은 생산물마다 그리고 아마도 시대마다 다를 것이다. 이상한 것은 스푸너와 내가 행한 연구에서도 16세기의 주석 산업이 일반 법칙을 따르지 않는 것으로 나타났다는 점이다.

이 모든 것은 어떤 의미를 가지고 있을 테지만 우리는 아직 그것을 설명할 수는 없다. 사실 여기에서도 어려운 과업은 문제가 되는 개별 산업과 **그것을 둘러싸고 있는**, 그리하여 그 개별 산업의 움직임을 제약하는 **경제 전체와의** 관계를 밝히는 일이다.

전체라는 것은 한 도시일 수도 있고, 한 지역, 한 국가 내지 여러 국가들 전체일 수도 있다. 같은 산업이 마르세유에서는 쇠퇴하고 리옹에서는 흥할 수 있다. 영국이 이전에 유럽 전역과 레반트 지역에 대량으로 수출하던 거친 모직물은 17세기 초에 갑자기 서유럽에서 유행이 지나가버렸고 동유럽에서는 너무 비싼 것이 되어서, 윌트셔를 위시한 여러 곳에서 판매 부진과 실업의 위기를 겪었다. 그래서 더 가볍고 생산 현지에서 바로 염색하는 직물 생산으로 전환하게 되었는데, 이렇게 하기 위해서는 시골지역의 방적 방식만이 아니라 마무리 공정 중심지의 설비도 바꿔야 했다. 그런데 이 전환이 지역마다 **상이하게** 이루어져서 신직물(New Draperies)의 도입 이후 **지역마다** 생산이 더 이상 똑같지 않게 되었다. 새로운 상승을 목도하는가 하면, 회복에 실패하여 쇠퇴해버리기도 했다. 전체적으로 영국의 국민 산업의 지도가 바뀐 것이다.[394]

그러나 국가보다 더 넓은 포괄 영역들이 있다. 1600년경에 이탈리아의 산업생산이 크게 후퇴했고 거의 같은 시기에 스페인의 세비야, 톨레도, 코르도바, 세고비아, 쿠엥카[395] 등지의 산업활동도 크게 후퇴한 것이 역으로 네덜란드, 프랑스, 영국에게 도움을 주었다는 것은 유럽 경제가 응집적인 총체이며 따라서 그 나름의 방식대로 설명 가능하다는 증거가 아니겠는가? 그리고 이 질서가 세계의 유통, 구조화, 경제적 계서화이며, 그 안에서 성공과 실패가 꽤 긴밀한 상호 의존성 속에서 조응한다는 것을 말해주지 않는가? 피에르 구베르는 각 개인의 재산과 부를 청년, 장년, 노년 등으로 구분해보려고 했다.396) 이것 역시 **포물선식**으로 생각하는 것이다. 산업에도 젊은 산업, 완숙한 산업, 혹은 노후한 산업이 있다. 젊은 산업은 수직으로 발전해가지만 노후한 산업은 수직으로 쇠퇴해간다.

그렇지만 사람과 마찬가지로 산업의 기대 수명도 시간이 갈수록 길어지는 것이 아닐까? 만일 우리가 15-18세기의 기간에 대해서 호프만이 작성한 것과 유사한 많은 곡선들을 얻는다면, 아마도 그것은 오늘날의 경우와는 다른 중요한 차이점들을 많이 보일 것이다. 이 시대의 리듬들은 오늘날보다 훨씬 짧고 발작적이며, 곡선도 오늘날보다 훨씬 좁을 것이다. 이 과거 경제에서 모든 산업생산은 원재료, 노동력, 크레딧, 기술, 에너지, 국내 및 국외 시장 등에서 쉽게 병목현상에 빠지게 될 가능성이 있다. 이것은 오늘날 개발도상국들에서 일상적으로 볼 수 있는 경험이기도 하다.

수송과 자본주의적인 기업

수송수단은 이 세상만큼이나 오래된 것이다. 그리고 그것은 수 세기 동안 그 모습 그대로 지속하려는 경향이 있다. 제1권에서 나는 이 고졸한 하부구조에 대해 말한 바 있다. 그것은 다양하고 소박한 방식으로서 소형 배, 범선, 마차, 말, 끌짐승, 벨호스(bellhorse, 이 말은 딸랑거리는 방울 소리를 내는 말로, 스태퍼드셔의 도기와 런던 주변 지방의 모직물 꾸러미들을 런던으로 수송했다), 앞의 짐승 꼬리에 뒤의 짐승을 묶는 시칠리아식 노새 운송대,397) 또는 1815년경에 볼가 강을 운행하는 배들을 예인하거나 운전해가던 40만 명에 달하는 막노동꾼(burlaki)[398] 등이 그런 예들이다.

수송은 생산을 완성한다. 수송이 빨라지면 모든 일이 순조롭고, 나아가서 개선된다. 런던에 주재하는 예카테리나 2세의 대사였던 시몬 보론초프의 생각에 영국이 갈수록 번성하는 이유는 50년 동안 유통이 적어도 5배 빨라졌기 때문이다.[399] 아닌 게 아니라 18세기에는 진짜 혁명적인 새로운 기술 없이 단지 예전의 수송수단을 완벽하게 사용하는 것만으로 성장이 시작되었다. 그렇다고 해서 이것이 아무런 문제없이 이루어지지는 않는다. 예컨대 프랑스에서는 국왕 대로*가 건설되기 전에 벌써 캉티용이 다음과 같은 딜레마를 제기했다.[400] 만일 수송이 활발해져서 말의 수가 너무 많아지면 사람이 먹을 것을 말에게 먹여야 하지 않겠는가?

몽크레티앙, 페티, 디포, 또는 갈리아니 주교가 지적했듯이 수송은 그 자체로서 하나의 "산업"이다. 갈리아니는 "수송은……일종의 매뉴팩처이다"라고까지 말했다.[401] 그러나 그것은 자본가들이 기꺼이 참여하려고 하지는 않는 구식 매뉴팩처이다. 거기에는 이유가 있다. 핵심적으로 중요한 중심축상의 수송에서만 "보상"이 있었기 때문이다. 부차적이거나 평상적인, 혹은 비천한 다른 수송은 보잘것없는 이윤에 만족하는 사람들에게 내맡겨졌다. 따라서 이 경우 자본주의가 전체 수송 중에 어느 만큼의 지배력을 가지는지를 측정해보면, 수송의 근대성—혹은 역으로 낙후성—을 측정하거나, 혹은 여러 다른 수송 영역의 "수익"을 측정하는 작업이 된다. 육상 수송에서는 자본주의의 지배력이 약하고 "강에서의 조운"에만 한정된 반면, 해상 수송에서는 자본주의의 지배력이 훨씬 강하다. 그러나 여기에서도 자금은 선택적으로 투입될 뿐이지 모든 것을 장악하려고 하지는 않는다.

---

* Pavé du roi : 16세기 이후 프랑스 정부에 의해 건설된 포장대로. 특히 루이 14세 치하에서 많이 건설되었다. 이 도로에는 25 × 25 × 30세제곱센티미터의 대형 사암(砂岩) 포석(pavé)이 사용되었는데 "파베 뒤 루아"라는 말은 원래 이 포석을 가리키는 말이었다.

육상 수송

일반적으로 육상 수송은 비효율적이라고 알려져 있다. 수 세기가 지나도록 도로는 거의 자연상태에서 만들어진 그대로 남아 있다. 그러나 이 비효율성도 **상대적**이다. 이전의 교환은 이전의 경제에 상응한다. 마차, 끌짐승, 파발꾼, 급사, 역참 등은 일정한 수요에 따라 그에 맞는 역할을 하는 것이다. 이모든 것을 고려할 때, 상식적으로 생각하는 바와는 달리 육상 수송이 강이나 운하 같은 내륙의 조운보다 더 많은 산물을 운반한다고 주장한, 지금은 잊혀진 좀바르트의 논증에[402] 다시금 주목할 필요가 있다.

꽤 정교하게 이루어진 좀바르트의 계산은 18세기 말 독일에 관한 크기의 규모를 말해준다. 수송에 쓰인 말의 수를 대략 4만 마리로 잡으면, 마차나 끌짐승 방식으로 수송한 양은 5억 킬로미터 톤이 된다(여기에서, 1913년에 같은 공간에서의 철도 수송량은 이보다 130배나 더 많다는 사실을 지적해야 한다. 이것은 철도혁명이 가져온 환상적인 개방의 힘이 어느 정도인지를 잘 보여준다). 수로의 경우, 선박 수에 평균 용적량과 왕래한 횟수를 곱하여 얻은 결과는 매년 8,000만-9,000만 킬로미터 톤이 된다. 그러므로 18세기 말과 19세기 초에 독일 전체에 대해서 볼 때—라인 강, 엘베 강, 오데르 강의 조운이 아주 발달해 있었음에도 불구하고—내륙 수운은 육상 수송에 비해서 5분의 1밖에 안 된다. 사실 말 4만 마리라는 수는 수송에만 전력하는 말만을 친 것이지, 대단히 많은 수에 달했던 농업용 말은 포함하지 않았다(예를 들면 라부아지에의 시대에 프랑스에서 농업용 말의 수는 120만 마리였다). 그런데 농사에 쓰이던 말도 어느 정도 규칙적으로 또는 계절에 따라 많은 수송을 담당했다. 그러므로 좀바르트의 계산에서 육상 수송은 차라리 과소평가되었다고 볼 수 있다. 그렇지만, 사실 강에서의 수송에서도 상당히 많은 양을 차지했던 뗏목 수송을 고려하지 않았다는 점을 아울러 지적해야 할 것이다.

독일의 예로부터 일반화를 끌어낼 수 있을까? 대부분의 수송을 수로에 의존했던 네덜란드에 대해서는 그렇게 할 수 없다. 운항 가능한 수많은 작은 강과 운하들이 복잡하게 얽혀 있는—좀바르트는 이 두 가지 방식의 수송이 영국에서 같은 비중을 가지고 있다고 보았다—영국 역시 그렇게 할 수 없다. 이에 비해서 그 나머지 유럽 지역은 독일보다 강을 통한 수로의 혜택이 더 적었다. 심지어 1778년에 프랑스의 한 문서는 과장해서 이렇게까지 말하고 있다. "강에서의 어려움 때문에 거의 모든 수송은 땅 위에서 이루어진다."[403] 이상하게도 1828년에 뒤탕은 4,600만 톤의 수송량 중에서 480만 톤이 수로를 통해서 이루어졌고 그 나머지가 육로로 이루어졌다고 추산했다(그중 소형 차량이 3,090만 톤, 대형 차량이 1,040만 톤을 차지했다).[404] 이것이 사실이라면 수상 수송과 육상 수송과의 비율은 1 대 10이 된다. 1800년부터 1840년까지 차량의 수가 두 배가 된 것은 분명한 사실이다.[405]

육로 수송량이 이렇게 많은 것은 우선 단거리 마차 수송으로 설명할 수 있다. 이런 짧은 거리에 대해서는 마차를 이용하는 것이 배를 이용하는 것보다 더 비싸지 않기 때문이다. 예컨대 1708년에 오를레앙에서 파리로 밀을 수송해올 때 국왕 대로를 이용하는 것이나, 오를레앙 운하를 이용하는 것이나—이 두 가지 모두 당대에는 매우 근대적인 수송로였다—비용이 같았다.[406] 또 수상 수송은 불연속적이기 때문에 조운체제들 사이에 어쩔 수 없이—때로는 아주 힘든—육로 연결이 필요했다. 이것은 시베리아나 북부 아메리카의 육로운송(portage)*과 같은 것이다. 리옹과 로안 사이, 다시 말해서 론 강과 루아르 강 사이에는 400-500마리의 우마차가 연속적으로 사용되었다.

그러나 핵심적인 이유는 원가보다도 더 싸게 **푼돈을 받고** 수송을 맡아주는 농민이 언제나 수없이 많았다는 데에 있다. 훈스뤼크의 라인 지역, 헤센, 튀링겐과 같은 일부 시골지역들,[407] 바루아 지역의 랑베르쿠르-토-포—이곳의 마차꾼들은 16세기에 안트베르펜까지 왕래했다[408]—같은 몇몇 마을

---

* 강의 항해불능 부분. 육상수송 설비를 이용하거나 배를 들어올려 이동하기도 한다.

들 그리고 오래 전부터 단거리 물품 수송을 맡아서 해주었던 알프스 지역의 마을들 등지가 수송을 전문으로 했다.⁴⁰⁹⁾ 그러나 이런 전업 수송인들말고도 무수히 많은 농민이 기회가 닿을 때마다 부업으로 마차꾼이 되었다. 1782년 4월 25일 자 프랑스의 한 칙령만 해도 이렇게 이야기하고 있다. "마차 수송은 전적으로 자유롭다. 여기에 관한 제약은 오직 파발 특권에만 한한다[일정한 무게를 넘지 않는 소포와 여객들의 정규 수송을 가리킨다].……이 자유는 상업에 대단히 긴요하므로 이것을 조금이라도 변경시킬 수 없다. 농민이 일반적으로 말을 사용하여 마차꾼이 되는 경우 그는 아무런 형식적인 절차 없이 이 일을 시작하거나 그만둘 수 있다."⁴¹⁰⁾

농민이 맡는 이 일의 유일한 단점은 그것이 계절노동이라는 점이다. 그렇지만 많은 사람들은 여기에 익숙해 있다. 예를 들면 랑그도크의 페케에서 생산되는 소금은 대상인의 감시하에 여러 척의 배에 이 소금만을 실은 채 론 강을 거슬러올라가서 세셀에서 하역한 다음 이곳에서 육로로 제네바 근처에 있는 르공플이라는 작은 마을에까지 가서 다시 이곳에서 수로를 이용한다. 상인 니콜라 부를라마키는 1650년 7월 10일에 이렇게 썼다. "……만일 수확이 시작되지 않았다면 우리는 며칠 내로 소금을 받을 것이다." 7월 14일에는 "우리 소금이 수송 중에 있으며 우리는 매일 조금씩 받고 있다. 만일 수확 때문에 늦어지지만 않는다면 보름 안에 전부 받을 것으로 기대한다.…… 우리는 이번에 750마차분을 받았다"고 썼다. 9월 18일에는 "……최근에 파종 때문에 마차 수송이 뜸하기는 해도 나머지 소금이 매일같이 도착하고 있다. 파종이 끝나면 한번에 전량을 받을 것 같다"고 썼다.⁴¹¹⁾

한 세기 뒤인 1771년 7월 22일, 본빌(Bonneville)의 포시니를 보자. 이곳에서 곡물이 모자라자 지사는 급히 호밀을 수송하려고 했다. "사람들이 배가 고플 때에는 어떤 종류의 빵이라도 가리지 않는다." 그는 살랑슈의 촌장에게 이렇게 썼다. "우리는 현재 가장 바쁜 수확 철을 맞이해서……수확에 해를 미치지 않으려면 바라는 만큼 농촌의 마차를 동원할 수 없소."⁴¹²⁾ 혁명력

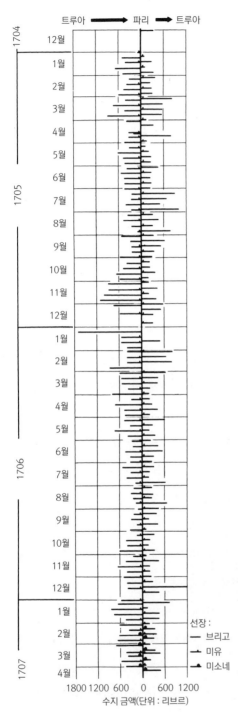

트루아 ━━► 파리 ━► 트루아

선장 :
━ 브리고
┳ 미유
▲ 미소네

1800 1200 600　0　600 1200
수지 금액(단위 : 리브르)

23. 센 강에서 수상 마차(coche)를 이용한 파리-트루아-파리 사이의 왕복 수송

자크 베르탱이 작성한 이 그래프에 의하면, 단지 수지금액만으로 볼 때 (파리를 향해) 하류로 내려가는 여행이 (파리로부터) 상류로 올라가는 여행보다 수익이 컸다. 하류로 내려가는 것이 108번, 상류로 올라가는 것이 111번이어서 거의 균형을 이루었다. 평균적으로 매달 각 방향으로 네 번 정도, 즉 1주일에 한 번 정도 수송이 이루어진 셈이다. 1705년 12월에는 한두 번 수송이 실패했으며, 그 때문에 다음 해 1월에 수지금액이 급증했다는 것을 알 수 있다. (A. N, 2209 문서에 의거)

6년 방토즈 23일에 한 제철 공장 지배인이 한 이야기를 음미해보자. "농사짓는 쟁기가 마차를 꼼짝 못하게 막고 있다."413)

농사 "달력"에 따라 가능한 대로 자발적 공급이 이루어지는 농민노동과 정해진 날짜대로 움직이는 우편 및 파발체제(이것들은 모든 나라에서 아주 일찍이 그리고 점진적으로 설치되었다) 외에, 또다른 전문 수송체제가 있다. 점차 조직화되었지만 십중팔구 아주 초보적인 수준의 조직이었다. 그것은 말 몇 마리와 마부 몇 명을 가진 소기업이었다. 1833년 하노버의 한 문서에 의하면 육상 수송은 수공업적인 성격이 지배적이었다. 독일에서는 16세기 때처럼, "자유 영업을 하는", "아주 난폭한" 수송업자들이 남북 방향으로 누비고 다녔다(스위스 캉통에서는 슈트락푸어베트리브[Strackfuhrbetrieb]라고 불렀다). 이것은 마차 삯을 벌기 위해서, "바다를 항해하는 선원처럼" 아무 곳이나 마구잡이로 돌아다니는 마차꾼들이 하고 있었는데, 이들은 수개월 동안 자기 집에서 멀리 떠나 영업을 하고 돌아다녔지만 때로는 마차가 완전히 고장 나서 곤경에 빠지기도 했다. 이들의 영업은 18세기에 정점을 이루었고 19세기에도 아직 볼 수 있었다. 아마도 이들은 자영업자였던 것 같다.414)

모든 수송은 여관의 네트워크에 의존한다. 이것은 이미 16세기의 베네치아에서도 그랬고,415) 영국에서는 17세기에 그런 현상이 더욱 뚜렷해져서 여관이 상업 중심지가 되었다. 이 시대의 여관은 오늘날의 여관과는 전혀 달랐다. 1686년에 월트 백작 소유의 작은 도시였던 솔즈베리에 있는 여관들은 548명의 여행객들과 865마리의 말을 수용할 수 있었다.416) 프랑스에서 여관업자는 사실상 수송업자의 중개업자였다. 그래서 "마차 수송업 중개업자(commissionnaire de voiturier)"를 담당하는 관청을 만들려고까지 했던—일시적이지만 파리에서 실제로 그런 적이 있다—프랑스 정부는 1705년에 여관업자들에게 모든 잘못을 전가해서 이렇게 말한 적이 있다. "프랑스 왕국의 모든 수송업자들(roulliers)이 수년 전부터 탄원하는 바에 의하면, 파리나 지방 가릴 것 없이 여관업자가 모든 수송업을 장악했으며 그 결과 수송업자는 반드시 이들의 손을 거쳐야만 했다. 그래서 보통 수송업자가 짐을 마음대로 수송하지 못하고 여관업자가 정해주는 가격을 받아들이고서야 일을 할 수 있다. 이 여관업자는 수송업자가 원하지 않는데도 며칠간 자기 여관에 머물면서 돈을 쓰게 만들기 때문에 수송업자가 번 마차 삯을 까먹게 되고 그 결과 생계 유지도 힘들게 되었다고 한다."[417] 같은 문서에 의하면 파리에는 50-60여 개소의 여관이 수송 정류소 역할을 했다. 1712년에 자크 사바리데 브륄롱은 『완벽한 대상인(*Parfait Négociant*)』에서 여관업자들을 진짜 "수송업 중개업자"로 설명하면서,[418] 여러 세금, 관세, 입시세를 대신 맡아서 처리하고, 또 운송업자에게 선대해준 수송 비용을 상인에게 받아내는 등의 일도 맡는다고 이야기하고 있다. 이 이미지는 앞에서 말한 것과 유사하다. 이 이미지가 더 호의적이기는 하지만, 반드시 더 정확한 것 같지는 않다.

그렇다면 지방의 많은 여관이 호사스러운 까닭을 더욱 잘 이해할 수 있을 것이다. 1606년에 한 이탈리아인은 트루아에 가보고 이곳의 여관에 감탄해 마지 않았다. 여관 여주인과 그 집 딸은 "귀족적인 태도"를 지니고 있고, "그리스인들처럼 아름다우며", 식탁은 은식기로 덮여 있고, 침대의 닫집은 추기경들이 쓰는 것과 같으며, 훌륭한 요리가 나왔다. 예기치도 않게 호도 기름과 생선 기름을 섞은 훌륭한 맛을 볼 수 있고 "부르고뉴 백포도주는 코르시카 포도주처럼 아주 탁한데, 그들의 말에 의하면 이것은 자연스러운 것이며 적포도주보다 맛이 더 좋다고 한다.……" 그리고 이 이탈리아인은 "마구간에 40마리가 넘는 말들이 있다"고 첨언했는데, 아마도 이것이 앞에서 말한 내용들의 상당 부분을 설명해준다는 점을 그는 알지 못했을 것이다.[419]

수송업자와 여관업자 사이보다도 더 심한 경쟁관계는 개인 수송업과 공공 수송업 사이에 있다. 여객과 소포를 수송하는 왕립 우편수송업*의 "청부

---

* messagerie royale : 13세기 이후 파리 대학에서 사용하던 연락 수송업무에 영감을 얻어 앙리 3세가 여객, 소포, 편지 등을 급행으로 전달하는 체제를 처음 시도했으나 큰 효과를 보지는 못했다. 이것을 튀르고가 개선해서 1775년에 사영업자를 통합하여 국영 독점회사로서 운영했다. 이 독

마차업자(voiturier fermier)"는 모든 마차 수송을 독점하려고 했다. 그러나 이들의 요구에 호의적인 칙령이 반포되었다고 해도 이것들이 준수되지는 않았으며, 특히 상인들이 여기에 강하게 반발했다. 단지 마차 수송의 자유만이 아니라 가격 때문이기도 했다. 사바리 데 브륄롱은 이렇게 이야기했다. "마차 삯에 관한 자유는……상업에 너무나 중요해서 [파리의] 6대 특권상인 길드는 1701년에 쓰인 한 비망록에……이것을 상업의 오른팔이라고 불렀다. 그리고 왕립 우편수송업 회사나 임대 마차를 쓰면 수송비가 25-30리브르가 드는 데 비해, 사영 마차업자를 쓰면 6리브르밖에 들지 않는다고 서슴지 않고 이야기한다. 청부 마차업자는 정해진 가격을 절대로 깎지 않지만 다른 업자들은 값을 흥정하므로, 상인이 수송업자와 마찬가지로 주인 노릇을 하기 때문이다."420) 우리는 이 마지막 문장의 맛과 의미를 잘 감상하기 위해서 그 부분을 다시 잘 읽어볼 필요가 있다. 그러면 소시민 및 영세업자의 자유로운 수송업이 어떻게 보호를 받고 영속적으로 유지되었는지를 알 수 있을 것이다. 쉴리는 그의 『회고록(Mémoires)』에서 그가 사부아 전쟁에서 국왕군 포병대가 사용하는 포탄들을 리옹으로 가져오는 데에 소규모 개인 수송업자들을 이용했다는 이야기를 한다. "나는 이 모든 것이 16일 만에 리옹에 도착하는 모습을 보고 만족해했다. 통상적인 수송로들을 이용했다면 똑같은 수송 업무에 엄청난 돈을 쓰고도 2-3개월이 더 소요되었을 것이다."421)

국내적으로든 국제적으로든 대교역의 중심축 위에―예컨대 안트베르펜과 함부르크에서 북부 이탈리아를 잇는 것과 같은―레데러 가문, 클라인하우스 가문,422) 안노네 가문, 촐너 가문423) 같은 대수송기업 가문이 등장했다. 1665년의 한 짧은 정보에 의하면 이 중심축 위에서―적어도 일부 노선에서―피에스키 경의 회사가 활동했다는 것을 알 수 있다. 약 20년 뒤에 이 회사는 몇 가지 특혜를 요청하면서 자기 회사에 대해 자화자찬을 한 적이

점은 1798년에 깨졌다.

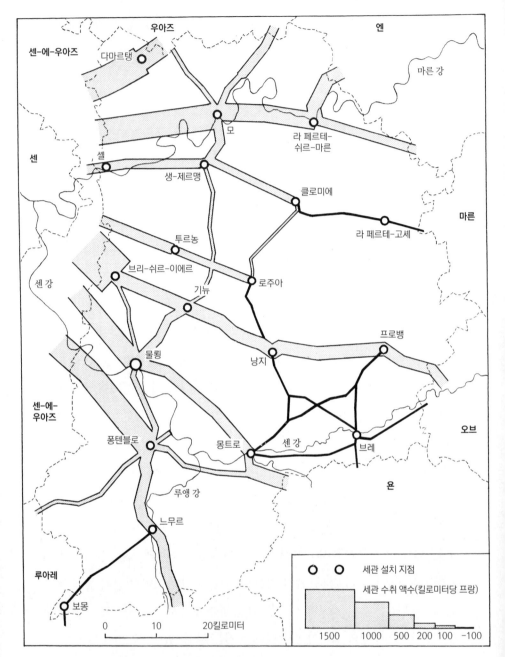

세관 설치 지점

세관 수취 액수(킬로미터당 프랑)

1500 1000 500 200 100 -100

24. 센-에-마른 지방의 도로교통 : 1798-1799년

혁명력 7년 프리메르 1일부터 프레리알 30일까지의 도로 유지세의 세액을 대상으로 작성.
(기 아르벨로, "혁명력 7년의 도로세 징수소", 「아날」, 1975, 7-8월호, p.760)

있다. 그에 따르면, 이 회사는 프랑스에서 매년 30만 리브르를 지출한다고 주장했다. "이 돈은 도로를 따라 가며 길에 뿌리는 것과 마찬가지이다. 이 돈은 경유 도시에 미리 배치해둔 고용인들, 즉 여관업자, 대장장이, 수레 만드는 목수, 통 제조업자 및 그 외의 여러 사람들에게 돌아간다."[424] 이와 같은 대회사들의 태반은 스위스의 캉통이나 남부 독일 지역에 기반을 둔다. 이 지역들에서는 마차를 이용해서 알프스 산맥의 남쪽과 북쪽의 지방을 연결해주는 지극히 중요한 임무를 수행했다. 이 사업조직이 발달한 곳으로는 레겐스부르크, 울름, 아우크스부르크, 쿠어 등지가 있고 그중에서도 특히 마차, 라인 강 수로, 산지의 노새 카라반 등이 모두 합류하는 지점인 바젤이 대표적이다. 수송회사 한 곳에는 대략 1,000마리 정도의 노새들이 있었다.[425] 당연한 일이지만 암스테르담에서는 이미 근대적인 조직이 발달해 있었다. 리카르 2세에 의하면 "이곳에는 아주 부유한 수송업자들(Expéditeurs)이 있는데 상인이 약간이라도 짐을 [육로로] 부칠 일이 있으면 이 사람들에게 맡기기만 하면 된다. 이 수송업자들을 위해서만 일하는 마차꾼과 배달꾼이 따로 있다."[426] 런던만 해도 비슷한 정도로 수송업이 발달했지만, 영국의 다른 곳에서는 수송업의 전문화가 지체되어 있었을 것이다. 17-18세기의 영국은 노상에서 떠돌이 상인들과 떠돌이 장인들을 수두룩하게 만나는 세계였다.[427] 독일에서는 19세기 초까지도 상인들이 집단을 이루어서 상품을 가지고 라이프치히 정기시에 들어왔다.[428] 프랑스는 이 점에서 크게 발달하지는 못했다. "1789년 이후에 가서야 도로 수송에 관련된 대회사들이 생겼다. 이 회사들의 수는 1801년에 약 50개였고 1843년에 약 75개였다."[429]

대단히 전통적인 이런 조직이 아직도 무수히 많이 존재하므로 상인들로서는 이것을 이용하면 되었다. 경쟁이 치열해서 상인에게 이익이 되는 체제, 혹은 1701년에 파리의 6대 특권 길드 상인들이 "스스럼없이 이야기한 것처럼" "그들이 도로 수송업자만큼이나―어쩌면 그 이상으로―주인 노릇을 하는" 그런 체제를 굳이 자본주의적인 방식으로[대규모 수송회사의 독점 방식으로/

역주] 만들(또는 달리 이야기하면 "합리화할") 필요까지는 없었을 것이다.

수상 조운

사람들은 흔히 수상 조운에 대해서—큰 배든 작은 배든, 혹은 거룻배든 일반 선박이든 뗏목이든, 또는 목재를 물에 띄워보내는 방식이든—쉽고 값이 싸다고 이야기해왔다. 그러나 그것은 부분적인 진실에 불과하다.

수상 조운에서 가장 흔한 문제는 느린 속도이다. 물론 리옹에서 아비뇽으로 가는 경우처럼 물살을 타고 가면, 말이 끄는 강배(coche d'eau)가 24시간만에 도착하기도 한다.[430] 그러나 여러 배들을 하나로 묶어 수송단을 이루고 낭트에서 오를레앙까지 루아르 강을 거슬러올라가는 경우를 보자. 오를레앙의 지사는(1709년 6월 2일) "조운업자들(bateliers)과 협상을 벌여서 [브르타뉴의] 밀을 바람과 물길 사정이 어떻든 상관없이[즉, 쉬지 않고] 수송해오도록 해야 했다. 그렇지 않으면 석 달 이상이 걸리기 때문이다."[431] 독일의 강에서 이루어지는 수송에 대해서 베르너 좀바르트가 하루에 12킬로미터씩 간다고 한 것과는 거리가 먼 이야기이다. 기근에 가까운 곡물 부족에 시달리던 리옹은 프로방스에서 곡물을 싣고 강을 거슬러오는 배들을 기다리고 있었는데, 이때 이곳의 지사는 이 배가 앞으로 6주일 이내에 도착하지는 못할 것 같다고 근심스럽게 이야기했다(1694년 2월 16일).[432] 수상 조운은 원래의 느린 속도에 더해 "강의 변덕"에 따라서 사정이 더 나빠질 수도 있었다. 수위가 너무 높거나 낮아지는 것, 바람, 결빙 등이 그런 요인들이다. 로안에서는 강의 사정 때문에 조운업자가 늦어지면 공증인 앞에 가서 그 사실을 확인하는 문서를 만들어야 했다.[433] 그 외에도 얼마나 많은 장애물이 있는가. 방치해둔 난파선의 잔해, 고기잡이용 설비물, 물레방아의 수리, 부표의 유실, 가끔 피하지 못하는 모래톱이나 암초……. 게다가 누구든지 멈추어 서야 하는 세관도 있다. 루아르 강이나 라인 강 위에는 세관이 10여 개소나 되어서 수상 조운을 저해했다. 18세기 프랑스에서는 비교적 최근에 자의적으로 설치한 세관들을 없애기 위한 체계적인 정책이 시행되었다. 그러나 그 외의 다른 세관들에 대해서는 보상 문제 때문에 폐지를 주저하지 않을 수 없었다.[434]

운하가 근대적이고 합리적인 해결책인 것은 사실이다. 그러나 여기에서도 수문 때문에 속도가 느려지는 것은 마찬가지이다. 오를레앙 운하는 18리외를 가는 데에 수문이 30개소였고, 브리아르 운하에는 12리외를 가는 데에 수문이 41개소나 되었다.[435] 뤼베크와 함부르크를 연결하는 운하 역시 이와 비슷하게 수문이 많아서, 1701년에 한 여행자는 이곳을 통과할 때 이런 말을 했다. "이 길을 통해 함부르크에서 뤼베크로 가려면 때로 3주일 가까이 걸릴 때도 있다. [그런데도] 이 수로 위를 다니는 배들은 여전히 많다."[436]

마지막으로 들 수 있는 어려움 역시 만만하지 않다. 그것은 조운업자들 자신의 성격에서 유래한 문제이다. 이들은 활달하고 독립적이며 그들끼리 뭉쳐서 서로 돕는다. 19세기까지도 사람들은 이들을 따로 내어놓은 별종의 사람들로 쳤다. 어디에서나 국가는 이 다루기 힘든 사람들을 길들이려고 했다. 각 도시 또한 이들을 통제하고 몇 명 정도인지를 확인하려고 했다. 예컨대 파리에서는 1404년부터 센 강의 "항구"별로 이들의 목록을 작성해두고는 했다. 사람이나 상품을 이쪽 강둑에서 저쪽 강둑으로 건네주는 "도강인(passeur)"도 1672년 이후 파리에서 결성한 유사동업단체(類似同業團體, pseudo-communauté)의 규칙을 준수해야 했다.[437]

국가가 신경 쓴 일들 중에는 정해진 날에 출발하는 규칙적인 "수상 마차(coche)" 업무도 있다. 이 업무는 민간업자에게 양여되기도 했다. 라 푀야드 공작은 "루아르 강 위에서" 수상 마차를 운영할 권리를 받았다(1673년 3월).[438] 제브르 공작은 "론 강에서 수상 마차를 운영할 특권"을 허가받은 후 이것을 20만 리브르에 다른 사람에게 넘겼는데 이것은 정말로 큰 재산에 속했다(1728).[439] 수상에서나 육상에서나, 마차에 관한 것이든 수상 마차 혹은 지상에서 배를 끄는 예선작업[halage]에 관한 것이든 운임이나 운송 약관 같은 규칙들이 만들어졌다. 루앙에서 파리까지 센 강을 따라가면서 수상 마차

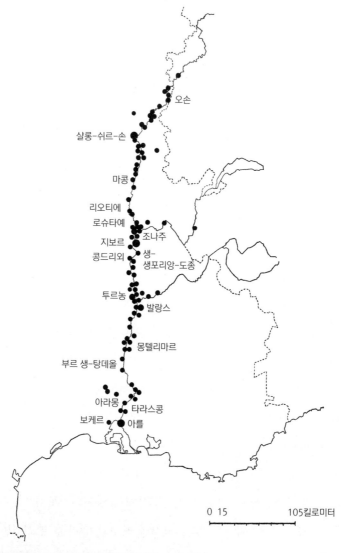

오손

샬롱-쉬르-손

마콩

리오티에
로슈타예
지보르   조나주
콩드리외   생-
            생포리앙-도종

투르농
        발랑스

        몽텔리마르
부르 생-탕데올

아라몽
        타라스콩
보케르 ● ● 아를

0 15   105킬로미터

25. 16세기 중반 손 강과 론 강의 통행세 징수소 및 세관

샤를 카리에르는 론 강의 통행세가 당대인들이나 역사가들이 말하는 것처럼 끔찍스럽지는 않았다고 주장했다(그는 18세기를 염두에 두고 있다). 그러나 그것이 얼마나 빈번히 일상적인 수송을 가로막고 번잡하게 만드는가! (리샤르 가스콩, 『17세기 대상업과 도시생활, 리옹과 그 상인들』, 제1권, 1971, p.152, 그림 20-21)

를 관장하는 공직이 생겼는데(한 건마다 1만 리브르였다) 이것은 그들에게 아주 수익성이 좋은 독점 사업 기회를 제공했다.[440] 그 대신 수송업자와 손님 사이, 마차와 수상 마차 사이 그리고 상인과 조운업자 사이에 무수히 많은 분쟁이 일어났다.

1723년과 1724년에 솜 강의 조운업자들과 아미앵, 아브빌 및 생-발레리의 상인들 사이에 일어난 심한 분쟁이 그런 예이다.[441] 이 조운업자들은 그리반(gribane)이라는 그들의 배 이름 때문에 "그리바니에(gribanier)"라고 불렸는데, 이 배는 당시에 적용되던 규정에 의해서 18-20톤을 넘지 못하도록 되어 있었다. 이들은 이미 50년 전인 1672년에 정해진 이후로 고정된 운임이 너무 싸다고 불평했다. 이들은 1672년 이후 물가상승을 감안하여 운임을 두 배로 올려야 한다고 주장했다. 피카르디 지사인 쇼블랭은 차라리 모든 운임에 관한 규제를 풀어버리고, 요즘 식으로 말해 조운업자와 상인 사이의 수요, 공급에 의해서 운임이 결정되도록 하는 것이 낫겠다고 생각했다. 그러면 상인은 "그들이 보기에 합당한 가격으로 마음에 드는 업자에게 상품을 나르게 할 자유"를 누리게 된다. 그리바니에들은 이와 같이 자유에 맡겨버리는 시장 때문에 길드적인 이익을 상실했다. 이전에는 선착장에 줄 서 있는 순서대로 배에 짐을 싣게 되어 있었다.

이상의 논의를 통해서 우리는 이 업무의 규칙에 관한 유용한 정보를 얻게 되었다. 특히 흥미로운 것은 수송 상품의 분실과 변질에 대해 책임이 있는 사람이 체형을 당한다는 것이다. 생-발레리에서 상품을 싣고 아미앵으로 가는 조운업자는 "아브빌에서 하룻밤 이상 닻을 내리고 쉴 수 없으며, 이를 어길 경우 이로 인해 생기는 모든 손해와 이익의 상실을 책임져야 하고 이때 그리반은……채권자들이 누구이든—심지어 그 배의 **소유주**라고 할지라도—그들에게 우선적으로 처분권이 주어진다." 소유주라는 이 마지막 말은 그리반의 소유 문제를 제기한다. 이 배는 선주가 아닌 사람들이 이용하는 "생산수단"으로 보인다.[442]

이 문제에 대해서는 로안의 경우를 보면 더 자세히 알 수 있다.[443] 로안은 한편으로는 루아르 강에서 배의 운항이 가능해지는 지점에 위치해 있고 다른 한편으로는 론 강을 통해서 리옹과 연결되어 있을 뿐 아니라, 루아르 강과 브리아르 운하를 통해서 파리와 지중해를 직접 잇는 중심축 위에서 핵심적인 위치에 있다. 로안의 주민—상인, 마차꾼, 목수, 선원, 도강 인부, 막노동자 등—이 하는 일들 중에서 적어도 절반은 직간접적으로 강과 연관되어 있다. 상품을 싣고 강을 따라 내려가는 전나무 뗏목(sapinière, 이 뗏목은 하류의 도착지점에서 해체된다), 그리고 지위가 높은 여행객을 위해 객실을 갖춘 참나무 배들이 그런 것이다. 여기에서 자신이 배를 소유하는 동시에 부하와 조수들을 데리고 직접 일을 하는 선장 겸 선주, 그리고 배를 소유만 할 뿐 고용 선장과 선원들을 시켜서 배를 운영하는 소규모 자본가로서의 상인 겸 선주를 구분할 수 있다. 그러므로 여기에서도 한번 더 노동자와 노동수단의 분리를 볼 수 있다. 상인 겸 조운업자인 이들은 안락한 집에서 살고 그들 집단 안에서 결혼관계를 맺는 엘리트 층을 형성한다. 이들은 다른 사람들의 힘든 노동을 이용해서 사는 셈이다. 루아르 강을 따라 하류로 내려가는 것도 정말로 힘든 일이었지만, 특히 1704년 이후 로안의 상류에 위치한 생-랑베르—이곳은 생-테티엔 분지에서 생산되는 석탄의 판로였다—까지 급류가 흐르는 운항로가 열려서 위험한, 차라리 영웅적이라고 할 수 있는 조운업이 시작된 이후로는 이 사업이 더욱 힘들어졌다. 그래서 갑자기 루아르 강의 조운업은 이 석탄을 파리로 수송하는(특히 세보르의 유리 공장으로 많이 갔다) 사업으로 변모했으며, 여기에 보졸레산 포도주 통들이 마차를 이용해서 로안이나 그 외의 항구들에 도착했다가 강을 통해서 파리로 수송되는 일이 더해졌다. 이상의 두 가지 기회를 이용해서 로안, 드시즈, 디구앵 등지에 자리를 잡은 상인 운송업자들은 큰 이익을 누렸다. 그중 일부는 진짜 수송기업의 총수가 되었다. 그중에서도 가장 중요한 회사인 베리 라바르 회사는 선박 건조장까지 갖추었다. 이 회사가 크게 성공한 데에는 석탄 수송을 거의 독점한 것이 중요한 역할을 했다. 1752년 9월 25일에 로안의 수송업자들이 석탄을 실은 베리 라바르 회사 소속의 배들을 나포하고 자신들이 직접 석탄을 파리까지 나르겠다고 주장하고 나선 일은 진정시키기 힘든 사회적 갈등이 일어나고 있음을 잘 보여준다. 확실히 여기에는 일정한 종류의 자본주의가 작동하지만, 행정적이든 길드적이든 수많은 억제요인들과 전통이 이 자본주의의 활달한 운동을 가로막고 있었다.

이에 비해서 영국은 갈수록 더 자유로워졌다. 여관업자이든 상인이든 혹은 그 외의 어떤 중개인이든 대단히 용이하게 수송을 조직했다. 석탄은 바다를 통해서 수송될 때에만 세금을 물었을 뿐 영국 내의 모든 강이나 도로에서, 나아가서 한쪽 강에서 다른 강으로—예컨대 험버 강 어귀*에서 그랬던 것처럼—아무런 방해를 받지 않고 이동했다. 석탄이 수송되는 도중에 가격이 오르는 것은 단지 수송비와 배를 갈아타는 데에 드는 비용 때문이었다. 사실 이 비용이 결코 만만하지는 않았다. 런던에서의 석탄값은 광산에서 채굴된 때에 비해서 적어도 5배 이상이었다. 이 석탄이 다시 런던으로부터 다른 배들을 이용해서 지방으로 가면 값이 10배 이상 올랐다.[444] 네덜란드에서는 운하망을 이용한 수송의 자유로움과 간편함이 더욱 뚜렷하다. 수상 마차는 두 명의 운전사와 말 한 마리를 이용해서 끄는 작은 배로서, 60명의 승객들을 태우고[445] 한 도시에서 다른 도시로 시간마다 출발했다. 심지어는 밤에도 운항했으며 선상에서 객실들을 임대했다. 그래서 저녁에 암스테르담에서 배를 타서 잠을 자고 나면 아침에 헤이그에 도착했다.

해상 수송

해상 수송은 투자 규모도 크고 이익도 크다. 바다는 곧 부(富)와 통한다. 그렇지만 여기에도 수송이 전적으로 자본의 통제하에 있지는 않다. 어디에서

---

* 영국 동해안에서 우즈 강(Ouse)과 트렌트 강(Trent)이 합류하여 만든 어귀이며 이곳 덕분에 헐(Hull)까지 큰 배가 항행할 수 있다.

든 수많은 사람들이 기본적인 활동을 수행한다. 나폴리에서 리보르노나 제노바로, 코르시카 곳에서 리보르노로, 카나리아 제도에서 앤틸리스 제도로, 브르타뉴에서 포르투갈로, 런던에서 됭케르크로 수백 척의 작은 배들―그 중에는 갑판을 대지 않은 배까지 있다―이 무슨 상품이든지 다 나른다. 잉글랜드나 네덜란드의 바닷가에는 수많은 연안 항해업자들이 일한다. 시간이 급하지만 바다를 두려워하지 않는 여행객이라면 제노바나 프로방스의 강에서 사용하는 가벼운 타르탄 범선*을 이용할 수도 있다.

사실 바다에서 이루어지는 이러한 하층의 수송은 육지에서 무수히 많은 농민이 행하는 수송과 맞먹는 일이다. 그것은 지방적인 교환의 틀 속에 들어가 있다. 한 시골지역이 바다에 개방되어 있다는 것은 바다와 가장 기본적인 결합으로 묶여 있다는 것에 불과하다. 스웨덴, 핀란드, 발트 해 지역들, 슐레스비히, 홀슈타인, 덴마크에 이르는 긴 연안을 보라. 집요하게 계속되면서도 변화가 많은 활동이 이루어지는 작은 항구 엠덴을 거느린 돌라르트 만으로부터 함부르크에 이르는 연안을 보라. 로포텐 제도**까지 이어지는 노르웨이의 복잡한 해안선을 따라가보라. 그러면 16세기까지도 도시화가 되지 않은(물론 예외는 있지만) 지역들을 보게 될 것이다. 그런데 이 모든 해안에는 단순하게 만든 소형 배들이 개미 떼처럼 많아서, 모든(다종[多種]이지만 다량[多量]은 아니다) 물품을 실어나른다. 밀, 호밀, 목재(각목, 널빤지, 서까래, 통널 등), 타르, 철, 소금, 향신료, 담배, 직물……. 노르웨이의 오슬로 근처에 있는 피오르드로부터는 이 작은 소형 선박들이 카라반처럼 긴 열을 이루어서 영국, 스코틀랜드, 뤼베크 근처 등지로 나무를 실어날랐다.446)

스웨덴이 할란드 지역에 교두보를 건설하여 카테가트 해협을 지배하게 되자(1645년의 브룀세브로[Brömsebro] 평화조약***) 덴마크 농민들이 하던 활발

---

*   tartane : 활대를 가진 대형 중앙 돛과 이물 돛을 하나 가진 소형배. 지중해 지역에 많이 쓰인다.
**   Lofoten : 노르웨이 북서쪽 해안에 있는 여러 섬들의 집단의 이름.
*** 덴마크의 악셀 옥센셰르나가 1645년 스웨덴에 카테가트 해협과 벨트 해협(북해와 발트 해를

한 항해활동을 스웨덴 농민들이 물려받았다. 이들은 외국에 건축 석재와 목재를 수출하고 담배를 실어오고는 했다. 혹은 여름 내내 노르웨이와 발트해 지역의 항구들 사이를 항해하다가 겨울 폭풍이 닥쳐오기 전에 현찰을 손에 쥐고 카테가트 해협으로 돌아왔다. 이 "소형배들(Schuten)"은 스코네 전쟁(1675-1679)* 동안 중요한 역할을 했고, 또 1700년에 칼 12세**의 군대를 셸란 근처의 작은 섬까지 수송해주었다.[447]

그 외에도 핀란드의 농민들이 레벨***을 빈번히 왕래하고 후기에는 헬싱키(이곳은 1554년에 건설되었다)까지 가는 항해활동을 했다는 점, 뤼겐 섬의 농민과 오데르 강 하안의 항구들의 농민이 그단스크로 항해했다는 점, 유틀란트 반도 뿌리 근처에 위치한 호브숨의 소박한 짐배들이 이 지방에서 나는 밀, 베이컨, 햄 등을 싣고 암스테르담으로 팔러 갔다는 점 등을 문서상에서 확인할 수 있다.[448]

이와 유사한 다른 예들을 통해서―예컨대 에게 해에서도 비슷한 예들을 찾아볼 수 있을 것이다―우리는 고풍스러운 항해 모습을 볼 수 있다. 이런 사람들은 자기 손으로 직접 배를 만들고 스스로 짐을 실은 후 팔러 나간다.

연결하는, 스칸디나비아 반도와 유틀란트 반도 사이의 중요한 통로)의 세관 권리와 함께, 엠틀란드, 헤르예달렌, 고틀란드 섬, 외젤 섬들 그리고 할란드 소유권 등을 30년간 양도했다.

* 오늘날 스웨덴 남쪽지역인 스코네는 15세기 이후 스웨덴과 덴마크 사이의 영토전쟁의 무대가 되었다. 1658년 로스킬레 조약으로 스웨덴이 차지한 이후 이곳에 룬드 대학을 설립하는 등 "스웨덴화"가 진행되었다. 그러다가 1670년대에 다시 전쟁이 일어나고 동시에 반(反)덴마크적인 농민봉기가 일어났는데, 여기에서 스웨덴이 승리를 거두어서 이후 스웨덴이 이곳을 완전히 소유하게 되었다.

** Karl XII(1682-1718) : 스웨덴의 국왕(재위 1697-1718). 대(大)북방전쟁의 장본인이다. 당시 북유럽에서 군사적으로 최강대국이었던 스웨덴에 덴마크, 폴란드, 러시아가 동맹을 맺고 도전했다. 이에 칼 12세는 영국, 네덜란드와 연합해 대항했다. 1700년에 그는 셸란 섬에 군사를 이끌고 상륙해서 덴마크군을 축출하고 코펜하겐까지 추격함으로써 덴마크를 완전히 제압했다. 그후 폴란드 및 표트르 대제하의 러시아와 싸우기 위해서 폴란드 지역에 들어가, 수년간 직접 전투를 이끌었다. 그러나 오랜 전쟁 끝에 국력이 피폐해졌고 그의 시도들은 대개 실패로 돌아갔다. 1718년에는 직접 노르웨이를 공략하다가 전사했다. 그후 스웨덴이 후퇴하고 러시아가 북방의 새로운 강자로 떠올랐다.

*** Revel : 오늘날 에스토니아 공화국의 수도인 탈린(Tallin)의 독일식 옛 이름.

즉, 이들은 해상 교환의 여러 직무와 기능을 홀로 맡는 것이다.

중세 유럽이 이 점에서 가장 뚜렷하다. 베르헌의 법률들(1274)이나 『올레롱* 관습집』(1152), 또는 올론의 옛 『관습』에 의하면 상선들은 원래 "코뮈니테(communiter)로"―즉 "공동의 계정으로"―항해했다.449) 이 배는 소수 집단의 사람들의 공동 재산이었다. 『올레롱 관습집』에서 말하듯이 "배는 여러 동료들(compaignons)에게 속한다." 이들은 각자 배의 일정 부분을 자기 것으로 소유하고 있어서 그곳에 적정한 때에 상품을 싣는다(이것이 이른바 페르 로카[per loca] 방식이다). 이 공동체 집단은 여행 일정과 출항 일자를 결정하고 각자 이웃 동료들과 협조해서 자신의 장소(plaçage)에 짐을 잘 정리한다. 배에서도 각자 감시하는 일, 기타 허드렛일 중에서 "자신의 몫"으로 하는 일이 있다. 그러나 실제로는 이들이 "하인"을 한 명 고용하는데, 이 하인은 그 고용인의 "빵과 포도주를 받아서" 살아가면서 주인의 일을 대신하고 특히 배가 목적지에 도착하면 주인이 자유롭게 "자신의 사업을 할 수 있도록" 그의 일을 대신 맡아서 한다. 배의 운항은 수로 안내인, 항해사, 부선장 등 세 명의 선원들에게 맡기는데, 이들은 선주집단이 공동으로 고용해서 임금을 주며, 선주들 중의 한 명이 선장이 되어서 이 선원들을 통솔한다. 이 선장은 따라서 선상에서 하느님과 같은 존재라는 식으로 볼 수는 없다. 그는 단지 선주집단의 일원으로서 다른 동료들의 의견을 구해야 하며, 이러한 임시 업무를 해주는 대가로 받는 것도 모자, 바지, 술 등의 명예로운 선물에 불과하다. 그러므로 이 배는 관습대로 동료들 사이에 합의만 잘 이루어지면 완벽에 가까운 공화국이 된다. 그것은 자본주의의 지배 이전의 광산에서 볼 수 있는 동업조합의 세계와 유사하다. 이 선주 겸 항해자 상인들 사이에서는 긴 계산이나 분할 없이 모든 것이 잘 이루어진다. 비용은 각자 현물이나

---

* Oléron : 프랑스 라 로셸에서 가까운 대서양의 섬. 『올레롱 관습집(Jugements d'Oléron, 또는 Rôles d'Oléron)』은 대양 항해에 관한 관례들의 모음집이다. 원래 개인의 저작이었으나 대서양 항해와 관련하여 큰 명성을 누리다가 결국 공인된 관습집이 되었다.

노동으로 지불하기 때문에 따로 낼 필요가 없고, 항해 식량비나 항해 준비비와 같은 전체 비용은 공동의 자금을 마련하는 통을 두어서 충당한다. 이것을 마르세유에서는 "공동 계정(compte commun)"이라고 부르고, 올론에서는 "큰 주머니(grosse bourse)"라고 부른다. 따라서 "모든 일은 장부 없이 해결된다"고 하는데 이 점은 루이 부아퇴의 책에서 명확히 볼 수 있다.[450]

그런데 15세기 이전부터 배의 규모가 엄청나게 커져갔다. 이런 배를 건조하고 유지하고 운항하는 것은 이전의 선주집단으로는 기술적으로 불가능해졌다. 그래서 페르 로카(per loca) 방식으로 나누는 대신 이런 큰 배들은 부분별로(per partes, "지분별로"라고 이야기할 수도 있을 것이다) 나누게 되었다. 대개는 24카라트로 나누지만, 이것이 반드시 보편적으로 쓰이는 방식은 아니어서 예컨대 1507년 3월 5일에 작성된 한 계약서에 따르면 마르세유의 어떤 배는 11쪽의 지분으로 나뉘었고 그 각각의 지분은 다시 11쪽 중의 절반 혹은 4분의 3 등으로 나뉘었다. 지분 소유주(parsonier)는 매년 자신의 몫에 해당하는 이익을 배분받았다. 그 자신이 직접 항해를 하지 않는 것은 물론이다. 만일 자신의 지분에 해당하는 배당금을 받지 못하면 사법 당국에 호소해야 했다. 이에 대한 완벽한 예로서 16세기 라구사의 커다란 화물선들이 있다. 이 배들은 거의 1,000톤에 가깝고, 드물기는 하지만 1,000톤을 넘는 경우도 있는데, 이 배들의 공동 소유주들은 경우에 따라서는 기독교권 지중해 전역의 여러 항구들에 퍼져 있었다. 이 범선들 중의 한 척이 제노바나 리보르노 같은 곳에 도착하면 지분 소유주들은 합의 방식이든 협박을 가해서든 자신의 몫에 해당하는 이윤을 달라고 요구했다. 그러면 선장은 증거를 대기 위해서 결산장부를 제시해야 했다.

이와 같은 발전은 네덜란드와 잉글랜드와 같은 북유럽에서 그대로 다시 반복되었다. 그것은 사실 이중, 삼중의 발전이었다.

한편으로는 선박과 자금주들 사이의 연결이 확대되었다. 우리는 선박 지분의 소유주들(17세기 잉글랜드의 어느 부자는 67척의 배에 지분을 소유하고

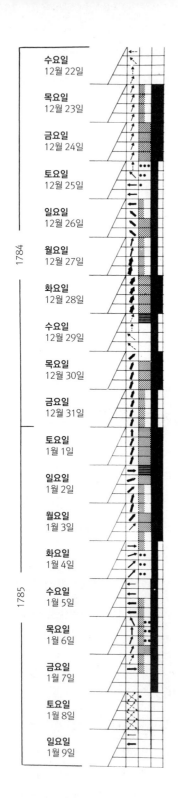

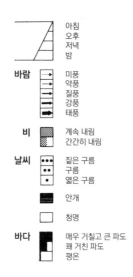

		아침
		오후
		저녁
		밤

바람
- → 미풍
- → 약풍
- → 질풍
- → 강풍
- → 태풍

비
- 계속 내림
- 간간히 내림

날씨
- ••• 짙은 구름
- •• 구름
- • 엷은 구름
- 안개
- 청명

바다
- 매우 거칠고 큰 파도
- 꽤 거친 파도
- 평온

1784

수요일
12월 22일

목요일
12월 23일

금요일
12월 24일

토요일
12월 25일

일요일
12월 26일

월요일
12월 27일

화요일
12월 28일

수요일
12월 29일

목요일
12월 30일

금요일
12월 31일

토요일
1월 1일

일요일
1월 2일

월요일
1월 3일

화요일
1월 4일

1785

수요일
1월 5일

목요일
1월 6일

금요일
1월 7일

토요일
1월 8일

일요일
1월 9일

26. 출항

프랑스의 코르베트급 군함 라 르브레트 호는 1784년 12월 22일 수요일에 카디스 만에 들어왔다. 이 배는 운이 좋아서 1785년 1월 9일까지만 기다렸다가 곧 항해에 들어갈 수 있었다. 이 배의 선상에서 기록한 "풍향 일지"가 있어서, 그 내용을 토대로 해양의 기상조건을 날짜별로 재구성했다. 바람을 가리키는 화살표들은 강도와 방향을 나타낸다. 이 작은 걸작품은 자크 베르탱이 흥미를 가지고 솜씨 있게 만든 것이다. (원사료, A. N., A. E., B1, 292)

있었다[451])과 선박에 대한 보급업자들을 알고 있다. 보급업자들은, 예컨대 대구잡이의 경우에서 그렇듯이, 식량과 도구를 빌려주는 대신 귀환한 후에 이익의 3분의 1을 받는다.

다른 한편 일정한 비율로 위험과 이익을 나누기로 하는 순전히 상업적인 성격의 분담출자(participation) 방식이 있고, 그 외에도 또다른 성격의 것으로서 **모험사업 형식의**(à la grosse aventure) 대부가 등장했다. 이것은 현재 진행되고 있는 사업이나 곧 수행하게 될 여행과 무관하게 거의 순전히 재정적인 투기 성격이 되어갔다. 『상인의 필휴서(*Compagnon Ordinaire du Marchand*)』[452]—이 책은 1698년에 쓰인 잉글랜드 책을 **수고본** 형태로 프랑스어로 번역한 것이다—라는 책에서는 모험사업 형식의 대부가 어떠한 것인지를 흥미롭게 묘사하고 있다. 이것은 우선 주지하다시피 해상 업무와 관련된 대부이며 이전에는 심지어 "해상 고리대금업(usura marina)"이라고도 불렸다. 자금주로서는 왕복기간에 따라서(인도 항해인 경우에는 왕복에 3년 이상이 걸릴 수도 있다) 30퍼센트, 40퍼센트, 50퍼센트의 이자율로 자금을 빌려준다. 대부를 해주기로 약속을 하면 우선 그 돈을 보험에 든다. 정확하게 이야기하면 원금과 상환 이자에 대해서 보험을 든다. 대개 4-6퍼센트의 비용을 들여서 정식 계약을 맺는다. 만일 이 배가 침몰하거나 해적에게 잡혀갈 경우 돈을 빌려주었던 자금주는 원래의 자금과 예상 이익을 합한 금액에서 보험료만 뺀 금액을 받게 된다. 그렇게 되면 꽤 벌이가 괜찮은 편이다. "오늘날에는 더 빈틈없는 사람들이 있어서 배를 자신에게 저당잡히게 하는 외에 훌륭한 상인을 보증인으로 요구하는 수도 있다"고 이 안내서는 설명한다. 만일 이보다 더 빈틈없는 사람이라면, 예컨대 네덜란드의 이자율이 영국보다 2-3포인트 정도 낮은 것을 이용해서 이곳에서 돈을 빌려서 대부해준다. 모든 일이 잘 이루어지기만 하면 자신의 자본을 쓰지 않고서도 돈을 벌 수 있다. 이런 것은 말하자면 그 당시에 거래소에서 이루어지던 관행들이 해상 의장업으로 이전되어 들어온 것이며 그 최종적인 형태는 자기 주머니에 돈을 가지고 있지 않으면서도 대부를 해주는 것이다.

동시에 또다른 발전이 이루어지고 있었다. 해상 수송은 규모가 커지면서 다양한 분야로 나뉘었다. 우선 네덜란드가 이런 방향으로 가고 그다음에는 영국이 그렇게 되었다. 우선 조선업이 독자적인 산업으로 발전했다. 잔담과 로테르담에서는[453) 조선업이 절반 이상 수공업 장인 방식이면서도, 독립적인 사업가가 상인이나 국가로부터 주문을 받아서 훌륭하게 소화해내고 있었다. 17세기에 암스테르담도 단지 새로 만든 선박이나 앞으로 만들 선박의 시장일 뿐만 아니라, 중고 선박의 시장이기도 했다. 당연한 일이지만 보험업자들도 생겼는데, 이들은 예전처럼 상인이 여러 활동 중의 하나로 보험업을 하는 정도가 아니었다. 모든 수송업자와 모든 상인이 보험에 든 것은 아니라고 해도, 여하튼 보험은 점차 일반화되었다. 영국에서는 내가 이미 언급한 바 있는 로이드 가문이 성공적인 보험업의 경력을 쌓아갔다.

그러므로 17세기와 특히 18세기에 대규모 해상 여행의 영역에서 자본과 여러 활동이 동원되었다는 데에는 의심의 여지가 없다. 해상 수송의 초기 투입 자본이나 혹은 수년이 걸리는 여행의 비용을 마련하는 데에 자금주나 의장업자(이 말은 아주 드물게 사용되었지만)가 필수불가결해졌다. 국가도 여기에 고집스러울 정도로 계속해서 간여했다. 사실 이 현상은 새로운 것은 아니다. 15-16세기에 베네치아 시정부가 배를 건조한 후 도시 과두귀족들이 원거리 사업여행에 쓸 수 있도록 하는 갈레레 다 메르카토(galere da mercato), 16세기에 해상의 거인 역할을 하던 포르투갈 국왕 소유의 카라크선, 자본주의적이면서 동시에 국가주의적이라고 할 수 있을 동인도회사 소유의 대형 선박(다시 자세히 살펴볼 것이다) 같은 것들이 그런 예들이다.

불행하게도 우리는 이러한 의장업과 여기에 투자된 자본의 기원—그 기원은 분명히 아주 다양할 것이다—에 대해서 구체적인 사실을 잘 모른다. 그런 만큼 우리에게 알려져 있는 몇몇 구체적인 사례들은 우리의 흥미를 끈다. 그러나 그것은 실패한 사업에 관한 것들이기 때문에, 잘못 선택된 것임에 틀림없다. 정상적으로 잘 끝난 여행보다는 실패로 끝나서 재판에 이르게 된 경우가 더 많은 기록을 남기며, 역사가들은 이런 문서에 의존할 수밖에 없는 것이 현실이다.

1787년 12월, 파리의 은행가 두 명은 카르나트 호 사건이 어떻게 종결될 지를 모르고 있었다. 이 배는 12년 전인 1776년에 로리앙의 베라르 형제 회사가 의장을 갖추어준 후 프랑스 섬(모리셔스 섬)과 부르봉 섬(레위니옹 섬)을 거쳐 퐁디셰리, 첸나이 그리고 중국으로 항해를 하도록 되어 있었다. 상기의 두 은행가들은 "해상 이익의 28퍼센트를 받는 대가로 이 배와 이 배에 적재한 상품에 대해서 18만 리브르의 금액을 모험사업 형식으로" 30개월간 대부해주었다. 이들은 용의주도하게 런던에 있는 그의 동료들에게 보험을 들어두었다. 그런데 카르나트 호는 결국 중국에 가지 못했다. 희망봉을 돌 때 배에 구멍이 생긴 것이다. 이것을 수리한 다음 프랑스 섬에서 퐁디셰리로 항해했으나 도중에 다시 구멍이 생겼다. 그래서 이 배는 퐁디셰리의 정박소를 떠나 갠지스 강을 거슬러올라가서 찬다나가르에 이르렀고 이곳에서 1777년 9월 25일부터 12월 30일까지 겨울 몬순 기간을 지냈다. 벵골의 상품을 실은 뒤 다시 퐁디셰리를 지나 유럽에 정상적으로 오기는 했으나 이번에는 스페인 해안에서 1778년 10월에 영국 해적에 나포되었다. 영국 보험업자들이 돈을 지불하면 만사가 풀릴 테지만(많은 경우에 실제로 그렇게 했다), 국왕 법정에서 이 보험업자들의 변호인들은 카르나트 호가 프랑스 섬을 지난 후 고의로 항로를 이탈했다고 주장했으며 그 결과 이들이 법정에서 승리를 거두었다. 파리의 은행업자들은 이번에는 의장업자들에게 공격 방향을 돌렸다. 항로 이탈이 있었다면 그것은 이들의 잘못이라는 것이다. 이제 새로운 재판이 시작될 것이다.[454]

다른 사건을 보자. 1771년에 낭트의 아를로-망카노제르 회사가 파산했는데[455] 이 사건은 1788년에도 여전히 청산되지 않은 채였다. 채권자 중에 빌헬미라는 사람이 있는데 이 사람은 외국인이라는 점 외에는 우리에게 알려진 것이 전혀 없다. 그는 출항한 배 5척에 대해서 64분의 9의 지분을 가지고 있으며 이것은 약 6만1,300리브르에 해당한다. 대개 그렇듯이 채권자들은 특권층(우선권을 가진 사람들)과 무담보채권자(chirographaire, 2순위의 권리를 가진 사람들)로 나뉘어 있었다. 빌헬미는 두 번째 집단에 속한 것이 분명하다. 이것은 브르타뉴 고등법원의 칙령(1783년 8월 13일)에 반하여 상업참사회가 내린 판결(1788년 9월 25일)에서 볼 수 있다. 빌헬미는 아마도 그의 투자분을 되찾지 못했을 것이다. 그는 보험을 들어두었을까? 그것은 모르는 일이다. 어쨌든 자기 주장의 논리를 태연자약하게 펼치는 변호사들 앞에서는 모든 으뜸 패들을 다 수중에 가지고도 지는 수가 많다는 것을 이 사건에서 읽을 수 있다. 이 변호사들의 변론은 정말로 재미있다는 점을 아울러 이야기해두어야겠다.

이처럼 보험에 들었다고 해서 모험사업 대부가 전혀 위험에 빠지지 않는 것은 아니지만 어쨌든 위험이 크게 줄어든다. 특히 출자 금액이 크고 사업 기간이 길며 그만큼 이익도 큰 원거리 교역의 경우에는 이자가 상당히 크므로 해볼 만한 사업이기도 하다. 모험사업 대부는 점차 정교하고 투기적인 활동이 되어갔다. 그 깊숙한 내부를 들여다보면 이 사업은 수송 이익보다는 상업 이익을 지향하며, 해상 활동 중에서는 유일하게 대자본을 출자할 만한 것이라고 해도 과언이 아니다. 일상적인 단거리 수송에서는(물론 이런 것도 성왕 루이 시절에는 대단한 것으로 보였겠지만 그후에는 평범해졌다) 대자본이 평범한 사람들에게 자리를 내어준다. 여기에서는 경쟁이 완전하게 이루어져서 수송비가 떨어지므로 상인들이 이익을 보았다. 이것은 육상 수송로와 완전히 같다.

1725년에 영국의 작은 배들이 암스테르담과 다른 네덜란드 지역들에서 헐값에 아무 상품이라도 운반하려고 달려들었던 것이 그러한 예이다.[456] 이들은 지중해까지 가는 여행에 대해서 그 당시 일반적인 가격보다 훨씬 낮은 값을 불렀기 때문에, 그 결과 많은 선원들을 고용하고 있고 바르바리의 해적에게 나포될 경우에 대비해서 대포를 많이 적재한 채 지중해 항해를 하던 네덜란드 및 프랑스 대형 선박들은, 말하자면 실업에 빠지게 되었다. 이것은 언제나 큰 배가 작은 배를 압도하는 것은 아니라는 점을 증명해준다. 실제로 이윤율이 알려져 있는 경우들을 보면 이윤율이 아주 근소한 때에는 작은 배들이 오히려 더 유리하다. 벨기에의 역사가인 브릴레는 이 점에 대해서 나에게 이런 글을 써보낸 바 있다. "16세기 말의 13척의 선박에 대한 자료가 있습니다. 이 배들은 대개 이베리아 반도와 발트 해 사이를 항해하고 제노바와 리보르노에 한 번씩 간 적이 있습니다. 그런데 이 배들의 항해에 관한 이윤율을 조사해보니 약 6퍼센트였습니다. 물론 어떤 항해는 이보다 훨씬 높은 이윤율을 보이기도 하지만, 또다른 경우에는 선주들에게 손해를 가져오기도 하고 또 어떤 경우에는 손익이 반반이었습니다." 이런 이유로 암스테르담에서 1629년과 1634년에 해상 보험을 독점할 회사를 만들려던 시도가 모두 실패했다. 상인들 모두가 여기에 반대했다. 그중 한 명의 주장에 의하면, 보험료율이 항해의 예상 이윤율보다 더 높을지 모르고 그렇지 않더라도 이윤을 크게 잡아먹을 것이라고 한다. 이상의 것은 물론 17세기 초의 일이다. 그러나 그후에도 계속해서 소규모 사업을 위해 작은 배들이 많이 사용되었으며, 이 배들은 여러 명의 지분 소유주들이 배를 나누어가진 것이 아니라 한 사람이 배 전체를 소유했다. 발트 해 무역에 참가하던 네덜란드의 배들이나 뵈르트(Beurt, 네덜란드어로 원래 한 "회[回]"를 말한다)—즉 루앙, 생-발레리, 런던, 함부르크, 브레멘 등 인근의 항구로 가는 항해를 말하며 이때에는 각각의 배들이 차례로 짐을 실었다—에 참가하는 배들이 모두 이런 종류이다. 더 나아가서 18세기에 함부르크의 배들도 대부분 마찬가지였다.

계산해볼 수 있는 진리 : 노동과 자본

산업활동의 경우에서와 마찬가지로 이번에도 정확한 이윤을 계산해보기 위해서는 문제를 안에서부터 보아야 하고 믿을 만한 모델을 그려보아야 한다.

그런데 모델이라고 하면 벌써 부수적인 것, 비전형적인 것, 우연적인 것을 모두 사상(捨象)한 것을 말한다. 그러나 과거의 항해에는 우연적이고 부수적인 변수들이 엄청나게 많았다. 이런 것들이 원가의 많은 부분을 차지했으며, 따라서 법칙이라는 것이 있다고 해도 이런 것들이 법칙을 많이 허무는 법이다. "바다에서의 운명"이라는 말 속에는 헤아릴 수도 없이 많은 재앙들이 들어 있다. 전쟁, 해적, 보복, 징집, 나포가 있고, 때로는 바람이 항해에 맞지 않아 오랫동안 배가 항구에 묶여서 실업 상태에 빠지거나 아니면 배가 멀리 표류해버리는 수도 있다. 그리고 언제나 많은 사고가 일어난다(배에 구멍이 생기거나, 돛이 부러지거나, 키를 수리해야 하는 일 등). 연안에서든 먼 바다에서든 배가 침몰할 수 있고 그러면 짐을 일부 건지기도 하고 전혀 못 건지기도 하며, 폭풍우가 심하면 배를 구하기 위해서 화물의 일부를 바다에 던지기도 한다. 배에 불이 나서 배가 그야말로 횃불로 변하는 수도 있고 그러면 홀수선* 밑부분까지 불에 탄다. 항구에 거의 도착해서도 사고가 일어난다. 몇 시간만 더 가면 세비야의 잔잔한 바다에 도착하는 지점인 산 루카르 데 바라메다의 모래톱을 지나지 못하고 사고가 난 배가 얼마나 많았던가! 어느 역사가는 목선 한 척의 수명이 20년 내지 25년이라고 추산했다. 그러나 이것은 행운이 따라줄 경우 누릴 수 있는 최대치라고 보아야 한다.

모델을 만들기보다는 구체적인 사례들을 살펴보고 일부 배들의 궤적을 따라가보는 것이 현명한 일일지 모른다. 그러나 부기 장부는 일반적으로 어느 배의 장기적인 수익에는 관심을 두지 않는다. 그런 자료들은 대체로 왕복 항해의 정산서의 성격을 띠며, 지출 항목의 분류에 대해서는 그리 명확하지 않다. 그렇지만 1706년에 생-말로의 배 7척의 태평양 연안 항해에 관한 결산서에서는 꽤 합당한 지표를 보게 된다.[457] 그중 한 척을 예로 들어보자. 모르파(Maurepas) 호는 처음 "출발할 때의 비용(mise-hors)"이 23만5,315

---

* 吃水線 : 배의 선체와 수면이 접하는 분계선.

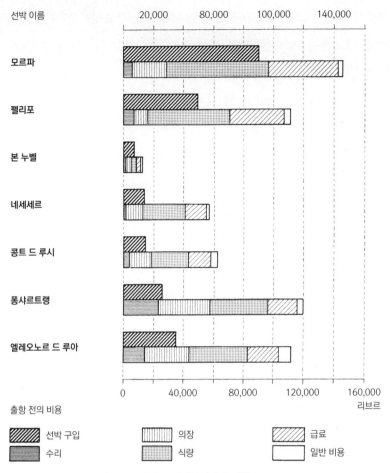

선박 이름

| | 20,000 | 80,000 | 100,000 | 140,000 |

모르파

펠리포

본 누벨

네세세르

콩트 드 루시

퐁샤르트랭

엘레오노르 드 루아

출항 전의 비용

| 0 | 40,000 | 80,000 | 120,000 | 160,000 |
리브르

선박 구입   의장   급료
수리   식량   일반 비용

27. 생-말로의 배 7척의 결산서에 나타난 고정자본과 유동자본
이 배들은 1707년경에 남해에 갔다가 프랑스로 귀환해 결산서를 작성했다. 가장 큰 비용은
식량과 급료에 관한 것이다. 그러므로 더 중요한 역할을 하는 것은 유동자본이다. (원래의 사
료는 A. N. Colonies, F² A, 16, 자닌 필드-르퀴라 작성)

리브르, 항해 중에 5만1,710리브르, 그리고 귀환해서 8만9,386리브르가 들
어서 전체 지출액이 37만6,411리브르에 달했다. 이 금액을 고정자본(선박의
구입, 수리, 의장, 일반 비용—이 마지막 것은 아주 소액이다)과 유동자본(식량
과 선원들의 급료)으로 나누어보면 고정자본 12만5,175리브르, 유동자본 25
만1,236리브르로서 그 비율이 대략 1 대 2가 된다. 이 경우 외에 다른 6척의
경우를 계산한 결과는 27번 그림에 나와 있다. 그 결과는 모두 비슷하다. 이

경우에 결과가 모두 비슷하다는 사실에 너무 큰 중요성을 부여할 것까지는 없다. 그보다는 1465년에 일본 배 한 척이 중국으로 원거리 상업 항해를 했는데 이때의 기록—매우 정확하다—역시 같은 결과를 보였다는 것이[458] 더 의미 있을 것이다. 의장품과 선체는 400칸몬(貫文)이 들었던 데에 비해서 열두 달로 예상된 이 항해의 식량이 340칸몬, 선원들의 임금이 490칸몬이 들었다. 그러므로 고정자본 대 유동자본의 비율이 1 대 2였다.

따라서 18세기까지 선박이든 대부분의 공장이든 유동자본 비용이 고정자본 비용보다 훨씬 더 컸다. 상품의 순환이 길다는 점, 그리고 그 때문에 돈과 투하한 자본의 유통이 느려지고 임금과 유지 비용이 늘어난다는 점 때문에 앞에서 말한 결과가 자명하다. 그러나 매뉴팩처에서와 마찬가지로 18세기에 고정자본(F) 대 유동자본(C)의 비율이 역전되었다. 18세기 후반에 낭트의 선박 3척—되 노통(Deux Nottons, 1764), 마르그리트(Margueritte, 1776년 산토 도밍고 항해), 바이이 드 쉬프랑(Bailli de Suffren, 1787년 앤틸리스 제도 항해)—에 관한 완전한 계산서가 남아 있다. 이 세 번의 항해 비용 중에서 C 대 F의 비율은 각각 4만7,781리브르 대 11만1,517리브르, 4만6,194리브르 대 11만5,574리브르, 2만8,095리브르 대 6만9,827리브르이다(이 항해는 앞에서 든 예에서처럼 생-말로의 배가 페루 연안까지 가는 항해보다는 더 짧다는 점에 주목해야 한다).[459] 이 세 경우 모두에서 아주 크게 보면 2C = F의 관계가 성립된다. 이것은 1706년에 대해서 살펴본 수치의 관계가 역전되었다는 것을 말해준다.

이 관찰은 너무 불완전하고 한정적이라서 앞에서 말한 문제를 푼 것은 아니다. 그러나 적어도 문제는 제기한 셈이다. 고정자본의 몫이 아주 커졌다. 인간이 비용의 최대의 몫을 차지하지는 않게 되었다. 그 대신 기계(배 역시 기계이므로)가 최대치를 차지했다. 이런 점은 완전히 근거를 갖춘 것은 아니지만, 증명된다면 아주 중요한 의미를 가질 것이다. 그것은 1675년부터 1775년 동안에 북대서양을 횡단하는 항해의 생산성이 약 50퍼센트(1년에 평균 0.8퍼센트) 상승했다고 주장한 랄프 데이비스, 더글러스 노스, 게리 윌턴의 견해와 유사하다.[460] 그러나 정확하게 어떻게 새로운 고정자본 대 유동자본의 비율이 나왔을까? 의심할 여지가 없는 것은 조선 작업이 더 복잡해졌으며(예컨대 선체에 구리로 외피를 입히는 것을 생각해보라) 그래서 선박의 비용이 비싸졌다는 것을 들 수 있다. 그러나 선박 비용 증가의 의미를 더 정확히 이해하려면 18세기의 일반 물가상승 속에서 그것을 놓고 보아야 한다. 그리고 선체의 수명이 길어졌는지, 또는 원재료의 상각 비율이 변화했는지 아닌지 등을 알아야 한다. 다른 한편, 선원의 급여, 보급의 양과 질이 상대적으로 악화한 것은 아닐까? 그것이 아니라면 1톤당 상대적인 인원수가 감소하고, 선장, 항해사, 조타수, 회계원 등의 고급 선원들과 일반 선원들—이들은 18세기 초까지도 비숙련 프롤레타리아에 불과했다—이 자기 직무에 완전히 적응하게 된 것은 아닐까? 그리고 마지막으로 전시에 선원을 모집하는 데에 한한 이야기이지만, "선원 강제징집(presse, press-gang)" 체제가 명백하게 후퇴한 것으로 볼 때 일반 선원들 전체에 대해서도 마찬가지의 일이 뒤에 숨겨져 있는 것이 아닐까? 이 모든 질문들에 대해서는 현재 만족스러운 대답을 못하는 형편이다.

물론 선박의 생산성이란 화물의 적재량, 가치, 그 운명과 관련되어 있다. 우리가 계산한 것은 단지 수송비이다. 만일 선주가 전문적인 수송업자이기만 하다면 그가 비용과 연관지어서 자신의 이익을 챙기는 데에는 이 수송비를 잘 받는 것만이 문제일 것이다. 16세기에 지중해에서 라구사의 화물선이 통상 매우 짧은 거리를 왕래하는 항해를 한 것이 대체로 이런 식이다. 지중해든 다른 곳이든 수백, 수천의 소형 배들이 대개 이런 일들을 한다. 이것은 정말로 힘들고 불안정하며, 그럭저럭 보상을 받는 정도이거나 혹은 거의 보상을 못 받는 일이다. 우리가 계산을 수행해보았던 예들에서 우리는 수송비를 거의 고려하지 않았다. 사실 상품을 싣기 위해 배에 의장을 갖추는 것은 상인 자신이며 따라서 이때의 배는 그것을 초월하거나 혹은 완전히 포용하는 상업활동 속의 한 부분이다. 그러나 우리가 다시 자세히 다루겠지만 원거리 교역의 경우 항해의 위험이 크고 수송 중인 화물의 가치에 비해서 상대적인 수송원가가 워낙 작아서 수송이 단순히 수송비를 바라고 하는 산업이라고는 하기 힘들 정도이다. 대개 원거리 수송에서 수송비는 상업적인 비용과 위험 가운데에서 단지 하나의 계정만을 차지하는 상업활동 중의 하나로서 조직되어 있다.

다소 부정적인 결론

상당히 길었던 이번 장을 마치면서 이제 그 결론을 요약해보자. 이번 장에서는 우선 자본주의가 대개 반밖에 자리 잡지 못했다고 하는 생산 영역을 묘사하면서, 이 영역에서 자본주의가 과연 어느 만큼 진출했는지를 보려고 했다. 분명 이 영역에서 전(前)산업적인 자본주의의 결산은 부정적이다.

몇 가지 예외가 있지만 자본가들—다시 말해서 다양한 활동을 무차별적으로 하던 "대상인들"—은 생산에 전적으로 참여하지는 않았다. 그들은 결코 대지에 두 발을 굳건히 뿌리 박은 지주가 아니었다. 간혹 지대 수취인인 경우가 있다고 하더라도 그들이 진짜 이익을 얻고 신경을 쓰는 곳은 다른 곳이다. 이들은 또 자기 일에 갇혀 있는 수공업 작업장의 주인이나 수송업 경영자 같은 사람이 아니었다. 이러한 사업가들 중에 누군가가 배를 한 척 소유하든가 혹은 배의 일부 지분을 소유하고 있다면, 또 선대제를 가까이에서 통제했다면, 그것은 참된 그의 모습과 관련을 가질 때에 한정되어서의 일이다. 그의 참된 모습이란 시장, 거래소, 상업망, 긴 교환의 연결망 등에서 찾을 수 있다. 다시 말해서 분배야말로 이익을 내는 참된 분야인 것이다.

앞에서 살펴본 펠레 가문은 배들을 소유하고 있었지만, 앤틸리스 제도와의 무역을 활발히 수행하던 이 보르도의 상업 가문에게는 그것이 운임을 아끼려는 부차적인 수단에 불과하다. 배를 스스로 소유하고 있다면 정해진 날에 출발할 수 있고, 유리한 시점에 도착할 수 있으며, 어쩌면 운이 좋게도 다른 경쟁자 없이 홀로 도착할 수 있는 선택의 가능성이 있다. 그것은 선장으로 하여금 어떠한 임무들을 수행하게 만들고 혹은 지역 사정에 따라 적절히 대응하는 대리인으로 사용할 수도 있다는 것을 뜻한다. 즉, 상업적인 기회를 수중에 장악한다는 것이다. 마찬가지로 우리가 살펴본, 1706년에 생-말로의 배들을 구입해서 의장을 갖춘 상인들도 이 배에 실어서 칠레나 페루로 보내는 상품과 그곳으로부터 들여오는 회송 상품에 관심을 두었다. 전시에 행하는 위험한 사업은 비밀을 지켜야 했지만 그 대신 아주 큰 이익을 누릴 수 있었다. 그러기 위해서는 자기 배가 필요하다. 여기에서, 수송은 그것을 훨씬 넘는 많은 일련의 행위들 중에서 다만 부차적인 활동에 불과하다는 점을 다시 확인할 수 있다. 콜베르가 사망한 직후 파리의 대잡화상들은―이들은 거상(巨商)이었다―직포 매뉴팩처에 거액을 투자했는데 이것은 이 직포를 프랑스 내외에 판매하는 특권을 얻기 위한 것이었다. 이들은 이 특권이 도전받게 되었을 때 강고히 이것을 수호하려고 했다.461)

간단히 말해서 자기 영역[교환의 영역/역주]이 아닌 곳에 자본주의가 침투한 것은 그 자체로는 정당화가 되지 않는다. 단지 상업의 필요성이나 이익에 따라 그렇게 할 필요가 있을 때에만 생산에 손을 댔다. 자본주의가 생산 영역에 침입하는 것은 기계 사용이 생산의 조건들을 변화시켜서 산업도 이윤 확대가 가능한 영역이 된 산업혁명기에 가서야 일어난다. 이때 자본주의는 그런 것에 의해서 크게 변형되고 나아가서 확대된다. 그렇지만 자본주의가 국면에 따라 변화하는 행보를 포기한 것은 아니다. 왜냐하면 19-20세기가 되어서는 산업과는 또다른 조건들이 제기되기 때문이다. 산업시대의 자본주의라고 해서 그것이 단지 산업생산 양식에만 연관된 것은 결코 아니다.

제4장

자기 영역에서의 자본주의

Jan Sanders van Hemessen(1500—1575), *Die Berufung des Matthäus,* 1536. oil on panel, 118,8 × 153,9cm. Alte Pinakothek, public domain.

유통 분야가 자본주의의 본래 영역이라고 해도 자본주의가 이 영역을 전부 지배하지는 못한다. 일반적으로 자본주의는 교환이 활발한 곳에서만 자신의 방향을 잡고 선택된 땅을 발견한다. 자본주의는 아주 짧은 반경 내에서 이루어지는, 시장경제라는 전통적인 교환에는 거의 관심을 두지 않는다. 한편 고도로 발달한 지역에서도 자본주의가 맡는 과업이 있고, 다른 것과 함께 나누어 맡는 것, 또는 전혀 원하지 않는 것, 그래서 아주 한쪽으로 치우고 거들떠보지도 않는 것이 있게 마련이다. 이런 선택에서 국가는 어떤 경우에는 자본주의의 공모자가 되고 어떤 경우에는 방해자가 된다. 아마도 국가는 그러한 방해자 중에서 유일하게 자본주의를 대체할 수 있고, 그것을 회피하거나 혹은 자본주의가 원하지 않는 것을 강요할 수 있는 존재이다.

한편, 상품을 수집하고 저장하고 판매하며 시장에 일상적인 공급을 하는 따위의 일들은 대상인이 직접 하지 않고, 상점 주인이나 소매상인에게 맡겨버린다. 이런 자질구레한 일들은 관례적인 일상사나 고래(古來)로 행해지던 감시 등으로 너무나 잘 통제되어서 활동의 자유가 크지 않기 때문이다.

그러므로 자본주의는 언제나 자신보다도 더 광대한, 그리고 동시에 그 자신을 담지하고 밑에서 떠받쳐주는 "전체(ensemble)" 속에 위치한다. 자본주의가 상업화된 사회의 최상층에 위치해 있다는 것은 자본주의가 법률적이든 실제적이든 간에 독점을 누리며 가격을 조작한다는 것을 고려해볼 때 가장 중요한 사실이다. 이번 장에서 우리는 이런 높은 지점으로 올라가서 자본주의의 파노라마를 관찰하고, 그 논리적인 전개를 살펴보려고 한다.

상업화된 사회의 최상층에서

상업이 근대화되면 반드시 분업이 크게 촉진된다. 그러나 분업 그 자체가 동력을 제공하지는 않는다. 오히려 분업에 동력을 제공하고 여러 다양한 차원들을 열어주는 것은 애덤 스미스가 분석한 대로 시장 규모의 확대와 교환의 증가이다. 결국 모터 역할을 하는 것은 경제생활의 약진 그 자체로서, 이것이야말로 어느 한쪽에는 가장 활기찬 진보를 가능하게 해주고 또다른 쪽에는 종속적인 일을 떠맡김으로써 상업세계에 심대한 불균등을 만드는 경향이 있다.

상인들의 계서제

상인들이 모두 똑같은 지위를 가지고 있고 그들 사이의 관계가 완전히 평등하며 상호 호환적인 나라는 어느 시대, 어느 곳에도 없을 것이다. 서고트족의 법에 이미 "바다를 넘나드는 대상인(negociatores transmarini)"이라는 말이 나온다.[1] 이 말은 바다를 건너 레반트 지역의 사치품을 교역하는, 남보다 뛰어난 상인들, 아마도 로마 제국 말기부터 모습을 드러낸 시리(Syris : 시리아인들)를 가리키는 것 같다.

유럽에서는 11세기에 경제가 깨어나면서부터 불평등이 더욱 현저해졌다. 레반트 무역에 다시 참여하기 시작한 이탈리아의 도시들에서는 대상인계급이 확고히 자리를 잡아갔고, 이들은 곧 도시의 지배귀족이 되었다. 그리고 이러한 계서화는 그다음 세기들 동안 경제가 번영할수록 더욱 굳어졌다. 금융업은 이러한 발전 중에서도 최상층을 차지하지 않았을까? 샹파뉴 정기시가 발전하던 시기에 시에나의 부온시뇨리 가문은 순전히 은행업만을 영위하는 대회사인 마냐 타볼라(Magna Tavola)를 운영했다. 이 가문을 연구한 마리오 키아우다노는 이들에 관한 책의 제목을 『1200년대의 로스차일드 (Rothschild del Duecento)』라고 붙였다.[2] 곧 유럽 전체가 이탈리아의 모범을 보고 그대로 좇아서 했다. 예컨대 프랑스에서는 13세기에 바욘, 보르도, 라로셸, 낭트, 루앙 등지에서 대상인들이 활동했다. 파리에서는 아로드, 포팽, 바르베트, 피 되, 파시, 부르동 같은 대상인 가문들이 알려져 있었고, 1292년의 타유세 대장에는 기욤 부르동이 파리에서 가장 세금을 많이 내는 사람으로 기록되어 있다.[3] 프리드리히 뤼트게의 설명에 의하면[4] 독일에서는 14세기부터 상거래의 거리가 길어지고 여러 종류의 화폐를 다루어야 했으며, 과업의 분담(주재원, 대리인, 창고업자)이 이루어지고, 또 크레딧이 일상적으로 이용됨에 따라서 부기가 발달하는 등의 이유로 소매상과 도매상 사이의 구분이 뚜렷해졌다. 이때까지는 대상인들도 소매 점포를 가지고 있었다. 그래서 마치 길드 마스터와 도제가 함께 살듯이 대상인 역시 자신의 하인이나 도제와 같은 수준으로 살고 있었다. 여기에 변화가 시작된 것이다. 아직 그 변화는 불완전해서, 도매상들은 오랫동안 그리고 거의 어디에서나—심지어 피렌체나 쾰른 같은 곳에서도—여전히 소매업까지 하고 있었다.[5] 그러나 분명 사회적인 면에서나 경제적인 면에서 대상업의 이미지가 일상적인 소상업의 이미지로부터 확연히 구분되게 되었다는 것이 중요한 사실이다.

모든 상업화된 사회는 다소의 시차는 있지만 그와 같은 계서화를 만들었다. 그것은 우선 일상의 언어 속에서 인지할 수 있다. 이슬람권에서 타이르(tayir)란 자기 회사로부터 대리인과 중개인을 지휘하는 대규모 수출입상을 가리킨다. 그는 수크의 가게 주인인 하완티(hawanti)와는 비교도 안 되는 사람이다.[6] 1640년경에만 해도 여전히 대도시였던 인도의 아그라를 여행하면서 만리케가 본 바로는 "우리 스페인에서라면 메르카데르(mercader : 상인,

무역업자)라고 부를 만한 사람을 소다고르(Sodagor)라고 부른다. 그중에서도 몇몇 사람들은 카타리(Katari)라는 특별한 존칭으로 불리는데 이들은 이나라에서 가장 부유하고 가장 큰 신용을 누리면서 상업기술(art mercantile)을 발휘하는 사람들이다."[7] 서양에서도 이와 비슷한 차별성을 보여주는 말들이 있다. 프랑스에서는 카타리에 해당하는 것이 네고시앙(négociant : 대상인)인데, 이 사람은 말하자면 상품을 다루는 데에 영주와 같은 사람이다. 이 말은 17세기에 처음 나타났으나 이때까지 쓰이던 다른 말들, 즉 마르샹 드 그로(marchand de gros : 도매상인), 마르샹 그로시에(marchand grossier : 도매상인), 마가지니에(magasinier : 창고 상인), 또는 짧게 이야기해서 그로시에(grossier), 혹은 리옹에서 말하는 마르샹 부르주아(marchand bourgeois : 부르주아 상인) 같은 말들도 사라지지 않고 계속 쓰였다. 이탈리아에서는 메르칸테 아 탈리오(mercante a taglio : 소매상인)와 네고치안테(negoziante : 대상인) 사이에 엄청난 차이가 있었다. 마찬가지로 영국에서도 트레이즈먼(tradesman)과 머천트(merchant)는 천양지차였다. 머천트는 항구에서 원거리 무역만 담당하는 사람이었다. 독일에서는 크레머(Krämer : 소매상인)와 카우프만(Kaufmann : 대상인), 혹은 카우프헤어(Kaufherr : 대상인) 사이에 큰 격차가 있었다. 1456년에 이미 코트룰리는 대상인의 기술인 메르칸투라(mercantura)와 통속적인 장사인 메르칸치아(mercanzia) 사이에 건널 수 없는 심연이 가로놓여 있다고 생각했다.[8]

단지 용어의 차이만이 아니라 실제로 명백한 사회적인 차이가 있어서, 사람들이 이 때문에 괴로워하거나 자만심을 가지고는 했다. 이 피라미드의 최상층에는 "외환거래를 할 수 있는" 오만한 사람들이 자리 잡고 있다.[9] 펠리페 2세에게 자금을 대부해주던 제노바인들은 상품거래를 하는 모든 상인들을 경멸했다. 그들의 표현을 따르자면 이 상인들이란 "장사치들(mercanti)이며 하층 사람들(bezarioto et de gente più bassa)"이다. 대상인이 소규모 상인에게 보내는 경멸 역시 이런 것이다. 1679년 옹플뢰르의 도매상이었던 샤를 리옹은 이렇게 말했다. "나는 결코 소매상인이 아니다. 나는 대구 장사꾼이 아니라 위탁 중개업자(commissionnaire)이다."[10] 즉, 그는 위탁(commission)을 받고 일하는 상인, 다시 말해서 도매상인이라는 말이다. 반대편에서는 부러움을 넘어서 거의 분노를 드러냈다. 안트베르펜에 있던 한 베네치아인은 그의 상업활동에서 반 정도밖에 성공하지 못하자 "국왕의 미움을 사고 일반 사람들에게는 더욱 증오의 대상이 되는 대상업회사" 사람들에게 험담을 해댔다. 이들은 "자신의 부를 과시하는 데에서 즐거움을 찾는다"는 것이다. 누구나 "이 대은행가들이 하층민과 가난한 사람들을 잡아먹으며 산다"고 이야기했다. 이렇게 당하는 사람들 중에는 물론 소상인들도 있다.[11] 그러나 바로 이 소상인들 자신은 자기 손으로 직접 일하며 살아가는 가게의 장인들을 비웃지 않는가?

전문화는 오직 하층에서만 일어난다

상업세계의 계서제의 하층에는 수많은 행상인, 거리에서 소리치며 물건을 파는 식료품 상인, "돌아다니는 시장 사람들",[12] 소매상인, 가게 주인, 비천한 잡화 상인, 곡물 상인, 음식 소매상인 등을 볼 수 있다. 모든 언어에는 이 상업 프롤레타리아 계급을 지칭하는 이름들이 골고루 갖추어져 있다. 게다가 상업세계에서 파생되어 그것에 기대어 사는 많은 직종의 사람들이 있다. 현금 출납계, 경리원, 대리인, 위탁상인, 여러 다양한 이름으로 불리는 중개인, 마차꾼, 선원, 파발꾼, 포장업자, 막일꾼, 짐꾼……. 말이 끄는 수상 마차가 한 척 파리에 도착하면, 센 강의 항구에 닿기도 전에 "도강용" 나룻배의 짐꾼들이 이 배에 구름처럼 몰려든다.[13] 상업세계는 이 모든 사람들을 포함하는 집합이다. 그리고 그 안에 이 모든 사람들의 응집성, 모순, 연쇄적인 상호 종속성을 모두 품고 있다. 그것은 한 포대의 밀을 싼 가격에 사기 위해 외떨어진 시골을 찾아다니는 음식 소매상인부터 가게 주인(형편이 좋은 사람들도 있고 초라한 사람들도 있다), 도시의 창고업자, 어선에 보급품을 공급하는 부르주아, 파리의 도매상인, 보르도의 대상인에 이르기까지 모든 상인들을 포함한다. 이 사람들 모두가 단일한 집합체를 구성하고 있다. 그리고 여기에는 미움을 받기는 하지만 필수불가결한 존재인 고리대금업자들이 언제나 따라다닌다. 이들 중에도 다양한 부류가 있어서, 대상인에게 자금을 빌려주는 사람이 있는가 하면, 고작해야 담보를 잡고 푼돈을 빌려주는 사람도 있다. 튀르고에 의하면(1770),[14] "단기간 소액을 빌려주는 파리의 대부업자만큼 악랄한 고리대금업자는 없다. 심지어 3리브르짜리 1에퀴를 빌려주고 1주일에 이자로 2수를 받기도 한다. 이것은 1년에 173과 3분의 1퍼센트의 비율이다. 그러나 바로 이러한 엄청난 고리대에 의해서 파리의 중앙시장이나 다른 여러 시장에서 상품의 소매[나의 강조]가 이루어진다. 돈을 빌리는 사람들은 이런 조건에 불평하지 않는다. 이들은 이 돈이 없으면 자신이 먹고살아가는 사업을 할 수 없기 때문이다. 또 돈을 빌려주는 사람으로서도 자기 자본이 감당하는 위험이 크기 때문에 이처럼 엄청난 이자를 받으면서도 큰돈을 벌지 못한다. 사실 채무인 한 사람이 지불불능에 빠지면 30명에게 빌려주어서 생기는 이익을 날린다."

상업사회는 그것을 둘러싼 사회 속의 사회이다. 그런 만큼 상업사회를 전체 속에서 파악하는 것이 중요하며 이것을 시야에서 놓치면 안 된다. 펠리페 루이스 마르틴이 사회와 그 사회마다의 톡톡한 계서제에 강박관념처럼 집착하고, 이런 것을 고려하지 않으면 자본주의를 제대로 파악하지 못한다고 생각하는 것도[15] 무리가 아니다. 아메리카 대륙을 발견한 직후 스페인은 절호의 기회를 가지게 되었지만, 세계시민적인 자본주의가 스페인에 달려들어 그 기회를 빼앗아갔다. 이때의 경제활동들은 피라미드식으로 구성되어 있었다. 하층에는 농민, 목동, 양잠업자, 장인 겸 행상인, 소액 고리대금업자 등이 자리 잡고 있으며, 그 위에는 카스티야의 자본가들이 이들을 장악하고 있고, 다시 그 위에는 푸거 가문의 대리인들 그리고 다음에는 새로 권력을 휘두를 제노바 상인들이 이 모든 것을 지휘하고 있었다.

이와 같이 독립적인 사회를 이루는 상업 피라미드는 전체 서양 사회에서 어느 시대에나 발견할 수 있었다. 이것은 자체의 고유한 운동을 가지고 있다. 전문화와 분업은 대개 아래층으로부터 위로 이루어진다. 만일 과업의 구분 및 기능의 분화 과정을 근대화 내지 합리화라고 부른다면, 그것은 우선 **경제의 하층**에서 명백하게 나타났다. 교환이 급성장함에 따라서 점포가 점진적으로 전문화하고 특수한 상업 보조 직능들이 많이 생겨났다.

그런데 이상한 일은 대상인들은 이 법칙을 따르지 않아서, 한 업종에 전문화하는 일이 대단히 드물다는 점이다. 심지어 상점주도 큰돈을 벌어 대상인이 되면 곧 전문화를 포기하고 비전문화의 길을 간다. 18세기에 바르셀로나의 잡화상(botiguer)도 자신이 처한 수준을 넘어서자 아무 상품이나 다 거래했다.[16] 캉에서 레이스 제조업을 하던 앙드레는 1777년에 파산 직전에 놓여 있던 부친의 회사를 인수했다. 그는 판매 및 구매 영역을 넓혀서 이 회사를 재정난에서 구해냈다. 그는 이 일을 위해서 렌, 로리앙, 로테르담, 심지어는 뉴욕까지 방문했다……. 마침내 그는 상인이 된 것이다. 그가 이제 레이스뿐 아니라 모슬린, 향신료, 모피까지 취급하게 되었다는 것은 당연한 일이다.[17] 그는 이제 상업법칙을 따라야만 한다. 대상인이 **된다**는 것, 혹은 대상인**이라는 것**은 모든 상품이라고는 못 해도 적어도 많은 상품을 취급한다는 것을 의미한다. 그것은 그럴 권리를 가진다기보다는 의무를 진다는 것을 말한다. 이미 설명한 것처럼, 대상인이 이렇게 여러 종류의 일을 하는 것을 사람들이 흔히 생각하는 것처럼 위험을 분산시키려는 조심성으로만 설명할 수는 없다(사실 소상인들이 꼭 조심성이 없다고 볼 이유도 없지 않은가?). 여하튼 이 현상은 너무나 규칙적이어서 더 폭넓은 설명이 필요하다. 오늘날의 자본주의 역시 대단히 다양한 활동을 벌이고 있다. 우리 시대의 대은행은 여러 사정을 감안하고 보면 프랑스 혁명 전야의 밀라노의 대기업 안토니오 그레피(Antonio Greppi)와 비견될 것이다. 이 회사는 원칙적으로는 은행이지만 롬바르디아의 담배와 소금의 소비세 징세청부업, 스페인 국왕의 계정으로 이드리야의 수은을 베네치아에서 대량으로 구매하는 사업도 병행했다. 그러나 이 회사는 산업활동에는 전혀 투자하지 않았다. 마찬가지로 카디스, 암스테르담, 심지어 부에노스 아이레스에까지 개설된 수많은 자회사들도 여러 다양한 사업에 손을 대고 있었는데, 그것들은 하나같이 상업 분야에 속했다. 예컨대 스페인 선박에 외피로 입히는 스웨덴 구리로부터 탕헤르의 밀, 이탈리아의 아마포와 견사와 견직물, 암스테르담에서 거래되는 수많은 상품들에 대한 투기, 그리고 밀라노를 비롯한 세계의 여러 환거래소의 연결망을 체계적으로 이용하는 환어음 영업에 이르기까지 극히 다양한 종류의 사업을 벌였으며, 심지어는 카디스에서 아메리카의 은괴를 몰래 선적하는, 문자 그대로 밀수까지 서슴지 않았다.[18] 이와 비슷한 대회사로 17세기 네덜란드의 회사 트리프(Trip)를 들 수 있다. 이 회사는 끊임없이 활동 중심지를 이동시키고 사업 영역을 바꾸었다. 이 회사는 말하자면 한 종류의 독점에서 다른 종류의 독점으로, 한 종류의 기업연합에서 다른 종류의 기업연합으로 전전했고, 지나치게 바짝 위협해오는 경쟁자와는 서슴지 않고 투쟁했다. 이 기업이 언제나 주력했던 거래 품목은 무기, 타르, 구리, 화약—따라서 이를 위해 폴란드와 인도 심지어 아프리카의 초석까지—등이었다. 그리고 이 회사는 네덜란드 동인도회사의 사업에 광범위하게 참여했으며 또 이 회사의 이사들을 많이 배출했다. 그뿐 아니라 많은 선박을 소유하고 자금을 대부하고, 제철업, 주물업 등의 여러 산업활동에도 손을 댔으며, 프리슬란트와 흐로닝언의 이탄을 개발하는가 하면, 스웨덴에 많은 토지를 소유하고 있어서 이 나라에 큰 이해관계를 가지고 있었고, 아프리카의 기니와 앙골라, 남북 아메리카와도 교역했다.[18] 19세기에 들어와서 자본주의가 새로운 산업에 뛰어들었을 때, 자본주의는 전문화하는 것으로 보였고 일반 개설사에서는 산업 부문이야말로 자본주의가 "진정한" 자기 모습을 찾은 마지막 도달처라고 이야기했다. 그것이 사실일까? 그러나 내 생각에는 최초의 기계화의 붐이 지나간 이후, 고도의 자본주의는 다시 절충주의로 되돌아갔다. 그것은 일종의 불가분성을 의미한다. 단 하나의 선택 속에 갇히지 않음으로써 큰 이익을 얻는 것은 자크 쾨르의 시대나 오늘날의 시대나 마찬가지이다. 탁월하게 적응성이 높다는 것은 곧 전문화하지 않는다는 것을 말한다.

따라서 합리적인 분업은 대상인의 층보다 아래 수준에서 이루어졌다. 17세기 말의 런던을 연구한 웨스터필드는 중계인과 중간 단계를 연결하는 업자들에 대해서 다음과 같이 나열했다.[19] 대리인, 위탁 중개인, 현금 출납계, 보험업자, 수송업자, 의장업자(이들은 17세기 말부터 라 로셸 같은 곳에서 배가 출항할 때의 초기 투자[mise-hors]를 맡았다)……. 이들은 상인에게 효율적으로 봉사하는 전문화된 보조인이다. 전문화된 은행가(banquier, 물론 "재정가[financier]"를 가리키는 것이 아니다)는 대상인의 반열에 들었는데 그는 만일 유리한 기회가 닿으면 그 자신이 보험업자, 의장업자, 은행가, 혹은 위탁 중개상 등의 역할을 맡기도 한다. 그러나 샤를 카리에르에 의하면,[20] 18세기의 대상업 중심지인 마르세유에서는 은행가가 최고의 지배자 역할을 하지는 못했다.

결국 여러 분야에 손을 대는 대상인의 지위는 상업사회가 항구적으로 재구조화되는 가운데에서도 늘 난공불락의 위치를 점했고, 또 그렇기 때문에 하급 수준에서 분화와 재분화가 진행되면 될수록 더욱 자신의 가치를 높여갔다. 영국에서는 런던이나 다른 모든 활기찬 항구도시들에서 대상인의 지위가 상승했는데, 이것은 다시 말하자면 어려웠던 이 시기에 이들만이 유일하게 승자가 된 셈이다. 디포에 따르면 1720년경에 런던의 대상인은 갈수록 많은 하인을 두었을 뿐 아니라 심지어 귀족처럼 제복을 입힌 하인(footmen, valets de pied, 의식 때 고관 뒤를 따라가는 시종들)까지 두었다. 그래서 푸른 정복을 입은 하인의 수가 끝없이 늘었다. 그런 하인들이 어찌나 흔해졌는지 사람들은 이들을 "장사꾼의 시동(livrée de marchand)"이라고 부르게 되었고 귀족들은 갑자기 자기 하인들에게 푸른색의 옷을 입히려고 하지 않았다.[21] 대상인들에게는 모든 삶의 방식과 오락이 바뀌었다. 전 세계를 상대로 수출입을 하면서 부자가 된 상인들은 중요 인사가 되었으며, 국내 교역에만 만족하는 **중간 등급** 상인들과는 전적으로 다른 계급이 되었다. 이 후자의 사람들은 1763년의 한 증인에 의하면, "자신의 직업에서는 아주 유용한 사람들이지만, 사회 상층의 명예를 가질 권리를 전혀 가지지 못한다."[22]

프랑스에서도 적어도 1622년부터 대상인이 금색 옷을 입었다. "비단 옷에 우단 외투를 걸친" 대상인들은 시동에게 모든 잔심부름을 시켰다. "아침에 그들이 교환소에 나와 있는 것을 볼 수 있는데……사람들은 이들이 상인이라는 것을 모를 것이다. 또는 이들은 퐁-뇌프 위에서나 펠멜*에서 사업 이야기를 한다(파리에서 펠멜 놀이를 하는 곳은 셀레스틴 수도원 근처의 오름 강변로에 있었으며, 교환소는 현재의 법원[Palais de Justice] 건물에 있었다)."[23] 이 모든 것에서 상점 주인을 연상시키는 것은 하나도 없다. 한편 1629년의 칙령을 통해 귀족에게도 귀족 특권의 상실** 없이 해상무역을 할 수 있도록 허용하지 않았던가? 훨씬 이후 시기인 1701년의 칙령은 귀족들에게 일반 도매 상업을 할 수 있는 길을 열어주었다. 이것은 상인을 위에서 내려다보듯 깔보던 사회에서 이들의 지위를 높이는 한 방식이었다. 그런데 프랑스 상인들이 이 점에 그들 나름대로 불만을 느끼고 있었다는 것은 이들이 1702년에 상업 참사회에 제출한 이상한 청원서에서 찾아볼 수 있다. 그들이 원한 것은 다름이 아니라 자기들 직종에서 **손을 써서 일하는**(manuel) 상인들—약사, 금은 세공사, 모피 상인, 모자 상인, 포도주 상인, 직조기를 가지고 양말을 짜는 사람, 헌 옷 장수, "그 외에도 노동자이면서 동시에 상인의 성격을 띠는 수많은 직종의 사람들"—을 가려내 제거해달라는 것이었다. 한마디로 말해서 그들의 주장은 상인의 지위가 "상품을 스스로 만들지도 않고 더하지도 않은

---

* pallmall : 망치로 공을 치는 놀이 및 그 놀이를 하는 곳.

** dérogeance : 귀족이 "비귀족적인(ignoble)" 행위를 함으로써 특권을 상실하는 것. 국왕의 칙령 이전에 전통적인 관례로 규정된 내용이다. 원래 귀족은 지대로써 살아가야 하며 상공업에 직접 투신하여 활동할 수는 없었다. 그러나 루이 11세 이후부터는 귀족도 특권의 상실 없이 상업활동을 하도록 용인받았으며 콜베르 이후 이것이 더욱 관대해졌다.

채 판매만 하는" 사람들에게 한정되어야 한다는 것이다.[24)]

18세기는 유럽 전체에 걸쳐서 상인의 전성기였다. 다만 여기에서 강조하고 싶은 점은 상인의 성장이 밑에서부터 경제 자체가 발전한 덕분이라는 사실이다. 상인은 그 흐름을 타고 간 것이다. 슘페터가 말한 기업가의 주도성이 일부 진리를 포함하고 있지만, 현실에서 관찰한 바에 의하면 대부분의 경우, 혁신을 이룬 사람들은 밀물의 흐름을 타고 있었다. 그러나 여하튼 그들이 성공한 비밀은 무엇일까? 다른 말로 하면 어떻게 선택된 자의 대열에 끼게 되었을까?

상업적인 성공

성공하려면 무엇보다도 중요한 조건이 하나 있다. 사업을 시작할 때 이미 어느 정도 높은 위치에 자리 잡고 있을 것. 무로부터 출발해서 성공한 사람은 예나 지금이나 흔하지 않다. 클로드 카레르가 15세기의 바르셀로나에 대해서 이야기한 것―"대상업에서 돈을 버는 가장 좋은 방법은……처음부터 약간의 돈을 가지고 있는 것이다"[25)]―은 어느 시대에나 타당하다. 장크트 갈렌의 상인 가문에서 태어난 안토니우스 호구어는 아주 젊던 1698년에―레이스베이크 평화조약*이 맺어진 직후인데 이 조약의 결과는 사실 아주 짧은 휴전에 불과했다―"그가 무엇을 할 수 있는지 한번 알아보기 위해서" 아버지로부터 10만 에퀴를 받았다. 그는 보르도에서 "아주 성공적으로 사업을 해서 한 달 만에 자본을 3배로 불렸다." 그다음 다섯 해 동안 그는 영국과 네덜란드, 그리고 스페인에서 상당한 액수의 돈을 모았다.[26)] 훗날 "위대한 우브라르"라고 불리는 가브리엘-쥘리앙 우브라르**는 1788년에 18세에 불과

---

* 레이스베이크(Rijswijk)는 네덜란드의 홀란트 주 남부에 있는 도시이다. 이곳에서 1697년에 아우크스부르크 동맹 전쟁을 종결하는 평화조약이 맺어졌다. 루이 14세가 네이메헌 조약 이후 획득한 영토를 모두 되돌려준다는 내용이었지만 실질적으로 프랑스는 중요한 영토를 그대로 간직했다. 그러나 분명 루이 14세의 제국주의적인 팽창에 일단 제동을 건 결과를 가져왔다.

** Gabriel-Julien Ouvrard(1770-1846) : 프랑스의 사업가. 종이 투기로 큰돈을 벌었으나 투기꾼으

했는데, 방데 지방의 앙티에에서 제지업을 하던 아버지로부터 약간의 돈을 받아 낭트에서 장사를 하여 커다란 수익을 올렸다. 프랑스 혁명 초기에 그는 엄청난 양의 종이를 사재기하는 방식으로 투기를 했다. 그것이 또 한 번의 큰 성공이었다. 다시 보르도로 가서도 그는 매번 큰 성공을 거두었다.[27]

사업을 시작하는 사람들이 돈 상자를 하나 가지고 있으면, 그 어떤 추천서보다도 가치가 크다. 프랑크푸르트의 레미 벤사는 루앙에서 활동할 대리인을 한 명 채용하려고 했다. 그 후보는 3명의 대상인의 보증을 받고 있었지만, 그는 여전히 미심쩍어했다. "나는 뒤가르 군에게 마음이 끌리는 것이 사실이야. 이 젊은이는 일하는 것을 아주 좋아하고, 글씨도 단정하게 쓰거든. 그런데 불행한 것은 이 젊은이가, 여하튼 내가 아는 한, 아무것도 가진 것이 없다는 것이지."[28]

처음 사업을 하는 초심자에게는 경제적으로 여건이 좋은 시기에 일을 시작하는 것도 운이다. 물론 그렇다고 해서 누구나 성공하는 것은 아니다. 상업적인 콩종크튀르는 변화하게 마련이다. 경기가 좋으면 많은 순진한 사업가들이 사업에 뛰어든다. 물결도 잔잔하고 바람도 알맞으면, 사람들은 자신감을 가지고 약간은 허세를 부리기도 한다. 그러나 날씨가 안 좋아지면 이들은 놀라고, 사나운 물결이 이들을 사정없이 삼켜버린다. 가장 능숙한 사람이나 가장 운 좋은 사람들, 혹은 출발할 때 여유 자금이 있던 사람들만이 이런 "무고한 유아 학살"*을 피해갈 수 있다. 결론이 무엇인지 짐작하고도 남을 것이다. 대상인이란 큰 파란을 겪지 않고 나쁜 콩종크튀르를 지나가는 사람이다. 수중에 으뜸 패를 쥐고 그것을 잘 사용하는 사람이다. 그리고 만

로 지목되어 프랑스 혁명 초기에 군에 입대해서 피신했다. 테르미도르 반동 이후 파리에서 사업을 재개하여 해군에 대한 보급, 정부에 대한 자금대출 등을 했다. 나폴레옹 때에도 역시 군 보급과 은행업으로 큰돈을 벌었으나 오히려 큰 재력 때문에 질시를 당해 감금되었다. 그후에도 계속 비슷한 사업을 수행했으나 1820년대 이후 불법수익 혐의로 오랫동안 재판을 받았다.

* 이 비유는 『성서』에서 나온 것이다. 예수가 탄생한 후에 헤로데 왕이 메시아가 태어났다는 소식을 듣고 모든 유아를 살해하라고 명령한 것을 가리킨다(『마태오의 복음서』 2장 16절).

일 모든 조건이 좋지 않으면 적당한 곳에 대피할 수 있는 사람이기도 하다. 뵈이스트는 은행의 수치 기록을 이용하여 암스테르담의 최대 기업 6개를 분석한 바 있다. 그 결과를 보면, 1763년에 갑작스럽게 심각한 위기가 닥쳤을 때, 이 6개의 기업 중에 5개가 아무런 피해를 입지 않고 이 위기를 넘겼고 나머지 하나도 곧 피해를 복구했다.[29] 7년전쟁이 끝난 해인 1763년에 나타난 이 **자본주의적** 위기는 유럽의 경제적 핵심부를 교란시켰으며, 암스테르담으로부터 함부르크, 런던, 파리에 이르기까지 연쇄적인 파산들을 가져왔다. 이것을 피할 수 있었던 것은 최상층의 지배적인 대기업밖에 없었다.

자본주의적인 성공이 돈에 달려 있다는 말은 이때의 돈을 모든 사업에 필수적인 자본의 뜻으로만 보면 그야말로 하나마나한 소리이다. 그러나 이때의 돈이란 투자자본 이외에도 보증과 특권, 공모와 보호 등 여러 가지를 가져다주는 사회적 고려를 의미한다. 그것은 자기 앞에 제시된 여러 사업과 기회들 중에서 선택할 수 있고(선택한다는 것은 유혹이면서 동시에 특권이다), 문호를 개방하려고 하지 않는 유통망을 강제로 뚫고 들어갈 수 있으며, 자신이 누리던 이점들이 위협받을 경우 그것을 지키고, 손해를 보전하며, 경쟁자들을 멀리 떼어버리고는 대단히 느리기는 하지만 확실한 보장이 있는 반대거래를 기다릴 수도 있고, 더 나아가서 지배자의 호의와 협력을 얻을 수 있는 가능성을 말한다. 또 돈은 더 많은 돈을 얻을 수 있는 자유를 의미하기도 한다. 왜냐하면 부유한 사람만이 돈을 빌릴 수 있기 때문이다. 크레딧은 갈수록 대상인에게 필수불가결한 도구가 되었다. 대상인의 자기 자본 혹은 "원금(principal)"은 사업에 필요한 정도에 비해서 대개 턱없이 모자랐다. 튀르고에 의하면,[30] "이 세상의 상업 중심지들 중에서 빌린 돈으로 사업을 하지 않는 곳은 한 곳도 없다. 그리고 대상인들 중에 다른 사람의 돈주머니에 기대지 않아도 좋은 사람은 하나도 없을 것이다." 「상업 신문(*Journal de Commmerce*)」(1759)에 실린 한 무명 논문은 이렇게 이야기한다.[31] "한 기업의 우두머리로서 자기 돈 20만 내지 30만 리브르를 가지고 매년 수백만 리브르의 사업을 하는 사람에게는 얼마나 큰 계산 능력, 여러 사고의 조합 그리고 용기가 필요한가!"

디포의 말을 믿는다면 가장 밑에서부터 꼭대기까지 상업계서제의 전체가 모두 그와 비슷한 방식으로 되어 있다. 소상인에서 대상인에 이르기까지, 또 장인에서 매뉴팩처 경영인에 이르기까지 모든 사람들이 크레딧으로, 다시 말해서 선(先, à terme, 디포의 표현으로는 at time)매매 방식으로 살아간다. 이 것은 예를 들면 5,000리브르의 자본을 가지고 매년 3만 리브르의 사업을 하는 것을 뜻한다.[32] 모든 사람이 차례대로 지불 연기를 요청하고 그것이 받아들여지는 것도 일종의 "대부 방식"이라고 할 수 있는데[33] 이 역시 탄력적으로 이루어졌다. "미리 약정된 시간을 지키는 사람은 20명 중에 1명도 되지 않을 것이며, 이 영역에서는 상인들 사이에 서로 편의를 보아주기 때문에 일반적으로 시간을 지킬 것을 기대하지도 않는다."[34] 모든 상인들의 장부에는 상품계정 외에 채권계정과 채무계정이 있다. 채권과 채무 양자 사이에 균형을 지키는 것이 현명한 일이지만, 이 형태의 크레딧을 포기하지 않는 것도 현명한 일이다. 그 결과 이 크레딧은 교환 총량의 4-5배가 된다.[35] 모든 상업체제가 여기에 의존한다. 이 크레딧이 멈추면 [상업에 힘을 주는/역주] 모터가 마모되다가 결국에는 서버리게 될 것이다. 중요한 것은 이것이 상업체제에 의해서 만들어졌고 그 속에 내재해 있는 크레딧이라는 점이다. 이것은 내부 크레딧이며 이자가 붙지 않는다. 디포의 의견으로는 이런 현상이 유별나게 활발한 곳이 영국이었으며 그것이 영국이 번영을 누리는 비밀이었다. 이것을 그는 "오버트레이딩(overtrading)"*이라고 했는데,[36] 그에 의하면 영국이 외국에 대해서 주도권을 잡게 된 것이 바로 이 때문이었다.

대상인은 이 내적인 편익을 통해서 이익을 보고 또 고객들에게도 이익을 준다. 그렇지만 대상인은 그 외에도 대부업자나 자금주라는 외부의 크레딧

* "자신의 자력(資力) 이상의 거래"를 뜻한다.

도 규칙적으로 이용한다. 이것은 다름 아닌 현찰을 빌리는 것이며 여기에는 이자를 지불해야 한다. 이것이 핵심적인 차이이다. 왜냐하면 이 돈을 사용하는 상업거래는 결국 이자율보다 훨씬 높은 이윤율을 확보해야 하기 때문이다. 디포에 의하면 통상적인 상업은 이렇지가 못했다. 이 경우에 "이자를 물고 빌리는 돈은 이윤을 갉아먹는 벌레"이다. 5퍼센트인 "합법적인" 이자율만 해도 모든 이익을 무료 돌릴 수 있다.[37] 고리대금업에 의존하는 것은 더더욱 자살행위나 다름없다. 그러므로 대상인들이 "다른 사람의 주머니", 즉 외부 크레딧에 의존할 수 있다는 것은 그가 평상시에 누리는 이윤이 보통 상인들의 이윤보다 훨씬 높다는 것을 말해준다. 여기에서도 우리는 특권적인 교환 영역의 특수성을 말해주는 구분선을 확인하게 된다. 우리가 많이 의존하고 있는 키르티 초두리의 책은 왜 그토록 대단한 지위를 누리던 동인도회사가 분배 영역 직전까지의 사업만 담당했을지를 묻고 있다.[38] 왜 동인도회사는 사전에 예정한 날에 창고 문 앞에서 경매 방식으로만 상품을 팔았을까? 이런 판매 방식만이 현찰로 이루어졌기 때문이 아니었을까? 이것은 일반적으로 지불 기간이 길어지는 도매 방식을 피하고, 가능한 한 빨리 자본을 회수하여 아시아 교역에 재투자하는 방법이다. 다시 말해서 이것은 시간을 아끼기 위한 노력이다.

자금주

"축적하라, 축적하라! 이것이 법칙이며 선지자의 말씀이다." 이것은 자본주의를 분석한 한 경제학자[마르크스/역주]의 말이다.[39] 그러나 이렇게도 말할 수 있을 것이다. "차입하라, 차입하라! 이것이 법칙이며 선지자의 말씀이다." 모든 사회가 축적을 하고 그 결과 일정한 자본을 갖추게 되면, 이것은 퇴장(退藏)된—즉, 어딘가에 쓰이지 않고 사용처를 기다리는—저축과 활기찬 경제(이전에 이것은 다름 아닌 상업경제를 의미했다)의 운하를 통과해 흘러가는 유용한 자본으로 구분된다. 만일 상업경제가 모든 수문을 동시에 열만큼 충분히 강력하지 못하다면, 자본은 불활성화된다. 달리 말하면 자본이 변질되어버린다. 자본주의가 완전히 자리를 잡으려면 축적된 자본이 최대한으로—물론 100퍼센트라고는 못하더라도—이용되어야 한다.

이렇게 자본이 경제에 주입되면 이자율의 변동을 가져오는데, 이것은 경제와 교환의 건강성을 재는 중요한 지표가 된다. 유럽에서 15-18세기 동안 지속적으로 이자율이 떨어졌다는 것, 1600년경 제노바의 이자율이 형편없이 낮았다는 것, 17세기에 네덜란드에서, 또 그다음 시기에 런던에서 이자율이 엄청나게 하락했다는 것은 모두 축적의 결과로 자본의 양이 크게 증가했으며, 자본이 풍부해지자 자본의 비용, 다시 말해 이자율이 떨어졌고, 상업거래량의 증가가 자본 축적의 리듬을 따라가지 못할 정도가 되었다는 것을 말해준다. 이 활기찬 국제 경제의 중심지들에서는 자본 대부가 대단히 활기차고 빈번해서 일찍이 자본가와 예금주가 만나게 되고, 접근이 용이한 화폐시장이 만들어졌다. 마르세유나 카디스에서 대상인은 예컨대 파리에서보다 더 쉽게 그리고 더 싸게 돈을 빌렸다.[40]

한편 자본 투자자의 세계에는 무수히 많은 소액 투자자가 있다는 것도 기억해야 한다. 이것은 그야말로 순진한 사람들의 돈이다. 한자 동맹의 항구나 이탈리아의 항구들, 또 16세기의 세비야 같은 곳에서도 언제나 작은 위험을 감수하면서 소액을 투자하는 소규모 하주(荷主)들(micro-chargeurs)이 있어서 출항하는 선박에 약간의 상품을 적재하는 사업을 했다. 이 배가 귀환했을 때, 이들은 다른 사람들에게 가장 좋은 사업 대상이 된다. 왜냐하면 이들은 현장에서 바로 현금을 회수하려고 하기 때문이다. 1557년에 리옹의 금융업자 조합(Grand Party)은 상당히 많은 수의 "소액 투자가들(micro-prêteurs)"을 끌어들였다. 소시민들이 조금씩 모은 돈은 예컨대 1529년에 수은 독점에 실패하여 파산한 아우크스부르크의 회히슈테터 가문이 모은 자금에서도 찾아볼 수 있다. 18세기 초에 "[마르세유의 대상인] J.-B. 브뤼니의 시종이 생-장-바티스트 호에 300리브르를 투자했고, R. 브뤼니[그 역시 대상인이었다]의 하녀인 마르그리트 트뤼펨이 1년 봉급이 60리브르에 불과한데도 라 마리안 호의 의장업에 100리브르를 투자했다"는 것은[41] 흥미로운 사실이다. 또 1705년의 한 장부를 보면, 꼭 믿어야 할 이유는 없지만, 한 하녀가 징세청부 조합(Cinq Grosses Fermes)에 1,000에퀴를 투자했다고 한다.[42]

소액 투자가만이 아니라 중간 규모의 투자가도 있다. 예컨대 제노바 상인들은 펠리페 2세에게 조직적으로 단기 대부를 했지만, 그들 자신은 중개인들의 도움을 받아, 스페인이나 이탈리아의 자금주들에게서 돈을 빌려 썼다. 스페인 국왕은 그가 빌린, 혹은 앞으로 빌릴 자금의 담보로 스페인 국채증서(juro)를 제노바인들에게 주었다. 이들은 양도인란을 공란으로 한 채 이 증서를 받은 다음, 이것을 대중에 넘겼다. 이렇게 해서 제노바의 재정가-은행가들은 국채 구매자들에게 이자를 지불하고서도 자신들의 자본금은 도로 챙기게 된다. 이 과정에서 그는 다른 사람들이 저리의 대부를 하도록 만든 셈이다. 이 돈을 마침내 국왕이 갚으면 그는 담보로 받았던 국채증서와 똑같은 액면가와 이자를 가지는 국채증서를 국왕에게 준다.* 이렇게 제노바 상인들의 요구에 응하여 대출사업에 참여한 사람들의 목록은 아마 시만카스(Simancas)의 고문서 보관소에서 찾을 수 있을 것이다. 나 역시 이곳에서 그러한 목록을 찾은 적이 있었는데 불행하게도 그 당시에는 이 자료가 얼마나 중요한지 몰라서 분류번호를 기록해두지 않았다.

이렇게 투기성이 적은 채권자들의 수와 그들의 대부 액수, 사회적 지위 등은 틀림없이 흥미로운 내용이다. 이런 채권자의 수가 증가했다는 것이 19세기에 일어난 중요한 사실이다. 그런데 이런 현상은 이미 18세기에 영국과 네덜란드에서 있었을 것이고, 베네치아, 제노바, 혹은 피렌체 같은 곳에서는 훨씬 더 일찍 일어났던 것 같다. 한 역사가에 의하면 1789년경에 루이 16세

---

* 오늘날의 공채발행 방식 중에 공모에 의한 간접발행과 유사하다. 즉, 정부가 금융기관을 통해 발행하는 것인데, 일반은행이 공채를 인수한 다음 은행 자신의 비용과 위험 부담하에서 일반 투자가들에게 판매하는 방식이다.

에 대한 대부에 참여한 사람들의 수가 50만 명 정도였으며 그 대부분이 파리인들이라고 한다.[43] 이 수는 검증을 거쳐야 하겠지만 불가능한 수는 아니다. 어쨌든 소액 투자가들의 돈이 사업에 들어가기보다는 국채에 들어가는 경우가 훨씬 흔했다는 것은 확실하다.

중간 규모의 투자가들 역시 흔히 같은 반응을 보였다. 이들은 이익을 늘리려는 욕구와 안전성에 대한 걱정을 동시에 가지고 있었기 때문이다. 그리고 그중에서는 대개 안전성에 대한 걱정이 더 중요한 동기였다. 예컨대 『일상사의 박사(Il Dottor Vulgare)』라는 투자 안내서를 보면[44] 과감하고 위험 선호적인 내용은 전혀 찾아볼 수가 없다. 물론 이 책에는 이렇게 쓰여 있다. "오늘날 [자기 집에] 돈을 안전하게 놀려두고 있다고 자랑하는 사람은 거의 없다.……이제는 투자 기회들이 언제나 널려 있기 때문이다. 특히 최근에 자주 시행하는 상(cens),* 환어음 그리고 로마에서 루오기 데 몬티(luoghi de monti)라고 부르는 공채가 도입된 이후 더욱 그렇다." 그러나 오해하지 말아야 한다. 사실 이 책에서 권하는 것은 조심스럽고 안전한 투자이다.

그러나 진짜 중요한 의미를 가지는 자본 투자자들은 대개 거물 인사들이며, 18세기 말에 특별한 의미로서 **자본가**(capitaliste)라고 부르던 사람들이다. 이들은 사업계를 관망하다가 경솔하게 투자할 수도 있고(이런 일은 언제든지 있을 수 있다), 혹은 능수능란한 설득에 휘말려서 그렇게 투자하기도 하지만(디포에 의하면 큰돈을 벌고 은퇴한 상점 주인이 흔히 현명하지 못한 결정을 내리는 수가 많다고 한다), 흔히는 나름대로 계산을 하고 결정을 내리게 마련이다. 이 투자자의 카테고리에는 부자라면 누구든지 낄 수 있다. 대개 **징세 청부인들**(traitants)[45]—이들은 단지 명의만을 빌려주고는 한다—이라는 이

---

* 원래는 중세법에서 약자가 강자에게 부과금을 냄으로써 그에게 의탁하고 보호를 구하는 것이었다. 일부 국가가 로마 교황청에 이런 의미로 부과금을 냈는데, 여기에는 종교적 신심과 정치적 의미가 합쳐져 있었다. 로마에서는 리베르 켄수움(liber censuum)이라는 장부를 두고 이를 관리했다. 본문에서는 이 부과금의 수납을 징세청부 방식으로 시행하는 것에 대한 투자를 가리킨다.

름 뒤에 숨어 있는 프랑스의 법복귀족 관리들, 대투자자 역할을 하는 네덜란드 도시들의 관리와 도시귀족들, 또는 16세기의 베네치아의 한 문서가 보여주듯이, 이 도시의 시정부에 내야 하는 조세와 부담금을 대신 징수하는 청부업자들을 후원하는 피에차리에(piezarie)라는 도시귀족들[46] 등이 있다. 이런 후원이 무료로 이루어진다고는 누구도 생각하지 않을 것이다. 라 로셀에서는 상인과 의장업자들이 "그들에게 자금을 빌려주는 투자자들 팀"을 가지고 있었다.[47] 제노바에서 대상업을 수행하는 최상층은 노빌리 베키(nobili vecchi : 구귀족)라고 부르는 아주 소수의 계급으로서, 이들은 결국 자본 투자자들이었다. 이들의 활동에 대해서는 앞으로 다시 살펴볼 것이다. 심지어 암스테르담에서도 1614년 이후에 암스테르담 은행의 자금 지원을 받는 대출은행이 존재하기는 했으나 이 대출은행은 잠시 동안만 상업대출을 했을 뿐이다. 1640년쯤에 이 은행은 일종의 공영 전당포가 되었고 상업대출의 기능은 개인 자본이 맡았다.[48] 네덜란드가 성공한 원인은 심지어 외국인도 혜택을 입을 정도로 손쉬운 크레딧이다. 17세기 런던의 화폐시장이 그렇게 단순하지는 않았지만[49] 현찰 부족이 심해지자 필요에 의해 크레딧이 발달했다. 그것을 주도한 사람들로는 환어음 거래 전문가인 증권 매매업자(billbroker), 저당 전문가로서 부동산 매매를 담당했던 대금업자(scrivner), 그중에서도 특히 영국 국채(fund)—이것은 이사크 데 핀토가 여러 차례 말했듯이 곧 진짜 보조화폐 역할을 하게 되었다—를 모집하면서 진짜 은행가 역할을 하고 있던 금세공업자(goldsmith)가 있다.[50]

프랑스에서는 18세기 중반이 되도록 이와 비슷한 것이 하나도 없었다. 단지 이때 가서야 네덜란드나 영국에 비해 사업상 뒤떨어진 것을 쫓아가기 시작했을 따름이다. 프랑스에서 크레딧은 잘 조직되지 못했고 거의 비밀리에 이루어졌다. 사회적 분위기도 여기에 유리하지 않았다. 자본 투자자가 처한 특별한 입장 때문인지(예컨대 국왕 관리가 투자하는 경우), 혹은 귀족적인 지위 때문인지(잘못 돈벌이에 나서면 귀족의 특권을 상실하게 되는 규정) 이들은 아주 조심스럽게 돈을 투자했다. 그리고 돈을 빌리는 사람들도 그 사실이 알려져서 자신의 신용도가 떨어질까 봐 두려워했다. 사업계의 일각에서는 어느 기업이 돈을 빌리면 그것을 의심스럽게 보는 경향이 있었다.

1749년에,[51] 루앙의 대상인 로베르 뒤가르는 이 도시의 한 외곽 지역인 다른탈(Darnetal)에 아마포 매뉴팩처와 염색 공장을 세웠다. 그는 남들이 알지 못하는 비밀 기술도 가지고 있었다(그 기술은 정직하게 얻은 것이었다). 이 사업을 시작하는 데에는 돈이 문제였다. 이를 위해서는 앞으로의 수익을 기대하고 돈을 빌려야 했다. 뒤가르의 한 동업자인 루베 2세가 이 어려운 작업을 떠맡았다. 그는 파리로 가서 사람들이 약속어음이나 환어음을 받고 현찰을 빌려주도록 미친 듯이 돌아다녔다. 그의 의도는 이러했다. 일정한 기간 후에 이런 증서를 갚아주고 다시 같은 일을 새로 시작한다는 것이다. 우리는 그의 서한들을 통해서 그가 어떻게 일을 처리했는지를 추적할 수 있다. 그는 마치 친구 집을 찾아가듯이 언제나 똑같은 사람들의 집을 방문해서 졸라댔다. 그러다 보면 뜻한 바를 얻기도 하고 실패하기도 했다. "이번에도 역시 시간이 필요합니다. 특히 이런 일처럼 대단히 조심스럽게 해야 하는 경우에는 더욱 그렇지요.……나보다 수줍음을 덜 타는 사람이든가 아니면 머리가 좋은 사람은 처음부터 이런 일을 더 잘하겠지만, 나는 사람들이 문을 닫아걸까 봐 두렵습니다. 만일 그렇게 문을 닫아걸면 그런 집은 지나쳐버려야 합니다"[52] 하고 그는 점점 초조해하는 뒤가르에게 편지를 썼다. 또 그는 여러 방법들을 조합해서 시도해보기도 했다. 뒷면을 공란으로 배서한 약속어음이나 환어음을 주는 대신, "[의심스러워하는 투자가들에게] 5년 뒤에는 매년 배당액이 늘어나는 주식을 제공할까 생각해보았습니다" 하고 루베가 썼다. 이 투자가들은 또다른 동업자인 다리스투아의 친척들이었는데 이들에 대해서 루베는 이런 기록을 남겼다(1749년 12월 5일). "다리스투아 씨는 그의 가족과 저녁 식사를 하러 갔습니다. 나는 그를 자극하고 부추겼습니다." 이런 것들을 서너 가지 읽다 보면 우리는 이것이 거의 곡예와 같다는 느낌을 받는다. 마지막 예를 보자. "……당신은 2월 20일부터 3월 2일의 기간에 대해서 르 뢰 씨에게 2만 리브르를 발행할 수 있고 12월 2일 자로 또 2만 리브르를 발행할 수 있지만, 그 대신 이것 전부는 반드시 갚아야 합니다. 나는 여기에 필요한 서류들을 건네주었습니다. 만일 당신이 원한다면 그의 이름으로 당신에게 어음을 발행하고 당신이 인수한 어음들을 그에게 보낼 수 있습니다. 어느 편이든 당신이 원하는 대로 하지요." 루베 2세는 결국 파산하여 다른 탈에 있는 매뉴팩처의 자기 몫을 포기하고(이 매뉴팩처 역시 1761년에 파산하여 정산서를 제출했다), 1755년 2월에 런던으로("콜먼 거리라는 작은 골목길에 있는 스틸 부인의 집으로") 도피했다. 도대체 어떻게 된 일일까? 그는 말 잘하는 중개인으로서 "거의 동냥을 하듯 해야 했고", 약간의 돈을 얻기 위해서도 "우선 예의상의 방문을 하고, 두 번째로 환심을 끌기 위해서 방문한 다음, 세 번째로 사업을 위해서 방문했다." 그렇지만 그는 불가능한 담보를 요구받았고, 그러다가 보르도나 런던에서의 파산사태 때문에 모든 자금줄이 갑자기 닫힌 때부터 최상의 조건을 가진 어음들마저도 할인을 할 수 없게 되었다. 간단히 말해서 그는 상인에게 정상적인 크레딧을 해주는 조직이 전혀 갖춰지지 않은 곳에서 활동했던 것이다. 그렇지만 사실 문제의 로베르 뒤가르는 서인도 제도와의 교역을 포함해서 모든 종류의 사업을 벌이고 있던 중요한 사업가로서, 원칙적으로 크레딧 문제에서 어려움을 겪을 이유가 없는 사람이었다. 역설적이게도 파리에는 자금이 모자라지 않았다. 예를 들면 파리, 루앙, 카디스에 지점을 둔 르 쿠퇴(Le Couteulx) 은행은 더는 예금을 받지 않으려고 할 정도였다. "우리는 돈을 지나치게 많이 가지고 있다.……우리의 자금은 금고 속에서 놀고 있다." 이러한 사태는 1734, 1754, 1758, 1767년 등 여러 번에 걸쳐서 일어났다.[53]

크레딧과 은행

은행은 중세와 근대의 유럽에서 무(無)로부터 갑자기 생긴 것이 아니다. 고대에도 은행과 은행가가 존재했다. 이슬람권에서는 아주 일찍부터 유대인 대금업자들이 있었고 서양보다 더 일찍이 크레딧 기구들을 사용했으며 그 중에서도 특히 10-11세기부터는 환어음까지 사용했다. 13세기에 기독교권 지중해 최초의 은행가들은 환전상들이었다. 이들 중에는 정기시를 따라서 돌아다니는 사람들도 있고 바르셀로나, 제노바, 베네치아 등지에서처럼 정주해 있는 사람들도 있었다.[54] 페데리고 멜리스에 의하면,[55] 피렌체를 비롯한 토스카나의 도시들에서는 상업 회사들이 하던 사업에서 은행이 탄생했다. 이 사업에서 결정적인 역할을 담당하는 사람은 "적극적인(actif)" 파트너로서, 그는 자금주인 "수동적인(passif)" 파트너에게 크레딧을 받아 일한다. 이 수동적인 파트너는 사업 자체는 잘 알지 못하므로 이 사업에 대해서 단지 간접적인 관계를 가질 뿐이다.

그러나 그 기원이 무엇인가 하는 문제는 접어두자. 또 공공은행이 분명히 설립된 시기(1401년 바르셀로나의 타울라 데 캄비스[Taula de Cambis], 1407년 제노바의 카사 디 산 조르조[Casa di San Giorgio, 1458-1596년에는 업무를 중단했다], 1587년 리알토 은행[Banco di Rialto], 1609년 암스테르담 은행, 1619년 베네치아의 지로 은행[Banco Giro]) 전후에 사은행들이 일반적으로 어떻게 발전했는지에 대한 문제 또한 접어두자. 1694년에 영국 은행이 세워지기 전에 공공은행들은 단지 예금과 계좌이체 업무만을 했고, 대부라든지 혹은 우리가 포트폴리오*라고 부르는 관리를 하지 않았다는 것은 잘 알려져 있다. 이렇게 공공은행이 하지 않던 업무들은 아주 일찍부터 사은행의 영역에 있었다. 예를 들면 베네치아의 디 스크리타(di scritta)라고 부르던 은행들,** 혹은 나폴리의 여러 은행들—이 나폴리 은행들에 대해서는 16세기의 기록들

---

* porfolio : 개인 투자가나 기관 투자가가 소유한 증권의 목록을 말하기도 하지만, 은행과 같은 대출기관에 대해서 이야기할 때에는 그 기관이 수행한 대출의 목록을 뜻한다. 포트폴리오 관리란 수익과 위험 사이에 적당한 균형을 이루기 위해 여신업무를 관리하는 것을 말한다.
** 이 책 제1권 634쪽의 역주를 참조하라.

이 많이 보존되어 있다―이 그런 예들이다.

그러나 여기에서 우리가 살펴보려는 것은 이러한 것들의 개별적인 역사가 아니라 크레딧이 언제, 어떻게 제도화되었는지, 다시 말해서 언제, 어떻게 은행 활동이 경제 내에서 지배적인 위치를 차지하게 되었는지 하는 것이다. 크게 보아서 서양에서는 은행과 크레딧이 비정상적으로 크게 고무된 시기가 세 번 있었다. 1300년 전후의 피렌체, 16세기 후반과 17세기의 첫 20년 동안의 제노바 그리고 18세기의 암스테르담이다. 그렇다면, 은행과 크레딧이 활발하게 발전하고 그것이 장기적으로 금융자본주의의 승리를 가져오는 듯하다가 중도에 발전이 막혀버렸다고 결론지을 수 있을까? 그러한 발전이 최종적으로 완수된 것은 19세기에 가서의 일이다. 그러므로 모두 세 번의 경험이 있었다. 즉, 큰 성공을 거두었다가 실패 또는 명백한 후퇴로 끝난 것이 세 번 있었던 것이다. 우리는 이 경험들의 대강을 살펴봄으로써 무엇보다도 이 경험들 사이에 이상하게도 일치하는 부분이 있다는 점에 주목하려고 한다.

1200년대(Ducento)와 1300년대(Trecento)*에 피렌체의 크레딧은 이 도시의 역사뿐만이 아니라 경쟁자인 다른 이탈리아 도시들, 더 나아가서 지중해 세계 내지 서양 전체의 역사와 관련이 있다. 피렌체의 대상업회사 및 대은행기업들이 자리를 잡아가는 과정을 잘 이해하기 위해서는 적어도 11세기 이래 유럽 경제가 회복되는 과정 속에서 그것을 보아야 한다. 이 움직임은 이후 수 세기 동안 이탈리아가 유럽 최고의 위치를 점하도록 만들어주었다. 13세기에 제노바의 선단들은 카스피 해를 항해했다. 이탈리아의 여행자와 상인들은 인도와 중국에까지 도착했다. 베네치아인과 제노바인은 흑해 연안의 교차로의 중심지에 자리를 잡았다. 이탈리아인들은 북부 아프리카에서 수단의 사금을 획득했다. 그 외의 다른 이탈리아인들도 프랑스, 스페인, 포르투갈, 네덜란드, 영국에 포진했다. 그리고 피렌체의 상인들은 향신료, 양모,

---

* '두첸토(Ducento)', '트레첸토(Trecento)'는 1200년대와 1300년대, 즉 13세기와 14세기를 가리키는 말이다. 흔히 이탈리아 역사를 이야기할 때 이런 용어를 많이 쓴다.

철기류, 금속, 아마포, 견직 등을 구매했을 뿐만 아니라 돈놀이까지 했다. 반(半)상업, 반(半)은행업을 수행하는 이 회사들은 피렌체에서 풍부한 현찰과 상대적으로 싼 크레딧의 이점을 누렸다. 바로 이것이 이들의 상업망에 효율성과 힘을 준 요소이다. 어음 교환, 이체, 송금 등은 브루게에서 베네치아, 아라곤에서 아르메니아, 북해에서 흑해로, 지점과 지점 사이에 자유롭게 이루어졌다. 끝내는 중국 비단이 런던에서 양모와 교환되기에 이르렀다……. 크레딧과 지폐는 만일 모든 일이 순조롭게 잘 이루어진다면 최상의 화폐이다. 이것들은 지치지도 않고 어디든 달려가고는 한다.

피렌체의 상사들이 거둔 성공의 정점은 무엇보다도 영국을 정복하고 보호처로 만든 것이다. 영국을 장악하기 위해서는 이곳의 유대인 대금업자, 한자 동맹 상인과 네덜란드 상인, 그리고 끈질기게 저항하는 영국 현지 상인들을 대신해야 했고, 같은 이탈리아 상인들의 경쟁을 물리쳐야 했다. 피렌체 상인들이 영국에서 활약하기 전에는 루카 출신의 리카르디 가문이 영국의 국왕 에드워드 1세의 웨일스 지방 정복사업에 돈을 대부해준 선구적인 일을 한 적이 있었다. 약간 이후에 피렌체의 프레스코발디 가문은 에드워드 2세의 스코틀랜드 정복사업에 돈을 댔다. 그리고 다음으로 바르디 가문과 페루치 가문은 장래에 백년전쟁으로 이어질 에드워드 3세의 프랑스와의 투쟁에 돈을 대주었다. 피렌체 상인들은 영국 국왕을 마음대로 주무를 수 있었을 뿐 아니라, 대륙의 여러 수공업 작업장과 특히 피렌체의 아르테 델라 라나(Arte della lana : 모직물 생산 길드)에 필수불가결했던 양모를 확보할 수 있었기 때문에 승리를 거두었다.

그러나 영국에서의 모험은 1345년에 바르디 가문이 일대 실패를 겪으면서 끝나게 된다. 바르디 가문은 "진흙으로 만든 발을 가진 거인"이라고 하지만 어쨌든 거인은 거인이었다. 에드워드 3세는 이 극적인 해에 바르디 가문과 페루치 가문으로부터 엄청난 액수의 돈을 빌렸다(바르디 가문에게 90만 플로린, 페루치 가문에게 60만 플로린). 이 액수는 양가가 소유한 자본과 비교해보아서도 엄청난 액수였는데, 이것은 이 두 가문이 다른 예금주들의 돈까지 합쳐서 이 거대한 대부행위를 했다는 증거이다(자기 자본과 다른 예금주들의 자본 사이의 비율은 대략 1 대 10 정도였다). 연대기 작가인 빌라니에 의하면 "피렌체 역사상 가장 심각한" 재난이었던 이 사건은 다른 재난까지 동반하여 이 도시에 아주 큰 짐으로 내리눌렀다. 이 파국에 대해서, 채무를 갚지 않은 에드워드 3세만큼이나 큰 책임이 있었던 것은 경기 후퇴였다. 이 경기 후퇴는 14세기를 크게 두 부분[전반기의 호황기와 후반기의 불황기/역주]으로 나누어놓았으며, 거기에 곧 흑사병까지 뒤를 이어 나타났다.

따라서 피렌체가 누리던 은행업의 부는 제노바와 베네치아의 상업의 부 앞에서 사그라들었다. 그중에서도 특히 가장 상업적인 성격이 강한 적수인 베네치아가 1381년에 키오자 전쟁*이 끝날 무렵 결정적인 승자가 되었다. 은행업에서 명백한 근대성을 보여주었던 피렌체의 경험은 국제적인 경제위기를 겪으면서 살아남지 못했다. 피렌체에서는 이제 상업활동과 산업활동 외에는 아무것도 살아남지 못했다. 15세기에 이 도시가 은행업을 다시 복구시키기는 했지만 예전과 같은 세계적인 선구자의 기능을 다시 맡지는 못했다. 메디치 가문은 바르디 가문과는 달랐던 것이다.

두 번째의 경험은 제노바의 것이다. 16세기 초부터 계속되었던 활발한 팽창이 1550년과 1560년 사이에 한풀 꺾이면서 동시에 유럽 경제는 왜곡을 겪었다. 아메리카 대륙의 은 유입은 지금까지 중유럽의 은 생산을 주도했던 독일의 대상인들에게 불리하게 작용했다. 다른 한편으로는 그때부터 금이 상대적으로 더 희귀해져서 금의 가치를 높이는 결과를 가져왔다(그렇지만 금은 앞으로도 여전히 국제거래상의 지불화폐와 환어음 거래의 지불화폐 역할을 계속했다). 이 변화를 처음 감지한 사람들이 제노바인들이었다. 고지 독

---

* 베네치아 근처에 위치한 도시 키오자(Chioggia)는 오랫동안 베네치아와 제노바의 쟁탈 대상이었다. 1379년에 제노바 측이 헝가리, 파도바와 연합하여 이 도시를 장악했으나 1381년에 베네치아 함대가 이곳을 탈환했다.

일[남부 독일/역주]의 상인을 대신해서 스페인 국왕에 대한 대부업자의 역할을 맡게 되면서 이들은 아메리카의 귀금속에 손을 댔고, 안트베르펜을 대신해서 제노바가 유럽 전체 경제의 중심지가 되었다. 따라서 이제부터는 14세기에 피렌체가 중심이 되었던 크레딧 체제—정기시를 쫓아다니거나 한 곳에서 다른 곳으로 연기되는 환어음(change)과 상환어음(rechange)을 기반으로 하는—보다도 낯설고 더 근대적인 경험이 발전하게 되었다. 물론 안트베르펜, 리옹, 아우크스부르크, 메디나 델 캄포 등지에서 환어음이 알려져 있었고 실제 사용되었으며 또 이런 곳들이 하루아침에 몰락한 것도 아니다. 그러나 제노바인들은 유가증권의 역할을 더욱 확대했다. 푸거 가문은 제노바인과 거래할 때에는 "종이[유가증권/역주]를 가지고(mit Papier)" 하는 반면, 자기 자신들의 거래에서는 "현찰을 가지고(mit Baargeld)" 한다고 하는데, 이것은 새로운 기술을 이해하지 못한 전통적인 대상인의 태도를 보여준다. 이와 반대로 제노바인은 스페인 국왕에게 자금을 빌려주었다가 아메리카 대륙에서 선단이 귀환할 때 8레알 화폐나 은괴로 지불받아서, 제노바가 중요한 은 시장이 되었다. 그리고 그들이 발행하는 환어음만이 아니라 베네치아나 피렌체가 발행한 환어음도 은을 주고 매입함으로써 이것들을 가지고 금의 유통을 지배하게 되었다. 그들은 스페인에서 은을 받고 그에 해당하는 액수의 돈을 안트베르펜에서 스페인 국왕에게 금으로 지불하기에 이르렀다 (스페인 국왕은 전쟁 비용이 필요했으며 그중에서 특히 군인의 봉급은 금화로 지불했던 것이다).*

제노바의 체제는 우리가 이미 말한 바 있듯이 1579년에 피아첸차에 대정기시를 설치함으로써 대단히 효율적으로 조직되었다.[56] 이 정기시들은 대상

---

* 16세기 후반 합스부르크 왕조의 스페인 지배하에 있던 네덜란드가 독립하려고 하여 80년전쟁이 일어난 상황을 가리킨다. 독립을 막기 위해 스페인 왕실은 네덜란드 지역에 군대를 파견했으며 이들의 봉급을 금화로 지불해야 했다. 이것은 제노바의 은행가들이 아메리카 대륙에서 들어온 은을 스페인으로부터 받고, 그 대신 네덜란드의 군인들에게 금화를 지급함으로써 해결되었다.

업과 국제지불에 관한 다양한 과업을 중앙에 집중시켰고 청산체제(clearing, 혹은 scontro[당시의 표현])를 조직했다. 이렇게 잘 짜여진 체제가 1622년에 해체되어 제노바 크레딧의 독점적인 지배가 끝났다. 왜 이렇게 되었을까? 오랫동안 사람들이 주장해왔던 것처럼 아메리카의 은 도입량이 줄어든 결과일까? 그러나 미셸 모리노의 혁신적인 연구는[57] 이 문제의 관점을 완전히 바꾸어놓았다. 그의 주장은 아메리카의 "보물"(은)의 유입량이 급격히 감소하지는 않았다는 것이다. 그리고 제노바에 8레알 화폐가 가득 든 상자들의 유입이 중단된 일도 없었다. 우리는 이러한 것을 보여주는 증거들을 가지고 있다. 제노바는 계속해서 귀금속 유입의 도상에 자리 잡고 있었다. 17세기 말에 경제가 되살아나면서, 이 도시는 8레알 화폐를 다시 끌어들였거나 적어도 이 도시를 거쳐가게 만들었다. 예컨대 1687년에 500만 내지 600만의 8레알 화폐가 이 도시로 들어왔다.[58] 사정이 이렇다고 할 때 제노바가 왜 상대적으로 위축되었는지는 불명확하다. 펠리페 루이스 마르틴이 제시하는 설명은 스페인의 국채 매입자들이 제노바의 상인-은행가들—가톨릭 왕(스페인 왕)에게 기꺼이 대부를 해주었던 사람들—에게 자본을 대주던 것을 멈추었고, 그러자 자기 자신의 힘으로만 지탱해야 하게 된 제노바인들은 스페인 측에 제공했던 대부금을 환수해버렸다는 것이다. 가능한 이야기이다. 그러나 내 생각에 가능성이 있는 설명이 또 하나 있다. 환어음의 통용이 가능하려면 그것이 유통되는 지역 간에 차이가 커야 한다. 그래야 유통되는 환어음이 가치를 가지게 된다. 그 당시의 표현으로 현찰이 "극도로 넓은(bestial larghezza)"[59] 경우에, 환어음은 아주 높은 비율로 고정되어버린다. 물이 너무 많아서 잠겨버리면, 물레방아가 돌지 못하는 법이다. 그런 식으로 1590-1595년에 중요 지역들은 모두 은이 과잉상태가 되었다. 이런 것이 원인이든 아니면 다른 원인이 있었든 간에 여하튼 제노바의 종이 산은 무너져 앉았다. 혹은 그 정도는 아니라고 해도 적어도 지배적인 조직의 힘은 이미 상실했다. 유럽의 사업계의 최정상에 자리를 잡았던 근대적인 정교한 크레딧 체제는 이번에도 아주 짧은 동안에만 명맥을 유지했다. 이 새로운 경험들은 50년도 채 지속되지 못했다. 그 경험들은 마치 앙시앵 레짐 경제가 감당할 수 있는 가능성을 넘어섰던 것처럼 보인다.

이 모험은 암스테르담에서 세 번째로 다시 재현되었다.

18세기에 암스테르담-런던-파리-제네바를 잇는 사각형 안에서 상업활동의 최정상에 은행의 효율적인 지배가 재구성되었다. 기적이 일어난 곳은 암스테르담이었다. 이곳에서는 다양한 크레딧 증서들이 계속해서 아주 중요한 위치를 차지했다. 유럽의 상품 교역 전체가 마치 크레딧과 할인의 활발한 움직임에 의해 원격조정되고 예인되는 것 같았다. 그러나 제노바에서처럼 여기에서도 이 세기 말까지, 다시 말해서 번성기의 끝까지 이 축이 유지되지는 못했다. 돈이 넘쳐나던 네덜란드 은행은 신용을 지키지 않는 유럽의 여러 나라 정부에 대부해주었다. 1789년 프랑스 정부의 파산은 네덜란드의 정확한 시계에 치명적인 일격을 가했다. 한번 더 종이 증서의 지배는 끝이 안 좋게 되었다. 그리고 모든 종류의 실패가 그렇듯이 이것도 수많은 문제를 일으켰다. 상품의 움직임, 현찰의 움직임 그리고 크레딧의 움직임이라는 삼중의 연결망이 서로 조화를 이루고 장애 없이 잘 운용되는 침착한 은행체제가 만들어지기에는 시기상조였을까? 그래서 1778년에 시작된 불황의 인터사이클* 국면과 같은 위기는 사실 돌아가는 사정상 거의 피할 길이 없었던 발전 방향을 가속화시킨 요소에 불과하는지도 모른다.

화폐 : 유통될 것인가, 퇴장될 것인가?

우리는 임금, 물가, 생산으로 경제국면의 리듬을 측정하려는 버릇이 있다. 그러나 사실 지금까지 거의 측정할 길이 없었던 요소인 자본-화폐(capital-argent)의 유통이라는 또다른 지수에도 주목할 필요가 있다. 자본-화폐는 차

---

* intercycle : 라브루스 사이클이라고도 한다. 10-12년 혹은 그보다 약간 긴 순환주기를 말한다. 이에 대해서는 이 책 제3권의 제1장을 참조하라.

례로 축적되고 사용되다가 숨어버린다. 간혹 가다가는 돈궤 속으로 완전히 숨어들어가버리기도 하는데, 이러한 퇴장은 예전의 경제에서 언제나 작용하던 부정적인 힘이었다. 흔히는 자본-화폐가 토지나 건물과 같은 가치보존용 피난처로 숨어들어가는 일이 많았다. 그러다가도 삼중으로 자물쇠를 채워놓았던 상자가 열리고 누구든지 원하는 사람들이 쓸 수 있도록 돈이 대량으로 유통되는 시대도 있다. 예컨대 네덜란드에서는 1979년보다는 차라리 1750년대에 돈을 빌리기가 더 쉬웠을 것이다. 전반적으로 볼 때 산업혁명기까지는 생산적인 투자에 여러 가지 제동이 걸렸다. 그것은 경우에 따라서 자본이 부족해서일 수도 있고 거꾸로 자본은 이미 마련되어 있으나 그것을 사용하는 것이 어렵기 때문일 수도 있다.

어쨌든 돈 구하기가 쉬운 때가 있고 돈을 구경하기 힘든 때가 있는 법이다. 모든 일이 손쉬울 수도 있고 아주 어려울 수도 있다. 외관상 이 세계를 지배하는 사람들[군주들/역주]이라도 이 점에서는 어떻게 해볼 수가 없을 것이다. 카를로 치폴라는 카토-캉브레지 평화조약(1559)*이 정치적으로는 이탈리아를 불구로 만들었지만 그 대신 일종의 평화와 안정을 가져다주어서 그 이후에 이탈리아의 사정이 더 편안해졌다고 주장했다.[60] 유럽 전체의 차원에서도 마찬가지여서, 1598, 1604, 1609년에 차례로 평화조약들이 맺어지고 난 이후가 돈을 구하기 쉬웠던 때였다. 물론 이렇게 얻은 돈이 한결같이 같은 방식으로 사용된 것은 아니다. 17세기 초의 네덜란드는 상업자본주의가 한창 발달하던 때였다. 같은 시기에 베네치아에서는 상품으로 번 돈을 자본주의적인 농업에 투자하고 있었다. 또다른 곳에서는 문화의 융성에 돈

---

* 1559년 4월 2일에 프랑스와 영국이 카토-캉브레지(Cateau-Cambrésis)에서 조약을 체결하여 프랑스가 칼레 지방을 계속 소유하되 그 대가로 영국에 8년 내에 50만 에퀴를 지불하기로 했다. 한편 다음 날인 4월 3일에 프랑스와 스페인이 체결한 조약은 프랑스가 이탈리아를 침공하여 일으킨 이탈리아 전쟁을 종식시키고 프랑스는 메스, 툴, 베르됭을, 또 스페인은 사부아 공작령 및 피에몬테의 주요 도시들을 소유하도록 결정했다. 평화 유지를 보장하기 위해 사부아 공작은 프랑스의 국왕 앙리 2세의 여동생인 마르그리트와 결혼하고, 스페인의 국왕 펠리페 2세는 앙리 2세의 딸 엘리자베트와 결혼했다.

을 쓰고 있었는데, 경제적으로만 본다면 이것은 빗나간 지출일 따름이다. 스페인의 황금세기, 대공 시대의 호화로운 남부 네덜란드, 스튜어트 시대의 영국, 앙리 4세 양식(루이 13세 양식이라는 이름으로 알려져 있지만)의 프랑스 등은 국민경제가 축적한 부를 소진해버린 것이 사실이다. 18세기에는 상업적, 혹은 금융적 투기와 사치가 함께 발달했다. 이사크 데 핀토는 자기 시대의 영국에 대해서 이렇게 이야기했다.[61] "이곳에서는 이제 상자 속에 돈을 넣어 보관하는 사람이 아무도 없다." 돈을 불리려는 욕심에서 보면 공채, 대회사나 영국 은행의 주식을 사는 것처럼 "자산을 굴리는 것"이 돈을 한 곳에 굳혀놓는 것보다 나으며, 심지어는 건물이나 땅을 사놓는 것보다도 더 낫다 (그 이전에 16세기에는 부동산 투자가 아주 수익성이 좋았지만 말이다). 1725년경에 디포 역시 상점에 대한 투자 정도라도 상업투자가 장점을 가지고 있다고 이야기하면서, 부동산은 연못에 불과하지만 반대로 상업은 샘이라고 말했다.[62] 그렇지만 18세기가 되어도 얼마나 많은 물이 아직 그대로 고여 있었던가! 한편으로 보면 부의 퇴장 역시 이유가 없는 것이 아니다. 1708년 곤경에 처해 있던 프랑스를 보자. 전쟁을 치르고 있던 프랑스 정부는 국가의 모든 힘을 다 동원했다. 그느라 지폐를 많이 발행했는데, 이것은 악화가 많이 만들어져서 양화가 쫓겨나도록, 다시 말해서 양화가 숨어들어가도록 만들었다. 남해(南海)*와 수익성 좋은 상업을 함으로써 대단히 많은 은이 유입되던 브르타뉴에서도 마찬가지였다. 1708년 3월 6일에 재무총감인 데마레에게 한 정보원은 렌에서 이런 보고를 했다. "어제 나는 이 도시에서 가장 유력한 부르주아 중의 한 사람의 집에 가보았습니다. 그는 아주 오래 전부터 이 지방의 유명한 대상인들과 해상이나 육로로 교역을 하고 있었습니다. 그가 나에게 말해준 바에 의하면 이 지역에는 3,000만 피아스트라 이상이 숨어 있고 또 6,000만 피아스트라 이상이 금이나 은의 형태로 보관되어 있는

---

* 여기에서는 남아메리카의 태평양 연안을 가리킨다.

데, 이것들은 [루이 14세 정부가 유통시킨] 지폐가 완전히 사라지고, 화폐가 안정적인 수준에 머물게 되며[당시에는 환율이 빈번하게 변동하고 있었다] 또 상업이 부분적으로 회복될 때까지는 다시 빛을 보지 못할 것이라고 합니다."[63] 여기에서 말하는 피아스트라 화는 생-말로 사람들이 페루 해안에서 이곳으로 들여온 것이다. 그리고 상업의 회복—1701년에 시작된 스페인 왕위 계승 전쟁의 종전이라고 바꿔 말할 수 있다—은 위트레흐트 조약(1713)과 라슈타트* 조약(1714)을 맺고서야 가능해졌다.

모든 사업가들은 이와 같은 신중함을 보였다. 위트레흐트 조약이 맺어지고 수개월이 지난 후에도 제노바에 있는 프랑스 영사는 이렇게 썼다. "모든 사람들의 자금 사정이 아주 빠듯하다. 그것은 서로 신용하지 못하기 때문이다. 이 때문에 크레딧에 의존해서 사업을 하는 사람들은 별다른 일을 하지 못하는 형편이다. 이 말은 결국 이 도시의 대부분의 상인들에게 해당한다. 최상의 자금원들은 막혀 있다."[64] 자금원들이 의존했던 카레라 데 인디아스 (Carrera de Indias : 서인도항로)가 카디스에서 은의 재분배 역할을 재개하고 나서야 이 자금원들이 풀렸다. 왜냐하면 은이나 금이 없이는, 혹은 이것들이 확실하게 되돌아온다는 보장이 없이는 "대규모 자금원"은 열리지도 않고 채워지지도 않기 때문이다. 1627년에 제노바에서도 마찬가지였다. 스페인 국왕에게 대부해주던 사업가들은 스페인 정부의 파산으로 도저히 회복할 길이 없을 정도로 피해를 본 이후, 펠리페 4세에게는 더 이상 1수도 빌려주지 않겠다고 결정했다. 밀라노의 통치자와 스페인 대사는 그들에게 집요하게 요구하고 압력을 가하고 심지어는 협박까지 했다. 그러나 이 도시는 완전히 돈이 다 떨어진 것 같았다. 그리고 모든 사업이 중단되었다. 이제 더 이상 환어음 거래가 한 건도 없게 되었다. 제노바에 상주하던 베네치아 영사는 서한들을 통해서 이곳이 겪고 있는 어려움을 이야기했는데, 결국 이러한 재정적

---

* Rastatt : 독일 서부지방에 있는 이 도시에서 1714년에 스페인 왕위 계승 전쟁을 마감하는 평화 조약이 맺어졌다.

인 곤경이 외교적인 성격은 아닌지 그리고 이것은 사업가들이 스페인 국왕에 대한 거부를 정당화하기 위해서 일부러 이런 상태를 유지하는 것은 아닌지 의심했다.[65] 그런데 이때 제노바인들이 스페인으로부터 자기 도시로 레알 화가 가득 찬 상자들을 보내고 있었으며 이 돈이 궁정의 돈궤에 쌓였다는 것을 보면 그의 말이 틀리지 않는 것 같다.

이렇게 쌓인 돈은 결국은 그곳에서 도로 나오게 되어 있다. 상인의 돈이 퇴장되는 것은 단지 새로운 기회를 기다리느라고 그럴 뿐이다. 1726년에 프랑스 동인도회사의 특권을 파기하는 문제가 제기되었을 때 낭트에서는 다음과 같은 글이 쓰였다. "우리 상인들이 자신의 계정으로 국왕의 사업[동인도회사]에 참여하거나, 혹은 이 일을 위해서 생-말로의 세력이 상인들과 결탁하려고 했을 때 우리 도시가 얼마만큼의 힘과 재원을 가졌는지 알게 되었다. 서로의 영역을 침범하지 않기 위해서 이 두 번째의 방식을 취했으며 모든 것은 생-말로 회사(Compagnie de Saint-Malo)라는 이름으로 하기로 했다. 이때 이 회사에 출자한 돈은 고작해야 400만 리브르 정도라고 생각했는데, 막상 결과를 보니 출자 액수가 모두 1,800만 리브르에 달했다.……우리는 현재 프랑스 왕국 전체를 몰락시키고 있는 동인도회사의 배타적인 독점권을 철회시키고 어디에서나 자유로운 교역이 이루어지도록 하는 데에 궁정에 제공한 고액의 돈이 일조했으면 하고 바란다."[66] 그러나 이 모든 노력은 다 소용없었다. 왜냐하면 동인도회사의 특권은 로 체제의 어지러운 결과를 이겨내고 살아남았기 때문이다. 그러나 이것은 일반적인 법칙이 어떻게 작용하는지를 보여주었다. 평화가 찾아오고 좋은 기회가 열리자 "왕국에 있는 돈은 모두 상업으로 되돌아갔다."[67]

그런데 과연 그 돈 전부가 상업으로 되돌아갔을까? 18세기에만 해도—특히 이 시기에—축적된 돈은 자본 수요를 훨씬 상회했다는 인상을 지울 수 없다. 영국에서 산업혁명이 진행되던 때에도 여기에 자금을 대기 위해서 이 나라의 모든 재원을 다 끌어다가 쓴 것은 아니다.

만일 필요했다면 실제로 그랬던 것 이상으로 더 많은 노력과 투자를 끌어다가 쓸 수 있었을 것이다. 스페인 왕위 계승 전쟁 동안 프랑스의 화폐 스톡은 루이 14세 정부가 발행한 지폐 액수인 8,000만-1억 리브르를 훨씬 상회했다.[68] 산업혁명 이전에 프랑스의 동산 형태의 부는 산업상의 필요보다 훨씬 컸다. 로 체제와 같은 것들이 일어날 수 있었고, 18세기에 탄광 경영에 필요한 고정자본과 유동자본을 필요한 때에 지체없이, 또 어려움 없이 마련할 수 있었던 것도 이렇게 설명할 수 있다.[69] 대량으로 남아 있는 상업 서신들을 통해서[70] 우리는 루이 16세 시대의 프랑스에는 노는 돈들이 가득해서, 젠틸 다 실바의 표현을 그대로 따른다면 "귀찮을" 정도였고 이 돈을 어디에 쓸지 알 수 없을 정도였다. 예를 들면 마르세유에서 18세기 후반에 자본 소유주들이 대상인들에게 5퍼센트의 이자율로 돈을 제공하겠다고 하면 이 돈을 쓸 사람이 거의 없었다. 그리고 만일 돈을 쓸 사람을 발견하면 "친절하게도 우리 돈을 잘 간수해주시는 것"에 대해서 감사해야 할 정도였다(1763). 사실 자본이 워낙 풍부해서 상인들은 자신의 자금이든지 위험을 나누어 가지는 동업자의 자금을 쓰지, 이자를 내야 하는 차입금을 쓰지는 않았다. 카디스에서도 마찬가지였다. 이곳의 대상인들은 "자신의 돈이 걸리적거릴 정도"라고 말하면서 4퍼센트의 이자를 무는 돈을 거부할 정도였다. 이런 일은 전쟁 때인 1759년만 아니라 평화 시기인 1754년에도 그랬다.

이런 사실로부터 18세기 후반에는 대상인들이 결코 돈을 빌리지 않았을 것이며 어디에서든 자본을 제공하려고 해도 헛일이었을 것이라고 결론을 내려서는 안 된다. 사실 그 반대였다. 파리에서 로베르 뒤가르가 겪었던 일이 그 점을 보여준다. 다만 돈이 지나치게 풍부해서 투자처를 찾아야 할 정도로 돈 얻기가 쉬운 때가 일반적으로 사람들이 믿는 것보다 더 빈번했다는 사실만을 기억해두자. 이런 점에서 프랑스 혁명 전야의 밀라노 여행에 관한 기록만큼 이런 사실을 잘 보여주는 것은 없다. 이때 이 도시와 롬바르디아 지방은 재정 및 금융기구 혁신의 무대였다. 왜냐하면 경제의 활성화로

이 나라가 흥성하고 있었기 때문이다. 몬테,* 은행, 대가문, 종교 기관, 징세 청부인, 강력한 사업가 집단 등에 대항하여 국가는 그동안의 비리를 개혁하는 사업을 수행할 수 있을 만큼 충분히 강력해졌다. 사실 비리는 거의 구조화되어 있었다. 밀라노와 롬바르디아의 부르주아지와 귀족층은 조금씩 국가를 잡아먹고 거의 모든 특권(regalia) 직책과 공공 부담금을 사적인 소득원으로 만들었다. 이에 대한 해결책은 하나였다. 여러 다양한 항목으로 국가가 양도한 소득을 되사는 것이다. 이 때문에 **엄청난** 자본이 지출되었다. 이러한 정책이 비교적 **빠른** 리듬으로 시행되자 롬바르디아에는 현찰이 넘쳐났고 이것은 이전의 지대수취인들에게 하나의 문제를 일으켰다. 갑자기 그렇게 큰 액수의 자본이 생겼는데 이것을 대체 어디에 쓸 것인가? 이 자본이 어디에 쓰였는지를 정확히 알 수는 없지만 여하튼 이 돈이 토지나 3.5퍼센트의 수익률을 가진 공채, 또는 도시의 건물을 구입하는 데에는 거의 쓰이지 않았다. 이 돈은 은행가나 외환거래인의 중개를 통해서 밀라노를 통과하는 국제 사업의 흐름에 투입된 것 같다. 이에 대해서는 그레피 회사가 좋은 예가 될 것이다. 그러나 중요한 점은 롬바르디아에 직물업 매뉴팩처와 금속 기업들이 존재함에도 불구하고 이 만나(manna)가 산업투자로 이어지지는 않았다는 점이다. 자금주들은 그와 같은 투자가 수익성이 좋을 것이라고 보지 않았다. 이들은 과거의 경험 때문에 불신을 가졌던 것이다. 사정이 이런데도 영국에서는 이미 산업혁명이 시작되었다.[71]

따라서 저축과 축재를 순전히 수치적인 현상으로 보아서는 안 된다. 마치 일정한 저축률이나 일정한 액수의 자본 축적이 있으면 거의 자동적으로 창조적인 투자로 이어지거나 새로운 성장률을 달성하는 것으로 보아서는 안 된다. 현실은 그보다는 더 복잡하다. 각각의 사회마다 서로 다른 저축 방식과 지출 방식이 있고, 각각의 편견이 있으며, 투자에 대한 유인과 제동 요인

---

* 이 책의 제5장을 참조하라.

이 서로 다르다.

자본의 형성과 사용에는 정치 역시 자기 역할이 있다. 예컨대 조세는 국민에게서 돈을 징수함으로써 어느 정도 유용하고 빠르게 돈의 흐름을 막든지, 방향을 바꾸든지, 혹은 복구시킬 수 있다. 프랑스의 조세체제는 징세청부업자들과 재정관료들의 수중에 엄청난 액수의 돈을 집중시켰다. 최근의 연구들은 이 공직자들의 활동 결과 이렇게 얻은 부가 건설적인 투자로 이어졌다고 이야기한다.[72] 콜베르 시대 이후나 루이 15세 시대에 그중 많은 사람들이 상업회사나 매뉴팩처, 그중에서도 특히 특권 회사나 특권 매뉴팩처에 투자했다는 것이다. 아마 그럴지도 모른다. 더구나 피에르 빌라르의 주장에 따르면, 18세기의 카탈루냐에서 국왕 조세와 영주 조세의 청부업은 프랑스의 총괄징세청부보다 훨씬 더 효율적인 재분배망이 되었다고 한다. 카탈루냐의 청부업은 "여러 상인과 장인의 손에 분산되어 있어서, 자신이 다루는 상품들을 상업자본이나 산업자본의 유통에 사용하든가 더 나아가서는 농업 근대화에 사용했기 때문이다."[73] 영국의 경우를 보면, 조세가 국채에 대한 보증 역할을 함으로써 국가에 더할 나위 없는 균형과 힘을 주었는데, 이것이야말로 세금으로 거둔 돈을 일반 유통에 들어가도록 만드는 훨씬 효율적인 방식이었다. 그러나 이 점을 당시 사람들이 언제나 의식하지는 못했다.

자본주의의 선택과 전략

자본주의는 경제가 제안하는 모든 투자와 진보의 가능성을 다 받아들이지는 않는다. 자본주의는 자기가 선호하는 방향을 따라 개입하기 위하여 끊임없이 콩종크튀르를 주시한다. 이것은 자본주의가 활동 영역을 선택하는 방법을 알고 있고 선택할 수 있다는 뜻이다. 그런데 자본주의의 우월성을 규정해주는 것은 어떤 선택을 했느냐보다는—그 선택은 콩종크튀르에 따라, 세기에 따라 끊임없이 변화한다—전략을 창출할 수 있는 수단과 그 전략을 변화시킬 수 있는 수단을 가지고 있다는 사실이다.

우리가 주목하는 세기들에 대해서 보여주어야 할 점들은 다음과 같다. 대상인이 비록 적은 수에 불과하지만 특히 중요한 전략적 거점에 해당하는 원거리 무역이라는 열쇠를 잡고 있었다는 점, 새로운 소식의 전파가 아주 느리고 비용이 많이 들던 이 시기에 더할 나위 없이 훌륭한 무기였던 정보를 장악하는 특권을 누렸다는 점, 일반적으로 국가 및 사회와 공모관계에 있었으며 그 결과 이들은 양심의 거리낌도 없이 아주 자연스럽게 시장법칙을 피해 갈 수 있었다는 점 등이다. 다른 사람들에게는 의무 조항이었던 것이 이들에게는 반드시 그렇지는 않았다. 튀르고는 상인은 시장을 벗어날 수 없으며 그곳에서 형성되는 예견할 수 없는 가격 변동에 종속된다고 보았다.[74] 이것은 설사 사실이라고 해도 반밖에 사실이 아니다!

자본주의 정신

자본주의 경제의 주역들이 어떤 "정신"을 가지고 있다고 보아야 할까? 그들에게 우월성을 가져다주고 그들의 성격을 결정적으로 규정하는 것으로서, 계산, 이성, 논리, 일상적인 감정으로부터의 초연함 등 한마디로 말해 절제되지 않은 이욕(利慾)으로 이끄는 어떤 정신이 있을까? 좀바르트가 견지했던 이러한 열정적인 견해는 오늘날 신뢰를 많이 잃었다. 슘페터가 강조하여 널리 퍼진 혁신과 기업가 정신 같은 것도 마찬가지이다. 자본가들이 이 모든 성질과 미덕을 갖출 수 있을까? 우리가 이 책에서 개진한 설명인 선택과 선택의 가능성이라는 것도 매번 최상의 길과 최상의 응답을 정확히 가려낸다는 의미는 아니다. 잊지 말아야 할 것은 자본가라고 해도 사회의 어느 한 층에 위치하며 그가 가진 해결책, 조언, 현명함 등도 흔히는 동료들에게서 나왔다는 점이다. 자본가는 자기 동료들을 통해서 판단한다. 그의 효율성은 그 자신에게서만 나오는 것이 아니라 그가 어떠한 위치에 있는지, 즉 중요한 교역의 흐름들이 모여드는 곳에 있는지, 아니면 변두리에 위치하는지, 결정이 이루어지는 중심지에 있는지—이런 중심지들은 어느 시대에든 구체적으로 명확한 위치를 가지는 법이다—등에서도 나온다. 네덜란드 동인도회사를 운영했던 17인 위원회(Heeren Zeventien)가 과연 천재성을 가지고 있었는지에 대해 루이 데르미니[75]나 크리스토프 글라만[76]이 의문을 제기한 것도 타당한 일이다. 17세기의 네덜란드에서 태어나 동인도회사라는 거대한 기구의 지배자들 중의 한 사람으로 끼게 되었다면, 이 사업을 잘 운영하는 데에 어떤 천재성이 필요했겠는가? 라 브뤼예르는 이렇게 썼다.[77] "좋은 자리에 있으면서 죽을 때까지 부유하게 살던 사람들을 생각해보라. 이들 중에 자기가 그렇게 된 것은 열심히 일해서 또는 자기가 성실해서 그런 것이라고 사람들로 하여금 믿게 만들지 못한 사람은 바보이거나 차라리 천치라고 할 수 있다. 이들은 어떤 사람이 강가로 데려다주었거나 아니면 아주 우연히 강가에 도착한 사람들이다. 사람들이 이들에게 '물 드시고 싶으세요? 그러면 길어서 드세요' 하고 말한 것이고 이들은 물을 길어서 마신 것에 불과하다."

흔히 이야기하는 이윤과 이익의 극대화가 자본가 상인들의 태도를 모두 설명한다고 믿어서도 안 된다. 물론 부호 야코프 푸거에 관한 일화 같은 것도 없지는 않다. 사람들이 그에게 사업에서 은퇴하라고 권하자 그는 죽을 때까지 "할 수 있는 한 돈을 벌고 싶다"고 말했다.[78] 역사상의 모든 일화들이 다 그렇듯이 우선 이 말도 반은 의심스러울 뿐만 아니라, 이 말이 사실이라고 해도 그것은 한 사람의 일생 중의 어느 한 시기에 그가 한 말이 사실일 따름이지, 한 계급 전체, 한 집단 전체에 대해서는 사실이 아니다. 자본가도 사람인지라 다른 사람들이 모두 그렇듯이 각각 상이한 모습들을 보인다. 타산적인 사람, 투기성이 있는 사람, 탐욕스러운 사람, 낭비하는 사람, 천재적인 사람이 있고, 어떤 사람은 단지 "운이 좋은" 사람일 수도 있다. 카탈루냐의 한 팸플릿(1809)은 "대상인이란 어떤 수단을 쓰더라도 자기 자본을 불리는 것만 생각한다"고 했는데[79] 이것은 우리가 관찰할 수 있는 수없이 많은 상인들의 서한에서 확인할 수 있는 내용이다. 이들이 돈을 벌기 위해서 일한다는 것은 의심의 여지가 없다. 그러나 이것과 근대 자본주의의 탄생을 돈에 대한 탐심, 절약하는 태도, 또는 합리적인 정신이라든지 신중히 계산된 위험의 추구 같은 것으로 설명하는 것은 천양지차이다. 보르도의 상인 장 펠레가 "상업상의 큰 이익은 투기에서 나온다"고 이야기한 것은[80] 아마도 사업가로서 그의 일생이 파란만장했다는 사실을 말해준다. 그러나 이 위험 선호적인 사업가에게 훨씬 이성적인 형제가 있다는 사실도 고려해야 한다. 두 형제 중에 한 명은 신중하고 또 한 명은 그렇지 않았지만, 이 두 사람은 모두 큰돈을 벌지 않았는가?

자본주의를 일정한 심성의 구현이라고 보는 "관념적"이고 단선적인 설명은 마르크스의 사고를 벗어나려고 했던 베르너 좀바르트나 막스 베버와 같은 사람들이 다른 길이 없어서 할 수 없이 택한 출구였다. 우리가 이들의 길을 쫓아가야 할 이유는 없다. 그렇다고 해서 나는 자본주의 속에서는 모든 것이 물질적, 사회적이거나, 혹은 사회관계에서 나오는 것이라고 보지는 않는다. 의심할 바 없이 명확한 것이 하나 있다. 자본주의가 하나의 편협한 기원에서 나오지 않았다는 점이다. 경제, 정치, 사회, 문화 내지 문명이 제각기 자신의 몫을 했다. 그리고 흔히 역사가 마지막 역할을 하면서 누가 이기고 지는지를 최종적으로 결정짓는다.

원거리 무역 : 1등 복권

원거리 무역은 아마도 상업자본주의의 기원에서 첫 번째의 역할을 했을 것이며 오랫동안 상업자본주의의 골격을 이루고 있었다. 이것은 진부한 진리이지만 오늘날에는 많은 역사가들이 하나같이 여기에 반대하려고 하기 때문에 그 풍화작용에 저항해서 지켜내야 한다. 그렇게 하는 데에는 좋은 이유와 그다지 좋지 않은 이유가 있다.

우선, 좋은 이유부터 살펴보자. 국외 무역(commerce du dehors, 국내 무역 [commerce du dedans]이라는 말과 대조를 이루는 이 말은 이미 몽크레티앙이 쓴 바 있다)이 소수의 활동이라는 점은 명백하다. 이 점은 누구도 부인하지 않을 것이다. 랭스의 부유한 상인 장 마유페르는 1674년 1월에 네덜란드에 있는 그의 대리인에게 다음과 같은 편지를 썼다. "포토시의 광산들이라고 해도 그것이 우리 산하[즉, 랭스]와 부르고뉴의 고급 포도주보다 낫다고 믿어서는 안 되네."[81] 이것은 어느 정도 과장이 섞인 말이겠지만 마블리 신부*가 이야기한 다음의 내용은 진정 타당하다. "곡물 상업은 페루보다 낫다."[82] 이 말은 곡물 상업이 수지에 더 중요하며, 이 거래량이 신대륙에서 생산하는 귀금속보다 더 크다는 의미이다. 장-바티스트 세는 그의 독자들을 더욱 놀라게 하기 위해서 "프랑스의 신기료 장수들이 신대륙의 광산보다 더 큰 가치를 창출한다"고 썼다(1828).[83]

이런 것은 확실한 진리이다. 역사가들은 자기 자신이 관찰한 것을 가지고 어렵지 않게 이것들을 증명할 수 있을 것이다. 그러나 나는 그 결론에 언제나 동의하지는 않는다. 자크 에르스는 15세기의 지중해에 대해서, 이곳의 상업 중에 후추나 향신료와 같은 [원거리 교역의/역주] 상품보다 밀, 양모, 소금과 같은 상품의 대규모 근거리 교역이 더 중요하다고 반복하여 주장했다(1964). 피터 마시어스는 산업혁명 전야에 영국의 해외무역은 국내 교역에 비해서 아주 뒤떨어지는 정도였다는 것을 수치를 들어가며 보여주었다.[84] 마찬가지로 마갈량이스 고디뇨는 소르본 대학 박사학위 논문 발표 때에 에르네스트 라부르스의 질문에 대해서 포르투갈의 농업생산이 후추나 향신료와 같은 원거리 무역보다 더 큰 가치를 가졌다고 대답했다. 단기적으로 아메리카 대륙의 발견이 별로 중요하지 않다는 점을 보이려고 애썼던 프리드리히 뤼트게는 16세기에 유럽 내에서 이루어졌던 지역 간 교역이 신대륙과 세비야 사이에서 이루어졌던 아주 소규모 교역보다 100배는 더 중요하다고

---

* Gabriel Bonnot de Mably(1709-1785) : 프랑스의 철학자, 역사가. 예수회와 생-쉴피스 신학교에서 공부했으나 성직자가 되지 않고 외교에 종사했다. 중농주의에 반대하는 저서들을 썼으며, 사회정의와 평등의 회복을 위해 특히 농업 관련 법규를 개혁해야 한다고 주장했다.

주장했다.[85] 이 말 역시 사실일 것이다. 나 역시 16세기에 지중해에서 해로를 통한 밀 교역이 기껏해야 100만 캥탈 정도였으며 이것은 이 지역 주민 전체 소비량의 1퍼센트도 안 되었고 그래서 이 교역은 곡물 생산이나 지방교역 전체와 비교하면 가소로울 정도의 영향밖에 미치지 못했다는 점을 이야기한 바 있다.[86]

이런 점들을 주목해보면 오늘날의 역사 연구들은 지난날의 역사가 잊고 있던 다수의 운명을 밝히려고 노력한다는 것을 알 수 있다. 영주가 아니라 농민들, 루이 14세가 아니라 "2,000만 명의 프랑스인들"에게 주목하는 식이다.[87] 그렇다고 해도 이것이 소수의 역사가 가지는 중요성을 훼손하지는 않는다. 다수의 사람, 사물, 상품은 거대한 가치를 가지지만 움직일 줄을 모른다. 그 때문에 이런 것들보다 소수가 더 결정적일 수 있다. 엔리케 오테는 풍부한 증거를 갖춘 논문에서[88] 아메리카 대륙과의 교역 관문으로서 새로 탄생한 세비야에서 스페인 대상인들이 다루는 거래량이 제노바의 상인 겸 은행가들이 취급하는 거래량보다 크다는 것을 보여주었다. 그렇다고 해도 대양을 넘어 이루어지는 크레딧을 만든 것은 제노바인들이며 만일 이것이 없으면 서인도항로의 상업순환은 불가능했을 것이다. 제노바인들은 자유롭게 활동하고 원하는 대로 세비야 시장에 개입할 수 있는 강력한 위치에 있었다. 역사의 선택은 옛날이나 지금이나 다수의 의견에 따라서 합리적으로 이루어지지 않는다. 오히려 소수의 활동이 다수에 대해서 우세하다는 것을 보여주는 증거들이 많이 있다.

우선 원거리 무역(독일 역사가들은 이를 페른한델[Fernhandel]이라고 부른다)은 원거리 무역상(Fernhändler) 집단을 만들었는데 이들은 언제나 다른 사람들과 구분된 채 따로 활동하는 사람들이었다. 이들이 거주하는 도시는 그들의 활동의 한 요소를 이룰 뿐이다. 모리스 도브는 이들이 수공업 장인과 **먼 곳에서 구해오는** 원재료(양모, 비단, 면……) 사이의 순환에 어떻게 개입하는지를 잘 보여주었다.[89] 이들은 또 완제품 생산과 그 원격지 판매 사이에도 개입했다. 파리의 대잡화상들(이들은 사실 원거리 무역상들이었다)이 직물상들에 반대하여 1684년에 국왕에게 올린 장문의 탄원서에서 이 점을 읽을 수 있다. 이들은 20여 년 전에 새로운 대규모 매뉴팩처들의 설립에 기여한 덕분에 모직물 판매 권리를 획득했는데, 부당하게도 직물상들이 그 권리를 금지시켜달라는 요구를 한 것이다. 잡화상들은 자신들이 "모직 매뉴팩처만이 아니라 투르나 리옹 및 왕국 내의 다른 도시들에 있는 또다른 매뉴팩처들[견직업 매뉴팩처를 말한다]을 운영하고 유지하고 있다"고 설명했다.[90] 그리고 특히 이들은 스당, 카르카손 및 루비에에서 자신들이 주도하고 판매해주는 덕분에 영국 및 네덜란드식 모직물을 생산하는 매뉴팩처들이 생겼다고 설명한다. 생산물을 외국에 팔 뿐 아니라 그들만이 스페인 양모와 다른 원재료들을 공급함으로써 현재 이 활동을 지탱해준다는 것이다. 산업활동이 원거리 무역상들의 수중에 있다는 것을 이보다 더 잘 보여주는 예는 없을 것이다.

수출입상들은 먼 이국의 산물들 또한 수중에 장악하고 있다. 중국과 페르시아의 비단, 인도나 수마트라의 후추, 실론의 계피, 말루쿠 제도의 정향, 서인도 제도의 설탕과 담배와 커피, 키토 또는 브라질 내부의 금, 신대륙의 지금이나 금괴나 은화 등이 그런 것들이다. 여기에서 상인들은 원격지의 광산이나 플랜테이션의 노동과 함께 말라바르 혹은 말레이 제도 해안에서 원시적인 농민의 노동의 "잉여가치(plus-value)"를 수취하는 셈이다. 그 양이 얼마 되지 않는다고 할지 모른다. 그러나 한 역사가에 의하면,[91] 지리상의 발견 이전에 유럽이 소비했던 1만 캥탈의 후추와 다른 향신료들은 6만5,000킬로그램의 은과 교환된 것인데(이것은 30만 톤 정도의 호밀에 해당하며 150만명 정도의 사람들을 먹여 살리는 양이다) 이것을 보면 사치품 무역의 경제적 영향이 전적으로 무시할 정도가 아니라는 느낌이 든다.

더구나 이 무역의 수익에 대해 이 역사가가 보여주는 아주 구체적인 면모를 보면 더욱 그런 생각이 든다. 1킬로그램의 후추는 인도와 같은 생산지에서 은 1-2그램의 가치를 가지는 데에 불과하지만, 알렉산드리아에서는 10-14그램, 베네치아에서는 14-18그램, 그리고 최종적으로 소비가 이루어지는 유럽 국가에서는 20-30그램의 가치를 가진다. 원거리 무역은 확실히 높은 수익을 보장한다. 이것은 서로 멀리 떨어진 두 시장 사이의 가격 차이가 크고, 또 그 두 시장에서 상호 관련 없이 수요, 공급이 형성되고, 그것이 단지 중개인의 활동에 의해서만 서로 연결되기 때문에 가능한 일이다. 시장에서 경쟁이 이루어지려면 서로 관련이 없는 독자적인 중개인이 많이 존재해야 할 것이다. 그런데 만일 어느 한 분야에서 이런 식으로 경쟁이 이루어지고 그 결과 고수익이 사라지면, 다른 무역로에서 다른 상품에 대해 고수익을 발견할 수 있다. 만일 후추가 일상적인 상품이 되고 값이 떨어지면 차, 커피, 인도 직물 같은 것이 너무 늙은 군주[후추/역주]를 대신하게 된다. 원거리 무역은 곧 위험을 의미하지만 대신 예외적인 고수익을 의미한다. 그것은 마치 복권 당첨과 같은 정도의 보상을 준다. 곡물은 대상인의 활동에 걸맞은 "제왕적(royale)" 상품은 아니지만, 기근과 같은 특정 조건에서는 그런 상품이 된다. 1591년에 지중해 지역에 흉년이 들었을 때 북유럽의 배 수백 척이 밀과 호밀을 뱃전 높이까지 가득 실은 채 평소와는 다른 항로를 따라 이 지역으로 들어왔다. 곡물 무역에 전문화하지 않았던 대상인들과 토스카나 대공 같은 사람들이 이 거대한 사업을 주도했다. 아마도 발트 해 지역을 항해하던 배들이 평소의 항로와 다른 이 지역으로 상품을 나르도록 하기 위해서는 비싼 삯을 지불해야 했을 것이다. 그러나 대신 그들은 굶주림에 시달리는 이탈리아에서 이 상품을 금값에 팔았다. 이 상업을 부러워하던 사람들은 시메네스 가문의 상인들—이들은 안트베르펜에 거주하는 포르투갈인들이지만 곧 이탈리아에 모습을 나타냈다—처럼 이 사업에 뛰어든 대상인들이 300퍼센트의 이익을 누렸을 것이라고 말했다.[92]

우리는 거대한 브라질 대륙을 넘어서, 혹은 그보다 훨씬 편안한 부에노스아이레스를 지나는 길을 통해서 일부 포르투갈 상인들이 몰래 포토시나 리마로 갔다고 이야기한 바 있다. 이들이 누렸던 이익은 정말 환상적으로 컸다. 마찬가지로 시베리아산 러시아 상품도 중국인에게 팔면 아주 큰 이익을 안겨주었다. 그것은 공식적인 경로—이르쿠츠크 남쪽에 있는, 후일의 캬흐타 정기시가 되는 곳[93]—를 통한 것일 수도 있고(이것은 3년에 투자 금액의 네 배를 얻는다고 한다), 밀무역의 형태일 수도 있다(이 경우 이익은 네 배였다).[94] 이것은 단지 지독한 과장일까? 그러나 영국인들도 캐나다 북부지방의 모피를 중국 상인에게 가져다가 파는 해로를 확보했을 때 역시 돈을 삽으로 퍼담지 않았던가?[95] 부를 약속해주는 또다른 곳은 17세기 초반의 일본이었다. 이곳은 오랫동안 포르투갈의 독점 사냥터였다. 매년 마카오로부터 카라크선인 교역선(a nao do trato)을 이용해서 나가사키에 200명에 이르는 상인들이 몰려왔는데, 이들은 일본에서 7-8개월 정도 살면서 거리낌 없이 25만-30만 테일*을 지출했다. "이것은 일본인에게 아주 큰 이익을 주었으며 이것이 일본인이 그들에게 친절한 이유였다."[96] 즉, 일본인들은 빵 부스러기를 주웠던 것이다. 마찬가지로 우리는 매년 아카풀코에서 마닐라 방향으로 여행하는 갤리온선에 대해서도 이야기했다. 이 경우에도 서로 멀리 떨어진 두 개의 시장이 있어서 한쪽의 산물이 대양을 건너서 반대편으로 가면 환상적으로 높은 가격이 되며, 그 거대한 가격 차를 이용할 수 있는 몇몇 사람들을 돈으로 뒤집어쓰게 만들었다. 슈아죌**과 동시대인인 벨리아르디 신부는 이렇게 말했다. "이 [갤리온선] 무역을 유지하는 데에 관심을 가지는 사람은 멕시코 상인들이다. 이들은 중국 상품을 판매함으로써 매년 그들이 부은 돈의 두 배를 벌어들인다.……현재 이 무역은 [마닐라에서] 아주 소수의 대상인들이 유지하고 있다. 이들은 자신들의 계정으로 중국 상품들을

---

* 1테일 = 1,000냥.

** Étienne François de Choiseul, duc de Choiseul(1719-1785) : 초기에 화려한 군사 경력을 쌓은 후 지성과 능력으로 퐁파두르 부인의 지지를 받음으로써 외교와 내치의 분야에서 최상의 권좌에 올랐다.

수입해서 곧 아카풀코로 보내버리고 그 대가로 피아스트라 화를 받는다."[97] 한 여행자의 말에 의하면, 1695년에 중국으로부터 누에바 에스파냐로 수은을 보내면 300퍼센트의 이익이 남는다고 한다.[98]

이와 같은 예들은 그 외에도 얼마든지 찾을 수 있다. 이런 사례들은 정보의 입수가 힘들고 불규칙한 이런 시대에는 거리가 떨어져 있다는 것 자체가 그것만으로도 고수익이 생기는 평범하고 일상적인 조건임을 보여준다. 1618년의 한 중국 문서는 이렇게 이야기하고 있지 않은가. "이 나라[수마트라]는 아주 멀리 떨어져 있기 때문에 이곳에 가는 사람은 두 배의 이익을 본다."[99] 잠바티스타 제멜리가 세계 일주 여행을 할 때, 그는 항해를 멈추는 곳마다 조심스럽게 상품을 골라서 샀다. 그것은 다음 목적지에서 매우 비싸게 팔려서 이 여행자의 경비를 충분히 보상해주고도 남았다. 그는 이러한 방법을 여행 중간에 만난 상인들에게서 배웠음에 틀림없다. 1639년에 한 유럽 여행자는 자바 섬 상인들이 돈을 버는 방식에 대해서 분개하는 말을 했다.[100] "이들은 마카사르 또는 수라바야에 가서 간탄스(gantans)당 1사타 데 카사(sata de caixas)의 값에 쌀을 산 다음 두 배의 이익을 보고 되판다. 발람부암에서는……코코넛을 100개당 1,000카사에 사서는 반탐에서 소매로 팔 때에는 8개당 200카사를 받는다. 이곳에서는 또 코코넛 기름도 산다. 그리고 이오아르탐, 제리치, 파티, 이바마의 소금을 800간탄스당 15만 카사에 사지만 반탐에서는 3간탄스에 1,000카사의 가치를 가진다. 그리고 이들은 수마트라에 아주 많은 양의 소금을 들여온다." 이 문장을 이해하기 위해서 간탄스라는 부피 단위가 정확히 어느 정도의 양인지 알 필요까지는 없다. 또한 카사라는 돈이 말레이 제도에 널리 퍼진 중국식 화폐라고 짐작했을 것이다. 사타는 카사 1,000개 묶음일 것이다. 앞에서 언급된 공급지역들을 정확히 찾아내서 반탐 시장으로부터 어느 정도의 거리만큼 떨어져 있는지를 보면 더욱 흥미롭다. 예컨대 마카사르는 반탐으로부터 1,200킬로미터나 떨어져 있다. 그렇지만 구매가와 판매가의 차이가 워낙 커서 수송비를 빼고도 이익이 대단히 클 수밖에 없다. 그리고 여기에서 우리가 짚고 넘어갈 점은 이렇게 아시아 지역에서 이루어지는 원거리 무역 상품들이 판 뢰르가 이야기한 바와 같이 무게가 조금 나가면서도 비싼 물품이 아니라는 점이다. 향신료를 생산하는 많은 섬들에 필요한 것은 언제나 식료품이었으며, 그것을 원거리에서 수입했던 것이다.

마지막으로 언급해야 할 중요한 사항이 있다. "상업적으로 보았을 때 포르투갈에서도 후추나 향신료보다는 곡물이 더 중요하다"는 말이 완전히 정확하지는 않다는 점이다. 왜냐하면 후추와 향신료는 전부 시장을 거쳐가지만 시장에 내다 팔지 않는 곡물에 대해서는 단지 역사가의 상상력으로 그 가치를 추산할 수밖에 없기 때문이다. 곡물은 극소량만이 시장을 통해서 거래되고 나머지 대부분은 자체 소비된다. 다른 한편, 내다 파는 곡물은 농민, 지주, 상인 등에게 아주 적은 이익만을 가져다주는 데다가, 갈리아니가 말했듯이[101] 그나마 아주 많은 사람들이 그 이익을 나누어 가진다. 따라서 이 분야에서는 축적이 거의 내지 전혀 이루어지지 않는다. 시몬 루이스는 한때 포르투갈에 브르타뉴의 곡물을 수입한 적이 있으나 그는 이것을 아주 불유쾌한 심정으로 회상했다.[102] 그의 말에 의하면 대부분의 이익은 수송업자들에게 빼앗기고 만다. 따라서 이 수송업자들은 상업의 지대수취인과 다름없다. 영국의 국내 교역은 엄청난 수의 중개인들이 담당하고 있으며 이들 전부가 이 만나를 조금씩 나누어 가진다고 말한 디포의 견해 역시 상기할 만하다. 디포 자신이 제시한 예들로 판단하건대 상인들이 나누어 가지는 그 만나의 양은 정말 소액이었다.[103] 이에 비해서 원거리 무역이 의심할 바 없는 우위를 점하는 까닭은 이것이 집중되어 있기 때문이다. 원거리 무역은 집중을 가져오고, 반대로 집중은 원거리 무역으로 하여금 자본을 재생산하고 나아가서 빠르게 증대하도록 하는 더할 나위 없는 도구이다. 그러므로 독일 역사가들과 모리스 도브가 이야기했듯이, 원거리 무역이야말로 상업자본주의를 창출하고 나아가서 상업 부르주아지를 창출한 핵심 도구였다.

교육과 정보

더 나아가 도제 교육과 사전 훈육 그리고 초보적인 수준을 훨씬 넘는 방법들의 습득이 없었다면, 상업자본주의가 존재하지 못했을 것이다. 피렌체에서는 14세기부터 세속 교육이 조직되어 있었다.[104] 빌라니에 의하면 1340년에 8,000명에서 1만 명에 이르는 어린 남녀 학생들이 초등학교(botteghuzza)에서 읽기 교육을 받았다(이때 이 도시의 인구는 10만 명이 되지 않았다). 니콜로 마키아벨리가 1476년 5월에 읽기 교육을 받기 위해서 들어간 곳도 산타 트리니타 다리 아래에 있는 초등학교였다. 이곳은 문법 교사인 마테오가 운영하는 학교로서 도나투스*라는 문법학자의 책의 축약본(이를 도나텔로[Donatello]라고 불렀다)을 배웠다. 이 8,000-1만 명의 학생들 중에서 1,000-1,200명 정도의 학생들이 다음 과정의 학교로 진학했는데 이 학교는 특히 상업 도제들을 위한 곳이다. 학생은 15세까지 이 학교에 다니면서 산수(algorismo)와 부기(abbaco)를 배웠다. 이 "기술" 과정을 마칠 때쯤이면 벌써 장부를 작성할 수 있는 정도가 되었다. 오늘날까지 남아 있는 이 장부들을 보면 신용판매, 위탁매매, 시장 사이의 어음 결제, 동업자들 사이의 이익 분배와 같은 내용이 기입되어 있다. 상점에서의 도제 수업을 통해서 장래의 상인을 위한 교육이 조금씩 완성되어갔다. 그들 몇몇은 가끔 "고등 과정"으로 진학하기도 했으며 특히 볼로냐 대학에서 법학을 공부하기도 했다.

또 이와 같은 실무 교육은 가끔 상인의 저택에서 진짜 문화라는 것과 결합되기도 했다. 조만간 메디치 가문의 시대가 될 피렌체에서 상인이 인문주의자의 친구가 되거나 상인 일부가 훌륭한 라틴어 학자가 되는 것은 놀라운 일이 아니다. 이들은 글도 잘 쓰고 또 글 읽기를 좋아했다. 어떤 사람들은

---

* Aelius Donatus : 4세기에 살았던 로마의 문법학자, 수사학자. 제자 중에 성 히에로니무스가 있다. 『대문법(*Ars Maior*)』과 『소문법(*Ars Minor*)』을 썼다. 『소문법』은 중세 내내 초등학교 문법책으로 쓰였고, 그 결과 그의 이름을 변형한 도나트(donat) 또는 도네트(donet)가 "문법" 또는 "공부"를 뜻하게 되었다.

『신곡(La Divina Commedia)』을 꿰듯이 알고 있어서 자신의 편지에 일부를 멋지게 인용하기도 했다. 이들은 보카치오의 『데카메론(Decameron)』의 광범한 독자층을 구성했다. 이들은 또 알베르티*의 현학적인 작품인 『가정론(Della Famiglia)』을 좋아했다. 이들은 중세적인 기베르티**의 예술에 대항하여 브루넬레스키***의 새로운 예술을 옹호하느라고 열심히 싸웠다. 간단히 말해서 이들은 우리가 르네상스라는 말로 표현하는 새로운 문명의 중요한 몫을 어깨에 짊어지고 있었던 것이다. 이것 역시 돈의 위력이었다. 하나의 특권은 또다른 특권을 가져다준다. 리하르트 에렌베르크는 로마에서는 은행가가 거주하는 곳에서 예술가들도 살고 있다고 주장했다.[105]

유럽의 상업세계가 전부 이 모델에 합치된다고 상상해서는 안 된다. 그러나 실제적이고 기술적인 교육은 어디에서나 시행되었다. 자크 쾨르는 아버지의 상점에서 실무를 배우고, 그후에 아마도 그의 일생을 결정짓는 계기가 된 것으로서, 1432년에 이집트로 가는 나르본의 갤리선에 탔을 때 실무를 익혔다.[106] "부호(der Reiche)"라는 별명을 가진 야코프 푸거(1459-1525)는 정말 천재적인 사람으로서, 베네치아에 갔을 때 당시 독일에는 아직 알려져 있지 않던 복식부기(partita doppia)를 배웠던 것 같다. 18세기의 영국에서는 대상업을 배우는 수련과정을 법률상 7년으로 규정했다. 대가문의 아들

---

* Leon-Batista Alberti(1404-1472) : 이탈리아의 인문주의자, 건축가. 망명한 피렌체의 대귀족 가문 출신으로 베네치아와 파도바에서 활약했으며 교황청의 고위직을 역임했다. 유명한 저서인 『가정론』에서 스스로 달성하려고 노력한 이상으로서 균형과 절제를 강조했고, 이를 인간이 가진 "덕(virtù)"으로 실현할 수 있다고 보았다. 언어에도 관심을 두어서 이탈리아어를 옹호하고 이탈리아 최초의 문법서를 썼으며, 자연과학과 수학에도 관심을 가졌다. 건축은 그의 모든 재능의 총합으로서 이탈리아 여러 도시들에 많은 건축물을 지었다.

** Lorenzo Ghiberti(1378-1455) : 이탈리아의 금세공인, 건축가, 조각가. 피렌체 세례당의 두 번째 문에 대한 조각 현상 공모에서 브루넬레스키를 비롯한 여섯 명의 경쟁자를 누르고 우승했다. 중세적 양식(이른바 국제 고딕 양식)이 강하게 남아 있는 작품이었다. 건축가로서는 브루넬레스키와 협력해서 산타 마리아 델 피오레 성당을 건축했다.

*** Filippo Brunelleschi, Filippo Brunellesco(1377-1446) : 이탈리아의 조각가, 건축가. 로마에서 고대 기념물을 공부하고 피렌체로 돌아와서 활약했다. 많은 작품들 외에도 특히 근대적인 원근법에 대한 연구로 유명하다.

들 중에서 상업에 투신하려는 사람은 흔히 레반트 지역에서 수련을 쌓았다. 스미르나와 같은 곳에서 이들은 영국 공사의 총애를 받으면서—맞는지 틀린지는 모르겠으나 세상에서 가장 수익성이 높다고 알려진—이곳의 상업에 처음부터 자신의 돈을 걸고 일을 했다.[107] 그러나 이미 13세기에 한자 도시들의 도제들도 자기 도시에서 멀리 떨어진 상관에서 훈련을 쌓았다.

간단히 말해서 배워야 할 사항들은 결코 녹록하지 않았다. 그런 것들 중에는 판매가와 구입가의 결정, 원가 및 환율의 계산, 도량형의 환산, 단리와 복리의 이자 계산, "위조 장부"를 꾸미는 기술, 화폐와 환어음 및 주문서와 신용증권들의 취급 방법 등이 있었다. 이것들은 결코 무시할 만한 일들이 아니다. 때때로 늙은 상인들은 우리가 말하는 "재교육(recycling)"을 받아야 했다. 한편 현재 남아 있는 14세기 이후의 많은 장부들 중에 명품들을 보면 감탄이 절로 나온다. 전 세계의 역사가들 중에 이 거대한 장부를 잘 이해할 전문가는 오늘날의 역사가들을 포함해서 세대마다 두세 명밖에 나오지 않는다. 그래서 이런 사람들은 이 장부들을 읽고 해석하는 법을 스스로 배워야만 했다. 페골로티*(1340)—물론 그 이전 시대의 것이 없지는 않다—부터 자크 사바리 데 브뤼롱의 『완벽한 대상인』(1675)—물론 이것도 최후의 것은 아니다—에 이르기까지 상인들을 위한 입문서들이 여기에 아주 귀중한 도움을 주었을 것이다. 그러나 이처럼 특별한 분야의 도제 수업에는 이런 것만으로 충분하지 않았을 것이다.

상업 서신들의 연구는 그보다는 쉽다. 상업 서신들은 최근에—이런 것들을 찾으려고 노력하자마자—대량으로 발견되었다. 아직 능숙하게 작성되지 못한 13-14세기의 일부 서신들을 제외하면, 베네치아 상인들의 서신은 아주 높은 수준이다. 바로 이렇게 높은 수준이라는 것이 그토록 **많은 비용**

---

* Francesco Balduccio Pegolotti(1290–1349) : 14세기 피렌체의 상인, 여행자. 바르디 가문 상사의 대리인으로 중국에까지 다녀온 후 당시의 모든 상업기술을 담은 『상업 실무(*Pratica della Mercatora*)』를 출간했다.

을 요구하는 우편 배달원들을 많이 사용한 이유이며 합리화이다. 정보를 얻는 것(s'informer)이 교육을 잘 받는 것(se former)보다 더 중요했으며 여기에서 무엇보다도 중요한 정보원은 바로 서신이었다. 서신을 교환하는 두 당사자 사이에 상품을 보내고 매매하거나 지불용 증서를 수발하는 등의 명령을 주고받는 것은 일부에 지나지 않는다. 이들은 반드시 오며 가며 듣게 된 유용한 소식들을 교환했다. 그중에는 정치, 군사, 작황, 또는 기다리는 상품에 관한 것 등 여러 가지가 있다. 이들은 현지의 상품, 화폐, 크레딧의 가격 변동을 아주 자세히 기록했다. 그렇지 못할 때에는 선박들의 움직임을 적어서 보내기도 했다. 마지막으로 빼놓지 않는 것은 환율의 변동으로서 대개는 추신 형태로 적어 보냈다. 이것에 관해서는 수없이 많은 예들이 있다. 그중의 하나가 소식지 「푸거 차이퉁겐(*Fugger Zeitungen*)」[108]이다. 이것은 아우크스부르크에 있는 푸거 가문의 기업이 모든 대리인들의 의견을 받은 것이다.

이런 형태의 정보가 가진 취약점은 파발꾼들이 느리고 불확실하다는 것이다. 이런 상황은 18세기 말까지도 마찬가지였다. 심지어 신중한 한 상인은 편지를 보낼 때마다 이전 편지의 복사본을 보낼 정도였다. 한 편지가 긴급하면서도 믿을 만한 중요한 소식을 전했을 때에는 "곧장 당신의 중개인을 불러야 한다(subito habi il sensale)." 1360년에 한 상인이 다른 상인에게 조언한 이 내용은[109] 사실 어느 시대에나 타당하다. 기회란 생겼을 때 잡아야 한다. 그리고 그 첫 번째 조건은 수많은 서신을 교환하고, 좋은 때에 좋은 사업기회를 알려주고 그렇지 않더라도 최소한 페스트처럼 피해야 할 것을 알려주는 다양한 정보망에 참여하는 것이다. 1688년에 네덜란드에 주재하던 루이 14세의 대사 아보 백작*은 낭트 칙령을 폐지하고 3년이 지난 후에도 계속 밀려 들어오는 프랑스 출신의 개신교도들을 주목했다. 그중에서 몽지노

---

* Jean Antoine de Mesme, comte d'Avaux(1640-1709) : 프랑스의 외교관. 네덜란드 대사(1678-1689)와 스웨덴 대사(1693-1697)를 역임했으며 네이메헌 조약(1678-1679)과 레이스베이크 조약(1697)의 체결에 참여했다.

라는 사람이 막 도착했다. "거인처럼 키가 큰 이 사람은 가스코뉴 출신인 것 같다……그는 약 4만 에퀴를 가지고 왔다. 오늘 아침에 나는 그와 대화를 나누었는데 이 사람은 정말 바쁜 것 같았다. 그는 밤이나 낮이나 **편지를 쓰고 있다**."[110] 인용문 마지막의 강조는 내가 한 것이다. 이것은 예기치 않은 내용이지만 사실 그렇게 이상하리만치 놀랍지는 않다. 그 내용은 알베르티가 말한 "손가락에 잉크를 묻히고 있는" 전통적인 상인의 이미지와 합치된다.

그러나 이런 정보들 중에는 부정확한 것들이 많다. 사정이 바뀌면 "동전은 다르게 돌아갈 수 있다." 계산을 잘못하거나 파발꾼이 늦게 도착하기만 해도 상인은 기회를 놓칠 수 있다. "그렇지만 우리가 놓친 사업기회들"을 다시 헤아려봐야 무슨 소용이 있겠느냐고 루이 그레퓔은 그의 형제에게 썼다(암스테르담, 1777년 8월 30일 자). "상인은 뒤를 볼 것이 아니라 앞을 보아야 해. 사실 상인이 과거지사를 돌이켜본다면 떼돈을 벌 수 있었을 기회나 파산할 뻔했던 경우를 한 100번쯤 생각할 수 있을 거야. 내 경우만 보더라도 내가 놓친 좋은 기회들을 헤아려보면 목을 매달 정도니까."[111]

특히 유용한 정보는 너무 공개되어서는 안 된다. 1777년에 루이 그레퓔은 인디고 사업을 하는 보르도의 동업자에게 이런 편지를 썼다. "만일 이 사업이 누설되면 일을 '조지게(f……)' 된다는 것을 기억하게. 다른 경우도 마찬가지이지만 이 물품도 경쟁자들이 달려드는 순간 우리가 받아먹을 것은 하나도 남지 않네."[112] 같은 해 12월 18일에 미국 독립전쟁이 전면전으로 확대되자 그는 또 이렇게 썼다. "결국 가장 중요한 것은 앞으로 어떤 일이 일어날지 누구보다도 빨리 알려고 애쓰는 것이네."[113] "다른 어느 누구보다도 빨리 하라. 만일 당신과 다른 상인들에게 가는 편지 한 다발을 받으면 당신 편지들부터 열어보라. 그리고 행동으로 옮겨라. 그리고 당신 일이 다 해결되었을 때 다른 사람들에게 편지를 돌려라."[114] 이것은 그 자신이 상인 출신인 『선량한 풍속에 관한 논고(*Trattato dei Buoni Costumi*)』의 저자가 권하는 충고이다. 이것이 1360년의 일이다. 그러나 자유경쟁의 나라에서 오늘날에 일어나는 일도 마찬가지이다. 1973년에 이른바 "행복한 소수(happy few)"가 받은 한 편지는 비싼 대신 아주 귀중한 간행물을 정기 구독하라는 초대를 하고 있다. 매주 타이프로 친 형태의 소식을 가장 먼저 받게 해주겠다는 것이다. "어느 정보든지 일단 공개되면 90퍼센트의 가치를 잃는다는 것쯤은 당신도 잘 알고 계실 것입니다. 다른 사람들보다 2-3주일은 먼저 알아야 합니다. 그러면 당신은 '안전하고 확실하게' 이익을 볼 것입니다. 독자들께서는 총리의 해임이 임박했고, 달러 화의 가치가 떨어졌다는 사실을 가장 먼저 알았던 사람이라는 것을 잊지 않을 것입니다!"

암스테르담의 투기꾼들 역시 정확한 것이든 틀린 것이든 소식에 목을 매고 있었다고 말한 바 있지만, 이들 역시 정보를 우선적으로 전해주는 서비스를 고안했다. 나는 우연히 이런 사실을 알게 되었다. 1779년 8월에 프랑스의 해군이 영불해협에 들어와서 공포 분위기를 만들었을 때, 네덜란드의 투기꾼들은 보통 때처럼 통상적인 파크보(paquebot) 여객선의 서비스가 아니라 네덜란드와 영국 사이를 대단히 빠르게 연결해주는 가벼운 선박을 이용했다. 이것은 홀란트의 스헤베닝언에 가까운 카트베이크를 떠나 영국의 하리치에 있는 소울즈에 도착했다. "여기에는 항구 시설이 전혀 없고 정박지만 있었지만 이 때문에 지체되지는 않았다.……" 가장 빨리 연결된 기록들을 살펴보면 런던-소울즈 10시간, 소울즈-카트베이크 12시간, 카트베이크-헤이그 2시간, 헤이그-파리 40시간 등이다. 따라서 런던과 파리 사이는 대략 72시간이 걸린다.[115]

투기와 관련된 소식 외에 예전의 상인들이 가장 먼저 알고자 했던 것은 오늘날 우리가 단기 국면이라고 부르는 것으로서, 그 시대의 언어로 이야기하면 시장 상황의 "넓음과 좁음"이다. 이 말(이것에 해당하는 유럽 각국의 말은 이탈리아 상인들의 은어인 라르게차[largheza]와 스트레테차[strettezza]라는 말에서 차용한 것들이다)은 콩종크튀르의 상승과 하강을 지칭한다. 이것은 시장에 상품, 현찰, 크레딧(즉, 환어음)이 많으냐 모자라느냐에 따라서 취할 수 있는 이익이 얼마나 되는지를 결정해준다. 예컨대 1571년 6월 4일에, 부온비시 가문은 안트베르펜에서 이렇게 썼다. "현찰 사정이 '넓기 때문에' 우리는 상품 쪽으로 주의를 돌렸다."[116] 우리는 이보다 10여 년 뒤에 이탈리아의 시장에 현찰이 넘쳐났을 때 시몬 루이스가 이와 같이 분별 있게 대처하지 못했다는 것을 보았다. 그는 피렌체 시장이 너무 "넓어서" 그가 통상적으로 수행했던 환어음 거래가 교란되는 것에 격노하여, 마치 이것을 그에 대한 개인적인 공격처럼 받아들였다.

그는 상황을 잘 이해하지 못했던 것이다. 이 시대에 상인들은 관찰을 통해서 이미 많은 경험을 누적했다. 대상인은 단기적으로 그때그때 대응하는 법을 알고 있었다. 그러나 지난날의 경제가 어떠했는지를 밝혀줄 초보적인 규칙들에 대해서 보자면, 상인이나 역사가의 집단 심성 속에 이것들이 잘 자리잡아서 그들이 제대로 이해하기까지는 많은 시간이 필요했다. 1669년에 홀란트 주를 비롯해서 네덜란드 전체가 상품은 많은데 잘 팔리지 않는, 풍요 속의 궁핍을 겪고 있었다.[117] 물가가 떨어지고, 사업은 부진했으며, 배를 빌리는 사람도 없고, 시립 창고들은 팔리지 않은 재고로 가득 찼다. 그렇지만 몇몇 대상인들은 계속 구매를 했다. 그들이 생각하기에는 이것만이 그들이 보유한 재고분의 상품가치가 지나치게 떨어지는 것을 막는 유일한 길이었으며, 사실 그들은 재력이 워낙 튼튼하기 때문에 이와 같은 가치 하락 방지책을 쓸 수 있었다. 그러나 왜 경제가 이토록 비정상적으로 장기간 고장 나서 갈수록 사업을 냉각시키고 있는지에 대해서는 네덜란드의 상인이나 외국 대사들 모두 수개월 동안 토론을 거듭했으나 달리 원인을 찾지 못했다. 그러다가 마침내 그들이 도달한 결론은 폴란드와 독일 지역의 흉작 때문이라는 것이다. 이것은 오늘날 우리가 말하는 앙시앵 레짐의 전형적인 위기를 의미한다.* 말하자면 구매자가 파업을 한 것이라고 할 수 있다. 그러나 이 설

---

* 앙시앵 레짐 시기에는 농업 흉작이 농민 및 영주의 구매력을 감소시키고 이것이 상공업을 부진시킴으로써 경제 전체의 위기를 가져온다는 주장이다.

명만으로 충분할까? 네덜란드는 독일과 폴란드의 밀과 호밀 이외에도 많은 요인들과 관계하고 있기 때문에 이 당시의 위기는 틀림없이 그보다 더 광범한, 아마도 유럽 일반의 위기였을 것이다. 사실 오늘날에도 이러한 종류의 광범위한 위기에 대해서는 누구도 명확하게 이해하지 못한다.

그러므로 대개 자기 시대의 경제적인 사고에 대해서 무지했던 이 사람들에게 너무 많은 것을 요구할 수는 없다. 한두 번 이들이 이런 방면으로 생각을 전개해본 적이 있다면, 그것은 단지 그럴 수밖에 없었기 때문이다. 즉, 지배자나 대신들을 설득해서 그들을 위협하던 결정이나 칙령을 피하거나 철회하도록 하거나, 혹은 그들의 사업이 대중에 대해서도 대단한 이익을 가져다주기 때문에 자신들에게 특혜나 독점권, 또는 보조금을 주어야 한다는 것을 이해시키기 위해서 논변이 필요했던 것이다. 이때에도 물론 그들은 자기 직업상의 좁은 일상적 틀을 거의 벗어나지 못했다. 사실 이 상인들은 당시의 초기 경제학자들에 대해서도 무관심하거나 귀찮아하는 정도였다. 『국부론(*The Wealth of Nations*)』(1776)이 처음 나왔을 때 존 프링글 경*은 변호사에게서 물리학에 관한 훌륭한 연구를 기대할 수 없듯이 상업을 해본 적이 없는 사람에게서 이 영역에 관한 훌륭한 이야기를 기대할 수는 없다고 이야기했다![118] 그는 분명 그 시대 사람들의 견해를 대변할 것이다. "경제학자들"이란 적어도 문학을 하는 사람들에게서 미소를 자아내게 할 뿐이었다. 그렇게 미소를 짓는 사람들 중에는 마블리 신부도 있고 매력이 넘치는 세바스티앙 메르시에, 볼테르(특히 그의 『40에퀴의 사람[*L'Homme aux Quarante Écus*]』**에서 이런 점을 볼 수 있다)와 같은 사람들도 있었다.

---

* Sir John Pringle(1707-1782) : 영국의 외과의사. 플랑드르 연대의 군의관을 거쳐 국왕 조지 3세의 시의가 되었다. 근대적인 군대 의학의 창시자이며 군 병원, 캠프 위생의 선구자이다. 이질이 하나의 질병이라는 것을 발견했고 인플루엔자(influenza)라는 단어를 만든 것으로 유명하다. 『군대의 질병에 관한 고찰(*Observation on the Diseases of the Army*)』(1752)을 썼다.

** 볼테르의 1768년 콩트로서 중농주의자에 대한 반발을 볼 수 있다. 순진하면서도 이성적인 한 사나이가 토지를 한 조각 소유했는데, 이 땅에서 1년에 40에퀴의 소득을 올려 20에퀴를 세금으로 냈다. 그러던 그가 철학자 겸 지리학자와 인간의 평균 재산 및 생명에 대한 토론을 한 끝에

"경쟁자 없는 경쟁"[119]

상인의 활동을 저해하고 괴롭히는 것으로 일반 **공공시장**(marché public)에 대한 엄밀하고 가차 없는 규제를 들 수 있다. 이 규제에서 벗어나려는 사람은 비단 대상인만이 아니다. 에버릿이 묘사한[120] 사거래 시장체제는 시장경제의 규모가 증대하고 속도가 빨라지며 변형되어가는, 그러면서 모든 계층에서 기업가 정신을 요청하는 데에 발맞추어 도처에서 일어난 반응이다. 그러나 이 체제가 흔히 불법적인 만큼(예컨대 그것은 영국에서보다 프랑스에서 덜 용인되었다) 이것은 일부 활동적인 사람들에게만 한정되었다. 가격 면에서든 아니면 거래의 양과 신속성 면에서든 이들은 전통적인 공공시장에서 계속 작용하던 제약과 행정적인 감시에서 의도적으로 벗어나고자 했다.

그러므로 우리는 여기에서 두 가지 순환을 상정해볼 수 있다. 감시받는 시장의 순환이 하나이고, 자유로운 내지는 자유로우려고 애쓰는 시장의 순환이 다른 하나이다. 만일 우리가 이것을 하나는 파란색으로서 다른 하나는 붉은색으로 지도상에 표시해본다면, 이것들이 서로 구분되면서도 동시에 서로 동반하고 더해지는 것을 보게 될 것이다. 여기에서 우리가 관심을 가지고 알아보려는 것은 어느 것이 더 중요한지(이 점에 대해서 대답한다면 초기에서든 이후 시기에서든 이전 체제, 즉 감시받는 체제가 늘 더 중요했다), 어디에서 더 양심적이며 공정한 경쟁이 이루어지고 잘 통제되는지, 그리고 혹시 어느 하나가 다른 하나를 포착하고 사로잡아 가두어버릴 수 있는지 하는 문제이다. 이런 점에 대해서는 비록 들라마르의 『경찰론(*Traité de la Police*)』에 나오는 사실들을 가지고 하는 이야기에 불과하지만, 감시받는 체제에는 정직한 시장 질서와 도시 소비자들의 이해를 지킨다는 의도가 있었다. 모든 상품이 공공시장으로만 들어온다면, 이곳은 당연히 수요와 공급이 구체적으로 만나는 지점이 되고 시장에서의 변화하는 가격은 다름 아닌 이 수요-

---

그의 충고를 따랐으나, 오히려 감옥에 갇히게 된다. 그후 이 사나이는 결혼하고 안정을 되찾았으나 이후에도 재정 입법, 나아가서 세계의 기원에 관한 이야기를 계속한다는 내용이다.

공급의 만남의 표현에 불과한 것이 될 것이며 그 결과 이것은 생산자와 소매상 사이의 실제적인 경쟁을 유지시켜줄 것이다. 그러나 비교적 장기적으로 보면, 교환이 증가함에 따라 이 규제는 부조리할 정도로 구속적인 것이 될 수밖에 없다. 그러나 사거래 시장의 직거래는 단지 효율성만을 목적으로 하지는 않는다. 경쟁을 없애고 하부에서 미시자본주의를 촉진시키려는 목적도 있는 것이다. 이것은 본질적으로 교환의 상층 활동의 자본주의와 같은 길을 따라갔다.

이 소자본가들이 흔히 작은 규모로나마 제법 빠르게 부를 쌓는 가장 통상적인 과정은 돈을 선대해주거나 초보적인 크레딧 활동을 통해서 시장 가격을 피해가는 것이다. 그것은 수확 전에 밀을 사들이고, 양모를 깎기 전에 양모를 사고, 포도 수확 이전에 포도주를 선매한 다음 상품들을 창고에 쌓아둠으로써 가격을 조정하는 방식으로 결국 생산자를 자기 마음대로 지배하려는 것이다.

그렇지만 일상적인 식량 공급 분야에서 이런 장난을 너무 심하게 하다가는 민중의 적개심과 분노를 사기 쉽고 고발당하기 쉽다. 프랑스에서는 이 경우 도시의 치안판사나 지사, 혹은 파리에서라면 상업참사회에까지 고발이 올라간다. 상업참사회의 판결문들을 보면, 겉보기에는 그리 크지 않은 규모라고 해도 아주 심각하게 받아들였음을 알 수 있다. "곡물과 관련해서는" 부주의한 조치를 취하는 것이 "아주 위험한 일이며" 민중의 좌절과 그에 따른 연쇄적인 반발에 직면하게 될 것이라고 상부에 보고했다.[121] 그래서 만일 암거래나 불법적인 소규모 사업이 감시가 부주의한 틈을 타서 수익성 좋은 독점을 성취하는 데에 일시적으로라도 성공했다면, 그것은 이 사업이 자본을 갖추고 잘 조직된 집단의 수중에 들어가 있으며 지방시장의 수준을 넘어섰기 때문이다.

파리에 대한 육류 공급은 대정육업자들과 상인들 집단이 연합한 대규모 컨소시엄이 장악하고 있었다. 이들을 위해서 일하는 노르망디, 브르타뉴, 푸아투, 리무쟁, 부르보네, 오베르뉴, 샤롤레의 상사(商社)들은 원래 정상적으로는 가축들을 그 지방시장으로 가져가야 하는데 값을 올려 받기 위해서 이런 정기시들을 피했다. 그뿐 아니라 목동들이 파리로 가축을 직접 가져가는 것도 못하도록 했다. 그들은 파리의 정육점 주인들이 돈을 제대로 주는 적이 없다는 말로 목동들을 설득시켰다. 그리하여 이들은 직접 생산자에게서 가축을 구매했는데, "이것은 아주 중요한 결과를 가져왔다. 이들이 연합해서 가축을 사들이는 양이 푸아시 시장의 거래 중에서 절반 이상을 차지하므로, 사람들이 반드시 그들에게서 살 수밖에 없다는 점을 이용해서 원하는 만큼 값을 올려 받았다"[122]라고 재무총감에게 올리는 한 자세한 보고서는 말하고 있다(1724년 6월). 서로 아주 멀리 떨어진 여러 목축지역들 사이에 벌어진, 겉으로 보기에는 아무런 잘못이 없어 보이는 이 사기 교역은 결국 그 교역의 최종 중심지인 파리 측의 부주의로 탄로나버렸다.

또다른 대규모 사업의 예로 이런 것이 있다. 1708년에 상업참사회에 올린 한 보고서는 "버터, 치즈 등의 음식물을 파는 이른바 보르도의 '지방(脂肪) 식품 장수들(graisseux)'이라고 불리는 상인들이 많이 모여서 만든 단체"를 고발했다.[123] 도매상이든 소매상이든 상관없이 이들은 "비밀 결사" 형태를 이루고 있었다. 1701년에 전쟁이 선포되었을 때 이들은 "커다란 창고에 상품을 잔뜩 쌓아두는 식으로" 값을 올렸다. 이런 짓을 하지 못하도록 막기 위해서 국왕은 전쟁 중임에도 불구하고 외국인들이 식량을 프랑스에 가지고 들어오도록 여권을 발부했다. 그러자 "지방식품 장수들"은 "항구에 들어오는 이런 종류의 상품들을 모조리" 사들였다. 그리하여 가격이 그대로 높이 유지되었다. 마침내 이들은 "이와 같은 독점을 통해서" 큰돈을 벌었다고 이 보고서는 지적하고, 이들이 번 돈을 약간이나마 도로 회수하는 방법으로 꽤 복잡하고 예상 못하던 방안을 제기했다. 비망록의 여백에 적힌 주석에는 이렇게 적혀 있다. 이것은 모두 다 맞는 말이다. 그러나 이 상인들을 공격하려면 실행하기 전에 두 번 생각해보아야 한다. "왜냐하면 사람들이 말하기를,

이들 중에는 아주 부유한 사람이 60명이 넘기 때문이다."[124]

이런 종류의 시도가 매우 빈번했지만, 그중에서 우리가 알고 있는 것은 행정기관의 개입을 통해서 일이 제대로 되지 않은 것들뿐이다. 예를 들면 1723년에 방돔 지역의 한 거간꾼은 포도 수확 직전에 모든 포도밭을 독점해보려는 생각을 했다. 그러나 이 지역의 포도 생산자들과 주민들이 탄원하여 이 거간꾼이 포도를 사지 못하도록 했다.[125] 1707년과 1708년에는 비엠 강가에서 유리를 생산하는 귀족 출신의 업자들이 독점업자들에 대항해서 싸웠다. "서너 명에 불과한 이 상인들은 큰 병(caraffon) 사업을 완전히 장악해서 이것을 파리로 보내고 있으며, 이들은 아주 부자이기 때문에 수송업자들이나 그 외의 빈곤한 사람들마저 배제해버리고 있었다."[126] 약 60여 년 뒤에 생트-므누의 한 상인과 클레르몽-앙-아르곤의 한 공증인이 같은 생각을 했다. 이들은 회사를 결성해서 10개월 동안 아르곤 계곡에 위치해 있는 "모든 유리 제조 회사의 소유주들과" 협상한 끝에 "이 공장들에서 만든 모든 병들을 9년 동안 이 회사에게만 팔든지 이 회사의 계정으로 팔도록 했다." 그 결과 이 지역의 병 공장에서 나오는 병들을 사용하던 샹파뉴의 포도주 생산업자들은 병값이 3분의 1 정도 오른 것을 알게 되었다. 세 번 연속해서 포도 수확이 형편없었고 그래서 병에 대한 수요가 매우 적었음에도 불구하고 "병 공장에서 만드는 물품을 수중에 장악한 이 백만장자 회사는 병값이 적정하다고 주장하면서 결코 값을 내리려고 하지 않았을 뿐 아니라……포도 수확이 좋은 때를 기다려 오히려 병값을 올리려고 했다." 1770년에 에페르네의 시장과 시의회가 탄원서를 내고 랭스 시가 이를 지지하자, 이 "백만장자들"이 지고 말았다. 이들은 위엄 있게 그러나 성급히 후퇴하고 그들의 계약을 무효로 했다.[127]

프랑스 왕국 내의 철물제품들을 전부 혹은 일부 장악하려던 철물 상인들의 (이른바) 독점 시도는 아마 훨씬 더 심각했다. 그러나 이것에 대해서 자세히 알아보려고 해도 우리가 가진 사료가 너무 적은 형편이다. 1680년의 한 문서는 프랑스의 철물공들을 좌우하기 위해서 외국에서 철을 공급받으려던 "파리의 모든 상인들 사이에 맺어진 음모"를 고발한다. 이 집단의 하수인들은 모베르 광장에 있는 그들 중의 한 사람의 집에 매주 한 번씩 모여서 철물을 공동 구매하면서 생산자들에게는 점점 낮은 가격을 제시하고 파는 가격은 변함없이 유지했다.[128] 1724년에 있었던 두 번째의 시도에는 리옹의 "부유한 대상인 두 명"이 연루되었다.[129] 두 번 모두 용의자들은 강하게 반발하면서 자신들은 잘못 기소된 것이라고 신을 걸고 맹세했으며 그들에게 이로운 증거를 대도록 관계당국을 끌어들였다. 정말로 그들이 잘못이 없었을까, 아니면 그들의 세력이 막강했던 것일까? 약 60년 뒤인 1789년 6월에 상업참사회 의원의 말에 의하면, 철은 리옹의 시장에서 아주 중요한 역할을 하며 "프랑슈-콩테나 부르고뉴의 철물소에 돈을 선대해주는 사람들은 [보케르 정기시에 자주 다니는] 리옹 상인들이었다."[130]

지방적인 관례를 이용해서 보호를 받는 엉큼한 종류의 소규모 독점이 있다는 것은 확실하다. 이것은 지방의 관례와도 잘 맞아떨어지는 것이라서 거의 항의를 받지 않는다. 이런 관점에서 됭케르크의 밀 거래 상인들의 단순한 계책은 감탄스러울 정도이다. 외국 선박이 이 항구에 곡물을 가져와서 팔려고 할 때(예컨대 스페인 왕위 계승 전쟁이 종식되기 바로 직전인 1712년 말에는 영국과 상업관계가 재개되었기 때문에 영국에서 15-30톤 규모의 아주 작은 선박들이 구름처럼 몰려왔다), 부두 옆에서는 100라지에르* 이하의 적은 양으로는 절대 팔지 않는 것이 규칙이었다(이때의 라지에르는 "물의 양을 재는 단위"인 라지에르로서 보통의 라지에르보다 8분의 1 정도 더 크다).[131] 따라서 일부 대상인이나 유력자들만이 항구에서 직접 매입할 수 있는 재력을 가지고 있었고, 다른 모든 사람들은 이곳으로부터 수백 미터 떨어진 시내에서 곡물을 사야 했다. 그런데 바로 이 수백 미터의 거리가 대단한 가격 차이를

---

* rasière : 노르망디의 옛 곡물 단위. 1라지에르는 약 50리터에 해당한다.

가져왔다. 1712년 12월 3일의 경우를 보면, 두 곳의 가격은 각각 21리브르와 26-27리브르였다. 이렇게 약 25퍼센트의 이익을 차지하는 외에 "물의 양을 재는 단위"인 라지에르와 보통의 라지에르 사이에 8분의 1 정도의 차이가 나는 것 역시 이익을 가져다주었다. 재무총감에게 보내는 이 보고서를 작성한 서민 출신의 관찰자는 큰돈이 있는 사람에게만 가능성이 열려 있는 이 매입 독점에 대해서 비록 우회적인 방식으로나마 분개하는 말을 했다. "소시민은 그렇게 고액의 구매를 하지 못하므로 한 푼도 벌지 못한다. 만일 이 도시의 모든 사람들이 균등하게 4-6라지에르씩만 사도록 명령한다면, 일반인이 겪는 곤경을 완화시켜줄 것이다."[132]

국제적인 차원의 독점

이제 차원을 바꾸어 대규모 수출입을 살펴보자. 앞에서 제시했던 예들을 보면 원거리 무역에서는 다양한 판매 장소들 사이의 거리와 이 교역에 참여한 사람들 사이의 거리가 워낙 커서 사실상 감시가 불가능하기 때문에 제약 없이 손쉽게 사업을 할 수 있으리라는 느낌을 받는다. 여기에 참여한 사람들은 시장을 우회하고, 법률적인 것이든 사실적인 것이든 독점 행위를 통해서 경쟁을 없애버리며, 수요와 공급을 완전히 분리해버려서, 긴 연쇄의 양쪽 끝에 있는 시장 상황을 잘 알고 있는 유일한 인물인 중개인만이 교역 조건을 결정하게 되어 있다. 이것이야말로 큰 이익을 보장해주는 유통에 끼어들어가는 데에 필수불가결한 조건이다. 충분한 자본과 현지의 크레딧 및 훌륭한 정보를 가지고 있을 것, 그리고 통상로의 요지에 친한 사람 또는 동업자—당신과 사업 비밀을 나누어 가지고 있는 사람—와 친교를 맺어둘 것……. 사바리 데 브륄롱의 『완벽한 대상인』이나 『상업 사전』만 보더라도 국제적인 경쟁에서 이길 수 있으려면 어떻게 해야 하는지를 이야기하고 있으나, 그것은 경제적인 최적점, 가격의 균형 및 수요와 공급의 균형 등 우리에게 익숙한 상업의 자유를 생각하면 다소 놀랍고 어쩌면 실망스럽기도 한 내용이다.

마티아스 드 생-장 신부는 그런 것들이 가난한 프랑스 왕국을 짓누르는 외국의 억압이라고 비난했다(1646). 네덜란드인들은 포도주와 증류주를 대량으로 매입한다. "오를레앙, 보장시, 블루아, 투르, 앙주, 브르타뉴 등지의 포도주들"이 집산되는 낭트는 네덜란드인들이 활약하는 거점이 되었는데 그 결과 포도밭이 늘어나서 루아르 지역의 밀밭이 위험할 정도로 줄어들었다. 포도 수확량이 너무 많아서 할 수 없이 많은 양을 태워서[증류해서/역주] "증류주로 만들어야 했다." 그러나 증류주를 만들기 위해서는 엄청난 양의 땔감이 필요하므로 가까운 숲이 황폐해졌고 그 결과 연료값이 크게 뛰었다. 이것만 해도 이미 사정이 어려운 데다가 네덜란드인들은 포도 수확 이전에 선구매를 했다. 즉, 이들은 농민들에게 자금을 선대해주었는데 "이것은 정말로 양심이 허락하지 않을 정도로 지독한 고리대금이었다." 이와 반대로 선금을 지불하는 거래, 다시 말해서 선금을 주고 포도 수확이 끝난 후 그 당시의 시장 가격에 따라 포도주 값을 지불하는 정도는 합법적이었다. 그러나 포도 수확이 끝난 후 값이 떨어지도록 만드는 것은 초보적인 기술에 속했다. "이 외국인 신사분들께서는 자기들이 사는 포도주의 값을 마음대로 주무르고 절대적으로 지배한다"고 마티아스 드 생-장 신부는 이야기했다. 그들이 행한 또다른 수작은 포도 재배농에게 술통을 가져다주는 것인데, "독일 술통처럼 생겨서 이 포도주를 가져다 파는 지역의 사람들이 보기에는 마치 이 술이 라인 포도주인 것처럼 보이도록 했다." 아마도 라인 포도주가 더 높은 가격이었던 모양이다.[133)]

또다른 방법은 그들이 상품을 공급하는 시장에서 물건이 딸리도록 교묘하게 조작하는 것이다. 물론 이렇게 하려면 가능한 한 끝까지 기다릴 수 있을 정도로 충분한 돈을 가지고 있어야 한다. 1718년에 영국의 튀르키예 회사—일명 레반트 회사*—는 "이 회사의 배들이 튀르키예로 떠나는 것을 열

---

* Levant Company : 1581년에 버글리와 월싱엄의 후원으로 레반트 지역과의 교역을 독점적으로 수행하기 위해 특허장을 받아 설립한 회사이다. 첫 5년간 27회의 여행을 하면서 동방 상품을

달 뒤로 미루기로 결정했다. 그리고 여러 차례 일부러 지체시키고는 했는데 그 동기와 이유에 대해서 공개적으로 이렇게 이야기했다. 이것은 튀르키예에서 영국 매뉴팩처의 상품값을 올리고, 영국에서 비단값을 올리기 위한 것이다."[134] 이렇게 하면 양쪽에서 이익을 보았을 것이다. 마찬가지로 보르도의 대상인들은 마르티니크에 상품을 보내는 시기와 양을 조절해서 유럽 상품이 이곳에서 모자라 값이 오르도록 만들고—그 결과 때로는 가격이 엄청나게 오르기도 한다—반대로 이 섬에서 내다 파는 설탕은 수확 직후에 싸게 샀다.

상인들이 가장 흔히 하려고 했던 손쉬운 해결책은 아주 널리 판매되는 상품들에 대한 독점이다. 어떤 경우에는 숨기기도 하고, 어떤 경우에는 오만하게 드러내놓아서 모든 사람에게 알려지기도 했으며, 때로는 아예 국가의 지원을 받기도 했다. 앙리 피렌에 의하면,[135] 14세기 초에 브루게에 있는 로베르 드 카셀은 "독점(enninghe)을 이루어 플랑드르에 수입되는 모든 명반을 다 사들이고 그래서 가격을 올리려고 했다"는 비난을 받았다. 그러나 사실 독점 행위를 시도하지 않은 회사는 하나도 없었다. 15세기 말에 바르셀로나 대외 교역의 절반을 담당하던 마그나 소시에타스(Magna Societas : 대상사[大商社])는 심지어 명백히 그렇게 하기를 원했던 것도 아니었는데 결국 이 귀중한 교역을 독점하게 되었다. 이 시기부터는 독점이라는 말이 무엇을 의미하는지 모르는 사람은 하나도 없었다. 아우크스부르크의 사료 편찬관이자 인문주의자이면서 동시에 상인들의 친구였던—그는 벨저 가문의 딸과 결혼했다—콘라트 포이팅어*는 독점이란 "모든 부와 상품을 한 사람의 손에

들여와 아주 높은 수익을 얻었으며, 이후 이 지역을 통해 아시아와의 직교역을 개척하려고 시도했다. 물론 이것은 네덜란드 측이 동인도 교역을 먼저 개발함으로써 무위로 돌아갔으나, 이것이 하나의 계기가 되어 영국 역시 동인도회사를 설립했다.

* Konrad Peutinger(1465-1547) : 독일의 인문주의자, 수집가. 수집품 중에 특히 유명한 것으로 15세기에 보름스에서 발견된, 로마 제국의 도로들을 나타내는 지도를 중세에 복제한 것이 있다 (일명 포이팅어의 도표).

가져다주는 것(bona et merces omnes in manum unam deportare)"이라고 단도직입적으로 말했다.[136]

실제로 16세기에 독일에서는 **독점**(Monopol)이라는 단어가 대단히 즐겨 쓰였다. 사람들은 이 말을 카르텔, 신디케이트,* 매점매석, 심지어 고리대금업 등에 구분 없이 썼다. 푸거, 벨저, 회히슈테터와 같은 거대 가문 기업들은 독일 전체보다 더 넓은 사업망을 가지고 있어서 그 거창한 규모 때문에 여론을 자극했다. 중소기업들은 이제 더 이상 살아남지 못하지 않을까 걱정했다. 그래서 이 기업들은 거인과 같은 대기업 독점과 전쟁을 치러야 했다. 어떤 대기업은 수은을, 또 어떤 대기업은 구리와 은을 독점했다. 뉘른베르크 제국의회는 1522-1523년에 대기업들에 반대하는 결의를 했지만, 카를 5세가 1525년 3월 10일과 5월 13일 자로 두 번 이들에게 호의적인 칙령을 발함으로써 이들은 다시 구제되었다.[137] 이런 배경에서 당대의 진정한 혁명가인 울리히 폰 후텐**이 독일과 주변의 여러 나라 땅에서 잔뜩 벌어지고 있는 귀금속 개발에 독설을 퍼붓는 대신, 아시아의 향료, 이탈리아나 스페인의 사프란 그리고 비단과 같은 제품에 독설을 퍼부었다는 것은 의아스러운 일이다. "후추, 사프란, 비단이여, 모두 망해버려라! 내가 진정으로 바라는 바는 후추 없이는 못 산다는 놈들이 통풍이나 프랑스병[매독/역주]에 걸렸으면 하는 것이다."[138] 자본주의에 저항하기 위해서 후추를 축출해버리려는 것은 사치를 비난하는 것일까, 아니면 원거리 무역의 힘에 항의하는 것일까?

독점은 힘과 꾀와 지력이 필요한 일이다. 17세기에 네덜란드인들은 독점기술의 달인으로 통했다. 스웨덴의 대포 주조를 맡았던 루이 데 예르와 그

---

* 카르텔(cartel)은 기업연합이라고도 하는데, 동일하거나 유사한 사업을 경영하여 경쟁관계에 있는 기업들 사이에 횡적인 결합을 하는 것을 말한다. 특히 공황이 발생했을 때 과도한 경쟁으로 서로 도산하는 것을 막기 위해 기업들이 카르텔을 결성하고는 한다. 그중에서 특히 공동 판매 기능을 담당하는 카르텔 중앙기관, 즉 공판(共販)회사를 신디케이트(syndicate)라고 한다.

** Ulrich von Hutten(1488-1523) : 독일의 기사, 인문주의자. 오랫동안 방랑하면서, 에라스무스를 만나고 로이힐린의 투쟁을 옹호하기도 했다. 종교개혁의 대의에 공감하여 성직자와 제후들을 신랄하게 비판했으나 그가 주도한 기사들의 반란이 실패로 끝난 후 망명했다.

의 처남이며 스웨덴의 구리 사업을 지배했던 엘리아스 트리프와 같이 무기 상업에서 단연 최고의 지위를 누리고 있는 유명한 예들을 자세히 거론할 필요도 없이, 암스테르담의 모든 대교역은 한정된 대상인 소수 집단이 지배했다. 이들은 고래수염,* 고래기름,** 설탕, 이탈리아 비단, 향수, 구리, 초석과 같은 중요한 상품들의 가격을 좌지우지했다.[139] 이와 같이 독점을 행사하는 데에 쓰이는 무기는 거대한 창고였다. 창고는 큰 선박보다 더 크고 많은 비용이 들었다. 이것을 이용해서 네덜란드 전체 국민이 10-12년 동안 소비할 수 있는 양의 밀을 비롯해서(1671)[140] 청어, 향신료, 영국의 직물, 프랑스의 포도주, 폴란드와 동인도의 초석, 스웨덴의 구리, 메릴랜드의 담배, 베네수엘라의 카카오, 러시아의 모피, 스페인의 양모, 발트 해 지역의 대마, 레반트의 비단과 같은 상품을 보관했다. 여기에는 언제나 같은 법칙이 통용된다. 현찰을 주든지 아니면 돈을 선대해줌으로써 생산자에게 싸게 산 다음, 창고에 보관하다가, 값이 오르는 것을 기다리든지 혹은 오르도록 조장한다. 전쟁이 일어나면 외국에서 들어오는 상품이 귀해져서 값이 오를 수밖에 없으므로, 전쟁 소식이 들려오면 암스테르담 상인들은 5-6층짜리 건물 창고에 빼곡히 상품을 채워넣는다. 예컨대 스페인 왕위 계승 전쟁이 일어나기 전야에 암스테르담에는 더 이상 빈자리가 없어서 배의 화물을 하역할 수가 없을 정도였다.

17세기 초에 네덜란드 상업은 그들의 우월성을 이용해서 루아르 지역들만이 아니라 심지어 영국마저 우려먹었다. 이들은 시골과 도시를 돌아다니는 영국이나 네덜란드의 중개인을 통해서 생산자에게서 직접—"1년 중 가장 싼 계절에 직접(at the first hand and at the cheapest season of the year)"[141](그런데 이것은 에버릿이 설명했던 "사거래 시장[private market]"의 뜻을 다시 한

---

*   fanon : 고래수염은 질기면서도 유연해서, 코르셋 재료로 많이 쓰였다.
** train oil : 고래의 지방조직에서 뽑아낸 기름은 16-19세기에 비누 원료와 램프용 연료로 쓰였고 오늘날에는 마가린, 요리용 기름 등으로 쓰인다.

번 생각해보도록 만든다)—구매하고, 현찰을 주든지 아니면 아직 짜지도 않은 직물이나 아직 잡지도 않은 생선에 미리 돈을 대주는 것과 유사한 선대 방식을 통해서 가격을 할인했다. 그 결과 네덜란드 상인들이 프랑스와 영국 산물을 외국에 판매하는 가격이 프랑스나 영국 안에서 판매할 때와 같거나 심지어 더 싸기까지 했다. 이것은 프랑스의 관찰자들에게 언제나 당혹감을 안겨주는 상황이었다. 이들로서는 네덜란드의 운임이 싸다는 것 외에는 이 현상을 설명할 길이 없었다!

발트 해 지역에서도 네덜란드 상인들은 유사한 정책을 통해서 오랫동안 북유럽의 시장들을 거의 절대적으로 지배했다. 자크 사바리 데 브륄롱의 『완벽한 대상인』이 나온 해인 1675년경에는 영국인들도 발트 해 지역으로 진출했지만, 아직 네덜란드에 비해서는 뒤처져 있었다. 프랑스인들도 이곳에 한자리 끼려고 했으나 수많은 곤경에 빠졌다. 이 게임에 참여하기 위해서 엄청난 자본을 모은다는 것부터 쉬운 일이 아니었다. 사실 발트 해 지역에 가져가는 상품들은 외상으로 판매하고 대신 그곳에서 구입하는 상품들은 모두 현찰—"북유럽 어디에서나 통용되는" 레익스달더 화*—로 사야 했다. 이 레익스달더 화는 암스테르담과 함부르크에서 구입해야 했으며, 그래서 이 일을 위한 대리인을 따로 두어야 했다. 발트 해 지역 항구에도 마찬가지로 대리인이 필요했다. 마지막으로 언급해야 할 어려움은 영국인과 네덜란드인의 방해공작이었다(이것은 특히 네덜란드인이 더 심했다). 네덜란드인은 "[프랑스인을] 따돌리고 염증을 일으키게 할 목적으로 온갖 짓을 다했다.……이들은 프랑스인에게 손해가 가도록 하기 위해서 상품을 싸게, 어떤 때에는 자신들이 큰 손해를 보면서까지 싸게 팔고, 비싸게 파는 곳에서 상품을 사기도 한다. 그래서 프랑스인들은 다시는 이곳에 오고 싶은 마음이

---

* rijksdaalder : 16세기 후반에 네덜란드에서 처음 주조한 은화. 네덜란드에서는 1809년까지 계속 주조했으며 1878년까지 유통되었다. 다른 나라들도 이 화폐를 모방하여 주조했으며 북유럽에서 무역 결제용으로 폭넓게 쓰였다. 화폐가치는 나라마다 상이했다.

들지 않게 된다. 북유럽에서 거래를 한 프랑스 상인들 중에 이런 네덜란드인의 못된 행위 때문에 파산한 예는 무수히 많다. 이 사람들은 대단히 큰 손해를 보면서 물건을 팔아야 했다. 그렇지 않으면 하나도 팔지 못하기 때문이다."[142] 네덜란드인의 이런 정책은 물론 의도적인 것이다. 1670년 9월에 프랑스 북유럽 회사가 조직되었을 때 요한 더 빗* 자신이 직접 그단스크로 가서 폴란드와 프로이센으로부터 새로 특권들을 획득했는데, "프랑스인이 수행하게 될 교역에 대해서 선수를 치려는 목적이었다."[143]

심각한 판매 부진의 위기를 겪었던 전 해에 네덜란드인이 어떻게 대응했는지를 보여주는 퐁폰**의 보고를 보아도 사정을 잘 알 수 있다. 이 해에 인도에서 18척의 배가 도착했다. 이미 재고가 가득한 상황에서 새로 유입된 이 상품을 어떻게 처리할 것인가? 동인도회사로서는 한 가지 방안밖에 없었다. 유럽 전체에 "후추와 면직물을 싼값으로 퍼부어서 영국을 위시한 다른 나라들이 아시아로 상품을 사러 가는 것 자체가 전혀 이익이 되지 않게 만드는 것이다. 이것은 이곳 사람들이 이웃과 상업 전쟁을 할 때 늘 사용하는 무기이다. 그러나 남이 이익을 보지 못하게 하려고 하다 보면 결국 자신의 이익도 사라져서 고통을 받기도 한다."[144] 사실 네덜란드인들은 워낙 부유해서 이와 같은 수작이 가능했다. 이 선단이 대량으로 가지고 들어온 상품들은 1669년 여름에 판매되었는데, 암스테르담 상인들은 이것을 전부 낮은 가격에 사들여서 그들이 이전에 사두었던 재고품들의 가격을 유지했다.[145]

그러나 암스테르담만이 아니라 모든 대상업 중심지가 국제적인 독점을 추구했다. 베네치아가 그렇고 제노바가 그렇다. 자크 사바리 데 브륄롱은

---

* Johan de Witt(1625-1672) : 네덜란드의 정치가. 초기에는 영국과 전쟁을 치렀으나 프랑스의 위협이 증대하자 영국 및 스웨덴과 협력하여 반불 동맹을 맺었다. 그러나 1672년에 프랑스가 네덜란드로 침공하자, 그가 정치적으로 억압했던 오라네 가문을 지지하는 민중이 봉기하여 그의 형인 코르넬리스와 함께 잔인하게 살해당했다.
** Simon Arnauld, marquis de Pomponne(1618-1699) : 프랑스의 정치가. 스웨덴과 네덜란드에 대사로 재직한 후 외무대신을 지낼 때 네덜란드 전쟁이 일어나 네이메헌 조약(1679)을 체결했다.

프랑스 산업에서 핵심적인 역할을 담당하던 생견사 시장을 예로 들어 이를 자세히 설명하고 있다.[146] 메시나*의 생견사는 무엇보다도 투르와 파리의 페랑딘** 그리고 무아르*** 생산에 쓰였다. 그러나 이 생견사는 피렌체, 루카, 리보르노, 제노바의 상업과 직조업에서 탐내는 물품이라 레반트산 생견사보다 구하기가 쉽지 않았다. 사실 시칠리아의 비단 시장은 제노바 상인들이 지배하고 있기 때문에 반드시 이들을 통해야만 구할 수 있었다. 다만 이곳의 마을 시장들에서 생견사를 생산하는 농민들로부터 직접 살 수 있는 길이 있기는 했다. 그러나 그러기 위해서는 한 가지 조건이 있었는데, 그것은 현찰을 주고 사야 한다는 것이었다. 그러므로 원칙적으로는 상업의 자유가 보장된 셈이지만 실제로는 사정이 달랐다. 16세기 말에 다른 이탈리아 상인들이 그랬던 것처럼 제노바 상인들도 토지에 많은 투자를 했는데 이때 이들은 "비단업이 가장 풍부하게 잘 발달해 있는 지역"을 골라서 사들였다. 그래서 이들은 쉽게 농민 생산자로부터 **선구매**를 할 수 있었다. 만일 생산량이 너무 많아서 가격이 떨어질 위험이 있으면 정기시나 시장에 가서 몇 꾸러미만 비싸게 사면 된다. 그러면 가격이 오르고, 그렇게 함으로써 그들이 이전에 구입해놓은 재고품의 가치가 다시 오른다. 게다가 그들은 메시나의 시민권을 가지고 있기 때문에 외국인에게 무겁게 물리는 부담금도 피할 수 있었다. 시칠리아인과 친교를 맺고 있던 투르의 비단 상인 두 명이 40만 리브르를 가지고 와서 제노바의 독점을 깨보려고 한 적이 있으나 결과는 실망만을 안겨주었다. 이들의 계획은 여지없이 실패했다. 네덜란드인들만큼이나 능수능란한 제노바인들은 이 투르 상인들이 메시나에서 산 것보다 더 싼 가격으로 리옹에 비단을 보냄으로써 이들에게 교훈을 주었다. 1701년의 한 보고서

---

*   Messina : 시칠리아 섬의 북서쪽 끝에 있는 도시.
**   ferrandine : 비단과 모직의 혼방으로, 17–18세기에 주로 장막을 만드는 데에 쓰였다.
***   moire : 견직물의 한 종류로, 표면의 오톨도톨한 돌기들을 눌러 처리해서 번들거리거나 물결치는 느낌을 주는 직물이다.

에 의하면,[147] 이 시대에 리옹인들은 흔히 제노바 상인들의 대리인으로서 그들과 공모하고 있었다. 리옹인들은 자신들의 경쟁자였던 투르, 파리, 루앙, 릴의 매뉴팩처에 흠집을 냄으로써 이익을 보았다. 그 결과 1680년부터 1700년 사이에 투르의 직조기 수는 1만2,000대에서 1,200대로 줄어들었다.

가장 큰 규모의 독점은 사실상으로나 법률상으로나 독점을 확보하고 있는 대상업 회사이며 특히 동인도회사가 대표적이다. 그러나 이 특권 회사들은 국가와 공모하여 만들어졌기 때문에 경우가 다르다. 우리는 이처럼 경제와 정치의 양쪽에 걸쳐 있는 독점들을 곧 살펴볼 것이다.

실패한 독점의 사례 : 1787년의 코치닐 시장

독점의 역할을 지나치게 과대평가하는 것은 아닌지 생각하는 사람이 있다면, 1787년에 호프 가문이 코치닐에 대해서 투기를 벌인 놀라운 이야기를 들으면 이해하는 데에 도움이 될 것이다. 이때 호프 상사는 암스테르담에서 러시아를 비롯한 여러 국가에 대한 대규모 대부를 수행하고 있었다.[148] 왜 이런 대자본주가 코치닐 투기 사업에 뛰어들었을까? 우선 이 회사 경영진이 적어도 "제4차" 영란전쟁* 말기인 1784년까지 거슬러올라가는 위기 동안에 자금차입 활동만 많이 하고 교역을 너무 등한시했으나, 이제는 상품에 대해서 사업을 할 호기가 왔다고 생각했기 때문이다. 누에바 에스파냐에서 공급하는 코치닐은 직물 염색에 쓰이는 사치품이다. 작은 사실이지만 아주 중요한 것으로, 이 상품은 보관이 용이하다는 특징이 있다. 헨리 호프는

---

* 일반적으로 영란전쟁이라고 할 때에는 17세기에 해상 지배권을 두고 영국과 네덜란드 사이에 벌어진 세 차례의 전쟁(1652-1654, 1665-1667, 1672-1674)을 이야기한다. 두 나라가 네 번째로 충돌한 것은 시기적으로도 떨어져 있고 성격도 다르다. 양국은 17세기 후반부터 한 세기 이상 동맹관계에 있었으나 네덜란드가 영국의 식민지들과 밀무역을 계속하면서 관계가 악화되었다. 영국은 급기야 1780년에 전쟁을 선포했으며 동인도와 서인도의 네덜란드 거점들을 점령하고 네덜란드 해안을 봉쇄해버렸다. 양국 사이에 직접적인 교전은 거의 없다시피 했다. 사실 이때에 네덜란드는 해군이라고 부를 만한 함대를 모으지도 못한 채 1784년 5월에 패전했다. 이것은 이제 네덜란드가 더는 강대한 해상 세력이 아니라는 사실을 극명히 보여주었다.

자신이 얻은 정보에 의하건대 앞으로 코치닐 생산이 줄어들 것이며 현재 유럽의 재고가 많지 않고(카디스, 런던, 암스테르담의 창고에 보관된 양이 1,750통[balles]에 불과하다고 누군가가 그에게 이야기했다) 몇 해 전부터 가격이 떨어지고 있었기 때문에 구매자는 당장 필요한 정도만 사고 있다고 확신했다. 그의 계획은 다름이 아니라 싼 가격에 여러 시장에서 동시에(그렇지 않으면 오히려 시장 상황을 들쑤실 위험이 있으므로) 구매를 해서 현재 유럽에 있는 재고 중 적어도 4분의 3을 산 다음, 가격을 올려서 판다는 것이었다. 이 투자에 필요한 자금은 150만 내지 200만 길더로 추산했는데 이것은 정말로 대단한 금액이었다. 그는 이 사업에서 기대만큼 커다란 이익을 보지는 못한다고 해도 최소한 손해는 보지 않을 것으로 생각했다. 그는 모든 곳에서 런던의 베어링(Baring) 상사의 도움을 받아 이 사업을 추진했으며, 베어링 상사 자신은 이 사업에 4분의 1의 비율로 참여했다.

그러나 이 사업은 대실패로 끝났다. 그 원인은 무엇보다도 잠재적인 위기에 기인했다. 가격이 충분히 오르지 못했던 것이다. 그리고 파발꾼의 속도가 느려서 명령을 전달하고 그것을 수행하는 데에 시간이 많이 들었다는 것도 또다른 원인이었다. 그러나 무엇보다도 기존 재고가 정보원들이 사전에 이야기했던 것과는 비교할 수 없을 만큼 많다는 사실이 드러났다. 호프는 그래도 고집스럽게 마르세유, 루앙, 함부르크, 심지어는 상트 페테르부르크에서도 구매를 계속했으나 그러는 가운데 실망만을 맛보았다. 마침내 그는 원래 예상했던 것보다 2배나 되는 양을 수중에 넣게 되었다. 이제 이것을 다시 판매하는 데에는 많은 어려움이 따랐다. 우선 러시아-튀르키예의 전쟁 때문에 레반트에서 판매가 부진했고, 직물업의 위기로 프랑스에서도 판매가 부진했기 때문이다.

결국 이 사업은 엄청난 손해를 가져왔다. 대부호인 호프는 이 손해를 불평 없이 감수했고, 그러는 동안 해외 대부라는 수익성 좋은 투기를 계속했다. 여하튼 우리는 이 에피소드를 통해서, 특히 이 회사의 문서 보관소에 보관된 서신들을 통해서, 이 시대 상업세계의 분위기를 잘 살펴볼 수 있다.

이 구체적인 예를 보면 트리프 회사를 연구한 역사가 클라인의 주장의[149] 타당성에 대해서 의심하게 된다. 그는 암스테르담의 대상업이 17세기부터 거의 완벽한—혹은 적어도 늘 다시 만들어지는, 그리고 늘 추구의 대상이 되는—독점을 기반으로 이루어졌다고 주장했다. 그는 독점이 경제 진보와 경제성장을 가능하게 하는 조건이라면 정당화된다고 생각했다. 그의 설명에 따르면 독점은 대상업을 위협하는 수많은 위험에 대한 보증이며 안정성을 약속해준다. 안정성이 없다면, 반복적인 투자도 없고 지속적인 시장의 확대, 신기술의 추구도 없다. 도덕적으로는 독점이 비난의 대상이 되지만 경제와 더 나아가서 공공복리도 결국 독점의 혜택을 누린다는 것이다.

이 명제를 받아들이기 위해서는 처음부터 기업가가 탁월한 미덕을 가지고 있다는 점에 대해서 확신해야 한다. 클라인이 슘페터에 의거해서 이야기한다는 것은 놀라운 일이 아니다. 그러나 경제발전, 기업가 정신, 기술 혁신과 같은 것들이 언제나 위로부터 오는 것일까? 그런 것들을 자극하는 것은 오직 대자본만일까? 코치닐 독점을 꾀하는 호프 상사의 예로 되돌아가보면, 이들은 어떤 점에서 안정성을 찾았다는 말인가? 이들은 차라리 투기의 위험을 받아들인 것이 아닐까? 그리고 이들이 혁신한 것이 무엇이란 말인가? 어떤 점에서 이들의 행위가 일반경제의 복리를 증진시켰다는 말인가? 이미 그보다 100년 전부터 네덜란드인들의 개입 없이도 코치닐은 염료 중의 여왕으로서 세비야의 모든 대상인들에게 "제왕적" 상품이었다. 호프 상사가 전 유럽에 걸쳐 매입하려고 했던 재고는 이미 산업적인 필요라는 법칙에 따라 재분배되어 있었다. 바로 이 필요라는 것이 주도권을 쥐고 있거나 혹은 쥐었어야 했다. 코치닐의 재고가 한 사람의 수중에 집중된 결과로 값이 갑자기 크게 오르면—바로 이것이 이런 종류의 투기활동이 원하는 목적이다—유럽의 산업에 어떤 이점이 있다는 말인가?

사실 클라인은 암스테르담의 위치가 그 자체로서 독점이며, 독점은 안정성이 아니라 지배를 추구한다는 사실을 보지 못했다. 잘 알려져 있는 유명한 표현을 약간 바꾸어 이야기해보면, 암스테르담에 좋은 것이 전 세계에도 좋다는 조건에서만 그의 이론 전체가 타당해진다.

화폐의 배신

또다른 종류의 상업적인 우월성과 독점들이 있다. 그러나 이것은 너무나 자연스러워서, 심지어 그것을 누리는 사람들 자신도 알아보지 못한다. 대자본 소유주의 주변에 집중되어 일어나는 우월한 경제활동은 인식하지도 못하는 사이에 매일같이 이들이 혜택을 입게 도와주는 일상적인 구조를 만들어놓는다. 특히 화폐의 차원에서 우월한 지위를 가진 사람은 오늘날 화폐가치가 낮은 나라에서 화폐가치가 높은 돈을 가지고 사는 사람이 누리는 것과 유사한 안락한 위치를 점하게 된다. 왜냐하면 오직 부자만이 가까이에 금화나 은화를 두고 만지는 데에 비해서 중하층의 사람들은 비용(billon) 화폐*나 구리 화폐만을 손에 쥐어보기 때문이다. 이런 다양한 화폐들 사이에는 마치 화폐가치가 높은 돈과 화폐가치가 낮은 돈이 동일한 경제 속에서 함께 쓰일 때 벌어지는 것과 유사한 관계가 만들어진다. 이 화폐들 사이에 인위적으로 고정된 비율을 두려고 해도 그것은 불가능하며, 그 가치의 비율은 끊임없이 변동한다.

사실 이중 본위제도나 삼중 본위제도에서는 하나의 화폐가 아니라 여러 화폐들이 공존한다. 이 화폐들은 마치 부자와 빈자들처럼 서로 대립한다. 경제학자이며 역사가인 야코프 판 클라베런이 금화, 은화, 동화, 지폐 등 그 어떤 양태를 띠든 간에 모든 화폐는 단지 화폐일 따름이라고 이야기한 것은[150] 틀린 말이다. 중농주의자인 메르시에 드 라 리비에르가 『백과사전』에 "화폐란 상업화할 수 있는 물품들을 실어나르는 일종의 강이다"라고 이야기

---

* 구리에 약간의 은이 포함된 화폐.

한 것 역시 옳은 말이 아니다. 다만 강이라는 말을 복수로 사용하여 강들이라고 한다면, 이 말이 타당할지 모르지만 말이다.

금과 은은 서로 상충한다. 이 두 가지 금속 사이의 비율(ratio)은 한 나라와 다른 나라 사이 그리고 한 경제와 다른 경제 사이에 늘 활발한 귀금속의 이동을 불러일으킨다. 1785년 10월 30일에 프랑스 당국은 금과 은 사이의 교환비율을 1 대 14.5에서 1 대 15.3으로 바꾸기로 결정했다.[151] 이것은 금의 국외 유출을 막기 위한 조치였다. 이미 언급한 바와 같이 16세기 이후에 베네치아나 시칠리아에서 금의 가치를 과대평가하자, 금이 다름 아닌 악화가 되어 유사(類似) 그레셤의 법칙에 따라 양화를 구축하게 되었다. 이때의 양화는 레반트 무역에 사용되던 은이었다.

이 비정상적인 상황을 먼저 깨달은 곳은 튀르키예였다. 그리하여 1603년에 베네치아에는 제키노 금화(zecchino)가 대량으로 들어와서 현지의 환율에 따라 은화와 유리하게 교환되었다. 화폐상으로 보았을 때 중세의 서양은 늘 금과 은 사이의 이중 게임이 벌어지는 곳이었다. 이 관계는 급작스러운 고장을 일으키기도 하고 역전과 급변을 경험하기도 했다. 이런 것들은 근대에 들어와서도 계속되었지만, 그 정도는 많이 완화되었다.

이 게임을 이용할 수 있는 것, 지출하느냐 혹은 지불받느냐에 따라 어떤 방식으로 대처할 것인지를 정해서 두 가지 금속 사이에 선택을 하는 것, 이 것은 모든 사람이 할 수 있는 일이 아니라 거액의 화폐와 크레딧을 수중에 주무르는 특권층 사람에게만 가능한 일이다. 1567년에 말레스트루아 경은 단정적으로 이렇게 이야기했다. 화폐는 "소수의 사람들만이 이해하는 음모이다."[152] 그리고 그 음모를 이해하는 사람이 이익을 본다는 것은 말할 필요도 없다. 그래서 16세기 중반경에 금의 가치가 다시 확고해지고 또 아메리카 대륙에서 은이 계속 유입됨으로써[은의 가치가 상대적으로 하락함으로써/역주] 은에 대한 금의 우위가 오랫동안 유지되자, 부의 진정한 재편성이 이루어졌다. 이때까지 은은 (상대적으로) 희소한, 그래서 확실한 가치를 가진 것이었고 그래서 "은은 저축용 화폐였던 반면 금은 고액의 거래를 해결하는 화폐의 역할을 맡았다." 이 상황이 1550–1560년 사이에 역전된 것이다.[153] 제노바인들은 안트베르펜에서 금과 은 사이의 이와 같은 관계를 파악하고 남보다 빨리 적절한 판단을 내려서 이익을 취했다.

그보다 더 일반적이면서 동시에 일상적인 관례의 차원에 녹아 있기 때문에 더 파악하기가 힘든 것으로서 고급—금과 은—화폐와 저급—비용과 구리—화폐 사이의 대립을 들 수 있다. 이 관계에 대해서 카를로 치폴라는 아주 일찍이 **환율**(change)이라는 말을 사용했다. 이 말은 분명히 혼동을 초래할 우려가 있기 때문에 레이몽 드 로베르는 이 말의 사용에 반대했다.[154] 이 혼동을 피하기 위해 레이몽 드 로베르가 "내적 환율(change interne)"이라는 말을 쓴 것이나 젠틸 다 실바가 "수직 환율(change vertical)"—이에 비해 한 장소와 다른 장소 사이의 화폐 및 어음 사이의 관계인 "진정한" 환율은 "수평(horizontal) 환율"이다—이라는 말을 쓴 것 등은 그렇게 중요하지 않다. 어쨌든 **환율**이라는 말이 계속 쓰인다는 것이 중요하며 그것은 실로 합당한 일이다. 왜냐하면 저급 화폐, 금화, 은화의 구매력에 관해서, 또 실제 가치와 공시 가격이 일치하지 않는 여러 화폐들 사이의 관계에 대해서(비록 그대로 준수되지 않고 계속 변동하지만) 위로부터 부과한 비율에 관해 이야기하는 것은 일반적으로 환율 문제이기 때문이다. 제2차 세계대전 후에 유럽에서 달러 화는 지역 화폐에 대해서 자동적으로 프리미엄을 누렸다. 달러화는 암시장에서 공식 환율보다 더 높은 비율로 교환되었고, 합법적인 거래에서도 만일 달러 화로 상품을 매입할 경우 10–20퍼센트의 할인 혜택을 누렸다. 이 상황을 보면 금화와 은화 소유자가 경제 전체로부터 자동적으로 누리는 혜택이 무엇인지를 잘 이해할 수 있을 것이다.

한편 농민들이 시장에 곡물을 가져와 파는 경우나 일용노동자나 장인들에게 임금을 지불하는 경우처럼, **모든** 소규모 소매거래에서는 저급 화폐가 사용되었다. 몬타나리가 말한 것처럼(1680),[155] 저급 화폐는 소액지출을 하고 일용노동으로 살아가는 하층민을 위한 돈이다(per uso della plebe che spende a minuto e vive a lavoro giornaliere).

다른 한편 저급 화폐는 가치가 큰 화폐에 비해서 끊임없이 가치가 하락했다. 전국적인 차원에서 화폐의 상황이 어떻든 간에 상관없이 하층민은 오랫동안 지속적인 가치 하락의 악영향을 입었다. 예컨대 17세기 초의 밀라노를 보면, 소액 화폐는 테를리나(terlina)와 세시나(sesina)라는 동전들이었는데 이것들은 이전에는 비용 화폐였으나 이제는 단지 구리 조각에 불과했다. 약간의 은을 포함하던 파르팔리올레(parpagliole)는 더 높은 가치를 가지고 있었다. 테를리나와 세시나는 그 가치가 계속해서 떨어져서 급기야는 일종의 신용화폐처럼 되었는데, 이렇게 된 데에는 국가의 무관심도 한몫을 했다.[156] 프랑스에서도 1738년 8월에 아르장송이 그의 『일기(*Journal*)』에 이렇게 썼다. "오늘 아침에 2수짜리 화폐의 가치가 2리아르만큼 떨어졌다. 다시 말해서 4분의 1의 가치가 떨어진 셈인데 이것은 정말로 큰 것이다.[157]

이 모든 것의 영향은 지대했다. 프롤레타리아와 하층 프롤레타리아*가 있는 산업도시에서는 화폐 임금이 가격에 비해서 뒤처지게 되었다. 가격은 임금보다 쉽게 상승하기 때문이다. 이것은 리옹의 장인층들이 1516년과 1529년에 봉기한 원인 중의 하나이다. 지금까지 특히 대도시에만 영향을 미치던 이러한 내부적인 가치 하락은 17세기에는 산업과 장인층이 피신해 있던 소도시나 읍에까지 마치 역병처럼 덮쳤다. 젠틸 다 실바—이렇게 중요한 구체적 사실을 알게 된 것은 그 덕분이다—의 생각에는 리옹이 17세기에 주변 농촌지역에 화폐상의 착취의 그물을 던져놓고 있었다.[158]** 이런 지배는 가능한 이야기이지만 다만 확실한 증명을 요한다. 이런 것은 어쨌든 화폐가 오늘날 경제학자들이 이야기하는 중립적인 유동체가 아니라는 점을 보여준

---

* sous-prolétariat : 프롤레타리아 중에서도 가장 착취를 심하게 받는 집단.
** 대도시인 리옹이 주변 농촌지역과 경제관계를 맺으면서, 가치가 계속 하락하는 저급 화폐를 지불함으로써 착취를 했다는 뜻이다.

다. 화폐는 확실히 놀라운 교환수단이지만, 동시에 특권층에게 봉사하는 속임수이기도 하다.

상인이나 "가진 사람들"이 하는 일은 간단하다. 비용 화폐는 받자마자 곧바로 유통시켜버리고 가치가 큰 화폐는 보관하는 것이다. 더 큰 가치를 가진 화폐는 공식적인 저급 화폐―당시 사람들은 이를 두고 "검은 화폐"라고 불렀다―에 비해서 더 큰 구매력을 가지고 있었다. 한 상업 입문서(1638)는 현찰 수취인에게 이런 충고를 한다.[159] "지출을 할 때에는 곧 가치가 떨어질 화폐로 하라." 물론 그와 반대로 가능한 한 가치가 큰 화폐를 모아야 한다. 레반트의 여러 섬들에 비용 화폐를 통째로 담아 보냄으로써 처분했던 베네치아가 바로 이런 정책을 취했다. 16세기 스페인 상인들이 누에바 카스티야의 쿠엥카의 조폐청에 구리를 가져와서 새로 주조하고는 했던 것은 어린애 같은 술책이었다. 그들은 이렇게 제조한 비용 화폐를 이 도시의 직조 장인들에게 대부해주었는데 이 장인들은 그들이 작업장에서 쓸 원재료를 사는 데에 이 화폐를 사용했다. 그러나 이 장인이 상인에게 대금을 갚을 때에는 직물을 판매하는 도시나 정기시에서 은화로 지불하도록 명시했다.[160] 1574년 경, 리옹에서는 중개인들이 "상품을 매점매석하기 위해서 시장을 벗어나서 활동하는 것"을 금지했을 뿐 아니라 "화폐 주조소나 사회사(私會社)를 돌아다니면서 금화와 은화를 사들인 다음에 자기 멋대로 값을 매기는 것"도 금지시켰다.[161] 1601년에 파르마에서는 화폐가치가 높은 금화와 은화를 모아들인 다음 이 도시에서 유출해버리고 대신 저급 화폐 혹은 저질 화폐를 들여와 유통시켰다는 혐의를 받고 있는 환전상들(banchetti)의 활동을 단번에 금지시켜버렸다.[162] 프랑스에서 네덜란드 상인을 비롯한 외국 상인들이 어떻게 일을 처리했는지를 보라(1647). "……그들은 심하게 변형되었거나 우리나라 화폐보다 귀금속 함량이 부족한 자기 나라 화폐를 대량으로 수하의 대리인들에게 보냈다. 이들은 우리의 상품을 사는 데에 이런 화폐를 사용하고 대신 우리 나라의 고품질 화폐는 본국에 보내버렸다."[163]

이 이상 단순한 일이 없을 테지만, 이 일을 성공시키려면 강한 위치에 있어야 한다. 이런 점을 놓고 볼 때 일반 화폐의 역사에서 많이 볼 수 있는 것처럼 저급 화폐들이 규칙적으로 나타나는 현상에 주목하지 않을 수 없다. 저급 화폐의 증가가 늘 별다른 저의 없이 자연스럽게 일어나는 일은 아니다. 그렇다고 할 때 이사크 데 핀토가 영국—자주 현찰화폐 부족에 시달렸다—에게 "포르투갈의 예를 좇아 소액 화폐의 양을 더 늘려야 한다"는, 얼핏 보면 의아스러운 그러나 진지한 충고를 했을 때[164] 그의 의도는 무엇이었을까? 아마도 그것은 상업 상층에서 사업활동에 필요한 화폐를 더 늘리라는 것이 아니었을까? 포르투갈의 은행가였던 핀토가 그런 말을 했을 때에는 아무런 생각 없이 말하지는 않았을 것이다.

지금까지 우리가 화폐라는 사악한 존재에 관한 모든 문제들을 살펴보았다고 할 수는 없다. 핵심적인 문제는 인플레이션이 아닐까? 이 점에 대해서 샤를 마통 드 라쿠르는 놀라울 정도의 명확성을 가지고 이렇게 이야기했다(1788). "대지의 배 속에서 끊임없이 끄집어낸 금과 은은 매년 유럽에 널리 퍼져 현찰화폐량을 늘렸다. 이 때문에 여러 나라가 실제로 더 부유해진 것은 아니지만, 대신 그들의 부가 양적으로 커졌다. 식량을 비롯해서 살아가는 데에 필요한 모든 물품의 가격이 계속해서 상승했다. 빵이나 집, 옷을 사기 위해서는 이제 더 많은 금과 은을 지불해야 한다. 그런데 임금은 절대로 그와 똑같은 정도로 오르지 못했다[우리는 실제로 임금 상승이 가격 상승에 비해서 뒤처져 있다는 것을 잘 알고 있다]. 예리한 사람이라면, 가난한 사람들이 살아가기 위해서는 더 많은 돈을 벌어야 한다고 할 때 이 필요 자체가 임금을 내려가게 만들거나 혹은 적어도 옛날 수준의 임금—이 임금은 필요한 지출을 따라가지 못하게 되었다—으로 오랫동안 묶어두는 구실을 제공했다는 뼈아픈 사실을 관찰할 수 있을 것이다. 이렇게 해서 금광은 부자들에게 노동계급을 한층 더 억압하고 복속시키는 이기주의의 무기를 제공했다."[165] 이것이 물가상승에 대한 순전히 화폐론자적인 설명이라는 사실은 차치하고,

오늘날 자본주의 세계에서 인플레이션이 모든 사람에게 똑같은 정도로 불이익을 주지 않는다는 것을 부인할 사람이 어디 있겠는가?

예외적인 이윤, 예외적인 지체

우리는 어느 정도 의식적으로 행해지는 자본주의의 여러 활동들을 차례로 살펴보았다. 그렇지만 이것들이 우월하다는 것을 이해하려면, 상업 이윤율에 관한 확실한 몇 가지 수치를 얻은 다음 이것을 농업, 수송업 및 산업에서 최상의 결과를 얻은 예들과 비교해보아야 한다. 그렇게 "경제적인 결과의 핵심"에 바로 들어가는 것이[166] 진실을 밝히는 유일한 작업일 것이다. 과거나 현재나 이윤이 대단히 높은 수준에 도달한 곳에서만 자본주의가 발달하기 때문이다. 18세기에 유럽의 거의 전역에서 상업의 대규모 이윤은 산업이나 농업의 대규모 이윤보다 훨씬 높았다.

불행하게도 이 영역에서 그와 같은 작업은 거의 이루어지지 않았다. 여기에서 역사가들은 한정된 분야만 파고들어가는 신문기자와도 같다. 역사가는 분명히 일이 그렇게 이루어졌음에 틀림없다고 추론하지만, 실제로 증거를 가진 경우는 거의 없다. 수치자료가 없지는 않으나 불완전하거나 가공의 것이거나 아니면 둘 다이다. 역사가보다 차라리 오늘날의 기업가가 이런 것들을 본다면 더 명료하게 파악할까? 그럴 것 같지도 않다. 암스테르담의 호프 상사가 1762-1815년에 투자한 자본과 그로부터 얻은 이윤 그리고 여러 다양한 파트너에게 재투자한 액수까지 기록된 연례 명세서가 남아 있다. 확실히 이 기록은 소상한 동시에 소중한 가치가 있다. 여기에서 이윤율은 약 10퍼센트라는 합당한 수준이며, 이 이윤이 모두 회사에 자본으로 재투자되었다. 그러나 호프 상사를 연구한 뷔이스트는 이 가문이 소유한 큰 재산이 이 이윤으로부터 형성된 것 같지는 않다고 본다. 사실 각각의 파트너는 그 자신의 거래와 개인적인 계정을 가지고 있으며—이것에 대해서는 우리에게 자료가 없다—바로 여기에서 "진짜 이윤(real profits)"이 생기는 것이다.[167]

각각의 문서는 한 번이 아니라 두 번씩 보아야 한다. 어느 한 사업은 전체가 완전히 마감된 때에라야 부기상으로 분석할 수 있다. 예를 들면 프랑스 동인도회사의 장부상으로는 1725-1736년 동안 동인도 지역에서 구입한 것과 프랑스에서 판매한 것 사이의 가격 차이가 평균 96.12퍼센트로 나타나는데, 이것을 어떻게 받아들여야 할 것인가?[168] 여러 부분으로 이루어진 로켓처럼 일련의 거래들이 서로 연결되어 있는 경우, 가장 마지막 거래가 나머지 모든 거래들을 대변하지는 않는다. 우리는 초기 투입 자본, 여행 지출과 의장 해제 비용, 출항할 당시에 소지했던 상품 및 현찰의 가치, 아시아에서 행한 여러 활동과 그 이익 등을 알아야 한다. 그래야만 우리는 적어도 계산을 시도해볼 수 있다.

마찬가지로 펠리페 2세와 그 후계자들에게 자금을 대부해주던 제노바 상인들의 장부를 완전히 파악할 수는 없을 것 같다. 그들은 스페인 국왕에게 거액의 돈을 빌려주었고(이 자금은 흔히 이 상인들이 저리[低利]로 다른 사람들에게 빌린 것인데 이 단계를 우리는 알지 못한다), 이곳저곳 사이의 외환 거래를 통해서 이익을 보았으며(그러나 어떤 조건으로 이루어졌는지에 대해서도 모르는 형편이다), 우리가 이미 설명한 것처럼 후로 데 레스과르도(juro de resguardo)*를 이용해서 돈을 벌었다(그러나 그 액수가 대체 얼마인지는 모른다). 마지막으로 이 상인들은 빌려준 돈을 대개 은으로 되돌려 받았는데 이 은화나 귀금속 덩어리를 제노바 시장에서 되팖으로써 가외로 약 10퍼센트 정도의 이익을 보았다.[169] 제노바의 대상인들(hombres de negocios)이 스페인 국왕의 관리들과 토론할 때에는 이 계약에서 이자율이 높지 않다고 이야기하고는 했는데 이것은 사실 틀린 말이 아니었다. 그러면 관리들은 제노바인들이 누리는 실제 이익이 30퍼센트까지 이르지 않느냐고 맞받아서 이야기했는데, 이 역시 그리 심한 과장이 아니었다.[170]

---

* 이 책 제5장의 내용을 참조하라.

그 외에 다른 점도 고려해야 한다. 이윤율만이 다가 아니고, 한 사업에 투입한 화폐액을 고려해야 하는 것이다. 만일 대부를 받을 수 있어서 이 화폐 투입액이 아주 거창하게 크다면(제노바인들, 호프 상사와 같은 거대한 기업들 그리고 18세기에 국가에 대부를 해준 대기업들이 모두 이런 경우이다), 이윤율이 비록 아주 근소하다고 하더라도 이윤 총액은 아주 클 수 있다. 튀르고가 이야기한 바 있는, 고리로 소액을 대출해주는 사람이나 마을의 고리대금업자들의 상황과 이 상황을 비교해보라. 이런 사람들은 때로 엄청나게 높은 이자율로 돈을 빌려주지만, 자신의 돈을 가난한 사람들에게 빌려주는 것에 불과하다. 이들은 양말에 금화를 잔뜩 넣어 양말이 터질 정도가 될 수도 있을 것이고, 농민에게서 땅을 구입할 수도 있을 것이다. 그러나 이들이 이런 수준 이상으로 상당한 정도의 재산을 모으려면 수 세대가 걸릴 것이다.

또다른 중요한 점이 있다. 이윤은 다소 긴 연쇄 속에 연결되어 있다는 것이다. 어떤 배가 낭트에서 출항했다가 되돌아왔다고 생각해보자. 이때 드는 비용은 (예외가 없지는 않으나) 처음에 현찰로 지불하는 것이 아니라 6개월에서 18개월까지의 어음으로 지불한다. 따라서 만일 내가 이 사업에 관심을 가지고 참여했던 상인이라면, 나는 이 배가 귀항하여 의장을 해제할 때에 가서야 실제로 돈을 지불하는 셈이다. 이때 내가 제공했던 어음은 대개 네덜란드의 대부업자에게서 얻은 것이거나 혹은 현지의 재정 담당 관리나 다른 대부업자로부터 얻은 것이다. 만일 모든 계정이 다 정확히 맞아떨어진다면 나의 투자 이익률은 (빌린 돈에 대한) 이자율과 이 선박 의장사업에서 실현된 이윤율 사이가 될 것이다. 나는 모든 것을 날릴 위험을 무릅쓰고 무담보로 투기를 한 셈이다. 물론 거래소에서 하는 투기처럼 여기에도 위험이 따른다. 생-틸레르 호는 1775년 12월 31일에 낭트로 귀환했다.[171] 베르트랑 2세는 아주 큰 이익을 보게 생겼다(28만 리브르를 투자해서 15만53리브르의 이익을 보았으므로 이윤율이 53퍼센트에 달했다). 그러나 배가 귀항한 후에 지불이 연기되는 수가 있고 장부의 회계검사가 깨끗이 결제되지 않고 "꼬리(queue)"가

남는 수가 있다.[172] 이런 지체는 상업세계에서 정말로 난처한 일이다. 베르트랑 2세는 자본은 곧 회수했지만 이윤은 20년이 지난 1795년에 가서야 지불받았다!

물론 이것은 극단적인 사례이다. 그러나 모든 유동성이 투자에 이끌림으로써 현재의 계정을 곧바로 지불하는 데에는 유동성이 모자라게 되는 일이 벌어진다.* 적어도 프랑스에서는 사태가 이러했다. 아마 다른 곳도 마찬가지였을 것이다.

마지막으로 이야기할 점은 큰 이윤을 얻는 영역이 마치 매년 탈 없이 풍작을 이루는 밭과 같지는 않다는 점이다. 이윤율은 언제나 변동하기 마련이다. 더할 나위 없이 훌륭했던 상업이 그저 그런 수준으로 쇠락해버리고는 한다. 대개는 이윤이 갈수록 줄어드는 경향이 강하다. 그러면 대자본은 거의 언제나 다른 영역으로 이전해간다. 그러면 그곳에서 다시 훌륭하게 이윤을 누린다. 프랑스 동인도회사는 아메리카와 프랑스 사이의 담배 교역에 관한 특권에 힘입어 한마디로 엄청난 이익을 보았지만, 그 이익은 점차 줄어들었다. 1725년 500퍼센트(주주에게 이윤 분배를 하기 전의 수치), 1727-1728년 300퍼센트, 1728-1729년 206퍼센트 등이었다.[173] 태평양에서 생-말로로 귀환한 아송시옹 호의 장부에 의하면, 투자자들은 "1,000리브르의 투자에 대해서 원금과 이윤으로 2,447리브르"를 받았다. 즉, 이윤율이 144.7퍼센트였다. 생-장-바티스트 호의 이윤율은 141퍼센트였고, 또다른 배의 경우에는 148퍼센트였다. 멕시코의 베라 크루스를 항해한 배는 1713년에 장부를 결산했는데, 투자자들에게 180퍼센트의 이익을 안겨주었다.[174] 프랑스 혁명 전야에 서인도 제도와 미국으로 향하는 교역의 이윤이 떨어졌고 레반트 무역은 약 10퍼센트 정도의 이윤율로 정체되었다. 다만 인도양과 중국과의 교역에서만 이윤이 오르고 있었으며, 이 분야에 대상업 자본들이 동인도

---

* 현찰을 모두 투자에 돌려놓아서 투자자에게 이윤을 지불할 현찰이 모자라게 되었다는 뜻이다.

회사들의 활동 여백을 이용해 밀려들어왔다. 이 분야에서 항해의 **월평균** 이 윤율을 계산해보면, 말라바르 해안까지 왕복하는 20개월의 (느린 항해의 경우) 항해는 2와 4분의 1퍼센트, 중국 항해의 경우 2와 7분의 6퍼센트(이전 시기에는 이보다 이윤율이 높았다), 코로만델의 경우 3과 4분의 3퍼센트, "인도 내 무역"의 경우 6퍼센트였다(그러므로 이 마지막 경우에 33개월의 기간이 걸리는 항해의 전체 이윤은 200퍼센트이다).[175) 이것이 최고 기록이다. 1791년에 낭트를 떠나 프랑스 섬과 부르봉 섬으로 항해한 일뤼스트르 쉬프랑 호는 지출 16만206리브르, 수익 20만4,075리브르로서 이윤율이 120퍼센트를 상회했던 반면, 1787년에 비슷한 이름을 가진 바이이 드 쉬프랑 호는 낭트를 떠나 앤틸리스 제도에 갔다 왔는데 지출 9만7,922리브르, 수익 3만4,051리브르로서 이윤율이 28퍼센트에 불과했다.[176) 모두 이런 식이다. 콩종크튀르에 따라 여러 요소들이 변화하는 것이다……. 그것은 어디에서나 마찬가지이다. 예컨대 1606년과 1650년 사이에 폴란드 내지에서 호밀을 사서 네덜란드에 판매하는 사업은 평균 이익이 29.7퍼센트나 되었지만 변동이 극심했다. 최고치는 1633년의 201.5퍼센트였고 최소치는 1621년의 마이너스 45.4퍼센트였다.[177) 따라서 여기에서는 어떤 결론을 이끌어내는 것이 힘들 정도이다.

최고의 높은 이윤을 얻을 수 있는 사람이 자기 돈이든 남의 돈이든 거액을 만질 수 있다는 점은 확실하다. 자본의 순환―이것은 상업자본주의의 법칙이며 예언자들이다―은 결정적인 역할을 맡는다. 역시 돈이 문제이다! 기다림, 적대적인 소용돌이, 지체 등 상인을 기다리고 있는 이런 장애들을 통과하기 위해서는 돈이 필요했다. 예컨대 1706년에 페루로 떠난 7척의 생-말로 선박들은 초기에 168만1,363리브르라는 엄청난 지출을 필요로 했다.[178) 이 때 이 배에 실은 상품은 단지 30만6,199리브르에 불과했다. 페루로는 결코 현찰을 가져가지 않으므로 이 사업에서는 이 상품이 핵심이다.

페루에서 이 상품을 팔고 다시 새로운 상품을 프랑스에 가지고 와야 하므로 이 사업에 들인 비용을 충당하기 위해서만도 상품 가치가 5배 이상 올라야 한다. 더구나 그 당시에 같은 항로를 항해했던 다른 배의 예에서처럼 이 여행이 끝났을 때의 이윤율이 145퍼센트가 되려면, 다른 조건들이 같을 때 상품 가치는 6.45배가 올라야 한다. 그렇다고 할 때 영국 동인도회사의 이사인 토머스 먼이 1621년에 개진했듯 인도로 보낸 돈이 5배가 되어 영국으로 돌아온다는 말이 놀랍지 않다.[179] 간단히 이야기해서 교환으로 황금의 샘에 참여하려면, 어떻게 해서든 초기에 필요한 자금을 가지고 있어야 한다. 그렇지 못하면 차라리 떠나지 말라! 어느 정도 스파이에 가까웠던 네덜란드의 여행자 판 린스호턴*은 1584년에 고아(Goa)에 도착했다. 그는 이 멀리 떨어진 도시에서 다음과 같은 편지를 써 보냈다. "나는 중국과 일본으로 여행하고 싶습니다. 그곳은 포르투갈에서 이곳까지의 거리만큼 떨어져 있어서 다시 말하면 3년 정도의 기간을 길에서 보내야 합니다. 내가 단지 200-300두카트의 돈만 가지고 있어도 600-700두카트를 만들 수 있을 것입니다. 그렇지만 그런 사업에 빈손으로 참여한다는 것은 미친 짓으로 보입니다. 이윤을 얻으려면 어느 정도 넉넉한 상태에서 시작해야 합니다."[180]

우리가 받는 인상(자료가 분산되어 있고 불충분하기 때문에 단지 인상만을 이야기할 수밖에 없다)은 언제나 이윤이 높은 경제 분야가 있게 마련이지만 그런 분야들이 **변화한다**는 것이다. 매번 경제 자체가 변화함에 따라 이윤율이 높은 분야도 변화하면, 그때마다 활동적인 자본이 이것들을 좇아가고 이곳에 머물고 번영을 구가한다. 일반적인 법칙으로 알아두어야 할 것은 **자본이 그런 영역을 창조하지는 않는다**는 점이다. 레반트, 아메리카, 말레이 제도, 중국, 흑인 노예 지역 등지 사이에, 혹은 상업, 은행, 산업, 나아가서 토지 사이에 늘 균형을 이루는 자본주의의 콩종크튀르의 변화를 이해하는 데에 열

---

* Jan Huyghen van Linschoten(1563-1611) : 네덜란드의 여행자. 고아에서 인도네시아에 관한 정보를 수집했고(1583-1589) 네덜란드가 동인도로 가는 북동쪽 항로를 발견하도록 부추겼다. 1594-1995년에는 바렌츠의 여행에 함께했다. 그는 일지와 아시아 여행에 관한 책(『동아시아 혹은 포르투갈 인도로의 여행[*Itinerario, Voyage ofte Schipvaert naer Oost ofte Portugaels Indien*]』)(1596)을 출간했다.

쇠를 제공하는 것이 이와 같은 이윤의 차별적인 지리이다. 한 집단의 자본가가 빼어난 상업적인 위치를 떠나서 다른 한 산업활동에 주력한다든지(예를 들면 16세기에 베네치아가 상업활동 대신 모직업에 주력하는 것처럼) 또는 토지와 목양에 주력하는 수도 있기 때문이다. 그렇게 되는 이유는 상업이 더 이상 커다란 이윤을 내는 분야가 아니기 때문이다. 이 점에서도 18세기의 베네치아는 명백한 예를 보여준다. 베네치아는 다시 수익성이 좋아진 레반트 무역에 복귀하려고 시도했다. 그러나 여기에 그렇게 악착같이 달려들지 않은 이유가 있다. 농업과 목양이 일시적이나마 이 당시에 황금알을 낳는 사업이었기 때문이다. 1775년경에 한 목양업소는 "사업이 잘된 해에는" 1년에 초기 자본의 40퍼센트에 이르는 이윤을 얻었다. 이런 결과는 "모든 자본가들의 애정을 불러일으키기에 충분했다(da inamorare ogni capitalista)."[181] 베네치아의 모든 곳에서 이와 같이 높은 이윤을 얻는 것은 아니지만—베네치아의 땅은 매우 다양하므로—전반적으로는 1773년에 「베네토 신문(*Giornale Veneto*)」이 말한 것처럼 "이 [농업] 활동에 투입된 돈은 해상 모험사업을 포함한 그밖의 다른 모든 투자 양식보다도 더 수익이 좋았다."[182]

우리는 산업 이윤, 농업 이윤 그리고 상업 이윤 사이에 어느 것이 우세하다는 결정적인 분류를 하기 힘들다는 것을 보았다. 크게 보면 상업, 산업, 농업의 순으로 이윤이 높다는 통상적인 견해가 대체로 사실과 일치하는 것 같지만, 여기에는 많은 예외들이 있기 때문에 한 영역에서 다른 영역으로 사업활동이 옮겨가고는 한다.[183]

이 점이 자본주의의 전체사를 관통하는 핵심적인 성질임을 강조할 필요가 있다. 시련이 있을 때마다 드러나는 유연성, 변환과 적응의 **능력**이 그것이다. 13세기 이탈리아로부터 오늘날의 서양 세계에 이르기까지 자본주의에 일정한 통일성이 있다면—나는 그런 것이 있다고 생각한다—바로 이 점에서 그 통일성을 찾아내고 관찰할 수 있을 것이다. 약간의 참작을 해야겠지만, 오늘날 미국의 한 경제학자가 자기 나라에 대해서 한 다음과 같은 말,[184] 즉 "지난 세기의 역사를 보면 자본가 계급은 언제나 자신의 헤게모니를 유지하기 위해서 변화를 주도하고 통제했음을 증명할 수 있다"는 말을 곧바로 유럽 자본주의의 역사 전체에 적용시킬 수 있지 않을까? 지구 전체 경제의 차원에서 자본주의는 성장하면서 상업으로부터 금융, 그리고 산업으로 단계별로 이행한다는—그리고 산업자본주의라는 성숙한 단계가 유일한 "진정한" 자본주의라고 보는—단순한 이미지는 피해야 한다. 이른바 상업자본주의 단계에서나 산업자본주의 단계에서나—이 두 용어는 각기 대단히 다양한 형태들을 포함한다—자본주의의 핵심적인 특징은 심대한 위기가 닥쳤을 때나 혹은 이윤율이 현저하게 떨어지는 때에 한 형태에서 다른 형태로, 한 영역에서 다른 영역으로 거의 순간적으로 미끄러져 들어가는 능력이다.

상사와 회사*

상사(商社)와 회사(會社)는 그 자체로서 흥미롭다기보다는 그것이 제공하는 증거들을 통해서 경제생활과 자본주의의 작용의 총체를 보게 해주는 기회를 제공하는 "지수"로서 흥미를 끈다.

상사와 회사는 비슷한 점과 유사한 기능에도 불구하고 구분이 필요하다. 상사(société, 또는 société de commerce)는 자본주의 그 자체와 직접 연관을 가지며, 그것이 차례로 보이는 다양한 형태들은 곧 자본주의의 진화를 보여준다. 이에 비해서 대규모 회사(compagnie, 예컨대 동인도회사를 생각해보라)는 자본과 국가에 동시에 연관을 가진다. 국가는 커지면서 노골적인 간섭을

---

* 원서에서는 소시에테(société)와 콩파니(compagnie)를 구분하여 이야기하지만, 우리말로 정확하게 여기에 대응하는 단어가 마땅하지 않은 듯하다. 일단 이번 절에서는 소시에테는 "상사", 콩파니는 "회사"로 옮겼다. 그러나 실제로 이 말은 흔히 혼용되어 쓰이며(예컨대 소시에테 앙 코망디트[société en commandite]는 일반적으로 합자회사로 번역된다), 따라서 이 절 이외에 굳이 대조적으로 구분할 필요가 없을 경우에는 대부분 회사라는 말을 많이 썼다.

부과한다. 그러면 자본가는 거기에 굴복할지 항의할지를 결정하든가, 아니면 달리 어떻게 궁지에서 벗어나는 수밖에 없다.

상사 : 초기의 발전

상업이 처음 시작되었을 때부터, 혹은 중단되었다가 다시 재개되었을 때부터 상인들은 서로 연합하고 함께 일했다. 달리 어찌하겠는가? 이미 고대 로마에도 상사가 있었으며, 당연한 일이지만 이들의 활동은 손쉽게 지중해 전역을 무대로 했다. 다른 한편, 18세기의 "상법학자들(commercialistes)"은 지난 시대를 참조하면서 과거의 용어, 심지어는 로마 법의 정신까지 들먹였는데, 그렇게 하는 것이 현실에서 크게 벗어나지는 않았다.

서양에서 상사의 초기 형태를 되찾아보려면 로마 시대까지는 아니라고 해도 적어도 지중해의 경제가 생기를 되찾던 9-10세기까지 거슬러올라가야 한다. 아말피, 베네치아, 혹은 그와 비슷한 소규모 도시들이 첫 출발을 했다. 화폐도 다시 등장했다. 비잔틴과 이슬람 대도시들의 방향으로 거래가 재개되면서 수송의 발달과 원거리 거래에 쓰일 금융상의 예비자금을 필요로 했으며 따라서 상인들의 강화된 통합성을 요하게 되었다.

이런 필요에 대해서 일찍이 등장한 해결책 중의 하나가 소시에타스 마리스(societas maris : 해상 상사. 이것은 소시에타스 베라[societas vera : 진정한 상사]라고도 불리는데 "이 점을 보면 애초에는 이 형태의 상사만이 유일하게 존재하지 않았나 생각하게 된다")였다.[185] 이 조직은 그 외에도 콜레간티아(collegantia) 또는 코멘다(commenda), 혹은 그와 유사한 이름으로도 불렸다. 원칙적으로 상사는 현지에 그대로 남는 파트너인 소시우스 스탄스(socius stans), 그리고 배를 타고 여행하는 파트너인 소시우스 트락타토르(socius tractator)로 구성된다. 트락타토르—이 말은 짐꾼 내지는 행상인으로 번역할 수 있을 것이다—가 이 사업에 자금을 대지 않은 채 참여한다는 점에서 (그러나 흔히는 아주 적은 수준의 자금을 대기도 한다) 마르크 블로크와 그 이전의 몇몇 사람들은 이것이 자본과 노동이 분리되는 초기 형태라고 보았다. 이 조직은 대단히 다양한 유형의 조합이 가능하다. 그러나 이에 관한 논의는 뒤로 미루기로 하자.[186) 소시에타스 마리스는 보통 한 번의 사업 여행을 위한 것이다. 지중해를 건너는 항해 같은 것은 수개월이 걸리기도 하지만 그런 것을 제외하면 대개 그 여행은 단기간이다. 이런 종류의 상사는 제노바의 공증인 조반니 스크리바의 『노툴라리움(*Notularium*)』(1155-1164)*에서도 400건이 넘는 사례들을 발견할 수 있고, 13세기 마르세유의 공증인 아말리크의 문서들에서도 360건을 찾을 수 있다.[187) 한자 동맹의 해상 도시들에서도 마찬가지이다. 이런 초보적인 형태의 상사 조직은 바로 그 단순성 때문에 오랫동안 유지되었다. 16세기의 마르세유나 라구사, 혹은 당연한 일이지만 베네치아에서도 이런 것들이 다시 발견된다. 다른 곳들도 마찬가지이다. 1578년이라는 뒤늦은 시기에 포르투갈에서는 한 트락타도(tractado : 논문[tratado])가 두 종류의 상사 계약을 구분한다. 그중 두 번째 것은 우리가 곧바로 알아볼 수 있다. 두 명의 파트너 중에 "한 명은 돈을 제공하고 다른 한 명은 노동을 제공한다(quando hum põe o dinheiro e outro o trabalho).[188) 랭스의 한 대상인이 그의 일기장에 쓴 다음 말은 상당히 복잡하지만 앞에서 본 내용이 메아리처럼 반복되는 것을 볼 수 있다(1655). "……자금(fonds)을 가지고 있지 않은 사람과 상사를 결성할 수 없다는 것은 확실하다. 그런 사람은 이익은 나누지만 손해는 모두 나에게 떨어지게 하기 때문이다. 그런 조직을 결성하는 사람들이 꽤 있지만 나는 결코 그것을 권하지는 않는다."[189)

"소시에타스 마리스(societas maris)"로 되돌아가자. 페데리고 멜리스가 보기에 이것은 배들이 연속적으로 출항해야만 설명이 된다. 배가 떠나고 다시 귀환하는 것이 기회와 의무를 만든다. 그러나 내륙 도시들은 상황이 다르다. 우선 이 내륙 도시들은 이탈리아와 지중해 교역에 참여하기는 했지만 시

---

* '공증문서 원부'라는 뜻.

간상으로 뒤처져 있었다. 그러므로 이들이 교환망 속에 편입하기 위해서는 각별한 어려움과 긴장을 극복해야 했다.

"콤파니아(compagnia)"는 이런 긴장의 결과물이다. 이것은 아버지, 아들, 형제 및 다른 친척들을 포함하는 가족 기업이다. 그리고 그 이름이 가리키듯이(cum : 함께, panis : 빵), 빵이든 나날이 일어나는 위험이든, 자본이든 노동이든, 모든 것을 함께 나누는 단단한 결합이다. 이후 시기에 이 조직은 합명회사(société en nom collectif)라고 불리게 되었다. 구성원들은 연대책임을 지고 원칙적으로 무한(ad infinitum) 책임을 진다. 다시 말해서 그들의 출자분에 한정된 것이 아니라 그들의 전 재산을 걸고 책임을 진다. "콤파니아"가 곧 외부의 사원들(노동과 자본을 제공한다)을 받아들이고 출자인의 돈(피렌체의 거상의 경우를 보면, 이 상사의 자기 자본["몸체"]보다 이런 출자금이 10배나 많다)을 받아들이는 것을 보면 이 기업들이 비정상적으로 큰 비중을 가지는 자본주의적 도구라는 것을 이해할 수 있다. 레반트 지역과 영국에 자리 잡은 바르디 가문은 한때 기독교권 전체를 그들의 교역망 속에 장악하기도 했다. 이런 강력한 상사들은 또 놀라울 정도로 장수했다. 기업주(maggiore)가 죽으면 이 상사들은 재조직되고 거의 아무런 변화를 겪지 않은 채 다시 사업을 이어간다. 지금까지 잘 보존되어 현재 역사가들이 읽을 수 있는 계약문서들은 거의 전부 창업 계약이 아니라 갱신 계약들이다.[190] 바로 이 때문에 이 상사들을 간단히 이야기할 때 우리는 바르디 가문, 페루치 가문 등으로 부르는 것이다…….

이탈리아 내륙 도시의 대상사들은 그 하나하나를 보면 해안 도시의 상사에 비해서 훨씬 크다. 해안 도시들에는 많은 상사들이 존재하지만, 대개 소규모이고 단명에 그치고 만다. 반면 바다에서 멀어질수록 집중이 필요하다. 예컨대 페데리고 멜리스는 1250년경에 제노바에 있는 스피놀라 가문의 12개 개별 기업들이 20명의 사원들을 거느린 반면, 피렌체에 있는 체르키의 단일 기업이 40명의 고용인들(dipendenti)을 거느린 사실을 지적한다.[191] 사실 이 대규모 단위의 상사들이 출현한 것은 루카, 피스토이아, 시에나 그리고 이 행렬의 대미를 이루는 피렌체 등이—애초에 이 도시들이 그러하리라고는 기대하지도 않았으나—대상업 세계라는 경제의 콘서트에 참여하도록 만든 수단이면서 동시에 그 결과이다. 이 도시들은 거의 강제로 문을 열고 들어왔으며 그후 2차 산업인 공업, 3차 산업인 서비스, 상업, 금융업 등 그들이 강세를 보이는 "영역들"에서 두각을 나타냈다. 콤파니아란 결국 내륙 한복판에 있는 도시들이 우연히 발견한 결과물이 아니라, 필요에 따라서 세련되게 발전시킨 활동 수단이었다.

지금까지 한 이야기의 큰 줄기는 앙드레 세유의 생각을 그대로 따라온 것에 불과하다.[192] 그는 시에나의 예를 가지고 출발하여 이탈리아 내부의 도시들만을 언급했다. 그러나 이탈리아 반도 바깥의 유럽지역에서도 상사들이 이식된 곳에는 이 법칙이 적용될 듯싶다. 독일 중심부가 그런 곳이다. 예를 들면 라벤스부르크의 "대상사"가 있다. 슈바벤의 이 작은 도시는 보덴 호숫가의, 산세의 굴곡이 큰 지역으로서 이곳에서는 아마를 재배하고 가공하는 일을 많이 한다. 세 가족이 연합하여 만든 이 대상사(Magna Societas, Grosse Ravensburger Gesellschaft)는 1380년부터 1530년까지 약 한 세기 반 정도 지속되었다.[193] 그러나 이 상사는 6년 단위로 갱신되었다. 15세기 말에 이 상사는 80명에 이르는 출자 사원들 덕에 자본금이 13만2,000플로린에 이르렀는데, 이것은 그 당시 벨저 가문의 기업(6만6,000플로린)과 푸거 가문의 기업(21만3,000플로린) 자본금의 중간 정도에 해당하는 엄청난 금액이었다.[194] 이 상사의 연고지역은 라벤스부르크 이외에 메밍엔, 콘스탄츠, 뉘른베르크, 린다우, 장크트 갈렌 등지였고, 지사가 설치된 곳은 제노바, 밀라노, 베른, 제네바, 리옹, 브루게(곧 안트베르펜으로 이전되었다), 바르셀로나, 쾰른, 빈, 파리 등지였다. 이 상사 대리인들—사원, 주재원, 하인, 도제, 상인 등이 모두 포함된다—은 프랑크푸르트-암-마인을 비롯한 유럽의 정기시들을 찾아다녔다(때로는 도보로 여행했다). 이 상사에 모인 상인들은 금융활동은 거의 하지 않아서 크레딧을 제공하는 일이 없고 상품(마직, 모직, 향신료, 사프란 등) 거래에 전력을 기울이는 도매상이었다. 소매거래를 하는 상점은 사라고사와 제노바에만 두었다. 이것은 론 계곡을 따라가는 육로상의 무역, 그리고 제노바, 베네치아, 바르셀로나로부터 해상무역을 통해 거대한 지역을 포괄하는 이 상사의 상업망 속에 매우 드문 예외일 따름이었다. 1909년에 우연히 발견된 이 상사의 문서를 이용해서 알로이스 슐테가 쓴 연구서는[195] 15세기 말과 16세기 초 사이의 교역에 대한 핵심적인 내용을 보여준다. 왜냐하면 이 독일 상인들과 그들이 벌이는 폭넓은 활동 뒤에서 거의 기독교권 전체를 포괄하는 상업세계의 등장을 읽을 수 있기 때문이다.

대상사가 지리상의 발견과 함께 시작된 혁신들을 좇지 않았으며, 이 상사가 리스본이나 세비야에 자리 잡지 않았다는 것은 아주 특징적이다. 이런 점 때문에 이 상사는 옛날 체제 속에 파묻혀 있고, 그래서 근대성의 시작을 알리는 활기찬 새로운 사업의 물결에 동참하는 길을 개척하지 못했다고 보아야 할까? 아니면 1530년까지 그 모습 그대로 지속된 사업망을 변형시키는 것이 불가능했을까? 낡은 방법에 의존했다는 데에 일련의 책임이 있다. 사원들(associés)의 수는 감소했고, 이사들(Regierer)은 토지를 구입하고는 사업에서 손을 뗐다.[196] 그러나 대상사가 가지고 있던 피렌체식의 거대하고 지속적인 상사 방식은 없어지지 않았다. 그것은 18세기 이후까지도 계속 남아 있었다. 가족을 모델로 해서, 가족을 중심으로 집중된 이 상사는 가족 재산을 유지하고 친족들을 먹여 살렸다. 바로 이것이 이 상사가 오래 유지된 비결이다. 가족 상사는 유산 상속과 함께 끊임없이 해체되었다가 다시 형성된다. 루카 출신으로서 리옹에 정착한 부온비시 가문은 규칙적으로 사명(社名)을 바꾸었다. 1575-1577년에는 루이 부온비시 상사, 1578-1584년에는 브누아, 베르나르댕 부온비시 상사, 1584-1587년에는 브누아, 베르나르댕, 에티엔, 앙투안 부온비시 상사, 1588-1597년에는 베르나르댕, 에티엔, 앙투안 부온비시 상사, 1600-1607년에는 폴, 에티엔, 앙투안 부온비시 상사…….

그러므로 이 상사는 결코 같은 것이 아니면서 언제나 같은 상사였다.[197]

1673년 프랑스 정부의 칙령을 통해서 제네랄(générales)이라고 불리게 된 회사들은 점차 **자유회사**(société libre), 또는 **합명회사**(société en nom collectif) 라고 불리게 되었다. 이 회사는 진짜 가족 간의 기업은 아니면서도 늦은 시기까지도 가족적인(혹은 반[半]가족적인) 성격을 가지고 있었다는 것이 특징이라는 점을 강조할 필요가 있다. 1719년 4월 23일에 낭트에서 맺어진 한 계약서의 본문을 살펴보자[이 회사의 구성원은 가족관계가 아니라는 것을 참고하라]. "회사의 자본을 줄이지 않기 위해서 회사 돈은 생계를 위해서만 꺼내야 하며 그 이외의 용도로 꺼내서는 안 된다. 돈을 꺼낸 사람은 다른 사람들에게 이 사실을 알려야 하며 그러면 다른 사람들도 같은 액수만큼 꺼낼 수 있도록 해서 이것을 위한 별도의 계정을 두지 않는다.……"[198] 이와 같은 "사적인 것과 상업적인 것의 혼재는 소규모 상사와 제조업체에서 더욱 뚜렷했다."[199]

합자회사

모든 합명회사에는 책임소재의 구분이 힘들다는 문제가 있다. 누가 끝까지 책임을 지며 누가 제한된 책임을 지는가? 이에 대한 해결책으로 뒤늦게 합자회사(société en commandite)가 등장했다. 이 회사에서는 기업을 경영하는 사람이 져야 하는 책임과 단지 일정한 자금을 투자한 사람의 책임을 구분한다. 후자는 그의 출자분에 대해서만 책임을 지며 그 이상은 아니다. 이러한 유한책임은 영국에서보다는 프랑스에서 더 일찍 도입되었다. 영국에서는 합자회사라고 해도 회사가 사원들(socii)에게 새로 돈을 더 투자하라고 요구하고는 했다.[200] 페데리코 멜리스가 보기에 합자(accomandita)라는 제도가 분명한 형태로 처음 발전한 곳은 피렌체였다(그러나 그의 생각에 이것은 꽤 늦은 시기에 일어난 일이라서 그와 같은 성격의 계약 중에 **지금까지 알려진** 최초의 사례는 1532년 5월 8일의 것이다).[201] 이 도시가 크게 팽창해가던 때에 이곳의 자본은 이 방식을 통해서 오늘날의 지주회사*의 활동과 유사한 많은 활동에 참여할 수 있었다. 합자회사에 출자한 자금(accomandite)의 기록을 통해서 우리는 그것이 지속된 기간, 액수, 분포도 등을 추적할 수 있다.

합자회사는 유럽 전역에 보급되면서 서서히 가족관계를 근간으로 하는 상사를 대체해갔다. 이 회사조직은 새로 떠오르는 문제들을 해결해주었고, 또 사업상의 다양성이 증대하고 원거리 간의 결사가 갈수록 더 빈번하게 이루어지면서 생겨나는 필요에 부응했기 때문에 확산되었다. 동시에 이 조직이 번성하게 된 또다른 이유가 있다. 남의 이목을 피하려는 투자자가 투자하기에 좋았기 때문이다. 낭트에 와 있는 한 아일랜드 상인은 1732년에 코크**에 있는 다른 아일랜드 상인과 회사를 결성하려고 했을 때 "내국인이 아니면 [국내] 항해업의 참여를 금지하는, 혁명기까지 실제 작용하던 법령 조항들……피할" 가능성을 합자회사에서 찾았다. 이것은 또 프랑스 상인들이 아프리카 해안에서 포르투갈의 주둔군 사령관과 관계를 맺는다거나 아메리카의 스페인 "관리들"[202) 혹은 [수송업무만이 아니라/역주] 어느 정도 사업에까지 간여하는 선장들과 관계를 맺는 가능성을 제공했고, 업무 담당 사원을 산토 도밍고나 메시나 등지에 둘 수 있는 가능성을 제공하기도 했다. 파리에 등록된 회사들도 그 성원들이 비록 파리에 주소를 정하고는 있지만 이들이 모두 파리 사람들은 아니었다. 1720년 6월 12일에 결성되어 1년 동안 지속된 한 회사를 보면, 이 회사는 "은행업과 상품의 매매 사업을 위해서 전직 보르도 상업재판소 위원***이며 현재 파리의 생-토노레 거리에 거주하는 조제프 수이스 씨, 불루아 거리에 거주하는 장 니콜라 씨와 피에르 니콜라 씨, 포부르-생-드니 대로에 거주하는 프랑수아 앵베르 씨, 그리고 빌바

---

* 持株會社, holding company : 한 그룹에서 다른 회사의 주식으로 경영을 지배하는 회사.
** Cork : 아일랜드 남서쪽에 있는 만, 지역 그리고 동시에 이곳의 군도(郡都)인 도시의 이름.
*** juge-consul : 1563년의 칙령으로 툴루즈, 보르도, 오를레앙, 투르, 앙제 등지에 상업 관련 재판을 취급하는 재판관들이 그 위원이 되었다. 일부 지역에서 이들을 콩쉴(consul, 고대 로마의 집정관)이라고 불렀기 때문에 이 재판소 위원도 쥐주-콩쉴(juge-consul)이라고 부르게 되었다.

오의 대상인인 자크 랑송 씨 사이에" 결성되었다.[203] 자크 랑송이라는 인물은 이 회사의 청산 문서에 빌바오의 프랑스인 대표이자 은행가로 소개되어 있다.

그러나 우리가 가진 문서의 내용이 그리 풍부하지 않고 분명한 언급을 하지 않을 때 합자회사(이것은 또 "조건부의[conditionnée]", 또는 "편의적인[de commodité]" 회사라고도 불렸다[204])와 합명회사를 어떻게 구분할 것인가? 어떤 사원의 책임의 한계는 어떻다는 식의 언급이 있느냐 없느냐 하는 것이 기준이 될 것이다. 1673년의 프랑스의 칙령은 이 점에 대해서 분명한 어조로 이렇게 이야기한다. "합자회사의 사원은 그들의 지분 한도까지만 채무 책임을 진다."[205] 1786년 3월 29일에 결성된 한 회사의 출자 계약서(écrite 또는 scripte)를 보자. 유한책임 사원(이 사람은 여성이다)에 대해서는 "어떤 경우에도, 또 어떤 명분으로도 그녀가 투자한 자금의 한도 이상으로 이 회사의 채무에 대해서 책임을 지우지 못한다."[206] 이것은 아주 명확한 사례이다. 그러나 언제나 그렇게 명확한 것은 아니다. 다른 경우에는 어떤 출자인이 거액을 출자하고 또 경영의 위험을 분담하면서도 그가 뒷자리에 숨을 수 있기 때문에 이런 조직을 선택하는 수도 있다. 사실 1673년의 칙령(합자회사의 결성은 이해 당사자들이 공증인 앞에서 서명할 것을 규정한다)은 "상인과 대상인 사이에 체결된 회사"에 대해서만 이야기하고 있다. 이는 일반적으로 "상업을 전문으로 하지 않는 사람"은 상업재판소에 등록되는 문서에 파트너로 등재되지 않을 수도 있다고 해석된다.[207] 이렇게 해서 귀족들도 귀족 특권의 상실 규정을 피해서 투자할 수 있고, 국왕에 봉사하는 관리들도 그들이 어떤 기업과 이해관계가 있다는 사실을 숨길 수 있었다. 프랑스에서 합자회사가 크게 성공한 이유 중의 하나가 이것이다. 프랑스에서는 18세기에 사업에 대한 열정이 크게 비등했음에도 불구하고 아직까지 상인들이 상류사회에 끼지 못했던 것이다. 파리는 런던이나 암스테르담과는 다른 곳이었다.

주식회사

흔히 합자회사는 사람들의 결합이면서 동시에 자본의 결합이라고 이야기한다. 이에 비해서 마지막으로 등장한 주식회사(société par actions)는 단지 자본의 결합일 뿐이다. 회사의 자본은 회사 자체에 융합된 것처럼 하나의 단일체를 이룬다. 사원 내지 파트너들은 이 자본의 일부를 소유한다. 그것을 지분(parts)이라고도 하고 주식(actions)이라고도 한다. 영국에서는 이 회사를 조인트 스톡 컴퍼니(Joint Stock Company)라고 부르는데, 이때 스톡(Stock)이란 자본 또는 자금이라는 뜻이다.

법제사가(法制史家)들이 볼 때 진정한 의미의 주식회사는 주식이 단지 양도 가능한 정도가 아니라 **시장에서 거래가 가능할 때**에만 존재한다. 그렇지만 이 마지막 구절에 너무 구애받지 않는다면, 유럽 최초의 주식회사의 등장은 지금까지 알려진 최초의 주식회사인 머스코비 회사(Moscovy Companie)가 만들어진 1553−1555년보다 더 이전일 것이다. 다른 회사들이 이 회사보다 몇 년 더 앞서 만들어졌을 가능성도 있다. 15세기 이전부터 지중해의 선박들의 소유권은 흔히 여러 지분으로 나뉘어 있었다. 이것을 베네치아에서는 파르테(parte), 제노바에서는 루오기(luoghi), 그 나머지 이탈리아의 대부분의 도시에서는 카라티(caratti), 그리고 마르세유에서는 키라(quiratz) 또는 카라(carat)라고 불렀다. 이 지분들은 모두 매매되었다. 마찬가지로 유럽 전역에서 광산 소유권 역시 분할되었다. 13세기 이래 시에나 근처의 은광이 그러했고, 아주 일찍이 암염 광산이나 염전, 슈타이어마르크 주의 레오벤에 있는 야금업 작업장, 프랑스의 동광(자크 쾨르가 이 광산의 일부를 소유했다) 등이 다 그런 식이었다. 15세기의 호황기 이래 상인과 제후들이 중유럽의 광산들을 장악하고 경영했는데, 이 소유권은 쿡센이라는 단위로 분할되었다. 쿡센은 양도가 가능하며 투기의 대상이 되었다.[208] 마찬가지로 물레방아도 두에, 쾰른, 툴루즈 등지에서 보듯이 각지에서 회사 형태를 이루었다. 툴루즈의 경우를 보면[209] 13세기 이후 물레방아는 위쇼(uchaux)라는 지분으로 나뉘고 이것을 소유한 사람—이를 파리에(parier)라고 한다—은 이 지분을 다른 부동산처럼 판매할 수 있었다. 툴루즈 물레방아 회사의 구조는 중세 말부터 19세기까지 변하지 않았고, 파리에들은 이 회사의 문서들에 의하면 프랑스 혁명 전야에는 당연히 "주주 나으리들"이 되었다.[210]

선구적인 존재를 찾으려고 하게 마련인 이런 연구에서는 전통적으로 제노바에 특별한 위치를 부여하고는 했는데, 제노바가 비록 독특한 사례이기는 하지만 잘못 이해되고 있는 것 같다. 성 조르조*의 공화국은 필요에 의해서, 그리고 정치적 취약성 때문에 콤페레(compere)와 마오네(maone)라는 일종의 회사들로 조직되기에 이르렀다. 마오네는 지분으로 나뉜 조직으로서 사실은 국정에 속하는 일들을 맡았다. 세우타에 대한 공격(1234년에 있었던 일로 이것을 감행한 것이 최초의 마오네 조직이다)이나 1346년의 키오스 식민사업(주스티니아니 가문이 이 과업을 잘 수행했으며 그후 이 섬은 1556년에 튀르키예가 정복할 때까지 이 가문이 지배했다) 등이 그런 예이다. 콤페레는 시정부(Dominante)의 소득을 담보로 하는 국채인 로카(loca) 또는 루오기(luoghi)라는 단위로 나뉜다. 1407년에 콤페레와 마오네는 카사 디 산 조르조(Casa di San giorgio)로 합쳐졌다. 이것은 국가 안의 국가로서, 제노바 공화국의 가장 비밀스럽고 역설적인 역사를 말해주는 열쇠이다. 그런데 이러한 콤페레, 마오네, 카사 같은 것들이 진짜 주식회사라고 할 수 있을까? 그렇게 볼 수도 있고 아닐 수도 있을 것이다.[211]

대규모 특권 회사를 제외하면 주식회사는 그렇게 빨리 확산하지는 않았다. 그런 완만함을 잘 보여주는 좋은 예는 프랑스이다. 주식(action)이라는 단어 자체가 이곳에서는 뒤늦게 정착했다. 그리고 이 단어가 명백히 쓰인 경우라고 해도 이것이 반드시 쉽게 양도 가능한 주식을 의미하지는 않는다. 그 단어는 흔히 쓰이지만 내용은 다를 수 있다. 이와 비슷하게 모호한 단어

---

* San Giorgio : 제노바의 수호성인.

들은 파르 댕테레(parts d'intérêts), 솔(sols), 또는 솔 댕테레(sols d'intérêts) 등
이 있다. 1765년 2월 22일에 있었던 "지대 징수 회사"의 주식 양도 혹은 주식
매매의 경우를 보면 "이 회사를 이루는 21솔 중에 [판매인에게] 속한 2솔 6드
니에 댕테레"에 관한 것이었다.[212] 2년 뒤인 1767년, 역시 파리에서 보랭 회
사는 주식(action)이라는 단어를 쓰고는 있지만 이 회사의 자본 구성을 다음
과 같이 표현한다. 500리브르짜리 앵테레 생플(intérêt simple) 4,000주, 100
리보르짜리 앵테레 생플 5분의 1 지분으로 1만 주, 500리브르짜리 앵테레
랑티에(intérêt rentier) 1,200주, 100리브르짜리 앵테레 랑티에 5분의 1 지분
으로 4,000주. 여기에서 앵테레 생플이란 이윤 분배와 위험을 함께 나누는
주식이고, 앵테레 랑티에란 6퍼센트의 이자를 지급하는 부채일 것이다.[213]

주주(actionnaire)라는 말도 아주 느리게 전파되었다. 적어도 프랑스에서
는 은행가(banquier)라는 말과 마찬가지로 이 말에 불리한 편견이 붙어 다녔
다. 존 로의 비서였던 믈롱은 로 체제 이후 10여 년이 지난 후에 이렇게 썼다
(1734).[214] "주주가 지대수취인보다 국가에 더 유용한 존재라고 주장할 생각
은 없다. 그런 주장은 우리와는 거리가 먼 사람들의 추악한 편견일 뿐이다.
주주가 자기 소득을 받는 것이나 지대수취인이 자기 소득을 받는 것이나 매
한가지이다. 그들 모두 일을 하지 않는 것은 똑같다. 주식을 사는 돈도, 지
대 수취 권리를 사는 돈도 전부 유통되고 상업과 농업에 똑같이 적용된다.
그러나 자본의 구성 방식은 다르다. 그 어떤 양식에도 구애받지 않는 주주
의, 즉 주식 형태의 자본은 더 유통이 잘 되고, 그것을 통해서 더 큰 가치를
창출하며, 당장의 필요나 예상하지 못하는 필요를 모두 만족시키는 자원이
된다." 이에 비해서 지대 수취 "계약"은 거래할 때 공증인 앞에서 수많은 과
정을 거쳐야 한다. 그 대신 이것은 "상속자가 나이가 어려서 자칫 재산을 날
리기 쉬운 상태"에 있을 때 그에 대한 예방책이 되는 신중한 투자이다.

주식에 그와 같은 장점이 있음에도 이 새로운 회사조직은 극히 느리게 보
급되었다. 18세기의 낭트나 마르세유와 같이 연구조사가 이루어진 곳에서

는 어디에서든 이 점을 확인할 수 있다. 이런 유형의 회사는 대개 근대적인 또는 근대화되어가는 보험업에서 많이 볼 수 있었다. 때로는 해적선의 의장업에 이 조직이 이용되기도 했다. 엘리자베스 시대의 영국에서 이미 그런 일이 시작되었고 1730년의 생-말로에서도 그런 것을 볼 수 있었다. 국왕에게 올린 한 청원서에는 이런 말이 있다. "생-말로에서든지 우리 왕국의 다른 항구에서든지 해적선의 의장사업은 주식 응모 방식이 이미 확립된 관례라는 사실을 모르는 사람은 아무도 없습니다. 이것은 소액 자본 주식들로 나뉘어 있어서 해적들이 거두어온 이익이 왕국의 곳곳에 퍼집니다."[215]

이것은 의미심장한 문장이다. 주식회사는 일반 대중 자금주들을 끌어모으고 지리적으로나 사회적으로 자금 유입의 층을 확대하는 수단이 되었다. 예를 들면 보랭 회사(1767)는 루앙, 르 아브르, 모를레, 옹플뢰르, 디에프, 로리앙, 낭트, 페즈나스, 이브토, 슈톨베르크(아헨 근처에 있다), 릴, 부르-강-브레스 등지에 대리인과 이 회사에 대한 조력자 및 파트너들이 있었다.[216] 이 회사로서는 운이 좋아서 프랑스 전역이 이 회사의 사업망 속에 포괄되었다. 사업의 열기가 달아오르던 활기찬 루이 16세 시대의 파리에서는 급격한 발전이 이루어졌다. 이곳에서는 1750년에 해상 보험 회사―1753년에 합명 회사가 되었다―앙쟁 광산 회사, 카르모 광산 회사, 지조르 운하 회사, 브리아르 운하 회사, 총괄 징세청부회사, 물 공급 회사 등이 설립되었다. 당연한 일이지만 이런 회사들의 주식은 파리에서 가격이 매겨지고 판매되고 유통되었다. "이해할 수 없는 충격"으로 수도 회사의 주식가격이 1784년 4월에 2,100리브르에서 3,200리브르, 3,300리브르까지 오른 일도 있었다.[217]

넓은 의미의 홀란트[네덜란드/역주]와 영국까지 살펴본다면 우리의 목록은 훨씬 길어질 것이다. 그러나 그렇게 하는 것이 무슨 의미가 있겠는가?

제한된 발전

상법을 연구하는 역사가들은 합명회사, 합자회사, 주식회사라는 3세대에 걸친 변화를 이야기한다. 그 변화는 뚜렷하다. 적어도 이론상으로 보면 그렇다. 그러나 실제로는 몇 개의 예외를 제외하면 회사들은 낡아빠지고 불완전한 성격을 띠는데, 이것은 이런 회사들의 규모가 작다는 데에 그 원인이 있었다. 연구 조사를 해보면—예컨대 파리의 상업재판소 문서들에 흔적이 남아 있는 경우들처럼—구분이 어렵거나 아예 불가능한 회사들을 많이 볼 수 있을 것이다. 여기에는 아주 작은 회사들이 훨씬 더 많아서 마치 이런 작은 회사들이 큰 회사들에게 먹히지 않기 위해서 서로 모여 있는 듯한 느낌을 받게 된다.[218] 소액 자본을 구성하는 계약서를 한 10건 정도 보면 설탕 정제업 회사 하나 정도를 보게 되고, 20건 정도를 보다 보면 은행에 대한 언급이 한 번 정도 나온다. 그렇다고 해서 부자들이 회사 결성을 하지 않는다는 것은 아니다. 오히려 그 반대이다. 1720년경의 영국을 관찰한 대니얼 디포의 말을 들어보면 알 수 있다.[219] 회사조직이 가장 일반적인 곳은 어디인가? 디포에 의하면 부유한 직물 상인들, 직포 상인들, 은행업을 하는 금세공인들(banking goldsmiths), 그리고 다른 대규모 상인들, 외국과 상거래하는 상인들이다.

그러나 대상인은 소수에 불과하다. 특히 특권 회사나 대규모 매뉴팩처와 같은 것을 제외하면 회사, 상업활동을 하는 단위, "기업"은 우리가 보기에는 오랫동안 가소로운 규모였다.[220] 암스테르담의 상관 하나에는 기껏해야 20-30명의 인원만이 있었다.[221] 프랑스 혁명 전야에 파리에서 가장 큰 은행이었던 루이 그레퓔 은행도 직원 수가 30여 명이었다.[222] 회사는 아무리 커도 하나의 건물—"회사 소유주(principal)"의 건물—로 만족했다. 이 점이 이런 회사가 오랫동안 가족적이다 못해 가부장적인 성격을 가지게 된 이유이다. 디포가 관찰한 바에 의하면 하인들[servants, 종업원들/역주]은 대상인의 집에 묵으며 그와 같은 식탁에서 식사를 하고 허락을 받고서야 외출했다. 외박은 생각도 못했다. 1731년에 런던에서 공연된 한 연극에서는 한 상인이 종업원을 이렇게 꾸짖는다. "반웰, 신고도 하지 않고 이렇게 밤에 외출한 것은 잘못한 일일세."223) 독일의 한 도매상업 회사를 배경으로 한 구스타프 프라이타크*의 1850년대 소설 『차변과 대변(Soll und Haben)』이 묘사하는 것도 이런 분위기이다. 영국의 빅토리아 여왕 시대에도 대상사에서는 경영주와 임원들이 일종의 가족적인 공동체에서 살았다. "많은 기업에서 하루 일과는 도제와 조수들이 함께 참여하는 가족 기도로 시작되었다."224) 그러므로 사물이나 사회적인 현실, 그리고 심성이 그렇게 빨리 변화하지는 않았다. 수많은 소규모 회사라는 것이 일반 법칙이었다. 단지 국가와 결탁한 때에만 기업 규모가 눈에 띄게 커졌다. 국가는 그 자체가 가장 거대한 근대 기업으로서, 스스로 커가면서 다른 기업을 키우는 특권을 가지고 있었다.

대상업회사의 선례

대상업회사는 상업적인 독점에서 태어났다. 크게 보아서 이것은 17세기에 기원을 두고 북서유럽에 속해 있는 존재이다. 흔히 그렇게 이야기한다. 그리고 그것은 어느 정도 맞는 내용들이다. 이탈리아 내륙 도시들이 ("콤파니아"라는 이름으로) 피렌체식 회사를 결성했고 이것을 무기 삼아 지중해와 유럽의 상업 순환로를 열었다는 것도 마찬가지이고, 네덜란드와 영국이 이런 회사들을 이용해서 세계를 정복했다는 것도 마찬가지이다.

　이런 주장들은 틀린 것은 아니라고 해도 이 중요한 현상을 역사적인 조망 속에 잘못 위치시키고 있다. 대회사의 독점은 사실 이중, 삼중의 특징들을 가지고 있다. 우선 그것은 고전압 상태의[고도로 발달한/역주] 자본주의 활동을 의미한다. 다음으로 그것은 국가가 허락하는 특권이 없으면 생각할 수 없을 것이다. 또 이 회사들은 원거리 무역권 전체를 빼앗아서 장악한다. 네덜란드 동인도회사의 전신 회사 중의 하나는 원거리 회사(Compagnie Van

---

* Gustav Freytag(1816-1895) : 독일의 극작가, 「디 그렌츠보텐(Die Grenzboten)」 공동 편집인. 독일 자유주의와 중산층의 대변인으로, 여러 희극작품을 썼다. 『차변과 대변』은 상업세계를 사실적으로 묘사한 소설이다.

Verre)라는 의미심장한 이름을 가지고 있었다. 그런데 원거리 무역이나 국가의 특권 부여, 혹은 자본의 뛰어난 성과 등은 17세기에 비롯되지 않았다. 원거리 무역이라는 무대에서 자본주의와 국가가 연결된 것은 1553-1555년에 영국의 머스코비 회사가 결성되기 훨씬 이전부터 있었던 일이다. 예컨대 베네치아의 대무역은 14세기 초부터 지중해 전역과 북유럽을 비롯하여 접근 가능한 유럽 전역을 무대로 했다. 예컨대 1314년에 베네치아의 갤리선들이 브루게에 도착했다. 14세기에 경제불황이 일반화되자 베네치아 시정부는 "갤리 상선(galere da mercato)" 체제를 조직했다. 이곳에 직속된 조선소에서 큰 배를 만들고 의장을 갖추어준 후(즉 시정부가 초기 투자자본을 부담하는 것이 된다) 이 배들을 상업귀족들에게 빌려주어서 그들의 교역에 도움을 주었다. 지노 루차토가 면밀히 관찰한 것처럼 이것은 아주 강력한 덤핑(dumping)이었다. "갤리 상선" 체제는 16세기 초반까지 자기 역할을 다했다. 이것은 베네치아가 헤게모니 싸움에서 유용하게 사용한 무기였다.

아메리카의 발견과 바스쿠 다 가마의 순항 이후 한층 더 커진 공간 속에서 이와 비슷한 체제들이 더 만들어졌다. 유럽의 자본주의가 이 공간에서 대단한 이점을 새로 발견한 것은 사실이지만, 당당하게 그 속으로 뚫고 들어가지는 못했다. 그 까닭은 스페인이 서인도이사회,* 서인도무역관,** 서인도항로(Carrera de Indias) 등을 내세웠기 때문이다. 이런 중층의 규제와 감시를 어떻게 피해갈 것인가? 리스본에는 상업의 제왕이 자리 잡고 있다. 눈네스 디

---

* Consejo de Indias : 아메리카 대륙의 식민지에 대한 스페인의 최고 통치기관(1524-1834). 국왕이 임명한 6-10명의 위원으로 구성되며 식민지와 관련된 모든 법령을 준비하고 그것을 국왕의 이름으로 반포하는 한편, 식민지 관리의 활동과 지출을 규제하고, 식민지 재판소에 대한 최고 상급심 재판소 역할을 했다. 이 기관은 18세기 이후에 힘을 많이 상실했다.

** Casa de la Contractación : 스페인 국왕이 1503년에 인도상관(Casa da India) 등을 모델로 하여 세비야에 세운 상업회의소. 이 기관은 카스티야와 아메리카 대륙 사이의 교역을 조정, 통제, 보호, 장려하는 것을 목적으로 하며 하루에 두 차례씩 소집되었다. 본부가 소재한 세비야가 모래의 누적으로 항행이 힘들어지자, 카디스로 활동 중심이 이동했으며 1717년에는 완전히 카디스로 이전했다. 원칙적으로는 아메리카 대륙의 교역을 독점하게 되어 있으나 실제로는 국내외로 많은 불법 밀수 활동이 있었다. 1778년에 독점권이 박탈되었고 1790년에 해체되었다.

아스[225])의 적절한 표현에 따르자면 인도상관*이라는 "왕조적 자본주의"는 선박과 대리인과 국가 독점을 장악하고 있었다. 사업가들로서는 할 수 없이 이런 환경에 적응해야만 했다.

이 체제는 오래 지속되었다. 포르투갈 체제는 1615-1620년까지, 스페인 체제는 1784년까지 이어졌다. 이베리아 국가들이 대규모 회사를 만드는 데에 주저한 이유는 리스본이나 세비야 및 카디스로부터 국가가 상인들에게 활동하는 데에 필요한 편리를 보아주었기 때문이다. 이 기계는 잘 돌아갔다. 한번 가동되면 누가 그것을 막겠는가? 흔히 스페인의 서인도항로는 베네치아를 모방했다고 이야기하는데, 이것은 맞는 말이다. 그러나 이와 달리 리스본이 제노바를 모방했다는 것은 그렇게 딱 들어맞는 비유는 아니다.[226) 베네치아에서는 모든 것이 국가 위주였지만 제노바에서는 모든 것이 자본 위주였다. 근대국가가 일찍이 자리 잡은 리스본에서는 제노바식의 자유방임이 전혀 불가능했다.

국가와 자본은 비교적 잘 어울리게 짝을 이루고 있다. 그런데 네덜란드와 영국에서는 이 두 존재의 조화가 어떻게 작용했는가? 이것은 대회사의 역사에서 핵심적인 질문이다.

삼률법

어느 한 회사의 독점은 세 가지가 맞아떨어져야 가능했다. 국가가 그 첫 번째이다. 국가는 비교적 효율적이고 결코 뒤에 그냥 물러서 있지는 않는 존재이다. 다음으로 상업세계—즉, 자본, 은행, 크레딧, 고객 등—가 있는데 이것은 독점에 적대적이거나 거기에 공모하거나 둘 중에 하나이지만 때로는 동시에 그 두 가지를 겸하기도 한다. 마지막으로 들 수 있는 것은 원거리 무

---

* Casa da India : 포르투갈의 리스본에 16세기에 세워진 사업조직. 후추를 비롯한 모든 동방 무역을 집중시켰다. 이곳에서 일부 선택된 업자들(contractatores)에게 수출입 허가를 내주고 그 대가로 포르투갈 왕실이 큰 수익을 얻었다.

역의 대상이 되는 지리적인 권역인데 이것만으로도 많은 것들이 결정된다.

국가는 결코 뒤에 물러서 있지 않는다. 가장 중요한 바탕이 되는 국내시장에서 특권을 부여하고 보장해주는 것이 국가이다. 그러나 공짜가 아니다. 모든 회사는 국가가 요구하는 재정적인 과업 중의 하나에 응해야만 한다. 이것은 근대국가들이 항시 겪어야 하는 운명인 재정상의 어려움에 연관된 문제이다. 회사들은 오랜 논란 끝에 어렵사리 독점을 갱신할 때마다 독점의 비용을 내고 또 내야 한다. 겉보기에는 응집력이 거의 없어 보이는 네덜란드의 국가기구도 부유한 동인도회사에 과세를 물리는 데에는 의견의 일치를 보였다. 이 회사는 돈을 선납하고 부담금을 지불하며 자본에 대한 과세가 주주들의 부담으로 떨어지도록 하는 수밖에 없었다(이 세금이 거래소에서 매겨지는 **실제**의 주식가격을 근거로 해서 정해졌다는 점은 작은 사실이지만 중요한 의미를 가진다). 동인도회사에 대해서 정통한 법률가인 피터르 판 담은 이렇게 이야기했다(그리고 이 언급은 경쟁 회사들에게도 그대로 적용된다). "국가는 매년 자기에게 거액을 납부하는 조직이 있다는 데에 큰 기쁨을 느낄 것이다. 이 납부 금액이 어찌나 많은지 동인도 무역과 항해로부터 국가가 취하는 이익이 주주들의 이익에 비해서 3배나 더 많았다."[227]

이것은 더 강조할 필요도 없는 평범한 사실이다. 그렇지만 바로 그런 활동을 통해 국가는 이런 회사에 대해 독특한 성격을 부여하게 된다. 1688년의 혁명[명예혁명/역주] 이후 영국의 회사들은 과거의 성공이 오히려 짐이 되어 내리누르던 네덜란드의 회사들에 비해서 더 자유로워졌다. 프랑스의 경우 동인도회사를 예로 들어보면, 이 회사는 정부가 마음대로 설립, 재설립을 하고, 마치 이 회사가 다른 모든 것으로부터 분리되어 공중에 떠 있는 존재인 것처럼 붙들어두고 보호했으며, 언제나 능력이 모자라는, 혹은 아예 그럴 능력이 없는 사람들이 관리하도록 만들었다. 프랑스인들 중에 [다른 나라에 비해서 불리한/역주] 이런 차이점을 보지 못하는 사람이 누가 있겠는가? 1713년 7월에 런던의 한 대리인이 아시엔토 회사("남해회사"가 되는 것으로서, 이 회사는 이때까지 프랑스인들이 특권 사업으로서 수행하던 스페인령 아메리카에 노예를 공급하는 사업을 새로 담당하게 될 것이다)가 성립된다는 것을 알려왔다. "이 회사는 [노예/역주] 공급을 담당하는 개인들로 구성될 것입니다. 그리고 이 경우에는 법원의 명령이 개인의 이해에 전혀 영향을 미치지 못할 것입니다.……"228) 분명 과장일 테지만 어쨌든 1713년경에 영불해협의 양편에서 사업상의 차이점이 매우 크다는 것은 확실히 알 수 있다.

간단히 말해 국가와 회사 사이의 관계가 어느 정도의 높이에서 그리고 어떤 방식으로 진행되는지를 밝혀야 한다. 국가가 프랑스식으로 간섭해 들어오면 회사가 발달할 수 없다. 그와 반대로 어느 정도 자유가 지배적이게 되면 자본주의가 이 공간 속에 들어오고 모든 행정적인 곤란함과 기이한 현상들에 적응하게 된다. 네덜란드 동인도회사는 영국 동인도회사보다 몇 달 더 늦게 만들어졌지만 대회사들 중에 최초로 대단히 매력적인 성공을 거두었다. 그런데 이 회사의 골격은 복잡하고 이상하기 짝이 없었다. 동인도회사는 6개의 독립적인 지사(홀란트, 제일란트, 델프트, 로테르담, 호른, 엥크호이젠)로 나뉘고 이 위로 17인 위원회(Heeren XVII)라는 공동 이사진이 있다(이 17명 중에 8명이 홀란트 지사의 대표이다). 도시 과두지배 집단 부르주아들은 지사의 중개를 통해서 이 거대하고 수익성 좋은 기업에 참여할 기회를 얻는다. 각 지방 지사의 이사진(Gewindhebbers)—이들이 17명의 대표를 뽑는다—은 이 회사의 일반 경영에 참여한다. 여기에서 강조할 사항은 이렇게 특징적인 분리 현상을 보이는 가운데에서도 전체 네덜란드 경제에 의해서 개별 도시 경제들이 서로 연결되어 수평을 이룬다는 점이다. 그렇다고 해도 이것이 암스테르담의 지배를 막지는 못했다. 그리고 네덜란드 동인도회사라는 미궁 속에 몇몇 강력한 가문이 왕조처럼 단단히 자리 잡고 있다. 17인 위원회나 19인 위원회(Heeren XIX)—1621년에 세워진 네덜란드 서인도회사의 이사들—목록 중에는 암스테르담의 비커 가문이나 제일란트의 람프신 가문처럼 몇 개의 강력한 가문들이 항시 등장한다. 이 가문들이 당당하게 전면에

나서도록 만든 것은 국가가 아니라 돈과 사회이다. 우리는 이와 똑같은 현상을 영국 동인도회사, 남해회사, 영국 은행, 혹은 작은 예이지만 아주 명확한 예로서 허드슨 만 회사* 등에서도 찾아볼 수 있다. 이 모든 대기업은 소수 집단의 지배에 이른다. 이 집단은 강고하고 그들의 특권에 집착하며 결코 변화나 혁신을 기대하지 않는, 단연코 보수적인 성격을 가진다. 이들은 애초에 너무 많은 것을 가진 사람들이라서 위험을 선호하는 성향일 수가 없었다. 더 나아가서 실례인지는 모르겠으나 이들에게 개인적으로 상인에 걸맞은 지성이 있었는지에 대해서도 의심이 든다. 사람들은 너무나도 흔히 동인도회사는 밑에서부터 썩었다고 이야기했다. 그러나 사실 이 회사는 위에서도 썩었다. 이 회사가 그토록 오랫동안 유지될 수 있었던 이유는 단지 그 당시에 가장 수익성 좋은 교역에 종사하고 있었기 때문이다.

사실 이런 회사들의 운명은 그들이 어떤 공간에서 독점 사업을 펼치느냐에 따라서 결정되었다. 무엇보다도 지리적인 문제인 것이다! 아시아 상업은 이 광범위한 경험 중에서 가장 탄탄한 기반을 가지고 있었다. 대서양—아프리카 교역과 아메리카 교역—이나 유럽의 여러 바다들(발트 해, 백해, 거대한 지중해)은 그렇게 오랫동안 수익성이 좋은 활동 공간을 제공하지는 못했다. 영국 역사에서 머스코비 회사, 레반트 회사, 아프리카 회사의 운명을 보라. 이보다 더 의미심장한 것으로 네덜란드 역사에서 서인도회사가 결국 실패를 겪는 것을 보라. 대상업회사들에게 성공을 보장해주는 지리라는 요인은 결코 우연히 이루어지지 않았다. 그렇게 된 까닭은 아시아 무역이 전적으로 사치품—후추, 고급 향신료, 비단, 인도 직물, 중국의 금, 일본의 은 그리

---

* Hudson Bay Company : 1660년대에 메다르 슈아르 데 그로시에르와 피에르 에스프리 라디송이라는 두 여행자가 허드슨 만 지역에서 모피 교역을 하려고 했으나 퀘벡까지의 수송비가 비싸고 세금이 너무 무거워서 이것을 피하여 뉴잉글랜드로 도망갔다. 영국 측은 이들을 런던으로 호송했는데 이곳에서 두 사람은 런던 상인들을 설득하여 1670년에 허드슨 만을 통해 북아메리카 대륙의 모피를 거래하는 회사를 설립하게 만들었다. 이 회사는 나중에 허드슨 만에서 연결되는 모든 지역에 대해서 교역을 독점하는 권리를 얻어 크게 번영했다.

고 바로 다음 시기에 취급하게 된 차, 커피, 칠기, 도자기―무역이었기 때문이 아닐까? 유럽은 어느 정도 계속 성장하고 있었기 때문에 사치품에 대한 욕구가 계속 커지고 있었다. 그리고 18세기 초에 대무굴 제국이 붕괴함에 따라 인도가 서양 상인들의 욕심에 내맡겨져버렸다. 그러나 아시아 무역이 먼 거리에 떨어져 있고 어려움이 많다는 점, 그 상업이 정교한 성격을 가지고 있다는 점 등의 이유로 엄청난 액수의 현찰을 유통시킬 수 있는 대자본만이 살아남을 수 있는 사냥 제한 구역처럼 되었다는 점 역시 고려해야 한다. 이렇게 처음부터 규모가 엄청나다는 것이 경쟁을 배제했거나 적어도 경쟁을 어렵게 만들었다. 이것은 일정한 높이에서 장애물을 친 격이다. 한 영국인은 1645년에 이렇게 썼다. "개인들로서는 그렇게 위험하고 비용이 많이 드는 긴 여행을 할 수 없다."[229] 그러나 사실 이런 이해관계가 얽혀 있는 언급은 영국 내외에서 누차 반복되던 대로 대회사를 위한 변론일 뿐이며 완전히 들어맞지는 않는다. 우리가 다음에 보듯이 많은 개인들은 필요한 자본을 모을 수 있었다. 아시아에 정착한 유럽인들이 아시아에서 누리던 마지막 선물은 "아시아 내의 무역"(역내 무역)이다. 예외적으로 수익성이 높았던 이 무역은 포르투갈 제국을 1세기 동안 생존할 수 있도록 해주었고 계속해서 네덜란드 제국이 2세기 동안―영국이 인도를 집어삼킬 때까지―생존할 수 있도록 해주었다.

그런데 정말로 영국이 인도를 집어삼켰을까? 유럽인들이 성공의 기반으로 삼을 수 있는 규칙적인 구조물을 제공한 이 역내 무역은 오랫동안 지속되어온 현지의 경제가 얼마나 강건한지를 보여주는 증거이다. 유럽인들이 수 세기 동안 이 지역을 수탈하면서 누릴 수 있었던 장점은 이곳에 이미 조밀하고 진화된 문명이 있다는 것이다. 농업 및 수공업 생산은 이미 잘 조직되어 수출까지 하고 있었고 어디에서나 효율적인 상업 연쇄망과 중개인들이 있었다. 예컨대 자바 섬에서 네덜란드인은 중국인을 이용해서 생산물을 수집하고 식량을 모았다. 아메리카 대륙처럼 유럽인이 모든 것을 새로 만들어야 했던 것이 아니라, 이미 견실하게 만들어져 있는 것을 단지 이용하고 장악했을 뿐이다. 여기에서 그들이 한 일은 다만 그들이 소유하던 은을 가지고 이 집의 문을 강제로 열어젖힌 것뿐이다. 기존의 균형을 심층으로부터 교란시킨 것은 이런 과정의 맨 마지막에 정치적, 군사적으로 정복하고 영국이 지배자로서 군림하게 되면서부터이다.

영국의 회사들

영국이 아주 일찍부터 성공을 거둔 것은 아니다. 1500년경에만 해도 영국은 "후진국"으로서, 강력한 해군도 없었고 인구의 태반은 농업 인구였으며 부의 근원은 단지 두 가지에 불과했다. 하나는 거대한 양모 생산이고 또 하나는 발달된 직물 산업이었다(그중 직물 산업이 발달하면서 결국 양모 생산을 흡수할 정도가 되었다). 농촌 기반을 넓게 가지던 이 산업은 영국의 남서부와 동부에 튼튼한 광포(broad cloth)—이것은 특히 웨스트 라이딩에서 많이 생산했다—와 얇고 보풀이 있는 직포인 커지*를 생산했다. 7만5,000명의 인구를 가진 도시로서 아직은 괴물이 아니지만 곧 괴물이 되는 수도 런던이 있고, 장미전쟁의 종식과 함께 강력한 왕정이 수립되었으며, 튼튼한 길드 제와 활발한 정기시들을 갖춘 영국은 전통적인 경제를 가진 국가에 속했다. 그러나 곧 상업활동이 수공업적인 활동으로부터 분리되어 나왔다. 이런 분리는 크게 보면 르네상스 이전 이탈리아 도시들에서 볼 수 있는 것과 유사했다.

영국에서 대규모 회사들이 처음 결성되는 것은 물론 외국과의 무역이라는 틀 안에서였다. 우리가 관찰할 수 있는 두 개의 가장 큰 회사는 아직 고풍스러운 조직을 가지고 있었다. 그 하나는 머천츠 오브 더 스테이플(Merchants of the Staple)이라는 양모 수출 회사로서 교역 중심지는 칼레였다. 다른 하나는 직물을 수출하는 머천트 어드벤처즈(Merchant Adventurers, 모험상인

---

* kersey : 얇고 매끄러운 능직(綾織) 나사. 유니폼과 외투 제조에 쓰인다. 원래 이 말은 영국 서편의 방직업이 발달한 마을 이름에서 유래했다.

회사)였다. 스테이플 회사는 영국 양모를 취급했으나 곧 양모 수출이 중단되었다. 따라서 이 회사는 제쳐놓자. 머천트 어드벤처러즈—다소 모호한 용어인 어드벤처러즈(adventurers) 라는 말은 원래 해외 무역에 참여하는 모든 기업가 상인을 지칭한다—는 네덜란드 지역으로 표백하지 않은 직물을 수출하는 사람들이었다.[230] 이를 위해서 이 상인들은 네덜란드와 일련의 협상을 맺었다(예컨대 1493-1494년, 1505년처럼). 점차 직물 상인(mercer)과 잡화 상인(grocer)이 어드벤처러들 가운데 가장 중요한 자리를 차지하게 되었고 경쟁자인 트윈 강* 이북의 지방 상인들을 축출했다. 1475년부터 런던 상인들은 모두 일치단결하여 활동했다. 상품 수송을 위해서 함께 배를 빌렸으며 관세 지불과 특권의 획득을 위해서 이제 잡화상이 드러내놓고 나서서 조직을 주도했다. 1497년에는 국왕이 직접 개입해서 런던 중심으로 집중해 있는 이 회사가 수도 이외의 상인들도 받아들이도록 했다. 그러나 이와 같은 외부 상인들은 하급의 위치만을 차지할 뿐이었다.

머천트 어드벤처러즈의 조직에서 가장 뚜렷한 특징은 이 회사의 중심지가 영국 외부에 존재한다는 점이다. 그 중심지는 오랫동안 안트베르펜과 베르헨 옵 좀—정기시들이 이와 관련하여 고객 유치를 두고 다투었다—이었다. 네덜란드에 위치한 이 회사는 이 두 도시들 사이에서 밀고 당기는 게임을 할 수 있었고 그럼으로써 자신의 특권들을 쉽게 유지할 수 있었다. 특히 직물의 판매, 향신료 구입, 화폐의 송부와 같은 핵심 업무들을 대륙의 이 도시들에서 수행했다. 이곳이야말로 가장 활기찬 세계 경제에 접속할 수 있는 곳이었다. 런던에는 여행과 시장에서의 번잡한 생활에 두려움을 느끼는 나이 든 상인들이 머무르는 반면, 젊은이들은 안트베르펜으로 갔다. 1542년에 런던 거주민들이 추밀원에 "안트베르펜의 젊은이들"이 런던의 "어른들"의 충고를

---

* Tweene : 이런 이름을 가진 강은 영국에 없는 것 같다. 아마 트위드 강(River Tweed)을 가리킬 가능성이 있다. 남부 스코틀랜드에 있는 이 강의 주변에는 모직 매뉴팩처가 발달한 도시와 시장 도시들이 밀집해 있다.

따르지 않는다는 항의를 올린 데에서 이를 알 수 있다.[231]

여기에서 머천트 어드벤처러즈 회사가 "길드(corporation)"로 남아 있었다는 점이 우리의 흥미를 끈다. 이 상인들에게 부가되는 규율은 좁은 도시 공간 속에서 길드가 그 성원들에게 부가하는 규율과 유사했다. 국가가 이 회사에 부여한 규칙들—1608년의 국왕 법령과 같은[232]—이 이런 점을 매우 재미있게 보여준다. 이 회사 구성원들은 서로 "형제들"이고 부인들은 "자매들"이다. 형제들은 종교 일과나 장례식 등에 함께 참석한다. 행동거지가 바르지 못하다든지, 거친 욕설을 한다든지, 취하도록 술을 마신다든지, 보기에 어색한 모습을 해서는 안 되었다. 예를 들면 자기 가게에서 점잖게 기다리지 않고 급히 뛰어가서 편지를 가져온다든지, 등이 휘도록 무거운 짐을 스스로 운반하는 따위의 일을 해서는 안 되었다. 마찬가지로 말싸움, 모욕, 결투 등도 금지되었다. 회사는 도덕적인 종합체이며 법인체였다. 이 회사는 자신의 정부를 구성하여 가지고 있었다(총독, 의원, 재판관, 서기 등). 또 이것은 상업적인 독점을 누리며 항구적인 승계 특권(자기 자신에게 승계하는 권리)을 가지고 있었다. 이 모든 특징들은 제규회사(制規會社, regulated company, 아마도 이 말은 조사이아 차일드의 말에서 따온 것으로 보인다)라는 이름으로 지칭할 수 있는 것들이다. 다시 말해서 길드 혹은 북해 연안 지역의 한자 동맹과 유사한 성격이다.

따라서 이것은 결코 새롭거나 독창적인 산물은 아니다. 머천트 어드벤처러즈의 기원은 분명히 15세기 이전까지 거슬러올라가며 이것이 형성되는데 영국 국왕의 호의가 필요하지는 않았다. 마이클 포스탄이 추정하듯이[233] 직물 판매가 축소되어 이에 대한 대응으로 상인들이 긴밀히 모일 필요가 있을 때 이 회사가 생겼다. 그러나 이것은 주식회사의 형태는 아니다. 이 회사의 구성원이 되는 길은 상속에 의하거나, 기존 성원에게서 도제 수업을 받다가 그 기간이 다 되어서 성원이 되는 경우가 있고, 그렇지 않은 경우에는 부담금을 내야 했다. 그후 이들은 각자 위험부담을 안고 상업을 했다. 전체적으로 보아서 이 회사는 영국 경제가 발전함에 따라 원모를 그대로 수출하는 것으로부터 양모를 가공하는 것으로 점차 기능이 바뀌어갈 때 낡은 조직이 새로운 기능을 떠맡게 된 것이다. 이 조직은 여러 상인의 업무를 중앙에서 총괄하는 것이 아니라 상인들이 각자 자기의 일을 개별적으로 하되 전체를 조정하는 임무를 감탄스럽게 잘 수행했다.* 이 조직이 조인트 스톡 컴퍼니와 같이 공동의 자본을 갖춘 대회사로 이행하려고 했다면 아주 쉽게 할 수 있었을 것이다. 그러나 머천트 어드벤처러즈는 쇠퇴해가면서도, 나폴레옹이 함부르크(이 회사가 1611년 이후 자리 잡은 곳이다234))를 지배함으로써 이 회사의 운명을 마감하게 된 1809년까지 이 조직 형태를 유지했다.

머천트 어드벤처러즈에 대한 이와 같은 구체적인 사실만 보더라도 독자들은 제규회사가 무엇인지 이미지를 가지게 될 것이다. 사실 16세기 말과 17세기 초에 영국이 갑작스러운 경제발전을 경험했을 때 주식회사의 수가 급증했다고 하지만,235) 이것이 결코 다수는 아니었다. 주식회사는 똑같은 방식의 임무를 하는 다른 형태의 회사들 속으로 서서히 잠식해 들어갔다. 때로는 이런 다른 형태의 회사들이 주식회사보다 더 우월해 보이기까지 한다. 왜냐하면 1555년에 설립된 머스코비 회사나 1581년에 설립된 레반트 회사와 같은 주식회사들이 제규회사로 바뀌었기 때문이다. 머스코비 회사는 1622년에 그리고 다시 1669년에, 레반트 회사는 1605년에, 또 아프리카 회사는 1750년에 제규회사로 바뀌었다. 심지어 영국 동인도회사—이 회사는 1599년에 세워졌고 1600년에 특권을 부여받았다—역시 1698년부터 1708년까지 위기를 맞았을 때 부분적으로 다시 제규회사로 환원되었다.

네덜란드 동인도회사보다 훨씬 미약한 자본으로 출발한 영국 동인도회사

---

* 머천트 어드벤처러즈가 오늘날의 일반회사와 가장 크게 다른 점은 일반회사는 모든 영업활동이 결국 회사의 이름으로, 다시 말해 회사의 계정으로 이루어지는 반면, 머천트 어드벤처러즈의 경우에는 여기에 참여하는 상인들이 수행하는 활동이 모두 각자의 계정으로 이루어진다는 것이다. 회사는 단지 참여자들의 활동을 공동으로 지원하는 역할을 한다.

는 초기의 한 세기 동안에는 진정한 주식회사라고 볼 수 없었다. 이 회사의 자본은 1회의 여행만을 위해서 모집되었고 배가 돌아오면 상인들은 투자한 자본과 이익을 받았다. 오랫동안 주주들은 자신의 지분을 회수할 권리를 가지고 있었다. 그러다가 조금씩 사정이 바뀌어갔다. 1612년부터 1회의 왕복 여행에 대해서 계정을 여는 것이 아니라 일련의 여행들을 계획하고 이에 대해서 계정을 열었다. 1658년 이후 드디어 회사의 자본은 더 이상 손댈 수 없는 것이 되었다. 그리고 1688년경에는 네덜란드 동인도회사 주식이 암스테르담의 거래소에서 거래된 것처럼 이 회사의 주식들도 런던의 거래소에서 매매되었다. 그러므로 네덜란드식 주식회사의 모델이 도입된 것은 서서히 이루어진 일이다. 그렇게 되기까지는 거의 한 세기가 걸렸다.

회사와 콩종크튀르

북서유럽의 회사들이 총체적으로 성공을 거둔 것은 또한 콩종크튀르와 시기의 문제이기도 했다. 암스테르담이 큰 부를 쌓게 된 시기는 대개 1580-1585년경부터였다. 1585년에 알레산드로 파르네세*가 안트베르펜을 점령함으로써 에스코 강변에 위치한 이 도시의 운명은 마감된 것이나 마찬가지였다. 이 도시의 상업이 비록 완전히는 아니라고 하더라도 심하게 붕괴되어 경쟁 도시[암스테르담/역주]에게 승리를 안겨주었다. 그런데 1585년이라고 하면 네덜란드 동인도회사의 성립(1602)까지는 아직 20년이나 이전의 시점이다. 따라서 네덜란드 동인도회사는 암스테르담의 부가 형성된 뒤에 설립된 것이다. 동인도회사는 암스테르담의 부를 창출했다기보다는 부분적으로 보면 암스테르담의 부의 결과라고 할 수 있다. 어쨌든 이 회사는 설립되자

---

* Alessandro Farnese, duke of Parma(1545-1592) : 16세기의 출중한 군인. 네덜란드 독립운동이 시작될 무렵인 1577년에 네덜란드에 파견되었고 그다음 해 스타트하우더가 되었으며 수완을 발휘하여 네덜란드의 전체 17주 중 남부 10주가 독립파에서 이탈하여 합스부르크 가문에 잔존하도록 했다. 이후 네덜란드 독립전쟁에 중요한 전투였던 안트베르펜 전투에서 이곳을 공격하여 점령했다(1583-1585). 그후에는 프랑스의 종교 내란에 간여하여 가톨릭 동맹을 지원했다.

마자 즉각적으로 성공을 거두기 시작했다. 이보다 약간 일찍 설립된 영국 동인도회사의 경우도 마찬가지였다.

프랑스가 대상업회사들을 만들려는 노력을 했다가 실패한 것은 1664년부터 1682년 사이의 일이다. 1664년에 설립한 동인도회사는 "일찍부터 재정상의 곤경에 빠졌으며" 그래서 1682년에 특권이 취소되었다. 1670년에 세워진 레반트 회사는 1672년에 쇠퇴했고, 1669년 7월에 세워진[236] 북유럽 회사*는 "대실패"로 끝났으며, 1664년에 세워진 서인도회사는 1674년에 폐쇄되었다. 이처럼 일련의 실패들이 연속되었다. 비록 동인도회사가 일부 성공을 거두었다고 해도 그것이 그 나머지의 실패를 보상하지는 못했다. 영국과 네덜란드가 성공을 거둔 데에 비해서 프랑스는 왜 이렇게 실패를 거듭했는가? 이런 대조는 설명이 필요하다. 프랑스 기업이 가진 불리한 점으로는 상인들이 국왕 정부를 불신했다는 점, 그들이 가진 재원이 상대적으로 부족했다는 점, 프랑스의 자본주의라고 할 만한 것이 아직 미성숙했다는 점 등이 중요하다. 그러나 이미 조직되어 있는 상업망에 파고들어가는 것이 어려웠다는 점 역시 확실하다. 좋은 자리는 이미 모두 다른 사람들이 차지하고 있었고 이것을 지키려고 칼부림이라도 할 태세였던 것이다. 뫼브레[237]는 이렇게 썼다. "게다가……이 세기 전반에 세워진 외국 회사들은 괄목할 만한 수익을 올렸다. 그후에는 콩종크튀르가 변화하여 이런 수익을 올리는 것이 불가능했다." 프랑스인들에게는 계제가 좋지 못했던 것이다. 콜베르는 너무 늦게 등장한 셈이다. 특히 반 세기 정도 전례 없는 약진을 이룬 후에 북유럽, 그중에서도 특히 네덜란드는 점차 맞이할지 모르는 경쟁에 저항하고 더 나아가

---

* Compagnie française du Nord : 프랑스의 특권 회사 중의 하나로서 콜베르의 청원으로 루이 14세에 의해 1669년에 세워졌다. 출자금은 60만 리브르였으며 라 로셸에 본사를 두었다. 이 회사의 목표는 당시 네덜란드가 사실상 독점권을 누리던 발트 해 무역에 프랑스가 도전하여 특히 북유럽에서 공급되는 조선 재료들을 얻기 위한 것이었다. 초기에는 국가의 지원을 받아 약간의 성공을 거두었으나 곧 반전되었다. 됭케르크인을 비롯한 주요 구성원이 네덜란드 상업과 큰 이해관계를 가지고 있어서 오히려 네덜란드와 협력하려고 했기 때문이다. 이 회사는 1684년에 해체되었다.

서 불리한 콩종크튀르의 제동을 이겨낼 수 있는 이점을 가지게 되었다.

사실 같은 콩종크튀르라고 하더라도 지역에 따라서 상이한 결과를 가져왔다. 예컨대 17–18세기 전환기(1680–1720)는 모든 유럽에 어려움이 가중되었지만, 영국에서의 반전과 위기는 오히려 전반적인 진보의 인상을 준다. 후퇴와 정체의 시기 중에 어떤 나라의 경제가 다른 나라에 비해서 더 잘 보호받거나 혹은 반대로 덜 보호받기 때문일까? 어쨌든 1688년의 혁명 이후 영국에서는 모든 활동이 활기를 띠었다. 공공 크레딧이 "네덜란드식으로" 크게 발달했다. 1694년에 과감한 시도로 설립에 성공한 영국 은행에게는 국채시장을 안정시키고 다시 한번 사업을 약진시키는 계기가 되었다. 사업은 너무나도 잘 이루어졌다. 환어음과 수표는 국내시장에서 점점 더 큰 위치를 차지했다.[238] 국제 무역은 확대되고 다양해졌다. 그레고리 킹과 대버넌트[*]가 보기에는 이것이 가장 급속히 발달한 분야였다.[239] 조인트 스톡 회사에 대한 투자 열기가 몰아쳤다. 이런 회사의 수는(스코틀랜드를 포함해서) 1688년에 24개였던 데에 비해 1692–1695년에는 150개의 주식회사가 세워졌다(그러나 이 모든 회사가 끝까지 살아남지는 않았다).[240] 1696년의 위기 동안 화폐의 재주조는 매우 큰 충격을 가했는데 이때 쓰러진 회사는 단지 취약한 회사들만이 아니었다. 여하튼 이 당시에 수천 명의 투자가들이 희생당했다. 그래서 1697년에 주식 중개인(stock jobber)의 수를 100명으로 제한하는 법이 만들어졌는데 이로써 권유원[**]의 활동에 제동이 걸렸다.[241] 투자 붐은 남해의 거품 사건이 있던 1720년까지 계속되었다. 따라서 이 전체 기간은 비록 윌리엄 3세와 앤 여왕 정부가 기업들로부터 거액의 돈을 수취했음에도 불구하고 풍성한 결과를 낳은 파란만장한 시기였다.

---

[*] Charles Davenant(1656–1714) : 영국의 경제학자. 성직자의 폐해, 식민지 정책 등을 다룬 팸플릿을 쓰고 자유주의를 옹호하는 여러 저작들을 출간했다.

[**] démarcheur : 은행, 증권회사 등의 직원으로 일반 사람들의 집을 방문하거나 공공장소에서 증권의 출자, 구입, 교환 등을 권유하는 사람을 말한다.

이런 분위기에서는 개별 기업가들의 경쟁 때문에 회사들이 특권을 유지하기 힘들었다. 러시아 회사[머스코비 회사의 다른 이름/역주]와 레반트 회사의 특권은 폐지되었다. 동인도회사의 경우 자본은 크게 증가하면서도 파산할 위험이 있었다. 새로운 자유들을 부여받은 두 번째의 동인도회사가 성립되면서 이 회사와 예전의 회사 사이에 거래소에서 불붙은 싸움은 1708년까지 긴장감 속에서 진행되었다.

이 당시의 호전적인 자본주의를 너무 어둡게만 볼 일은 아니다. 다음의 이상한 예를 보도록 하자. 1698년 8월에 옛 동인도회사 상인들은 인도에 있는 그들 소유의 건물 몇 채를 새로운 동인도회사 상인이나 아니면 차라리 프랑스 동인도회사에게 넘기려고 했다! 1698년 8월 6일 퐁샤르트랭은 탈라르*에게 이렇게 썼다.[242] "프랑스 동인도회사의 이사들은 영국의 옛 동인도회사가 코로만델의 해안가에 있는 마술리파트남의 건물들을 매각하려고 하므로 그들과 협상할 수 있는지를 알아보라는 견해를 제시했습니다. 국왕 전하는 그런 소식이 사실인지, 그리고 만일 이것이 사실이라면 우리에게 넘겨줄 수 있는지, 그리고 그들이 어느 정도의 보상을 원하는지 조용히 알아보라는 의견입니다." 여기에서 진하게 표시된 부분은 원문에 암호로 표시되어 있는 부분이다. 아직 위트레흐트에 있던 탈라르는 8월 21일에 이런 답장을 보내 왔다.[242] "영국의 옛 동인도회사의 이사들이 현지에 가지고 있는 건물들을 팔려고 하는 것은 사실이며 새로운 동인도회사는 이것을 더 싸게 구입하기 위해서, 자신들은 이 건물이 필요 없고 이것 없이 잘 지낼 수 있다고 말하고 있으나 제 의견으로는 런던의 부상(富商)들인 옛 동인도회사의 이사들이 많은 손해를 볼 우려가 있기 때문에 과연 외국인들과 거래를 할지 의심스럽습니다." 10년 후에 두 개의 영국 동인도회사가 하나로 합쳐짐에 따라서 모든 문제가 스스로 풀렸다.

이것은 일부 네덜란드인들이 자기 나라의 독점 때문에 자신들이 동아시

---

* Camille d'Hostun, duc de Tallard(1652-1728) : 프랑스의 장군. 회히슈테트 전투(1704)에서 말버러 장군과 외젠 장군에게 패배했다.

아 지방과 교역할 수 없는 것에 분개한 나머지 프랑스, 덴마크, 스웨덴, 토스카나 등지에 자본을 제공하면서 동인도회사를 설립하도록 부추겼던 태도와 비견된다. 그리고 이것은 18세기 말부터 19세기 초까지 영국령 인도에서 동인도회사(이 회사는 1865년에 가서야 해체되었다)의 특권에 반발하는 상인들이 크게 늘어나서, 이들이 이 회사의 지방 대리인뿐만 아니라 유럽 각국 출신의 대상인과도 공모하여 중국과 말레이 제도 방향으로 밀수행위를 하고 유럽으로 비밀리에 송금하는 수익성 좋은 사업을 하던 당시의 분위기를 설명해준다.

회사와 상업의 자유

피터 래슬릿은 영국 동인도회사와 영국 은행이 "오늘날 우리가 의미하는 '사업' 형태의 모델이 된" 것은 사실이지만 "18세기 초 이전에 영국의 상공업 활동 전체에 미친 영향은 극미했다"는 사실을 강조했다.[243] 찰스 복서는 근거가 되는 구체적 사실을 적시하지는 않았지만 이런 내용을 더 강하게 주장했다.[244] 그가 보기에 대상업회사는 핵심이 아니다. 스콧은 더 구체적인 주장을 펼쳤다. 그는 1703년에 주식회사들이 모은 자본 총액이 800만 파운드 스털링에 불과한 데에 비해서(그나마 이 금액은 명백한 자본 증가 이후의 금액인데도 그렇다) 1688년 이후에 킹이 추산한 국민소득은 4,500만 파운드 스털링이며 국민 자산은 6억 파운드 스털링이라고 이야기했다.[245]

그러나 우리는 이 논리가 무엇인지, 그것이 무슨 내용을 노래하고 있는지 잘 알고 있다. 언제든지 최첨단 활동의 양을 경제 전체의 거대한 총량과 비교해보면 그 비중이 무시해버려도 좋을 정도로 작게 나타난다. 그러나 나는 여기에 동의할 수 없다. 중요한 것은 훗날 어떤 결과를 가져오느냐인데 그 결과가 경제의 근대성이나, 앞으로 오게 될 "사업"의 "모델", 가속화된 자본 형성, 식민화의 시작 등이라면 이 문제는 다시 한번 생각해보아야 한다. 우선 대회사의 독점에 대한 항의가 폭풍처럼 몰아친다는 사실 자체가 이것이 한번 해볼 만한 가치를 가졌음을 보여주는 것이 아니겠는가?

1700년 이전부터 상인들은 끊임없이 독점을 잠식하고 있었다. 불만, 분노 희망, 타협 등이 뚜렷하게 모습을 드러냈다. 우리가 증거를 너무 과신하는지는 모르겠지만, 17세기 중에는 큰 항의 없이 잘 용인되던 여러 회사들의 독점이 다음 세기에 가면 도저히 참을 수 없는 파렴치한 것으로 보이게 되었다. 낭트의 상인 대표인 데스카조는 한 보고서에서 이 문제에 대해 단도직입적으로 이렇게 이야기했다.(1701)[246] "독점 회사의 특권은 상업에 해악을 끼친다." 왜냐하면 "그런 독점 회사들이 성립되던 당시에는 무관심과 무능력이 판치고 있던 데에 비해서 오늘날은 능력과 경쟁의 시대이기 때문이다." 이 당시에는 상인들 스스로 동인도와 중국에, 노예 무역을 하러 기니에, 사금, 구리, 상아, 고무 등을 얻으러 세네갈에 갔다. 이와 마찬가지로 루앙의 대표였던 니콜라 메나제는 이렇게 말했다(1704년 6월 3일).[247] "……모든 독점 회사들은 확장보다는 축소에 급급하므로 국가로서도 상업을 소수의 사람들의 수중에 한정하기보다는 일반 국민에게 맡기는 편이 훨씬 유리하다는 것은 상업에 관한 의심할 여지 없는 원칙이다." 1699년의 한 공식 보고에 의하면, 특권 회사들의 성원들마저도 "다른 사람들에게서 교역의 자유를 빼앗아서는 안 되며 한 국가 내에 배타적인 특권들이 있어서는 안 된다"고 생각했다. 영국에서는 "무허가 참여자들(interlopers, aventuriers)이 특권 회사들과 같은 영업지역에서 교역을 했다."[248] 사실 1661년에 동인도회사는 인도 내 무역을 일반인에게 내맡겨버렸다. 상인이 주도한 혁명이라고 할 수 있는 1688년의 혁명 이후 여론이 비등하자 동인도회사의 특권이 정지되고 인도에서의 교역의 자유를 선언했다. 그러나 1698년, 혹은 1708년에 모든 것이 다시 옛 질서로 되돌아가서 "배타성(exclusif : 독점)"이 규칙이 되었다.

프랑스 역시 유사한 변전을 겪었다. 1681년(12월 20일)과 1682년(1월 20일)에 콜베르는 인도에서의 교역의 자유를 선언했으며, 이제 동인도회사는 상품 수송과 창고 업무만을 유지하게 되었다.[249] 이 회사는 한편 1712년에 스스로 자신의 특권을 생-말로 회사에 팔아넘겼다.250) 그렇다면 이 시기 이후에도 과연 동인도회사가 존재한다고 볼 수 있을까? "우리 프랑스 동인도회사의 쇠퇴는 국왕 깃발과 나라 전체에 수치를 안겨주었다"고 1713년 5월 20일에 아니송은 런던에서 이야기했다.251) 그러나 죽어가는 제도들도 오래 생명을 유지하는 법이다. 동인도회사는 로 체제라는 파란 많은 시기에도 망하지 않고 위기를 넘겼고, 1722-1723년에는 현찰이 충분하지는 않았으나 그래도 상당한 자산을 가지고 재형성되었다. 투쟁하고 이윤을 획득하는 일은 1760년대 전후까지 지속되었다. 1769년에 경제학자들이 주축이 된 일대 캠페인의 결과 독점이 종식되고 지금껏 독점의 이익을 누리던 프랑스의 인도 및 중국 교역에 자유 교역의 길이 열렸다.252) 1785년에 칼론과 그를 둘러싼 집단의 사람들이 동인도회사를 다시 진수시켰다. 그러나 이 회사는 사실 영국 동인도회사의 그늘 밑에 가려 있다가 몇 차례의 파렴치한 투기를 한 끝에 1790년에 혁명에 의해서 사라졌다.253)

삼분할 체제 재론

자본주의는 한편으로 경제의 여러 분야들과 대조하여 그리고 또 한편으로 상업 계서제—이 계서제의 최상층을 자본주의가 장악하고 있다—와 대조하여 위치지어야 한다. 바로 이것이 이 책이 첫 페이지부터 제시한 틀이다.254) 최하층에는 다양하고 자체충족적이며 일상적인 "물질생활"이 있고, 그 위에는 더 명료하게 파악할 수 있는 것으로서 경쟁이 이루어지는 시장경제와 같은 것이라고 설명한 바 있는 "경제"가 있으며, 마지막 최상층에 자본주의가 자리 잡고 있다. 만일 이 작업가설적인 구분이 첫눈에 알아볼 수 있는 선들로 그어서 가려낼 성질이라면 모든 것이 아주 명확했을 것이다. 그러나 현실은 그렇게 단순하지 않다.

특히 우리의 생각에 결정적으로 중요한 자본주의와 경제 사이의 대립을 구체적으로 보여주는 구분선을 긋는 것은 단순하지가 않다. 우리가 사용하는 의미의 경제란 **투명성**과 **규칙성**의 세계이다. 이 세계에서는 교환 과정이 어떻게 전개될지에 대해 모든 사람이 공동의 경험을 통해서 사전에 알고 있다. 나날이 생활해나가는 데에 필요한 것들을 사고파는, 즉 돈을 주고 상품을 사거나 상품을 팔고 돈을 얻는 일을 하며, 그런 일이 그 자리에서 바로 결말이 이루어지는 도시시장 같은 것이 그런 경우이다. 소매상점도 그렇다. 그리고 비록 원거리 교역이라고 해도 그 출발점, 조건, 도상의 길, 종착점 등이 명백한 **규칙적인** 교역도 마찬가지이다. 시칠리아의 밀, 레반트의 여러 섬에서 나는 포도주나 건포도, 풀리아의 소금(만일 국가가 여기에 간섭하지 않는다면)과 기름, 발트 해 지역의 호밀, 목재, 타르 등의 상품을 그와 같은 예로 들 수 있을 것이다. 그런 성격의 교역들은 무수히 많다. 그것은 대개 오래 전부터 이루어졌으며 그 노선, 시점, 지역 간의 차이 등을 누구든지 잘 알고 있다. 그래서 이런 교역은 경쟁에 개방되어 있다. 그런데 어떤 이유에서든지 이런 상품이 투기꾼의 이해에 부합되게 되면, 모든 것이 복잡해진다. 그렇게 되면 이 상품은 창고에 보관되었다가 대개는 원격지에 대량으로 재분배된다. 예컨대 발트 해 지역의 곡물을 보자. 이것은 원래 시장경제의 규칙적인 상업에 속했다. 그단스크의 가격은 암스테르담의 가격과 같은 방향의 변화를 보인다.[255] 그러나 일단 곡물이 암스테르담의 창고에 보관되고 나면 이 곡물의 거래는 차원이 달라진다. 이제 이 곡물은 특권적인 사람들의 사업이 된다. 즉 대상인들의 지배 아래에 들어가게 된다. 이들은 기근이 들어서 구입가와는 무관하게 곡물 가격이 크게 오른 곳, 그리고 대상인들이 바라 마지않던 상품과 이 곡물을 교환할 수 있는 여러 다양한 곳으로 보낸다. 물론 전국적인 차원에서 보면 특히 밀과 같은 상품의 경우에는 소규모 투기, 미시-자본주의(micro-capitalisme)의 가능성이 없지는 않지만, 그런 것은 경제 전체 속에서 익사하는 것과 마찬가지이다. 자본주의적인 대규모 게임은 일상적이지 않은 것, 특출한 것, 또는 몇 달 내지 몇 년의 간격으로 떨어져 있는 연결 등에 속한다.

이런 조건에서 우리는 한편에 시장경제—마지막으로 다시 한번 더 이야기하거니와 투명성—를 위치시키고 다른 한편에 자본주의 내지 투기를 위치시킬 수 있지 않을까? 이곳은 단지 용어의 문제일까, 아니면 각각의 행위자들 자신이 상대적으로 잘 인식하고 있는 구체적인 구분선일까? 작센 선제후가 루터에게 4쿡센—즉, 300굴덴에 해당하는 광산주식—을 증여하려고 했을 때 루터는 이렇게 반박했다.[256] "나는 그 쿡센은 원하지 않습니다. 그것은 투기 자금이기 때문에 그런 돈이 불어나는 것을 바라지 않습니다(Ich will kein Kuks haben! Es ist Spielgeld und will nicht wuddeln dasselbig Geld)." 이것은 정말로 의미심장한 말이다. 더구나 루터의 아버지와 형제가 만스펠트의 소규모 광산 경영자였으므로, 말하자면 이들이 자본주의의 경계의 나쁜 쪽에 서 있었기 때문에 이 말이 더 의미심장하기도 하다. 그러나 암스테르담의 현실을 침착하게 관찰한 리카르 같은 사람도 다양한 형태의 투기 앞에서 거부감을 보이는 것은 똑같았다. "암스테르담에서는 장사 성향이 워낙 뚜렷해서 여기에서는 모든 일마다 반드시 협상을 해야만 한다."[257] 이것은 정말로 별종의 세계이다. 함부르크의 상업사를 쓴 요한 게오르크 뷔슈가 보기에 암스테르담이나 그와 유사한 다른 곳에 있는 거래소의 복잡한 사업은 "이성적인 사람의 일이 아니라 노름에 미친 사람의 일이다."[258] 우리는 여기에서도 다시 한번 더 구분선을 확인하게 된다. 이 구분선의 반대편에 대해서는 에밀 졸라(1894)가 묘사한,[259] 새로운 은행을 막 개설하려는 한 사업가의 입을 통해서 이야기를 들을 수 있다. "노동을 한 데에 대해 정당하기는 하되 보잘것없는 대가를 받고, 일상적인 거래에 대해서 얌전히 균형을 맞추어 나가는 것은 우리 존재의 극단적인 진부함의 사막이요, 모든 힘들이 잠자고 썩어버리는 늪지에 불과하다.……이에 비해서 투기란 우리 생활의 미끼이다. 그것은 투쟁하고 살아나가는 영원한 욕망이다.……투기가 없다면 사업을 할 수 없을 것이다."

그 두 가지 경제세계 사이의 차이 혹은 그 두 가지 생활양식과 노동양식 사이의 차이에 대한 인식은 여기에 꾸밈없이 드러나 있다. 그것은 문학적인 표현에 불과할까? 그럴지도 모른다. 그러나 그보다 한 세기 전에 완전히 다른 언어로 이야기했던 갈리아니 주교(1728-1787)도 똑같이 경제적 단절과 인간적 단절을 이야기했다. 『곡물무역에 대한 대화(*Dialogues sur le Commerce des Blés*)』(1770)에서 그는 중농주의자들의 견해를 반박하면서 곡물 무역은 한 나라의 부를 창출하는 것이 아니라는 "파렴치한" 이야기를 했다.[260] 그가 이야기하는 논점은 이렇다. 곡물은 "그것이 차지하는 무게와 부피에 비해서 가치가 적게 나가는" 물품이므로 수송비가 많이 든다. 그것은 곤충과 쥐의 피해를 입는 상하기 쉬운 물품으로서 보관이 용이하지 않다. 이것은 "한여름에 세상에 나오므로" 바다는 파도가 거칠고 겨울의 도로는 얼어붙어서 통행이 불가능하게 되는 "가장 계제가 좋지 않을 때에 시장에" 보내게 되어 있다. 그러나 최악의 조건은 "밀이 어디에서나 생산된다는 것이다. 곡물이 없는 왕국은 없다." 게다가 어떤 왕국도 여기에 대해서 우위권을 가지고 있지 못하다. 더운 지역에서 생산되는 기름과 비교해보라. "이 상품의 교역은 확실하고 항상적이며 규제되어 있다. 언제나 프로방스 지방이 노르망디 지방에 기름을 판매한다……언제나 한쪽에 수요가 있고 다른 쪽에서 판매하게 되어 있다. 이것은 바뀔 수가 없다.……프랑스의 진정한 보배는 대지의 산물인 포도주와 기름이다. 북부지방 전역에서 이것을 필요로 하면서도 이것을 생산하지 못한다. 따라서 교역이 확실히 자리를 잡고, 자신을 위한 운하를 만들며, **투기를 멈추고**, 일상적인 것이 된다." 그러나 곡물에 관해서는 어떤 규칙성도 기대할 수 없다. 어느 곳에서 수요가 발생할지, 누가 공급을 맡을지, 혹은 공급을 하려고 해도 다른 사람이 먼저 해서 너무 늦게 도착하게 되지는 않을지에 대해서 그 누구도 알 수 없다. 따라서 위험부담이 크다. 그러므로 "규모가 작은 소상인"이 기름이나 포도주를 거래할 때 이익을 보는 이유가 여기 있다. "심지어는 소규모일수록 이익이 크다. 절약과 성실이 번영을 가져다준다.……그러나 [대규모] 곡물 무역을 하기 위해서는 상인들 중에서도 가장 강력한 손과 가장 긴 팔을 가지고 있는 사람을 찾아야한다." 이렇게 강력한 사람만이 정보를 얻는다. 그런 사람만이 위험을 무릅쓸 수 있는 데에 비해서 "위험이 눈에 보이므로 일반사람들은 흩어지게 된다." 이런 대상인은 "독점업자(monopoleur)"가 되고 "위험에 비례해서 이익이커진다." 이런 것이 "곡물을 취급하는 국외무역" 상황이다. 국내에서는, 예컨대 프랑스의 여러 지방 사이에서는 지역마다 수확의 차이 때문에 일정한정도의 투기를 할 수는 있으나 그 대신 같은 정도의 이익을 보는 것은 아니다. "짐수레꾼, 제분업자, 빵 제조인도 아주 작은 규모로나마 자신의 계정으로 이 사업을 수행한다. 그래서 곡물의 국제무역은 너무 광대하고……위험이 크고 힘들어서 바로 그런 성격 때문에 독점을 가져오는 데에 비해서, 가까운 지역 간의 국내교역은 반대로 규모가 너무 작다." 그것은 지나치게 많은 사람들의 손을 거치며 그 각각의 사람에게 아주 근소한 이익만을 안겨줄뿐이다.

그러므로 유럽 어디에서나 편재하는 밀을 보더라도 우리의 관심을 끄는틀에 따라서 다음과 같이 구분된다. 그것은 자체 소비의 대상으로서 물질생활이라는 1층에 머무를 수 있다. 그것은 또 대개 일상적인 곡창지대로부터가까운 도시―이 도시는 주변 농경지대에 대해서 "위치상의 우위"를 가진다―까지의 교역과 같은 근거리 사이의 규칙적인 교역품이 되기도 한다. 다음으로는 지방 간의 불규칙적인 그리고 때로 투기적인 교역의 대상이 되기도 한다. 마지막으로 기근이 심화되고 반복되는 위기의 상황에서 원거리상으로 일어나는 대단히 큰 규모의 활기찬 투기 대상이 되기도 한다. 상업세계내에서 층이 바뀔 때마다 다른 경제주체들과 다른 경제 행위자들이 개재되는 것이다.

제5장

사회 혹은 "전체집합"

Isaac van Swanenburg(1537–1614), *Spinning, shearing the warp and weaving the wool*, 1594–1596, oil on panel, 137.5 × 196cm. Museum De Lakenhal, public domain.

우리의 논쟁 속에 사회적인 차원을 도입하면 앞의 장들에서 제기했고 또 어느 정도 우리가 해결했던 문제들을 모두 다시 끌어내게 된다. 그리고 거기에 사회 그 자체가 내포하고 있는 어려움과 모호성을 덧붙이게 된다.

널리 퍼져 있고 사방에 편재하는, 그래서 마치 우리가 숨 쉬는 공기처럼 느끼는 실체인 사회는 우리를 둘러싸고, 우리 가운데로 뚫고 들어오며, 우리의 삶 전체 방향을 지시한다. 청년기의 마르크스는 이렇게 썼다. "사회가 내 안에서 사유한다."[1] 역사가가 자기가 상대하는 것이라고는 각 개인밖에 없으며 그 개인들에 대해서 사후(事後)에 마음대로 책임을 물을 수 있다고 믿는다면, 지나치게 현상에만 매달리는 것 아닐까? 사실 역사가의 임무란 흔히 오용되는 표현대로 단지 "인간"을 찾는다는 것만이 아니라 서로가 서로에게 얽혀 있는 다양한 크기의 사회집단들을 인식하는 것이다. 뤼시앙 페브르는 철학자들이 **사회학**(sociologie)이라는 말을 만들면서 그의 생각에 역사학에나 걸맞을 타이틀을 훔쳐갔다고 애석해했다.[2] 에밀 뒤르켐과 함께 사회학이 등장한 것(1896)은[3] 사회과학 전체에서 일종의 코페르니쿠스적인, 또는 갈릴레이적인 혁명이자 패러다임의 변화로서, 그 영향이 오늘날까지 미치고 있다. 그 당시에 앙리 베르는 이것이 수년간에 걸친 답답한 실증주의의 유행 뒤에 "일반적인 사고"로 되돌아가는 것으로서 환영해 마지않았다.[4) "그것은 역사에 철학을 다시 도입했다." 그러나 오늘날 역사가인 우리들의 생각에 사회학은 지나치게 일반적인 사고에 매달려 있고 역사적인 감각이 가장 모자란 듯하다. 역사경제학이라는 것은 있어도 역사사회학이라는 것은 없다.[5) 그런데 이런 결핍증의 이유는 너무나도 명백하다.

우선 경제학은 어떤 방식으로든 **과학**인 반면 사회학은 자신의 목표를 잘 정의하지 못한다. 도대체 사회라는 것이 무엇인가? 조르주 귀르비치의 사망 (1965) 이후에는 이에 대한 문제 제기마저 하지 않는 형편이다. 그러나 사실 귀르비치의 정의 역시 역사가들을 완전히 만족시키지는 못했다. 그가 말하는 "전체사회(société globale)"는 사회적인 것에 대한 일반적인 포괄이며 유리로 만든 종처럼 얇고 깨지기 쉬운 것이다. 구체성을 중시하는 역사가들이 보기에 전체 사회는 서로 연결되어 있든 아니면 연결되어 있지 않든 살아 있는 여러 현실들의 종합이어야 한다. 하나의 용기(容器)만이 아니라 여러 용기들이 있고 또 여러 내용물들이 있는 것이다.

이런 뜻에서 나는 더 이상 좋은 표현이 없을 것 같아서 사회를 두고 "전체집합(ensemble des ensembles)"*이라고 표현했다. 전체집합이란 역사가로서 우리들이 여러 다양한 분야에서 연구를 해가면서 접근하게 되는 사실들의 전반적인 집합을 의미한다. 이것은 수학에서 빌려온 개념으로 그 자체로서 정의되는 편리한 개념이다. 그리고 **모든 것**이 사회적이고 사회적일 수 있다는 평범한 진리를 강조하기 위한 정말로 넓은 의미를 가진 단어이다. 그러나 정의의 이점은 사전에 문제의식을 제공하고 관찰에 필요한 규칙을 제공한다는 데에 있다. 그 덕분에 우선 초기에든 어느 정도 진행된 이후이든

---

* 프랑스어에서 '앙상블(ensemble)'이라는 말은 "전체"라는 뜻과 "집합"이라는 뜻을 가지고 있다. 그래서 '앙상블 데 장상블(ensemble des ensembles)'은 "전체를 모아놓은 큰 전체"라는 뜻도 되고 "집합들의 집합", 즉 "전체집합"이라는 뜻도 된다. 우리말로는 이 표현의 묘미가 잘 살아나지 않으나 원어로는 명료한 이미지를 제공하는 재미있는 표현이다.

관찰이 용이해지고 그다음에 사실들을 타당하게 분류한 후 그것을 포괄하는 논리적 주장이 세워진다면, 정의는 유용하고 합당해진다. 그런데 전체집합이라는 용어는 우리가 관찰하는 모든 사회적 현실이 그보다 더 상위의 집합 속에 위치한다는 점, 그리고 변수들의 묶음으로서 이 집합보다 더 큰 다른 변수들의 묶음이 존재한다는 점을 환기시켜주지 않는가? 로의 비서였던 장-프랑수아 믈롱은 1734년에 이미 이렇게 말한 바 있다. "사회의 여러 부분들은 너무나도 내밀하게 연결되어 있어서 어느 한 부분을 건드리면 다른 부분에 반향이 전해지지 않을 수 없다."[6] 그것은 오늘날 "사회 과정은 불가분의 전체를 이룬다"라거나[7] 혹은 "역사란 일반사(一般史)밖에 없다"고 말하는 것과[8] 같은 이야기이다. 그 외에도 이와 유사한 언급은 수없이 많이 찾아볼 수 있을 것이다.[9]

물론 이와 같은 총체성은 실제로는 더 한정된 그리고 더 용이하게 관찰할 수 있는 여러 **집합들**로 세분된다. 그렇지 않다면 도대체 그 커다란 전체 덩어리를 어떻게 다루겠는가? "연구자는 분류를 하는 그의 손으로 사회의 [단일한] 거대한 흐름으로부터 경제적 사실들을 **인위적으로** 구분한다"고 슘페터는 이야기했다.[7] 다른 연구자들은 또 그들대로 정치적 현실이나 문화적 현실들을 구분할 것이다……. 조지 매콜리 트리벨리언*은 그의 명석한 저작인 『영국 사회사(*English Social History*)』를 쓰면서 이것은 "정치를 배제해버린 민중의 역사"를 의미한다고 했다.[10] 그래서 마치 가장 중요한 사회적 현실인 국가와 그에 부수하는 다른 현실들을 가르는 구분이 가능한 것처럼 말했다. 그러나 역사학자, 경제학자, 사회학자 중에 이러한 구분을 하지 않는 사람은 하나도 없다. 이때의 구분이란 무엇보다도 인위적이다. 마르크스의

---

* George Macaulay Trevelyan(1876-1962) : 영국의 역사가. 케임브리지 대학의 트리니티 칼리지에서 수학한 후 케임브리지 대학의 근대사 흠정교수가 되었다. 자유주의적인 성향으로, 영국 사상사에서 휘그당의 전통을 높이 평가하고 영국 국체(國體)에 깃든 앵글로-색슨적인 요소에 관심을 두었다. 『가리발디 3부작』, 『위클리프 시대의 잉글랜드』, 『19세기 영국사』 등 많은 역사학 저작을 남겼다.

구분(상부구조와 하부구조)도 그렇고 내가 앞에서 핵심적인 설명들을 개진하는 데에 사용한 삼분법도 그렇다. 이것은 단지 설명 방식일 뿐이며, 그 목적은 단지 중요한 문제들을 효율적으로 파악하기 위함이다.

게다가 각각의 사회과학은 자기 영역을 한정하고 규정하느라 이런 구분을 하지 않는가? 개별 사회과학이 현실을 잘게 나누는 것은 체계적인 사고 때문이기도 하고 필요에 의한 것이기도 하다. 우리들은 태어날 때부터 능력이나 성향으로 인해서 어떤 인식 영역은 피하고 어떤 인식 영역은 더 파고들어가서 전문화하려고 하는 것이 아닐까? 근대의 사회과학―사회학과 역사학―은 원칙적으로 일반화를 지향하면서도 많은 전문 영역으로 세분된다. 노동사회학, 경제사회학, 인식정치학, 또 정치사, 경제사, 사회사, 예술사, 이념사, 과학사, 기술사 등……

그러므로 우리가 하는 것처럼 사회라는 커다란 집합 속에 다시 다양하고 잘 알려진 여러 집합들을 구별하는 것은 평범한 일이다. 경제라는 것은 말할 것도 없고, 계서제에 기초한 사회적인 것 또는 사회적인 틀(내가 여기에서 "사회"라는 말을 쓰지 않는 이유는 "전체집합"으로서의 사회를 의미하는 데에 쓰는 것이 낫다고 생각하기 때문이다),* 정치, 문화 등의 부분집합들은 각각 더 하급의 부분집합들로 나누어진다. 이런 분류 속에서 전체사(내지는 전체화하려는 역사[histoire globalisante], 즉 전체적인 것이 되려고 하고 그렇게 하려는 경향이 있지만 결코 완전하게 그렇게 되지는 못하는 역사)라고 하면, 적어도 네 개의 "체제들(systèmes)"을 연구하고 또 그 체제들 사이의 관계, 상호성, 중복을 연구하는 것을 의미한다. 이때 이 체제들 사이의 상관관계는 다양할 수 있으며, 또 각각의 그룹에 고유한 변수들은 간변수(間變數, intervariable)

---

* 정치, 경제, 문화 등과 동격인 좁은 의미의 사회와 그런 영역을 모두 포함한 넓은 의미의 사회를 구분한다는 의미이다. 즉, 넓은 의미의 사회는 전체집합이고 좁은 의미의 사회―본문에서 표현하는 "계서제에 기초한 사회적인 것 또는 사회적인 틀"―는 그 안에 내포된 부분집합이라고 표현할 수 있다.

에 희생되어서는 안 되고 그 반대도 마찬가지라는 점을 고려해야 한다.[11]

　모든 것을 하나의 평면 위에서 하나의 움직임으로 보여주는 것은 실현 불가능한 이상일 뿐이다. 다만 실제로는 구분하되 마음속으로는 전체화하는 시각을 간직하라고 권할 수 있을 뿐이다. 그와 같은 것은 설명하는 가운데 여기저기에서 드러나고 통합성을 재창조하며 사회를 단순하게 파악하는 잘못을 막아주고, 또한 신분사회, 계급사회, 소비사회 등 흔히 사용하는 여러 양식이 의미하는 바를 사전에 전체적으로 생각해보지도 않은 채 사용하는 것을 막아준다. 예컨대 상인 = 부르주아, 상인 = 자본가, 귀족 = 지주 등의 편리한 등식을 믿어서는 안 된다.[12] 그리고 부르주아지나 귀족 등이 아주 잘 한정되어 있는 집합으로서 구분선이 명백한 카테고리나 계급인 것처럼 이야기해서도 안 된다(실제로 그런 구분은 "물과 같은 유동성"을 가지고 있다).[13]

　더구나 어떤 영역은 다른 한 영역보다, 또는 다른 모든 영역보다 언제나 우위에 있다고 선험적으로 상상해서는 안 된다. 예컨대 나는 정치사가 논의의 여지가 없고 변함없는 우월성을 가지고 있다든가, 국가가 신성불가침의 우위를 가지고 있다고는 믿지 않는다. 경우에 따라서 국가는 거의 모든 것을 결정해버리기도 하고, 거의 아무런 영향을 미치지 못하기도 한다. 폴 아당은 출판 예정인 『프랑스사(Histoire de France)』의 타이프본에서, 지중해에 관한 나의 저서로부터 펠리페 2세의 정치적 역할을 추출하여 이것이 압도적인 비중을 차지하는 것으로 보고 있다. 그는 복잡한 그림을 보는 데에 그 나름대로의 시각을 가지고 있다. 사실 여러 영역들, 집단들, 집합들은 전체 사회 내부에서 어느 정도 긴밀하게 서로 묶여 있어서 결코 완전히 자유롭게 내버려두는 일이 없으며, 이들 사이에 유동적인 계서제를 이루는 가운데 끊임없이 상호관계를 맺는다.

　다른 지역보다 사정을 잘 알 수 있는 유럽을 보자. 세계의 다른 곳보다 앞서 있는 유럽에서 11-12세기부터, 특히 16세기 이후부터 더 뚜렷하게 나타난 현상은 급격히 진보하는 경제가 다른 영역에 대해 우위를 차지했다는 점이다. 다른 영역들은 경제와의 관계 속에서 정의를 내릴 것을 강요받았다. 이런 우선권의 확립이 유럽 대륙이 일찍이 배태한 근대성의 뿌리 중의 하나라는 데에는 의심의 여지가 없다. 그렇다고 해서 이런 도약의 세기 이전에는 경제가 전혀 중요하지 않았다든지, 혹은 1622년에 프랑스의 한 풍자문 작가가 "모든 도시, 공화국 또는 왕국은 주로 곡물, 포도주, 고기, 나무로 연명한다"고 쓴 것과 같은 글을[14] 그전 같으면 아무도 쓰지 못했을 것이라고 생각해서는 안 된다. 마찬가지로 수많은 혁명적인 변화로 가득 찬 경제의 힘은 상승해가는 데에 비해서 다른 모든 영역들, 즉 사회 일반은 자기 역할을 하지 못했다고 보아서도 안 된다. 사회는 실제로는 수 세기 동안 지속적으로 가속화의 역할을 맡기도 하고—물론 아주 드물었다—더 흔히는 장애물, 저항 세력, 브레이크의 역할을 맡기도 했다. 모든 사회마다 그 사회를 관통하는 흐름에는 장애물, 길을 가로막는 고집스러운 잔존물, 장기적인 구조들이 가로놓여 있다. 역사가에게 이 구조들의 영속성은 사정을 잘 드러내어 보여주는 특징이 된다. 이 **역사적인** 구조들은 눈에 보이고 파악할 수 있고 어느 정도 측정이 가능하다. 이 구조들의 지속성 자체가 하나의 척도가 된다.

프랑수아 푸르케는 논쟁적이고 건설적인 그의 한 소책자에서[15] 전혀 다른 언어를 사용하여 이 충돌을 "욕망(désir)"과 권력 사이의 갈등으로 재해석했다. 한편에는 개인들이 있는데 이들은 자신들의 필요(besoin)에 맞추어 움직이기보다는 마치 전기를 띤 동체처럼 욕망에 사로잡혀 있다. 다른 한편에는 억압적인 권력기구가 있는데—그 권력이 무엇이든 상관없다—그것은 해당 사회의 균형과 생산의 이름으로 질서를 유지한다. 나는 필요라는 것이 하나의 설명이라는 마르크스에 동의하고, 동시에 욕망이라는 것 또한 그에 못지않은 광범한 설명이며(그런데 사실 욕망에는 필요라는 것이 포함되어 있는 것 아닐까), 정치적일 뿐 아니라 경제적인 성격을 띠는 권력기구라는 것도 하나의 설명이 될 수 있다는 푸르케에 동의한다. 그러나 이런 것들만이 유일한 사회적 상수(常數)는 아니다. 그 외에 다른 것들도 있다.

이런 상충하는 여러 힘들의 전체 속에서 중세로부터 18세기까지의 경제성장이 조직되고, 자본주의가 나라마다 다른 속도로 느리게, 또 아주 다양한 방식으로 발전했던 것이다. 다음에서는 자본주의가 발달하면서 부딪히게 된 저항과 장애를 전면에 놓고 설명하려고 한다.

사회의 여러 계서제들

단수로든 복수로든 **사회의 계서제**(hiérarchie sociale)는 사회(société)라는 말이 담고 있는 **평범하면서도** 핵심적인 내용을 나타내준다. 나는 설명의 편의를 위해서 이 계서제라는 말에 우월한 지위를 부여했다. 나는 계층이라든가 카테고리, 사회계급과 같은 말보다는 계서제라는 말을 더 선호한다. 물론 어느 정도의 규모를 갖춘 사회라면 어디에서나 계층, 카테고리, 심지어는 카스트[16] 그리고 계급을 가지고 있다. 이때의 계급은 외화(外化)되어 있든 아니든, 즉 계급을 의식하고 있든 그렇지 않든 영원히 계속되는 계급투쟁 속에 존재한다. 모든 사회가 그렇다.[17] 이 점에서 나는 우선 조르주 귀르비치에 동의하지 않는다. 그는 계급투쟁의 필수불가결한 조건은 명확한 계급의식이며 이 계급의식은 산업사회 이전에는 존재하지 않았다고 보았다.[18] 그러나 거기에 반대되는 증거는 얼마든지 있다. 오히려 "생산의 일부가 소비되지 않고 축적되는 모든 사회는 **계급갈등**을 내포하고 있다"는 알랭 투렌의 말이 맞는 것 같다.[19] 그가 말하는 사회는 결국 모든 사회를 의미한다.

이제 우리가 선택한 **계서제**라는 말로 되돌아가자. 이 말은 인구가 조밀한 모든 사회의 역사에 아무런 어려움 없이 자동적으로 적용된다. 어느 사회도 수평으로, 곧 평등한 차원에서 발전하지는 않는다. 모든 사회에는 공공연하게 계서제가 만들어진다. 그래서 1446년경에 포르투갈 탐험가들이 카보 두 레스카테(Cabo do Rescate) 근처에 있는 대서양 연안 쪽 사하라 지역에서 소규모 베르베르족들과 접촉했을 때 놀라워한 것도 무리가 아니다. 때때로 흑인 노예들과 사금을 파는 이 종족들에게는 "왕이 없었다!"[20] 그러나 좀더 자세히 살펴보면 이들은 부족들을 구성하고 있으며 각 부족에는 수장이 있음을 알 수 있다. 1630년경에 타이완의 원시 종족을 만난 네덜란드인 역시 마찬가지로 놀라워했다. "이들에게는 국왕이나 지배자가 없다. 이들은 한 마을과 다른 마을 사이에 끊임없이 전쟁을 한다."[21] 그러나 여기에서도 마을은 하나의 집단이며 하나의 질서이다. 심지어 현실 사회를 뒤집어 생각하여 상상한 유토피아적인 사회도 대개는 계서제를 이루고 있다. 심지어 올림포스 산정에 위치한 그리스 신들의 세계 역시 계서제를 이루고 있기는 마찬가지이다. 우리는 여기에서 다음의 결론을 내리게 된다. 뼈대가 없는, 즉 구조가 없는 사회는 존재하지 않는다는 것이다.

정치체제가 어떻게 바뀌었든 간에 상관없이 오늘날의 사회가 과거의 사회보다 더 평등해지지는 않았다. 그러나 적어도 특권에 대해서만은 반발이 하도 심해서 그것이 가지고 있던 순진한 특권의식만은 어느 정도 사라진 것이 사실이다. 그러나 과거의 신분사회에서는 자신의 지위를 유지한다는 것이 일종의 존엄성이며 덕이었다. 자기 지위에 맞지 않는 표식을 지니려는 사람은 우스꽝스럽고 비난받을 만한 사람으로 여겨졌다. 신분적인 지위의 실추(déclassement)를 막으면서도 동시에 저축한 재산을 탕진시키는 사치의 폐해를 없애기 위한 방편으로 18세기 초에 만들어진 계획안을 보라.[22] 프랑스 국왕은 영주, 공작, 작위를 가진 사람과 그 배우자들에게 "몰타 기사단이나 성 라자로 기사단의 기사들이 매는 것과 같은" 파란 리본을 하사하고, 다른 귀족들에게는 붉은 리본을 하사하며, 모든 장교, 하사관, 군인에게는 정복을 입게 하고, 시종장이나 저택의 하인장을 비롯한 모든 하인은 하인 제복을 입게 하되 "모자 테두리에 계급줄이나 금사, 은사를 쓰지 못하게 했다." 이것은 사치를 위한 비용을 줄이면서 "하층 사람과 상층 사람이 혼동되는 일이 없게 만드는" 이상적인 해결책이 아니었을까?

그러나 대개는 한편에는 사치, 한편에는 빈궁이라는 부의 차별성, 그리고 한편에는 권위, 한편에는 복종이라는 권력의 차별성이 이러한 혼동을 자연스럽게 막아주었다. 1776년에 나온 이탈리아의 한 문서에는 "인류의 일부가 죽도록 학대를 받은 결과, 다른 일부는 배가 터지게 먹는다"고 했다.[22]

사회의 복수성

계서제 질서는 결코 단순하지 않다. 모든 사회는 다양성이며 복수성(複數性)이다. 사회는 내부로부터 스스로 분해된다. 이러한 분해 자체가 아마도 사회의 속성일 것이다.

하나의 예를 들어보자. 이른바 "봉건(féodale)" 사회를 정의하려고 애쓰던 마르크스주의자들 및 마르크스주의의 영향을 받은 역사가와 경제학자들은 이 사회의 기본적인 복수성을 받아들이고 그것을 설명해야 했다.[23] 더 이상의 이야기를 하기 전에 우선 말해두어야 할 것은 나 역시 마르크 블로크나 뤼시앙 페브르와 마찬가지로 **봉건제**(féodalisme)라는 이 흔히 쓰이는 말에 알레르기 반응을 일으킨다는 점이다. 그들과 마찬가지로 내가 보기에도 후기 라틴어(feodum : 봉토)에서 유래한 이 신조어는[24] 봉토와 그 봉토에 관련된 사항만 가리킬 뿐이지 그 이상은 아니다. 16세기부터 20세기까지의 사회 전체를 **자본주의**(capitalisme)라는 말로 지칭하는 것이 논리적이지 못한 것처럼, 11세기부터 15세기까지의 사회 전체를 봉건제라는 말로 지칭하는 것도 논리적이지 않다. 여하튼 이 논쟁은 이쯤에서 접어두자. 다만 이른바 봉건사회라는 흔히 쓰이는 표현이 유럽 사회사의 매우 폭넓은 단계를 가리킬 수 있다는 사실, 또 우리가 유럽사의 연속된 단계를 유럽 A, 유럽 B라는 식으로 지칭하는 꼬리표 정도로 이 표현을 쓰는 것이 틀리지 않았다는 사실을 받아들이도록 하자. 어쨌든 A에서 B로의 이행은 저명한 역사가들이 진짜 르네상스가 있었다고 하는 10-13세기의 시기에 일어났을 것이다.[25]*

---

* 이때의 르네상스는 일반사에서 말하는, 14-15세기에 이탈리아를 중심으로 일어난 인문주의, 문예부흥 운동을 의미하는 것이 아니다. 그것보다 더 중요한 변화의 움직임은 그 이전인 10-13세

내 생각에 봉건사회에 대한 최상의 설명은 조르주 귀르비치의 간략한 요약이다(비록 그것이 너무 간략하고 단정적이기는 하지만 말이다).[26] 그는 마르크 블로크의 탁월한 저서를[27] 주의깊게 읽은 후 그 자신의 독특한 결론을 끌어냈다. 수 세기 동안의 침전작용과 파괴, 발아를 거쳐 형성된 "봉건"사회는 적어도 다섯 개의 "사회들" 내지 다섯 개의 상이한 계서제들의 공존으로 파악할 수 있다. 이 당시에는 이미 분해되었지만 봉건사회의 기반이 되는 가장 오래된 것으로는 영주제사회가 있다. 그 기원은 역사의 새벽 이전의 한밤중에 숨어 있다. 이 계서제는 서로 가까이에 있는 영주와 농민을 긴밀한 통합성 속에 묶어놓았다. 그보다는 덜 오래되었지만, 그래도 그 뿌리가 로마제국에까지 닿고 그 정신적 뿌리는 그 이상으로 머나먼 시기에까지 닿는 것으로서 로마 가톨릭 교회가 건설한 신정정치적인 사회가 있다. 이것은 대단히 강력하고 강고했다. 신자들을 단지 한 번 정복하는 것만이 아니라 그후에도 계속 교회에 충성하도록 만들어야 했으며 다시 말해서 끊임없이 반복해서 신자들을 장악해야 하기 때문이다. 초기 유럽의 잉여 중에 많은 부분이 이 엄청나고 거대한 사업으로 돌아갔다. 성당, 교회, 수도원, 교회의 지대 등은 자본의 투자인가, 낭비인가? 세 번째로 들 수 있는 것은 비교적 젊고 다른 것들 사이에서 함께 자라면서 그것들에 의존하는 사회인 영토국가이다. 이 영토국가는 카롤링거 왕조와 함께 난파했지만, 흔히 그렇듯이 진짜 완전한 난파는 아니었다. 네 번째 것으로는 좁은 의미의 봉건제를 들 수 있다. 이 것은 국가의 실패로 만들어진 공백 속에서 상층으로 은연중에 미끄러져 들어가서 자리를 잡은 상층구조로서, 계서제적인 긴 연쇄의 망 속에 영주들을 통합하는 가운데 모든 것을 유지하고 조종하려고 했다. 그러나 우선 교회가 이 체제의 그물망 속에 완전히 잡혀 들어가지 않았고, 국가는 언젠가 이 그물을 찢어버릴 터이며, 농민 중에서도 일부는 흔히 이 상층의 영향을 벗어나

기에 이미 일어났으며, 상업의 부흥, 로마법의 재발견, 아리스토텔레스 철학의 수용 등의 내용이라는 견해를 말한다.

서 살아갔다. 마지막 다섯 번째의 체제인 도시는 우리의 관점에서 보면 가장 중요하다. 도시는 10-11세기 이래 국가와는 별도로, 또 사회와도 별도로 그리고 문명, 나아가서 경제와도 별도로 발전했다(혹은 부활했다). 도시는 아주 오랜 과거의 딸이다. 로마 제국도 도시 속에서 살지 않았던가? 그러나 동시에 도시는 이 존재들을 꽃피게 만든 현재의 딸인 새로운 존재이기도 하다. 이것은 우선 농촌과 도시 사이의 거대한 분업의 결과물이며, 교역이 재개되고 화폐가 재등장하는 대단히 유리한 국면의 결과물이기도 하다. 도시는 중요한 승수(乘數) 역할을 하는 화폐의 도움을 입어 비잔티움 제국과 이슬람권으로부터 출발하여 거대한 지중해권 전역을 통과해서 서양 전역으로 마치 전기가 흘러가듯 퍼져갔다. 다음에 지중해가 기독교권이 되었을 때 초기 유럽의 재도약과 변화를 겪었다.

전체적으로 이야기하면 여러 개의 사회들이 혼재해서 잘하든 못하든 서로 의지하고 있다. 하나의 체제가 아니라 여러 체제들이 있고, 하나의 계서제가 아니라 여러 계서제들, 하나의 질서가 아니라 여러 질서들, 하나의 생산양식이 아니라 여러 생산양식들이 있다. 그리고 문화, 의식, 언어, 생활양식도 하나가 아니라 여럿이 존재한다. 모든 것이 복수로 존재한다.

조르주 귀르비치는 이런 것들을 잘 파악했으나 다소 성급하게도 봉건사회의 총량을 이루는 이 다섯 개의 사회들이 적대적이고 서로 이질적이라고 주장했다. 그중 하나를 뽑아내버린다면 그것은 공백과 절망으로 빠지게 된다고 말했다. 그러나 사실 이 사회들은 함께 살아갔고 서로 섞였으며 하나의 응집성을 의미했다. 도시국가는 자신을 둘러싼 영주제적인 영지로부터 인력을 충원했다. 그것은 단지 농민만이 아니라 영주, 더 정확하게 말하면 영주 집단들을 포섭한다는 의미이기도 하다. 도시 주변 지역에서 태어난 영주들은 도시에 정주하면서 확고한 관계를 형성한 단단한 파벌을 이루었다.[28] 교회 조직의 심장부인 교황청은 13세기부터 전 기독교권으로부터 세금을 걷기 위해 시에나의 은행가들에게 의존했다. 에드워드 1세 이후 영국

왕실은 루카의 대부업자들에게, 나중에는 피렌체의 대부업자들에게 돈을 빌렸다. 영주들은 아주 일찍부터 곡물과 가축을 판매했으며 따라서 그것을 구매하는 상인들이 존재해야만 했다. 도시에 대해서 말하자면 이곳은 주지하다시피 근대성의 원형이며, 근대국가와 국민경제가 탄생할 때 모델이 되었다. 도시는 늘 다른 사회를 희생해가면서 축적과 부의 장소가 되었다.

그러므로 모든 사회, 하부사회, 또는 가족을 위시한 모든 사회집단은 **자기 자신의 계서제를 가지고 있다**. 교회나 국가뿐 아니라 과두지배집단을 가진 도시, 봉건계서제에 다름 아닌 봉건사회, 그리고 영주와 농민을 아우르는 영주제가 모두 마찬가지이다. **응집적인 전체사회**는 곧 계서제의 어느 한 층이 다른 층들을 파괴하지 않고서도 전체를 지배하는 것이 아닐까?

하나의 전체사회를 공유하는 여러 사회들 중에 어느 하나 혹은 일부 사회들이 다른 사회들에 비해서 우위를 차지하면서 전체의 변화를 준비한다는 것은 여전히 사실이다. 이 변화(mutation)는 언제나 매우 느리게 이루어지다가 종래에는 단단히 자리 잡지만 그다음에는 다시 기존의 승자(들)에 대항하여 새로운 변형(transformation)이 나타난다. 이러한 복수성은 변화에서든 변화에 대한 저항에서든 핵심적인 요소이다. 마르크스의 것을 포함하여 모든 발전 도식은 이런 관점에서 보면 더욱 명확해질 것이다.

수직적인 관찰 : 소수의 특권층

사회 전체를 위에서 내려다보면 가장 먼저 눈에 띄는 것은 하부 카테고리보다는, 부와 권력의 면에서 전체 덩어리를 정상(頂上)과 기반(基盤)으로 나누어놓는 기본적인 불평등이다. 매번 관찰을 할 때마다 이런 심층적인 불평등이 드러난다. 이것은 여러 사회의 지속적인 법칙이다. 사회학자들이 말하는 바처럼 이것은 예외 없는 구조적인 법칙이다. 그렇다면 이 법칙을 어떻게 설명할 것인가?

우선 피라미드의 정상에 위치한 한 줌의 특권적인 사람들을 보게 된다. 대개 이 극소의 사회에 모든 것이 집중된다. 권력과 부와 생산의 잉여 중의 많은 부분이 이들에게 돌아간다. 통치, 관리, 지휘, 의사 결정, 투자 과정의 장악—그러므로 생산의 장악—이 이들의 일이다. 재화와 용역의 유통과 화폐의 증감 역시 이들이 맡는다. 이들 밑으로는 경제의 대리인, 모든 층위의 노동자, 대다수 피지배민 등이 층을 이룬다. 그리고 이 모든 것의 밑으로는 실업자의 세계라는 거대한 사회의 찌꺼기가 깔려 있다.

물론 이 사회적인 카드놀이에서 카드를 한 번만 돌리고 만다고 할 수는 없지만, 카드를 다시 섞어서 돌리는 일은 아주 드물다. 사회계서제의 계단을 오르려고 해도 소용이 없다. 대개 그런 일에는 몇 세대가 걸리고, 한 번 상층으로 올라갔다고 해도 싸우지 않고 그곳에 머무를 수는 없다. 명예에 이르는 계단이 존재하고 권력을 향한 좁은 문이 존재하는 살아 있는 사회 내에서는 이러한 사회적 전쟁이 계속된다. 그러므로 우리는 국가, 귀족, 부르주아지, 자본주의, 문화 등 그 무엇이든 간에 그것들이 사회의 최고점을 장악하지 못하면 진짜 중요성을 확보하지 못한다는 것을 사전에 알고 있다. 바로 이런 높은 위치로부터 통치하고, 관리하고, 판단하고, 훈육하고, 부를 쌓고, 심지어 사유한다. 빛나는 문화가 만들어지는 것도 이곳이다.

놀라운 일은 특권층이 **언제나** 아주 소수라는 점이다. 우선 사회적 상승이 존재하고 또 이런 소수 사회는 비특권 사람들이 생산하여 가져다 바치는 잉여에 의존한다는 점을 볼 때, 전체 잉여가 증가하면 사회 상층의 소수 인구도 증가할 법하다. 그런데 실제로는 그런 일이 거의 일어나지 않는다. 과거에도 그렇고 **오늘날에도** 그렇다. 인민전선* 당시의 구호에 의하면, 1936년의 프랑스 전체는 눈에 띄지는 않지만 전권을 휘두르는 "200가구들"에 종

---

* Front populaire, Popular front : 1930년대 파시즘 세력이 크게 확장할 때 이에 맞서 민주주의체제를 수호하기 위해서 노동자 및 중산계층이 연합한 세력. 1930년대 유럽의 공산당은 소련의 정책 변화에 힘입어 사회주의 정당, 자유주의 정당, 온건 세력과 제휴했다. 그중에서 스페인과 프랑스에서는 인민전선 정부가 구성되었다.

속한다. 이 정치 구호는 사람들에게 실소를 금치 못하게 했다. 그러나 한 세기 전에도 이미 아돌프 티에르가 감정의 동요 없이 이렇게 쓰지 않았던가. "……프랑스와 같은 나라에서는 1,200만 가구 중에 부를 차지하고 있는 가구가 기껏해야 200-300가구에 불과하다."[29] 다시 한 세기를 더 거슬러올라가 보면 티에르와 마찬가지로 사회질서 수호의 가치에 대해서 확신을 가지고 있던 장-프랑수아 믈롱이 이렇게 설명하고 있다.[30] "한 나라의 사치는 약 1,000명의 사람들에게 한정되어 있다. 그러나 다른 2,000만 명의 사람들도 경찰이 훌륭히 업무를 수행해서 자신들의 노력의 결실을 편안히 누릴 수 있게 해주므로 그들만큼 행복해한다."

오늘날 우리의 민주체제는 과연 다를까? 우리는 적어도 찰스 라이트 밀스의 『파워 엘리트(The Power Elite)』라는 책에서 오늘날 미국 전체의 중요한 의사결정이 놀라울 정도의 소수 집단에 의존하고 있다는 주장을 접할 수 있다.[31] 여기에서도 국민 전체 중의 엘리트는 몇몇 지배 가문으로 구성되어 있으며 이 왕조는 해가 가도 거의 변하지 않는다. 이것은 1531년 1월 21일에 시에나의 작가인 클라우디오 톨로메이가 가브리엘레 체자노에게 보낸 편지와 거의 같은 내용이다.[32] "아무리 큰 사회 혹은 "전체집합" 공화국이라고 해도, 그리고 인민이 지배하는 국가라고 해도, 명령을 내리는 직위에 있는 사람이 50명이 넘는 일은 거의 없습니다. 아테네, 로마, 베네치아, 루카, 이런 곳들이 공화국이라는 이름으로 통치를 한다고 해도(benché si reggano queste terre sotto nome di republica) 국가를 통치하는 사람들의 수는 많지 않습니다." 그러므로 결국 어느 시대, 어느 사회에서든지, 세계의 어느 지역에서든지, 특권층은 소수에 불과하다는 교묘한 법칙이 존재하는 것이 아닐까? 이것은 정말로 까다로운 법칙이다. 그 이유를 알 수 없기 때문이다. 그렇지만 그것은 끊임없이 우리가 당면하게 되는 거만한 현실이다. 거기에 대해서 항의해보아야 소용이 없다. 모든 증인들이 일치해서 그렇다고 이야기하고 있으니 말이다.

페스트가 유행했던 1575년 이전에 베네치아의 귀족(nobili)은 남자, 여자, 아이 모두 합해도 기껏해야 1만 명이었지만 이 숫자는 베네치아의 역사상 가장 큰 수였다. 달리 말하면 전체(베네치아와 도가도*를 합친) 인구 20만 명 중에 5퍼센트의 비율이다.[33] 그러나 이 소수 중에서도 빼야 할 사람들이 있다. 공식적으로 일종의 구걸 상황에 빠진 몰락한 귀족들이 그런 사람들인데 이들은 가난한 산 바르나바(San Barnaba) 구역에서 살았기 때문에 바르나보티(Barnabotti)라는 냉소적인 별명을 얻었다. 이런 사람들을 뺀 나머지 사람들이 모두 부유한 대상인인 것도 아니다. 1630년의 페스트 이후에 부유한 대상인들의 수는 더욱 줄어서 국가의 최고위 공직에 봉사할 수 있는 사람은 14-15명에 불과했다.[34] 전형적으로 자본주의적 도시인 제노바에서도 1684년의 한 진술에 의하면 이 공화국을 수중에 장악한 귀족들(이들은 작위를 앞에 내걸고 통치할 뿐 아니라 돈의 힘에 의해서도 통치했다)은 약 8만 명의 전체 인구 중에서 기껏해야 700명(가족은 계산하지 않고)에 불과했다.[35]

베네치아나 제노바의 이러한 비율은 가장 높은 편에 속한다. 뉘른베르크에서는 14세기부터 한정된 귀족의 수중에 권력이 집중되었는데(이들은 43개 귀족 가문으로, **법률로** 규정되어 있었다)[36] 이것은 도시 내의 인구 2만 명과 도시 인접 지역의 인구 2만 명을 합친 전체 인구 중에서 150-200명에 불과했다. 이 가문들이 참사회에 파견할 대표를 임명하는 배타적인 권리를 가지며 그 참사회는 7명의 장로들을 선발했다. 실제로는 이 장로들이 모든 결정을 내리고 통치, 행정, 사법을 관장하며 어느 누구에 대해서도 책임을 지지 않았다. 이 장로를 배출하는 부유한 가문들은 기원이 13세기에까지 거슬러올라가는, 역사가 유구한 집안들이었다. 뉘른베르크의 연대기에 똑같은 이름이 끊임없이 나오는 것도 이런 특권으로 설명할 수 있다. 이 도시는 14-15세기에 독일에서 반복해서 일어났던 곤경을 기적적으로 아무런 피해

---

* Dogado : 베네치아의 석호(潟湖) 근처 지역을 말한다.

없이 넘겼다. 1525년에 장로들은 단호히 종교개혁 쪽으로 방향을 선회했다. 그러자 이에 따라 모든 것이 결판이 나버렸다. 런던에서는 엘리자베스 여왕 통치기의 말년인 1603년에 모든 사업이 200명의 대상인들의 지배하에 들어 갔다.[37] 네덜란드에서는 17세기에 도시 과두귀족들과 지방의 공직 보유자 들을 합친 지배귀족들이 전체 200만 명의 인구 중에서 1만 명 정도였다.[38] 자유와 부유함으로 다른 곳과 구분되던 리옹에서도 사제들이 도시 행정관 들에게 올린 아이러니컬한 간언을 보면 사정을 명확하게 알 수 있다(1558년 11월 8일). "행정관 나으리들[실제로 이들이 도시정부의 지배자들이었다], 당 신들은 거의 대부분 상인입니다. 행정관이 되기를 희망할 수 있는 사람들 은 이 도시에서 30명을 넘지 못합니다.……"[39] 16세기 안트베르펜의 "상원 들(Sénateurs)" 역시 이와 같은 한정된 집단이었다. 영국인들은 이들을 가리 켜서 이 도시의 "대영주들(Lords)"이라고 불렀다.[40] 한 프랑스 상인의 말에 의하면 세비야에서는 1702년에 "상업재판소가 4-5명의 사람들로 구성되 어 있는데 이들은 자기의 개인적인 목적에 맞추어서 상업을 통제하는 바람 에" 다른 대상인들의 희생 아래 그들만 부를 쌓았다. 1704년의 한 비망록은 서슴없이 "세비야 상업재판소의 지독한 불공정성"에 대해서 이야기하고 있 다.[41] 1749년에 르 망에서는 이 도시의 부의 근원인 평직천의 생산과 상업 을 8-9명의 대상인들—"퀴로, 베롱, 그랑주, 몽타루, 가르니에, 누에, 프레 아르, 보디에"[42]—이 지배했다. 인구 2만 명에, 앙시앵 레짐 말기에 자유항 으로 부를 쌓던 됭케르크는 돈을 가진 귀족들의 수중에 놓여 있었다. 이 화 폐귀족들은 도시 성벽 속에(intra muros) 자리를 잡지 못하던 일반 귀족의 지 위를 탐내지 않았다. 사실 자유도시 안에 살면서 타유세, 염세, 인지세와 같 은 세금도 내지 않는데 귀족이 된다는 것이 무슨 필요가 있겠는가? 됭케르 크의 소수 부르주아지는 "포코니에, 트레스카, 코팽, 레르미트, 스팽 등 진 짜 왕조와 같은 가문들"로 이루어진 폐쇄적인 카스트를 구성했다.[43] 마르 세유에서도 사정이 비슷하다. 샤보에 의하면[44] "도시 행정직은 [프랑스 혁명 이전] 150년 동안 일부 가문이 지배하고 있었다. 기껏해야 10여 개였던 이 가문들은 이들 사이에 결혼이나 대부 등의 상호관계가 증가함에 따라서 하나의 집단이 되었다." 카리에르가 18세기 마르세유의 대상인들 수를 계산하는 것을 살펴보자.[45] "[전체 인구의] 1퍼센트도 되지 않는……보잘것없는 소수가 이 도시의 부와 모든 활동을 지배하며 행정을 독점했다." 피렌체에서 특권층(benefiziati)은 15세기에 3,000명 이상이었다. 그러나 1760년경에는 고작 800-1,000명 정도만 남아서, 메디치 가문이 단절된 이후 1737년에 토스카나 대공 가문이 된 합스부르크-로렌 가문은 새로 귀족을 만들어야 했다.[46] 18세기 중반에 평범한 도시였던 피아첸차(인구 3만 명)에는 250-300개의 귀족가문이 있었는데 이들의 수는 (남자, 여자, 아이 등을 합하여) 1,250-1,500명으로 추산된다. 그러므로 특권층 사람들은 전체 인구의 4-5퍼센트 정도였다. 그러나 이 비율은 어느 정도 부유한지에 상관없이 모든 종류의 귀족을 포함하고 있기 때문에 상대적으로 높게 나타난 것이다. 그리고 도시귀족이 이 농업지역에서 유일하게 부유한 계급이었으므로 피아첸차의 인구라고 할 때에는 17만 명의 농민을 더해서 생각해야 한다. 이것을 포함해서 전체 인구를 20만 명으로 잡으면 이 비율은 1퍼센트로 떨어진다.[47]

여기에서 우리가 얻은 이 결론은 비정상적인 것이 아니다. 18세기에 롬바르디아 전체를 살펴볼 때 도시 및 농촌의 전체 인구 중 귀족이 차지하는 비율 역시 1퍼센트였으며 이 1퍼센트의 특권적인 사람들이 토지재산의 거의 절반을 차지하고 있었다.[48] 이보다 더 한정적인 경우인 1626년의 크레모나 주변 지역을 보면 160만 페르티카*의 토지 중에 "18개의 봉건가문이 83만 3,000페르티카"를 소유함으로써 이들의 몫이 절반을 넘었다.[49]

영토국가 차원의 계산에서도 같은 결과를 얻게 된다. 현재까지의 역사학 연구 결과 대체로 타당성이 있다고 입증된 그레고리 킹의 추산(1688)에 따르

---

* pertica : 토지 면적의 단위로서 지방마다 다르지만 대략 34-53제곱미터이다.

자면,[50] 영국 전체에는 약 140만 가구가 있는데(이 140만이라는 수치는 내가 적당히 우수리를 제거한 것이다) 그중에서 연 수입이 200파운드가 넘는 가문은 3만6,000가구였다. 따라서 그 비율은 약 2.6퍼센트이다. 그런데 이 비율은 대귀족, 준남작, 스콰이어(squire), 젠틀맨(gentleman), 국왕의 "관료", 대상인 그리고 순풍에 돛단 듯이 일이 잘 풀리던 1만 명이 넘는 법률가들까지 다 포함하여 얻은 수치이다. 또 200파운드 이상이라는 이 기준 자체가 너무 많은 사람들을 포함시키는 결과를 가져왔을 것이고 그 결과 그 안에 지나치게 큰 불평등이 존재하게 되었다. 예컨대 그중 가장 수입이 많은 대영주들의 평균 수입이 2,800파운드이다. 조지프 마시가 제시한 수치를 보면[51] 조지 3세의 즉위 당시인 1760년에 상인계급의 수입이 늘고 영주계급의 수입이 줄어서 부의 재편성이 이루어졌다는 것을 알 수 있다. 그러나 영국 내에서 정치적으로나 사회적으로 진짜 부유하고 강력한 사람들을 계산해보면 이들은 150개 가문, 즉 600-700명에 불과하다는 것이 전문가들의 견해이다.[52] 같은 시기에 프랑스에서는 구귀족의 수는 8만 명 정도이고 귀족 전체의 수는 약 30만 명이어서 프랑스인 전체의 "1-1.5퍼센트" 정도였다.[53] 부르주아지의 경우에는 어떻게 구분할 수 있을까? 우리는 누가 부르주아인지에 대해서보다는 누가 부르주아가 아닌지에 대해서 더 잘 알고 있다. 여하튼 부르주아지에 대해서는 수치자료가 모자란 형편이다. 피에르 레옹은 부르주아가 전체 인구의 8.4퍼센트라고 추산하지만, 그중에서 대부르주아는 얼만큼일까? 유일하게 믿을 수 있는 수치는 브르타뉴의 귀족에 관한 것이지만(2퍼센트), 우리가 알다시피 4만 명의 귀족이 있던 브르타뉴에는 귀족의 비율이 전체 프랑스 왕국의 평균보다 훨씬 높았다.[54]

비교적 확실하게 알 수 있는 곳들 중에서 귀족의 비율이 높은 곳은 폴란드이다.[55] 이곳의 귀족 수는 전체 인구의 8-10퍼센트를 나타내는데 "이 비율은 유럽에서 가장 높은 것이다." 그러나 폴란드 귀족이 모두 대귀족은 아니며 개중에는 아주 가난한 귀족도 많고 심지어는 "생활 수준이 농민과 거

의 다를 바 없는" 유랑귀족도 있었다. 그리고 부유한 상인계급도 아주 규모
가 작았다. 따라서 이곳 역시 다른 곳과 마찬가지로 진짜 중요한 특권층은
전체 인구 중에 극소수에 불과했다.

상대적으로 특권층의 비율이 더 작은 예들도 있다. 표트르 대제에게 봉사
하는 귀족, 중국의 만다린(mandarin, 高官), 일본의 다이묘(大名), 인도 무굴
제국의 라자(rajah, raja)*와 오메라(omerah),[56] 또는 알제리의 섭정 시대**에
소박한 주민들을 지배하고 공포에 떨게 했던 소수의 모험적인 군인과 선원
들, 스페인령 아메리카에 어렵사리 뚫고 들어가서 식민 이주민이 된, 그러나
언제나 부유하지는 않았던 소수 지주들 등이 그런 부류이다. 이와 같은 여
러 지역에서 대상인들의 중요성은 대단히 다양한 차이를 보이지만 수적으
로 보면 소수에 불과했다. 우리는 볼테르의 다음과 같은 말로 결론을 대신
할 수 있을지 모른다. 잘 조직된 나라에서는 소수의 사람들이 "다수의 사람
들에게 일을 시키고, 이들을 통해서 먹고 살아가며, 이들을 통치한다."

그러나 이것이 과연 결론이라고 할 수 있을까? 이것은 기껏해야 이해하지
는 못하면서 사실을 한 번 더 확인하는 것에 불과하다. 경제 영역이든 다른
영역이든 그렇게 확실히 눈에 보이는 "집중(concentration)"의 결과가 무엇인
지를 묻는다는 것은 문제를 확대하고 다른 곳으로 돌린다는 의미이다. 그러
나 사실 집중 그 자체는 어떻게 설명할 것인가? 아닌 게 아니라 역사가들은
이 사회 최상층에 그들의 연구 노력을 집중시켰다. 샤를 카리에르가 말하듯
이[57] 이렇게 해서 역사가들은 "가장 쉬운 부분으로만 달려갔다." 그러나 그
것이 그렇게 쉬운 문제만은 아니다. 소수 특권층이라는 것 자체가 손쉬운
해결책을 찾기 힘든 어려운 문제를 제기하기 때문이다. 그들은 혁명과 같은

---

* 힌두 국가의 왕.
** 알제리는 16세기 초에 튀르키예의 해적이 공격해온 것을 계기로 이스탄불의 술탄인 셀림 1세
   에게 보호를 요청했다. 그리하여 1533년에 알제리 지역이 오스만 제국에 종속되었고 1587년부
   터는 섭정 지역이 되었다. 즉, 술탄이 알제리 파샤를 임명했으며, 그는 현지에서 선출된 대표들
   (aghas, deys)과 협력해서 통치했다.

사태를 거치면서 어떻게 유지되는가? 그들 밑에서 성장하는 거대한 대중을 어떻게 위압하는가? 때로 국가가 이들 특권층에 대한 투쟁을 전개할 때 이 투쟁에서 이들이 완전히, 또는 결정적으로 패배하는 일이 한 번도 없는 이유는 무엇인가? 사회의 심층(profondeur)이라는 것에 최면에 걸린 듯 완전히 빠질 것이 아니라 "지배계급과 성장해 올라오는 계급의 정치적 자질"의 중요성을 인식하자고 강조한 막스 베버의 생각이 아마도 맞는 것 같다.[58] 무엇보다도 과거 사회의 성격을 규정하는 것은 (혈연관계에 의한 것이든 재산 소유 정도에 의한 것이든) 엘리트의 성격이 아닐까?

사회적 유동성

상승하는 계급, 최상층에서의 교체, 사회적 유동성 등 (단수로든 혹은 복수로든) 부르주아지(la bourgeoisie, des bourgeoisies)와 이른바 중간계급이 관련된 문제들은 이미 고전적인 문제가 되었지만, 그렇다고 앞서 다른 문제에 비해 더 명확하지는 않다. 엘리트의 재구성 혹은 재생산은 대개 너무 느리고 미세한 움직임과 변천 속에서 일어나기 때문에 측정하기가 힘들 뿐 아니라 심지어는 정확한 관찰도 용이하지 않다. 더 나아가서 결정적인 설명이 힘든 것도 당연하다. 로런스 스톤은 상승 국면의 콩종크튀르는 사회적 상승에 유리하다고 보았는데[59] 이것은 가능성이 있는 일이다. 같은 의미이지만 더 일반적인 차원에서 헤르만 켈렌벤츠는 다른 곳보다 경제생활이 더 빠르게 돌아가고 진척되는 해안지역 상업도시의 사회적 유동성이 내륙 도시들보다 더 크다고 보았다.[60] 그래서 해안지역과 광활한 내륙지역 사이의 고전적인 대조가 이루어진다. 예컨대 뉘른베르크라는 반동적인 도시보다 뤼베크, 브레멘, 함부르크에서 사회적 격차가 작다. 사실 그와 같은 유동성은 마르세유나 심지어는 보르도와 같은 곳에서도 발견할 수 있다. 반대로 경제의 하강은 상승의 문을 닫아걸고 사회적 현상 유지 경향을 강화시킨다. 이와 관련하여 피터 래슬릿은 전산업 시대의 영국에서 사회적 하강, 즉 사회적 역(逆)유동

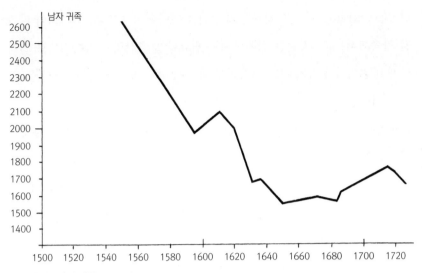

28. 베네치아의 귀족

사실상 폐쇄적인 귀족계급의 수가 감소하는 전형적인 예. 새로운 가문이 베네치아 귀족이 되는 것으로는 불충분했다. 1680년 이후에 약간 회복세를 보이는 것은 생활 수준이 개선되었기 때문일까? (장 조르줄랭, 『계몽주의 세기의 베네치아』, 1978, p.653, 다음에서 재인용, 제임스 데이비스, 『지배계급으로서의 베네치아 귀족의 쇠퇴』, 1962, p.137)

성이 더 지배적이라고 주장했다.[61] 이것을 주장하는 사람은 그 혼자만이 아니다.[62] 그래서 만일 모든 사회에 대해서 사회 최상층부에서의 등락(登落)에 관한 대조표를 작성해보면, 근대성은 부와 권력의 확대라기보다는 오히려 그 집중에 있다는 것을 읽을 수 있지 않을까? 피렌체, 베네치아, 제노바 등지에 관한 제법 정확한 수치를 보면, 이곳의 특권 가문들은 규칙적으로 감소하고 심지어 사라져버리기도 했다. 마찬가지로 올덴부르크 백작령에는 중세 말에 200개 귀족가문이 있었던 데에 비해서 1600년경에는 그중 단 30개 가문만이 살아남았다.[63] 생물학적인 이유로 상층의 소수 집단 사람들의 수가 제한되었기 때문에 유산과 권력이 일부 사람들의 수중에 집중되었으며 때로는 그 정도가 심각한 지경에 이르기도 했다. 피렌체에서 1737년, 베네치아에서 1685, 1716, 1775년에 그런 일이 일어났다.[64] 이때에는 어떤 대가를 치르고서라도 문호를 열어야 하고 베네치아에서 말하는 바처럼 "돈을 받고(per denaro)" 새로운 가문들의 입회를 받아들여야 한다.[65] 사회의 파괴를 가속화하는 그와 같은 상황에서는 필요한 보충작업이 가속적으로 일어나게 마련이어서 마치 사회가 상처를 아물게 하고 공백을 메우는 임무를 갑자기 재발견한 듯하다.

때로는 관찰이 더 용이한 수가 있다. 표트르 대제가 러시아 사회를 재조직하려고 했을 때, 또는 영국에서 장미전쟁으로 위기가 고조되었을 때가 그런 예이다. 영국에서 장미전쟁이라는 살상극이 끝났을 때 헨리 7세(1485-1509)와 헨리 8세(1509-1547)는 예전에 국왕에게 머리를 곧추세우고 대항하던 대귀족들이 거의 쇠락하고 찌꺼기만 남았음을 알게 되었다. 내전이 이들을 다 잡아먹은 것이다. 1485년에는 50명의 대영주들(lords) 중에 29명만이 살아남았다. 전쟁영주들(warlords)의 시대는 지나갔다. 데 라 폴, 스테트퍼드, 코트니 등 튜더 왕조에 적대적이던 가문들이 혼란의 와중에 사라졌다. 이제는 그보다 한 단계 격이 낮은 귀족들, 토지를 구입한 부르주아들, 심지어는 미천하고 불명확한 기원을 가졌으나 단지 국왕의 총애를 받는 사람들이 사회 상층의 공백을 메웠으며, 이것은 이른바 영국 국토의 "정치지질학"에 심층적인 변화를 가져오는 방향으로 작용했다. 그 현상 자체는 새롭지 않으나 단지 그 양이 크다는 것이 새로운 일이었다. 1540년경에 신귀족이 단단히 자리를 잡았을 때, 이들은 아직 새로운 존재였지만 이미 존경을 받고 있었다.

그런데 헨리 8세의 사망 이전부터, 또 그다음의 파란만장하고 취약한 에드워드 6세(1547-1553) 및 메리 튜더(1553-1558)의 통치 기간에 이 귀족들은 점진적으로 행동이 자유로워지다가 곧 중앙정부에 저항했다. 여기에는 종교개혁, 수도원 재산과 국왕 재산의 매각, 의회 활동의 증가 등이 유리하게 작용했다. 표면적으로 대단히 활기에 넘쳤던 엘리자베스 시대(1558-1603) 이후 이 귀족들은 그들의 이권과 특권을 굳게 지키고 또 확대했다. 1540년까지 넘치는 활력을 증명하듯이 국왕이 호사스러운 건물들을 많이 건축했으나 이 시기 이후로는 멈추어버린 것이 시대 상황을 드러내주는 표시 아닐까? 그러나 이 사실이 경제적인 국면의 문제는 아닌 것 같다. 왜냐하면 건축의 주체가 이제는 귀족으로 넘어갔기 때문이다. 16세기 말경에는 영국의 시골 전역에 거의 국왕 저택에 비견되는 건물들이 들어섰다. 롱리트, 울러튼, 워크섭, 벌리 하우스, 홀덴비 등……[66] 권력을 향한 귀족의 상승은 영국 해상세력의 상승, 농촌 소득의 증가 그리고 존 울리크 네프가 최초의 산업혁명이라고 부른─타당성이 없지 않다─현상과 맞물려 있다. 이제 귀족들은 재산을 확고히 하고 증식시키는 데에 옛날만큼 국왕의 도움이 크게 필요하지 않았다. 그래서 국왕이 1640년에 자신의 통제를 벗어났던 권력을 다시 장악하고자 했을 때에는 이미 때가 늦었다. 귀족과 대부르주아지─후자는 약간의 거리를 둔 채 전자를 뒤쫓고 있었다─는 힘든 내전 시기를 지내다가 찰스 2세의 왕정복고(1660-1685) 때에 번영을 구가했다. "1688-1689년에 다시 한번 혼란을 겪고 난 후……영국 혁명(이것은 1640년에 시작되었으나 보는 견해에 따라서는 그 이전에 시작되었다고 할 수도 있다)은 한 주기를 마친 셈이다.……"[67] 이제 영국의 지도 계급은 재구성을 마쳤다.

확대경을 통해서 살펴본 영국의 예는 아주 명확하면서도 역사가들 사이에 많은 논쟁을 불러일으켰다.[68] 그 외의 다른 유럽 전역에서 부르주아는 귀족화하거나 자기 딸들을 귀족가문에 시집보냈다. 그렇지만 이 비슷한 과정의 변동을 좇아가려면 추가적인 연구들이 필요하며, 또 모든 사회의 핵심적인 임무는 최상층에서의 재생산을 확보하는 것[최상층 지배집단이 완전히 몰락하지 않고 유지하도록 하는 것/역주]이라는 점을 받아들여야 한다. 그것은 회고해보건대 피에르 부르디외라는 전투적인 사회학자의 견해에 동의하는 것이다.[69] 그 외에도 자크 뒤파키에, 기 쇼시낭-노가레, 장 니콜라 및 그와 유사한 계열의 역사가들이 말하는, 사회적 콩종크튀르가 다른 무엇보다 결정적이라는 견해에 동의하는 것이다. 하나의 계서제, 하나의 질서가 자리 잡고 있으나 이것은 끊임없이 낡아가다가 어느 날엔가 무너져 앉는다. 그러면 새로운 인물들이 최정상에 도달하는데, 이들이 하는 일은 십중팔구 과거의 상태를 회복하는 것이다. 장 니콜라에 의하면, 질병, 기근, 흉작, 전쟁 등 파국적인 사태가 무수히 많았던 카를로 에마누엘레 1세* 아래의 사부아에서 "이런 고난에 찬 국면을 이용해서……사업, 법률, 공직 등을 맡은 사람들로부터 신귀족이 등장하여 옛 봉건 귀족을 대체하려는 경향이 있었다."[70] 이렇게 해서 새로운 졸부들, 새로운 특권층 사람들이 구귀족 사람들의 자리에 슬그머니 미끄러져 들어간 반면, 하층 농민들에게는 옛날의 특권들을 없애고 이와 같은 새로운 발전을 이끌어온 활기찬 충격이 오히려 사정을 심각히 악화시켰다. 모든 것에는 대가가 따르기 마련이다.

어떻게 변화를 파악할 것인가?

지금까지 말한 것은 단순하기 짝이 없다. 변화는 대개 우리 생각보다 훨씬 느리다. 물론 이런 종류의 사회적인 움직임은 거의 측정이 불가능하지만, 만일 진지하게 사회적 상승을 꿈꾸는 사람들, 즉 부르주아지 중에 가장 부유한 층의 사람들 수를 기존 귀족이나 도시 지배귀족과 비교한다면 크기의 규모 정도는 파악이 가능하다. 역사가들은 다소 도식적으로 상층, 중간, 하층 부르주아지라는 구분을 하려는 경향이 있다. 일단은 이것을 받아들이도록 하자. 우리는 그중 최상층만 떼어서 계산해보려고 한다. 이것은 전체 부르주아지의 3분의 1이 되지 못한다고 보아야 한다. 예컨대 18세기 프랑스의 부르주아지가 전체 인구의 약 8퍼센트라고 한다면 그중 상층 부르주아지는 약 2퍼센트가 된다. 이것은 역시 개략적인 것에 불과하지만 귀족과 거의 같은 수에 해당한다. 이와 같은 두 집단 사이의 동등성은 **순전한 추정**에 가깝지만, 베네치아의 경우에는 어느 정도 타당성을 가진다. 치타디니(cittadini)라고 부르는 베네치아의 상층 부르주아지는 흔히 아주 부유하거나 적어도

---

* Carlo Emanuele I(1562-1630) : 사부아 공작(1580-1630). 사부아의 국력을 강화해 왕국으로 승격시키기 위해서, 주변 지역을 무력으로 점령하기도 하고 내정에 개입하기도 했으며 프랑스 및 스페인 국왕과 갈등관계에 빠졌다가 타협하는 등 많은 노력을 기울였으나 실패했다.

유복한 생활을 영위하는 제한된 집단으로서, 시정부의 관료를 배출하고 있는 데다가(이런 하급 공직이 매매의 대상이었기 때문이다), 1586년 이후부터는 해외 영사직과 같은 고위직까지 맡았고, 당연한 일이지만 상공업활동을 했다. 그런데 이 치타디니 계층의 사람들 수가 노빌리(nobili)의 수와 비슷하다.[71] 1500년경 뉘른베르크의 상층계급 일반에 대해서도 많이 연구되어 수치화가 이루어졌는데 여기에서도 유사한 동등성을 찾아볼 수 있다. 도시 과두귀족과 부유한 상인들의 수가 균형을 이루고 있는 것이다.[72]

도시 과두귀족(혹은 귀족)과 바로 그 밑의 부유한 상인층 사이에서 사회적 상승이 나타난다는 것은 명백하다. 그러나 과연 어느 정도의 비율일까? 이 점에 대해서는 일부 예외적인 사례 외에는 측정이 매우 힘들다. 지배계층은 장기적으로 볼 때에만 감소한다. 다시 말해서 지배계층은 아주 오랫동안 거의 같은 수준에서 유지되므로 사회적 상승이란 단지 빈틈을 메우는 정도에 불과하다. 헤르만 켈렌벤츠에 의하면[73] 16세기에 뤼베크에서 일어난 일이 이와 비슷하다. 대상인들인 지배 과두귀족은 150-200개 가문으로 구성되어 있는데, 세대마다 그중 5분의 1 정도를 상실하며, 따라서 이 정도만큼 신참자가 유입된다. 한 세대를 20여 년으로 잡고 또 간편하게 계산하기 위해서 200가구라고 한다면, 2만5,000명의 인구를 가진 이 도시에서 현격히 높은 지위를 차지하는 지배계급에 새로 합류하는 가문은 매년 2개 가문이 된다. 이 집단 속에 다시 여러 층들이 있으므로(그중 최상층의 12개 가문이 실질적인 권력을 장악하고 있다), 새로운 신참자들이 지금 막 자신이 합류한 이곳의 법칙을 뒤흔들어놓으리라고 상상이나 할 수 있겠는가? 고립된 존재인 그는 비교적 빠르게 보조를 맞출 것이고, 이곳의 전통과 관례를 존중할 것이며, 생활과 의상은 물론 필요하면 자신의 이데올로기까지 바꿀 것이다.

그러나 사정은 매우 복잡하다. 때로는 지배계급이 스스로 이데올로기와 심성을 바꾸고 신참자의 것을 받아들이거나(혹은 받아들이는 척하거나) 아니면 사회적, 경제적 배경에 의해서 그렇게 부가된 것들을 받아들이기도 하고 때로는 자기 자신을—적어도 겉으로는—부정하기도 한다. 그렇지만 그렇게 포기하는 것이 단순하지도 완전하지도 않으며 또 지배계급에게 반드시 파국적이지도 않다. 사실 신참자들을 상층으로 끌어올려준 경제성장이 기성 계급을 그대로 내버려두지는 않는다. 그들 역시 영향을 받지 않을 수 없다. 알폰스 돕슈는 소(小) 루치다리우스가 풍자 대상으로 삼는 13세기 말의 영주들에 대해서 주의를 환기시킨다.[74] 이 영주들은 국왕 궁정에서 밀, 치즈, 계란, 돼지, 우유 등의 가격이나, 자기 암소의 우유 생산량, 자기 밭의 작황 같은 것 이외에는 아무 말도 하지 못하는 사람들이다. 그렇다면 이 귀족들은 13세기에 이미 부르주아화한 것일까? 그다음에 귀족들은 더더욱 기업활동에 전념하게 된다. 영국에서는 16세기 말부터 대외무역이 활기를 띠어감에 따라 새로 생긴 주식회사에 귀족과 젠트리가 제약 없이 참여했다.[75] 한 번 시작된 움직임은 멈추지 않았다. 18세기에 헝가리, 독일, 덴마크, 폴란드, 이탈리아의 귀족은 "상업화했다(mercantiliser)."[76] 루이 16세 치하에서 프랑스 귀족들은 진정한 사업 열정에 사로잡히기도 했다. 역사가들에 의하면 바로 이 귀족들이 가장 적극적으로 위험을 떠안고 투기를 한 데에 비해서 오히려 부르주아지는 신중하고 소심하고 지대수취인에 가까운 딱한 모습을 보였다.[77] 이것은 어쩌면 크게 놀라운 일도 아니다. 프랑스 귀족은 이제 막 사기업(私企業)에 뛰어들었지만 사실 오래 전부터 다른 "대사업" 영역인 국왕재정과 공채사업에 과감하게 투기를 하고 있었던 것이다.

결국 흔히 이야기하듯 계서제 최상층의 여기저기에서 심성이 "부르주아화했다면" 그것은 신참자들이 지위를 상승하여 들어왔기 때문이 아니라—18세기 말에 보통 때보다 신참자들의 수가 더 많아진 것은 사실이지만—프랑스에서 막 시작되고 있던 산업혁명이라는 당대의 일반적 배경 때문이었다. 이때 "대검귀족과 왕실 및 대공에게 봉사하는 관직귀족"인 상층귀족이 "대서양 무역, 식민지 개척, 광산 경영 등 수익이 좋은 모든 종류의 사업"에 참여했다.[77] 이러한 사업귀족은 새로운 경제가 꽃피는 장소에는 빠짐없이 나

타났다. 앙쟁과 카르모의 광산, 니데르브롱*과 르 크뢰조의 제철업, 당시 해
상무역을 진작시키면서 스스로 발전을 거듭하던 주식회사……. 그러므로 거
대한 재산을 소유한 귀족이 마음을 다르게 먹고 스스로를 부정하면서, 부
르주아화하며, 자유주의적이게 되고, 더 나아가서 국왕 권력에 제한을 가하
려고 하며, 아무런 손해나 동요도 없는 1688년의 영국 혁명과 같은 것을 준
비한다고 해서 조금도 놀라운 일은 아니다. 미래에 이들은 쓰디쓴 놀라움을
맛보게 될 것이나 여기에서 그 미래는 내버려두자. 89년[1789년에 시작된 프
랑스 혁명을 뜻한다/역주] 이전 시기에는 경제 변화가 사회구조와 심성을 변
화시켰다. 그것은 훨씬 전에 영국과 네덜란드에서 일어났던 일이고 그보다
도 더 전에 이탈리아의 상업도시들의 틀 속에서 일어났던 일이다.

유럽의 사회적 변화의 동시성

사회적 상승에 경제가 중요한 위치를 차지한다는 점은 당연하다. 그러나 놀
라운 일은 여러 나라들 사이에 분명히 차이가 있음에도 불구하고 경제적 콩
종크튀르와 마찬가지로 사회적 콩종크튀르—양자는 서로 결합하기도 하고
서로가 서로를 해석해주기도 한다—가 유럽 전역에 걸쳐 동시에 나타난다
는 것이다.

예컨대 활기에 넘쳤던 16세기 또는 1470-1580년은 내가 보기에는 유럽
전체적으로 사회적 상승이 가속화된 시기이며 거의 생물학적이라고 할 수
있을 정도로 자연발생적으로 도약이 이루어진 시대이다. 부르주아지는 상
품거래를 통해서 스스로 사회 상층으로 올라갔다. 경제가 큰 활력을 띰에
따라서 때로는 아주 빠른 속도로 거대한 상업상의 부가 형성되었고 사회적
상승의 문은 활짝 열렸다. 반대로 이 세기 말에는 장기적인 사이클 내지 연
장된 인터사이클(intercycle)이 하강 국면으로 돌아섬에 따라 유럽 대륙의 여

---

* Niederbronn : 라인 강 연안의 프랑스 지역.

러 사회가 다시 문을 닫았다. 프랑스, 이탈리아, 스페인에서는 일련의 보충적인 귀족화 현상을 통해서 영주사회의 상층 부분이 대폭 바뀐 후 사회적 상승의 문호를 꽤 효율적으로 닫아버렸다. 이것은 부르고뉴에서도 있었던 일이고 베네치아에서도 있었던 일이다.[78] 그리고 빈틈이 생긴 곳으로 도시의 시의원들이 성급히 달려들었던 스페인이나 "전혀 필요가 없는 공작들과 영주들을 만들어냈던" 나폴리에서도 마찬가지였다.[79]

따라서 이 과정은 보편적인 현상이다. 그리고 또 이중적이기도 하다. 이 긴 세기 동안 귀족의 일부가 사라졌으나 곧 그 자리가 채워졌다. 그러나 빈 자리가 다 채워지자 그후에 들어오려는 신참자들에게는 문을 닫아버렸다. 그러므로 프랑스 귀족이 뚜렷이 쇠락한 원인에 관하여 피에르 구베르가 "경제 조건들……특히 콩종크튀르의 영향이라는 것은 배제해야 한다"고 주장하면서 [16세기 프랑스 종교전쟁 당시의/역주] 가톨릭 동맹과 그것을 둘러싼 격렬한 투쟁으로써 설명하려는 데에는 동의할 수 없다.[80] 물론 나는 가톨릭 동맹 그 자체와 그로 인한 파국적인 사건들의 중요성을 부정하지는 않는다. 이것들은 일정한 방식으로 이 세기 말의 경기후퇴 국면에 합류했고 또 그 후퇴 국면의 한 표현 형태이기도 했다. 그리고 유사한 콩종크튀르라고 하더라도 유럽의 다양한 사회마다 다양한 형태를 띠는 것은 당연하다. 다시 살펴보겠지만 조지 후퍼트는 프랑스 사회의 특이성을 설명하면서 상업활동을 통해 부를 쌓아 새로 등장한 계급의 경제적 상승도 중요하게 보았다. 이 과정은 [프랑스에만 국한되지 않는/역주] 일반적인 것이다. 사회적, 경제적 콩종크튀르는 16세기에 어디에서나 똑같았으며 이것이 사태를 주도했다. 유럽 전역에서 다시 사회적 상승이 활발히 일어나는 18세기 역시 마찬가지였다. 스페인에서는 귀족의 수가 얼마나 크게 늘었는지 강, 마을, 밭 한 뙈기라도 귀족의 이름과 관련을 가지지 않는 것이 하나도 없어서 당시의 풍자가들의 주제가 되었다.[81]

앙리 피렌의 이론

앙리 피렌의 『자본주의의 사회사적 단계들(*Les Périodes de l'Histoire Sociale du Capitalisme*)』은 오늘날에도 가치를 지니는 책이다.[82] 여기에서 피렌의 이론은 콩종크튀르적인 설명에서 벗어나 있다. 이 책에서는 개인 및 가족 활동의 차원에서 증명되는 규칙적인 사회 메커니즘의 이론을 제시한다.

벨기에 출신의 이 위대한 역사가는 전(前)산업화 시기의 자본주의가 르네상스 이전부터 존재한다고 보는데, 이와 관련하여 중요한 언급을 했다. 상업가문들은 두 세대, 기껏해야 세 세대가 고작일 정도로 지속성이 아주 작다. 두세 세대가 지나는 동안 이런 가문들은 가능하면 자기 직업을 버리고 관직을 구입하거나, 영주토지를 얻거나, 혹은 이 두 가지를 동시에 함으로써 위험이 적고 영예로운 삶을 살려고 한다. 그러므로 결론적으로 상업왕조 같은 것은 존재할 수 없다. 한 시대는 그 시대의 자본가들을 가지고 있고, 다음 시대는 다른 자본가들을 가진다. 사업가들은 자기 시대에 유리했던 과실(果實)을 얻고 나면 서둘러 그곳을 떠나고 가능하면 귀족의 지위를 얻는다. 이는 반드시 사회적인 야망 때문만은 아니고 자기 아버지나 할아버지 세대에 성공을 가져다주었던 정신으로는 이제 새로운 시대의 사업에 적응하기 어렵기 때문이기도 하다.

이런 관점은 많은 사실들에 의해서 확인되기 때문에 일반적으로 받아들여지고 있다. 켈렌벤츠는 북부 독일 도시들의 사례를 통해서, 상업가문들이 한두 세대가 지나면서 일단 창조력이 고갈되고 나면 지대수취인으로서 조용한 생활을 하려고 하고, 회사의 지점보다는 토지를 얻고 그것으로 귀족증서를 쉽게 얻으려고 한다고 보았다.[83] 이것은 문제가 되는 16–17세기에는 원칙적으로 정확히 맞는 말이다. 다만 내가 문제 삼고 이야기하고 싶은 것은 "창조력(force créatrice)"이라는 말과 그것이 경영인에 대해서 만드는 이미지이다.

창조력이라고 부르든 다르게 부르든, 그런 것의 후퇴 내지 변환은 어느 시대에나 있다. 15세기에 벌써 바르셀로나에서는 옛 상업왕조 구성원들이 결국 "명예 인사(honrat)의 신분(estament)으로 이행했다." 이곳은 지대수취 생활의 선호가 지배적인 곳이 아닌데도 그렇다.[84] 이보다 더욱 인상적인 것은 남부 독일에서 "아우크스부르크의 푸거 가문, 벨저 가문, 회히슈테터 가문, 파움가르트너 가문, 만리히 가문, 하우크 가문, 헤르바르트 가문, 뉘른베르크의 투허 가문, 임호프 가문 등 16세기를 장식했던 위엄있는 이름들"이 마치 함정에 빠진 것처럼 그렇게 빨리 사라져갔다는 사실이다.[85] 그러나 헥스터는 "튜더 시대 영국 중산층의 신화"라고 명명한 현상을 이야기하면서,[86] 상업 부르주아지가 젠트리나 귀족으로 변화해가는 것은 모든 시대에 있는 일임에도 불구하고 역사가는 그 현상이 마치 "그의"—즉, 그가 연구하는— 시대에만 고유한 일로 간주한다는 것을 보여주었다. 헥스터는 영국에 대해서 이 현상을 손쉽게 밝혀 보였다. 프랑스에서 "콜베르와 네케르는 한 세기나 서로 떨어져 있는 시대의 사람들이지만, 둘 다 돈을 다루는 사람들이 언제나 지주 아니면 귀족이라는 평온한 지위로 도망간다는 불평을 하지 않았던가?"[87] 18세기에 루앙에서도 르 장드르 가문(이 가문은 그 지방에서는 유럽에서 가장 부유한 가문이라는 평판을 얻고 있었다)이나 플랑트로즈 가문의 예에서 보듯이 상업가문들은 단순히 혈통이 끊어지거나 법관직을 바라고 상업활동을 포기함으로써 사라져갔다.[88] 암스테르담에서도 마찬가지이다. 1778년의 한 관찰자의 말을 들어보자. "만일 [이 도시의] 대회사들을 조사해 보면 조상이 혁명[1566-1648] 당시에 상인이었던 가문은 극소수에 불과하다는 것을 알 수 있다. 옛 가문들은 오래 버티지 못한다. 현재 가장 큰 상업을 수행하는 가문들은 그리 멀지 않은 과거에 세워지고 형성된 가문들이다. 이처럼 상업은 끊임없이 한 가문에서 다른 가문으로 넘어간다. 왜냐하면 상업은 결국 거기에 참여하는 사람들 중에 가장 활동적이고 경제적인 사람들에게 넘어가기 때문이다."[89] 이것들은 그 외의 많은 예들 중의 일부에 불과하다. 그러나 이미 명쾌한 설명을 얻지 않았는가?

만일 상업회사들의 규칙적인 쇠락이 어느 면에서 사업가 정신의 마모에 기인한다면, 콩종크튀르는 여기에 전혀 무관하다는 결론을 내려야 할까? 게다가 어느 가문의 전체 연속선상에서 한순간만을 차지하는 이 현상을 두고 특별히 자본주의의 사회적 현상이라고 본다면, 상업적인 것과 자본주의적인 것을 혼동하는 것이 아닐까? 그런데 모든 대상인이 자본가라는 것은 맞지만 그 반대는 사실이 아니다. 자본가는 자금주일 수도 있고 매뉴팩처 경영인, 재정가, 은행가, 농업 경영인, 공공자금 운영인 등일 수도 있다. 이 때문에 내부적인 단계라는 것이 가능하다. 즉, 어느 상인이 차례로 은행가, 재정가, 자본 대여인 등으로 변화해갈 수 있다. 이것은 수 세대 동안 **자본가로**서 할 수 있는 일이다. 16세기 이전부터 은행가와 재정가로 변신한 제 노바 상인들은 다음 수 세기 동안 탈없이 잘 지탱해갔다. 암스테르담의 예를 다시 보아도 마찬가지이다. 앞에서 언급한 1778년의 증인의 말에서 중요한 것은 더 이상 상업활동을 하지 않는 가문들이 다음에 무슨 일을 했는지를 파악하는 일이다. 혹시 이들이 다른 자본주의 활동 영역으로 넘어간 것은 아닌지 알아보아야 하는데, 18세기 네덜란드의 상황을 보건대 충분히 가능성이 있는 일이다. 그리고 설사 그런 자본이 실제로 상품 영역을 벗어나서 토지와 공직으로 갔다고 해도 그 자본이 사회의 어느 분야들을 거쳐갔는지 상당히 오랫동안에 걸쳐 추적해보면, 사실 그 자본이 자본주의의 유통 밖으로 완전히 빠져나간 것이 아니며 상품, 은행, 회사 결성, 동산이나 부동산 투자, 더 나아가서 광공업이나 이상한 모험사업 등에 들어갔다는 사실을 보게 될 것이다(비록 결혼, 지참금 등의 형식을 빌린다고 하더라도 이것은 "자본을 유통시키는" 역할을 했다).[90] 바르디 가문이 대규모 파산을 하고 한 세기가 지난 후, 직계 후손들 일부가 메디치 가문 은행의 동업자로 등장한다면 놀라운 일이겠는가?[91]

　다른 문제가 또 있다. 앙리 피렌이 이야기하는 **자본주의의 단계들**에서 중요한 것은 상업가문이 아니라 그 가문들을 지탱해주고 부양해주는 이 가문들 전체 집단이다(이것은 오늘날에도 마찬가지이다). 만일 푸거 가문이 아니라 당시 아우크스부르크의 모든 상업가문들을 본다면, 또 텔뤼송 가문이나 네케르 가문의 부가 아니라 프로테스탄트계 은행의 부를 본다면, 시대에 따라서 한 집단이 다른 집단을 대신해서 들어서지만 각 에피소드의 지속 기간은 피렌이 정상적이라고 보는 2-3세대보다는 훨씬 길며 또 사업의 포기와 부흥의 원인은 콩종크튀르에 따른다는 사실을 알게 될 것이다.

이 문제에 관해서 유일하게 명백한 증거를 제시한 것은(그러나 그것은 정말로 중요한 증거이다) 랑그도크의 재정가들에 대한 쇼시낭-노가레의 연구이다.[92] 이 사람들은 기업가이자 은행가, 선박 의장업자, 대상인, 매뉴팩처 경영인이고 특히 재정가이면서 재무관료들이었다. 거의 모든 사람들은 오래 전부터 신중하고 성공적인 상품거래를 함으로써 성공을 거두었다. 그리고 이 모든 사람들은 서로 사업관계로 연결되어 있고 상호 간에 가족적으로 굳게 연대를 맺고 있는 하나의 체제 속에 융해되어 있었다. 이들을 한 디오세즈* 속에서 관찰하면, 각각의 구성, 사업관계, 가족적인 연결이 상이한 세 개의 구성체가 연속적으로 등장하는 것을 볼 수 있다. 하나에서 다른 하나로 이어질 때마다 단절과 교대, **사람들의 교체현상**이 나타난다. 그중 첫 번째 것은 1520-1600년에 볼 수 있는데 16세기 말의 콩종크튀르의 변화를 이겨내지 못했다. 두 번째 것은 1600-1670년의 것으로서 1660-1680년의 전환기까지 계속되었다. 마지막의 것은 1670-1789년까지 한 세기 이상이나 지속되었다. 따라서 크게 보면 앙리 피렌의 직관을 확인해주지만 그것은 **집단적인 움직임**이지 개별적인 움직임은 아니며, 분명 꽤 장기적인 움직임이다.

마지막으로 이야기할 것은 상점이나 회사의 지점, 관직, 토지, 혹은 그 외의 다른 어떤 해결책들 중에서 선택할 수 있는 가능성을 사회가 제공해야만 자본의 사회적 단계들이라는 것이 존재한다는 점이다. 그런데 사실 어떤 사

---

* diocèse : 랑그도크의 행정단위.

회는 오히려 길을 막아버릴 수도 있다. 유대인 상인과 유대인 자본가들이라는 예외적이면서도 의미 있는 예를 보자. 물론 우리는 노르사 가문의 은행이 6세기 동안이나 지속되었다는 것을 맹목적으로 다 믿을 이유는 없지만,[93] 이것이 세계 최장의 신기록을 세웠을 가능성은 매우 크다. 인도의 상인-은행가들 역시 유사한 위치에 있었다. 왜냐하면 카스트의 속성상 이들만이 돈을 다루기 때문이다. 일본의 오사카의 부상(富商)들 역시 귀족계급으로 들어가는 것이 제한되어 있었다. 그 결과 이들은 자기 직업 속에 매몰되어버렸다. 앙드레 레몽의 최근 책에 의하면[94] 반대로 카이로의 상인들은 앙리 피렌이 언급한 단계의 시간보다 더 짧은 기간 동안만 지속되었다. 이슬람 사회는 자본가들이 아직 한창 젊을 때 이들을 삼켜버렸다. 라이프치히의 상업적인 부 역시 그 초기 단계인 16-17세기에는 이와 같지 않았을까? 이곳의 부자들은 일생 동안 내내 부유하지는 않았으며 이들의 후손들은 영주제와 그것이 베푸는 조용한 생활 쪽으로 부랴부랴 도망쳤다. 그러나 이것은 경제팽창의 초기에 볼 수 있는 급작스럽고 발작적인 경제 때문에 그렇게 된 것이지, 사회 때문은 아니다.

프랑스 : 젠트리인가, 법복귀족인가?

전체적으로 어느 사회든지 우선 장기간 존속했다는 사실 그 자체로부터 복합성이 만들어진다. 물론 사회는 변화하고 일부 분야에서는 완전히 수정되기도 하지만, 대신 주요한 선택들과 구조물들은 변함없이 유지된다. 사실 사회는 꽤 유사한 모습을 유지한 채 진화한다. 그러므로 우리가 어느 사회를 이해하려고 하면 과거의 사회, 현재의 사회 그리고 미래의 사회가 동시에 혼재하며, 또 항상성과 그로부터의 왜곡이 장기지속 속에서 누적되어가는 것을 파악할 수 있다. 16-17세기 프랑스의 상층사회는 이것에 관하여 완전히 타당한, 그러면서도 복잡하기 이를 데 없는 예를 보여준다. 이는 자신의 운명이 스스로에 의해서 설명되는 독창적인 예이면서 동시에 그 나름대로 유럽의 다른 사회들에 대해 증거를 제시하는 예이다. 그리고 무엇보다도 많은 연구의 조명을 받은 예이기도 하다. 이것에 대해서는 조지 후퍼트의 『프랑스의 젠트리(*The French Gentry*)』라는 탁월한 책이 설득력 있는 재해석을 시도한 바 있다.[95]

여기에서 젠트리(gentry)라는 말은 프랑스 부르주아지의 상층을 가리킨다. 이 층은 상업을 통해서 부를 쌓았지만 한두 세대 전부터 상점과 계산대를 떠나서, 즉 상품을 직접 다루고 장부를 작성하는 일로부터 해방되어 이제는 대토지를 경영하거나 돈놀이를 하거나 안전한 가산(家産)이 된 국왕 정부의 관직을 구입함으로써 부와 안락한 생활을 누리는 알뜰하고 보수적인 사람들이다. 이 젠트리라는 용어는 분명히 탈선한 말이며 이 시대의 프랑스를 연구하는 역사가들의 이맛살을 찌푸리게 한다. 그러나 이에 관한 토론이 시작되고 난 후 이 용어는 매우 유용한 것으로 판명났다. 이 토론은 우선 필요한 선결 문제를 제기했다. 귀족을 향해서 그리고 전통적인 사회적 성공을 향해서 서서히 전진하는 이 계급—또는 그룹이나 카테고리—에 대한 정의가 필요하다. 명료하게 눈에 띄지 않고 복잡한 이 계급은 궁정의 화려한 귀족과도 무관하고, 소박하고 빈곤한 "시골 귀족(noblesse de champs)"과도 무관하다. 이 계급은 결국 자기 자신이 생각하는 귀족의 이념과 그 자신에게만 속하는 생활양식을 향해서 전진한 것이다. 프랑수아 1세부터 루이 14세의 초기 통치시대의 사회 형태 가운데에서 이 계급 혹은 이 카테고리를 쉽게 차별화하는 역사적인 용어나 표현이 따로 필요하다. 만일 당신이 젠트리라는 말을 쓰고 싶지 않다면 상층 부르주아지라는 말도 써서는 안 된다.

부르주아지(bourgeoisie)라는 용어는 부르주아(bourgeois)라는 용어와 운명을 같이했다. 두 용어 모두 12세기부터 사용된 말이다. 부르주아란 한 도시의 특권 시민을 가리켰다. 그러나 이에 대한 연구에 따르면, 이 말은 지역이나 도시에 따라 16세기 말이나 17세기 초에 가서 널리 퍼졌으며, 18세기에 일반화되었고 프랑스 혁명이 이 말을 대단히 널리 쓰이도록 만들었다. 부르주아라는 말 대신 흔히 쓰이던 말은 명사(名士, honorable homme)였다. 이것은 테스트의 가치를 가지는 표현이었다. 이 말은 "땅에 매인 신분(condition de la terre)", 즉 농민과 이른바 자유직업 신분 사이의 넘기 힘든 간격을 통과한 사회적 상승의 제1계단을 가리킨다. 이에 해당하는 직업은 변호사, 대소인(代訴人, procureur), 공중인 등 무엇보다도 법률직이었다. 그중 개업을 한 많은 사람들은 대학을 나온 것이 아니라 나이 많은 선배들에게서 배운 사람들이었고, 대학교육을 받은 사람들 중의 다수는 단지 자기만족을 위해서 학교를 다녔다. 이런 명사들로는 또 의사, 외과의사 겸 이발사도 있다. 그러나 이들 중에서도 "성 코스마스*의 외과의사, 또는 긴 가운의 외과의사", 다시 말해서 의대 졸업생은 드물었다.[96] 약사도 여기에 포함되는데, 이들 역시 다른 직업들처럼 "가족 속에서" 이 직업을 전수했다.[97] 그런데 상인들은 이른바 자유직업을 가진 것은 아니라고 해도 이들 역시 당당히 "명사들"로 간주되어야 한다. 이때의 상인이란 (전적으로 그런 것은 아니지만) 주로 대상인(négociant)을 지칭한다. 샤토됭의 경우를 보면 적어도 외양으로는 부르주아 상인(대상인)과 수공업자 상인(상점주) 사이에는 현격한 차이가 있었다.[98]

그러나 직업만으로는 **명예로움**(honorabilité)을 만드는 데에 충분하지 않다. 특권적인 지위만이 아니라 상당한 부를 소유해야 하고, 상대적으로 유복하게 살아야 하며, 위엄 있게 생활해야 한다. 게다가 도시 주변에 어느 정도의 땅을 구입해야 하고, 필수불가결한 조건으로서 "거리로 박공이 난(pignon sur rue)"—이 세 단어는 아직도 우리의 귀에 반향되고 있다—집을 가지고 있어야 한다. 리트레 사전에서 "오늘날의 교회처럼 예전에 저택의 외관을 이루었다"고 설명하듯이 "박공(pignon)"은 그 저택 소유주의 품위를 증명해주는 요소이다.

---

* Cosmas : 로마의 디오클레티아누스 황제 때 다미아누스와 함께 순교한 성인. 두 사람 모두 아랍 출신의 의사였기 때문에 외과의사의 수호성인이 되었다. 이들에게는 "돈을 싫어하는"이라는 별칭이 있다.

오늘날 우리가 보기에는 소박한 읍까지 포함하여 프랑스 전역을 살펴보더라도 수공업 장인, 소상점 주인, 농사꾼 등의 일반 대중 위에 있는 명예로운 사람들은 오직 극소수뿐이다. 우리는 공증문서를 이용해서 이러한 최상의 특권계급의 재산 상태를 재구성해볼 수 있다. 이들은 물론 문제의 "젠트리"보다 상위의 존재들이다. 이들의 지위에 도달하거나 적어도 그 근처에 가려면 우선 "귀족적인 사람(noble homme)"이라는 한 단계를 추가로 더 거쳐야 한다. 여기에서 정확성을 기하기 위해서 언급해야 할 점이 있다. "귀족적인 사람"은 법률적으로 귀족이 아니라는 점이다. 이것은 허영과 사회적 현실을 모두 고려해서 나온 명칭이다. "귀족적인 사람"이 영지를 가지고 있고 "상품을 만들거나 장사를 하지 않는다는 의미로 귀족적으로 산다"고 해도 이들이 "진짜 귀족"에 속하지는 않고 "부적당하고 불완전한 명예직(honoraire) 귀족에 속하며 그래서 사람들은 이들을 경멸적으로 도시귀족(Noblesse de ville)이라고 부르는데, 이것이 다름 아닌 부르주아지이다."[99] 이와 반대로 공증문서에 "귀족적인 사람"이라는 말에 "에퀴에"* 정도의 말이 추가로 기록되어 있다면, 그 사람은 귀족에 속해 있을 가능성이 매우 높다.

그러나 어느 지위에 속하는지의 문제는 법률적 사실이 아니라 **사회적** 사실이다. 사회적 사실이란 통용되는 관례들로부터 스스로 만들어진 것을 말한다. 여기에서 귀족 지위로 진입할 때의 일반 조건들을 강조할 필요가 있다. 1520년 이후 이런 귀족으로의 진입은 큰 어려움 없이 이루어져서 눈에 띄게 많아졌다. 국왕이 판매하는 귀족증서(lettre de noblesse)는 아주 드물었고, 귀족 지위를 보장해주는 관직을 구입한다든지 귀족 지위에 부수하는 행정관 직무를 수행하는 따위의 일(이것을 종성귀족**이라고 한다)도 큰 중요성

---

* écuyer : 원래 중세에 아직 기사 작위를 받지 못하고 기사를 따라다니던 종자를 가리키지만, 하급 귀족의 경칭으로 쓰인다. 영어의 스콰이어(squire) 또는 에스콰이어(esquire)에 해당한다.
** 鐘聲貴族, noblesse de cloche : 시 행정직을 수행함으로써 작위를 얻은 귀족. 이 현상은 푸아티에, 앙굴렘, 라 로셸, 투르, 니오르, 앙제, 리옹 등 꽤 많은 도시에서 일어났다. 왜 이들에게 귀족화를 허용했는지는 지방마다 상이한 이유가 있다. 예컨대 프랑스 서부지역에서는 친영국파에

이 없었다. 그보다 중요한 것은 법률적 조사이다. 이를 위해서는 문제의 사람이 "귀족적으로 산다"는 것(즉, 자기 손을 놀려서 일을 하지 않고 불로소득으로 산다는 것)과 그의 부모 및 그 조상들도 그렇게 귀족적으로 살았다는 것이 만인이 아는 사실임을 증언해줄 사람이 필요하다. 특권층 사람들의 부가 증진하여 귀족적인 생활양식이 가능해지고, 상승하는 이 계급의 사람들이 대개 친척이기 쉬운 재판관과 공모하게 되며, 또 우리가 보았듯이 16세기에는 귀족들이 문호를 폐쇄하지 않았기 때문에, 귀족으로 올라서는 것은 어렵지 않게 이루어졌다. 귀족과 비귀족 사이의 구분이 기독교도와 이교도 사이만큼이나 뚜렷했다는 피터 래슬릿의 말은[100] 이 시대의 프랑스와는 거리가 멀다. 그보다는 관목지대나 황무지(no man's land)와 같은, 통과가 가능한 변경 지역이 존재한다고 말해야 할 것 같다.

그런데 이 신귀족이 언제나 전통적 인구귀족의 지위로 녹아들어가고 싶어 하지는 않았다는 것이 사태를 더 복잡하게 한다. 조지 후퍼트의 말이 옳다면―그의 말이 맞을 가능성이 매우 높다고 보지만―높은 지위의 "귀족적인 사람"은 『서민귀족(Bourgeois Gentilhomme)』*의 특성과는 무관하다. 우선 몰리에르의 이 희곡이 처음 상연된 것은 뒤늦은 시기(1670)라서 16세기의 봄과는 멀리 떨어져 있다. 그리고 이 인물형은 궁정귀족을 즐겁게 하기 위해 만든 것에 불과하다. 물론 주르댕 씨라는 인물은 순전히 창작의 산물만은 아니며 대단히 전형적인 부르주아에 상응하는 인물이었을 것이다. 그런데 거

대해 친프랑스파를 강화시킬 필요 때문에 이들을 귀족으로 만들어주었다. 그러나 단지 도시 행정직을 수행하는 것만으로 충분하지는 않았고 대개는 아주 무거운 대가를 지불하고 귀족 작위를 얻었으며, 생산적인 계층의 사람을 비생산적인 상층계급으로 이끈다는 점에서 도시 경제에 악영향을 미쳤다. 클로슈(cloche)란 종(鐘)을 가리키는데, 이렇게 부르는 이유는 이들이 시청의 종소리에 따라 소집되었기 때문이다. 이에 대한 번역어가 마땅하지 않아서 이 책에서는 어색하나마 "종성귀족"이라고 옮겼다.

* 몰리에르가 원작을 쓰고, 륄리가 음악을 맡았으며, 보상이 안무한, 5막으로 된 코메디-발레로서 1670년에 초연된 작품이다. 주인공인 직물업자 주르댕 씨는 귀족 행세를 하려는데 이 꿈을 방해하려는 사람들이 있어서 이들을 피한다는 줄거리이다. 이것은 한편으로 귀족은 허영에 불과하다는 주장과 또 한편으로 상승하는 부르주아에 대한 비판을 동시에 깔고 있다.

의 귀족이 되었거나 아니면 이미 귀족이 된 16세기의 이런 사람들을 보고, 그들이 "마치 불로장수 약"을 구하듯이 귀족계급에 귀속되기만을 열정적으로 추구했다고 말한다면 정확하지는 않다.[101] 이들에게 사회적 허영에 익숙했다는 점에 대해서는 의심의 여지가 없다. 그러나 이들이 대검귀족의 취향과 편견을 똑같이 나누어 가지는 식으로 허영을 추구하지는 않았다. 이들은 군사업무, 사냥, 결투와 같은 것을 찬미하지는 않았다. 오히려 귀족계급의 생활양식에 대해 지혜롭지 못하고 교양이 없다고 경멸했으며, 그런 점을 글로 써서 표현하기도 했다.

상층 부르주아든 중간 부르주아든 이들은 한목소리로 이 점을 이야기했다. 여기에서 이후 시기이기는 하지만 우다르 코코라는 증인의 말을 들어보자.[102] 그는 랭스의 평범한 부르주아로 꽤 부유한 상인이었다. 그는 1650년 8월 31일 자의 비망록에 이렇게 썼다. "스스로 위대한 종족이라고 자처하는 귀족들(gentilhommes)의 행태, 삶, 조건들이 이 모양이다. 수많은 대귀족들(nobles) 역시 나을 것이 없다. 단지 자기 마을의 농민을 잡아먹는 짓만 하고 있을 따름이다. 도시의 명예로운 부르주아나 상인들이 이들보다 오히려 비교할 수 없이 귀족적이다. 이 사람들이 더 우아하고 나은 삶을 살며 더 훌륭한 모범을 보여준다. 이 사람들의 집은 귀족의 집보다 잘 정돈되어 있고 각자는 자기 능력에 맞게 살아간다. 이들은 다른 사람들이 불평하도록 만들지 않고, 자기를 위해서 일한 사람에게는 그에 대한 정당한 보수를 지불하고, 특히 비열한 짓을 하지 않는다. 그런데 작은 칼을 차고 다니는 사람들[귀족들/역주]은 이와 정반대로 하고 다닌다. 만일 비교해야 할 기회가 생기면, 귀족은 자신이 대단한 사람들이라고 믿으며 부르주아가 농민과 마찬가지의 눈으로 귀족을 올려다보아야 한다고 믿는다.……명예를 아는 사람은 이들을 쳐다보지 않는다. 오늘날 세계가 이 모양이다. 그러므로 귀족에게서 미덕을 찾아서는 안 된다."

사실 귀족이 된 대부르주아는 도시의 아름다운 저택과 성, 시골 거주지를 왕래하며 예전처럼 균형 잡히고 합리적인 삶을 살아갔다. 그들의 삶의 즐거움이자 자랑은 인문주의적인 교양이다. 그들이 가장 큰 즐거움을 삼는 곳은 서재이다. 이들을 포장해주고 또 이들의 성격을 가장 잘 나타내주는 문화적 최전선(最前線)은 라틴어, 그리스어, 법학, 고대사, 자연사 등에 대한 열정이다. 이들은 또 읍, 심지어는 시골 마을에까지 무수히 많은 **세속** 학교들을 세운 장본인이다. 이들과 진짜 귀족이 공유하는 사항이 있다면 그것은 노동과 상업을 거부하고 무위도식을 즐긴다는 것인데, 이것은 다름이 아니라 독서하고 동료들과 유식한 토론을 즐긴다는 것을 의미한다. 이런 형태의 생활은 적어도 유복한 정도의 재산을 전제로 하는데, 신귀족들은 대개 유복함 이상의 탄탄한 재산을 소유하고 있었다. 그 재산에는 세 가지 근원이 있다. 합리적으로 경영하는 토지, 농민과 귀족을 피해자로 하는 고리대금업, 사법과 재정 방면의 관직(1604년에 폴레트[paulette] 세*가 만들어지기 전부터도 양도와 유증이 가능했다)이 그것이다. 그렇지만 이 재산은 그들이 모은 것이기보다는 유산으로 받은 것이다. 탄탄히 자리를 잡고 더 나아가서 확대되는 정도에 이르면, 물론 돈이 돈을 벌어다준다. 그렇게 되면 사회적인 성공과 상승이 가능해진다. 그러나 처음 궤도에 오르는 과정은 언제나 똑같다. 젠트리는 상업을 통해서 올라선다. 다만 이들은 이런 이야기를 떠벌리고 다니는 사람들의 귀에 이 사실이 들어가지 않게 숨기고 묻어두려고 한다.

그러나 그 사실을 모두에게 숨길 수는 없다! 레투알의 『일기(*Journal*)』를 통해서[103] 우리는—우리만이 아니라 그 당대의 사람들 중에서 이것을 말하지 않은 사람이 누가 있을까—빌루아 영주이자 국무대신으로서 일생 동안 "서류 뭉치와……양피지, 펜과 씨름하며"[104] 국정을 좌우했던 니콜라 드 뇌프빌(1542-1617)이 생선 장수의 손자라는 것을 알게 되었다. 문제의 생선 장

---

* 사법 및 재정 관련 관직을 산 사람이 국가에 내야 하는 부담금. 1604년 12월 7일과 12일의 국왕 칙령으로 제정되었는데, 당시 재정가인 샤를 폴레(Charles Paulet)에게 청부되었기 때문에 이런 이름이 붙었다.

수였던 그의 할아버지는 1500년에 세 개의 영지를 샀고, 다음에 공직을 샀으며, 결혼을 통해 코르베유 근처에 위치한 빌루아 영지를 얻었던 것이다. 조지 후퍼트는 이와 비슷한 예들을 많이 인용한다. 그러므로 [원래 미천한 출신이었다는 점에 관하여/역주] 분명 모든 사람이 속아넘어가지는 않지만 그것이 중요하지는 않다. 여기에서 다시 확인할 수 있는 사실은 16세기 사회가 신분 상승에 방해를 한 것이 아니라 공모자 역할을 했다는 것이다. 그리고 바로 이런 분위기 속에서만 우리는 신귀족이라는 진짜 계급—기존의 귀족계급에 아예 합류하지 않거나 적어도 잘 합류하지 않으려고 하고, 자기 자신의 정치권력을 이용하며, 또 이 집단 내에 자신의 관계망을 만들어서 이용한다—의 형성을 이해할 수 있다. 이것은 비정상적인 현상으로서 영구적으로 이렇게 진행되지는 않는다.

17세기에 들어서면 모든 것이 바뀐다. 유사-귀족들은 이때까지 종교개혁과 종교전쟁 같은 어렵고 극적인 곤경들을 겪었다. 그러나 이들은 이런 곤경을 헤쳐나가기 위해 자신들이 신교도나 가톨릭 동맹의 구성원이 아니라 "갈리아주의자"*나 "폴리티크"**라고 주장했다. 즉, 이들은 중도적인 길을 걸었던 것이다. 이 중도적인 길을 선택하면, 양쪽으로부터 다 공격을 받을 수도 있지만 어쨌든 어느 정도 행동의 자유를 가질 수 있다. 1600년 이후에는 사회, 경제, 정치, 문화 등 모든 면에서 사정이 바뀌었다. 이제는 공모 관계에 있는 판사 앞에 몇 명의 증인을 내세움으로써 귀족이 될 수는 없게 되었

---

* gallicane : 갈리아주의(Gallicanism)란 중세와 그후 프랑스에서 왕성했던 두 가지 사상적 흐름이다. 첫째는 평신도가 프랑스 성직자의 권리에 대항한 사상을 말한다. 국왕과 의회가 이를 지지했기 때문에 이를 왕실 또는 의회 갈리아주의(Royal or Parliamentary Gallicanism)라고 한다. 둘째는 프랑스 국왕과 교회가 로마 교황청에 대항한 것을 말한다. 이것은 감독제도 자체와 프랑스 교회 성직 계급에 국왕과 의회가 우호적인 태도를 가진 것으로 감독제 갈리아주의(Episcopal Gallicanism)라고 한다.

** politique : 16세기 후반 프랑스의 종교내란 중에 형성된 가톨릭 당파로, 평화와 국왕 권위의 수호를 주장하며 극단적인 가톨릭 당파들과 개신교도 당파들 사이의 중도 입장을 자처했다. 이들은 내전이 전개되던 내내 평화적 해결을 주장했는데 앙리 4세의 가톨릭 개종, 낭트 칙령 등은 결국 이들이 승리한 것을 의미한다고 볼 수 있다.

다. 그 대신 가계도를 제출하고 공포 분위기가 조성된 조사에 응해야 했다. 심지어는 이미 귀족 작위를 얻은 경우라도 확인 조사로부터 안전하지 못했다. 프랑스의 젠트리에 인력을 제공하던 사회적 유동성도 그렇게 자연스러운 것이 못 되었고 또 그렇게 풍부한 것도 못 되었다. 이 시기의 경제가 지난 세기만 못해서였을까? 앙리 4세, 리슐리외, 루이 14세에 의해서 복원된 왕정은 억압적이어서 공직자들, 그중에서도 특히 고등법원 인사들부터 왕정에 대한 복종을 강요했다. 게다가 국왕은 궁정귀족을 강화하고 이들로 하여금 태양왕[루이 14세/역주]을 중심으로 해서만 살고 번성하고 전면에 나서도록 했다. 태양왕의 측근 한 명은 그를 "연극의 왕"이라고 했는데,[105) 눈에 띄는 좁은 공간에 권력의 모든 가능성과 편의를 모아놓은 그 연극은 사실 중요했다. 궁정귀족은 "법복귀족(noblesse de robe)"에 대항했다. 법복귀족들은 단지 궁정귀족이라는 장애물에만 부딪힌 것이 아니라 국왕과도 충돌했다. 국왕은 이들에게 권력을 주기도 하고 제한하기도 하는 존재였다. 그리하여 우리가 살펴본 반(半)귀족 집단은 정치적으로나 사회적으로 모호한 지위에 놓이게 되었다. 마지막으로, 가톨릭 종교개혁이 이들의 지적인 사고 내지 입장과 상충하여 이들에게 불리하게 전개되었다. 이들은 계몽주의의 선구자라고도 할 수 있는 사람들로서 합리성에 영향을 받았으며, "과학적인" 역사를 만들려고 할 정도였다.[106) 그런데 이 모든 것이 반대로 뒤집혀서 이제는 모든 일이 그들에게 거스르는 방향이 되었다. 이들은 우선 예수회의 공격 대상이 되었다……. 마찬가지로 장세니슴*이 폭발적으로 터져나왔을 때 그리고 프롱드의 난이 발발했을 때, 이들의 역할은 모호하고 복잡해졌다.

1649년 초의 뤼에유(Rueil) 평화조약(3월 11일)**까지 고등법원 의원들은 파

---

* 네덜란드의 신학자 얀센(Jansen)이 가톨릭 종교 교의로서 신의 은총과 인간의 무력함을 강조하는 내용이며, 교황청에 의해서 이단으로 단죄되었으나 17-18세기 프랑스에서 지지자들이 분기하여 종교, 정치, 사회적으로 큰 영향을 미쳤다.

** 루이 14세의 모후인 안 도트리슈와 파리 고등법원 사이에 맺어진 평화조약. 이른바 "고등법원의 프롱드"를 끝내게 했다. 정부가 귀족, 특히 고등법원 인사들을 억압하려는 데에 맞서서 1648

리의 주인이 되었으나 "그들이 거둔 성공으로 그 어떤 것을 하려고 나서지는 않았다."[107] 이러한 곤경 속에서 그리고 이러한 연속적인 위기 가운데에서 젠트리는 서서히 이른바 법복귀족이라고 불리는 두 번째의 귀족이 되어갔다. 이에 대해서 첫 번째의 귀족들은 이들이 섞여 들어오는 것을 허용하지 않고 이들을 공격했다. 이후 두 귀족 사이에는 명백한 계서제가 세워지고 국왕은 자신의 통치를 위해 이들을 서로 대립시키고는 했다. **법복귀족**이라는 말 자체가 17세기 초—최근의 조사에 의하면 아주 일러야 1603년—에 나타난 것은 우연이 아니다.[108] 이와 같은 언어상의 증거는 무시할 만하지 않다. 이때 법복의 운명은 한 단계를 끝냈다. 이들은 지난 세기에 비해서 더 명확히 정의되고 더 시끄러우며 분명히 덜 당당해졌으나, 프랑스의 운명을 아주 무거운 무게로 내리눌렀다. 이들은 자신들을 잘 유지하기 위해서 모든 계서제를 이용했다. 영주제적인 토지의 계서제, 돈의 계서제, 교회의 계서제, 국가의 계서제(바야주, 프레지디알, 고등법원, 국왕 자문위원회 등)* 그리고 여기에 첨가해야 할 것이 있으니, 문화의 계서제들이다. 이 마지막 것은 장기적으로는 이들에게 유리하게 작용할 것이다.

이 모든 것은 복잡하고 매우 느린 과정이었으며, 상당한 무게를 지니고, 오직 끝끝내 버텨냄으로써만 성공을 획득했다. 조지 후퍼트가 보기에 법복귀족은 16세기의 기원부터 프랑스 혁명까지 프랑스의 운명의 한복판에 위치해 있으면서 "자신의 문화를 창조하고 자신의 부를 관리하며 민족과 계

년에 고등법원이 자신의 권한을 이용하여 정부 재정안의 승인을 거부함으로써 프롱드의 난이 시작되었다. 이것이 내전으로 비화해서 정부는 파리를 봉쇄했으나 지방에서 봉기가 계속되는 데다가 외국과의 전쟁의 부담 때문에 평화조약을 체결하게 되었다.

* 프랑스의 국왕 정부의 행정 및 사법체계는 대체로 이 순서대로 상급심으로 올라가게 되어 있다. 바야주(bailliage)는 국왕이 파견한 대리인인 바이이(bailli)가 국왕의 명령을 수행하는 기본 단위로서 13세기 이래 조직되었다. 그보다 상위 단위인 프레지디알(presidial)은 원래 1552년에 앙리 2세의 칙령에 의해서 기존 바야주 일부를 승격해서 상급심으로 만든 것이다. 이곳은 250 리브르 이하의 민사재판과 같은 경우에는 최종심이 된다(이것은 고등법원에 너무 자주 상소하는 일을 막기 위한 것이다). 그러나 프레지디알은 다른 심급의 기관과는 달리 18세기에 들어서면서 완전히 제자리를 잡지는 못했다.

몽주의를 동시에 발명함으로써 결국 프랑스를 발명했다.” 많은 유명한 이름들이 우리의 머릿속에 떠오르며 여기에 동의하고 싶은 유혹을 느낀다. 그러나 여기에는 중요한 제한을 두어야 한다. 이 계급은 그 자체가 어느 정도 프랑스 문명을 표현한다고 할 만큼 결실이 풍부한 계급이기는 하지만, 프랑스 전체가 이들을 바로 뒤에서 지탱해주고 그들이 누리는 유복함, 안정, 어쩌면 그들의 지성에 대해서까지도 대가를 지불한 셈이다. 법복귀족은 이 물질적, 문화적 자본을 자신을 위해서 관리했다. 그것이 국가 전체를 위해서 유익했는지는 다른 문제이다.

어떤 방식으로든 계서제의 상층이 둘로 나뉘고, 잠재적이든 노골적이든 기존 계급과 상승하는 계급 사이에 갈등이 존재하는 현상이 없는 국가는 유럽에 하나도 없을 것이다. 그렇지만 후퍼트의 책은 프랑스의 특별성을 면밀히 개관하고 법복귀족의 독특성을 그 기원과 정치적 역할 면에서 강조했다. 이렇게 해서 그는 모든 사회적 변화에 독특한 성격이 있음을 주목하게 했다. 원인은 어디에서나 대단히 유사하지만 해결책은 상이하다.

도시에서 국가로 : 사치와 과시적 사치

그러므로 사회적 유동성에 관한 문제, 혹은 돈, 출생신분, 권력에 의한 위엄 앞에서 어떠한 태도를 취하는지에 관한 문제에 어디에서나 통하는 일반적인 법칙을 끌어낼 수는 없다. 이 점에서 모든 사회가 같은 시간 순서, 같은 계서제들 그리고 이 모든 것을 좌우하는 같은 심성을 가진 것은 아니다.

그러나 유럽에 관해서 보면 어쨌든 두 개의 카테고리로 구분된다. 우선 도시사회가 있다. 일찍이 부를 축적한 이탈리아, 네덜란드, 독일 등지의 상업 도시들을 가리킨다. 다른 하나는 영토국가라는 넓은 반경의 사회이다. 이것은 중세로부터 매우 느리게 빠져나왔고(그나마 늘 완전히 빠져나온 것도 아니다) 바로 얼마 전까지도 그 흔적을 찾아볼 수 있었다. 한 세기가 채 되지 않은 과거에 프루동은 이렇게 썼다. “경제조직에서나 현실 정치체에서 그리고 사법기구와 공공교육에서 아직도 봉건성이 우리를 짓누르고 있다."[109]

이 두 세계를 구분 짓는 중요한 특징들에 대해서는 이미 여러 차례에 걸쳐 이야기했다. 1702년에 쓰여진 프랑스의 한 비망록에서 볼 수 있는 다음과 같은 언급은 옛날 것이든 근대적인 것이든 표현만 약간 다를 뿐 같은 내용의 변형을 수없이 찾을 수 있다. "왕국에서는 상인들이 공화국에서와 같은 정도로 존경받지 않는다. 이에 비해서 공화국이란 대개 대상인들이 지배하는 곳이다."[110] 누구도 놀라지 않을 이 명백한 내용에 대해서는 더 이상 강조할 필요조차 없을 것이다. 다만 엘리트가 어느 사회에 존재하는가, 즉 오래 전부터 교역과 화폐 활동의 영향을 받았던 도시에 위치해 있는가, 혹은 궁정이 사회 전체에 지배적인 영향을 미치는 광대한 영토국가(영국이나 프랑스)에 위치하는가에 따라서 그들의 행동이 어떻게 달라지는지에 주목할 필요가 있다. "도시[파리를 의미한다]는 궁정의 원숭이이다."[111]* 간단히 말해서 상인이 지배하는 도시는 국왕이 통치하는 도시와는 사는 방식이 다르다. 펠리페 2세 시대 스페인의 아르비트리스타(arbitrista, 조언을 해주는 사람으로서 도덕론자이기 쉽다)인 루이스 오르티스는 이 점에 대해서 명백하게 이렇게 이야기했다. 스페인이 아주 불안정한 상황이었던 1558년을 생각해보라. 국왕 펠리페 2세는 부재중이었다. 그는 전쟁과 국제정치 문제로 네덜란드에서 꼼짝 못 하고 붙잡혀 있었다. 그런데 이 시기까지 수도였던 바야돌리드에서는 그 당시의 어려움이나 비싼 물가와 상관없이 모피, 비단, 비싼 향수 등의 사치와 과시가 널리 퍼져 있었다. 이 스페인인은 이와 같은 사치를 피렌체나 제노바, 네덜란드, 심지어 상업활동 중심지인 이웃 포르투갈에서도 볼 수 없다고 말했다. "포르투갈에서는 누구도 비단옷을 입지 않는다(En Portugal, ningun viste seda)."[112] 리스본이라는 상업도시가 포르투갈 전체에 영향을 미쳤기 때문이다.

---

* 즉, 파리는 궁정의 지배에 있기 때문에 상업도시가 되지 못하고 궁정을 모방하는 도시가 된다는 뜻이다.

상인이 주도권을 장악한 이탈리아의 도시국가들(1229년의 밀라노, 1289년의 피렌체, 적어도 1297년의 베네치아)에서는 돈이 사회질서를 접합해 주는 효과적이고 신중한 접착제였으며, 18세기에 파리의 인쇄업자들의 표현에 의하면 "가장 강력한 풀"이었다.[113] 도시 과두귀족들은 통치를 위해서 사람들의 마음을 사로잡고 현혹시킬 필요를 그리 크게 느끼지 않았다. 단지 돈주머니의 끈을 잘 잡고 있는 것으로 족했다. 이들이 사치를 모르기 때문이 아니라 신중함, 더 나아가서 비밀스러움을 지향하기 때문이다. 베네치아 귀족들은 검은색의 긴 외투를 입었는데, 체자레 베첼리오가 "세계 각지의 고대 및 현대 의상(habiti antichi et moderni di diverse parti del mundo)"(16세기 말)이라는 그의 컬렉션에 대한 주석에서 설명했듯이, 이와 같은 검은 토가*는 "시민, 의사, 상인 그리고 다른 사람들" 역시 입는 것으로 봐서 귀족의 지위를 나타내주는 옷이라고 할 수 없었다. 젊은 귀족들은 검은 토가 밑에 섬세한 색깔의 비단옷을 입었지만 "이 공화국 특유의 신중함 때문에(per una certa modestia propria di quella Republica……)" 가능한 한 그런 색깔의 흔적을 숨겼다고 베첼리오는 덧붙여 말한다. 따라서 베네치아 과두귀족들이 의상의 사치를 부리지 않은 것은 의도적이었다. 마스크도 마찬가지이다. 마스크는 카니발이나 공공축제에만 한정된 것이 아니었다. 이것은 군중 속에 무명(無名) 상태로 숨어들어가서 다른 사람들의 시선을 받지 않고 즐기는 한 방법이었다. 베네치아의 귀부인들은 원칙적으로 접근이 금지된 공공장소인 카페에 가기 위해서 마스크를 이용했다. "마스크란 얼마나 유용한가." 골도니는 말했다. "마스크를 쓰고 나면 모든 사람들이 다 똑같아진다. 시의 고위직 인사들도 일반인들이 관심을 두는 시시콜콜한 일까지 날마다 들을 수 있다.……도제(Doge)도 마스크를 한 채 산보를 하고는 했다." 베네치아에서 사치는 장엄한 공공기구나 아니면 엄격히 사적인 생활에만 한정되었다. 제노

---

* 원래 로마 귀족들이 입던 긴 옷이지만, 여기에서는 당시 베네치아인이 입던 긴 외투를 말한다.

바에서도 귀족들은 어느 정도 엄격하게 도를 지키며 옷을 입었다. 축제도 길거리나 공공 광장이 아니라 시골 저택이나 도시의 궁정 안에서 신중하게 치러졌다. 우리는 17세기에 피렌체에서 마차에 사치를 부리는 것이 시작되었다는 것을 알고 있다. 베네치아에서는 이것이 생각할 수도 없는 일이고, 제노바에서는 도로가 좁기 때문에 아예 불가한 일이다. 그러나 피렌체의 공화정은 1530년에 알레산드로 디 메디치가 복귀하고 1569년에 토스카나 대공국이 만들어지면서 사멸했다는 점을 고려해야 한다. 그러나 피렌체만 하더라도 스페인 사람의 관점에서 보면 아주 소박하고 거의 부르주아적으로 사는 것에 속했다. 그리고 암스테르담이 유럽 최후의 폴리스로 남게 된 것 역시 베네치아의 방문객들조차 놀랄 정도로 이곳의 부자들이 검소하게 살았기 때문이다. 암스테르담의 길거리에서 홀란트의 대사법관*을 보더라도 일반 시민과 전혀 구분이 되지 않았다.[114]

암스테르담이나 이탈리아의 부유한 옛 도시를 떠나서 근대국가의 수도나 왕도로 가면 분위기가 완전히 바뀐다. 여기에서는 검소함이나 신중함이 더는 통용되지 않는다. 사회 상층의 귀족은 궁정의 장대함에, 다음에는 다른 사람들이 그들에 대해서 경탄하게 만들려고 한다. 이들은 으스대고 과시해야만 만족한다. 으리으리한 과시에는 평범한 사람들을 지배하고 그들과 자신을 분리하려는 목적이 있다. 자기들은 다른 종족이라는 것을 거의 의식(儀式)에 가까운 방식으로 나타내고 다른 사람들과 거리를 두려고 한다. 돈을 가지고 있으면 거의 저절로 수중에 장악하게 되는 종류의 특권과는 달리, 출생과 지위에 따른 특권은 다른 사람이 알아주어야만 가치를 가진다. 계몽주의 시대에 폴란드의 라지비와 공은 (1750년에 그랬던 것처럼) 스스로 군대를 동원하고 군대에 무기류를 갖출 수 있을 정도의 재력이 있었는데, 어느 날에는 거주하는 니비츠라는 소도시에서 사람들에게 마음껏 포도주를 나누

---

* Raadpensionaris : 홀란트 주의 중요한 직책으로, 원래 홀란트 주 법률고문(Landsavocaat)이었으나, 이 직을 맡았던 올덴바르너벨트가 실권한 후로는 이름이 바뀌어서 대사법관이 되었다.

어주었다. 그는 "나누어주는 양과 시냇물처럼 흘러가버리는 양에 무관심해 보였다." 쿨라에 의하면 이것은 사람들에게 깊은 인상을 주려는 것이며(당시 폴란드에서 포도주는 대단히 비싼 수입품이었다) "그에게 무한한 가능성이 있다고 믿게 만들고, 그의 의지를 관철시키려고 할 때 사람들을 얌전히 따르게 만들려는 방법이다. 따라서 이러한 낭비는 주어진 사회구조 속에서는 합리적인 행동이다."[115] 나폴리에서도 이와 같은 과시를 볼 수 있다. 『태양의 나라(Città del Sole)』(1602)를 쓴 계몽적인 혁명가인 토마소 캄파넬라*의 시대에 사람들은 로젤라 영주인 파브리치오 카라파에 대해서 그가 돈을 "나폴리식으로(alla napoletana)", 즉 "허영심에서(cioé in vanità)" 낭비한다고 말하고는 했다. 그들의 신민들이 문자 그대로 기아로 죽어가고 있을 때 나폴리 귀족들은 "개, 말, 광대, 금박 직물 그리고 더 나쁘게는 창녀들(e puttane che è peggio)"에게 돈을 쓰고 있었다.[116] 이 낭비에 물든 사람들이 10만 에퀴의 수입을 쓸 수 있는 데에 비해서 신민은 주머니에 3에퀴를 가지고 있기도 힘들었다. 이것은 물론 쾌락의 취향에 따르는 것이지만 동시에 사람들을 경탄시킬 필요에 따른 것이기도 했다. 그러므로 이들은 주어진 자기의 역할, 곧 사람들이 그들로부터 기대하는 것, 사람들이 부러워하고 미워하면서 동시에 찬탄하는 것을 수행했다. 다시 반복하지만 스펙터클을 제공하는 것은 지배하는 한 방식이다. 그것은 필요에 따른 것이다. 나폴리 귀족들은 스페인 총독의 궁정에 자주 가서 그의 호의를 구해야 했고, 그러다가 파산해서 빈털터리가 되어 자기 영지로 돌아왔다. 그러는 중에 이들은 장엄한 수도에서의 삶에 대한 취향을 가지게 되었다. 이 수도는 유럽에서 가장 큰 수도 중의 하

---

* Tomaso Campanella(1568-1639) : 이탈리아의 시인, 저술가, 플라톤주의 철학자. 본명은 조반니 도메니코 캄파넬라(Giovanni Domenico Campanella)이다. 가톨릭 신학과 르네상스 인문주의를 융합하려고 했다. 스페인의 종교재판소에 갇혀 있는 동안 유토피아적 저술인 『태양의 나라』를 저술했다. 그의 사상적 편력과 민중의 참상에 대한 각성에 의해서 이루어진 작품으로, 여기에서의 이상국가는 이성으로 계몽된 인간들이 통치하며 각자의 일이 공동체의 선에 이바지하는 공산사회이다.

나이며 분명히 많은 비용이 필요한 곳이었다. 1547년에 비시냐노 가문은 이 도시에 거대한 키아이아 궁전을 지었다. 이들은 칼라브리아에 있는 주거지를 버리고 이곳에 와서 다른 대귀족들처럼 살았다. 그리고 여기에는 작은 궁정이 하나 있어서 집주인이 비용을 대고 궁정인, 예술가, 문학가들을 불러모았다.[117)]

이러한 허영의 전시가 "보답이 있고" 합리적이더라도 흔히 편집증—정신병이라고까지는 할 수 없겠지만—에 이른 정도가 되었다. 페늘롱에 의하면 리슐리외는 "소르본 대학의 문이나 창틀에 자신의 문장(紋章)을 그려넣지 않은 것이 하나도 없게 만들었다."[118)] 그리고 그의 이름을 딴 리슐리외 마을에는 "가부장적 성격의 장원이 설립되어 오늘날에도 투르와 루됭 사이에서 볼 수 있는데" 이곳에 리슐리외 추기경은 반쯤 비어 있는 도시를 건설했다.[119)] 이것과 거의 똑같은 특징들을 보여주는 것으로서 만토바 공작 가문 출신의 베스파시아노 곤자가(1591년 사망)의 엉뚱한 공상을 들 수 있다. 그는 독립적인 지배자가 되기를 갈망하다가, 그것을 이루지 못하자 차선책으로 사비오네타라는 훌륭한 소도시를 건설하고[120)] 이곳에 화려한 궁전, 고대 유물 갤러리, 카지노, 극장(이것은 16세기에만 해도 아직 희귀했다), 합창대를 두고 오케스트라 콘서트를 할 수 있는 교회, 근대적인 성채, 한마디로 진정한 수도의 면모를 갖춘 틀을 만들었다. 그러나 포 강 근처의 이 소도시는 경제적 역할과 행정적 역할은 전혀 수행하지 못하고 단지 성채를 이용한 군사적 역할만 겨우 수행할 따름이었다. 베스파시아노 곤자가는 사비오네타의 작은 궁정에서 거주하며 진짜 지배자처럼 살았지만, 그가 죽은 후 이 도시는 방기되고 잊혀졌다. 오늘날 이곳은 시골 한가운데에 마치 아름다운 무대 장치처럼 서 있다.

요약하자면 두 가지의 사는 방식 내지 남에게 보이는 방식이 있다. 하나는 과시이고 하나는 신중함이다. 돈에 근거한 사회가 아주 뒤늦게야 자리 잡는 곳에서는 옛날식 정책인 과시적 사치가 지배계급에게 의무로 받아들여진다.

당연한 일이지만 과시는 어느 곳으로나 스며들어간다. 사람들이 입고, 먹고, 자신을 소개하고, 말하는 방식과 같은 자잘한 것들에 따라 자신의 상대적인 지위를 살펴보고, 그것을 재보고 비교하고 결정하는 여유와 취향을 가진 곳에서는 과시적인 사치가 완전히 사라지는 법이 없다. 심지어 상업도시들도 이런 사치에 완전히 문을 닫아걸지는 않았다. 그렇지만 이런 곳에서 그 문이 지나치게 많이 열리면, 조직이 와해되고 사회적, 경제적으로 이곳이 불편해진다는 표시이다. 1550년 이후 베네치아는 너무 부유해진 나머지 이미 쇠퇴가 시작되던 상황을 제대로 판단하지 못했다. 예전에 비해서 이제는 사치가 나날이 더 심해지고 다양해지며 눈에 띄게 되었다. 사치금지법은 언제나 그렇듯이 호화로운 지출을 막았다기보다는 그런 지출이 존재한다는 것을 알려줄 뿐이었다. 장대한 결혼식이나 영세식, 여인들이 휘감고 있는—그들은 이것이 가짜라고 변명하지만—진주들 그리고 "비단으로 만든 외투와 그밖의 남성복"을 입는 관습 등. 이 때문에 이 법을 위반한 사람들과 "재단사, 수놓는 사람, 도안사" 등 악을 지탱해주는 사람들에 대해서 경고가 내려졌다. "[부유한 가문의] 결혼식은 일종의 공공축제와 같다.……이 당시의 비망록들을 보면 축제, 마상시합, 무도회, 결혼식 때의 치장 등이 주요 관심거리였다." 이것은 베네치아 시정부가 이런 것을 금지시키지 않았다는 증거이다. 더구나 이런 것들이 사적인 영역으로부터 공적인 영역으로 넘어갔다는 것은 주목할 만한 일이다.[121]

영국에서는 그와 반대 방향으로 발전해갔다고 성급히 말해서는 안 된다. 사태는 훨씬 복잡하다. 17세기에는 모든 것이 사치 영역이 되었다. 궁정과 귀족계급의 호사를 보라. 글로스터셔 주지사인 헨리 버클리가 "런던을 잠시 방문했을 때 그는 150명의 하인을 대동했다."[122] 그러나 18세기와 특히 조지 3세의 긴 치세기(1760-1820) 동안 영국의 부유하고 권력을 가진 사람들은 이제 차라리 화려함보다는 편안함이라는 사치를 선호했다. 예카테리나 2세의 대사인 시몬 보론초프는 상트 페테르부르크 궁정의 부자연스러운 화려함에 익숙했다가 영국을 보고는 "자기 하고 싶은 대로 살고 에티켓의 형식이 전혀 없는" 이 세계의 자유를 향유했다.[123] 그러나 이 말만으로 영국의 사회질서를 명확하게 규정할 수는 없다. 사실 우리가 여유를 가지고 자세히 관찰해보면 그것이 복잡하고 다양한 질서라는 것을 알 수 있다. 대략 종교개혁 시기 이후 사회계서제의 상층에 올라온 귀족(noblesse)이나 대귀족(aristocratie)은 최근에 형성되었다. 그러나 이해관계 말고도 많은 이유에서 이 계급은 토지귀족의 면모를 유지하려고 했다. 영국의 대가문은 대영지를 가지고 있으며 그 한복판에 성공의 상징으로서 궁정과 같은 대저택이 있었다. 이 귀족은 흔히 말하듯이 "금권정치적이면서 동시에 봉건적이다." 이들은 봉건귀족으로서 필수불가결한 요소였던 다소 연극적인 광휘가 필요했다. 1766년에 애빙던*에 새로 자리를 잡은 영주들은 "수백 명의 젠틀맨, 차지농, 주변의 주민들에게 식사를 제공했다. 그리고 종을 마구 쳐댔다." 또 팡파레를 울리며 기마행진을 하고 저녁에는 불꽃놀이도 했다…….[124] 이런 소동에는 "부르주아적인" 것이 하나도 없다. 이런 소란은 귀족이 필수불가결한 지방 권력을 확고히 잡기 위해 사회적으로 필요로 했던 소란이었다. 그러나 이렇게 호화로운 놀이를 한다고 해서 사업에 대한 취향과 실천을 멈춘 것은 아니다. 엘리자베스 시대 이래 원거리 무역에 가장 크게 투자한 사람들이 피어스**라는 상층귀족이었다.[125]

네덜란드에서는 사정이 다르다. 계서제의 최상층에 있는 사람들은 도시의 과두귀족으로서 프랑스의 "종성귀족"에 해당한다. 이들은 부르주아 대귀족이다.

프랑스는 영국과 마찬가지로 꽤 복잡한 광경을 연출했다. 이곳에서는 궁

---

* Abingdon : 영국 남부 옥스퍼드에 위치한 읍.
** peers : 영국에서 공작(duke), 후작(marquis), 백작(earl), 자작(viscount), 남작(baron) 등 5대 귀족 작위를 가진 사람을 말한다. 그레이트 브리튼의 피어, 스코틀랜드의 피어, 아일랜드의 피어 등 세 종류로 나눌 수 있다. 그레이트 브리튼의 피어는 전원, 스코틀랜드의 피어 중에서는 선출된 16명, 아일랜드의 피어 중에서는 선출된 28명이 상원(House of Lords)을 구성한다.

정이 지배하는 수도와 대(大)상업도시들이 다르게 진화해갔다. 대상업도시들은 그들의 힘이 점차 커져간다는 점과 그들이 독자성을 가지고 있다는 점을 인식해갔다. 툴루즈, 리옹, 보르도 등지의 대상인들은 거의 사치에 빠지지 않았다. 다만 이들이 사치를 과시한 부분은 도시에 있는 그들 거주지의 실내나 혹은 "말을 타고 하루 정도 거리에 떨어져 있는 도시 주변의 시골 저택과 별장"에 한정되었다.[126] 이와 반대로 18세기에 파리는 극히 부유한 재정가들이 그들 주변에서 볼 수 있는 사치를 모방하고 더욱 과장하며 상층귀족의 생활방식을 흉내 내려는 갈망으로 가득했다.

혁명과 계급투쟁

사회 하층에 자리 잡은 대중도 기존 질서의 망 속에 잡혀 있다. 만일 이들이 조금 심하게 요동하는 듯하면, 사회는 망을 더 세게 죄거나 혹은 그물의 줄을 죄는 다른 방식을 발명한다. 여기에서 사회질서의 기반을 수호하는 국가는 불평등을 유지하는 역할을 한다. 그런 것들을 대변하는 문화적인 요소들도 이 방향으로 작용해서 체념, 복종, 현명한 처신, 카이사르의 것은 카이사르에게 돌리라는 식의 훈계를 해댔다. 그러므로 차라리 더 나은 해결책은 일반적인 균형을 흔들어놓지 않는 한도 내에서 사회의 "유기적인(organique)" 대중이 스스로 발전해가는 것이다. 계서제의 하층으로부터 바로 그 위의 계단으로 올라가는 것은 금지되지 않았다. 사회적 유동성은 사회적 상승의 최고위 단계에서만 일어나는 것이 아니라, 농민으로부터 수공업 상인이나 마을의 부농으로, 또 마을의 부농으로부터 지방의 소영주 혹은 "토지소유권을 사들인 사람이나 영국식 차지농처럼 부르주아지로 성장해가는 씨앗과 같은 존재"로,[127] 그렇지 않으면 관직을 보유하거나 지대를 받는 소부르주아로 상승하는 수준에서도 일어났다. 베네치아에서는 "형제회(Scuola)의 명부에 이름이 오르지 않은 사람은 최하층 사람으로 간주했다."[128] 그러나 그런 최하층 사람이라도 자기 자신이나 자손들이 사회적 상승의 첫 번째 단계를 넘는 과정인 아르테(Arte)와 같은 길드에 들어가지 못하는 법은 없었다.

이와 같은 사회적인 "단계"를 둘러싼 소규모 드라마들, (1624년의 스페인의 한 피카레스크 소설 주인공이 이야기하는 것처럼) 내가 나 자신이 되기 위한 (el ser quien soy)[129] 투쟁은 어느 정도 계급의식의 성장을 보여준다. 한편 그런 사실을 증명해준다고 할 수 있는 기존질서에 대한 봉기는 무수히 많이 일어났다.[130] 이브-마리 베르세의 조사에 의하면 1590년부터 1715년까지 아키텐에서 일어난 농민봉기 혹은 그와 유사한 봉기가 500건 정도 있었다. 1301년부터 1550년까지 독일의 100여 도시에 대한 조사에서는 200여 건이 있었고 그중 일부에서는 유혈사태가 벌어졌다. 리옹에서는 1173–1530년의 357년 동안 126건이 일어나서 평균적으로 3년에 한 번 정도 봉기가 있었던 셈이다. 충돌, 봉기, 반란, 갈등, 계급투쟁, 사건, 일상적인 사태 등 어떻게 부르든지 간에 분명 이들 일부는 대단히 난폭한 양상을 보여서 혁명(revolution)이라는 말을 써야만 맞을 정도였다. 이 책이 다루는 5세기 동안 유럽 전체적으로 보면 수만 건의 봉기가 있었을 것이다. 그중에는 적합한 명칭을 붙이기 힘든 것도 있고 아직 고문서 보관소의 자료 뭉치 속에서 잠자고 있는 것도 있다. 그러나 지금까지 수행된 여러 연구들을 통해 몇 가지 결론을 이끌어낼 수 있다. 특히 농민봉기에 관해서는 제법 정확한 파악이 가능하지만, 대부분 도시에서 일어나는 노동자의 봉기에 관련된 것은 실수할 위험이 크다.

프랑스의 농민봉기에 대해서는 보리스 포르시네프의 혁명적인 책이 나온 이후[131] 엄청난 작업이 이루어졌다. 역사가들이 주로 프랑스에 많은 관심을 보였기 때문에 프랑스의 경우가 모범적인 사례처럼 되어버렸지만 프랑스만 문제가 된 것은 물론 아니다. 어쨌든 어떤 사실들은 의심의 여지가 없이 확실하다. 농민세계는 자신을 짓누르는 요소들—국가, 영주, 외부 상황들, 불경기, 군대 등 여러 가지가 될 수 있다—과 농민세계를 위협하거나 적어도 농촌 공동체와 그것의 해방의 조건들을 방해하는 요소들에 대해서 끊임없이 투쟁했다. 이 모든 것들은 농민의 심성 속에서 하나로 통합되려는 경향이 있다. 1530년경에 한 영주가 공유림에 돼지들을 풀어넣자 나폴리 백작령의 작은 마을 놀리세가 방목권을 지키기 위해서 들고일어섰고 이들은 "민중만세, 영주 타도(Viva il popolo e mora il signore)!"라는 구호를 외쳤다.[132] 전통적인 심성과 농민의 삶의 특별한 조건들을 증명해주는 이런 사건들은 19세기 중반까지 연이어 터졌다. 잉고마르 보크가 언급했듯이 만일 반복, 같은 이야기의 연속, 단조로움 등의 특징을 가지는 "장기지속(longue durée)"이 무엇인지 잘 보여주는 것을 찾는다면, 농민사(農民史)야말로 완벽한 예들을 무수히 보여준다.[133]

이와 같이 방대한 역사를 읽고 우선 받는 느낌은 이런 소요들이 결코 잠잠해지지는 않지만 성공하는 법도 거의 없다는 것이다. 봉기를 일으킨다는 것은 "하늘 보고 침 뱉기"이다.[134] 1358년 일-드-프랑스 지방의 자크리, 1381년 영국 노동자들의 봉기, 1525년의 농민전쟁(Bauernkrieg), 1548년 염세에 저항한 기옌 코뮌들의 반란, 17세기 초 러시아의 볼로트니코프*의 격렬한 봉기, 1514년 헝가리의 도저의 봉기, 1647년 나폴리 왕국을 뒤흔들어놓았던 거대한 규모의 농민전쟁 등 이 모든 격노한 폭발은 모두 실패에 그치고 말았다. 연이어 터져나왔던 소규모 봉기들도 다를 바가 없다. 시골이 차지하는 비중이 워낙 크기 때문에 농촌세계의 봉기는 사회와 경제의 전 구조를 붕괴시킬 우려가 있었으므로 기존 질서는 이것을 용인할 수가 없었다. 거의 언제나 국가, 귀족, 부르주아 소유계급, 더 나아가서 교회 그리고 분명히 도시까지 가담하여 농민에 대항해서 연합했다. 그러나 재 속에는 늘 불씨가 숨어 있었다.

---

* Ivan Isaevich Bolotnikov(?-1608) : 1606-1607년의 러시아 농민봉기를 주도한 인물. 농노 출신인 그는 카자흐로 도망갔다가 타타르인에게 잡혀 튀르키예에 노예로 팔려 가서 갤리선 노역수 생활을 했다. 여기에서 풀려난 후에 러시아로 돌아와서 푸티블 지역(키이우에서 북동쪽으로 250킬로미터 떨어진 곳)에서 농민봉기를 주도하여 모스크바로 진군했다. 다른 봉기 세력과 함께 한때는 모스크바를 포위하기도 했으나 차르의 진압군에 잡혀서 익사형을 당했다.

그렇지만 농민봉기가 보기만큼 그렇게 완전히 실패한 것은 아니다. 농민은 언제나 다시 복종하도록 억압되지만, 봉기가 끝난 후에는 진보를 이룬다. 1358년에 자크리 참가자들은 파리 주변 지역에서 농민의 자유를 획득하지 않았던가? 이 핵심 지역에서 농민들이 이전에 누렸던 자유를 다시 복구하고 그것을 지켜낸 과정은 인구감소로 인한 황폐화와 그후의 인구상승만으로는 완전히 설명할 수 없을 것이다. 1525년의 농민전쟁은 전적인 실패로 끝났는가? 그럴지도 모른다. 그러나 엘베 강과 라인 강 사이의 봉기 농민들은 엘베 동쪽의 농민들과는 달리 다시 농노 상태로 전락하지는 않았다. 이곳의 농민은 자신의 자유와 옛 권리들을 지켜냈다. 1548년에 기엔 지역은 초토화되기는 했지만 염세는 사라졌다.[135] 이때까지 염세란 국왕 정부가 마을 경제를 억압하고 외부와 교통하도록 강요하는 데에 썼던 매개물이었다. 또한 1789년 가을과 겨울 동안 농촌지역에서 일어났던 혁명들이 결과적으로 실패했다고 말할 사람이 있을지 모른다. 국유재산을 획득한 사람이 누구였던가? 그렇지만 봉건권리를 없앤 것은 가소로운 정도의 선물은 아니다.*

노동자의 소요에 대해서 우리는 정보를 많이 가지고 있지 못하다. 그 이유는 "산업"활동이 원래 불안정한 고용을 특징으로 하며 이 활동이 규칙적으로 붕괴해버려서 노동자들의 소요 자체가 분산되었기 때문이다. 노동자들의 세계는 끊임없이 집중되었다가 분산되고 다른 노동 장소, 심지어는 다른 직업으로 내쫓김으로써, 노동자의 소요에는 성공을 보장해주는 조건인 협동의 안정성이 결여된다. 예컨대 리옹의 초기 푸스티안 제조업은 밀라노와 피에몬테를 모방하여 급속도로 발전해갔고 장인과 노동자를 약 2,000명까지 고용하고 있었다. 그러나 이후에 쇠퇴를 겪고 거의 해체에 이르렀으며 특

---

* 프랑스 혁명이 진행되면서 혁명정부는 전 토지의 10분의 1에 가까운 국유재산을 매각했는데, 이때 주요 수익자는 부르주아와 유산 농민이었지, 무토지 농민이 새로 땅을 얻지는 않았다. 이런 점에서 보면 농촌에서의 혁명 움직임이 그리 "혁명적"이지 않았다고 할지 모른다. 그러나 그 대신 봉건적 부과조를 폐지했으므로 이것이 결코 무시할 만한 움직임은 아니었다는 것이 저자의 논리이다.

히 물가가 비싼 시기에 그런 현상이 심했다. "소득이 아주 적은 이 직종 사람들은 이 도시 안에서 살기가 힘들어졌다. 일부 사람들은……포레나 보졸레 지방으로 가서 일했지만" 이들의 노동 조건이 하도 열악해서 이 생산물이 "더 이상 명성을 얻지 못했다."[136] 푸스티안 산업은 자리를 옮겨서 마르세유와 플랑드르에서 새로운 중심지를 찾았다. 우리가 살펴본 1689년의 비망록은 "리옹에서 아직도 노동자 일부가 거의 거지 상태로 공중의 부담이 된 것을 볼 때 이 직물업의 쇠락은 더욱 가슴 아픈 일이다"라고 결론을 내렸다. 리옹의 2,000명의 푸스티안 직조 노동자들 중에 어떤 항의의 움직임이 혹시 있었다고 해도—실제로 그랬는지 우리는 모른다—아마 저절로 사그라들었을 것이다.

노동계급이 취약할 수밖에 없는 또다른 원인은 노동자들이 흔히 아주 작은 단위로 모여 있고(그것은 산업도시에서도 마찬가지였다), 저니맨* 노동자들이 스스로 떠돌이 생활을 하려고 했으며, 그렇지 않더라도 이들이 농민이면서 동시에 임금노동자로서 농촌과 도시에 양다리를 걸치고 있어 노동의 집중이 불완전했기 때문이다. 도시의 노동자들을 보더라도 이들은 언제나 분열되어 있고 부분적으로는 옛 길드체제에 묶여 있었다. 도처에서 자유노동이 막 모습을 드러내고는 있었지만 이 역시 통합성을 보이지는 못했다. 상층에는 상대적으로 특권적인 위치에 있는 "임금을 받는" 장인이 상점 주인을 위해서 일하면서 동시에 꽤 많은 저니맨과 하인들에게 일을 시키고 있었다(그러므로 이들은 하청업자인 셈이다). 이들 밑으로는 같은 조건에 있지만 가족노동에만 의존할 수밖에 없는 사람들이 있다. 그리고 그 밑에 광범한 임금노동자층이 있고 그보다도 더 밑에는 특별한 기술이 없는 일용노동자

---

* 마스터(master)와 도제(apprentice)의 중간 단계인 저니맨(compagnon, journeyman)은 기술 수준은 높으나 아직 정식 허가증을 받지 못한 사람이다. 따라서 가게를 가지지 못하므로 돌아다니면서 기술을 팔 수밖에 없다. 이들에게 떠돌아다닌다는 특징이 있으므로 저니맨(journeyman)은 영어의 저니(journey)에서 나온 말이라고 보기 쉬우나, 일당을 받고 일한다는 뜻의 프랑스어인 주르네(journée)에서 나왔다고 보는 것이 정설이다.

들이 있다. 짐꾼, 하역 인부, 막노동자, "임시직 잡부(gagne-denier)" 등이 그런 사람들인데, 그중 가장 사정이 좋은 사람은 일당으로 지불받고, 가장 불리한 조건에 있는 사람은 도급 형태로 지불받았다.

이런 조건에서는 노동자들의 항의나 봉기의 역사가 서로 통합되지 않고 거의 연결이 되지 않는 일련의 짧은 에피소드들로 나타나는 것이 당연하다. 이것은 점묘화와 같은 역사이다. 그러나 사람들이 흔히 그렇게 이야기하듯이 계급의식이 전혀 없었다고 결론을 내리면 우리가 어느 정도 자세히 알고 있는 에피소드들을 가지고 판단할 때 아마도 오류일 것이다. 사실은 노동자들의 세계 전체가 보잘것없는 보수와 구제할 길 없는 실업의 위협 가운데에 포위되어 있었다. 이 포위에서 벗어나는 것은 폭력을 통해서만 가능하겠지만 사실 이 당시의 노동자들은 실업이 심각한 시대인 오늘날의 노동자들처럼 힘이 없었다. 그러므로 폭력, 분노, 원한이 터져나오는 것은 당연하다. 그러나 프랑스 혁명 직전의 제지업 노동자들처럼[137] 성공 혹은 반 정도의 성공을 거둔 경우가 1번이라면 실패한 사례는 100번 정도가 된다. 장벽을 쉽게 무너뜨릴 수는 없었다.

몇 가지 예들

리옹에 인쇄기가 처음 도입된 것은 1473년일 것이다.[138] 최초의 대파업(그러나 이것이 최초의 소요는 아니다)이 일어나기 직전인 1539년에는 100여 대의 인쇄기가 있었다. 이것은 곧 도제, 저니맨(조판공, 인쇄공, 교정공), 마스터 등을 합쳐서 1,000여 명의 일꾼들이 있었다는 것을 의미한다. 이들은 거의 대부분 프랑스의 다른 지역이나 아니면 독일, 이탈리아, 스위스 캉통에서 들어온 외지인들이었다. 작업장은 대개 소규모였다. 작업장 주인은 보통 2대의 인쇄기를 가지고 있지만 성공한 사람의 경우 6대까지 가지고 있기도 했다. 필요한 재료는 다 비쌌다. 그리고 임금을 지불하고 종이와 활자를 구입하는 데에 드는 유동자본이 많이 필요했다. 그러나 (노동자들이 잘 알지 못하는 사실이지만) 작업장 주인이 자본계급을 대변하지는 않았다. 이들은 꽤 중요한 지위를 차지하고 있는 상인들—"출판업자들(éditeurs)"—의 수중에 매여 있었다. 이 상인들 일부는 상업재판소(Consulat), 즉 도시정부에 참여하고 있었다. 당국이 출판업자 편이라는 점, 작업장 주인들로서는 그들이 의존할 수밖에 없는 출판업자들에 대해서 싫든 좋든 비위를 건드리지 않아야 한다는 점 등은 물론이다. 따라서 작업장 주인들로서 이윤을 올리고 살아가려면 결국 임금을 깎아내리고 노동시간을 증대시키는 수밖에 없었으며, 이런 정책을 수행하는 데에 리옹 시 당국의 도움은 귀중하고도 필수불가결했다.

그런 일을 위한 수단들이 한두 가지가 아니었다. 우선 임금 지불 방식을 바꾸는 수가 있다. 식사를 제공하기로 하고 노동자를 고용했는데 식료품 가격이 계속 오를 때는 이 "식충들"을 식탁에서 쫓아버리고 식비를 지불했다. 그러면 노동자들은 선술집 같은 곳에서 별로 만족스럽지 않게 식사를 해야 했다. 주인과 함께 식사를 하지 못하게 된 노동자들이 격분한 것은 당연한 일이다. 또다른 음흉한 술책은 임금을 지불하지 않아도 되는 도제들을 사용하고, 더구나 사정이 좋지 않을 경우에는 원칙적으로 도제들이 다루지 못하게 되어 있는 인쇄기까지 이들에게 맡겨버리는 방식이다. 더 노골적인 방식은 고정 임금의 수준을 다양화하되 가능한 한 저임금 방향으로 폭을 넓히는 것이다. 예컨대 조판공은 하루에 8수를 받고, 비숙련 노동자들은 2.5-4수를 받았다. 마지막으로 노동자들에게 엄청나게 긴 시간의 일을 강요했다. 이들은 중간에 식사 시간으로 4시간을 쉬는 외에는 새벽 2시부터 밤 10시까지 일을 하면서(과연 이것을 믿을 수 있을까?) 각각의 노동자가 하루에 3,000장을 찍어내야 했다! 젊은 사람들이 항의를 하고 더 나은 노동 조건을 요구하면서 작업장 주인이 엄청난 이익을 본다고 비난한 것은 이해할 만한 일이다. 이들이 파업을 무기로 삼는 것 역시 이해가 간다. 이들은 파업을 "트릭(tric)"이라고 표현했다.[139] 만일 주인의 명령에 따라 도제가 인쇄기를 돌린다든지 혹은 그 비슷한 상황이 벌어졌을 때 저니맨이 이 마법의 말을 꺼낸다. 이것만이 아니다. 파업 가담자들은 "파업 불참 노동자들(jaunes)"—파업에 가담하지 않는 이런 사람들은 푸르팡(fourfan)이라고 불렸는데 이 말은 이탈리아어로 악당, 교활한 놈이라는 뜻을 가진 푸르판테(furfante)에서 나왔다—을 두들겨 팼다. 그리고 선전 쪽지를 돌리고 법정 투쟁도 불사했다. 더 나아가서 16세기 초에 장인과 노동자를 결합시켰던 옛날의 인쇄 길드를 버리고 그들 자신의 결사를 구성했고—이것을 그리파랭(Griffarin)이라고 부르는데 이것은 대식가를 의미하는 프랑스어 고어였다—또 자신들의 선전을 위해서 리옹 시의 정기 축제나 광대의 행진에 "오식(誤植)의 제왕(seigneur de la Coquille)"이라는 그로테스크한 인물형을 만들어 모든 사람들이 지나가면서 경배하게 만들기도 했다. 그러나 아무리 그렇게 해도 이들은 패배를 맛보았다. 후일에 약소한 승리를 거두기도 했으나 1572년에 또다시 패배했다는 것은 크게 놀라운 일이 아니다.

그러나 이와 달리 정말로 놀라운 것은 이 미소한 싸움에서 모든 것들이 대단히 근대적인 면모를 보인다는 사실이다. 물론 인쇄업은 분명 근대적이고 자본주의적인 사업이며 어디에서나—파리에서는 리옹에서와 같은 연대인 1539년과 1572년에, 제네바에서는 1560년경에 그리고 일찍이 베네치아에서는 알도 마누치오*의 작업장에서 1504년에—같은 원인이 같은 결과를 가져오는 법이라서 대규모 파업과 소란이 벌어졌다.[140]

이상의 사례나 조숙성은 예외가 아니다. 사람들의 생각보다 더 일찍—거의 시초부터—노동계급은 자신들이 자본계급과는 완전히 다른 성격이라고 느끼지 않았을까? 활동적인 고용주와 비정상적일 정도로 집중된 노동력 위에 일찍이 발달해 있었던 직물업은 그런 의식이 조숙하고 반복적으로 나타나

---

* Aldo Manuzio, Manuzzi(1449/1450-1515) : 일명 마누체(Manuce). 이탈리아의 인문주의자, 출판인. 베네치아에 유명한 출판사를 건립했고 특히 고대의 저명한 고전을 많이 출간했다. 이탤릭체 활자를 도안한 것도 그의 공헌이다.

는 영역으로 자주 거론된다. 그런 것은 17세기의 강력한 매뉴팩처 도시인 레이던에서 볼 수 있고, 또 브리스틀 근처의 윌트셔라는 모직물 공업지역의 옛 중심지인 새럼*에서도 1738년에 간접적으로 읽을 수 있다.

레이던의 특징은 이곳이 17세기에 유럽 최대의 직물 생산지였다든가(1670년경 이 도시의 인구 7만 명 중에 4만5,000명이 노동자였으며 1664년에는 기록적인 양인 15만 필의 직물을 생산했다), 이런 생산을 조직하기 위해서 남부 네덜란드와 북부 프랑스로부터 수천 명의 노동자들을 끌어왔다는 점만은 아니다.[141] 그보다 더 중요한 사실은 이곳에서는 베예트나 세예트 직물을 생산하는 데 필요한 많은 과정을 이 도시 혼자서 담당했다는 점이다. 이곳에서도 중세의 노리치나 피렌체에서처럼 직조나 방적과 같은 작업을 위해서 주변 농촌지역을 광범하게 이용하는 것으로 상상해서는 안 된다. 레이던 주변의 농촌지역은 그런 일을 하기에는 너무나 부유했다. 이곳은 암스테르담이라는, 유리하고 수요가 무한정한 시장에 자신의 토지 생산물을 팔 수 있었던 것이다. 주지하다시피 가난한 농촌에서만 직물업 가내노동을 받아들인다. 바로 이 때문에 한창 성장해가던 17세기 중반에 이 산업도시는 원모의 세탁, 소모(梳毛), 방적으로부터 직조, 축융, 전모(剪毛), 완성 공정까지 모든 것을 스스로 하는 수밖에 없었다. 그러기 위해서는 많은 노동자들을 쓰는 도리 외에는 없었다. 여기에서의 난점은 이들을 모두 품위 있게 거주시키는 일이었다. 노동자들은 원래 이들을 위해서 지어준 진짜 노동자 숙소라고 할 만한 곳에 붙어 있으려고 하지 않았다. 그 대신 1주일이나 1개월 단위로 빌린 방에 여러 명이 함께 거주하려는 사람들이 많았다. 어린아이와 여자들이 필요한 노동력의 많은 부분을 제공했다. 그런데 이 모두를 가지고도 충분하지 않았기 때문에 결국 기계가 등장했다. 말이나 바람의 힘을 동력으로 쓰는 축융용 방아라든지, 대형 작업장에서 직물의 "압착, 광택 공정, 건조"

---

* Sarum : 영국 남부 윌트서 지방의 오래된 도시. 솔즈베리(Salisbury) 또는 뉴 새럼(New Sarum)으로도 불린다.

등에 두루 쓰이는 기계가 나왔다. 이와 같이 상대적으로 기계화된 **도시산업**에 대해서는 예전에 라켄할(Lakenhal)—모직물 제조소—을 장식했던 그림이 현재 박물관에 보관되어 있어서 명확한 모습을 볼 수 있다.

이 모든 것은 한 가지 절대적인 준칙의 명령하에 있다. 암스테르담은 사치스러운 직물을 생산하고 하를렘은 유행에 따르는 직물을 생산하는 데에 비해서, 레이던은 중하급 양모를 사용한 값싼 직물의 생산에 전문화했다는 점이다. 언제나 문제는 비용 절감이었다. 또 이때까지 계속 유지되던 길드체제는 자신의 옆에 새로운 기업, 작업장 그리고 벌써 매뉴팩처라고 부를 만한 것들을 발전시켰으며, 가차 없는 착취의 면모를 보이는 가내노동이 확산되었다. 이 도시가 빠르게 팽창해가던 까닭에(이 도시는 1581년에 고작 1만 2,000명의 인구만을 가지고 있었다) 이곳의 일부 기업가들이 성공한 것은 사실이지만 자신의 자본주의의 틀을 만들어내지는 못했다. 레이던의 모든 활동은 암스테르담 상인들의 수중에 단단히 장악되어 있었다.

거대한 노동력의 집중은 자본과 노동이 조우하고 충돌하는 결과를 가져온다. 레이던의 노동인구는 워낙 많아서 불안정성과 소요를 피할 수 없었고 특히 이 도시의 기업가들로서는 필요할 때에 쉽게 다룰 수 있는 농촌 노동력에 의존할 길이 없기 때문에 그런 일이 더욱 심했다. 헤이그에 주재하는 대사나 암스테르담에 머물고 있던 영사를 비롯한 프랑스 정보원들은 이 만성적인 불만의 소리들을 귀담아듣고 있었고 프랑스의 매뉴팩처들을 발전시킬 기술자들을 몇 명이라도 얻어갈 수 있지 않을까 기대를 걸었다(그 기대가 항상 실망만 맛본 것은 아니다).[142] 간단히 말해서 유럽에 진정한 "산업"도시가 있느냐, 진짜 도시적인 노동자의 집중이라는 것이 있느냐고 하면, 레이던이야말로 그런 곳이라고 할 수 있다.

여기에서 파업이 터져 나왔다는 것은 극히 자연스러운 일이다. 그렇지만 여기에는 세 가지 놀라운 점이 있다. 포스투무스의 자세한 계산에 의하면 파업의 횟수가 매우 적었다는 점(1619, 1637, 1644, 1648, 1700, 1701년), 1644년과 1701년에 일어난 대규모 노동운동의 성격을 띠는 몇 개의 예외적인 경우만 빼면 나머지 대부분은 에피소드적인 것에 불과하거나 직조공, 축융공과 같은 일부 노동자 집단에만 한정된 부분적 파업이었다는 점, 마지막으로, 물론 문서 자료의 문제 때문이겠지만, 이 사건들이 모두 역사 연구의 조명을 거의 받지 못했다는 점 등이 그것이다.

우리는 명백한 증거가 말해주는 바를 인정해야만 한다. 레이던의 노동자 프롤레타리아는 기능적인 카테고리에 따라 나뉘어 있었다. 예컨대 축융공은 방적공이나 직조공과는 다른 카테고리에 속한다. 이들은 부분적으로는 길드 집단들—그들 간에 단결력이 강하지 않다—에 편입되어 있거나 자유로운 수공업 노동에 편입되어 있었다(그러나 사실 이들은 자유롭다기보다는 면밀히 감시받고 통제되었다). 이런 조건 속에서 프롤레타리아는 이들을 지도하고 착취하는 매뉴팩처 주인들이나 아니면 이들 너머에서 사업 전체를 주도하는 상인들을 위협할 수 있을 정도로 응집력을 창출하여 유리하게 이용하지 못했다. 그렇더라도 노동자들이 규칙적으로 모이는 결사체들이 있었고 상호 원조를 위한 기금을 마련하기 위해서 갹출도 했다.

그러나 레이던 직물업 조직의 지배적인 특징은 거역할 수 없는 기성의 강압수단들이었다. 감시, 억압, 투옥, 사형 집행의 위협이 상존했다. 이 도시의 과두귀족은 특권층에게 유리한 방향으로 잔인하게 지배했다. 게다가 매뉴팩처 경영자들은 홀란트 주 전체, 더 나아가서 네덜란드 전체에 확대된 일종의 카르텔을 구성하고 있었다. 이들은 2년마다 모여서 일종의 "협의회(synode)"를 구성하여 해로운 경쟁을 배제하고, 가격 및 임금수준을 동결하며, 또 경우에 따라서 실제든 가능성만 있든 노동자들의 소요에 대하여 어떤 조치를 취할 것인지를 결정했다. 이러한 근대적인 조직을 보고 포스투무스는 계급투쟁이 노동자 차원보다 고용주들의 층위에서 더 의식적(意識的)이고 전투적으로 벌어졌다는 결론을 내렸다. 그러나 이것은 역사가가 문서를 본 후에 받은 인상에 불과한 것이 아닐까? 비록 노동자들이 그들의 투쟁과 그들의 감정에 관한 문서를 많이 남겨놓지 않았다고 하더라도, 이들 역시 상황이 그들에게 어쩔 수 없이 강요한 대로 사고하지 않았을까? 공식적으로 노동자의 이익을 보호하도록 되어 있는 모든 노동조직은 금지되었다. 그들이 규칙적으로 회합하는 결사체에서 노동자는 공개적으로 말할 수도, 행동할 수도 없었다. 그러나 경영주들이 드러내는 반응만 보더라도 노동자들의 침묵이 단순히 무관심이나 무지, 현실의 수용을 의미하지는 않았음이 분명하다.[143]

우리가 보려는 마지막 에피소드는 완연히 다른 종류이다. 그것은 훨씬 소박한 규모이고, 당대의 규준에 맞는 조직을 가진 것이다. 따라서 이것은 당시로서는 괴물스러운 성격이었던 레이던의 경우보다 어떤 점에서 훨씬 더 대표성이 크다.

1738년, 브리스틀에서 멀지 않은 윌트셔의 새럼에 와 있다고 상상해보자. 새럼은 직물업의 옛 중심지로서 매뉴팩처 경영자보다는 상인에 가까운 "클로디어(clothier)"라는 직물업자의 지배를 받았다. 이곳에 단기간에 그쳤던 봉기가 일어났다. 일부 직물업자들의 재산이 공격 대상이 되었다. 이에 대한 억압 조처가 신속하게 이루어져서 세 명이 교수형에 처해졌고 그러자 다시 질서가 잡혔다. 그러나 이것의 파급효과가 적지 않았다.

무엇보다도 1738년의 분노의 봉기를 경험했던 이 영국 남서부 지역은 적어도 1720년 이후에 사회적 소요가 빈번했던 곳이다. 폴 망투가 그의 고전적인 연구서에서 인용하는[144] 민요 "즐거운 직물업자(The Clothiers Delight)"가 탄생한 곳이 바로 이곳이다. 이 노래는 아마도 오라녜 가문의 윌리엄 시대(1688-1702)까지 거슬러올라갈 것이다. 따라서 선술집에서 자주 부르던 비교적 오래된 노래였다. 모직물 생산업자들은 이 노래를 통해서 자신들의 행동과 만족감, 불안을 표출했다.

이제 우리가 재산과 땅을 얻는 것은

첫새벽부터 밤늦게까지 일하는 가난한 자들 덕분이라네.

그렇게 열심히 일하는 그 사람들이 없었다면

우리는 목을 매달고 말았을 테지.……

이 사람들의 노동으로 우리는 지갑에 돈을 채운다네.

이 노동에 대한 보수를 깎아먹는 것은 어려운 일이 아니었다. 그리고 노동자들의 "잘못이 없는데도 잘못했다고 우기고" "장사가 안 된다고 믿게 만드는 것"은 식은 죽 먹기였다. "장사가 다시 잘 되어도 노동자들은 그 사실을 절대로 알 수 없을 테니.,……" 노동자들이 생산하는 직물은 이들이 감시할 수 없이 멀리 떨어진 해외로 팔려 가지 않는가? 밤낮으로 일만 하는 이 가난뱅이들이 그것을 어찌 알겠는가? 그리고 이들은 "이 일을 하든지, 실직하든지" 둘 중의 하나밖에 선택할 길이 없었다.

작지만 의미 있는 또다른 사실 하나는 1738년의 사태로 1739년과 1740년에 팸플릿들이 출판되었다는 점이다. 노동자들이 쓴 것이 아니라 조화로운 질서의 회복을 갈망하는 사도들의 작품들이다. 이런 팸플릿들의 주장에 따르면, 직물업 분야에서 사업이 잘 되지 않는 이유는 프랑스를 비롯한 외국과의 경쟁 때문이다. 물론 고용주들도 그들의 태도를 수정해야겠지만 그렇다고 해서 "최근 몇 년 동안 이들 중 많은 사람들이 불행을 겪었던 것처럼 이들에게도 망하라고" 강요할 수는 없지 않은가? 모든 것이 아주 명료하다. 장벽의 양쪽 모두에서 입장이 뚜렷하게 갈라졌고 그 장벽은 확고히 자리 잡았다. 그리고 그 장벽은 18세기에 소요들이 점증하면서 더욱 공고해졌다.

질서와 무질서

그러나 이런 소요들은 지방적이고 좁은 공간에 한정된 것들이었다. 1280년 이후 헨트(Gand)에서 또 치옴피(Ciompi : 소모공)의 봉기가 일어난 1378년 이후의 피렌체에서 볼 수 있는 바와 같은 예전의 노동자봉기 역시 제한된 규모였지만, 이 봉기가 일어난 도시 자체가 독자적인 하나의 세계였다. 그러므로 이들의 목표는 손닿는 가까운 곳에 있을 수 있었다. 그러나 이와 반대로 1539년 리옹의 인쇄 노동자들의 불만은 파리 고등법원에까지 이르렀다. 그렇다면 이후 영토국가는 규모가 크다는 바로 그 이유에서—그리고 또 그 때문에 생기는 타성(惰性)으로 인해서—에피소드와 같은 이런 봉기들을 고립시키고 사전에 제약하고 또 봉쇄시켰다고 볼 수 있지 않을까? 여하튼 공간적으로나 시간적으로나 분산되어 있는 까닭에 이 다양한 계열의 사건들을 분석하는 것이 복잡해진다. 이런 사건들은 따라서 일반적인 설명의 틀에 짜 넣기가 쉽지 않다. 그리고 그 일반적인 설명은 검증되기보다는 상상력을 통해서 만들어지는 종류이기 쉽다.

상상력을 통해서 만들어진다고 하는 까닭은 무질서와 기성 질서가 모두 하나의 똑같은 문제의식과 관련되어 있고, 그런 만큼 논쟁이 더욱 커지기 때문이다. 기성 질서란 국가, 사회적 기반, 문화적 반영, 경제구조들 그리고 이 전체의 다양한 진화를 말한다. 피터 래슬릿은 빠르게 진화하는 사회는 보통의 사회보다 더 엄격한 질서를 요구한다고 보았다. 피어칸트는 다양화된 사회가 각 개인에게 더 많은 운동의 자유를 보장하는 만큼 더 많은 요구를 하는 경향이 있다고 주장했다.[145] 이런 일반적인 주장에 대해서 우리는 회의적이다. 엄밀한 감시를 받는 사회는 자유롭게 발전하지 못한다. 다양화된 사회에서는 각 개인이 한 번에 여러 측면에서 압박을 받는다. 한 가지 장애를 극복할 수는 있지만 대신 다른 장애물들이 여전히 남는다.

어떤 이유에서든 국가가 취약해지면 동요가 일어난다. 이 소요 자체가 권위의 약화를 증언한다. 예컨대 1687-1689년, 또 1696-1699년에 프랑스는 큰 소요를 겪었다.[146] 루이 15세와 루이 16세 치하에서 "정부의 권위가 미끄러져 나갈 때" 하찮은 중소도시들에서도 모두 그곳 나름의 "폭동(mutinerie)"과 "음모(cabale)"가 일어났다. 그중에서도 파리는 60여 차례의 반란이 일어나서 선두를 차지했다. 리옹에서도 1744년과 1786년에 격렬한 항의 운동이 일어났다.[147] 그러나 다른 경우와 마찬가지로 이 경우에도 정치적, 경제적 배경은 단지 설명의 첫 단초만 제공할 뿐이다. 감정적 동요와 사회적 불만을 행동으로 옮기기 위해서는 이데올로기적 배경, 언어, 슬로건, 사회의 지적(知的)인 공모—대개 이 마지막 것이 부족하고는 했다—등이 필요했다.

예를 들면 계몽주의의 혁명적인 사상은 무위도식하는 영주층의 특권을 비판하고 그 대신 상공업자나 진보적인 농업경영 지주 같은 활동적인 사람들을 진보라는 이름으로 변호했다. 이 논쟁은 이 후자의 사람들 역시 특권을 누리고 있다는 점에 대해서는 언급을 회피해버렸다. 프랑스에서 16세기부터 18세기 사이의 정치사상과 사회적인 입장의 기저에는 왕정과 귀족 그리고 고등법원의 대표자들 사이에서 벌어진 권위의 충돌이 깔려 있었다. 이 문제는 파스키에, 루아조, 뒤보스, 불랭빌리에, 퐁트넬, 몽테스키외 및 다른 계몽주의 철학자들의 사조에 다시 등장한다. 그러나 이 세기의 상승 세력인, 돈을 장악한 부르주아는 아예 잊혀진 듯 이 논쟁에 등장하지 않는다. 집단 심성을 사진처럼 나타내주는 1789년의 진정서들이 귀족들의 특권에 대하여 가차 없는 공격을 가하면서도 왕권과 자본가들에 대해서는 침묵으로 일관하는 것이 이상하지 않은가?

오늘날 자본가들이 특권을 누리는 존재라는 점은 이미 논의의 여지가 없는 사실이지만 지난날의 문서들을 섭렵해보면 이들이 실제로 특권층으로 보이기까지에는 아직도 많은 시간이 필요했다. 대체로 산업혁명을 거쳐야만 그렇게 인식된다. 그렇게 된 데에는 단지 18세기의 "혁명가들" 자신이 "부르주아지"였기 때문만은 아니다. 또다른 이유는 18세기에 다른 성격의 문제의식, 즉 다른 종류의 특권에 대한 공격을 자본가들이 이용할 수 있었기 때문이다. 사람들은 귀족을 옹호하는 신화들(예컨대 대검귀족은 "정복한 나라를 통치한" 프랑크족 전사들의 "새로운 피, 순수한 피"를 이어받은 후손으로서 "천부적인 권위"를 누린다는 불랭빌리에의 환상)을 공격했고, 신분 질서의 사회를 공격했다. 그래서 출생에 의한 계서제와 다른 돈에 의한 계서제는 독립적인 또 하나의 해로운 질서라는 것을 인식하지 못했다. 사람들은 대귀족의 무위도식과 비교하여 활동적인 계급의 노동이 사회적으로 유용하다고 보았다. 아마도 이것이 19세기에 권력의 최정상에 오른 자본주의가 태연자약하게 자긍심을 가지게 된 원천일 것이다. 그리고 이로부터 공공선을 만드는 장인, 노동과 검약 등 부르주아지의 건전한 도덕을 대변하는 사람, 식민지 사람들을 문명화시키고 복리를 증진시키는 사람 등 전형적인 기업가의 이미지가 만들어졌을 것이다. 이 이미지는 동시에 균형과 사회적인 행복을 자동적으로 보장해준다는 레세-페르*라는 경제적 미덕의 이미지이기도 하다. 오늘날까지도 이런 신화들은 사실과 모순되면서도 여전히 생명을 유지하고 있다. 사실 마르크스도 자본주의와 경제적 진보—물론 이 진보는 내적 모순을 심화시키는 역할을 하지만—를 동일시하지 않았던가?

영점(零點) 이하의 사람들

사회의 소요를 막는 또다른 제동 요인으로는 유럽 사회까지 포함하는 이전의 모든 사회들에 거대한 하층 프롤레타리아(sous-prolétariat)가 있었다는 점이다. 중국과 인도에서는 이 하층 프롤레타리아가 풍토병적인 노예제와 연결되어, 빈곤과 오만한 자선 사이에서 살아가고 있었다. 노예제는 거대한 이슬람권 전역에 걸쳐 존재했고, 러시아에서 재발견되며, 이탈리아 남부지역에도 깊이 뿌리박혀 있었다. 그리고 스페인과 포르투갈에서 계속 남아 있다가 대서양 너머 아메리카 대륙에서 다시 활짝 꽃피었다.

대부분의 유럽 지역은 이 질병으로부터 보호를 받았으나 그 대신 아주 넓은 지역에 남아 있던 농노제가 끈질기게 생명력을 유지하고 있었다. 그래도 "자유로운" 세계 중에서 최상의 세계인 서양은 우월한 지위를 누리는 곳이

---

* laissez-faire : 다른 사람의 행동의 선택에 개입하지 않고 내버려둔다는 뜻, 즉 자유방임을 가리킨다.

니만큼 모든 것이 나을 것이라고 믿어서는 안 된다. 부자와 권력자를 제외하면 모든 사람들은 자신의 고된 지위에 단단히 매여 있었다. 폴란드나 러시아의 예농과 서유럽의 많은 지역에 있는 반분소작농 사이에 정말로 커다란 차이가 있었을까?[148] 스코틀랜드에서는 1775년의 법까지, 특히 1799년의 법까지 수많은 미성년자가 종신계약에 의해서 "진짜 농노"로 묶여 있었다.[149] 마지막으로 서양은 하층민, 천민, 내지는 "비천한 자들(hommes de néant)"을[150] 결코 부드럽게 대하지 않았다. 일거리가 없는 하층 프롤레타리아 사람들, 영구적인 실업자들이 늘 그런 상태로 살아갔다. 이것이야말로 오래된 저주였다.

서양에서는 11-12세기에 도시와 농촌 사이에 심층적인 분업이 이루어진 결과, 가진 것 없는 수많은 사람이 결정적으로 이 분업에서 배제되었고, 일거리를 잃었다. 그렇게 된 데에 대한 책임은 원죄와도 같은 불공평을 품은 사회에 돌아가야겠지만, 그보다도 완전고용을 이루지 못하는 경제에 더 큰 책임이 돌아가야 할 것이다. 이 무력한 사람들은 많은 경우, 여기저기에서 시간제 일거리를 찾고 임시 숙소를 전전하면서 근근이 살았다. 그 외에 불구자나 늙은이, 길거리에서 태어나 그곳에서 자라난 사람들은 활동적인 사회생활로부터 거의 전적으로 배제당했다. 이 지옥에도 등급이 있어서 당시에는 빈민(pauvre), 걸인(mendiant), 유랑인(vagabond) 순으로 꼬리표를 붙였다.

자기 노동으로 빠듯하게 살아가는 사람들은 잠재적인 빈민이었다. 기력이 다하거나, 배우자가 죽거나, 자식 수가 너무 많거나, 빵값이 너무 비싸지거나, 보통 때보다 겨울이 길거나, 그렇지 않으면 고용인이 일거리를 주지 않거나, 혹은 임금이 떨어지면 끝장이다. 그렇게 되면 이들은 더 나은 시기가 돌아올 때까지 어디에서든 구호를 찾아야만 한다. 도시 당국의 자선의 손길이 닿으면 거의 구원을 받은 것이나 다름없다. 빈민층은 아직 사회 신분의 하나였다. 각각의 도시에는 다 그곳 나름의 빈민들이 존재했다. 베네치아에서는 빈민의 수가 너무 증가하면 선별해서 이곳 태생이 아닌 사람들을 몰아냈다. 그래서 이곳 출신의 사람들에게는 다른 사람들과 구분이 되도록 성 마르코*의 표시(signo di San Marco)인 증서나 메달을 주었다.[151]

불행이 한 걸음 더 진척되면 구걸과 유랑의 문이 열린다. 이 열악한 상황은 사도들이 말한 바처럼 "다른 사람들이 대가를 치러 걱정 없이 사는" 것이 아니었다. 가난하지만 멸시의 대상은 아닌 빈민, 그리고 성실한 사람들이 보기에는 무위도식하고 참을 수 없는 종류의 사람으로 비치는 걸인이나 유랑인 사이의 구분은 그 당시의 글에 대단히 자주 등장한다. 랭스의 부르주아 상인인 우다르 코코는 1652년 2월 자기가 사는 도시에 가난한 사람들이 수없이 밀려들어온 사건에 대해서 이야기했다. 이들은 "자기 생계를 벌어서 해결하려는 사람들[다시 말해서 분별 있는 가난한 사람들이며 도움을 줄 가치가 있는 사람들]이 아니라 수치스러운 빈민들(pauvres honteux)이다. 이 사람들은 구걸하고, 밀기울 빵, 풀, 배추 심, 민달팽이, 개, 고양이 같은 것을 먹는 자들이다. 그리고 이들은 수프에 간을 하기 위해서 대구 씻은 물을 사용한다."[152] 바로 이것이 좋은 빈민인 "진정한 빈민"과[153] 나쁜 빈민인 "걸인" 사이의 차이이다. 좋은 빈민은 당국에 의해서 받아들여지고 편입되어 빈민 담당 부서의 목록에 등록된 사람들을 말하는데, 이들에게는 공중 앞에서 자선을 받을 권리가 주어져서 부자 동네의 교회에서 예배가 끝나고 나오는 사람들에게 적선을 구했다. 또는 시장에서 적선을 구하기도 했는데, 이런 사람들의 예로 1788년 릴의 한 가난한 여인을 들 수 있다. 그녀는 적선을 구하는 점잖은 방법으로 조그마한 풍로를 가지고 다니면서 판매대에 있는 상인들의 파이프에 불을 붙여주고 다녔다. 그러나 릴의 다른 빈민들은 집집마다 돌아다니며 그 앞에서 불을 붙이는 방법을 택했다.[154]

시 고문서 보관소에서 찾아볼 수 있는 빈민은 대개 좋은 빈민들이다. 이들은 고달프기는 하지만 어쨌든 받아들일 만한 삶의 하한선을 보여준다. 리옹

---

* 성 마르코는 베네치아의 수호성인이다.

에는 대단히 많은 문서들이 남아 있는데[155] 16세기에 대하여 측정과 계산을 해볼 가능성을 제공한다. "가난의 문턱"인 이 하한선은 실질임금과 생계가격—다름 아닌 빵값—사이의 관계에 의해서 정해진다. 일반 법칙이라고 할 수 있는 것은 일당 중에 음식 소비를 위해서 지출되는 소득이 전체 소득의 절반 정도를 차지한다는 것이다. 그런데 임금의 규준들이 아주 유동적이었다. 길드 마스터의 임금을 100으로 잡으면, 저니맨의 임금은 약 75, "무슨 일이든지 닥치는 대로 하는" 막일꾼의 임금은 50, 날품팔이의 임금은 25 정도였다. 그중 마지막 두 카테고리의 사람들이 하한선 주변을 맴도는 사람들이며 하한선의 아래로 쉽게 떨어지고는 했다. 1475-1599년 동안 리옹의 길드 마스터와 저니맨들은 그런 구렁텅이는 넘는 수준에서 살아갔지만 비숙련 일꾼들은 1525-1574년에 상당한 곤란을 겪었고 그후에도 이 세기말(1575-1599)에 이르기까지 아주 힘든 시기를 지냈다. 날품팔이들은 이 세기 초부터 어려움에 빠져 있었으며 시간이 갈수록 상황이 더욱 악화되어 1550년부터는 파국적인 상황을 맞았다. 다음 쪽의 표는 이런 자료들을 명확하게 요약해서 보여준다. 이것은 가격을 비롯한 모든 것이 긍정적으로 발전하던 16세기에 노동시장 상황은 악화되어갔다는 사실을 재확인시켜준다. 사실 진보는 늘 그렇듯이 노동자들의 피해에 기반하고 있는 것이다.

이 "가난의 문턱" 아래에 존재하는 "유랑인"과 "걸인"의 지옥에 대해서는 문서 자료가 거의 없다. 스튜어트 시대 영국의 경우, 전 인구의 4분의 1 내지 절반이 이 하한선보다 아래에 혹은 그 근처에 있다는 주장이 있지만[156] 사실 여기에서 문제의 가난한 사람들은 어느 정도 구호를 받은 사람들을 가리킨다. 18세기에 쾰른의 인구 5만 명 중에 빈민들이 12,000명에서 2만 명 사이라는 주장이나,[157] 크라쿠프의 인구 중 빈민이 30퍼센트라는 주장,[158] 1740년경에 릴에서는 "2만 명 이상의 사람들이 빈민구제를 위한 공동기금이나 교구의 자선을 항시적으로 받고 있으며 인두세 징세 목록에서 절반 정도의 가장이 극빈 상태에 있기 때문에 면세를 받고 있었다"[159]는 주장도 다

리옹에서의 가난의 문턱(해당 기간 중 가난의 문턱을 내려선 해들의 수)

	저니맨	막일꾼	날품팔이
1475-1499년	0	1	5
1500-1524년	0	0	12
1525-1549년	0	3	12
1550-1574년	0	4	20
1575-1599년	1	17	25

출전 : 미셸 몰라, 『가난의 역사에 대한 연구』, 제2권, 1974, 리샤르 가스콩, "16-17세기의 경제와 가난 : 리옹의 예", p.751. 가난의 문턱이란 "일용노동자의 가처분 소득이 빵을 사는 데에 드는 비용과 일치할 때이며, 소득이 이보다 낮으면 문턱을 내려선 것이다."(p.749)

마찬가지이다. 그리고 포시니의 소읍들에서도 사정이 비슷했다.[160] 그나마 이런 것들은 도시의 빈민들과 "농촌의 빈민들(pauvres des champs)"[도시든 농촌이든 사회 내에 소속되어 있는 빈민들/역주]에 관한 역사이다.[161]

걸인이나 유랑인에 관한 문제라면 완전히 다른 역사아 다른 광경이 벌어진다. 무리를 이루고, 서로 모여들고, 줄을 지어 행진하거나, 때로는 보방이 언급하고 있듯이 "굶주리고 헐벗은 나머지 그들의 거처로부터 유리되어 방랑하는 걸인들"이 "시골의 넓은 들판이 나 도시, 읍내의 거리에서" 대규모로 이동했다.[162] 때로는 주먹 다툼이 벌어지고, 언제나 위협을 받으며, 가끔은 방화 사건도 일어나고, 난폭 행위와 범죄도 일어난다. 도시들은 이 낯선 이방인들의 방문을 두려워했다. 이들이 모습을 드러내자마자 도시들은 이들을 쫓아내버렸다. 그러나 이들을 한쪽 문으로 쫓아내면 곧 다른 문을 통해서 누더기를 걸치고 이가 득실거리는 모습을 한 채 도로 들어왔다.[163]

예전에는 부잣집 문을 두드리는 걸인이 하느님이 보낸 사자라고 생각했고 예수가 바로 그런 모습을 하고 있다고 보았다. 그러나 이러한 존경과 동정의 감정은 곧 사라졌다. 빈민의 물결이 휩쓸고 간 사회에서 가진 것 없는 사람들의 이미지는 게으르고 위험하고 가증스러운 것으로 바뀌어갔다. 공공장소에서의 구걸과[164] 유랑을 억압하는 조치가 계속해서 취해졌고 결국에는 이런 것들이 범죄로 취급되기에 이르렀다. 체포된 유랑인은 채찍질을 당하거나 "수레 꽁무니에서 사형 집행인에게 매질을 당했다."[165] 사람들은 이들의 머리를 박박 깎고 달군 쇠로 낙인을 찍었다. 그리고 만일 다시 잡힐 경우에는 "재판이고 뭐고 없이" 그대로 교수형에 처하든지 갤리선 노역수로 보내버리겠다고 협박했다. 단지 협박에 그치지 않고 실제로 노역수로 보냈다.[166] 가끔은 일제 검거를 한 뒤에 몸이 성한 걸인들에게 일을 시켰다. 이들을 위해서 따로 작업장을 만들기도 했지만 그보다는 식민지로 보내버리거나, 성벽 둘레의 구덩이 청소나 성벽 수리와 같은 일을 시키는 경우가 더 많았다.[167] 1547년에 영국 의회는 유랑인들을 노예로 만들자는 결의를 했다.[168] 그러나 그 조치는 2년 뒤에 파기되었다. 파기의 이유는 다른 것이 아니고, 이 몸뚱어리 재산인 노예를 받아서 일을 시키는 주체가 개인이 될지, 국가가 될지를 결정하지 못했기 때문이었다! 어쨌든 그와 같은 생각이 널리 퍼졌던 것은 사실이다. 카를 5세가 술레이만 대제*에게 사절로 보낸 바 있는 고상한 인문주의자 오지에 기슬랭 드 뷔스베크(1522-1592)**의 생각에는 "로마 법이 규정하는 바와 같이 공정하고 관용적으로 [노예제가] 시행된다면, 자유롭기는 하나 겨우 연명하는 사람들이 필요에 의해서 범죄를 저지르고 그 결과 교수형을 당하거나 처벌당하는 일이 없을 것이다."[169]

결국 17세기에 널리 퍼진 해결책은 바로 이런 것이었다. 감금과 강제노역은 노예제적인 해결책이 아니고 무엇인가? 어디에서나 유랑인은 감금의 대상이었다. 이탈리아의 알베르기 데이 포베리(alberghi dei poveri : 빈민 수용소), 영국의 워크하우스(workhouse : 강제노동소), 제네바의 디시플린

---

* Suleiman I(1494-1566) : 오스만 제국의 술탄(재위 1520-1566). 서양에서는 대제(大帝, The Magnificent)라는 칭호로 부른다. 그의 치세에 오스만 제국은 지중해의 여러 지역, 헝가리 쪽의 중유럽지역, 이라크 쪽의 중동지역으로 영토를 크게 넓혔으며, 해군력을 강화하여 한때 지중해의 제해권을 장악했다. 또 내부적으로는 행정을 혁신하고 공공사업을 크게 벌였으며 이스탄불을 훌륭한 대수도로 만들었다. 따라서 그의 시대는 오스만 제국의 전성기라고 할 만하다.

** Ogier Ghislain de Busbecq(1522-1592) : 플랑드르 출신의 외교관. 황제의 대사로 이스탄불에 파견되었던 것이 그의 중요한 임무였으며(1555-1562) 그후에 파리에 파견된 적도 있다. 고대 그리스의 사본들을 많이 수집했고 중동지역의 식물을 유럽에 많이 가지고 돌아왔다.

(Discipline : 감화원), 독일의 추흐트호이저(Zuchthäuser : 훈육원) 등이 그런 기관들이다. 파리에도 강제수용소가 많았다. 1662년에 빈민에 대한 "감금" 파동이 있었을 때 만들어진 대병원(Grand-Hôpital), 바스티유, 뱅센 성, 생-라자르, 비세트르, 샤랑통, 라 마들렌, 생트-펠라지 등이 그런 곳들이다.[170] 돌림병과 죽음이 당국의 근심을 많이 덜어주었다. 추위가 심해지거나 식량이 모자라면 질병이 만연하지 않아도 사망률이 크게 올라갔다. 1710년 4월, 제네바에서는 시체가 너무 쌓여서 수용소를 폐쇄해야 했다. 생존한 사람들은 마침 격리 중인 돌림병 환자가 없었던 라자레 병원으로 옮겨졌다. "의사들의 말에 의하면……이 병은 가난한 사람들이 지난겨울에 곤궁하여 못 먹었기 때문에 일어났다고 한다."[171] 이때 지난겨울이란 1709년을 말한다.*

그렇지만 지치지 않는 일꾼인 죽음도, 가혹한 폐쇄 조치로도, 이 악을 없애지는 못했다. 걸인들은 끊임없이 다시 충원되는 엄청난 숫자 때문에 영구히 존속했다. 1545년 3월 베네치아에는 걸인의 수가 6,000명이 넘었고, 1587년 7월 중순 파리에는 1만7,000명이 있었다.[172] 18세기 중엽의 리스본에서는 "1만 명 정도의 유랑인이 늘 아무데서나 자고 있다. 이들은 약탈에 나선 선원, 탈영병, 집시, 행상인, 유목민, 곡예사, 불구자", 그 외에 온갖 종류의 걸인과 불한당이었다.[173] 주변에 공원, 공터 그리고 우리가 빈민촌이라고 부르는 곳이 이어져 있는 도시는 매일 밤마다 극심한 치안 부재 상태에 빠졌다. 가끔씩 일제 단속을 할 때 붙잡힌 범죄자와 극빈자들은 징병 대상이 되어 군인으로 고아(Goa)로 보내졌다. 그러므로 이곳은 포르투갈이 보유한 거대한 원격지 형무소였다. 말제르브**에 의하면 같은 시기인 1776년

---

* 겨울이 길고 극심한 식량 위기를 겪었던 해로서 서유럽에서 이러한 성격의 대규모 위기가 일어난 것으로는 거의 마지막이다.

** Chrétien Guillaume de Lamoignon de Malesherbes(1721–1794) : 프랑스의 정치가. 여러 요직들을 역임했다. 출판의 자유를 옹호하고 "철학자들"을 보호했으며 특히 『백과사전』의 출판을 도왔다. 프랑스 혁명 초기에 망명했다가 국왕을 돕기 위해서 귀국했으나, 공포정치 시기에 처형을 당했다.

봄에 파리에서 "확실한 거처가 없어서, 저녁이면 이런 사람들을 위해서 지어 놓은 누옥으로 갔다가 아침이면 그날 수입은 어디에서 벌어야 할지 모르는 채 일어나는 사람들이 9만1,000명 정도였다."[174]

경찰은 이런 유동적인 대중 앞에 무기력하기만 했다. 이런 사람들에게는 어디에나 공모자가 있고 가끔은(자주 있는 일은 아니지만) 도시 한복판에 진짜 걸인* 조직을 이루는 수도 있다. 이들은 자기들 나름대로의 계서제, "구걸하는 구역", 충원 방식, 은어, 기적의 거리**가 있는 폐쇄된 소우주를 이루고 있었다. 세비야 근처의 산 루카르 데 바라메다는 스페인의 악동들 집합소로서 누구도 손을 못 대는 성채를 구축하고 있었으며, 이웃 도시의 경찰들까지 이곳의 공모자 망에 포섭되어 있었다. 이들은 스페인 문학에서 중요한 역할을 맡는다. 스페인 문학에 단골로 등장하는 주인공이 바로 피카로(picaro)라는 악동으로서, 이들은 거만한 거선에 던져지는 화선***처럼 안정된 사회에 불을 지피는 인물이다. 그렇지만 이러한 영광에 찬 "좌익" 역할에 너무 큰 환상을 가져서는 안 된다. 피카로는 진짜 빈민은 아니기 때문이다.

18세기에 들어와서 경제적 성장이 이루어졌으나 그 효과를 무산시켜버리는 인구증가 때문에 빈곤은 더 심해졌다. 빈민의 물결은 더욱 커졌다. 귀통의 주장처럼[175] 프랑스에서 그렇게 된 원인이 17세기 말에 시작된 농촌세계

---

* 원서에는 '괴(gueux)'와 '슈나팡(chenapan)'이라는 두 가지 유형의 걸인이 제시된다. '괴'는 빈궁에 빠져서 구걸하는 사람이라는 뉘앙스이고, '슈나팡'은 도덕적으로 타락해 있고 언제든지 못된 짓을 할 태세인 사람이라는 뉘앙스이다.

** Cour des Miracles : 걸인이 모여 사는 도시 구역. 프랑스의 거의 모든 대도시에는 이런 구역이 존재했으며 특히 파리에는 17세기에 12곳이 있었다. 그중에서도 가장 큰 곳은 빅토르 위고가 『노트르담의 꼽추(Notre-Dame de Paris)』에서 묘사한 곳으로, 이곳은 경찰력이 닿지 않는 일종의 보호소와 같았다. 이곳에 걸인과 도둑이 3만 명 정도 모여 있었다고 한다. 그러나 1667년에 파리 경찰총감인 드 라 레니가 이들을 쫓아내고 누옥들에 불을 지른 다음 완전히 폐쇄해버렸다. 그후 걸인과 범죄자에 대한 강력한 탄압이 시작되었다. '기적의 거리'라는 이름으로 부르게 된 것은 장님이나 절름발이인 척하며 구걸하는 걸인들이 저녁에 이곳에 돌아오면 눈을 뜨고 정상적으로 걸어서 마치 매일 저녁 "기적"이 일어나는 것 같기 때문이다.

*** 火船 : 적선에 보내서 불을 옮겨붙이는 배.

의 위기, 그에 따른 기근과 기아 그리고 이 오래된 농업 영역에서 잠재적이었던 근대화가 진행되며 재산이 집중된 결과 생긴 부수적인 어려움 등이었을까? 영국에서 오래 전에 인클로저가 시작되었을 때처럼 프랑스에서도 이 시기에 많은 농민이 길거리로 내몰렸다.

18세기에는 더 이상 뗄래야 뗄 수 없이 단단히 뭉쳐진 인간들의 진창 속으로 모든 것이 빨려들어갔다. 과부, 고아, 절름발이(1724년에 두 다리가 잘린 불구자들이 옷을 걸치지 않은 모습으로 파리 시내의 거리에 등장했다),[176] 길드와 관계를 끊은 저니맨, 일자리가 없는 날품팔이, 성직록을 받지 못하고 정해진 거처도 없는 성직자, 노인, 화재의 피해자(보험업은 이제 막 시작된 정도였다), 전쟁 피해자, 탈영병, 군인, 심지어 퇴역 장교(이들은 거만한 태도로 적선을 강요했다), 하찮은 물건을 파는 이름뿐인 상인, 떠돌이 치료사(정식 혹은 무허가), "어디에서나 내쫓기기만 하는 임신한 하녀, 미혼모", "빵을 구해 오든지 훔쳐 오든지" 알아서 하라고 내보내진 아이들……. 그 외에 떠돌이 악사들도 있으나, 이들의 음악은 알리바이에 불과하다. "그들의 치아는 교현금의 줄보다 더 길고 그들의 배는 더블베이스보다 더 홀쭉하다."[177] 흔히 배에서 강제로 하선된 선원들이나[178] 패주한 군대의 군인들이 약탈자 무리와 강도 집단에 가담했다. 1615년에 사부아 공작이 해산시킨 소규모 군대가 이런 경우이다. 바로 직전에 이들이 시골지역을 약탈했는데 이제 구걸을 하러 이곳에 다시 나타난 것이다. "이들은 지난겨울에 그 집 닭을 즐겁게 잡아 먹던 농가의 대문에 와서 적선을 구했다.……이들은 급료를 받지 못하는 군인들이었는데 이제는 손풍금을 들고 대문에 와서 '팡파라, 오호라! 팡파라, 빈 지갑뿐이오(fanfara hélas! fanfara bourse plate)!' 하는 노래를 불렀다."[179] 군대는 하층 프롤레타리아 사람들의 피난처였다. 1709년의 곤경으로, 1712년 드냉 전투*에서 프랑스를 구할 군대가 루이 14세에게 주어진 것이다. 그

---

* 이 책 제1권 65쪽과 같은 곳의 역주를 참조하라.

러나 전쟁은 일시적이어서 탈영병이 끊임없이 길거리로 쏟아져나오는 것은 풍토병에 가까웠다. 7년전쟁 초기였던 1757년 6월에 한 보고서에 의하면 "매일같이 [레겐스부르크 쪽으로] 넘어가는 자들의 수가 믿을 수 없을 정도이다. 다양한 국적의 이 사람들은 대부분 훈련이 너무 심하다고 불평하거나 자기들은 강제로 징집되었다고 주장한다."[180] 한쪽 군대에서 다른 쪽 군대로 넘어가는 것은 일상적이었다. 1757년 6월에 급료지불이 신통하지 않았던 오스트리아 군인들은 "빈곤에서 벗어나기 위해서 프로이센으로 넘어가서 복무했다."[181] 로스바흐에서 포로가 된 프랑스인들은 프리드리히 2세의 군인이 되어 싸웠다. 모라바 전선(1758)에 나가 있던 라 메슬리에르 백작은 러시아, 스웨덴, 오스트리아 등 20여 종류의 군복이 섞여 있는, 모두 탈영병 출신으로 구성된 적군 가운데에서 "푸아투 연대의 군복을 입은" 프랑스 병사들이 섞여 있다가 잡목림 속에서 뛰쳐나오는 것을 보고 당혹감을 감추지 못했다.[182] 그로부터 거의 40년 전인 1720년에 라 모트 경은 국왕으로부터 로마에서 프랑스 탈영병 연대를 조직하라는 윤허를 받은 바 있다.[183]

사회로부터의 유리 현상이 그 정도로 나타났다는 것은 과거 사회의 가장 심각한 문제였다. 노련한 사회학자인 니나 아소도로브라이는 18세기 말의 폴란드라는 틀 속에서 이 현상을 연구했다.[184] 도망한 농노, 몰락한 귀족, 극빈 유대인, 온갖 종류의 도시 빈민 등 "유동" 인구는 폴란드 왕국 최초의 매뉴팩처 설립자들이 노동력을 찾아나설 때 주목을 받았다. 그러나 이 일자리로는 달갑지 않은 자들을 모두 수용할 수도 없었거니와 이들을 붙잡아서 길들이는 것이 결코 쉽지 않았다. 단지 이런 사람들이 일종의 반(反)사회를 구성한다는 사실을 한 번 더 확인했을 따름이다. "원래 자신이 속하던 집단에서 벗어난 개인은 현저하게 불안정한 분자가 되어서, 어떤 정해진 일을 맡는다거나 혹은 어느 집이나 영주 등과 관계를 맺는 일을 전혀 하지 않으려고 한다. 다소 성급한 말인지는 모르겠으나, 이런 사람은 바로 막 깨고 나온 그 관계 대신에 다른 인신적(人身的)이고 안정적인 종속관계가 새로 맺어지는 것을 의식적으로 거부한다." 이것은 중요한 언급이다. 사실 우리는 선험적으로 생각할 때 일자리가 없는 다수의 대중의 존재가 노동시장에 끝없이 압력을 가할 것이라고 믿는다. 아닌 게 아니라 실제로 압력이 가해지기도 한다. 적어도 긴급한 임시 농업노동력이나 도시의 수많은 비숙련 노동력의 경우에는 그렇다. 그러나 정상적인 노동시장과 임금에 대해서는 생각보다는 영향력이 적다. 이런 사람들을 체계적으로 끌어다 쓰기가 힘들기 때문이다. 콩도르세는 1781년에 게으른 자들을 노동을 할 수 없는 "불구자들"에 비유했다.[185] 랑그도크의 지사는 1775년에 심지어 이렇게까지 썼다. "이 수없이 많은 허섭스레기 신민(臣民)들은 많은 노동자들을 끄집어내감으로써 농촌에서나 도시에서나 일손의 **품귀현상**을 가져온다. 그리고 그 결과 일반 사람들의 조세 부담과 공동 사역 부담을 가중시킨다."[186] 훗날 근대 공업이 발달하면서 시골과 수공업 작업장으로부터 공장으로 빠르고 직접적인 이행이 진행되었다. 그런데 그 기간이 너무 짧아서 자기 일에 대한 사랑이나 혐오가 사라지지 않고 그대로 유지되었다.

유랑하는 하층 프롤레타리아가 염려를 불러일으켰음에도 큰 세력이 되지 못했던 이유는 이들에게 응집력이 없었기 때문이다. 폭력을 행사하더라도 그다음 행동이 없었던 것이다. 이들은 계급을 이룬 것이 아니라 군중에 불과했다. 순찰병 사수나 기마 헌병대가 시골길을 지키는 것만으로도 이들이 해를 끼치지 못하게 막는 데에 충분했다. 농업노동자들이 몰려왔을 때 절도 사건이나 약간의 각목 싸움, 혹은 방화 사건이 있다고 해도 이런 것들은 수많은 정상적인 잡다한 사건들의 바닷속에 익사해버리는 디테일에 불과하다. "게으름뱅이 유랑인"은 그들끼리 따로 떨어져 살고, 선량한 사람들은 "인민의 찌꺼기, 도시의 배설물, 공화국의 페스트, 사형대의 장식물인 이들을 잊고 살려고 한다.……이들은 사방에 어찌나 많은지 수를 헤아리기도 힘들 정도이다.……이들은 갤리선으로 보내버리든지 본보기로 삼아서 목을 매달면 좋을 사람들이다." 이런 사람들을 동정하지는 않았을까? 당시 사람들은 그럴 필요를 느끼지 않았다. 랭스의 부르주아 상인은 자기 자식들에게 당시의 사회 문제에 대해 이렇게 설명해주었다. "그 사람들의 이야기를 들어보았더니 그런 종류의 생활에 익숙한 사람은 절대로 거기에서 벗어나지 못하겠더구나. 그들은 아무 걱정도 없고, 세금이나 지대도 내지 않고, 잃어버릴 것도 없고, 아주 독립적이지. 아무 데에서나 햇볕을 쪼이고, 잠자고, 웃고, 또 하늘을 이불 삼고 땅을 요로 삼기 때문에 아무 데나 다 자기 집 같단다. 철새처럼 날씨 좋은 여름을 찾아다니고, 또 사람들이 먹을 것을 잘 주거나 아니면 자기들이 금방 먹을 것을 찾을 수 있는 기름진 고장만 찾아다니지.……그래서 어디에서나 자유롭고……아무런 걱정 근심이 없는 사람들이란다."[187]

지옥에서 나오기

지옥에서 빠져나오는 것이 가능할까? 때로는 가능하기도 하겠지만 결코 혼자서는 할 수 없고 그나마 곧 사람에 대한 사람의 긴밀한 종속관계가 다시 맺어진다. 다른 편의 사회조직—무엇이 되었든 간에—으로 가든지, 아니면 독자적인 법을 가지고 있는 또다른 사회조직을 일종의 반(反)사회 속에 만들어야 한다. 소금 밀조자, 밀수꾼, 위폐범, 강도, 해적과 같은 조직된 패거리나 아니면 군대와 엄청난 수에 달하던 하인 집단처럼 따로 떨어진 카테고리 등이 지옥에 떨어지기를 두려워하던 사람들의 유일한 피난처였다. 밀매 및 밀수 조직은 그들 나름대로 또다른 질서를 수립하고 훈련을 거친 단결된 조직을 가지고 있다. 반도(叛徒)들은 두목들, 합의제도 그리고 흔히 영주의 성격을 가지는 지도층을 구성했다.[188] 약탈과 해적질의 배후에는 대개 적어도 하나의 도시가 배경으로 존재한다. 알제, 트리폴리, 피사, 발레타,* 세냐 등이 베르베르 해적들의 기지이거나 성 스테파노 기사단, 몰타 기사단, 또는

---

* Valletta : 몰타의 수도.

베네치아의 적수인 우스코크*의 기지이다.[189] 가혹한 훈련과 멸시에도 아랑 곳 없이[190] 언제나 충원되는 군대는 정상적인 삶을 보장하는 구호소와도 같 았다. 그런데도 사람들은 다시 이곳을 탈출해서 지옥으로 돌아갔다.

마지막으로 거대한 하인의 세계는 언제나 열려 있는 유일한 노동시장이었 다. 인구상승 시기나 불경기 때에는 어김없이 이곳의 문을 두드리는 사람들 이 찾아온다. 16세기에 리옹에서는 각 지역에 따라 하인들이 전체 인구 중에 19-26퍼센트를 차지했다.[191] 1754년에 나온 한 『안내서』에 따르면, 파리 내 지 파리를 둘러싼 대(大)파리 지역에는 "……약 1만2,000대의 마차와 100만 명 가량의 인구가 모여 있는데, 그중 약 20만 명이 하인들이다."[192] 사실 검 소한 집이라고 해도 온 식구가 한 방에서 사는 수준만 벗어나면 하녀와 하 인을 두고는 했다. 농민들도 모두 시종을 데리고 있었다. 이 하층 사람들은 비록 그들의 주인이 형편없는 자더라도 복종해야만 했다. 1751년에 나온 파 리 고등법원의 한 법령은 자기 주인을 모욕한 하인에게 말뚝에 목을 매 놓 는 형벌(carcan)이나 추방에 처한다고 결정했다.[193] 자기 주인을 잘 고르는 것은 쉬운 일이 아니다. 오히려 그들이 선택의 대상이다. 그리고 자리를 떠 나거나 쫓겨난 하인이 만일 곧바로 다른 일자리를 찾지 못하면 유랑인 취급 을 당했다. 일거리 없는 여자가 길거리에서 체포되면 채찍질을 당하고 머리 를 깎였고, 남자의 경우에는 갤리선으로 보냈다.[194] 도둑질—심지어는 도 둑질 혐의—만으로도 교수형에 처해졌다. 훗날 입법의회 의원이 되는 말루 에는 자기 하인 하나가 도둑질을 하다가 잡혔는데, 재판에 회부되어 곧 자 기 집 문 앞에서 교수형에 처해지게 되었다는 것을 알고 몸서리를 쳤다.[195] 그는 가까스로 그 하인의 목숨을 구했다. 이런 상황에서 불량배들이 보초병

---

* Uscoque : 세르비아-크로아티아어의 '우스코치(Uskoci : 도망자)'라는 말에서 나왔다. 세르비아-
크로아티아인들 중에 15세기 이래 튀르키예의 공격을 받고 오스트리아 또는 베네치아 쪽으로
피신해온 사람들을 가리킨다. 그후 이들은 달마티아 등지에서 튀르키예를 공격하여 그곳에 정
착하고 나서 자신들의 함대로 베네치아의 상선을 공격하여 괴롭혔다.

을 두들겨 팰 때 하인들이 거들고 나서는 것이 놀라운 일이겠는가? 그리고 말루에가 목숨을 구해준 그 부정직한 하인이 그에게 배은망덕한 짓을 했다고 해서 놀라운 일이겠는가?

나는 여기에서 프랑스만 이야기했으나 이 나라만 예외는 아니다. 어디에서나 국왕, 국가, 계서제를 이루는 사회는 복종을 강요한다. 구걸에 나설 지경에 빠진 빈민은 남의 손에 들어가게 되든지 방기되든지 둘 중에 하나를 선택하게 된다. 장-폴 사르트르가 1974년 4월에 사회의 계서제를 없애야 하며 인간이 다른 인간에게 종속되는 일을 금지시켜야 한다고 썼을 때, 내 생각에 그는 정말로 핵심적인 이야기를 했다. 그러나 그것이 가능하다는 말인가? 언제나 사회라고 할 때에는 곧 계서제를 말한다.[196] 마르크스가 말한—그러나 이것을 그가 발명한 것은 아니다—노예제, 농노제, 노동계급의 구분은 끊임없이 쇠사슬을 상기시킨다. 그 쇠사슬의 성격이 달라졌다는 것은 큰 의미가 없다. 하나의 노예제를 없애면 또다른 노예제가 생긴다. 지난날의 식민지들은 이제 해방되었다. 누구나 말은 그렇게 한다. 그러나 제3세계의 쇠사슬은 지옥의 소리를 들려주고 있다. 가진 사람들, 안전한 보호지 역에 들어가 있는 사람들은 이 모든 것에 대해서 마음 편하게 잘 적응하고 손쉽게 생각을 접어둔다. "만일 가난한 사람들이 애를 낳지 않는다면 부자들을 위한 노동자, 군인, 하인을 다 어디에서 구한다는 말인가?" 이것은 1688년에 클로드 플뢰리 신부*가 한 슬기로운 말이다.[197] 플롱은 "우리가 식민지에서 노예를 사용해본 경험은 노예제가 종교와 도덕에 반대되는 것이 아님을 가르쳐준다"고 말했다.[198] 옹플뢰르의 정직한 상인인 샤를 리옹은 산토 도밍고 섬에서 일할 "자원 노동자들"을 모집했다. 이들을 한 선장에게 넘겨주면 선장은 담배로 지불했다. 그러나 이 사업은 불운한 이 상인에게 씁쓸한 뒷맛

---

* Claude Fleury(1640-1723) : 프랑스의 신부, 교회사가. 루이 15세의 고해신부였으며, 1690-1720년에 걸쳐 『교회사(*Histoire Ecclésiastique*)』를 썼다. 1414년까지 거슬러올라가는 내용을 담은 이 책은 최초의 일반 가톨릭 교회사로 평가된다.

을 안겨주고는 했다. 자원 노동자가 될 청년이 적을 뿐 아니라, "오랫동안 이 거지새끼들을 먹여주고 나면, 배가 떠날 때쯤에 도망가버려 골치가 아프다는 것이다."[199]

간섭적인 국가

국가는 합류(confluence)의 장이며 무게감 있는 실체이다. 유럽 이외의 지역은 수 세기 동안 국가가 견딜 수 없는 무게로 짓누르고 있었다. 유럽에서는 15세기부터 국가가 확고하게 다시 성장해갔다. 프랜시스 베이컨은 그와 같은 근대성의 창시자로서 랭커스터의 헨리 7세, 루이 11세, 가톨릭 국왕 페르난도[차례대로 영국, 프랑스, 스페인의 국왕이다/역주]를 "3인의 동방박사"라고 지칭했다. 이들이 만든 근대국가는 근대적 군대, 르네상스, 자본주의, 과학적인 합리성과 마찬가지로 새로운 것이었다. 그러나 사실 이것은 그 동방박사들 훨씬 이전에 시작된 거대한 움직임이었다. 최초의 근대국가는 많은 역사가들이 이구동성으로 이야기하는 바와 같이 프리드리히 2세(1194-1250)가 통치했던 두 시칠리아 왕국이라고 할 수 있지 않을까? 하기는 에른스트 쿠르티우스는 이 영역에서 샤를마뉴야말로 위대한 창시자라고 농담처럼 이야기하기도 했다.[200]

국가의 임무

근대국가는 지방의 주, 자유도시, 장원, 초소형(超小形) 국가와 같은 예전의 구성체와 조직들을 변형시키고 깨뜨려 나갔다. 1499년 9월, 나폴리를 지배하는 아라곤의 왕은 파산 직전에 몰려 있음을 깨달았다. 루이 12세가 밀라노를 막 점령했고 이제는 자기 자신이 점령당할 차례였다. 그는 "필요하다면 유대인이 되어서라도 자기 왕국을 애석하게 잃고 싶지는 않다고 말했다. 그는 심지어 튀르키예에 원군을 요청할 태세였다."[201] 이것은 모든 것을 상실할 위험에 빠진 절망적인 사람의 말이다. 그런데 이러한 상실을 겪거나 겪게 될 사람들은 그 밖에도 무수히 많았다. 새로운 국가는 그들의 골수를 빼먹으면서 그리고 또 한편으로 경제발전에 힘입어서 발전해갔다. 그렇지만 이런 변화는 끝까지 진행되지는 않았다. 카를 5세나 펠리페 2세의 스페인, 루이 14세의 프랑스는 제국을 꿈꾸었지만 옛날의 기독교 왕국의 통합성을 다시 만들지도, 혹은 이미 있는 것을 자신에게 유리하게 이용하지도 못했다. 기독교 왕국에 대해서 "보편왕국"*은 전혀 어울리지 않는 모자였다. 모든 시도들은 하나씩 깨졌다. 이렇게 외관이 번쩍거리는 과시적인 정책은 너무 낡은 게임이 아니었을까? 이제 경제가 우선권을 가지는 시대가 되었다. 당시 사람들은 경제라는 현실이 너무 겸허해서 그것을 알아차리지는 못했지만 말이다. 유럽을 정복한다는 카를 5세의 야망은 이루어질 수 없었지만 안트베르펜은 너무나도 자연스럽게 그것을 이룩했다. 루이 14세가 실패한 것을 조그마한 홀란트는 이루어냈다. 홀란트는 세계의 심장이었다. 옛날 방식과 새 방식 사이에서 유럽은 새것을 선택했다. 그보다는 차라리 유럽이 그것을 강요당했다는 것이 더 맞는 말인지 모르겠다. 이와 반대로 나머지 세계는 낡은 카드를 만지작거리고 있었다. 역사의 심층에서 튀쳐나온 오스만 튀르크 제국은 셀주크 튀르크 제국을 반복하고 있었다. 무굴 제국은 델리의 술탄 군주국이 준비해놓은 집에서 살고 있었다. 청 제국은 자신이 잔인하게 깨뜨린 명나라를 그대로 따랐다. 오직 유럽만이 정치적으로(유일하게 정치적으로만 그렇다는 것은 아니지만) 혁신을 이루었다.

재구성된 것이든 혹은 완전히 새로운 것이든 국가는 언제나 그래온 것, 즉 여러 기능과 다양한 권력들의 묶음 그대로였다. 국가의 주요 임무는 거의 변하지 않았다. 다만 그것을 수행하는 수단만이 끊임없이 변했을 뿐이다.

국가의 첫 번째 임무는 주어진 한 사회의 잠재적인 폭력을 자신이 장악하

---

* monarchie universelle : 기독교라는 하나의 종교를 가진 유럽 전체가 하나의 정치체를 이루어야 한다는 중세적인 이상.

여 복종을 강요하는 것, 그리하여 모든 가능성 있는 격렬한 사태를 사회에서 없애버리고 그 대신에 막스 베버가 이야기한 대로 "정당한 폭력"으로 대체하는 것이다.[202]

두 번째 임무는 가까이에서든 멀리에서든 경제를 통제하고, 명징한 방식이든 아니든 재화의 유통을 조직하며, 특히 국민소득 중에 많은 부분을 차지하여 그것을 자신의 지출—사치, "행정", 전쟁—로 쓰는 것이다. 그렇게 하지 못하는 경우, 지배자는 공공재산 중에서 지나치게 큰 부분을 자신에게 돌려서 쓴다. 무굴 제국의 재보, 베이징의 중국 황제가 소유한 거대한 보물전(寶物殿), 또는 1730년 11월에 이스탄불에서 술탄이 사망한 직후 그의 방에서 발견된 3,400만 두카트에 달하는 금화와 은화를 생각해보라.[203]

마지막으로 들 수 있는 국가의 임무는 정신생활에 참여하는 것이다. 이것이 없으면 어떤 사회도 똑바로 설 수 없을 것이다. 가능하다면 정치적으로 강력한 가치들 중에서 선택하거나 그것에 의탁함으로써 보충적인 힘을 이끌어내기도 한다. 그리고 흔히 전통에 도전하기도 하는 활발한 문화의 움직임을 늘 감시한다. 특히 불안을 가중시키는 새로운 혁신이 넘쳐나게 해서는 안 된다. 로렌초 대공 시대의 인문주의자들이나 프랑스 혁명 직전의 "철학자들"*이 그런 예이다.

질서의 유지

질서를 유지한다고 하지만 그 질서는 대체 무엇인가? 사실 어느 사회가 불안하고 분열되어 있을수록 타고난 중재자인 국가는 경찰력을 동원하여—훌륭한 경찰이든 아니든 간에—더욱 강하게 내리친다.

국가에게 질서란 누군가를 돕는 힘과 막는 힘 사이의 타협을 뜻한다. 돕는 힘은 무엇보다도 사회계서제의 보전을 말한다. 너무나도 허약한 사회의 상

---

* philosophes : 18세기의 계몽주의 사조에 공감하는 사상가들을 가리킨다.

층 사람들에게 자기 편을 들어주는 경찰이 없다면, 어떻게 스스로를 지킬 수 있겠는가? 그러나 반대로 어느 국가도 지배계급과의 공모 없이는 지탱하지 못한다. 펠리페 2세가 대귀족층 없이 스페인과 거대한 스페인 제국을 유지한다는 것은 생각도 못할 일이다. 한편 막는 힘이란 언제나 다수의 사람들을 진압하여 그들의 본분인 노동으로 되돌아가게 만드는 것을 뜻한다.

그러므로 국가가 주먹을 휘두르고, 복종시키기 위해서 협박을 가하는 것은 자신의 직분을 다하는 일이다. 국가는 "공공선의 이름으로 개인을 억압할 권리를 가졌다."[204] 국가는 아무런 잘못이 없는 공공 사형집행인이다. 국가가 멋진 광경을 연출하며 주먹을 휘둘러도 그것은 정당하다. 병적으로 큰 호기심을 가진 사람들이 서둘러서 사형 집행장으로 몰려갈 때 이 사람들은 결코 사형수 편을 들지 않았다. 1613년 8월 8일에 팔레르모에서는 예전처럼 마리나 광장에서 사형 집행이 이루어졌는데, 이때 흰옷을 입은 고행회원들 (Bianchi)이 열을 이루며 뒤를 따랐다. 다음에 사형수의 얼굴이 12개의 검은 횃불에 둘러싸인 채 공개되었다. 연대기 작가에 의하면 "팔레르모의 모든 마차는 이 사형 집행장으로 모여들었고 사람들이 어찌나 많이 운집했는지 길바닥이 보이지 않을 정도였다."[205] 1633년에 톨레도에서 화형식에 몰려든 군중들은 만일 장작더미를 향하는 죄수들을 군인들이 둘러막지 않았다면 이들을 돌로 쳐 죽였을 것이다.[206] 1642년 9월 12일, 리옹의 테로 광장에서는 "두 명의 상류 인사의 목을 베었다. 생크-마르*와 드 투가 처형되는 이 광장을 둘러싼 건물의 창문은 약 1두블롱까지 자릿세를 받았다."[207]

파리에서는 대개 그레브 광장이 사형 집행장으로 쓰였다. 죽음을 연상시키는 상상에만 너무 매달리지 말고, 이번에는 계몽주의 시대인 18세기에 기

---

* Henri Coiffier de Ruzé d'Effiat, marquis de Cinq-Mars(1620-1642) : 프랑스의 귀족. 루이 13세의 총애를 입어 지방귀족의 권리를 잠식하면서 중앙의 권력을 확대하려는 리슐리외의 정책에 반대하여 스페인과 연대하려는 모의를 하다가 동료인 드 투(François Auguste de Thou)와 함께 처형당했다.

록영화를 찍는다면 어땠을지를 상상해보자. 1974년에 레퓌블리크 광장에 대한 영화가 나왔는데 이 광장은 그 자체로서 파리 전체를 상징하는 곳으로 여겨졌다. 처형 직전의 미사가 계속되고 그 비통한 준비 의식이 벌어지는 그 레브 광장에 대한 기록영화는 어땠을까? 1766년에 사람들은 랄리-톨랑달의 처형을 구경하기 위해서 이곳에 서둘러 모여들었다. 그가 처형대 위에서 말을 하려고 하자 사람들은 그의 입에 재갈을 물렸다.[208] 1780년에는 도핀 광장에서 그런 광경이 벌어졌다. 귀족 출신으로서 아버지를 살해한 사람이 사뭇 대범한 척했다. 그러나 그가 고통에 못 이겨 처음으로 비명을 지르자 낙담천만이던 사람들은 환호성을 올렸다.[209]

아마도 이 시대 사람들은 경범죄라고 할 만한 일에도 사형을 집행할 정도로 사형이 너무 자주 있던 까닭에 무덤덤했을 것이다. 1586년에 한 시칠리아인은 결혼식 전날 어느 귀부인의 멋진 외투에 눈이 팔려서 그것을 훔치고 말았다. 총독 앞에 끌려간 지 두 시간 후에 그는 사형에 처해졌다.[210] 카오르의 한 비망록 작가가 작성한 처형 방법 목록을 보자. "앞에서 말한 1559년 사순절에 루에르그인인 카르위는 화형, 라동은 바퀴형,* 아르노는 불로 달군 집게로 고문, 부르스케는 여섯 등분, 플로리몽은 교수형, 네귀는 발랑 드르 다리 옆 푸리에 공원 앞에서 교수형, 푸리오는 로크 데 자르크[오늘날의 이 도시에서 4킬로미터 떨어진 곳]에서 화형, 1559년 사순절에 에티엔 리갈은 카오르의 콩크 광장에서 참수……."[211] 옛날 그림에서 흔히 보이는, 교수대와 나무에 열매처럼 주렁주렁 매달린 시체들의 실루엣이 지평선 위에 아련히 보이는 광경은 사실적인 모습이다. 이런 것이 풍경의 일부를 이루었다.

영국에서도 그와 같은 잔혹성을 볼 수 있었다. 런던에서는 하이드 파크 벽 너머에 있는 시 외곽의 타이번에서 1년에 8번씩 교수형이 치러졌다. 1728년에 한 프랑스 여행객은 19번의 교수형이 동시에 이루어지는 광경을 목도했

---

* roue : 16세기에 프랑스에 도입된 처형법. 죄인의 사지를 꺾거나 절단한 후, 작은 기둥 위에 얹어 놓은 바퀴에 묶어놓는 것을 말한다.

다. 이곳에는 의사들이 시체를 가져가려고 나와 있었다. 사형수들은 자신의 시체를 팔기로 하고 "외상으로 돈을 받아" 술을 사서 마셨다. 사형수의 가족들은 고통을 줄여주기 위해서 희생자들의 발을 잡아당겨주었다. 사형대가 낮았기 때문에 이런 일이 가능했다. 그렇지만 이 프랑스인에 의하면 영국은 프랑스보다 덜 잔인하다. 그의 생각에 "영국의 법정은 그렇게 엄격하지 않다. 이곳에서 길거리의 도둑을 사형시키는 정책은 이들이 살인을 하지 못하도록 막기 위한 목적이다. 실제로 이 도둑들은 살인을 거의 하지 않는다." 반대로 절도는 자주 발생했다. 심지어 "날아다니는 마차"라고 부르는 급행 마차들이 다니는 도버와 런던 사이의 길에서도 절도가 일어났다. 그렇다면 프랑스에서 하듯이 이 도둑들을 고문하고 낙인을 찍어야 하지 않을까? 이렇게 하면 갑자기 "도둑의 수가 줄어들 것이다."[212]

유럽 이외의 지역에서도 국가는 이와 유사하든지 혹은 더 잔혹한 모습을 보였다. 중국, 일본, 시암, 인도 등지에서는 사형이 일상사 속에 섞여서 일어났다. 다만 이곳에서는 대중의 무관심 속에서 일어났다. 이슬람 세계에서의 재판은 신속하고 간결하다. 1807년에 테헤란의 왕궁에 들어가려던 한 여행자는 사형당한 시체들 위로 넘어가야 했다. 가르단 장군의 형제인 이 여행자가 같은 해에 이번에는 스미르나의 파샤*를 방문했는데, 이곳에서는 "교수형당한 시체 한 구와 참수당한 시체 한 구가 입구에 널브러져 있었다."[213] 1772년 2월 24일에 한 「가제트」는 이런 기사를 실었다. "살로니카의 신임 파샤는 잔혹성을 발휘하여 이 도시의 평온을 되찾았다. 그는 이곳에 도착하면서 공공안전을 해치던 반란자 몇 명을 교수형에 처했는데 그러자 중단되었던 교역이 다시 활기를 되찾았다."[214]

어쨌든 결과가 중요한 것이 아닐까? 이렇게 국가가 강한 주먹을 휘두르며 폭력을 행사하면 국내의 평화, 도로의 안전, 시장과 도시에 대한 상품 보급

---

* pacha : 튀르키예의 문무 고관.

의 안정성 확보, 외적으로부터의 보호, 끊임없이 이어지는 전쟁의 효율적 수행이 보장된다. 국내 평화보다 더 중요한 것이 어디 있는가! 백년전쟁이 막바지에 이르렀던 1440년경에 장 쥐베날 데 쥐르생*은 "그들[프랑스인들]에게 평화를 가져다줄 수 있는 국왕이라면 그가 사라센인이라고 해도 사람들이 복종할 것"이라고 말했다.[215] 그보다 이후 시기에 루이 12세가 "인민의 아버지"가 될 수 있었던 이유는 상황이 좋았던 점도 유리하게 작용했겠으나 여하튼 왕국의 평온을 회복하고 "빵값이 싼 시대"를 유지했기 때문이다. 클로드 세셀**에 의하면(1519) 이때에는 "가장 죄 많은 소수에게 벌을 가하여 규율을 엄격히 지키고 약탈을……철저히 막아서 군인도 돈을 내지 않고는 농민에게서 계란 하나도 그냥 가져가지 않았다."[216] 프랑스 왕국이 종교전쟁과 프롱드의 난이라는 심각한 위기를 거치고 난 후 그렇게 빨리 안정을 되찾고 "절대주의적으로" 된 데에는 평화, 규율, 질서라는 소중하면서도 취약한 보물들을 잘 간수했기 때문이 아닐까?

수입보다 지출이 많을 때 : 국가의 대부

국가가 자신의 임무를 수행하기 위해서는 돈이 필요했다. 그리고 국가의 권위가 크고 다양해지면서 그 필요성은 더욱 커졌다. 이제는 지난날처럼 국왕직할 재산만으로는 살아갈 수 없으니, 유동적인 부에 손을 대야만 했다.

따라서 일정한 종류의 자본주의와 일정한 정도의 국가의 근대성이 동시에 시장경제의 틀 안에서 구성되었다. 이 두 가지 운동 사이에는 단순한 일치 이상의 것이 있다. 핵심적인 유사성은 이 두 가지 경우 모두 계서제의 형성

---

* Jean Juvénal(Jouvenel) des Ursins(1388-1473) : 많은 유력 인사를 배출한 샹파뉴 지방의 대가문 출신으로, 중앙과 지방의 정치 및 행정의 여러 요직과 교단의 중책을 역임했다. 국왕 샤를 7세의 중요한 조언자이기도 했다. 『샤를 6세 연대기(Chronique de Charles VI)』를 썼다.

** Claude Seyssel(1450?-1520) : 프랑스의 법률가, 마르세유의 주교. 국왕 루이 12세의 중요한 조언자였다. 『루이 12세의 찬양(Louange de Louis XII)』(1508)이라는 책을 썼고, 다시 프랑수아 1세의 요청으로 국왕의 권위를 옹호하는 『프랑스 대왕국(Grand Monarchie de France)』(1519)이라는 책을 썼다.

과 관련이 있다는 것이다. 그중 자본주의의 계서제가 조심스러운 성격이라면, 국가의 계서제는 현란한 성격이다. 또다른 유사성으로는 국가도 자본주의와 마찬가지로 부유해지기 위해서 독점을 이용한다는 점이다. "포르투갈은 후추를, 스페인은 은을, 프랑스는 소금을, 스웨덴은 구리를 그리고 교황청은 명반을 독점했다."[217] 여기에 덧붙여서 스페인의 경우에는 목양의 이동 목축(transhumance)의 독점체인 메스타(Mesta)와 신대륙과의 교역의 독점체인 서인도무역관(Casa de la Contractación)을 추가해야 한다.

그러나 자본주의가 발전하면서도 그것이 의존하는—마치 "목발처럼"—전통적인 활동들을 없애지 않았듯이,[218] 국가 역시 이전의 정치적 건조물들에 적응하고 그 안에 미끄러져 들어가서 그것들에 의존하여 국가의 권위, 화폐, 조세, 법정, 명령 등을 부과했다. 여기에는 침투와 동시에 위로부터의 부과, 지배와 동시에 적응이 함께 작동한다. 투렌 지방을 지배하게 된 필리프 오귀스트는 1203년에 이 왕국에 드니에 투르누아 화를 도입했는데 이 화폐는 그후 드니에 파리지 화와 함께 사용되었다.* 이 "파리" 화폐 체제는 아주 뒤늦게 루이 14세 시대에 가서야 사라졌다.[219] 1262년에 성왕 루이는 칙령을 통해서 프랑스 왕국 전체에 국왕 화폐를 사용하도록 강요했으나[220] 이렇게 시작된 변화가 최종적으로 승리를 거두게 되는 것은 300년이 지난 16세기의 일이다. 조세 측면에서도 이와 비슷하게 느린 진화가 일어났다. 미려왕 필리프는 영주토지에 처음으로 조세를 부과했으나 그것은 아주 약게 그리고 신중하게 처리해야 했다. 그는 1302년에 대리인들에게 이렇게 명령을 내렸다. "제후들 영지에서는 그들의 뜻에 거슬러서 이런 재정 정책을 쓰지말라", 혹은 "조세징수와 재정 정책은 가능한 한 가장 소동을 일으키지 않는 범위에서 소시민들에게 강요하지 않고 처리해야 하며, 그대들의 임무 수행에는 출신이 좋고 유순한 사람을 쓰도록 주의하라."[221] 이런 방식이 성공

---

* 투르누아 화와 파리지 화 등에 대해서는 이 책 제1권 621쪽의 역주를 참조하라.

을 거두기까지는 거의 한 세기에 가까운 시일이 필요해서 샤를 5세 시대에나 이루어졌다. 그나마 샤를 6세 시대에 흔들렸던 조세체제가 샤를 7세 때에 다시 자리를 잡았다. 1439년 11월 2일의 칙령에 의해서 타유세가 다시 국왕의 관리하에 들어갔다.[222]

재정상의 진보가 매우 느리고 재정 조직이 불완전하므로 국가는 어려운 정도가 아니라 부조리한 상황에 빠졌다. 대개 국가의 수입보다 지출이 많았다. 필수불가결한 이 지출은 나날이 필요한 데에 비해서 수입은 앞으로 들어올 가능성이 있을 뿐 현재 확실히 가지고 있지는 않은 성격이었다. 그러므로 일반적으로 국왕의 국정 운영은 수입의 한계 내에서 지출을 맞추는 부르주아처럼 현명한 방식이 아니라, 우선 지출을 하고 다음에 수입을 찾는 식이었다. 그러니 지출이 앞서갈 수밖에 없었다. 수지를 맞추려는 생각은 했지만 일부 예외적인 경우를 제외한다면 거의 아무도 실현하지 못했다.

이미 세금을 물고 있는 사람들에게 다시 의존할 수밖에 없는 형편이라서 이들에게 더욱 많은 세금을 강요하고 혹은 새로운 세금을 고안하고 더 나아가서 복권까지 만들어보았지만, 그 모든 것이 소용없었다. 적자는 심연처럼 커져갔다. 일정한 한계 이상을 유지하기가 불가능했다. 예컨대 이 왕국의 화폐 재고 전부가 국고 안으로 들어오도록 하는 것은 불가능했다. 담세자들은 간계를 써서 아주 효과적으로 세금을 피했고 그것이 불가능할 때에는 분노를 터뜨렸다. 14세기에 피렌체 사람 조반니 디 파골로 모렐리는 그의 후손들에게 사업에 관한 훈계의 글을 이렇게 썼다. "불을 피하듯 거짓말은 절대로 하지 말아라." 단 세금 문제만은 예외이다. 왜냐하면 이것은 "다른 사람들의 이익을 빼앗는 것이 아니라 다른 사람이 올바르지 못한 방법으로 너의 이익을 빼앗아가는 것을 막는 것이기 때문이다."[223] 루이 13세와 루이 14세 시대에 프랑스에서의 봉기는 거의 언제나 농민에게 지나치게 세금을 많이 거둔 데에 원인이 있었다.

그러므로 국가로서는 하나의 해결책만이 있었다. 돈을 빌리는 것이다. 그러나 돈을 빌리는 방법도 배워야 했다. 크레딧은 쉽게 할 수 있는 일이 아니다. 서양에서 공채가 일반화되는 것은 꽤 뒤늦은 13세기에 가서의 일이다. 프랑스에서는 미려왕 필리프 때(1285-1324)이고 이탈리아에서는 분명히 그보다 더 일찍 이루어졌을 것이다. 예컨대 베네치아의 몬테 베키오(Monté Vecchio)는 언제 만들어졌는지 모른다.[224) 공채는 뒤늦게 나왔지만 혁신적이었다. 얼 해밀턴에 의하면 "공채는 그 기원이 고대 그리스 로마에까지 거슬러올라가지 않는, 얼마 되지 않은 현상 중의 하나이다."[225)

재정의 형식과 요구 조건들을 만족시키기 위해서 국가는 우선 이해하기 쉽지 않고 수행하는 것은 더더욱이나 어려운 정책을 발전시켜야 했다. 베네치아는 강제대부 방식을 선택했으며, 부자들에게 강제로 여기에 참여하게 만들었다가 전쟁 때문에 이것을 상환하는 데에 어려움을 겪었는데, 만일 그렇지만 않았더라면 베네치아는 자본주의의 현명함에 관한 한 조숙한 모델이 되었을지 모른다. 사실 이미 13세기에 베네치아는 18세기에 승리를 구가한 영국에서나 가능했던 방식을 발명했다. 베네치아의 대부이든 영국의 대부이든 언제나 해결해야 할 문제는 이자와 원금 상환의 바탕이 될 소득의 확보이다. 그리고 영국에서처럼 공채증서는 양도가 가능하고 시장에서 매매되었다(대개는 액면가 이하에서 거래되었지만, 액면가 이상에서 거래되는 적도 없지 않았다). 이 공공대부의 관리를 맡고 5퍼센트의 이자율(이에 비해 당시 사채의 이자율은 20퍼센트였다)로 1년에 두 번 이자를 지급하는 일을 맡아서 하는 기관이 필요했다. 베네치아를 비롯해서 이탈리아의 여러 도시들에서는 이와 같은 기관에 몬테(Monte)라는 이름이 붙었다. 몬테 베키오(Monte Vecchio)—여기에 대해서 우리는 잘 알지 못한다—라는 기관에 뒤이어 1482년에 몬테 누오보(Monte Nuovo)가 들어섰고[224) 다시 그후에 몬테 누오비시모(Monte Nuovissimo)가 만들어졌다.* 제노바에서도 상황이 비슷했지만

---

* 베키오, 누오보, 누오비시모는 각각 "오래된", "새로운", "최신의"라는 뜻이다.

해결책은 달랐다. 베네치아에서는 국가가 지불보증용 소득원의 주인으로 남아 있었지만, 제노바에서는 채권자들이 이 공화국 수입의 거의 전부를 장악한 뒤 그것을 가지고 자신의 이익이 되도록 국가 속의 국가를 형성했다. 이것이 그 유명한 카사 디 산 조르조(Casa di San Giorgio, 1407)이다.

모든 국가들이 처음부터 이런 정교한 재정 기술들을 알고 있지는 못했으나 그렇다고 해도 일찍이 돈을 빌리지 않은 나라가 어디 있겠는가?[226] 영국 국왕들은 14세기 이전부터 루카인들에게 의존했고 다음으로는 오랫동안 피렌체인들에게 의존했다. 부르고뉴의 발루아 가문은 그들에게 충성스러운 도시들에게, 샤를 7세는 그의 재무관인 자크 쾨르에게, 루이 11세는 리옹에 정주한 메디치 가문 사람들에게 의존했다. 프랑수아 1세는 1522년에 파리 시청 지불보증채권을 만들었다. 이것은 일종의 "몬테"와 같은 것으로서 국가는 파리 시청에 이자 지불을 보장해줄 수입들 올 양도했다. 교황은 교황청 재정의 균형을 맞추기 위해서 아주 일찍이 크레딧에 의존했다. 이 시기는 기독교권이 납부하는 부담금이 축소되거나 사라져가는 때였다. 카를 5세는 그의 거창한 정책에 맞추어 자금을 빌려야 했다. 이 점에서 그는 단번에 당대의 모든 사람들을 압도했다. 그의 아들 펠리페 2세 역시 여기에 뒤지지 않았다. 그후 공채 규모는 갈수록 커져갔다. 18세기에 암스테르담에 누적된 자본은 유럽 제후들의 금고 속으로 빨려 들어갔다. 국제 크레딧 중심지이며 대부자와 대출자의 왕국인 암스테르담에 대해서는 우리가 나중에 자세히 살펴보겠지만, 여기에서는 돈을 찾아나선 국가의 메커니즘에 대해서 약간 더 자세히 살펴보려고 한다. 우리는 거의 알려지지 않은 카스티야의 예와 고전적인 영국의 예를 살펴보겠다.

카스티야의 후로와 아시엔토[227]

16세기에 카스티야 국왕은 원래 이런 목적으로 돌려놓은 소득을 근거로 해서 후로(juro)라는 국채를 만들었다. 그 소득의 소재에 따라 각 후로의 이름이 다르게 붙었다. 서인도무역관, 마에스트라스고스(Maestrazgos : 이동목축권), 세관(Puertos Secos), 서인도징세* 등이 그런 것들이다. 세르반테스의 소설에 나오는 한 주인공은 마치 "에스트레마두라**의 초원(이동목축권의 대상이 되는 목장)을 담보로 한 후로를 소유한 사람처럼" 돈을 투자한다는 언급을 한다.228)

카를 5세와 펠리페 2세 시대에 공채가 크게 늘었다. 이제 후로는 영구국채(juro de perpetuo), 종신국채(juro de por vida), 상환국채(juro alquitar) 등 다양한 형태를 띠게 되었다. 각각의 공채는 그것을 보증해주는 국왕의 수입이 무엇이냐에 따라서 양호한 후로와 불량한 후로로 나뉜다. 후로가 다양해진 또다른 원인은 이자율이 5퍼센트에서 14퍼센트 이상에 이르기까지 다양해졌기 때문이다. 우리가 뒤에서 살펴볼 암스테르담이나 런던에서 작동하는 것과 같은 조직된 공채시장이 존재하지는 않았으나, 그래도 후로는 매매와 교환의 대상이었다. 이때 가격은 변화했지만 대개는 액면가 이하에서 거래되었다. 1577년 3월 18일에 재정 위기가 심각했던 당시에는 후로가 액면가의 55퍼센트로 거래되기도 했다.

덧붙여서 이야기할 것은 일시적이나마 보증 후로(juro de caucidn)가 있었다는 점이다. 이것은 사업가들이 아시엔토(asiento), 즉 계약을 통해서 펠리페 2세에게 거금을 융통해주고 그에 대한 보증으로 받은 것이었다. 1552-1557년 이후에 주로 제노바 상인들에게 허여되었던 이 아시엔토는 곧이어 매우 거액의 유동공채가 되었으며 카스티야 정부는 연속적으로 파산할 때마다(1557, 1560, 1576, 1596, 1606, 1627년) 같은 방식으로 대처했다. 유동공채를 확정공채로 전환한 것이다.*** 사실 이것은 오늘날 우리가 보기에는 하

---

* Almojarizfazgo de Indias : 서인도와 교역할 때 징수하는 수입관세. 1516년 이후로는 서인도무역관의 재정관이 주관하여 걷었다.
** Extremadura : 스페인의 역사상 지명이며 오늘날 바다호스(Badajoz) 주와 카세레스(Cáeres) 주에 해당한다. 그중 북부의 건조한 지역은 넓은 목초지가 발달하여 목양지역으로 쓰였다.
*** 원래 공채의 원금과 이자의 상환을 위해 일정한 기금을 설치하는 공채를 확정공채(funded

등 놀라운 일은 아니다. 그동안 1560년부터 1575년까지, 카스티야 정부는 채권자들이 이 채권을 더 이상 단순한 보증 후로가 아니라 담보 후로(juro de resguardo)로 전환하도록 허가했다. 이것은 사업가가 쿠폰* 지불을 마치고 국왕에게 (같은 이자가 붙는) 다른 후로를 마련해줌으로써 마지막 계산을 마치는 시점에서야 대중에게 판매할 수 있는 후로를 말한다.

이런 거래는 제노바의 사업가들(hombres de negocios)이 후로 시장을 장악하고, 값이 내릴 때 사들였다가 값이 오를 때 팔거나 "조건이 좋지 않은" 채권을 "조건이 좋은" 채권으로 바꾸었다는 사실을 설명해준다. 시장을 장악한 이상, 이들은 거의 손해를 보지 않았다. 그렇지만 그중 가장 유명한 사람인 니콜라오 그리말디—돈을 주고 살레르노 공이라는 나폴리의 위엄 있는 작위를 샀다—는 지나치게 위험이 큰 후로 투기를 하다가 1575년에 파산하고 말았다. 한편, 스페인 정부는 극단적인 조치인 파산 선고만이 유일한 방편이 아니라는 생각을 하게 되었다. 이들은 후로의 이자 지급을 중단하거나 이자율을 낮출 수 있었고, 공채를 다른 성격의 것으로 차환(借換)할 수도 있었다.** 1582년 2월, 사람들은 펠리페 2세에게 세비야의 매상세(alcabalas)에 근거한 이자 6-7퍼센트 정도의 후로를 차환하라고 권했다. 채권자들로서는 새로운 이자율(어느 정도인지는 문서에 기록되어 있지 않다)을 받아들이면서 공채를 그대로 보유하든지 아니면 상환받든지, 둘 중에 하나를 선택할 수 있었다. 이를 위해서 서인도에서 선단이 도착하자 "100만 개의 금화"를 이 목적에 쓸 수 있게 적치하도록 조치했다. 그러나 이 사실을 우리에게 전

---

debt, consolidated debt)라고 하고, 그러한 기금이 없는 공채를 유동공채(unfunded debt, floatting debt)라고 했다. 그러나 현재는 대개 공채상환까지의 기간에 따라 단기간의 것을 유동공채, 장기간의 것을 확정공채라고 한다.

* coupon : 무기명채권—공채권자의 성명이 전면에 기재되지 않은 공채증서로, 오늘날 대부분의 공채가 이런 것이다—에는 쿠폰(coupon, 利票)이 붙어 있어서 이것으로 이자를 받는다.

** conversion : 이미 발행된 공채를 상환할 재원을 얻기 위해 다른 공채를 발행하는 것. 즉, 저리의 공채를 발행해서 고리의 공채를 상환하는 방식인데, 오늘날에는 시장의 이자율이 낮거나 기존 공채의 가격이 액면가 이상으로 올랐을 때에만 가능하다.

해준 베네치아인에 의하면, 상환이 워낙 장기간에 이루어졌기 때문에 채권자들은 새로운 이자율에 만족해할 제3자에게 이 채권을 팔아버리려고 했다. 결국 이 작업은 구체적으로 실현되지는 못했다.

스페인 재정이 안고 있는 문제는 언제나 새로운 아시엔토에 의존해야 했다는 것이다. 카를 5세 시대에 이런 성격의 대부는 벨저 가문이나 푸거 가문과 같은 고지 독일의 은행가들이 맡았다(흔히는 이들에게 막무가내로 요구한 결과 그렇게 되었다). 이 알부자들에게 너무 동정을 가질 필요는 없겠으나, 이들로서는 걱정에 빠질 이유가 충분했다. 그들의 돈궤에서 알토란 같은 현찰이 자꾸 빠져나가고 있었으니 말이다. 이 돈이 다시 돌아오도록 만들기 위해서는 하염없이 기다려야 했고, 그렇지 않으면 약간의 협박을 가하든지 아니면 담보를 처분해야 했다. 푸거 가문이 마에스트라스고스(산티아고, 칼라트라바, 알칸타라 교단들의 목장)의 주인이 되고 알마덴의 수은 광산 경영자가 된 것이 다 이런 연유에서였다. 최악은 빌려준 돈을 받아내기 위해서 새로 돈을 더 빌려주어야 했다는 것이다. 실제로 1557년 스페인 정부의 파산 이후 푸거 가문은 아시엔토 거래를 하지 않았으나, 받아낼 가망이 없는 것으로 보았던 그 돈을 혹시 다시 받게 될지도 모른다는 기대를 걸고 이 세기 말에 재차 아시엔토 거래에 뛰어들었다.

1557년경에 그리말디, 피넬리, 로멜리니, 스피놀라, 도리아 등 제노바 공화국의 구귀족(nobili vecchi) 은행가들의 지배가 시작되었다. 이들은 점점 더 규모가 커가는 거래를 잘 수행하기 위해서 이른바 브장송 정기시라고 부르는 환시장을 조직했다. 이 정기시는 1579년 이후 오랫동안 피아첸차에서 열렸다. 그후 이들은 스페인의 공적, 사적인 부의 지배자이면서(스페인에서는 귀족, 교회 인사, 특히 "관직 보유자" 등 모든 사람들이 이들에게 돈을 맡겼다) 동시에 유럽 전체의—적어도 동원할 수 있는—부의 지배자가 되었다. 이탈리아에서는 모든 사람들이 브장송 정기시에서 거래했고 그리하여 자신들도 모르는 사이에 제노바인들에게 돈을 빌려주었으며 그러다가 베네치아인들이 그런 것처럼 1596년에 스페인 정부가 파산 선고를 하자 갑자기 큰 부담을 떠안게 되었다.

스페인 국왕에게 제노바 상인이 필수불가결하게 된 이유가 있다. 이 상인들이 아메리카로부터 세비야로 단속적으로 들어오는 은의 유입을 부의 지속적인 유입으로 변화시켰기 때문이다. 1567년 이후에는 네덜란드에서 전쟁을 치르고 있는 스페인 군대에 매달 정기적으로 돈을 지불해야 했다. 이 군대는 이 돈을 금으로 지불해줄 것을 요구해왔는데, 이러한 요구를 펠리페 2세의 치세 말기(1598)까지 거부할 수가 없었다. 그러므로 제노바 상인들은 아메리카산 은을 금으로 바꾸어주는 일을 해야 했다. 이들은 1627년에 파산할 때까지 스페인 국왕에게 봉사하면서, 이러한 이중의 과업을 성공적으로 수행했다.

그후 이들은 무대의 전면에서 사라져갔다. 스페인의 기사들은 독일 은행가들 다음으로 두 번째 말까지 죽인 셈이다.* 1620-1630년대에 포르투갈의 신기독교도[마라노스/역주]가 제노바인의 뒤를 이어받았다. 올리바레스 공작은 사정을 잘 알면서 이들을 끌어들였다. 사실 이들은 네덜란드 신교도 대상인들에게 이름을 빌려준 꼭두각시에 불과했다. 1621년에 네덜란드와 전쟁이 재개되었을 때** 스페인은 다름 아닌 이 네덜란드 상인들을 통해서 네덜란드의 크레딧의 유통을 이용했다.

스페인의 위대한 전성기 때에 이 나라는 대부 방법을 잘 모르고 있었으며 그 결과 자금주들이 이 나라를 등쳐먹었다는 것은 의심의 여지가 없다. 스페인의 지배자들은 때로 이에 대해서 반발하고 심지어 복수하려고까지 했다. 펠리페 2세가 1575년에 파산 선고를 한 것은 제노바인들을 쫓아버리기 위

---

* 말을 너무 혹사시켜서 죽게 만든다(crever un cheval)는 숙어로, 스페인 측이 독일 은행가와 제노바 은행가들을 몰락시켰다는 뜻이다.
** 네덜란드 독립전쟁 당시 네덜란드와 스페인은 1609-1621년에는 휴전했다가 1621년에 전쟁을 재개했다.

해서였다. 그러나 아무런 소용이 없었다. 그리고 여기에서 주목해야 할 점이 있다. 제노바인들이 아시엔토를 포기하거나 상환 연기를 거부한 것은 그들 스스로 결정한 일이었다는 점이다. 국제적인 수준의 자본주의는 이미 세계의 지배자로서 활동하고 있었다.

영국의 재정혁명 : 1688-1756년

18세기에 영국은 공채 정책에 성공을 거두었다. 이것을 두고 딕슨은 "재정혁명(financial revolution)"이라고까지 명명했다.[229] 이것은 명백히 새로운 내용을 가리킨다는 점에서 옳은 명명이지만, 그것이 적어도 1660년부터 시작되었고, 1688년 이후가 되어서야 만개했으며, 완전히 성공을 거둔 것은 7년전쟁(1756-1763) 이후일 정도로 느린 과정이었다는 점에서 보면 논의의 여지가 있다. 다시 말해서 이 변화는 거의 한 세기 동안 지속된 오랜 숙성 기간과 함께 유리한 환경과 경제발전의 지지를 필요로 했던 것이다.

공공 크레딧의 변화를 가져온 이러한 재정혁명은 영국의 재정이 그 이전에 이미 근본적인 재조직을 한 덕분에 가능했다. 그 의미는 명확하다. 대체로 1640년, 그리고 1660년에 영국의 재정은 구조적인 면에서 같은 시대의 프랑스의 재정과 꽤 유사했다. 양국 모두 중앙집중화되고 완전히 국가에 의존하는 공공재정은 존재하지 않았다. 너무나도 많은 일들이 개인의 주도에 맡겨져 있었다. 국가 재정을 맡은 사람들 중에서 조세징수업자는 한편으로 국왕이 자주 찾는 대출인 역할을 맡기도 했고, 재정가는 자기 자신의 사업을 가지고 있는가 하면, 공직자들은 자신의 직위를 돈으로 사들였기 때문에 국가에 의존하지 않아도 되는 위치에 있었다. 게다가 프랑스 국왕이 파리에 의존하는 것처럼 영국의 재정 역시 언제나 런던에 의존하고 있었다. 국가에 기생하는 이와 같은 중간 매개업자들을 배제하는 내용의 영국의 개혁은 조심스럽고도 지속적으로 진행되었지만, 우리는 이 작업이 어떻게 진행되었는지를 알려줄 실마리를 가지고 있지 못하다. 초기의 조치들은 관세(1671)와 소비세(1683)—네덜란드에서 배웠다—를 국왕 직접 징세* 방식으로 만드는 것이었다. 그리고 마지막 조치들 중의 하나는 재무상(Lord Treasurer, 1714)이라는 직을 만들고 그가 주도하여 재정위원회(Board of Treasury)를 설립한 다음 이 위원회로 하여금 재정수입이 회계청(Exchequer)으로 넘어가는 것을 감시하는 것이었다. 오늘날의 용어로 이야기한다면 이것은 바로 재정의 국영화(nationalisation)였다. 이것은 느린 과정 속에서 영국 은행이 감시 기능을 맡고(영국 은행은 1694년에 설립되었지만 재정의 감시 기능을 수행한 것은 18세기 중반경이었다) 여기에 더해서 1660년부터 의회가 크레딧과 새로운 조세의 설정에 결정적으로 개입했음을 의미한다.

이런 국영화가 관료제의 심층적인 변화와 함께 이루어졌고 국가 관료들의 사회적이고 제도적인 관계를 변화시켰다는 점에 대해서는 비록 너무 짧은 감이 있기는 하지만 프랑스의 한 관찰자가 우연히 이에 대한 생각을 개진한 것으로부터 미루어 판단할 수 있다. 루이 14세 정부는 두 차례에 걸쳐 영국에 통상 대표들을 파견했다. 상업참사회의 리옹 대표인 아니송과 보르도 대표인 페넬롱은 이 회의에서 결국 통상협약을 이끌어내지는 못했지만, 1713년 1월 24일에 재무총감인 데마레에게 다음과 같은 편지를 남겼다. "……다른 모든 곳과 마찬가지로 이곳의 직원들도 아주 이기적이기 때문에 돈을 쥐어주고 우리의 목표를 이룰 수 있을 것 같습니다. 특히 이곳은 모든 것이 국가 관리 아래에 있어서 우리가 제공하는 선물도 부정부패로 여기지 않기 때문입니다."230) 공무원은 국가를 대표하므로 이들의 부패는 표가 덜 난다는 말 자체는 의심스럽다. 여하튼 프랑스의 관찰자들이 보기에 근대적 의미의 관료제와 매우 가까운 영국의 조직이 독창적이고 그들이 알고 있는 것과는 달랐다는 점은 확실하다. "이곳은 모든 것이 국가 관리하에" 있기 때문이다.

---

* 개인에게 조세에 관한 업무를 맡기는 징세청부의 경우와는 달리, 조세의 산정과 징세를 국가의 공무원이 담당하는 방식을 말한다.

만일 국가가 재정기구를 장악하지 못했다면 영국은 크레딧 체제―당대인들은 그렇게 비난을 가했지만 실제로는 효율적이었다―를 발전시키지 못했을 것이다. 이 체제가 자리를 잡는 데에 네덜란드의 스타트하우더로서 영국 국왕이 된 윌리엄 3세*가 미친 영향을 너무 과대평가하지는 말자. 물론 아직 대의명분이 약하던 통치 초기에 수많은 국채 소유주들을 자기 편으로 돌리기 위해서 "네덜란드 방식들"을 많이 차용한 것은 사실이다. 그렇지만 영국 정부가 아우크스부르크 동맹 전쟁(1689-1697)이나 스페인 왕위 계승 전쟁(1701-1713)과 같은 곤경에 대처하기 위해서 돈을 빌린 방식은 아직도 전통적인, 혹은 구태의연한 낡은 방식대로 이루어졌다. 결정적으로 새로운 방식인 장기 대부는 아주 느리게 적응해갔다. 통치자들은 저리 장기 대부의 시장 가능성이 있다는 것, 실제로 국고에 들어오는 조세 액수와 가능한 정부 차입금 액수 사이에 마치 미리 설정된 듯한 비율이 존재하며(차입금이 전체 조세수입의 3분의 1에 이르러도 큰 위험이 없었다) 마찬가지로 장기공채와 단기공채 사이에도 그와 같은 비율이 존재한다는 것, 그리고 진짜 위험은 불확실한 재원이나 사전에 잘못 예견한 재원을 이자 지불에 연계시키는 때뿐이라는 것 등을 조금씩 인식하기 시작했다. 이런 법칙들은 오랫동안 토론의 대상이었지만 이런 일들이 공개적으로 그리고 대규모로 이루어지면서 갈수록 명확해졌다. 단기-장기의 변증법은 조금씩 이해되었으나 위트레흐트 조약이 체결된 1713년에만 해도 완전히 이해된 것은 아니어서 장기공채는 "상환 가능 혹은 자체 청산"**이라고 묘사했다. 장기공채는 저절로 영구채

---

* Willem III van Oranje(1650-1702) : 네덜란드의 가장 강력한 귀족가문인 오라녜-나사우 가문 출신의 정치가이다. 그의 부친인 빌럼 2세의 유복자로 태어나 당시 실권을 잡고 있던 요한 더 빗에 의해서 양육되었다. 1672년에 프랑스가 네덜란드를 침공하면서 민중봉기가 일어나 요한 더 빗이 살해당하고 그는 후임 스타트하우더로 추대되었다. 그후 영국에서 명예혁명이 일어나 그의 부인인 메리 2세와 그가 공동 왕의 자격으로 영국 왕위를 이어받았다(네덜란드어의 발음으로는 '빌럼'에 가까우나 영국사에서는 '윌리엄'으로 부른다).

** repayable orself liquidating : 공채로 빌린 돈이 매우 유용한 용도에 쓰여서, 그로부터 얻은 과실이 그 공채의 원금과 이자를 갚고도 이익이 남는 것.

로 전환되었다.* 그렇게 되면 더 이상 국가가 공채를 상환하지 않아도 되었다. 이제 국가는 유동공채를 확정공채로 전환함으로써 크레딧이나 현찰로 된 재원을 소진시키지 않아도 되었다. 대출인으로서는 자신의 채권을 제3자에게 매각할 수 있으며―1692년부터 가능했다―따라서 매번 그가 원할 때면 언제든지 국가에 빌려준 돈을 상환받을 수 있었다. 국가는 지불하지 않는데 채권자들은 원하는 대로 빌려준 돈을 되찾을 수 있다니, 이것은 정말로 기적에 가까운 일이었다.

그러나 그 기적은 공짜가 아니다. 곧 엄청난 비중을 차지하게 될, 국채에 반대하는 사람들을 논쟁에서 이겨야 했다. 앞에서 말한 체제는 국가의 "공신력"과 국가에 대한 일반 대중의 신용에 달린 문제였다. 따라서 국채는 의회가 새로운 재정 수입원을 개발해서 이자 지급에 쓸 수 있도록 해주어야 가능해진다. 이 게임에서는 지주(이들은 토지세[land tax]로 그들의 수입 중에 5분의 1을 낸다) 혹은 세금이 붙는 상품의 생산자와 소비자 같은 일부 부류의 사람들이 지대수취인, 자금주, 대상인(이들의 수입에 대해서는 세금을 물리지 않았다) 등 기생적이고 이익을 독차지하는 다른 부류의 사람들, 즉 으스대기만 할 뿐 열심히 일하는 국민에게 해를 끼치는 돈 많은 사람들(moneyed men)을 위해서 희생하며 비용을 대주고 있다고 사람들은 생각했다. 이런 모리배들은 전쟁이 일어나면 국가가 돈을 더 빌려야 하고 그러다 보면 이자율도 더 올라가게 되어 자신이 이익을 보게 되므로 자꾸 분쟁을 조장하는 것이 아닐까 하고 사람들은 생각했다. 아닌 게 아니라 이 세기에 들어서 최초로 터진 전쟁인 스페인과의 전쟁(1739)**은 대체로 이런 모리배가 주요 역할

---

* 원금 상환 기간이 정해지지 않은 채 이자 지불만을 하는 것을 영구채(永久債)라고 한다. 정부는 이러한 채권을 기채(起債)하여 돈을 쓴 다음 계속 이자만 갚는다. 그러나 이런 종류의 공채가 누적되면 이자 지불만 해도 상당한 부담이 되므로 적절한 공채 관리 정책에 따라서 적절한 때에 이를 상환해버린다. 가장 대표적인 것은 영국의 콘솔(consol, consolidated annuities 혹은 consolidates stocks의 줄임말)이다. 이것은 18세기에 영국 정부가 여러 종류의 공채를 합쳐서 영구채로 만든 것으로, 원래 액면가 100파운드에 이자율이 연 3퍼센트짜리였다.

** 젠킨스의 귀 전쟁(War of Jenkins' Ear)을 말한다. 1739년 10월에 영국과 스페인 사이에 일어난

을 하여 일으켰다. 그러므로 오늘날의 관점에서 보면 영국이 누린 안정에 핵심적인 기반을 제공했던 콘솔에 대해서 당대인들이 건전한 경제를 지켜야 한다는 명목을 내세우며 호되게 비판한 것도 당연한 일이다. 그렇지만 사실 이것은 당시의 상황에서 실제적인 필요에 의하여 생긴 산물이었다.

공채 정책을 성공시킨 주체는 대상인, 금 세공업자, 은행업 가문들과 같이 채권 발행 업무에 전문화한 사람들, 한마디로 말해서 이 나라의 결정적이고 독점적인 핵심인 런던의 "비즈니스계"였다. 여기에 외국인들이 한몫을 했다. 월폴이 집권하기 전야인 1720년대와 그의 집권기 전반에 걸쳐서 네덜란드의 자본주의는 이 사업을 결정적으로 만든 장본인이었다. 1719년 12월 19일에 런던으로부터 "10만 파운드 스털링에 대한 새로운 지불을 우리의 기금에 재투자한다"는 선언이 나왔다.[231] 기금(fund)이란 영국에서 국채증서를 가리키는 말이었다. 곧 증권(security), 연금(annuity)이라는 말도 같은 뜻으로 쓰이게 되었다.

네덜란드가 영국 국채를 대량 매입한 것을 어떻게 설명할 수 있을까? 항상 그렇지는 않으나 대개는 네덜란드의 이자율보다 영국의 이자율이 더 높았다. 그리고 영국의 국채는 암스테르담의 공채와 달리 세금을 내지 않았다는 것도 장점이었다. 또 네덜란드는 영국에 대해 무역수지에서 흑자를 보고 있었다. 런던에 진출한 네덜란드의 상사로서는 영국의 국채가 손쉽게 투자할 수 있고 또 쉽게 자금을 동원할 수 있는 유리한 투자처였다. 어떤 상사는 국채투자의 소득을 다시 국채에 재투자하기까지 했다. 이 세기 중반부터 암스테르담의 화폐시장은 런던과 한 덩어리처럼 결합되었다. 두 곳 모두에서 영국 국채에 대한 투자는―현찰투자이든 선물투자이든―네덜란드 동인

이 전쟁은 계속해서 오스트리아 왕위 계승 전쟁(1740-1748)으로 이어졌다. 1738년에 로버트 젠킨스라는 선장이 영국 하원의 소위원회에 나타나 자신의 잘린 귀를 보이면서 복수할 것을 요청한 사건이 발단이 되었다. 그는 1731년에 서인도 제도에서 스페인 군사들이 그의 배에 올라와 약탈을 자행하고 배를 난파시켰다고 주장했다. 이것이 곧 영국의 여론을 들끓게 했고, 당시 월폴 정부에 반대하는 하원의원들이 이를 정치적으로 이용했다.

도회사 주식에 대한 투자보다 훨씬 더 활발하고 다양했다. 이런 움직임들을 단순한 하나의 도식에 맞추어 설명하기는 어렵지만, 대체로 암스테르담은 자신의 단기 크레딧 작업의 균형을 맞추기 위해 영국 국채시장을 병행해서 이용했다. 심지어 네덜란드인들이 영국 국채의 4분의 1 내지 5분의 1 정도를 소유한 적도 있다는 주장까지 나왔다. 그러나 이것은 과장일 것이다. "런던의 모든 은행가가 말하는 바에 의하면 외국인이 영국 국채의 8분의 1 이상을 소유하고 있지는 못하다"라고 이사크 데 핀토는 말했다(1771).[232]

그런 것은 중요한 문제가 아니다. 네덜란드의 출자인만이 아니라 프랑스, 스위스, 독일 등지의 출자인들의 희생 위에서 영국의 위대함이 만들어졌다는 것은 결코 놀라운 일이 아니다. 16-17세기에도 피렌체, 나폴리, 제노바의 공채는 외국 출자자들이 없었다면 그렇게 큰 활력을 띠지 못했을 것이다. 1600년경 라구사인들은 이런 공채로 30만 두가드를 소유했다.[233] 자본은 국경을 우습게 여긴다. 자본은 안전성을 찾아서 이동한다. 그렇다면 영국의 위대함을 확보해준 것이 이 체제 자체, 혹은 재정혁명 자체였는가? 영국인들은 결국 그렇다고 확신했다. 토머스 모티머가 지은 『각자가 자신의 중개인이다(Every Man His Own Broker)』라는 책의 제7판에서는 공공 크레딧이 "유럽의 여러 나라에 놀라움과 극도의 외경심을 주는 정치상의 항구적인 기적(standing miracle in politics, which at once astonishes and over-awes the states of Europe)"이라고 이야기했다[234]. 우리가 자주 인용한 바 있는 핀토의 1771년 책에서는 이 체제를 격찬했다.[235] 1786년에 피트는 "우리 나라의 활력만이 아니라 더 나아가서 우리 나라의 독립도 국채 문제에 달려 있다고 나는 확신한다"고까지 이야기했다.[236]

그러나 런던 주재 러시아 대사였던 시몰린은 국채의 이점을 충분히 이해하면서도 어쨌든 이것이 1781년 이후 "상상을 초월할 정도로 엄청난"[237] 런던의 물가고를 가져온 중요 원인이라고 보았다. 만일 영국이 당시에 전 세계를 지배하지 않았다면 국채 액수와 물가의 동시 상승은 완전히 다른 결과를 초래했을 것이다. 예컨대 영국이 장차 일대 도약을 하는 데에 명백한 기반을 제공하게 될 북부 아메리카와 인도에서 프랑스에 대해 확고한 우위를 차지하지 못했다면 말이다.

예산, 경기 국면, 국민생산

공공재정은 한 국가경제 전체 속에 놓고 볼 때에만 이해할 수 있다. 그러나 우리는 구체적인 수치, 명료한 재정, 또는 통제 가능한 경제와 같은 것들을 가지고 있지 않다. 이 모든 것이 모자라는 형편이다. 그 대신 우리는 예산(budget)에 관한 자료를 가지고 있다. 그러나 예산이라는 이 단어가 완전한 의미를 가지는 것은 19세기에 가서의 일이므로, 차라리 정부 수입과 정부 지출의 명세서라고 하는 것이 실제에 가깝다. 만일 우리가 자료를 문자 그대로 받아들인다면 너무 순진한 것이고, 이것을 완전히 무시한다면 경솔한 것이다.

우리가 가진 자료는 예컨대 13세기부터 1797년까지 베네치아의 빌란치(Bilanci : 결산서),[238] 1416-1477년 부르고뉴의 발루아 가문의 계산서[239] 같은 것들이다. 또 16-17세기에 스페인에서 가장 활기에 넘친 지역이었던 카스티야에 관한 수치들을 재구성할 수도 있다.[240] 이에 관한 문서는 시만카스에 있다. 우리는 영국에 관해서 꽤 완벽한 수치들을 가지고 있지만, 이에 대해서 엄밀한 비판 작업을 해야 한다. 프랑스에 대해서는 크기의 규모 정도만 가능하다.[241] 오스만 제국에 대해서는 연구가 진행 중이다.[242] 중국에 대해서는 상당히 의심스럽기는 하지만 어쨌든 수치자료가 있다.[243] 또 무굴 제국이나[244] 차르의 수입에 대해서는[245] 비망록이나 여행기 등에 포함되어 있는 약간의 자료가 있을 뿐이다.

그렇지만 재정 업무를 책임지던 사람들은 자기 나라에서 무슨 일이 일어나는지에 대해서 막연한 생각밖에 가지고 있지 못했다. 예산 예측의 개념은 아예 존재하지 않는 것과 마찬가지였다. 1523년 5월 1일 자로 프랑스 정부가 작성한 전반적인 재정 상태에 대한 분석—뒤늦은 것이기는 하지만 당해 연도인 1523년에 대한 예측 예산의 성격이었다—은 예외에 속한다.[246] 마찬가지로 17세기에 스페인 왕이 나폴리의 솜마리아(Sommaria : 재정예산위원회)에 대해서 예측 예산과 연말에 요약한 형식의 예산서를 보낼 것을 명령했는데[247] 이것 역시 예외적이었다. 마드리드 정부가 이렇게 합리성을 추구한 것은 나폴리 왕국의 재원을 가능한 대로 다 수탈하려는 욕구 때문이다. 심지어 나폴리 솜마리아의 참사원들에게 만일 명령을 시행하지 않는다면 직원들의 봉급 지불을 완전히, 아니면 반쯤 정지시키겠다는 협박까지 했다. 그런데 이 참사원들이 겪는 어려움은 말로 다 못할 정도였다. 이들의 설명에 의하면 무엇보다도 나폴리의 재정연도는 예산연도와 일치하지 않았다. 아브루치의 염세는 1월 1일부터 시작되지만, 칼라브리아 항구의 창고들에 대해서는 11월 15일에 시작되며, 견직물에 대한 조세 수취는 6월 1일부터 시작된다……. 마지막으로 이 왕국의 각 지역마다 조세가 다 다르다. 마드리드 측이 요구한 작업은 우리가 충분히 예상할 수 있는 바대로 시간 지체와 야단법석 끝에 수행되었다. 1622년의 예산 요약서는 1625년 1월 23일에 마드리드에 도착했고, 1626년의 것은 1632년 6월에, 1673년의 것은 1676년 12월에 도착했다. 이들이 이끌어낸 결론들 중에는 다음과 같은 주의할 점들이 들어 있었다. 징세청부업자들을 해고하지 말 것. 조세 수취를 국가 관리하에 두지 말 것. 국가 관리에 둔다는 것은 악마의 손에(in mano del demonio) 두는 것과 같으므로…….

프랑스의 사정도 똑같았다. 공공재정에 "복식부기 방식으로" 계산서를 검산한 것은 1716년 6월의 칙령이 있고 나서였다.[248] 그나마 이것은 지출의 감시에 관한 것일 뿐 사전에 그 지출의 방향을 잡는 방식과는 무관했다. 이 예산 집행에서 빠져 있는 것은 예측을 하기 위한 계산법이었다. 사람들은 지출의 리듬을 단지 유동자금 비율을 관찰하면서 조정했다. 국고의 잔고가 임계점(臨界點)을 나타내고 이것이 재정 활동의 진정한 스케줄을 만들었다. 우

리가 잘 아는 바와 같이 극적인 상황에 빠져 있던 1783년 11월 3일에 칼론*

이 재무총감에 취임했을 때 그는 몇 달이 걸려서야 재무 상태를 정확히 파악

할 수 있었다.

우리가 가지고 있는, 혹은 우리가 재구성한 이 불완전한 예산서들은 기껏

해야 "지표"의 역할만 할 뿐이다.

이 작업들을 통해 우리가 알 수 있는 것은 가격의 **상승** 국면에는 예산도

상승한다는 점이다. 대체적으로 국가는 물가앙등으로 손해를 보는 것이 아

니라 물가상승에 따라서 재정수입을 늘렸다. 그러므로 흔히 소득이 일반 지

표의 변동에 비해서 뒤지게 마련인 영주들에게 일어났던 일들이 국가에게는

일어나지 않았다. 따라서 어느 날의 수입은 과거의 수준에 묶여 있고 지출해

야 할 액수는 갈수록 늘어나서 궁지에 몰리는 일 따위는 일어나지 않았다.

이런 점은 프랑스의 재정에 관한 다음의 그래프에서 읽을 수 있다. 프랑스

에 관한 그래프가 같은 시대의 베네치아나 스페인에 관한 그래프들보다 사

정을 더 명확하게 보여준다. 그러나 르 루아 라뒤리는 랑그도크의 예를 들

어서 16세기에는 국가의 조세수입이 심각한 물가앙등을 좇아가지 못하다가

1585년 이후에 가서야 이런 사태가 해소되었다고 이야기했다.[249] 확실한 사

실은 17세기에 프랑스 정부의 조세수입이 늘었다는 점이다. 만일 여기에서

콩종크튀르가 주도적인 요소였다면 조세수입은 물가의 하락과 함께 감소해

야만 했다. 그런데 실제로는 리슐리외가 집권했던 시기(1624-1642)에 조세

수입이 두세 배나 늘어나서 마치 이 어려운 시기에 오직 국가만이 원하는 만

큼 소득을 올릴 수 있는 "우량 기업"인 것 같았다. 리슐리외는 그의 『정치적

---

* Charles-Alexandre de Calonne(1734-1802) : 프랑스의 정치가. 지방의 고등법원의원과 지사로
  일했고 탁월한 능력을 인정받아 1783년에 정부의 재정 문제를 다루기 위해서 발탁되었다. 네케
  르가 사임한 직후였다. 그는 우선 정부 차입 등 긴급한 정책을 쓰다가, 경제 및 재정의 위기를 타
  개하기 위한 근본적인 해결책을 마련하기 위해 1785년에 급진적인 개혁안을 제시했다. 지방행
  정의 통합, 조세 부담의 공평화 등의 내용은 1787년에 그가 소집한 삼부회의 격렬한 반대에 부
  딪혔고 그후 그는 사임했다.

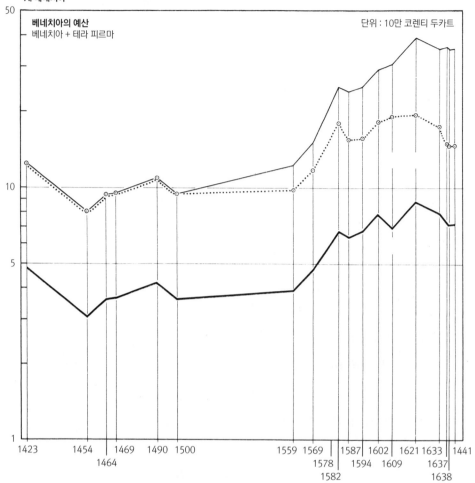

A. 베네치아

50

베네치아의 예산
베네치아 + 테라 피르마

단위 : 10만 코렌티 두카트

10

5

1

1423　1454　1469　1490　1500　　　　　1559　1569　1587　1602　1621 1633 1441
　　　　1464　　　　　　　　　　　　　　　　　1578 1594 1609　　1637
　　　　　　　　　　　　　　　　　　　　　　　1582　　　　　　1638

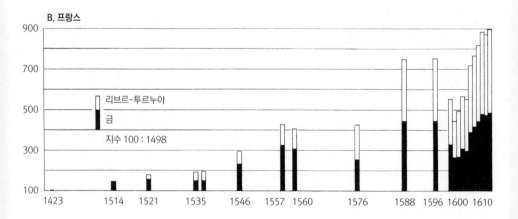

B. 프랑스

900

700

500

리브르-투르누아
금

지수 100 : 1498

300

100

1423　1514　1521　1535　1546　1557 1560　1576　1588　1596 1600 1610

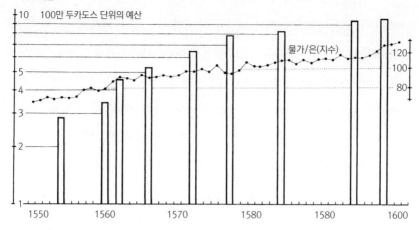

C. 스페인

100만 두카도스 단위의 예산

물가/은(지수)

29. 예산은 콩종크튀르를 따라간다

A. 베네치아의 예산은 시, 테라 피르마, 제국 등 삼중으로 되어 있다. 그중 제국 예산은 흔히 추정에 의한 것이라 생략했다. 세 개의 선은 베네치아와 테라 피르마의 수입 총액을 나타낸 것으로, 각각 명목액수(코렌티 두카트), 금으로 표시한 액수(제키니 화), 은으로 표시한 액수(10만 톤의 은 단위) 등이다. (제마 미아니, 주로 일반 예산[Bilanci generali]에 근거)

B. 프랭크 스푸너가 작성한 프랑스에 관한 수치는 제한된 가치를 가진다. 이것은 리브르 투르누아 화로 표시한 것과 금으로 계산한 것의 두 가지이다. 비록 불완전하기는 해도, 예산의 콩종크튀르가 물가의 콩종크튀르와 연관되어 있음을 보여준다. (페르낭 브로델, 『펠리페 2세 시대의 지중해와 지중해 세계』(이하 『지중해』), 제2권, 1966, p.31)

C. "물가/은" 지수는 얼 해밀턴에게서 따온 것이다. 예산은 100만 카스티야 두카도스 단위로 추산했는데, 이것은 명목화폐로서 해당 시기 동안 가치의 변동이 없었다. 예산 추계는 알바로 카스티요 핀타도의 미발표 연구에서 따온 것이다. 이 경우에도 수입에 관한 계산이 불완전하지만, 물가의 콩종크튀르와 재정수입의 움직임 사이의 일치가 앞의 경우들보다 훨씬 뚜렷하다. 우리가 만들어본 것과 유사한 임시적인 그래프는 시칠리아, 나폴리 왕국, 오스만 제국에 대해서도 쉽게 시도해볼 수 있을 것이다. 실제로 오스만 제국의 경우는 오메르 루트피바르칸 연구진이 시행 중이다. (페르낭 브로델, 『지중해』, 제2권, 1966, p.33)

유언(*Testament Politique*)』에서 "염세 하나만으로도 마레 지역*은 스페인 국왕이 가지고 있는 인도 제도와 같은 비중을 차지한다"고 한 역대 재무총감들**의 말을 상기시키지 않았던가?[250)]

---

* Marais : 마레 브르통(Marais breton)을 가리키는 듯하다. 루아르-아틀란티크와 방데 지역에 있는 대서양 연안의 습지 지역이다. 간척사업 이후 현재는 농경과 목축을 많이 하지만 아직도 일부 지역에서는 소금을 생산한다.

** surintendants des Finances : 프랑스의 앙시앵 레짐 시기에 재정에 관한 행정의 최고 책임자. 모든 관련 직책의 관리에게 명령을 내리고 업무를 총괄했다.

여러 특이한 상태들을 설명해줄 연결고리는 조세 총액과 국민생산 사이의 비율이다. 베네치아에 대한 계산에 따르면[251]—물론 베네치아는 아주 특별한 경우이다—조세 총액은 국민총생산의 10-15퍼센트로 보인다. 따라서 1600년경에 베네치아의 조세수입이 120만 두카트 정도이므로 국민총생산은 800만-1,200만 두카트 수준이 될 것이다. 내가 베네치아 역사의 전문가들과 이에 대해서 토론해본 결과, 국민총생산에 관한 이 수치는 너무 낮은 것으로 보인다. 그렇지 않다면 베네치아의 조세 압력이 지나치게 높았을 것이다. 어쨌든 독자들을 지나치게 번잡한 계산과 토론에 끌어들일 필요 없이 분명히 이야기할 수 있는 것은 베네치아보다 넓은 영토를 가지고 있고 도시화가 덜 되어 있는 국가의 경우에는 위에서 언급한 비율이 훨씬 낮아서 아마도 5퍼센트 정도의 수준이리라는 점이다.[252] 그렇다면 영토 국가는 지나치게 비좁은 도시국가에 비해서 재정 압박이 덜 심하기 때문에 팽창하는 데에 유리하지 않았을까? 그러나 이 모든 것은 추측에 불과하다.

만일 역사가들이 여러 나라에 대해서 똑같은 계산을 해본다면, 상호 비교를 통해서 국민총생산의 동향을 짐작해볼 수 있는 방법이 있지 않은지 검증이 가능할 것이다. 그런 작업 없이 현재의 경제성장에 대한 연구에서 차용해 온 모든 설명과 분석들을 과거에 그대로 적용시켜보겠다는 것은 환상에 불과하다. 왜냐하면 모든 것은 국민총생산의 총량과 대조해서 비교하고 측정해야 하기 때문이다. 예컨대 최근에 한 역사가가 15세기 서유럽에 대해서 전쟁 지출은 국민소득의 5-15퍼센트 사이에서 등락을 계속했다고 주장했는데, 이것만으로도—엄밀하게 검증할 수는 없고 단지 어렴풋이 짐작만 하는 것이라고 하더라도—이 오래된 문제에 한 줄기 빛이 비쳤다고 할 수 있다.[253] 대체로 보아서 이 먼 과거의 시대에 5퍼센트는 보통의 예산 비율이고, 15퍼센트는 오래 계속되면 파국을 불러올 정도로 지나치게 큰 비율이기 때문이다.

재정가

일찍이 재정가(financier)가 각별한 지위를 차지한 것은 재정체제와 행정조직 모두가 불완전하기 때문에 거듭 차입에 의존해야 했다는 사실로 설명할 수 있다. 재정가들은 자본주의 내에서 따로 중요한 한자리를 차지하고 있으며 국가와 단단히 그리고 긴밀하게 연결되어 있었다. 앞 장에서 재정가들의 문제를 다루지 않은 것도 이런 이유에서이다. 우선은 국가를 먼저 설명해야 했기 때문이다.

우선 그 용어부터 불명확한 데가 있다. 지난날에는 재정가라는 말이 곧 은행가(banquier)를 지칭하지는 않았다. 원칙적으로 재정가는 국가의 돈을 다루는 사람인 반면, 은행가는 우선 자신의 돈과 고객의 돈을 다루는 사람이다. 그러나 이런 구분은 무의미하다. 그리고 **공적** 재정가(financier public)와 **사적** 재정가(financier privé)의 구분도 마찬가지이다.[254] 사실 그 어느 재정가라고 해도 단지 재정업무만 맡는 사람은 없었다. 이들은 언제나 은행업을 비롯한 다른 업무들을 함께했고 이 다른 업무라는 것들은 흔히 아주 크고 다양한 전체 업무에 섞여 있었다.

이런 사정은 언제나 비슷했다. 샤를 7세의 재무관이었던 자크 쾨르는 동시에 상인이기도 하고 광산 경영인, 선박 의장업자이기도 했다. 이런 자격으로 그는 에그-모르트로부터 레반트 무역을 활발하게 수행함으로써 베네치아의 독점을 깨려고 했다. 자크 쾨르에 관한 재판 기록은 그의 수많은 사업과 기업들에 대한 아주 긴 목록을 제시한다.[255] 그후에도 프랑스의 재정의 역사를 통해서 많이 등장하는 "징세청부업자(traitant)", "징세청부단원 (partisan)", "사업가(homme d'affaires)" 등으로 불리는 재정가들도 공공재정 업무에는 반쯤밖에 간여하지 않았다. 이들은 국왕에게 봉사하는 은행가들이지만 동시에 무엇보다도 자기 사업을 운영하는 은행가들이었다. 이들이 대부해주는 돈은 결국 어디에선가 대부받은 것이므로 이들은 복잡한 크레딧 사업에 끼어들지 않을 수 없었다. 예를 들면 마자랭에게 봉사하는 이탈리아 출신의 재정가들인 세란 토레, 체나미, 콘타리니, 아이롤리, 발렌티 등이 다 이런 종류의 일을 했다. 마자랭 추기경은 이들을 제노바나 리옹에 배치시켰는데, 괜히 그렇게 한 것이 아니다. 이곳에서 이들은 위험이 따르기는 하지만 수익성이 좋은 환어음 업무에 끊임없이 매달렸다.[256] 그리고 프랑스에서 흔히 그랬던 것처럼 재정가들이 동시에 "재무관료들(officiers de finance)"이기도 했으므로 그들이 담세자들로부터 거둔 돈을 국왕에게 대부해주는 일까지 있었지만, 이들이 그와 같은 재무 대리인이나 대출인의 직에 만족하지는 않았다. 루이 15세 시대의 강력한 재정가 가문인 랑그도크의 카스타니에 가문을 예로 들어보자.[257] 이들은 스페인 왕위 계승 전쟁 때부터 부를 모으기 시작했다. 이 가문의 일부 사람들은 카르카손의 타유세 징수를 담당했고, 다른 사람들은 인도회사의 이사였으며, 그들의 아들과 조카들은 툴루즈 고등법원의 의원이었다가 이후에 정부의 대신이 되었다. 카르카손에는 카스타니에 가문의 매뉴팩처들이 있었고, 파리에는 이 가문의 은행이 있었다. 카디스와 바욘의 선박 의장업자들은 카스타니에 가문의 지휘하에 있었다. 로 체제가 작동하던 시대에는 암스테르담에 카스타니에 은행이 있었다. 후기에 뒤플렉스는 그의 인도 사업을 추진하기 위해서 카스타니에 가문으로부터 자금을 빌렸다. 그 외에 쇼시낭-노가레가 18세기 전반의 "상인-은행가-기업가-의장업자-재정가"라고 부른 사람들의 예로는 지이 가문과 크로자 가문이 있다. 국왕에 대한 가장 중요한 대출인 중의 하나이며, (사뮈엘 베르나르와 함께) 인도회사의 재건을 바라던 앙투안 크로자는 네그르 곶(cap Nègre) 회사의 설립, 기니 회사, 아시엔토 계약(스페인령 아메리카에 흑인 노예를 도입하는 것), 남해회사 등에 참여했다. 다시 말해서 프랑스의 모든 국제 사업에 참여한 셈이다. 게다가 1712년에는 루이지애나 무역의 독점권도 획득했다.

그러나 재정가가 자기 나라에 자금을 대주는 것이 아니라 외부의 다른 국왕 및 다른 국가에 서비스를 공여하게 된다면 사정은 달라진다. 이것은 다른 성격의 직업이며 더 품격 있는 직업일까? 1778년에 그렇다고 주장한 한 증인이 있는데 이것은 네덜란드의 입장을 대변한다. "예전에 이탈리아가 프랑스에 선사한 파괴적인 기술과 재정가의 기술을 혼동해서는 안 된다. 그 파괴적인 기술은 과거에 '징세청부단원(partisan)', '징세청부업자(traitant)', '간접세 징세청부인(fermier)', 혹은 영국의 '징세중개인(expedient person)'과 같은 사람들을 만들었는데 이들의 능숙함에 대해 한때는 사람들이 찬탄했지만 사실 모든 계몽된 정부는 이들을 축출해야 한다."258) 이와 같은 국제적인 성격을 가지는 "품격 있는" 재정가들은 18세기에 제노바, 제네바 그리고 암스테르담 등지에서 활약했다.

암스테르담에서는 17세기 말부터 대상인과 은행가-재정가 사이에 구분이 생겼고 한번 틈새가 벌어지자 그 간격이 곧 크게 넓어졌다.259) 암스테르담 화폐시장으로 많은 사람이 돈을 빌리러 몰려왔기 때문이다. 국채를 발행해서 국가가 거액을 빌린 첫 번째 사례는 "1695년에 되츠 회사에서 150만 플로린을 빌려간 오스트리아이다."260) 이 사업 분야는 대규모 거래를 하는 "상관(商館, comptoir)"만이 아니라 그 배후에서 수많은 브로커와 하청업자들이 구전을 받고 증권과 채권을 일반 대중 투자자들에게 연결해줌으로써 빠르게 발전했다. 공채 발행이 "마감되면" 채권은 거래소로 넘어간다. 그러면 가격을 오르게 만들고, 대개 유리한 특정 조건으로 구입한 이 채권들을 액면가 이상으로 팔아서 현찰을 얻은 다음, "지난번 채권의 일부를 아직 남겨서 가지고 있지 않은 조건에서" 다시 그와 비슷한 작업을 되풀이하고는 했다. 예카테리나 2세에 대한 대부업체로서 데 스메트 회사를 계승한 거대한 헨리 호프 은행이 1787년과 1793년 사이에 러시아에 300만 프랑씩의 대부를 19번—그러므로 총액이 5,700만 프랑에 이른다—성사시킨 것도 이런 방식이었다.261) 판 딜런은 러시아가 튀르키예의 세력을 잠식하면서 흑해 연안까지 팽창한 것은 네덜란드 돈으로 이룬 일이라고 주장했다. 호후어르와 호네카 회사, 베르브뤼헤와 홀, 피조와 흐랑트 회사, 데 스메트 회사와 같은 다른 기업들도 이처럼 거의 유럽 전체가 관심을 가지고 있는 공채 사업에 참여했다. 그러나 이것이 비록 쉬운 사업이라고 해도 몇 번의 파국적인 사건이 일어났다(이런 것이 사업상의 위험이 아니겠는가). 1736년에 슐레지엔을 담보로 오스트리아가 발행한 공채는 프리드리히 2세가 슐레지엔을 점령함으로써 가격이 폭락했다. 1780년 이후 체결된 프랑스의 공채 역시 파탄에 빠졌다.

이상에서 언급한 암스테르담의 금융 왕국은 그 자체가 새롭지는 않았다. 일찍이 중세부터 한두 나라에서 지배적인 위치에 있던 재정가 집단은 유럽 전역에 서비스를 공여하고 있었다. 나는 푸거 시대에 고지 독일의 대상인에게, 그리고 1552-1557년 이후에는 제노바의 대상인에게 지배되던 스페인이나, 수 세기 동안 능숙한 이탈리아 상인에게 포로처럼 사로잡혀 있던 프랑스, 루카와 피렌체의 대출 은행가의 지배를 받던 14세기의 영국 등에 대해서 길게 설명한 바 있다. 18세기에 프랑스는 마침내 신교도 은행의 인터내셔널에 예속되었다. 같은 시기에 독일에서는 궁정 유대인(Hofjuden)이 성공을 거두어서 프리드리히 2세도 어려워하던 국왕 재정의 기능과 발전을 도왔다.

흔히 그렇듯이 영국은 예외적인 사례이다. 영국 정부는 재정을 다시 수중에 장악함으로써 이전에 프랑스에서 그랬던 것처럼 크레딧 시장을 지배하던 금융업자들의 간섭을 배제해버렸다. 그래서 국가의 자본의 일부를 교역이나 은행업과 같은 사업으로 되돌릴 수 있었다. 그러나 공공신용은 과거의 재정 세력을 완전히 배제하지는 못했다. 일찍이 공채체제가 일반화되어서 단기적이든 장기적이든 일반 대중에게 공개되었다. 딕슨의 훌륭한 연구는 여기에 참여한 사람들의 목록을 보여준다. 그것은 사회의 상층부터 하층에 이르기까지 모든 계층의 사람들을 망라하고 있다. 그러나 동시에 그는 이렇게 표면적으로는 공개되어 있는 듯하면서도 배후에는 투기사업에 능숙한 상인 및 재정가들의 소집단이 국가의 대부 과정을 장악함으로써, 말하자면 일반 공개 현상에 복수를 하고 있다는 사실을 어렵지 않게 보여주었다.[262] 우선 수많은 소액 투자가들의 투자액을 다 합쳐도 투자 총액의 일부만을 차지했다는 점을 지적할 수 있다. 다음으로 돈을 주무르는 사람들은 암스테르담에서 그런 것과 마찬가지로 단지 투자가들의 모집에 만족하는 것이 아니라 자기 계정으로 엄청난 채권 다발을 구입하고 이것을 거의 그 즉시로(어떤 때는 심지어 대장을 마감하기도 전에) 투기로 돌리는가 하면 새로 돈을 빌려서 바로 앞의 채권에 대해서 투기를 하기도 했다. 존 버나드 경은 의회에서 그가 경멸적으로 청부업자(undertaker)라고 부르는 사람들이 국가 재정 업무를 가로채가는 독점을 비난하여 마침내 1747-1748년의 국채는 중간의 재정가들을 배제하고 직접 일반 대중에 공개하게 만들었다. 그러나 투기업자들은 이 새로운 응모체제를 우회하는 방법을 어렵지 않게 찾아냈고 또 국가로서도 국채를 성공적으로 발행하기 위해서는 이 전문가들 없이는 안 된다는 것을 다시 확인하게 되었다.[263] 그래서 토리 당원들이 재정가 집단을 공격한 것은 상당한 근거가 있기 때문이지, 단지 주류에서 배제된 사람들의 무지와 편견에서 나온 결과로만 볼 수는 없다는 것이 딕슨의 결론이다.[264]

징세청부업자에서 총괄 징세청부회사로

프랑스 왕국은 재정 업무를 "국영화하는(nationaliser)" 데에 실패했다. 테레 신부, 튀르고, 그리고 특히 네케르 등 몇몇 사람의 노력이 있었다고는 하지만 그밖에는 그런 시도를 진지하게 한 적이 아예 없었을 정도이다. 이 왕국은 결국 그 때문에 사망했다. 프랑스 혁명이 초기에 재정 개혁에 성공한 이유는 그 어려움이 사회질서와 제도에 관련된 것이었기 때문이다.[265] 프랑스 왕정이 안고 있던 재정 문제에서 중요한 점은 수입과 지출의 균형이 맞지 않는다는 문제보다는—물론 이 문제도 중요하지 않은 것은 아니다—수 세기 동안 사적인 이해가 우선시되었던 체제의 구조 문제라고 한 보셔(1970)의 말은 타당하다.

사실 프랑스는 공공재정, 그리고 중앙집권화된 체제라는 것이 없었다. 그러므로 통제와 예측이 불가능했다. 모든 기구는 정부의 통제에서 벗어나 있었다. 재정은 따라서 조세수입, 납부금, 차입금 등이 정부에 확실히 들어오도록 보장해주는 중간 매개자들에게 의존했다. 이 중간 매개자들이란 파리나 리옹과 같은 도시들(파리 시청 보증채권을 생각해보라), 각 주의 지방 삼부회, 성직자 회의, 간접세를 걷는 징세청부업자, 직접세를 만지는 재무 공무원 등을 말한다. 만일 오늘날 프랑스 은행과 그 명령을 받아 움직이는 수많은 세무 공무원, 감사관, 그리고―아마도 너무 방대하고 자신의 이해만을 지키려는 성향이 있기는 하지만―리볼리 거리에 있는 행정기구들이 없다면 프랑스의 재무성이 어떻게 될지 상상해보라. 만일 모든 기구들이 자영업자 내지는 반(半)자영업자들의 수중에 들어간다면? 예전의 왕정이 바로 이런 상태였다. 이 왕정은 사실 100여 개에 달하는 개별적인 금고를 사용하고 있었다. 국왕 재무회계(Trésorerie royale)는 원칙적으로 중앙집권화되어 있지만 이것은 기껏해야 국왕 수입의 절반밖에 다루지 못했다.[266] 국왕이 돈이 필요하면 그중 어떤 특정한 금고에 지출을 명령하는 식인데, 속담이 말해주듯 이 "일전 한 푼 없는 곳에서는 국왕도 권리가 없었다." 심지어 핵심적인 직접세 세원(稅源)을 통제하는 징세관들 및 총징세관들도 그들의 직위를 돈으로 구매한 후 타유세, 20분의 1세, 인두세 등의 명목으로 국고에 들어가야 하는 금액을 국왕에게 빌려주는 정도였다. 이들은 독립성을 유지하고 있고 그들 자신의 사업을 가지고 있었다.

그리하여 프랑스 왕국은 마지막 순간까지 개인의 이익 추구에 좌우되었다. 자크 쾨르로부터 상블랑세*와 니콜라 푸케, 나아가서 존 로에 이르기까지, 가차 없이 처벌을 받은 재정가들에게 연민이 느껴지기도 한다. 그러나

---

* Jacques de Beaunne, baron de Semblançay(1445-1527) : 브르타뉴의 안(Anne de Bretagne, 브르타뉴 공작령 계승자)의 재무관, 랑그도크 재무총감, 투르 시장 등을 역임했고, 루이 12세에 의해서 기사로 서임되었으며, 사부아의 루이즈의 재산을 잘 관리한 덕분에 상블랑세 남작령을 얻었다. 그후 프랑수아 1세 때 훗날의 재무총감에 해당하는 직책을 맡았으나, 이탈리아 전쟁 중에 자금 조달을 잘 못했고 이것이 패전의 한 원인이 되었다. 그리하여 1527년에 체포된 뒤 독직죄로 교수형을 당했다.

임시 조사위원회가 만들어지고 이곳에서 진상 조사를 하여 공금을 다루는 몇몇 사람들에게 일부 독직죄를 돌리는 그 순발력 있는 효율성은 인정하지 않을 수 없다. 이런 조사위원회는 모두 14번 열렸는데, 16세기에 8번, 17세기에 5번 그리고 마지막으로 루이 14세가 죽은 후 1716-1717년에 1번 열렸다.[266)] 남아 있는 문서를 살펴보면 당시 공공재정 상태가 어떠했는지, 또 징세청부업자(traitant, 조세*를 취급하는[traiter] 사람)와 징세청부단원(partisan, 몇몇 사람들이 단체를 이루어서[en parti] 일정 금액을 국고에 미리 예치한 다음 조세를 걷어 그중의 일부를 차지하는 사람)과 같은 중간 매개인들이 어떤 사람들인지 파악할 수 있다.[267)]

재무상인 푸케의 재판과 관련된 1661년의 조사위원회는 이 체제의 메커니즘과 거대한 하부조직을 생생하게 보여준다.[268)] 우리는 230명의 징세청부단원들을 알 수 있는데 모두는 아니라고 해도 거의 태반이 기소되었다. 따라서 루이 14세의 통치 초기인 이때에는 200-300명의 재정가들이 있었고 이중 가장 부유한 74명이 주도권을 잡고 있었다는 점을 알 수 있다. 언제나 그렇듯이 이런 소수가 도당을 형성하고 있었던 것이다. 이 인물들은 협약, 결혼, 결사 등으로 서로 연결되어 있거나 가까운 관계를 맺고 있었다—이들은 진짜 로비 세력이었다. 곧 콜베르의 로비 세력이 적들을 제거하면서,[269)] (구체적인 과정은 생략하겠으나) 특히 콜베르 자신이 원래 속해 있었던 마자랭 집단을 제거하면서 승리를 거두었다. 이 재정가들에 대해서 일반 대중들은 미천한 출신의 사람들이 출세한 것으로 보려고 하지만 사실 이들은 모두 높은 신분 출신이었다. 신원을 확인할 수 있는 230명 중에서 176명이 귀족 출신이며(따라서 전체의 76.5퍼센트를 차지한다), 그들이 다루는 조세 액수로

---

* 원문에는 '드루아(droit)'와 '앵포(impôt)'의 두 가지를 언급하고 있다. 드루아 또는 '탁스(taxe)'는 국가나 공공단체가 개인에게 일정한 반대급부를 해준 대가로 요구하는 납부금을 말한다(예를 들면 등록세의 경우 국가가 등록 등의 행정 업무를 하는 대신 그에 대한 비용을 요구한다). 이에 비해서 앵포는 그와 같은 반대급부가 없이 요구하는 것을 말한다(예컨대 국가나 지방 공동체의 방위를 위한다는 명목으로 각 개인이나 단체, 혹은 재산에 일정액을 부담시킨다).

볼 때 최고 수준에 있는 74명 중에 65명이 "국왕의 비서관들"이었다(이들 중 3명은 신원이 분명하지 않다).

이것이 우선 지적할 수 있는 놀라운 점이다. 이른바 미천한 출신이라고 이 야기해왔던 이 사람들이 사실은 아주 오래 전부터 귀족의 반열에 있었고 또 오래 전부터 국왕에게 봉사하고 있었다는 점이 그것이다. 이들이 처음 성공 을 거둔 것은 이런 영역에서였지, 상품을 다루는 영역이 아니었다. 이들에 게는 국왕에 대한 봉사가 성공으로 가는 길이었다. 만일 이들이 내부 정보 를 얻지 못했다면 어떻게 사업을 이끌어갔겠는가? 두 번째 놀라운 점은 이 들이 국왕에게 대부해준 현찰화폐가 이 왕국의 대귀족 지주가 공급한 돈이 라는 점이다. 푸케의 재판이 상층사회를 불안하게 만들었던 이유는 혹시 이 재무상이 모든 것을 불지 않을까 하는 우려 때문이었으나 정작 푸케 자신은 아무 말도 하지 않았다. 침묵을 지키라는 조심스러운 충고—예컨대 마자 랭 자신도 유언장에서 재산의 뿌리를 뒤지지 말 것이며, 그의 대리인들의 장 부와 음모들을 백일하에 끌어내지 말 것을 충고했는데, 이것은 결국 국가의 재산이기 때문이라는 것이다—에도 불구하고 우리는 극도로 부유한 사람 들을 알고 있다. 여기에서 국가이성*은 훌륭한 알리바이이다. 그러나 우리는 모든 대귀족이 이 국왕 재정 스캔들에 연루되어 있다는 것을 알 수 있다. 이 스캔들이 터졌다면 귀족들은 흙탕물을 뒤집어쓰고 위험에 빠졌을 것이다.

따라서 이 귀족들이 징세청부업자 가문들과 관계를 맺는 것은 그들의 사 회적 관계 때문이다. 귀족 자본주들의 부는 "징세청부업자들의 부와 비슷하 거나 더 크다. 징세청부업자의 부에 대해서는 사람들이 약간의 날조를 해가 면서 크게 불려 이야기하고는 한다." 따라서 다니엘 데세르의 결론에 따르 면 "이들 간의 결혼은 더 이상 돈과 유구한 명성을 교환하는 흥정이 아니라

---

* ragione di stato : 흔히 '레종 데타(raison d'État)'라는 프랑스어 단어를 쓰지만 마자랭이 이탈리아 출신이라는 점을 감안하여 이탈리아어로 '라조네 디 스타토'라는 말을 썼다. 국가이성이란 국가 의 존립과 팽창의 욕구를 의미한다.

자본과 자본의 결합이었다." 그래서 루이 14세가 직접 통치하기 시작한 초기부터 귀족은 사업계에서 멀리 떨어져 있지 않았다. 심지어 이들이 가장 높은 수익성을 확보한 것으로 판명되기도 했다. 앙시앵 레짐 말기까지 국왕 재정에 관한 사업은 이득이 많은 영역이었으며 이곳이야말로 활력에 찬—비록 우리가 보기에 질이 좋지는 않았지만—자본주의가 정착한 곳이었다.

우리가 1661년의 자료를 통해서 파악한 이 체제는 아마도 아주 오래 전부터 존재했던 것으로 보인다. 이것은 아주 먼 과거의 산물이다.[270] 과거가 이것을 앞으로 밀어냈다. 특권 사회의 한복판에 자리 잡은 이상 이것을 어떻게 변경하겠는가? 지배계급을 살찌우던 지대(地代)가 그 고상한 거처에서 내려와서 이 나라의 경제생활에 새로 재투자된 것은 많은 부분 징세청부업자가 국왕에게 자금을 대부해준 덕분이다. 시간이 갈수록 이 체제는 더 굳어져 갔고 어떤 점에서는 제도화되어갔다. 콜베르의 시기인 1669년부터는 일종의 신디케이트(syndicat, 증권업계에서 이야기하는 "자본가들의 모임"이라는 뜻에서)가 등장했으며 이것은 여러 종류의 조세를 걷는 일을 담당했다. "그렇지만 진짜 총괄 징세청부업이 시작된 것은 1680년에 소금세(gabelles), 상납금,* 유통세(domaines), 관세,** 입시세(入市稅, entries) 등을 하나로 묶은 포코네 청부계약(bail Fauconnet) 이후이다."[271] 이것은 실질 징수액이 6,300만 리브르를 넘었다. 최종적인 형태는 그보다도 훨씬 뒤인 1726년에 형성된 총괄 징세청부회사이다. 이것은 제철이 약간 지난 과일과 같아서, 담배라는 고수익의 독점사업이 이 회사의 영업 분야에 더해진 1730년에는 완전히 농익었다. 6년마다 소금세 징세청부계약을 체결하는데, 대개는 재무총감의 하인 한 명을 허수아비 하수인으로 내세워서 계약했다. 이 계약을 수행하기 위

---

* aides : 원래 중세에 봉건 신하가 주군에게 바치는 현찰 납입금이었으나 프랑스 국왕이 국토 수호 비용을 충당한다는 명목으로 삼부회를 통해서 걷기 시작한 세금이 되었다. 14세기 이후 정규적으로 과세했는데, 결국에는 포도주를 비롯한 일부 품목에 대한 소비세 형식이 되었다.

** traites : 프랑스 왕국으로 들어오거나 바깥으로 나가는 상품, 혹은 특정 주들 중에 한 주에서 다른 주로 이전하는 상품에 물리는 세금.

해 40명의 총괄 징세청부인들(fermiers generaux)이 보증을 섰다. 이들은 1인당 150만 리브르에 달하는 거액을 담보로 냈고, 그 돈에 대한 이자를 받았다. 이 돈은 국고에 들어가는 조세액 중에 첫 번째 납입금으로 충당된다. 그런데 그 액수가 크다는 사실 자체가 징세청부업자들이 그 직책에서 떨려나지 않게 해주었다. 이들을 쫓아내려면 이 돈을 지급해주어야 하고, 또 그만큼 부자인 다른 사람을 찾아 대체해야만 했다.

징세청부계약에 따르면, 우선 총괄 징세청부회사는 예상액수의 돈을 국왕에게 선불한다. 그러나 실제로 이 액수는 이들이 걷기로 되어 있는 다양한 조세 연수입에 비하면 적은 액수에 불과하다. 이 과정이 모두 끝나면 소금, 담배, 곡물, 또 모든 종류의 수출입에 대해서 거두어들인 세금 중에서 엄청난 액수의 돈이 이들 청부업자의 수중에 남는다. 물론 국가는 계약 때마다 실수입 액수를 늘려 갔다. 1726년 8,000만 리브르, 1738년 9,100만 리브르, 1755년 1억1,000만 리브르, 1773년 1억3,800만 리브르 등……. 그렇더라도 징세청부업자가 누리는 수익은 대단히 컸다.

이 거부들의 클럽에 아무나 들어오지는 못한다. 우선 이들 자신이 대단한 부자여야 하고, 재무총감의 인허가 필요하며, 대단한 명예로 내세울 만한 외양을 갖추어야 하고, 재정에 관련된 공직의 경력이 있어야 하고, 지사를 역임했거나 인도회사에서 일한 경험이 있어야 한다. 그리고 무엇보다도 이 클럽 회원들의 동의를 얻어야 한다. 총괄 징세청부인들은 직접적이든 간접적이든 여러 핵심적인 직책에 어떤 개인이 들어오는 것을 감시할 수 있고 사전에 준비시킬 수도 있으며 방해할 수도 있다. 성공으로 점철된 경력을 가진 사람들 중에서 처음부터 끝까지 추적이 가능한 사례들을 파헤쳐보면 이들은 모두 모종의 수를 쓰고, 미리 대기하고, 협잡하고, 보호를 구하고, 뇌물을 먹었다. 사실 총괄 징세청부회사는 결혼을 통해서, 그리고 오래된 것이든 새로운 것이든 친족 관계가 얽혀서 자손들이 서로 긴밀한 관계를 맺은 일종의 가족적인 파벌이었다. 만일 이 40여 대귀족 가문들(1789년에 정확히 44개

가문이었다)의 족보를 가계 간의 연결을 포함해서 엄밀히 연구해보면 "그러한 대조작업의 결과는 틀림없이 이 모든 가계들이 두세 개, 어쩌면 단 하나의 가계로 모일 것이다."[272] 여기에서 정말로 끈질기게 작용하는 소수 지배의 법칙 그리고 자본주의 활동의 구조적인 집중화 법칙을 다시 한번 확인하게 된다. 우리는 여기에서 돈을 소유한 귀족이 대귀족을 향한 상승의 문을 통과하고 있다는 것을 확인할 수 있다.

총괄 징세청부회사가 크게 번성한 시기는 대체로 1726년부터 1776년까지 약 반세기 정도의 기간이다. 이 연대는 매우 중요하다. 총괄 징세청부회사는 그 이전에 왕정이 한 조각 한 조각 쌓아서 만든 재정체제의 결과물이다. 왕정은 "관료(officier)"라는 간부직을 만듦으로써 재정이 크게 발달할 수 있는 기반을 마련했다. 가족제에서 기원한 강력하고 끈질긴 체제가 만들어지고 또 그것이 오래 지속되었다. 그러다가 로 체제가 만들어지면서 재정가들은 대단한 융성기를 맞이했다. "미시시피 회사"에 투자해서 큰 부를 획득한 사람들은 우연히 투기에 성공한 사람들이 아니라 재정 방면에서 활동하던 사람들이었다. 이때 프랑스 경제의 중심지가 리옹에서 파리로 이전했다. 지방민이 수도로 몰려와서 유용한 관계망을 결성하고 그들의 이익과 활동의 지평을 넓혔다. 이미 이야기한 바 있는 랑그도크만큼 이것을 잘 보여주는 예는 없을 것이다. 이 주의 인구는 왕국 전체 인구의 10분의 1에 불과했으나 이들은 파리에서 넓은 의미의 재정가(여기에는 군대 보급업자까지 포함된다) 가운데 최대 집단을 이루었다. 이들의 성공은 국가 전체 차원에서 볼 때 대단한 것이었다. 그러나 원래 프랑스의 역사는 모든 영역(전쟁, 문학, 정치……)에서 지방의 여러 주들이 돌아가며 하나씩 차례로 성공을 거두면서 전면에 나오는 식이 아니었던가?

물론 랑그도크가 프랑스 재정에 첫 번째 자리를 차지한 것이 우연은 아니다. 소금(페케 염전에서 생산된다)과 곡물, 포도주, 직물, 그리고 비단 등을 수출하면서 이 지역은 외부로 향했다. 이 지역이 가진 또다른 이점은 이곳의 사업가들이 가톨릭과 신교로 각각 절반씩 나뉘어 있다는 점이다. 낭트 칙령의 폐기로 인한 영향은 피상적인 것에 불과했다. 신교 측은 제노바(신교도가 중계지를 가지고 있었다), 제네바, 프랑크푸르트, 암스테르담, 런던 등 외부와의 연결을 담당했다. 가톨릭 사업가들이 과민한 종교적 감수성을 접어놓았다는 것은 자연스러운 일이다. 가톨릭과 신교도들의 연결은 국내외를 연결하는 경제적 필요에서 나왔다. 프랑스의 상업 중심지에서는 어디에서나 어쩔 수 없이 그렇게 되었다. 그러나 이 과정에서 결국 신교 측의 은행들이 프랑스 전체를 식민지화했다. 이 은행들은 여러 사업을 혼용하는 고도 자본주의의 역할을 했으며 그 규모가 프랑스 재정 규모보다 월등히 컸으므로 그 은행들이 프랑스 재정보다 우월해지고 그것을 피해가버렸다. 1776년에 네케르가 재무총감 직에 올랐을 때(그러나 이때에는 총감[contrôleur]이라는 직명은 그에게 주어지지 않았다) 이것은 프랑스 재정체제의 역사에서 하나의 전환점을 이루었다. 네케르는 총괄 징세청부회사에 적대적이었다. 그리하여 이 외국인[네케르는 스위스 출신이다/역주]은 내국인 금융 집단과 대립하게 되었다.

그러나 프랑스 재정 문제에서 불행했던 것은 이제 이 나라의 재정이 이전의 활발했던 투자 관습으로부터 멀어져갔다는 사실이다. 재정은 자신의 원래 활동무대로 되돌아갔고, 그러면서 기반을 상실해갔다. 이런 점은 **평범한** 파리인인 세바스티앙 메르시에와 같은 사람도 쉽게 관찰할 수 있었다. "특기할 일은 오늘날 재정이 옛날만큼의 수익을 가져다주지 않기 때문에 사람들이 재정에 달려들지 않는다는 점이다. 그렇지만 재정이 자신의 작업들을 유지하기 위해서 안간힘을 쓰고 있는 것을 보면 그 이익은 아직도 대단히 큰 것이 확실하다."[273]

총괄 징세청부회사는 프랑스 혁명이 일어나서 그 구성원들이 비극적인 최후를 맞을 때까지 지속되었다. 혁명력 2년의 플로레알, 프레리알, 테르미도르(1794년 제5-7월) 동안 이 사람들 중에 34명이 처형되었다. 이들의 과시적인 부, 대귀족과의 관계, 혁명 직전에 국가의 재정이 극도로 궁핍했던 사정 등이 이들을 기소한 원인이었다. 그러나 지방이나 파리의 많은 대상인과 은행가들은 자금을 숨겨두었다가 적당한 때에 "신체제"*를 위한 군납업자가 되거나 국가에 대한 자금 대부인이 되었다.

국가의 경제 정책 : 중상주의[274]

유럽 각국의 활동이 극히 다양하고, 또 특별하다 못해 서로 모순되는 요구들에 의해서 지배되는 터에, 이들 국가들이 언제나 똑같은 하나의 경제 정책을 가지고 있었다고 말할 수는 없다. 이 활동에 대해서 지나치게 명료하게 규정되어 있고 획일적인 모습으로 상상한다면, 실제로는 가능하지도 않았던 통합성을 여기에 부여하는 꼴이 된다. 중상주의의 방정식을 찾는다는 불가능한 작업을 추구했던 좀바르트가 바로 그런 일을 했다.

역사학자와 경제학자들에게 중상주의(mercantilisme)라는 말을 아예 쓰지 말라고 충고한 허친슨의 말이[275] 맞을지 모르겠다. 이 단어는 애덤 스미스가 1776년에 쓴 고전[『국부론』/역주]에서 공격한 중상적인 체제(mercantile system)라는 용어로부터 뒤늦게 만들어진 말인데 "사전에 나오는 -ism이 붙은 말들 중에서 가장 다루기 힘들고 모호한 말 중의 하나이다." 그렇지만 아무리 나쁜 명칭이라고 해도 이 말은 16-18세기 근대국가가 구체적인 문제들에 직면해서 펼쳐나갔던 일련의 활동이나 태도, 계획, 이상, 경험 등을 일목요연하게 보여주는 꼬리표이다. 우리는 이것을 통해서 근대국가가 이 시기에 개진했던 자기 주장을 찾아볼 수 있다. 결국 켈렌벤츠의 표현(1965)대로 "중상주의는 유럽 절대군주 시대의 경제 정책(그리고 더 나아가서 그 사고[思考])의 주요 방향이었다."[276] 아마도 절대군주라는 말보다는(사실 이 말은 잘못 쓰는 말이다) 영토국가라든지 근대국가라는 말이 더 나을 것이다. 이 국

---

* nouveaux régimes : 일반적으로 프랑스 혁명이 일어난 후 붕괴된 이전의 체제를 앙시앵 레짐(구체제)이라고 하는 것과 비교해서 혁명 이후의 체제를 누보 레짐(신체제)이라고 표현한 것이다.

가들이 근대성을 향해 발전해나간 것을 강조하게 되기 때문이다. 그러나 그런 발전은 상이한 길을 통해서 상이한 단계를 거치며 이루어졌다. 그리하여 "중상주의자들의 수만큼이나 많은 종류의 중상주의가 있다"는 역사가의 말이 틀린 것이 아니다.[277] 14세기에—어쩌면 그보다도 더 일찍, 프리드리히 2세가 경이롭게 시칠리아를 통치하던 13세기에[278]—시작되어 18세기까지 계속된 지나치리만큼 장기적인 이 중상주의는 쉽게 단정적으로 규정할 수 있는 통합적인 "체제(system)"가 아니었다(통합성이 있다면 애덤 스미스가 논적들을 공격하기 위해서 만들어준 것에 불과하다).[279]

정확한 연구를 위해서는 시대와 장소에 따른 구분을 해야 한다. 이미 리하르트 헤프케는 13세기부터 18세기까지의 기간에 대해서 전기(Früh-), 성기(Hoch-, 콜베르 시대), 후기 (Spät-, 1683년에 콜베르가 사망한 이후) 중상주의라는 구분을 한 바 있다.[280] 앙리 오제는 반대로 "콜베르 이전의 콜베르주의"라는 표현을 썼다.[281] 사실 중상주의는 근대국가가 가진 고집스럽고 이기적이고 쉽게 격렬해지는 추동력이었다. 그래서 다니엘 빌레는 국가 내지는 형성 중인 유사-국가가 만들어지면서 중상주의를 만든 것이 아니라 "국가를 만든 것이 중상주의자들"이라고 확신했다.[282] 중상주의는 어쨌든 쉽게 국가종교의 분위기를 자아냈다. 마리아 테레지아의 충복인 카우니츠 공*은 모든 관변 경제학자들에게 야유를 하는 뜻에서 자신이 "경제적인 무신론자"라는 말을 서슴지 않고 했다.[283]

민족주의가 흥기하면서 국경선을 따라 때로는 "폭력적인"[284] 방식으로까지 관세 장벽을 세우려는 때부터, 그리고 민족 이기주의가 느껴지기 시작하는 때부터 중상주의는 자신의 역할을 주장할 수 있었다. 카스티야는 1307,

---

* Wenzel Anton Kaunitz, Reichsfürst von Kaunitz-Rietberg(1711-1794) : 오스트리아의 정치가. 아헨 평화조약(1748)의 주역이며 유럽의 전통적인 외교관계를 역전시킨 주인공. 대대로 적대관계에 있던 프랑스와 동맹을 맺어 7년전쟁에서 프로이센과 싸웠다. 그러나 여기에서 오스트리아가 패배하자, 이를 동유럽에서 만회하기 위해 폴란드 분할에 참여하고 러시아를 압박했다.

1312, 1351, 1371, 1377, 1390년에 곡물과 가축의 수출을 금지했다.[285] 마찬가지로 프랑스는 미려왕 필리프 시대인 1305년과 1307년에 곡물 수출을 금지했다.[285] 더구나 13세기에 아라곤에서 항해조례(Acte de navigation)가 나왔는데 이것은 후일 영국의 항해조례(Navigation Act)*의 선조격이었다. 영국에서는 1355년부터 외국산 철의 수입을 금지했다.[286] 1390년부터는 고용에 관한 조례(Statute of Employment)를 통해서 외국인이 금이나 은을 영국 외부로 유출시키지 못하도록 하고 그들의 수익은 영국 상품으로 가져가도록 했다.[287] 그리고 이탈리아 도시들의 상업사를 면밀히 조사하면 그와 유사한 조치들을 수없이 찾아볼 수 있다. 그러므로 1651년 영국의 항해조례, 1664년과 1667년에 콜베르가 외국 선박들에 대해서 톤 수에 따라서 세금을 물린 조치, 또는 1724년에 스웨덴이 자국 선박의 권리를 확립하고 그럼으로써 지금까지 대서양 지역의 소금을 스웨덴으로 수송해오던 네덜란드 선박들을 배척하게 만든 물산조례(Produktplakat)와 같은[288] 고전적인 중상주의 조치들에는 새로운 내용이 하나도 없다. 스웨덴의 경우, 수입 소금의 양이 줄어들고 가격이 오르기는 했지만, 대신 경쟁이 강화된 결과 스웨덴 해상 세력의 발전에 도움을 주어서 곧 이 나라 배들이 전 세계의 해상을 누비게 되었다. 중상주의는 각자 자신의 이익을 추구하는 정책이라는 것만은 사실이다. 몽테뉴와 볼테르 모두 이 점을 이야기했다. 몽테뉴는 깊이 생각한 것은 아니고 단지 일반적인 표현으로 "한편이 이익을 취하면 다른 한편이 손해를 볼 수밖에 없다"고 이야기했지만, 볼테르는 더욱 직접적으로 "다른 나라가 손해를 보지 않는 한 우리 나라가 이익을 볼 수 없는 것은 확실하다"고 이야기했다(1764).

---

* 무역 수행을 자국 선박에 한정할 목적으로 제정한 법률. 본래 영국에서 해운 발전을 목적으로 만들었으나 결국 보호주의의 한 형태가 되었다. 14세기의 것은 선박의 부족으로 사실상 사문화되었고, 16세기 튜더 왕조 때의 것도 다른 나라의 보복으로 폐지되었다. 그후 1651년에 네덜란드를 겨냥해서 만들어진 것이 어느 정도 준수되었다. 이때에는 이 법이 적용되는 물품의 목록을 작성해서 시행했는데, 19세기 중반에 폐지되었다.

중상주의 국가들의 생각에, 이익을 보는 최상의 방법은 세계의 귀금속 중의 가능한 한 많은 부분이 자국에 유입되도록 만든 다음에 왕국의 외부로 빠져나가지 못하게 하는 것이다. 한 국가의 부는 귀금속의 양에 상응한다는 이 금언은 실제로는 다양한 경제적 결과와 영향들을 가진 정책으로 구성되어 있었다. 원료를 수출하지 말고 자국 내에 지킬 것, 그것을 가공해서 공산품을 수출할 것, 보호관세를 통해서 외국으로부터의 수입을 줄일 것. 이런 정책은 산업화를 통한 경제성장을 지향하는 것으로 보일지 모르지만 그와는 다른 동기에서 추진되었다. 이미 1603년 이전에 발표된 앙리 3세의 한 칙령은 매뉴팩처를 발달시키는 것은 "금과 은이 우리 나라 밖으로 나가서 이웃 나라들을 부유하게 만들어주는 일이 없도록 만드는 유일한 방도"라고 했다.[289] 브르노*의 변호사인 말리프스키는 1663년에 황제 레오폴트 1세에게 보냈던 두툼한 보고서에서 "합스부르크 제국은 국내에서 생산할 수도 있는 수입 상품들을 사기 위해 매년 수백만의 화폐를 외국에 내보내야 한다"고 썼다.[290] (1704년 9월) 르 포티에 드 라 에스트루아가 보기에 이 문제는 명쾌하고 단순했다. 만일 상품 수입을 통해서 수지 불균형이 생겼다면, "이 상품들은 [국민의] 사치와 관능적인 쾌락에만 사용될 뿐 국가를 부유하게 하지는 못한다. 왜냐하면 이 상품들은 결국 사용 후에 닳아서 사라지기 때문이다. 이와 반대로 수지 불균형이 은의 유입으로 귀결되었다면, 이 은은 사용해도 닳아 없어지지 않으므로 이 왕국에 그대로 남고 매일같이 갈수록 양이 증가하여 우리 나라를 부유하고 강하게 만들 것이다."[291] 이것을 좇아서 좀바르트는 "십자군 운동부터 프랑스 혁명까지" 국가와 은광(그리고 여기에 덧붙여서 사금 채취장) 사이에 긴밀한 상관관계가 존재한다고 보았다. 다시 말하면 은이 많을수록(나중에는 금이 많을수록), 국가가 강해진다(so viel Silber [später Gold], so viel Staat)![292]

---

* Brno : 체코의 남(南)모라바 주의 주도.

귀금속을 낭비해서는 안 된다는 생각이 국가의 강박관념이 되었다. 아르망 장 뒤 리슐리외는 금과 은이야말로 "독재자"라고 말했다.[293] 1669년 7월 1일 자의 편지에서,[294] 콜베르—유명한 재상 콜베르의 조카이며 알자스의 지사를 지낸 적이 있고 루이 14세의 런던 주재 대사였다—는 아일랜드에서 소를 수출하지 못하게 한 영국 정부의 결정에 대해서 논평했다. 이 결정으로 프랑스 전체와 특히 프랑스 상선단은 통에 담아서 파는 염장 쇠고기를 싸게 구입하는 공급로를 잃게 되었다. 그렇다면 이제 어떻게 할 것인가? "내가 알자스에 있을 때 [그곳의 푸주한들이] 했던 것처럼" 스위스와 독일에서 쇠고기를 수입해야 할 것인가? 그래야 할지도 모른다. "그러나 상선에 공급하는 용도이든 각 개인이 소비하는 용도이든 외국에서 싸게 사오는 것보다는 차라리 국내의 우리 신민들에게서 비싸게 사는 것이 더 나았다. 외국에서 사면 돈이 외국으로 유출되지만, 국내에서 사면 그 돈은 국내에 그대로 남고 그러면 국왕 전하의 신민이 그 돈으로 세금을 낼 수 있어서 다시 국고로 되돌아온다." 분명히 이 점은 모든 사람이 공통으로 느끼는 사항이었다. 이것은 그의 삼촌인 재상 콜베르가 말하는 데에서도 읽을 수 있다. "한 국가의 위대함과 힘은 그 나라가 소유한 은의 양으로만 잴 수 있다는 것에 대해서 모든 사람들이 공감한다."[295] 이보다 50년 전인 1616년 8월 4일에 돈 에르난도 데 카리요는 펠리페 3세에게 다음과 같이 환기시켰다. "모든 것은 은의 힘으로 유지되며……전하의 힘도 본질적으로 은에 달려 있습니다. 은이 고갈되는 날에는 전쟁에서 지고 말 것입니다."[296] 카스티야의 재정 담당 참사회 의장의 입에서 이런 말이 나오는 것은 당연하다. 그러나 그와 같은 말은 리슐리외나 마자랭과 동시대 사람들이 쓴 글에서 수도 없이 찾을 수 있다. 대법관 세기에가 몽펠리에에 보낸 조사관 발타자르는 그에게 다음과 같이 보고서를 보냈다(1644년 10월 26일). "각하, 아시다시피 요즘 전쟁에서는 최후의 곡물 한 톨, 최후의 동전 한 닢, 최후의 한 사람을 가진 편이 이기게 되어 있습니다."[297] 갈수록 비용이 많이 들어가는 전쟁이 중상주의의 발전에 중요한 역할을 했다는 것은 분명하다. 대포, 병기창, 전함, 상비군, 축성술 등이 발전하면서 근대국가의 지출은 수직상승했다. 전쟁 하면 곧 돈이었다. 그래서 돈과 귀금속의 집적이 강박관념이 되어버렸고 분별과 판단의 중요한 준거가 되었다.

이러한 강박관념에 대해서 어린애 같은 생각이라고 한마디로 비난하는 것이 과연 옳을까? 혹은 근대적인 시각으로 보아서 귀금속의 흐름을 유도하고 감시하는 것은 말도 안 되는 해로운 일이라고 보아야 할까? 그렇지 않다면 중상주의는 귀금속이야말로 수 세기 동안 앙시앵 레짐 경제를 보증해주고 동력을 제공한 역할을 했다는 기본적인 진리의 표현이 아닐까? 오직 지배적인 경제만이 현찰화폐들이 자유롭게 유통되도록 놓아두었다. 17세기의 네덜란드, 18세기의 영국, 그리고 그 이전 세기들의 이탈리아의 도시국가들(베네치아에서는 금과 은이 별 어려움 없이 유입되었고 또 제카에서 재주조된다는 조건만 지켜지면 재유출되었다)이 그런 예이다. 귀금속의 자유 유통—이것은 언제나 예외적인 일이었지만—은 지배적인 경제의 현명한 선택이며 그것이 누리는 위대함의 조건들 가운데 하나였다고 결론을 내려야 할까? 그렇지 않으면 반대로 오직 지배적인 경제만이 커다란 어려움 없이 그와 같은 자유를 영위할 사치를 누릴 수 있는 것일까?

어느 역사가는 네덜란드가 어떤 형태의 중상주의도 경험해본 적이 없다고 말했다.[298] 가능하기는 하지만 어쨌든 과장된 이야기이다. 가능한 이야기라고 함은 이 나라가 강한 국력을 가져야 누릴 수 있는 행동의 자유를 가지고 있었기 때문이다. 이 나라는 어느 누구도 두려워하지 않고 문호를 개방하며, 심지어 자신의 행동의 영향에 대해서 그다지 많은 생각을 하지 않아도 되어서 오히려 다른 나라 사람들에게 고려의 대상이 되었다. 그러나 이것이 과장된 이야기라고 함은 다른 나라들이 보복을 가하는 정책에 자연히 전염되지 않을 수 없기 때문이다. 네덜란드가 강한 국가라고 해도 부분적으로 불안, 경제적 고장, 긴장이 없지는 않았다. 따라서 이 나라에도 중상주의의 유혹이

미쳐왔다. 1768년에 세워진 오스트리아령 네덜란드*를 관통하는 근대적인 신도로에 대해 이 나라가 불안해하거나[299] 사치품 산업 기술을 가지고 들어온 위그노들을 받아들이고 난 후에 이들을 철저히 보호한 것[300] 등이 그런 연유이다. 네덜란드가 처한 맥락에서 이 계산은 합리적이었을까? 핀토는 "경제의 상업화"에 충실할 것, 즉 문호를 개방하고 유럽이든 인도든 여러 지역의 공산품을 큰 제약 없이 받아들이는 것이 더 낫다고 주장했다.[301]

사실 네덜란드는 시대정신에서 벗어날 수 없었다. 이 나라의 상업 자유는 표피적인 것에 불과했다. 이 나라의 모든 활동은 **사실상의** 독점으로 이어졌고 이것을 단단히 감시했다. 네덜란드는 우선 자신의 식민지 제국에서 다른 나라와 마찬가지로 행동했거나, 오히려 더 나쁘게 행동했다. 유럽의 모든 식민지들은 **독점**(Exclusif) 체제에 종속된 일종의 금렵구역으로 간주되었다. 만일 이 법칙을 철저히 준수했다면, 예컨대 스페인령 아메리카와 같은 곳에서는 식민 모국의 허락이 없이는 못 한 개, 옷감 한 조각도 만들지 못했을 것이다. 식민지로서는 다행스러운 일이었지만 이곳은 유럽으로부터 수개월, 수년의 항해가 걸리는 거리만큼 떨어져 있었다. 이런 거리 자체가 적어도 일부 사람들에게 자유를 보장해주는 요소였다. 스페인령 아메리카에서 말하듯이, 서인도의 법칙은 거미줄과 같아서 작은 놈들은 걸려들지만 큰 놈들은 절대로 걸려들지 않는다.

원래의 문제로 돌아가보자. 중상주의는 귀금속 자체는 가치를 가진 실체가 아니고 실제로 가치를 가진 것은 노동이라는 사실을 이해하지 못한 무지한 사람들의 판단 실수이자 강박관념일까? 사실은 그렇게 확실하지 않다. 왜냐하면 경제는 두 가지 차원에서 발전하고 있었기 때문이다. 하나는 현찰

---

* 네덜란드 지방은 원래 17개 주로 구성되었으나 독립전쟁을 거치면서 북부 7개 주가 독립하여 네덜란드 공화국이 되었고(후일에 네덜란드 왕국이 된다), 남부 10개 주는 합스부르 황실에 남았다. 이 책에서 내내 네덜란드라고 칭한 것은 북부의 네덜란드 공화국이다. 오스트리아령 네덜란드는 남부 10개 주로 구성된 지역을 가리킨다(대체로 이 지역이 19세기에 벨기에로 독립한다).

의 유통 차원이고, 다른 하나는 종이(papier, 모든 "인공적인" 크레딧 증서들을 손쉽게 아울러서 지칭한 것으로서, 이사크 데 핀토가 크게 개탄했듯이 18세기에 프랑스인들은 실제로 이렇게 불렀다)의 유통 차원이다. 이 두 가지 유통 중에서 종이가 현찰보다 더 상위의 것이다. 징세청부업자, 은행가, 대상인의 핵심적인 작업은 이 상위의 언어를 통해서 표현되었다. 그러나 일상생활의 차원에서는 좋은 것이든 나쁜 것이든 현찰화폐 없이는 아무것도 할 수 없었다. 이 아래층에서는 종이는 잘 받지 않았고 유통도 잘 되지 않았다. 1601년에 프랑스의 대포들을 사부아로 수송하는 일꾼들은 이런 종이를 주어서는 움직이게 할 수 없었다.[302] 종이를 주고서는 군인이나 선원을 구하지 못한다. 오래 전에 펠리페 루이스 마르틴이 보여주었듯이, 알바 공이 군대를 이끌고 네덜란드에 도착했던 1567년에도 군인들 봉급과 다른 비용들은 오직 금으로만 지불해야 했다.[303] 군인들은 1598년에 가서야 달리 다른 방법이 없으므로 할 수 없이 은을 받았다. 그렇지만 이들은 은을 받자마자 가능한한 빨리 금과 교환했다. 전 재산을 몇 개의 화폐 형태로 주머니나 벨트 속에 넣고 다니는 것은 군인들에게는 유리하고도 필요한 방식이었다. 전쟁 때에는 금화나 은화는 빵만큼이나 필수불가결했다.

하층민은 종이를 받으면 누구랄 것 없이 금화, 은화, 혹은 동화로라도 교환하려고 했다. 경찰총감을 지냈던 아르장송의 편지가 부분적으로(1706-1715) 남아 있는데 이 편지들에는 "[정부가 발행한] 지폐를 절반으로 깎은 값에 사들이는 이름 없는 고리대금업자들"과 같은 군소 협잡꾼에 관한 내용이 언제나 변함없이 기록되어 있다.[304] 이 보잘것없는 장사치는 일거리가 떨어지는 적이 없었다. 부자나 빈자나 이들과 거래했다. 이 관행이 널리 퍼져 있었다는 것(교환 비율이 차이가 남에도 불구하고 이 관행이 유행했다. 그리고 이 교환비율 자체가 이 사업 때문에 상승했다*)은 이 시대의 상업 서신을 보면 알

---

* 정부 발행 지폐를 액면가의 50퍼센트 정도로 깎고 샀는데 갈수록 그 깎는 비율이 커져갔다.

수 있다. 우리가 앞에서 살펴본 바 있는(그림 27, 591-592쪽) 생-말로 선박들의 장부에서 1709년의 경우에 다음과 같은 기록을 볼 수 있다. "1,200리브르짜리의 지폐에 대해서……40퍼센트의 손해를 계상하고……720리브르를 넘긴다", 또 같은 해에 "1만6,800리브르의 지폐에 대해서……40퍼센트의 아지오*로 계산하면 1만80리브르가 남는다"는 언급을 볼 수 있다.[305]

19세기 초까지도 파리 사람들마저 프랑스 은행이 발행한 지폐를 받기를 꺼릴 정도로 경제적인 기술이 뒤처져 있던 점을 볼 때 이것은 이 나라에서만 있는 일이라고 할지 모르겠다. 그러나 18세기의 영국에서도 지폐는 때때로 잘 통용되지 않았다. 예컨대 영국 해군의 선원들은 그들의 급료로 한 달에 4파운드까지 받았는데, 상륙했을 때 해당 금액을 지폐로 받았다. 이들이 이 지폐에 만족스러워하지 않았다는 것은 분명하다. 토머스 가이라는 한 교활한 환전상은 이것을 이용하기로 작정했다. 그는 런던 외곽 지역인 로더하이스**에 있는, 선원들이 자주 가는 술집에 들락거리면서 선원들이 가진 지폐를 현찰화폐와 교환해줌으로써 런던에서 매우 부유한 사람이 되었다.[306]

그러므로 데세르가 말하듯이 분명히 많은 사람들은 "금속화폐만이 모든 것에 대한 진정한 척도"라고 생각하고 있었다.[307] 이런 조건에서 중상주의는 당시 형성 중에 있었고 또 한창 성장 중이었던 국가의 활동 가능성을 그대로 본뜬 것이라고 말할 수 있다. 경제의 태반을 차지하는 일상의 현실적인 필요에서는 귀금속을 가지고 활동하고 있었으므로 귀금속의 가치를 높이

---

*   agio : 동일 액면의 두 종류의 화폐 교환에서 지급되는 할증금을 이렇게 부른다. 예컨대 같은 명목가치를 가진 화폐라고 해도 금화의 유통가치가 지폐의 유통가치보다 높을 수 있는데, 이때 금화에 대해서는 아지오 또는 프리미엄(premium)이 붙었다고 하고 지폐에는 역(逆)프리미엄이 붙었다고 한다. 이것이 원래 의미의 아지오이다. 그런데 이 말은 그 외에 다른 뜻으로도 변용되어 쓰인다. 외국 화폐들 사이에 등가로 교환되지 않을 때 여기에 붙는 할증금을 환(換) 아지오라고 하고, 유가증권의 시장가격이 액면가와 차이가 날 때에도 이 말을 쓴다(이에 대해서는 제1장에 있는 증권에 관한 부분을 참고하라).

** Rotherhithe, Redriff : 런던의 외곽에 있는 한 구역. 그랜드 서리 운하의 종착점이며 상업 도크 지역이다.

치는 수밖에 없었다. 귀금속이 없다면 너무나 자주 모든 것이 마비되어버렸을 것이다.

사회와 문화, 그것을 상대하는 미완성의 국가

지금까지의 설명들에 대한 결론을 내려야 하는 지금, 독자들은 문제가 무엇인지를 다시 의식하고 다음의 두 입장 중에서 하나를 선택해야 한다.

하나는 모든 것이 국가에 달려 있다는 입장이다. 유럽의 근대성과 간접적으로 세계의 근대성, 그리고 그러한 근대성의 산물이면서 동시에 유효한 원인이기도 한 자본주의 등이 다 국가에 달린 문제라는 것이다. 이것은 베르너 좀바르트의 『사치와 자본주의(*Luxus und Kapitalismus*)』(1912)와 『전쟁과 자본주의(*Krieg und Kapitalismus*)』(1913)라는 두 저서의 주장에 찬성하는 것과 같다. 이 두 저서에서 저자는 열정적으로 자본주의의 기원을 국가의 힘과 연결한다. 사치란 수 세기 동안 다른 무엇보다도 국가의 중심인 궁정의 사치였으며, 전쟁은 끊임없이 더 많은 인원과 비용을 동원함으로써 근대국가의 활기차고 혼란스러운 성장의 척도가 되었다는 주장이다. 그리고 이런 견해는 근대국가를 가르강튀아,* 몰록,** 레비아단*** 등과 같은 이야기 속의 식인귀에 비유했던 역사가들의 일반적인─예외가 있기는 하지만 그것은 법칙을 확인시켜주는 예외일 따름이다[308]─견해에 동조하는 것이기도 하다.

다른 하나는 반대로 국가의 불완전성을 강조하는 입장으로서 아마도 이

---

* Gargantua : 프랑수아 라블레의 동명 작품(1534) 속의 거인. 가르강튀아와 그의 아들 팡타그뤼엘의 여행과 모험을 통해서 당시의 어리석음과 미신을 비웃었다.

** Moloch : 히브리어의 하-멜렉(ha-Melek : 왕)에서 나온 말로, 『성서』에 나오는 신적인 존재(「레위기」 18장 21절, 20장 2-5절, 「열왕기하」 23장 10절, 「예레미야」 32장 35절). 아마도 가나안 지역의 신들 중에서 이스라엘인이 받아들인 것으로 추정된다. 이 신에 대한 제물로 어린아이를 죽여서 태우는 의식을 행했는데, 요시야를 비롯한 선지자들이 이를 비난하고 금지시켰으나 중단시키지 못했다.

*** Leviathan : 『성서』와 우가리트 신화에 나오는 바다 괴물. 「욥기」 40장 25절 이하에서는 이 괴물을 이집트의 악어와 비슷한 것으로 그린다.

것이 더 타당해 보인다. 국가는 가능한 대로 완성을 향해 나아가지만 모든 권리를 행사할 수도 없고 모든 책무를 다할 수도 없으므로 다른 것들에 의존할 수밖에 없다.

국가가 모든 방면에서 다른 것들에 기대어야 했던 까닭은 무엇보다도 국가가 아직 충분한 행정기구를 갖추지 못했기 때문이다. 프랑스 왕정은 다른 모든 예들 중에 하나에 불과하다. 한 역사가의 다소 낙관적인 추산을 받아들인다면,[309] 프랑스는 인구가 약 1,500만 내지 2,000만 명인데 행정 관료들은 약 1만2,000명이었다. 1만2,000명이라는 이 숫자는 아마도 상한치일 것이다. 루이 14세 시대에도 이 수준을 넘지는 못했던 것 같다. 1624년경에 환상에서 어느 정도 벗어나 있는 훌륭한 관찰자인 로드리고 비베로는 스페인 왕이 "7만 명의 관리들과 고관들(70,000 plazas, oficios y dignidades)"을 임명했다고 이야기했다.[310] 스페인은 프랑스보다 인구는 적지만 그 대신 거대한 제국을 거느리고 있었다는 점을 고려해야 한다. 막스 베버가 강조하는 근대 관료제란 사실 이렇게 얼마 안 되는 사람들에 불과하다. 그리고 그 관료제가 오늘날 우리가 의미하는 뜻의 관료제라고 할 수도 없을 것이다.[311]

프랑스 국왕이든 스페인 국왕이든 이들에게 봉사하는 관료의 수로 제시한 1만2,000명, 혹은 7만 명이라는 이 숫자는 확실하지 않다. 여하튼 근대 국가가 이런 기반으로부터 끊임없이 행동반경을 확대시켰다는—비록 국가 전체를 포함하지는 못했지만—것은 사실이다. 그러나 이 모든 노력들은 모두 처음부터 질 수밖에 없는 싸움이었다. 프랑스의 경우를 보면 지사 (intendant)는 징세구 내에서 중앙정부를 대표하지만, 이들은 후원자나 대리인을 거의 가지지 못했다. 이 때문에 국왕의 대리인인 지사는 자기의 주장을 펴고 복종시키기 위해 목소리를 높이고 본보기로 사람들을 처벌하는 수밖에 없었다. 군대는 전시에도 충분하지 않았으니 평화시에는 말할 나위도 없었다. 1720년에 마르세유에서 발생한 페스트로부터 국가 전체를 보호하기 위해 교통 차단선(cordonsanitaire)을 치려고 했을 때에는 모든 헌병대와 정규군을 동원해야 했다. 국토와 국경선은 방기되었다.[312] 오늘날과 비교해보면 이 모든 행동은 100배 정도 더 넓은 공간 속에서 행해지는 셈이다. 다시 말하면 모든 것이 희박하게 또 넓게 퍼져 있어서 힘이 소진되어버리는 것이다.

프랑스 왕정은 사회 혹은 여러 사회들 그리고 문화를 이용함으로써만 체면을 유지했다. 여기에서 사회란 위신, 기능, 부 등을 가진 지배적인 계급들을 가리키며, 문화란 이 왕국의 한쪽 끝에서 다른 쪽 끝까지 사람들이 말하고 생각하고 혹은 반복하는 모든 것들, 즉 수백만의 입과 귀를 뜻한다.

사회구조란 워낙 느리게 변화하므로 조르주 귀르비치가 13세기에 대해서 상정한 도식을 이 시기에 대해서도 아직 타당한 가이드로 쓸 수 있다. 1789년에도 사회계서제의 상부 차원에는 5개의 사회를 그려볼 수 있다. 국왕을 보필하는 사람들, 봉건적인 성격을 지닌 대귀족, 영주계급, 도시, 교회가 그것이다. 왕정은 이 모든 것들과 함께 타협안을 찾을 수 있었다. 우선 교회는 잘 통제되었다. 차라리 매수되었다는 말이 맞을지 모르겠다. 그것도 두 번에 걸쳐서 높은 값에 매수되었다. 한번은 1516년의 협약인데,* 이 협약을 통해 국왕이 고위직 성직자들을 임명할 수 있게 되었다(이때 프랑스 왕정은 가톨릭과 신교 사이에서 극적인, 그러나 아마도 피할 수 없었을 선택을 했으며 그 결과는 아주 중요했다). 또 한 번은 1685년의 낭트 칙령을 폐기한 때로서 이것은 프랑스 왕국의 번성을 크게 저해했다. 다음으로 영주 귀족과 대귀족에게는 군대의 직위가 보장되었는데, 전쟁이 그치지 않던 이 시기에 이것은 대단히 좋은 기회를 제공했다. 게다가 궁정과 황금알 같은 연금은 항상 유혹적

---

* Concordat : 원래 '콩코르다'란 어떤 이익을 놓고 싸우는 당사자들 사이의 거래를 뜻했지만 11세기 이후로는 주로 국가와 교회 사이의 상호관계에 관한 조약을 뜻하게 되었다. 프랑스에서 국가와 교회는 성직자의 수입(temporel), 성직록 임명(collation des bénéfices)과 같은 문제로 대립했다. 이에 15세기에 국왕 측이 여러 조치들(pragmatiques)을 통해서 국가에 유리하게 결정해서 수행했으나, 이것은 어디까지나 일방적인 것이었으므로 양측의 합의가 다시 필요했다. 그리하여 1516년에 볼로냐에서 교황 레오 10세와 프랑스 국왕 프랑수아 1세가 합의한 것이 볼로냐 협약이다. 이 결과 대체로 국왕에게 유리한 방향으로 결정이 이루어졌으며 이것이 프랑스 혁명까지 지속된 체제의 골격을 이루었다.

이었다. 이런 게임과는 별도로 궁정이 귀족과 어느 만큼 융합되어 있는지는 이야기하기 힘들다. 사회학자 노르베르트 엘리아스는 하나의 사회는 직전 단계들이나 첫 기원 단계의 영향을 영구히 받는다고 보았다. 그런데 왕정은 봉건제의 마그마로부터 나온 것이다. 프랑스 국왕은 영주들 중에 한 명으로서 단지 그들 중에서 뛰어난 인물일 뿐이며, 그들의 언어와 원칙을 함께 나누어 가지면서 동시에 그들을 뛰어넘은 자이다. 이런 식으로 국왕은 그 기원의 영향을 받고 있기 때문에 "귀족은 국왕과 동질적이다." 국왕은 귀족과 싸우지만 그들과의 관계를 끊을 수는 없다. 그는 궁정의 화려한 허식 속에 귀족들을 가두어두지만 그들과 함께 그 역시 갇혀 있는 셈이다. 국왕은 귀족을 근원으로부터 단절시키지만 반대로 귀족에게 상업의 문을 활짝 열어주지도 못한다. 그러면서도 이들을 거두어서 책임을 져야 했다.

　도시에 대해서 국왕은 특사와 특권을 많이 부여하면서도 한편으로 세금을 부과하고 소득의 일부를 앗아간다. 그러나 도시로서는 조금씩 형성 중인 전국시장으로부터 이익을 보았다. 또 도시귀족과 부르주아지는 상업의 독점권을 누린다. 이것은 작은 일이 아니다. 마지막으로 국왕은 그의 권력의 일부를 "상품으로서" 판다. 국왕의 관리들은 도시 출신이다. 도시민은 관직을 샀다가 다시 팔아버리거나 자손에게 물려준다. 관직 매매는 부르주아지의 일부를 봉건화했다.313) 관직은 마치 예전에 토지 조각들을 봉토로 주는 것처럼 국가가 양도하는 공적인 권위의 조각들이다. 관직 매매는 피라미드처럼 위로 쌓아가는 왕정사회를 형성했다. 이 피라미드의 상층에는 성격이 모호하지만 어쨌든 중요한 계층인 법복귀족이 자리 잡고 있는데, 이 귀족은 국왕의 변덕에 의해서 만들어진 것이 아니라, 아주 느리기는 하지만 핵심적인 행정기관이 발달하고 국가의 필요가 생기면서 만들어졌다.

　관직 매매가 일반화되면서 프랑스를 비롯한 모든 나라의 부르주아지가 안정적으로 자리를 잡아갔다. 이들이 볼 때 국가는 부를 만드는 기계이다. 프랑스의 부 중에서 많은 부분이 국가로부터 나온다. 이는 비단 프랑스만의 일이 아니다. 관직이 매매되든 안 되든 이것은 영국, 네덜란드, 남부 네덜란드에서도 타당한 일이다. 스페인에서는 관직 매매가 레지도레스(regidores) 라는 도시의 미관말직에만 관련되어 있었다. 그러나 바로 이 공직자들—프랑스에서 "종성귀족"이라고 부르는 귀족이나 귀족화된 사람들이 이들과 유사하다—이야말로 16-17세기의 전환기에 기존 귀족들을 분열시키고 그들의 토지를 잠식하면서 상층사회로 상승해간 사람들이다. 그리고 이 신흥 부자들이 아니라면 누가 외국의 대상인들에게 돈을 빌려주겠는가? 또 이들이 아니라면 카스티야의 시골을 재봉건화하고 반쯤 비게 만든 사람이 누구였겠는가? 마찬가지로 베네치아에서도 관직 매매는 하층의 치타디니 (cittadini), 즉 "부르주아들"만 가담했다. 귀족들이 수행하는 행정관 직책은 대개 단기간의 것이고 고대적인 쿠르수스 호노룸*의 방식으로 계승되었다. 그렇지만 귀족들은 간접적으로 시정부의 세금을 거두어들이고 상업활동을 하며 그들의 거대한 재산을 운용할 수 있었다.

국가의 지배층을 이루는 사회의 좁은 상층은 이 직무를 수행하면서 보충적인 힘을 얻었다. 부르주아에게 관직은 귀족에게 궁정과 같은 의미였다. 이 것은 자존심을 만족시켜주고 출세하는 수단이 되었다. 이 성공은 극단적으로 끈기 있는 가계가 거두어들였다. 한 무리의 가계들이 이렇게 해서 국가의 업무를 대신하게 되었다. 만일 국가가 튼튼한 경우라면 이런 종류의 일이 그리 큰 해를 끼치지는 않는다. 판 클라베런의 타당성 있는 견해가 이런 의미이다.[314] 그의 견해에 의하면 프랑스에서는 관직 매매가 다른 곳보다 더 활발히 이루어졌지만 부패라든가 공공권위의 파국적인 붕괴 같은 것이 일어나지는 않았다. 그것은 모든 것을 다 지켜내려고 애쓰는 가장이 양여가 가

---

* cursus honorum : "명예순"이라는 뜻이며, 고대 로마에서 공직을 수행하는 순서를 가리킨다. 가장 말단의 직책에서 시작하여 나중에 가장 명망 있는 직책을 맡도록 공직의 등급을 매겨서, 이 순서대로 따라가게 만들었다. 다만 이것이 반드시 지켜지지는 않아서, 예컨대 스키피오 아프리카누스는 24세에 집정관이 되었다.

능한 재산인 이 관직을 현명하게 잘 관리했기 때문이 아니다. 루이 14세와 같은 국왕은 관직을 통해서 부르주아의 가산의 일부를 수취했다(이것은 일종의 효과적인 조세였다). 다른 한편 그는 혹시 있을지 모르는 수탈로부터 하층을 보호했다. 그 결과 관직 보유자들이 완전히 통제되었다. 그러나 루이 14세의 권위적인 통치 이후, 사태는 급속히 나쁜 방향으로 기울어갔다. 18세기 중반 이후부터 계몽된 여론층은 관직 매매에 반대했다. 관직 매매는 상당 기간 국가에 이익을 가져다주었지만 이제는 더는 그렇지 않았다.[315] 그러나 1746년에만 해도 네덜란드에서는 도시과두제의 타락을 막을 수 있는 방안으로 프랑스식 체제를 거론했다.[316]

따라서 프랑스—그리고 모든 근대 유럽—의 왕정은 사회 자체를 뜻했다. 어쩌면 상층 사회만이 이와 관련되었는지 모른다. 그러나 상층 사회를 통해서 결국 사회 전체를 장악하는 것은 마찬가지이다.

사회 전체뿐 아니라 문화 전체도 마찬가지이다. 국가의 관점에서 보았을 때 문화는 모든 사람들이 듣고 들어야만 하는 과시적인 언어이다. 랭스에서의 대관식,* 연주창**의 치료, 호사스러운 궁정,[317] 이런 것들은 찬탄할 만한 으뜸 패이고 성공의 보장이다. 사람들에게 국왕을 선보이는 것, 이것

---

* 프랑스 국왕은 즉위할 때 종교 의식을 치름으로써 국왕권에 종교적 권위까지 획득하는 수단으로 사용했다. 13세기 이후 대부분의 국왕은 성 르미가 클로비스를 세례한 것을 기념하여 랭스에서 대관식을 거행했다. 이것은 세 가지 의식으로 구성된다. 첫째, 삼신분이 합동으로 국왕으로 모신다는 것을 선포한다. 둘째, 성 르미 수도원에 있는 성스러운 병의 기름—하늘나라에서 비둘기가 직접 날아온다는 전설을 가지고 있다— 으로 도유식을 한다. 셋째, 대관식을 한다.
** écrouelle, King's evil : 원래 림프절의 결핵성 부종인 선병 또는 갑상선종이다. 예전에는 국왕이 만져주면 낫는 것으로 믿었다. 이런 관행은 프랑스에서는 로베르 2세(996-1031)에까지 거슬러 올라가며, 영국에서는 고해왕 에드워드가 시작한 것으로 보인다. 16세기 이후에는 정형화된 형식(상처를 어루만지고 얼굴에 십자가를 그려준 후 "국왕이 너를 만졌으니 신께서 너를 낫게 하시리라[Le roi te touche, Dieu te guerrit]"라고 말하는 방식)이 만들어지기도 했다. 이것은 국왕이 권위를 드높이는 방편으로 널리 쓰였다. 영국의 헨리 7세는 일종의 부적처럼 쓰일 수 있게 자신이 만진 동전을 나누어주었고, 찰스 2세는 9만 명 이상의 환자를 만져주었다. 영국에서 마지막으로 이것이 행해진 것은 앤 여왕이 200명을 만져준 1712년이며, 프랑스에서는 19세기까지도 지속되어서 샤를 10세가 1824-1830년에 이것을 시행했다.

은 또다른 과시적인 정책으로서 언제나 성공을 거두었다. 1563년부터 1565년 사이의 만 2년 동안 카트린 드 메디시스는 고집스럽게도 어린 샤를 9세를 온 백성들에게 보이려고 했다.[318] 1575년에 카탈루냐는 무엇을 바라고 있었던가?[319] 다름 아니라 국왕의 얼굴을 보고자 했다(ver el rostro a su rey). 1345년까지 거슬러올라가는 스페인의 규범집에서는 "국왕이란 대지에 대해서 단비와 같은 존재"라고 주장했다.[320] 그리고 선전(propagande)도 사용했다. 사실 선전이란 문명 세계의 초기부터 존재했다. 프랑스에서는 이런 것은 얼마든지 찾아볼 수 있다. 1619년의 한 풍자문 작가는 이렇게 썼다.[321] "독수리와 같은 국왕 앞에서 우리는 모기와 같은 존재이오니, 국왕께서는 그의 명령에 저항하는 자들을 쳐서 죽이고 갈기갈기 찢어버리소서! 비록 그렇게 되는 자들이 우리 아내와 아이들, 가까운 친척들이라고 하더라도." 누가 이 이상으로 이야기할 수 있겠는가? 그러나 가끔 가다가는 비꼬는 듯한 약간의 불협화음도 들리고는 한다. "독자들이여, 이 소리를 듣는가, 트럼펫과 오보에 소리, 그리고 우리의 위대한 국왕께서 행진해오시는 소리를, 트라타라 트라타라 트라타라. 바로 그가 지금 막 축성을 마친 천하무비, 천하무적의 왕이시다." 이것은 프랑스 국왕의 축성식이 거행되던 랭스에 사는 한 부르주아 상인 마유페르의 글이다(1654년 6월 3일).[322] 이런 사람이야말로 에르네스트 라부르스가 사회적으로 억압당한 부르주아라고 묘사한 전형적인 예가 아닐까?[323] 부르주아는 차례로 가톨릭 동맹원, 장세니스트,[324] 프롱드 가담자였다. 그러나 사실 계몽주의의 세기 이전의 부르주아는 흔히 문을 닫아걸고 그 안에서만 투덜대고는 했다.

이와 같은 문화와 선전의 탐구 영역에서는 아직 해야 할 이야기들이 너무 많이 남아 있다. 그리고 고등법원 의원들과 같이 절대주의에 저항하고 귀족의 특권에는 반대하지만 자본주의의 특권에는 반대하지 않는 계명된 반대파가 어떤 형식을 취하느냐 하는 것 역시 마찬가지이다. 우리는 앞으로 이 문제에 대해서 다시 살펴볼 것이다. 그리고 우리는 이 자리에서 애국주의와 민족주의에 대해서 논전을 펼치지는 않겠다. 이런 것들은 말하자면 아직 어린애에 불과한 신참자들이다. 이것들은 15-18세기의 기간에도 결코 없지 않았다. 특히 이 시대에 전쟁들이 계속되어서 이런 요소들을 부추기고 불을 지핀 까닭에 더욱 그러했다. 그렇지만 너무 속단하지는 말자. 또 국가의 발달에 국민이 능동적이었다고 예견하지도 말자. 늘 그렇듯이 현실은 모호하다. 국가는 국민을 창출하고 국민에게 틀을 지어주었으며 존재를 규정해주었다. 그러나 그 반대도 역시 사실이다. 무수히 많은 경로를 통해서 국민은 국가를 창출하고 국가에게 활력을 주고 격렬한 열정을 퍼부었다.

국가, 경제, 자본주의

우리는 그 외에도 많은 흥미로운 문제들을 제쳐두었다. 그러나 이 문제들에 대해서 오랫동안 토론할 필요가 있을까? 예를 들면 귀금속이 가장 중요한 요점인 때에 중상주의 대신에 중금주의(bullionisme)를 이야기했어야 하지 않을까? 중금주의는 그 양태가 어떻든지 간에 중상주의를 전제로 하며 중상주의의 존재 이유가 되기 때문이다. 그리고 조세가 문제일 때에는 조세중심주의(fiscalisme)를 말했어야 하지 않을까? 그러나 조세중심주의는 언제나 국가 곁에 따라다니게 마련이다. 막스 베버가 이야기하듯이[325] 국가는 기업이나 공장과 같아서 어디에서 돈을 끌어올 수 있는지를 끊임없이 생각해야 하기 때문이다(우리가 보았듯이 국가는 언제나 돈이 모자랐다).

특히 우리는 국가가 자본주의를 진작시켰는지 아닌지 하는 문제를 아주 빈번히 제기했으면서도 이에 대해 단정적인 대답을 하지 않은 채로 남겨두어야 했다. 근대국가의 성숙도를 유보한다고 해도, 또 우리가 현대국가의 장대한 모습에 익숙하다는 점을 고려해서 당시의 국가는 오늘날과는 거리가 있다는 점을 인정한다고 해도, 역시 굳게 확신할 수 있는 것은 15-18세기에 국가가 모든 사물 및 사람과 관련을 가지는 유럽의 새로운 세력이었다는 사실이다. 그렇다면 국가는 모든 것을 설명해주고 모든 것을 자신의 질서 아래 복종시켰을까? 아니다. 절대로 그렇지 않다. 무엇보다도 전망의 상호성이 작용했다. 국가가 자본주의의 발전을 돕고 지켜준 것은 사실이다. 그러나 그 주장은 반대로 생각할 수도 있다. 국가는 자본주의의 발전을 저해할 수 있고 자본주의는 국가를 방해할 수 있다. 이 두 가지 일은 연속적으로든 동시적으로든 함께 일어날 수 있다. 현실에는 예측이 가능하기도 하고 불가능하기도 한 복잡성이 있다. 유리한 것이든 불리한 것이든 근대국가는 자본주의가 발전해가는 환경의 하나를 이룬다. 그 속에서 때로는 방해받고 때로는 도움을 입지만, 대개는 중립적인 길을 걸어간다. 어떻게 그렇지 않을 수 있겠는가? 국가의 이해와 국민경제 전체의 이해가 흔히 일치하고, 원칙적으로 국민의 번영이 기업으로서의 국가가 수익을 올리는 조건이라면, 자본주의는 시장경제 중에서 가장 활기차고 수익성이 좋은 국제무역의 조류 한가운데로 합류하는 영역 내에 자리를 잡는다. 그래서 자본주의는 우리가 이미 본 바와 같이 통상적인 시장경제나 국가, 그리고 국가의 특정한 사업들보다 한층 더 큰 차원에서 작동한다. 그렇기 때문에 과거에서나 현재에서나 자본주의의 이해는 국민이라는 한정된 공간을 넘어서는 것이 당연하다. 이것은 국가와 자본 사이의 대화와 관계를 왜곡시키든지 아니면 적어도 복잡하게 만든다. 어느 도시보다도 내가 선호하는 사례인 리스본을 보면 대상인, 기업가, 권력가들이 주도하는 자본주의의 활동과 존재 자체가 일반인의 시야에는 들어오지도 않았다. 이곳의 자본주의의 핵심은 중국과의 비밀 통로인 마카오나 인도의 고아, 자신의 명령과 요구를 부가해오는 런던, 예외적으로 큰 다이아몬드를 판매할 때에는 러시아,[326] 플랜테이션, 사금 채취, 가림페이로스(garimpeiros, 다이아몬드 채굴 광부들)를 가진 노예제적인 브라질 등지를 통해서 이루어지기 때문이다. 자본주의는 늘 7리외짜리 장화*를 신고 있다. 혹은 표현을 달리해보면 자본주의는 미크로메가**의 지치지 않는

---

* bottes de sept lieues : 대단히 민첩하게 움직이는 것을 뜻하는 프랑스어 숙어이다.
** Micromegas : 볼테르의 우화적인 철학 콩트(1752)의 제목이자 그 주인공이다. 볼테르는 걸리버

발을 가지고 있다. 이 책의 제3권은 무엇보다도 이러한 차원을 다룰 것이다.

현재로서 이야기해야 할 결론은 모든 구조를 관통하고 포위하는 **권력 기구**가 국가 이상(以上)의 것이라는 점이다. 그것은 정치적, 경제적, 사회적, 문화적 위계들의 종합이며, 모든 강제 수단들의 집적으로서, 이곳에서 국가는 늘 자신의 존재를 알릴 수 있고 핵심 관건이 되지만 유일한 지배자는 아니다.[327] 국가는 지워져서 사라질 수도 있고 깨질 수도 있다. 그러나 국가는 마치 사회의 생물학적인 필요성인 것처럼 늘 재구성되어야 하고, 필연적으로 재구성된다.

문명은 늘 거부하는 것만은 아니다

문명과 문화—이 두 말은 여기에서 아무런 문제 없이 섞어 쓸 수 있다—는 각종 관습, 제약, 동의, 조언, 주장 등의 바다이다. 그것은 우리들 각각에 대해서는 개인적이고 자발적인 것으로 보이지만 실제로는 아주 먼 곳에서 유래했다. 문명과 문화는 우리가 말하는 언어와 비슷하게 유산으로 물려받은 것이다. 한 사회에서 균열과 심연이 생길 때마다 사방에 편재한 문화가 그 간극을 메우거나 적어도 숨김으로써 우리들 모두 각자의 임무에 다시 파묻혀 일하도록 만든다. 네케르는 종교에 대해서 이렇게 말했다(그는 종교가 문명의 핵심이라고 보았다). 가난한 사람들에게 종교는 "막강한 쇠사슬이고 나날의 위안이다."[328] 이 말은 그대로 문명에 대해서도 돌려서 이야기할 수 있을 것이며 모든 사람들에게 들려줄 수 있을 것이다.

11세기에 유럽에서 사람들의 삶이 활력을 되찾았을 때 시장경제와 화폐

여행기에서 영감을 얻어, 그와 유사한 방식의 이야기를 통해 보편적 상대성이라는 주제를 이야기했다. 시리우스 별에 사는 미크로메가(이 이름은 대[大, 메가]-소[小, 미크로]의 합성어이다)는 여러 별들을 여행하다가 지구에 도착했다. 여기에는 아주 조그마하면서도 극도로 오만한 무리들(인류)이 살고 있는데 미크로메가가 보기에는 이들도 쓸모없는 형이상학적 사변만 피한다면 자연의 이해에 도달할 수 있다는 내용이다.

기능의 세련화는 "스캔들을 일으키는" 혁신이었다. 과거의 인물인 문명은 원칙적으로 혁신에 적대적이다. 따라서 문명은 시장, 자본, 이윤에 거부하는 몸짓을 보인다. 혹은 적어도 의심을 품거나 주저하고는 한다. 그러다가 시간이 흐르면서 일상생활의 요구와 압력이 혁신된다. 유럽 문명은 항구적인 갈등에 사로잡혀서 그 갈등으로 사분오열된다. 그러다 보면 아무런 호의가 없음에도 불구하고 변화에 문호를 개방하게 된다. 이런 경험을 단지 유럽만 겪은 것은 아니다.

문화의 보급 : 이슬람의 모델

문명은 항구성이며 동시에 운동이다. 한 공간 속에 자리를 정한 후 문명은 수 세기 동안 뿌리를 내리고 지탱해간다. 동시에 그 문명은 이웃 문명이나 먼 거리에 떨어져 있는 문명이 제공하는 선물들을 받아들이기도 하고 또 자신의 선물을 남에게 제공하기도 한다. 이미 알고 있고 행하고 있는 관습적인 것을 거부하는 내적 욕구는 모방이나 전염과 어우러져 함께 작용한다.

자본주의 역시 이 법칙들을 벗어나지 못한다. 자본주의는 그것이 발전해온 역사의 순간마다 방법, 수단, 관행, 사고 습관 등의 총체였다. 그것은 다름 아닌 문화적인 산물이며 또 그런 문화적인 산물로서 전파되고 교환된다. 루카 파촐리가 베네치아에서 『산술론(*De Arithmetica*)』(1495)을 썼을 때 복식부기의 내용은 13세기 말부터 피렌체 등지에 이미 알려져 있던 해결책을 요약한 것이었다.[329] 거상 야코프 푸거가 베네치아에 머물렀을 때 그는 복식부기를 연구했다가 그것을 그의 여행 가방에 넣어서 아우크스부르크로 가져갔다. 마침내 복식부기 작성법은 여러 경로를 통해서 상업활동을 하는 유럽의 일부 지역으로 퍼져갔다.

환어음 역시 이탈리아 도시들을 통해서 여러 곳으로 전파되었다. 그러나 사실 이것은 이탈리아보다 더 먼 곳에서 유래했을 수 있다. 애슈터가 보기에는[330] 이슬람권의 수트파야(sutfaya)는 서양의 환어음과 완전히 다르다. 그것이 놓여 있는 법적인 조직이 심층적으로 차이가 난다는 것이다. 그럴지도 모른다. 그러나 어쨌든 그것은 의심할 바 없이 유럽의 환어음보다 훨씬 이전부터 존재했다. 그렇다면 아주 일찍이 이슬람 세계의 항구와 시장을 방문했던 이탈리아 상인들은 단순히 문서 하나를 작성해서 상당한 금액의 돈을 먼 거리로 보내주는 이 수단에 주목하지 않았을까? 이자를 받고 돈을 대부해주는 것을 금지하는 교회의 명령을 비롯해서 유럽은 이슬람 지역과는 다른 조건이었기 때문에 어떻게든 여기에 적응해야 했지만 여하튼 환어음(이탈리아인들은 자신들이 이것을 발명했다고 주장하지만)은 똑같은 문제에 대한 해결책이었다. 내 생각에 환어음은 아무리 봐도 동방에서 들어온 것 같다.

코멘다(commenda) 방식의 상업조직도 마찬가지로 이슬람권에서 빌려왔을 듯하다. 이 방식은 이슬람권에서는 아주 오래되었으며(무함마드와 돈 많은 과부였던 부인도 코멘다를 구성했다)331) 인도, 말레이 제도, 중국에 이르는 원거리 무역을 수행하는 통상적인 형식이었다. 자연발생했는지 다른 곳에서 유입되었는지는 모르지만, 코멘다가 11-12세기에 가서야 이탈리아에 등장한 것은 분명하다. 그후 이 방식은 한 도시에서 다른 도시로 퍼져갔으며, 14세기에는 지방의 영향을 받아서 변형된 형태이기는 하지만, 한자 동맹 도시에서도 찾아볼 수 있었다. 이탈리아에서는 흔히 대리인(commis)—노동을 제공하는 파트너로 상품을 맡아서 여행하는 사람—이 이 사업의 이윤 분배에 참여한다. 그러나 한자 동맹의 경우에는 디너(Diener)*가 자본 공여 파트너로부터 일정액의 돈을 받을 뿐이다. 그러므로 그는 임금노동자의 성격이다.332) 그러나 또한 분담출자(participation) 방식도 찾아볼 수 있었다.

이것은 모델의 변경을 보여준다. 경우에 따라서는 반드시 이웃 문명의 전수가 없더라도 여기저기에서 똑같은 해결책이 쓰이는 수도 있었다. 이 문제에서 중세 전기의 수 세기 동안 서양의 사정이 어떠했는지 확실히는 모른다.

---

* 프랑스어 코미(Commis)와 독일어의 디너(Diener)는 모두 "심부름", "사동", "점원"과 같이 노동을 제공하는 하급 파트너의 뉘앙스를 가진다.

그러나 중세 상인들의 떠돌이 습관과 그들의 행로가 알려져 있는 만큼, 적어도 상당수의 교환의 형식들이 전파되었음에 틀림없다. 서양이 이슬람권으로부터 차용해온 어휘들을 보더라도 이 점을 짐작할 수 있다. 세관(douane), 창고(magasin), 마온(mahone),* 폰두크(fondouk), 모하트라(mohatra, 선거래를 하고 그 자리에서 다시 재판매하는 것을 가리키며 고리대금업에 관한 14세기의 라린어 텍스트에서는 이것을 콘트락투스 모하트라이[contractus mohatrae]라고 불렀다). 그리고 유럽이 동방세계로부터 받은 선물도 이 점을 보여준다. 비단, 쌀, 사탕수수, 종이, 면, 아라비아 숫자,** 주판술, 이슬람을 통해서 재발견한 고대 그리스 과학, 화약, 나침반, 그리고 이 귀중한 자산들은 유럽이 다시 다른 곳으로 수출하기도 했다.

이처럼 외부로부터 많은 것이 유입되었다는 사실을 받아들이면, 유럽이 모든 것을 천재적인 방식으로 스스로 발명했으며 유럽만이 점차적으로 기술적, 과학적 합리성으로 발전해가는 도상에 있었다는 전통적인 역사가들의 견해를 부인하게 된다. 예컨대 근대상업의 여러 도구들을 발명한 공적을 이탈리아 도시들로부터 빼앗는 결과가 된 것이다. 그렇게 하나씩 빼앗다 보면 결국은 로마 제국에 대해서 인정했던 핵심적인 역할까지도 부인하게 된다. 지중해권을 중심으로 대륙의 일부 지역이 더해져 있는 광대한 영토를 가진, 세계의 중심이며 서양 역사의 중심이라고 자처하던 로마 제국도 그보다 더욱 넓고 또 수 세기나 더욱 오래 살아남은 고대 **세계경제**(économie mondiale, Weltwirtschaft)의 일부분에 불과하기 때문이다. 지브롤터에서 중국에 이르는 거대한 유통과 교역의 영역인 이 세계경제에서는 수 세기 동안 사람들이 끝없이 먼 길을 여행하면서 지금(地金), 금은 세공품, 후추, 육두

---

* 아랍어 '마우나(mauna : 도움)'에서 나왔다. 중세 제노바에 있던 것으로 외국과 사업을 하는 상인이 외국에서 입은 손해를 협력해서 보상받기 위해 결성한 채권단을 말한다.

** 원문에서는 '인도 숫자(chiffres indiens)'로 표현되어 있다. 이것을 우리는 흔히 아라비아 숫자라고 부르지만, 사실은 인도에서 발명되어 아랍의 중개를 거쳐 유럽에 전파된 것이므로, 인도 숫자로 부르는 것이 더 정확할 것이다.

구, 생강, 칠기, 사향, 호박, 능라직, 면직, 모슬린, 비단, 금박 새틴, 향목과 염료용 목재, 라카, 옥, 보석, 진주, 중국 도자기 등의 귀중품들을 보따리에 넣어서 운반했다. 이런 상품들은 동인도회사가 설립되기 전에 벌써 이동했던 것이다.

비잔티움 제국과 이슬람권의 번성 역시 세계의 한 쪽 끝에서 다른 쪽 끝까지 이어진 이와 같은 교역 덕분이었다. 그런데 비잔티움 제국은 갑자기 상업의 활력을 띠기는 했어도 여전히 자신의 장엄한 의식(儀式, 이런 의식은 야만적인 제후들에게 감동을 주고 여러 민족을 복속시키는 데에 쓸모가 있었다)에 사로잡힌 종교적 국가였고 모든 것을 금을 받고서만 교환했다. 이에 비해서 활기 넘치는 이슬람권은 그리스 로마와 같은 낡은 세계가 아니라, 근동 지역과 그 아래 잠재해 있는 기반들과 관련을 맺었다. 무슬림의 지배를 받는 지역들은 새로운 세력이 나타나기 전에는 동양 무역과 지중해 무역에서 적극적인 역할을 맡고 있었다. 그들이 습관적으로 해왔던 일이 일시적으로 교란당하기도 했으나 곧 다시 정상으로 되돌아가자 다시 그 역할을 떠안았다. 무슬림 경제가 사용하는 핵심적인 도구가 두 개 있다. 디나르(dinar)라고 부르는 금화와 디르헴(dirhem)이라고 부르는 은화가 그것이다. 그중 디나르는 비잔틴이 기원이고(dinar = denarius), 디르헴은 사산조 페르시아가 기원이다. 이슬람권은 금을 중시하는 나라들(아라비아, 북부 아프리카)과 은을 중시하는 나라들(페르시아, 쿠라산,* 스페인)을 그대로 계승하며 오래 유지했다. "영토에 따른 분할" 방식의 이중 본위제는 이곳저곳에서 약간의 변화는 겪었지만 기본적으로는 수 세기 이후까지 계속 유지되었다. 그러므로 이른바 무슬림 경제는 유산으로 물려받은 체제를 가동시키는 것이었으며 그것은 다름 아니라 스페인, 마그레브, 이집트, 시리아, 메소포타미아, 이란, 아비시니아, 구자라트, 말라바르 해안, 중국, 말레이 제도 등지의 상인들을 연결시키는

---

* Khurasan, Khorassan : 투르크멘 및 아프가니스탄과 접경한, 이란 동쪽 지방이다.

것이었다. 무슬림 경제의 무게 중심 내지 "극점"은 메카, 다마스쿠스, 바그다드, 카이로 등으로 연속해서 변화해갔다. 그중에서 바그다드와 카이로 중에 어느 곳이 중심지가 되느냐 하는 것은 동양으로 갈 때 바스라와 사라프로부터 페르시아 만을 통과하는 길을 이용하느냐, 아니면 수에즈와 제다(메카의 외항)로부터 홍해를 통과하는 길을 이용하느냐와 관련된 문제였다.

과거로부터 물려받은 유산으로 보건대, 이슬람권은 채 자리를 잡기도 전에 이미 상업문명의 성격을 띠었다. 이슬람 상인들은 적어도 정치 지배자들로부터 일찍부터 존중을 받았으며 이에 대해서 유럽의 상인들은 그저 부러워할 뿐이었다. 무함마드 자신이 이렇게 이야기하지 않았던가. "상인들은 이 세상과 동시에 저 세상에서도 축복을 받느니라." "돈을 버는 사람은 신을 즐겁게 하는 사람이다." 이것만으로도 상업이 얼마나 존경받는지 그 분위기를 짐작하기에 충분할 테지만, 이것에 더해서 우리는 이런 점을 구체적으로 보여주는 증거도 가지고 있다. 1288년 5월에 맘루크 왕조 정부는 시리아와 이집트에 신드,* 인도, 중국, 예멘의 상인들을 초유(招誘)하려고 했다. "우리는 큰 이윤을 얻으려고 하는 대상인이든 소규모 소매상이든 모든 저명한 인사들을 초빙하려고 한다.……우리 나라에 오는 사람들은 자유롭게 체류하거나 출입할 수 있다.……이곳에 머무르는 사람에게는 진정 천국의 정원이 될 것이다.……대부를 통해서 선행을 하거나 대출을 통해서 훌륭한 일을 하는 사람들은 누구든지 여행할 때 신의 은총을 입으리라." 서양에서 어느 정부가 이와 같은 내용의 칙령을 내리는 것을 상상이라도 할 수 있을까? 2세기 후에 오스만 제국의 지배자에게 주어진 전통적인 충고를 보자(15세기 후반). "나라 안의 상인을 호의적으로 보라. 그들을 늘 보살펴주라. 그 누구라도 이 사람들을 못살게 굴거나 복종시키지 못하게 하라. 이들의 교역을 통해서 나라가 흥성하며 이들의 상품이 온 세상의 물가를 내리게 하기 때문이다."[333]

---

* Sind : 파키스탄 남동쪽의 오만 해안에 위치한 지방으로, 대부분 사막이며 단지 인더스 강(이 강의 옛 이름도 신드 강이다) 하류를 통해서만 관개가 가능하다.

이러한 상업경제의 무게에 대해서 종교적인 조심성과 불안은 어떠한 일을 했을까? 사실 이슬람권 역시 기독교권과 마찬가지로 고리대금에 대해서 일종의 공포심을 느꼈고 화폐의 유통에 따라 부패가 크게 퍼지고 일반화됨으로써 고통을 받았다. 상인은 지배자의 지지를 받기는 했지만 일반 민중과 특히 길드, 형제단, 종교기구들의 적대감을 불러일으켰다. "공식 문서에서 상인을 가리키는 바진군(bazingun), 마트라바즈(matrabaz)와 같은 말들은 [원래는 중립적인 의미였으나] 속여서 이익을 취한다는 경멸적인 뜻으로 쓰였다."334) 그러나 일반 민중들의 이러한 적의는 반대로 상인들의 부유함과 자긍심을 말해주는 것이기도 하다. 다음의 비교는 전적으로 모든 것을 말해주지는 않는다고 하더라도 놀라운 일이 아닌가. 무함마드는 "만일 신께서 천국의 사람들에게 장사를 허락하신다면 그들은 직물과 향신료를 거래할 것이다"라고 말한 반면,335) 기독교에서는 속담조로 "교역은 지옥에서까지도 아무런 제한 없이 자유로워야 한다"라고 말한다.

이와 같은 이슬람의 이미지는 상업활동이 활발히 이루어질 장래 유럽의 발전을 미리 보여준다. 이탈리아 도시에서부터 이루어지던 유럽의 초기 자본주의의 원거리 교역은 로마 제국에서 유래한 것이 아니라, 수많은 산업과 수출용 생산을 탄생시키고 광역권의 경제를 탄생시킨 11-12세기의 장대한 이슬람 문명을 이어받은 것이다. 원거리 항해와 규칙적인 카라반은 활기차고 효율적인 자본주의를 의미한다. 이슬람권 전역에서 길드들이 자리 잡고 이것들이 많은 변화(장인의 성장, 가내노동, 도시 외곽으로 발전해나가는 길드 등)를 겪은 것은 앞으로 유럽이 맞이할 현상들과 너무나 유사해서 경제적인 원인만으로 설명할 수는 없는 정도이다. 그 외에 또다른 유사성이 있다. 호르무즈, 말라바르 해안, 약간 뒤늦은 시기이지만 아프리카 해안의 세우타, 더 나아가서 스페인의 그라나다 같은 곳에서 도시 경제가 전통적인 권위의 수중에서 벗어났다는 점이다. 이곳들은 모두 도시국가를 이루었다. 마지막으로 이슬람권 역시 수지 적자를 보이고 있었다는 점을 들 수 있다. 이들은 모스크바 공국, 발트 해 지역, 인도양 지역, 게다가 일찍이 그들에게 봉사해 온 아말피, 베네치아와 같은 이탈리아 도시들과의 교역에서 상품을 사고 금으로 지불했다. 이 점에서도 이슬람권은 화폐상의 우위에 근거하는 상업적인 유럽의 미래를 미리 보여주고 있다.

이런 조건에서 상업적인 유럽이 이슬람과 비잔틴 도시들로부터 배우는 단계가 끝난 시점을 선택해본다면—그와 같이 느린 발전 과정에서 그래도 의미 있는 하나의 시점을 잡아보려고 한다면—서양에서 금화를 재주조하기 시작한[336] 1252년이 무난한 해일 것이다. 어쨌든 서구 자본주의에서 사용하는 모든 수입품은 이슬람산일 것이다.

기독교와 상품 : 고리대금업에 대한 논쟁

서양문명은 이슬람 세계에서와 같은 최상의 편의를 가지고 시작하지는 못했다. 서양문명은 제로 수준에서 다시 시작해야만 했다. 문명의 핵심인 종교는 처음부터 경제와 대립하며 나아가고 있었다. 그러나 여정이 길어지면서 그 둘 중에 경제가 걸음을 빨리하여 새로운 요구들을 제시하게 되었다. 이것은 "이 세상"과 "저 세상"이라고 하는 화해하기 힘든 두 세계 사이의 힘든 대화였다. 심지어 개신교 국가들에서도 사정이 크게 다르지 않아서, 홀란트 주의 의회가 금융 행위, 다시 말하면 이자를 받고 돈을 빌려주는 행위는 단지 세속권력과만 관련된 일이라고 공식 선언한 것은 1658년에 가서의 일이다.[337] 로마 교황청에 충실한 유럽 지역에서는 반동이 더욱 심각해서 급기야는 1745년 11월 1일에 교황 베네딕투스 14세가 "빅스 페르베니트(Vix pervenit)"라는 칙서를 통해서 이자를 받고 돈을 대부하는 행위에 대한 과거의 금지 조치를 재확인하기에 이르렀다.[338] 1769년에 앙굴렘의 은행업자들이 악성 채무자들을 고발한 재판에서 "이들이 [채무자들에게] 이자를 받고 돈을 빌려주었다"는 이유로 주장이 기각되었다.[339] 1777년에는 "교회법이 금지하는 모든 종류의 고리대금업[다시 말해서 이자를 받는 대출]을 금지하

776

는"340) 파리 고등법원와 판결이 나왔고, 1789년 10월 12일 자의 법령이 나오기까지 계속해서 범법 행위로 금지시켰다. 그러나 그후에도 논쟁은 계속되었다. 1807년의 법은 가사(家事) 대출인 경우 5퍼센트, 상업 대출인 경우 6퍼센트로 이자율을 고정시켰고 그 이상은 무조건 고리대금업으로 간주했다. 심지어 1935년 8월 8일 자의 법령에서도 지나치게 높은 이자율은 고리대금업이라고 하여 법적으로 책임을 물었다.341)

이것은 정말로 오래된 드라마이다. 실제로는 그 어느 것도 이를 막지는 못했다고 하더라도 자본주의적인 요구들에 대해서 심성이 변화해갈 때 심층적인 의식의 위기를 초래한 것은 사실이다.

벤저민 넬슨은 그의 독창적인 책에서 아주 단순한 도식을 제시했다.342) 서양문화의 중심에 자리 잡은 고리대금에 관한 논쟁은 「신명기」에 나오는 오랜 규정 속에 2,500년 동안 지속되었다는 것이 그의 주장이다. "너는 너의 형제에게 고리대금을 하지 말라. 돈이나, 음식이나 혹은 그 외의 어느 것이라도 고리대금으로 빌려줄 만한 것을 고리대하지 말라. 그러나 이방인일 경우에는 고리대금으로 빌려줄 수 있다."* 이것은 문화적인 실체가 장구히 계속되는 좋은 예이다. 저 먼 시간의 심연 속에 위치한 이 오래된 원천은 마르지 않는 강의 기원이다. 사실 형제에게 빌려주는 것과 이방인에게 빌려주는 것 사이의 구분은 보편성을 주장하는 기독교 교회를 만족시키지는 못했다. 위험한 적들에게 둘러싸인 소수 유대인들에게는 합당하다고 해도 기독교에는 더 이상 맞지 않았던 것이다. 새로운 법에서는 누구든지 형제이기 때문이다. 따라서 고리대금은 그 누구에게든 금지되었다. 성 히에로니무스**가 설

---

* 『공동 번역 성서』의 원문은 다음과 같다(「신명기」 23장 20-21절). "같은 동족에게 변리를 놓지 못한다. 돈 변리든 장리 변리든 그 밖에 무슨 변리든 놓지 못한다. 외국인에게는 변리를 놓더라도 같은 동족에게는 변리를 놓지 못한다. 그래야 너희가 들어가 차지하려는 땅에서 너희가 손을 대는 모든 일에 너희 하느님 야훼께서 복을 내리실 것이다."

** Saint Eusebius Hieronymus(340-420) : 가톨릭 교부, 교회 박사. 로마에서 문법학자 도나투스 밑에서 공부한 후에 당시 동로마의 수도였던 트리에로 (아마도 관직을 구하기 위해) 갔다가, 수도원 생활을 접하면서 생의 전기를 맞이했다. 동방으로 가서 『성서』를 연구했으며, 일시적

명한 것이 이것이다. 그러나 그와 동시대인이었던 밀라노의 성 암브로시우스*는 **정당한** 전쟁의 경우 적에게 고리대금을 하는 것은 정당하다고 받아들였다(ubi jus belli, ibi jus usurae). 이렇게 해서 그는 이슬람과의 교역에서 고리대금업을 할 수 있는 문호를 사전에 개방하도록 만든 셈이다. 이 문제는 후에 십자군 운동 때 본격적으로 제기될 것이다.

교황 그리고 교회가 주도한 투쟁은 특히 고리대금이 상상으로만 존재하는 악덕이 아닌 만큼 더욱 엄중하게 이루어졌다. 제2차 라테란 공의회(1139)**에서는 회개하지 않는 고리대금업자로부터 교회의 성사를 박탈하고 기독교도의 땅에 매장되지 못하도록 결정했다. 그리고 이 논쟁은 토마스 아퀴나스(1225-1274), 시에나의 성 베르나르디노(1380-1444), 피렌체의 성 안토니누스***와 같은 교회 박사들 사이에 치열하게 이어졌다. 교회는 이 악덕을 제압하는 일에 아주 열심이었으나 이 악덕 역시 언제나 계속되었다.[343]

그러나 13세기에 교회는 놀라운 원군을 발견한 듯하다. 1240년경에 아리스토텔레스의 사상이 기독교권에 들어왔고, 토마스 아퀴나스의 작품을 통해서 영향을 미쳤다. 아리스토텔레스의 입장은 명백하다. "이자를 받고 돈

으로 교황의 부름을 받고 『신약 성서』의 교정 작업을 하러 이탈리아에 왔다가 다시 동방으로 돌아갔다. 베들레헴에 정착한 후 30년간의 여생 동안 활발한 문필활동을 하는 동시에 『신약 성서』를 번역했다. 이것이 가톨릭 교회가 인정하는 공식 판본, 불가테(Vulgate) 성서이다.

* Saint Ambrosius(340-397) : 로마 제국 쇠퇴기에 교회의 부흥을 새로운 단계로 올려놓은, 초기 교회의 가장 중요한 인물. 리구리아와 에밀리아의 총독으로 부임했다가 이곳의 수도인 밀라노의 주교가 사망하자 아직 세례도 받지 않은 상태에서 밀라노 주교가 되었다. 그러나 곧 연설과 해박한 지식으로 교회에서 가장 영향력 있는 인물이 되었으며, 특히 황제에게 영향을 미쳐서 아리우스파를 이단으로 몰아 배척하는 데에 결정적인 공헌을 했다.

** 로마 라테란 대성당에서는 에큐메니칼(ecumenical) 공의회가 다섯 번 있었다. 그중 제2차 라테란 공의회는 1139년에 있었던 제10차 에큐메니칼 공의회를 말한다. 교황 인노켄티우스 2세가 열정적인 개혁가이자 교황의 세속권력을 반대한 브레시아의 아르놀두스의 추종자들이 일으킨 분열을 단죄하고 대립 교황의 선출이 가지고 온 분열을 해결하기 위해서 소집했으며, 동시에 이전의 공의회의 많은 교령들을 재확인했다.

*** Saint Antoninus Florentinus(1389-1459) : 이탈리아의 도미니카 수도회 소속 성직자. 인문주의자이자 개혁적인 주교로서 피렌체의 자유를 옹호하며 메디치 가문과 싸웠다.

을 빌려주는 행위에 대한 증오는 전적으로 타당하다. 이 과정에서 돈은 교환을 활성화시킨다는 원래의 목적에서 벗어나서 스스로 생산한다[돈이 돈을 낳는다는 의미에서/역주]. 다시 말해서 이자가 돈을 불려놓는다. 바로 이 때문에 그리스에서 돈을 자손(tokos)이라고 부르는 것이다. 아이들이 그들의 부모를 닮듯이 이자는 돈의 자식으로서의 돈이다."[344] 이 말이 의미하는 바는 "돈은 자식을 낳지 못한다" 혹은 그렇게 해서는 안 된다는 뜻이다. 이것은 그후에 수도사 베르나르디노에게서나 1563년의 트리엔트 공의회* 같은 곳에서 무수히 반복되어 인용되었다. 돈은 돈에서 생기는 것이 아니다 (pecunia pecuniam non parit).

유대, 헬레니즘, 서양 및 이슬람 사회 이외의 곳에서도 똑같은 적대감이 발견된다는 것은 사실이 어떠한지를 잘 드러내준다. 사실 같은 내용을 인도나 중국과 같은 곳에서도 찾아볼 수 있다. 대개 상대주의적인 입장을 고수하던 막스 베버 역시 이 점에서는 주저하지 않고 이렇게 썼다. "……종교적으로 이자를 부정하는 것은……세계의 거의 모든 곳의 윤리에서 서로 일치하는 내용이다."[345] 이러한 반발은 비인격적인 교환 도구인 화폐가 오래된 농업경제에 침투했기 때문에 생긴 것이 아닐까? 이것은 낯선 힘에 대한 반발이다. 그러나 진보의 도구인 화폐는 사라질 수가 없었다. 그리고 과거의 농업경제에서도 계절에 따라서 반복되는 우연적인 요소들, 수많은 재해들 그리고 오랜 시간을 기다려야 하는 농업의 속성―파종하기 전에 밭 갈기를 하고, 수확하기 전에 파종해야 하고, 다시 똑같은 과정을 되풀이하는―때문에 크레딧이 필수불가결했다. 그리고 화폐 경제가 급속히 발전하면서도 유통에 필요한 금화나 은화가 결코 충분하지 않았기 때문에 "비난받아 마땅한" 고리대금업 이 정식으로 활동하는 것을 인정하지 않을 수 없었다.

그러나 그렇게 되기까지에는 많은 시간과 적응 노력이 필요했다. 최초의

---

* 제19차 에큐메니칼 공의회이다(1545-1563). 가톨릭 교회가 개신교의 발생에 대해 철저한 자기 개혁을 선언하고 개신교의 공격 교리들을 하나하나 분명하게 규명한 중요한 공의회이다.

결정적인 발걸음을 뗀 사람은 토마스 아퀴나스였는데 그에 대해서 슘페터는 "경제 과정에 대한 전체적인 견해를 가지고 있었던 최초의 인물"이라고 보았다.[346] 칼 폴라니가 재미있게—그리고 정확하게—표현한 것처럼, 스콜라 철학자들의 경제적인 사고의 역할은 19세기의 애덤 스미스나 리카도에 해당한다.[347] 그러나 (아리스토텔레스를 근거로 내세우는) 기본 원칙들은 손을 대지 못하고 있었다. 고리대금업은 (오늘날 우리가 생각하는 바와는 달리) 이자율이 어느 정도인지와는 무관하며, 돈을 빌리는 사람이 너무나 가난해서 돈을 빌려준 사람에게 절대적으로 매이게 되느냐 아니냐 하는 것과도 무관하다고 사람들은 이야기했다. 돈을 빌려준 행위—무투움(mutuum)—가 이익을 가져다주기만 하면 고리대금업이었다. 고리대금이 아닌 대부는 단지 정해진 날짜에 원금만 회수하는 방식이다. 이것은 "아무것도 바라지 말고 빌려주어라(mutuum date inde nil sperantes)"는 충고를 따르는 것이다. 그렇지 않은 모든 경우에는 돈을 빌려주는 기간만큼의 시간을 파는 것을 뜻한다. 그러나 시간은 오직 하느님에게만 속한다. 주택은 집세를 가져다줄 수 있고 밭은 결실이나 지대를 가져다줄 수 있다. 그러나 돈은 불모의 것이고 또 그래야만 한다. 그리고 그와 같은 무상대부가 실제로 행해졌음에 틀림없다. 자비심, 우정, 무사무욕, 신을 즐겁게 하려는 마음, 이런 감정들이 중요하다. 예컨대 우리는 16세기에 바야돌리드에서는 "명예와 선행을 위해서(para hacer honra y buena obra)"[348] 대부를 했다는 것을 알고 있다.

그러나 스콜라 철학의 사고에는 빠져나갈 구멍이 있었다. 이들이 양보한 내용은 돈을 빌려주는 사람이 위험(damnum emergens)을 감수해야 하거나 돈을 벌 기회를 잃게 되면(lucrum cessans) 이자는 합법적인 것이 된다는 점이다. 이런 구분은 빠져나갈 문을 아주 많이 열어주었다. 환전(cambium)은 자금을 이전시키는 역할을 하므로 그것의 구체적인 구현체인 환어음은 한 곳에서 다른 곳으로 마음 놓고 유통될 수 있었다. 일반적으로 환어음이 가져다주는 수익은 사전에 안전하게 확보된 것이 아니기에 위험이 따르기 때문이다. 다만 한 곳에서 다른 곳으로 이전시키지도 않은 채 발행되는 가상의 어음인 "건식 환어음(change sec, dry exchange, cambio seco)"만은 고리대금으로 간주되었다. 그것은 틀린 것이 아니다. 왜냐하면 "건식 환어음"은 대개 이자를 받고 돈을 빌려주는 행위를 감추는 데 이용되었기 때문이다. 그 외에 교회가 인정한 대부 행위로는 국가나 지배자에게 돈을 빌려주는 행위와 상인들 사이의 결사(제노바의 코멘다, 베네치아의 콜레간차, 피렌체의 소시에타스)에서 생기는 수익 등이 있었다. 나아가서 은행가에게 맡겨놓은 돈(depositi a discrezione)도 예전에는 교회의 비난을 받았지만, 이것이 기업적인 합자라는 이름 뒤에 숨게 되면서 합법이 되었다.[349]

이렇게 된 것은 경제생활이 폭발적으로 발전하는 시대에 돈이 과실을 가져오는 것을 금지하기가 불가능했기 때문이다. 이 시대의 농업은 신석기 시대 이후 이때까지 늘어난 경지보다 더 넓은 면적의 땅을 경작지로 만들었다.[350] 그리고 그 어느 때보다도 도시가 팽창했다. 상업도 힘과 활기를 띠었다. 그러니 어떻게 크레딧이 발달하지 않겠는가? 크레딧은 플랑드르, 브라반트, 에노, 아르투아, 일-드-프랑스, 로렌, 샹파뉴, 부르고뉴, 프랑슈-콩테, 도피네, 프로방스, 영국, 카탈루냐, 이탈리아 등 활력에 넘친 여러 지역에서 꽃피었다. 고리대금업이 유럽 전역에 퍼져 있는 유대인에게 내맡겨지고 이들이 돈 장사만으로 살아가는 것은 하나의 해결책은 될 수 있겠지만 유일한 해결책은 아니었다. 유대인을 이용한 해결책은 어떻게 보면 「신명기」의 규정을 원용한 것일 수 있다. 즉, 유대인은 비(非)유대인, 즉 기독교도에게 고리대금업을 할 수 있는 권리를 가지는데 그렇다면 문제는 이때 기독교도가 바로 이방인이 된다는 것이다. 그렇지만 현재까지 알려져 있는 유대인의 고리대금업 활동을 보면—예컨대 15세기 이후 이탈리아에서 이들이 유지하던 은행들(banchi)—모두 기독교도 대부업자의 활동과 섞여 있었다.

사실 고리대금업은 군주, 부자, 상인, 서민, 게다가 교회에 이르기까지 사회 전체가 수행하고 있었다. 사회는 이 금지된 활동을 숨기려고 하고 비난하면서도 거기에 의존했고, 그 일을 하는 사람들에게 등을 돌렸지만 이들을 용인했다. "사람들은 마치 창녀 집에 가듯 몸을 숨기고 고리대금업자에게로 갔다."[351] 그러나 몸을 숨기든 아니든 그곳에 가기는 갔다. "만일 나, 마리노 사누도가 작년처럼 프레가디*의 일원이었다면 유대인들은 빵 장수와 마찬 가지로 필요한 사람들이라는 점을 이야기했을 것이다."[352] 이것이 1519년에 베네치아의 귀족이 한 이야기이다. 사실 유대인은 공연히 비난을 받는 것인 지 모른다. 롬바르디아인, 토스카나인, 카오르인 등은 모두 기독교도이면서 도 담보를 잡고 돈을 빌려주는 일을 비롯해 여러 종류의 대금업을 공개적으 로 했기 때문이다. 그러나 여기저기에서 유대인들은 고리대금업 시장을 장 악해 들어갔다. 특히 14세기 이후 로마 이북 지역이 대표적인 예이다. 피렌 체에서는 이들이 오랫동안 따돌림을 당했지만 1396년에 이 도시로 뚫고 들 어가서, 코지모 데 메디치가 망명을 끝내고 돌아올 때쯤(1434)에는 힘 있는 시위를 차지했고, 그로부터 3년 후에는 이 도시의 대금업의 독점권을 획득 했다. 특징적인 사실을 든다면 이들은 "[자신들보다 먼저 영업을 했던 기독교 도 대금업자들과] 똑같은 은행에서 똑같은 간판을 사용했다는 것이다. 방코 델라 바카(Banco della Vacca : 암소 은행), 방코 데이 콰트로 파보니(Banco dei quatro Pavoni : 네 마리 공작 은행)……"[353]

여하튼 유대인이든 기독교도이든 (심지어 교회기관까지도) 위장 판매, 정기 시 어음 위조, 공증문서의 수치 조작 등 똑같은 수단을 썼다. 이런 방식들은 일상이 되어갔다. 조숙한 자본주의의 본고장인 피렌체에서는 14세기부터 그런 것을 느낄 수 있었다. 예컨대 메디치 가문의 신용을 받던 파트너 파올 로 사세티가 1384년에 환전업무에 대해 다음과 같이 말한 데에서 알 수 있 다. 이번 사업에서 그가 얻은 수익은 "450플로린의 이자, 혹은 달리 이야기 하면 고리대 이자이다(piùdi f[iorini] quatrocento cinquante d'interesse, o uxura

---

* Pregadi : 하급 평의회를 말한다.

si voglia chiamare).” 여기에서 고리대 이자(uxura)라는 경멸적인 말을 슬쩍 피하고 이자(interesse)라는 말을 쓴 것이 흥미롭지 않은가?[354] 또 필리프 드 코민이 메디치 은행의 리옹 지점에 돈을 예치했으나 이자가 너무 적다고 불평하는 것을 보더라도 그것이 아주 자연스럽다는 것을 볼 수 있다(1489년 11월). “내가 얻은 수익은 너무 미흡하다.”[355] 이런 흐름에 내맡겨진 사업계는 조만간 교회의 조치들에 대해 걱정할 것이 하나도 없게 되었다. 14세기에 피렌체의 한 환전상은 20퍼센트 이상의 이자율로 돈을 빌려주지 않았던가?[356] 교회는 군주의 죄에 대해서만큼이나 상인의 잘못에 대해서도 긍휼히 여겼다.

그렇다고 아무런 마음의 거리낌이 없었던 것은 아니다. 하느님을 만나기 직전 최후의 순간에 양심의 가책을 느낀 나머지 고리대금을 취소하는 일이 많았다. 니스에 정착한 피아첸차 출신의 한 고리대금업자는 200건이나 그런 언급을 했다.[357] 넬슨의 연구에 의하면, 공증문서에 무수히 많이 나오던 이와 같은 후회와 취소의 기록들이 1330년 이후에는 거의 등장하지 않는다.[358] 그러나 훨씬 이후 시기에 야코프 벨저는 아직도 양심의 거리낌 때문에 르네상스 시대의 독일을 휩쓸던 독점 사업들에 참여를 거부했다. 그와 동시대인인 거상 야코프 푸거 역시 불안감을 느껴서 요하네스 에크*―장래에 루터의 적수가 될 인물―에게 상의했고 그래서 그에게 볼로냐로 문의하러 가는 여행의 경비를 대주었다.[359] 안트베르펜에 있던 스페인 상인들도 1532년에 이미 두 번째로 소르본 대학의 신학자들에게 이 문제에 대한 의견을 물었다.[360] 제노바 출신으로서 스페인에 정착한 상인 라자로 도리아는 1577년에 양심의 가책 때문에 사업에서 손을 뗐고 그래서 모든 사람들이 이 일을 놓고 수군댔다.[361] 간단히 말해서 심성은 경제 행위만큼 그렇게 빠르게 변

---

* Johann Maier(1586-1543) : 일명 에크(Eck). 잉골슈타트 대학의 부학장으로서 종교개혁 움직임에 대한 반대운동을 펼친 인물이다. 멜란히톤(Melanchton) 등 종교개혁의 주요 인물들을 공격했고 그중에서도 루터의 면죄부(Indulgentia) 비판을 공격한 것으로 유명하다.

하지 못했다. 1571년에 교황 피우스 5세가 늘 논란의 대상이 되었던 환어음과 상환어음에 관하여 "인 에암(In eam : 이것에 관하여)"이라는 칙서를 내리자 동요를 불러일으켰다는 데에서도 이 점을 읽을 수 있다. 이 칙서는 결과적으로 데포지토(deposito)의 관행을 완전히 금지시켜버렸는데, 이것은 원래 의도보다 더 엄격한 결과를 가져왔다. 이 관행은 원래 크레딧으로 상품을 매매하던 상인이 일상적으로 의존하던 방식으로, 한 정기시에서 다음 정기시까지 2.5퍼센트의 이자로 대부해주던 것을 말한다. 다른 상인들과 마찬가지로 이것으로 곤란을 겪은 부온비시 가문의 사람들은 1571년 4월 21일에 리옹에서 시몬 루이스에게 다음과 같은 편지를 보냈다. "당신도 아시다시피 우리 상인들에게 아주 유용했던 데포지토를 교황께서 금지하셨습니다. 그래서 이번 정기시에서는 데포지토의 비율을 정하지 않았기 때문에 인내를 가지고 기다려야 합니다. 그 결과 동료들에 대한 봉사가 어려워졌고 약간의 속임수가 필요하게 되었습니다. 우리는 어쨌든 최선을 다하고는 있지만 모든 사람들이 그것을 지켜야 하므로 이제부터는 우리도 어쩔 수가 없습니다. 우리는 이탈리아, 부르고뉴, 플랑드르의 환 중심지를 이용해야 할 것입니다."362) 데포지토가 금지되었으므로 아직 허용되고 있는 환 업무(cambio)로 되돌아가야 한다는 것이 루카 출신의 이 상인이 내린 결론이었다. 이처럼 하나의 문이 닫히면 다른 문이 열리게 된다. 이그나티우스 데 로욜라의 뒤를 이어 예수회 대장이 된 라이네스*의 말을 들어보면 "상인들은 어찌나 많은 교묘한 술책들을 만드는지 그들의 간계의 깊이가 어느 만큼인지를 모를 정도이다."363) 17세기에는 아직 리코르사(ricorsa)라는 관행이 만들어지지 않았다. 이것은 상환어음체제를 이용한 장기 대부를 말하며 환어음을 아주 오랫동안 한 곳에서 다른 곳으로 계속 돌림으로써 지불 금액이 매년 늘어나게

---

* Diego Lainez(1512-1565) : 예수회 2대 대장. 파리에서 신학 공부를 했으며 그때 이그나티우스의 동료였다. 1545년에 트리엔트 공의회에서 중요한 역할을 했다. 추기경직을 거절했고, 1559년에 교황이 될 뻔했다.

하는 방식이다. 17세기에 이르면 이것이 완전히 정착되지는 않았다고 해도 그 관행이 발달하고 있었다. 이 관행이 순전한 고리대금업이라고 비난을 받자 제노바 공화국은 이 문제에 오랫동안 간여하여 결국 1631년 9월 27일에 교황 우르바누스 8세로부터 이것이 적법하다는 판정을 받아냈다.[364]

교회의 미적지근한 태도는 놀라운 일이 아니다. 교회가 어떻게 일상생활의 복합적인 힘들과 싸울 수 있겠는가? 루이스 데 몰리나를 비롯한 최후의 스콜라 학자들인 스페인인들은 자유주의의 예를 보여주었다.[365] "외환에 관한 글에서 볼 수 있듯이 스페인 신학자들이 이윤을 정당화하기 위해서 갖은 노력을 다하는 것을 보면 마르크스도 이들에게 동참했을 것이다" 하고 피에르 빌라르는 말했다.[366] 물론 타당한 말이다. 사실 1580년에 리스본이 일시적으로 세비야와 연결되어 있을 당시에* 스페인 신학자들은 리스본 경제와 세비야 경제 중 어느 것도 희생시킬 수는 없었을 것이다.

교회만이 백기를 든 것은 아니다. 국가 역시 이 점에서 교회에 앞서거나 뒤서거나 했다. 1601년에 앙리 4세는 리옹 조약에 의거해서 뷔제, 브레스 그리고 젝스 지방을 사부아 공작에게서 빼앗아 프랑스 영토에 병합했다. 이 조그마한 지방들은 특히 지대, 이자, 고리대에 관해서 그들 나름대로의 특권과 관습들을 가지고 있었다. 국왕 정부는 이 지방들을 디종 고등법원의 관할 구역에 포함시키면서 동시에 이곳들에 새로운 규칙을 부가하려고 했다. 그러자 당장 공채 이자가 드니에 12(8.3퍼센트)에서 드니에 16으로 떨어졌다.** 그리고 1629년에 고리대금업을 억제하는 후속 조치가 취해져서 많은 처벌을 했다. "이와 관련된 수색은 공포를 불러일으켜서 이제 아무도 감히 대금 계약을 하려고 하지 않았다." 그러나 1642년 3월 22일에 국무회의의 의결을 통한 국왕 칙령으로 과거 사부아 공작 당시의 관행이 회복되었다. 즉, 주변 외국 지역에서 "부채를 주면서 이자율을 설정하는 것이 일반적으로 통용되

---

* 1580년부터 1640년까지 스페인과 포르투갈이 합병된 것을 말한다.
** 드니에 12는 12분의 100, 즉 8.3퍼센트이고, 드니에 16은 16분의 100, 즉 6.25퍼센트이다.

듯이" 이곳에서도 "이자율을 설정할" 권리를 가지게 되었다.367)

시간이 갈수록 반대의 목소리가 사라졌다. 1771년에 한 관찰자는 "그렇게 많은 사람들을 파산시키는 고리대금업을 방지하는 데에 가장 효과적인 소액 대출 은행(mont-de-piété)이 프랑스에서는 별로 효과적이지 못한 것이 아닌가" 하고 솔직히 자문했다.368) 프랑스 혁명 직전에 세바스티앙 메르시에는 파리에서 공증인들이 고리대금업을 통해서 아주 빨리 부를 축적하고 있으며 국가가 다양한 차입금 재원을 가지고서 크레딧의 가능성을 독점해버렸기 때문에 "단기 대출업자들(avanceurs)"이 가난한 사람들에게는 구원의 손길과 같은 역할을 하고 있다고 이야기했다.368) 영국에서는 "그렇지 않아도 일반 민중에 엄청난 폐해를 가져다주는 담보 대출업자들에게 25퍼센트까지 이자율을 허락해주자는" 뻔뻔스러운 안건이 상정되었으나 1786년 5월 30일에 상원이 부결한 적이 있다.369)

18세기 후반에 들어오면 역사의 한 페이지가 결정적으로 넘어갔다. 시대에 뒤처진 신학자들은 여전히 호통을 쳐댔으나 이제는 고리대금과 이자 사이에 구분이 만들어졌다. 마르세유의 정직한 부상(富商)인 장-바티스트 루는 아들에게 이렇게 편지를 썼다(1798년 12월 29일). "자네도 그렇게 생각하시겠지만 나 역시 돈을 무상으로 빌려주어야 한다는 규칙은 단지 가진 것이 없어서 필요 때문에 돈을 빌리는 사람에게만 해당되어야지, 수익성 좋은 사업과 유리한 투기를 하기 위해서 돈을 빌리는 대상인에게 적용되어서는 안 된다고 보오."370)* 이미 이보다 25년쯤 전에 포르투갈의 금융업자인 이사크 데 핀토도 분명한 어조로 이렇게 쓴 바 있다(1771). "화폐의 이자는 모든 사람들에게 유익하고 필요한 것이지만 고리대는 파괴적이고 가공스러운 것이다. 이 두 가지를 혼동한다는 것은 마치 불에 너무 가까이 가면 화상을 입는다는 이유로 유용한 불을 사용하지 못하게 하는 것과 다름없다."371)

---

* 이 편지는 아버지가 아들에게 보내는 편지임에도 높임말(voussoiement)을 쓰고 있다. 이것은 과거의 지체 높은 사람들 사이의 어투이다.

청교주의와 자본주의는 일치하는가?

고리대금업에 대한 교회의 태도는 종교적 심성 전체의 발전 중의 하나이다. 실제로 일어난 것은 과거와의 단절이고 그것은 여러 단절 중의 하나이다. 우리 시대에 있었던 제2차 바티칸 공의회*의 "아조르나멘토(aggiornamento)"는 이와 같은 장기적인 역사 속에서 최초의 것이 아니다. 오귀스탱 르노데[372)]가 보기에 토마스 아퀴나스의 『신학대전(Somme)』은 그 자체가 최초의 "모더니즘(modernisme)"이며 그것도 성공한 모더니즘이었다. 인문주의(humanisme) 역시 그 나름대로 아조르나멘토이며, 고대 그리스 라틴 문명의 모든 유산을 총체적이고 체계적으로 서양 문명의 핵심 한가운데로 복귀시킨 것이다.

마지막으로 종교개혁이라는 단절에 대해서는 어떤 말을 해야 할 것인가? 이것은 불안과 후회, 다시 말해서 양심의 거리낌을 털어버리게 함으로써 자본주의의 흥기에 일조했을까? 막스 베버가 1904년에 출판한 『프로테스탄티즘의 윤리와 자본주의 정신(Die protestantische Ethik und der Geist des Kapitalismus)』이라는 책에서 말한 내용이 대체로 그런 것이다. 사실 16세기 이후에 종교개혁이 일어난 지역과 상업자본주의 및 산업자본주의가 흥기한 지역―영광에 찬 암스테르담과 그것의 빛을 바래게 만들고 대신 영광을 안은 런던―사이에 명백한 상관관계가 존재한다는 것은 맞는 말이다. 이것이 단순한 우연의 일치는 아닐 것이다. 그렇다면 막스 베버의 말이 맞을까?

베버의 주장은 꽤나 불명확하다. 그것은 아주 복잡한 관념 속에서 헤매고 있다. 그가 추구한 것은 **이념형**으로서의 "자본주의 정신"을 가진 소수 개신교도이다. 이런 것은 모두 일련의 전제를 깔고 있다. 게다가 그의 주장이 현재로부터 과거로 시간을 거슬러올라가며 이루어졌기에 복잡성이 가중된다.

처음 우리는 1900년경의 독일을 보게 된다. 1895년에 바덴 지역에서 행해

---

* 제21차 에큐메니칼 공의회로서 교황 요한 23세가 소집하고 다음 교황인 바울 6세까지 계속되었다. 1962년부터 1965년까지 네 번의 회기가 있었다. 요한 23세의 요구로 현대세계에 부응한 교회의 아조르나멘토(aggiornamento : 현대화, 혁신)와 기독교인의 통합을 논의했다.

진 통계조사는 부와 경제활동 면에서 가톨릭교도들보다 개신교도들이 우세하다는 것을 보여주었다. 일단 이 결과는 타당하다고 받아들이자. 그렇다면 이보다 더 큰 차원에서 이 결과가 의미하는 바는 무엇인가? 막스 베버의 제자로서 이 조사를 수행했던 마르틴 오펜바허는 거침없이 이렇게 이야기했다. "가톨릭교도들은……더 조용히 살아가고, 이익에 대한 갈증이 그리크지 않다. 이들은 위험과 자극에 가득 찬 생활이 부와 명예를 가져올 수 있다는 것을 알고 있지만, 그보다는 작은 수입만 받더라도 안전한 생활을 하기 원한다. 민중의 지혜는 그것을 재미있게 이렇게 표현한다. 잘 자든지, 잘먹든지 둘 중의 하나이다. 현재의 경우에 개신교도들은 잘 먹기를 선택했고, 가톨릭교도들은 조용히 잘 자는 것을 선택했다." 식탁에서나 자본주의에서나 개신교도는 좋은 편에 서 있고 가톨릭교도는 나쁜 편에 서 있다는 다소웃기는 방식으로 막스 베버는 과거를 탐사하여 올라갔다. 그때 그가 만나게된 인물이 벤저민 프랭클린으로서 베버는 아무런 의심 없이 그의 편에 섰다. 얼마나 훌륭한 증인인가! 1748년 이후에 프랭클린은 이렇게 말했다고 하지않는가. "시간이 돈이라는 것을 기억하라.……크레딧이 돈이라는 것을 기억하라. 돈은 성질상 생산하고 증식하는 것임을 기억하라."

베버가 보기에 프랭클린은 청교도적인 조상 내지 선구자로부터 이어져 내려오는 특권적인 연쇄망의 한 고리를 이루고 있다. 다시 과거로 결정적인 한 걸음을 더 내디더서 베버는 크롬웰 당시의 목사인 리처드 백스터를 우리에게 제시한다. 이 존경스러운 인사의 수다를 요약하면 다음과 같다. 우리에게 허용된 지상에서의 이 짧은 생애 중에 단 한 순간도 낭비하지 말라. 신께서 우리를 배치시킨 우리의 천직에서 본분을 다함으로써 보상을 찾아라. 우리가 그곳에 있기를 바란 그분의 뜻에 맞게 그곳에서 일하라. 신께서는 누가 선택받은 자인지, 누가 버림받은 자인지 다 알고 계시지만 자기 직업에서 성공한 사람은 곧 그가 선택받은 사람 편에 서 있다는 증거이다(이것은 신의 뜻을 읽는 한 방식이다!). 돈을 많이 번 상인은 그가 성공했다는 사실로부터

신이 그를 선택했다는 증거를 보게 된다. 그러나 주의하라, 만일 그 돈을 즐기는 데에 사용하면 그것은 심판을 받게 되는 지름길이다. 공공선을 위해서 이 부를 사용하고 자신을 유용한 존재로 만들라. 바로 여기에서 인간은 다시 한번 더 그 자신의 활동에 속고 만다(막스 베버 자신이 그 점에 대해서 즐거워하고 있다). 인간은 금욕적인 자본주의를 만들었으며, 신실하게 이윤을 극대화해야 하면서도 조심스럽게 욕심을 통제한다. 근대적인 생활과 청교도적인 심성이 우연히 만나는 가운데 등장한 자본주의는 결과적으로 보면 합리적이지만, 그 뿌리에서는 비합리적이다.

나는 풍부한 내용을 갖추고 있는 사상을 지나치게 빨리, 그리고 조악하게 요약하고, 또 섬세하고 막연한 추론을 지나치게 단순화했는지 모른다. 이 추론에 대해서는 뤼시앙 페브르만큼이나 나 역시 알레르기 반응을 보인다는 것을 미리 고백해야 할 것이다. 그렇지만 막스 베버가 하지도 않은 말을 가지고 그를 비판할 생각은 없다. 베버 자신은 단순한 일치 내지 조우만을 이야기했는데 사람들은 그가 개신교가 자본주의의 기원 자체라고 주장했다고 비난했다. 좀바르트는 베버적인 논증을 더 확장함으로써 오히려 그것을 파괴시켜버린 첫 번째 인사이다. 좀바르트가 역설적인 방식으로 말하기를, 개신교는 초기에는 복음서상의 가난으로 되돌아가고자 하는 시도였으며 그것은 경제의 구조와 진전에 진정한 위험요소였다고 한다. 고행을 실천하는 삶의 규칙들에 관해서라면 토마스 아퀴나스와 스콜라 철학자들에게서 다시 찾을 수 있다. 청교주의(puritanism)란 기껏해야 스코틀랜드인[스코틀랜드인은 구두쇠의 이미지를 가지고 있다/역주] 같은 지독한 인색함을 가르쳐주는 것에 불과하며 구멍가게를 하는 사람들에게 주는 가르침에 불과하다.[373] 다른 많은 논쟁적인 주장과 마찬가지로 이것도 솔직히 우스꽝스럽다. 그러나 막스 베버와 정반대되는 주장을 하기 위해서, 네덜란드인이 18세기에 바타비아에서 마음껏 사치를 부렸다든지, 그보다 한 세기 전에 일본인에 의해서 데시마에 반쯤 유폐당했을 때 무료함을 달래기 위해서 축제를 벌였다는 점들만을 추출해서 다른 주장을 펼친다면 그것 역시 우스꽝스러울 것이다.

만일 자본주의의 흥기를 단지 고리대에 대한 칼뱅의 편지(1545년으로 추정)와 연관지었다면 훨씬 간편해졌을 것이다. 우리는 여기에서 전환점을 찾아볼 수 있다. 이것은 경제 현실을 잘 알고 있는 예리한 지성이 고리대금 문제에 대해서 날카롭게 분석한 아주 명료한 내용이다. 그가 생각하기에는 손댈 수 없는 일종의 도덕적 하부구조인 신학, 그리고 재판이나 법률 등의 인간적인 법은 서로 구분해야 한다. 고리대라고 해도 상인들 사이의 적법한—이자율이 약 5퍼센트 정도의 낮은 수준이라는 조건에서—고리대가 있고 자선에 위반되는 불법의 고리대가 있다. "신께서는 결코 모든 수익을 금지시켜서 사람이 이익을 취하지 못하도록 만드시지 않았다. 만일 그랬다면 도대체 어떻게 되겠는가? 우리는 모든 상품을 포기해야만 하지 않겠는가?……" 물론 아리스토텔레스적인 규범은 여전히 사실로 남는다. "나는 어린아이라도 알 수 있는 사실을 이야기하노니 만일 돈을 금고 속에 넣고 있기만 하면 그 돈은 늘어나지 않을 것이다." 그러나 만일 이 돈으로 "땅을 산다면……[이번에는] 돈이 돈을 낳지는 않는다고 말할 수는 없을 것이다." "말만 가지고 따질 것이 아니라……실제의 일을 보아야 한다." 이처럼 적확하게 칼뱅을 인용한 것은 앙리 오제에게서 배운 것이다.[374] 오제는 결론적으로 개신교 국가들이 경제성장을 한 것은 돈을 더 쉽게, 그래서 더 싸게 빌릴 수 있었기 때문이라고 이야기했다. "네덜란드나 제네바와 같은 나라에서 크레딧의 발전은 이렇게 설명된다. 이런 발전은 다름 아닌 칼뱅 덕분이었다. 칼뱅 자신은 알지도 못하는 사이에 그런 것을 가능하게 한 것이다." 이 역시 막스 베버에 동의하는 또다른 방식이다.

물론 이것이 사실일지라도, 1600년경에 이자율이 1.2퍼센트 정도였고 이미 세계 수준의 자본주의의 중심부였던 제노바라는 가톨릭 도시는 어떻게 설명할 것인가?[375] 과연 어느 곳에서 이곳보다 더 잘할 수 있었겠는가? 싼 이자율이란 팽창하는 자본주의를 만들어준 요인인 동시에 바로 그 자본주의에 의해서 만들어진 것이리라. 게다가 고리대에 관한 이 영역에서 칼뱅이 처음 문을 연 것도 아니었다. 그 문은 이미 오래 전부터 열려 있었다.

회고적인 지리학은 많은 것을 설명한다

이 논쟁은 더 이상 길게 늘여서 이야기할 것이 못 된다(만일 이 논쟁에 대해서 더 살펴보고 싶으면 토니부터 뤼티에 이르는 여러 학자들 사이에 오간, 공감을 불러일으키는 논쟁들을 살펴보아야 한다). 이런 논쟁에서 빠져나오기 위해서는 문제의 중심에서 꽤 빗겨나 있는 회고적인 사회학보다는 더 단순하고 덜 기교를 부리며 덜 취약한 일반적 설명들을 찾아야 할 것이다. 그런 것은 쿠르트 사무엘슨이 시도했고(1957, 1971),[376] 나 역시 1963년에 개진했다.[377] 그러나 우리 두 사람의 주장이 같지는 않다.

내가 보기에 신교도 유럽 전체가 지중해 경제—비록 눈부신 수준이고 이미 수 세기 전부터 자본주의에 의해서 만들어졌다고는 해도(여기에서 나는 특히 이탈리아의 경우를 염두에 두고 있다)—로부터 우위권을 이어받았다는 것은 부인할 수 없는 사실이다. 사실 그와 같은 우위권의 이전은 역사상 흔한 일이다. 비잔틴이 쇠퇴한 후 이탈리아가 흥기했다. 이슬람권은 기독교 유럽에 자리를 내주었다. 지중해 기독교권은 세계 7대양에서 우위를 점했으나 대략 1590년대부터 유럽 전체의 균형이 북유럽 개신교도로 기울었고 북유럽이 특권적인 곳으로 되었다. 이때까지, 어쩌면 1610–1620년대까지도 **자본주의**라는 말은 로마와 가톨릭 교회에도 불구하고 남유럽에 해당하는 말이었다. 암스테르담은 이제 겨우 자신의 존재를 드러내던 때였다. 주목할 사실은 북유럽은 아무런 발견도 하지 못했다는 것이다. 아메리카 대륙도, 희망봉 항로도, 세계적인 대항로도 북유럽이 발견한 것이 아니다. 말레이 제도, 중국, 일본에 가장 먼저 도착한 것은 포르투갈인이었다. 이런 기록들은 이른바 게으르다는 남유럽이 차지하는 몫이다. 북유럽은 또 자본주의의 도구를 하나도 발명하지 못했다. 모든 것은 남쪽에서 들여왔다. 심지어 암스테르담 은행도 베네치아의 리알토 은행 모델의 복제에 불과하다. 그리고 북유럽의 거대한 상사들이 형성된 것도 포르투갈이나 스페인과 같은 남유럽국가 세력들과 싸우면서 비로소 이루어낸 성과이다.

그래서 우리는 유럽 지도에서 라인 강과 도나우 강을 기준으로―로마가영국 땅에 들어왔던 에피소드 같은 일을 예외로 한다면*―두 개의 유럽 지역으로 나눌 수 있다. 한편에는 역사와 인간에 의해 다듬어지고 그 노동에의해 살진 구지역이 있다. 다른 한편에는 오랫동안 미개지 상태로 남아 있던신지역이 있다. 이 미개한 유럽을 관통하여 엘베 강, 오데르 강, 비스와 강까지 그리고 영국, 아일랜드, 스코틀랜드가 스칸디나비아 국가들까지 식민화, 교육, 개간, 도시의 건설이 이루어진 것은 수 세기에 걸친 중세의 승리였다. 식민지(colonie)와 식민주의(colonialisme)라는 단어를 쓰는 데에는 뉘앙스를 두어야겠지만, 옛 라틴 문화, 가톨릭교회 및 로마가 잡아넣고 훈계하고착취한 대상은 식민지 유럽[북유럽/역주]이었다. 그것은 마치 후일에―실패로 끝나기는 했지만―예수회가 파라과이의 원주민 보호 구역을 지배하고자신의 모델을 강요하려고 했던 것과 같다. 종교개혁이란 북해와 발트 해에붙어 있는 이 땅에 대한 식민화를 종식시키는 일이기도 했다.

북유럽의 이 가난한 땅에서도 한자 동맹이나 북해 선원의 활동이 있었다고는 하지만 이들에게는 주로 미천한 일만 맡겨졌다. 영국의 양모, 노르웨이의 목재, 발트 해 지역의 호밀 등 원재료의 조달이 그런 일이다. 브루게와안트베르펜에서는 남유럽 상인이 곧 법이고 기준이었으며, 그 결과 소시민이든 상층 시민이든 여기에 분개했다. 종교개혁의 혁명은 뭍에서보다 물에서 더 강렬했다는 점에 주목해야 한다. 역사가들은 너무나도 흔히 잊어버리지만 이제 막 유럽에 복속되었다고 할 수 있는 대서양은 종교적, 물질적 투쟁이 전개된 중요한 공간이었다. 운명이 북쪽의 편을 들어준 것은 임금이 더

---

* 로마 제국의 브리튼 섬 점령을 말한다. 카이사르 때 시작되어 하드리아누스 황제 때에는 스코틀랜드까지 점령했다.

792

낮고, 곧 산업이 당해내지 못할 정도로 발달하며, 연안 항해선들과 화물 범선들이 구름처럼 많아서 싼 비용으로 수송을 할 수 있다는 점 때문이었는데, 이런 것들은 자산과 부채, 경쟁적인 비용 등을 따지는 물질적인 문제였다. 1590년경에 여기에 콩종크튀르의 전환, 즉 위기가 덧붙여졌다. 옛날이나 지금이나 위기는 우선 선진국들, 즉 더 정교한 기계들부터 공격하게 마련이다. 이것은 북유럽으로 보자면 몇 차례에 걸친 호기였다. 독일, 프랑스 그리고 인근의 안트베르펜으로부터 홀란트로 이주해온 사업가들은 그런 식으로 받아들였다. 이것은 결국 암스테르담의 대팽창으로 나타났고 또 신교 국가들에게 전반적인 호황을 가져다주었다. 북유럽의 승리는 조금씩 조금씩 쟁취해가는 도전자들의 승리였다. 고전적인 도식대로 이들은 그런 식으로 확장하다가 결국 모든 적대자들을 축출하고 결국 그들 자신이 부유한 자들의 오만을 드러내게 된다. 그리고 그들의 사업망이 널리 확대된 나머지 거의 전 지역에—독일은 물론이고 보르도나 여타의 곳에—원래의 출신 지역보다 더 부유하고 대담하며 노련한 개신교도 집단들을 만들게 된다. 이것은 마치 이전에 이탈리아인이 북유럽(샹파뉴, 리옹, 브루게, 안트베르펜 등지)에서 당해낼 수 없이 탁월한 사업가 및 은행가로서의 면모를 드러냈던 것과 같다.

나는 이 설명이 타당하다고 본다. 이 세상에는 정신[막스 베버가 이야기하는 청교도 윤리와 같은 의식/역주]만이 홀로 있는 것이 아니다. 과거에 흔히 반복되었던 이러한 역사는 18세기에 다시 재현되었다. 만일 산업혁명이 하노버 왕조의 영국에게 뉴딜*을 가져다주지 않았다면, 이 세계의 주도권은 상승하는 러시아, 또는 그보다 더 가능성이 높은 미국 쪽으로 기울었을 것

---

* New Deal : 미국의 프랭클린 루스벨트 행정부가 추진한 정책(1933-1939)을 가리킨다. 정부가 적극적으로 주도하여 경제구호와 산업개혁을 추진한다는 내용이다. 이것은 루스벨트가 1932년 7월에 민주당 대통령 후보 수락 연설에서 처음 쓴 말로, 전임 후버 정부가 대공황 극복에 실패한 데에 대해서 "새로운 처방"을 내놓는다는 뜻이다. 그러므로 본문의 뉴딜은 산업혁명이 영국에게 주도권을 가져다준 일종의 새로운 처방과 같다는 의미이다. 그와 동시에 트럼프 놀이에서 카드를 새로 돌려서 새로운 판이 벌어진다는 이미지를 이야기하는 것 같다.

이다. 이 당시 미국은 마치 네덜란드 공화국처럼 여러 주의 연합 공화국 형태였으며, 16세기의 "바다의 거지들"*과 유사한 프롤레타리아급 배들을 많이 보유하고 있었다. 그런데 기술적이고 정치적인 우연에 의해서, 또 경제적인 상황이 여기에 맞아떨어져서, 기계혁명이 등장하고 증기 동력에 의해서 추진되는 철제기선들을 이용하여 영국이 대서양을 다시 지배하게 되었다. 이제 보스턴의 날렵한 클리퍼**가 사라졌다. 철선이 목제 코크선을 밀어내버린 것이다. 바로 이 시점에서 미국은 바다를 포기하고 대륙의 서부 지역에 펼쳐진 광활한 땅을 정복해 들어갔다.

이것은 종교개혁이 사업가의 행동과 태도에 큰 영향을 끼쳤고, 물질생활에 명백한 파문을 일으켰다는 사실을 부인하는 것일까? 그렇지는 않다. 그런 점을 부인한다면 어이없는 일이 된다. 무엇보다도 종교개혁은 북유럽 국가들의 통합성을 가져다주었다. 그리고 이들 국가들을 단결시켜서 남유럽 경쟁자들에게 대항하도록 부추겼다. 이것은 작은 일이 아니다. 그리고 종교 전쟁은 신앙 공동체를 통해 신교도 사업망의 단결을 가져왔으며, 이것은 적어도 국가 간의 투쟁이 다른 모든 고려 사항보다 우위를 점하게 되기 전까지 사업에서 중요한 역할을 했다.

게다가 가톨릭 유럽에서도 교회는 스스로를 유지하고 강화시키는 과정에서 이전 사회를 융합하는 시멘트 역할을 했다. 교회의 여러 다양한 층들 그리고 사회적인 화폐 역할을 하는 교회의 여러 한직들은 전통적인 구조물과

---

* 원래 "거지들(Gueux, 네덜란드어로는 Geuzen)"이란 네덜란드의 귀족들이 합스부르크 측의 총독인 마르가레테에게 항의했을 때 이들에게 붙여진 이름이었다. 그후 이 말은 네덜란드의 독립을 위해 싸우는 민족적인 감정을 가진 사람들을 지칭하게 되었다. 한편 빌럼 데 라 마르크라는 인물이 해적들을 모아 오라녜 공의 인정을 받은 후에 네덜란드 독립파의 해군 기능을 했는데, 이들을 "바다의 거지들(Gueux de mer)"이라고 불렀다.

** clipper : 19세기의 고전적인 범선으로, 아름답고 우아하고 빠른 배로 정평이 났다. 원래 볼티모어 클리퍼(Baltimore clipper)라는 연안 항해용 소형 쾌속선이었으나 미국에서 크게 발전했다. 이물이 뾰족하게 나오고 극단적인 유선형 선체를 가지며 대단히 큰 돛을 많이 단다. 중국 차를 제철에 맞게 수송해야 하고 캘리포니아로의 상품 수송에서 대륙 횡단로와 경쟁해야 했던 점 등의 이유로 이와 같이 빠른 배가 개발되었다.

여타의 계서제들을 유지시켰다. 이것들은 신교 국가들에서라면 더 유연한 대신 덜 확고하게 되었을 사회질서를 굳건하게 만들었다. 자본주의는 일정한 방식으로 자신의 팽창에 유리하게 사회가 발전하도록 요구한다. 그러므로 종교개혁과 자본주의 사이의 문제는 그대로 덮어두어서는 안 된다.

자본주의와 이성은 일치하는가?

또다른 일반 설명으로는 서양의 중심부에서 과학적 정신과 합리성이 발전함으로써, 자본주의 내지 자본주의적인 지성과 건설적인 돌파력을 갖추게 해주었고 그럼으로써 유럽 일반경제의 성장을 가져왔다는 주장이다. 이 역시 "정신"과 기업가의 혁신을 강조하고 자본주의를 경제의 창끝이라고 합리화하는 것이다. 그러나 이것은 의심스러운 주장이다. 모리스 도브[378]가 주장하는 바와 같이 만일 정신이 자본주의를 가져왔다면 그 정신은 어디에서 유래했는지를 설명해야 한다. 그렇지만 이것 역시 적확한 방식은 아니다. 많은 수단들과 그것을 지키고 조작하는 정신 사이에는 언제나 상호성이 있다고 생각할 수 있기 때문이다.

이 가설을 가장 열심히 옹호한 사람은 베르너 좀바르트였다. 그는 여기에서 다시 한번 다른 무엇보다도 정신적 요소들을 높이 평가했다. 그러나 여기로부터 개진된 주장들은 분명히 설득력이 없다. 이성(도대체 어떤 이성을 말하는가?)이 서양의 발전의 심층적 의미—오늘날 같으면 최장기[수 세기에 걸친/역주] 동향이라고 부를 만한 것이고 오토 브뤼너가 자주 이야기하는[379] 바처럼 서양 역사의 운명이라고 할 만한 것—라는 것과 이 이성의 움직임이 근대국가, 근대도시, 과학, 부르주아지 그리고 자본주의를 함께 가져왔다는 그의 과장된 주장이 도대체 무엇을 의미하는가?

문제가 되는 이성은 좀바르트에게는 특히 교환의 도구와 수단의 합리성을 의미한다. 그는 이미 1202년에 레오나르도 피보나치의 『주판론(Liber Abaci)』이라는 책이 나왔다는 점을 이야기한다. 그러나 이것은 첫 번째 기준점으로는 정말이지 잘못 잡은 것이다. 주판(셈틀)은 아랍의 것이고 또 피보나치가 주판의 사용법, 아라비아 숫자를 배우고 화폐의 가치를 귀금속 함유량을 통해서 계산하는 법, 고도와 위도를 계산하는 법 등을 배운 것은 그의 아버지가 상인으로서 머물렀던 북부 아프리카의 베자이아*에서였다.380) 그러므로 피보나치는 차라리 아랍 세계의 과학적 합리성에 관한 증거이다! 또 다른 기준점으로 드는 것은 부기장의 등장이다. 우리에게 처음 알려진 부기의 예는 피렌체의 것이다(1211). 홀츠슈허 형제가 라틴어로 쓴 『상업론(Handlungsbuch)』(1304-1307)에 따르면,381) 초기의 부기를 등장시킨 요인은 질서에 대한 추상적인 욕구보다는 단지 외상으로 판매한 상품들에 대해서 정리를 해야 할 필요성 때문이었다. 부기가 완벽한 기억 장치가 된 것은 상당한 시간이 흐른 뒤의 일이다. 1517년부터 최신식으로 푸거 가문의 회계를 담당하던 마테우스 슈바르츠의 말에 의하면 상인들은 흔히 "사신들이 한 거래사항을 종이쪽지에 적어서 벽에 붙여놓은 것으로 만족해했다."382) 그렇지만 이 시대에서 보더라도 이미 아주 오래 전에 수도사 루카 디 보르고—본명은 루카 파촐리**이다—는 그가 지은 『산술, 기하, 비례 및 비례성 대전(Summa di Arithmetica, Geometria, Proportioni e Proportionalità)』(1494)의 제11장에서 완벽한 복식부기의 모델을 제시했다. 부기의 핵심을 이루는 두 장부로는 거래 내역을 순서대로 기입하는 수기장(Manuale) 또는 일기장(Giornale)과 모든 거래 내역을 두 번 기록하는 원장(Quaderno)이 있는데, 그 중에서 새로운 것은 복식으로 기록하는 후자이다. 이것은 어느 시점에서건 차변과 대변 사이의 완벽한 균형이 이루어지게 되어 있다. 만일 양쪽 사이의 균형이 제로 상태가 아니라면 어딘가에 실수가 있는 것이므로 즉각 그 실수

---

* Bejaïa : 알제리의 도시.
** Luca Pacioli(1445?-1514) : 이탈리아의 수학자. 『산술, 기하, 비례 및 비례성 대전』은 당시의 모든 수학 지식을 결집한 백과사전적인 저서로, 저자 자신의 독창적인 내용은 거의 없는 대신 고대의 아리스토텔레스, 유클리드로부터 당대 수학자들에 이르기까지 수많은 저자들의 지식을 인용하거나 베꼈다.

를 찾아야 한다.[383]

복식부기(partita doppia)의 유용성은 자명하다. 좀바르트는 그것을 서정적으로 이렇게 묘사했다. "아주 단순히 말해서 복식부기 없이 자본주의는 생각도 할 수 없다. 이 두 가지는 서로가 서로에게 형식과 내용을 이루고 있다(wie Form und Inhalt)." "복식부기는 갈릴레이나 뉴턴의 체제 그리고 근대 물리학과 화학과 마찬가지의 정신[나의 강조]에서 탄생했다.……이것을 아주 자세히 들여다보지 않더라도[ohne viel Scharfsinn, 이것은 참으로 이상한 삽입문이다] 복식부기에서 중력, 혈액의 순환, 에너지 보존 등의 사고를 찾아볼 수 있다."[384] 우리는 여기에서 키르케고르의 말을 생각하게 된다. "모든 진리는 어느 한도 내에서만 진리이다. 지나치게 되면 비(非)진리로 돌아서게 된다." 좀바르트는 지나치게 가버렸고 다른 사람들도 그와 마찬가지로 과장했다. 슈팽글러는 루카 파촐리를 콜럼버스나 코페르니쿠스와 동렬의 위치에 놓았다.[385] 콜린 아서 쿠크는 "복식부기의 중요성은 산술에 있는 것이 아니라 그 형이상학에 있다"고 주장했다(1950).[386] 우수한 경제학자인 발터 오이켄은 한자 동맹의 독일이 16세기에 경제성장에 실패했던 이유는 복식부기를 받아들이지 않았기 때문이라고 주장했다(1950). 이와 대조적으로 이때 이미 복식부기를 사용하던 아우크스부르크의 상인들은 번영을 누리고 있었다는 것이다.[387]

이런 견해에 얼마나 많은 반대가 있었겠는가! 우선은 작은 반대부터 보자. 루카 파촐리에게서 왕관을 빼앗을 필요까지는 없겠으나 그 이전에 선구자들이 있었다는 점은 분명하다. 좀바르트 역시 라구사의 코트룰리의 『상업에 관하여(Della Mercatura)』라는 상업서를 이야기하는데, 이 책은 1573년의 재판이 알려져 있지만 원래 1458년에 초판이 나왔다.[388] 초판과 재판 사이에 한 세기의 시간이 흘렀는데도 거의 아무런 내용의 변화가 없었다는 것은 이 기간 동안 비록 활발한 경제성장이 이루어지기는 했지만 사업 방식은 크게 변하지 않았음을 말해준다. 어쨌든 이 입문서의 1권 제13장의 몇 쪽은 차변과 대변 사이에 균형을 취하게 해주는 질서 있는 부기의 이점을 이야기하는 데에 할애된다. 수백 건의 상업 문서들을 살펴본 페데리고 멜리스는 피렌체에서 복식부기가 나온 것이 그보다도 훨씬 전인 13세기 말에 피니 회사(Compagnia dei Fini)나 파롤피 회사(Compagnia Farolfi)의 장부에서였다고 이야기했다.[389]

그러나 이보다 더 중요한 진짜 반대를 살펴보자. 우선 이 기적적인 복식부기라는 것이 그리 빨리 보급되지 않았으며 어디에서나 승리를 거두지도 않았다는 점 말이다. 루카 파촐리의 책이 나온 후 3세기 동안 복식부기는 승리한 혁명의 모습을 띠지 못했다. 상인들을 위한 입문서는 그것을 언급하고 있었으나 상인들이 늘 시행한 것은 아니다. 대기업들도 복식부기를 사용하지 않았다. 1602년에 세워진 네덜란드 동인도회사도 그랬고, 런던의 선파이어 보험회사는 1890년에 가서야 복식부기를 채용했다(다시 말하거니와 1890년에 가서의 일이다!).[390] 과거의 장부에 관심을 두었던 드 로베르, 베이질 야메이, 페데리고 멜리스 같은 역사가들도 반드시 복식부기가 그 이전의 비효율적인 장부 정리 방식을 대체하지는 않았다고 보았다. 로베르에 의하면[391] 단식부기의 시절에 "중세의 상인들은 이 불완전한 도구를 그들 사업의 필요에 맞추어 사용할 줄 알았고 비록 돌아가는 길을 통해서라도 목적지에 도달했다.……이들이 발견한 해결책은 유연성과 극도의 다양성으로 우리를 놀라게 한다. 그러므로 중세 상인의 장부 상태는 완전히 뒤죽박죽이 되어 정신을 차리지 못할 정도라는 좀바르트의 말만큼 틀린 주장은 없다."

베이질 야메이가 보기에(1962) 좀바르트는 부기의 중요성 자체를 너무 과장했다. 이 계산용 추상기계는 모든 사업에 중요한 역할을 했지만 그것이 기업가의 결정을 지시한 것은 아니다. 결산서나 대차대조표(사실 이 대차대조표는 단식부기일 때보다 복식부기일 때 더 쉬워지지는 않고, 또 그렇게 복식부기로 작성한 대차대조표가 사업 세계에서 흔하지도 않았다)가 의사결정의 핵심에 있지는 않았으며 따라서 자본주의의 핵심에 있지도 않았다. 대차대조표는 흔히 사업 청산과 관계가 있지, 사업 운영과 관계를 가진 것이 아니었다. 그리고 사실 대차대조표의 작성이 쉬운 일이 아니었다. 불확실한 채권은 어떻게 처리할 것인가? 상품 스톡은 어떻게 산정하는가? 하나의 계정 화폐를 쓰고 있을 때 여러 다른 실제화폐 사이의 차이—그 차이는 때로 대단히 컸다—를 어떻게 처리할 것인가? 18세기의 파산과 관련된 대차대조표를 보면 이 시기에도 여전히 이런 어려움들을 뛰어넘지는 못했다. 결산서는 대단히 불규칙하게 작성되고는 했기 때문에 지난번에 만들었던 결산서와 관련해서만 의미를 가졌다. 예컨대 1527년에 푸거 가문은 그들 사업의 자본과 이익을 1511년의 결산서를 기준으로 해서 산정했다. 그러나 이 두 시점 사이의 기간 중에 이들이 1511년의 결산서를 기준으로 해서 사업활동을 하지는 않았다.

마지막으로 자본주의의 합리적인 수단들로는 환어음, 은행, 거래소, 시장, 배서, 어음할인 등 복식부기만큼이나 효율적인 다른 도구들도 고려해야 하지 않을까? 그런데 이 도구들이란 서양세계 및 서양의 그 성스러운 합리성 바깥에 있었던 것들이다. 이것들은 [다른 문명으로부터/역주] 물려받은 것이고, 실제의 실천들이 서서히 누적된 결과일 뿐 아니라, 일상적인 경제생활이 실천력을 가지고 이것들을 단순화시키고 세련되게 만든 결과이다. 기업가의 혁신 정신보다도 더 큰 무게를 가지고 있던 것은 점증하는 교환의 거대한 양과 너무나도 흔히 모자라고는 했던 화폐량이었다.

어쨌든 단순히 자본주의와 합리성을 동일시하는 것은 사실 근대적인 교환 기술들에 대한 찬탄에서 비롯된 것 같다. 그것은 자본주의를 경제성장과 혼동하고 자본주의를 하나의 자극제 정도가 아니라 유일한 자극제로 보는, 다시 말해서 자본주의를 모터이며 가속기이고 진보의 책임을 지는 요소로 보는 일반적인 느낌—논리라기보다는—에서 나온 것이 아닐까? 이것은 시장경제와 자본주의를 같은 것으로 혼동하기에 벌어진 일이다. 내가 보기에 그것은 자의적인 주장에 불과한데, 사실 양자가 공존하고 동시에 같은 방향으로 발전해가며 그 발전에서 상호적으로 하나가 다른 하나의 원인이 되는 점을 볼 때 충분히 이해할 수 있는 일이다. 바로 이런 점 때문에 자본주의를 설명하면서 시장의 균형과 그 체제 자체에서 찾아볼 수 있는 "합리성 (rationalité)"을 연관지은 것이다. 그런 합리성으로부터 자본주의를 이끌어내는 것은 아주 쉽게 이루어졌을 것이다. 그런데 여기에는 무엇인가 모순이 있지 않은가? 왜냐하면 우리가 귀에 못이 박히도록 들은 바이지만, 시장의 합리성이란 통제하는 교환이 아니라 **자발적인** 교환의 합리성이다. 그것은 애덤 스미스가 말하는 "보이지 않는 손"이나 오스카르 랑게의 "자연 컴퓨터"로 표현하는 자유롭고 경쟁적인 성격이다. 따라서 그것은 "자연의 본성", 개인의 계산을 초월하는 **집단적인** 수요와 공급의 만남으로부터 나온 것이다. 선험적으로 그것은 기업가 개인의 합리성과는 무관하다. 그 자신은 단지 상황에 따라서 그의 활동의 최상의 길, 즉 이윤의 극대화를 추구할 뿐이다. 애덤 스미스에 의하면 국가나 개인이나 전체의 합리적인 행보는 전혀 걱정하지 않는다. 그 전체라는 것은 원칙적으로 자동적이다. 왜냐하면 "그 어떤 인간의 지혜와 지식으로도" 그 직무를 그처럼 잘할 수는 없기 때문이다. 끊임없이 수단을 목적에 맞추고 가능성을 지적(知的)으로 계산하는 의미의 합리성 없이 자본주의는 있을 수 없다는 말은 인정할 수 있다. 그러나 우리는 합리성의 상대적인 정의의 문제로 되돌아가게 된다. 합리적이라는 것은 문화마다 다양할 뿐 아니라 콩종크튀르마다, 사회 집단마다, 또 그들의 수단과 목적마다 다양하다. 하나의 경제 내에서도 여러 합리성이 존재한다. 자유경쟁의 합리성은 단지 그중의 하나일 뿐이다. 독점, 투기, 힘의 합리성 역시 또다른 합리성이다.

좀바르트는 그의 말년(1934)에 경제법칙과 자본주의 사이에 어떤 모순이 있다는 것을 의식한 듯하다. 그는 경제적인 계산과 투기, 합리성과 비합리성 사이의 투쟁에 사로잡힌 기업가를 다소 이상하게 묘사했다. 그렇다면 그는 내가 이 책에서 묘사한 바 있는 투기라는 "비합리적인" 자본주의에 근접해 있었던 것이다!392) 여하튼 나는 시장경제와 자본주의 사이의 구분이 여기에 핵심이라고 믿는다. 그것은 자본주의에 시장 그 자체의 미덕과 "합리성"을 갖다 붙이지 않는 것을 말한다. 사실 마르크스와 레닌도 명시적이든 암묵적이든 가끔 그런 식의 언급을 했다. 그래서 독점의 발달은 자본주의의 필연적인 발전이며 후기 자본주의의 결과물로 보았다. 마르크스가 보기에 자본주의체제가 봉건제를 대체했을 때 그것은 진보를 낳는 "생산력과 사회관계의 발달에 더 유리하다는" 점에서 그리고 그것이 "한 계급이 다른 계급을 희생시키면서 사회적인 진보(물질적인 이점과 정신적인 이점을 포함한다)를 독점하는 제약이 마침내 존재하지 않게 될 발전단계를 배태하고 있다는 점에서 "문명화"를 가져오는 체제였다.393) 마르크스가 다른 곳에서 "경쟁이라는 환상"을 비난한 것은 19세기의 생산체제 자체를 분석하는 것에서 그런 것이지, 자본주의 주체들의 행동에 대한 비판에서 그런 것은 아니다. 왜냐하면 자본주의의 주체들이 "엄격한 지도적 권위"를 가지는 것은 그들이 생산자로서의 사회적인 기능을 가지고 있어서이지, 과거처럼 그들이 "정치적, 혹은 신정적 지배자"가 되는 계서제의 결과는 아니기 때문이다.394) "생산의 사회적 응집성(cohésion sociale de la production)"이야말로 "제멋대로 움직이는 각 개인에 대해서 전지전능한 자연법칙처럼 강제되는" 것이다. 나로서는 19세기 이전이든 19세기 이후이든 자본주의의 "외재성(éxtériorité)"을 옹호하고자 한다.

레닌은 그의 유명한 글(1916)에서395) 자본주의의 성격이 바뀌는 것(즉, 20세기 초에 "제국주의"가 되는 것)은 "자본주의의 일부 핵심적인 성격들이 정반대로 전환하는, 아주 발전된 특정 단계에 가서의 일이다.……경제적인 관점에서 볼 때 이 과정에서 핵심은 자본주의적인 독점이 자유경쟁을 대체한다는 것이다.……이 자유경쟁은 이전에 자본주의와 상품생산 일반의 핵심적인 특성이었다." 이 점에서 내가 레닌에 동의하지 않는다는 것은 말할 필요도 없다. 그러나 레닌은 여기에 첨가하여 이렇게 말한다. "사실 독점은 자신이 거기에서 유래한 자유경쟁을 완전히 없애버리지는 않는다. 독점은 자유

경쟁의 위에, 그리고 옆에 공존한다." 이 점에서는 나는 완전히 그의 말에 동의한다. 나 자신의 말로 바꾸어 표현하면 다음과 같다. "자본주의―다소의 정도 차이는 있으나 독점의 성격이 강한 과거와 현재의 자본주의 모두―는 그 자신이 유래한 (게다가 그것을 먹이로 삼고 있는) 자유경쟁을 완전히 배제해버리지는 않는다. 자본주의는 자유경쟁의 위에서 그리고 옆에서 공존한다." 왜냐하면 15-18세기의 경제―옛날부터 발달해온 몇몇 "중심들"로부터 시장경제와 교환경제의 승리를 통해서 공간을 정복한―역시 레닌이 19세기 말의 "제국주의"를 이야기하면서 제시한 수직적인 구분과 마찬가지로 두 개의 층을 가지고 있기 때문이다. (사실상의 혹은 법률상의) 독점과 경쟁이 그것이며, 달리 말하자면 내가 정의하는 바의 자본주의와 발전 중인 시장경제가 그 두 개의 층이다.

내가 만일 좀바르트와 같이 체계적이고 단정적인 설명을 좋아했다면 투기 (speculation)를 자본주의 발전의 핵심요소로 들었을 것이다. 독자들은 이 책을 읽어오는 가운데 노름, 위험, 속임수 등의 이미지를 밑에 깔고 있었음을 눈치챘을 것이다. 그 게임의 기본 법칙은 대응 게임을 만드는 것이다. 그렇게 함으로써 자본주의는 시장이라는 통상적인 메커니즘과 도구를 다르게― 비록 반대로라고는 하지 못하더라도―작동하도록 만든다. 이렇게 해서 "노름"*이라는 단순한 단어가 상이하고 모순된 구체적인 현실들을 포괄하게 되었다. 예상되는 노름, 합법적인 노름, 반대되는 노름, 속임수의 노름……. 이와 같은 것들을 하나의 이론 속으로 들어가게 만드는 것만큼 어려운 일은 없을 것이다.

---

* jeu : 브로델은 이 단어를 대단히 자주 사용하는데, 이것은 극히 다양한 맥락 속에서 대단히 넓고 모호한 뜻으로 등장한다. 이 책의 번역에서는 그때마다 적절히 풀어서 옮겼으나, 원래 저자는 이 말의 다양한 뜻 중에서도 특히 카드놀이의 뉘앙스를 가지고 쓴 경우가 많은 것 같다. 이 단어의 사전적인 뜻은 다음과 같다. 첫째, 놀이, 유희. 둘째, 노름, 도박. 셋째, 유회 도구, 트럼프의 한 벌. 넷째, 경기, 게임. 다섯째, 연기(演技), 연주. 여섯째, 활동.

새로운 생활양식 : 콰트로첸토*의 피렌체

오늘날의 관점에서 보면, 서양의 자본주의가 장기적으로 새로운 생활양식과 심성을 만들었다는 것, 그리고 자본주의가 이런 것들을 동반하며 또 반대로 이런 것들이 자본주의를 동반했다는 것은 부인할 수 없는 사실이다. 자본주의가 하나의 새로운 문명을 만들었다고 말한다면 어떨까? 그러나 그렇게 이야기하면 지나친 것 같다. 문명이란 훨씬 더 긴 시간상의 축적이기 때문이다.

여하튼 변화가 있었다면 언제 일어났다는 말인가? 막스 베버는 개신교 이후라고 주장할 것이고 그렇다면 16세기 이전일 수 없다. 좀바르트는 15세기의 피렌체가 기준이라고 본다. 이에 대해 오토 힌체는 한 사람은 종교개혁을, 다른 한 사람은 르네상스를 이야기한다고 평했다.[396]

내 의견을 말하라면 아주 분명하다. 이 점에서는 좀바르트가 옳다. 13세기 이후―그리고 15세기에는 더더욱―피렌체는 어떤 의미에서나 자본주의적인 도시였다.[397] 이 광경이 보여주는 조숙성과 비정상은 좀바르트를 놀라게 했는데 그것은 당연한 일이다. 다만 덜 당연한 것은 그가 모든 분석을 피렌체(한편 올리버 콕스는 역시 완벽한 설득력으로 11세기의 베네치아를 자본주의적이라고 이야기한다. 이에 대해서는 다시 살펴볼 것이다)라는 하나의 도시와 레온 바티스타 알베르티(1404-1472)라는 한 명의 증인―물론 명망 있는 증인이기는 하지만―에 근거한다는 점이다. 알베르티는 건축가, 조각가, 인문주의자이며, 강력하면서도 파란만장한 곡절을 겪은 가문의 계승자였다. 그의 가문은 경제적으로 영국을 식민화한 가문으로서, 이 가문 사람들이 영국에 어찌나 많이 와 있던지 영국의 문서에는 이 가문을 마치 한자 동맹 도시인, 루카인, 피렌체인 하는 식으로 알버타인즈(Albertynes)라고 표기하는데, 다시 말해서 하나의 민족처럼 지칭하고 있을 정도이다. 레온 바티스

---

* Quattrocento : 1400년대, 즉 15세기를 가리킨다.

타는 오랫동안 망명 생활을 했으며 이 세상의 괴로움을 피하기 위해서 수도 회에 가입했었다. 그는 1433-1434년경 로마에서 『가정론』의 첫 세 권을 썼고, 네 번째 권은 1441년에 피렌체에서 완성했다. 좀바르트는 이 책에서 새로운 분위기를 발견했다. 돈에 대한 찬미, 시간의 가치에 대한 인식, 절약하며 살아야 할 필요 등이 그런 것들로, 이제 소년기를 맞이하는 부르주아의 원칙들이었다. 그리고 이 수도승이 깊은 신심으로 존경을 받던 상인가문 출신이라는 점이 그의 글에 무게를 더 해주는 요인이 되었다. 돈은 "모든 사물의 뿌리이다." "돈을 가지면 시내의 집이나 시골의 저택을 가질 수 있고, 모든 길드 장인들이 그를 위해서 노고를 아끼지 않고 일하게 할 수 있다. 돈을 가지고 있지 않은 사람은 아무것도 가지고 있지 않은 것이다. 그 어떤 목적을 위해서라도 돈을 가지고 있어야 한다." 이것은 이전에는 구원에 방해가 되는 요소였던 부에 대한 새로운 태도라고 하지 않을 수 없다. 시간에 대해서도 마찬가지이다. 이전에는 시간은 단지 신에게 속한 일이었다. (이자의 형태로) 시간을 팔아먹는 것은 자기 것이 아닌 것(non suum)을 파는 것이다. 그런데 이제 시간은 다시 인간의 삶의 차원으로 내려와서, 그냥 내버리지 말고 잘 쓸 필요가 있는 소유물이 되었다. 또 사치에 대해서도 마찬가지이다. "내 아들들아 명심해라, 지출이 결코 소득을 넘지 않아야 한다는 것을." 이것은 귀족들의 화려한 사치를 비난하는 새로운 법칙이다. 좀바르트가 이야기한 것처럼 "이것은 겨우 배고픈 정도를 면한 하층의 하인들에 대해서가 아니라 부잣집에 절약의 정신을 도입하는 것이다."[398] 그러므로 자본주의의 정신을 여기에서 찾을 수 있다는 것이다.

이에 대해서 막스 베버는 한 명민하고 밀도 높은 단평(短評)에서 이것을 부인했다.[399] 알베르티는 고대의 지혜로운 교훈을 반복했을 따름이다. 좀바르트가 바느질해서 기워낸 인용문 조각들은 거의 그대로 키케로에게서 찾아볼 수 있다. 게다가 여기에서 문제가 되는 것은 한 집의 관리이며 어원 그대로의 의미에서 에코노미(économie)일 뿐이지, 시장을 통한 부의 유입이라는 크레마티스티크(chrématistique)와는 거리가 멀다고 이야기하고 싶은 충동을 느끼지 않을 수 없다.* 다시 말해서 알베르티를 가장문학(Hausväterliteratur)으로 추방해버리는 것이다. 이것은 집안의 가장이 훌륭한 가정을 관리하는 데에 필요한 내용을 담은 문학으로, 독일에서 많은 사람들이—흔히 아주 재미있는—충고들을 구하기 위해 18세기까지 인용하던 것이다. 그러나 그것은 상인 세계와는 단지 간접적으로만 관계할 뿐이다.

그렇더라도 역시 막스 베버는 틀렸다. 막스 베버 자신이 『가정론』을 직접 읽어보면 그 점을 확인했을 것이다. 좀바르트가 인용한 것은 너무 협소한 의미만을 전하고 있다. 혹은 피렌체의 생활을 이야기해주는 또다른 증인들의 이야기를 들어도 충분할 것이다. 예컨대 파올로 체르탈도의 이야기를 들어보면 알 수 있다.[400] "만일 돈을 가지게 되면 멈추지 말라, 그 돈을 집에 묵혀두지 말라, 왜냐하면 쓸데없이 노는 것보다는 쓸데없이 일하는 것이 더 낫기 때문이다. 그 이유는 일을 하다 보면 아무것도 벌지는 못한다고 해도 적어도 사업 습관은 잃지 않기 때문이다." 혹은 "끊임없이 애써서 돈을 벌기 위해서 노력하라." 또는 "돈 버는 것을 안다는 것은 아주 좋은 일이고 위대한 지식이지만 돈을 써야 할 곳에 절도 있게 쓸 줄 아는 것은 더 아름답고 훌륭한 자질이다." "시간이 돈이다"라는 말을 한 것도 알베르티와 대화를 나누는 인물이라는 것을 상기할 필요가 있다. 만일 자본주의를 "정신"에서 찾아볼 수 있고 말을 통해서 무게를 잴 수 있다면 막스 베버는 틀렸다. 그러나 우리는 베버의 대답을 예상해볼 수 있다. 그런 것은 기껏해야 영리(營利)에 대한 취향일 따름이다. 그런데 자본주의는 그 이상의 것이며 나아가서 그 반대의 것이다. 자본주의는 내적인 정복이며 "영리에 대한 비이성적인 충동에 대한

* 에코노미(économie)는 오이코노미아(oikonomia : 집, 가정에 관련된 일의 관리)에서 유래했고, 크레마티스티크(chrématistique)는 크레마티스티케(chrematistike : 돈에 관련된 일)에서 유래했다. 크레마티스티크는 "부의 생산과 관련이 있는", 혹은 "경제학 중 부의 생산을 다루는 부분"을 가리키는 말이다.

제동이나 절제 내지 적어도 이성적인 절제이다." 우리는 이렇게 해서 다시 원래의 출발점으로 되돌아왔다!

오늘날의 역사가라면 이와 같은 자본주의의 핵심에 대한 추구가 가치 있고 매력도 있으나 그것만으로 충분하지는 않다고 생각할 것이다. 그리고 자본주의적인 심성의 기원을 파악하려고 한다면 마법에 빠진 말의 세계를 통과해야 한다고 생각할 것이다. 현실을 보라. 이것을 위해서 우리는 중세 이탈리아의 도시들을 방문하여 그곳에 머무를 것이다. 이것을 권한 사람은 마르크스이다.

다른 시간, 다른 세계관

오늘날에는 누구든지 좀바르트와 막스 베버 사이의 논쟁을 따라가보면, 이 것이 어떤 비현실성을 띠고 잘못되어 있으며 거의 쓸데없는 것 같다는 느낌을 받는다. 어쩌면 우리에게 그런 느낌을 주고 이 논쟁으로부터 "거리감"을 느끼게 만든 것은 다름 아닌 우리 자신이 살아온 경험 때문이 아닐까? 1904 년에 막스 베버가, 그리고 1912년에 베르너 좀바르트가 그들이 사는 시대의 유럽이야말로 과학과 이성과 논리의 절대적인 중심지라는 느낌을 가졌다는 것은 그 이상 자연스러울 수 없는 일이다. 그러나 오늘날의 유럽인들은 이 와 같은 확신, 이러한 우월 콤플렉스를 잃어버렸다. 어째서 한 문명이 다른 문명보다 영원히(in aeternum) 더 지적이고 더 이성적이어야 한다는 말인가?

막스 베버는 이 질문을 던졌지만 약간의 주저 끝에 원래의 자기 의견을 고집했다. 그에게서나 좀바르트에게서나 자본주의에 대한 모든 설명은 서양의 "정신"이 가지고 있는 구조적이고 논의의 여지 없는 우월성이었다. 그러나 이러한 우월성 역시 우연의 결과이며 역사의 폭력에서 나온 것이고 세계적으로 "카드를 잘못 돌린" 결과이다. 어떤 대의를 위해서, 더욱이나 설명을 위해서 세계사를 다시 만들어본다는 것은 허망한 일이다. 그러나 한번 이렇게 가정해보자. 백년전쟁이 한창이던 유럽의 쇠퇴기인 1419년에 중국의 정크선들이 희망봉을 돌아서 유럽으로 왔다면, 그래서 지구 저편의 또다른 인구 밀집 집단인 그 거대한 나라에 유리하게 세계 지배가 이루어졌다면?

베버와 좀바르트의 논쟁에 영향을 미친 시대적인 요소가 또 있다. 베버에게 자본주의는 경제발전이 마침내 찾아서 도달하게 된 약속의 땅이며 진보의 최종적인 만개로 보였다. (내가 잘못 읽은 것이 아니라면) 그는 자본주의를 결코 취약하거나 일시적인 체제로 보지 않았다. 오늘날에는 자본주의의 죽음, 혹은 적어도 일련의 연속적인 격변이 그렇게 불가능해 보이지 않는다. 그것들은 현재 우리의 눈앞에서 진행 중이다. 어쨌든 그것은 "이제 더 이상 역사발전의 최종 단어로 보이지는 않는다.[401]

유럽 바깥에서의 자본주의

유럽 이외의 세계 역시 유럽에서와 마찬가지로 수 세기 동안 생산의 필요, 필수적인 교환, 화폐의 가속화된 유통 등을 경험했다. 여러 가지 가능한 조합들 가운데에서 특정한 종류의 자본주의를 예고해주고 실현시킨 징표들을 찾는 것은 부조리한 일일까? 나는 "자본주의는 일정한 방식으로 모든 형태의 사회에 따라다닌다"는 들뢰즈와 가타리의 생각에[402] 동의한다. 적어도 내가 생각하는 자본주의에 대해서는 그렇다. 그러나 단도직입적으로 말해서 자본주의의 형성은 유럽에서 성공했고, 일본에서는 초기 발전을 거쳤으며, 그 나머지 모든 곳에서는(예외도 있으나 법칙을 증명해줄 따름이다) 실패했다. 실패했다기보다는 완수되지 않았다고 이야기 하는 것이 낫겠다.

여기에는 두 가지 커다란 설명이 가능하다. 하나는 경제적, 공간적인 것이고, 다른 하나는 정치적, 사회적인 것이다. 이 설명들은 단지 밑그림만 가능한 정도이다. 그러나 유럽과 비유럽 역사가들이 잘못 조망하고 모아놓은 자료들을 통해서 행하는 이런 종류의 연구가 아무리 불완전하고 결국 부정적이라고 하더라도 명백한 실패와 불완전한 성공의 예들은 자본주의에 대해서—전체에 대한 문제에 대해서든, 유럽에만 특정한 문제에 대해서든—유용한 증언을 해줄 것이다.

원거리 무역의 기적

모든 자본주의의 전제조건들은 순환과 관련이 있다. 어쩌면 전적으로 이것에만 관련된다고 말해도 좋을지 모른다. 그리고 이 순환이 넓은 공간에 걸쳐 있을수록 수익성이 크다. 이런 초보적인 결정주의는 어느 곳에서나 작용했다. 에블린 사카키다 파우스키의 최근 연구는 16세기의 푸젠 성과 18세기의 후난 성에서 바다를 이용하여 교역의 혜택을 누리는 해안지역이 인구가 많고 진보적이며 농민도 더 유복해 보인다는 점을 밝혔다. 반면 폐쇄적인 내륙지역은 똑같은 논과 인구를 가지고 있으면서도 더 가난한 상태에 있었다. 한편에서는 기가 넘치고 한편에서는 마비되어 있다는 것, 이것은 모든 차원에서, 세계의 모든 지역에서 타당한 법칙이다.

그런데 이런 근본적인 대조가 과거 수 세기 동안 특히 중국과 아시아에서 유별났던 것은 이곳 영토가 엄청나게 넓고 또 엄청나게 확대되었기 때문이다. 이곳에서는 내륙의 토지, 항해해야 하는 바다, 반쯤 죽어 있는 저개발 지역 등 모든 것이 엄청나다. 이곳에서의 차이는 유럽에서와는 비교가 되지 않을 정도로 큰 수준이다. 이러한 거대한 규모와 대조해볼 때 활기찬 지역은 그만큼 더욱 좁아 보인다. 선박, 상품, 사람의 왕래가 이루어지는 이런 지역은 선을 따라가듯이 길게 뻗어 있다. 그와 마찬가지로 일본이 여타의 동아시아 지역과 다른 면모를 보이는 것도 바다에 둘러싸여 교통이 편하기 때문이다. 세토 내해*는 작고 활기찬 일본의 지중해이다. 프랑스에서 리옹과 파리 사이가 바다로 연결되어 있다고 생각해보라! 물론 일본의 경우에 단지 바다만으로 모든 것을 설명할 수는 없겠지만, 바다가 없었다면 일본의 그 특징

---

* 瀬戸内海 : 일본의 혼슈, 규슈, 시코쿠 섬 사이의 내해이다.

적인 역사의 흐름은 거의 상상할 수 없을 것이다. 리아스식 해안*이 발달해 있고 바다가 육지 쪽으로 깊이 들어와 있어서 서로 연결되어 있는 푸저우, 샤먼(廈門)으로부터 광저우에 이르는 남중국 연안도 비슷하지 않을까? 이곳에서는 해상 여행과 모험이 중국의 자본주의와 힘을 합치고 있다. 이러한 중국의 자본주의는 감시받고 제약받는 또다른 중국으로부터 벗어날 때에만 진짜 자신의 차원을 획득한다. 1638년 이후 일본이 반(半)쇄국 상태에 들어가 대외무역을 중단했을 때에도 활기에 넘친 외향적인 중국은 네덜란드와 같은 정도로―어쩌면 그 이상으로―일본 열도의 구리 및 은 시장에 참여했다. 이러한 외향적인 중국은 또 아카풀코로부터 오는 갤리온선을 마닐라에서 맞이해서 이 배가 싣고 온 은을 받아들였다. 그리고 오래 전부터 말레이 제도 전역에 인력과 다양한 상품들, 비할 바 없이 탁월한 장인과 대상인을 파견했다. 후에 유럽의 상업이 "중국 무역에" 열광하자 광저우는 훌륭한 시장으로 성장했다. 그리하여 중국 경제를 자극하고 뒤흔들어놓았으며 더 상층의 차원에서는 노련한 은행업자, 금융업자, 자금주를 길러냈다. 베이징 정부가 광저우에서 유럽인을 상대하는 역할을 맡긴 상인 집단인 코홍(公行)―이것은 1720년에 세워져서 1771년까지 계속되었다―은 일종의 반(反)동인도회사로서 중국의 거대한 부를 다루는 도구가 되었다.

고도로 활동적인 다른 상업도시들을 보아도 비슷한 이야기를 할 수 있다. 1510년에 포르투갈인이 정복하기 전의 믈라카, 1600년경의 수마트라 섬의 아체,[403] 1683년에 네덜란드인들이 들어와서 파괴적인 행위를 하기 이전에만 해도 열대지역의 베네치아 또는 브루게와도 같았던 반탐, 언제나 상업활동이 활발했던 인도나 이슬람의 도시들……. 사례가 너무 많아서 일일이 열거하기가 힘들 정도이다.

---

* 굴곡이 복잡하고 후미나 만(灣)이 많은 해안. 이 이름은 스페인 북서부의 리아(Ria) 지역 해안에서 딴 것이다.

그중에서 인도의 캄베이 만*에 있는 수라트를 보자. 1609년에 영국인은 이곳에 그들의 지점을 세웠고, 네덜란드인은 1616년에, 그리고 프랑스인은 시기적으로는 늦었지만(1665) 대신 호화롭게 그들의 지점을 세웠다.[404] 1665년경에 수라트는 대단한 번영을 누렸다. 큰 배들은 수알리라는 외항 앞에 정박했다. 이 항구는 해안지역에 흐르는 작은 타프티 강의 어귀에 위치해 있었다. 이 강은 수라트까지 이어지기는 하지만, 작은 배들만이 이 강을 거슬러올라갈 수 있었다. 수알리에는 띠를 얹은 오두막집들이 있어서 유럽인이든 비유럽인이든 모든 선원들이 이곳에서 숙박했다. 그러나 규칙적으로 찾아오는 악천후의 위험 때문에 큰 배들은 이곳에 오래 머무르려고 하지 않았다. 이곳에서 겨울을 나는 것은 바람직하지 않은 일이었다. 그래서 상인들만 수라트의 지점에 남았다.

한 프랑스인의 말에 의하면,[405] 1672년의 수라트가 크기는 리옹만 하고 100만 명 정도의 사람들이 모여 산다고 했는데, 이 말은 신빙성은 없어 보인다. 광장에는 바니아족 출신의 은행가, 상인, 위탁상들이 진을 치고 있으며, 이들은 각자 자신들이야말로 정직하고 일에 정통하고 부유하다고 자랑했다. 틀린 말이 아니었다. "20만 에퀴의 재산을 가진 사람이 30명가량 되고 그중 3분의 1 정도는 200만 내지 300만 에퀴의 재산을 가지고 있다." 그중에서도 최고 기록은 3,000만 에퀴를 가지고 있는 한 세무 대리인과 2,500만 에퀴를 가지고 있는, "무어인 상인과 유럽 상인에게 이자를 받고 돈을 빌려주는" 한 상인에게 돌아갔다. 이 당시 수라트는 인도양과 홍해, 페르시아, 말레이 제도를 잇는 중요한 연결점이었다. 이곳은 무굴 제국과 통하는 출입문이었으며 의장업자와 해상 모험사업업자가 모여드는 곳이었다. 이곳에는 환어음이 모여들었다. 타베르니에에 의하면 이곳에서 배에 상품을 선적하는 사람은 언제든지 자금을 구할 수 있을 것으로 믿고 일했다.[406] 네덜란드인

---

* Cambay : 인도 서부의 뭄바이 북쪽에 있는 만.

이 벵골과의 교역에 필요한 루피 은화를 얻는 곳도 이곳이었다.407) 이곳이 대상업 중심지라는 또다른 표시로는 인종적으로나 종교적으로 완벽한 코즈모폴리터니즘을 들 수 있다. (중개인들 중에서 첫 번째 자리를 차지하는) 바니아인들, 이 도시와 주변 지역의 광범한 "이교도" 계층 외에도, 거의 힌두교도와 비슷한 정도로 자리 잡은 무슬림 사회가 있었다. 이들 역시 홍해로부터 수라트와 말레이 제도의 나머지 전역에 걸쳐 사업망을 펼쳐 놓았다. 그밖에도 활기에 넘치는 아르메니아 식민지도 있었다. 고티에 슈탱이라는 한 여행자의 말에 의하면,408) 이곳에는 중국인과 일본인을 제외하면 모든 나라의 여행자와 "인도 거주 모든 민족 출신의 상인들"이 있었다. 그리고 "이곳에서는 거대한 상업 활동이 펼쳐졌다."

물론 수라트 역시 흥성하고 쇠퇴하는 시기가 있었다. 그러나 영국이 벵골을 장악한 직후인 1758년에만 해도 영국인 헨리 그로스는 수라트의 장대한 광경 앞에서 넋을 잃고 경탄에 빠졌다. 그는 "압둘-가푸르라는 대상인이 있는데……그 혼자서 하는 사업이 영국 동인도회사의 사업 규모만큼 된다"는 말은 과장이라고 비판했지만, 그렇더라도 이 대상인이 "200-300톤급의 상선에 적어도 2만 파운드 스털링, 어떤 경우에는 2만5,000파운드 스털링 정도의 상품을 실으며 매년 이런 배를 20척 보낸다"는 것은 사실이라고 말했다. 그는 정직한 바니아 상인이 "반 시간 만에……몇 마디의 말도 하지 않고서 3만 파운드 스털링의 거래를 하는 것을" 보고 당혹감을 감추지 못했다. 이들의 가게는 대단하지 않은 모습을 보이고 있으나 "그 안에는 없는 상품이 없다." 그리고 "상인들은 다른 곳에 상품을 보관하는 것이 관례이다. 그들의 가게에는 단지 장사하는 데에 필요한 견본만 가져다놓는다." 인도 직물 가운데에 붉은색을 띠고 꽃무늬를 한 것은 영국인들의 마음에 들지 않겠지만, 캐시미어 숄을 보면 그들도 경탄을 금하지 못할 것이다. 이 직물은 "너무나 부드럽고……섬세해서 직물 한 필이 반지 속을 통과할 정도이다."409)

인도와 말레이 제도 해안에는 수라트와 거의 같은 정도로 활기에 넘치고,

상인, 기업가, 운송인, 중개인, 은행가, 제조업자 등이 수천 명씩 모여 있는 도시들이 수십 군데나 있었다. 그렇다면 자본가나 자본주의는 없었는가? 없었다고 단언할 수는 없을 것이다. 같은 시대의 유럽에 특징적인 요소들은 이 지역도 다 갖추고 있었다. 자본, 상품, 중개인, 대상인, 은행, 대상업을 위한 방편들, 수공업 프롤레타리아 그리고 아마다바드와 같은 대(大)직물 중심지에 있는 매뉴팩처와 유사한 정도의 수공업 작업장들, 상인이 주문하고 전문화된 중개인이 통제하는 가내노동(이 메커니즘은 벵골에서의 영국 상업에 대한 논문들에 자세히 설명되어 있다), 가장 중요한 것으로서 원거리 무역도 있었다. 그러나 한편으로 이러한 고도의 상업 현실은 단지 일부 지점들에서만 발견할 수 있을 뿐, 대다수의 거대한 영역에서는 부재했다. 이런 정도면 13-14세기의 유럽에 해당하지 않을까?

노먼 제이컵스의 주장과 통찰

우리가 예고한 두 번째의 설명인 정치적, 사회적인 설명을 제시하기 전에 여기에서 다소 길지만 유익한 내용을 살펴보자. 이것은 1958년에 홍콩에서 출판된 노먼 제이컵스의 『근대 자본주의의 기원과 동아시아(*The Origin of Modern Capitalism and Eastern Asia*)』라는 책에서 영감을 얻은 것이다.

제이컵스의 주장은 일견 단순하다. 동아시아에서는 오늘날 유일하게 일본만이 자본주의 지역이다. 산업자본주의는 단순히 유럽의 산업화를 모방한 결과라고 이야기하면 충분한 설명이 되지 못한다. 왜냐하면 이 경우에 동아시아의 다른 나라들은 왜 이 모델을 재현하지 못했고 또 왜 현재에도 재현하지 못하고 있는가를 설명할 수 없기 때문이다. 자본주의를 받아들이는 태도의 유무는 과거의 구조에 책임이 있을 것이다. 따라서 여기에 대한 대답은 선(先)자본주의(pré-capitalisme)에서 찾을 수 있다. 이것은 현재라는 도착점을 과거로부터 설명하는 것이다. 이런 목적을 위해서 그는 일본을 중국 및 유럽과 비교했다. 첫째, 중국은 일본과 문화적으로는 아주 가까우면서도 큰 차이점을 보이며 둘째, 유럽은 문화적으로는 일본과 매우 다르지만 아마도 몇몇 유사성을 가지고 있다. 만일 일본과 중국의 다른 점이 문화가 아니라 사회, 사회조직, 정치기구라고 한다면 일본과 유럽의 유사성은 중요한 의미를 가지게 된다. 우리는 자본주의 일반에 대해서, 그리고 그것의 사회적 기원에 대해서도 아주 넓은 의미로 상당히 새로운 해명을 얻게 될지 모른다.

사실 제이컵스의 책은 유럽의 선자본주의의 핵심적인 특성들을 사전에 알려진 것으로 가정하는 오류를 범하고 있다. 그리고 나서 그는 중국과 일본을 세밀하게 하나씩 유럽과 비교하는 데에 그치고 있으며 그러면서 비자본주의인 중국의 경우는, 적절한 감안을 하고 나면, 인도에 그대로 적용할 수 있다고 보았다(이것은 분명히 논쟁거리이다). 또 이슬람권에 대해서 아무런 언급도 하지 않는데 이것은 아주 커다란 공백이다. 그러나 이렇게 두 개의 항목으로 환원해서 보는 시각의 단점은 무엇보다도 중국과 일본을 지나치게 대조적으로 본다는 것이다. 이것은 마치 두 폭 제단화와 유사하다. 한쪽에서 검은 것은 다른 쪽에서 하얗다. 그것은 또 조르주 드 라 투르*의 그림에서처럼 빛과 어둠 사이의 격렬한 대조를 보인다. 그 때문에 자의적인 단순화의 위험이 있다. 그렇지만 이 비교를 처음부터 끝까지 좇아가보는 것은 흥미롭고 유익할 것이다.

제이컵스는 주저하지 않고 저울의 양쪽에 중국과 일본의 **전체** 역사를 얹어놓았다. 나는 이 점을 대단히 높이 평가한다. 사실 나는 편파적인 심판관일 수밖에 없다. 나 역시 유럽에 대해서 11세기의 단절점까지 거슬러올라가면서—때로는 그 이상으로 올라가면서까지—똑같은 작업을 한 바 있다. 제이컵스의 책에서는 중국의 사유재산체제에 대한 한나라 시대(기원전 3세기)

---

* Georges Dumesnil de la Tour(1593-1652) : 프랑스의 화가. 1900년경 이후 갑자기 주목을 끌기 전까지 오랫동안 잊혔기 때문에 일생이나 작품의 연대에 불명확한 점들이 많다. 1620년대에 파리로 가서 국왕 루이 13세의 찬사를 받다가 일종의 궁정 화가가 되었다. 대체로 그의 성격은 기회주의적이고 몰입정한 것으로 이야기되지만, 그의 작품은 대단히 종교적인 성격을 띠며 잘 짜여진 구조에 어두운 빛을 이용한 섬세한 표현을 특징으로 한다.

의 결정이나, 특정한 사회적인 카테고리에 양도한 토지에 대해 면세를 인정한 일본의 7세기의 칙령들*—일본의 봉건제의 초기 기반이 되었다—과 아시카가 시대(1338-1573)에 일본의 해상세력이 확고히 성장하고 아시아의 여러 지방에 일본의 해적들이 발호한 사실들, 경제가 자유 혹은 자유들—이것은 중세 유럽의 "자유들"과 유사한 것으로 다시 말하자면 특권, 혹은 다른 사람들에 대한 방벽으로서의 의미가 있다—을 추구한 것 등을 모두 하나의 유사한 법칙으로 설명한다. 그러므로 제이컵스는 명시적으로든 암묵적으로든 자본주의의 전제조건들을 수 세기에 걸친 장기적인 발전의 결과로 보고, 제기된 문제의 해결은 역사적인 증거들을 모으는 데에서 찾고 있다. 사회학자가 역사학에 대해서 그와 같은 확신을 보이는 것은 매우 드문 일이다.

제이컵스는 수 세기의 시간을 두고 사회, 경제, 국가 정책, 종교조직 등 여러 다양한 기능적 활동을 추적했다. 그리고 교환, 소유, 정치적 권위, 분업, 계층화와 사회적 유동성, 친족관계, 상속체제, 종교생활의 위치 등 모든 것을 살펴보았다. 그의 문제 의식은 이러한 항구성 속에서 유럽의 과거와 가장 유사한 것, 그리하여 자본주의의 미래를 담지하는 것을 찾아서 확인한다는 것이다. 그 결과는 매우 독창적이면서도 장황하다. 나는 다음에서 그것을 편의대로 소개하고 동시에 중간중간 나의 독서 메모와 해석을 덧붙이겠다.

중국에서는 국가와 응집적인 관료제가 방해물이 되었다. 나는 여기에 이 국가가 장수했다는 점을 함께 고려해야 한다고 본다. 국가는 장구한 시간 동안 존립했다가 무너지지만, 그리고 나서 언제나 비슷하게 재구성된다. 이 국가는 중앙집중적이고 도덕적이다. 올바른 방향을 제시하는 것은 유교적인 도덕인데, 흔히 시대에 맞게 개편되지만 대체적으로는 지도 원칙에 충실

---

* 이것은 7세기보다는 8세기의 일을 말하는 듯하다. 8세기 중엽 이후에 천황정부는 황무지의 개간을 장려하기 위해서 새로운 경작지를 개간한 사람들에게 완전한 소유권을 인정했다. 그런데 그 결과 다수의 농민을 마음대로 부릴 수 있는 부유한 사람들이 가장 유리하게 이 법령을 이용할 수 있었으며, 귀족가문들, 종교기관 등의 세력이 커졌다.

하다. 여기에 문화, 이데올로기 그리고 종교가 이용된다. 국가 자신, 다시 말해서 여러 층위를 이루고 있는 만다린(高官)들이 공공복리를 위해서 일한다. 치수(治水), 도로 건설, 운하 등의 공공사업, 도시의 치안과 행정, 변방에서 외적과의 전쟁 등 모든 일에 국가가 개입한다. 마찬가지로 국가는 기아와의 전쟁을 담당한다. 이것은 경제의 근원인 농업생산을 국가가 보호하고 관장한다는 것을 말한다. 때로는 국가가 농민, 비단 생산업자, 기업가들에게 돈을 대부해준다. 또 구황용 창고를 설치하여 곡물을 보관하기도 한다. 마지막으로 이렇게 모든 일에 국가가 나서는 대가로 국가만이 조세 수취 권리를 독점한다. 황제가 도덕적이지 않으면 하늘은 그를 저버리며, 그렇게 되면 그는 모든 권위를 상실한다. 그러나 정상적으로는 그는 완전하고 완벽해서 이론적으로는 전권을 행사한다. 한나라 때부터 토지의 개인 소유가 인정되었다고는 하지만 원칙적으로 정부가 모든 토지의 소유주이다. 국가권력은 공공선이나 농업 식민지 개척의 이름으로 대지주를 비롯한 농민들을 강제 이주시킬 수 있다. 또 정부는 최대의 사업 기관으로서 농민의 부역을 독점한다. 물론 토지귀족이 농민을 지배하고 농민의 노동을 착취할 수는 있지만, 그것은 적법한 권리가 아니며 단지 국가의 공무원이 직접적인 감시를 하지 못하는 마을에서 조세를 대신 걷는 것처럼 국가를 대신한다는 명분으로만 그렇게 할 수 있을 뿐이다. 그러므로 귀족은 국가의 호의에 의존해야 한다.

　마찬가지로 대상인과 매뉴팩처 사업자들은 행정기관의 엄중한 감시를 받으며, 질서를 지킨다는 명분으로 그들의 활동을 통제당하고 제한당한다. 항구에서는 지방 관리가 출발하고 도착하는 배들을 통제한다. 심지어 일부 역사가는 15세기 초에 중국 정부가 행한 거대한 해상 사업*도 사개인들이 외국무역의 이익을 취하는 것에 대해서 국가가 통제하는 한 방법이었다고 보기도 한다. 이런 주장은 가능성이 없지는 않지만 확실하지 않다. 그와 마찬

---

* 정화(鄭和)의 원정을 가리킨다. 이 책 제1권 537-538쪽을 참조하라.

가지로 모든 도시들이 덫에 잡힌 듯이 감시당하고 있다. 또 도시는 구역별로 나뉘어서, 매일 저녁 도시 각 구역의 출입구를 폐쇄해야 한다. 이런 조건에서 상인, 고리대금업자, 환전상, 제조업자 등은 아무리 국가가 이러저러한 방향으로 일하라고 보조금을 준다고 해도 주도권을 가질 수가 없다. 정부는 원하는 사람 누구에게든지 공공선의 이름으로 조세를 부과할 수 있다. 개인이 지나치게 부유해지면 부도덕한 불평등이 있는 것이며 불의로서, 공공선에 어긋난다. 이런 원칙에 대한 죄인은 항의할 수 없다. 단지 공중도덕의 이름으로 그를 벌줄 따름이다. 다만 이 전지전능한 사람들이 보호하는 공무원, 만다린 혹은 그러한 개인만이 법 위에 초월해 있지만 이들의 특권은 결코 완전히 보장된 것이 아니다. 하나의 예를 가지고 모든 것을 재단할 수는 없겠으나, 건륭제*의 총신이었던 화신**은 선제(先帝)가 죽자 후제(後帝)에 의해서 죽임을 당하고 재산을 몰수당했다. 그는 욕심 많고 부패했고 증오를 샀던 인물이지만, 특히 큰 죄라면 그가 지나치게 많은 것들을 소유했다는 점이다. 옛 명인들의 서화들, 담보를 잡고 임대한 많은 집들과 금은보석 등, 한마디로 그는 지나치게 부자였고 더구나 더 이상 공직에 있지도 않았던 것이 몰락의 원인이었다.

또다른 국가의 특권은 악화를 찍어내는 자유재량권이다(구리와 납을 섞은 무거운 카샤[caixas] 화를 말한다). 이 화폐는 흔히 위조되어서(이 위조화폐 역시 똑같이 유통되었다), 화폐가치를 인증하는 관의 각인이 닳거나 없어지면 가치가 떨어졌다. 또 국가는 지폐를 발행하는 자유재량권도 가지고 있었다. 지폐를 보유한 사람은 후일에 과연 그 액수를 지불받게 될지 불확실했다. 상인, 수많은 고리대금업자, 환전 은행가들은 조세 수취 업무를 대행하면서

---

* 乾隆帝(1711-1799) : 중국 청나라의 6대 황제(재위 1735-1795). 그의 치세기는 청나라의 최고 융성기이며 최대 판도를 자랑하던 시기이다.

** 和珅(?-1799) : 청나라 건륭제의 총신. 비천한 신분에서 입신하여 군기대신(軍機大臣) 및 의정대신(議政大臣)을 역임했다. 횡포가 극심했으며 부정 축재가 막대하여 황제가 죽은 뒤 탄핵되어 자결하도록 했다. 몰수 재산이 8억 냥이 넘는 것으로 알려졌다.

근근이 살아갔으나, 조금이라도 부유하게 비쳐져서 세금을 얻어맞지나 않을까, 혹은 무조건적인 평등을 강요하는 국가의 권력을 경쟁자가 자신에게 불리하게 악용하여 고발하지는 않을까 하는 걱정 속에서 살았다.

이러한 체제 속에서는 오직 국가와 국가기구에게만 축적이 가능했다. 마지막으로 중국은 "전체주의"와 같은 체제 속에서 살았다(다만 이 말이 최근에 가지게 된 그 추악한 뜻을 버리고서 말이다). 그리고 중국의 예는 **경제와 자본주의를 구분하는** 우리의 견해를 뒷받침해준다. (제이컵스가 선험적인 추론에 의해서 중국에는 자본주의도 없고 시장경제도 없다고 믿는 것과는 반대로) 중국에는 우리가 이미 누차 묘사한 바와 같이 시장경제가 탄탄히 자리 잡고 있었다. 연이어 있는 지방시장, 하층 수공업 장인과 떠돌이 행상인, 도시 안의 조그마한 가게들이 그런 모습들이다. 따라서 하층에는 활기찬 교환활동들이 정부—이들의 생각에는 물론 농업이 가장 핵심적이기는 하지만—의 총애를 받는 가운데 유지되었다. 그러나 그 위에는 도처에서 국가기구가 모든 것을 장악했다. 이 국가기구는 "비정상적으로" 부유해진 사람들에 대해서 적의를 가지고 있었다. 그래서 도시 근교의 땅에 대해서(유럽에서라면 도시민이 고가로 사들여 고수익의 경영을 하거나 지대를 누렸으리라) 정부는 이곳이 도시시장으로부터 멀리 떨어진 곳보다 이점을 누린다는 점에서 중과세를 했다. 따라서 중국에서는 국가의 보증을 받는 대신 늘 감시당하고 언제든지 국가에 의해서 좌우되는 특정 집단—예컨대 13세기의 소금 상인들이나 광저우의 코홍과 같은—이외에는 자본주의라는 것이 없었다. 명나라 때에는 고작해야 약간의 부르주아지가 발전해 있었다고 말할 수 있는 정도이다. 혹은 자본주의가 있다면 말레이 제도를 비롯해서 외국에 이주해간 사람들 사이에 오늘날까지 지속되어오는 일종의 식민지 자본주의뿐이다.

제이컵스의 설명을 지나치게 단순화하는 것은 아닌지 모르겠으나, 일본에 대해서 그는 아시카가 시대에 국가로부터 독립적인 경제 및 사회 세력들이 자리 잡았을 때 자본주의라는 주사위가 던져졌다고 보았다(그 세력들이란 길드체제일 수도 있고, 원거리 교역, 자유도시, 어느 누구에게도 회계검사를 받을 필요가 없는 상인 집단일 수도 있다). 국가 권력의 간섭이 배제되어 있다는 표시는 그보다도 더 이전, 봉건체제가 확고히 자리 잡은 때까지 거슬러올라간다. 그러나 이런 초기 시점에 대해서는 해결되지 않은 문제가 있다. 1270년에 명확히 확인할 수 있는 봉건체제[가마쿠라 막부(鎌倉幕府)/역주]가 만들어졌다고 말한다면, 정확하다는 것이 오히려 틀릴 우려가 큰 이런 영역에서 너무 단정적으로 이야기하는 잘못을 저지르는 셈이다. 더구나 그렇게 이야기하면 그 이전에 황제의 영지들을 잠식해가면서 거대한 개인 영지가 만들어지고, 또 그 독립성을 수호하고 나아가서 영구화하기 위해서 군사를 일으키기도 한 현상이 있었다는 사실을 무시하게 되며, 그 기원이 되는 선행 조건들을 모르는 채 덮어버리게 된다. 그러한 현상은 어느 정도 장기적으로는 각 지방이 강력해져서 사실상 반쯤 독립적이게 되고 지방마다 도시, 상인, 길드, 그곳의 특정한 이해관계를 지키게 되는 결과를 가져왔다.

몽골의 지배에 따른 참화를 겪은 후인 명나라 때(1368-1644)와 그 이후 시기에도 중국이 봉건제를 면할 수 있었던 이유는 아마도 인구가 많았기 때문이다. 이것은 곧 연속성과 균형의 회복을 가능하게 해주었다. 사실 나는 봉건체제의 시발점은 인구가 적은 "제로 상태"라는 점을 강조하고는 한다. 이것은 사고의 결과일 수도 있고, 여러 차례의 참사의 결과, 혹은 심각한 인구 격감의 결과이거나, 그것도 아니면 아직 신생국인 나라의 출발기에 나타나는 현상일 수 있다. 초기의 일본은 열도의 4분의 3이 텅 빈 상태였다. 미셸 비에가 보기에[410] "가장 중요한 사실은 일본이 대륙에 비해서 뒤처져 있었다는 점", 즉 조선과 특히 중국에 비해서 뒤처져 있었다는 점이다. 이 먼 과거의 일본은 중국 문명의 서광을 쫓아서 달려가려고 했으나 수의 부족[인구의 부족/역주]이 문제였다. 소수 집단의 사람들이 다른 적을 대단히 힘들게 제압하던 야만적인 전쟁이 장기간 계속된 결과, 일본 열도는 장기적인 저개발 상태에 빠지게 되고 독립적인 작은 단위들로 분열되었는데, 이 각각의 단위들은 제약 조건 때문에 전체적인 통일이 힘들었으며 오히려 기회를 얻는 대로 독립해 나가려고 했다. 그렇게 구성된 일본 사회는 혼란스럽고 불균등하며 서로 구획되어 가로막혀 있었다. 이러한 분열에 맞서서 텐노(天皇, 교토에 사는 황제)가 자신의 권위를 주장했으나 그것은 현실적이라기보다는 이론적이고 신격화된 성격이었다. 그리고 어떤 것은 오래가기도 하고 어떤 것은 곧 쇠락해버리기도 한 여러 수도에서 쇼군이 권위를 주장했으나 그의 폭력적인 권위는 늘 도전받았다(그는 서양의 경우 메로빙거 왕조의 궁재[宮宰]*에 가까운 존재였다). 마지막으로 쇼군의 지배가 막부(幕府, 바후쿠) 정부를 만들었으며 이것은 메이지 유신 때까지 통치하게 될 도쿠가와 막부(1601-1868)의 창설자인 도쿠가와 이에야스 시대에 전 일본에 확대되었다.

간단히 요약하면, 중세 유럽과 유사한 수 세기 동안의 무정부 상태 속에서 다양한 영역으로부터 여러 요소들—중앙정부, 봉건세력, 도시, 농민, 장인, 상인 등—이 성장해가면서 일본이 형성되었다. 일본 사회에는 중세 유럽의 자유와 유사한 것들이 발전해 솟아 올라왔다. 그 자유란, 그 뒤에서 보호를 구하고 살아남는 일종의 바리케이드와 같은 특권을 말한다. 그리고 모든 것을 단번에 해결하고 단선적인 해결책을 받아들이게 만드는 것은 하나도 없다. 이곳에서도 유럽처럼 갈등과 운동을 만드는 복수(複數)의 "봉건사회들"이 존재하지 않았을까? 최종적으로 도쿠가와가 승리를 얻으면서 생긴 체제는 늘 새로운 균형이 이루어지고 그 안의 각각의 요소들이 서로서로 적응하는 것으로 보아야지, 중국에서와 같이 전체주의적으로 조직된 체제를 상정해서는 안 된다. 도쿠가와의 승리에 대해서 역사가들은 과장하지만, 사실

---

* mayor of the palace : 6-8세기 서유럽의 메로빙거 왕조의 왕실 관리. 국왕이 무능하자 이들의 권력이 강해져서 일종의 부왕(副王)과 같은 지위가 되었다. 예컨대 국왕이 어려서 왕위에 올랐을 때 궁재가 후견을 하다가 나중에 국왕이 성년이 된 후까지 계속 실제 권력을 장악하는 일이 있었다. 또 궁재직을 맡은 가문이 대를 이어 계속 맡았기 때문에, 이들의 권력이 지속적인 기반을 가지고 강화될 수 있었다. 그중에서도 페핀(Pepin) 가문이 대표적으로, 결국 이들이 권력을 찬탈하여 카롤링거 왕조가 되었다.

그것은 마치 유럽의 왕조들이 그런 것처럼 절반의─사실이기는 하지만 불완전한─승리에 불과하다.

이 승리는 확실히 보병과 유럽에서 들어온 화기의 승리였다(그중 특히 아르크뷔즈[arquebuse]*가 중요하다. 기존의 일본 화기는 살상력은 크지 않고 단지 소리만 클 뿐이었다). 이즈음에 다이묘(大名)들은 기민한 정부에 양보하고 그 권위를 받아들이지 않을 수 없었다. 정부는 막강한 군대를 거느리고 있는 데다가 대로와 역참을 조직해서 감시와 효율적인 개입을 할 수 있었다. 이들은 2년 중 1년을 에도라는, 쇼군의 수도─새로 수도가 되기는 했으나 변두리 지역이었다─에 가서 일종의 보호감호 생활을 했다. 이것이 이른바 산킨(參勤)의 의무였다. 더구나 이들이 자기 영지로 되돌아갈 때에도 부인과 아이들을 인질로 남겨두어야 했다. 이것과 비교해보면 루브르 궁전과 베르사유 궁전에 있었던 명망 있는 노예들인 프랑스의 귀족은 훨씬 큰 자유를 누리고 있었던 셈이다. 따라서 힘의 관계는 쇼군에게 유리하게 변했다. 그러나 갈등은 여전히 존재했고 폭력은 일상화되었다. 이것을 보여주는 일화가 있다. 쇼군 이에미츠는 1632년에 그의 아버지의 뒤를 이었을 때 아직 새파랗게 젊은 나이였다. 그는 모든 사람이 지배자로서 그의 권위를 인정하게 만들 필요가 있다고 생각했다. 그는 모든 다이묘들을 소집했다. 이들은 모두 도착하여 보통 때와 마찬가지로 응접실로 갔다. 그런데 이곳에는 아무도 없었고 그들만이 남게 되었다. 이들은 오래 기다렸다. 심한 추위를 느꼈고 아주 시장했지만 음식도 전혀 나오지 않았다. 조용한 가운데 밤이 되었다. 그런데 갑자기 장막이 걷히더니 쇼군이 횃불들의 불빛을 받으며 나타났다. 그는 지배자의 말투로 이렇게 이야기했다. "아무리 강력한 다이묘라고 해도 모두 내 신하이다. 만일 너희들 중에 이렇게 복종하는 것이 마음에 들지 않는 자가 있다면 자기 영지로 돌아가라. 가서 전쟁을 준비하라. 그자들과 나 사이

---

* 이 책 제1권 517-519쪽을 참조하라.

는 전쟁이 결정해줄 것이다."411) 바로 이 쇼군이 1635년에 산킨 제도를 만들고 그 직후에 네덜란드 선박과 중국 정크선 외에 다른 모든 외국과의 대외교역을 금지시킨 장본인이다. 그는 상인을 다루듯이 귀족들을 다룬 것이다.

따라서 봉건귀족은 억압당했지만 그래도 그들의 영지는 그대로 남았다. 쇼군은 영지를 압류하기도 했으나 동시에 재분배도 했다. 이 봉건 가문들은 오늘날까지 이어져 내려온다. 이것이야말로 마치 장수 테스트와도 같다. 사실 일본에서는 모든 것이 가문의 영속성에 유리한 조건들을 만들었다. 중국에서는 모든 남자 후손들 사이에 유산을 나누어 가지는 데에 비해서 일본에서는 장자에게 유리하게 상속이 이루어진다. 이 강력한 가문들(이 가문들 중에는 산업자본주의에 성공적으로 참여한 가문도 있다) 아래에 사무라이라는 하급 귀족들이 오랫동안 파당을 이루고 있었는데 이 사무라이 계층 역시 메이지 유신 이후의 산업화에서 중요한 역할을 했다.

그러나 우리의 관점에서 보았을 때 가장 중요한 요소는 자유로운 시장과 도시가 뒤늦게, 그러나 그 이후 곧 효율적으로 자리를 잡았다는 것이다. 그런 도시의 최초의 예는 1573년에 세워진 사카이* 항구였다. 도시마다 강력한 길드들이 사업망과 독점을 확대해갔고, 또 17세기 말부터 길드와 유사한 방식으로 조직되었다가 1721년에는 공식적으로 인정을 받기에 이른 상인의 결사들은 여기저기에서 서양의 경우와 비슷한 특권 회사의 양태를 띠었다. 마지막으로 들 수 있는 뚜렷한 특징으로, 상업 가문들이 확고히 뿌리를 내렸다는 점이 있다. 이 가문들은 몇몇 변란에도 불구하고 앙리 피렌이 규정한 기준보다 더 오랜 세월 동안, 때로는 수 세기가 넘는 기간 동안 존속했다. 고노이케(鴻池), 스미토모(住友), 미쓰이(三井) 등이 그런 가문들의 예이다. 심지어 오늘날에도 지극히 강력한 세력을 유지하는 미쓰이 가문의 창시자는

---

* 堺 : 일본 혼슈 오사카 부(府)의 오사카 만에 면한 도시. 16세기에 일본 동부의 주요 교역항으로서 필리핀을 비롯한 동남아 국가와 교역하던 부유한 상인들로 유명하다. 그러나 야마토 강의 물길이 바뀌어 침니현상(沈泥現象)이 일어나면서 쇠퇴했다.

"1620년에 이세(伊勢) 지방에서 사케(酒)를 주조하는 기업으로 출발했으며" 그의 아들은 1690년에 에도에서 "쇼군 및 텐노 가문을 위한[御用] 재정관"이 되었다.[412]

이렇게 상인들은 오랫동안 존속하면서 다이묘, 바쿠후, 심지어 텐노를 이용했다. 아주 능숙한 상인들은 조만간 화폐의 조작을 통해서 이익을 이끌어낼 수 있었다. 화폐는 근대적인 축적을 배가시켰으며 또 그 축적의 도구가 되었다. 17세기 말에 정부가 화폐를 가치절하하는 방식으로 조작하여 이익을 얻으려고 하자 격렬한 반대가 일어나서 몇년 뒤에는 이것을 멈추어야 했다. 그리고 매번 상인들은 나머지 모든 사람들을 희생시키면서 자신들이 입게 될 손해를 피해갔다.

그렇지만 이 사회가 체계적으로 상인들에게 유리하도록 도와주지는 않았다. 상인은 그 어떤 사회적인 특권을 받은 것이 아니었다. 일본 최초의 경제학자라고 할 수 있는 구마자와 반잔*이 상인을 거의 좋아하지 않았으며 차라리 중국 사회를 이상으로 삼았다는 것은[413] 의미심장하다. 일본의 초기 자본주의는 분명히 내생적이고 토착적인 것으로서 스스로 이루어졌다. 다이묘, 혹은 다이묘의 하인들이 가져오는 쌀을 사들임으로써 상인들은 화폐 역할을 하던 쌀이 진짜 화폐가 되는 이 일본 경제의 결정적인 발전 도상에서 핵심적인 역할을 맡았다. 쌀의 가격은 당연히 수확에 따라서 변하지만 동시에 쌀 생산의 잉여의 태반을 장악한 상인에 따라서 변하기도 했다. 이들은 또 생산의 중심지인 오사카와 소비의 중심지인 에도—이미 인구가 100만 명이 넘었던 기생적인 수도—사이를 연결하는 결정적인 축의 지배자였다. 그리고 이들은 은의 중심축(오사카)과 금의 중심축(에도)의 중재인이기도 했다. 오래 전부터 교환의 최하층에서 가난한 사람들의 화폐 역할을 하던 구리의 유통—이것은 1636년 이후 정규화되었다—위에 이 두 귀금속이 높이

* 熊澤蕃山(1619-1691) : 에도 전기의 유명한 양명학파 유학자.

자리 잡고 있으면서 서로 영향을 미쳤다. 이 세 가지 종류의 화폐에 환어음, 수표, 은행권, 진짜 주식거래소의 증권 같은 것들도 더해졌다. 마지막으로 매뉴팩처가 전통적인 거대한 수공업층으로부터 발달해나왔다. 이 모든 것이 융합되어 초기 자본주의를 형성했다. 이것은 외국을 모방한 것도 아니고 그 어떤 종교적인 틀 속에서 만들어진 것도 아니다. 사실 상인의 역할은 흔히 불교 사원과의 격심한 경쟁을 배제하는 것이었으며 쇼군 역시 불교 사원을 없애는 데에 진력했다.

간단히 정리하자면, 처음에는 오래되고 활기차고 팽창성이 강한 시장경제의 발달로부터 모든 것이 시작되었다. 시장, 정기시, 항해, 교환(비록 내지에 생선을 분배하는 정도에 불과하지만) 등이 그런 것들이다. 다음으로는 원거리 교역이 빠르게 발전했는데 이것은 특히 중국 방향으로 엄청난 이윤을 얻으면서 발전해갔다(15세기에 처음 항해가 시작되었을 때에는 1,100퍼센트의 이익을 보았다).[414] 필리핀을 정복하려고 하던 1570년대쯤에는 상인들이 쇼군에게 아낌없이 자금을 주었다. 상인들에게 불행했던 것은 자본주의적인 상층구조 중의 필수적이고 결정적인 요소인 원거리 무역이 조만간 일본에서 사라졌다는 것이다. 1638년의 쇄국 이후 쇼군은 대외무역을 완전히 없애버린 것은 아니라고 해도 크게 제약했다. 역사가들은 밀수가 이 조치의 효과를 많이 완화했다고 주장했다. 특히 남쪽의 규슈와 조선(朝鮮)으로 가는 도상에 있는 이른바 침묵의 섬이라는 무인도*를 통해서 밀수가 활발히 이루어졌다고 한다. 나가사키의 상인이나, 혹은 밀무역을 더 잘 조직하기 위해서 1691년에 중국에 대리인을 파견하기까지 한 사쓰마의 영주인 강력한 시마즈 가문과 같은 예가 있다고 해도[415] 여하튼 그러한 주장은 과장이라고 하지 않을 수 없다. 어쨌든 1638년부터 1868년까지 두 세기 이상 부과된 방해와 제약이 경제발전을 지체시킨 것은 부인할 수 없는 사실이다. 그러나 그후

---

* 불명(不明).

일본은 이와 같은 지체를 빠르게 만회했다. 그렇게 된 데에는 콩종크튀르에 따른 것들을 포함해서 여러 이유들이 있다. 그러나 그중 가장 중요한 요소는 이 당시 서양을 모방하여 산업자본주의를 발전시켜나갈 때 그 이전에 이미 끈기 있게 스스로 건설했던 상업자본주의로부터 출발했다는 점이다. 오랫동안 "눈 밑에서 보리가 자라고 있었던 것이다." 이 비유는 다케코시*의 오래된 책(1930)에서 얻은 것인데,[416] 그 역시 유럽과 일본 사이에 비록 결과가 완전히 똑같지는 않더라도 비슷한 과정을 겪으면서 성장해가는 동안 사회적, 경제적으로 유사성을 보인다는 점이 대단히 흥미롭다고 보았다.

정치, 그리고 특히 사회

이제 본론에서 약간 떨어져 나와서 살펴보았던 긴 이야기를 마무리짓고 다시 원래의 문제로 되돌아가서 전체적으로 보도록 하자. 우리는 조금 전에 아주 잘 알려진, 진부하면서도 열정을 불러일으키는 주제에 도달했다. 마르크스주의적인 용어로 표현하면, 봉건제가 자본주의로의 이행을 준비한다는 것이다. 그러나 주지하다시피 마르크스 자신은 이 이행 문제에 대해서 많은 분석을 하지는 않았다. 제이컵스는 이 주제를 다루면서 우선 봉건제가 자본주의의 필연적인 전 단계라는 것을 부인했고, "역사적으로……자본주의를 발달시킨 요소들"은 "봉건제의 시기에 원래 다른 목적을 위해서 성립된 권리나 특권과 관련된 어떤 가치들 속에서" "자신의 지위를 제도화하는 데" 유리한 환경을 발견했다는 주장을 했다. 실제의 역사발전에 대한 나 자신의 견해는 이렇다. 상인 출신의 도시귀족이 사회의 최상층을 차지하고 있는, 일찍부터 독자적인 방식으로 발달한 독립적인 도시들—베네치아, 제노바, 아우크

---

* 竹越與三郎(1865-1950) : 일본의 정치가, 역사가. 몇몇 신문의 기자와 잡지의 주필을 하다가 1898년에 관계에 들어가서 여러 부서의 장관과 의원을 지냈다. 전후에는 일시적으로 추방당했다. 저서로 『2,500년사(二千五百年史)』(1896), 『일본경제사(日本經濟史)』(1920), 『신일본사(新日本史)』(1891) 등이 있다.

스부르크와 같은―을 제외하면, 유럽에서나 일본에서나 경제와 국가의 근대화로 상층의 상업가문이 추진력을 얻고 있을 때에도 이들은 단지 부차적인 지위밖에 가지지 못했다. 이들은 마치 식물이 자라나다가 벽을 만나는 것처럼 장애에 부딪혔다. 만일 이 장벽이 굳게 저항하면 뿌리와 줄기는 벽을 타고 올라가는 식으로 뻗어간다. 이것이 부르주아지의 운명이다. 이 장벽을 넘는 때에는 성공한 가문들의 지위가 바뀌게 된다. 나는 다른 책에서 이것을 두고 부르주아지의 이반(離反, trahison)이라고 표현했다. 이것은 지나친 말이었다. 사실 부르주아지 전체가 이반하지는 않는다. 이들은 장벽에 대항하여 스스로 변화하는 것이다.

이와 같이 억압받고 제약받는 가운데 빛을 향해서, 사회적인 성공을 향해서 뻗어나가는 이 가문들은 이 장벽이 계속 존재하는 한, 아끼고 계산하고 신중해야 하며 축적을 해야만 했다. 게다가 이들 위에 존재하는 귀족계급이 낭비하고 과시적인 데다가 경제적으로 취약하므로 귀족이 포기하거나 남이 가지도록 내버려두는 것들은 모두 이 상인계급이 차지하게 된다. 간단하지만 설득력 있는 하나의 예로서 프랑스의 세기에 가문의 고리대금 활동을 보자. 부르주아지나 법복귀족이라는 제2의 부르주아지가 16세기부터 점차 재산을 늘려간 것은 단지 관직, 토지, 부동산 매입, 또는 국왕으로부터의 연금 수수, 정규적으로 들어오는 지참금, 그리고 재산의 관리만으로 된 것이 아니다. 그것은 무엇보다도 대귀족에 대한 봉사를 통해서 이룬 것이다(그것은 고리대금업의 성격일 수도 있고 아닐 수도 있으나 고리대금업적인 것이 더 많았다). 피에르 세기에 의장(1504-1580)은 예금을 받고, 대부하고, 담보를 현찰화하고, 이자를 걷는 일들을 했다. 그는 느베르 공작부인인 마리 달브레와 아주 수지맞는 거래를 했다. 결제를 해야 하는 시기에 공작부인은 그에게 "드뢰 지방에 가까운 소렐 영지를 9,000에퀴에 팔았는데, 이 부인이 실제로 받은 금액은 3,600에퀴에 불과했으며 그 나머지 금액은 부채 지불용으로 쓰였다."[417] 이것은 유사한 많은 사업 중 하나의 예에 불과하다. 마찬가지 방식으로 그는 몽모랑시 가문—이 경우에는 채무자가 방어를 잘한 편이다—과 쉴리 가문의 여러 사람들과도 고리대금업 관계를 가졌다. 이런 사업을 한 후에 피에르 세기에의 계정에는 블렁 근처의 "고목림(高木林)"과 오노 근처의 에스퀴리 반분소작지 등이 기재되어 있었다.[418] 이것은 기생관계이고 착취이며 식세포 작용(phagocytisme)이다. 오랫동안 토지재산과 전통적인 권력을 통해서 서서히 숙성된 상층계급이 좋은 먹이가 된다. 이것을 먹어치우는 데에는 약간의 위험이 따르기는 하지만 대신 아주 이익이 컸다. 일본에서도 사정이 마찬가지여서 오사카의 상인들은 다이묘의 불운과 낭비를 십분 이용했다. 마르크스의 말에 의하면 이것은 한 계급이 손해 보고 다른 계급이 이익을 보는 집중화이다. 지배계급은 언젠가 후속 지배계급의 먹이가 된다. 이것은 아테네 등지에서 에우파트리데스*가 폴리스에게 먹히는 것과 비슷하다. 물론 이 계급이 스스로를 방어하고 저항할 힘이 있으면 다른 계급이 부와 권력을 향해 올라가는 것은 힘들고 일시적으로는 불가능해진다. 유럽에서도 이런 국면들이 있었다. 그러나 어쨌든 사회적 유동성만으로는 충분하지 않다. 한 계급이 다른 계급에 의해서 효과적으로—다시 말해서 장기적이고 지속적으로—소진될 수 있으려면(consommable), 축적하고 그 축적을 다시 다음 세대에게 물려줄 수 있는, 즉 눈덩이처럼 커져가게 만들 수 있는 능력이 두 계급 모두에게 있어야 한다.

중국에서는 관료사회가 중국 사회의 유일한 상층을 이룬다. 이 계층은 거의 분리시킬 수 없고 만일에 일이 잘못되더라도 곧 스스로 재형성된다. 어느 집단, 어느 계급도 학식 있는 이 만다린들의 거대한 위세에 근접할 수 없다. 그러나 이들이 공공질서와 공공도덕의 구현체를 자처하더라도, 이들이 모두 완벽한 것은 아니다. 특히 항구 지역을 비롯한 많은 곳의 만다린은 상인에게 돈을 투자하며 이 상인은 기꺼이 이들의 호의를 매수한다. 광저우를

---

* Eupatrides : 아티카의 토지귀족으로, 그중에서도 특히 왕정을 혁파하고 솔론이 등장하는 시기까지 권력을 독점했던 아테네의 게노스(genos, 씨족)를 가리킨다.

여행한 한 유럽 여행자의 기록에 의하면, 이곳의 만다린들은 거의 자연스럽게 부패행위를 하며 거리낌 없이 축재를 했다. 그러나 오직 한 사람만이 누리다가 끝나는 부의 축적에 무슨 가치가 있는가? 이러한 부의 축적은 오직 일대에 한한 축적일 뿐이며, 이것은 공직, 고등교육 그리고 상당히 민주적으로 이루어지는 공개적인 관리 선발 경쟁[과거제/역주]에 의해서 얻는 것들이다.[419] 만다린의 위엄이 워낙 대단해서 유복한 상인도 아들들에게 이 탐나고 빛나는 지위에 도전하도록 만든다. 이것이 상인의 "이반하기(trahir)" 방식이다. 그러나 만다린의 자식이 언제나 만다린이 되는 것은 아니다. 가족의 상승은 급작스럽게 중단될 수 있다. 만다린의 재산이나 권력이 영속화되어서 자연스럽게 지배적인 가문이 만들어지는 일은 있을 수 없다.

이슬람 국가들에서는 그 뿌리가 되는 상황은 다르지만 결과는 이상하리만큼 비슷하다. 지배계급이 끊임없이 변화해가는 것이 아니라, 끊임없이 변화당한다는 점이 다른 상황일 따름이다. 이스탄불에 있는 오스만 제국의 술탄이 전형적인 예를 보여준다. 그는 마치 옷 갈아입듯이 상류사회를 갈아치웠다. 기독교도 어린이들 사이에서 근위병을 모집하는 것을 생각해보라. 우리가 흔히 이야기하는 오스만 제국의 봉건제는 사실 은대지 제도적인 선(先)봉건제였다. 티마르* 시파히니크(sipahinik) 등은 일대에 한한 것이었다. 진짜 봉건제는 16세기 말에 이르러서 개간과 새로운 작물의 도입이라는 자본주의적인 방향의 변화와 함께 시작되었다.[420] 이때 가서야 발칸 반도를 위시한 여러 지역에서 봉토를 가진 귀족이 자리를 잡고, 토지와 영지를 장기적인 가족 통제하에 둘 수 있었다. 역사가 니콜라이 토도로프가 보기에는[421] 지대(地代)를 장악하려는 투쟁은 이미 국가의 모든 고위 행정직을 차지하던 지배계층의 완전한 승리로 끝났다. 그러나 이것이 과연 완전한 승리였을까? 이에 대해서는 더욱 면밀한 검토가 필요하다. 확실한 것은 이러한 사회적인

---

* timar : 페르시아어와 튀르키예어로 "보좌인"이라는 말에서 유래했다. 튀르키예의 봉건제에서 군사적인 대가로 지급받는 토지를 뜻한다.

변화가 광대한 역사의 변전―군사적이고 호전적이고 정복적인 늙은 대국(大國)이 이미 "병자"가 된―의 원인이면서 결과라는 것이다. 이슬람 국가에서 보통의 정상적인 이미지는 사회가 국가에 의해 장악되거나 간혹 교란당하며 부를 생산해주는 토지로부터 영원히 격리되어 있다는 것이다. 이것은 어디에서나 볼 수 있는 똑같은 광경이었다. 한때나마 칸(汗, khan)이 지배했던 페르시아, 영광의 절정에 있던 무굴 제국의 인도 등이 다 그러하다.

델리에서는 아닌 게 아니라 영속적인 "대가문"이 없었다. 콜베르 시대 사람으로서 몽펠리에 의대 박사였던 프랑수아 베르니에에 의하면 그는 무굴 제국의 군사적인 사회에서 낯선 느낌을 받았다. 그는 이 사회에서 매우 이상하게 느꼈던 점들을 생생하게 우리에게 전해준다. 오메라(omerah)와 라자(rajha)는 자신의 당대에만 한정된 영주로, 차라리 용병에 가까운 존재이다. 대(大)무굴이 이들을 임명하지만 그 아들에게까지 이 지위를 확실히 물려주지는 않는다. 무굴은 강력한 군대를 원하며 그 대가를 우리가 은대지(bénéfice)라고 부르는 것으로 지불한다. 이것은 튀르키예에서는 시파히니크라고 부르는 것으로 지배자―**법적으로 모든 땅은 그에게 속한다**―가 그것을 나누어주었다가 수혜자가 죽으면 회수한다. 규칙적으로 땅을 회수해가므로 어떤 귀족도 대지에 뿌리를 내릴 수는 없다. 베르니에에 의하면 "이 나라의 모든 땅은 그[무굴 제국의 황제]에게 속하기 때문에 공작도, 후작도 없고 또 땅에서 나는 소득과 그 재산으로 살아가는 대지주 가문도 없다." 이것은 트럼프 카드를 규칙적이고 자동적으로 재배분하는 항상적인 뉴딜 아래에서 사는 것과 같다. 그래서 이 전사들은 서양에서처럼 가족명[性]이 없다. "이들은 전사에게 어울리는 이름만을 가지고 있다. 천둥 전사, 번개 전사, 적진을 돌파하는 자, 충실한 영주, 완벽한 자, 현명한 자 등."[422] 따라서 서양에서처럼 마을이나 지역 등에서 따온 지리적인 성격의 이름이 없다. 계서제의 상층에는 단지 지배군주의 총애를 받는 사람, 모험가, 지위가 불안정한 사람, 외국인, 비천한 출신, 심지어는 이전의 노예 출신들도 있다. 이 임시적이고 공중에 붕 떠 있는 듯한 이상한 피라미드 상층은 영국의 지배와 함께 사라졌다. 이것은 당연한 일이다. 왜냐하면 이들은 지배자의 힘에만 의존하고 있어서 지배자가 무너지면 함께 무너질 수밖에 없기 때문이다. 이보다 덜 자연스러운 것은 영국의 지배가 세습적인 가족 재산을 가진 대가문을 아주 다양하게 만들었다는 점이다. 원하든 원하지 않든 영국은 유럽에서의 자신의 모습과 관습을 인도에 이식했다. 영국은 이와 같은 것들을 인도에 투영하려고 했지만 바로 이 때문에, 예컨대 베르니에를 그토록 매혹시켰던, 처음 보는 사회구조를 이해할 수 없었고 진지하게 받아들일 수도 없었다. 무지와 부패가 혼합하여 영국이 저지른 실수 중의 하나는 자민다르(zamindar, 따로 정해진 소유주가 없는 마을에서 조세를 징수하는 징세관)를 진짜 지주로 보고 이들을 서양식 계서제의 새로운 지배자로 만든 것이다. 이런 가문들 중에는 오늘날까지 존속하는 가문들도 있다.

인도에서 유일하게 이전부터 지배적이었던 계급은 상인, 매뉴팩처 제조업자, 은행가 등이다. 이들은 전통적으로 아버지로부터 이들로 대를 이어서 항구도시이든 아마다바드와 같은 활기찬 직물업 중심지이든 대상업도시의 경제와 행정을 동시에 장악했다. 이들은 이후에도 자신들이 자신 있게 잘 알고 있는 무기인 돈을 이용해서 지위를 잘 보호했다. 이들은 침입자들을 부패시켰고 동시에 이들 자신이 침입자들에 의해서 부패해갔다.

1772년 3월 30일에 하원에서 클라이브 경이 자신에게 가해진 독직죄의 고발에 대해서 명예와 생명을 지키려고 행한 극적인 연설을 들어보자(그는 며칠 뒤에 자살했다).[423] 그는 서기(하급직 관료를 말한다)로서 벵골에 막 도착한 젊은 영국인 청년을 예로 들어서 이야기했다. "한 신참이 콜카타의 거리를 산보하고 있습니다. 그의 수입으로는 아직 마차를 탈 처지가 못 되니까 걷는 것이지요. 그런데 그보다 그렇게 오래 일한 것도 아닌 다른 서기들이 잘 차려입은 하인들을 뒤에 거느리고 멋진 마구를 갖춘 훌륭한 말을 타고 가거나 아니면 가마를 타고 편안하게 지나가는 것을 보게 됩니다. 그는 자기 거처에 돌아와서 집주인인 바니아족 사람에게 본 것을 이야기합니다. 그러면 바니아 사람은 이렇게 이야기합니다. '당신이라고 그렇게 멋지게 하고 다니지 못할 이유가 어디 있습니까? 돈은 나에게 많으니까 단지 받으시기만 하면 됩니다. 당신이 굳이 요구하지 않으셔도 됩니다.······' 이 젊은이는 이렇게 미끼를 문 것입니다. 그는 이제 말과 마차, 가마, 하렘*을 가지게 됩니다. 그리고 한 번의 부를 모으기 위해서 세 번의 부를 쓰게 됩니다. 그러는 동안에 바니아인은 어떻게 손해를 보전할까요? 문제의 서기가 지위가 올라가고 이사 자리를 향해서 나아갈수록 바니아인 역시 지위가 상승해서 아무런 탈 없이 수많은 수탈을 합니다. 이런 일들은 워낙 일반화되어서 그는 절대 안전합니다. 나는 수탈을 자행하는 사람은 영국에서 건너온 사람들이 아니라 그들의 권위를 도용하는 인도인이라고 확신합니다. 이들은 화폐 채무를 통해서 모든 복종의 의무를 면제받는 길을 개척하고 있습니다.······많은 종류의 유혹을 받았을 때 거기에 넘어간다는 것이 놀라운 일일까요?······인도인 한 명이 은이 가득한 푸대를 가지고 당신 집에 나타났다고 합시다. 그리고 이것은 단지 선물이니까 받아두시라고 이야기합니다. 당신이 지닌 덕성 때문에 이것을 거절했다고 합시다. 그러나 그 인도인은 다음날 이번에는 금을 가득 넣은 푸대를 가지고 옵니다. 당신의 금욕주의가 이번에도 역시 거절하게 만들면 다음 날에는 다이아몬드를 가득 넣은 푸대를 가지고 올 것입니다. 발각될까 봐 두려워서 당신은 이것마저 거절합니다. 그러면 그 인도인은 이번에는 상품 뭉치를 가지고 오는데, 원거리 무역을 하는 사람으로서는 이것은 정말로 물리치기 어려운 유혹입니다. 이 공직자는 그 상품들을 싼 가격에 받아서 먼 곳에 떨어져 있는 시장에 내다 팔고[여기에서 원거리 교역을 언급하는 것을 주목할 필요가 있다] 300퍼센트의 이익을 얻습니다. 이렇게 해서 그는 반사회적인 횡령자가 되는 것입니다." 나는 이 흥미진진한 인용문을 그

---

* harem : 무슬림 지역의 저택에서 외부인의 접근이 금지된 곳, 그중에서 특히 여인들이 모여 사는 방을 가리킨다.

당시의 프랑스어 번역본으로부터 취했다.* 이것은 물론 개인적인 변명이지만 여기에 그려진 내용이 부정확하지는 않다. 오래되고 활기찬 인도의 자본주의는 새로운 지배자의 "종속관계"에 대해서 투쟁하고 영국의 지배라는 새로운 외관의 속으로 뚫고 들어간 것이다.

이 모든 예들은 비록 너무 간단하고 성급히 살펴보았지만, 이런 다양한 예들의 내용이 서로 비교되고, 보충되고, 그러는 가운데 우리에게 만족스러운 문제의식을 던져주는 한, 이것을 꽤 정확한 설명으로 받아들여도 좋을 것이다. 유럽은 적어도 이중의 상층사회를 가지고 있었으며 이것은 역사의 변전에도 불구하고 발전을 거듭했다. 그 과정에서 극복할 수 없는 정도의 어려움에 봉착하지 않았던 것은 이들 앞에 전체주의적인 독재나 자의적인 지배자의 독재 같은 것이 없었기 때문이다. 이렇게 해서 유럽은 끈기 있는 부의 축적에 유리해졌으며, 또 다양화된 사회 속에서 다중적인 세력과 위계들이 발전하고 이것들 사이에 다양한 방향의 경쟁이 용이해졌다. 유럽의 자본주의로서는 경제력에 근거한 사회신분이 두 번째의 지위밖에 가지고 있지 못했다는 것이 유리하게 작용했을 것이다. 출생의 특권에만 근거한 사회신분에 비해서 이것은 타당함, 분별, 노력의 결실, 정당함 등으로 인식되었다. 정치적인 지배계급은 마치 피뢰침이 번개를 맞듯이 사람들의 주의를 끌었다. 영주의 특권은 이렇게 해서 상인이 누리는 특권을 잊어버리도록 만들었다.

---

* 이 책의 영어본에서는 이 인용문이 원래의 영어 문장 그대로 나와 있다. 전체적인 내용은 대동소이 하지만 표현은 부분적으로 차이가 있다.

결론

이 책의 두 번째 권인 『교환의 세계(*Les Jeux de l'Échange*)』를 끝내면서 내가 생각한 것은 다음과 같다. 전체적으로 보아서, 자본주의의 과정은 오직 일정한 경제적, 사회적 조건들이 갖추어져야만 발전할 수 있었다는 것이다. 그런 조건들은 자본주의의 과정을 준비해주거나 적어도 용이하게 만들어준 것들으로서, 다음과 같은 것들이다.

첫 번째로 들 수 있는 명백한 조건은 활력이 넘치고 진보하는 시장경제이다. 여기에 지리적, 인구적, 농업적, 산업적, 상업적인 여러 요소들이 더해진다. 그런 발전은 유럽에서든, 유럽 이외에서든—이슬람권, 인도, 중국, 일본, 그리고 유럽이 어느 정도는 자신의 운명을 다시 한번 확대시킨 무대가 된 아메리카 대륙까지—인구가 성장하는 모든 곳에서 이루어졌다는 것은 분명하다. 어디에서나 이것은 같은 연쇄, 같은 창조적 진화를 보여준다. 성채 도시, 수도원 도시, 행정 도시 그리고 육상 교통이 강이나 바다와 연결되는 교차로상의 도시 등이 그런 것들이다. 이렇게 약간의 뉘앙스 차이만 있을 뿐 서로 비슷한 시장경제가 편재한다는 사실은 어느 정도 발전한 모든 사회에서 시장경제라는 것이 그 사회가 자발적으로 발전하도록 만드는 필수적 기초, 더 나아가서 어디에서나 볼 수 있는 진부한 기초라는 증거이다. 어느 정도의 문턱을 넘어서면 교환, 시장, 상인의 증가는 저절로 이루어진다. 그러나 이러한 기반에 깔려 있는 시장경제는 자본주의의 발전과정에 대해 **필요조건**이기는 하지만 **충분조건**은 아니다. 다시 반복하거니와 중국은 활기에 넘치는 리듬을 가진 시장경제와 그에 따른 모든 것을 가지고 있으면서도, 자본주의라는 상층구조가 발전하지 못한 완벽한 예이다.

둘째, 또한 사회가 여기에 공모해야 한다. 사회는 자신이 어떤 과정에 참여하고 있는지, 또 어떤 과정에 대해서 자유로운 길을 열어주고 있는지 자신도 모르는 사이에 이미 수 세기 전부터 그런 것을 옹호해주고 있다. 우리가 알고 있는 여러 예들에서 보았듯이, 자본주의의 발전에 필수불가결한 요인이 되는 가문의 영속성과 연속적인 축적이 확보될 수 있을 만큼 계서화된 사회는 자본주의의 전(前)단계를 밟아가는 과정이다. 유산이 상속되고 가산이 불어나며 가문 사이에 유리한 연결이 맺어진다는 것, 동시에 사회가 여러 집단으로 분화하고 그중 어떤 집단이 지배적이거나 잠재적으로 지배적이며 또 계단식이든 사다리식이든 사회적 상승이—쉽지는 않더라도—어쨌든 가능하다는 것 등 이 모든 것은 긴, 아주 긴 사전 준비를 의미한다. 사실 여기에는 정치적이고 이른바 "역사적인" 그리고 특히 경제적이고 사회적인 것들이 개입했음에 틀림없다. 그리하여 수 세기에 걸친 사회 전체의 움직임이 작용한다. 유럽과 일본이 이런 점을 보여준다.

셋째, 마지막으로 이야기할 점은 세계시장이라는 특별한 해방 세력이 없었다면 아무것도 이루어지지 않았으리라는 점이다. 원거리 무역이 모든 것은 아니다. 그러나 그것은 고도의 이익을 누리는 한 단계 높은 차원으로 가는 데에 반드시 거쳐야 할 단계이다. 우리는 이 책의 마지막 권인 제3권에서 세계-경제(économie-monde, world-economy)의 역할을 다시 볼 것이다. 이것은 그 자체로서 특별한 하나의 소우주를 이루는, 지구상의 자립적인 각 지역들로 구성된 닫힌 공간이다. 세계-경제들에는 그들 나름대로의 역사가 있다. 시간이 지나면서 세계-경제의 변경이 변화하며, 유럽이 세계 정복을 시도하는 것과 동시에 세계-경제가 커진다. 세계-경제와 함께 우리는 또다른 수준의 경쟁, 또다른 차원의 지배를 보게 된다. 우리는 유럽과 세계의 시간상의 역사를 통해서, 그리고 다름 아닌 자본주의 전체의 연대기라고 할 수 있는 세계체제의 연쇄를 통해서 수없이 반복한 바 있는 법칙을 추적해갈 수 있다. 그것은 지난날에 많이 이야기했던―그리고 오늘날에도 여전히 같은 내용을 말해주고 있는―것으로서 국제적인 분업과 거기에서 유래한 이익을 말한다.

주

서론

1. Jacques Accarias de Sérionne, *Les Intérêts des nations de l'Europe développés relativement au commerce*, 1766, 1, 특히 p. 270.
2. Frédéric W. Maitland, *Domesdaybook and Beyond*, 2e éd. 1921, p. 9. "단순성이란 기술적인 정묘함의 결과이다. 그것은 목표이지 출발점이 아니다."

제1장

1. *Œuvres*, éd. La Pléiade, 1965, I, p. 1066.
2. 같은 책, I, p. 420.
3. Jean Romeuf, *Dictionnaire des sciences économiques*, 1956−1958, "Circulation" 항목.
4. *Œuvres de Turgot*, G. Schelle éd., 1913−1923, I, p. 29.
5. Guillaume de Greef, *Introduction à la sociologie*, 2 vol., 1886−1889에서 유통이 "과대평가"되는 것을 보라.
6. Gabriel Ardant, *Théorie sociologique de l'impôt*, 1965, p. 363. "생산을 그 자체로서 파악하는 것은 대단히 어려운 일이다."
7. P. Molmenti, *La Vie privée à Venise*, 1896, p. 47.
8. C. B. MacPherson, *La Théorie politique de l'individualisme possessif de Hobbes à Locke*에 관한 Julien Freund의 서평, *Critique*, 1972년 6월, p. 556.
9. 무엇보다도 C. M. Arensberg et H. W. Pearson, édité avec la collaboration, *Trade and Market in the Early Empires, Economics in History and Theory*, 1957 ; 프랑스어판 : *Les Systèmes économiques dans l'histoire et dans la théorie*, 1975.
10. Gaston Imbert, *Des mouvements de longue durée Kondratieff*, 1959.
11. 프로방스 지방의 작은 마을인 퓔루비에(Puyloubier)의 시장에 관한 몇몇 단편적인 기록들이 1438−1439, 1459−1464년에 대해서 남아 있다. 밀, 귀리, 포도주, 양, 메논(거세한 염소), 가죽, 노새, 당나귀, 망아지, 돼지, 생선, 채소, 기름, 석회 등이 판매되었다. Noël Coulet, "Commerce et marchands dans un village provençal du XVe siècle. La leyde de Puyloubier", *in : Études rurales*, n° 22, 23, 24, 1966년 7−12월, pp. 99−118 ; Alan Everitt, *"The Marketing of Agricultural Produce" in : The Agrarian History of England and Wales*, p. p. M. P. R. Finberg, IV, *1500−1640*, 1967, p. 478.
12. Paul-Louis Huvelin, *Essai historique sur le droit des marchés et des foires*, 1897, p. 240.
13. 루카의 산 미켈레(San Michele)에서는 번호를 매긴 곳이 144군데였다. A.d.S. Lucca,

Officio sopra la Grascia, 196 (1705)

14. Élie Brackenhoffer, *Voyage en France, 1643–1644*, 1927, p. 47.

15. B.N., Ms. Fr., 21633, 133, 생-장(Saint-Jean) 묘지 시장에 관한 자료.

16. Edouard Fournier, *Variétés historiques et littéraires*[이하 *Variétés*……], 1855–1863, V, 249 (1724).

17. B.N., Ms. Fr., 21633, 153.

18. *Variétés*……, 앞의 책, II, p. 124 (1735).

19. G. von Below, *Probleme der Wirtschaftsgeschichte*, 1926, p. 373.

20. Étienne Boileau, *Livre des métiers*, éd. Depping, 1837, pp. 34–35, cité par Paul Claval, *Géographie générale des marchés*, 1962, p. 115, 주 9, 10 ; p. 125.

21. Werner Sombart, *Der moderne Kapitalismus*, 15ᵉ éd. 1928, II, p. 482.

22. Ferdo Gestrin, *Le Trafic commercial entre les contrées des Slovènes de l'intérieur et les villes du littoral de l'Adriatique du XIIIᵉ au XVIᵉ siècle*, 1965, résumé en français, p. 265.

23. P.-L. Huvelin, 앞의 책, p. 18.

24. P. Chalmetta Gendron, *"El Senor del Zoco" en España*, 1973, préface de Maxime Rodmson, p. XXXI, 주 46 ; 다음을 참조하라. Bernal Diaz del Castillo, *Historia verdadera de la conquista de la Nueva España*.

25. P. Jean-Baptiste Labat, *Nouvelle Relation de l'Afrique occidentale*, 1778, II, p. 47.

26. Simon D. Messing, *in : Markets in Africa*, p. p. Paul Bohannan et Georges Dallon, 3ᵉ éd. 1968, pp. 384 이하.

27. Jacques Savary des Bruslons, *Dictionnaire universel du commerce*, 1761, III, col. 778.

28. *Diarii della città di Palermo, dal secolo XVI al XIX*, 2, p. 61, *in : Biblioteca siorica e tetteraria di Sicilia* p. p. G. di Marzo.

29. Marcel Couturier, *Recherches sur les structures sociales de Châteaudun, 1525–1789*, 1969, p. 191.

30. 이에 대한 정보는 Jean Nagle에게서 얻은 것이다. 그는 17세기의 생-제르맹 외곽지역에 대한 연구를 준비 중이다(1993년에도 논문이 발표되지 않음).

31. A. Everitt, 앞의 논문, p. 488, 주 4.

32. Alberto Grohmann, *Le Fiere del regno di Napoli in età aragonese*, 1969, p. 28.

33. *The Autobiography of William Stout of Lancaster*, p. 162, cité par T. S. Willan, *Abraham Dent of Kirkby Stephen*, 1970, p. 12.

34. Henri Pigeonneau, *Histoire du commerce de la France*, 1889, I, p. 197.

35. Joseph Aquilina, *A Comparative Dictionary of Maltese Proverbs*, 1972.

36. Roger Bastide, Pierre Verger, "Contribution sociologique des marchés Nagô du Bas-Dahomey", *in : Cahiers de l'Institut de science économique appliquée*, n° 95, 1959년 11월, pp. 33–65, 특히 p. 53.

37. B.N., Ms. Fr., 21633, 49, 1660년 10월.

38. 같은 곳, 1667년 9월 20일.

39. B.N., Ms. Fr., 21782, 191.

40. 같은 곳, 21633, 43, 1678년 9월 19일.

41. 같은 곳, 21633, 44, 1714년 6월 28일.

42. 같은 곳, 21782, 210, 1719년 4월 5일.

43. 같은 곳, 21633, 46과 67.

44. Ambroise Contarini, *Voiage de Perse*…… *en l'année 1473*, col. 53, *in : Voyages faits principalement en Asie dans les XIIᵉ–XIIIᵉ–XIVᵉ et XVᵉ siècles*, II, 1785.

45. Atkinson et Walker. *Manners and Customs of the Russians*, 1803, p. 10.

46. A.N., A.E., C.P. Angleterre, 122, f° 52, 런던, 1677년 1월 14일.

47. 런던, 1684 1월 28일–2월 7일, A.d.S., Florence, Mediceo 4213.

48. Edward Robinson, *The Early English Coffee Houses*, 1ʳᵉ éd. 1893, 2ᵉ éd. 1972, pp. 176–177.

49. Jean Martineau, *Les Halles de Paris, des origines à 1789*, 1960.

50. Robert Caillet, *Foires et marchés de Carpentras, du Moyen Âge au début du XIXe siècle*, Carpentras, 1953, p. 11.
51. Claude Carrère, *Barcelone, centre économique à l'époque des difficultés, 1380−1462*, 1967, p. 498.
52. W. Sombart, *Der moderne Kapitalismus*, 앞의 책, II, pp. 484−485.
53. C. D. Ramsay, *The City of London*, 1975, p. 37.
54. Georges et Geneviève Frêche, *Le Prix des grains, des vins et des légumes à Toulouse (1486−1868)*, 1967, p. 28.
55. W. Sombart, 앞의 책, I, p. 231.
56. A. Everitt, 앞의 논문, pp. 478 et 482.
57. Pierre Deyon, *Amiens, capitale provinciale. Étude sur la sociologie urbaine au XVIIe siècle*, 1967, p. 181.
58. Marcel Baudot, "Halles, marchés et foires d'Évreux", *in : Annuaire du département de l'Eure*, 1935, p. 3.
59. Albert Babeau, *Les Artisans et les Domestiques d'autrefois*, 1886, p. 97.
60. Giuseppe Tassini, *Curiosità veneziane*, 4e éd. 1887, pp. 75−76.
61. B.N., Ms. Fr., 21557, f° 4 (1188).
62. J. Martineau, 앞의 책, p. 23.
63. 같은 책, p. 150.
64. "Économie et architecture médiévales. Cela aurait-il tué ceci ?", *in : Annales E.S.C.*, 1952, pp. 433−438.
65. J. Martineau, 앞의 책, p. 150. 1543년부터 1572년까지 레 알의 개조는 Léon Biollay, "Les anciennes halles de Paris", *in : Mémoires de la Société de l'histoire de Paris et de l'Île-de-France*, 1877, pp. 293−355.
66. J. Savary des Bruslons, 앞의 책, III, col. 261.
67. *Journal du voyage de deux jeunes Hollandais* (MM. de Villers) *à Paris en 1656−1658*, p. p. A.-P. Faugère, 1899, p. 87.
68. J. A. Piganiol de La Force, *Description de Paris*, 1742, III, p. 124.
69. Louis Batiffol, *La Vie de Paris sous Louis XIII*, 1932, p. 75.
70. Dorothy Davis, *A History of Shopping*, 1966, pp. 74−79 et 89−90.
71. *Voyage en Angleterre*, 1728, Victoria and Albert Museum, 86 NN 2, f° 5.
72. J. Savary des Bruslons, 앞의 책, III, col, 779. 버터, 계란, 치즈에 대해서는, Abraham du Pradel, *Le Livre commode des adresses de Paris pour 1692*, p. p. E. Fournies, 1878, I, pp. 296 이하.
73. J. Martineau, 앞의 책, p. 204.
74. J. Savary des Bruslons, 앞의 책, IV, col. 1146.
75. J. Babelon, *Demeures parisiennes sous Henri IV et Louis XIII*, 1965, pp. 15−18.
76. *Journal du voyage de deux jeunes Hollandais*, 앞의 책, p. 98. "생-빅토르 외곽지역에 있는 말 시장", A. du Pradel, 앞의 책, I, p. 264.
77. *Journal du citoyen*, 1754, pp. 306−307.
78. A.N., G^7, 1511.
79. A.N., G^7, 1668−1670, 1707−1709. 참조 : *Annales*, I, p. 304.
80. A.N., G^7, 1511.
81. Jean Meuvret, *in : Revue d'histoire moderne et contemporaine*, 1956.
82. A.N., G^7, 1701, 222. Paris, 1713년 12월 4일. "⋯⋯바다의 통행이 자유로워지면서부터 모든 상품이 루앙을 거쳐 파리로 들어와 생-니콜라 항에 하역되었다.⋯⋯"
83. P. de Crousaz Cretet, *Paris sous Louis XIV*, 1922, pp. 29−31, f°s 47−48.
84. *Voyage en Angleterre*, 1728, f° 36.
85. David R. Ringrose, "Transportation and economic Stagnation in eighteenth Century Castile", *in : The Journal of Economic History*, 1968년 3월.
86. Tirso de Molina (본명 Gabriel Téllez), *El Buriador de Sevilla*, *in : Théâtre de Tirso de*

Molina, "Le Séducteur de Séville", 1863, p. 54.

87. 간혹 "튀르키예의 해적들이 이 배들을 리스본 앞바다에서 나포하는" 일이 일어나고는 했다. British Museum, Sloane, 1572.

88. 이에 대해서는 많은 참고문헌들이 있다. 예컨대 A.d.S. Venise, Senato Terra 12, 1494년 3월.

89. W. Hahn, *Die Verpflegung Konstantinopels durch staatliche Zwangswirtschaft nach türkischen Urkunden aus dem 16. Jahrkundert*, 1926. 같은 주제에 대해서 Dersca-Bulgaru, "Quelques données sur le ravitaillement de Constantinople au XVIᵉ siècle", *in : Congrès d'études balkaniques*, Sofia, 1966.

90. Ingomar Boc, "Das Konsumzentrum London und seine Versorgung", *in : Munich 1965*, pp. 109–118. 같은 저자가 같은 제목으로 쓴 것이 다음에도 나와 있다. *Mélanges Lütge*, 1966, pp. 141–182.

91. *The Evolution of the English Corn Market*, 1915.

92. 같은 책, p. 122. A. S. Usher, *The History of the Grain Trade in France, 1400–1710*, 1913, pp. 82, 84, 87.

93. Dorothy Davis, *A History of Shopping*, 3ᵉ éd. 1967, p. 56.

94. I. Bog, *in : Mélanges Lütge*, 앞의 책, p. 150.

95. 같은 책, p. 147. 가장 높은 추산치를 보이는 것은 L. Stone의 것이다.

96. Alan Everitt, "The Food Market of the English Town", *in : Munich 1965*, p. 60.

97. *Voyage en Angleterre*, 1728, fᵒˢ 14 et 161.

98. 웨일스와 스코틀랜드 지역에 관해서는 Michael Hechter, *International Colonialism*, 1975, pp. 82–83.

99. Daniel Defoe, *En explorant l'île de Grande-Bretagne*, éd. de 1974, p. 103.

100. A. Everitt, *in : The Agrarian Hist.*, 앞의 책, pp. 468, 470, 473.

101. Eckart Schremmer, *Die Wirtschaft Bayerns*, pp. 613–616.

102. 같은 책, p. 608.

103. A. Everitt, *in : The Agrarian Hist.*, p. 469.

104. 같은 책, pp. 532 이하.

105. 같은 책, p. 563.

106. G. von Below, 앞의 책, p. 353.

107. N. Delamare, *Traité de police*, 1705, II, p. 654.

108. 같은 책, 1710, II, p. 1059, 1699년 1월 16일. 밀을 매점매석하는 사람들로 직포제조인, 직물 상인, 약사, 상인, 의사, 관세청부인, 빵 장수, 농민 등이 있었다.

109. M. Baudot, 앞의 논문, p. 2.

110. R. Caillet, 앞의 책, pp. 23–24.

111. 같은 이야기를 1712년과 1713년에 생-장-드-론에서 들을 수 있다. Henri Jacquin, "Le ravitaillement de Saint-Jean-de-Losne au XVIIIᵉ", *in : Annales de Bourgogne*, 1974, pp. 131–132.

112. Moscou, A.E.A., 50/6, 474, fᵒˢ 60 et 61, 13/24 avril 1764.

113. A.N., Ms. Fr, 12 683.

114. Saint-Malo, 1713년 6월 29일, A.N., G⁷, 1701, fᵒ 120.

115. R.L. Reynolds, "In Search of a Business Class in thirteenth Century Genoa". *in : J. of Economic History*, 1945.

116. Franck Szenura, *L'Espansione urbana di Firenze nel Dugento*, 1975.

117. Emmanuel Le Roy Ladurie, *Le Territoire de l'historien*, 1973, "Le mouvement des loyers parisiens de la fin du Moyen Âge au XVIIIᵉ siècle", pp. 116 이하.

118. Cesena, Bib. Malatestiana, CassettaXVI, 165, 39.

119. *Variétés*, IV, pp. 105 et 이하.

120. J. Baselon, 앞의 책, pp. 15–18.

121. 아직 출간되지 않은 Jean Nagle의 연구에 의한 것.

122. Museo Correr, P.D., C. 903, fᵒ 12, 파리 주재 베네치아 대사인 Andrea Dolfin이 Andrea

Tron에게, 1781년 8월 13일.

123. George Huppert, *Bourgeois et gentilshommes. La réussite sociale en France au XVIe siècle*, 1983, insistant sur la précocité des ventes de terres par la noblesse, cite L. Febvre, Yvonne Bézard et Pierre de Saint-Julien qui, dans ses *Meslanges historiques* (1589) fait le bilan des ventes de seigneuries en Bourgogne.

124. Wilhelm Abel, *Agrarkrisen und Agrarkonjunktur*, 2e éd. 1966, pp. 124 이하.

125. Eugenio Albert, *Relazioni degli ambasciatori veneti durante il secolo XVI*, 1839-1863, VIII. p. 257.

126. Jean Meyer, *La Noblesse bretonne au XVIIIe siècle*, 1966, II, p. 897.

127. A. du Pradel. 앞의 책, I, p. XXVI ; II, pp. 333 이하.

128. Yvonne Bézart, *La Vie rurale dans le Sud de la région parisienne, 1450-1560*, 1929, pp. 68 이하.

129. E. Schremmer, 앞의 책, 여러 곳, 특히 pp. 219, 685.

130. *Le Capital*, Éd, sociales, II, p. 352 : "……노동시장과 노예시장과는 구분해야 한다." 다른 무엇보다도 이스트라와 달마티아로부터 피렌체, 시에나, 볼로냐 등지로 팔려가는 노예들의 시장을 예로 들 수 있을 것이다. A.d.S. Venise, Senato Mar, 6, f° 136 v°, 1459년 8월 17일.

131. Bernhard Willms, *Die Antwort des Leviathan, Th. Hobbes politische Theorie*에 대한 J. Freund의 서평, *Critique*, 1972, p. 563.

132. A.N., A.E., B¹ 598, Gênes, 1783년 3월 31일 ; David Ricardo, *Principes de l'économie politique*, éd. de 1970, p. 67.

133. Eric Maschke, "Deutsche Stadte am Ausgang des Mittelalters", *in : Die Stadt am Ausgang des Mittelalters*, p. p. W. Rausch, tirage à part, p. 20.

134. *Acta hungarica*, XXIV, p. 30.

135. Marcel Poëte, *Une Vie de cité, Paris de sa naissance à nos jours*, 1924, I, p. 301.

136. Robert-Henri Bautier, "À propos d'une société lucquoise à Lyon au XIIIe siècle. Les contrats de travail au Moyen Âge", *in : Bulletin philologique et historique (avant 1610)*, 1964, pp. 162-164.

137. Antonio H. de Oliveira Marques, *Daily Life in Portugal in the late Middle Ages*, 1971, pp. 186-188.

138. Marcel Delafosse, "Les vignerons d'Auxerrois (XIVe-XVIe siècles)", *in : Annales de Bourgogne*, t. 20, n° 77, 1948년 1-3월, pp. 22 이하.

139. Ernst Pitz, *in : Wirtschaftliche und soziale Probleme der gewerblichen Entwicklung im 15.-16. Jahrhunderten nach Ansich-NiederDeutschen Quellen*, publié par F. Lütge, 1968, p. 35. Brigitte Fiedler, *Die gewerblichen Eigenbetriebe der Stadt Hamburg im Spätmittelalter*, 1974.

140. A. Babeau, *Les Artisans et les Domestiques d'autrefois*, 앞의 책, p. 273, 주 1, Tallemant des Réaux (1619-1692).

141. Gustave Fagniez, *L'Économie rurale de la France sous Henri IV*, 1897, p. 55.

142. *Le Journal du sire de Gouberville*, 1892, p. 400. *Cf.* le recueil de A. Tollemer *Un Sire de Gouberville*, pp. 27 이하.

143. E. Le Roy Ladurie, 앞의 책, p. 202.

144. M. Baudot, 앞의 논문, p. 8.

145. 이 책에 나오는 오를레앙 납세구에 관한 부분을 참조하라.

146. René Gauchet의 논문에 의거.

147. B.N., Ms. Fr., 21672, f° 16 v°.

148. Rolf Engelsing "Der Arbeitsmarkt der Dienstboten im 17., 18. und 19. Jahrhundert", *in : Wirtschaftspolitik und Arbeitsmarkt*, p. p. Hermann Kellenbenz, 1974, p. 174.

149. 앞의 책, II, p. 49.

150. Peter Laslett, *Un monde que nous avons perdu*, 1969, p. 60. E. H. Phelps-Brown과 S. V. Hopkins는 단지 3분의 1만이 임금노동자일 것이라고 본다. Immanuel Wallerstein, *The*

Modern World System, 1974, p. 82에서 인용.

151. Herbert Langer, "Zur Rolle der Lohnarbeit im spätmittelalterlichen Zunfthandwerk der Hansestädte. Dargesltellt hauptsächlich am Beispiel der Hansestadt Stralsund", *in : Jb. f. Regionalgeschichte*, 3, 1968.

152. Jeffry Kaplow, *Les Noms des rois*, 1974, pp. 47–48.

153. 앞의 책, I, p. 448.

154. 이 책 688–695쪽을 보라.

155. A. Babeau, 앞의 책, p. 40에서 인용.

156. Lorenzo Lotto, *Libro di spese diverse (1538–1556)*, p. p. Pietro Zambelli ; Paolo Farinati, *Giornale 1573–1606*, p. p. Lionello Puppi, 1968, p. XL.

157. P. Farinati, 같은 책, p. XLIII, 주 116.

158. Palerme, 1704년 12월 10일. D. Francisco de Arana au cardinal Judice. Biblioteca Comunale, Palerme, hQq 66, fᵒˢ 452 이하와 fᵒ 476.

159. Benedetto Cotrugli, *Delia mercatura e del mercante perfetto*, Brescia, 1602, p. 50 (이 책은 1458년에 쓰였다).

160. *Vida y hechos de Estebanillo Gonzalez*, in : *La Novela picaresca española*, 1966, p. 1830.

161. 1679년 4월 12일. A.N., G⁷, 491, 505.

162. Yves-Marie Bercé, *Histoire des croquants. Étude des soulèvements populaires au XVIIᵉ siècle dans le Sud-Ouest de la France*, 1974, I, p. 41.

163. Louis-Sébastien Mercier, *Tableau de Paris*, VIII, 1783, pp. 343–345.

164. Y.-M. Bercé, 앞의 책, I, p. 242.

165. Aldo de Maddalena, Semaine de Prato, 1975년 4월.

166. Bistra A. Cvetkova, "Vie économiquc des villes et ports balkaniques aux XVᵉ et XVIᵉ siècles", in : *Revue des études islamiques*, 1970, pp. 277–278, 280–281.

167. Stefan Olteanu, "Les métiers en Moldavie et en Valachie (Xᵉ–XVIᵉ siècles)", *in : Revue roumaine d'histoire*, VII, 1968, p. 180. 여기에서 정기시(foire)는 시장(marché)과 같은 말인 것이 확실하다.

168. *Young's Travels in France during the Years 1787, 1788, 1789*, éd. Betham-Edwards, 1913, p. 112.

169. Lazslo Makkai, Semaine de Prato, 1975년 4월.

170. Michelet는 이렇게 이야기한다. 토지 매매가 이루어지면 "구매자가 나타나는 것이 아니라 농민이 금을 가지고 도착한다." *Le Peuple*, éd. 1899, p. 45.

171. Maurice Aymard, Semaine de Prato, 1975년 4월, 시칠리아에 관하여.

172. Emiliano Fernandez de Pinedo, *Crecimiento económico y transformaciones sociales del país vasco 1100–1850*, 1974, 특히 pp. 233 이하를 보라.

173. F. Sebastian Manrique, *Itinerario de las Missiones*, 1649, p. 59.

174. Michel Morineau, "À la halle de Charleville : fourniture et prix des grains, ou les mécanismes du marché (1647–1821)", *in : 95ᵉ Congrès national des sociétés savantes*, 1970, II, pp. 159–222.

175. Marco Cattini, "Produzione, auto-consumo e mercato dei grani a San Felice sul Panaro, 1590–1637", *in : Rivista storica italiana*, 1973, pp. 698–755.

176. 앞의 주 162번을 보라.

177. *Variétés*, I, 369, 주 1.

178. *Journal du voyage de deux jeunes Hollandais à Paris en 1656–1658*, 앞의 책, p. 30.

179. E. Brackenhoffer, 앞의 책, p. 116.

180. Ignace-François Limojon de Saint-Didier, *La Ville et la république de Venise*.

181. Charles Carrière, *Négociants marseillais au XVIIIᵉ siècle*, 1973, I, p. 165.

182. G. William Skinner, "Marketing and social structure in rural China", *in : Journal of Asian Studies*, 1964년 11월, p. 6. 쓰촨 성의 이후 시기의 시장에 대해서는 이 책 149–152쪽을 보라.

183. Abbé Prévost, *Histoire générale des voyages*······ (1750), VIII, p. 533.

184. Marcel Marion, *Dictionnaire des institutions de la France aux XVIIe et XVIIIe siècles*, p. 195, "Échoppe" 항목.

185. A. Everitt, *in : The Agrarian History*······, 앞의 책, p. 484.

186. Robert Marquant, *La Vie économique à Lille sous Philippe le Bon*, 1940, p. 82.

187. K. Marx, *Œuvres*, I, p. 902의 비유.

188. R. Marquant, 앞의 책, p. 82.

189. A. H. de Oliveira Marques, 앞의 책, p. 201.

190. E. Brackenhoffer, 앞의 책, p. 97.

191. B.N., Ms. Fr., 21633, f°s 1, 14, 18, 134.

192. A.d.S. Florence, Mediceo 4709, Paris, 1718년 6월 27일.

193. Friedrich Lütge, *Deutsche Sozial- und Wirtschaftsgeschichte*, 1966, 여러 곳, 특히 pp. 143 이하.

194. A.N., G⁷, 1686, 156. 상인들의 장식에 관한 보고서.

195. A.N., F¹², 724, 1788년 4월 11일.

196. 진짜 상인이 아닌 소규모 가게 주인에 대한 이탈리아—예컨대 루카—에서의 사회적 경멸에 대해서는 Marino Berenco, *Nobili e mercanti nella Lucca del Cinquecenio*, 1963, p. 65.

197. Alfred Franklin, *La Vie privée d'autrefois au temps de Louis XIII*, I. *Les Magasins de nouveautés*, 1894, pp. 22 이하.

198. P. Boissonnade, *Essai sur l'organisation du travail en Poitou*, I, p. 287.

199. 크라쿠프 고문서 보관소, Federigo Aurelio의 편지(1680년 9월 3일–1683년 3월 20일), fonds Ital, 3206.

200. W. Sombart, 앞의 책, 유대인 잡화상 가게에 대해서는 pp. 455 이하에서 이 문제 전체를 다루고 있다.

201. T. S. Willan, *Abraham Dent of Kirkby Stephen*, 앞의 책.

202. T. S. Willan, 앞의 책에 의거.

203. E. Schremmer, 앞의 책, pp. 173–175.

204. A.N., F¹², 116, f°58 이하, 1716년 5월 28dlf.

205. A.N. G⁷, 1686, 156—1702년경.

206. *Journal du voyage de deux jeunes Hollandais*, 앞의 책, p. 76.

207. E. Brackenhoffer, 앞의 책, p. 117.

208. *Journal du voyage de deux jeunes Hollandais*, 앞의 책, p. 50.

209. Tirso de Molina, 앞의 책, p. 107.

210. Y.-M. Bercé, 앞의 책, I, pp. 222, 297, 색인의 "cabaret" 항목을 보라.

211. Miguel Capella et Antonio Mattlla Tascôn, *Los Cinco Gremios mayores de Madrid*, 1957, p. 13, 주 23. 참조 : Lope de Vega, *La Nueva Victoria de Don Gónzalo de Córdoba*.

212. E. Schremmer, 앞의 책, p. 595.

213. A.N., A.E., C.P., Angleterre, 108, f° 28.

214. *The Complete English Tradesman*, Londres, 1745, II, pp. 332 et 335.

215. *Voyage en Angleterre*, 앞의 책, f° 29.

216. L. Batiffol, 앞의 책, pp. 25–26.

217. 1967년판 이 책[원서] 제1권 pp. 193–194를 보라.

218. W. Sombart, 앞의 책, II, p. 465 ; *Mémoires de la baronne d'Oberkirch*, 1970, p. 348, 주 1, p. 534.

219. A. Franklin, *La Vie privée d'autrefois au temps de Louis XIII*, I, *Les Magasins de nouveautés*, 앞의 책, 여러 곳과 특히 pp. 20, 40.

220. 몰타 고문서 보관소, 6405, 18세기 초.

221. Jean-Baptiste Say, *De l'Angleterre et des Anglais*, 1815, p. 23.

222. 이에 대한 조사는 앞으로 해야 할 과제로 남아 있다. 단지 여기에 몇 개의 표식 정도의 것들을 들어보자. 1570년 바야돌리드에서는 4만 명의 인구에 대해서 수공업 장인

들과 상인들의 상점이 1,870개가 있어서 인구 20명당 1개소의 비율이다(Bartolomé Bennassar, *Valladolid au Siècle d'or*, 1967, p. 168). 1622년 로마에서도 11만4, 000명의 인구에 대해서 5,578개소의 상점이 있어서 같은 비율을 볼 수 있다(Jean Delumeau, *Vie économique et sociale de Rome dans la seconde moitié du XVIᵉ siècle*, 1957-1959, I, pp. 377 et 379). 베네치아에 대해서는 Daniele Beltrami, *Storia della popolazione di Venezia della fine del secolo XVI alla caduta della Repubblica*, 1954, p. 219를 보라. 또 시에 나에 대해서는 1762년에 이 도시의 모든 길드들에 대한 명세서가 있다(A.d.S. Sienne, Archivio Spannochi B 59). 1723년의 그르노블에 대해서는 E. Esmonin, *Études sur la France des XVIIᵉ et XVIIIᵉ siècles*, 1964, p. 461, 주 80을 보라.

223. W. Sombart, 앞의 책, II, p. 454.

224. *Wirtschafts-und Sozialgeschichte zentraleuropäischer Städte in neuerer Zeit*, 1963, pp. 183 이하. 바젤에서는 16세기부터 18세기 말까지 잡화상과 소매상의 수가 40퍼센트 증가한 반면, 상점 전체는 같은 수준을 유지하거나 감소하는 경향이 있었다.

225. 나는 대광장에 있는 한 증류주(aguardientero) 상점의 사후 재산 목록에 대한 정보를 Claude Larquié에게서 얻었다. Archivo de los Protocolos, n° 10598, fᵒˢ 372-516, 1667.

226. 이것은 Maurice Aymard가 조사한 것이다. 1548, Tribunale del Real Patrimonio 137, Livelli fᵒˢ 3561 et 1584 ; 같은 곳, Privilegiati, f° 8.

227. Moscou, A.E.A., 35/6, 390, 84, Londres, 1788년 3월 7일.

228. Albert Soboul, *Les Sans-Culottes parisiens en l'an II*, 1958, 여러 곳, 특히 pp. 163, 267, 443, 445.

229. A.N., F¹², 724.

230. Chanoine François Pedoue, *Le Bourgeois poli*, 1631.

231. Adam Smith, *Recherches sur la nature et les causes de la richesse des nations*, éd. de 1966, I, p. 18.

232. *Médit……*, I, p. 293.

233. Jean-Jacques Hémardinquer, "La taille, impôt marqué sur un bâton (Landes, Pyrénées, Bourgogne)", *in : Bulletin philologique et historique* (Jusqu'à 1610), 1972, pp. 507-512.

234. Lucien Gerschel, "L'Ogam et le nom", *Études celtiques*, 1963, pp. 531-532 ; 이 책[원서], I, 1967년판, pp. 357-358.

235. D. Defoe, 앞의 책, I, p. 356.

236. A. du Pradel, 앞의 책, II, p. 60.

237. A. de Paris, 3 B 6 27, 1720년 2월 26일.

238. *Variétés*, II, p. 136.

239. *Variétés*, VI, p. 163.

240. A.D. Isère, II E, 621 et 622.

241. *Les Mémoires de Jean Maillefer, marchand bourgeois de Reims (1611-1684)*, 1890, p. 16.

242. A.N., F¹², 863-7, 1728년 10월 7일.

243. 이것은 Traian Stoianovich에게서 얻은 정보이다.

244. Georges Livet, "Les Savoyards à Strasbourg au début du XVIIIᵉ siècle", *in : Cahiers d'histoire*, IV, 2, 1959, p. 132.

245. José Luis Martin Galindo, "Arrieros maragatos en el siglo XVIII" *in : Estudios y Documentas*, nᵒ 9, 1956 ; *Médit……*, I, p, 408.

246. M. Capella, A. Matilla Tascôn, 앞의 책, pp. 14 et 22.

247. Marius Kulczykowski, "En Pologne au XVIIIᵉ siècle : industrie paysanne et formation du marché national", *in : Annales E.S.C.*, 1969, pp. 61-69.

248. D. Defoe, 앞의 책, II, p. 300.

249. J. Savary des Bruslons, 앞의 책, "Forain" 항목, col. 707.

250. Maurice Lombard, "L'évolution urbaine pendant le Haut Moyen Âge", *in : Annales E.S.C.*, XH-1957 ; Édouard Perroy, *Histoire du Moyen Âge*, "시리(Syri)는 그리스어를 말하는 유대인들이나 기독교도들을 말한다", p. 20.

251. *Variétés*, III, p. 36.

844

252. E. Schremmer, 앞의 책, p. 604.

253. Robert Mandrou, *De la culture populaire aux XVIIe et XVIIIe siècles. La Bibliothèque bleue de Troyes*, 1964, p. 56.

254. W. Sombart, 앞의 책, II, p. 446.

255. Claude Nordmann, *Grandeur et liberté de la Suède (1660–1792)*, 1971, p. 36.

256. Andrzej Wyczanski의 정보에 의거.

257. Moscou, A.E.A. 84/2, 420, f°s 10–11, Leipzig, 6/17 octobre 1798 ; et 84/2, 421, f° 3 v°, Leipzig, 1799년 1월 8–19일.

258. A.N. G7, 1695, f° 202. 1710년 9월 20일 파리 Amelot의 보고서. 1695년에 툴루즈에서 볼 수 있었던 유대인 행상들에 대해서는 Germain Martin et Marcel Bezançon, *L'Histoire du crédit en France sous le règne de Louis XIV*, 1913, p. 189 ; 발로뉴에서 보인 이들 악행에 대해서는 칼바도스(Calvados) 고문서 보관소 C 1419 (1741–1788).

259. E. Fournier, *Le Théâtre français aux XVIe et XVIIe siècles*, 1874, II, p. 288.

260. *The Scandinavian Economic History Review*, 1966, n° 2, p. 193.

261. A.d.S. Bologne, II-C, 148–150, 1595.

262. Heinrich Bechtel, *Wirtschaftsgeschichte Deutschlands*, II, p. 392, 주 286.

263. E. Brackenhoffer, 앞의 책, pp. 115, 144. 상자에 담은 포도, 건포도 등에 대해서는 Littré 사전의 "Raisin" 항목을 보라.

264. Jean Georgelin, *Venise au siècle des Lumières*, 1978, p. 194, Gradenigo의 증언에 의거.

265. Guy Patin, *Lettres*, III, p. 246.

266. Jacques Accarias de Sérionne, *La Richesse de la Hollande*, 1778, II, p. 173.

267. B.N., Ms. Fr., 14667, 131.

268. *La Response de Jean Bodin à M. de Malestroit*, 1568, p. p. Henri Hauser, 1932, p. XXXVIII.

269. 본-쉬르-메노주(오트-사부아 지역)에 있는 Morand 박사의 장서 자료.

270. J. Savary des Bruslons, 앞의 책, II, col. 679 ; V, col. 915–916.

271. Morand 박사의 장서 자료, Joseph Perollaz가 그의 부친에게 보낸 편지, Lucerne, 1819년 5월 13일.

272. *Gazette de France*, Madrid, 1783년 5월 24일, p. 219.

273. *Il Libro dei vagabondi*, p. p. Piero Camporesi, 1973을 보라. 특히 서론과 유럽 문학에 대한 수많은 참고 문헌들이 볼 만하다.

274. Ernst Schulin, *Handelsstaat England*, 1969, pp. 117 et 195. 16세기 초에 네덜란드에서는 포르투갈인 행상들을 볼 수 있었다. J.-A. Goris, *Étude sur les colonies marchandes méridionales······ à Anvers 1488–1567*, 1925, pp. 25–27.

275. David Alexander, *Retailing in England during the Industrial Revolution*, 1970, pp. 63 이하. 1780년에 런던에서는 행상을 없애려는 법안을 준비했으나 모직 및 면직을 생산하는 제조업자들의 강한 반대에 부딪혔다. 이들은 하원에 이들이 파는 상품의 양이 엄청나다는 청원서를 올렸다. D. Davis, 앞의 책, pp. 245–246.

276. Jean Drouillet, *Folklore du Nivernais et du Morvan*, 1959 ; Suzanne Tardieu, *La Vie domestique dans le Mâconnais rural et pré-industriel*, 1964, pp. 190–193.

277. Morand 박사의 장서 자료. J.-C. Perollaz가 그의 아내에게 보낸 편지, Genève, 1834년 8월 5일.

278. A.N., F¹² 2175, Metz, 1813년 2월 6일.

279. A.N., F¹² 2175, Paris, 1813년 8월 21일.

280. Basile H. Kerblay, *Les Marchés paysans en U.R.S.S.*, 1968, pp. 100 이하.

281. Jean-Paul Poisson, "De quelques nouvelles utilisations des sources notariales en histoire économique (XVIIe–XXe siècles)", *in : Revue historique*, n° 505, 1973, pp. 5–22.

282. 이 책 514쪽 이하를 보라.

283. A.N. F¹², 149, 77.

284. A.N. F¹², 721, Périgueux, 1783년 6월 11일.

285. W. Sombart, 앞의 책, II, p. 566, 아마도 1663년에 만들어진 함부르크 상업대표단

(Hamburger Kommerzdeputation)이 시기적으로 가장 앞설 것이다.

286. J. Georgelin, 앞의 책, p. 85.

287. Piero Bargeluni, *Il Bicentenario della Camera di commercio fiorentina 1770-1970*, 1970.

288. A.N., G⁷, 1965, 12.

289. A.N., F¹², 151, 195.

290. A.N. F¹², 683, 1728년 12월 23일.

291. Michael Mitterauer, "Jahrmärkte in Nachfolge antiker Zentralorte", *in : Mitteilungen des Instituts für österreichische Geschichtsforschung*, 1967, pp. 237 이하.

292. J. Savary des Bruslons, 앞의 책, "Landi" 항목, col. 508.

293. Félix Bourquelot, *Études sur les foires de Champagne*, 1865, p. 10.

294. E. Brackenhoffer, 앞의 책, p. 105에서 저자는 이 사실을 리옹을 지날 때 알게 되었다고 기록하고 있다. 그는 Eusèbe, IV, 제3장을 인용하고 있다.

295. A.N., F¹², 1259 D, Livry-sur-Meuse, Vendémiaire an VIII.

296. Littré 사전의 "Marché" 항목. 시장과 정기시는 모두 국왕의 허락을 받고서야 설립할 수 있었다. Ferret, *Traité de l'abus*, I, 9.

297. A.N., K 1252.

298. Gérard Bouchard, *Un village immobile, Sennely-en-Sologne au XVIIIᵉ siècle*, 1972, p. 200.

299. J. Savary des Bruslons, 앞의 책, II, col. 668.

300. 같은 책, col. 663.

301. 같은 책, col. 668.

302. 같은 책, col. 671.

303. Jean Merley, *La Haute-Loire de la fin de l'Ancien Régime aux débuts de la Troisième République, 1776-1886*, 1974, I, pp. 146-147.

304. 이 책의 그림 4를 보라.

305. Farnesiane, 668, 17. Valentano, 1652년 5월 14일.

306. R. Gascon, 앞의 책, 4, I, pp. 241-242.

307. J. Savary des Bruslons, 앞의 책, II, col. 676.

308. Ernst Kroker, *Handelsgeschichte der Stadt Leipzig*, 1925, p. 85.

309. Cristobal Espejo, *Las Antiguas Ferias de Medina del Campo*, Valladolid, 1908.

310. Jean Baruzi, *Saint Jean de la Croix et le problème de l'expérience mystique*, 1931, p. 73.

311. H. Mauersberg, *Wirtschafts-und Sozialgeschichte zentral-europäischer Städte in neuerer Zeit*, 앞의 책, p. 184.

312. E. Kroker, 앞의 책, pp. 113-114.

313. Friedrich Lütge, "Der Untergang der Nürnberger Heiltumsmesse", *in : Jahrbücher für Nationalökonomie und Statistik*, Band 178, Heft 1/3, 1965, p. 133.

314. Ruggiero Nuti, *La Fiera di Prato attraverso i tempi*, 1939.

315. R. Caillet, 앞의 책, pp. 155 이하.

316. *Variétés*, IV, 327 et I, 318, 주 2.

317. Moscou, A.E.A. 84/12, 420, 7. Leipzig, 18/29 septembre 1798.

318. Francisqe Michel, Édouard Fournier, *Le Livre d'or des métiers. Histoire des hôtelleries, cabarets, hôtels garnis et cafés……*, Paris, 1851, 2, 10 (1511).

319. R. Caillet, 앞의 책, pp. 156 et 159.

320. 같은 책, p. 156.

321. A.d.S. Napoli, Affari Esteri, 801, La Haye, 1768년 5월 17일과 1769년 5월 8일.

322. *Gazette de France*, p. 513, Florence, 1720년 10월 4일.

323. A.d.S. Florence, Fondo Riccardi 309. Leipzig, 1685년 10월 18일, Gio. Baldi가 Francesco Riccardi에게.

324. *Médit……*, I, p. 347, 주 6.

325. P. Molmenti, 앞의 책, II, p. 67, 주 1.

326. *Insignia Bologne*, X-8, 1676.

327. Henry Morley, *Memoirs of Bartholomew Fair*, Londres, 1859 ; J. Savary des Bruslons, 앞의 책, II, col. 679, "Foire" 항목.

328. P.-L. Huvelin, 앞의 책, p. 30, 주 1에서 인용 ; Leroux de Linci, *Proverbes*, II, p. 338을 참조하라.

329. J. Savary des Bruslons, 앞의 책, II, col. 656 ; B.N., Ms. Fr., 21783, 170.

330. *Voyage de deux jeunes Hollandais*……, 앞의 책, p. 75.

331. A. Grohmann, 앞의 책, p. 31.

332. R. Gascon, 앞의 책, I, p. 169.

333. Y.-M. Bercé, 앞의 책, p. 206.

334. E. Kroker, 앞의 책, p. 132.

335. Lodovico Guicciardini, *Description de tout le Pays-Bas (1568)*, 3ᵉ éd. 1625, p. 108.

336. *Gazette de France*, 1634년 4월.

337. Oliver C. Cox, *The Foundation of Capitalism*, 1959, p. 27. 반대의 견해로는 P. Chalmetta Gendron, 앞의 책, p. 105.

338. Alfred Hoffmann, *Wirtschaftsgeschichte des Landes Oberösterreich*, 1952, p. 139.

339. E. Kroker, 앞의 책, p. 83.

340. Corrado Marciani, *Lettres de change aux foires de Lanciano au XVIᵉ siècle*, Paris ; 1962.

341. Louis Dermigny, "Les foires de Pézenas et de Montagnac au XVIIIᵉ siècle", *in : Actes du congrès régional des fédérations historiques de Languedoc*, Carcassonne, 1952년 5월, 특히 pp. 18-19.

342. Robert-Henri Bautier, "Les foires de Champagne", *in : Recueils de la Société Jean Bodin*, V : *La foire*, pp. 1-51.

343. F. Bourquelot, *Études sur les foires de Champagne*, II, 앞의 책, pp. 301-320.

344. *Médit*……, I, p. 458, 주 3.

345. 같은 책, I, 314.

346. José Gentil da Silva, *Banque et crédit en Italie au XVIIᵉ siècle*, 1969, p. 55.

347. 같은 책, 색인 중 *"Mercanti di conto"*를 보라.

348. Domenico Peri, *Il Negotiante*, Gênes, 1638 ; *Médit*……, I, p. 461.

349. J. Gentil da Silva, 앞의 책, p. 55.

350. Giuseppe Mira, "L'organizzazione fieristica nel quadro dell'economia della "Bassa" Lombardia alla fine del medioevo e nell'età moderna", *in : Archivio storico lombardo*, vol. 8, 1958, pp. 289-300.

351. A. Grohmann, 앞의 책, p. 62.

352. A. Hoffmann, 앞의 책, pp. 142-143.

353. Henri Laurent, *Un grand commerce d'exportation au Moyen Âge : la draperie des Pays-Bas en France et dans les pays méditerranéens, XIIᵉ-XVᵉ siècles*, 1935, pp. 37-41.

354. A. Grohmann, 앞의 책, p. 20.

355. F. Borel, *Les Foires de Genève au XVᵉ siècle*, 1892 et documents joints ; Jean-François Bergier, *Les Foires de Genève et l'économie internationale de la Renaissance*, 1963.

356. R. Gascon, 앞의 책, I, p. 49.

357. A.N., F¹², 149, f° 59, 1756년 9월 27일.

358. Turgot, *l'Encyclopédie*, 1757에서 "Foire" 항목 ; J. Savary des Bruslons, 앞의 책, "Foire" 항목, col. 647.

359. W. Sombart, 앞의 책, II, pp. 472, 479.

360. A. Hoffmann, 앞의 책, p. 143 ; E. Kroker, 앞의 책, p. 163. 주목해야 할 사실은 프랑크 푸르트에서 흔히 쓰이던 메세(Messe : 정기시)라는 말이 라이프치히에서는 17세기 후반 에야 수용되었으며 그럼으로써 야르메르크테(Jahrmärrkte), 메르크테(Märkte)와 같은 단어를 눌러 이겼다는 점이다. 같은 책, p. 71.

361. *Médit*……, I, 479.

362. W. Sombart, 앞의 책, II, p. 473.

363. B. H. Kerblay, 앞의 책, pp. 85 이하.

364. Alice Piffer Canabrava, *O Comércio português n° Rio da Praia (1580-J640)*, 1944, pp. 21 이하 ; J. Savary des Bruslons, 앞의 책, V, col. 1367 이하. 마찬가지로 베라 크루스나 카르타헤나에 대한 항목들도 참조하라.

365. Nicolas Sanchez Albornoz, "Un testigo del comercio indiarto : Tomás de Mercado y Nueva España", *in : Revista de historia de America*, 1959, p. 113.

366. 다음에서 인용. E. W. Dahlgren, *Relations commerciales et maritimes entre la France et les côtes de l'océan Pacifique*, 1909, p. 21.

367. José Gentil da Silva, "Trafic du Nord, marchés du "Mezzogiorno", finances génoises : recherches et documents sur la conjoncture à la fin du XVIᵉ siècle", *in : Revue du Nord*, XLI, n° 162, 1959년 4-6월, pp. 129-152, 특히 p. 132.

368. Louis Dermigny, *in : Histoire du Languedoc*, 1967, p. 414.

369. A.N. F¹², 1266. 이 안은 채택되지 않았다. 혁명광장은 오늘날 콩코르드 광장을 말한다.

370. Werner Sombart, *Apogée du capitalisme*, 1932, éd. André E. Sayous, p. XXV.

371. W. Sombart, *Der moderne Kapitalismus*, II, 앞의 책, pp. 488 이하.

372. J. Savary des Bruslons, 앞의 책, III, mot "Marchand", col. 765 이하.

373. Littré, 앞의 책, "Corde" 항목, p. 808.

374. W. Sombart, *Der moderne Kapitalismus*, II, p. 489.

375. Jean-Pierre Ricard, *Le Négoce d'Amsterdam contenant tout ce que doivent savoir les marchands et banquiers, tant ceux qui sont établis à Amsterdam que ceux des pays étrangers*, Amsterdam, 1722, pp. 5-7.

376. Moscou, A. Cent. 1261-1. 774, f° 18.

377. W. Sombart, 앞의 책, II, p. 490.

378. *Histoire du commerce de Marseille*, II, p. 466 ; IV, pp. 92 이하 ; V, pp. 510 이하.

379. W. Sombart, 앞의 책, II, p. 490.

380. A.N., F¹², 116, 36.

381. Raymond Oberlé, "L'évolution des finances à Mulhouse et le financement de l' industrialisation au XVIIIᵉ siècle", *in : Comité des travaux historiques. Bulletin de la section d'histoire moderne et contemporaine*, n° 8, 1971, pp. 93-94.

382. Cardinal François-Désiré Mathieu, *L'Ancien Régime en Lorraine et Barrois······ (1658-1789)*, Paris, 1878, p. 35.

383. Jacqueline Kauffmann-Rochard, *Origines d'une bourgeoisie russe, XVIᵉ et XVIIᵉ siècles*, 1969, p. 45.

384. J. Savary des Bruslons, 앞의 책, II, "Entrepôt" 항목, col. 329-330.

385. A.N., F¹², 70, f° 102, 1722년 8월 13일.

386. R. Gascon, 앞의 책, t. I, p. 158.

387. *Médit*······, I, 525.

388. C. Carrère, 앞의 책, p. 9.

389. Roberto Cessi et Annibale Alberti, *Rialto*, 1934, p. 79.

390. Maurice Lévy-Leboyer, *Les Banques européennes et l'industrialisation internationale dans la première moitié du XIXᵉ siècle*, 1964, pp. 254 이하.

391. Mateo Alemán, *Guzmán de Alfarache, in : La Novela picaresca española*, 앞의 책, p. 551.

392. Viera da Silva. *Dispersas*, III, 340과 IX, 807. 왕립 거래소(Real Plaça do Comercio)가 만들어진 것은 1760년 이후이다. 이 사실은 J. Gentil da Silva가 나에게 지적해주었다.

393. Raimundo de Lantery, *Memorias*, p. Alvaro Picardo y Gomez, Cadix, 1949, *in : Mélanges Braudel*, article de Pierre Ponsot, pp. 151-185.

394. R. Cessi et A. Alberti, 앞의 책, p. 66.

395. Richard Ehrenberg, *Das Zeitalter des Fugger*, 3ᵉ éd. 1922, I, p. 70.

396. Guido Pampaloni의 제보에 의거.

397. Giuseppe Felloni에 의하면(1975년 9월 4일 자의 편지) loggia dei Mercanti ai Banchi는 스트라다 누오바에서 400미터 떨어진 곳에 있었다고 한다.

398. R. Ehrenberg, 앞의 책, I, p. 70.
399. R. Marquant, 앞의 책, p. 61.
400. Jean Lejeune, *La Formation du capitalisme moderne dans la principauté de Liège au XVIᵉ siècle*, 1939, p. 27.
401. Claude Laveau, *Le Monde rochelais des Bourbons à Bonaparte*, 1988, p. 62.
402. *Scripta mercalurae*, I, 1967, p. 38, 39에 있는 Gaspar Merian의 동판화(1658).
403. E. Kroker, 앞의 책, p. 138.
404. A.N., G⁷, 698, 24.
405. *Diarii di Palermo*, 앞의 책, II, p. 59.
406. A.d.S., Gênes, Lettere Consoli, 1/26−28.
407. Charles Carrière, 앞의 책, I, p. 234.
408. Moscou, A.E.A., 35/6, 744, 9 이하.
409. C. Carrère, 앞의 책, p. 50.
410. 같은 책, p. 51.
411. R. Ehrenberg, 앞의 책, I, p. 70.
412. Raymond Bloch, Jean Cousin, *Rome et son destin*, 1960, p. 126.
413. Ch. Carrière, 앞의 책, I, pp. 232−233.
414. L.-A. Boiteux, *La Fortune de mer, le besoin de sécurité et les débuts de l'assurance maritime*, 1968, p. 165.
415. D. Defoe, 앞의 책, I, 108.
416. J.-P. Ricard, *Le Négoce d'Amsterdam*……, 앞의 책, pp. 6−7.
417. 같은 책, p. 6.
418. F. Braudel, 이 책[원서], I, éd. 1967, p. 360 ; Gino Luzzatto, *Storia economica di Venezia dall'XI al XVI secolo*, Venise, 1961, pp. 147 이하.
419. Federigo Melis, *Tracce di una storia economica di Firenze e della Toscana in generale dal 1252 al 1550*, 타이프본 강의록, 1966−1967 ; Alfred Doren, *Storia economica dell'Italia nel Medio Evo*, 1936, pp. 559.
420. Adam Wiszniewski, *Histoire de la Banque de Saint-Georges de Gênes*, Paris, 1865.
421. E. Maschke, 앞의 논문, 별쇄본, p. 8.
422. *Médit*……, II, pp. 44−45.
423. Bernard Schnapper, *Les Rentes au XIIIᵉ siècle. Histoire d'un instrument de crédit*, Paris, 1957 ; *Registres de l'Hôtel de Ville pendant la Fronde*, p. p. Leroux de Lincy et Douet d' Arcq, 1846−1847, t. II, p. 426.
424. R. Sprandel, *Der städtische Rentenmarkt in Nordwestdeutschland im Spätmittelalter*, 1971, pp. 14−23.
425. Armando Sapori, *Una Compagnia di Calimala ai primi del Trecento*, 1932, p. 185.
426. Heinrich Johann Sieveking, *Wirtschaftsgeschichte*, 1935, p. 87.
427. John Francis, *La Bourse de Londres*, 1854, p. 13 ; N. W. Posthumus, "The tulipomania in Holland in the years 1636 and 1637", *in : Journal of Economic and Business history*, I, 1928−1929, pp. 434−466.
428. Amsterdam 1688, réédition Madrid 1958.
429. J. G. Van Dillen, "Isaac le Maire et le commerce des actions de la Compagnie des Indes orientales", *in : Revue d'histoire moderne*, 1935년 1−2월, 3−5월, 특히 pp. 24, 36.
430. J. G. Van Dillen, 앞의 논문, pp. 15, 19, 21.
431. A.N., K 1349, 132, f° 82.
432. A.N. A.E., B¹, 757.
433. A.N., K 1349, 132, f° 81.
434. Isaac de Pinto, *Traité de la circulation et du crédit*, 1771, p. 311.
435. C. R. Boxer, *The Dutch Seaborn Empire 1600−1800*, 1965, p. 19.
436. Pierre Jeannin, *L'Europe du Nord-Ouest et du Nord aux XVIIᵉ et XVIIIᵉ siècles*, 1969, p. 73.
437. J. de La Vega, 앞의 책, p. 322.

438. *Le Guide d'Amsterdam*, 1701, p. 65에는 "프랑스 카페(Café françois)"에 대한 언급이 나온다. 다른 것들은 Joseph de La Vega, *Die Verwirrung der Verwirrungen*, éd. Otto Pringsheim, 1919, p. 192, 주 2에 나와 있다. Berg, *Réfugiés*, p. 328에서 인용.

439. Michele Torcia, *Sbozzo del commercio di Amsterdam*, 1782.

440. A.N., 61 AQ 4.

441. Herbert Lüthy, *La Banque protestante en France de la Révocation de l'Édit de Nantes à la Révolution*, 1959-1961, II, p. 515.

442. A.N., 61 AQ 4, Paris, 1780년 3월 2일.

443. H. Lüthy, 앞의 책, II, 색인을 참조하라.

444. A.N., 61 AQ 4. "3분의 3으로(compte à 3/3)"란 마르세, 픽테, 크라머가 각각 3분의 1씩의 지분으로 산다는 뜻이다.

445. A.N., 61 AQ, 77 et 88.

446. J. Francis, 앞의 책, pp. 23 et 87.

447. 같은 책, p. 27.

448. A.N., G⁷, 1699, Londres, 29 may 1713.

449. J. Francis, 앞의 책, p. 32.

450. Jean Savant, *Tel fut Ouvrard*, 1954, p. 55.

451. 참조 : P. G. M. Dickson, *The financial Revolution in England*, 1967, pp. 505-510 ; E. V. Morgan et W. A. Thomas, *The Stock Exchange*, 1962, pp. 60-61.

452. 같은 책, p. 65.

453. E. Schulin, 앞의 책, pp. 249 et 295.

454. P. G. M. Dickson, 앞의 책, p. 504.

455. E. V. Morgan et W. A. Thomas, 앞의 책, p. 17.

456. P. G. M. Dickson, 앞의 책, p. 506.

457. Jakob van Klaveren, "Rue de Quincampoix und Exchange Alley. Die Spekulationjahre 1719 und 1720 in Frankreich und England", *in : Vierleljahrschrift für Sozial- und Wirtschafts-geschichte*, 1963, 48, 3, pp. 331-359.

458. Robert Bigo, "Une grammaire de la Bourse en 1789", *in : Annales d'histoire économique et sociale*, II, 1930, pp. 500 et 507.

459. Marie-Joseph Désiré Martin, *Les Étrennes financières*, 1789, pp. 97 이하.

460. 같은 책, 제6장, "Bourse", p. 68.

461. Robert Bigo, *La Caisse d'Escompte (1776-1793) et les origines de la Banque de France*, Paris, 1927, 특히 pp. 95-116.

462. *Mémoires du comte de Tilly*, 1965, p. 242.

463. Moscou, A.E.A., 93/6, 428, p. 40, Paris, 1785년 8월 15일.

464. A.N., 61 AQ 4.

465. Roland de La Platière, *Encyclopédie méthodique*, II, p. 2, C. Carrière, 앞의 책, I, p. 244, 주에서 인용.

466. Maurice Lévy-Leboyer, 앞의 책, p. 420, 주 17.

467. Jacques Gernet, *Le Monde chinois*, Paris, 1972, p. 231.

468. Pierre Goubert, *Beauvais et le Beauvaisis de 1600 à 1730*, Paris, 1960, p. 142.

469. I. de Pinto, 앞의 책, p. 69.

470. 이것은 1763년의 위기 동안 네덜란드에 대해서 제시한 숫자이다. A.E., Hollande. 513, p. 64.

471. M. Lévy-Leboyer, 앞의 책, p. 709 ; Guy Thuillier, "Le stock monétaire de la France en l'an X", *in : Revue d'histoire économique et sociale*, 1974, p. 253. 1700년경의 영국의 한 무명씨의 소책자는 30개의 상이한 카테고리의 지폐들(papiers)을 보여준다. E. Schulin, 앞의 책, p. 287, 주 191.

472. A.N., G⁷, 1622.

473. M. Torcia, *Sbozzo del commercio di Amsterdam*, 앞의 책, p. 41.

474. 앞의 책, I, p. 266.

475. E. Martinez Estrada, *Muerte y transfiguración de Martin Fierro*, 1948, 여러 곳과 특히 I, pp. 134-135.
476. Roger Letourneau, *Fès avant le protectorat*, Casablanca, 1949, P. Chalmetta, 앞의 책, p. 128에서 인용.
477. P. Chalmetta, 앞의 책, pp. 133-134, référence à al-Maqrizi, *Kitab az-Jitat*.
478. S. Y. Labib, *Handelsgeschichte Ägyptens im Spätmittelalter 1171-1517*, 1965, pp. 277, 290 et 323.
479. Nikita Elisseeff, *Nur-ad-Din*, III, p. 856, P. Chalmetta, p. 176에서 인용.
480. Carlo A. Pinelli, Folco Quilici, *L'Alba dell'uomo*, 1974, p. 219.
481. Pierre Gourou, *Leçons de géographie tropicale*, 1971, p. 106. *Pour une géographie humaine*, 1973, p. 105. 핵심적인 정보는 여러 사람들의 공저인 *Mount Everest*, Londres, 1963에서 얻은 것이다.
482. G. W. Skinner, 앞의 논문.
483. Richard Cantillon, *Essai sur la nature du commerce en général*, INED, 1952, pp. 5 이하.
484. J. C. Van Leur, *Indonesian Trade and Society*, 1955, pp. 53, 60, 63 등, 특히 pp. 135-137, 197, 200. Van Leur의 입장은 Niels Steensgaard, *The Asian Trade Revolution of the seventeenth cent.*, 1973에 이어지고 있다. Daniel Thorner는 이 입장에 반대되는 의견을 피력해왔고는 또 마찬가지로 비슷한 의견으로는 M. A. P. Meilink-Roelsfsz, *Asian trade and European influence in the Indonesian Archipelago between 1500 and about 1630*, 1962가 있다. 이 논쟁은 바로 세계사의 중심 주제에 이어지는 것이기도 하다. 나는 이 주제를 이 책 제3권의 5장에서 다룰 것이다.
485. J. C. Van Leur, 앞의 책, pp. 3 이하.
486. A.N., Marine B⁷, 46, pp. 256 이하.
487. B. N. de Lisbonne, F.G 7970 ; Ievon Khachikian의 프랑스어 번역본, "Le registre d' un marchand arménien en Perse, en Inde et au Tibet (1682-1693)", *in : Annales E.S.C.*, 1967년 3-4월.
488. Robert Mantran, *Istanbul dans la seconde moitié du XVIIᵉ siècle*, 1962.
489. *Rousso-indiickie otnochenia v XVIII veke* (18세기 러시아-인도의 관계). 자료집, pp. 29 이하와 56-65, 74, 82, 95 이하.
490. 같은 책, pp. 32, 51-55, 67.
491. *Médit······*, I, p. 263 ; II, pp. 577-578.
492. Luigi Celli, Introduction à *Due Trattati inediti di Silvestro Gozzolini da Osimo, economista e finanziere del sec. XVI*, Turin, 1892, pp. 2-6.
493. *Médit······*, II, pp. 142 이하.
494. Jacques de Villamont, *Les Voyages du Seigneur de Villamont*, 1600, p. 102 recto et verso.
495. Irfan M. Habib, "Banking in Mughol India", *in : Contribution to Indian economic history*, I, Calcutta, 1960, pp. 1-20.
496. C. R. Boxer, "Macao as religious and commercial entrepot in the 16ᵗʰ and 17ᵗʰ centuries", *in : Acta asiatica*, 1974, p. 71.
497. *Voiage de Henri Hagenaar aux Indes orientales*, *in* R.-A. Constantin de Renneville, *Recueil des voiages qui ont servi à l'établissement et au progrès de la Compagnie des Indes orientales*, V, 1706, pp. 294 et 296-297.
498. *Médit······*, II, p. 149.
499. Abbé Prévost, 앞의 책, VIII, 629 ; W. H. Moreland, *From Akbar to Aurangzeb*, 1923, pp. 153-158.
500. Jean-Henri Grose, *Voyage aux Indes orientales*, 1758, pp. 155 이하. "이 위대한 상인 압둘-가푸르는 그 혼자서 영국 회사가 하는 만큼의 상업을 한다고 사람들이 이야기한다.······"
501. Jean-Baptiste Tavernier, *Les Six Voyages de Jean-Baptiste Tavernier······ qu'il a faits en Turquie, en Perse et aux Indes······*, Paris, 1676, I, pp. 192, 193.

502. Louis Dermignv, *Les Mémoires de Charles de Constant sur le commerce à la Chine*, 1964, pp. 76 et 189-190.

503. Dominique et Janine Sourdel, *La Civilisation de l'Islam classique*, 1968, p. 584.

504. Robert Brunschvig, "Coup d'œil sur l'histoire des foires à travers l'Islam", *in : Recueils de la Société Jean Bodin*, t. V : *La Foire*, 1953, p. 44, 주 1.

505. J. C. Van Leur, 앞의 책, p. 76.

506. R. Brunschvig, 앞의 논문, pp. 52-53.

507. Ludovico de Varthema, *Les Voyages de Ludovico di Varthema ou le viaieur en la plus grande partie d'Orient*, Paris, 1888, p. 21. "사흘 정도 길을 간 우리는 메자리베라고 부르는 곳에 이르렀다. 이곳에서 사흘간 머물면서 상인들은 낙타와 그 외에 필요한 것들을 구입했다. 메자리베의 영주는 Zambey라는 이름을 가진 사람으로 이 지방의 지배자, 즉 아랍인의 지배자였다.……그는 4만 필의 말을 소유하며 그의 궁정용으로 1만 필의 암말과 30만 필의 낙타가 있었다."

508. S. Y. Labib, *Handelsgeschichte Ägyptens im Spätmittelalter*……, 앞의 책, pp. 193-194.

509. 같은 책, p. 194.

510. R. Brunschvig, 앞의 논문, pp. 56-57.

511. S. Y. Labib, 앞의 책, p. 197.

512. *Médit*……, I, p. 190 ; Henry Simonsfeld, *Der Fondaco dei Tedeschi und die deutsch-venetianischen Handelsbeziehungen*, 1887 참조 ; Hans Hausherr, *Wirtschaftsgeschichte der Neuzeit vom Ende des 14. bis zur Höhe des 19. J.*, 3ᵉ éd. 1954, p. 28.

513. William Crooke, *Things Indian*, 1906, pp. 195 이하.

514. 아래의 사실들에 대해서는 Abbé Prévost, 앞의 책, I, p. 414와 VIII, pp. 139 이하를 참조하라.

515. W. Heyd, *Histoire du commerce du Levant au Moyen Âge*, 1936, t. II, pp. 662-663.

516. Denys Lombard, *Le Sultanat d'Atjéh au temps d'Iskandar Muda, 1607-1636*, 1967, p. 46 ; 다음을 참조. John Davis, *A briefe relation of Master John Davis, chiefe pilote to the Zelanders in their East India Voyage*…… *1598*, Londres, 1625.

517. François Martin, *Description du premier voyage faict aux Indes Orientales par les Français de Saint-Malo*, 1604, 다음에서 인용. D. Lombard, 앞의 책, p. 25, n. 4.

518. D. Lombard, 앞의 책, pp. 113-114 ; référence à Guillaume Dampier, *Supplément du voyage autour du monde*……, 1723.

519. Michel Cartier, Denys Lombard, Étienne Balazs가 나에게 지적해준 내용에 의거.

520. Étienne Balazs, "Les foires en Chine", *in : Recueils de la Société Jean Bodin*, V : *La Foire*, 1953, pp. 77-89.

521. *Encyclopedia britannica*, 1969, XIII, p. 124.

522. Louis Dermigny, *La Chine et l'Occident. Le commerce à Canton au XVIIIᵉ siècle*, 1964, I, p, 295, III, p. 1151.

523. *La Tradition scientifique chinoise*, 1974.

524. "Le marché monétaire au Moyen Âge et au début des Temps modernes", *in : Revue historique*, 1970, p. 28.

525. C. Verlinden, J. Craeybeckx, E. Scholliers, "Mouvements des prix et des salaires en Belgique au XVIᵉ siècle", *in : Annales E.S.C.*, 1955, n° 2, p. 187, 주 1. "지금까지의 연구성과에 의하면 과연 16세기가 몇몇 사람들의 수중에 대상업이 집중되어 있는 특징을 보이는 세기인지에 대해서도 의문이 든다.……"

526. "Rue de Quincampoix und Exchange Alley", *in : Vierteljahrschrift*……, 앞의 논문, 1963.

제2장

1. Georges Gurvitch의 충고를 따른다면 "법칙(lois)"이라고까지는 못할지 모르겠다.

2. 특히 내가 염두에 두는 것은 바야돌리드에 있는 Simon Ruiz의 문서 보관소와 프라토에 있는 Francesco Datini의 문서 보관소이다.

3. Maillefer, 앞의 책, p. 102.

4. F. Braudel et A. Tenenti, "Michiel da Lezze, marchand vénitien (1497-1514)", in : *Mélanges Friedrich Lütge*, 1956, p. 48.
5. 같은 책, p. 64.
6. Louis Dermigny, *La Chine et l'Occident* ……, II, p. 703, 주 5.
7. A.N., 62 AQ 44, Le Havre, 1743년 3월 26일.
8. F. Braudel et A. Tenenti, 앞의 논문, p. 57.
9. *Médit* ……, I, pp. 560 이하.
10. 같은 책, I, p. 285.
11. 이하의 문장은 Daniel Braems가 동인도 회사의 요직을 거친 후 귀국한 다음에 쓴 장문의 보고서(1687)에 의한 것이다. A.N., B⁷, 463, fᵒˢ 235-236, 253, 284.
12. 같은 책, fᵒ 125.
13. 이 책[원서], I, éd. 1967, p. 366.
14. Felipe Ruiz Martín, *Lettres marchandes échangées entre Florence et Medina del Campo*, Paris, 1965, p. 307.
15. A.N., 62 AQ 33, 1784년 5월 12일.
16. A.N., 62 AQ 33, 1773년 11월 29일. 이 Dugard는 다른탈(Darnetal)의 대규모 염색회사의 창립자인 Robert Dugard의 아들이다. 이 회사는 1763년에 파산했다.
17. 같은 곳, 34, 1775년 10월 31일.
18. 이 형용사는 명사 extinction의 뜻으로 이해해야 한다. "채무를 끝내는 행동(Acte qui met fin à une obligation)", Littré 사전.
19. A.N., 62 AQ 34, 1793년 3월 14일.
20. A.N., 94 AQ 1, dossier nᵒ 6.
21. A.N., 94 AQ 1, dossier nᵒ 6, fᵒ 35.
22. Jean Cavignac, *Jean Pellet, commerçant de gros, 1694-1772*, 1967, p. 37.
23. A.N., F¹², 721, 1783년 2월 25일.
24. A.N., 61 AQ 1, fᵒ 28 vᵒ, 1776년 4월 4일.
25. A.N., 94 AQ 1, dossier nᵒ 11, 1729년 10월 1일 퐁디셰리(Pondichéry)에서의 편지.
26. Pierre Blancard, *Manuel de commerce des Indes orientales et de la Chine*, 1806, pp. 40-41.
27. Ferdinand Tremel, *Das Handelsbuch des Judenburger Kaufmannes Clemens Körber, 1526-1548*, 1960.
28. J. Cavignac, 앞의 책, p. 152.
29. 같은 책, p. 153.
30. 같은 책, p. 154.
31. 같은 책, p. 37.
32. Romuald Szramkiewicz, *Les Régents et Censeurs de la Banque de France nommés sous le Consulat et l'Empire*, 1974.
33. Clemens Bauer, *Unternehmung und Unternehmungsformen im Spätmittelalter und in der beginnenden Neuzeit*, 1936, p. 45.
34. Raymond de Roover, *Il Banco Medici dalle origini al declino (1397-1494)* (영어판, 1963), 1970, pp. 127 이하.
35. A.N., 62 AQ 33.
36. 이들은 이 사업에서 Dugard와 반반씩 동업관계를 가지고 있음에 틀림없다. 이것은 그들의 서한에 2/2로 표시되어 있다. 마찬가지로 세 사람이 3분의 1씩의 동업관계를 가지고 있는 것은 3/3이라고 표현했다.
37. Fernand Braudel, "Réalités économiques et prises de conscience : quelques témoignages sur le XVIᵉ siècle", in : *Annales E.S.C.*, 1959, p. 735.
38. A.N., G⁷, 1698, 132, 1713년 4월 12일.
39. 메테도레(metedore)에 관해서는 E. W. Dahlgren, *Relations commerciales et maritimes entre la France et les côtes de l'océan Pacifique*, 앞의 책, I, p. 42. 카르가도르(cargador)에 관해서는 John Everaert, *De internationale en coloniale handel der vlaamse Firma's te*

Cadiz, 1670–1740, 1973, p. 899.

40. R. Gascon, 앞의 책, pp. 204–205.

41. Armando Sapori, *Studi di storia economica*, 3ᵉ éd. 1955, II, p. 933.

42. Jean-Baptiste Tavernier, *Voyage en Perse*, éd. Pascal Pia, 1930, p. 69.

43. P. D. de Passenans, *La Russie et l'esclavage*, 1822, I, p. 129, 주 1.

44. L. Brentano, *Le Origini del capitalismo*, 1954, éd. allemande 1916, p. 9.

45. Hektor Amman, "Die Anfänge des Aktivhandels und der Tucheinfuhr aus Nordwesteuropa nach dem Mittelmeergebiet", in : *Studi in onore di Armando Sapori*, 1957, I, p. 276.

46. H. Pigeonneau, 앞의 책, I, p. 253.

47. *Médit……*, I, p. 458.

48. 이 표현은 Richard Ehrenberg, *Das Zeitalter der Fugger. Geldkapital und Creditverkehr im 16. J.*, 1896에서 딴 것이다.

49. Pierre Vilar, *La Catalogne dans l'Espagne moderne*, 1962, III, p. 484.

50. Mesroub J. Seth, *Armenians in India from the earliest times to the present day*, 1937.

51. L. Dermigny, *Mémoires de Charles de Constant……*, 앞의 책, p. 150, 주 5.

52. L. Khachikian, 앞의 논문, pp. 239 이하.

53. L. Dermigny, *La Chine et l'Occident……*, 앞의 책, I, p. 35.

54. Pierre Chaunu, *Les Philippines et le Pacifique des Ibériques*, 1960, p. 23.

55. V. A. Parsamiana, *Relations russo-arméniennes*, Erivan, 1953, doc. nᵒˢ 44 et 48–50.

56. F. Lütge, 앞의 책, p. 253.

57. *Médit……*, I, p. 264.

58. 몰타 고문서 보관소. *Liber Bullarum*, 423, fᵒ 230, 1553년 3월 1일과 4월 1일.

59. *Gazette de France*, 1649년 1월 30일, p. 108. P. Joseph Bougerel, *Mémoires pour servir à l'histoire de plusieurs hommes illustres de Provence*, 1752, pp. 144–173.

60. Louis Bergasse et Gaston Rambert, *Histoire du commerce de Marseille*, IV, 1954, p. 65.

61. Simancas, Estado Napoles, 1097, fᵒ 107.

62. 책의 제목을 번역하면 다음과 같다. 『전 세계의 부피, 무게, 수, 화폐 보전(寶典) ; 혹은 전 세계의 무역을 지배하는 모든 종류의 무게, 부피, 화폐 집성. 줄파의 자카투르[Xac'atur : 대관(大官)/역주]의 아들 피에르 영주의 요청에 의해서 그의 비용으로 루카스 데 바낭이 씀. 위대하고 숭엄한 박사이며 성스러운 주교인 골튼(Golt'n) 가문의 토마스 데 바낭의 원조와 인증으로 출판. 구주이신 예수 탄생 이후 1699년 1월 16일, 암스테르담』.

63. Alexandre Wolowski, *La Vie quotidienne en Pologne au XVIIᵉ siècle*, 1972, pp. 179–180.

64. L. Dermigny, *La Chine et l'Occident……*, I, p. 297.

65. Paul Shaked, *A tentative Bibliography of Geniza Documents*, 1964 ; S. D. Goitein, "The Cairo Geniza as a source for the history of Muslim civilisation", in : *Studia islamica*, III, pp. 75–91.

66. S. Y. Lamb, in : *Journal of Economic History*, 1969, p. 84.

67. H. Pigeonneau, 앞의 책, I, pp. 242–245.

68. *Médit……*, II, p. 151 ; Attilio Milano, *Storia degli Ebrei in Italia*, 1963, pp. 218–220.

69. H. Inalcik, in : *Journal of Economic History*, 1969, pp. 121 이하.

70. *Sephardim an der unteren Elbe*, 1958.

71. F. Lütge, 앞의 책, pp. 379–380, 특히 H. Schnee, *Die Hoffmanz und der moderne Staat*, 3 vol., 1953–1955.

72. Pierre Saville, *Le Juif de cour, histoire du Résident royal Berend Lehman (1661–1730)*, 1970.

73. Werner Sombart, *Die Juden und das Wirtschaftsleben*, 1922.

74. H. Inalcik, 앞의 논문, pp. 101–102.

75. Lewis Hanke, "The Portuguese in Spanish America", in : *Rev. de Hist, de America*, 1961년 6월, pp. 1–48 ; Gonzalo de Reparaz hijo, "Os Portugueses no Peru nos seculos XVI e XVII", in : *Boletim da Sociedade de Geografia de Lisboa*, 1967년 1–3월, pp. 39–55.

76. Pablo Vila, "Margarita en la colonia .1550 a 1600", *in : Revista nacional de cultura*, Caracas, 1955년 10월, p. 62.

77. A. P. Canabrava, *O Comercio português no Rio da Prata*, 앞의 책, pp. 36-38, 그리고 주에 표시되어 있는 L. Hanke 등의 저작 참조.

78. 같은 책, pp. 116 이하 ; L. Hanke, 앞의 논문, p. 15.

79. L. Hanke, 같은 논문, p. 27.

80. A. P. Canabrava, 앞의 책, pp. 143 이하 ; Emanuel Soares da Veiga Garcia, "Buenos Aires e Cadiz. Contribuição ao estudo do comercio livre (1789-1791)", *in : Revista de historia*, 1970, p. 377.

81. L. Hanke, 앞의 논문, p. 7.

82. 같은 논문, p. 14. 다음에서 인용. José Toribio Medina, *Historia del Tribunal del Santo Oficio de la Inquisición de Cartagena de las Indias*, Santiago de Chile, 1899, p. 221.

83. Gonzalo de Reparaz, "Los Caminos del contrabando", in : *El Comercio*, Lima, 1968년 2월 18일.

84. 산티아고(Santiago) 국립 고문서 보관소에 보관되어 있는 Sebastian Duarte의 회계장부에 의거한 Alvaro Jara의 노트.

85. Jakob van Klaveren, *Europäische Wirtschaftsgeschichte Spaniens im 16. und 17. J.*, 1960, p. 151, 주 123.

86. Genaro Garcia, *Autos de Fe de la Inquisición de Mexico con extractos de sus causas*, 1910 ; Guijo, *Diario, 1648-1664*, Mexico, 2 vol., 1952. 나날이 일어난 일들을 기록한 이 일지는 1649년 4월 11일에 있었던 화형(auto de fe)에 대해서 이야기하고 있다. I, pp. 39-47, 92-93.

87. 이것은 João Lucio de Azevedo, *Epocas do Portugal económico, esboços de historia*, 1929에서 말한 것이다. 여기에서 저자는 설탕, 커피 등 하나의 생산이 지배적인 기간에 대해서 말하고 있다.

88. L. Dermigny, *La Chine et l'Occident*……, 앞의 책, I, p. 77.

89. Johann Albrecht Mandelslo, *Voyage aux Indes orientales*, 1659, II, p. 197.

90. Baltasar Suárez가 Simon Ruiz에게, 1590년 1월 15일 ; Simon Ruiz가 Juan de Lago에게, 1584년 8월 26일 ; S. Ruiz가 리옹의 Buonvisi 회사로, 1569년 7월 14일, Archives Ruiz, Archivo historico provincial, Valladolid.

91. 이 책 제3권의 제4장을 참조하라.

92. M. Capella et A. Matilla Tascôn, 앞의 책, pp. 181 이하.

93. *Médit*……, I, 195.

94. G. Aubin, "Bartolomäus Viatis. Ein nürnberger Grosskaufmann vor dem dreissigjährigen Kriege", *in : Viertelj für Sozial-und Wirschaftsgeschichte*, 1940, et Werner Schultheiss, "Der Vertrag der nürnberger Handelsgesellschaft Bartholomäus Viatis und Martin Peller von 1609-15", *in : Scripta mercaturae*, I, 1968.

95. 크라쿠프 고문서 보관소, Ital. 382.

96. *La Novela picaresca*, 앞의 책, Estebanillo Gonzalez, pp. 1812, 1817, 1818. 뮌헨, 빈, 라이프치히의 이탈리아 상인에 관해서는 E. Kroker, 앞의 책, p. 86.

97. 앞의 책, p. 361.

98. *Europe in the Russian mirror*, 1970, pp. 21 이하.

99. *Diarii*, 1519년 11월 9일.

100. H. Sieveking, 앞의 책, p. 76.

101. Francesco Carletti, *Ragionamenti sopra le cose da lui vedute ne' suoi viaggi*, 1701, p. 283.

102. François Dornic, *L'Industrie textile dans le Maine (1650-1815)*, 1955, p. 83.

103. F. Lütge, 앞의 책, p. 235.

104. G. Lohmann Villena, *Las Minas de Huancavelica en los siglos XVI y XVII*, 1949, p. 159.

105. Gérard Sivery, "Les orientations actuelles de l'histoire économique du Moyen Âge, dans l'Europe du Nord-Ouest", *in : Revue du Nord*, 1973, p. 213.

106. Jacques Schwartz, "L'Empire romain, l'Égypte et le commerce oriental", *in : Annales E.S.C.*, XV (1960), p. 25.

107. A. Sapori, *Una compagnia di Calimala ai primi del Trecento*, 앞의 책, p. 99.

108. Federigo Melis, "La civiltà economica nelle sue esplicazioni dalla Versilia alla Maremma (secoli X−XVIII)", *in : Atti del 60° Congresso internazionale della "Dante Alighieri"*, p. 26.

109. Pierre et Huguette Chaunu, *Séville et l'Atlantique de 1504 à 1650*, 1959, VIII-1, p. 717.

110. R. Cantillon, *Essai sur la nature du commerce en général*, 앞의 책, p. 41.

111. F. Melis, 앞의 논문, pp. 26−27 ; "Werner Sombart e i problemi della navigazione nel medio evo", *in : L'opera di Werner Sombart nel centenario della nascita*, p. 124.

112. R. Gascon, 앞의 책, p. 183.

113. G. F. Gemelli Carreri, *Voyage autour du monde*, 1727, II, p. 4.

114. 같은 책, IV, p. 4.

115. F. Carletti, 앞의 책, pp. 17−32.

116. Condillac, *Le Commerce et le Gouvernement*, éd. E. Daire, 1847, p. 262.

117. Michel Morineau는 친절하게도 암스테르담 시립 고문서 보관소에 보존되어 있는 리보르노의 Sardi 가문이 Benjamin Burlamachi와 나눈 서한 자료의 마이크로필름을 보여주었다(Familie-papieren 1. Archief Burlamachi).

118. A.N., 62 AQ 33, Amsterdam, 1766년 3월 27일.

119. 파리 고문서 보관소, D⁵B⁶ 4433, f° 48.

120. 모스크바 보론소프(Voronsov) 고문서 보관소, 1876, vol. 9, pp. 1−2. Venise, 1783년 12월 30일, Simon이 Alexandre Voronsov에게 : "비단만 제외하면 이곳의 상품들은 모두 엄청나게 비쌉니다."

121. Claude Manc019;ron, *Les Vingt Ans du roi*, 1972, p. 471.

122. *Médit*······, I, p. 471.

123. Barthélémy Joly, *Voyage en Espagne, 1603−1604*, p. p. L. Barrau Dihigo, 1909, p. 17.

124. Bohrepans, Londres, 1686년 8월 7일(A.N., A.E., B¹, 757) ; Anisson, Londres, 1714년 3월 7일(A.N., G⁷, 1699) ; Carlo Ottone, 1670년 12월(A.d.S. Gênes, Lettere Consoli, 1−2628) ; Simolin, Londres, 1781년 3월 23일/4월 3일(Moscou, A.E.A. 35/6, 320, f° 167) ; Hermann, 1791 (A.N., A.E., B¹, 762, f° 461 v°).

125. Fynes Moryson, *An Itinerary containing his ten yeeres travell*, 1908, VI, p. 70, cité par Antoine Maczak, "Progress and underdevelopment in the ages of Renaissance and Baroque Man", *in : Studia Historiae Œconomicae* IX, 1974, p. 92.

126. I. de Pinto, 앞의 책, p. 167 : "부유한 곳에서는 모든 것이 더 비싸다.······이 때문에 나는 영국이 프랑스보다 더 부유할 것이라고 추정하게 되었다" ; *François Quesnay et la physiocratie*, éd. de l'INED, 1966, II, p. 954.

127. *Voyages en France*, 1931, I, p. 137.

128. *De la monnaie*, 프랑스어판 번역 G. M. Bousqet, J. Crisafulli, 1955, p. 89.

129. Léon H. Dupriez, "Principes et problèmes d'interprétation", *in : Diffusion du progrès et convergence des prix. Études, internationales*, 1966, p. 7.

130. 이 책 제3권 제1장 ; J. Accarias de Sérionne, 앞의 책, 1766, I, pp. 270 이하를 보라.

131. Turgot, *Œuvres*, I, 앞의 책, pp. 378−379.

132. Pierre Des Mazis, *Le Vocabulaire de l'économie politique* 1965, p. 62.

133. H. et P. Chaunu, *Séville et l'Atlantique de 1504 à 1650*, 앞의 책, 12 vol.

134. 같은 책, VIII-1, p. 260, 주 2, p. 293, 주 1.

135. Felipe Ruiz Martín, *El Siglo de los Genoveses*, 출간 예정 ; Ruth Pike, *Enterprise and Adventure. The Genoese in Seville*, 1966.

136. *Gazette de France*, 1730년 2월 14일, de Madrid, p. 102.

137. 나는 이 자세한 사실을 J.-P. Berthe에게서 얻었다.

138. D. Defoe, 앞의 책, I, p. 354.

139. Thomas Gage, *Nouvelle Relation contenant les voyages de Thomas Gage dans la*

Nouvelle-Espagne, 1676, 제4부, p. 90.

140. A.F., F², A, 21.
141. W. L. Schurz, *The Manila Galleon*, 1959, p. 363.
142. Ragnar Nurkse, *Problems of capital formation in underdeveloped countries*, 1958.
143. François Quesnay……, 앞의 책, II, p. 756.
144. *Pierre de Boisguilbert ou la naissance de l'économie politique*, éd. de l'INED, 1966, II, p. 606.
145. François Quesnay……, 앞의 책, II, pp. 664 et 954–955.
146. 이것은 Pierre Gourou가 이 표현을 사용할 때의 의미이다.
147. *Médit*……, I, p. 409.
148. 같은 책, I, p. 233.
149. H. et P. Chaunu, 앞의 책, VIII-1, p. 445.
150. A.N., G⁷, 1695, 252.
151. 같은 곳.
152. J. Savary des Bruslons, 앞의 책, IV, 1762, col. 1023, 1759년 9월 5일과 10월 28일자의 칙령 ; col. 1022 et 1024.
153. Paul Bairoch, *Révolution industrielle et sous-développement*, Paris, 1963, p. 201.
154. R. M. Hartwell, *The Industrial Revolution and Economic Growth*, 1971, pp. 181–182.
155. 이 책 제3권 제4장을 참조하라.
156. Thomas Sowell, *The Say's Laws*, 1972 ; 다음을 참조하라. E. L. Meunier, *Essai sur la théorie des débouchés de J.-B. Say*, 1942.
157. *Œuvres*, 앞의 책, I, p. 452.
158. 다음에서 인용. R. Nurkse, 앞의 책, p. 16.
159. 다음에 의거. J. Romeuf, 앞의 책, I, p. 372.
160. Henri Guitton, *Les Fluctuations économiques*, 1952, p. 173.
161. I. de Pinto, 앞의 책, p. 184.
162. Eli F. Heckscher, *La Epoca mercantilista*, 1943, p. 653.
163. D. Ricardo, 앞의 책, 1970, p. 66.
164. 같은 책, 이윤(profits)에 관한 장, 특히 pp. 88–89.
165. "Tawney's Century", *in : Essays in Economic and Social History of Tudor and Stuart England*, 1961.
166. Michelet, *Le Peuple*, 1899, pp. 73–74.
167. Gianfigliazzi 가문에 대해서는 Armando Sapori, *Studi di storia economica*, 3ᵉ éd. 1955, II, p. 933 이하. Capponi 가문에 대해서는 Armando Sapori 개인 소장의 장부 자료가 있는데 그는 친절하게도 이 마이크로필름을 나에게 보여주었다.
168. 밀라노의 보코니(Bocconi) 대학에 보관된 문서.
169. B. Cotrugli, 앞의 책, p. 145.
170. *In : Mélanges Hermann Aubin*, 1965, I, pp. 235 이하.
171. Ernst Hering, *Die Fugger*, 1940, pp. 23 et 27.
172. F. Melis, "La civiltá economica nelle sue explicazioni dalla Versilia alla Maremma", 앞의 논문, pp. 21, 35.
173. F. Lütge. 앞의 책, p. 288.
174. F. Gestrin, 앞의 책, p. 116.
175. Hermann Kellenbenz, "Le front hispano-portugais contre l'Inde et le rôle d'une agence de renseignements au service des marchands allemands et flamands", *in : Estudia*, XI, 1963 ; C. R. Boxer, "Uma raridade bibliografica sobre Fernão Cron", *in : Boletim internacional de bibliografia luso-brasiliana*, 1971.
176. *Das Meder'sche Handelsbuch und die Welser'schen Nachträge*, 1974.
177. Johannes Müller, "Der Umfang und die Hauptrouten des nürnbergischen Handelsgebietes im Mittelalter", *in : V. Jahrschrift für S.- und W. Geschichte*, 1908, pp. 1–38.
178. E. Krober, 앞의 책, pp. 71, 163, 여러 곳.

179. J.-C. Perrot, 앞의 책, pp. 181 이하.
180. F. Maurette, *Les Grands Marchés des matières premières*, 1922.
181. R. Gascon, 앞의 책, I, p. 37.
182. 이 책 제1권의 291-297쪽을 참조하라.
183. 이 책[원서], I, éd. 1967, p. 162를 보라.
184. 같은 책, p. 165.
185. Jacob Baxa et Guntwin Bruhns, *Zucker im Leben der Völker*, 1967, pp. 24-25.
186. 같은 책, p. 27.
187. 같은 책, p. 32.
188. 이 책[원서], I, éd. 1967, p. 166.
189. J. Savary des Bruslons, IV, col. 827.
190. J. Baxa et G. Bruhns, 앞의 책, p. 27.
191. 같은 책, pp. 40-41, 여러 곳.
192. 1759, p. 97.
193. *Pierre de Boisguilbert*……, 앞의 책, II, p. 621.
194. R. Cantillon, *Essai sur la nature du commerce en général*, 앞의 책, p. 150.
195. Joseph Schumpeter, *History of economic analysis*, 1954, 이탈리어판, 1959, p. 268.
196. L. Dermigny, 앞의 책, I, p. 376.
197. B. E. Supple, "Currency and commerce in the early seventeenth century", *in : The Economic Historical Review*, 1957년 1월, pp. 239-264.
198. G. de Manteyer, *Le Livre-journal tenu par Fazy de Rame*, 1932, pp. 166-167.
199. Léon Costelcade, *Mentalité gévaudanaise au Moyen Âge*, 1925에 대한 서평, Marc Bloch, *Annales d'histoire économique et sociale*, I, 1929, p. 463.
200. Public Record Office, 30/25, Portfoglio 1, 1742년 11월 2일-12월 2일.
201. A.d.S. Naples, Affari Esteri, 796, La Haye, 1756년 5월 28일.
202. Moscou A.E.A. 50/6, 470.
203. 같은 책, 84/2, 421, f° 9 v°, lettre de Facius.
204. Abbé Prévost, *Histoire générale des voyages*……, 앞의 책, III, p. 641. 1716년 Compagnon의 여행.
205. A. P. Canabrava, *O Comércio português*……, 앞의 책, p. 13 ; Lewis Hanke, *La Villa imperial de Potosi. Un capitulo inédito en la historia del Nuevo Mundo*, 1954.
206. P. V. Canete y Dominguez, *Guia histórica*, p. 57, 다음에서 인용. Tibor Wittman, "La riqueza empobrece ; problemas de crisis del Alto Peru colonial en la Guia de P. V. Canete y Dominguez", *in : Acta historica*, Szeged, 1967, XXIV, p. 17.
207. Sergio Buarque de Holanda, *Monções*, 1945.
208. J.-B. Tavernier, 앞의 책, II, p. 293.
209. 1844년에 일레오르의 카카오 재배지역을 개척한 사람이다. Pedro Calmon, *Historia social do Brasil*, 1937, p. 190.
210. Aziza Hazan, "En Inde aux XVIᵉ et XVIIᵉ siècles : trésors américains, monnaie d'argent et prix dans l'Empire mogol", *in : Annales E.S.C.*, 1969년 7-8월, pp. 835-859.
211. C. R. Boxer, *The Great Ship from Amacom. Annals of Macao and the old Japan Trade, 1555-1640*, Lisbonne.
212. Antonio de Ulloa, *Mémoires philosophiques, historiques, physiques, concernant la découverte de l'Amérique*, 1787, I, p. 270.
213. J. Gernet, *Le Monde chinois*, 앞의 책, p. 423.
214. P. Chaunu, *Les Philippines*, 앞의 책, pp. 268-269.
215. 예를 들면 1570년경에 이 비율은 중국에서는 6 대 1이었고 카스티야에서는 12 대 1이었다. 1630년경에는 각각 8 대 1과 13 대 1이었다. Pierre Chaunu, "Manille et Macao", *in : Annales E. S. C*, 1962, p. 568.
216. W. L. Schurz, 앞의 책, pp. 25-27.
217. 같은 책, p. 60.

218. George Macartney, *Voyage dans l'intérieur de la Chine et en Tartarie fait dans les années 1792, 1793 et 1794……*, Paris, 1798, I, p. 431.
219. *Médit……*, I, p. 299. Mieux encore, l'article d'Ömer L. Barkan, "Les mouvements des prix en Turquie entre 1490 et 1655", *in : Mélanges Braudel*, 1973,1, pp. 65–81.
220. A.N., 94 AQ 1, dossier 11, Pondichéry, 1729년 10월 1일.
221. M. Cherif, "Introduction de la piastre espagnole ("ryâl") dans la régence de Tunis au début du XVIIᵉ siècle", *in : Les Cahiers de Tunisie*, 1968, nᵒˢ 61–64, pp. 45–55.
222. J. Éon (성명[聖名] P. Matthias de Saint-Jean), *Le Commerce honorable*, 1646, p. 99.
223. A.d.S. Venise, Senato Misti, reg. 43, fᵒ 162.
224. 같은 곳, reg. 47, fᵒ 175 vᵒ. 이 정보를 얻는 데에 R. C. Mueller의 도움을 받았다.
225. Museo Correr, Donà delle Rose, 26, fᵒ 2.
226. A.N. A.E., B¹», 235, et Ch. Carrière, 앞의 책, II, pp. 805 이하.
227. E. F. Heckscher, 앞의 책, p. 695.
228. *State Papers Domestic, 1660–1661*, p. 411, 다음에서 인용. E. Lipson, *The Economic History of England*, 1948, III, p. 73.
229. *Gazette de France*, 1721년 1월 16일, p. 52 ; 3월 6일, p. 135 ; 3월 20일, p. 139. 이와 유사한 신고 내용으로 1730년 3월 6일, p. 131 ; 1751년 9월 16일, p. 464.
230. Moscou, A.E.A., 50/6, 472, pp. 26–27.
231. Espinchal 백작의 *Le Journal d'émigration*은 1911년에 Ernest d'Hauterive에 의해서 출간되었다. 여기에서 인용된 구절은 아직 출간되지 않은 부분으로서 클레르몽-페랑 (Clermont-Ferrand) 대학 도서관의 수고 자료, fᵒ 297이다.
232. F. C. Spooner, *L'Économie mondiale et les frappes monétaires en France, 1493–1680*, 1956, 영어 증보판, 1972.
233. M. Marion, *Dictionnaire……*, 앞의 책, p. 384.
234. Jean-François de Bourgoing, *Nouveau Voyage en Espagne, ou Tableau de l'état actuel de cette monarchie*, Paris, 1788, II, p. 87.
235. E. F. Heckscher, 앞의 책, p. 466, attribue l'ouvrage à John Hales. Edward Hughes(1937)와 Mary Dewar(1964)의 연구에 의하면, 이 책은 Sir Thomas Smith의 저서로 보아야 한다. 다음을 보라.E. Schulin, 앞의 책, p. 24.
236. E. Schulin, 앞의 책, p. 94.
237. M.-J. D. Martin, 앞의 책, pp. 105–106.
238. A.d.S., Venise, Inghilterra, 76 ; Londres, 13/34, 1703년 8월.
239. B.N., Paris, Ms. 21779, 176 vᵒ (1713).
240. René Gandilhon, *Politique économique de Louis XI*, 1941, pp. 416–417.
241. N. Sanchez Albornoz, "Un testigo del comercio indiano : Tomás de Mercado y Nueva España", *in : Revista de historia de America*, 앞의 논문, p. 122.
242. Turgot, 앞의 책, I, p. 378.
243. Moscou, A.E.A., 35/6, 765.
244. Thomas Mun, *A Discourse of trade from England unto the East Indies*, 1621, p. 26.
245. A.N., G⁷, 1686,53.
246. René Bouvier, *Quevedo, "homme du diable, homme de Dieu"*, 1929, pp. 305–306.
247. 프랑스-피에몬테는 A.N., G⁷, 1685, 108. 시칠리아-제노바 공화국은 Gerónimo de Uztariz, *Théorie et pratique du commerce et de la marine*, 1753, pp. 52–53. 페르시아-인도 제국은 *Voyage de Gardane*, 모스크바, 레닌 도서관 소장 자료, p. 55.
248. A.d.S. Gênes, *Lettere Consoli*, I, 26–29.
249. Margaret Priestley, "Anglo-French Trade and the Unfavourable Controversy, 1660–1685", *in : The Economic History Review*, 1951, pp. 37 이하.
250. A.E., C.P. Angleterre, 208–209.
251. A.N., G⁷, 1699.
252. Moscou, A.E.A., 35/6, 381.
253. E. Schulin, 앞의 책, pp. 308 이하, 특히 319–320.

254. 여기에서는 리스본 주재 러시아 영사인 J. A. Borchers의 1770-1794년간의 서한이 모두 이용되었다. Moscou, A.E.A., 72/5, 217, f° 58 이후의 자료. 메수엔 조약은 1836년까지 지속되었다. E. Schulin, 앞의 책, p. 290.

255. Moscou, A.E.A., 72/5, 226, f° 73 v°, 1772년 11월 10일 ; 273, 25 v°.

256. H. E. S. Fischer, *The Portugal Trade*, 1971, pp. 38 et 35.

257. Pierre-Victor Malouet, *Mémoires*, 1874, t. I, pp. 10-11.

258. Moscou, 같은 곳, 72/5, 226, f° 59, Lisbonne, 1772년 10월 6일, Borchers가 Ostermann에게.

259. 같은 곳, 72/5, 270, f° 52 ; v°, 1782년 4월 23일.

260. 같은 곳, 72/5, 297, f° 22, 1791년 12월 13일.

261. H. E. S. Fischer, 앞의 곳, p. 136.

262. Moscou, A.E.A. 72/5, 297, f° 25, 1791년 12월 20일.

263. Sur l'ensemble, Ingomar Bog, *Der Aussenhandel Ost-mitteleuropas, 1450-1650*, 1971.

264. S. A. Nilsson, *Den ryska marknaden*, 다음에서 인용, M. Hroch, "Die Rolte des zentraleuropäischen Handels im Ausgleich der Handelsbilanz zwischen Ost- und Westeuropa, 1550-1650", *in :* Ingomar Bog, 앞의 책, p. 5, 주 1 ; Arthur Attmann, *The Russian and Polish markets in international Trade, 1500-1600*, 1973.

265. M. Hroch, 앞의 논문, pp. 1-27.

266. L. Makkai, Semaine de Prato, 1975년 4월.

267. Ernst Kroker, 앞의 책, p. 87은 이 점에 대해서 단정적이다.

268. 크라쿠프 고문서 보관소, Ital., 382.

269. 이 책 제3권 제3장을 보라.

270. 여기에서 주목할 사실은 폴란드 화폐가 조지아에 존재했다는 점이다(R. Kiersnowski, Semaine de Prato, 1975년 4월). 1590년, 폴란드의 운송업은 이스탄불에 스페인의 레알 화를 가져왔다(Tommaso Alberti, *Viaggio a Constantinopoli, 1609-1621*, Bologne, 1889 ; *Méditerranée*, I, pp. 183 이하). 폴란드와 모스크바 공국의 상인들은 독일의 릭스 달러 화를 가지고 동인도 제도에 갔다(Tavernier, 앞의 책, II, p. 14).

271. 이 책 제3권 제5장을 보라.

272. A.N., G7, 1686, 99, 1701년 8월 31일.

273. E. Schulin, 앞의 책, p. 220.

274. R. Gascon, 앞의 책, p. 48.

275. Albert Chamberland, "Le commerce d'importation en France au milieu du XVIᵉ siècle", *in : Revue de géographie*, 1892-1893, pp. 1-32.

276. Boisguilbert, 앞의 책, II, p. 586 ; J. J. Clamageran, *Histoire de l'impôt en France*, II, 1868, p. 147.

277. Henryk Samsonowicz, *Untersuchungen über das danziger Bürgerkapital in der zweiten Hälfte des 15. Jahrhunderts*, Weimar, 1969.

278. Anders Chydenius, "Le Bénéfice national (1765)", 스웨덴어를 번역, Philippe Couty의 서문, *in : Revue d'histoire économique et sociale*, 1966, p. 439.

279. 참고문헌 불명. Moscou, A.E.A.에서 나온 자료이다.

280. A.N., A.E., B¹, 762, f° 401, 런던 주재 프랑스 영사인 Hermann의 편지, 1791년 4월 7일.

281. S. Van Rechteren, *Voiage aux Indes Orientales*, 1706, V, p. 124.

282. K. M. Panikkar, *L'Asie et la domination occidentale du XVᵉ siècle à nos jours*, pp. 68-72.

283. 같은 곳.

284. 같은 책, pp. 95-96.

285. Frédéric Mauro, *L'Expansion européenne*, 1964, p. 141.

286. William Bolts, *État civil, politique et commercial du Bengale, ou Histoire des conquêtes et de l'administration de la Compagnie anglaise de ce pays*, 1775, I, p. XVII.

287. G. Unwin, "Indian factories in the 18th century", *in : Studies in economic history*, 1958, pp. 352-373, 다음에서 인용, F. Mauro, 앞의 책, p. 141.

288. *Gazette de France*, 1763년 3월 13일, de Londres, p. 104.

289. A.E., Asie, 12, f° 6.

290. Moscou, A.E.A., 50/6, 474, f° 23, Amsterdam, 12/33 mars 1764.

291. *Gazette de France*, 1777년 4월.

292. K. M. Panikkar, 앞의 책, pp. 120-121.

293. G. d'Avenel, *Découvertes d'histoire sociale*, 1920, p. 13.

294. *In : Finanzarchiv*, I, 1933, p. 46.

295. A. Hanoteau et A. Letourneux, *La Kabylie et les coutumes kabyles*, 1893 ; 더욱 훌륭한 저작으로 Pedro Chalmetta, 앞의 책, pp. 75 이하.

296. Roger Bastide et Pierre Verger, 앞의 논문.

297. Pierre Gourou, *Les Paysans du delta tonkinois*, 2ᵉ éd. 1965, pp. 540 이하.

298. 1935년에 나의 여행에서 얻은 정보.

299. Bronislaw Malinowski, *Les Argonautes du Pacifique occidental*, 1963, p. 117.

300. Karl Polanyi의 전 저작, 특히 K. Polanyi et C. Arensberg, *Les Systèmes économiques*, 1975.

301. 이 책의 636쪽을 보라.

302. Walter C. Neale, *in :* K. Polanyi et C. Arensberg, 앞의 책, p. 342

303. 같은 책, p. 336 이하.

304. 같은 책, p. 341.

305. "Markets and Other Allocation Systems in History: the Challenge of K. Polanyi", *in : The Journal of European Economic History*, 6, hiver 1977.

306. W. C. Neale, 앞의 책, p. 343.

307. Maxime Rodinson, *in :* Pedro Chalmetta, 앞의 책, p. LIII 이하.

308. 같은 책, pp. LV 이하.

309. *In : Annales E.S.C.*, 1974, pp. 1311-1312.

310. 프랑스어 번역본, 1974.

311. 같은 책, p. 22.

312. *Œuvres*, t. XXII, 1960, pp. 237, 286 이하, 322 이하.

제3장

1. François Perroux, *Le Capitalisme*, 1962, p. 5.

2. Herbert Heaton, "Criteria of periodization in economic history", *in : The Journal of Economic History*, 1955, pp. 267 이하.

3. 특히 Lucien Febvre, "Les mots et les choses en histoire économique", *in : Annales d'histoire économique et sociale*, II, 1930, pp. 231 이하.

4. 더 광범위한 설명을 위해서는, 명석하고 자세하기는 하지만 불행하게도 참조하기 쉽지 않은 다음의 책이 있다. Edwin Deschepper, *L'Histoire du mot capital et dérivés*, 타이프본 박사 논문, Université libre de Bruxelles, 1964. 나는 이하의 내용에서 이 논문에 크게 의지했다.

5. 프라토 고문서 보관소, n° 700, *Lettere Prato-Firenze*, F. Melis가 인용한 문서들.

6. Edgar Salin, "Kapitalbegriff und Kapitallehre von der Antike zu den Physiokraten", *in : Vierteljahrschrift für Sozial- und Wirtschaftsgeschichte*, 23, 1930, p. 424, 주 2.

7. R. Gascon, *Grand Commerce et vie urbaine. Lyon au XVIᵉ siècle*, 1971, p. 238.

8. E. Deschepper, 앞의 책, pp. 22 이하.

9. François Rabelais, *Pantagruel*, éd. La Pléiade, p. 383.

10. A.N., A.E., B¹, 531, 1713년 7월 22일.

11. J. Cavignac, 앞의 책, p. 158 (Pierre Pellet의 편지, Martinique, 1726년 7월 26일).

12. François Véron de Forbonnais, *Principes économiques* (1767), éd. Daire, 1847, p. 174.

13. A.E., Mémoires et Documents, Angleterre, 35, f° 43, 1696년 5월 4일.

14. Turgot, 앞의 책, II, p. 575.

15. J. Savary des Bruslons, *Dictionnaire*, II, 1760, col. 136.

16. A.N., G⁷, 1705, 121, 1724년 이후.

17. A.N., G⁷, 1706, 1, 1722년 12월 6일 자 편지.
18. Condillac, 앞의 책, p. 247.
19. J.-B. Say, *Cours complet d'économie politique*, I, 1828, p. 93.
20. Sismondi, *De la richesse commerciale*, 1803.
21. 앞의 책, p. 176.
22. Du Pont de Nemours, *Maximes du docteur Quesnay*, éd. 1846, p. 391, 다음에서 인용, Jean Romeuf, *Dictionnaire des sciences économiques*, "capital" 항목, p. 199.
23. C. Manceron, 앞의 책, p. 589.
24. Morellet, *Prospectus d'un nouveau dictionnaire de commerce*, Paris, 1764, 다음에서 인용, E. Deschepper, 앞의 책, pp. 106-107.
25. E. Deschepper, 앞의 책, p. 109.
26. 같은 책, p. 124.
27. A.N., K 1349, 132, fᵒ 214 vᵒ.
28. E. Deschepper, 앞의 책, p. 125.
29. Lucien Febvre, "Pouvoir et privilège" (Louis-Philippe May : "L'Ancien Régime devant le Mur d'Argent"), *in : Annales hist. éc. et soc.*, X (1938), p. 460.
30. E. Deschepper, 앞의 책, p. 128.
31. A.N., Z 1, D 102 B.
32. A.d.S. Naples, Affari Esteri, 801.
33. Pierre-Victor Malouet, *Mémoires*, 1874, I, p. 83.
34. A.E., M. et D., Angleterre, 35 fᵒ 67 이하.
35. A.N., fᵒ 12, 731, 1783년 7월 4일.
36. Luigi Dal Pane, *Storia del lavoro in Italia*, 2ᵉ éd., 1958, p. 116.
37. Garde-Figanières의 제3신분의 청원서.
38. 드라기냥 세네쇼세의 Saint-Pardoux의 청원서.
39. D. Mathieu, *L'Ancien Régime dans la province de Lorraine et Barrois*, 1879, p. 324.
40. C. Manceron, 앞의 책, p. 54.
41. Henry Coston, *Les Financiers qui mènent le monde*, 1955, p. 41 ; 1790년 9월 25일, *Moniteur*, t. V, p. 741.
42. *Moniteur*, t. XVII, p. 484.
43. H. Coston, 앞의 책, p. 41. Rivarol, *Mémoires*, 1824, p. 235.
44. A. Dauzat, *Nouveau Dictionnaire étymologique et historique*, 1964, p. 132. 그러나 나는 해당 문장을 *Encyclopédie*에서 찾지 못했다. 어떤 실수가 있었던 것일까?
45. J.-B. Richard, *Les Enrichissements de la langue française*, p. 88.
46. Louis Blanc, *Organisation du travail*, 9ᵉ éd., 1850, pp. 161-162, 다음에서 인용, E. Deschepper, 앞의 책, p. 153.
47. J. Romeuf, *Dictionnaire des sciences économiques*, "capitalisme" 항목, p. 203, et J.-J. Hémardinquer, *in : Annales E.S.C.*, 1967, p. 444.
48. Jean-Jacques Hémardinquer, 다음에 대한 서평, Jean Dubois : *Le Vocabulaire politique et social en France de 1869 à 1872, à travers les œuvres des écrivains, les revues et les journaux*, 1963, *in : Annales E.S.C.*, 1967, pp. 445-446. 그러나 Engels도 이 말을 사용했으며, 1870년부터는 독일의 경제학자 Albert Schäffle이 Kapitalismus라는 말을 사용했다 (Edmond Silbener, *Annales d'histoire sociale*, 1940, p. 133).
49. H. Heaton, 앞의 논문, p. 268.
50. Lucien Febvre, "L'économie liégeoise au XIIIᵉ siècle (Jean Lejeune : *La Formation du capitalisme moderne dans la principauté de Liège au XVᵉ siècle)*", *in : Annales E.S.C.*, XII, pp. 256 이하.
51. Andrew Shonfield, *Le Capitalisme d'aujourd'hui*, 1967, pp. 41-42.
52. *Annales E.S.C.*, 1961, p. 213.
53. Alexandre Gerschenkron, *Europe in the Russian mirror*, 1970, p. 4.
54. K. Marx, 앞의 책, I, p. 1170.

55. *Histoire de la campagne française*, 2ᵉ éd. 1974, pp. 71 이하.
56. 다음에서 인용, Salin, 앞의 논문, p. 434.
57. J. Gentil da Silva, 앞의 책, I, p. 20.
58. J.-P. Catteau-Calleville, *Tableau de la mer Baltique*, II, 1812, pp. 238–239.
59. Ernst Pitz, "Studien zur Entstehung des Kapitalismus", *in : Festschrift Hermann Aubin*, I, 1965, pp. 19–40.
60. A.E.A, Moscou, 35/6, 341, fᵒ 71 vᵒ-72, Londres, 1783년 5월 26일–6월 6일.
61. *Cours d'économie politique*, 1823, I, pp. 246–247.
62. A.d.S. Venise, Notatorio di Collegio, 12, 128 vᵒ, 1480년 7월 27일.
63. Alice Hanson Jones, "La fortune privée en Pennsylvanie, New Jersey, Delaware (1774)", *in : Annales E.S.C.*, 1969, pp. 235–249, et *Wealth estimates for the American middle colonies, 1774*, Chicago, 1968.
64. 나는 특히 뮌헨 경제사 학회(1965)에서 그가 보고한 것을 많이 이용했다. "Capital formation in modern economic growth, and some implications for the past", *Troisième Conférence internationale d'histoire économique*, I. pp. 16–53.
65. *British Economic Growth, 1688–1959*, 2ᵉ éd., 1967.
66. S. Kuznets, 앞의 논문, p. 23.
67. *Théorie générale de la population*, I, 1954, 특히 p. 68.
68. Quiqueran de Beaujeu, *De laudibus Provinciae*, Paris, 1551, 프랑스어로 출판된 것은 다음과 같다. *La Provence louée*, Lyon, 1614, 다음에서 인용, André Bourde, *Agronomie et agronomes en France au XVIIIᵉ siècle*, p. 50. 한편, A. Plaisse, *La Baronnie de Neubourg*, 1961, p. 153도 참조할 만한데, 이 책에서는 Charles Estienne의 다음 말을 인용했다. "될 수 있으면 여러 번 반복하여 밭을 갈아서 흙이 완전히 가루가 되도록 만들어야 한다."
69. Jean-Pierre Sosson, "Pour une approche économique et sociale du bâtiment. L'exemple des travaux publics à Bruges aux XIVᵉ et XVᵉ siècles", *in : Bulletin de la Commission royale des Monuments et des Sites*, t. 2, 1972, p. 144.
70. Samuel H. Baron, "The Fate of the *Gosti* in the reign of Peter the Great. Appendix: Gost' Afanasii Olisov's reply to the government inquiry of 1704", *in : Cahiers du monde russe et soviétique*, 1973년 10–12월, p. 512.
71. Traian Stoianovitch, Colloque de l'Unesco sur Istanbul, 1973년 10월, p. 33.
72. S. Kuznets, 앞의 논문, p. 48.
73. R. S. Lopez, H. A. Miskimin, "The Economic Depression of the Renaissance", *in : The Economic History Review*, 1962, nᵒ 3, pp. 408–426.
74. Ruiz Martín의 언급.
75. 이런 것은 다음에 언급되어 있다. Alois Mika, *La Grande Propriété en Bohême du Sud, XIVᵉ–XVIᵉ siècles*, Sbornik historicky 1, 1953 ; Josef Petran, *La Production agricole en Bohême dans la deuxième moitié du XVIᵉ et au commencement du XVIIᵉ siècle*, 1964(이런 정보는 J. Janacek가 나에게 제공한 것이다).
76. Schnapper, *Les Rentes au XVIᵉ siècle*, Paris, 1957, pp. 109–110.
77. Cavignac, 앞의 책, p. 212, 1727년 11월 13일.
78. J. Meyer, 앞의 책, p. 619.
79. D. Mathieu, 앞의 책, p. 324.
80. Archivio di Stato Prato, Arch. Datini, Filza 339, Florence, 1408년 4월 23일.
81. 이 은행의 파산에 관한 베네치아 A.d.S.(Archivio di Stato)의 많은 문서들에 의하면 이 은행의 청산은 1592년 3월 31일 현재 마감되지 않았다. Correr, Donà delle Rose, 26, fᵒ 107.
82. C. Laveau, 앞의 책, p. 340.
83. H. Soly "The "Betrayal" of the Sixteenth-Century Bourgeoisie: a Myth ? Some Considerations of the Behaviour Pattern of the Merchants of Antwerp in the Sixteenth Century", *in : Acta Historiae Neerlandicae*, vol. VIII, pp. 31–39.
84. Robert Mandrou, *Les Fugger, propriétaires fonciers en Souabe, 1560–1618*, 1969.

85. Gilles Caster, *Le Commerce du pastel et de l'épicerie à Toulouse, 1450−1561*, 1962.
86. A.N., B^III, 406, long rapport du 23 janvier 1816.
87. G. Galasso, *Economia e società nella Calabria del Cinquecento*, p. 78.
88. A. Bourde, 앞의 책, pp. 1645 이하.
89. Gérard Delille, "Types de développement dans le royaume de Naples, XVIIe−XVIIIe siècle", *in : Annales E.S.C.*, 1975, pp. 703−725.
90. Moscou, Fonds Dubrowski, Fr. 18−4, f° 86 v°-87.
91. László Makkai, *in : Histoire de la Hongrie*, Budapest, 1974, pp. 141−142.
92. Georg Grüll, *Bauer, Herr und Landesfurst*, 1963, pp. 1 이하.
93. André Malraux, *Antimémoires*, 1967, p. 525.
94. A. Bourde, 앞의 책, p. 53.
95. Wilhelm Abel, *Crises agraires en Europe (XIIIe−XXe siècles)*, 1973, p. 182.
96. Wilhelm Abel, *Geschichte der deutschen Landwirtschaft*, 1962, p. 196.
97. Paul Bois, *Paysans de l'Ouest*, 1960, pp. 183−184.
98. Sombart, II, p. 1061.
99. F. Gestrin, 앞의 책, 프랑스어 요약본 참조, pp. 247−272.
100. A.d.S. Naples, Sommaria Partium 565 ; Galasso, 앞의 책, p. 139.
101. Elio Conti, *La Formazione della struttura agraria moderna nel contado fiorentino*, Rome, 1965, I, p. VII.
102. Guy Fourquin, *Les Campagnes de la région parisienne à la fin du Moyen Âge*, 1964, p. 530.
103. Otto Brunner, *Neue Wege der Verfassungs- und Sozialgeschichte*, éd. ital. 1970, p. 138.
104. M. Gonon, *La Vie familiale en Forez et son vocabulaire d'après les testaments*, 1961, p. 16.
105. 같은 책, p. 243.
106. E. Juillard, *Problèmes alsaciens vus par un géographe*, 1968, p. 110.
107. 같은 책, p. 112.
108. G. Fourquin, 앞의 책, pp. 160 sg.
109. G. Galasso, 앞의 책, pp. 76−77.
110. 같은 책, p. 76.
111. Georg Grüll, 앞의 책, pp. 30−31.
112. Evamaria Engel, Benedykt Zientaria, *Feudalstruktur, Lehnbürgertum und Fernhandel im Spätmittelalterlichen Brandenburg*, 1967, pp. 336−338.
113. Marc Bloch, *Mélanges historiques*, Paris, 1963, II, p. 689.
114. Jacques Heers, *Le Clan familial au Moyen Âge*, Paris, 1974.
115. Vital Chomel, "Communautés rurales et *casanae* lombardes en Dauphiné (1346). Contribution au problème de l'endettement dans les sociétés paysannes du Sud-Est de la France au bas Moyen Âge", *in : Bulletin philologique et historique*, 1951 et 1952, p. 245.
116. Georges Livet, *L'Intendance d'Alsace sous Louis XIV, 1648−1715*, 1956, p. 833.
117. André Plaisse, *La Baronnie de Neubourg*, 1961.
118. G. Delille, 앞의 논문, 1975.
119. Yvonne Bézard, *Une famille bourguignonne au XVIIIe siècle*, Paris, 1930.
120. J. Meyer, 앞의 책, p. 780.
121. Vauban, *Le Projet d'une dixme royale* (éd. Coornaert, 1933), p. 181, 다음에서 인용, J. Meyer, 앞의 책, p. 691, 주 1.
122. A. Plaisse, 앞의 책, p. 61.
123. Y. Bézard, 앞의 책, p. 32.
124. Gaston Roupnel, *La Ville et la Campagne au XVIIIe siècle*, 1955, p. 314 ; Robert Forster, *The House of Saubc-Tavannes*, 1971.
125. Albert Soboul, *La France à la veille de la Révolution*, I : *Économie et Société*, p. 153.
126. A. Plaisse, 앞의 책, 1974, p. 114.

127. Louis Merle, *La Métairie et l'évolution agraire de la Gâtine poitevine*, 1958, pp. 50 이하.

128. G. Grüll, 앞의 책, pp. 30–31.

129. Pierre Goubert, *Beauvais et le Beauvaisis*, 앞의 책, pp. 180 이하.

130. Michel Caillard, *À travers la Normandie des XVIIe et XVIIIe siècles*, 1963, p. 81.

131. Vital Chomel, "Les paysans de Terre-basse et la dîme à la fin de l'Ancien Régime", *in : Évocations*, 18e année, n.s., 4e année, n° 4, 1962년 3–4월, p. 100.

132. 다음에서 인용, L. Dal Pane, 앞의 책, p. 183.

133. Michel Augé-Laribé, *La Révolution agricole*, 1955, p. 37.

134. Giorgio Doria, *Uomini e terre di un borgo collinare*, 1968.

135. Aurelio Lepre, *Contadini, borghesi ed operai nel tramonto del feudalesimo napoletano*, 1963, p. 27.

136. 같은 책, pp. 61–62.

137. Paul Butel, "Grands propriétaires et production des vins du Médoc au XVIIIe siècle", *in : Revue historique de Bordeaux et du département de la Gironde*, 1963, pp. 129–141.

138. Gaston Roupnel, 앞의 책, pp. 206–207.

139. Witold Kula, *Théorie économique du système féodal. Pour un modèle de l'économie polonaise, XVIe–XVIIIe siècles*, 1970.

140. J. Rutkowski, "La genèse du régime de la corvée dans l'Europe centrale depuis la fin du Moyen Âge", *in : La Pologne au VIe Congrès international des sciences historiques*, 1930 ; W. Rusinski, *in : Studia historiae œconomicae*, 1974, pp. 27–45.

141. L. Makkai, *in : Histoire de la Hongrie*, 앞의 책, p. 163.

142. A. von Transehe-Roseneck, *Gutsherr und Bauer im 17. und 18. Jahr.*, 1890, p. 34, 주 2.

143. J. Ziekursch, *Hundert Jahre Schlesischer Agrargeschichte*, 1915, p. 84.

144. F. J. Haun, *Bauer und Gutsherr in Kursachsen*, 1892, p. 185.

145. I. Wallerstein, 앞의 책, p. 313, 주 58. 16세기 말에는 부역이 일주일에 4일에 이르는 경우가 거의 없었으나 18세기에는 같은 등급의 농민이 일반적으로 일주일에 4–6일의 부역을 제공해야 했다. 이 수치는 경작 규모가 큰 농민들의 경우이고 경작 규모가 더 작은 농민들의 부역은 이보다는 적었다. 왜냐하면 부역 일수는 경작 규모에 따라 변하기 때문이다. 그러나 농민 부담의 증가, 특히 부역의 증가 경향은 일반적이었다. 다음을 참조하라. Jan Rutkowski, 앞의 논문, pp. 142, 257.

146. 참고 문헌 불명.

147. Charles d'Eszlary, "La situation des serfs en Hongrie de 1514 à 1848", *in : Revue d'histoire économique et sociale*, 1960, p. 385.

148. J. Leszczynski, *Der Klassen Kampf der Oberlausitzer Bauern in den Jahren 1635–1720*, 1964, pp. 66 이하.

149. Alfred Hoffmann, "Die Grundherrschaft als Unternehmen", *in : Zeitschrift für Agrargeschichte und Agrarsoziologie*, 1958, pp. 123–131.

150. W. Kula, 앞의 책, p. 138.

151. Jean Delumeau, *La Civilisation de la Renaissance*, 1967, p. 287.

152. 영주 기업이 자본주의적인 성격인지 아닌지에 대해서는 J. Nichtweiss와 J. Kuczynski 사이의 논쟁을 참조하라. *Z. für Geschichtswissenschaft*, 1953, 1954.

153. Jean de Léry, *Histoire d'un voyage faict en la terre de Brésil*, p. p. Paul Gaffarel, II, 1880, pp. 20–21.

154. Gilberto Freyre, *Casa Grande e Senzala*, 5e éd. 1946.

155. Frédéric Mauro, *Le Portugal et l'Atlantique au XVIIe siècle*, 1960, pp. 213 이하.

156. Alice Piffer Canabrava, *A industriado açucar nas ilhas inglesas e francesas do mar das Antilhas*, 타이프본 논문, São Paulo, 1946, pp. 8 이하.

157. Gabriel Debien, "La sucrerie Galbaud du Fort (1690–1802)", *in : Notes d'histoire coloniale*, I, 1941.

158. Guildiverie라는 단어는 guildive에서 나왔다. 이 말은 "설탕 시럽과 초기의 증류용 보일러에서 나온 거품"을 가지고 만든 증류주를 말한다. 이 단어와 동의어인 Tafia라는 말은

흑인과 인디오들이 사용하는 말이었다(Littré 사전).

159. J. Cavignac, 앞의 책, p. 173, 주 1.

160. Savary, 다음에서 인용, Cavignac, 앞의 책, p. 49, 주 3.

161. G. Debien, 앞의 논문, pp. 67-68.

162. G. Debien, "À Saint-Domingue avec deux jeunes économes de plantation (1777-1788)", in : Notes d'histoire coloniale, VII, 1945, p. 57. Piastre 'gourde' 또는 'grosse' piastre라는 표현은 스페인어의 gorda[大]라는 말에서 나왔다.

163. Pierre Léon, Marchands et spéculateurs dauphinois dans le monde antillais, les Dolle et les Raby, 1963, p. 130.

164. François Crouzet, in : Charles Higounet, Histoire de Bordeaux, t. V, 1968, p. 224 ; Pierre Léon, in : Braudel, Labrousse, Histoire économique et sociale de la France, II, 1970, p. 502, figure 52.

165. Gaston Rambert, in : Histoire du commerce de Marseille, VI, pp. 654-655.

166. François Crouzet, in : Histoire de Bordeaux, 앞의 책, p. 230, 주 40.

167. Pierre Léon, Marchands et spéculateurs……, 앞의 책, p. 56.

168. Marten G. Buist, At spes non fracta, Hope et Co, 1770-1815, 1974, pp. 20-21.

169. R. B. Sheridan, "The Wealth of Jamaica in the Eighteenth Century", in : Economic Historical Review, vol. 18, n° 2, 1965년 8월, p. 297.

170. 같은 논문, p. 296.

171. Richard Pares, The Historian's Business and other essays, Oxford, 1961. 같은 저자의 Merchants and Planters, Economic History Review Supplement n° 4, Cambridge, 1960, 다음에서 인용, R. B. Sheridan, 앞의 논문.

172. R. B. Sheridan, 앞의 논문, p. 305.

173. 같은 책, p, 304.

174. 같은 책, pp. 306 이하.

175. Roland Dennis Hussey, The Caracas Company, 1728-1784, 1934.

176. J. Beckmann, Beiträge zur Oekonomie, Technologie, Polizei und Cameralwissenschaft, 1779-1784, I, p. 4. 이렇게 영국의 토지가 다양한 데에 대해서는 다음을 참조하라. Joan Thirsk, in : Agrarian hist. of England, 앞의 책, 여러 곳과 pp. 8 이하.

177. Encyclopédie, t. IV, 1754, col. 560 이하.

178. Karl Marx, Le Capital, Éd. sociales, 1950, t. III, p. 163.

179. 다음을 참조하라. Jean Jacquart, La Crise rurale en Île-de-France, 1550-1670, 1974.

180. André Bourde, 앞의 책, I, p. 59.

181. Émile Mireaux, Une province française au temps du Grand Roi, la Brie, 1958.

182. 같은 책, p. 97.

183. 같은 책, p. 103.

184. 같은 책, p. 299.

185. 같은 책, pp. 145 이하.

186. V. S. Lublinsky, "Voltaire et la guerre des farines", in : Annales historiques de la Révolution française, 1959, pp. 127-145.

187. Pierre Goubert, in : Braudel, Labrousse, Histoire économique et sociale de la France, II, p. 145.

188. Édités par Jean Mistler, 1968, pp. 40 et 46.

189. Méditerranée, 앞의 책, I, pp. 70 이하.

190. Jean Georgelin, Venise au siècle des Lumières, 1978, pp. 232 이하.

191. Jean Georgelin, "Une grande propriété en Vénétie au XVIIIᵉ siècle : Anguillara", in : Annales, E.S.C., 1968, p. 486, 주 1.

192. 같은 논문, p. 487.

193. Mireaux, 앞의 책, pp. 148 이하.

194. P. Molmenti, 앞의 책, pp. 138 이하, 141.

195. 다음에서 인용, Jean Georgelin, Venise au siècle des Lumières, 앞의 책, pp. 758-759.

196. J. C. Léonard Simonde de Sismondi, *Nouveaux Principes d'économie politique ou de la richesse dans ses rapports avec la population* (1819), 1971, p. 193.
197. A. Reumont, *Della Campagna di Roma*, 1842, pp. 34-35, 다음에서 인용, Dal Pane, 앞의 책, p. 53.
198. Dal Pane, 같은 책, pp. 104-105 (그리고 주 25) ; N. M. Nicolai, *Memorie, leggi ed osservazioni sulle campagne di Roma*, 1803, 다음에서 인용, Dal Pane, 같은 책, p. 53.
199. 같은 책, p. 106.
200. Adam Smith, *La Richesse des nations*, réédition Osnabrück, 1966, I, pp. 8-9.
201. Olivier de Serres, *Le Théâtre d'agriculture et mesnage des champs*, 3e éd. 1605, p. 74.
202. 이탈리아의 민요, *I dischi del Sole*, Edizioni del Gallo, Milan (출판년도 불명).
203. Giovanni Di Pagolo Morelli, *Ricordi*, p. p. Vittore Branca, 1956, p. 234. 개인적인 연대기인 이 자료는 1393-1421년을 기록하고 있다.
204. Elio Conti, *La Formazione della struttura agraria moderna nel contado fiorentino*, I, p. 13.
205. 같은 책, p. 4.
206. Renato Zangheri, "Agricoltura e sviluppo del capitalismo", *in : Studi storici*, 1968, n° 34.
207. L. Makkai가 제공한 정보.
208. Rosario Villari, *La Rivolta antispagnola a Napoli*, 1967.
209. 다음에서 인용, Pasqale Villani, *Feudalità, riforme, capitalisme agrario*, 1968, p. 55.
210. 같은 책, pp. 97-98.
211. Jean Delumeau, *L'Italie de Botticelli à Bonaparte*, 1974, pp. 351-352.
212. Pierre Vilar, *La Catalogne dans l'Espagne moderne*, t. II, p. 435.
213. Pierre Goubert, *in :* Braudel, Labrousse, 앞의 책, pp. 12 et 17.
214. Jean Meyer, *La Noblesse bretonne au XVIIIe siècle*, 1966, t. II, p. 843.
215. Eberhard Weiss, "Ergebnisse eines Vergleichs der grund-herrschaftlichen Strukturen Deutschlands und Frankreichs vom 13. bis zum Ausgang des 18. Jahrhunderts", *in : Vierteljahrschrift für Sozial- und Wirtschaftsgeschichte*, 1970, pp. 1-74.
216. E. Le Roy Ladurie, "Révoltes et contestations rurales en France de 1675 à 1788", *in : Annales E.S.C.*, 1974년 1-2월, pp. 6-22.
217. Pierre de Saint-Jacob, *Les Paysans de la Bourgogne du Nord au dernier siècle de l'Ancien Régime*, 1960, pp. 427-428.
218. 이 책[원서], I, éd. 1967, p. 88.
219. René Pillorget, "Essai d'une typologie des mouvements insurrectionnels ruraux survenus en Provence de 1596 à 1715", *in : Actes du quatre-vingt-douzième Congrès national des Sociétés Savantes*, Section d'histoire moderne, 1967, t. I, pp. 371-375.
220. P. Chaunu, *La Civilisation de l'Europe classique*, 1966, p. 353.
221. Paul Harsin, "De quand date le mot industrie ?", *in : Annales d'histoire économique et sociale*, II, 1930.
222. Hubert Bourgin, *L'Industrie et le Marché*, 1924, p. 31.
223. Pierre Léon, *La Naissance de la grande industrie en Dauphiné (fin du XVIIe siècle-1869)*, 1954, t. I, p. 56.
224. W. Sombart, 앞의 책, II, p. 695.
225. Luigi Bulferetti et Claudio Costantini, *Industria e commercio in Liguria nell'età del Risorgimento (1700-1861)*, 1966, p. 55.
226. T. J. Markovitch, "L'industrie française de 1789 à 1964", *in : Cahiers de l'I.S.E.A.*, série AF, n° 4, 1965 ; nos 5, 6, 7, 1966, 특히 n° 7, p. 321.
227. Federigo Melis, 콜레주 드 프랑스에서의 강의, 1970.
228. Hubert Bourgin, 앞의 책, p. 27.
229. *Méditerranée*, I, p. 396.
230. 이 책의 279쪽 이하를 보라.
231. W. Sombart, 앞의 책, II, p. 732.

232. Henri Lapeyre, *Une famille de marchands, les Ruiz*……, 1955, p. 588.

233. Jacques de Villamont, *Les Voyages du seigneur de Villamont*, 1600, f° 4 v.

234. Hubert Bourgin, 앞의 책, p. 31.

235. W. Sombart, 앞의 책, II, p. 731.

236. Ortulf Reuter, *Die Manufaktur im frankischen Raum*, 1961.

237. François Coreal, *Relation des voyages de François Coreal aux Indes occidentales*……
depuis *1666 jusqu'en 1697*, Bruxelles, 1736, p. 138.

238. Otto von Kotzebue, *Entdeckungs-Reise in die Süd-See und nach der Berings-
Strasse*……, 1821, p. 22.

239. M. Cartier et Teng T'o, "En Chine, du XVIᵉ au XVIIIᵉ siècle : les mines de charbon de
Men-t'ou-kou", *in : Annales E.S.C.*, 1967, pp. 54–87.

240. Louis Dermigny, 앞의 책, I, p. 66 ; Jacques Gernet, 앞의 책, p. 422.

241. Louis Dermigny, 앞의 책, I, p. 65.

242. 같은 책, p. 65.

243. Lord Macartney, *Voyage dans l'intérieur de la Chine et en Tartarie, fait dans les années
1792, 1793 et 1794*, Paris, 1798, IV, p. 12 ; J. Gernet, 앞의 책, p. 422.

244. P. Sonnerat, *Voyage aux Indes orientales et à la Chine fait par ordre du Roi depuis 1774
jusqu'en 1781*, 1782, t. I, p. 103.

245. 같은 책, pp. 104–105 ; gravures pp. XX et XXII.

246. Guy Patin, *Lettres*, I, p. 2.

247. *De l'Esprit des Lois*, XXIII, p. 15.

248. Marc Bloch, *Mélanges historiques*, 1963, t. II, pp. 796–797.

249. A.d.S., Gênes, *Lettere Consoli*, 1/2628.

250. Charles de Ribbe, *Une grande dame dans son ménage au temps de Louis XIV, d'après le
journal de la comtesse de Rochefort (1689)*, Paris, 1889, pp. 142–147.

251. Witold Kula, 앞의 책, p. 156, 주 84, 1583년 우크라이나, 1788년 리투아니아.

252. A.N., F¹², 681, f° 112.

253. J. Beckmann, 앞의 책, III, pp. 430–431.

254. Jean Lejeune, 앞의 책, p. 143.

255. C. et S. Suárez à Cosme Ruiz, Florence, 1601년 6월 1일. Archives Ruiz, Valladolid. "……
que todos acuden a la campana".

256. A.N., G⁷, 1706, 167.

257. Ange Goudar, *Les Intérêts de la France mal entendus*, Amsterdam, 1756, t. III, pp.
265–267, 다음에서 인용, Pierre Dockes, *L'Espace dans la pensée économique*, 앞의 책,
p. 270.

258. Roger Dion, *Histoire de la vigne et du vin en France des origines au XIXᵉ siècle*, 1959, p.
33.

259. Germain Martin, *La Grande Industrie sous le règne de Louis XIV* (특히 1660–1715년에
관한 내용-), 1898, p. 84.

260. E. Tarlé, *L'Industrie dans les campagnes de France à la fin de l'Ancien Régime*, 1910, p.
45, 주 3.

261. I. Schoffer가 나에게 제공한 정보.

262. Ortensio Landi, *Paradossi, cioè sentenie fuori del comun parere, novellamente venute in
luce*, 1544, p. 48 recto.

263. Joan Thirsk, *in : The Agrarian History of England and Wales*, 1967, IV, p. 46.

264. Jacqueline Kaufmann-Rochard, 앞의 책, pp. 60–61.

265. Heinrich Bechtel, 앞의 책, I, p. 299.

266. Joan Thirsk, 앞의 책, IV, p. 12, 여러 곳.

267. D. Defoe, 앞의 책, I, pp. 253–254.

268. Isaac de Pinto, 앞의 책, p. 287.

269. A.N., G⁷, 1704, f° 102.

270. Mirabeau, *L'Ami des hommes ou traité de la population*, 1756−1758.

271. P. S. Dupont de Nemours, *De l'exportation et de l'importation des grains*, 1764, pp. 90−91, 다음에서 인용, Pierre Dockes, *L'Espace dans la pensée économique du XVIe au XVIIIe siècle*, 1969, p. 288.

272. François Véron de Forbonnais, *Principes et observations économiques*, 1767, t. I, p. 205, 다음에서 인용, Pierre Dockes, 앞의 책, p. 288.

273. *Mémoires de Oudard Coquault (1649−1668), bourgeois de Reims*, éd. 1875, II, p. 371.

274. *Gazette de France*, 1730, p. 22.

275. 모스크바, 레닌 도서관, Fr. 1100, f° 76−77.

276. Enrique Florescano, *Precios del maíz y crisis agricolas en Mexico (1708−1810)*, 1969, p. 142.

277. Germain Martin, 앞의 책, p. 80.

278. A.N., F¹², 149, f° 80.

279. D. Defoe, 앞의 책, p. 125.

280. E. Tarlé, 앞의 책, p. 43.

281. Semaine de Prato, 1968년 4월.

282. Domenico Sella, *European industries (1500−1700)*, 1970.

283. 같은 책, pp. 88−89.

284. "Archéologie de la fabrique : la diffusion des moulins à soie "alla bolognese" dans les États vénétiens du XVIe au XVIIIe siècle", *in : L'Industrialisation en Europe au XIXe siècle*, p. p. P. Léon, F. Crouzet, R. Gascon, 1972.

285. E. Schulin, 앞의 책, p. 220.

286. "The unmaking of the Mediterranean trade hegemony", *in : Journal of economic history*, 1975, p. 515.

287. Aloys Schulte, "La lana come promotrice della floridezza economica dell'Italia nel Medio Evo", *in : Atti del Congresso di scienze storiche*, vol. III, Rome, 1906, pp. 117−122, 특히 p. 119.

288. A.N., G⁷, 1685, 76 (Mémoire de 1684).

289. Louis Dermigny, 앞의 책, II, p. 756, 주 3.

290. Louis−Félix Bourquelot, *Études sur les foires de Champagne*, 1865, I, p. 102.

291. Pierre Dardel, *Commerce, industrie et navigation à Rouen et au Havre au XVIIIe siècle*, 1966, pp. 108−109.

292. *Gazette de France*, 1783, p. 351.

293. 1759년 9월 5일. Savary des Bruslons, IV, col. 1023.

294. Geneviève Anthony, *L'Industrie de la toile à Pau et en Béarn de 1750 à 1850* (Études d' économie basco-béarnaise, t. III), 1961, p. 41.

295. A.N., F¹², 151, 148 v°, 1729년 4월 29일.

296. A.N., F¹², 682, 1726년 8월 29일.

297. A.N., G⁷, 1706, f° 81, 1723년 1월 19일.

298. A.N., F¹², 721.

299. A.N., 62 AQ⁷.

300. *Variétés*, 앞의 책, V, p. 345, 주 2.

301. A.N., G⁷, 1700, f° 86.

302. Johann Beckmann, 앞의 책, III, 서론(페이지 숫자는 없다).

303. Pierre Chaunu, *La Civilisation de l'Europe classique*, 1970, p. 332.

304. Bertrand Gille, *Les Forges françaises en 1772*, 1960, p. XII.

305. 예를 들면 파리의 포도주 수송인-관리들도 1703−1709년의 6년 동안 거의 150만 리브르를 제공했으며 그 결과 곤경에 빠졌다. A.N., G⁷, 1510.

306. F. Lütge, 앞의 책, pp. 205−206, 258.

307. Hektor Amman, "Die Anfänge des Aktivhandels und der Tucheinfuhr aus Nordwesteuropa nach dem Mittelmeergebiet", *in : Studi in onore di Armando Sapori*,

1957, I, dépliant, p. 308 *bis.*

308. Erich Maschke, "Die Stellung des Reichsstadt Speyer in der mittelalterlichen Wirtschaft Deutschlands", *in : Vierteljahrschrift für Sozial- und Wirtschaftsgeschichte*, 1967, pp. 435-455, 특히 p. 436.

309. *Paris sous Philippe le Bel d'après des documents originaux⋯⋯*, p. p. H. Gérard, 1837.

310. B.N., Fr., 21557, f° 9.

311. F. Melis, *Aspetti della vita economica medievale, studi nell'Archivio Datini di Prato*, I, p. 458.

312. Archives communales de Gênes, 572, f° 4.

313. 모스크바, 레닌 도서관, Fr., 374, f° 171.

314. 같은 책, f° 121.

315. Diego de Colmenares, *Historia de la insigna ciudad de Segovia*, 2ᵉ éd. 1640, p. 547.

316. Hermann Kellenbenz, "Marchands capitalistes et classes sociales", p. 14 (타이프본).

317. Gino Luzzatto, "Per la storia delle costruzioni navali a Venezia nei secoli XV e XVI", *in : Miscellanea di studi storici in onore di Camillo Manfroni*, pp. 385-400.

318. Museo Correr, Donà delle Rose, 160, f° 53 et 53 v°.

319. Hermann Kellenbenz, 앞의 논문, 주 316.

320. François Dornic, *L'Industrie textile dans le Maine*, 1955.

321. Raoul de Félice, *La Basse-Normandie, étude de géographie régionale*, 1907, p. 471.

322. Johann Beckmann, 앞의 책, I, pp. 109 이하.

323. F. Dornic, 앞의 책, p. 307.

324. 모스크바, 레닌 도서관, Fr., 374, f° 160 v°.

325. 런던, 빅토리아-알버트 박물관, 86-HH, Box 1, 날짜 없음.

326. Barchent = 푸스티안.

327. 이것은 중세의 Tridentiner Bergwerkgebräuche(1208)에까지 거슬러 올라가는 광업조직이다.

328. Günther V. Probszt, *Die niederungarischen Bergstädte*, 1966.

329. Antonina Keckowa, *Les Salines de la région de Cracovie du XVIᵉ siècle au XVIIIᵉ siècle*, en polonais, 1969.

330. Danuta Molenda, *Le Progrès technique et l'organisation économique de l'extraction des métaux non ferreux en Pologne du XIVᵉ au XVIIᵉ siècle*, p. 14. 같은 저자, *Gornictwo Kruszcowe na terenie zloz slaskokrarowskich do Polowy XVI' wieku*, 1963, p. 410.

331. F. Lütge, 앞의 책, p. 265.

332. *Zur Genesis des modernen Kapitalismus*, 1935.

333. G. Lohmann Villena, *Las Minas de Huancavelica en los siglos XVI y XVII*, pp. 11 이하.

334. A. Matilla Tascón, *Historia de las minas de Almadén*, I (1958), pp. 181-202.

335. F. Lütge, 앞의 책, p. 304 ; 이탈리아의 백과사전 중에서 "Idria" 항목.

336. Enrique Florescano, *Precios del maíz y crisis agricolas en Mexico (1708-1810)*, 1969, p. 150, 주 33.

337. F. Lütge, 앞의 책, p. 378.

338. L. A. Clarkson, *The preindustrial economy in England*, 1971, p. 98.

339. 같은 곳.

340. *Gazette de France*, 1731년 8월 6일, p. 594.

341. A.N., F¹², 682, 1727년 1월 9일.

342. Marcel Rouff, *Les Mines de charbon en France au XVIIIᵉ siècle*, 1922, p. 245, 주 1.

343. Germain Martin, *La Grande Industrie en France sous le règne de Louis XIV*, 1900, p. 184.

344. A.N., A.E., B¹, 531, 1713년 2월 18일.

345. A.N., F¹², 515, f° 4, 1738년 5월 23일.

346. 아르덴 주. 이것은 1870년의 전쟁이 보여주는 일리(Illy) 마을의 모습이다.

347. A.N., F¹², 724.

348. A.N., G⁷, 1692, 101.
349. J. A. Roy, *Histoire du patronat du Nord de la France*, 1968, 타이프본.
350. H. Sée, "L'État économique de la Champagne à la fin du XVIIᵉ siècle, d'après les mémoires des intendants de 1689 et de 1698", *in : Mémoires et documents pour servir à l'histoire du commerce et de l'industrie*, dir. J. Hayem, Xᵉ série, 1966, p. 265.
351. Guy Arbellot, *Cinq paroisses du Voilage, XVIIᵉ–XVIIIᵉ siècles*, 1970, 타이프본 학위 논문, éditions AUDIR.
352. Ortulf Reuter, 앞의 책, pp. 14–15.
353. Savary des Bruslons, 앞의 책, t. III, colonne 721.
354. F. L. Nussbaum, *A History of the economic institutions of Modern Europe*, 1933, p. 216.
355. 이 책의 461쪽 이하를 참조하라.
356. F. L. Nussbaum, 앞의 책, pp. 212–213.
357. F. Lütge, 앞의 책, p. 366.
358. D. Defoe, 앞의 책, II, pp. 271–272.
359. Federigo Melis, *Aspetti della vita economica medievale*, 1962, pp. 286 이하, 455 이하, et *Tracce di una storia economica di Firenze e della Toscana*, p. 249.
360. F. Lütge, 앞의 책, p. 366.
361. Eckart Schremmer, *Die Wirtschaft Bayerns*, 1970, p. 502.
362. René Gandilhon, 앞의 책, p. 176.
363. 다음에서 인용, Pierre Dockes, *L'Espace dans la pensée économique du XVIᵉ au XVIIIᵉ siècle*, p. 108.
364. Claude Pris, *La Manufacture royale des glaces de Saint-Gobain, 1665–1830*, 1973, 타이프본 학위 논문. en 5 vol., 서론.
365. A.N., G⁷, 1697, 2, 1712년 1월 3일.
366. A.N., F¹², 682.
367. A.N., G⁷, 1706, 126, 1723년 3월(여기까지의 문단 전체).
368. 기본적인 연구로 M. Courtecuisse, "La manufacture de draps fins Vanrobais aux XVIIᵉ et XVIIIᵉ siècles", *in : Mémoires de la Société d'émulation d'Abbeville*, t. XXV, 1920.
369. 영국 여행, 인용된 문서, fᵒ 4.
370. Georges Ruhlman, *Les Corporations, les manufactures et le travail libre à Abbeville au XVIIIᵉ siècle*, 1948.
371. F. L. Nussbaum, 앞의 책, p. 215.
372. 같은 책, p. 213.
373. 같은 책, p. 213.
374. 같은 책, p. 216.
375. L. A. Clarkson, 앞의 책, p. 99.
376. A.N., G⁷, 1697, 6.
377. 같은 곳.
378. A.N., F¹², 681, 9.
379. A.N., F¹², 516, 13.
380. Claude Pris, 앞의 책, 타이프본인 이 책에서 다음에 나오는 모든 자료를 제공한다.
381. Sidney Homer, *A History of interest rates*, 1963.
382. 여기에서 내가 개략적이라고 이야기한 것은 지형학에서 우뚝 솟은 "모자(chapeau)"와 비슷한 것을 가리키는 것으로서 조준선이 서로 불완전하게 겹치는 것을 가리킨다.
383. W. Kula에 의한 것이며, 이 정보는 Andrej Wiczansky가 전해준 것이다.
384. Raymond Oberlé, "L'évolution des fortunes à Mulhouse et le financement de l'industrialisation au XVIIIᵉ siècle", *in :* Comité des travaux historiques, *Bulletin des travaux historiques*, 1971, p. 151, 주 32, 다음에서 언급, *Histoire documentaire de l'industrie de Mulhouse et de ses environs au XIXᵉ siècle*, 1902, pp. 287 et 698.
385. 아직 출판되지 않은 R. F. Zuber의 저작에 의한 것으로서 그는 몽골피에(Montgolfier)에 관한 문서들(소르본 도서관)을 자세히 조사했다.

386. *Handbuch derDeutschen Geschichte*, p. p. Aubin et Zorn, 1971, I, p. 550.

387. J.-C. Perrot, *Genèse d'une ville moderne : Caen au XVIIIᵉ siècle*, 1975, I, p. 372.

388. Ludwig Scheuermann, *Die Fugger als Montanindustrielle in Tirol und Karnten*, 1929, p. 27.

389. *Daily life in Portugal in the late Middle Ages*, 1971, 특히 p. 198.

390. Walther G. Hoffmann, *British industry, 1700–1950*, 1955.

391. *Cambridge Economic History of Europe*, IV, 1967, p. 484, figure 33.

392. Jean-Claude Perrot, 앞의 책, I, p. 400.

393. 같은 책, p. 408.

394. Sidney Pollard, David W. Crossley, *The Wealth of Britain*, 1968, pp. 134 이하.

395. F. Ruiz Martín이 전해준 정보에 의거.

396. *Beauvais et le Beauvaisis*……, 앞의 책, p. 327.

397. Orazio Cancila, "I prezzi su un mercato dell'interno della Sicilia alla meta del XVII secolo", *in : Economia e Storia*, 1966, p. 188.

398. Basile Kerblay, "Les foires commerciales et le marché intérieur en Russie dans la première moitié du XIXᵉ siècle", *in : Cahiers du monde russe et soviétique*, 1966, p. 424.

399. *Archives Voronsov*, 10, p. 129. Simon Voronsov, Southampton, 1801년 9월 12–24일.

400. Cantillon, *Essai sur la nature du commerce en général*, éd. INED, 1952, p. 36. Pierre Gourou에 의하면 이것은 잘못된 딜레마라고 한다. 말이 많으면 비료를 더 많이 얻게 될 것이고 따라서 더 좋은 수확을 얻기 때문이다.

401. Galiani, *Dialogue sur le commerce des blés*, 다음에서 인용, Pierre Dockes, p. 321.

402. W. Sombart, 앞의 책, II, pp. 357 이하.

403. A.N., G⁷, 1510.

404. Dutens, *Histoire de la navigation hauturière en France*, 1828, 다음에서 인용, J.-C. Toutain, *Les Transports en France, 1830–1965*, 1967, p. 38.

405. Toutain, 같은 책, p. 38.

406. A.N., G⁷, 1646, Orléans, 1708년 12월 26일.

407. Jacob Strieder, *Aus Antwerpenen Notariatsarchiven*, 1930, p. XXV, 주 4.

408. Émile Coornaert, *Les Français et le commerce international à Anvers*, I, pp. 269–270.

409. Aloys Schulte, *Geschichte des mittelalterlichen Handels und Verkehrs*, I, pp. 357 이하.

410. A.N., F¹², 721.

411. Stockalper Archiv, Brigue, Sch. 31, n° 2939, 2942, 2966.

412. A.D., Haute-Savoie, C 138–307, F 92 v°.

413. A.N., H 3159/2.

414. W. Sombart, II, pp. 330–332.

415. *Méditerranée*, I, p. 191.

416. A. Everitt, 앞의 책, IV, p. 559.

417. A.N., G⁷, 1510.

418. Jacques Savary, *Le Parfait Négociant*, 1712, I, 제2부, pp. 208–209.

419. "Relazione"…… de Bernardo Bigoni, *in : Viaggiatori del' 600*, p. p. Marziano Guglielminetti, 1967, pp. 309–310.

420. Savary des Bruslons, 앞의 책, IV (1762), colonne 1251.

421. Sully, *Mémoires*, III, p. 42.

422. Wilfrid Brulez, *De Firma della Faille en de internationale Handel van vlaamse Firma's in de 16° Eeuw*, 1959, p. 577.

423. H. Kellenbenz, *Der Meder'sche Handelsbuch und die Welser'schen Nachträge*, 1974, p. 121.

424. A.N., G⁷, 1685, 7.

425. W. Sombart, 앞의 책, II, p. 334.

426. J.-P. Ricard, *Le Négoce d'Amsterdam*, p. 218, 다음에서 인용, W. Sombart, II, p. 338.

427. Ray Bert Westerfield, *Middlemen in English business, particularly between 1660 and*

1760, 1915.
428. W. Sombart, 앞의 책, II, p. 329.
429. J.-C. Toutain, 앞의 책, p. 14.
430. Savary des Bruslons, 앞의 책, I (1759), colonne 429.
431. A.N., G⁷, 1646.
432. A.N., G⁷, 1633.
433. 로안(Roanne)에 대한 모든 정보는 다음의 타이프본 논문에 의거한 것이다. Denis Luya, *Batellerie et gens de rivière à Roanne au dernier siècle de l'Ancien Régime*, Université de Lyon, 1972.
434. A.N., H 3156 et H 2933(특히 1789년의 것은 이 문제의 역사적인 성격을 말해준다).
435. Michel de Boislile, *Mémoires des Intendants*, I (1881), pp. 5-6.
436. A.N., K 1352, n° 63, f° 1.
437. Savary des Bruslons, I, colonne 430.
438. B.N., Fr., 21702, fᵒˢ 71-73.
439. 같은 곳, fᵒˢ 120-126.
440. A.N., G⁷, 1532, 1705년 8월.
441. A.N., F¹², 681, 60 et 44.
442. P. Deyon, *Amiens, capitale provinciale*, 1967, pp. 91 이하.
443. 앞의 주 433을 보라.
444. D. Defoe, 앞의 책, II, pp. 254-256.
445. Savary des Bruslons, 앞의 책, I, colonne 429.
446. H. Kellenbenz, "Bäuerliche Unternehmertätigkeit im Bereich der Nord- und Ostsee von Hochmittelalter bis zum Ausgang der neueren Zeit", *in : Vierteljahrschrift für Sozial- und Wirtschaftsgeschichte*, 1962년 3월.
447. 같은 논문.
448. 같은 논문.
449. L.-A. Boiteux, *La Fortune de mer, le besoin de sécurité et les débuts de l'assurance maritime*, pp. 45 이하.
450. 같은 책, p. 48.
451. Ralph Davis, *Alippo and Devonshire Square*, p. 34, 주 2.
452. A.N., K 1351.
453. Seignelay, *Journal de voyage en Hollande*, éd. 1867, pp. 293 et 297.
454. AN., F¹², 724.
455. A.N., F¹², 724, 1788년 9월 25일.
456. A.N., A.E., B¹, 627, 1725년 8월 2일.
457. A.N., Colonies F 2 A, 16.
458. Yosaburo Takekoshi, *The economic aspects of the political history of Japan*, 1930, I, pp. 223-224.
459. 여기에서 이용한 문서들은 Jean Meyer가 제공한 것이다.
460. Frédéric C. Lane, "Progrès technologiques et productivité dans les transports maritimes de la fin du Moyen Âge au début des Temps modernes", *in : Revue historique*, 1974년 4-6월, pp. 277-302.
461. Germain Martin, *La Grande Industrie sous le règne de Louis XIV*, p. 213.

제4장

1. Menendez Pidal, *Historia de España*, III, pp. 171-172.
2. *In : Boll. Senese di Storia Patria*, VI, 1935.
3. H. Pigeonneau, *Histoire du commerce en France*, 1885, p. 237.
4. 앞의 책, p. 230.
5. Georg von Below, *Probleme der Wirtschaftsgeschichte*, 1926, p. 381. 마찬가지로 대상인과 "négociateurs détailleurs" 사이의 명예로운 융합에 관해서는 J. Accarias de Sérionne,

Les Intérêts des nations de l'Europe, 1766, II, p. 372.

6. P. Chalmetta, 앞의 책, pp. 103 et 117.

7. F. Sebastian Manrique, *Itinerario de las Missiones*, 1649, p. 346.

8. 트레이즈먼(tradesman)과 머천트(merchant)에 관해서는 다음을 참조하라. D. Defoe, 앞의 책, I, pp. 1-3 ; 메르카투라(mercatura)와 메르칸치아(mercanzia)에 관해서는 다음을 참조하라. Cotrugli, 앞의 책, p. 15.

9. Condillac, 앞의 책, p. 306.

10. 마드리드에 있는 제노바인에 관해서는 다음을 참조하라. *Méditerranée*, I, p. 462, 주 4 ; Charles Lion에 관해서는 다음을 참조하라. Paul Decharme, *Le Comptoir d'un marchand au XVIIᵉ siècle d'après une correspondance inédite*, 1910, p. 11.

11. Florence Edler, "The Vandermolen, commission merchants of Antwerp: Trade with Italy, 1538-1544", *in : Essaies in honor of J. W. Thompson*, 1938, p. 90, 주 34, Anvers, 1539년 12월 7일.

12. D. Defoe, 앞의 책, II, p. 135.

13. B.N., Fr., 21702, fᵒˢ 14 et 40.

14. Turgot, *Œuvres*, 앞의 책, I, p. 262.

15. P. Ruiz Martín, *Lettres marchandes*……, 앞의 책, pp. XXXVI-XXXVII.

16. Pierre Vilar, 앞의 책, Ill, 여러 곳과 pp. 384-422.

17. Jean-Claude Perrot, 앞의 책, I, pp. 435-437.

18. A. Greppi 회사에 관해서는 다음을 참조하라. Bruno Caizzi, *Industriel, commercio e banca in Lombardia nel XVIII secolo*, 1968, pp. 203, 206, 210 ; Trip 회사에 관해서는 다음을 참조하라. P. W. Klein, *De Trippen in de 17° Eeuw*, 1965, pp. 474 이하.

19. *Middlemen in English business*, 1915.

20. Ch. Carrière, 앞의 책, I, p. 251.

21. D. Defoe, 앞의 책, I, p. 102.

22. S. Pollard et D. W. Crossley, 앞의 책, p. 169, 주 65.

23. *Variétés*, 앞의 책, III, pp. 41 et 56-57.

24. A.N., G⁷, 1686, fᵒ 156.

25. Claude Carrère, *Barcelone, centre économique*……, 1967, I, p. 143.

26. Claude-Frédéric Lévy, *Capitalistes et pouvoir au siècle des Lumières*, 1969, p. 354.

27. Jean Savant, *Tel fut Ouvrard*, 1954, pp. 11 이하.

28. Remy Bensa à P. F. Delessart, Francfort, 1763년 9월 14일, A.N., 62 AQ 34.

29. M. G. Buist, 앞의 책, p. 13.

30. *Œuvres*, I, p. 264.

31. 1759, p. 57.

32. D. Defoe, 앞의 책, I, pp. 354-357.

33. 같은 책, I, p. 368.

34. 같은 책, I, p. 364.

35. 같은 책, I, p. 358.

36. 같은 책, I, p. 46.

37. 같은 책, II, p. 10.

38. *The Trading World of Asia and the English East India Company*, 1978.

39. K. Marx, *Œuvres*, Éditions La Pléiade, I, p. 1099.

40. Ch. Carrière, 앞의 책, II, pp. 916-920.

41. Ch. Carrière, 앞의 책, I, p. 88.

42. *Variétés*, V, p. 256.

43. Robert Bigo, "Une grammaire de la Bourse en 1789", *in : Annales*, 1930, p. 507.

44. G. B. Cardinale di Luca, *77 Dottor vulgare*, 1673, V, p. 29.

45. Daniel Dessert, "Finances et société au XVIIᵉ siècle : à propos de la chambre de justice de 1661", *in : Annales E.S.C.*, 1974, n° 4, pp. 847-885.

46. Museo Correr, 정확한 전거(典據)는 찾지 못했다.

47. C. Laveau, 앞의 책, p. 154.
48. Violet Barbour, *Capitalism in Amsterdam in the seventeenth century*, 1950, p. 44.
49. S. Pollard et D. W. Crossley, 앞의 책, pp. 149−150.
50. Isaac de Pinto, 앞의 책, pp. 44−45, 77 이하, 95−96.
51. A.N., 62 AQ, fonds Dugard.
52. Passer debout : 아마도 ('통관증을 가지다'의 뜻으로) 멈추지 않고 지나가다.
53. Ch. Carrière, 앞의 책, II, p. 918.
54. A. P. Usher, *The Early History of deposit banking in Mediterranean Europe*, 1943, p. 6.
55. Federigo Melis, "Origenes de la Banca Moderna", *in* : *Moneda y credito*, n° 116, 1971, pp. 3−18, 특히 p. 4.
56. 이 책의 109−111쪽을 참조하라.
57. M. Morineau, *in* : *Anuario de historia económica y social*, 1969, pp. 289−362.
58. P.R.O. Londres, 30/25, 1687년 1월 4일.
59. 1613년 8월 9일, 다음에서 인용, J. Gentil da Silva, 앞의 책, p. 350, 주 46.
60. Carlo M. Cipolla, "La prétendue "Révolution des prix" ; réflexions sur l'expérience italienne", *in* : *Annales E.S.C.*, 1955, pp. 513−516.
61. Isaac de Pinto, 앞의 책, pp. 46 et 77−78.
62. 다음에서 인용, S. Pollard et D. W. Crossley, 앞의 책, p. 169.
63. A.N. G⁷, 1691, 35 (1708년 3월 6일).
64. A.N., A. E., B¹, 331, 1713년 11월 25일.
65. A.d.S. Venise, Consoli Genova, 6, 98, Gênes, 1628년 11월 12일.
66. A.G. Varsovie, fonds Radziwill, Nantes, 1726년 3월 20일.
67. A.N., G⁷, 1622.
68. A.N., G⁷, 1622 "Mémoire sur les billets de monnoye", 1706 (?).
69. Marcel Rouff, *Les Mines de charbon en France au XVIIIᵉ siècle*, 1922, p. 243.
70. Ch. Carrière, 앞의 책, II, pp. 917 이하.
71. B. Caizzi, *Industriel, commercio e banca in Lombardia⋯⋯*, 앞의 책, pp. 149, 206.
72. Guy Chaussinand-Nogaret, *Les Financiers du Languedoc au XVIIIᵉ siècle*, 1970, pp. 40, 103−104 ; *Gens de finance au XVIIIᵉ siècle*, 1972, 여러 곳과 pp. 68 이하 ; Yves Durand 의 저작에 대한 서평, *in* : *Annales E.S.C.*, 1973, p. 804.
73. Pierre Vilar, 앞의 책, t. II, pp. 482−491.
74. Turgot, *Œuvres*, 앞의 책, I, p. 381.
75. L. Dermigny, *Le Commerce à Canton*, 앞의 책, II, p. 774.
76. C. Glamman, *Dutch asiatic trade, 1620−1740*, 1958, p. 261.
77. La Bruyère, *Caractères⋯⋯*, VI, 39.
78. Léon Schick, *Un grand homme d'affaires au début du XVIᵉ siècle, Jakob Fugger*, 1957, p. 416.
79. Pierre Vilar, *in* : *L'Industrialisation en Europe au XIXᵉ siècle*, 1972, p. p. Léon, Crouzet, Gascon, p. 423.
80. J. Cavignac, 앞의 책, p. 156, 1725년 4월 12일.
81. Jean Maillefer, 앞의 책, p. 179.
82. Mably, *Œuvres*, XIII, *Du commerce des grains*, pp. 291−297.
83. Jean-Baptiste Say, 앞의 책, I, p. 176.
84. Jacques Heers, *in* : *Revue du Nord*, 1964년 1월, pp. 106−107 ; Peter Mathias, *The First Industrial Nation, an economic history of Britain, 1700−1914*, 1969, p. 18.
85. F. Lütge, 앞의 책, p. 294.
86. *Méditerranée*, I, p. 386.
87. Pierre Goubert, *Louis XIV et vingt millions de Français*, 1966.
88. Enrique Otte, "Das Genuesische Unternehmertum und Amerika unter den Katolischen Königen", *in* : *Jahrbuch für Geschichte von Staat, Wirtschaft und Gesellschaft Latein-ameri-kas*, 1965, Bd 2, pp. 30−74.

89. Maurice Dobb, *Studies in the development of capitalism*, 4ᵉ éd. 1950, pp. 109 이하, 191 이하.

90. A.N., G⁷, 1865, 75.

91. H. H. Mauruschat, *Gewürze, Zucker und Salz im vorindustriellen Europa*……, 다음에서 인용, Wilhem Abel, *Einige Bemerkungen zum Land Stadtprobleme im spätmittelalter*, p. 25.

92. Baltasar Suárez가 Simon Ruiz에게, 1591 2월 26일, Archives Ruiz, Valladolid.

93. *Encyclopedia britannica*, 1969, XIII, p. 524.

94. Savary des Bruslons, V, colonne 668.

95. Moscou, Archives Centrales, Alex. Baxter가 Voronsov에게……, 50/6, 1788.

96. C. R. Boxer, *The Great Ship from Amacon*, 1959, pp. 15–16.

97. Abbé de Beliardy, *Idée du Commerce*, B.N., Fr., 10759, f⁰ 310 v.

98. G. F. Gemelli Careri, 앞의 책, IV, p. 4.

99. Denys Lombard, 앞의 책, p. 113.

100. Johan Albrecht Mandelslo, 앞의 책, II, p. 346.

101. F. Galiani, *Dialogues sur le commerce des bleds*, éd. Fausto Nicolini, 1959, pp. 178–180, 252.

102. Simon Ruiz가 Baltasar Suàrez에게, 1591년 4월 24일, Archives Ruiz, Valladolid.

103. D. Defoe, 앞의 책, II, pp. 149 이하.

104. 이하의 구체적인 사실들에 대해서는 다음을 보라. Christian Bec, *Les Marchands écrivains à Florence, 1375–1434*, 1967, pp. 383 이하.

105. Richard Ehrenberg, *Das Zeitalter der Fugger*, 1922, I, p. 273, 주 4.

106. J.-P. Palewski, *Histoire des chefs d'entreprise*, 1928, pp. 103 이하.

107. Ralph Davis, *Aleppo and Devonshire Square*, 1967, p. 66.

108. V. von Klarwill에 의해서 간행된 *The Fugger News-Letters*, 1924–1926, 2 vol.

109. Paolo da Certaldo, 다음에서 인용, C. Bec, 앞의 책, p. 106.

110. A.N., A.E., B¹, 623.

111. A.N., 61 AQ4, f⁰ 19.

112. 같은 곳.

113. A.N., 61 AQ 2, f⁰ 18, 1777년 12월 18일 자의 편지.

114. Paolo de Certaldo의 글, 다음에서 인용, C. Bec, 앞의 책, p. 106.

115. A.E., C.P., Angleterre 532, fᵒˢ 90–91, Beaumarchais가 Vergennes에게, Paris, 1779년 8월 31일.

116. Bonvisi가 S. Ruiz에게, 다음에서 인용, J. Gentil da Silva, 앞의 책, p. 559.

117. 이 장기적인 위기에 대해서는 Pomponne의 편지를 보라. A.N., A.E., B¹, Hollande, 619 (1669).

118. James Boswell, *The Life of Samuel Johnson*, 8ᵉ éd. 1816, II, p. 450.

119. 이 말은 1846년에 나온 한 팸플릿 저자로부터 따온 것이다. 이 팸플릿은 공공사업 담당 장관이 북부 철도 사업의 입찰에 대해서 로스차일드 은행이 유일한 입찰자라면서 이 은행에 맡긴 데에 대하여 비판을 가하는 내용이다. 다음에서 인용, Henry Coston, *Les Financiers qui mènent le monde*, 1955, p. 65.

120. 이 책의 53쪽 이하를 참조하라.

121. A.N., F¹², 681.

122. A.N., G⁷, 1707, p. 148.

123. A.N., G⁷, 1692, pp. 34–36.

124. 같은 곳, f⁰ 68.

125. A.N., F¹², 662–670, 1723년 2월 1일.

126. A.N., G⁷, 1692, f⁰ 211 v⁰ (1707 ou 1708). 아르곤(Argonne) 산지 비엠(Biesme) 계곡.

127. A.N., F¹², 515, 1770년 2월 17일.

128. A.N., G⁷, 1685, p. 39.

129. A.N., F¹², 681, fᵒˢ 48, 97, 98, 112 et A.N., G⁷, 1706, nᵒˢ 237 et 238. 1723년 12월 26일

자의 한 편지는 1699년과 1716년에 양모사업에 관해 "이런 종류의 독점"을 막기 위해서 당시까지 이루어진 모든 거래를 무효로 선언한 정부의 조치들을 언급하고 있다.

130. A.N., F^{12}, 724, n° 1376.

131. Savary des Bruslons, 앞의 책, IV, col. 406, 라지에르(razières, rasières)의 중량은 각각 280-290리브르와 245리브르이다.

132. A.N., G^7, 1678, f° 41 ; f° 53, 1712년 11월, 12월.

133. Jean Éon (P. Mathias de Saint-Jean), Le Commerce honorable, 앞의 책, pp. 88-89.

134. John Nickolls (Plumard de Dangeul), Remarques sur les avantages et les désavantages de la France et de la Grande-Bretagne, 1754, p. 252.

135. Henri Pirenne, Histoire économique de l'Occident médiéval, 1951, p. 45, 주 3.

136. Joseph Höffner, Wirtschaftsethik und Monopole, 1941, p. 58, 주 2.

137. Hans Hausherr, Wirtschaftsgeschichte der Neuzeit, 1954, pp. 78-79.

138. Ulrich de Hutten, Opera, éd. 1859-1862, III, pp. 302 et 299, 다음에서 인용, Höffner, 앞의 책, p. 54.

139. Violet Barbour, 앞의 책, p. 75.

140. 같은 책, p. 89. (1671년에 De Witt가 전국 신분의회에서 행한 선언. 이 밀은 암스테르담만이 아니고 홀란트 주의 여러 도시들에도 저장되었다.)

141. Samuel Lambe, Seasonable observations……, 1658, pp. 9-10, 다음에서 인용, V. Barbour, 앞의 책, p. 90.

142. J. Savary, Le Parfait Négociant, 앞의 책, éd. 1712, II, pp. 135-136.

143. A.N., A.E., B^1 619, La Haye, 1670년 9월 25일.

144. 같은 책, 1669년 7월 4일.

145. 같은 책, 1669 9월 26일.

146. J. Savary, 앞의 책, II, pp. 117-119.

147. A.N., G^7, 1686-99.

148. Marten G. Buist, 앞의 책, pp. 431 이하.

149. P. W. Klein, 앞의 책, pp. 3-15, 475 이하.

150. Jakob van Klaveren, Europäische Wirtschaftsgeschichte Spaniens, 앞의 책, p. 3. "…… 우선 이 돈이 은으로 되었든, 금으로 되었든, 혹은 종이로 되었든 그것은 경제에 대해서 아무런 의미도 없다."

151. Marcel Marion, Dictionnaire des institutions, p. 384, 2e colonne. Louis Dermigny, "La France à la fin de l'Ancien Régime, une carte monétaire", in : Annales E.S.C., 1955, p. 489.

152. Malestroit, "Mémoires sur le faict des monnoyes……", 1567, in : Paradoxes inédits, éd. L. Einaidi, 1937, pp. 73, 105.

153. F. C. Spooner, L'Économie mondiale et les frappes monétaires en France, 1493-1680, 1956, pp. 128 이하.

154. C. M. Cipolla, Studi di storia della moneta : i movimenti dei cambi in Italia dal sec. XIII al XV, 1948 ; R. de Roover에 의한 이 책의 서평, in : Annales, 1951, pp. 31-36.

155. Geminiano Montanari, Trattato del valore delle monete, 제3장, p. 7, 다음에서 인용, J. Gentil da Silva, 앞의 책, p. 400.

156. C. M. Cipolla, Mouvements monétaires de l'État de Milan (1580-1700), 1952, pp. 13-18.

157. Marquis d'Argenson, Mémoires et Journal inédit, éd. 1857-1858, II, p. 56. 이 계산을 다시 해보려면, 1솔(sol)이 12드니에의 가치를, 1리아르(liard)가 3드니에의 가치를 가진다는 것을 기억해야 한다. 따라서 24드니에짜리 화폐가 6드니에의 가치를 상실했으므로 25퍼센트의 가치하락인 것이다.

158. J. Gentil da Silva, Banque et crédit en Italie au XVIe siècle, I, pp. 711-716.

159. Gio. Domenico Peri, Il Negotiante, éd. 1666, p. 32.

160. F. Ruiz Martín, Lettres marchandes de Florence, 앞의 책, p. XXXVIII.

161. R. Gascon, 앞의 책, I, p. 251.

162. J. Gentil da Silva, 앞의 책, p. 165.
163. Jean Éon, 앞의 책, p. 104.
164. Isaac de Pinto, 앞의 책, pp. 90−91, 주 23.
165. *États et tableaux concernant les finances de France.*
166. J. Bouvier, P. Furet et M. Gillet, *Le Mouvement du profit en France au XIXe siècle*, 1965, p. 269.
167. M. G. Buist, 앞의 책, pp. 520−525, 주 p. 525.
168. Louis Dermigny, *Cargaisons indiennes. Solier et Cie, 1781−1793*, 1960, II, p. 144.
169. Giorgio Doria, *in : Mélanges Borlandi*, 1977, pp. 377 이하.
170. F. Ruiz Martín, *El Siglo de los Genoveses*, 출간 예정.
171. J. Meyer, *L'Armement nantais*, 앞의 책, pp. 220 이하.
172. 같은 책, p. 219.
173. Jacob M. Price, *France and the Chesapeake*, 1973, I, pp. 288−289. 이 계산은 J.-J. Hémardinquer가 해준 것이다.
174. A.N., 94AQ 1, f° 28.
175. L. Dermigny, *Cargaisons indiennes*, 앞의 책, pp. 141−143.
176. J. Meyer, 앞의 책, pp. 290−291.
177. M. Bogucka, *Handel zagraniczny Gdanske……*, 1970, p. 137.
178. A.N., Colonies, F 2 A 16.
179. Thomas Mun, *A Discourse of trade from England into the East Indies*, Londres, 1621, p. 55, 다음에서 인용, P. Dockes, 앞의 책, p. 125.
180. Hackluyt (1885), pp. 70−71, 다음에서 인용, J. C. Van Leur, 앞의 책, p. 67.
181. Jean Georgelin, *Venise au siècle des Lumières*, 앞의 책, p. 386, 주.
182. 같은 책, p, 435
183. 캉에서 대규모 공업을 포기함에 따라 자유로워진 자본이 다른 곳에 재투자되는 방식을 보라. J.-C. Perrot, 앞의 책, I, pp. 381 이하.
184. Stephan Marglin, *in : Le Nouvel Observateur*, 1975년 6월 9일, p. 37.
185. J. Kulischer, 앞의 책, 이탈리아어판, I, p. 444.
186. 이 책 제3권 제2장을 참조하라.
187. J. Kulischer, 앞의 책, I, p. 446.
188. J. Gentil da Silva, 앞의 책, p. 148.
189. Jean Maillefer, 앞의 책, p. 64.
190. C. Bauer, 앞의 책, p. 26.
191. F. Melis, *Tracce di una storia economica……*, 앞의 책, p. 29.
192. A.-E. Sayous, "Dans l'Italie, à l'intérieur des terres : Sienne de 1221 à 1229", *in : Annales*, 1931, pp. 189−206.
193. Hermann Aubin, Wolfgang Zorn, *Handbuch……*, 앞의 책, p. 351.
194. J. Kulischer, 앞의 책, 독일어판, I, pp. 294−295.
195. A. Schulte, *Geschichtedergrossen Ravensburger Handelsgesellschaft, 1380−1530*, 1923, 3 v.
196. H. Hausherr, 앞의 책, p. 29.
197. Françoise Bayard, "Les Bonvisi, marchands banquiers à Lyon, 1575−1629", *in : Annales E.S.C.*, 1971년 11−12월, p. 1235.
198. Jean Meyer, *L'Armement nantais……*, 앞의 책, p. 105, 주 8.
199. 같은 책, p. 112, 주 2.
200. 같은 책, pp. 107−115.
201. F. Melis, *Tracce di una storia economica*, 앞의 책, pp. 50−51.
202. Jean Meyer, *L'Armement nantais……*, 앞의 책, p. 107, 주 6.
203. Archives de la Ville de Paris (A.V.P.), 3 B 6, 21.
204. J.-P. Ricard, 앞의 책, p. 368.
205. Titre IV, article 8, 다음에서 인용, Ch. Carrière, 앞의 책, II, p. 886.

206. 같은 책, p. 887.

207. J. Savary, *Le Parfait Négociant*, éd. 1712, 제2부, pp. 15 이하.

208. Eric Maschke, "Deutsche Städte am Ausgang des Mittelalters", *in : Die Stadt am Ausgang des Mittelalters*, 1974, 별쇄본, pp. 8 이하.

209. 툴루즈의 조직에 대해서는 Germain Sicard, *Aux origines des sociétés anonymes : les moulins de Toulouse au Moyen Âge*, 1953.

210. 같은 책, p. 351, 주 26.

211. E. F. Heckscher, 앞의 책, pp. 316, 385, 여러 곳.

212. A.V.P., 3 B 6, 66.

213. A.N., Z¹ D 102 A, f° 19 v°-20 v°.

214. Jean-François Melon, *Essai politique sur le commerce*, 1734, pp. 77-78.

215. Jean Meyer, *L'Armement nantais*……, 앞의 책, p. 275.

216. A.N., Z¹ D 102 A.

217. Jean Meyer, *L'Armement nantais*……, 앞의 책, p. 113.

218. Ch. Carrière, 앞의 책, II, pp. 879 이하.

219. D. Defoe, 앞의 책, I, p. 215.

220. 이 단어는 이 당시에 막 등장했다. Littré 사전의 "Entreprise" 항목, p. 1438, dans Fénelon, *Télémaque*, XII, 1699.

221. Isaac de Pinto, 앞의 책, p. 335에 제기된 의견에 의거.

222. Guy Antonetti, *Greffulhe, Montz et Cⁱᵉ, 1789-1793*, p. 96 ; 다음을 참조, J. Everaert, 앞의 책, p. 875. 1700년경 카디스에 독일 기업은 거의 없었다.

223. George Lillo, *The London merchant, with the tragical history of George Barnwell*, 1731, p. 27.

224. W. Sombart, 앞의 책, II, p. 580.

225. Manuel Nuñes Dias, *O Capitalismo monarquico portugues (1415-1549) São Paulo*, 1957, Tese de doutoramento.

226. Charles Verlinden, *Les Origines de la civilisation atlantique*, 1966, pp. 11-12 et 164.

227. Louis Dermigny, *La Chine et l'Occident, Le commerce à Canton*……, 앞의 책, I, p. 86.

228. A.N., A.E., B¹, 760, Londres, 1713년 7월.

229. Charles Wilson, *England's apprenticeship, 1603-1763*, 3ᵉ éd. 1967, pp. 172-173.

230. 이 주제에 대해서는 다음의 문헌에 정리가 잘 되어 있으며 풍부한 참고 문헌이 제시되어 있다. Jürgen Wiegandf, *Die Merchants Adventurers' Company auf dem Kontinent zur Zeit der Tudors und Stuarts*, 1972.

231. E. F. Heckscher, 앞의 책, p. 310.

232. 같은 책, pp. 362-363.

233. M. M. Postan, *Medieval trade and finance*, 1973, pp. 302-304.

234. F. Lütge, 앞의 책, p. 342.

235. J.U. Nef, de K.W. Taylor, I. Wallerstein의 설명과 Th. K. Rabb, *Enterprise and Empire*, 1967, pp. 19 이하, 26 이하에 따른 것.

236. 북유럽회사에 대해서는 A.N., G⁷, 1685, I ; 서인도회사에 대해서는 A.E., M. et D., 16.

237. *Études d'histoire économique*, 1971, p. 33.

238. S. Pollard et D. W. Crossley, 앞의 책, pp. 150-151.

239. 같은 책, pp. 143, 146, 147, 163.

240. P. Jeannin, *L'Europe du Nord-Ouest et du Nord aux XVIIᵉ et XVIIIᵉ siècles*, 1969, p. 192.

241. S. Pollard et D. W. Crossley, 앞의 책, p. 149.

242. Pontchartrain이 Tallard에게 보낸 편지(1698년 8월 6일), 다음을 참조, A.E., CP. Ang., 208, f° 115 ; Tallard가 Pontchartrain에게 보낸 편지(1698년 8월 21일), 다음을 참조, A.N., A.E., B¹, 759.

243. 앞의 책, 프랑스어판, p. 172.

244. Charles Boxer, *The Dutch seaborne Empire, 1600-1800*, 1965, p. 43.

245. Maurice Dobb, *Studies in the development of capitalism*, 4ᵉ éd. 1950, p. 191, 주 1.
246. A.N., G⁷, 1686, F 85.
247. A.N., Marine, B 7, 230, 다음에서 인용, Charles Frostin, "Les Pontchartrain et la pénétration commerciale française en Amérique espagnole (1690–1715)", *in : Revue historique*, 1971, p. 311, 주 2.
248. A.N., K 1349, f° 14 v° et f° 15.
249. Paul Kaeppelin, *La Compagnie des Indes orientales et François Martin*, 1908, pp. 135–136.
250. 같은 책, p. 593.
251. A.N., G⁷, 1699.
252. Charles Montagne, *Histoire de la Compagnie des Indes*, 1899, pp. 223–224.
253. M. Lévy-Leboyer, 앞의 책, p. 417, 주 2.
254. 이 책[원서], I, 1967년판, pp. 10–11, 437.
255. Walter Achilles, "Getreidepreise und Getreidehandels-beziehungen europäischen Raum in XVI. und XVII. Jahr.", *in : Zeitschrift für Agrargeschichte*, 59, pp. 32–55.
256. E. Maschke, 앞의 논문, p. 18.
257. J.-P. Ricard, *Le Négoce d'Amsterdam*, 1722, p. 59.
258. *Schriften*, 1800, I, p. 264, 다음에서 인용, W. Sombart, 2, p. 500.
259. E. Zola, *L'Argent*, éd. Fasqelle, 1960, p. 166, 다음에서 인용, P. Miquel, *L'Argent*, 1971, pp. 141–142.
260. Galiani, 앞의 책, pp. 162–168, 178–180, 152.

제5장

1. 다음에서 인용, Louis Dumont, *Homo hierarchicus*, 1966, p. 18.
2. 1937년 11월에 그와 나누었던 대화에 의거.
3. Émile Durkheim(1858–1917)은 Auguste Comte의 자리를 이어받고 1893년에 『사회 분업론(*De la division du travail social*)』을 썼으며 1896년에 『사회학 연보(*L'Année sociologique*)』를 창간했다. 우리가 주목하는 것은 이 마지막 해이다.
4. *In : Revue de synthèse*, 1900, p. 4.
5. 그러나 Alfred Weber, *Kulturgeschichte als Kultursoziologie*, 1935, ou d'Alfred von Martin, *Soziologie der Renaissance*······, 1932 ; 더 최근의 것으로서 설득력 강한 종합인 Alexander Rustow, *Ortsbestimmung der Gegenwart*, 3 vol., 1950–1957 등의 저작들이 있다는 것을 고려해야 한다.
6. 앞의 책, p. 9.
7. Josef Schumpeter, 앞의 책, I, p. 23.
8. Novalis, *Encyclopédie*, 1966, p. 43.
9. René Clemens, Raymond Aron, Wilhelm Röpke, Jacques Attali, Joseph Klatzmann, Marcel Mauss 등도 유사한 언급을 했다.
10. *English Social History*, 1942 ; 스페인어판, 1946.
11. 정반대되는 견해도 많이 있다. 예컨대 Edward J. Nell, "Economic relationship in the decline of feudalism: an economic interdependence", *in : History and theory*, 1957, p. 328 : "변수 그 자체보다도 변수들 사이의 관계를 더 고려해야 한다." Evans Pritchard가 보기에 사회구조는 집단 간의 상호관계로 환원된다. 이는 Siegfried Frederik Nadel, *La Théorie de la structure sociale*, 1970, p. 30에 의한 것이다.
12. I. Wallerstein, 앞의 책, p. 157.
13. Jack H. Hexter, *Reappraisals in History*, 1963, p. 72.
14. *Variétés*, III, p. 312, *Advis de Guillaume Hotteux ès Halles*.
15. *L'Idéal historique*, 1976.
16. Karl Bosl, "Kasten, Stände, Klassen in mittelalterlichen Deutschland", *in* : ZBLG 32, 1969. 이 단어를 엄밀한 의미로 사용하는 것은 불가능하다.
17. 인도의 카스트에 관해서는 다음을 참조하라. Claude Meillassoux, "Y a-t-il des castes

aux Indes ?", *in : Cahiers internationaux de sociologie*, 1973, pp. 5−29.

18. *La Vocation actuelle de la sociologie*, 1963, I, pp. 365 이하.

19. *Pour la sociologie*, 1974, p. 57.

20. Prévost, 앞의 책, t. I, p. 8.

21. Van Rechteren, *Voyages*, 1628−1632, V, p. 69.

22. A.N., K 910, 27 *bis*.

23. 예컨대 다음에서는 봉건제가 교역의 부정(否定)이 아니다. Arthur Boyd Hibbert, *in : Past and Present*, 1953, n° 3, et Claude Cahen, *in : La Pensée*, 1956년 7월, pp. 95−96. 정통 견해로는 다음이 있다. Charles Parain et Pierre Vilar, "Mode de production féodal et classes sociales en système précapitaliste", 1968, *Les Cahiers du Centre d'Études et Recherches marxistes*, n° 59.

24. 이 말은 기껏해야 왕정복고 시기에 나온 것이다. L. S. Mercier, *La Néologie*, 1801에는 아직 나오지 않았다. N. Landais, *Dictionnaire général et grammatical*, 1934, II, p. 26.

25. Armando Sapori, Gino Luzzatto.

26. Georges Gurvitch, *Déterminismes sociaux et liberté humaine*, 2ᵉ éd., 1963, pp. 261 이하.

27. Marc Bloch, *La Société féodale*, 2 vol., 1939−1940.

28. Jacques Heers, *Le Clan familial au Moyen Âge*, 1974.

29. A. Thiers, *De la propriété*, 1848, p. 93.

30. Jean-François Melon, 앞의 책, p. 126.

31. Charles W. Mills, *The Power Elite*, 1959.

32. *Delle lettere di Messer Claudio Tolomei*, Venise, 1547, fᵒˢ 144 v°-145. 이것은 Sergio Bertelli가 나에게 알려준 것이다.

33. Frederic C. Lane, *Venice, a maritime Republic*, 1973, p. 324. 다음도 참조하라. K. J. Beloch, *Bevölkerungsgeschichte Italiens*, t. III, 1961, pp. 21−22.

34. F. C. Lane, 앞의 책, pp. 429−430.

35. Saintolon, *Relazione dellia Republica di Genova*, 1684, Venise, Marciana, 6045, c. II-8.

36. Gerald Strauss, "Protestant dogma and city government. The case of Nuremberg", *in : Past and Present*, n° 36, 1967, pp. 38−58.

37. C. A. B. F. de Baert-Duholand, *Tableau de la Grande-Bretagne*, an VIII, IV, p. 7.

38. C. R. Boxer, *The Dutch seaborne Empire, 1600−1800*, 1965, p. 11.

39. R. Gascon, 앞의 책, I, p. 407.

40. G. D. Ramsay, *The City of London*, 1975, p. 12.

41. E. W. Dahlgren, *Les Relations commerciales et maritimes entre la France et les côtes du Pacifique*, I, 1909, pp. 36−37, 주 2.

42. François Dornic, 앞의 책, p. 178.

43. Jacques Teneur, "Les commerçants dunkerquois à la fin du XVIIIᵉ siècle et les problèmes économiques de leur temps", *in : Revue du Nord*, 1966, p. 21.

44. 다음에서 인용, Charles Carrière, 앞의 책, I, pp. 215−216.

45. 같은 책, p. 265.

46. 참고 문헌 유실.

47. Emilio Nasalli Rocca, "Il Patriziato piacentino nell'età del principato. Considerazioni di storia giuridica, sociale e statistica", *in : Studi in onore di Cesare Manaresi*, 1952, pp. 227−257.

48. J. M. Roberts, *in : The European Nobility in the Eighteenth Century*, éd. par A. Goodwin, 1953, p. 67.

49. J. Gentil da Silva, 앞의 책, pp. 369−370, 주 92.

50. Phyllis Deane et W. A. Cole, *British economic growth*, 2ᵉ éd. 1967, pp. 2 이하 ; S. Pollard et D. W. Crossley, 앞의 책, pp. 153 이하.

51. S. Pollard et D. W. Crossley, 앞의 책, p. 169.

52. André Parreaux, *La Société anglaise de 1760 à 1810*, 1966, p. 8.

53. Pierre Goubert, *L'Ancien Régime*, 1969,1, pp. 158−159.

54. P. Léon, *in : Histoire économique et sociale de la France*, II, 1970, p. 607 ; Jean Meyer, *La Noblesse bretonne au XVIIIe siècle*, p. 56.
55. W. Dworzaczek, "Perméabilité des barrières sociales dans la Pologne du XVIe siècle", *in : Acta Poloniae Historica*, 1971, 24, pp. 30 et 39.
56. M. N. Pearson, "Decline of the Moghol Empire", *in : The Journal of Asian Studies*, 1976년 2월, p. 223 : 6,000만 혹은 7,000만 명의 인구를 가진 이 제국에서 8,000명만이 특권을 가진 사람들이었다. "이 8,000명이 바로 제국이었다.……"
57. 앞의 책, I, p. VIII.
58. 다음에서 인용, Julien Freund, 앞의 책, p. 25.
59. Lawrence Stone, "The anatomy of the Elizabethan aristocracy", *in : The Economic History Review*, 1948, pp. 37–41.
60. H. Kellenbenz, *Der Merkantilismus in Europa und die soziale Mobilität*, 1965, pp. 49–50.
61. Peter Laslett, 앞의 책, p. 44.
62. Pierre Goubert, *L'Ancien Régime*, 앞의 책, I, p. 105.
63. *Handbuch der deutschen Wirtschafts- und Sozialgeschichte*, 앞의 책, p. 371.
64. 베네치아에 관해서는, *La Civiltà veneziana nell'età barocca*, 앞의 책, p. 307, 1685년 2월 ; *La Civiltà Veneziana del Settecento*, pp. 244 et 274.
65. 같은 책, p. 244.
66. 롱리트(Longleat)에 대해서는 다음을 참조하라. *New Encyclopedia Britannica*, 15e éd., VI, p. 319 ; 울러튼 홀(Wollaton Hall)에 대해서는 다음을 참조하라. 같은 책, X, p. 729 ; 벌리 하우스(Burghley House)에 대해서는 다음을 참조하라. J. Alfred Gotch, *Architecture of the Renaissance in England*, I, 1894, pp. 1–3 ; 홀덴비(Holdenby)에 내해서는 다음을 참조하라 Henry Shaw, *Details of Elizabethan Architecture*, 1839, p. 8.
67. Peter Laslett, 앞의 책, p. 166.
68. 다음을 참조하라. H. R. Trevor-Roper, "The General Crisis of the seventeenth century", *in : Past and Present*, n° 16 (1959년 11월), pp. 31–64, 그리고 E. H. Kossmann, E. J. Hobsbawm, J. H. Hexter, R. Mousnier, J. H. Elliott, L. Stone에 의한 이 논문에 대한 토론과 H. R. Trevor-Roper의 회답, *in : Past and Present*, n° 18 (1960년 11월), pp. 8–42. 종합적인 책으로는 Lawrence Stone, *Les Causes de la Révolution anglaise*, 프랑스어 번역본, 1974 ; J. H. Hexter, *Reappraisals in History*, 1963, pp. 117 이하.
69. P. Bourdieu et J.-C. Passeron, *La Reproduction. Éléments pour une théorie du système d'enseignement*, 1970.
70. *In : Histoire de la Savoie*, p. p. Guichonnet, 1974, p. 250.
71. Daniele Beltrami, *Storia della popolazione di Venezia*, 1954, pp. 71, 72, 78. 전체 인구 중의 비율을 보면 1581년에는 귀족이 4.5퍼센트, 시민(cittadini)이 5.3퍼센트였고 1586년에는 각각 4.3퍼센트와 5.1 퍼센트였다.
72. Werner Schultheiss, "Die Mittelschicht Nürnbergs im Spatmittelalter", *in : Städtische Mittelschichten*, p. p. E. Maschke et J. Sydow, 1969년 11월.
73. "Marchands capitalistes et classes sociales", 타이프본, p. 9 ; 16세기 뤼베크에서는 원거리 교역 상인(Fernhändter)이 2만5,000명의 인구 중에서 50–60가구였다.
74. *Verfassungs- und Wirtschaftsgeschichte des Mittelalters*, 1928, p. 329.
75. Th. K. Rabb, *Enterprise and Empire*, 1967, pp. 26 이하.
76. 다음에 의거, André Piettre, *Les Trois Âges de l'économie*, 1955, p. 182, 다음에서 인용, Michel Lutfalla, *L'État stationnaire*, 1964, p. 98.
77. G. Chaussinand-Nogaret, "Aux origines de la Révolution : noblesse et bourgeoisie", *in : Annales E.S.C.*, 1975, pp. 265–277.
78. 부르고뉴 : Henri Drouot, *Mayenne et la Bourgogne, étude sur la Ligue (1587–1596)*, 1937, I, pp. 45, 51 ; 로마 : Jean Delumeau, 앞의 책, I, p. 458 : "17세기가 시작되었을 때 [로마 주변 시골 지역에서] 지난날의 대영주들은 부채에 시달리다가 그들의 토지재산을 날렸고, 전쟁을 하지도 않았는데 새로운 유순한 대귀족 앞에서 사라져갔다."

79. B.N., F. Esp., 127, vers 1610.
80. *Beauvais et le Beauvaisis*……, p. 219 ; F. Braudel, *in : Annales E.S.C.*, 1963, p. 774.
81. Raymond Carr, "Spain", *in : The European Nobility in the Eighteenth Century*, 앞의 책, p. 44.
82. Henri Pirenne, *Les Périodes de l'histoire sociale du capitalisme*, Bruxelles, 1922.
83. H. Kellenbenz, 타이프본, 앞의 책, p. 17.
84. Claude Carrère, 앞의 책, I, p. 146.
85. Friedrich Lütge, 앞의 책, p. 312.
86. J. H. Hexter, 앞의 책, pp. 76 이하.
87. G. Taylor, "Non capitalist Wealth and the Origins of the French Revolution", *in : American Historical Review*, 1967, p. 485.
88. Pierre Dardel, 앞의 책, pp. 154-155.
89. Accarias de Sérionne, *La Richesse de la Hollande*, 앞의 책, II, p. 31.
90. F. Dornic, 앞의 책, p. 161.
91. R. de Roover, *The Medici Bank*, 1948, p. 20, 주 50.
92. Guy Chaussinand-Nogaret, *Les Financiers du Languedoc au XVIIIᵉ siècle*, 1970.
93. Paolo Norsa, "Una famiglia di banchieri, la famiglia Norsa (1350-1950)", *in : Bollettino dell'Archivio storico del banco di Napoli*, 1953.
94. André Raymond, *Artisans et commerçants au Caire au XVIIIᵉ siècle*, 1973, II, pp. 379-380.
95. 1983년에 출판된 책의 원래 제목은 다음과 같다. *Bourgeois et gentilshommes*.
96. Guy Patin, 앞의 책, II, p. 196.
97. Romain Baron, "La bourgeoisie de Varzy au XVIIᵉ siècle", *in : Annales de Bourgogne*, 1964, p. 173.
98. M. Couturier, 앞의 책, pp. 215-216. 예컨대 무두장이들을 보면 "무두장이 장인(maîtres tanneurs)"과 "무두장이 상인(marchands tanneurs)"을 구분했는데, 후자의 사람만이 "honorables hommes"라고 불렸다.
99. C. Loyseau, *Cinq Livres du Droict des Offices*, 1613, p. 100.
100. 앞의 책, pp. 43-44.
101. G. Huppert, 앞의 책.
102. 앞의 책, pp. 128-129.
103. L. Raymond Lefebvre에 의해서 출판, 1943, pp. 131-133.
104. Joseph Nouaillac, *Villeroi, Secrétaire du roi*, 1909, p. 33.
105. 다음에 따르면 루이 14세의 점성술사인 Primi Visconti가 한 말이라고 한다. Henry Mercier, *Une vie d'ambassadeur du Roi-Soleil*, 1939, p. 22.
106. G. Huppert, *L'Idée de l'histoire parfaite*, 1970.
107. R. Mandrou, *La France aux XVIIᵉ et XVIIIᵉ siècles*, 1970, p. 130.
108. 다음에 있다. *Cayer présenté au roy par ceux du tiers estat de Dauphiné*, Grenoble, 1ʳᵉ éd. 1603, 다음에서 인용, Davis Bitton, *The French Nobility in crisis, 1560-1644*, 1969, pp. 96 et 148, 주 26.
109. 다음에서 인용, Bancal, *Proudhon*, I, p. 85, nº 513.
110. A.N., G⁷, 1686, 156.
111. Saint-Cyr, *Le Tableau du siècle*, 1759, p. 132, 다음에서 인용, Norbert Elias, *La Société de Cour*, 1974, p. 11.
112. Manuel Fernandez Alvarez, *Economia, sociedad y corona*, 1963, p. 384.
113. *Variétés*, V, 235 [1710].
114. 이 책 제3권 제3장을 참조하라.
115. Witold Kula, "On the typology of economic systems", *in : The Social Sciences, Problems and Orientations*, 1968, p. 115.
116. Tommaso Campanella, *Monarchia di Spagna, in : Opere*, 1854, II, p. 148, 다음에서 인용, Carlo de Frede, *in : Studi in onore di Amintore Fanfani*, V, pp. 5-6 et 32-33.

117. Giuseppe Galasso, 앞의 책, p. 242.

118. Fénelon, *Dialogues des Morts*, II, 1718, p. 152.

119. R. Pernoud, *Histoire de la bourgeoisie en France*, II, 1962, p. 10.

120. Paolo Carpeggiani, *Mantova, profilo di una città*, 1976, *appendice : Sabbioneta*, pp. 127 이하. 카지노(casino)라는 말은 제후의 개인 소유의 저택과 그 장원을 가리킨다.

121. 상의 문단에 관해서는 다음을 참조. *A. de S. Venise.* 예로서, *Senato Terra*, 24, 1557년 1월 9일 ; 32, Padoue, 1562년 1월 9일 ; P. Molmenti, 앞의 책, II, p. 111.

122. Jürgen Kuczinski, 앞의 책, p. 71.

123. Archives Voronsof, VIII, p. 34, 1796년 12월 18–29일.

124. André Parreaux, *La Société anglaise de 1760 à 1810*, 1966, p. 12. 애빙던(Abingdon)은 버크셔 지방의 템스 강변에 위치해 있다.

125. 1575년과 1630년 사이에 피어즈(peers)의 거의 절반이 상업에 투자하고 있었다. 즉, 비율이 2명 중 1명꼴인데 만일 귀족과 젠트리 전체를 놓고 보면 50명 중에 1명꼴이 된다. Th. K. Rabb, *Enterprise and Empire*, 1967, 주 16, p. 27.

126. R. Gascon, 앞의 책, I, p. 444.

127. 1955년 로마 국제 역사학 대회에서 Pierre Vilar의 발표.

128. P. Molmenti, 앞의 책, II, p. 75.

129. Jerónimo de Alcala, *El donador hablador*, 1624, *in : La Novela picaresca espanola*, 1966, p. 1233.

130. 이하에 인용된 예에 관해서는 다음을 참조. Y.-M. Bercé, 앞의 책, II, p. 681 [아키텐] ; E. Maschke, 앞의 논문, p. 21 [독일의 도시들] ; René Fédou, "Le cycle médiéval des révoltes lyonnaises", *in : Cahiers d'histoire*, 3, 1973, p. 240 [리옹].

131. *Les Soulèvements populaires en France de 1623 à 1648*, 1963.

132. Carlo de Fide, *in : Mélanges Fanfani*, V, 1962, pp. 1–42.

133. Ingomar Bog, *in : Z. für Agrargeschichte*, 1970, pp. 185–196.

134. *Variétés*, VII, p. 330, 1624년 6월 7일.

135. Y.-M. Bercé, 앞의 책, p. 300.

136. B.N., Fr., 21773, f° 31.

137. Henri Gachet, "Conditions de vie des ouvriers papetiers en France au XVIIIᵉ siècle", *Communication à l'Institut français d'histoire sociale*, 1954년 6월 12일.

138. 이하의 문단은 Nathalie Zemon Davis : "Strikes and salvation at Lyons", *in : Archiv für Reformationgeschichte*, LVI (1965), pp. 48–64, et Henri Hauser, *Ouvriers du temps passé*, 1927.

139. H. Hauser, 앞의 책, p. 180, 주 1.

140. 같은 책, pp. 203, 234, 주 1 ; A. Firmin-Didot, *Aldo Manuce et l'hellénisme à Venise*, 1875, p. 269.

141. N. W. Posthumus, *De Geschiedenis van de Leidsche Lakenindustrie*, 3 vol., 1908–1939 ; Émile Coornaert, "Une capitale de la laine : Leyde", *in : Annales E.S.C.*, 1948.

142. A.N., A.E., B¹, 619, 1665년 10월 8일, 29일.

143. 이상의 세 문단에 관해서는 다음을 참조. Posthumus, 앞의 책, III, pp. 721–729 ; 656–657, 674 ; 691–696 ; 869 이하 ; 722–724 ; 876–878.

144. Paul Mantoux, *La Révolution industrielle au XVIIIᵉ siècle*, 1959, pp. 57–59. 다음의 책을 읽고 나는 이 책에 언급된 사건을 강조하게 되었다. Carlos Guilherme Mota, "Conflitos entre capital e trabalho ; anotaçoes acérca de uma agitaçao no Sudo-este inglés en 1738", *in : Revista de Historia*, São Paulo, 1967.

145. Peter Laslett, *Un monde que nous avons perdu*, 1969, pp. 172–173 ; A. Vierkand, *Die Stetigkeit im Kulturwandel*, 1908, p. 103 : "사람이 덜 개발되어 있을수록 전통과 암시의 모델의 힘을 더 강하게 받게 된다." 다음에서 인용, W. Sombart, *Le Bourgeois*, p. 27. 그러나 러시아에서 민중운동의 격렬함은 어떻게 설명할 것인가?

146. Émile Coornaert, *Les Corporations en France avant 1789*, 10ᵉ éd. 1941, p. 167.

147. 같은 책, pp. 168–169.

148. R. Zangheri, *in : Studi Storici*, 1968, p. 538 ; Jérôme Blum, "The condition of the European Peasantry on the Eve of Emancipation", *in : J. of Modern History*, 1974.

149. Roland Marx, *La Révolution industrielle en Grande-Bretagne*, 1970, p. 19.

150. Sully, *Mémoires*······, 앞의 책, III, p. 107. 혹은 "mendians de mendicité publique"라 는 표현도 있었다. *Variétés*, V, p. 129. 스페인에서는 hampones라고 표현했다. J. van Klaveren, 앞의 책, p. 187, 주 36 ; 이탈리아에서는 oziosi라고 표현했다. Aurelio Lèpre, 앞의 책, p. 27.

151. 1636년 6월 21일, *Civiltà Veneziana*, 앞의 책, p. 285.

152. *Mémoires*, 앞의 책, 1875, I, p. 215.

153. A.N., G⁷, 1647, 1709.

154. Buriez 부인의 타이프본 논문, *L'Assistance à Lille au XVIIIᵉ siècle*, Faculté des lettres de Lille.

155. Richard Gascon, "Économie et pauvreté aux XVIᵉ et XVIIᵉ siècles : Lyon, ville exemplaire et prophétique", *in : Études sur l'histoire de la pauvreté*, 1975, p. p. M. Mollat, II, 1974, pp. 747 이하. 같은 방향의 지적인 다음 논문도 참조하라. dans le même sens, une remarque de Rolf Egelsing, 앞의 논문, p. 27.

156. P. Laslett, 앞의 책, pp. 54–55.

157. F. Lütge, 앞의 책, p. 382.

158. 크라쿠프에서 M. Kulzcykowsy와 M. Frančic가 나에게 준 정보에 의거.

159. Buriez 부인의 앞의 논문. 1546년에 카오르에서는 인구 1만 명에 빈민이 3,400명이었다. Marie-Julie Prim, 출판하지 않은 타이프본 논문, Toulouse, p. 53 ; 코스(Causses) 지방 의 샤냐크(Chanac)에서는 타유세를 내는 주민이 338명이었던 데 비해 걸인이 60명이었 다. Paul Marres, "L'économie des Causses du Gévaudan au XVIIIᵉ siècle", *in : Congres de Mende*, 1955, p. 167 ; 1776년에 라 로셸에서는 그 수치가 각각 14만3,271명과 3,668 명이었다. Laveau, 앞의 책, p. 72 ; 아발롱(Avallon)에서는 빈민이 전체 인구의 6분 의 1이었다(1614). Yves Durand, 앞의 책, p. 42 ; 1500년 아우크스부르크의 무산자들 (Habenichtse)에 대해서는 H. Bechtel, 앞의 책, II, p. 52, 주 6. 일반적으로 이에 관한 흥미로운 내용은 다음을 참조하라. Olwen Hufton, "Towards an Understanding of the Poor of eighteenth century France", *in : French government and society, 1500–1850*, p. p. J. F. Bosmer, 1975, pp. 145 이하.

160. 1749, 1759, 1771, 1790년에 대해서는 오트-사부아(Haute-Savoie) 지방 고문서 보관소 에 많은 참고자료들이 있다. C 143, fᵒˢ 29–38 ; C 135, H.S. ; C 142, 194, fᵒ 81 ; C 165, fᵒ 81 V ; IC III, 51, fᵒˢ 40 à 47.

161. 왜냐하면 그들이 존재하고, 게다가 많은 수이기 때문이다. M. Couturier, 앞의 책, Châteaudun, 1697 ; Abel Poitrineau, 앞의 책, p. 608 : "걸인들은 모든 마을 인구 중의 하 층을 이룬다."

162. Vauban, *Projet d'une dîme royale*, éd. Daire, 1843, p. 34.

163. Yves Durand, *in : Cahiers de doléances des paroisses du bailliage de Troyes pour les États généraux de 1614*, 1966, pp. 39–40. 빈민-걸인과 빈민-실업자 사이의 구분을 늘 명심해야 한다. 다음에서는 맬서스가 빈민을 말한 것이지, 실업자를 말한 것이 아니라 는 타당한 지적을 했다. Jakob van Klaveren, "Población y ocupación", *in : Económica*, 1954, nᵒ 2.

164. 1384, 1400, 1442, 1446, 1447년의 독일의 도시들에서 그랬다.

165. E. Coyecque, "L'Assistance publique à Paris au milieu du XVIᵉ siècle", *in : Bulletin de la Société de l'histoire de Paris et de l'Île-de-France*, 1888, p. 117.

166. 같은 논문, pp. 129–130, 1526년 1월 28일 : 500명의 파리의 빈민들이 갤리선으로 보내 졌다.

167. *Variétés*, VII, p. 42, 주 3 (1605). 아일랜드의 "걸인(gueux)"을 파리와 캐나다 등지로 보 냈다. 세비야에서는 유랑민들을 마젤란 해협으로 보냈다. A.d.S. Venise, Senato Spagna Zane au Doge. Madrid, 1581년 10월 30일.

168. C. S. L. Davies, "Slavery and Protector Somerset ; the Vagrancy Act of 1547", *in : Economic History Review*, 1966, pp. 533-549.
169. Ogier Ghislain de Busbecq, *Ambassades et voyages en Turquie et Amasie, 1748*, p. 251.
170. 다음을 참조. Olwen H. Hufton, *The Poor of the 18th century France*, 1974, pp. 139-159.
171. A.N., A.E., B 521, 1710년 4월 19일. 다음을 참조. AD XI, 37 (1662), 블루아 근처에서 는 "……주변에 시체들이 가득 차 있지 않은 길은 하나도 없었다."
172. A.d.S. Venise, Senato Terra, 1 [베네치아] ; Delamare, 앞의 책, 1710, p. 1012 [파리]. 샹베리(Chambéry) 앞에는 3,000명의 빈민이 있었다. François Vermale, *Les Classes rurales en Savoie au XVIIIᵉ siècle*, 1911, p. 283.
173. Suzanne Chantal, *La Vie quotidienne au Portugal après le tremblement de terre de Lisbonne de 1755*, 1962, p. 16. 리스본 주재 러시아 공사의 서한에는 이에 대한 많은 언급이 있다. 그중에서도 특히 Moscou, A.G.A. 72/5, 260, 54 vᵒ, Lisbonne, 1780년 5월 30일.
174. C. Manceron, 앞의 책, I, pp. 298-299, 다음에 의거, P. Grosclaude, *Malesherbes*, p. 346.
175. J.-P. Gutton, *La Société et les pauvres. L'exemple de la généralité de Lyon*, 1970, pp. 162 이하.
176. J.-P. Gutton, "Les mendiants dans la société parisienne au début du XVIIIᵉ siècle", *in : Cahiers d'Histoire*, XIII, 2, 1968, p. 137.
177. *Variétés*, V, p. 272.
178. 로테르담 및 제노바 주재 프랑스 영사라는 직위에는 "강제 하선된(dégradés)" 선원을 육지에서 수용하기 위한 직능이 있었다. 이와 관련된 서한 자료들이 많이 남아 있으며 특히 다음을 참조하라. A.N., A.E., B¹, 971-973 (로테르담), A.E., B¹, 530 이하(제노바). 신발과 옷가지가 없어서 누더기를 걸친 가난한 사람들 중에 약간의 원조를 받고 고국으로 되돌아가려는 희망을 품은 사람들이 건달패(aventuriers)나 "부랑자(coureurs)"로 미끄러져 들어갔다. B¹, 971, f 45, 1757년 12월 31일 : "……많은 사람들이 이가 득시글거려서 이들을 목욕시키고 그 옷을 화로에 넣어야 했다."……
179. *Variétés*, V, p. 222.
180. A.d.S. Napoli, Affari Esteri, 796.
181. 같은 곳.
182. Comte de La Messelière, *Voyage à Saint-Pétersbourg, an XI-1803*, pp. 262-263.
183. A.N., Marine, B¹, 48, f° 113.
184. Nina Assodorobraj, *Les Origines de la classe ouvrière* (폴란드어), 1966 ; 프랑스어 요약본, pp. 321-325.
185. 다음에서 인용, J.-C. Perrot, 앞의 책, I, p. 423, 주 232.
186. Robert Molis, "De la mendicité en Languedoc (1775-1783)", *in : Revue d'hist. écon. et sociale*, 1974, p. 483.
187. J. Maillefer, *Mémoires*, pp. 120 et 122.
188. Gaston Zeller, *Aspects de la politique française sous l'Ancien Régime*, 1964, pp. 375-385.
189. *Méditerranée*, I, pp. 425, 438, 512 등.
190. De Linguet, 다음에서 인용, Manceron, 앞의 책, I, p. 169 : "군대에서는 지원병이 수송용 말보다 훨씬 낮은 가치를 가진 것으로 쳤다. 수송용 말은 아주 비싸지만 지원병은 아무런 값도 없기 때문이다.……" 묘사보다는 수치로 언급하는 것이 낫겠지만 그럴 만한 수치가 모자란다. 크기의 규모 정도만 알 수 있을 뿐이다. 1783년 8월 9일 자 프랑크푸르트-암-마인발 소식에 의하면 유럽에서 군인의 수는 200만 명에 이를 것이라고 하는데 당시 유럽 전체 인구를 1억5,000만 명이라고 할 때 이것은 전체 인구의 1.3퍼센트를 약간 상회하는 수준이다. *Gazette de France*, p. 307.
191. R. Gascon, 앞의 책, I, p. 400.
192. Jèze, *Journal du Citoyen*, 1754, p. 1.
193. 파리 고등법원의 의사록 발췌, 1750-1751년, f° 427. 하인 Pierre Pizel에 대해 유죄판결을 내린 1751년 8월 14일의 판결문.

194. Marius Mittre, *Les Domestiques en France*, p. 14. *Variétés*, V, p. 253, 주 : 다음에 대한 언급, *Traité de la Police*, titre 9, 제3장.

195. Pierre-Victor Malouet, *Mémoires de Malouet*, 1874, t. I, pp. 48−49.

196. Claude Veil, "Phénoménologie du travail", *in : L'Évolution psychiatrique*, n° 4, 1957, p. 701. "비록 기계에 매여 있다고 해도 인간은 결코 기계의 노예가 아니다. 인간은 단지 다른 인간의 노예일 따름이다. 이런 점에서 갤리선과 같은 성격의 것은 늘 존재했다."

197. Abbé C. Fleury, *Les Devoirs des maîtres et des domestiques*, 1688, p. 73. 이것은 약 한 세기 후(1771)에 I. de Pinto가 쓴 내용과 거의 일치한다. I. de Pinto, 앞의 책, p. 257 : "모든 사람들이 부유한 국가를 상상해보자. 이 나라는 다른 나라의 원주민을 데려와서 그들에게 봉사하도록 만들지 않으면 존립할 수 없을 것이다." 이 시점에서의 미래를 생각해보면 이것은 예언과 같은 말이었다. 그러나 18세기 이전부터, 그리고 18세기에, 이미 많은 가난한 사람들이 보상을 얻으려고 이민을 가지 않았던가?

198. 같은 책, p. 58. Des déclarations analogues et bien plus tardives sous la plume de Baudry des Lozières, *Voyage à la Louisiane*, 1802, pp. 103 이하.

199. P. Decharme, 앞의 책, p. 119.

200. *Literatura europea y Edad Media*, 1955, I, p. 40.

201. A.d.S. Mantoue, Archivio Gonzaga, Donatus de Bretis au marquis de Mantoue, B. 1438.

202. *Le Savant et le Politique*, 1963, p. 101.

203. *Gazette de France*, p. 599.

204. Max Weber, *Economia e società*, 2, p. 991.

205. *Diarii*, 앞의 책, I, pp. 184, 196.

206. British Museum, Mss Sloane, 42.

207. Élie Brackenhoffer, 앞의 책, p. 111.

208. Louis-Sébastien Mercier, 앞의 책, III, p. 278.

209. 같은 책, Ill, p. 279.

210. *Diarii*, 앞의 책, I, p. 111.

211. *Livre de main des Du Pouget (1522−1598)*, M.-J. Prim의 비판적 편찬, D.E.S., Toulouse, 1964, 타이프본.

212. 무명의 여행자, 1728, Victoria-Albert Museum, 86 NN2, F[1] 196 이하.

213. 모스크바, 레닌 도서관에 보관되어 있는 복사본, f°s 5, 54에 의거.

214. *Gazette de France*, 1772년 2월 29일, p. 327.

215. Françoise Autrand, *Pouvoir et société en France, XIV−XV siècles*, 1974, p. 12.

216. R. Gascon, *in : Histoire économique et sociale de la France*, Braudel-Labrousse éd., 1976, I, p. 424 ; Claude Seyssel, *Histoire singulière du roy Loys XII*, 1558, p. 14.

217. L. Stone, *An Elizabethan: Sir Horatio Pallavicino*, 1956, p. 42.

218. Marx의 표현이다.

219. Jean Imbert, *Histoire économique*, 1965, p. 206.

220. 같은 책, p. 207 et Le Blanc, *Traité historique des monnayes de France*, 1692, pp. 175−176.

221. *Ordonnances des Rois de France de la troisième race*, éd. de Lainière, 1723, t. 1, p. 371 (1302년 플랑드르 전쟁 때문에 보조금을 지급하라는 명령에 관한 지시).

222. Gabriel Ardant, *Histoire de l'impôt*, 1971, 1, p. 238.

223. C. Bec, 앞의 책, p. 62.

224. G. Luzzatto, *Storia economica di Venezia*, 앞의 책, p. 208.

225. "Origin and growth of the national debt in Western Europe", *in : American Economic Review*, n° 2, 1947년 5월, p. 118.

226. 12세기부터, H. Pirenne, 앞의 책, p. 35, 주 2. 프랑스가 처음으로 거액을 빌린 것은 영국과 대항해서 싸운 기옌 전투를 위해서 1295년에 자금을 빌린 때였다. Ch. Florange, *Curiosités financières……*, 1928, p. 1.

227. *La Méditerranée*에서 쉽게 찾아볼 수 있는 참고 문헌들, 혹은 앞으로 출판될 Felipe Ruiz, *El siglo de los Genoveses*(나는 수년 전부터 이미 이 책을 잘 알고 있었다)에 나올

참고 문헌들을 여기에서 다시 길게 설명할 필요는 없을 것이다.

228. Dans *La Gitanilla, Novelas Ejemplares*, édit. Nelson, p. 100.
229. P. G. M. Dickson, *The Financial Revolution in England. A study in the development of public credit, 1688-1756*, 1967.
230. A.N., G⁷, 1699.
231. Varsovie, A.G., F. Radziwill, 1719년 12월 26일.
232. I. de Pinto, 앞의 책, p. 1, 주 2.
233. Jorjo Tadić의 보고.
234. Thomas Mortimer, *Every man his own broker*, 1775, p. 165.
235. Isaac de Pinto, 앞의 책. 1771년에 나온 이 책은 "국채가 영국을 부유하게 만들어주었다"는 내용을 처음 주장한 것이 자신이라고 자부했다(p. 13). 이 책은 영국의 체제를 프랑스의 경우와 비교해서 그 장점을 아주 잘 설명했다. 또한 영국인들은 "이것의 성격을 잘 몰라서" 바보처럼 여기에 반대했으며 그런 사람들은 저급한 수준의 사람들만이 아니었다는 점을 지적했다.
236. Moscou, AEA, 35/6, 390, 114.
237. Moscou, AEA, 35/6, 320,167, Simolin의 편지, 런던, 1781년 3월 23일-4월 3일.
238. *Bilanci generali*, Seria seconda, Venise, 1912.
239. Michel Mollat, *Comptes généraux de l'État bourguignon entre 1416 et 1420*, 1964.
240. *Méditerranée*, II, p. 33, 그래프.
241. 같은 책, II, p. 31.
242. S. J. Shaw가 번역한 *The budget of Ottoman Egypt, 1596-1597*, 1968을 보라. 그리고 현재 작업 중인 Ömer Lufti Barkan의 연구도 참조하라.
243. 예를 들면 Macartney, 앞의 책, IV, p. 119 (1793년에 6,600만 파운드) ; 또한 R. Vivero, British Museum, Add. 18287, f° 49, (1632년에 1억3,000만 에퀴).
244. Abbé Prévost, *Voyages*, 앞의 책, X, pp. 238 이하.
245. A.N., K 1352 (1720) ou A.E., Russie M. et D., 7, f° 298-305 (1779년경).
246. Roger Doucet, *L'État des finances de 1523*, 1923.
247. Francesco Caracciolo, *Il regno di Napoli nei secoli XVI e XVII*, 1966, I, p. 106.
248. Véron de Forbonnais, *Recherches······ sur les finances de France*, 1758, pp. 429 이하.
249. Emmanuel Le Roy Ladurie, *Les Paysans de Languedoc*, 1966, I, pp. 295-296.
250. Cardinal de Richelieu, *Testament politique*, p. p. Louis André, 1947, p. 438. 다음에서 인용한 텍스트, [J.-F. Melon], *Essai politique sur le commerce*, 1734, p. 37.
251. 이 책의 제3권 제2장을 참조하라.
252. Selon C. M. Cipolla, Semaine de Prato, 1976년 5월.
253. Philippe Contamine, Semaine de Prato, 1974년 4월.
254. François Pietri, *Le Financier*, 1931, p. 2.
255. Michel Mollat, *Les Affaires de Jacques Cœur. Journal du procureur Dauvet*, 2 vol., 1952.
256. Germain Martin et Marcel Besançon, 앞의 책, p. 56.
257. G. Chaussinand-Nogaret, *Les Financiers du Languedoc au XVIIIᵉ siècle*, 1970, et *Gens de finance au XVIIIᵉ siècle*, 1972. 참고 문헌이 풍부하다. 색인에서 "Castanier" 항목을 보라.
258. *Richesse de la Hollande*, 앞의 책, II, p. 256.
259. J. G. van Dillen, *Munich V*, pp. 181 이하.
260. 같은 책, p. 182.
261. 같은 책, p. 184.
262. P. G. M. Dickson, 앞의 책, pp. 253-303.
263. 같은 책, pp. 289-290.
264. 같은 책, p. 295.
265. J.-F. Bosher, *French Finances 1770-1795. From Business to Bureaucracy*, 1970, p. XI. 그는 네케르의 제도개혁에 대해서 강조하고 있다. pp. 150 이하.

266. 같은 책, pp. 304, 17, 주 2.
267. M. Marion, *Dictionnaire*, 앞의 책, p. 236.
268. Daniel Dessert, "Finances et société au XVIIe siècle à propos de la chambre de justice de 1661", *in : Annales E.S.C.*, n° 4, 1974.
269. Daniel Dessert et Jean-Louis Journet, "Le *lobby* Colbert : un royaume ou une affaire de famille ?", *in : Annales E.S.C.*, 1975, pp. 1303-1337.
270. 그러나 그 행로는 많은 굴곡을 겪었다. 1522년에는 Semblançay를 처형하고 재정관료들이 실각했다. 다음에는 파리와 리옹의 자본에 의존했다. 1558년의 파산은 16세기 말에 재정가들의 과두 체제의 붕괴를 가져왔다. 등등. R. Gascon, *in : Histoire économique et sociale de la France*, 앞의 책, I, pp. 296 이하.
271. Marcel Marion, 앞의 책, p. 232.
272. G. Chaussinand-Nogaret, 앞의 책, p. 236.
273. L.-S. Mercier, 앞의 책, III, p. 201.
274. 이 문제 전체를 다룬 것으로서 작지만 대단히 훌륭한 책이 있다. Pierre Deyon, *Le Mercantilisme*, 1969.
275. *In : Z. für Nationalökonomie XVII.*
276. *Der Merkantilismus*, 1965, p. 5.
277. Henri Chambre, "Pososškov et le mercantilisme", *in : Cahiers du monde russe*, 1963, p. 358.
278. Paul Manselli의 발언, Semaine de Prato, 1974년 4월.
279. Adam Smith, 앞의 책, III, p. 1.
280. H. Bechtel, 앞의 책, II, p. 58.
281. Henri Hauser, *Les Débuts du capitalisme*, 1931, pp. 181 이하.
282. *In : Revue d'histoire économique et sociale*, 1959, p. 394.
283. Franz von Pollack-Parnau, "Eine österreischiche-ostendische Handels-Compagnie 1775-1785", *in : Vierteljahrschrift für Sozial- und Wirtschaftsgeschichte*, 1927, p. 86.
284. A.N., G⁷, 1698, f° 154, 1711년 6월 24일.
285. Werner Sombart, 앞의 책, I, p. 364.
286. J. Kulischer, 앞의 책, 독일어판, II, p. 203.
287. H. Hausherr, 앞의 책, p. 89.
288. Eli F. Heckscher, 앞의 책, p. 480.
289. Isambert, *Recueil général des anciennes lois françaises*, 1829, XV, p. 283 (파리에서 나사 직물과 금사, 은사, 비단을 가지고 짠 직물을 제작할 매뉴팩처의 건립에 관한 칙령, 1603년 8월).
290. A. Klima, J. Macurek, "La question de la transition du féodalisme au capitalisme en Europe centrale (XVIe-XVIIe siècles)", *in : Congrès international des sciences historiques*, Stockholm, 1960, IV, p. 88.
291. A.N., G⁷, 1687.
292. W. Sombart, 앞의 책, *I*, p. 366.
293. Cardinal de Richelieu, *Testament politique*, éd. de 1947, p. 428.
294. A.N., A.E., B¹, 754, Londres, 1669년 7월 1일.
295. Ch. W. Cole, *Colbert and a century of French mercantilism*, 1939, I, p. 337.
296. Simancas, *Consultas y juntas de hacienda*, leg. 391, p. 542.
297. A. D. Lublinskaya, *Lettres et mémoires adressés au chancelier Séguier (1633-1649)*, 1966, II, p. 88.
298. H. Kellenbenz, *Der Merkantilismus*, 앞의 책, p. 65, 이것은 van Dillen의 견해이다.
299. A.d.S. Naples, Affari Esteri, 801, La Haye, 1768년 9월 2일과 11월 15일.
300. Isaac de Pinto, 앞의 책, p. 247.
301. 같은 책, p. 242.
302. 이 책의 485쪽을 보라.
303. *El siglo de los Genoveses*, 그러나 불행히도 이 책은 1993년에도 아직 출판되지 않았다.

304. A.N., G⁷, 1725, 121, 1707년 2월 6일.

305. A.N., 94 A Q 1, 28.

306. John Francis, *La Bourse de Londres*, 1854, p. 80.

307. Daniel Dessert, 앞의 논문

308. 예외들이 규칙을 확인해준다. Lavisse, *Histoire de France*, VII, 1, pp. 5 이하 ; *Méditerranée*, II, pp. 34-46.

309. Roland Mousnier, *Les XVIᵉ et XVIIᵉ siècles*, 1961, p. 99.

310. British Museum, Add. 18287, f 24.

311. J.-F. Bosher, 앞의 책, pp. 276 이하 ; 관료제(bureaucratie)라는 말은 Gournay, 1745에 처음 나온다. B. Lesnogorski, 1970년 모스크바 국제 역사학 대회.

312. A. G., Varsovie, Fonds Radziwill.

313. 혹은 Giuseppe Galasso emploie le mot, 앞의 책, p. 54에서 사용한 의미로서의 재봉건화 (féodalisation), 즉 예전의 봉건화로 어느 정도 되돌아간다는 것.

314. J. van Klaveren, "Die historische Erscheinung der Korruption……", *in* : *Vierteljahrschrift für Sozial- und Wirtschafts-geschichte*, 1957, pp. 304 이하.

315. Mousnier와 Hartung에 의하면, 프랑스에서 관직매매가 참을 수 없을 정도가 된 것은 오스트리아 왕위 계승 전쟁 이후에 가서의 일이라고 한다. 1950년 파리 국제 역사학 대회, 다음에서 인용, I. Wallerstein, 앞의 책, p. 137, 주 3.

316. J. van Klaveren, 앞의 논문, p. 305.

317. Régine Pernoud, 앞의 책, II, pp. 8 이하에 나오는 훌륭한 도표를 보라.

318. Pierre Champion, *Catherine de Médicis présente à Charles IX son royaume, 1564-1566*, 1937.

319. British Museum, Add. 28368, fᵒ 24, Madrid, 1575년 6월 16일.

320. L. Pfandl, *Philipp II. Gemälde eines Lebens und einer Zeit*, 1938 ; 프랑스어 번역본. 1942, p. 117.

321. *Variétés*, II, p. 291.

322. 앞의 책, p. 55.

323. E. Labrousse, *Le XVIIᵉ siècle, in : Hist. générale des civilisations*, p. p. M. Crouzet, 1953, p. 348.

324. 다음에 의거, Pierre Goubert, *Beauvais……*, 앞의 책, p. 338.

325. 앞의 책, II, 698.

326. Moscou, A.E.A., 72/5-299, 22, Lisbonne, 1791년 2월 22일.

327. 이러한 권력기구의 세분화에 대해서는 F. Fourquet, 앞의 책, 특히 pp. 36-37.

328. "De l'importance des idées religieuses", *in* : *Œuvres complètes de M. Necker*, 그의 손자인 Staël 남작에 의한 출판, 1820, t. XII, p. 34, 다음에서 인용, Michel Lutfalla, "Necker ou la révolte de l'économie politique circonstancielle contre le despotisme des maximes générales", *in* : *Revue d'histoire économique et sociale*, 1973, nᵒ 4, p. 586.

329. F. Melis, *Tracce di una storia economica……*, 앞의 책, p. 62.

330. E. Ashtor, Semaine de Prato, 1972년 4월.

331. S. Labib, "Capitalism in medieval Islam", *in* : *Journal of Economic History*, 1969년 3월, p. 91.

332. Hans Hausherr, 앞의 책, p. 33 et Philippe Dollinger, *La Hanse*, 1964, pp. 207 et 509.

333. Halil Inalcik, "Capital formation in the Ottoman Empire", *in* : *The Journal of Economic History*, 1969, p. 102.

334. 같은 책, pp. 105-106.

335. M. Rodinson, *Islam et capitalisme*, 앞의 책, p. 34.

336. 이것은 플로린 금화를 주조한 연대이다. 다음을 참조하라. F. Melis, "Fiorino" 항목, *in* : *Enciclopedia Dantesca*, 1971, p. 903.

337. H. Du Passage, "Usure" 항목, *Dictionnaire de théologie catholique*, t. XV, 제2부, 1950, col. 2376.

338. 같은 책, col. 2377-2378.

339. Turgot, *Mémoire sur les prêts d'argent*, éd. Daire, 1844, p. 110. *In : Œuvres*, éd. Schelle, III, pp. 180−183.

340. Ch. Carrière, "Prêt à intérêt et fidélité religieuse", *in : Provence historique*, 1958, p. 107.

341. 1807년 9월 3일 자 법령과 1935년 8월 8일 자 국왕령. *Nouveau Répertoire Dalloz*, 1965, "usure" 항목, IV, p. 945.

342. Benjamin N. Nelson, *The Idea of usury from tribal brotherhood to universal otherhood*, 1949. 문제 전체에 대해서는 다음을 보라. Gabriel Le Bras et H. Du Passage, "Usure" 항목, *Dictionnaire de théologie catholique*, t. XV, 제2부, 1950, col. 2336−2390.

343. G. Le Bras, 앞의 논문, col. 2344−2346.

344. Aristote, *Politique*, I−III, 23.

345. Max Weber, *L'Éthique protestante et l'esprit du capitalisme*, 1964, p. 76, 주 27.

346. Schumpeter, *Storia dell'analisi economica*, p. 10, 주 3.

347. Karl Polanyi, *in : K. Polanyi et Conrad Arensberg, Les Systèmes économiques dans l'histoire et dans la théorie*, 1975, p. 94.

348. B. Bennassar, *Valladolid au Siècle d'or*, p. 258.

349. R. de Roover, *The Medici Bank*, 1948, p. 57.

350. Marc Bloch, *Les Caractères originaux de l'histoire rurale française*, 1952, I, p. 5.

351. Léon Poliakof, *Les Banchieri juifs et le Saint-Siège, du XIIIᵉ au XVIIᵉ siècle*, 1965, p. 81.

352. *Diarii*, 1519년 11월 9일, 다음에서 인용, L. Poliakof, 앞의 책, p. 59, 주 5.

353. L. Poliakof, 앞의 책, p. 96.

354. C. Bec, *Les Marchands écrivains à Florence, 1355−1434*, p. 274.

355. R. de Roover, 앞의 책, p. 56, 주 85.

356. Charles de La Roncière, *Un changeur florentin du Trecento⋯*, 1973, pp. 25, 97, 114, 주 5, 172, 197.

357. B. Nelson, "The Usurer and the Merchant Prince : Italian businessmen and the ecclesiastical law of restitution, 1100−1550", *in : The Tasks of economic history (The Journal of economic history*의 증보판), VII (1947), p. 116.

358. 같은 책, p. 113.

359. G. von Pölnitz, *Jakob Fugger*, 1949, I, p. 317, et B. Nelson, *The Idea of usury*, 앞의 책, p. 25.

360. J. A. Goris, *Les Colonies marchandes méridionales à Anvers*, 1925, p. 507.

361. Pierre Jeannin, *Les Marchands au XIIIᵉ siècle*, 1957, p. 169.

362. Archivio provincial Valladolid, fonds Ruiz, 다음에서 인용, H. Lapeyre, *Une famille de marchands, les Ruiz*, 1955, p. 135, 주 139.

363. Le P. Lanez, *Disputationes tridentinae⋯*, t. II, 1886, p. 228 ("⋯*subtilitas mercatorum, ducentes eos cupiditate⋯ tot technas invenit ut vix facta nuda ipsa perspici possint⋯*").

364. Giulio Mandich, *Le Pacte de Ricorsa et le marché italien des changes au XVIIIᵉ siècle*, 1953, p. 153.

365. J. Höffner, *Wirtschaftsethik und Monopole*, 1941, p. 111, et B. Nelson, *Idea of usury*, p. 61, 주 79.

366. 그와의 대화에서 이야기한 내용.

367. Ph. Collet, *Traité des usures⋯*, 1690, "avertissement"에서.

368. Isaac de Pinto, *Traité de la circulation et du crédit*, 1771, p. 36 ; L.-S. Mercier, *Tableau de Paris*, 1782, III, pp. 49−50.

369. Moscou, A.E.A., 35/6, 370, p. 76.

370. Ch. Carrière, 앞의 논문, p. 114.

371. I. de Pinto, 앞의 책, pp. 213−214.

372. A. Renaudet, *Dante humaniste*, 1952, pp. 255−256.

373. Werner Sombart, *Le Bourgeois*, 1926, p. 313.

374. H. Hauser, *Les Débuts du capitalisme*, 1931, pp. 51 et 55.

375. C. M. Cipolla, "Note sulla storia del saggio d'intéressé, corso, dividendi e sconto dei dividendi del Banco di S. Giorgio nel sec. XVI", *in : Economia iniemazionale*, vol. 5, 1952년 5월, p. 14.

376. *Économie et religion, une critique de Max Weber*, 스웨덴어판 1957, 프랑스어판 1971.

377. F. Braudel, *in* : S. Baille, F. Braudel, R. Philippe, *Le Monde actuel, Histoire et civilisations*, 1963, dans une note en fin de chapitre ; "Protestantisme, catholicisme face à la science et au capitalisme", pp. 394–395. On ne retrouvera pas cette note dans *La Grammaire des civilisations*, réédition en 1987 de la participation de F. Braudel au *Monde actuel*, mais amputée des "notes et documents" qui étaient ajoutés à chaque chapitre dans le manuel de 1963.

378. *Studies in the development of capitalism*, 1946, p. 9.

379. O. Brunner, 앞의 책, pp. 16–17.

380. Aldo Mieli, *Panorama general de historia de la Ciencia*, II, pp. 260–265.

381. Édition de H. Proesler, 1934.

382. W. Sombart, 앞의 책, II, p. 129, 주 1.

383. F. Melis, *Storia della Ragioneria*, 1950^ pp. 633–634.

384. W. Sombart, 앞의 책, II, p. 118.

385. Oswald Spengler, *Le Déclin de l'Occident*, 1948, II, p. 452.

386. C. A. Cooke, *Corporation Trust and Company*, 1950, p. 185.

387. 다음에서 인용, Basil S. Yamey, "Accounting and the rise of capitalism", *in : Mélanges Fanfani*, 1962, t. VI, pp. 833–834, 주 4. 프랑스로의 침투가 느린 점에 대해서는 R. Gascon, 앞의 책, I, pp. 314 이하.

388. W. Sombart, 앞의 책, II, p 155.

389. F. Melis, *Tracce di una storia economica di Firenze e della Toscana dal 1252 al 1550*, 1966, p. 62.

390. B. S. Yamey, 앞의 논문, p. 844, 주 21.

391. R. de Roover, *in : Annales d'hist. économique et sociale*, 1937, p. 193.

392. W. Sombart, *Die Zukunft des Kapitalismus*, 1934, p. 8, 다음에서 인용, B. S. Yamey, 앞의 논문, p. 853, 주 37.

393. K. Marx, *Le Capital, in : Œuvres*, II, pp. 1457 이하, 1486–1487.

394. 같은 책, p. 1480.

395. Lénine, *Œuvres*, 1960, t. 22, p. 286.

396. Otto Hintze, *Staat und Verfassung*, 1962, II, pp. 374–431 : *Der moderne Kapitalismus als historisches Individuum. Ein kritischer Bericht über Sombarts Werk*.

397. W. Sombart, *Le Bourgeois*, p. 129.

398. W. Sombart, 같은 책, pp. 132–133.

399. M. Weber, *L'Éthique protestante et l'esprit du capitalisme*, p. 56, 주 11, 그리고 이어지는 페이지들.

400. C. Bec, *Les Marchands écrivains à Florence, 1375–1434*, pp. 103–104.

401. Otto Brunner, 앞의 책, pp. 16–17.

402. Gilles Deleuze, Félix Guattari, *Capitalisme et schizophrénie. L'anti-Œdipe*, 1972, p. 164.

403. Denys Lombard, *Le Sultanat d'Atjeh au temps d'Iskandar Muda (1607–1636)*, 1967.

404. J. Savary, V, col. 1217.

405. Prévost, 앞의 책, VIII, p. 628.

406. Tavernier, 앞의 책, II, p. 21.

407. A.N., Marine, B 7 46, 253. 네덜란드인 Braems의 보고, 1687.

408. Gautier Schouten, *Voiage······ aux Indes Orientales, commencé en l'an 1658 et fini en l'an 1665*, II, pp. 404–405.

409. Jean-Henri Grose, *Voyage aux Indes orientales*, 1758, pp. 156, 172, 184.

410. Michel Vié, *Histoire du Japon des origines à Meiji*, 1969, p. 6.

411. De La Mazelière, *Histoire du Japon*, 1907, III, pp. 202-203.

412. D. et V. Elisseeff, *La Civilisation japonaise*, 1974, p. 118.

413. N. Jacobs, 앞의 책, p. 65.

414. Y. Takekoshi, *The Economic Aspects of the political history of Japan*, 1930,1, p. 226.

415. N. Jacobs, 앞의 책, p. 37.

416. Y. Takekoshi, 앞의 책, I, p. 229.

417. Denis Richet, *Une famille de robe à Paris du XVIe au XVIIIe siècle, les Séguier*, 타이프본 논문, p. 52.

418. D. Richet, 같은 책, p. 54. 유사한 일련의 예들은 다음을 보라. George Huppert, *Bourgeois et gentilshommes*, 앞의 책, chapitre V.

419. Ping-Ti Ho, "Social Mobility in China", *in : Comparative Studies in society and history*, 1, 1958-1959.

420. *Méditerranée*, II, p. 65.

421. Nicolaï Todorov, "Sur quelques aspects du passage du féodalisme au capitalisme dans les territoires balkaniques de l'Empire ottoman", *in : Revue des études sud-est européennes*, t. I, 1963, p. 108.

422. François Bernier, *Voyages······ contenant la description des États du Grand Mogol*, 1699, I, pp. 286-287.

423. Lord Clive의 하원에서의 연설. 여기에서 인용한 것은 프랑스어 번역본의 발췌문이다. Cracovie, Fonds Czartorisky.

인명 색인

루차토 Luzzatto, Gino 610
루친스키 Lutchinsky 408
루터 Luther, Marlin 628, 783
루프넬 Roupnel, Gaston 332
뤼트게 Lütge, Friedrich 457, 515, 551
뤼티 Luthy, Herbert 131, 196, 791
르노데 Renaudet, Augustin 787
르노장 Renausan 453
르 루아 라뒤리 Le Roy Ladurie, Emmanuel 408, 735
르 메르 Le Maire, Isaac 127, 210
르 포티에 드 라 에스트루아 Le Pottier de la Hestroy 754
리바롤 Rivarol, Antoine 327
리샤르 Richard, J.-B. 328
리슐리외 Richelieu, Jean Armand du Plessis 372, 693, 700, 760, 779
리에보 Liébaut, Jean 401
리옹 Lion, Charles 516, 711
리카도 Ricardo, David 60, 243, 319, 780
(사뮈엘) 리카르 Ricard, Samuel 120
(장-피에르) 리카르 Ricard, Jean-Pierre 124, 628
리카르 2세 Ricard fils 487
뤼프 Ryff, Andreas 55

마갈량이스 고디뉴 Magalhães Godinho, Vitorino 551
마누치오 Manuzio, Aldo 690
마라 Marat, Jean Paul 327
마르세 Marçais, Georges 431
마르크스 Marx, Karl 23-24, 60, 75, 241, 319, 328, 331, 334, 338, 390, 414, 416, 453, 550, 633, 635, 638, 644, 698, 711, 785, 801, 824, 826
(마리-조제프 데지레) 마르탱 Martin, Marie-Joseph Désiré 140
(프랑수아) 마르탱 Martin, François 167
마리아 테레지아 Maria Theresia 271, 410, 776
마블리 신부 Mably, abbé 551, 565
마사니엘로 Massaniello 405
마셜 Marshall, Alfred 329
마슈케 Maschke, Erich 249
마시 Massie, Joseph 650
마시어스 Mathias, Peter 551
마에 드 라 부르도네 Mahé de la Bourdonnais 192, 270
마우에르스베르크 Mauersberg, Hans 84
마운트조이 Mauntjoy, Charles Blount 228
마유페르 Maillefer, Jean 551, 766

마자랭 Mazarin, Jules 739-740, 755
마키아벨리 Machiavelli, Niccoló 558
마테오 Matteo 558
마통 드 라 쿠르 Mathon de la Cour, Charles 587
마티스 Matisse, Henri 19
무함마드 Muhammad 771, 774-775
만델슬로 Mandelslo, Johann Albrecht 215
만리케 Manrique, Sebastião 70, 515
말레스트루아 Malestroit 583
말루에 Malouet, Pierre-Victor 288, 325, 710-711
말리노프스키 Malinowski, Bronisław 307
말리프스키 Malivsky, F. S. 754
말버러 Marlborough, John Churchill 136
말제르브 Malesherbes, Chrétien Guillaume de Lamoignon de 704
망투 Mantoux, Paul 694
매카트니 Macartney, George 268
먼 Mun, Thomas 276, 280, 593
메나제 Mesnager, Nicolas 625
메더 Meder, Lorenz 252
메디나 Medina 136
(알레산드로 디) 메디치 Medici, Alessandro di 678
(카트린 드) 메디치(메디시스) Medici, Catherine de 766
(코지모 데) 메디치 Medici, Cosimo de 782
메르시에 Mercier, Louis Sébastien 67, 565, 750, 786
메르시에 드 라 리비에르 Mercier de la Rivière, Paul Pierre 582
메르카도 Mercado 279
메를라니 Merlani, Gaetano 105
메수엔 Methuen, John 284
메예르 Meyer, Jean 358
메이틀랜드 Maitland, Frederick 19
멜리스 Melis, Federigo 224, 534, 597, 598, 601, 798
모레트 Maurette, Frenand 255
모렐레 Merellet 324-325
모렐리 Morelli, Giovanni di Pagolo 402, 720
모리노 Morineau, Michel 70-71, 539
모리슨 Moryson, Fynes 228
모스 Mauss, Marcel 312
모티머 Mortimer, Thomas 137, 732
몬타나리 Montanari, Geminiano 584
몬토리오 Montorio, Battista 438
(루이스 데) 몰리나 Molina, Luis de 785
(티르소 데) 몰리나 Molina, Tirso de 44, 80